Über die Verfasser

Hans-K. Lücke, Jg. 1927, ist Kunsthistoriker. Nach der Promotion einige Jahre in der Redaktion des Reallexikons zur deutschen Kunstgeschichte (RdK) in München tätig. Seit 1969 Professor im Dept. of Fine Art / Graduate Dept. of History of Art an der University of Toronto, Canada, mit dem Spezialgebiet Italienische Renaissance und besonderem Interesse an Kunst- und Architekturtheorie sowie Aspekten der Ikonographie in den Künsten. Seit 1993 emeritiert und derzeit in München ansässig.

Susanne Lücke-David, Jg. 1933, promovierte in Kunstgeschichte, Archäologie und Musikwissenschaft. Danach Tätigkeit am Schleswig-Holsteinischen Landesamt für Denkmalpflege, später an den Bayrischen Staatsgemäldesammlungen, München. 1971 / 72 Lehrauftrag an der University of Toronto, Canada. Nach mehrjähriger Unterbrechung Rückkehr zu freiberuflicher Tätigkeit.

Hans-K. und
Susanne Lücke

Antike Mythologie

Ein Handbuch

Der Mythos und seine
Überlieferung in Literatur
und bildender Kunst

rowohlts enzyklopädie
im Rowohlt Taschenbuch Verlag

rowohlts enzyklopädie
Herausgegeben von Burghard König

Für Stephan und Oliver

Originalausgabe
Veröffentlicht im Rowohlt Taschenbuch Verlag GmbH,
Reinbek bei Hamburg, Mai 1999
Copyright © 1999 by Rowohlt Taschenbuch Verlag GmbH,
Reinbek bei Hamburg
Umschlaggestaltung Jens Kreitmeyer
(Titelvignette: Hermes. Schwarzfiguriges Innenbild
einer Schale. Castle Ashby)
Satz aus der Aldus und Syntax PostScript (PageOne)
Gesamtherstellung Clausen & Bosse, Leck
Printed in Germany
ISBN 3 499 55600 6

Inhalt

Anhang

Register

Vorwort

«Oben wurde gesagt, Mars sei ein Sohn der Juno gewesen, woraus einige geschlossen haben, er sei auch ohne Vater zur Welt gekommen, was natürlich völlig absurd ist und einem Märchen gliche. Man kann keineswegs für alle Teile einer Fabel immer auch eine gültige Erklärung finden. Einiges hat man den Fabeln als reinen Schmuck hinzugefügt, anderes, um sie wahrscheinlicher zu machen, andere enthalten die wahre Erklärung der Ereignisse.»
(Natale Conti, Mythologiae, sive explicationum Fabularum Libri Decem, Venedig 1567, Lib. 2, cap. VII, Bl. 50 ᵣ)

Die Mythen des griechisch-römischen Altertums haben sich im Abendland auf vielfältige Weise bis in unsre Tage erhalten. Manches daran gibt sich leicht zu erkennen – wenngleich zumeist in einem eher oberflächlichen Sinn –, anderes erreicht uns wie ein Ruf aus weiter Ferne: Wir hören und sehen, aber die Botschaft bleibt unklar, und wir sind nicht sicher. Dieser Ratlosigkeit möchten wir nach Kräften abhelfen.

Oft auch sind die alten Geschichten unter uns wie Fremde aus fernen Ländern. Wir erkennen sie zwar vielleicht nach ihrer Herkunft, können aber nicht mit ihnen reden: Sie sprechen uns an, doch wir wissen nicht, was sie wollen. Der Griff zu einem der vielen (oft guten) mythologischen Lexika ist häufig hilfreich nur, wenn wir vor Äußerungen des lebendigen Mythos selbst, vor seinen Manifestationen in der Welt der Antike, stehen. Aber was soll uns der Gott der Griechen im christlichen Mittelalter, was in der Renaissance oder in der Moderne?

Die Unsterblichkeit griechischer Mythen erklärt sich gewiß daraus, daß sie die vitalen Grunderfahrungen des Menschen, die trotz dessen, was wir «Fortschritt» nennen, damals wie heute ihre Gültigkeit haben, in Worten und Bildern eindringlich zum Ausdruck brachten.

Es ist das bleibende Verdienst vornehmlich von Aby Warburg und seiner Schule, den Blick auf das Überleben der antiken Götter über das Altertum hinaus gelenkt zu haben. Gegenwärtige Arbeit verdankt den Gelehrten wichtige Anstöße, während sie besonders in der Arbeit Jean Seznecs systematische Hilfe und überhaupt Ermutigung gefunden hat.

Die Botschaft erreicht uns gewöhnlich auf zweierlei Weise: mit dem geschriebenen Wort und mit dem Bild. Der Versuch, Einsicht und Verständnis für die Fülle der Nachrichten zu erwerben, wird beide zur Kenntnis nehmen und sie in gegenseitiger Erhellung aufeinander bezogen sehen.

Es entspricht der persönlichen Neigung der Autoren und einem dringlichen Desiderat des Fachs, wenn dieses Buch entschlossen die Bilder zum eigentlichen Blickpunkt macht. Daraus folgt der Aufbau der Präsentation in jeweils vier Abschnitten, von denen je zwei die literarische Überlieferung zur systematischen Grundlage für die Deutung und für ein mögliches Verständnis der Bilder machen möchten.

Daß vor allem die lateinische und schließlich die neuzeitlich / moderne Mythographie ihre Botschaft gern unter den Eigennamen der Protagonisten ablegen, entspricht einem wesentlichen Zug besonders des griechischen Mythos, der alles in dieser Welt zu personalisieren trachtet. Auch dieses Buch zeigt sich in solcher Hinsicht formal lexikalisch und ordnet das Material nach Stichworten (Lemmata) in alphabetischer Abfolge. Anderseits will und kann es kein anderes bloßes Nachschlagewerk zur raschen Information sein, man wird eher enzyklopädische Züge bemerken. Am ehesten wünschen die Autoren sich einen Leser mit Zeit und auch mit Muße, einen nachdenklichen Leser.

Die Stichwortliste spiegelt einen Kompromiß wider zwischen dem Anspruch auf zureichende, aber zwangsläufig umfangreiche Information einerseits und dem verfügbaren Platz anderseits. Die Auswahl der Stichwörter folgt mühelos dem Beispiel besonders älterer Handbücher zur Sache (z. B. L.G. Gyraldi) und thematisiert vor allem die großen Götter, die in ihrer Art und in ihrem Wirken wesentliche Teile des Mythos in sich vereinigen. Auf diese Weise rechtfertigt sich auch der Eintrag einiger großer Heroen.

Der einzelne Artikel ist grundsätzlich (also nicht immer) in vier Abschnitte gegliedert, die in Abfolge aufeinander Bezug nehmen, wobei die ersten zwei (A und B) sich mit der schriftlichen, die beiden folgenden (C und D) sich mit der bildnerischen Überlieferung beschäftigen.

Abschnitt A versucht, den Mythos in seinen wesentlichen Zügen zu vermitteln als den Stoff, von dem die Rede ist.

Abschnitt B hat die Absicht, einen Abriß der Bewertung der Figur durch die Zeiten zu geben, was gleichbedeutend ist mit dem eigentlichen literarischen Überlebensprozeß. Das Zuordnen einer Nachricht zu einem der beiden Abschnitte ist nicht selten Ermessenssache.

Ein Hauptanliegen dieser beiden Abschnitte ist, die Figur (oder ihr Äquivalent) so anschaulich wie irgend möglich werden zu lassen. Das geschieht nach Maßgabe der Quellen, die zu diesem Ende grundsätzlich selbst zur Sprache kommen sollen und auf die im Kontext zumindest verwiesen wird. Vorrangig ist dabei immer die Figur, wie sie durch die Zeiten Gestalt angenommen, Persönlichkeit und schlüssigen Charakter entwickelt hat, wie sie in (der Fülle) ihrer literarischen Präsenz sich zeigt und sichtbar wird, wobei es uns primär nicht um die chronologische Ordnung dieser Entwicklung geht. Besonders Abschnitt A möchte mit seiner gelegentlichen Ausführlichkeit und im Notieren von Varianten auch künftiger Forschung nützlich sein. Es entspricht dem Interesse am jeweiligen Überlebensprozeß, wenn Abschnitt B häufig auch das Banale und Platte registriert.

In jedem Fall sind wir um einen lesbaren Text bemüht. Dem sollte nicht hinderlich sein, daß wir die Quellenhinweise in den Text integriert haben, weil uns an der unmittelbaren Verifizierbarkeit der Zitate liegt.

Die Quellen haben wir zumeist und nach Möglichkeit geläufigen kritischen Editionen entnommen. Übersetzungen stammen häufig von uns.

Religions- und Kulturgeschichte bleiben grundsätzlich im Hintergrund. Sie kommen nur so weit zur Sprache, wie sie unserem Anliegen dienlich zu sein versprechen.

Abschnitt C beschäftigt sich mit der Ikonographie und ist bemüht, in der bildnerischen Darstellung von Typus und Attributen den anschaulichen Charakter einer Figur vor Augen zu führen.

Abschnitt D liefert einen differenzierten Katalog der zur Figur in der bildenden Kunst auftretenden Themen samt den dazugehörenden mythographischen oder literarischen Quellen, soweit diese feststellbar sind. Kurze Bildbeschreibungen sollen verdeutlichen, welch weite Spanne der Deutungsmöglichkeiten besteht.

Sekundärliteratur, die sich mit der Interpretation einzelner Kunstwerke befaßt, ist berücksichtigt und, sofern nötig, kritisch betrachtet.

Durch genaue Befragung der Quellen war es auch möglich, einige in der kunsthistorischen Literatur manifeste Deutungen und konventionelle Titel richtigzustellen. Das betrifft unter anderem Berninis Bronzegruppe *Das Kind Zeus mit der Ziege Amalthea*, die *Entstehung der Milchstraße* des Rubens wie Pierattis *Medea mit ihren Kindern* und die tanzenden Mädchen auf Lorenzettis Fresko *Gli effetti del buon governo* im Palazzo Pubblico in Siena.

Am Ende von D erscheint jeweils die wichtigste Sekundärliteratur in alphabetischer Abfolge der Autorennamen.

Aus großer Distanz betrachtet, stellt sich der hier behandelte Stoff so dar: Der in der griechischen Klassik, dem 5. Jh. v. Chr., gefundene Kanon bleibt Autorität auch für die Kunst der Neuzeit, was den schöpferischen und oft freizügigen Umgang mit dem Vorbild nicht ausschließt.

Das Interesse an den antiken Mythen und mythischen Gestalten erlischt auch im christlichen Mittelalter nicht. Wenn es uns heute schwerfällt, sie in der bildlichen Manifestation als die zu erkennen, die sie darstellen, so u. a. deshalb, weil bis ins 15. Jh. hinein die Autorität bei den schriftlichen Quellen liegt, aus denen das visuelle Äquivalent rekonstruiert wird. Kommt hinzu, daß unser an den klassischen Beispielen geschultes Auge Inhalt und Form, die im wesentlichen von Duktus und Proportion einer Figur bestimmt werden, zu einer untrennbaren Einheit verbindet.

Erst nachdem man antike Bildwerke wiederentdeckt und ihre Bedeutung erkannt hatte, war es möglich, das «irrige» Bild zu korrigieren – ein Prozeß, der im späten 15. und frühen 16. Jh. zum Abschluß kam in einer Zeit, in der der Buchdruck eine Vielzahl mythographischer und literarischer Quellen einer interessierten Leserschaft leichter zugänglich machte. Renaissance und Barock gewinnen (in akribischer Kenntnis der schriftlichen und bildlichen Quellen) den mythischen Gestalten immer neue Aspekte ab. Erst mit Winckelmann vollzieht sich ein Wandel: Die Autorität heißt nun nicht mehr Antike, sondern Archäologie, womit das Ende des schöpferischen Umgangs mit dem Überkommenen vorerst eingeleitet ist. Zunächst noch Vehikel für die Vermittlung moralischer Sentenzen, werden die Mythen mit Goethes Weimarer Preisaufgaben zu Grabe getragen. Erst Symbolismus und Surrealismus (dieser unter dem Eindruck der neuen Wissenschaft Psychoanalyse) setzen sich wieder kreativ mit den alten Mythen auseinander.

Abschnitte A und B sind konzipiert, den beiden folgenden Abschnitten interpretatorisches Rüstzeug zu liefern. Gerade darum ist es wichtig festzuhalten, daß literarische und bildnerische Überlieferung (Wort und Bild) durchaus auch in einem wechselseitigen Verhältnis zueinander stehen konnten und können. Oft genug scheint die literarische Überlieferung sich aus der Welt der Bilder gespeist zu haben. Zudem wird man gelegentlich ein Bildwerk finden, das sich nicht an eine literarische Quelle anschließen ließ. Die mag verloren oder aber auch nur uns verborgen geblieben sein.

Diese Arbeit ist im Laufe vieler Jahre entstanden, in denen die Sekundärliteratur erheblich angewachsen ist und schließlich nicht immer zu Rate gezogen werden konnte. Dazu kommt, daß die Umstände es nötig machten, das ursprüngliche Manuskript um mehr als ein Drittel zu kürzen, was zu großen Teilen durch drastische Reduzierung des Stichwortkatalogs, aber auch durch erhebliche Kürzungen der Artikel selbst geschehen ist. Darum braucht nicht betont zu werden, daß wir in keiner Hinsicht Vollständigkeit erstreben wollten noch konnten.

Gern nehmen wir die Gelegenheit, denen zu danken, die unsere Arbeit gefördert und mit Sympathie begleitet haben, allen voran Klaus Fräßle, Thomas Lersch, W. McAllister Johnson, Andrea Retfalvi, Friedrich Kobler. Dazu gehören auch das Zentralinstitut für Kunstgeschichte in München und sehr wesentlich das Dept. of Fine Art / Grad. Dept. of History of Art der University of Toronto, das vieles erst ermöglicht hat. Dank gebührt schließlich zahlreichen Bibliotheken, speziell der Robarts Library in Toronto, der Bibliothek des Zentralinstituts für Kunstgeschichte in München, der Bayerischen Staatsbibliothek in München, der Bibliothek des Deutschen Kunsthistorischen Instituts in Florenz, der Biblioteca Hertziana in Rom, der Biblioteca Nazionale in Florenz, und sehr entschieden auch der Stadtbücherei am Gasteig in München.

Entscheidend förderlich für Unterfangen und Publikation, erfrischend für die Autoren, war endlich die Begegnung mit dem Herausgeber Dr. Burghard König.

Adonis, griech., im Mittelalter auch Adomas, Adonius, Adon, Adonaj, Adonydes. Von den verschiedenen überlieferten Elternpaaren sind der kyprische Priesterfürst Kinyras und Myrrha, die dessen leibliche Tochter war, das am häufigsten erwähnte (Apollodor, Bibl. 3,14,3 f; Antoninus Liberalis 34; Ovid, Met. 10,431 ff; Hygin, Fab. 58; 251,4; 248). Der Orphische Hymnos 56 nennt –> Persephone als die Mutter.

Sein Kult – die «Adonien» – ist in Griechenland seit dem 7. Jh. v. Chr. bezeugt (in Athen seit dem 5. Jh.). Er wurde im Hochsommer, vor allem von den Frauen, mit der Beisetzung eines hölzernen Bildes begangen, das von Töpfen mit rasch aufgehender Saat, rasch welkenden Blumen umgeben wurde («Adonisgärtlein»; Theokrit 15,112 ff). Jedes Jahr jedoch erstand A. mit dem beginnenden Wachstum in der Natur wieder auf (Kl. Pauly, Bd. 1, Sp. 71).

A Myrrha verliebt sich – nach dem Willen der verärgerten –> Aphrodite / Venus – in ihren eigenen Vater (Apollodor, Bibl. 3,14,4; Hygin, Fab. 251; Myth. Vat I 200). Ohne seine Tochter zu erkennen, zeugt Kinyras mit dem Mädchen einen Sohn, nämlich A. Seine Tat wird ihm bewußt, und er verfolgt Myrrha mit dem Schwert. Als er sie eingeholt hat und zuschlagen will, wird die Frau von den Göttern in einen Myrrhenbaum verwandelt. Nach einer Version der Sage spaltet Kinyras den Baum, dem in diesem Moment das Kind entspringt (Apollodor, Bibl. 3,14,4; Fulgentius, Myth. 3,8, 724, Helm S. 72 f). Nach einer anderen wurde A. nach neun oder zehn Monaten aus dem Baum geboren (Ovid, Met. 10,510 ff; Apollodor, ebd.). Einer dritten zufolge spaltete ein Eber den Baum mit seinen Hauern und befreite das Kind (Servius, Aen. 5,72).

A. war schon als kleines Kind so schön (vgl. Hygin, Fab. 271), daß sich –> Aphrodite / Venus sogleich in ihn verliebte. Unbemerkt von den anderen Göttern, verbarg sie den Knaben in einem Kästchen und brachte dieses zur Aufbewahrung zu –> Persephone / Proserpina, die sich sofort ebenfalls in das Kind verliebte und sich später weigerte, es Aphrodite zurückzugeben. Es kam zum Streit, der schließlich von –> Zeus geschlichtet wurde: Ein Drittel des Jahres sollte A. für sich leben, ein Drittel bei Persephone und für den Rest mit Aphrodite (Apollodor, Bibl. 3,14,4). Apollodor (ebd.) berichtet weiter, A. habe das Drittel des Jahres, das er allein verbringen sollte, dem Anteil der Aphrodite zugeschlagen. Nach Hygin (Astron. 2,6, «Lyra») machte Zeus die Muse Kalliope (–> Musen) zur Schiedsrichterin. Sie entschied, daß A. je eine Hälfte des Jahres bei jeder der beiden Rivalinnen verbringen sollte.

Das Kind wächst heran zum Jäger (oder auch Hirten: Theokrit 3,46 ff), dem Venus sich zugesellt (Ovid, Met. 10,533: «er ihre Sorge, sie sein Geleit». Vielleicht war er damals 18/19 Jahre alt: Theokrit 15,129). Auf der Jagd wird er von einem Eber getötet, den die erzürnte keusche –> Artemis geschickt haben soll (Apollodor, Bibl. 3,14,4) oder der eifersüchtige Mars/Ares (Servius, Aen. 5,77). Augenscheinlich hat ihm das Tier die tödliche Wunde am Schenkel beigebracht (Bion, Adon. Epit. 7 ff; ebd. ausführliche Beschreibung der Beweinung; vgl. Edmonds, The Greek Bucolic Poets 1977, S. 386 ff; vgl. ebd. S. 480 ff). Die Wunde lag nahe dem Gemächte («sub inguine»), sagt Ovid (Met. 10,715). Aus seinem Blut habe Venus eine Blume wachsen lassen, gefärbt wie die Blüte des Granatapfels, aber hinfällig unter dem Wind (Ovid, Met. 730 ff). Auch heißt es, auf der Flucht vor dem Tier (oder zum Sterben?) habe A. sich in einem Feld von Lattich verborgen (Athenaios 2,68b).

Ein Scholiast zu Theokrit (3,48) berichtet, erst nach seinem Tod habe A. jeweils ein halbes Jahr bei Persephone und das andere halbe bei Aphrodite verbracht.

Sogleich nach dem Tod des A. setzt Aphrodite seinen Kult ein, in dem sich ihre Klage um ihn stets wiederholen soll (vgl. Ovid, Met. 10,724 ff).

B Noch heute gilt A. als Sinnbild jünglinghafter Schönheit. Man kann sagen, daß sein Schicksal von Anbeginn durch seine Schönheit bestimmt war und daß er durch sie ebenso Verführer wie Verführter war. Aber er endet als Opfer im eifersüchtigen Widerstreit zweier Frauen, wie er überhaupt recht eigentlich nicht Täter, sondern Opfer ist.

Besondere Charakterzüge sind nicht bekannt. Auch von seiner Erscheinung kann man sich aus den schriftlichen Quellen kaum ein Bild machen. Nach Properz (2,13,53) war er wohl von schneeweißer («niveus») Komplexion, «rosenarmig/-gliedrig» («rodópachys»), sagt Theokrit (15,128). Herrlich an Wuchs sei er und üppig gelockt, sagt der Orphische Hymnos (55; Übersetzung von J.O. Plassmann 1992).

Die symbolisch/allegorische Ausdeutung seines Mythos hat vor allem 1. die Zweiteilung seines Lebens in eine Zeit mit Aphrodite/Venus und danach in eine andere mit Persephone/Proserpina im Blick. Dabei erfährt sein Tod als der Schritt von der einen zur anderen besonderen Sinn. Anderseits hat man ihn 2. als rein erotisches Phänomen gesehen.

1. Die Deutung des A. als Bild für die (reife) Frucht, eigentlich der Feldfrucht, notiert Cornutus (Nat. deor. 28). Demnach veranschaulicht A. Saat und Frucht als «Erfindung» der –> Demeter/Ceres (die vor al-

lem an das Getreide denken läßt), welche die Hälfte der Zeit unterirdisch, die andere Hälfte im Licht verbringt. Der mörderische Eber sei kein anderer als jener, der die Felder zu verwüsten pflegt. Tiefer greift das Verständnis, wonach die reife Frucht wesentlich ihrer Ernte verbunden ist (Ammianus Marcellinus 19,1,11), und so symbolisiere A. genau ein Miteinander von Reife und Tod. Porphyrios: «Adonis ist das Symbol der Ernte der reifen Früchte» (Porphyrios bei Eusebius, Praep. evang. 3,2; vgl. Remigius 1,14.16, Bd. 1, S. 94).

Hieran schließt die astrologische Deutung, die in A. eine Sonnengottheit erkennt (vgl. Macrobius, Sat. 1,21,1 ff). Hier wird der Mythos des jungen Gottes und seiner alljährlichen Wiederkehr so gedeutet: Die Syrer und Phöniker teilen den Zodiakus in zwei Hälften, deren eine die sechs oberen Zeichen, die des Frühlings und des Sommers, deren andere die sechs unteren Zeichen, die des Herbstes und Winters, umfassen. Sechs Monate lang verbringt die Sonne, und das ist A., in der Unterwelt. Jetzt verlängert er die Dauer der Nacht auf der Erde, und man glaubt, daß Venus in dieser Zeit den Geliebten beweine, der von Proserpina in der Unterwelt festgehalten wird. Aber wenn das Licht unsere Himmelshälfte wieder erleuchtet, dann sei A. wieder zurück bei Venus. Der Eber sei ein Bild des Winters.

Remigius (1,14.16, Bd. 1, S. 94) übernimmt den Gedanken und führt ihn weiter, sofern er eine Beziehung herstellt zum Herbst, zur Reife der Frucht und ihrer Ernte (vgl. Myth. Vat. III 11,17).

Christliche Deutung hat Tod und Rückkehr des A. leicht als Gleichnis der Auferstehung Christi verstanden. So bei Origines (in Ezechiel. 8; PG, Bd. 13, Sp. 800) und Hieronymus (in Ezechiel. 8,13 f; PL, Bd. 25, Sp. 83).

Erwähnenswert hier Alexander Ross, Mystagogus Poeticus (London 1648, S. 7 f, Adonis, 8–10; vgl. Ovid, Met. 10,731 ff): «Der junge hübsche Adonis wird von einem Eber getötet. So zerstören Lüsternheit und Geilheit («letchery») Jugend und Schönheit. Dies kann ein Bild sein für unsere Wiederauferstehung, denn obgleich der Tod uns ereilt, so wird er uns doch nicht vernichten, denn unsere Schönheit wird wachsen, und unsere Auferstehung wird sein, wie wenn eine schöne Blume aus dem Boden sprießt. Wenn auch unser Leib vergeht, so wird doch unser guter Name gedeihen und wie eine schöne Blume blühen und duften, wenn wir gegangen sind.»

2. Der grundlegend erotisch-sexuelle Aspekt der Geschichte (Beziehung) wird anschaulich an der Nachricht, wonach die beiden den –> Priapus zeugten (Natale Conti, 1567, Bl. 162ʳ; vgl. –> Dionysos, den

Ausonius, Epigr. 48 und 49, mit A. gleichsetzt; –> Hermes). Man soll den A. sogar – als Sohn der Göttin – für Priapus selbst gehalten haben (Myth. Vat. II 38).

Auf die erotische Natur der Beziehung deutet man auch über die Mutter Myrrha den Namen «A.», welcher im Griechischen («Adon») soviel wie Lieblichkeit / Genuß / Lust (lat. «suavitas») heiße. Fulgentius (Myth. 3,8, 724 f, Helm 1970, S. 72) sagt zum Myrrhenharz, es heiße, Venus sei in Liebe zu dem Sohn der Myrrha entbrannt, weil dieser Stoff («pigmentum») sehr hitzig sei; daher habe denn auch Petronius Arbiter berichtet, daß er zur Erregung der Lust («ad incitamentum libidinis») einen Myrrhentrunk nahm; und auch der Komödienschreiber Sitrius führt die Dirne Glico ein, indem er sie sagen läßt: «Du bringst mir Myrrhe, damit ich rüstiger den Waffen des Mannes begegne.» Über Albricus (Myth. Vat. III 11,17, Bode S. 239) kommt der Gedanke in der Substanz unverändert zu Boccaccio (Gen. 2,52).

Die Hypnerotomachia Poliphili des Francesco Colonna moralisiert den Tod des A. als Züchtigung und Sühne für «impura suavitas», unreine Lust (Bd. 1, S. 366).

Aus dieser Sicht erhält schließlich der Lattich Bedeutung, unter dem A. sich vor seinem Tod verbarg (Athenaios 2,68b). Gemeint ist der Lattich als Anaphrodisiacum (vgl. Plinius, Nat. 19,127; vgl. Gyraldi, Synt. 13, S. 566B; hierzu ausführlich Athenaios 2,69b-d). Es fällt auf, daß man auch sieht, wie die Göttin erst den toten oder sterbenden A. mit dem Kraut bedeckt (ein toter Mann ist impotent!). Den geliebten Phaon soll sie in einem Lattichfeld versteckt und so doch wohl dem Vergnügen anderer entzogen haben (Athenaios ebd.; das Lattichfeld dient hier demselben Zweck wie das Kästchen, in dem sie den Adonis versteckt).

Ein Emblem bei Alciat (1550, S. 85, Held Nr. 90; H. / S. Sp. 344 f) zeigt Venus, die den toten A. mit Lattich bedeckt, zum Epigramm «AMULE-TUM VENERIS», Schutzmittel der bzw. gegen Venus («Mannesschwäche»?).

Während man den erotischen A. wohl eher als Opfer denn als Täter gesehen hat, fand christliches Urteil Anlaß, an seinem Kult (den Adonien) Anstoß zu nehmen, wohl an dessen «lasziven» Aspekten (vgl. Augustin, Civ. 6,7; man spricht von sakraler Prostitution: Kl. Pauly, Bd. 1, Sp. 71).

C Der sprichwörtlich schöne A. wird in der bildenden Kunst als bartloser junger Mann dargestellt. Die Antike und die antikisierenden Meister der

Neuzeit zeigen ihn nackt oder mit einem Schultern und Rücken bedekkenden Mantel. Der Jäger trägt auch eine kurze Tunika oder (seltener) ein Tierfell. In der Regel ist er mit den Attributen des Jägers ausgestattet: mit Speer, Pfeil und Bogen, einem oder mehreren Hunden, in der Neuzeit auch mit einem Jagdhorn. – Im Hellenismus kommt es nicht selten zu einer Vermischung mit dem (allerdings geflügelten) Typus des –> Eros, wobei A. die Gestalt eines Kindes oder Epheben annimmt (vgl. Ovid, Met. 10,515 ff).

Seiner Herkunft entsprechend, ist er manchmal (wie auch z. B. Aeneas) als Orientale gekennzeichnet, so auf dem Bild eines Volutenkraters (4. Jh. v. Chr.; Rom, Musei Vaticani, Inv. 17162), wo A. die phrygische Mütze trägt. Ihr entspricht (in der Neuzeit) die weichfallende «Zipfelmütze», etwa auf Bartholomäus Sprangers Gemälde *Venus und A.* (1596; Wien, Kunsthist. Museum).

Als Geliebter der –> Aphrodite / Venus wird A. zum Gegenspieler und Gegenbild des –> Ares / Mars. Am deutlichsten zeigt dies das Fresko des Giulio Romano in Mantua (Palazzo del Te, Sala di Psiche, 1527 / 28): Mit der kurzen gegürteten Tunika und dem Blumenkranz im Haar bietet er ein Bild der Verweichlichung, und seine panische Flucht macht ihn – unkriegerisch und feige – zum Umkehrbild des Kriegsgottes.

Die tödliche Wunde, die der Eber A. entweder am Oberschenkel oder an der Seite beibringt, erscheint in der Bildkunst meist am Oberschenkel (z. B. auf römischen Sarkophagreliefs; vgl. Jeanne Chenault 1971, S. 73). Daß A. in römischer Zeit trotz seiner tödlichen Verwundung oft stehend gezeigt wird, wirft ein Licht auf einen fundamentalen Wesenszug römischer Kunst, wo die lebensnahe Schilderung mythischer Ereignisse einer spirituellen Auffassung weicht. Die Wunde des A. erhält hier im Grunde attributiven Charakter.

D 1. *Einzeldarstellungen* des A. sind selten, und trotz seiner großen Popularität ist kein Standbild aus der griechischen Kunst bekannt. Unter den wenigen Beispielen auch der Neuzeit ragt v.a. die Skulptur des sterbenden A. von Vincenzo de' Rossi (1525–1587) hervor (Florenz, Bargello). Der zu Tode Verwundete (die klaffende Wunde am rechten Oberschenkel) liegt auf dem Boden, sich auf den rechten Arm stützend. – Zu erwähnen ist ferner die Marmorstatue von Bertel Thorvaldsen (1808 / 32; München, Bayerische Staatsgemäldesammlungen). Der nackte Jüngling lehnt, den Speer in der Rechten, an einem Baumstumpf, an dem seine Jagdbeute (ein Hase) hängt.

2. *Die Geburt des A.* Die Darstellungen folgen überwiegend Ovid, so ein dem Sebastiano del Piombo zugeschriebenes Bild (wohl von einer Truhe; Gegenstück zu *Der Tod des A.*, Privatbes.; s. u.). Lucina, die Göttin der Entbindung, hebt das Kind aus dem geborstenen Baumstamm. Ähnlich sieht dieses Ereignis Nicolas Poussin (Zeichnung 1650; Amsterdam, Rijksprentenkabinet, Inv. 1964:199), der die Szene um die Schar der Nymphen erweitert. Hier hat Myrrha noch ihre menschliche Gestalt, aber aus Kopf und Händen wachsen bereits Zweige.

3. *Aphrodite / Venus und A.* Während in der Antike Jagd und Tod des A. die am häufigsten dargestellten Episoden der Legende sind, richtet die Neuzeit ihr Interesse v.a. auf Venus und A. als Liebespaar, den Aufbruch zur Jagd, aber auch den Tod des A. und die Klage um den Geliebten.

Das Liebespaar (A. ist jeweils als Jäger gekennzeichnet) sieht man schon auf einer Reihe attischer Vasen, so einer dem Aison zugeschriebenen Lekythos (Ende 5. Jh. v. Chr.; Paris, Louvre, Inv. MNB 2109; A. hier bekränzt, mit einer Lyra in der Hand). Meist ist –> Eros anwesend.

Großer Beliebtheit erfreut sich das Thema in der Malerei des 16. bis 18. Jh., die ihm immer wieder neue Aspekte und Nuancen abgewinnt. Ovids «hunc tenet, huic comes est» (Er ihre Sorge, sie sein Geleit: Met. 10, 529 ff, bes. 533) mag Paolo Veroneses Monumentalgemälde in Madrid (Prado: *Venus und A.*) im Sinn haben. Das Paar ruht in einer Waldlichtung im Schatten eines Baums auf einer Rasenbank; Venus fächelt dem Schlafenden Kühlung: ein Bild liebevoller Fürsorge.

Drei Gemälde Bartholomäus Sprangers behandeln das Thema jeweils variierend (Amsterdam, Rijksmuseum; 1596, Wien, Kunsthist. Museum; Dux / Tschechien, Schloßgalerie). Besonderes Interesse der Kunstgeschichte hat die dritte Version gefunden wegen der im Hintergrund dargestellten Jagdszene, die für A. tödlich enden sollte. E. Fučiková (1972) sieht infolge dieser Vorausschau keinen Bezug auf Ovid, für den die Ruhepause nach der Jagd Anlaß für das Zusammensein der beiden ist (Met. 10,556 ff), sondern das Verweilen des A. bei Venus in der ihr zugestandenen Zeit (also vor A. Rückkehr in die Unterwelt).

4. *Venus und A. auf der Jagd.* Zu den seltenen Darstellungen zählt eine Zeichnung von Poussin (Amsterdam, Rijksprentenkabinet, Inv. 1964:199): A. packt einen Hirsch am Geweih, um ihm dem Speer der heraneilenden Venus zu überlassen. Während der Verfolgung des Wilds tritt sie sich einen Rosendorn in den Fuß, abweichend von der Geschichte, die F. Colonna erzählt. Als Quelle gilt Giambattista Marinos Epos «La Rosa» (vgl. Rosenberg / Prat 1994, S. 1124).

5. *A. von Mars verfolgt* –> Ares –> Aphrodite

6. *Der Aufbruch des A.* (auch *Der Abschied des A.*). Nach E. Fučiková (1972) wurde zur Zeit Giulio Romanos in Mantua der Boden für einen neuen Bildtypus bereitet unter dem Einfluß neuer Ausgaben der Werke Theokrits, Bions und des Macrobius.

Eine unmittelbare literarische Quelle für den Abschied des A. von der Geliebten scheint es nicht zu geben. Bei Ovid verläßt Venus den Geliebten, nicht umgekehrt, wie auf den einschlägigen Darstellungen der Bildkunst (nach Met. 10,708 f). Theokrit (15) schildert zwar die Rückkehr des A. aus der Unterwelt, der immer wiederkehrende Aufbruch dorthin kommt hier jedoch nicht zur Sprache.

In Tizians Gemälde sieht E. Panofsky (1969, S. 152 f) den Prototyp für zahlreiche Darstellungen ohne erkennbare literarische Quelle (*Venus und A.*, 1553/54; Madrid, Prado; Gegenstück zu –> *Danae*, ebd.; ferner vier Werkstattrepliken) und spricht zutreffend von einer «Flucht des A.», der sich von Venus losreiße wie Josef von Potiphars Weib. Venus umfaßt leidenschaftlich den knabenhaften A., der aber offenkundig bereits der Jagd entgegenfiebert. Raffaello Borghini (1584/1730, S. 40) bemängelt, daß sich Tizian nicht an den Text des Ovid halte. – Diesem Typus entsprechen zwei der seltenen plastischen Beispiele, die Gruppe *Venus und A.*, 1621, von A. de Vries in Berlin (Staatl. Museen) und die Bronzegruppe vom selben Meister in Bückeburg (Schloßpark).

Der Aufbruch in die Unterwelt dagegen ist (so Fučiková 1972) bei einem Kupferstich von Giorgio Ghisi gemeint (B. 42, nach einem Gemälde von Teodoro Ghisi in Nantes, Musée des Beaux-Arts): A. setzt seinen Fuß im Triumphgestus auf den Kopf des erlegten Ebers, also könne es sich nur um den mythischen Moment des Aufbruchs in die Unterwelt handeln. Auch andere Details der Darstellung scheinen darauf hinzuweisen, daß A. hier bereits zum Heros erhoben ist, der den Tod besiegt hat, um sich ihm in ewiger Wiederholung immer aufs neue zu unterwerfen. Dies entspräche auch der in der Renaissance dominierenden Bedeutung des A. als *kosmische Gottheit.*

Als einer, der sein Schicksal in der irdischen Zeit bereits erduldet hat, ist A. auch auf Poussins *Reich der Flora* gesehen (1631; Paris, Louvre): Er hält in der Linken den Speer, mit der Rechten weist er auf seine Wunde am linken Oberschenkel.

7. *Der Kampf mit dem Eber.* Das selten dargestellte Thema findet sich auf römischen Sarkophagreliefs und einem Mosaik des 5. Jh. n. Chr. (in Yakto, heute Daphne bei Antiochia am Orontes), wo A. gegen den aus

einem Feld hervorbrechenden Eber anstürmt. Er ist hier einer von sechs mythischen, gegen wilde Tiere kämpfenden Jägern, die sich um eine Rosen streuende weibliche Gestalt (eine Büste mit der Beischrift «Megalopsychia», womit Hochmut wie Großmut gemeint sein kann) gruppieren. Alle sechs hatten einst den Zorn einer Gottheit erregt (vgl. Attalah 1966, S. 66)

8. *Der Tod des A.* Als Thema der Bildkunst begegnet es uns in der Antike relativ spät (vor allem in der Pompejanischen Wandmalerei und der römischen Reliefkunst). An den spätrömischen Sarkophagen, deren Reliefs die Geschichte des A. illustrieren, sieht man den tödlich Verwundeten auf dem Boden sitzen oder knien (seltener stehend). Manchmal versorgt jemand seine Wunde. – Anders in der griechischen Vasenmalerei: Hier sieht man den tödlich verwundeten oder toten A. auf eine Kline gebettet; so auch auf einem etruskischen Grabmonument aus Toscanella (Ende 3. Jh. v. Chr.; Rom, Musei Vaticani, Inv. 14.147): Der am Oberschenkel verwundete A. liegt auf einem Prunkbett. – Die neuzeitliche Malerei zeigt A., den Todesumständen entsprechend, in freier Natur auf dem Erdboden hingestreckt, so auf einem Gemälde von Sebastiano del Piombo (um 1508; Privatbes., Gegenstück zu einer *Geburt des A.*): Der fast kindlich anmutende A. ist, vom Keiler überwältigt, zu Fall gekommen.

Die Illumination einer französischen Handschrift (1410–15; London, British Museum, Harley Ms 4431, Bl. 124) zeigt den vom Eber angegriffenen A. rücklings auf dem Boden liegend (der entlaubte Wald im Hintergrund ist als Metapher auf den Winter zu deuten; vgl. Macrobius, Sat. 1,21,4).

Besondere Beachtung verdient ein Gemälde des Sebastiano del Piombo (um 1511/12; Florenz, Uffizien): Vor der Vedute der Stadt Venedig sitzt Venus, die Bildmitte einnehmend mit übergeschlagenem Bein. Amor versucht ihre Aufmerksamkeit auf den abseits liegenden toten A. zu lenken, während drei Mädchen auf einen älteren Mann hinweisen, der in ahnungsloser Einfalt seine Zweihandflöte spielt. Die auffallende Haltung der Göttin erklärt sich aus der Verletzung ihres Fußes an einem Dorn (–> Aphrodite). Bei dem Alten handelt es sich um den Hirten, dem Venus A. anvertraut hatte und den die Nymphen nun ob seiner Nachlässigkeit anklagen (Marino, «Adone»: Hier heißt der Alte «Clizio»; J. Chenault 1971, S. 72 f). Da jedoch das Bild ein Jahrhundert eher entstanden ist als Marinos Epos, muß noch eine ältere literarische Quelle bekannt gewesen sein.

9. *Die Klage der Venus* (auch *A.-Klage*; Ovid, Met. 10,717 f; Bion, Adon. Epit., s. **A**; Giambattista Marino, «Adone», 1623).

In der Neuzeit gehört die A.-Klage – in der antiken Kunst eine Randerscheinung – zu den bevorzugten Themen der A.-Legende. Die Darstellungen folgen bis zum 17. Jh. meist der Schilderung Ovids, auch Bions, dann tritt Marinos Epos «Adone» als Quelle hinzu. – Rosso Fiorentinos Fresko in der Galerie François Ier in Schloß Fontainebleau (1534/36) scheint von Bion inspiriert (E. u. D. Panofsky 1958). Geflügelte, engelgleiche Genien betten den Leichnam auf ein Prunkbett (vgl. die Darstellung auf dem etruskischen Grabdenkmal, s. o.), einer von ihnen versorgt die Wunde. Venus, sich das Haar raufend, im von Tauben gezogenen Wagen, wird von (der launischen) «Fortuna» (Glück) und «Tribulatio» (Trübsal, Not) begleitet. In dem weinend fliehenden Mädchen sieht Panofsky eine der von Bion genannten Bergnymphen (Oreaden). Konkreter Anlaß zu diesem Bild sei der plötzliche frühe Tod des Dauphins François im Jahr 1536 gewesen.

Auf das Epos Marinos oder eine ältere Quelle gehen die Gemälde von Nicolas Poussin (vor 1630; Caen, Musée des Beaux-Arts) und Jusepe Ribera (nach 1637; Cleveland, Museum of Art) zurück. Das Motiv der trauernden Venus, die bei Poussin das Haupt des Toten mit Nektar besprengt, ist, variiert, wohl dem Text des Ovid entlehnt (Met. 10,731 ff): Hier netzt Venus mit dem Blut des A. den Boden, aus dem sogleich eine rote Blüte wächst, wie sie der Granatbaum trägt. – Riberas Werk bemüht wenigstens noch zwei weitere Quellen (J. Chenault 1971): Auf Bion soll die Geste der Venus zurückgehen, die sich eine Rose aus dem Kranz in ihrem Haar reißt (in Abwandlung der Fassung des Themas auf dem Gemälde Riberas, 1637, in Rom, Galleria Nazionale d'Arte Antica, Palazzo Corsini), auf Marino wiederum die Gestalt des Hirten rechts (vgl. das Bild des Sebastiano del Piombo, s. o.). Das Tun der beiden Genien (unten links), die mit einem Seil hantieren, ist nur aus dem ursprünglich vorhandenen Eber zu verstehen, dessen Kopf in der unteren linken Ecke zu sehen war. Die Szene weist auf die Bestrafung des Ebers durch Venus voraus. Ein ähnliches Motiv taucht auf dem Gemälde des Jacopo Tintoretto auf (Paris, Louvre). Hier (im Hintergrund) treiben drei Cupidi den Eber in die Enge. Quelle könnte das Gedicht eines anonymen bukolischen Dichters («Der tote Adonis») gewesen sein (Edmonds, The Greek Bucolic Poets 1977, S. 480–482).

Das Motiv der knienden Venus auf dem Bild von Poussin (s. o.) und dem des P.P. Rubens (*Die Beweinung des toten A.*, um 1614, Jaffé Nr.

254; New York, Mr. and Mrs. Saul P. Steinberg) erinnert vielleicht nicht zufällig an den in der griechischen Kunst feststehenden Typus der *verlassenen Braut*, die in Gestalt eines auf dem Boden hockenden trauernden Mädchens dargestellt wird.

Gelegentlich übernimmt die Darstellung der A.-Klage das Schema der «Marienklage». An eine Beweinung Christi läßt z. B. das Gemälde von Christoph Schwarz denken (2. H. 16. Jh.; Wien, Kunsthist. Museum): Eine weibliche Figur stützt den Leichnam, aus dessen Wunde in der Seite (!) Blut fließt. Wie die «Schmerzensmutter» ringt Venus (von einer Frau gestützt) die Hände. – Im Gegensatz hierzu kann Francesco Colonna (1499 / 1980, Illustration Bd. 1, S. 369), der den Tod des A. als Bestrafung für «unreine Begierde» (Impura suavitas) versteht, nicht mehr als die ikonographische Formel der Beweinung Christi übernommen haben.

10. *Zyklen.* Zyklische Darstellungen finden sich vor allem an römischen Sarkophagen (z. B. in Paris, Louvre, 2. Jh. n. Chr.; Nr. 1666), wo sich kanonisch folgende drei Szenen wiederfinden: *Der Abschied des A. von Venus; die Verwundung durch den Eber; die vergeblichen Bemühungen der Venus, die Wunde zu heilen.*

Eine der seltenen neuzeitlichen zyklischen Darstellungen, von Simon Vouet für das Haus Perrault in Paris geschaffen, ist nicht erhalten. Nach der Beschreibung A.J. Dézallier d'Argentvilles (W. Crelly 1962, S. 261 f) umfaßte er folgende Themen: *Die Geburt des A.; die Toilette der Venus; A. auf der Jagd, gefolgt von Venus; die Eberjagd; der Tod des A. und die Klage der Venus; der tote A., von Nymphen umgeben und in eine Blume verwandelt.*

Lit.: Atallah, Wahib: Adonis dans la littérature et l'art grecs. Paris 1966. Borghini, Raffaello: Il Riposo. Florenz 1584, ed. 1730. Chenault, Jeanne: Antologia di Artisti. Ribera, Ovid, and Marino: ‹Death of Adonis›. In: Paragone 22, 259, 1971, S. 68–77. Crelly, William R.: The Paintings of Simon Vouet. New Haven / London 1962 (Yale Publications in the History of Art 14). Dempsey, Charles: The Classical Perception of Nature in Poussin's Earlier Works. In: Journal of the Warburg and Courtauld Institutes 29, 1966, S. 219–249. Edmonds, J.M.: The Greek Bucolic Poets. Cambridge (Mass.) / London 1977. Freund, Lothar in: RDK 1, 1937, Sp. 195–199, s.v. Adonis. Fučiková, Eliśka: Sprangers Bild «Venus und Adonis» in der Schloßgalerie in Dux. In: Umění 20, 1972, S. 347–362. Panofsky, Dora und Erwin 1958 (–> Allgem. Bibl.). Panofsky, Erwin: Problems in Titian 1969 (–> Allgem. Bibl.). Rosenberg, Pierre / Prat, Louis-Antoine: Nicolas Poussin. Catalogue raisonné des dessins. Milanò 1994. Servais-Soyez, Brigitte, in: LIMC 1981, 1,1, S. 222–229; 1,2, S. 160–170, s.v. Adonis.

Aeolus –> Hephaistos
Agaue –> Hermes
Aglaia –> Chariten
Aglauros –> Hermes
Aiolos –> Hephaistos

Aktaeon, Aktaion, griech, lat. Actaeon. Sohn des und der Autonoë, Tochter des Kadmos. Boiotischer Heros, der sich als Gespenst mit Steinwürfen bemerkbar machte. Erst als man ein Bronzebild von ihm an einem Felsen befestigt hatte, gab er Ruhe (Plutarch, Arist. 11,3; Pausanias 9,38,5). Nach moderner Deutung war er ein alter Berggott, dessen Bilder die Folgen der Hundstage abwehren sollten (Kl. Pauly, Bd. 1, Sp. 223 f).

A Cheiron / Chiron unterweist A. in der Jagd, die ihm zur Leidenschaft wird (Apollodor, Bibl. 3,4,4; Nonnos 5,287 ff) Er hält sich eine Unmenge von Jagdhunden, 50 und mehr werden namentlich genannt (Ovid, Met. 3,206 ff; Hygin, Fab. 181, nennt 82). Artemis / Diana wird ihn in einen Hirsch verwandeln, und seine eigenen Hunde werden ihn zerreißen (Kallimachos, Hymnos 5, über das Bad der Pallas, 110 ff; Apollodor, Bibl. 34,4; Ovid, Met. 3,138 ff; Nonnos ebd.). Für dieses Schicksal werden verschiedene Gründe genannt: 1. Er habe sich um Semele, die Geliebte des –> Zeus, beworben und sich so dessen Zorn zugezogen (Stesichoros bei Pausanias 9,2,3). 2. Er habe sich um Artemis selbst beworben (Diodor 4,81) oder 3. ihr gar Gewalt antun wollen (Hygin, Fab. 181). 4. Er habe die Göttin erzürnt, weil er Wildbret, das man ihr geopfert habe, für seine Hochzeitstafel bestimmte (Diodor 4,81). 5. Er rühmte sich, ein besserer Jäger zu sein als die Göttin (Euripides, Bacch. 337; Diodor 4,81). 6. Am bekanntesten ist die Geschichte, die Ovid erzählt (Met. 3,138 ff):
Nach langer Jagd kommt A. in der Mittagsglut in den Talgrund Gargaphie, welcher der Diana (–> Artemis) heilig ist. Ahnungslos betritt er die Grotte, in der die Göttin mit ihren Gefährtinnen badet, allesamt nackt. Als man des ungebetenen Zeugen gewärtig wird, greift Diana vergebens nach einem Pfeil, schöpft statt dessen Wasser, mit dem sie den Mann bespritzt, wobei sie die Worte spricht: «Jetzt erzähle, du habest mich ohne Gewande gesehen / Wenn du noch zu erzählen vermagst.» Da wächst dem A. ein Geweih am Haupt, der Hals wird lang, die Ohren spitz, die Hände werden zu Läufen, die Arme zu Schenkeln, den Leib umhüllt ein fleckiges Fell. Auch Furcht erfüllt ihn, und er flieht. Doch bleibt ihm ein menschliches Gemüt. Im Spiegelbild des Wassers erkennt er sich als Hirsch. Ratlos ist er, wohin sich zu wenden, da überfällt ihn die Meute seiner eigenen Hunde und zerfleischt ihn (Met. 206 ff). Nach diesem Bericht ist A. schuldlos (ebd. 141).

Anders berichtet Nonnos (5,287 ff). Im Geäst eines hohen Eichenbaums versteckt, verfolgt A. die Göttin mit lüsternen Blicken, betrachtet gierig «Stück für Stück» den jungfräulichen Leib. Als eine Nymphe ihn erspäht hat, ergreift Artemis ihr Gewand, bedeckt schamhaft ihre Blöße und gleitet langsam in das schützende Wasser. Kaum ist der Mann in einen Hirsch verwandelt, hetzt die Göttin mit einem Nicken die Hunde auf ihn. Langsam sollen sie zu Werke gehen: Mit menschlichem Fühlen stirbt A. einen qualvollen Tod. Als die Eltern den Leichnam des Sohns nicht finden, erscheint dieser dem Vater im Traum. Zum Zeichen sollte er noch Köcher und Pfeil unter dem Baum finden, wo alles begann. Die unschuldigen Hunde solle man schonen. Ein geschickter Künstler möge sein Bild auf sein Grab setzen, in Hirschgestalt, doch mit menschlichem Haupt (vgl. Hygin, Fab. 180).

Apollodor (Bibl. 3,4,4) berichtet, daß die Hunde auf der Suche nach ihrem Herrn in die Höhle des Chiron kommen und sich erst beruhigen, als dieser ihnen ein Bild des A. zeigt. Dem Pausanias hat man noch den Felsen gewiesen, auf dem sich A. von der Jagd auszuruhen pflegte und von wo aus er Artemis sah (9,2,3).

B Nach Fulgentius wird A. ein Opfer der Neugier («curiositas»; Myth. Vat. III 3). Mit Hinweis auf Anaximenes meint er auch, dem herangewachsenen A. seien die Gefahren der Jagd bewußt geworden, A. sei ängstlich geworden und habe gleichsam das Herz eines Hirschen bekommen. Die Jagd habe er aufgegeben, gleichwohl sei ihm die Leidenschaft für die Hunde geblieben, die zu füttern er fast sein ganzes Vermögen hergab («pene omnem substantiam perdidit»; – vgl. Lukas-Evangelium 15,13; vgl. Myth. Vat. II 81: «Deswegen, sagt man, sei er von seinen Hunden verschlungen worden»).

K.Ph. Moritz (1795 / 1966, S. 103) meint, A. sei der «jungfräulichen Schamhaftigkeit» der Diana «schreckliches Opfer» geworden.

In der Emblematik findet A. häufiger Beachtung. Bei Alciat (1531, Held 117; H. / S. Sp. 1622 f) nimmt das Lemma IN RECEPTATORES SICCARIORUM auf ihn Bezug (Gefährlicher Umgang mit dem Mordgesindel). Für «Undank», EX DOMINO SERVUS (Vom Herrn zum Knecht) steht er bei Barptolomaeus Anulus (1565, S. 41; H. / S. Sp. 1623). Joannes Sambucus (1564, S. 109; H. / S. Sp. 1623) sieht ihn als Beispiel für «Verderbliche Begierde», VOLUPTAS AERUMNOSA. Für «Vorwitz», NIMIUM VIDISSE NOCET (Zu viel gesehen zu haben, schadet), steht er bei Chrispyn de Passe (1608, Nr. 30; H. / S. ebd.).

Picinello (1681, 3,1,1) sieht in ihm ein Sinnbild des Undankbaren («hominis ingrate») und auch des schamlosen Blicks («aspectus impudici», ebd. 3,1,2).

«Im Ovide moralisé en prose» (de Boer S. 116) wird A. kühn als Christus gedeutet, Diana («Dyane») als Wesen des Göttlichen, das sich im klaren Quell seiner ewigen Glorie badet. Sein Anblick läßt das Menschliche am Gottessohn absterben: Er stirbt am Kreuz, zerrissen gleichsam von seinen eigenen Hunden, den Juden usw.

C *Typus.* Der von seinen Hunden begleitete Jäger trägt Köcher, Pfeil und Bogen, seltener einen Speer (der die Waffe eines anderen mythischen Jägers, des –> Adonis, ist), manchmal ein Schwert, in der neuzeitlichen Kunst auch ein Jagdhorn.

Zu Beginn der römischen Kaiserzeit verdrängen das Pedum (Hirtenstab mit Krümme) oder die Keule die traditionellen Waffen.

Auf einer Skizze des Giambattista Tiepolo (um 1720/22; Bergamo, Privatslg.) kommt A. mit einem Knotenstock daher.

Griechische Vasenmaler der klassischen Zeit stellen A. als schönen Jüngling dar (Glockenkrater des Pan-Malers, 470/460 v. Chr.; Boston, Museum of Fine Arts, Inv. 10185). Als bartloser schöner Jüngling erscheint er auch meist auf den Darstellungen aus nachantiker Zeit, nicht selten in zeitgenössischer Tracht (Paolo Veronese, Gemälde in Boston, Museum of Fine Arts; Bronzestatuette des Alexander Colin, nach 1564; München, Bayerisches Nationalmuseum).

An mittelalterliche Tradition anknüpfend, zeigt François Clouet (*Das Bad der Diana*, um 1550; Sao Paolo, Museu de Arte) den A. im Typus des Ritters.

Zur besonderen künstlerischen Aufgabe wurde die Darstellung der Metamorphose des A. – Bis ins 5. Jh. v. Chr. zeigen ihn die griechischen Vasenmaler ausschließlich in menschlicher Gestalt. Auf spätantiken Darstellungen erscheint A. in beginnender Verwandlung (in menschlicher Gestalt, jedoch mit Geweih).

In der Neuzeit schenken die Künstler diesem Moment größte Aufmerksamkeit. Am populärsten ist der Typus des A. in menschlicher Gestalt mit Hirschkopf (Tizian, *Tod des A.*, um 1559, 1570/75; London, National Gallery; Kupferstich von Georg Pencz, 1. H. 16. Jh.; Brunnenentwürfe für Erzherzog Ferdinand von Tirol, 16. Jh.; Wien, Kunsthist. Museum). Seltener findet sich ein A. in menschlicher Gestalt mit menschlichem Kopf und Hirschgeweih, wie ihn etwa Ferdinand Dietz darstellt (Skulptur 1750; aus dem Park zu Veitshöchheim, heute Frankfurt/M., Liebighaus). Schließlich sehen wir A. ganz in Hirschgestalt, so z. B. bei Giambattista Tiepolo auf einem Gemälde um 1750/60 (Zürich, Slg. Bührle). – Manchmal entdeckt man noch Reste der Kleidung, so auf dem Bild von Lucas Cranach (*Diana und Aktäon*, um 1550; Darmstadt, Hessisches Landesmuseum).

D 1. *A. belauscht Artemis / Diana.* Diese Version der Sage nach Nonnos (5,287 ff) findet in der Bildkunst selten ihren Niederschlag. Augenscheinlich bezieht sich Peter Cornelius mit einem Entwurf zu seinem (im Krieg zerstörten) Fresko im Göttersaal der Glyptothek in München auf diese Episode: A. biegt einen Zweig zur Seite, um die Badenden beobachten zu können.

2. *Artemis / Diana und A. / Actaeon* (*die Verwandlung des A.*; Ovid, Met. 3,138 ff). Die Antike bevorzugt die Darstellung des Todes des A.; die überraschende Begegnung mit der (badenden) –> Artemis fand wenig Niederschlag in der Bildkunst. In der neuzeitlichen Kunst dagegen zählt dieses unverhoffte Zusammentreffen zu den bevorzugten Themen. In der Renaissance entwickelt sich das fortan verbindliche Kompositionsschema: Die eine Bildseite nimmt die Gruppe der Diana mit ihren Nymphen ein, in der anderen erscheint der jugendliche Jäger mit seinen Hunden (Tizian, Gemälde 1559, Edinburgh, National Gallery of Scotland).

Ein zweiter Typus, bei dem die Göttin mit ihren Begleiterinnen im Vordergrund erscheint, während A. in den Hintergrund tritt (Gemälde von Josef Heintz, Rom, Palazzo Barberini; Gemälde von Cornelis de Vos, 1623; Graz, Joanneum), bildet den Ausgangspunkt für ein Motiv, das sich später verselbständigt und zu einem eigenen Bildthema wird: dem *Bad der Diana* (–> Artemis).

Die beiden Figurengruppen können auf die vielfältigste Weise koordiniert sein: vom völlig beziehungslosen Nebeneinander (s. das Gemälde von François Clouet, s. o., das drei Szenen simultan schildert, ohne daß die Akteure voneinander Notiz nähmen) bis zur subtilen Wiedergabe von Emotionen beim gegenseitigen Gewahrwerden, wie auf dem schon angesprochenen Gemälde Tizians (1559; Edinburgh, National Gallery of Scotland).

Seiner Gefährdung bewußt scheint sich A. auf einem dem Annibale Carracci zugeschriebenen Gemälde (Brüssel, Musée des Beaux-Arts): Als Diana ihn entdeckt hat, tritt A. die Flucht an. – Das Gemälde von P. Veronese (um 1560; Boston, Museum of Fine Arts) schlägt wiederum einen eigenen Weg ein: A., der unter hohen schattigen Bäumen liegend Rast gehalten hat, scheint vor der Göttin am Ort gewesen zu sein.

Ins Theatralische gesteigert ist die Schilderung der Begegnung zwischen A. und der Göttin auf dem Gemälde von Giambattista Tiepolo (um

1720/22; Venedig, Accademia). Die Erscheinung des sich verwandeln-
den A. mit maskenhaftem Gesicht und Hirschgeweih läßt an jenes Gespenst denken, als das A. im boiotischen Mythos auftritt (s. o.).

Camille Corot betont auf seinem Bild (1836; New York, Slg. Robert
Leman) die Ahnungslosigkeit, mit der sich A. der Göttin und ihren Begleiterinnen nähert.

3. *Der Tod des A.* Die Beispiele der griechischen Vasenmalerei zeigen
A. entweder auf der erfolglosen Flucht (weißgrundige Lekythos, Athen,
Nationalmuseum, Inv. A 488 [CC883]) oder, von den Hunden angefallen,
zu Boden gegangen (Amphora des Eucharides-Malers, 490/480 v. Chr.;
Hamburg, Museum für Kunst und Gewerbe, Inv. 1966).

Einen Hinweis auf ein Bad der Artemis gibt es nicht, jedoch ist augenscheinlich sie es, die den Tod des A. veranlaßt – sei es durch gebieteri-
sches Ausstrecken des Arms (Relief einer Metope aus Selinunt, Tempel
E, gegen 460/450 v. Chr.; Palermo, Museo Archeologico), sei es, indem
sie selbst ihren Pfeil auf A. richtet (Glockenkrater des Pan-Malers, s. o.).
– Eine plastische Gruppe des von zwei Hunden angefallenen A. (römische Kopie nach verlorenem hellenistischen Original; London, British
Museum, Inv. 1568) zeigt A. stehend, zurückweichend, mit der Rechten
zum Schlag ausholend – ein Motiv, das sich auf zahlreichen Vasenbildern
wiederfindet.

Mit ihrer eigenen Waffe verfolgt Diana den Unglücklichen auch auf
einer der seltenen neuzeitlichen Darstellungen des Todes des A., dem
Gemälde Tizians in London (National Gallery, um 1559, 1570/75). Die
Göttin verfolgt A. mit erhobenem Bogen, während sie mit der Rechten
einen Pfeil aus dem Köcher zieht (–> Artemis). Die Hunde springen A.
an, der, bereits mit Hirschkopf, ins Taumeln gerät.

Lit.: Davitt Asmus, Ute: Fontanellato II. La trasformazione dell'Amante
nell'Amato. Parmigianinos Fresken in der Rocca Sanvitale. In: Mitteilungen des
Kunsthistorischen Institutes in Florenz 31, 1987, S. 3–58. Freund, Lothar in: RDK
1937, 1,1, Sp. 288–293, s.v. Aktäon. Guimond, Lucien, in: LIMC 1981, 1,1,
S. 545–469; 1,2, S. 346–363, s.v. Aktaion. Levine, Stephen Z.: To see or not to see.
The myth of Diana and Aktaeon in the 18th century. In: Ausst.-Kat. «The loves
of the gods», Philadelphia 23.2.-26. 4. 1992, S. 73–95. Panofsky, Erwin 1969
(–> Allgem. Bibl.), S. 161–163. Waterhouse, Ellis K.: Titian, Diana and Actaeon.
Oxford 1952. Willemsen, F.: Aktaionbilder. In: Jahrbuch des Deutschen Archäo-
logischen Instituts 71, 1956, S. 29–58.

Amalthea –> Zeus
Amazonen –> Artemis –> Herakles
Amor –> Eros

Amphion und Zethos, griech. – Zwillingssöhne des –> Zeus (der sich die
Vaterschaft vielleicht mit Epaphos teilt: vgl. Pausanias 2,6,2) und der Antiope (Tochter des Nykteus von Theben oder des Flußgottes Asopos).
Amphion (= A.) ist von –> Niobe Vater zahlreicher Kinder. Zethos (= Z.)
ist bekannt eigentlich nur in Gesellschaft des Bruders.

A Zeus schläft mit der schönen Antiope (einige sagen, er habe sich ihr in Gestalt
eines Satyrs genähert: Ovid, Met. 6,109; Myth. Vat. II 74; Boccaccio, Gen. 5,28).
Als die Frau sich schwanger sieht, flieht sie vor dem Zorn des Vaters zu Epopeus
(oder Epaphus) von Sicyon, der sie heiratet. Nykteus beauftragt Bruder Lykos
mit einer Strafexpedition gegen Sicyon und nimmt sich dann das Leben. So gerät
Antiope in Gefangenschaft. Unterwegs gebiert sie in Eleurethae Zwillinge, die
man aussetzt. Ein Schäfer nimmt sich ihrer an. Sie selbst wird eingesperrt und
von Lykos wie dessen Frau Dirke (vgl. Properz 3,15,11 ff) drangsaliert. Das berichtet Apollodor (Bibl. 3,5,5). Anders Hygin (Fab. 7). Hier vergewaltigt Epaphus
die Frau, erst dann gerät sie an Juppiter. Ehemann Lycus packt das Mißtrauen. Er
läßt die Frau gefesselt in den Kerker werfen, aus dem sie nach dem Willen des
Juppiter entweicht (was Apollodor ganz ähnlich berichtet) und auf den Cithaeron
flieht, wo sie an einem Scheideweg («in bivio») niederkommt. Hier nehmen Hirten die Kinder an und ziehen sie auf wie eigene. Jedenfalls sind es die Hirten, die
den Kindern den Namen geben.
  Einig sind sich alle Berichte wohl auch darüber, daß Antiope zu den Söhnen
flieht, deren erste Tat die Rache an den Übeltätern ist: Ein wilder Stier soll Dirke zu
Tode geschleift haben (vgl. Properz 3,15,37 f). Auch Lycus kam zu Tode, sagt Apollodor (ebd.). Euripides scheint (gemäß Hygin, Fab. 8, mit Hinweis auf Ennius) vor
allem die Dirke als Bösewicht gesehen zu haben. Dem entspricht, daß Merkur dem
Lycus das Leben rettete, indem er die Burschen davon abhielt, auch ihn zu töten,
den Mann aber anhielt, dem A. die Herrschaft über Theben abzutreten.
  Die Zwillinge sind sehr unterschiedlicher Art: Z. ist mit Viehzucht beschäftigt; der Myth. Vat. II (77) nennt ihn einen Bauern («rusticus»). A. verbringt
dagegen seine Zeit mit Musizieren, mit dem Spiel auf der Leier, die er von
–> Hermes haben soll oder von Zeus, von den Musen oder – in einer späten
Überlieferung – von Apoll (s. **B**).
  Gemeinsam machen sich die Brüder sogleich daran, die Stadt mit einer Mauer
von sieben Toren und vielen Türmen zu umgeben (vgl. Homer, Od. 11,263 ff; Remigius wird von 100 Toren sprechen: 9,481.14, Bd. 2, S. 311).

Beim Bau der Mauer macht Z. sich wohl auf übliche Weise ans Werk, während A. dazu die Leier spielt, und die Steine folgen ihrem Klang und fügen sich von selbst in ihren Platz. Diese Kunstfertigkeit des A. macht seinen eigentlichen Ruhm aus und beschäftigt Mythographen und Dichter durch die Zeiten. Homer spricht aber nur vom Bau der Mauer (Od. ebd.), vom Mitwirken der Leier soll zuerst Hesiod reden, der jedoch augenscheinlich beide Brüder spielen sieht (Palaiphat, 42, nach Hesiod, Nr. 96; Evelyn-White, Hesiod 1977, S. 214). Die Standardversion des Mythos sieht einzig A. an der Lyra (Apollodor, Bibl. 3,5,5; Schol. zu Euripides, Phoen. 116; Tzetzes zu Lykophron 436, 598, 1209; Hygin, Fab. 9; Horaz, Carm. 3,11,2; ders., Ars 394; Properz 1,9,9 f; Ovid, Met. 6,176; Seneca, Herc. fur. 262 f u. 915; ders., Oed. 612; ders., Phoen. 566 ff; Statius, Silvae 2,260 ff; ders., Theb. 4,357; vgl. Ovid, Her. 16,181 f, wonach –> Apoll die Mauern Trojas mit der Musik seiner Leier baute).

Eindrucksvoll beschreibt Apollonios Rhodios (1,372 ff) den Mauerbau, wie er ihn auf dem Mantel des Jason bildlich dargestellt sieht. Da sind die beiden am Werk, die Fundamente zu legen. Z. ächzt unter der Last eines gewaltigen Felsens, der Spitze eines Berges. Hinter ihm tändelt A., laut und hell singend zum Klang der goldenen (!) Leier, während ein Felsblock, doppelt so groß wie der auf den Schultern des Bruders, artig seinen Schritten folgt. Nonnos (25,419 ff) beschreibt ein Bild auf dem Schild des –> Dionysos, einem Werk des –> Hephaistos. Zum Klang der siebensaitigen Leier rollt ein ganzer Berg daher, wie durch Zauber, und noch auf dem Bild scheint er zu tanzen. Derweil müht Z. sich mit einer Ladung Steine. Eine lebendige Beschreibung dieses Ereignisses und der Erscheinung des A. gibt auch Philostrat (Imag. 1,10).

Wie dem –> Orpheus sollen dem Spiel auch des A. wilde Tiere gefolgt sein (Pausanias 9,5,8). Remigius meint, in Ausdeutung von Martian, A. habe mit seiner Musik Tote wiederbelebt (9,481.10, Bd. 2, S. 311).

A. war nicht nur berühmt für sein Spiel. Er soll gar die Musik erfunden und der erste Kitharöde, –> Hermes sein Lehrer gewesen sein (vgl. Horaz, Carm. 3,11,1; Plinius, Nat. 7,204; Zeus als Lehrer nennt u. a. Plutarch, Mus. 3; auch die Musen und Apoll werden genannt, vgl. Roscher, Bd. 1, Sp. 313). Myro von Byzanz soll berichtet haben, daß A. der erste war, der dem Hermes einen Altar errichtete, und deswegen habe dieser ihm eine Leier geschenkt. Von den Lydern soll er die lydische Harmonie gelernt, den üblichen vier Saiten der Leier drei weitere hinzugefügt haben. All das erzählt Pausanias (9,5,3 f). Bei Plinius (Nat. 7,204) steht, daß A. der Erfinder der Cithara war. Isidor (Etym. 3,16,1) zählt neben A. und Linus sogar den «Zetus» zu den ersten Musikern.

Über den Tod des A. gibt es widersprüchliche Nachricht. Jedenfalls steht das Ende dieses Kitharöden im Schatten des düsteren Apoll. Zumeist heißt es, er sei gestorben, weil –> Niobe anmaßend die –> Leto und vielleicht auch deren Kinder geschmäht habe. Zur Strafe sterben ihre vielen Kinder an den Pfeilen von Apoll und –> Artemis (–> Niobe; Apollodor, Bibl. 3,5,6; vgl. Myth. Vat. I 156; Myth. Vat. II 71). Auch Amphion fällt (Hygin, ebd.; Myth. Vat. I 156), nach Apollodor (3,5,6) hat er überlebt, nach Ovid hat er sich ins Schwert gestürzt (Met. 6,271 f;

Boccaccio, Clar. mul. 15). Der Mythograph (I 156,4) sagt, er habe die beiden um Gnade für die Kinder gebeten (mit Hinweis auf Iuvenal 6,172 f). Aber es hieß auch, A. selbst habe die Götter geschmäht und weile zur Strafe im Hades (Pausanias 9,5,4). Schließlich liest man auch (Pausanias 9,5,5), daß die Pest ihn hinraffte (was wiederum eine Tat Apolls sein mag). Hygin erzählt, A. habe nach dem Tode der Kinder den Apollotempel zu stürmen und zu zerstören versucht und sei darum vom Gott getötet worden (Fab. 9,4). Rohbehauene Steine an seinem Grabmal sollen einst seinem Spiel gefolgt sein (Pausanias 9,17,5). Z. starb vielleicht aus Kummer über den Tod seines von der eigenen Mutter getöteten Sohnes (ebd.).

B Es fällt auf, daß die Mythographen mit dem Motiv der doppelten Vaterschaft eines Sterblichen und des Zeus / Juppiter sowie mit dem Motiv des Scheidewegs («bivium») die Vorstellung zweier gegensätzlicher und doch einander verbundener menschlicher Anlagen und Kulturmächte herausarbeiten (vgl. die Etymologie der Namen bei Hygin, Fab. 7,3). Dieser Gedanke hat offenbar Euripides in seiner «Antiope» beschäftigt (s. Euripides, A. Nauck, S. 414 ff, Frg. 184 ff).

Das Thema ist eigentlich schon beschlossen in der Erinnerung daran, daß Apoll einst die Lyra eintauschte gegen die Rinderherde (–> Hermes). So setzte der Gott das Spiel über das Nützliche. Um ebendiesen Gegensatz geht es dem Dichter: Z. lädt den Bruder zur Jagd. Als dieser ablehnt, wirft er ihm vor, in seiner Hingabe an Musik und Müßiggang das Nützliche zu vernachlässigen. Nun entbrennt ein Streit, bei dem A. die Seite des Gebildeten einnimmt, der sich dem Studium der Weisheit widmet, während Z. den Part des Tätigen und Tüchtigen hat, der für Nahrung sorgt und dem Gemeinwohl dient. Jetzt preist der Chor glücklich den, der sich den Musen widmen darf, nur Sklaven sei dies verwehrt. Darauf Z.: Er mißbillige nicht solche Studien, wenn man sich in ihnen nicht völlig verliere und dabei das eigene Wohl und das der Freunde und der Gemeinschaft vernachlässige. Zuviel sei schädlich, und Überdruß verschaffe, was keinen Wechsel kennt: «Wenn die Sonne immer am Himmel stünde, würde ihr feuriger Hauch die Frucht der Erde verbrennen. Verdorren würden die Früchte der Erde durch Kälte, wäre da immer Nacht.» Der verständige A. fügt sich den Gründen des Bruders und legt die Leier beiseite (vgl. Horaz, Ep. 1,18,41 ff). In dieser Geste sind Rat und Tat, sind theoretisches und praktisches Leben einander verbunden.

Die Herrschaft über Theben wird A. übernehmen, die Mauer aber bauen die Brüder gemeinsam, jeder trägt das Seine dazu bei: A. weiß um die Ordnung, Z. um das Handwerk.

Die Tiefe dieses Verständnisses hat keine andere Deutung der Geschichte je wieder erreicht (vgl. eine Paraphrase zur «Antiope» des Euripides bei Dio Chrysostomos, Or. 72,10). Pacuvius sieht in ihr nur noch das Bild von Müßiggang («otium») und Tätigkeit («negotium») im Widerstreit miteinander. Kennzeichnend ist, daß er, der Römer, der Musik augenscheinlich ihren zentralen Rang nimmt (vgl. E. H. Warmington 1982, Bd. 2, S. 158–170; Pacuvii Fragmenta, Rom 1967, S. 45).

Andere Deutungen sehen nur den A. und seine Musik, von Z. ist selten die Rede. Macrobius (Comm. 2,3,8 f) sieht in der Geschichte vom wunderbaren Mauerbau ein Bild für die ordnende, kultivierende Macht der Musik. Vielleicht im Anschluß hieran sagt der Myth. Vat. III (8 u. 20, Bode S. 212), die Geschichte von der Steine bewegenden Musik sei ein Bild außerordentlicher Beredsamkeit, mit der A. Menschen, die zuvor dumpf und gesetzlos weit verstreut dahinlebten, zu einem zivilisierten Leben in Gemeinschaft und zum Bau einer Mauer zum Schutze aller überredete (Boccaccio, Gen. 5,28; Petrarca, Fam. 19,18,25; ders., Canz. 28,66 ff; vgl. Hederich Sp. 233; Fr. Pomey 1694, S. 389). Noch K.Ph. Moritz (1795 / 1966, S. 253) übernimmt den Gedanken der «Redekunst», in dem sich immer noch die den Alten, besonders den Griechen, eigene Vorstellung von der Einheit von Musik und Sprache widerspiegelt.

Eines der wohl seltenen Embleme sieht den A. ganz im Geiste der Musik. Unter dem Lemma «Frieden» (PAX) steht er bei Petrus Costalius (1555, S. 312; H. / S. Sp. 1613). Das Epigramm spielt mit den Wörtern «corda» (= Saite), «concors» (= Einklang) und «concordia» (= Eintracht), die im Spiel des A. die Mauer bauen und die einst wilden Menschen in Einmütigkeit («unanimitas») zusammenbinden.

Bei Picinello (1681) steht A. als Symbol des Friedensbringers («Pacificator»), als Symbol der Psalmodie und Musik (3,6,19) und als Symbol der Eintracht («concordia», 3,6,20). Die meisten dieser Gedanken faßt Hederich (Sp. 234) zusammen, wenn er referiert, daß das Bewegen der Steine für einen Beweis gehalten werde, «wie kräftig die Musik oder auch die Beredsamkeit sey. … Wenn aber solches insonderheit durch die Cither geschehen seyn soll, diese aber ein Bild der Einträchtigkeit ist, so will man daher noch beweisen, daß nichts eine festere Mauer um die Stadt und dergleichen bauen könne als die Eintracht und gute Harmonie der Einwohner.»

Wegen seiner musikalischen Kunstfertigkeit hat man den A. oft zusammen mit –> Arion, besonders aber mit –> Orpheus gesehen (Claudian, Stil. 2,170; Properz 3,1,43; Martian 9,906 ff, Dick S. 480 f; vgl. Remigius 9,482.3, Bd. 2, S. 312; usw.). Ein «Ägypter» habe A. und Orpheus für Zauberer gehalten, sagt Pausanias (9,5,8). – Selten wohl auch ein Bezug auf das Ende. Natale Conti (1567, 8,15, Bl. 257) vermerkt, daß A. an seinem Hochmut zugrunde gegangen sei (–> Niobe; vgl. Hederich Sp. 234).

A. und Z. sind schon im Altertum als boeotisches Gegenstück zu den Dioskuren gesehen worden (Kl. Pauly, ebd.).

D 1. *A. und Z.* (Euripides, Ant.; Horaz, Ep. 1,18,41 ff). Die Auseinandersetzung der beiden Brüder ist Thema eines hadrianischen Reliefs (Rom, Palazzo Spada; Inv. 1620): Die Zwillinge (als bartlose Jünglinge dargestellt) sind offensichtlich im Gespräch begriffen. A. (rechts, stehend) hält die Leier, den Anlaß für das Streitgespräch (s. **B**), in der Rechten, Z. (links), auf einem Felsen unter dem Standbild der –> Artemis sitzend, wendet sich unmutig dem Bruder zu.

2. *A. baut die Mauer von Theben (Allegorie der Redekunst).* Das Thema ist Teil eines Freskenzyklus von Giambattista Tiepolo, der die Macht der Redekunst veranschaulicht (um 1724/25; Venedig, Palazzo Sandi: –> *Orpheus fordert Eurydike von Hades zurück*; –> *Bellerophon tötet die Chimaira; Herkules/–> Herakles und die gefesselten Kerkopen*). A., die Harfe spielend, wirft nur einen flüchtigen Blick über die Schulter, wo eine mächtige Bastion entsteht und die Steine vor den Augen der staunenden Menge zu den Klängen des Saitenspiels von selbst an ihren Platz fliegen.

Lit.: Heger, Franz, in: LIMC 1981, 1,1, S. 718–723; 1,2, S. 571–574, s.v. Amphion. Langedijk, Karla: Baccio Bandinelli's Orpheus. In: Mitteilungen des Kunsthistorischen Institutes in Florenz 20, 1976, S. 33–52. Nauck, A. (Hg.): Euripides, TGF, 1964. Szilágyi, András: Amphion playing the Lyre. In: Renaissance Studies in honor of Craig Hugh Smyth. Florence 1985 (2: Art, architecture), S. 477–492.

Amphitrite –> Poseidon
Amymone –> Poseidon
Anchises –> Aphrodite

Anteros, griech., lat. auch Anticupido. Sohn der –> Aphrodite / Venus und des Mars / –> Ares (Cicero, Nat. 3,60). Nach Pausanias (6,23,3) nannte man ihn so in Elis und in Athen.

A Personifikation der Gegenliebe in Beziehung zu –> Eros, in der sich das agonale Verhältnis der Liebenden zueinander ausdrückt. Dazu erzählt Gyraldi (Synt. 13, S. 564B) eine Geschichte nach «Porphyrius». Der Säugling Cupido / Eros sei nicht so recht gediehen. Da habe Themis die Mutter belehrt, daß das Kind des A. bedürfe, der seinem Los derart entsprechen müsse, daß sie einander gegenseitig beschäftigten. Entsprechend gebar Venus den A., und sogleich habe Cupido zu wachsen begonnen und Flügel wie Federn gespreizt. In Gegenwart des A. sei Cupido stets schöner und größer, in dessen Abwesenheit aber hinfällig erschienen.

Dagegen soll Platon von einem Eros als dem Gegner der wahren Liebe gesprochen haben (Gyraldi, Synt. 13, S. 564B; s. Anth. Pal. 16,252). Das scheint den A. mit der «irdischen» Liebe im Gegensatz zur «himmlischen» gleichzusetzen (vgl. Platon, Symp. 180e). Im Gegensinn habe «Proclus» in ihm die himmlische Liebe gesehen, welche die Seele vom Leiblichen abwendet (Gyraldi ebd.). Servius (Aen. 6,520) hält den A. für die Macht, welche die Liebesbeziehung auflöst. Auf der Ebene des Wettstreits im Bereich der Palaestra erscheint der Gegensatz der beiden in folgender Geschichte: Im Gymnasion von Elis habe es bei den Plätzen für die jungen Ringer ein Relief gegeben, das zeigte, wie A. dem Eros die Siegespalme aus der Hand zu entwinden trachtet (Pausanias 6,23,5; zur Liebe als Ringkampf z. B. Ps.-Lukian, Onos 8 ff).

In Athen bezeugte ein Altar vor der Akademie die rächende (heimzahlende) Macht des A. in Erinnerung daran, daß Meles die Liebe des Timagoras verschmäht und ihn veranlaßt hatte, sich in den Tod zu stürzen: Reuevoll warf er sich selbst hinterher (Pausanias 1,30,1; nach Suda sei «Meletus» der Liebhaber gewesen: Gyraldi, Synt. 13, S. 564 A; vgl. Cartari 1647, S. 258 f). Der Gedanke der Gegenseitigkeit liegt wohl auch der Gleichsetzung des A. mit der Vergelterin Nemesis zugrunde (vgl. Anth. Pal. 16,251; Servius, Aen. 6,520).

Alciat (1531, D6B, Held Nr. 103; H. / S. Sp. 1767) sieht in A. ein Bild der Tugendliebe («amor virtutis» = A.), welche die (kleinere) Sinnenliebe («Cupido») in Fesseln legt, was augenscheinlich an den Gegensatz von himmlischer und irdischer Liebe anschließt (auch hier wird Nemesis bemüht!). Der Größenunterschied der beiden veranschaulicht ihre moralische Bewertung. Ein anderes Emblem (ebd. Nr. 110) macht ihn zum Liebhaber der vier Kardinaltugenden (vgl. Alciat 1531, E b, Held Nr. 104, A. mit vier Kränzen als AMOR VIRTUTIS; H. / S. Sp. 1767 f).

In seiner Erscheinung scheint man sich den A. als das Ebenbild des Gegenspielers vorstellen zu sollen, jedenfalls auch geflügelt.

C In der Bildkunst entspricht das Aussehen des A. dem des –> Eros.

D 1. *Venus und Merkur präsentieren Eros und A. den Juppiter* (Quelle nicht identifiziert). Das Gemälde von Paolo Veronese (um 1562; Florenz, Uffizien) behandelt diesen seltenen Bildgegenstand. Eros als Kleinkind (schon auf eigenen Beinen neben Venus) ist offenkundig das ältere der Kinder. Merkur hält den Säugling A. in den Armen, zu Juppiter (auf hohem Sockel, vom Bildrand überschnitten) aufblickend.

2. *Zyklen.* Ein Freskenzyklus im Palast des Ludovico il Moro in Ferrara illustriert die auf Porphyrius (s. **A**) zurückgehende und von Celio Calcagnini ausgeschmückte, in Distichen verfaßte Geschichte von Eros und A. (Fresken von Benvenuto Tisi, gen. Garofalo; Lünetten im ehemaligen Schlafgemach, 1510/14 oder 1517/19). Die wichtigsten Episoden nach der Hochzeit von Venus und –> Hephaistos sind: die Geburt des Eros, Venus im Wochenbett und das Bad des Neugeborenen, das Juno Lucina vornimmt. Venus mißt die Größe des Kindes. Sie ist enttäuscht, da das Kind offenbar nicht wächst. Themis rät ihr, einen zweiten Eros zu gebären. Vater dieses zweiten Eros – des Anteros – wird Mars, und Venus bringt ihn zwischen Blumen zur Welt. Als sie dann die Größe der Kinder mißt, sind beide gewachsen. Die Quintessenz der Geschichte nach Calcagnini selbst: Liebe kann nur durch Gegenliebe (A.) wachsen und gedeihen.

Lit.: Panofsky, Erwin 1967 (–> Allgem. Bibl.), S. 95–129 («Blind Cupid»). Schwarzenberg, Erkinger: Die Lünetten der ‹Stanza del tesoro› im Palast des Lodovico il Moro zu Ferrara. In: Arte antica e moderna 26, 1964, 1, S. 131–150; 2, S. 297–307.

Antiope –> Zeus

Aphrodite, griech., auch Cypris, Kytheraia, Anadyomene, Urania; etr. Turan, lat. Venus. Eine der Zwölfgötter. Göttin der Schönheit und Liebe, überhaupt der geschlechtlichen Fortpflanzung von Mensch und Tier. Tochter des –> Zeus und der Titanin Dione (Homer, Il. 5,370 f; Euripides, Hel. 1098; Apollodor, Bibl. 1,3,1; Hygin, Fab., praef. 19) oder das Kind des Himmels (Uranos), das man die «Schaumgeborene» nennt (Hesiod, Theog. 188 ff). Noch andere Eltern und Umstände werden genannt. Cicero nennt vier Veneres (Nat. 3,59). Über Verbindungen und Kinder s. u.

Historisch ist A., wie sie im Mythos vor uns tritt, eine ursprünglich eher komplexe Erscheinung, in der indogermanisch-hellenische und ägäisch-orientalische Bestandteile verschmolzen sind (Kl. Pauly, Bd. 1, Sp. 425 ff). In der Berührung mit der lateinischen Welt verbindet sie sich (spätestens seit dem 4. Jh. v. Chr.) mit der römisch-italischen Venus, die besonders seit dem 1. Jh. v. Chr. die Vorstellung von der «Venus Victrix» (der sieghaften) mitbringt und durch den Sohn Aeneas als Stammutter («Genetrix») der Gens Julia und des römischen Volkes auch politische Bedeutung erlangt (Kl. Pauly, Bd. 5, Sp. 1173 ff), was sich in der Mythographie niederschlägt und im folgenden jeweils vermerkt werden soll.

A Die im erhaltenen Mythos bekannteste A. ist die «Schaumgeborene». Hesiod (Theog. 163 ff) beschreibt mit ihrer Geburt zugleich ihre Bestimmung. Demnach ist sie merkwürdigerweise das Geschöpf nicht einer elterlichen Vereinigung, sondern der Trennung: Mutter Erde (Ge / Gaia) ist der gewalttätigen Fruchtbarkeit des Gatten Himmel (Uranos) überdrüssig und sinnt auf Trennung. Als Uranos einst kommt, die Nacht mitbringt und voller Liebesverlangen sich über Ge legt, da springt –> Kronos, der seiner Mutter willfährige Sohn, aus dem Versteck und schneidet mit einer (steinernen) Sichel dem Vater das Gemächt vom Leib. Er wirft es sogleich hinter sich vom Land in die wogende See. Dort treibt es hinaus, während um das «unsterbliche Fleisch» sich ein weißer Schaum breitet, aus dem ein Mädchen hervorwächst. Fulgentius (Myth. 1,2 628, Helm 1970, S. 18) wird die Geschichte sich eine Generation später abspielen sehen, und das Gemächt, aus dem Venus entsteht, ist das des Saturn / Kronos, das Juppiter / Zeus ihm abschnitt (s. Myth. Vat. III 1,7; vgl. Hederich Sp. 1404).

Andere Vorstellungen von der «Geburt» der Göttin haben sich in der lateinischen Welt erhalten oder entwickelt. Während in der Uranos-Geschichte nach Hesiod der fruchtbare Schaum direkt aus dem Glied entsteht (vgl. Fulgentius, Myth. 1,2, 626, Helm 1970, S. 17), meinen andere, er sei aus dem Blut entstanden, das Kronos / Saturn in das Wasser vergoß (Isidor, Etym. 8,11,76; Rabanus Maurus, Sp. 432). Wieder andere erwähnen nur das Glied als den Ort ihres Ursprungs (z. B. Libellus 1, H. Liebeschütz 1926, S. 117). Der merkwürdige Vorgang entbehrt der Anschaulichkeit. Anschaulicher dagegen Plautus (Rudens 704): A. sei aus einer Muschel geboren. Nach Lygdamus (= Tibull 3,3,34) ist sie in einer Muschel nach Cypern gereist («vecta»), was die Geburt aus dem Schaum nicht ausschließt (vgl. E. Wind 1968, S. 263 f). Natale Conti meldet die Überlieferung, wonach Venus in einer fruchtbaren («ferax») Perlenmuschel entstand, mit der sie dann auch nach Cypern reise wie in einem Boot («navigavit»; 1567, 4,14, Bl. 119^v, Zeile 3 f; vgl. Statius, Silvae 1,2,117 f; Polizian, Giostra 1,99,8). Das ist eine für die bildende Kunst folgenreiche Vorstellung (vgl. Gyraldi, Synt. 13, S. 532B). Noch seltsamer die Geschichte bei Hygin (Fab. 197): Ein riesiges Ei («mira magnitudine») sei vom Himmel in den Euphrat gefallen. Fische schoben es an Land, Tauben brüteten es aus und befreiten daraus Venus, die man später Syria nannte.

Augenscheinlich tritt A. als reife Frau in die Welt (wie –> Athena). Das geschieht irgendwo auf hoher See, und erst eine Seereise – auf Schaum oder Muschel – bringt sie an Land. Der Homerische Hymnos (6, an A., 2 ff) weiß, daß Zephir (der fruchtbare Westwind) sie zunächst zum «heiligen Kythera» (vor dem
Südende des Peloponnes) lenkte und erst dann nach Cypern. Dort landet sie, vielleicht in Paphos (Homer, Od. 8,362 ff; vgl. Philostrat, Imag. 2,1,4; A. Fairbanks
1979, S. 130), als ehrfurchtgebietende und wunderschöne Göttin, und wie zum
Zeichen ihrer fruchtenden Macht sprießt sogleich Gras unter dem Tritt ihrer
zierlichen Füße. Nicht nur an Land geht sie, sie empfängt die Insel wie ein Lehen
(Homer. Hymnos 6, an A., 2 ff). Dort bereiten die –> Horen ihr einen Empfang:
Sie kleiden sie, schmücken sie kostbar und führen sie zum freundlichen Will-
komm den Unsterblichen zu. Auffällig, daß der Hymnos da ein Auge hat nur für
die Herren: Ein jeder von ihnen wünscht sich das Mädchen zur Frau. So zeigt die
Göttin sogleich ihre eigentliche Gewalt: «süßes Verlangen weckt sie den Göttern», überwältigt die Menschen, die Vögel, «die Scharen der Tiere», auf dem
Land und im Meer (Homer. Hymnos 5, an A., 2 ff; Übersetzung von Anton Weiher 1989). Alle erliegen ihrem Zauber, außer drei Göttinnen: Athena, –> Hestia
und –> Artemis. Bei Lukian bleiben auch die –> Musen von ihr unbeeindruckt
(Dial. deor. 19). Mächtiger gar als –> Zeus sei sie, steht bei Moschos (2,75 f, J.M.
Edmonds 1977, S. 434: «Europa»). Nach Laune verwirrt sie ihm die Sinne und läßt
ihn nach sterblichen Weibern greifen (Homer. Hymnos 5, an A., 37 f). Ovid erzählt (Met. 5,369 ff; Myth. Vat. II 93), sie habe dafür gesorgt, daß Orcus (–> Hades) sich in die Proserpina / –> Persephone verliebt und sie entführt, womit sie
sich ein Drittel des Weltalls sichert und das Mädchen der erhofften Jungfräulichkeit entreißt.

Wie der Göttervater wehrlos ist gegen sie, so ist sie selbst wehrlos gegen ihn,
der sie sich gleichsam im eigenen Netz verstricken läßt: Er macht, daß sie sich in
einen Sterblichen verliebt, in Anchises, der zu den Schönsten gehört haben soll
(Homer. Hymnos 5, an A., 45 ff; Hygin, Fab. 270,1) und dem sie Aeneas und Ly-
ros gebären wird (Apollodor, Bibl. 3,12,2).

Anchises ist vielleicht gar nicht der erste in der Reihe der Liebhaber der
A. / Venus. Eine spätantike Geschichte erzählt von einer Affäre, noch ehe sie dem
Meer entstieg. Ihr Geliebter sei Nerites gewesen, einziger Sohn des Nereus und
der schönste Mann unter Menschen und Göttern (Aelian, De anim. 14,28).

Irgendwann heiratet sie den –> Hephaistos, doch soll sie mit ihm keine Kinder
gehabt haben (Natale Conti 1567, 4,13, Bl. 122 ᵣ, Zeile 24 f). Andere sind hierzu anderer Meinung (s. u.).

Fruchtbar ist die Affäre mit –> Ares (Homer, Od. 8,267 ff). Ihm habe sie Phobos (Schrecken) geboren und Deimos (Furcht) sowie Harmonia (Hesiod, Theog.
933 ff; Apollodor, Bibl. 3,4,2; Hygin, Fab., praef. 29).

–> Hermes / Merkur soll mit ihr den schönen Hermaphroditos gezeugt haben
(Ovid, Met. 4,288), auch den eher ungestalten –> Priapus (Hygin, Fab. 160), der
aber gewöhnlich als ihr Kind von –> Dionysos gilt (Pausanias 9,31,2; Diodor
4,6,1). Von –> Poseidon / Neptun habe sie die Rhodos und den Eryx (Myth. Vat. I

94; Natale Conti 1567, 4,13, Bl. 122 ^{r}), der aber auch ein Sohn des Argonauten Butes sein soll (Hygin, Fab. 14,27 u. 260). Mit Sol habe sie Electryone und fünf weitere Kinder gezeugt, sagt Natale Conti (1567, 4,13, Bl. 122 ^{r}, Zeile 23 f). Aus der Affäre mit –> Adonis ging vielleicht Golgos hervor (Hederich Sp. 1165 f, mit Hinweis auf Scholie zu Theokrit 15,100). Man sagt auch, Suadela (griech. Peitho = Überredung) sei ihr Kind, ein Vater wird anscheinend nicht erwähnt (Natale Conti 1567, 4,13, Bl. 122 ^{r}, Zeile 15 f).

Eine besondere Bewandnis hat es mit –> Eros / Amor / Cupido. Nach Hesiod (Theog. 201 ff) ist er ihr Gefährte von Anbeginn, älter als sie, eine kosmogonische Macht: der schönste der Unsterblichen, der Göttern und Menschen die Glieder löst und den Verstand nimmt und den klugen Ratschluß. Später meint man, er sei ein Kind der A. von Ares oder Hephaistos (Nonnos 5,135 ff; Seneca, Oct. 557 ff; Servius, Aen. 1,664; Myth. Vat. II 35). Es hieß auch, Venus habe ihn aus sich allein geboren (Boccaccio, Gen. 3,24 u. 23; vgl. die Geburt des –> Hephaistos). Bei Ovid (Met. 5,365) nennt sie ihn ihre Waffe und Hand, ihre Macht und Gewalt.

Cicero unterscheidet zwar vier Veneres (Nat. 3,59), kennt aber nur drei Cupidines: Einer ist Kind des Merkur und der ersten Diana, der nächste Sohn von Merkur und der zweiten Venus, der dritte ist eigentlich –> Anteros und Sohn des Mars mit der dritten Venus (Nat. 3,60).

Einzig für A. / Venus unter den Göttern gilt, daß ihr Liebesleben die Substanz ihres Wesens und ihrer Berufung veranschaulicht, und was immer überhaupt sie tut, sie tut es im Sinne ihres Auftrags: Sie liebt und stiftet Liebe, bringt die Geschlechter zusammen (Homer, Il. 14,198 f), doch solches keineswegs immer zum Guten der Beteiligten und oft auch gegen deren Willen.

Besonders anschaulich wird ihre Macht am Umgang mit Ares / Mars, dem Krieger. Wie die beiden frech sich gleich im Bett des Hephaistos treffen, zeigt die Gewalt der Göttin und zugleich die Dringlichkeit des Anliegens. Als der Betrogene listig die beiden beim Liebesspiel fängt und veröffentlicht, ist es augenscheinlich nur der Mann, der zum Opfer der Lächerlichkeit wird. Ein Gedicht zeigt A. und den Gehilfen Eros beim Zubereiten der – von Hephaistos geschaffenen! – Waffe, mit der sie den Ahnungslosen überwältigen werden (Anacreontea 28). Wie nach einer verlorenen Schlacht zieht er sich eilig in das ferne, heimatliche (wilde) Thrakien zurück (Homer, Od. 8,361). Die «lächelnde» Göttin aber geht, wie nach einer erfolgreichen Expedition, nach Paphos und läßt sich dort von den Chariten zu ihrer gehörigen Pracht – ihrem Kampfanzug – wiederherrichten, «ein Wunder zu schauen». So sieht Homer (Od. 8,362 ff) die Geschichte. Andere werden später auch die Göttin als Opfer sehen. Während die Odyssee darauf nicht achtet, zeigt Ovid (Ars 2,583 f) die beiden nackt, weder Gesicht noch Scham kann ihre Hand bedecken; der spöttische Lukian (Dial. deor. 17) sieht augenscheinlich nur Aphrodite splitternackt; A. habe kaum die Tränen halten können (Ovid, Ars 2,582).

Auf ihre Weise hat A. sogar die Macht, Weltgeschichte zu machen, denn der Krieg um Troia ist eigentlich ihr Werk, das im eitlen Streit mit Hera und Athena aus dem Anspruch auf Geltung ihrer Schönheit folgt. –> Paris entscheidet die Konkurrenz zugunsten der A./Venus, denn sie verspricht ihm die Ehe mit der schönsten aller (sterblichen) Frauen, mit Helena, die sie selbst auch listig zum Zweck verführt (Homer, Il. 3,383 ff; s. auch deren Vorwürfe gegen A., ebd. 3,399 ff u. 3,428 ff; vgl. die Kyprien: Proklos, Chrest. 1, wo A. den Paris [Alexandros] ein Schiff bauen läßt und ihn mit der Helena zusammenbringt). Davon hält der Mann mehr als von den Versprechungen der anderen (–> Hera; vgl. Hygin, Fab. 92; Apollodor, Epit. 3,1; Myth. Vat. I 208). So gerät sie in den Krieg auf seiten der Troer (mit –> Ares, –> Apoll, –> Artemis und Xanthos: Homer, Il. 20,38 ff), während die beiden unterlegenen Konkurrentinnen es mit den Griechen halten.

A. scheut nicht das Kampfgetümmel, aber sie ist keine Kriegerin wie auf der Gegenseite –> Athena, sondern recht eigentlich ein Schutzengel der Troer, v. a. aber für Sohn Aeneas, Liebhaber Ares und Günstling Paris. Diomedes trifft den Aeneas schwer (Homer, Il. 5,305 ff), und der wäre verloren, würde nicht A. ihre Arme und ihr «strahlend helles Gewand» wie einen Schutzmantel gegen die Geschosse der Danaer um ihn halten (ebd. 5,314 ff) und ihn schließlich aus dem Kampf tragen (ebd. 5,318). Den von Athene zu Boden gestreckten Ares nimmt sie hilfreich bei der Hand (ebd. 21,416 ff). Dem im Kampf mit Menelaos in eine mißliche Lage geratenen Paris schneidet sie in höchster Not den Helmriemen durch und entrückt ihn dann, «in vielen Nebeln ihn hüllend», in seine «von Wohlgerüchen duftende Kammer» (ebd. 3,369 ff). Ihre schützende Hand scheint Paris häufiger vor dem Tod gerettet zu haben (ebd. 4,10 ff). Den Leib des toten Hektor bewahrt sie vor Entwürdigung, indem sie ihn in eine Salbe aus rosenduftenden ambrosischen Ölen hüllt: Kosmetik und Schönheit als Schild und Waffe (ebd. 23,184 f; –> Hera). So gerüstet geht A. in einen Krieg, für den ihr das Handwerk fehlt und die Kraft. Weil er ihre Schwäche erkennt, greift Diomedes sie an (ebd. 5,330 ff), als sie gerade Aeneas davonträgt (s. o.); seine Lanze durchschneidet den Peplos und verletzt sie nahe der Handwurzel, Blut fließt, Ichor, der «ambrosische» Lebenssaft der Götter (vgl. Vergil, Aen. 11,276 f). A. schreit auf und läßt den Sohn fallen (Il. 5,343). Apoll wird ihn entrücken, sie selbst wird von –> Iris im Streitwagen des Bruders Ares (ebd. 358 ff) aus dem Getümmel geführt und sucht Trost bei Mutter Dione, die ihr auch die Wunde behandelt, die Blutung stillt. Später, als sie dem Ares aus der Bedrängnis helfen will (ebd. 21,402 ff; 416 ff), nimmt Athene die Gelegenheit, sie mit einem kräftigen Schlag gegen die Brust zu Boden zu schicken, wo sie neben den Liebhaber zu liegen kommt. Dazu muß sie sich noch den ironischen Spott der Athene anhören (ebd. 21,428 ff). «Hundsfliege» nennt Hera sie bei dieser Gelegenheit (ebd. 21,421). Tröstlich klingen die Worte von Vater Zeus: «Dir sind nicht gegeben, mein Kind, die Werke des Krieges./Wende dich lieber zu den lieblichen Werken der Hochzeit!/Dies wird alles Athene und Ares, der schnelle, besorgen» (ebd. 5,428 ff).

Wo sie selbst die Waffen bestimmt, im Zweikampf der Geschlechter, und wo sie ihrem ureigenen Geschäft nachgeht, da zeigt A. sich ebenso unnachsichtig gegen Widerspruch und Respektlosigkeit wie fürsorglich für ihre Günstlinge.

Im Strafen ist sie einfallsreich. Weil sie ihr den Respekt versagt haben, versieht sie die Frauen von Lemnos mit einem ekligen Geruch, weswegen die Herrn Gatten es vorziehen, sich zu anderen Frauen zu legen, die sie sich eigens aus dem benachbarten Thrakien holen. Derart entehrt, bringen die Lemnierinnen Gatten und Väter einfach um (Apollodor, Bibl. 1,9,17). Cenchreis, Gemahlin des Cinyras von Assyrien, prahlt, ihre Tochter Smyrna/Myrrha sei schöner als Venus/A. Die Strafe für solche Vermessenheit trifft die Frau doppelt: Smyrna verliebt sich in den eigenen Vater, der, von der Göttin listig verführt, mit der Tochter schläft und dabei den –> Adonis zeugt. Aus Mitleid verwandelt Venus/A. Smyrna in einen Baum (die Myrrhe), in welcher Gestalt sie das Kind entbindet. Noch Adonis werde die strafende Verfolgung der Göttin zu erleiden haben, fügt Hygin hinzu (Fab. 58; vgl. die Version bei Apollodor, Bibl. 3,14,4, wo das Mädchen selbst den Respekt verweigert).

Schuldlos fällt Psyche der Eifersucht der Venus/A. zum Opfer, denn nicht sie selbst, sondern die anderen halten sie für schöner als die Göttin (Apuleius, Met. 4,28 ff; Zusammenfassung bei Boccaccio, Gen. 5,22). Aus Zorn habe A. veranlaßt (Apollodor, Bibl. 3,14,3), daß die drei Töchter des Cinyras mit Metharme sich Fremden hingaben und fern in Ägypten gestorben seien, vielleicht weil der Vater sich den Unwillen der Göttin durch eine Handlung zuzog, die einem ihrer Priester nicht erlaubt war (Pindar, Pyth. 2,15 f).

Die Muse Klio (–> Musen) soll sich über die Liebe der A. belustigt haben: Zur Strafe verliebt sie sich in Pieros und gebiert ihm Hyakinthos, der durch einen Unfall von der Hand des Apollon sterben wird (Apollodor, Bibl. 1,3,3). Dem ihr unpassenden Richterspruch der Kalliope zu –> Adonis soll –> Orpheus sein Ende verdanken (Hygin, Astron. 2,6: «Lyra»).

Eos (die Morgenröte) zieht sich die Eifersucht der A. zu, weil sie mit Ares schläft: Zur Strafe(!) ist sie immer verliebt (Apollodor, Bibl. 1,4,4; dazu gehört wohl auch ihre Affäre mit Orion, der ebenfalls umkommen wird: ebd.). Ovid (Met. 4,190) erzählt, Sol habe sich in Leukothoë verliebt zur Strafe dafür, daß er die Liebschaft der Göttin mit Mars/Ares ans Licht gebracht hatte. Seine Töchter Circe (Met. 14,27), Pasiphaë, Medea, Phaedra und Dirce (Myth. Vat. III 11,6, Bode S. 231) versieht sie mit besonderer Liebeslust (vgl. Servius, Aen. 6,14). Die Töchter des Propoetus bezweifeln frech die Göttlichkeit der Venus/A. Dafür müssen sie ihr Leben schamlos aus käuflicher Liebe fristen und verwandeln sich – gefühllos, wie sie sind – schließlich zu Stein (Ovid, Met. 10,238 ff). Die Pasiphaë, Gattin des Minos, packt eine abartige Liebe zu einem Stier, denn sie hat mehrere Jahre der Venus nicht geopfert (Hygin, Fab. 40,1). Polyphonte hatte die A. mißachtet, die ihr dafür die abartige Liebe zu einem Bären eingibt (Antoninus Liberalis 21,2). Glaucus, Sohn des Sisyphus, soll der Göttin irgendwie den Respekt versagt haben, weshalb sie seine rasenden Pferde ihn zerfleischen ließ (Vergil, Georg. 3,267 f; Myth. Vat. II 72). Servius (Aen. 3,23) erklärt, das sei geschehen, weil der Mann, um die Rösser noch schneller zu machen, ihnen versagt hatte, sich zu paaren: Auch die Tiere stehen unter ihrem Schutz. Ein Jüngling erwartet die Ehe mit der schönen Myrtus (oder Myrene) selbst dann noch, als sie schon Priesterin der

Göttin ist. Erbost macht die, daß der Bursche stirbt, das Mädchen aber verwandelt sie in den Myrtenbaum, dem sie, weil er einmal eine Priesterin war, einen andauernden süßen Duft verleiht (Servius, Aen. 3,23; zur Myrte vgl. die Diktynna-Geschichte in Kallimachos, Hymnos 3,203; Athenaios 15,676; –> Artemis). Die Gefährten des Diomedes verwandelt sie rachsüchtig in Vögel (Ovid, Met. 14,478 ff).

Ihren Günstlingen hilft die Göttin auf vielfältige Weise, aber sie erwartet Dankbarkeit. Dem Melanion (oder Hippomenes) gibt sie die (goldenen) Äpfel (Bälle), die ihm helfen, die Atalanta zu gewinnen (Apollodor, Bibl. 3,9,2). Nach Ovid (Met. 10,640 ff; 10,673) hatte der Mann sie um Hilfe gebeten. Als er ihr dann das Weihrauchopfer schuldig bleibt (ebd. 681 ff), da erfüllt sie ihn zornig mit unzeitigem Liebesverlangen in ihrem eigenen Tempel (oder in einem Tempel des Zeus: Apollodor, Bibl. 3,9,2; vgl. Servius, Aen. 3,113), was dann zu der unglücklichen Verwandlung in Löwen führt, die sich angeblich nicht miteinander paaren (vgl. dagegen Homer. Hymnos 5, an A., 68 ff).

Wie ein Orden für löbliches Betragen wirkt die Krone, die sie der Ariadne (–> Dionysos, Theseus) gibt und die sie einst selbst von Hephaistos erhielt (Boccaccio, Gen. 11,29). Dem Pygmalion belebt sie das Elfenbeinbild und macht die Frau fruchtbar (Ovid, Met. 10,270 ff). Arnobius (6,22) erzählt, der Mann habe sich in ein Kultbild der Göttin, das sie nackt zeigte, verliebt. Damit wäre dann Paphos gleichsam ihr Sohn. Daß die Quelle, in der Sohn Hermaphroditus sich mit Salmacis vereinigte, fortan jeden Badenden in einen Zwitter verwandelt, soll ihr Werk sein (Ovid, Met. 4,380 ff).

Merkwürdig die Geschichte vom schönen Fährmann Phaon, der durch sorgfältige Dienstbarkeit für die Unbekannte sich den Dank der Göttin verdient: Ein wunderbares Öl macht ihn zum Schönsten. Dann begeht er offenbar Ehebruch, und er wird – doch wohl zur Strafe – getötet. In einer anderen Geschichte soll A. den Schönen unter Blättern des wilden Lattichs verborgen haben, der doch den Ruf eines Anaphrodisiacums hatte (–> Adonis; Servius, Aen. 3,279; Aelian, Hist. var. 12,18).

Vor allem weckt sie Liebe. Schon die Vereinigung von Tartaros und Ge soll sie gestiftet haben (Hesiod, Theog. 820 ff). Daß Hephaistos sich in Athene verliebt, habe A. ihm eingegeben (Apollodor, Bibl. 3,14,6; das ist wohl eine Bosheit gegen Athene!). Sie macht, daß Circe sich in Odysseus verliebt und ihm den Telegonos schenkt (Hesiod, Theog. 1014), Polykaste verbindet sie mit Telemachos, und Persepolis wird geboren (Hesiod, Ehoien 12 bei Eustathios, Homer. 1796,39; H.G. Evelyn-White, Hesiod 1977, S. 162). Der Scylla, Tochter des Nisus von Megara, soll sie die Liebe zu Minos eingegeben haben. Daß das Mädchen nun den Vater an den Feind verriet, ist vielleicht der Grund dafür, daß ihre Liebe unerwidert blieb (Hygin, Fab. 198,2; Ovid, Met. 8,6 ff). Auch Aufträge nimmt sie entgegen: Für Hera macht sie, daß Medeia sich in Jason verliebt (Hygin, Fab. 22,4).

In besonderen Fällen wendet A. / Venus sich an andere um Hilfe: Für ihre Enkelin Ino, die von Hera verfolgt im Wahn mit dem Kind Melicertis ins Meer springt, bittet die Meergeborene Venus den Neptun, er möge die beiden in Meergötter verwandeln (Ovid, Met. 4,531 ff). Den Juppiter bittet sie vergeblich darum, den Anchises zu verjüngen (Ovid, Met. 9,424). Das hängt vielleicht mit einer anderen Geschichte zusammen, wonach der Mann von einem Blitz getroffen wurde, weil er sich seines Umgangs mit der Göttin gebrüstet hatte (vgl. Homer. Hymnos 5, an A., 281 ff). Als Folge war er dann auf irgendeine Weise gelähmt (Servius, Aen. 2,649). Den Aeneas darf sie vergöttlichen (Ovid, Met. 14,584 ff).

Ovid erzählt (Met. 14,781 ff), die Göttin habe im Sabinerkrieg den Römern ein Tor entriegelt. Diese für sie anscheinend untypische Handlung ist nichts anderes als ein Dienst für den Sohn Aeneas, dem zuliebe sie auch die Kreusa vor der Sklaverei gerettet hat (Pausanias 10,26,1). Ganz im Dienste römischer Geschichte steht sie mit ihrer Sorge um Caesar (Ovid, Met. 15,779 ff), von dem wir wissen, daß er der «Venus Victrix» besondere Verehrung entgegenbrachte (er nannte sich selbst «Venere prognatus», der Venus entsprossen: Sueton, Caes. 6,1) und das Bild der Göttin sogar in seinem Siegelring führte (Cassius Dio 43,43,3; s. Kl. Pauly, Bd. 5, Sp. 1178).

B A. / Venus ist die Personifikation eines mächtigen kosmogonischen Prinzips für Aufbau und Bestehen dieser Welt (–> Eros).

Ihr Wesen wird anschaulich an ihrem Umgang mit anderen, denn der ist schließlich ihr Handwerk. Dazu gehören ihre Helfer, aber auch ihr Verkehr mit anderen Göttern, vorab ihre Ehe mit dem Schmied –> Hephaistos, mit dem sie das kupplerische Wesen teilt, im «Feuer» Verschiedenes zusammenzubringen und miteinander zu verschmelzen. Diese Ehe aber bleibt unfruchtbar vielleicht deswegen, weil die Geschöpfe seines ureigenen Wesens künstlich sind und bestenfalls Automaten (was ihn nicht hindert, ein feuriger Liebhaber zu sein!). Wenn Schönheit das Instrument ihres Tuns ist, dann muß seine Häßlichkeit sie wohl abstoßen. Überhaupt ist die Ehe ein Anliegen, das sie der –> Hera überläßt. Ihr Geschäft geht dem der anderen voraus und bedarf der Ehe nicht, kann sie aber stiften (–> Paris). Servius (Aen. 3,139) wird die Venus zur Ehestifterin erklären und der –> Juno nur das Kinderkriegen lassen.

Besonders bedeutsam ist ihr Umgang mit dem Krieger Ares / Mars, der zeigt, daß ihre verbindende Macht sogar die rohe Gewalt zu besiegen und zu beschwichtigen («mitigare») vermag (z. B. Myth. Vat. III 11,10: «amor vincit omnia», die Liebe besiegt alles). Harmonia (Ausgleich von Verschiedenem) ist der sprechende Name des Kindes aus dieser Verbindung. «Schrecken» und «Furcht» heißen die anderen, und es könnte sein, daß sich in ihnen etwas zeigt, das zum Geschäft beider Eltern gehört.

Liebe ist offenbar weniger ein Geschenk denn ein Gebot (deswegen kann sie auch eine Strafe sein: z. B. für Eos, s. o.). Historisch scheinen diese beiden Kinder bloße Begriffe geblieben zu sein. Boccaccio (Gen. 3,22) weiß, daß Venus die Furien in das Haus des Mars aufnahm und sich ihnen freundschaftlich zugesellt habe.

In –> Dionysos / Bacchus verbindet sie sich fruchtbar mit einem, dessen Geschäft dem ihren zuarbeitet, denn «Trunkenheit und unstete Wollust gehören zusammen», sagt Remigius (1,36.10, Bd. 2, S. 134) und fügt hinzu: «Sine Cerere et Libero friget Venus» (Ohne Wein und Brot leidet Venus Not; Cicero, Nat. 2,23,60; Minucius Felix, Oct. 21,2; Hieronymus, Ep. 54,9; Servius, Aen. 1,686; Isidor, Etym. 1,37,9; vgl. Euripides, Bacchae 773). «Et Venus in vinis ignis in igne fuit» (Und Venus war im Wein wie Feuer in Feuer: Ovid, Ars 1,244). Nach Servius (Aen. 4,127) hat sie von Liber / Bacchus den Hymen (den Hochzeitsgott!), Remigius nennt sie die Gattin des Hymen (6,290.17, Bd. 2, S. 131). Von Bacchus soll sie auch den ityphallischen, ausweislich seines gewaltigen Phallus wohl mächtig potenten –> Priapus haben (Diodor 4,6,1; Pausanias 9,31,2).

Hermes / Merkur, den Patron der Beredsamkeit (von dem sie ja auch Kinder hat), sehe man oft in Gesellschaft der Göttin, weil süße Rede gleichsam die Liebesbindung zusammenzufügen scheint (vgl. Apuleius, Met. 6,7: «du weißt, daß deine Schwester Venus nie etwas ohne Beistand [«praesentia»] Merkurs geschafft hat»). Peitho («Suadela»= Überredung) dient demselben Ziel, auch in Gemeinschaft mit den Grazien (vgl. Gyraldi, Synt. 13, S. 533A).

Ein Teil ihres Wesens ist –> Eros / Amor. Bei Hesiod (Theog. 201) erscheint sie von Anbeginn in seiner und in der Begleitung des Himeros (sinnliche Begierde, lat. Cupido –> Eros). Die Vorstellung, sie habe ihn aus sich selbst geboren, veranschaulicht sinnfällig die Wesensgleichheit beider. Man halte ihn für ihr Kind, weil aus leiblichem Verlangen Liebe (= «eros») entstehe. Ein Knabe sei er, weil törichte Begier schändlich und weil die Rede der Liebenden fehlerhaft ist wie die der Knaben. Geflügelt sehe man ihn, weil den Liebenden nichts flüchtiger ist, nichts wandelbarer als die Liebe. Pfeile trage er, weil sie unberechenbar («incertae») und schnell sind wie die Liebe oder – wie Remigius sagt – weil Schuldbewußtsein das Gemüt quälend durchdringt («stimulet»). Zweierlei Pfeile verschieße er: einen goldenen für den Geliebten, einen bleiernen für den Ungeliebten. Nackt sei er schließlich, weil man die Schande nackt verübe und weil in dieser Schande nichts verborgen bleibt (Myth. Vat. III 11,18; vgl. Servius, Aen. 1,664; vgl. Cornutus 24, der auch von der Fackel spricht, die man ihm gebe, da er ja mit seinem Feuer die Gemüter entzünde). Remigius nennt Cupido den «Lockvogel» («illex») leiblicher Wollust für Mutter Venus, einen Anstifter, Herausforderer und Aufwiegler der Tugenden durch das Laster (1,63.6, Bd. 1, S. 180).

Im Dienst der A. / Venus stehen ebenso die –> Chariten / Grazien (vgl. Pausanias 6,24,7). Man habe sie ihr zu Dienerinnen gegeben – sofern sie der Liebe förderliche Eigenschaften, Anmut und Reiz, verkörpern – und sie auch ihre Kinder genannt (Myth. Vat. III 11; vgl. Boccaccio, Gen. 3,22). Nackt zeige man sie, weil sie ihrer Natur nach ungeschminkt sind, nicht geheuchelt noch verlogen, sondern rein und aufrichtig. Ihre Dreizahl erklärt man aus dreierlei Anliegen ihres Wirkens: Pasithea ist «anziehend» («attrahens»), Aglaia «schmeichelt» («demulcens»), Euphrosyne «hält fest» («retinens»). Merkwürdig ist, daß die Damen hier nicht eigentlich der Liebe, sondern der Freundschaft («amicitia») dienen. Sie seien einander verbunden, weil Freundschaft unauflösbar sein soll. Man zeige sie derart, daß eine sich von uns abwendet, während die anderen auf sie zurückschauen zum Zeichen, daß gratia, Liebe und Gunst, von uns einfach ausgehen und zweifach zurückkommen. Kinder der Venus von Liber (–> Dionysos) nenne man sie, weil ihre Gaben, welche der Venus, d. h. der Wollust, dienen, sich sehr häufig mit Liber, d. h. dem Wein, zusammentun. Es heißt auch (Myth. Vat. II 26), die Grazien seien der Venus geweiht, weil durch ihren Antrieb («pulsus») alle Lebewesen zur Liebe geneigt sind. Macrobius (Sat. 1,8,8) sah diese Zuständigkeit bei der Göttin selbst.

Nicht weniger charakterisiert sie ihr Verhältnis zu –> Athena als Widerpart, was vor Troia besonders anschaulich wird. Herakleitos (Homer. probl. 30,4) sieht in den beiden den Gegensatz von Weisheit und Unüberlegtheit.

Wesen und Erscheinung der Göttin selbst entsprechen ihrem Auftrag, sinnliche Begehrlichkeit zu wecken und die Geschlechter zusammenzubringen. Die Paris-Geschichte veranschaulicht ihren Anspruch auf Schönheit als ein tragendes Element ihrer Macht: Schönheit ist gleichsam der Stoff, an dem die Liebe sich entzündet, ein Katalysator zwischen den Menschen und bei den Göttern.

Wichtige Charakterzüge der Frau lassen sich leicht an ihrem Tun und Verhalten ablesen. Das stete Lächeln «auf ihrem lieblichen Gesicht» (Homer. Hymnos 10,2 f) mag das Einladende wie das Vergnügliche an ihrem Wesen veranschaulichen. Befriedigung mag es zeigen, wenn sie sich nach dem Beilager mit Ares auf den Heimweg nach Paphos macht (Homer, Od. 8,362). «Gernlachend» nennt sie Homer («philommeidés»:

Il. 3,424; so auch häufig Hesiod, z. B. Theog. 989; s.a. Homer. Hymnos 5, an A., 56; Athenaios 15,682 f) und spricht damit wohl von der Heiterkeit der Verliebten. Daß sie zu List und Täuschung fähig ist, zeigt ihre Verkleidung vor Anchises, dem sie sich in der Maske einer Sterblichen nähert (Homer. Hymnos 5, an A., 108 f), und vor Helena (Homer, Il. 3,386; vgl. die Verkleidung der Venus als –> Artemis, der Keuschen, um –> Adonis nahe zu sein, in Ovid, Met. 10,335 ff, und ebenfalls als Artemis vor Aeneas in Ovid, Met. 1,315). Von Heimlichkeit und auch Zwang redet der Bericht, wonach sie den Anchises zu Verschwiegenheit über sein Beilager mit ihr verpflichtet, andernfalls werde ein Blitz des Zeus ihn erschlagen (Homer. Hymnos 5, an A., 281 ff). Einfallsreich ist ihre Rachsucht (s. o.), die oft wohl auch Eifersucht ist.

Die Substanz ihrer ureigenen Natur ist aber schon in ihrer sinnlichen Erscheinung, in ihrem Anblick, beschlossen: Die Liebe entsteht aus dem Anblick: «ex aspectu amor concipitur» (Gyraldi, Synt. 13, S. 561B; –> Eros).

Die Person ist offenbar ein junges Weib, ihre Erscheinung von eindringlicher Sinnlichkeit, wobei aber auffällt, daß die frühen Autoren vom Leib gerade noch Kopf und Büste sehen und auch diese unter Schmuck. Erster Blickfang sind vielleicht der schöne Hals, «die reizende Brust» und vor allem «ihre funkelnden Augen» (Homer, Il. 3,396 f; vgl. Homer. Hymnos 5, an A., 89 ff; –> Eros), die ihr das Epitheton «glanzäugig» («helikopis») einbringen. Merkwürdig, daß es der Ausdruck der Augen ist, der zuerst auffällt (vgl. die Augen der –> Hera und der –> Athena). Wohl spätere Autoren lesen statt «funkelnd» lieber «schwarz» (Gyraldi, Synt. 13, S. 545B, zu Pindar, Pyth. 6,1). Nach Hesiod (Theog. 16) war sie «helikoblépharon» und hatte demnach «schön geschwungene Augenbrauen» (s.a. Gyraldi, Synt. 13, S. 546A); andere übersetzen hier «flinkäugig» und denken dabei an Koketterie (H.G. Evelyn-White, Hesiod 1977, S. 79), auch «rundäugig» kann man lesen (Übersetzung Eugen Dönt 1986, S. 143). Rosenrot ist ihr Mund (Vergil, Aen. 2,593). Isidor (Etym. 16,11,6) weiß, daß Venus glänzend tiefschwarzes Haar hatte, in das sich Rot mischte. Üppiges Haar ist offenbar ein Zeichen von Fruchtbarkeit (–> Demeter).

Natürlich müssen wir uns vorstellen, daß die Göttin nackt dem Meer entstieg (anders als –> Athena, die aus dem Haupt des Vaters in voller Rüstung in die Welt tritt): Nur mütterliches Wasser habe sie da bedeckt, sagt Ovid (Trist. 2,528). An Land nehmen (Homer, Od. 8,363 f) die Horen (die Jahreszeiten; Homer. Hymnos 6, an A., 5 f) sich ihrer an und kleiden

sie, später hat sie dafür die Dienste der Chariten (Homer, Od. 8,363 f),
oder sie kleidet – für Anchises – sich selbst (Homer. Hymnos 5, an A.,
64 f). Erst späte Autoren sehen genauer hin, und bis in unsere Tage wird
dann die Nacktheit ihr erstes Attribut (vgl. Clemens von Alexandrien,
Exhort. ad Graec. 4,51 P; G.W. Butterworth 1982, S. 131 f). Es ist, wie
wenn sie ihre Kleider erst in einer langen historischen Entwicklung hin
zum bloßen Sinnbild ablegt. Die Anschauung der Nackten scheint zunächst Sache der bildenden Kunst zu sein, die dann die Mythographie
beeinflußte (Hederich Sp. 2439 ff). Das gilt auch für die «kallípygos», die
«schönärschige» A./ Venus, ein Kultbild der Göttin in Syrakus, zu dessen Ursprung Athenaios (12,554) eine amüsante Geschichte erzählt (vgl.
Hederich Sp. 606 f).

Zunächst aber legen sich Kleidung und Schmuck über das Leibliche
und schmeicheln ihm, den «zarten», «schneeweißen» Brüsten, dem
«zarten Hals». Es funkelt, leuchtet und schimmert. Der Glanz von Gold
ist um sie. Die Horen (Homer. Hymnos 6, an A., 5 ff) hüllen sie in
«himmlische Gewänder», setzen ihr eine feingeschmiedete goldene
Krone auf das Haupt, geben ihr kostbares Ohrgehänge aus Gold und
Messing («oreíchalkos»), goldene Ketten liegen über Hals und Brust.
Nach der Ilias (5,338) ist ihr ambrosischer Peplos von den Chariten gemacht (vgl. Homer, Od. 8,366). Horen und Chariten bereiten ihr ein mit
den Farben von Frühlingsblumen – Krokus, Hyazinthe, Veilchen, Rose,
Narzisse und Lilie – gefärbtes Gewand, das sie zu allen Jahreszeiten trägt
(Athenaios 15,682d u. f). Dem Anchises zeigt sie sich (Homer. Hymnos
5, an A., 86 ff) in einem Peplos, der heller leuchtet als Feuer, golden,
reichgeschmückt mit Nadelarbeit, die wie der Mond schimmert. Dazu
kommen geflochtene Broschen und glitzernde Ohrringe in Blütenge-
stalt, und um den Hals hangen liebliche Ketten (Übersetzung nach H.G.
Evelyn-White, Hesiod 1977, S. 412 f). All diese Pracht dient der Liebe wie
anscheinend besonders das buntbestickte «Busenband» (auch «Gürtel»),
das sie einmal der –> Hera leiht, ein Behältnis allen Zaubers, von «Liebe
und Liebesverlangen und Liebesgeplauder, / wie es schon oft verständi-
gen Männern die Sinne berückt hat» (Homer, Il 14,211 ff; Gürtel und Lachen: Philostrat d. J., Imag. 8). Wegen dieser Zaubermacht läßt –> Paris
sie den Gürtel ablegen (Lukian, Dear. iud. 10), den sie nach dem bilder-
kundigen Hederich (Sp. 2441) – außer dem üblichen Busenband – um
den Unterleib trug. Bei Lukian (Dear. iud. 10) giftet Athena über die vielen Farben der Konkurrentin, die sie wie eine Kurtisane aussehen lassen.

Wie Glanz sie kleidet und Farben, so kleidet sie auch Wohlgeruch, der

Duft der Frühlingsblumen an ihren Gewändern. Kränze aus süßduften-
den Blumen flechten sich Göttin und Gefährtinnen auf dem Berg Ida
und setzen sie sich auf das Haupt (Athenaios 15,682d u. f, mit Hinweis
auf die Kyprien). Einen Veilchenkranz der Kytheraia erwähnt der Homerische Hymnos (6, an A., 18).

Wohlgeruch ist überhaupt eine Gerätschaft ihres Tuns («daß ganz in
Duft sie gehüllt war», für Anchises: Homer. Hymnos 5, an A., 63). Von
Wohlgerüchen duftet die Kammer des Paris (Homer, Il. 3,397 ff). Mit
rosenduftendem Öl salbt sie den toten Hektor (ebd. 22,187 f). Auch ihr
Altar in Paphos duftet (Homer, Od. 8,363; zum Parfümieren der A. vgl.
Athenaios 15,687e).

Es gehört sicher zum intimen, auch heimlichen Wesen ihres
Geschäfts, daß wir sie selten hören, so nah sie uns auch ist (vgl. –> Hera,
–> Artemis, –> Apollon). Immerhin hört man sie lachen (s. o.; vgl. Remigius 1,3.5, Bd. 1, S. 67: Venus = Camena von «canere») und singen
(Athenaios 15,682 f; Philostrat, Imag. 2,1,1), auch Saitenspiel und Flöte
hört man in ihrer Gesellschaft (Boccaccio, Gen. 3,22; vgl. Anth. Pal.
13,20). Bei Philostrat (ebd.) streicht –> Eros die Saite seines Bogens, und
sie klingt voll wie eine Lyra. Das zeigt die bannende Macht des Gottes
(–> Apoll): Sein Pfeil trifft das Ziel, wie Blick und Klang die Sinne.

Der Tastsinn mag Vergnügen finden an den «zarten» Brüsten und
dem Hals.

Das historische Schicksal der Göttin hängt wesentlich ab von der jeweiligen Bewertung der Sinnlichkeit. Ihre Stellung zwischen Liebe und
Lust ist Anlaß für die Unterscheidung zwischen einer «himmlischen»
und einer «irdischen» Liebe bei Platon (Symp. 180c-e). Entsprechend
gebe es auch zwei Göttinnen, die mutterlose himmlische und die Tochter
von Zeus und Dione, «die wir die gewöhnliche nennen». Pausanias
(9,16,2) kennt (wohl in gleichem Sinn) sogar drei: Urania («die Himmlische»), als von leiblicher Lust freie Liebe, Pandemos («die Gewöhnliche»), die den Beischlaf betreibt, und Apostrophia («die Abwenderin»,
lat. «verticordia»), welche die Menschen von zuchtloser Begier und gottlosen Taten abwenden will (vgl. ders. 1,22,3; vgl. Artemidor 2,37; s.a. die
Zusammmenstellung bei Gyraldi, Synt. 13, S. 534 ff). Fulgentius (Myth.
2,1, 669 ff, Helm S. 39 f; vgl. Myth. Vat. III 11, S. 228) referiert die antike
Konstellation von Epikuräern, denen die Venus gefallen habe, und den
Stoikern, denen sie nichtig gewesen sei. Christliche Morallehre – aus der
Position einer «Religion der Liebe» – hat es der A. / Venus besonders
schwergemacht.

Die Apologeten und andere frühe christliche Autoren sehen in ihr anscheinend nur die schlimm Wollüstige. Man moralisiert, macht lächerlich und diskreditiert mit allen Mitteln: Tertullian (Apol. 14,2) findet es absurd, daß die Göttin durch den Pfeil (!) eines Sterblichen verletzt wurde (Il. 5,356 ff). Unwürdig findet er auch (ebd. 15,2), daß Göttinnen sich dem Urteil eines Schäfers aussetzten (Parisurteil). Das Theater sei als Ort moralischer Verkommenheit «genau genommen» ein Schrein der Venus (Tertullian, Spect. 10). Dazu komme in dieser Hinsicht die Gemeinschaft der Göttin mit Liber, einander verschworene Dämonen von Trunkenheit und Lust (= «libido», ebd.; vgl. Minucius Felix, Oct. 21,2 f zu Terenz, Eun. 4,5,6; Cicero, Nat. 2,60; vgl. Remigius 1,36.10, Bd. 1, S. 134). Augustin, dem die Venus für «Geilheit» steht (Civ. 7,27), wird es gleicherweise für verwerflich halten, daß sie als «Libera» gemeinsam mit Liber jeweils die Geschlechter von ihrem Samen befreit (ebd. 7,2). Besonders ausführlich geht Clemens von Alexandrien zur Sache: Was für anstößige Glieder, aus denen doch die Göttin erstand! Bei ihren Riten seien gar für jene, die man in die Kunst der Unzucht einführte, Salzfladen und ein Phallus bereitet worden, und die Eingeführten hätten der Göttin eine Münze gezahlt, wie ein Liebhaber seine Dirne bezahlt (Exhort. ad Graec. 2,13 P.; G.W. Butterworth 1982, S. 33). Wie ein liederliches Flittchen habe A. der Helena einen Stuhl gebracht, den sie ihrem Liebhaber vorsetzte, um ihn in ihre Umarmung zu verführen (zu Homer, Il. 3,424 ff; Clemens von Alexandrien, Exhort. 2,31 P; ebd. S. 74 f). Dazu paßt, daß die Argiver eine «A. divaricatrix» (eine, die doch wohl vor allem die Beine spreizt) verehrten, die Athener eine, die sie «Hetaira» (also Kurtisane) nannten, und die Syrakuser hatten eine, die sie «die mit dem schönen Hintern» («kallípygos») nannten und für die Nikander einen ähnlich ordinären Namen hatte («kallígloutŏs»; ebd. 2,33 P, S. 82 f). Gern bedient man sich der Affäre A. / Venus mit Ares / Mars. Der Ehebruch mit Mars sei nichts anderes als eine Geschichte zu Beispiel und Rechtfertigung menschlicher Laster, sagt Minucius Felix (Oct. 24,7). Vielleicht seien es die Männer, denen es vor allem ums Vergnügen am Sex geht, meint Clemens v. Alexandrien (ebd. 2,28 P; G.W. Butterworth 1982, S. 68 ff) und zitiert Homer (Od. 8,324), wonach die Göttinnen angesichts des offenbaren Ehebruchs sich schamhaft zurückzogen. Dagegen gibt er uns eine Liste von Göttinnen, die offenbar lüstern Männern nachstellten. Und A. / Venus treibt es da besonders schlimm: Die Ares-Affäre hinter sich, steige sie dem Kinyras nach, heirate den Anchises, umgarne den Phaëton und liebe Adonis. Außerdem sei es doch wohl albern, sich mit Hera um einen Apfel zu streiten und dazu noch sich nackt (ausgerechnet!) einem Schäfer zu zeigen, nur um von ihm zur Schönsten erklärt zu werden (ebd.). Nicht Götter seien das, sondern Wesen mit menschlichen Gefühlen (mit Hinweis auf Homer, Il. 21,568): Laut und schrill schreit A., als sie verwundet wird (Homer, Il. 5,343). Andere Argumente entnimmt Clemens dem Kult. Hier (4,47 P; ebd. S. 120 ff) erregt er sich über das Bild der knidischen A., für das Praxiteles seine Geliebte habe Modell stehen lassen. Da müssen die armen Leute statt der Göttin die schöne Kratina verehren! Merkwürdig die Geschichte von Pygmalion, der sich in das elfenbeinerne Bild der «goldenen» A. verliebte. Ein anderer soll gar mit einem Marmorbild der Göttin geschlafen haben (ebd.). Homers Geschichte vom Ehebruch der A. mit Ares sollten Christen gar nicht erst lesen. Man stelle sich vor, da gibt es Leute, die einander in Liebe umarmen, während sie auf ein Bild schauen, das die nackte Göttin beim Ehebruch zeigt (4,52 P; ebd. S. 136).

Interessant auch die Absicht Augustins, die römische Stammutter Venus (vgl. Civ. 3,14) zu diskreditieren, offenbar mit Hinweis auf den Raub der Sabinerinnen: So sei sie doch unfähig gewesen, den Aeneiden auf anständige Art zu Frauen zu verhelfen (ebd. 3,13).

Das alles setzt Thema und Ton für das Mittelalter.

Aber die Göttin steht letztlich für eine fundamentale Lebensmacht, die sich nicht einfach moralisch verwerfen läßt, mit der es aber richtig umzugehen gilt. Zudem bemerkt man, daß es die Erbsünde ist, dank derer die verführerisch sündigen Gaben der Venus sich der vernünftigen Seele aufdrängen (Remigius 1,8.7, Bd. 1, S. 79). So entdeckt man – vielleicht anknüpfend an Platon (s. o.) – zwei Veneres, eine wollüstige und Mutter der fleischlichen Begier («libidines»), die den Hermaphroditos gebar, und eine andre, keusche, die den ehrenhaften und erlaubten Liebschaften vorsteht. Entsprechend gebe es zwei Arten von Liebe (Remigius 1,37.1, Bd. 1, S. 135 f; Myth. Vat. III 11,18, Bode S. 238).

Christliche Deutung der Göttin neigt zur belehrenden Warnung, und dieses vor dem Hintergrund einer Theologie, die den Menschen als sündiges Geschöpf zwischen selbstsüchtiger fleischlicher Begier («cupiditas») und selbstlos dienender Zuwendung («caritas») sieht.

Die Haltung des Mittelalters zur Sache manifestiert sich etwa in den Dichtungen des Alanus ab Insulis (12. Jh.) und besonders in dem «Roman de la Rose» von Guillaume de Lorris und Jean de Meun (13. Jh.). Zum Bild böser Fleischeslust («luxuria») wird Venus / A. im «Ovide moralisé en prose» (1,18, de Boer S. 49, u. 4,8, ebd. S. 141).

Sexualität und Liebe sind offenkundig auch heute noch ein Problem, das Kirche und Gläubige beschäftigt.

Die kosmologisch/physikalische Deutung findet kaum mehr Interesse an der A./Venus als an Athena/Minerva, jedenfalls weniger als an Hera/Juno.

Bei Macrobius erscheint sie in stoischem Geist als kosmische Gewalt (vgl. Sat. 1,8,8: ihre Zuständigkeit für die prokreative Vereinigung der Geschlechter). So sieht sie auch der Orphische Hymnos (4, in dem sie «Nyx» heißt und «Kypris»): Sie habe die ganze Welt hervorgebracht («procreasse») und das Geschöpf ernährt und erhalten (vgl. Natale Conti 1567, 4,13, Bl. 121ᵛ, Zeile 30).

Anders als ihre Konkurrentinnen vor Paris hat A./Venus einen Stern (Planeten), und zwar den größten, den strahlenden («colore candido») Phosphoros (Hesperus oder Lucifer; s. Hygin, Astron. 4; Servius, Aen. 8,590). Freilich soll es welche gegeben haben, die diesen Stern, der doch seines sinnlichen Reizes wegen («appetitus voluptatum») der Venus gehörte, der Athena/Minerva gaben (Remigius 6,285.14, Bd. 2, S. 121; vgl. ders. 6,285.13, Bd. 2, S. 119). Wenn sie mit der Sonne («sol») stehe, heiße man sie «Cypris», nach Sonnenuntergang aber «Vesper» (ebd. 6,290.17, Bd. 2, S. 132). Auch haben einige «Cypris» für Luna gehalten, den Mond (ebd.; Macrobius, Sat. 3,8,3; vgl. Augustin, Civ. 7,15).

Da sie kraft ihrer Zuständigkeit für Liebe und Sexualität bei den Leuten besonders interessant ist, übernimmt der Stern nicht nur ihre bekannten Eigenschaften und Fähigkeiten, sondern scheint auch neue zu erwerben, die er dann seinerseits an die Göttin – oder ihr Bild bei den Leuten – abgibt. Dabei handelt es sich wohl immer um weitere Ausdeutungen ihrer Kompetenz aus astrologischem Interesse.

Daß Saturn dem Himmel das Gemächt abschnitt und in das Wasser warf, woraus dann Venus erstand, erzähle man, weil auf der Erde nichts entsteht ohne Feuchtigkeit, die vom Himmel fällt: der Regen (Isidor, Etym. 8,11,78; vgl. Macrobius, Sat. 1,8,8). «Schaumgeboren» nenne man sie, weil beim Beischlaf eine Substanz aus salziger Feuchte entstehe: der Samen (Isidor, ebd. 8,11,77; vgl. Servius, Aen. 5,801). Nach anderen stellte man sich den seltsamen Ursprung der Göttin aus einem Akt der Trennung (als «damnum» = mangelhaft) deswegen vor, weil man bemerkte, daß alle Kräfte durch den Gebrauch der Veneria geschwächt und ohne Schaden für den Körper nicht vollzogen werden. Daß sie aus dem Meer entstand, ist dann wieder ein Bild für die salzige Beschaffenheit des Samens («sudor», Schweiß: Servius, Aen. 5,801).

48

Zur Gemahlin des Vulcan/Hephaistos mache man sie, weil ihr Geschäft aus Wärme besteht, daher denn Vergil sage (Georg. 3,97): «Frigidus in Venerem senior» (Frostig ist gegen Venus der Ältere).

Sie versieht uns mit den Begierden überhaupt («cupiditates»; Myth. Vat. III 9,7). Nach Servius (Aen. 6,714) bringen die Seelen bei ihrer Herabkunft die Wollust als Gabe der besonderen Macht der Venus mit sich (Trägheit von Saturn, Zorn von Mars usw.). Wie auch Juppiter/–> Zeus mäßige sie in einer Konjunktion den Einfluß des Mars (Myth. Vat. III 11,10, S. 235). Beim Beischlaf (oder Hochzeit: «nuptiae»), der unter ihrer Aufsicht steht (Remigius 7,363.17, Bd. 2, S. 174; Myth. Vat. III 1,7, Bode S. 155), ist sie mit den anderen Göttern anwesend und zuständig speziell für Nieren und Eingeweide («inguina»; Myth. Vat. II 206).

Wie bei Athena/Minerva sieht Remigius auch bei Venus/A. Anlaß für eine numerologische Beobachtung: Wie der Athena die Zahl Sieben zugeordnet sei, so gehöre der Venus die *Sechs*, sofern diese das Produkt aus der ersten ungeraden (= drei) und der ersten geraden Zahl (= zwei) sei (7,371.1, Bd. 2, S. 189). Das entspricht einer Gleichsetzung der beiden Geschlechter mit den Zahlen und ihrer Vereinigung («significatione nubentium») als 2x3 oder 3x2 (ebd. 7,371.4), im Unterschied zur Sieben, die für die Pallas (–> Athena) die Jungfräulichkeit bezeichne (7,372.17, Bd. 2, S. 192).

Hierher gehört auch die Vorstellung von der «Venus barbata», der bärtigen Venus, welche die Göttin als Mann und Frau zugleich – und damit doch wohl als Verkörperung des generativen Prinzips schlechthin – sieht: Ihr Bild zeige einen Bärtigen in weiblicher Kleidung, mit Zepter und in männlicher Gestalt (Macrobius, Sat. 3,8,2 f; Aristophanes habe sie «Apróditon» genannt). Gyraldi (Synt. 13, S. 543A: Venus «biformis») wird sagen, ihr Oberleib sei männlich, der Unterleib weiblich gekleidet gewesen. Vincenzo Cartari (Venedig 1647, S. 283) zeigt sie in getrennt zweifacher Gestalt (männlich und weiblich) zu seiten des toten –> Adonis, wobei der mörderische Eber als Bild des Winters verstanden wird. (Demnach nimmt die Trauernde die Position eigentlich der Persephone/Proserpina ein: Liegt dem ein antikes Vorbild zugrunde? Interessant ist in diesem Zusammenhang ein etruskischer Bronzespiegel des 3. Jh. v. Chr. aus Orbetello (Paris, Louvre), der den Streit um A. vor Zeus/Juppiter (vgl. Apollodor, Bibl. 3,14,3 f) illustriert. Zu seiten des Kästchens mit dem kleinen Adonis sieht man die trauernde A., ihr gegenüber die – bärtige! – Persephone.) Cartari gibt der (stehenden) Bärtigen kein Zepter, sondern einen Kamm in die Hand: Dabei vermischt er wohl diese

«Barbata» mit dem Bild einer anderen, das von Kahlköpfigkeit genesene
Römerinnen der hilfreichen Göttin einst dankbar gesetzt haben sollen
(Servius, Aen. 1,70; vgl. Gyraldi, ebd., mit Hinweis auf Suda). Außerdem soll es in Rom noch das Bild einer kahlköpfigen Venus gegeben haben, nachdem nämlich Frauen bei der Verteidigung gegen die Gallier
zum Herrichten von Katapulten ihr Haar geopfert hatten (Servius, Aen.
1,70; Lactantius Firm., Div. inst. 1,20,27; vgl. Gyraldi, Synt. 13, S. 553A).
Auch hieß es, kahl habe man die Venus gezeigt, weil sie das Herz der Liebenden täuscht («calviat»), d. h. betrügt und verspottet.

Daß Venus die Töchter des Sol verfolge, sei ein Bild für den Angriff
wollüstiger Versuchung auf die dem Licht und der Wahrheit verpflich-
teten fünf Sinne. Unter denen gebe es keinen, den die Versuchungen der
Wollust nicht berührten (Fulgentius, Myth. 2,7, 683; Remigius 1,8.7, Bd.
1, S. 79; vgl. Myth. Vat. III 11,6; s. o. **A**).

Ihre Unausweichlichkeit und Gewalt liest man dem (lat.) Namen ab:
«Venus» heiße sie, weil sie zu allen kommt (= «veniat»: Myth. Vat. III
11,1) oder weil eine Frau ohne sie («sine vi» = ohne Gewalt) Jungfrau
bliebe (Isidor, Etym. 8,11,76). «Cypris» heiße man sie nach der Insel, die
reich an Wohlgerüchen ist, und man übersetze den Namen mit «mix-
tura» (im Sinne von fleischlicher Vermischung?). Tochter der Dione sei
sie «quasi dia noia», was lateinisch soviel heiße wie «sensus delectatio»
(Sinnenvergnügen), denn alle Lust entstehe aus dem Genuß fleischlicher Sinne (Remigius 9,479.22, Bd. 2, S. 308).

Weniger gewaltsam liest man ihre Erscheinung. Nackt werde sie gezeigt, weil das Verbrechen der Wollust sich nicht verbergen lasse oder
weil die Wollust den Verstand entblößt und sich nicht verbergen läßt. Im
Meer schwimmend sehe man sie, weil Wollust zweifellos alle in den
Schiffbruch treibt (Fulgentius, Myth. 2,1, 670 f, S. 40; vgl. eine anschau-
liche Beschreibung der schwimmenden Venus in den Anacreontea 57,
J. M. Edmonds 1979, S. 92 ff).

Boccaccio, der Ciceros Unterscheidung von vier Veneres folgt (Gen.
3,22), faßt zusammen, was er aus seinen Quellen für interessant hält,
wozu er bemerkt, daß die Dichter alles oder doch das meiste von den
Eigenschaften des Planeten Venus abgeleitet hätten. Zu Wesen («mo-
res») und Macht der Göttin referiert er: Man halte sie für eine Frau von
hitziger und nächtiger («nocturna») Komplexion, die sich sorgfältig
(«acutae meditationis») um die Komposition ihrer Lieder («carmina»)
kümmert; über Meineid lache sie, sei lügnerisch, leichtgläubig, freige-
big, geduldig, in vieler Hinsicht unstet. Dennoch sei sie ehrenhaft in Le-

benswandel und äußerer Erscheinung. Vergnügt sei sie und lüstern und rede reichlich süß daher. Bloße physische Tüchtigkeit mag sie so wenig, wie sie Kleinmut mag. Man stelle sie sich vor mit schönem («pulcher») Antlitz und schönem («venustus») Leib. Dazu komme jeglicher Schmuck, auch der Gebrauch feiner Salben und köstlicher Düfte. Das Würfelspiel schätzt sie und Steinchenspiele, Trunkenheit und Festgelage sowie alles, was Kitzel verspricht und in Hitze bringt. Dann sei ihr angelegen jegliche Art der Hurerei und Ausschweifung und häufiger Beischlaf. Auch den Künstlern gibt sie Anweisungen beim Gestalten von Bildwerken und Gemälden. Vom Zusammenstellen von Blumengewinden versteht sie etwas, vom Zurichten von Kleidern, von Gold- und Silberwerk. Schließlich habe sie Spaß an vielfältigem (geselligem) Vergnügen, an Singen und Lachen, am Tanzen zu Saiten- und Flötenspiel, zur Hochzeit.

Andere sehen in ihr neben der «vita theoretica» den Typ der «vita philargica», die wollüstig und triebhaft ist und an nichts Ehrenhaftes und Gutes denkt. Hier folgt Boccaccio dem Vatikanischen Mythographen III (11,22), der sagt, solch Leben strebe einzig nach dem Verderben, wie das schon die Epikuräer taten.

Wie man sich im 14. Jh. ein Bild macht von der Venus, sagt der Autor des Libellus (5, H. Liebeschütz 1926, S. 118): Man zeige ein Mädchen,

«sehr schön, das im Meer schwimmt und in der Rechten eine Muschel hochhält. Auf dem Haupt trägt es einen zierlichen Kranz aus weißen und roten Rosen, Tauben flattern um sie und begleiten es. Sie war dem Vulcan, dem bäuerischen und sehr häßlichen Gott des Feuers, zur Gattin gegeben. Er steht zu seiner Rechten, vor ihm stehen drei nackte junge Mädchen, man nennt sie Grazien. Zwei davon wenden das Gesicht gegen uns, die dritte zeigt uns den Rücken. Bei ihm steht Cupido, ihr geflügelter und blinder Sohn. Er hält Pfeil und Bogen, mit denen er auf Apoll geschossen hat, weswegen er jetzt die aufgebrachten Götter fürchtet und sich in den Schoß der Mutter geflüchtet hat, die ihre Rechte nach ihm ausstreckt.»

Die Emblematik des 16. Jh. hat relativ viel Interesse an Venus / A. gefunden. Auffällig, wie die Liebesgöttin hier – buchstäblich domestiziert – in die Zuständigkeit der Hera / Juno eintritt, wenn sie sich nun öfter ganz zur züchtigen Hausfrau und Gattin gewandelt hat, offenbar gern im Anschluß an das Bild von Phidias, wie Plutarch es vermittelt (Coniug. praec. 32; ders., De Is. et Os. 75; vgl. Pausanias 6,25,1). Die Schildkröte (lat. «testudo» = Schutzdach) steht dabei für das Haus unter der Obhut der Frau. Guillaume de la Perrière (1539, Nr. 18; H./S. Sp. 1749 f) zeigt die Nackte, den rechten Fuß auf einer Schildkröte; ein Schlüssel in der Rechten besagt, «daß sie für die Güter des Gatten mit Umsicht sorgen muß»; den linken Zeigefinger legt sie über den Mund als Zeichen der Verschwiegenheit: ein Bild der tugendsamen Hausfrau. Ein Emblem bei Alciat (1531, Held Nr. 78; H./S. Sp. 1749) übersetzt die Schildkröte sinnvoll in ein Schneckenhaus, dazu sieht man wohl Tauben; ein runder Gegenstand in ihrer Rechten ist schlecht zu deuten (Himmelskugel als Zeichen ihrer Macht?). Das Lemma dazu erklärt, eines Weibes Zucht und Tugend sollten bekannter sein als ihre Schönheit und Gestalt (MVLIERIS FAMAM NON/FORMAM UULGATAM ESSE OPORTERE).

Venus mit dem Fuß auf einer Schildkröte und in Begleitung Amors zeigt Nicolas Reusner (1591, C vij b; H./S. Sp. 1751). Das Lemma erklärt, das Weib sei Hüterin des Hauses (CUSTOS DOMUS UXOR). Die Tugenden der Ehefrau (UXORIAE DOTES) zeigt ein Bild der Venus mit Fußfesseln und Augenbinde (Hadrianus Junius 1565, Nr. 12; H./S. Sp. 1751; vgl. Pausanias 3,15,11, wonach Tyndareus der Göttin Fesseln anlegte zum Zeichen, daß die Bindung einer Frau an ihren Gemahl absolut sei wie Fesseln). Häuslichkeit und Keuschheit hat ein Emblem zum Thema, das unter dem Lemma VIRGINEM PUDICITIAE,/MATRONAM DOMUS SATAGERE (Die Jungfrau bemühe sich um Keuschheit, die Hausfrau um das Haus) die Athena auf einem Drachen, Venus auf einer Schildkröte zeigt, daneben Amor (Hadrianus Junius 1565, Nr. 24; H./S. Sp. 1750 f).

Auf ihre erotische Macht geht ein Emblem aus, das sie mit Amor zeigt, der ihr Mohnköpfe und Äpfel reicht. Das Epigramm erwähnt noch eine Himmelskugel auf ihrem Haupt, welche ihre umfassende Macht gar im Himmel melde; der Mohn zeige an, daß sie die wildesten Herzen einschläfere, die Äpfel stehen für «lockende Lust» (Hadrianus Junius, 1565, Nr. 36; H./S. Sp. 1752 f; vgl. Pausanias 2,10,5). Warum die Göttin schaumgeboren sei, fragt ein Emblem (CUR VENUS E SPUMA?): Die süße Begier sei flüchtig wie eine Schaumblase, und die sei salzig («salsa»), weil sie lüstern macht («salax») «oder weil salsus zugleich anmutig und witzig bedeutet» (Joannes Sambucus 1566, S. 17 f; H./S. Sp. 1755; vgl. Sp. 1754 und das Emblem zum Lemma MALUM INTERDUM SIMILI ARCENDUM = Ein Übel ist zuweilen durch ein ähnliches einzudämmen).

Kriegerisch mit einem Speer in der Linken, den Amor mit Bogen zur Seite, vor einem Tisch mit Becher und Laute – dem Ort eines Gelages –

zeigt ein Emblem die Venus und ihr Opfer, den Liebhaber, hastig auf der Flucht, «an Muth bloß/nackt an Gut» (Nicolas Reusner 1591, G v (a); H./S. Sp. 1755 f).

Als Führerin durch die Pubertät zeigt (Guillaume de la Perrière 1553, Nr. 3; H./S. Sp. 1751) die Venus, wie sie einen Knaben beim Handgelenk nimmt und voranweist. In den Wolken darüber erscheinen die Sternbilder Stier und Waage. Hier ist die Göttin nicht nackt, sondern reich gekleidet und bekrönt, wie auch (ohne Krone) in einem Emblem, das sie in Gesellschaft von Bacchus und Ceres vorstellt: SINE CERERE, ET BACCHO FRIGET VENUS (Barptolomaeus Anulus 1552, S. 114; H./S. Sp. 1753). Die einzelnen Stufen der Liebe von Begier über Vollzug zur klagenden Reue (AMORVM PROGRESSVS) behandelt Barptolomaeus Anulus (1552, S. 109; H./S. Sp. 1751 f). Die reichgewandete Frau steht zwischen Cupido – fackelbewehrt – und einem Schwan, am Boden Tauben. «Daß die Lieb sei voll hitz und feur», wollten die Alten zeigen mit der Geschichte von der Ehe der Venus mit Vulcan, sagt Mathias Holtzwart 1581, Nr. 57; H./S. Sp. 1755) zum Lemma CUR VENUS VVLCANO NUPSERIT (Warum Venus den Vulkan heiratete).

A./Venus versammelt eine beachtliche Anzahl von Attributen um sich: Die Tauben, Zugtiere auch ihres Wagens (Ovid, Met. 14,597; Apuleius, Met. 6,6; Gyraldi, Synt. 13, S. 532), seien ihr heilig wegen ihrer häufigen und «feurigen» Paarung (Fulgentius, Myth. 2,1 670; Myth. Vat. III 11,1) oder – im Gegensinn – weil sie rein und keusch seien (Cornutus, Nat. deor. 24; Gyraldi, Synt. 13, S. 532B). Oder wegen der Peristera, einer Gefährtin der A./Venus, die der verärgerte Cupido in den Vogel verwandelt (ebd.; vgl. Myth. Vat. I 175 und II 33). Sicher erotische Qualitäten gesellen den Sperling der A./Venus zu (Sappho, Frg. 1,9; Aristophanes, Lysistrata 724; Apuleius, Met. 6,6, wo sie dem von Tauben gezogenen Wagen folgen; vgl. Natale Conti 1567, 4,13, Bl. 120^v, Zeile 27 ff). Das Kosewort «passer/-cula» (Spatz/Spätzchen) findet sich bei Plautus (Casina 138). Als Aphrodisiacum nennt den Sperling Athenaios (2,65e; Plinius, Nat. 30,41). Bei den Römern zogen Schwäne (–> Apoll) den Wagen der Venus (Horaz, Carm. 4,1,10; Ovid, Met. 10,708 ff; Silius Italicus 7,441; Statius, Silvae 3,4,22). Cartari (1647, S. 275) meint, vielleicht komme der Vogel in ihre Dienste, weil er ein unschuldiges Tier sei, das niemandem ein Leid antut, oder wegen seines melodischen («süßen») Gesangs, denn Gesang sei der Zügellosigkeit («lascivia») und den Verliebten förderlich (vgl. Athenaios 15,682 f).

Der Fisch ist ihre Verwandlungsform (vgl. die Fische, die sie und Cupido vor dem Typhoeus retten: Myth. Vat. III 15,12). In einer Muschel zeige man sie, weil diese Tiere sich beim Coitus mit dem ganzen Leib vereinigten (Fulgentius, Myth. 2,1, 671).

Skopas soll die «Venus Pandemos» (Die Gewöhnliche) auf einem (geilen) Widder sitzend vorgestellt haben (Gyraldi, Synt. 13, S. 533A). Ein Bild der Göttin von Phidias habe sie gezeigt, wie sie einen Fuß auf·eine Schildkröte setzt. Ganz unerotisch und eher bieder soll sie sich so vorstellen als Zeichen häuslicher Obacht («custodia») auf die Jungfrauen und als Zeichen der gehörigen Haushaltsführung und Verschwiegenheit der Verheirateten (Gyraldi, ebd. S. 532B, mit Hinweis auf Plutarch, Coniug. praec. 32; vgl. Pausanias 6,25,1). Aelian sagt, das Tier sei ein höchst wollüstiges Wesen (De anim. 15,19). Der Hase verfüge reichlich über die Gaben der A., sagt Philostrat (Imag. 1,6).

Die Rose zeigt, daß der Vorwurf der Keuschheit die Wollust erröten läßt und daß der Stachel der Sünde sticht (Fulgentius, Myth. 2,1, 670). Oder: Der flinke Fluß der Zeit beraubt uns der Wollust gleich wie der Rose. Die Myrte sei ihr geweiht, weil dieser Baum gern am Meeresstrande steht und die Göttin doch dem Meer entstieg oder weil der Baum so dem salzigen Meere nahe ist, und salzig sei doch der Schweiß, den der Coitus treibt, oder, weil die Pflanze vielfältigen Nöten der Frauen diene (Myth. Vat. III 11,1), die nach Gyraldi (Synt. 13, S. 533B) erotischer Natur sind. Das Bild der A. von Kanachos in Sikyon soll sie mit Mohn und Apfel (zum letzteren vgl. Philostrat, Imag. 1,6) in den Händen gezeigt haben (Pausanias 2,10,4). Eine Palme habe man der Göttin im Bild der «Venus Victrix» beigegeben, der Siegerin. Den Buchsbaum hat sie nicht gemocht (Gyraldi, Synt. 13, S. 533B).

Im Kult seien ihr alle Tiere als Opfer recht gewesen, außer dem Schwein (Pausanias 2,10,4; weil es unrein sei, sagt Cornutus, Nat. deor. 24; vgl. Gyraldi, Synt. 13, S. 534A; vielleicht auch, weil ein solches Tier den Adonis tötete: ebd.; vgl. das bukolische Gedicht «Der tote Adonis», wo A. den Eber fangen läßt und dann begnadigt, weshalb das Tier fortan sie begleitet, in: Edmonds, Greek bucolic poets 1977, S. 480 ff). Die Tieropfer habe man mit Wacholder verbrannt und dazu das Kraut «paederos» (= Kerbel?, Steineiche?) getan, dessen Blätter in der Form der Eiche, in der Farbe der Silberpappel ähneln sollen (Pausanias 2,10,4 f).

Ihre Zuständigkeit für alle Dinge der Zeugung (Lucan 10,208 f) mache sie zur Schutzherrin der Gärten (Varro, De re rust.), und bei Naevius stehe sie für Gemüse (wie Ceres für Brot, Neptun für Fisch usw.: Frg. 30a-c, Warmington S. 148; vgl. Gyraldi, Synt. 13, S. 545B).

Es wird berichtet, sie habe (zuerst in Cypern) die gewerbliche Liebeskunst eingeführt und also erfunden (Lactantius Firm., Div. Inst. 1,17,10; Gyraldi, Synt. 13, S. 551 u. 553A, mit Hinweis auf Servius). Dem entspricht, daß es neben einer Venus für die Jung- und einer für die Ehefrauen auch eine für die Dirnen («meretrices») gegeben habe (ebd. mit Hinweis auf Augustin).

C *Typus*. Das charakteristische Bild der A. / Venus zeigt in seiner Essenz eine wohlgestalte, nackte junge Frau mit üppigem langen Haar und kostbarem Schmuck, meist in Begleitung des Erosknaben Cupido.

Die Frühzeit griechischer Kunst kennt nur eine bekleidete A., prächtig gewandet wie in den Homerischen Epen und Hymnen (z. B. auf einer attischen Schale, zusammen mit –> Ares; um 520 v. Chr.; Tarquinia, Museo Nazionale, Inv. RC 6848).

Die stehende *Berliner Göttin* (Marmorstatue um 580/570 v. Chr.; Berlin, Staatl. Museen, Inv. 1800) trägt zum langen Chiton eine hohe Krone (den Polos), «das uralte Attribut aphrodisischer Gestalten auf den Kykladen» (E. Simon 1985, S. 243).

Seit der klassischen Zeit Griechenlands (etwa seit 480 v. Chr.) gehört die Nacktheit zu A. wie ein Attribut, wenngleich sich der bekleidete Typus nicht ganz verliert. Schönheit ist nun – vor allem in der Skulptur – die Schönheit des Leibes, die der griechische Bildhauer Praxiteles im 4. Jh. in ihrer Vollkommenheit darstellte: Seine für die Knidier geschaffene Marmorstatue (*knidische A.*, die *Knidierin*) gilt als die erste vollplastische Darstellung der nackten Göttin. Das nicht erhaltene Werk ist überliefert durch zahlreiche Kopien und Nachahmungen, von denen die *Venus Colonna* (Vatikan, Musei Vaticani, Inv. 812) als die beste Wiedergabe des Originals gilt.

Die antiken Bildhauer schufen ein Schönheitsideal, dem v.a. die Künstler der italienischen Renaissance folgten. Wie abhängig die Vorstellung vollkommener Schönheit vom Zeitgeschmack ist, beweist Tizian, dessen oft üppige Venusfiguren geradezu matronenhaft anmuten (*Venus im Spiegel*, um 1555; Washington, National Gallery of Art).

Typusbildend wurde vor allem die *Venus Capitolina* (Rom, Musei Capitolini, Inv. 409). Wiewohl auch sie nackt, stellt sie, die linke Hand vor die Scham gelegt, die rechte vor die Brust gehoben, eine keusche Venus *(Venus pudica)* dar, welche die *Venus Medici* (Florenz, Uffizien, Inv. 224) wiederholt. Diese wiederum ist in Botticellis Venus (*Geburt der Venus*, 1476/1487; Florenz, Uffizien) wiederzuerkennen.

Die griechischen Bildhauer zögern nicht, einen diskreten Körperteil besonders hervorzuheben, und kreieren mit der *A. kallípygos* (die mit dem schönen Hintern) sogar einen eigenen Typus. Das Aussehen des verschollenen Bronzeoriginals (Datierung unklar) ist durch mehrere Kopien überliefert, als deren beste die *Kallípygos Farnese* gilt (Marmorstatue, Neapel, Nationalmuseum, Inv. 6020; mit Ergänzungen aus dem 18. Jh. von Carlo Albacini): Venus entblößt ihr Gesäß und betrachtet es über die Schulter hinweg – gymnastisch gesehen eine gute Leistung. Unter den neuzeitlichen (zum Teil variierten) Kopien seit etwa 1600, die sich an weit verbreiteten Stichen orientieren konnten, sind die Bleistatuette von Georg Raphael Donner (Bratislava, Galerie der Stadt Bratislava) und eine Marmorstatue von Johan Tobias Sergel (1780; Stockholm, Nationalmuseum, s. u.) hervorzuheben.

Daß der Körper der Schönen von vornehmer Blässe ist, stellten sich offenkundig die Griechen vor (Oinochoe, Anfang 4. Jh. v. Chr.; Berlin, Staatl. Museen, Inv. F 2660: A. fährt auf einem Schwan stehend über das Meer, ihre Haut ist so weiß wie das Gefieder des Tiers).

Der nackten Schönheit huldigen die Künstler der Neuzeit einmütig. Gibt kein anderes Attribut einen Hinweis auf A., dann genügt häufig deren Nacktheit, um sie zu identifizieren.

Einen völlig neuen Typus mit weitreichenden Nachwirkungen schuf Giorgione mit seiner *Schlummernden Venus* (1508/10; Dresden, Gemäldegalerie Alte Meister). Die nackte Schönheit liegt mit geschlossenen Augen auf einem Bett im Vordergrund einer Landschaft (deren Ausführung Tizian zugeschrieben wird), den Kopf auf den zurückgenommenen rechten Arm, die linke Hand an die Scham gelegt.

Eine bekleidete Venus, wie wir sie auf mittelalterlichen Darstellungen sehen, ist atypisch. Die gestiefelte, in einen Mantel gehüllte Dame aus einer Handschrift der «Geomantia» für Ottheinrich (1557; Heidelberg, Universitätsbibliothek, Cod. pal. germ. 832, Bl. 100 b) wäre trotz des geschürzten Rocks nicht als Venus zu erkennen, begleitete nicht Amor ihr Gespann.

Besondere Aufmerksamkeit schenken die Künstler (vor allem der Neuzeit) dem Haar der Göttin: etwa Francesco del Cossa auf seinem Monatsbild des April im Palazzo Schifanoia in Ferrara (Salone dei Mesi, 1470) oder Lucas Cranach d.Ä. auf seinem Gemälde *Venus und Cupido* (um 1520; Princeton/N.J., Princeton University Art Museum): Fast knielang ist hier das gekräuselte, offen getragene Haar.

Zur Wohlgestalt des Leibes gehört auch die Anmut der Bewegung, die sich sowohl in der natürlichen Grazie der A. griechischer Kunst als auch in der Geziertheit jener Lucas Cranachs d. Ä. ausdrückt, etwa der *Stehenden Venus in einer Landschaft* (Gemälde 1529; Paris, Louvre) oder der *Stehenden Venus* (1518; Ottawa, National Gallery of Canada).

Daß ein nackter Körper reizvoller wirkt, wenn er nicht völlig entblößt ist, war schon der klassischen Zeit Griechenlands nicht fremd. Wir erinnern an den Typus der halbbekleideten A., um deren Beine der Mantel geschlagen ist (*A. von Melos / Venus von Milo*; um 120 v. Chr.; Paris, Louvre, Inv. MA 399). – Auch in der neuzeitlichen Bildkunst nimmt der Typus der halbbekleideten Venus neben dem der nackten einen festen Platz ein. – Eine hauchdünne Bluse bedeckt den Oberkörper der Göttin auf Sandro Botticellis Bild der stehenden Venus in Berlin (um 1482; Berlin, Staatl. Museen). Durchsichtige Schleier entblößen den Körper der Göttin mehr, als daß sie ihn bedecken, auf Bildern des Lucas Cranach (vgl. auch *Das Urteil des Paris* von Niklaus Manuel, gen. Deutsch, frühes 16. Jh.; Basel, Kunstmuseum). Ein modischer Hut betont die Nacktheit der *Stehenden Venus in einer Landschaft* (L. Cranach, s. o.).

Auch durch Geschmeide kommt Schönheit noch besser zur Geltung. Mit Halskette und prächtigem Diadem sehen wir A. auf dem Salbölkännchen des Meidias-Malers (420 / 410; London, British Museum, s. o.). – Geradezu kanonisch ist die Wiedergabe der Göttin mit kostbarem Geschmeide bei den Künstlern in Renaissance und Barock. Bronzino auf seinem Bild *Allegorie mit Venus und Amor* (1540er Jahre; London, National Gallery) schmückt sie mit einem Perlendiadem. Besonders auffallend die Darstellung des Dirk de Quade van Ravesteyn, dessen ruhende, reich mit Gold und – der aus einer Muschel Geborenen angemessen – mit Perlen geschmückte Venus eine schwere Gliederkette ziert (Gemälde um 1608; Wien, Kunsthist. Museum). Besondere Bedeutung auch in der Bildkunst hat der Gürtel der A. Neuzeitliche Künstler richten ihr Augenmerk betont auf dieses Accessoir. Auf Pieter Isaacsz' Gemälde *Venus, Mars und Amor* (um 1600; Wien, Kunsthist. Museum) trägt die Göttin einen kostbaren, mit Steinen besetzten Gürtel, an dem der Rock befestigt ist. – Die kleine Bronzefigur der sog. *Paduanischen Venus* (Venedig oder Padua um 1500; Basel, Historisches Museum, Inv. 1909.243) erhielt im nachhinein durch den Goldschmied Christoph Komberger einen kostbaren breiten Gürtel aus vergoldetem Silber. – Der Gürtel der Venus, der Joshua Reynolds zu seinem galanten Bild *Amor löst Venus den Gürtel* inspirierte (um 1788; St. Petersburg, Eremitage), wird auf diese Weise schließlich selbst thematisiert.

Das Mittelalter sieht in der Göttin einerseits die «Königin» (Handschrift in Cambridge, Trinity College, Ms. 943, Bl. 50^v), anderseits die Dirne, die ihr Knie oder ihre Waden entblößt (Handschrift in London, British Museum, Ms. 16578, Bl. 53^r: Venus thronend, in langem Kleid, das eine Wade freigibt). Nicht von ungefähr erscheint die apokalyptische Hure Babylon auf dem berühmten Teppich von Angers (1377/80; Entwurf von Jean de Bondol, gewebt von Nicolas Batailles; Angers, Schloß, Galerie) in der Gestalt der Venus, die sich in einem Handspiegel betrachtend das Haar kämmt; charakteristisch der kostbare Gürtel (s. u.).

Attribute. Diese lassen sich in vier Hauptgruppen gliedern: 1. solche, die A./Venus als eine die Sinne ansprechende Göttin charakterisieren, 2. Attribute, die sie als Göttin der Liebe kennzeichnen, 3. Fruchtbarkeitssymbole und schließlich 4. die Requisiten der Schönheitsgöttin.

1. Daß A. selbst für sinnliche Reize, vor allem Gerüche, empfänglich ist, veranschaulicht eines ihrer ältesten Attribute: eine Blüte, deren Duft sie genießt (die «Duftblüte» in archaischer Zeit; E. Simon 1985, S. 246).

Der A./Venus ist v.a. die (duftende) Rose geweiht, die zudem ihre rote Farbe dem Blut der Göttin verdankt (F. Colonna 1499/1980, S. 366). Venus genießt den Duft einer Rose, die sie in der Hand hält (Stater aus Kilikien, 379–374 v. Chr.: A. auf dem Sphingenthron; s. LIMC 1984, 2,2, Abb. 816), oder sie trägt einen Rosenkranz im Haar (vgl. Cossas triumphierende Venus im Palazzo Schifanoia in Ferrara).

Musikinstrumente gehören seit ältesten Zeiten zum Bild der A. In Griechenland war es die Harfe (E. Simon 1985, S. 236). Griechische Vasenbilder der klassischen Zeit illustrieren, daß Harfenmusik zum Kult der A. gehörte. Später, v.a. in der Nachantike, sind die Instrumente meist unspezifisch. Ob Gabriele Giolito de Ferrari entsprechende Kenntnisse hatte, als er seinen Stich mit den Kindern der Venus konzipierte (1533), wo sich zu Laute und Flöte die Harfe gesellt, muß dahingestellt bleiben. – Tizian widmet der Venus der Sinne (der Musik) fünf große Kompositionen: *Venus mit Orgelspieler* (zwei Versionen in Madrid, Prado: um 1545/48 und um 1550), *Venus und Cupido mit Prinz Philipp als Organisten* (um 1548/49; Berlin, Staatl. Museen) sowie zwei Versionen von *Venus und Cupido mit Lautenspieler* (um 1565/70; New York, Metropolitan Museum; um 1565; Cambridge, Fitzwilliam Museum). Auf letzterem hält Venus eine Flöte in der Hand. Angeregt wurde Tizian hierzu vielleicht von einem Epigramm aus der 1503 bei Aldo in Venedig erschienenen griechischen Anthologie; vgl. H.E. Wethey 1975, S. 67 f).

2. Der Apfel ist das Symbol der Liebe schlechthin. Besonders in der antiken Kunst ist er ein übliches Attribut der A. (Standspiegel aus Bronze, um 560 v. Chr.; Athen, Nationalmuseum, Inv. 7465). – Wenn Tizian auf seinem *Venusfest* (1518/19; Madrid, Prado; nach Philostrat, Imag. 1,6: «Erotes») die Amorini Äpfel ernten läßt, so war dies sicher auch seinen Zeitgenossen ein verständliches Sinnbild der Liebe. (Vgl. die Illustration zur französischen Ausgabe des Philostrat von Blaise de Vigenère, 1614, 1,6: «Les Amours»; Cupidi bringen der Göttin einen Korb mit Äpfeln dar.)

Die Myrte, die für die eheliche Liebe steht, ziert schon die archaische Göttin, etwa auf einer attischen Olpe (um 520 v. Chr.; New York, Metropolitan Museum of Art, Inv. 59. 11. 17): A., der sich ihr Gemahl Hephaistos nähert, trägt einen Myrtenkranz auf dem Kopf und einen Myrtenzweig in der Hand. – Ein Myrtenbäumchen steht auf dem Fensterbrett der Kemenate auf Tizians Bild der *Venus Urbino* (1538; Florenz, Uffizien). – Der See auf Edward Burne-Jones' Gemälde *Der Spiegel der Venus* ist dicht von blühenden Myrtenpflanzen umgeben (1875/78; Lissabon, Fondazione Gulbenkian).

3. Unter den Tieren ist an erster Stelle die Taube als uraltes Attribut der Göttin zu nennen. Wir sehen die fruchtbaren Venusvögel z. B. im Gebälk des A.-Tempelchens in Athen (Aufgang zur Akropolis; 3. Jh. v. Chr.). In der Neuzeit sind sie die ständigen Begleiterinnen der A./Venus. Sie umflattern sie und ihr Gefolge und ziehen v.a. den Wagen der Göttin.

Der Hase ist seit der archaischen Kunst Griechenlands als Attribut der A. nachzuweisen. Wir erinnern an die Statue der *A. von Samos* (Berlin, Staatl. Museen, Inv. 1750). Die Beispiele häufen sich seit der römischen Zeit. Philostrat (Imag. 1,6, s. o.) erwähnt eine Schar von Cupidi, die einen Hasen jagen – ein Motiv, das eine Zeichnung Nicolas Poussins, *Venus am Brunnen*, wiederaufgreift (München, Staatl. Graphische Sammlung, Inv. 3162). – Kaninchen tummeln sich auf Cossas Fresko mit dem Triumph der Venus (Ferrara, Palazzo Schifanoia, Salone dei Mesi), auf Piero di Cosimos Gemälde *Venus und Mars* (um 1505; Berlin, Staatl. Museen) schmiegt sich ein Hase an die liegende Göttin.

Zu den Fruchtbarkeitssymbolen unter den Attributen der A. zählt auch der (vielsamige) Granatapfel (vgl. z. B. eine Terrakotta des 2. Jh. v. Chr. in Kopenhagen, Nationalmuseum, Inv. 3239: Die zwischen zwei Muschelschalen Kniende hält in jeder Hand einen Granatapfel. Auch die *Berliner Göttin*, Berlin, Staatl. Museen, Inv. 1800, hält einen Granatapfel in der Hand). – Cossas Venus auf dem Fresko in Ferrara (s. o.) hält einen Granatapfel in der Hand.

4. Dominierendes Attribut der Venus als Göttin der Schönheit ist seit der Spätantike der Spiegel. Sein relativ spätes Auftreten in der griechischen Kunst ist wie ein Reflex auf das Bewußtwerden eigener Schönheit beim Menschen in der Pubertät. Auf einem apulischen Glockenkrater (um 390 / 80 v. Chr.; Cleveland / Ohio, Museum of Art, Inv. 24.534) und einem apulischen Teller (um 350 v. Chr.; Den Haag, Slg. Schneider-Herrmann) sehen wir die Schöne wohlgefällig ihr Bild im Handspiegel betrachten. – In den Illuminationen mittelalterlicher Handschriften (z. B. im «Liber physiognomiae», Modena, Bibl. Estense, ms. DCXCVII, fol. 11) und durchweg in der Tafelmalerei seit der Renaissance ist der Spiegel unentbehrliches Requisit bei der *Toilette der Venus*.

Cesare Ripa (1992, S. 39) fordert, man solle die weibliche Schönheit als nackte Frau mit einem Spiegel darstellen. – Schließlich macht Edward Burne-Jones den *Spiegel der Venus* selbst zum Bildthema (Gemälde 1878, Lissabon, Fondazione Gulbenkian, s. o.). Neun Mädchen (die –> Musen?) beugen sich über einen kleinen glasklaren See, um sich darin zu spiegeln. Venus selbst steht aufrecht, ohne das eigene Spiegelbild zu suchen. Den Wasserspiegel hat man als Metapher für die Inspiration des Künstlers interpretiert (Katalog zur Ausstellung «L'Amore», 1992, S. 144).

Weitere Attribute. Die Gans zählt zu den ältesten der A. heiligen Tieren (Terrakottafigur, 6. Jh. v. Chr.; Paris, Louvre, Inv. CA 1747). Am eindrucksvollsten ist das Bild des Pistoxenos-Malers auf der oben erwähnten weißgrundigen Schale (470 / 460 v. Chr.; London, British Museum, Inv. D2): Gelöst sitzt die in Chiton und Mantel gehüllte Göttin zwischen des Schwingen einer mächtigen Gans im Flug.

In der nachantiken Kunst ist die Gans ein eher seltenes Attribut der Venus, z. B. auf einem (wohl italienischen) Relief des 16. Jh. (Raleigh, North Carolina Museum), das die Göttin auf ihrem von zwei Gänsen gezogenen Wagen zeigt.

Häufig wird A. von einem Schwan begleitet. Er charakterisiert die Göttin als *Urania* (s. **A**). Darstellungen finden sich auf einer Reihe von Vasen und gravierten Klappspiegeln des 4. Jh. v. Chr. Auf einer apulischen Pelike (um 340 v. Chr.; Tarent, Museo Nazionale, Inv. 4622) sieht man sie auf einem auffliegenden Schwan sitzen.

Den Mythographen der Renaissance war der Schwan als Begleittier der Venus geläufig (vgl. V. Cartari 1567, S. 274, wo der Wagen der Venus von einem Schwanenpaar gezogen wird, vor das zwei Tauben gespannt sind. Amorini reiten die Schwäne auf der Illustration ebd., S. 275). Ein Schwanengespann zieht auch den Triumphwagen der Venus im Salone dei Mesi im Palazzo Schifanoia in Ferrara.

Als Urania wird A. auch durch die Schildkröte charakterisiert (vgl. das Standbild der Urania von Phidias in der Beschreibung des Pausanias, 6,25,1: A. setzt ihren Fuß auf eine Schildkröte). Einschlägige Beispiele der bildenden Kunst beschränken sich in der Regel auf Illustrationen zu den Emblemen, z. B. bei Guillaume de la Perrière (1539, Nr. 18). Auch der Schlüssel, den Venus hier in der Rechten hält, ist ein Hinweis auf Urania. – Ein seltenes Beispiel in der Tafelmalerei ist das Gemälde von Giovanni Serio Siciolante, gen. da Sermoneta (16. Jh.; Turin, Galleria Sabauda): Die in einer Loggia stehende Venus setzt ihren Fuß auf eine Schildkröte. – Auf Alciats Emblem (1531, Held Nr. 78; H./S., Sp. 1749) fußt vermutlich die Darstellung einer Glasscheibe des Abraham Bickhart (1568; Frankfurt/M., Museum für Kunsthandwerk): Venus steht auf einem Schneckenhaus am Ufer eines breiten Stroms.

Der Ziegenbock als Begleiter der Göttin, der sie als A. *Pandemos* qualifiziert, scheint in nachantiker Zeit kaum Bedeutung zu haben. Ein Klappspiegel (um 375 v. Chr.; Paris, Louvre, Inv. 1707 [N 3536]) zeigt A. auf einem Bock reitend.

Die Muschel, die in der Ikonographie der Geburt der A. einen so breiten Raum einnimmt, spielt als Attribut eine geringe Rolle. V. Cartari (Venedig 1647, S. 273) gibt sie seiner «aus dem Schaum des Meeres geborenen Venus» in die Hand. – Eine schwimmende Venus, die eine Muschel hält, sieht man auf der Illumination zu einer spätmittelalterlichen Handschrift («Ymagines secundum diversos doctores») in Rom (Vatikan, Biblioteca Apostolica, ms. Palat. lat. 1726, Bl. 43ʳ).

Wie die Muschel weist auch der Delphin (als Attribut wohl erst seit der klassischen Kunst) auf die aus dem Meer Geborene hin. Die *Knidierin* des Praxiteles (s. **C**) hat ihn an ihrer Seite. Auch in der Neuzeit ist der Delphin häufiges Attribut, wie bei dem Bronzefigürchen einer sitzenden Venus von Giovanni Bandini (um 1550; London, Victoria and Albert Museum): Ein Delphin dient dem Amor als Reittier. Delphine umspielen auch die *Anadyomene* Ingres' (s. u.).

Das flammende Herz (heute Symbol schlechthin für die Liebe) ist vor allem in Renaissance und Manierismus häufiges Attribut der Venus. Hendrick Goltzius stellt sie mit einem brennenden Herzen in der Hand dar (Stich, B. 66[242], Illustr. Bartsch 3, S. 155), in den unteren Bildzwikkeln erscheint je ein Herz, das von zwei Pfeilen durchbohrt ist (ein ja bis heute populäres Motiv). Vgl. auch die Gruppe *Venus, Mars und Amor* von Hubert Gerhard (1585/90; München, Bayerisches Nationalmuseum) und die bronzene *Venus* von Hans Krumpper (Werkstatt) als Brunnenfigur (um 1620/30; Bayerisches Nationalmuseum, Inv. R 6986). Ein Herz mit klaffender Wunde trägt Venus als Planetengottheit in der Hand auf einer Zeichnung von Jacob Clauser (1520–1578) nach einem Stich von Georg Pencz (Basel, Historisches Museum, Inv. U.I.136).

Sechs Fangseile hält Venus in der Linken auf einer Zeichnung von Niklaus Manuel, gen. Deutsch. Die geflügelte (!) Göttin steht auf einer Kugel (wie Fortuna, die Personifikation des Glücks, zum Zeichen ihrer Unbeständigkeit), in der Linken hält sie sechs Fangseile. Der auf ihren Schultern stehende Amor verschießt mit seinem Pfeil eine Narrenkappe (Federzeichnung um 1512; Basel, Historisches Museum, Inv. U.X.2).

Eine Lampe in der Hand der Venus charakterisiert sie als *Planetengottheit*, den (besonders hellen) Morgen- bzw. Abendstern (Handschrift in Cambridge, Trinity College, Ms. 943, Bl. 50^v).

D 1. *Die Geburt der A.*

a) *Die Geburt aus der Erde* (*A. Anodos*). Literarische Quelle für diese wenig bekannte Version ist vielleicht ein verlorenes Satyrspiel der Zeit um 460 v. Chr. Die Darstellungen beschränken sich auf einige Vasenbilder, z. B. eine rotfigurige Pelike (um 460 v. Chr.; Rhodos, Museum, Inv. 12454): Die der Erde entsteigende Göttin, durch Beischrift als A. gesichert, wird von –> Pan und –> Hermes in Empfang genommen.

b) *Die Geburt aus dem Meer.* Klassisch geworden ist der Typus der aus dem Meer geborenen A., der *Anadyomene*, von der es zwei Spielarten gibt: die unmittelbar aus dem Meer steigende A. und deren Geburt aus der Muschel. Eines der frühesten Beispiele war ein Relief an der Basis des Kultbildes des Zeus von Phidias in Olympia (überliefert durch ein vergoldetes Silbermedaillon der römischen Kaiserzeit; Paris, Louvre, Inv. MNB 1290 [Bj 15]): A. steht bis zu den Knien im sich kräuselnden Wasser, –> Eros (hinter ihr) greift ihr stützend unter die Arme. – Das Relief der Hauptseite des sog. *Ludovisischen Throns* (um 460 v. Chr.; Rom, Museo Nazionale Romano, Inv. 8570: ein Altaraufsatz aus den Gärten des Sallust) gilt heute wohl unwidersprochen als Darstellung der Geburt der A. (E. Simon, 1959). Zwei junge Frauen, auf steinigen Uferböschungen stehend, beugen sich zu A. hinab, um ihr aus dem Wasser zu helfen.

Eine mit der Geburt aus dem Meer zu erklärende Geste der A. wird schließlich typusbildend: A. faßt mit jeder Hand eine Haarsträhne, um sie auszuwringen. Zahllose Statuen und Statuetten folgen diesem Typus der *Anadyomene*, z. B. eine Marmorstatue im Vatikan (Kopie nach einem Original wohl des 3. Jh. v. Chr.; mit Ergänzungen von Carlo Albacini), eine Bronzestatuette des 1. Jh. v. Chr. (ehemals Basel, Antikenmuseum) und eine römische Bronzestatuette im Louvre (Inv. C 7220). A. ist entweder völlig nackt oder nur mit einem die Beine bedeckenden, meist vorn geknoteten Mantel bedeckt. – Giambolognas *Venus von Castello* (Bronze um 1560/61; Villa di Petraia, ursprünglich Brunnenbekrönung im Labyrinth der Medici-Villa zu Castello bei Florenz) greift diesen antiken Typus wieder auf. Unter ihrem Einfluß: die Venus am Herkulesbrunnen des Adriaen de Vries in Augsburg (1602). – Eine späte Wiederbelebung erfährt dieser Typus im 19. Jh. durch Dominique Ingres' *Anadyomene* (1808/1848; Chantilly, Musée Condée). Ingres nimmt den Terminus «Schaumgeborene» wörtlich: Venus, die mit beiden Händen eine Haarsträhne faßt, aus der Perlen fallen, steht auf einem Hügel aus Gischt, der sich aus dem Meer erhebt. Delphine umspielen, Cupidi umschmeicheln sie. Einer von ihnen reicht ihr einen Spiegel.

c) *A. / Venus in der Muschel*. Diese Version ist in der bildenden Kunst schon im 7. Jh. v. Chr. nachzuweisen: Ein Anhänger (vermutlich aus Ägypten; Harvard University, Dumbarton Oaks Research Library and Collection) zeigt die anmutige A. stehend in einer Muschelschale, zwei Strähnen ihres langen Haars fassend. Allerdings erfährt dieser Typus erst später eine weitere Verbreitung (in der Bildkunst seit dem 4. Jh. v. Chr.). Populär ist das Motiv v.a. in römischer Zeit. Auf mehr als zehn erhaltenen Fußböden findet es sich wieder, z. B. auf einem Mosaik aus den kleinen Bädern in Sétif/Algerien: Die reichgeschmückte Venus, begleitet von Tritonen, Delphinen und Cupidi, sitzt in einer großen Muschel und ordnet ihr Haar.

Diese figurenreichen Darstellungen stellen bereits alle Elemente bereit, die in den Kompositionen von Renaissance und Barockzeit wiederkehren, etwa auf dem Gemälde von Nicolas Poussin (Philadelphia Museum of Art), das nach F. Sommer (1968, S. 440 ff) einen Triumph der Venus darstellt (traditionell *Neptun und Amphitrite*).

Einen Niederschlag der Freudschen Symbollehre, in der die Muschel Symbol für den Mutterschoß ist, mag man in Odilon Redons *Geburt der Venus* aus einer uterusartigen Muschel sehen (1912; Paris, Privatslg.).

Eine *schwimmende Venus* zeigte ein (verlorenes, durch einen Stich des 17. Jh. überliefertes) Fresko in einem römischen Haus auf dem Celio in Rom. Dieses Motiv kehrt in zwei byzantinischen Handschriften des Pseudo-Nonnos aus dem 11. Jh. wieder (den Kommentaren zu Gregor von Nazianz, Rom, Biblioteca Vaticana, Ms. gr. 1947, Bl. 147^v, und einem Codex in Paris, Bibliothèque Nationale, cod. Coislin 239, Bl. 121^v). Auf einer Illustration zu dem Pariser Codex sieht man die abgeschnittenen Genitalien des Uranos vom Himmel fallen (vgl. Hesiod, Theog. 163 ff; Macrobius, Sat. 1,8,8; Libellus 5, H. Liebeschütz 1926, S. 118; –> Zeus).

2. *Die Fahrt nach Kythera*. Die Muschel dient A. auch als Gefährt bei ihrer Reise nach Kythera (Vasenbild auf einem attischen Glockenkrater, frühes 4. Jh. v. Chr.; Dresden, Staatl. Kunstsammlungen, Inv. ZV 1517). – Unter den neuzeitlichen Darstellungen ist die *Geburt der Venus* von Sandro Botticelli hervorzuheben (1476/1487; Florenz, Uffizien; mögliche Quellen: Homer. Hymnos 6, an A., 2 ff; Polizian, Stanze 1,25 und 1,113): Die Göttin steht, im Gestus der *Venus pudica* (s. **C**), in einer auf dem Meer schwimmenden Muschelschale. Ein Zephirpaar (vielleicht auf Polizian zurückgehend) treibt mit seinem Hauch die Muschel an das Ufer der Insel Kythera, wo die Hore (Jahreszeit) des Frühlings (–> Horen) für die Göttin einen reich ornamentierten roten Mantel bereithält. E.H. Gombrich (1945, S. 53) sieht in der Komposition, vor allem der Haltung der Hore, eine Übernahme des Bildmotivs der Taufe Christi und interpretiert die Darstellung Botticellis als Allegorie auf die Wiedergeburt aus der Taufe.

3. *A. von Diomedes verwundet*. J.D. Ingres hat sich des selten dargestellten Themas aus der Ilias (5,334 ff) angenommen (Gemälde, wohl um 1807; Basel, Privatslg.). Venus schickt sich an, den mit vier Schimmeln bespannten und von –> Iris gelenkten Wagen zu besteigen. Ares (sitzend) zeigt sich unbeeindruckt. Eine lavierte Zeichnung Ingres' (1844; Prag, Nationalgalerie) wiederholt das Thema mit einigen Varianten: A., auf die Verwundung an ihrer Hand zeigend, besteigt weinend den mit zwei Pferden bespannten Wagen; die Zügel hält die geflügelte Gestalt der Iris.

4. *A. von Athena zu Boden gestreckt*. Eine Episode, die der stets triumphierenden Liebesgöttin so gar nicht zu Gesicht steht und deshalb wohl auch selten dargestellt wurde. Andries Cornelis Lens hat sie, dicht am Text der Ilias (21,406 ff; 21,422 ff), in einem Gemälde festgehalten (um 1774/75; Wien, Kunsthist. Museum: *Mars, Minerva und Venus*).

5. *A. / Venus und Anchises* (Homer. Hymnos, an A., 45 ff.) Zu den seltenen Beispielen dieses Liebespaars in der Bildkunst gehört ein Fresko

von Annibale Carracci (Rom, Palazzo Farnese, Galleria, 1597–1600). Es stellt die beiden auf dem Bett sitzend dar, Anchises löst Venus die Sandale. – In Umarmung zeigt das Paar eine Terrakottagruppe von Tobias Sergel (*Venus und Anchises*; Stockholm, Nationalmuseum).

6. *Venus präsentiert Aeneas seine Waffen* –> Hephaistos

7. *Venus und Adonis* –> Adonis

8. *A. / Venus und Ares / Mars.* Die beiden sind eines der am häufigsten dargestellten Paare der Mythologie. In ihren Ursprüngen ist diese Verbindung allerdings nicht erotischer, sondern streng religiöser Art, und die Ehe zwischen beiden entstammt einer kultisch-mythischen Überlieferung (E. Simon 1985, S. 262; dies. 1984, 2,1, S. 544). So ist das Paar in der griechischen Kunst auch nicht in Umarmung zu sehen, sondern allenfalls beim Gelage wie auf einer Schale des Kodros-Malers (um 430/20; London, British Museum; Inv. E 82). Auf dem Außenfries einer Schale des Oltos (um 510 v. Chr.; Tarquinia, Museo Nazionale Archeologico, Inv. RC 6848) sitzt (der bärtige) Ares neben A., die Lanze in der Rechten und mit beiden Händen den Helm vor dem Körper haltend.

Bei dem Göttermahl («lectisternium»), das 217 v. Chr. in Rom für die Zwölfgötter abgehalten wurde, teilten sich Venus und Mars eine Kline (Livius 22,10,9). – Der unbekannte Künstler der Schule von Fontainebleau hatte wohl weniger ein solches Göttermahl vor Augen als die Identifizierung der Venus mit Luxuria, der jede Art von Ausschweifung und Völlerei (vgl. Boccaccio, Gen. 3,22) wesenseigen war (*Venus und Mars beim Mahl*, Aquatinta, gegen 1547; Paris, École des Beaux-Arts): Mars (in voller Rüstung) und Venus tafeln, von Amor bedient. Dem Betrachter bleibt verschlossen, was eine von ihm aufgetragene Schüssel enthält, die das Erstaunen des Gottes hervorruft.

Die römische Zeit versteht die Beziehung zwischen Venus und Mars in zweierlei Hinsicht: einmal ganz trivial als Liebesbeziehung, zum anderen in eindeutig allegorischem Sinn (als *Concordia*). In ersterem Verständnis trifft man das Paar in der Dekoration zahlreicher römischer Wohnhäuser. Im Goldenen Haus des Nero ziert das schwebende Paar die Decke. Auf einem Wandbild aus Herculaneum (vespasianisch; Neapel, Museo Nazionale, Inv. 9251) sieht man die beiden schwebend, gerahmt von zwei Amores; Mars legt, hinter Venus stehend, seine Hand auf deren Brust – ein oft wiederholtes Motiv (vgl. Bronzinos *Allegorie mit Venus und Cupido*). – In der Wandmalerei ist das Paar meist sitzend dargestellt, etwa im Tablinum (Speisesaal) der Casa di Marte e Venere (Pompeji VII, 4. Stil, Kopie eines späthellenistischen Originals; heute

Neapel, Museo Nazionale, Inv. 9248). Wie es für diesen Typus charakteristisch ist, trägt Mars hier keinen Helm.

In der Spätantike werden beide auch als Planetenpaar aufgefaßt (Mars / –> Ares).

Neuzeitliche Darstellungen deuten die Begegnung von Venus und Mars überwiegend allegorisch. Wenn Paolo Veronese den entwaffneten Kriegsgott im Arm der Venus zeigt (*Mars und Venus*, 1570er Jahre; New York, Metropolitan Museum), so liegt eine Interpretation als Sieg der Liebe über den Krieg auf der Hand (E. Wind 1968, S. 89). – Deutlicher artikuliert sich dieser Gedanke bei Francesco Cossa in dessen Triumphzug der Venus (Ferrara, Palazzo Schifanoia, Salone dei Mesi; 1469 / 70): Mars kniet in voller Rüstung und in Ketten gelegt vor der Liebesgöttin. – Eine vergleichbare Botschaft mag Amor (–> Eros) haben, wenn er sich mit einem Palmzweig (Zeichen des Friedens) dem Liebespaar zugesellt (Luca Cambiaso, Genua, Palazzo A. Doria, Sala di Venere e Marte; nach 1539. Das Mittelmedaillon der Decke ist der Rest der Raumausstattung, die den beiden Gottheiten gewidmet war).

Ähnliches werden auch die (mehrdeutigen) Gemälde von Piero di Cosimo (*Venus, Mars und Amor*, um 1505; Berlin, Staatl. Museen) und Sandro Botticelli (*Venus und Mars*, mittlere Schaffensperiode; London, National Gallery) im Sinn haben, die beide einen entwaffneten, schlafenden Mars und eine wachende Venus zeigen (mögliche Quelle: Lucretius, De rer. nat., vgl. E. Panofsky 1967, S. 63, Anm. 77).

An die Vergänglichkeit von Liebe und Schönheit gemahnt Simon Vouet mit seiner Darstellung von Venus und Mars im Beisein von Chronos (Verkörperung der Zeit; –> Kronos) und Amor (Gemälde um 1640, Sarasota, Ringling Museum).

Die vom Sonnengott ans Licht gebrachte Liebschaft zwischen den beiden (Ovid, 4,171 ff) ist die am häufigsten dargestellte Episode der Geschichte von Venus und Mars (–> Hephaistos).

9. *Venus und Mars, von Merkur gewarnt.* Bislang ungeklärt ist, auf welche Quelle das Gemälde Bartholomäus Sprangers zurückgeht (um 1585; Wien, Kunsthist. Museum): Das Liebespaar (mit schlafendem Amor) löst sich aus enger Umarmung, Venus sichtlich verärgert ob der Störung durch Merkur (nur der Kopf mit Flügelhelm und der linke Arm mit dem Caduceus sind in der oberen linken Ecke sichtbar), der auftaucht, um das Paar zu warnen. Lukian (Gallus 3) berührt das Thema mit seinem Bericht über Alektryon, der die Aufgabe hatte, –> Mars vor Helios zu warnen, wenn er bei A. lag.

10. *Die sogenannte Concordia-Gruppe* (Lucretius, De rer. nat. 1,29 ff). Die zahlreichen plastischen Gruppen zeigen Venus und Mars stehend (z. B. die aus Ostia; Rom, Museo Nazionale Romano, Inv. 108522). Im allegorischen Sinn sind sie als Verkörperung der «Eintracht» (concordia) zu verstehen. – Auf römischen Sarkophagreliefs (Rom, Palazzo Mattei; Paris, Louvre, Inv. MA 1009) legt Venus ihren Arm um seine Schulter in einer beschwichtigenden, fast mütterlichen Geste. Darstellungen wie diese könnten Rubens zu seiner Ölskizze inspiriert haben (*Venus versucht Mars zurückzuhalten*, um 1634/36, Paris, Louvre; nach Statius, Thebais 3,260 ff; J. Held 1980, 1, Nr. 268, 2, Tafel 266). – Auf dem Elfenbeinkästchen aus Veroli (mittelbyzantin. Arbeit in antiker Tradition, 10. Jh.; London, Victoria-and-Albert Museum) sieht man wiederum beide nebeneinanderstehen (Venus mit einer Fackel in der Hand); Mars faßt das Kinn der Venus.

11. *Venus und Mars im Bad.* Auf einem Fresko Giulio Romanos (Mantua, Palazzo del Te, Sala di Psiche) stehen beide in einem Bassin, von Amor und Cupidi bedient. E. Gombrich (1951) erwägt eine Deutung der männlichen Figur als –> Adonis, obwohl die abgelegten Waffen und nicht zuletzt der Typus eindeutig auf Mars verweisen (vgl. Francesco Colonna 1499/1980, Bd. 1, S. 366 f).

12. *Venus verletzt sich an einem Dorn.* Die Anregung zu diesem und dem obigen Motiv ist wohl bei Francesco Colonna zu suchen (1499/1980, Bd. 1, S. 366 f u. 370), der jedoch eine andere Situation beschreibt: Venus entsteigt einer Quelle am Grab des –> Adonis, wo sie in Erinnerung an den von Mars getöteten Geliebten ein Bad genommen hat. Der immer noch eifersüchtige Mars kommt hinzu und schlägt nun sogar Venus, die sich beim Verlassen der Quelle den Dorn eines Rosenzweigs in den Fuß tritt (ein Rosenbusch steht auf dem Grabhügel). Dem Blut, das aus der Wunde tropft, verdankt die Rose ihre Farbe.

Auf dem Fresko Giulio Romanos sieht man Mars selbst (der der mythographischen Überlieferung zufolge einen Eber schickt, den Adonis zu töten) mit gezücktem Schwert den Nebenbuhler verfolgen. Als Venus ihn zurückzuhalten versucht, tritt sie sich einen Dorn in den Fuß. – Carlo Maratta schildert die Begebenheit auf einem Gemälde (1679; Kopenhagen, Statens Museum for Kunst; in der Literatur fälschlich *Venus erschafft die Rose*). Venus betrachtet die schmerzende Ferse über die Schulter hinweg. – Auf Giulio Romanos Fresko versucht Amor vergebens, die Aufmerksamkeit der Venus auf einen niedrigen Rosenbusch zu lenken.

Die Verfolgung des Adonis durch Mars illustriert der Stich nach einem Werk des Giovanni Francesco Penni (1556; Paris, Bibliothèque Nationale, Cabinet des Estampes): Venus steht neben einem Rosenstrauch im seichten Wasser und beobachtet im Schutz eines Felsens die Verfolgungsjagd. – Mit schmerzverzerrtem Gesicht betrachtet Venus die blutende Wunde an ihrer Fußsohle auf dem Gemälde des Rubens (*Venus von einem Dorn verletzt*, 1607 / 08, Jaffé Nr. 72; Los Angeles, University of Southern California, University Galleries; vgl. auch das Gemälde von Sebastiano del Piombo, *Der Tod des Adonis*, –> Adonis). – Ein Nachfolger des Giambologna widmet dem Thema ein Bronzefigürchen (N. Penny 1992, 1, Nr. 46): Venus (stehend; neben ihr teilnahmsvoll Amor) zieht sich den Stachel aus der Fußsohle. – In einen anderen Zusammenhang ist dieser Vorfall bei Nicolas Poussin eingebunden (Zeichnung *Venus und Adonis auf der Jagd*, 1620er Jahre; Windsor Castle, Royal Library, Inv. 11877). Hier ereignet er sich auf der Jagd mit Adonis (vermutliche Quelle: Giambattista Marinos Poem «La Rosa»; vgl. Rosenberg / Prat 1994, Kat. Nr. R 623).

13. *Die Toilette der Venus.* « … sie, die im Schatten lässig zu ruhen gewohnt, ihre Schönheit durch Pflege zu steigern …», dichtet Ovid (Met. 10,533). Die –> Horen waren die ersten, die die neugeborene Göttin kostbar gewandeten und schmückten. Später widmet sich A. / Venus selbst der Pflege ihrer Schönheit. Sie ordnet, bindet oder salbt ihr Haar, wie es etwa eine Marmorstatuette der halbbekleideten Venus illustriert (Philadelphia, University Museum, Leihgabe Slg. B.W. Wright). – Auch das Anlegen des Busenbands, des Strophions, gehört zur Toilette der Göttin (Terrakottafigur, Mitte 3. Jh. v. Chr., München, Staatl. Antikensammlungen, Inv. 8516).

Einen breiten Raum nehmen die Darstellungen der badenden Venus ein. Vor dem Bad legt sie ihre Sandalen ab; das Motiv des Lösens einer Sandale wird in Späthellenismus und römischer Zeit zum Typus (vgl. die zahlreichen Marmor-, Bronze- und Terrakottastatuetten und eine Bronzestatue des späten 2. Jh. v. Chr.; London, British Museum, Inv. 280).

Eine uralte Formel für die badende in der griechischen Kunst ist der Typus der kauernden A. (seit der 2. H. des 6. Jh. v. Chr. nachzuweisen mit einer Häufung seit etwa 425 v. Chr., in hellenistischer Zeit auch in der Großplastik). Berühmtestes Beispiel dieses Typus ist die kauernde A. des griechischen Bildhauers Doidalsas (spätes 3. Jh. v. Chr.; Original nicht erhalten; unter den römischen Kopien ist v.a. die Marmorkopie im Museo Nazionale Romano, Inv. 108597, Rom, zu nennen). Auch die stehende A. von Knidos (die «Knidierin») des Praxiteles (um 340 v. Chr.; Original nicht erhalten, römische Marmorkopie, Rom, Musei Vaticani, Inv. 812) ist eine Badende, worauf die Hydria an ihrer Seite hinweist (vgl. auch die sog. *A. Braschi*, um 100 v. Chr., in München, Glyptothek, Inv. 258).

Die neuzeitliche Malerei greift v.a. ein Motiv auf, das bereits in der Spätantike populär war: das der *Venus mit dem Spiegel*. Es begegnet uns auf antiken Mosaiken, Sarkophagen und Gebrauchsgegenständen. Auf dem sog. Projecta-Kästchen z. B. (Silberpyxis, 4. Jh.; London, British Museum) sitzt Venus in der Muschel und ordnet ihr Haar, ein Hippokamp hält den Spiegel. – Tizian (sicher antike Vorbilder aus der Kleinkunst vor Augen) schafft einen häufig kopierten und variierten Typus einer Venus bei der Toilette, den er selbst mehrmals wieder aufgreift. Sein Gemälde in Washington (National Gallery of Art; um 1555) zeigt uns eine üppige, Gold- und Perlenschmuck tragende Schöne mit entblößtem Körper (nur Schoß, Beine und rechter Oberarm sind von einem roten Mantel bedeckt; vgl. die halbbekleidete Venus der antiken Kunst, s. **C**). Sie blickt in den Spiegel, den Cupido ihr hält; ein zweiter setzt ihr einen Kranz auf. Die Geste der linken, vor die Brust gelegten Hand wiederholt die der *Venus pudica* (s. **C**).

Idee und Komposition leben abgewandelt fort in mehreren Gemälden Paolo Veroneses (in den Sammlungen Lord Lee of Fareham und C.A. von Frey). Auf dem Bild der Sammlung Frey kehrt uns die Göttin den Rücken zu – ein Motiv, das uns auch in Jacopo Tintorettos Gemälde (Sammlung Durlacher) begegnet. Hier aber hält Venus den Spiegel selbst, und anstelle Cupidos geht ihr eine Zofe zur Hand – eine Alltagsszene, die ebensogut eine beliebige vornehme Dame bei der Toilette darstellen könnte. Den Rücken zeigt uns auch die Venus des Rubens (*Die Toilette der Venus*, 1613 / 14, Jaffé Nr. 213; Vaduz, Sammlungen des regierenden Fürsten von Liechtenstein), ihr Gesicht erscheint als Spiegelbild.

Giorgio Vasari (Gemälde in Stuttgart, Staatsgalerie, 1558 oder 1560/67) zeigt die mädchenhafte Göttin, assistiert von drei Dienerinnen (Anspielung auf die drei –> Chariten). Auffallend ist ihr Bild im Handspiegel, den eine der Dienerinnen hält: Es scheint eher männliche Züge zu tragen – eine nicht abwegige Deutung (vgl. **B**).

Alle Bildelemente, die zur Ikonographie der «Toilette» gehören, vereint Simon Vouet auf seinem Bild (nach 1627; Berlin, Staatl. Sammlungen; Replik in Wien, Kunsthist. Museum). Vouet folgt jedoch dem selteneren Typus ohne Dienerinnen oder Cupidi (nur Amor mit dem Taubengespann der Göttin ist zugegen). William R. Crelly (1962, S. 204) sieht in der Darstellung eine Allegorie der «Vanitas» aufgrund des gesprungenen Steins der Brunnenbrüstung und des fließenden Wassers, beides Symbole der Vergänglichkeit.

Die *Toilette der Venus* von Diego Velazquez (auch *Venus und Cupido*; *Venus mit dem Spiegel*; sog. *Venus Rokeby*, vor 1651; London, National Gallery), die entkleidet auf dem Bett liegend dem Betrachter die Rückseite zukehrt, spiegelt sich, den Kopf in die Rechte gestützt, in einem Spiegel, den Cupido hält. Auch in dieser Venus sieht Martin S. Soria (1957, S. 37) eine Verkörperung der «Vanitas». Richtungweisend für eine angemessene Interpretation könnte unsere Beobachtung sein, daß das diffuse Spiegelbild das Gesicht, wie es scheint, mit geschlossenen Augen wiedergibt (vgl. den blinden Amor –> Eros). Besondere Aufmerksamkeit schenkt A. der Pflege ihres Haars. Die griechischen Vasenmaler und Ritzzeichner haben das anschaulich geschildert. Da sieht man die nackte A. allein an einer Quelle hocken, sich ins Haar fassend (auf einem Klappspiegel, 2. Hälfte 4. Jh. v. Chr.; Berlin, Staatl. Museen), ein andermal assistiert ihr Eros, indem er aus einer Kanne Wasser über das Haar der (auf dem Boden hockenden) Göttin gießt (Lekythos, um 410 v. Chr.; Berlin, Staatl. Museen; attische Lekythos, spätes 5. Jh. v. Chr.; Warschau, Nationalmuseum).

14. *Venus und Cupido*. Der ständige Begleiter der A. / Venus hat nicht nur attributiven Charakter, sondern tritt häufig auch in erzählerischem Kontext – als Mit- oder Gegenspieler der Liebesgöttin – auf. Als kindlichen Liebhaber sehen wir ihn in der griechischen Kunst, z. B. auf einer Oinochoe (um 350 v. Chr.; Paris, Cabinet des Médailles, Inv. 987) oder in einer Marmorgruppe (4. Jh. v. Chr.; Äthiopien, Asmara, Archäologisches Museum, Inv. 12 373). Dem Kindesalter entwachsen ist jener Cupido, der mit intimer Geste die Brust der Göttin berührt (bei Angelo Bronzino, *Allegorie mit Venus und Cupido*, London, National Gallery; s. u.). Der Göttin scheint die Zuwendung des Knaben nicht unangenehm (das Motiv des Berührens der Brustwarze existiert schon in der spätantiken Kunst, hier aber von Mars praktiziert). – Uneins sind sich die beiden bei anderer Gelegenheit, nämlich wenn die Göttin dem Kleinen – wohl eher neckend – den Pfeil entwendet (Guido Reni, Gemälde um 1626; Toledo / Ohio, The Toledo Museum of Art). Daß Rembrandts Radierung (*Venus und Cupido*, 1661; Washington, National Gallery of Art, Rosenwald Collection) denselben Bildgegenstand hat, entdeckte W. Stechow (1971).

François Boucher greift das seit der Renaissance populäre Thema in seinem Bild *Amour désarmé* wieder auf (gestochen 1761). – Aber auch vor Züchtigung schreckt die Göttin nicht zurück: Mit ihrer Sandale holt sie zum Schlag aus, während sie das Kind an den Handgelenken festhält (rotfiguriges Bild eines Gefäßes, 5. Jh. v. Chr.; Tarent, Museo Nazionale, Inv. 37.2638). – Einen konkreten Anlaß zur Schelte hat Mutter Venus sicher auf Abraham Janssens Bild des *Olymp* (Anfang 17. Jh.; München, Alte Pinakothek). Wir meinen die von Apuleius (Met. 6,22 f) geschilderte Verärgerung der Götter über das Treiben des Amor zu erkennen. Anlaß dürfte Amors Missetat sein: Er hat Apoll (dessen Gesicht vom Arm der Venus halb verdeckt ist) mit seinem Pfeil getroffen und verletzt. Vor dem Zorn der Götter flüchtet er sich zur Mutter. Man meint die Worte des Libellus (5, H. Liebeschütz 1926, S. 118) wiederzuerkennen: «Er (Cupido) hält Pfeil und Bogen, mit denen er auf Apoll geschossen hat, weswegen er jetzt die aufgebrachten Götter fürchtet und sich in den Schoß der Mutter geflüchtet hat, die ihre Rechte nach ihm ausstreckt.»

15. *Die sog. Pantoffelgruppe.* Von ihrer frivolen Seite zeigt sich die Göttin wieder in dieser Szene: Gegen den zudringlichen –> Pan setzt sie sich mit einer Sandale zur Wehr (und der Schlag verspricht nicht von schlechten Eltern zu sein: eine Marmorgruppe um 100 v. Chr.; Athen, Nationalmuseum, Inv. 3335).

16. *Das Venusfest* (Philostrat, Imag. 2,1). Im Rückgriff auf eine Bildbeschreibung Philostrats schuf P. P. Rubens sein *Venusfest* (1636 / 38, Jaffé Nr. 1341; Wien, Kunsthist. Museum), das die Huldigung an Venus zum Gegenstand hat. Deren auf hohem Sockel stehendes, gleichsam lebendiges Standbild stellt eine Epiphanie der Göttin dar, die die zu ihr wallfahrenden Mädchen anzuziehen scheint, als seien sie in einen Sog geraten: Der Macht der Liebe kann sich keiner entziehen (vgl. auch Karl M. Swoboda 1969, S. 213 ff).

17. *Der Triumph der Venus* (vgl. Petrarca, Trionfi: Trionfo d'Amore). Die Allegorie der triumphierenden Liebe ist in der Bildkunst – insbesondere in der Renaissance – häufig gestaltetes Thema. Wir erinnern an Francesco Cossas *Triumph der Venus* im Salone dei Mesi im Palazzo Schifanoia in Ferrara (1469 / 70). Ihr von einem Schwanenpaar gezogenes Gefährt gleitet über das Wasser (Reminiszenz an ihre erste Meerfahrt!); vor ihr kniet der in Ketten gelegte Mars – Sinnbild der über den Krieg triumphierenden Liebe (s. auch *A. / Venus und Ares / Mars* und *Venus als Planetengottheit*). – Ein spätes Beispiel ist der schon zitierte

Bildteppich nach einem Entwurf von E. Burne-Jones (1901–08; Merton Abbey; Replik in Detroit, Institute of Arts). Auch er hält sich an das Schema der «Trionfi»: Die Göttin fährt auf einem vierrädrigen, mit Tauben bespannten Wagen. Statt des Knaben Cupido spannt Amor – als hochgewachsener geflügelter Jüngling – den Bogen. Sein Pfeil verfehlt das Ziel nicht: Viele hat er verwundet (er stellt im Triumphgestus seinen Fuß auf eines der Opfer; vgl. G. Zick 1972, S. 332).

18. *Laus Veneris* (Lob der Venus). Das Gemälde dieses Titels von E. Burne-Jones (1873/75; London, Agnew and Sons) ist eine Illustration zu Algernon Charles Swinburnes «Laus Veneris» (1862). Vier Mädchen erquicken mit Musik die Göttin, die erschöpft in einen Lehnstuhl gesunken ist und eine mächtige Krone auf ihrem Schoß hält. Im Hintergrund rechts (als Wandmalerei oder Bildteppich gedacht) ist ihr Triumph in der Art der Trionfi der Renaissance geschildert.

19. *Venus Verticordia*. Als diese interpretiert E. Panofsky (1967, S. 165–169) die Hauptfigur auf Tizians Gemälde *Die Erziehung Cupidos* (Rom, Galleria Borghese). Sie stellt neben der himmlischen und der irdischen Liebe ein drittes allegorisches Verständnis der Venus dar: jener Venus, die die Seele von unbilligem Verlangen befreit und die Mädchen und Frauen von der fleischlichen Liebe zur Reinheit führt. Auf dem Bild sehen wir eine diadembekrönte Schöne, die Amor eine Augenbinde anlegt und sich dabei (vermutlich) –> Anteros zuwendet, der gelassen über ihre Schulter hinweg zuschaut. Zwei Mädchen (die eine mit dem Bogen, die andere mit dem Köcher Amors) könnten eheliche Liebe und Keuschheit verkörpern (Panofsky S. 169).

20. *A. beim Urteil des Paris*. A., Hauptfigur dieser Episode, aus der sie als Siegerin hervorgeht, ist auf den bildlichen Darstellungen immer entsprechend hervorgehoben, häufig allein schon durch ihre Nacktheit im Unterschied zu ihren Konkurrentinnen. Meist ist es aber auch sie, die sich besonders ziert. –> Paris, –> Hera, –> Athena.

21. *Die drei Göttinnen Hera, Minerva und Venus als Sinnbild der Zwietracht*. Der Kupferstich Albrecht Dürers (1497) unter dem konventionellen Namen *Die vier Hexen* (München, Staatl. Graphische Sammlung, Inv. 11194) ist, wie Erika Simon (1971, S. 270) entdeckte, ein Sinnbild der *Discordia* unter dem Bild der Göttinnen beim Paris-Urteil (links Juno, mit Haube; in der Mitte Minerva, mit Olivenkranz, und Venus, ohne Attribute, aber durch ihre gezierte Haltung identifizierbar). Im Hintergrund steht Eris (–> Paris).

22. *Venus als Allegorie ehelicher Liebe*. Th. Reff (1963) sieht mit guten

Argumenten in Tizians *Venus von Urbino* (1538; Florenz, Uffizien) kein Porträt, sondern eine Darstellung der Venus als Sinnbild der Gattenliebe. Auf Venus deuten, außer dem Typus der liegenden nackten Schönheit, die Rosen in ihrer Hand und das Myrtenbäumchen auf dem Fensterbrett; der Hund (zu Füßen der Schönen) steht – wie die Myrte – für die Gattentreue. Anlaß für das Bild könnte die 30jährige Wiederkehr der Heirat des Francesco Maria della Rovere, des Herzogs von Urbino, mit Eleonora Gonzaga gewesen sein.

23. *Venus als Allegorie der Häuslichkeit* (s. **B**, Emblematik)

24. *Venus als Planetengottheit.* Ikonographische Besonderheiten gegenüber der mythischen Liebesgöttin hat Venus in dieser Eigenschaft nur partiell entwickelt. Auf mittelalterlichen Buchillustrationen erscheint sie zwischen den Tierkreiszeichen Waage und Stier (Handschrift in London, British Museum, Ms. 16578, Bl. 53ʳ). Eine Handschrift in Cambridge (Trinity College, Ms. 943, Bl. 50ᵛ) zeigt Venus wiederum mit den Sternzeichen Stier und Waage; die Lampe in ihrer Hand weist auf ihren (besonders hellen) Stern hin. Der Einfluß der Planetengöttin Venus auf die in ihrem Zeichen Geborenen (ihre «Kinder») wird auf einer Darstellung des Baccio Baldini veranschaulicht (Stich gegen 1450; London, British Museum). In ihrem Wagen fährt Venus über den Himmel. Auf der Erde geben sich die Menschen der Liebe, der Musik und dem Tanz hin.

25. *A. / Venus als Göttin des Frühlings und der Fruchtbarkeit.* Die beiden Gemälde gleichen Themas von Piero di Cosimo und Sandro Botticelli (*Venus und Mars*, um 1505, Berlin, Staatl. Museen, und London, National Gallery) sind vielfach gedeutet worden. Charles Dempsey (1992) sieht hier die lebenerneuernde Göttin des Frühlings und des Monats April, die den (nun schlafenden) Mars, den ersten Monat des römischen Kalenders, ablöst (zu dem auf dem Muschelhorn blasenden Satyrn bei Botticelli –> Pan).

Hauptfigur in Botticellis Gemälde *Der Frühling* (1476 / 85; Florenz, Uffizien) ist die mit hellem Kleid und rotem Mantel gekleidete Venus, die auf der blühenden Wiese steht, als habe der Maler dabei das Bild vor Augen gehabt, das Hesiod (Theog. 162 ff) uns vermittelt, wenn er sagt, unter den Füßen der A. sei das Gras gesprossen, als sie den Boden von Zypern betrat.

Als Allegorie des Frühlings begegnet uns Venus auf einem flämischen Bildtepich (um 1520; aus einer Serie von vier Teppichen, die Jahreszeiten darstellend; New York, Metropolitan Museum of Art).

26. *Venus als Stammutter (Venus Genetrix)*. Über Aeneas ist A./Venus Stammutter vieler Geschlechter, v.a. der Julier. In der Neuzeit führen u. a. die Visconti, Herzöge von Mailand, ihr Geschlecht auf Venus zurück. Die Vermählung von Venus und Anchises (als Stammeltern der Visconti) illustriert ein Codex von 1402 (Paris, Bibliothèque Nationale, ms. lat. n. 5888, Bl. 7–12): In einem Medaillon sieht man in Halbfiguren Venus und Anchises, hinter ihnen in der Mitte König («rex») Juppiter als Priester, der die beiden vermählt.

27. *Das mythologische Porträt im Bild der Venus*. Schon in der Spätantike war es üblich, Sterbliche im Bild der A./Venus zu porträtieren. Eine Marmorgruppe, vermutlich Faustina minor und Mark Aurel (römischer Kaiser, gest. 180 n. Chr.) darstellend, präsentiert die beiden als Venus und Mars (Rom, Museo Nazionale). – Daß auch mit vielen der zahllosen neuzeitlichen Venus-Darstellungen Porträts in mythologischem Gewand gemeint sind, kann als sicher gelten. Eine Marmorstatue Johan Tobias Sergels im Typus der *A. Kallípygos* (vgl. **C**) gibt die Gesichtszüge (!) einer schwedischen Gräfin wieder (1780 bestellt; heute Stockholm, Nationalmuseum). – Auf Hans Holbeins d.J. Gemälde *Venus und Amor* glaubt man in der Göttin ein Porträt der Basler Patrizierin Magdalena Offenburg zu erkennen (um 1525; Basel, Kunstmuseum).

28. *Zyklen*. Zyklische Darstellungen aus dem Mythos der A./Venus sind relativ selten. Ein Zyklus im Badezimmer des Kardinals Bibbiena im Vatikan von Giovanni da Udine umfaßt folgende Themen: *Die Geburt des Erichthonios* und *Die Geburt der Venus; Venus und Amor auf Delphinen reitend; Die Verwundung der Venus* und (vermutlich) *Venus, die sich den Dorn aus dem Fuß zieht; Venus und Adonis*. – Einen Zyklus von vier allegorischen Gemälden von Paolo Veronese (London, National Gallery) interpretiert E. Wind (1968, S. 272 ff) als *Zyklus der Liebe*. Das erste, mit dem Motiv der Züchtigung, nennt er *die Qualen der Liebe*, das zweite *Eintracht der Liebe*, das dritte *die Vergnügen der Liebe*, das vierte *die Vollendung der Liebe*.

Eine Serie von vier Bildern des Francesco Albani aus dem Themenkreis der Venus ist als Allegorie der Elemente zu verstehen (1621 in Auftrag gegeben; Paris, Louvre): *La toilette de Vénus* steht für das Element Luft, *Le Repos de Vénus et de Vulcain* für das Feuer, *Les amours désarmés* für die Erde, *Adonis conduit près de Vénus par les amours* für das Wasser (ohne erkennbare literarische Quelle).

Zur Legende von Venus, Eros und Anteros –> Anteros.

Lit.: «L'Amore». Ausst.-Kat. Torino, 29.5.-4. 10. 1992. Torino 1992. Barb, Alphons A.: Diva Matrix. In: Journal of the Warburg and Courtauld Institutes 16, 1953, S. 193–238, bes. S. 205. Boerlin, Paul H.: Venus und Amor. Basel 1993. Brendel, Otto: The Interpretation of the Hokham Venus. In: The Art Bulletin 28, 1946, S. 65–75. Chaudhuri, Supriya: The Chariot of Venus: A Note on Chapman's Mythological Sources. In: Journal of the Warburg and Courtauld Institutes 45, 1981, S. 211–213. Clark, Kenneth 1956 (–> Allgem. Bibl.), Kapitel 3 und 4. Crelly, William R.: The Paintings of Simon Vouet. New Haven / London 1962. Delivorrias, Angelos / Berger-Doer, Gratia / Kossatz-Deissmann, Anneliese, in: LIMC 1984, 2,1, S. 2–151; 2,2, S. 6–153, s.v. Aphrodite. Dempsey, Charles: The Portrayal of Love. Princeton 1992. Elegy and Iambus with the Anacreontea II, ed. The Loeb Classical Library, Cambridge / London 1979. Edmonds, J.M: The Greek bucolic poets. Cambridge / Mass. u. London 1977. Evelyn-White, Hugh G.: Hesiod, The Homeric Hymns, and Homerica. Cambridge 1977. Gombrich, Ernst H.: Hypnerotomachiana. In: Journal of the Warburg and Courtauld Institutes 14, 1951, S. 119–125. Hartlaub, Gustav Friedrich: Zauber des Spiegels. München 1951. Heckscher, Wilhelm S.: The *Anadyomene* in the Medieval Tradition (Pelagia – Cleopatra – Aphrodite). A Prelude to Botticelli's «Birth of Venus». In: Nederlands Jaarboek 7, 1956, S. 1–38. Lawrence, Marion: The «Birth of Venus» in Roman Art. In: Essays in the History of Art presented to Rudolf Wittkower. London 1967, Bd. 2, S. 10–16. Mendelsohn, Leatrice: L'Allegoria di Londra del Bronzino e la retorica di carnevale. In: Kunst des Cinquecento in Toskana. München 1992 (italienische Forschungen 3,17), S. 152–167. Mirimonde, Albert P. de: La musique dans les allégories de l'amour. In: Gazette des Beaux-Arts 108, 68, 1966, S. 265–290. Panofsky, Erwin 1967 –> Allgem. Bibl.), S. 95–128 (Blind Cupid). Penny, Nicholas: Catalogue of European Sculpture in the Ashmolean Museum, 3 Bde. Oxford 1992. Reff, Theodore: The meaning of Titian's Venus of Urbino. In: Pantheon 21, 1963, S. 359–366. Rosenberg, Pierre / Prat, Louis-Antoine: Nicolas Poussin, Catalogue raisonné des dessins. 2 Bde., Milano 1994. Simon, Erika: Die Geburt der Aphrodite. Berlin 1959. Dies. in: LIMC 1984, 2,1, S. 2–151; 2,2, S. 6–153. Dies. 1985 (–> Allgem. Bibl.), S. 229–254. Sommer, Frank H.: Poussin's Venus at Philadelphia. In: Journal of the Warburg and Courtauld Institutes 31, 1968, S. 440–444. Soria, Martin S.: Sources and interpretation of the Rokeby Venus. In: The Art Quaterly 20, 1957, S. 30–38. Stechow, Wolfgang: Rembrandt's *Woman with the Arrow*. In: The Art Bulletin 53, 1971, S. 487–492. Swoboda, Karl M.: Kunst und Geschichte. Wien / Köln / Graz 1969. «Tiziano. Amor Sacro e Amor Profano». Ausst.-Kat. Rom, Palazzo delle Esposizioni, 22 marzo-22 maggio 1995. Wallace, Richard W.: Venus at the Fountain. In: Gazette des Beaux-Arts 102, 55, 1960, S. 11–18. Wethey, Harold E.6 1975 (–> Allgem. Bibl.), S. 63–68. Wind, Edgar 1968 (–> Allgem. Bibl.), S. 128–140 (The Birth of Venus); S. 263 f (Aphrodite's Shell); S. 141–151 (Sacred and Profane Love); S. 272–275 (A Cycle of Love by Veronese). Winternitz, Emanuel: Musical instruments and their symbolism in western art. 2. Aufl. New Haven 1979. Wirth, Karl-August: Imperator pedes papae deosculatur. Ein Beitrag zur

Bildkunde des 16. Jhs. In: Festschrift für Harald Keller. Darmstadt 1963, S. 175–221. Zick,Gisela: Der Triumph der Liebe. In: Wallraf-Richartz-Jahrbuch 34, 1972, S. 307–348.

Apoll, Apollon, griech., lat. Apollo, etr. Aplu, Apulu. Einer der Olympier. (Erster) Sohn des Zeus (Myth. Vat. III 8,1) und der Titanin –> Leto (Latona), Zwillingsbruder der –> Artemis (Diana), älterer Bruder des –> Hermes (Merkur), zu dem er ein besonderes Verhältnis hat; aus zahlreichen Liebschaften Vater vieler Kinder (Hederich, Sp. 333 f, zählt 59, ohne die Korybanten). Unter den berühmtesten sind –> Amphion (von Antiope), Asklepios (von Koronis oder Arsinoë) und –> Orpheus (von Kalliope). – «A. ist mächtig, denn er sitzt zur Rechten des Zeus» (Kallimachos, Hymnos 2, an A., 31). Sein häufigster Beiname, der dem Namen vorangesetzt wird und ihn oft verdrängt (z. B. bei Homer), ist «Phoibos» (lat. «Phoebus» = leuchtend, rein, heilig). Nicht selten heißt er auch «Nomiós» (der Hüter der Herden). Die meisten der zahlreichen Beinamen des A. (Hederich, Sp. 338 ff, zählt 138) bezeugen in ihrer Mehrheit Kultstätten. Heute neigt man zu der Annahme, daß A. ursprünglich nichtgriechischen Ursprungs ist und sich erst allmählich zu jenem Inbegriff hellenischen Geistes wandelte, als den wir ihn heute kennen (vgl. Kl. Pauly, Bd. 1, Sp. 441–448). Cicero (Nat. 3,23,57) nennt vier verschiedene A.

A Leto ist schwanger von Zeus, sie will niederkommen, aber die vielen Inseln und Städte weigern sich, sie aufzunehmen, keine wagt, Phoibos zu empfangen (Homer. Hymnos 3, an den Del. A., 30–49); denn sie alle fürchten die eifersüchtige Hera, die nach dem Bericht des Kallimachos (Hymnos 4, an Delos, 55 ff) alle Anstalten trifft, die Geburt eines Kindes zu verhindern, das dem Vater teurer sein wird als –> Ares. Hygin (Fab. 140,2) wird sagen, es sei der Frau verwehrt gewesen, zu entbinden, wo immer die Sonne hinreiche. Über die leidvolle Irrfahrt der Leto vor ihrer Niederkunft berichten die Quellen ausführlich (Homer. Hymnos 3, an den Del. A., 50–61). Schließlich weist A. im Mutterleib der Leto prophetisch den Weg zu einer kleinen Insel, die schwimmend (Kallimachos, Hymnos 4, an Delos, 35 ff u. 190 ff; Statius, Achill. 1,388: «instabili Delo») über das Meer irrt.

Anders Hygin (Fab. 53). Danach hat Juppiter / Zeus nach der Latona auch noch deren Schwester Asteria gewollt, die aber mit Götterhilfe zu einer Wachtel (griech. «órtyga») wird, die Zeus in einen Stein verwandelt, der ins Meer stürzt. Als dann Latona auf der Flucht vor der von Hera geschickten Schlange Python (das Tier ist weiblichen Geschlechts) daherkommt, steigt dieser Stein auf und wird zur schwimmenden Insel Ortygia. Auf dieser Insel, die später Delos heißen wird, kommt Leto nieder, als Eileithya, die Göttin der Geburt, schließlich zu Hilfe eilt. Jetzt wird die Insel zum Stillstand kommen (Kallimachos, Hymnos 4, an Delos, 56 ff; Statius, Theb. 8,197: «partuque ligatam Delon»). *Neun* Tage und neun Nächte habe sie gekreißt (Homer. Hymnos 3, an den Del. A., 91 f). Es hieß auch (ebd. 115 ff), sie sei niedergekniet und habe die Arme um eine Palme geworfen (vgl. Homer, Od. 6,162 f; vgl. Theognis 5–10, J.M. Edmonds, Elegy and Iambus, Bd. 1, 1982, S. 230; Kallimachos, Hymnos 4, an Delos, 210: Leto lehnt ihre Schultern gegen eine Palme). Nach Hygin (Fab. 140,4) hält sie sich an einem Olivenbaum fest («tenens»!). Servius (Aen. 3,91) sagt, Latona habe bei der Geburt von Zwillingen zwei Lorbeerbüsche umschlungen. Nach Aelian (Hist. var. 5,4) verhalf das bloße Berühren von Ölbaum und Palme zur Entbindung.

Bei Servius steht (Aen. 3,73), Artemis habe zuerst das Licht der Welt erblickt und sei sogleich der Mutter als Hebamme behilflich gewesen (vgl. Myth. Vat. III 8,3). Schwäne, «die Musenvögel, die musikalischsten aller Vögel», des Gottes Sänger, sollen damals die Insel *sieben*mal «mit Musik» umkreist haben: Kallimachos, Hymnos 4, an Delos, 249 ff u. 253 ff; vgl. Apollonios Rhodios 4,1300 f; zum Schwanengesang im Kult des A. s. Aelian, De anim. 11,1). Nach Manilius ist der Schwan Verwandlungsform des Juppiter / Zeus (Astron. 5,381; vgl. ebd. 5,25 u. 1,339 f).

Außer Delos hat man für A. auch noch andere Geburtsorte genannt (Cicero, Nat. 3,23; vgl. Hederich Sp. 330).

Dem Gott wird angemessener Empfang zuteil (Homer. Hymnos 3, an A., 115–122). Themis füttert das Kind mit Nektar und Ambrosia, der Götterspeise, deren Genuß es sogleich in einen wandelt, der mit männlicher Entschlossenheit seine goldenen Säuglingsfesseln sprengt und den Umstehenden Neigung und Absicht des Gottes erklärt (Homer. Hymnos 3, an A., 131 ff): «Die Lyra und der geschwungene Bogen sollen immer mir treu sein, und den Menschen will ich den unfehlbaren Willen des Zeus verkünden» (vgl. die Abfolge Schütze – Sänger [«aoide»] – Seher [«manties»] bei Kallimachos, Hymnos 2, an A., 42 ff).

Sein erstes tätiges Anliegen – nach Hygin schon am 4. Tag nach der Geburt (Fab. 140,5; vgl. –> Hermes) – ist es, für die Mutter die Python zu strafen und zugleich den Platz zu finden für ein Orakel (Homer. Hymnos 3, an A., 214 ff). Einen ersten Versuch in Arkadien weiß die Telphusa mit scheinbar guten Gründen ihm auszureden. So eilt er nach Krisa unter dem schneebedeckten Parnaß und errichtet dort – auf einer Terrasse am Hang und über einer engen, wilden Schlucht – einen weiten und bemerkenswert langen Tempel (ebd. 281 ff), zu dem er selbst die Fundamente legt (ebd. 294 ff; vgl. auch Pausanias, 10,6,9 f). Nahebei war eine Quelle und bei ihr ein gewaltiges Untier, eine Schlange (in *neun*!) Windungen soll sie sich um den Parnaß gelegt haben (Kallimachos, Hymnos 4, an Delos, 93): ein Unheil den Menschen und ihren Schafen. Mit seinen Pfeilen tötet der Gott den Drachen (Kallimachos, Hymnos 2, an A., 100 ff; vgl. Ovid, Met. 1,443).

Weil der Kadaver des Tiers unter dem Angesicht des mächtigen Helios verrottete (griech. «pythesthai» = verfaulen), nannte man den Platz jetzt «Pytho», und den A. hieß man von nun an den «pythischen». Hygin (Fab. 140,5) sagt, A. habe mit dieser Tat seine Mutter gerächt, dann aber dem Python Leichenspiele ausgerichtet, die man seither die «pythischen» nenne (vgl. Ovid, Met. 1,447).

Apollodor (Bibl. 1,4,1) kennt eine andere Version der Geschichte. Zuerst habe A. die Kunst der Weissagung (Mantik) von –> Pan (von Glaukos, sagt Athenaios 8,296) erlernt, dann sei er nach Delphi («Pytho»!) gegangen, wo damals Themis ein Orakel hatte (vgl. Diodor 16,26; Strabo 9,3,5; Justin 24,6,9). Die Schlange Python, die das Orakel bewachte, verwehrte ihm den Zugang, und so tötete er sie und übernahm das Orakel. Nach Pausanias (2,7,7) waren es A. und Artemis, die gemeinsam die Schlange erschlugen. Anschließend sollen sie zur Reinigung zunächst nach Aigilaia gegangen, dann aber (aus nicht ganz klaren Gründen) nach Kreta weitergeeilt sein. Dort hieß es, Karmanor habe den A. vom Mord gereinigt (Pausanias 2,30,3). Bei Plutarch (Quaest. graec. 12; ders., De def. or. 15) sowie bei Aelian (Hist. var. 3,1) heißt es, daß A. zur Reinigung nach Tempe gehen mußte.

Jetzt erkennt der Gott die Doppelzüngigkeit der Telphusa und übernimmt ihr Heiligtum mit Gewalt (Homer. Hymnos 3, an A., 379 ff). Ausführlich berichtet der Homerische Hymnos (ebd. 448 ff), wie A. sich kretische Seeleute zu Tempeldienern in Delphi macht. Diese hat er selbst nach Delphi gebracht (ebd. 388–439): In Gestalt eines Delphins springt er an Bord ihres (schwarzen) Schiffs. Vergeblich versuchen die Männer, das Tier über Bord zu werfen. Seine heftigen Bewegungen lassen das Schiff erzittern. So und mit einem heftigen Südwind lenkt er es gegen den Willen des Steuermanns nach Delphi (–> Arion; –> Dionysos).

Die frühen schriftlichen Quellen zu Geburt und Kult zeigen A. als einen, dessen eigentliche Aufgabe es ist, den Menschen den allerhöchsten Ratschluß des Zeus zu weisen (vgl. Remigius 1,18.12, Bd. 1, S. 99: Er kenne den Sinn und also den tiefsten Ratschluß des Juppiter). Wie sich sein Dienst von dem des Bruders –> Hermes unterscheidet, spricht der Homerische Hymnos 4 (an Hermes, 436 ff) an. A. versagt dem Bruder das Verlangen nach den Wahrsagekünsten, die weder ihm noch den anderen Unsterblichen zustünden: «Ich habe versprochen und einen gewichtigen Eid geschworen, daß unter den ewigen Göttern einzig ich den weisen Rat des Zeus kenne. Und Du, mein Bruder, Träger des goldenen Stabes, frage mich nicht nach den Beschlüssen des allwissenden Zeus. Und was die Menschen angeht, so werde ich dem einen schaden und dem anderen nützen und so die Völker der wenig beneidenswerten Menschen arg verwirren.»

A. ist kein Bote (wie Hermes), der mitteilt, A. weist an, und das geschieht ordentlich durch ein Orakel. Hier erschließt sich der eigentliche Sinn der Rolle, die man der Themis (= «Gesetz / Satzung / Ordnung») als Amme des Säuglings zuschrieb. Nach Auskunft der Mythen führte sie, berichtet Diodor (5,67,4), die Weissagung ein und das Opfern sowie die den Göttern gehörige Ordnung. Außerdem habe sie als erste die Menschen den Gehorsam gegen Gesetz und Frieden gelehrt. In diesem Sinn sage man, daß A., indem er ein Orakel gibt, Gesetz und Ordnung anweist («themis» von «theuein»), eben weil Themis die Orakelkunst entdeckt habe. Im Orakel nähert der Mensch sich dem Gott, der Götterbote aber kommt auch ungefragt (dem steht nicht entgegen, daß –> Hermes ebenfalls ein – ihm übrigens von A. zugestandenes – kleines Orakel verwaltet; Homer. Hymnos 4, an Hermes, 541 ff). Übrigens wird Remigius (1,7.19, Bd. 1, S. 78; 1,9.16, Bd. 1, S. 83) wissen, daß die Orakel des A. überall mehrdeutig («ambigua» und «obscura»), auf Delos aber eindeutig («aperta» und «manifesta») gewesen seien.

Anderseits ist A. auch von fern gegenwärtig. Dem dient sein Gerät: die Lyra und der Bogen. Beide – die eine im Klang der Saiten, der andere mit dem von der Sehne schnellenden Pfeil – treffen von weitem, wobei die Lyra die (im wörtlichen Sinn) verbindliche Seite des Gottes (Phoibos), der Bogen einen bedrohlichen Aspekt anzeigt (übrigens ist auch die Bogensehne eine tönende Saite: Furchtbar dröhnt ihr Klang vor Troia; Homer, Il. 1,49; Bogenschütze und Sänger zugleich sei er: Kallimachos, Hymnos 2, an A., 44). Beide aber dienen, jeder auf seine Weise, der dem A. angelegenen Ordnung: Die Lyra weist mit ihrem Klang Mensch, Tier und auch Ding (–> Amphion; A. als Architekt von Tempeln) den jeweils gehörigen Platz an (so wie schon der Ungeborene der Mutter den Platz seiner Geburt weist); der Bogen wehrt der Hybris, der Maßlosigkeit, der bedachten oder auch fahrlässigen Übertretung gesetzter Grenzen, recht eigentlich gegen die Götter. Seine Gewalttätigkeit hat etwas von einem chirurgischen Instrument an sich (vgl. **D)**. Kallimachos (Hymnos 2, an A., 19) nennt gleicherweise Bogen und Lyra die «Waffen» des A.! Andererseits scheint es, daß man lange Zeit in A. eher den düsteren Todesgott gesehen hat, gegen den dann die helle, lichte Seite seines Wesens, der Phoibos, um so strahlender erscheinen konnte (s. u.).

Das Wesen des Gottes findet markanten Ausdruck in seinem Verhältnis zur Musik, die denn auch eine wichtige Rolle in seinem Kult spielt (z. B. Pindar, Pyth. 1,1 ff). Das seinem Auftrag gemäße Instrument ist ein Saiteninstrument, im Unterschied zu einem Windinstrument (–> Dionysos). Die Lyra hat er von –> Hermes, aber er soll der erste gewesen sein, der richtig darauf zu spielen wußte (Diodor 3,59,2). Über die Anzahl ihrer Saiten gibt es verschiedene Auffassungen, in denen sich je die üblichen symbolisch / allegorischen Absichten spiegeln.

Kallimachos (Hymnos 4, an Delos, 253) spricht von *sieben* Saiten in Übereinstimmung mit der Siebenzahl um den Zeitpunkt der Geburt und der Nachricht von den Schwänen: Genau siebenmal sangen die kreisenden Schwäne über Delos bei der Geburt des A., ebenso viele Saiten spannte das Kind auf die Lyra (Hesiod, Erga 771: Leto gebiert den A. am 7. Tag des Monats; die Delpher feierten den 7. Tag des Monats Bysios als A.s Geburtstag; anders Hederich Sp. 330).

Nach Diodor (1,16,1) war die Lyra des Hermes nur *drei*saitig, nach der Dreizahl der Jahreszeiten (hoch = Sommer, tief = Winter, mittel = Frühling). Aus Diodor (4,59,6 f) ließe sich schließen, daß A. vier Saiten hinzufügte, die er dann nach der Marsyas-Episode wieder zerstörte (–> Marsyas).

A. selbst soll nach Auskunft einiger die (*zehn*saitige) Kithara erfunden und dafür die Lyra dem –> Orpheus gegeben haben (vgl. Myth. Vat. II 44; Hygin, Fab. 273,11). Übrigens wurde auch behauptet, daß Hermes ihm außer der Lyra noch eine Flöte gab (gegen die Gabe der Weissagung: Apollodor, Bibl. 3,10,2).

Die zwingende Macht apollinischer Musik beschreibt anschaulich Pindar

(Pyth. 1,1 ff): Den Tanzschritt lenke sie und den Einsatz der Sänger. Das Feuer des Blitzes vermag sie zu löschen (wie wohl?), bei ihrem Klang schläft der Adler auf dem Zepter des Zeus. Ares läßt die Waffen sinken und «erquickt sein Herz / im Schlaf». Selbst die Götter berückt die Kunst des Letosohns und der Musen (vgl. Homer, Il. 1,603; Hesiod, Aspis 201 ff: Er spielt auf einer «Phorminx»). Solch harmonische Klänge nennt Homer (Il. 1,601 f) «Speise für das Herz» (oder den «Mut»), als er das Versöhnungsmal von Zeus und Hera beschreibt. Auch zur Hochzeit von Kadmos und Hermione soll er die Lyra gespielt haben (Diodor 5,49,1).

Diese Musik bannt das Bewegte, ordnet das Ungeordnete, gibt dem Gestaltlosen Gestalt, dem Fließenden Halt, so wie der Gott mit seiner Ankunft der umherirrenden Insel Delos einen Halt gibt (zur frühen griech. Auffassung von Rhythmus vgl. Th. Georgiades 1958). Darum ist sie all jenen «auf der Erde und auf dem unbezwinglichen Meer» ein Schrecken, die sich der Ordnung des olympischen Zeus nicht fügen wollen, wie Typhon, der Inbegriff der Aufsässigkeit gegen die Götter (Pindar, Pyth. 1,14 ff).

Es ist zutiefst sinnfällig, daß die berühmte Marsyas-Episode, in der A. seinen grausam strafenden Unwillen zeigt, eigentlich ein Streit ist zwischen Lyra und Flöte und damit ein Konflikt zweier einander widerstreitender Prinzipien: –> Marsyas fordert mit einer Flöte den Lyraspieler A. zum Wettstreit heraus und verliert dafür sein Leben. Auch –> Pan ist töricht genug, den A. zum Wettkampf der Instrumente herauszufordern. Tmolos, der Schiedsrichter, spricht A. den Sieg zu, nur König Midas widerspricht und macht sich mit diesem Mangel an Urteil selbst zum berühmt-lächerlichen Opfer göttlichen Unwillens. Diese Geschichte sei manchmal auch dem Marsyas zugeschrieben worden (vgl. Myth. Vat. I 90).

Augenscheinlich veranschaulichen diese Episoden ein griechisches Verständnis, in dem das Windinstrument in seiner Abhängigkeit vom ungemessenen Rhythmus des lebendigen Atems sich mit der Vorstellung von ungezügelter Subjektivität verbindet, während das Saiteninstrument in der wohlbemessenen Ordnung seiner Teile zum Organ umfassender objektiver (göttlicher) Ordnung wird. Hier ist auch interessant die Bezeichnung «nómos» (= «Ordnung»; vgl. unten) für «einen meist kitharodischen Sologesang zu Ehren des Apollon» (Kl. Pauly, Bd. 4, Sp. 148). Zur ethischen Wirkung apollinischer Musik äußert sich ausführlich Platon (Rep. 399a-e).

Die –> Musen lieben das Feiern und den Gesang (Hesiod, Theog. 916 f). So sieht man sie häufig in der Gesellschaft des Musikanten A., den schließlich das Epitheton «Musenführer» («Musagetes») schmückt (vgl. Pausanias 5,18,4). Gewöhnlich hört man sie singen (vgl. Homer, Il. 1,4; Homer. Hymnos 21, an A., und ebd. 25, an die Musen und A.; Hesiod, Aspis 205 f; A. als Chorführer, «quia ipse praeest choris»: Remigius 1,4.1, Bd. 1, S. 69), aber man sieht sie auch tanzen (Homer. Hymnos 27, an Artemis, 16 ff). Dazu kommen gelegentlich die Grazien (–> Chariten; Homer. Hymnos 27, an Artemis, 15).

Den Gegensatz von apollinischem und dionysischem Geist im Klang allein der

Lyra veranschaulicht sehr gut eine (äsopische) Fabel bei Himerios von Prusias (Or. 20, B.E. Perry, Babrius and Phaedrus, 1984, S. 506 f, Nr. 432; vgl. Myth. Vat. II 78). So ist die Herausforderung des Marsyas und die des Pan zum Wettstreit ein Exempel subjektiver Hybris: «Erkenne dich selbst» (gnothi seautón) war die Aufforderung des A. an einen, der sich ihm in seinem Heiligtum in Delphi näherte (Platon, Charm. 164d). Anderseits signalisiert die Nachricht, daß die Flöte des Pan aus sieben Rohren bestand, worin sich die sieben Töne der Himmelsharmonie wiederspiegeln sollen (Myth. Vat. I 127 u. Myth. Vat. II 48; s. auch **B**), einen Wandel in der Auffassung, eine Angleichung der Flöte an den Anspruch des Saiteninstruments, wie umgekehrt in späten Geschichten der Gott sich mit der Flötenmusik versöhnt zeigt. Nach Pausanias (2,22,9) hegte A. nach den Erfahrungen mit Marsyas für lange Zeit eine tiefe Abneigung gegen Flötenspieler. Erst Sakadas soll ihn wieder beschwichtigt haben. Sakadas war ein dorischer Aulet des 7./6. Jh., der den Kampf des A. gegen Python zum Thema einer berühmten Komposition («nómos»!) – vielleicht für den Tanz – gemacht hatte (Pausanias, ebd.; vgl. Strabo 9,3,10).

Merkwürdig ist der Bericht des Diodor (3,59,5), wonach A. sogleich nach seiner Tat an Marsyas reuig die von ihm erfundenen Saiten seiner Lyra zerriß und damit die Harmonie, die er geschaffen hatte, wieder zerstörte. Die folgende Weihegabe beider Instrumente an –> Dionysos entspricht dem Schicksal des –> Orpheus, der überhaupt am besten die ordnende Macht des Gottes über das Lebendige veranschaulicht.

Die zerstörten Saiten wurden wiederentdeckt: Die Musen fanden die mittlere, Linus die für den Zeigefinger, Orpheus und Thamyras die unterste und die ihr nächste (Diodor 4,59,5 f). Demnach hatte sein Instrument nur vier Saiten, oder er ließ die drei Saiten von Hermes intakt.

Pindar nenne den A. einen Tänzer, schreibt Athenaios (1,22,6; vgl. den «Tänzer» Orpheus bei Lukian, Saltatio 14). Der Tanz ist ein Teil seines Kults.

Das Gesetz, aus dem die Musik dem Fuß im Schritt Richtung, Strecke und Ort anweist, weist auch dem Stein, der Mauer, dem Haus die gehörige Gestalt, Größe und Platz an. So ist A. aus demselben Geist auch Architekt und Städtegründer («archegétes» = Gründer, Urheber). Er entwirft (baut) selbst seinen Tempel in Delos («Ortygia»: Kallimachos, Hymnos 2, an A., 58 f). *Vier* Jahre sei er da alt gewesen (die Vier, «tetras», spielt eine Rolle in der Harmonielehre und damit auch in der Baukunst; Hygin, Fab. 140,5, erwähnt in diesem Zusammenhang den vierten Tag; –> Hermes); ebenso sei der Tempel in Delphi sein Werk (s. o.). «Wenn die Menschen eine Stadt anlegen, dann folgen sie Phoibos, denn am Städtegründen hat Phoibos sein Vergnügen, und er selbst fügt die Fundamente» (Kallimachos, Hymnos 2, an A., 55 ff; vgl. Kolluthos, Raub der Helena 308 ff).

Hierher gehört auch, daß A. gemeinsam mit –> Poseidon die Mauern von Troia errichtete (vgl. Apollodor, Bibl. 2,5,9). Augenscheinlich legen die beiden (in Menschengestalt) selbst Hand an (vgl. Homer, Il. 7,452 f; Lukian, Sacrif. 4; vgl. Natale Conti 1567, 4,10, Bl. 109ᵛ, Zeile 12 ff: «caementum et lateres contrectavit», er nahm Mörtel und Ziegel zur Hand; anders Homer, Il. 21,448 f: Hier dient A. als

Hirte), aber Ovid (Her. 16,181) wird behaupten, A. habe die Mauern mit den Tönen seiner Leier gefügt («Moenia, Phoebeae structa canore lyrae»). Auch dem Alkathoos von Megara soll er beim Bau der Stadtmauer geholfen haben. Dort fand man einen Stein (oder war es die Mauer eines Turms?), der – schlug man ihn an – wie eine Lyra widerklang. Man glaubte, daß A. einst beim Bau dort sein goldenes Instrument abgelegt hatte (Vergil, Ciris 105; Ovid, Met. 8,14 ff). Nach Pausanias (1,42,2) lag der Stein neben dem Herd der Prodomeis, an dem Alkathoos opferte, ehe er sich an den Mauerbau machte.

Der eigentliche Dienst des A. an der Baukunst liegt im Entwurf, wie schon der wiederholte Hinweis auf die Fundamente, v. a. auf die ordnende Macht des bloßen Klangs, zeigt. In diesem Sinn ist –> Amphion der beredte Zeuge für die Gewalt des Gottes über das Unbeseelte.

Das gewalttätige Instrument, mit dem der Gott den Widerstrebenden und Aufsässigen strafend zur Ordnung ruft, ist der Bogen. Sein Pfeil (das «sanfte Geschoß», Homer, Il. 24,759) trifft Mensch und Tier auf verschiedene Weise. Vor Troia straft er die Griechen für das Vergehen an seinem Priester Chryses (vgl. Hygin, Fab. 121): *Neun* Tage lang schießt er mit seinen Pfeilen die Pest in das Lager, ehe am 10. Tag Achill – von Hera gelenkt – den Ernst der Lage zur Kenntnis nimmt und die Danaer zur Versammlung ruft (Homer, Il. 1,45 ff). Hygin (Fab. 121,2) sagt, A. habe das griechische Heer teils durch Hunger, teils durch Pest dezimiert. Schon früher hatte A. die Pest in die Stadt geschickt, als nämlich Laomédon ihm und Poseidon den Preis für den Bau der Mauer schuldig geblieben war und die beiden auch noch grob bedroht hatte (Homer, Il. 21,451 ff; Vergil, Georg. 1,502; Horaz, Carm. 3,3,21 f; Apollodor, Bibl. 2,5,9; Hygin, Fab. 89; Ovid, Met. 11,194 ff; Servius, Aen. 8,157; Myth. Vat. I 136; Myth. Vat. II 193). An der Pest soll auch Amphion gestorben sein (Pausanias 9,5,5). Nach Hygin (Fab. 9,4) brachte A. ihn um, als er rachsüchtig seinen Tempel angreifen wollte.

An der Pest gingen vielleicht auch die Kinder der –> Niobe zugrunde, als A. und Minerva die Frau für ihre Hybris gegen –> straften (Homer, Il. 24,602 ff; Ovid, Met. 157–381; Hygin, Fab. 9,3; Pausanias 1,21,5; s. auch Homer, Il. 24,611 f). *Neun* Tage lagen die blutigen Leiber, ehe die Götter sie am zehnten begruben (Homer, Il. 24,611 f). Tityos stirbt an den Pfeilen der Geschwister, weil er sich (wohl auf Anstiften der Hera) begehrlich der Leto genähert hatte (Homer, Od. 11,576 ff; Pindar, Pyth. 4,90; Apollodor, Bibl. 1,4,1; Vergil, Aen. 6,595 ff; Horaz, Carm. 2,14,8 f; ebd. 3,4,77 ff; ebd. 3,11,21 f; Hygin, Fab. 55; Myth. Vat. I 13; Myth. Vat. II 104). Der Riese soll an Größe *neun* Furchen («iugera», Vergil, Aen. 6,596) oder Hufen («pléthra», Homer, Od. 11,577 = ca. 100 griech. / röm. Fuß) gemessen haben. A. lenkt den tödlichen Pfeil des –> Paris auf Achill (Homer, Il. 22,359; Apollodor, Epit. 5,3; Hygin, Fab. 107: A. nimmt die Gestalt des Paris an).

Macht und Grenzen des Bogenschützen A. hat eine Fabel bei Babrius (B.E. Perry 1984, S. 84, Nr. 68) zum Thema: A. brüstet sich vor den Göttern, weiter zu schießen als selbst –> Zeus. Sein Pfeil fliegt bis in den Garten der Hesperiden (also an das Ende der Welt). Den Vater bringt nur ein einziger Schritt dorthin. Spöttisch fragt Zeus den Sohn, wohin er denn nun schießen solle.

Ganz untypisch für den «ferntreffenden» Wächter ist der Ringkämpfer A. (–> Hermes): Als der mörderische Wegelagerer Phorbas die Pilger auf der Reise nach Delphi überfällt, stellt der Gott sich ihm zum tödlichen Ringkampf Mann gegen Mann (Ovid, Met. 11,414; farbige Beschreibung bei Philostrat, Imag. 2,19, vgl. **B**). Diese späte Geschichte mag anknüpfen an Homer (Il. 23,660 f), bei dem A., zuständig für Ausdauer und Kraft, als Patron des Ringkampfs erscheint (vgl. auch Scholie zu dieser Stelle).

Wie der Gott das Unheil bringt, so vermag er es auch wieder zu nehmen: Chryses bittet ihn um die Rücknahme der Pest (Homer, Il. 1,450 ff). So wird A. auch zum Arzt, der das aus der Ordnung Geratene wieder in Ordnung bringt. Von seinen Locken tropft das allheilende Öl, «panákeia». Die Stadt, auf deren Boden dieser heilende Tau je fiel, bleibe frei von allem Harm (Kallimachos, Hymnos 2, an A., 32 ff). Panákeia erscheint oft personifiziert als Tochter des Asklepios. Der hippokratische Eid nennt sie nach A., Asklepios und Hygieia an vierter Stelle. Das Wort meint ursprünglich eine Gruppe von Pflanzen, die man für vielfältige Heilzwecke verwendete (vgl. Kl. Pauly 4, Sp. 448, s.v. Panaces).

Die heilende Seite apollinischer Macht veranschaulicht recht eigentlich Asklepios (die heilenden, schützenden, apotropäischen Eigenschaften des Gottes sollen historisch noch älter sein als seine mantischen und reinigenden; vgl. Kl. Pauly 1, Sp. 442 f).

Im Beinamen «nomiós» stellt der wachsame Ordner A. sich in einem ihm besonders gemäßen (und historisch wohl ursprünglichen) Beruf als Hirte vor. Cicero (Nat. 3,23,57) leitet «nomius» offenbar sinnvoll nicht von «nomós» (= «Weide»), sondern von «nómos» (= «Ordnung») ab (vgl. Boccaccio, Gen. 5,3). Seine Herden standen bei Pieria, bis Hermes sie ihm stahl. Er tauschte sie – höchst bedeutsam für seine Berufung – gegen die Lyra ein (Homer. Hymnos 4, an Hermes, 436–502, besonders 496 ff). Wie der Beiname «lykéios» (lat. «lycius») u. a. auf ein Wächteramt des Gottes gegen Wölfe gedeutet worden ist (s. **D**), so hat man in A. «smyntheus» einen Schutzherrn gegen Mäuse gesehen (vgl. Gyraldi, Synt. 7, S. 322B f).

Hirte im Dienste eines Menschen ist er in einer der Episoden, die ein frühes Stadium in der Entwicklung seines Kults widerspiegeln. Erbost, weil Zeus den Asklepios erschlagen hatte, erschlug er die Kyklopen (–> Hephaistos), die dem Zeus die Blitze schmiedeten. Da wollte der Vater ihn wohl in den Tartaros, den untersten Teil der Unterwelt, werfen; aber Leto vermittelte, und Zeus beließ es dabei, den Sohn für ein Jahr bei einem Menschen in den Dienst zu geben. So kommt A. zu Admetos, dem König von Pherai, für den er am Fluß Amphrysos die Herden hütet (Kallimachos, Hymnos 2, an A., 47 f; Apollodor, Bibl. 3,10,4; vgl. Vergil, Georg. 3,2). A. ist ein sorgfältiger Hirte: Die Herde wächst, die Ziegen werfen, und die Schafe, und die nur ein Junges geworfen hatte, warf nun Zwillinge (Kallimachos, Hymnos 2, an A., 50 ff). Apollodor (Bibl. 3,10,4) sagt, er habe die Kühe alle Zwillinge werfen lassen (weil er selber ein Zwilling war?). Auch seine Arbeit an der Mauer von Troia (s. o.) soll Sühnedienst sein für die Teilnahme an einem Aufstand gegen Zeus (Schol. zu Homer, Il. 21,444; Schol. zu Lykophron 334 bei Tzetzes). Homer meldet eine Verschwörung (Il. 1,399 ff), aber er nennt nur Poseidon, Hera und Athena, von A. ist keine Rede.

Einige Geschichten beziehen sich direkt auf das Orakel: –> Herakles hat im Wahn (den Hera über ihn verhängte) Megara und ihre Kinder getötet. Wieder seiner Sinne mächtig, will er von A. wissen, wie er sich von seiner Tat reinigen könne, aber der Gott verweigert sich ihm. Wütend reißt Herakles da den Dreifuß an sich und gibt ihn erst auf den Befehl des Zeus wieder heraus (vgl. Servius, Aen. 8,300). Nach anderen tötet er den Iphitos und befragt dann die Pythia um Rat, wie er von seinem Wahn befreit werden könne. Doch die Pythia schweigt. Jetzt nimmt Herakles den Dreifuß, um sich ein eigenes Orakel einzurichten. Nach Plutarch (Num. vind. 12, 557c) bringt er den Stuhl bis nach Pheneos. Jedenfalls kommt es zum Kampf zwischen den Brüdern, den Zeus mit einem Blitz zwischen beiden beendet (vgl. Hygin, Fab. 32,3). Pausanias beschreibt (10,13,4) ein Bronzebild (ein Weihgeschenk) am Schatzhaus der Korinther in Delphi, das die beiden zeigte, wie sie um den Dreifuß streiten, während Athena den Herakles, Leto und Artemis den A. zu beschwichtigen suchen. Pausanias notiert auch (3,21,8), daß die beiden nach dem Streit gemeinsam die Stadt Gythion gründeten.

Dem Orest gewährt der Gott das Recht, die ehebrecherische Mutter und den Aigisteus zu töten, und auch später gewährt er dem Mann Rat, als der sich von seinem Wahnsinn befreien möchte (Apollodor, Epit. 6,24 f). Die Tat an Aigistheus zeigt Orest als einen, der das Urteil des Ordners A. vollstreckt (vgl. die Fabel 8 im Appendix Perotti, B.E. Perry, Babrius and Phaedrus, 1984, S. 380 ff).

Der verliebte und begehrliche A. zeigt, daß er in Sachen des Gefühls leicht das rechte Maß verliert, wie andere auch. Beispiel hierfür sind jene, die sich ihm versagen. Kassandra (die seine Priesterin ist) verleiht er die Sehergabe; als sie ihn dennoch nicht erhört, entläßt er sie mit dem Fluch, dem gemäß niemand ihrem Spruch Glauben schenken wird. Nach Servius (Aen. 2,247; vgl. Apollodor, Bibl. 3,3,2, zu Glaukos) speit er ihr dazu in den Mund (Aischylos, Agam. 1202; Hygin, Fab. 93; Apollodor, Bibl. 3,12,55). Ebenso findet Koronis ein schlimmes Schicksal, weil sie sich einen anderen nimmt (Pindar, Pyth. 3,1,8 ff; vgl. Lactantius Firm., Div. inst. 1,10,1; Myth. Vat. I 46). Andere laufen ihm einfach davon und erleiden ein schlimmes Ende, finden aber schließlich seine Gnade, indem er sie in eine Pflanze verwandelt, wie Daphne, oder unsterblich macht, wie Boline (Pausanias 7,23,3), die vor ihm flieht und sich ins Meer stürzt. Gelegentlich erschleicht er sich wohl auch eine Umarmung. Wie auch andere Götter nimmt er dazu eine andere Gestalt an. Der Leukothoë soll er in der Gestalt ihrer Mutter erschienen sein. A. verwandelt die vom entsetzten Vater lebendig Begrabene in einen Weihrauchbaum (Ovid, Met. 4,208–255). Nach seinem Sieg über Marsyas soll der reuige A. sich in die –> Kybele verliebt haben und mit ihr bis zu den Hyperboräern gewandert sein (Diodor 3,59,6).

Als Knabenliebhaber treffen wir A. in den Geschichten von Hyakinthos und Cyparissus, der aus Verzweiflung über einen Fehler sich das Leben nehmen will und statt dessen von A. in eine Zypresse verwandelt wird (Ovid, Met. 10,106–142).

Seit etwa dem 6. Jh. v. Chr. setzt man A. mit dem Sonnengott gleich (griech. «Helios», lat. «Sol»), wofür sich schon der strahlende Phoibos qualifiziert (vgl. **B**). Hierher gehört die folgende Geschichte, wie sie ausführlich Ovid berichtet (Met. 2,1 ff). Der Knabe Phaëton, Sohn des Phoibos und der Klymene, habe sich die Erlaubnis verschafft, für einen Tag den Sonnenwagen zu fahren (vielleicht tut er das auch unerlaubt: Hygin, Fab. 152A und 154). Aber es zeigt sich, daß er der Aufgabe nicht gewachsen ist: Pferde und Wagen entgleiten seiner Hand, und die Erde geht in Flammen auf. Da schleudert ein zorniger Blitz des Zeus den Knaben in die Tiefe (Ovid, Met. 2,311 ff). Traurig und verstimmt verweigert Vater Phoibos jetzt den Dienst (Ovid, Met. 2,381 ff). So bleibt es finster in der Welt. Erst auf Bitten der Götter und erst, nachdem Zeus bedauert hat (nicht ohne auch zu drohen), übernimmt der Sonnengott wieder das Amt.

B Mit persönlichen Zügen stattet der Mythos den A. nur in Umrissen aus wie einen, den man von fern sieht. Er ist hoheitsvoll distanziert (vgl. z. B. Apollonios Rhodios 2,674 ff). Wie Hermes ein Mittler ist, so ist A. auf Ordnung bedacht. Wie der Bruder immer «dazwischen» ist, so hält A. den einem Ordner gemäßen Abstand. In der Rolle des Torwächters A. Agyieus (vgl. Macrobius, Sat. 1,9,6) sollte er mit der Schwelle wohl das Trennende bezeichnen, wie Hermes in ihr das Vermittelnde. Entschiedener als andere weist er mit freundlicher oder strafender Strenge die Menschen in ihre Schranken (vgl. Apollonios Rhodios 2,681, wo die Menschen bei seinem Anblick geradezu gebannt sind). Im Beieinander von Lächeln und Zorn auf seiner Wange scheinen das Heitere und das Düstere seines Wesens ein schwebendes Gleichgewicht zu finden, als er den Phorbas blutig zurechtweist (Philostrat, Imag. 2,19,3; man hat bei dieser Stelle an den A. vom Belvedere gedacht). Das entspricht dem schwebenden Humor, den Philostrat (ebd. 1,26,5) in der Auseinandersetzung mit dem kleinen Hermes an ihm zu sehen scheint, wobei das gemessene Lächeln recht eigentlich kennzeichnend ist (vgl. Horaz, Carm. 1,10,12: «risit A.»).

So ist seine Freundlichkeit gegen Admet nichts als Belohnung für den Botmäßigen (vgl. Diodor 6,7,8, wo es heißt, Admet sei den Göttern wegen seiner ungewöhnlichen Gerechtigkeit und Frömme sehr lieb gewesen).

Merkwürdig ist in der Asklepios- und auch in der Phaëtongeschichte der aufsässige Zorn gegen Zeus, der aber doch im willigen Sühnedienst wie im beschwichtigenden Nachgeben seinen Ausgleich findet. Hier wird sichtbar, daß er dem Gesetz, das er verwaltet, selber unterworfen ist (−> Zeus). Seinen Sinn für gerechten Ausgleich zeigt er auch im nachträglichen Bedauern über eine unmäßige Strafe (–> Marsyas; vgl. Koronis, in wohl relativ späten Ausdeutungen). Interessant auch der vorsichtig-mißtrauische Zug in der Hermesepisode, wo er den unberechenbar beweglichen Bruder nur durch einen Schwur zu binden weiß.

A. erscheint durchweg in jugendlicher Gestalt, «bald als ein Knabe, bald als ein Jüngling ohne Bart» (Hederich Sp. 339), und schön ist er. Sein mädchenhaftes Gesicht habe nie auch nur den Flaum eines Barts gezeigt, sagt Kallimachos (Hymnos 2, an A., 36 f). Nach Macrobius (Sat. 1,17,66) stellte man ihn in Assyrien auch bärtig dar. Im Homerischen Hymnos (3, an den Pyth. A., 448 ff) ist er von stämmiger Gestalt, aber flink. Lang hängt sein Haar über die Schultern. Apollonios Rhodios (2,678) sieht das goldfarbene Haar in dicken Strähnen über die Wangen fallen. Vom ungeschorenen Haupt spricht Hesiod (Ehoien bei Schol. zu Pindar, Pyth. 3,48; H.G. Evelyn-White, Hesiod, 1977, S. 210 f, Nr. 89). «Wenn man aber denselben am eigentlichsten bilden und vorstellen will, so wird er als eine schöne junge Mannsperson ohne Bart und mit gelbem Haar gebildet», wird Hederich schreiben (Sp. 340). Von hellen Augen spricht Apollonios Rhodios (2,682). Phoibos, der Helle und Strahlende, wird anschaulich in den helleuchtenden Flammen, die von ihm ausgehen (Homer. Hymnos 3, an den Pyth. A., 440 ff), oder im Strahlenkranz um seine Stirn (Philostrat, Imag. 2,19,3).

Seine Kleidung ist nach ihrer Art unbestimmt, aber kostbar, wobei der Goldglanz auffällt: Golden sind Tunika, Mantel und Sandalen bei Kallimachos (Hymnos 2, an A., 32 ff). Gewöhnlich hat er sein Werkzeug bei sich, die Lyra, den Bogen, den Köcher (und Pfeile). Auch sie sind gern aus kostbarem Stoff: der Bogen fast immer aus Silber, die Lyra häufig aus Gold (auch aus Silber). Bei Kallimachos (ebd. 32 ff) sind alle drei golden. Sogar die Bogensehne kann mal aus Gold sein (Babrius, B.E. Perry 1984, S. 84, Nr. 68; vgl. **A**). Der Homerische Hymnos (3, an den Del. A., 123) nennt A. geläufig den Träger des goldenen Schwerts. Die Waffe, die doch für den Nahkampf geschaffen ist, hat A. später offenbar abgelegt (die enzyklopädische Bildbeschreibung im Libellus [4, H. Liebeschütz 1926, S. 118] nennt sie nicht). Der Nahkämpfer A. tritt noch in der Phorbasepisode auf als Ringkämpfer (vgl. Philostrat, Imag. 2,19).

In A. nimmt eine griechische Vorstellung von der Einheit von Musik, Weisheit und Medizin Gestalt an (zur Einheit von Musik und Weisheit s. Athenaios 14,632c). Auf seinem Weg durch die Jahrhunderte bewahrt der Gott seine Erscheinung, aber schließlich hat er seinen bedrohlichen Aspekt abgelegt und tritt strahlend als Phoibos A. in die Neuzeit.

Die ursprüngliche Nähe des Ordners zu den Musen bestimmt seine Entwicklung zum Patron der Künste, wie den –> Hermes das Verhältnis zu den Freien Künsten endlich zum Patron der Wissenschaften macht.

An einflußreicher Stelle (Myth. Vat. III 8,4) heißt es knapp: «Diesen (nämlich A.) pflegten Philosophen und Dichter mal für die Sonne zu halten, mal für den Gott der Weissagung (‹augurium›) oder der Weisheit (‹sapientia›) oder der Ärzte, mal für einen Seher, mal für die Welt selbst, mal für irgendeinen weisen Mann, mal für den Klang (‹modulatio›) der menschlichen Stimme.»

Relativ ausführlich und reich ist die kosmologisch / physikalische Ausdeutung des A. Von weittragender Bedeutung – und dem Ordner wohl angemessen – ist seine (= «Phoibos») Gleichsetzung mit dem Sonnengott (griech. «Helios», lat. «Sol»). Diese Beziehung wird – wie gewöhnlich – schon etymologisch belegt. Hierher gehört die Gleichung des Strahlen schleudernden Gestirns mit dem fernwirkenden (-schießenden) A. (vgl. Macrobius, Sat. 1,17,7: unter Hinweis auf Platon: Sol = «Apollona» = «iactus radiorum» = das Schleudern der Strahlen). Wie im Mythos A. und die Schwester Artemis gelegentlich gemeinsam tätig sind, so läßt Cornutus (Nat. deor. 32) die beiden – im Geiste stoischer Naturphilosophie – als Sonne und Mond (Selene) zusammenwirken. «Bogenschützen» nenne man sie ganz richtig, denn sie schießen ihre Strahlen weithin. «Hekatos» und «Hekate» heiße man sie, weil sie ihr Licht aussendeten (Hekate = fem. zu Hekatos = Kurzform von «hekatobólos» = «treffsicher» = übliches Epitheton des A., z. B. Homer. Hymnos 3, an den Del. A., 134, 140, 157 = Weitschießer usw.). Darum hießen sie auch nicht unpassend «longe iaculantes», die «fernschießenden» (zur Etymologie von «Sol» s. Fulgentius, Myth. 1,12, 657 f, Helm 1970, S. 23; vgl. Isidor, Etym. 8,11,53).

Eigentlich ist es der Orakelgott, der sich da mühelos mit dem Sonnengott verbindet. Beide entwickeln im Rahmen einer wachsenden Bedeutung der Astrologie eine unlösbare und produktive Einheit, die v. a. an den physischen Einwirkungen des Gestirns auf die Welt und das Leben ein angemessenes Interesse hat. Unschwer erkennt man in den wechselweise förderlichen und verderblichen Einflüssen der Sonne die milde und die strenge Seite des A. (vgl. Macrobius, Sat. 1,17,16; s. u.). Aus der Analogie von Pfeil und Strahl (vgl. Macrobius, ebd. 1,17,12; Fulgentius, Myth. 1,17) ergibt sich fast zwangsläufig, daß man auch hier – wie schon der Mythos (s. o.) – wenigstens zunächst eher die zerstörerische Macht des Sonnengottes zu sehen scheint. Das legt schon die geläufige Etymologie des Namens im Sinne von «verderben» und «auszehren» nahe, die man auf die bekannten auszehrenden (-trocknenden) und auflösenden Wirkungen der (südlichen!) Sonne deutet (Cornutus, ebd. 32; die Sonnenglut kocht und verdirbt den Lebenssaft der Pflanzen: Fulgentius, Myth. 1,12, 646 f, Helm 1970, S. 28). Noch konkreter, auf die ursächliche Beziehung zwischen Sonne und Krankheit, heißt es bei Cornutus (ebd.), daß die Götter (A. und Artemis = Sonne und Mond) bisweilen die Luft verdürben und Pestilenz («pestifer influxus») zu bringen schienen. Das sei offenbar gemeint, wenn es heißt, A. habe im Zorn die Pest nach Troia gebracht (vgl. Macrobius, Sat. 1,17,9, mit Hinweis auf Euripides, Phaëton).

Die von einer Krankheit Gebrandmarkten («inustos») nenne man «apollonoblétous» und «helioblétous», und weil die nützlichen und schädlichen Einflüsse des Mondes denen der Sonne ähnelten, heiße man von bestimmten Krankheiten befallene Frauen «selenoblétous» und «artemiblétous» (Macrobius, Sat. 1,17,11). Den eigentlich förderlichen Aspekt des A. erkennt man am Sonnengott wieder, sofern dessen milde Wärme dem Lebendigen Gesundheit gebe, und da er das Heilsame bereitwilliger verteile als das Verderben, habe man ihm in Bildern Pfeil und Bogen in die («sinistre» = linkische, schlechte) Linke, in die (geschickte und kundige) Rechte aber die Grazien gegeben (Macrobius, Sat. 1,17,13). Die Lyra versinnbildliche, daß die Welt («omnia») durch ein ausgewogenes Verhältnis («concordia» = Eintracht) von Wärme und Feuchtigkeit zusammengehalten werde, und die Mathematiker sagen, daß ein Bogen (ein Halo?) um die Sonne eine Pest ankündige (Myth. Vat. III 8,16).

So beobachtet man an der Sonne zwei unterschiedliche Effekte (in welchen sich die beiden Wesenszüge des A. zeigen). Einerseits fördere ihre Milde die Gesundheit, andererseits vermögen ihre heftigen Strahlen auch Krankheit zu verursachen (Macrobius, Sat. 1,17,16). Mit dem Blick auf die bekömmliche Milde schreibe man dem Sonnengott auch Heilkraft zu (ebd. 1,17,13; bei Cornutus, ebd., findet sich eine Etymologie der Namen des A. und der Artemis auf die Bedeutung von Heiler und Arzt). Die verderbende, auszehrende Wirkung der Sonne habe dazu geführt, daß man sich A. auch als Mars /–> Ares vorstellte, sofern er noch heftiger brenne und wirksamer sei als Feuer (s. auch Cornutus, ebd.).

Diesen Heilgott sollen die Vestalinnen als «A. Medice» und «A. Paean» angerufen haben (Macrobius, Sat. 1,17,15). Griechisch habe dieser Gegensatz in A. (innere Gegensätzlichkeit teile er mit anderen

Göttern wie Neptun / —> Poseidon und Merkur / —> Hermes; ebd. 1,17,21)
Ausdruck gefunden in zwei fast gleichlautenden, aber grundverschiede-
nen Anrufen: «ié Paian» = «heile Paian!» und «hie Paian» = «schieß und
triff!» (lat.: «immitte feriendo»). Letzteres soll Leto dem Sohn zugeru-
fen haben, als er mit der Python kämpfte, und auch das Delphische Orakel soll so gelautet haben als Antwort auf die Anfrage der Athener, was
gegen die Amazonen zu tun sei (Macrobius, Sat. 1,17,17 f).

Der Gott der Ärzte sei Phoebus entweder, weil Sonnenwärme die
Heilpflanzen gedeihen lasse oder weil der Lauf der Sonne durch das Jahr
das für die Gesundheit wichtige Gleichgewicht der Säfte fördere oder
störe (Myth. Vat. III 8,15).

Es ist im Spannungsfeld solcher Macht, in dem die Astrologie sich
sinnvoll üben kann. In diesem Sinn heißt es bei Cornutus (ebd. 32), man
habe den A. für den Gott der Wahrsagekunst («divinatio» = Mantik) gehalten, weil die Sonne alles an den Tag bringt oder weil ihre Bahn in
Auf- und Untergang auf vielfache Weise bedeutsamen Einfluß hat.

Der *Drei*fuß komme ihm wegen (der Bedeutung) der Dreizahl zu
(vielleicht, weil 1+2+3 = 6, «vollkommene Zahl»), die auch in den drei in
gleichem Abstand zueinanderstehenden Himmelskreisen («kykloi»)
manifest ist, von welchen die Sonne bei ihrem Jahreslauf den mittleren
(Himmelsäquator) durchschneidet, während sie die anderen (Wende-
kreise) nur berührt («pertingit»; Cornutus, ebd.). Nach Fulgentius
(Myth. 1,17, 646 f, Helm 1970, S. 28) zeigt der Dreifuß die Dreigestalt der
Zeit an, sofern die Sonne das Vergangene gekannt hat, das Gegenwärtige
feststellt («cernit»), das Künftige sehen wird. Remigius fügt dem hinzu,
der Dreifuß sei eine dreiwurzelige Art des Lorbeerbaums nahe dem
Apollontempel auf der Insel Claro (1,10.8, Bd. 1, S. 85; Myth. Vat. III
8,5).

Schließlich läßt auch seine leibliche Erscheinung sich auf die Sonne
deuten. Bei Isidor (Etym. 8,11,54) finden wir die Etymologie «Phoebus»
= «ephebus» (= Jüngling), weil er täglich in neuem Licht erstehe. Ähnlich schon Fulgentius (Myth. 1,17): A. sei bartlos, weil er im Aufgehen
sich immer wieder verjünge oder weil seine Tugend nie erschlaffe («de-
ficiat»), wie der Mond, der zu- und abnimmt. «Chrysokomas» (= goldhaarig; lat. «auricomas», Myth. Vat. III 8,4) nenne man ihn nach den
blitzenden Strahlen, welche die goldenen Locken des Sonengottes seien
(Macrobius, Sat. 1,17,47; vgl. Remigius 1,11.14; Bd. 1, S. 88). Auch sein
Werkzeug bietet sich gesondert der Deutung an. «Argyrotóxos» nenne
man ihn nach dem silbernen Bogen, den sein Lauf in den Himmel zeich-

net (Macrobius, ebd.; s. auch die Gleichungen Kreisbahn = Bogen, Strahl = Pfeil bei Fulgentius, Myth. 1,17, 646 f, Helm 1970, S. 28). Fulgentius (ebd.) berichtet, als Sonne erschieße A. die Python mit seinen Strahlen / Pfeilen, und das sei ein Bild für das Vernichten von Zweifelhaftigkeit («dubietas») und Leichtgläubigkeit («credulitas»).

Gelegentlich sieht man (letztlich in pythagoräischem Sinn und zugleich zugunsten der Astrologie) den Sonnengott sogar als Musicus und Kitharöden, dessen Klänge harmonisch und schicklich («decore») die Welt und ihre Teile durchpulsen und bewegen und sich allen ihren Gliedern beigesellen. Er sei der Grund aller Harmonie, er bestimme (in seinem Tages- und Jahreslauf) das ausgewogene, auf Zahlen beruhende Ebenmaß der Zeiten (Cornutus, ebd. 32). Gleicherweise deutet man (Fulgentius, Myth. 1,12, 637 f, Helm 1970, S. 23) die Quadriga (das Viergespann) des Sonnengottes auf die vier Jahreszeiten und die vier Teile des Tages, auf welche sich die Namen der Pferde beziehen: Erytreus («rubeus» = Morgenröte), Acteon («splendens» = «leuchtend» = in der dritten Stunde), Lampus («ardens» = brennend = Sonne im Zenith), Filogeus («terram amans» = «die Erde liebend» = in der neunten Stunde = Abstieg der Sonne). Nach anderen verweisen die vier Pferde auf die vier Jahreszeiten, die ihrerseits wieder den vier Elementen verbunden seien: Sommer = Feuer, Herbst = Erde, Winter = Wasser, Frühling = Luft (Myth. Vat. III 8,6; mit Hinweis auf Remigius).

Außer «Phoibos / Phoebus» hat auch eine Vielzahl der anderen Epitheta des A. eine auf die Sonne bezogene Deutung erfahren (vgl. die reiche Sammlung bei Macrobius, Sat. 1,17,7 ff). «Lycius» (lat. «lupicida» z. B.) heiße er, weil er (= die Sonne) mit seinen Strahlen alle Feuchtigkeit herausreiße, wie die Wölfe Schafe reißen (ebd. 1,17,36). Dann habe man in diesem Wort auch einen Hinweis auf das erste Licht vor dem Sonnenaufgang gesehen (ebd. 1,17,37). Das sei die Zeit, in der die wilden Tiere sich vorzugsweise an den Raub von Herdengetier machen (ebd. 1,17,41). In Lykoupolis (in Ägypten) habe man gleicherweise A. und den Wolf («lykon») verehrt, in beiden aber die Sonne gemeint, denn der Wolf raube und verschlinge – wie die Sonne – alles, und seine scharfen Augen durchdringen die nächtliche Finsternis. Der Rabe (Koronis) unterstehe dem Schutz des Gottes, weil er «gegen die Natur» («contra rerum naturam») mitten in der Sommerhitze seine Jungen versorge (Fulgentius, Myth. 1,13, 638 f, Helm 1970, S. 24, mit Hinweis auf Petronius; vgl. auch Myth. Vat. III 8,14).

Deutlich auf den Orakelgott geht die Erklärung, wonach der Rabe unter allen Vögeln der einzige mit 64 verschiedenen Bedeutungen seiner Stimme ist (ebd., mit Hinweis auf die «libri orneoscopici» nach Anaximander und Pindar). Nach Remigius (1,19.2, Bd. 1, S. 100) ist der Rabe dem A. geweiht, weil er eine Fähigkeit zur Vorhersage und Vorausschau haben soll («vim quandam praesagandi et praedivinandi habere»). Bei Cornutus (ebd.) ist der Vogel wegen seiner Unheil kündenden Farbe dem A. zuwider (vgl. Myth. Vat. III 8,15).

Der Lorbeer (−> Daphne) sei dem A. wohl deshalb heilig, weil man glaubte, daß ein Schlafender, dem man einen Lorbeerzweig aufs Haupt legt, einen Wahrtraum haben werde (Fulgentius, Myth. 1,14, 639 f, Helm 1970, S. 24; Myth. Vat. III 8,4). Es heißt auch (Cornutus, ebd.), daß die Pflanze der Weissagung («vaticinium») förderlich sei (wohl wegen einer mild anregenden Wirkung). Deswegen trage der Gott einen Lorbeerkranz und auch, weil der Lorbeer immergrün und leicht brennbar sei und überdies reinigende Kraft besitze. All das passe zum reinsten aller Götter, der zugleich über die reinigende und zerstörende Macht des Feuers verfügt.

Wohl im Anschluß an Homer (Il. 1,50), wo die pestbringenden Pfeile zuerst die Maultiere trafen, referiert Cornutus (ebd.), man habe A. und seine Schwester angerufen zum Schutz gegen die Begegnung mit einem Maultier («precantes, ne ab his procedens mulum appropinquet»).

A. Musagetes, der Musenführer und -patron, zeigt den Gott in einer Zuständigkeit, die sich für sein historisches Überleben in die Neuzeit als außerordentlich fruchtbar erwiesen hat (−> Musen).

Es ist kennzeichnend, daß die frühen Christen gern den Orakelgott angreifen. Nach Augustin ist der Seher und Weissager unfähig (Civ. 1,145 f: warum hat er den Laomédon nicht durchschaut?), unentschieden (2,307 f und 311), doppelsinnig (1,185 f) und gegen die Christen bösartig und lügenhaft. Luther (Enarr. in Genesin 30,9) wird die Moralisierer des Ovid tadeln, welche A. in Christus verwandelten und Daphne in die Jungfrau Maria (Werke 43, 1912, S. 668). Tertullian (Apol. 14,4) findet es absurd, daß ein Gott einem Admet hilft (vgl. Minucius Felix, Oct. 24,5 u. 22,10; s. Herodot 1,47,48).

Die Emblematik des 16./17. Jh. engagiert den A. nicht selten. Mahnung zu Selbsterkenntnis nach dem «gnothi seautón» am Tempel in Delphi ist das Lemma bei Barptolomaeus Anulus (1552, S. 105; H./S. Sp. 1741). Sein Sieg über die Pythonschlange zeigt ihn als Bild der Weisheit («sapientia»), der Hüterin unseres Lebens (Nicolas Reusner 1591, Embl. III 1581, Nr. 7; H./S. Sp. 1742). Seine Gemeinschaft mit Merkur empfiehlt Guillaume de La Perrière (1553, Nr. 89; H./S. Sp. 1740 f) den Königen. Auch der mächtige A. fällt Eros/Amor zum Opfer: Liebe und Klugheit gehen nicht zusammen, sagt Barptolomaeus Anulus (1552, S. 46; H./S. Sp. 1741 f) unter dem Bild des Pythontöters, der den kleinen Bogenschützen Amor verlacht und dafür, von dessen Pfeil getroffen, vergebens der Daphne nacheilen wird (vgl. Otto Vaenius 1608, S. 20/21; und Raphael Custos 1622, I 11; H./S. Sp. 1741 f). Ein Lehrer mag die Lesart der Daphnegeschichte bei Barptolomaeus Anulus (1552, S. 47; H./S. Sp. 1742 f) erfunden haben: Hier wird die dem A. enteilende Frau zum Bild der bildungsunwilligen Jugend, die sich vor der ihr so dringlich zugetanen Weisheit gar noch in Holz verwandelt (H./S. Sp. 1742 f). Mit der wechselweise ebenso förderlichen wie tödlichen Wirkung der Saiten des A. beschäftigt sich warnend Sebastián de Covarrubias Orozco (I, 1610, Nr. 76; H./S. Sp. 1743). Beruhigend dagegen Gabriel Rollenhagen (II, 1613, Nr. 76; H./S. Sp. 1743 f) mit der Mitteilung, daß auch A. bisweilen der Muße pflegt und eben nicht singt noch den Bogen spannt. Die Vorstellung von drei Daphnen als Bild für eine Unzahl von Dichtern (H./S. Sp. 1743) mag zurückhorchen auf Remigius, der den Dreifuß für eine dreiwurzelige Art des Lorbeerbaums nahe dem Apollontempel auf der Insel Claro hält (1,10.8, Bd. 1, S. 85; Myth. Vat. III 8,5).

C *Typus*. Die bildende Kunst gibt A. stets als jugendliche, oft knabenhafte Erscheinung wieder, bartlos, aber mit um so fülligerem Haupthaar, das (abhängig von Zeit und Stil) in Locken herabfällt, in einem Zopf um den Kopf gelegt, zum Knoten gebunden oder im Nacken aufgerollt ist.

Seine Schönheit trägt nicht selten fast weibliche Gesichtszüge, nie jedoch – anders als –> Dionysos – weibliche Körpermerkmale.

Trotz seiner Jugendlichkeit ist dem A. eine Autorität eigen, wie sie die Sterblichen nur in reiferem Alter besitzen. Gebieterisch streckt der knabenhafte A. vom Westgiebel des Zeustempels in Olympia (456 v. Chr. vollendet; Olympia, Museum) den Arm aus, um so ordnend in den Kampf zwischen Kentauren und Lapithen einzugreifen. Mit derselben Geste, die den Ordner und Anordner A. kennzeichnet, wird er dann den Befehl zur Schindung des –> Marsyas geben (Raffael, 1509/17; Vatikan, Stanza della Segnatura).

Im 7. Jh. v. Chr. bildeten sich in der griechischen Kunst verschiedene Typen heraus. Die beiden wichtigsten sind: A. als *Schütze* und A. als *Kitharöde*.

A. als Schütze. Kanonisch ist seit dem Ende des 7. Jh. v. Chr. der Typus des nackten Bogenschützen. In der Archaik (etwa 570 bis 490) erscheint A. in kurzem Chiton, einem Tierfell darüber (manchmal auch mit kurzem Manteltuch) und gelegentlich Zugstiefeln.

A. als Kitharöde. Dieser tritt bis in die hellenistische Zeit im langen, in der Spätzeit hochgegürteten Gewand auf. Mit langem Untergewand und prächtigem Mantel führt uns Exekias den bekränzten Gott vor Augen, der mit dem Plektron die Saiten der Kithara schlägt (schwarzfiguriger Kelchkrater, um 530/20 v. Chr.; Athen, Agora Museum; vgl. auch die schwarzfigurige Amphora in Paris, Louvre, Inv. 270). Im 5. Jh. v. Chr. kommt der Typus des nackten oder halbbekleideten Gottes (lorbeerbekränzt und in der Hand Lyra oder Kithara) auf, der dann das Bild des hellenistischen A. bestimmen sollte. Diesen jüngeren Typus vertritt u. a. eine kaiserzeitliche Marmorstatue (Neapel, Museo Nazionale, Inv. 8590): A., der in der Linken die Lyra hält, sitzt auf einem Felsen, auf den er seinen Mantel gebreitet hat; ferner eine kaiserzeitliche Marmorstatue nach hellenistischem Vorbild (Kopenhagen, Ny Carlsberg Glyptotek, Inv. 500: A. stehend, die Kithara auf einer Stütze abgesetzt).

Im Mittelalter erscheint A. allgemein in langem Gewand, häufig thronend (z. B. in einer Handschrift des 10. Jh.; Vercelli, Biblioteca Capitolare, ms. 202, Bl. 90ᵛ). Man würde ihn eher in das Gefolge eines deutschen Kaisers als unter die Götter des Olymp einreihen.

Erst in der italienischen Renaissance sehen wir den Gott wieder in seiner klassischen Nacktheit. Epochemachend war die Begegnung der Künstler mit der Statue des sog. *A. vom Belvedere* (römische Marmorkopie, Rom, Musei Vaticani, Inv. 1015; nach einem Bronzeoriginal wohl des Leochares, 4. Jh. v. Chr.). Der wohlgestalte Körper ist unbekleidet bis auf einen von den Schultern auf den Rücken fallenden, auf der rechten Schulter von einer Spange gehaltenen Mantel (dieser wie die Stütze 1532 ergänzt). Überzeugend hat ihn schon Winckelmann als den zürnenden Gott gedeutet, in dessen linker Hand wohl der Bogen zu ergänzen ist. Der später gefundene Kopf (eine Replik befindet sich in Basel, Antikenmuseum) scheint diese Deutung zu bestätigen. Für Generationen von Künstlern war diese Statue Studienobjekt: für Agostino Veneziano, Baccio Bandinelli, Marcanton Raimondi, Hendrick Goltzius und Albrecht Dürer, dessen *Sol-A.* von diesem Werk inspiriert ist (Federzeichnung, Zürich, Kunsthaus, Inv. N 40). Plastische Nachbildungen besitzen wir in den beiden Statuetten des Pier Jacopo Alari, gen. Antico, in Venedig (1498; Ca' d'Oro) und Frankfurt (Staedelsches Kunstinstitut).

Attribute. Die gängigsten Attribute des *Schützen A.* sind Pfeil(e), Bogen und Köcher, in der Frühzeit auch die Lanze. Zunächst kann jeder mit Pfeil und Bogen dargestellte Jüngling grundsätzlich A. sein, erst vom 5. Jh. an gesellen sich andere Attribute (z. B. Dreifuß, Lyra, Lorbeer; s. u.) hinzu, die eine eindeutige Identifizierung erlauben. Da A. seinem ganzen Wesen nach kein Nahkämpfer ist, sieht man ihn selten mit dem Schwert. Im Gegensatz zu seiner Schwester –> Artemis, die die Jägerin schlechthin ist, gebraucht er die Waffen nicht zur Jagd, sondern es sind die des tod- und pestbringenden, rächenden Gottes.

Das Zepter, das A. als *Herrscher* kennzeichnet, trägt er in der Bildkunst nur in seiner Eigenschaft als Sonnengott.

Als *Kitharöde* hält A. entweder die Lyra oder die siebensaitige Kithara, die er mit dem Plektron schlägt. Mitunter nähert sich der Typus des musizierenden A. der Ikonographie des –> Orpheus, z. B. auf einer Lekythos des 5. Jh. v. Chr. (verschollen): A. spielt sitzend die Lyra, während ein vor ihm stehender Hirsch dem Spiel lauscht. So zeigt sich A. auch als *Herrscher der Tiere*, die er durch die Macht seiner Musik bannt.

In der Nachantike werden die Instrumente aktualisiert: Im Mittelalter spielt A. die Laute oder eine Zither (die mit dem heutigen gleichnamigen Instrument nichts zu tun hat), auch einmal die Harfe (Illumination aus den «Echecs amoureux», Paris, Bibliothèque Nationale, ms fr. 143, Bl. 39); in der Renaissance die Viola oder Lira da Braccio (auf Raffaels Fresko *Der Parnaß* in der Stanza della Segnatura im Vatikan, 1510). In jedem Fall sind es Saiteninstrumente – schließlich war das Urinstrument des A. seine Schußwaffe: der einsaitige Bogen, wie er heute noch in Teilen Schwarzafrikas als Musikinstrument dient. Ausnahmsweise bläst A. eine Flöte oder Schalmei, dann jedoch ist das Blasinstrument eher das Instrument des Hirten, so auf Darstellungen, die ihn als Hüter der Herden des Admet zeigen (Gemälde von Domenichino, *Merkur stiehlt die Herden des Admet*, s. u., oder Claude Lorrain zum selben Thema, s. ebd.).

In Erinnerung an die verlorene Geliebte –> Daphne trägt A. den Lorbeer entweder als Kranz im Haar oder als Zweig oder Stämmchen in der Hand.

Besondere Bedeutung kommt dem Dreifuß (auch «Kessel») als Attribut des *weissagenden Gottes* zu. Auf einem großen geflügelten Dreifuß sehen wir den Orakelgott auf dem Bild einer Hydria sitzen (gegen 480 v. Chr.; Vatikan, Museo Gregoriano, Inv. 16568).

Die den A. begleitenden (dem A. heilige) Tiere sind: Schlange, Löwe (den A. vom orientalischen Sonnengott übernommen hat), Wolf, Reh oder Hirsch(kuh) und der Delphin (vgl. Homer. Hymnos 3, an A., 399 ff), auf dem er mitunter wie –> Arion reitet. Ferner Maus, Schwan, Rabe, Krähe, Geier und Habicht (alle auch als Attribut in der Hand getragen). Besondere Bedeutung hat die Schlange, die auf die Tötung der Python anspielt (s. o.; Marmorstatue des 2. Jh. v. Chr., Delos, Museum, Inv. A 4121: Die Schlange windet sich um das Bein des A.). Oft erscheint sie zusammen mit dem Dreifuß (Silberstater, 420–380 v. Chr.: bildbeherrschend der Dreifuß, zu dessen Seite, mit Pfeil und Bogen, A., der auf die sich windende Schlange zielt; Abb. in LIMC 1984, 2,2, S. 269, Nr. 1000). – Seit dem Mittelalter erscheint die Python auch in Gestalt eines Drachen, so auf der Illustration zum Libellus (4, H. Liebeschütz 1926, S. 118). – Die Eidechse, die der *A. Sauroktonos* (der «Eidechsentöter») des Praxiteles mit spielerischer Geste zu töten sich anschickt, wird vorsichtig als harmlose Variante der Python gedeutet (LIMC 1984, 2,1, S. 199). Das verlorene Bronzeoriginal überlebte in zahlreichen Marmorkopien, z. B. einer Statue aus Rom, Villa Borghese (Paris, Louvre, Inv. 441).

Unter den Fabelwesen deutet die Sphinx auf die Eigenschaft des A. als *Herrscher über Leben und Tod* wie auf den *Orakelgott* hin. Der Greif (meist ein Adlergreif), ein im Orient der Sonne dienstbares Fabeltier, wird auch in Griechenland dem Sonnengott zugeordnet. In der klassischen Zeit sieht man A. auf dem Greifen reiten (Glockenkrater um 420 v. Chr., Berlin, Staatl. Museen, Nr. F 2641), in römischer Zeit steht oder schreitet der Greif neben dem Gott (Statue aus der Casa del Menandro in Pompeji; heute Neapel, Museo Nazionale).

Seltener begegnen uns Schriftrolle (in der Antike) oder Buch (im Mittelalter) in der Hand des A. – Auf einer Münze des Septimius Severus (193–211 n. Chr.) sieht man A. mit Dreifuß und Schriftrolle, die den Gott hier in seiner mantischen Eigenschaft charakterisiert.

Wie ein thronender Kaiser erscheint A., ein Buch in der Hand, in einer Handschrift vom Anfang des 9. Jh. (Isidor, Etym., 4. Buch, Titelbild; Vercelli, Biblioteca Capitolare, Cod. CCII, Bl. 90^v; vgl. *A. als Arzt*).

Zum Typus des *Delphischen A.* gehören die drei –> Chariten, die A. auf der Hand trägt. Den Prototyp bildete das durch Münzen und Vasenbilder überlieferte Kultbild des A. in Delphi (zwischen 550 und 525 v. Chr.). Im Gegensatz zu den (todbringenden) Waffen – Pfeil und Bogen –, die der Delphische A. in der Linken hält, stehen die Chariten (auf seiner rechten Hand) für den ausgleichenden, segenspendenden Gott.

Ein Strahlenkranz oder ein Nimbus (oder beide) um das Haupt des

Gottes sowie ein von Pferden gezogener Wagen, in der Regel eine Quadriga, gehören zur Erscheinungsweise des griechischen *Helios*, der den Sonnengott verkörpert (Marmormetope aus dem Athenatempel von Ilion / Troia, um 300 v. Chr.; Berlin, Staatl. Museen, Inv. SK 71–72).

Als Sonnengott trägt A. häufig die Sonnenscheibe in der Hand – ein ikonographisches Detail, das bis in die Neuzeit hinein fortlebt, wie eine Federzeichnung A. Dürers zeigt (Anfang des 16. Jh., Zürich, Kunsthaus, Inv. N 40; s. o.). Dieser A. hält in der anderen Hand den Bogen (auch der Köcher voller Pfeile fehlt nicht) – der Renaissance-Künstler versieht den Gott also sowohl mit den Attributen des A. (den Waffen) als auch jenen des Sonnengottes Sol – eine Verschmelzung von A. und Sol zu Phoebus (Sol-A.), die sich bereits in der Spätantike vollzieht. Attribut dieses neuen Gottes war in römischer Zeit die Fackel. Auf einem vespasianischen Wandgemälde in Pompeji (Casa dei Fabii, in situ) sieht man den thronenden Phoebus, die brennende Fackel in der Linken, flankiert von Venus und Vesper (im Verständnis von Morgen- und Abendstern. Zur Fackel vgl. ein Wandgemälde aus Pompeji, 4. Stil; Neapel, Museo Nazionale, Inv. 9449). Den Sonnengott charakterisiert schließlich ein Strahlennimbus (Wandgemälde aus Herculaneum, 4. Stil; Neapel, Museo Nazionale).

Als Lenker des Sonnenwagens übernimmt der römische Sol die Ikonographie des griechischen Sonnengottes. Unter dem Bild des strahlenden, in seiner Quadriga über den Himmel fahrenden Gottes hat A. Eingang in die Kunst der Neuzeit gefunden (s. u.).

Seit der Spätantike sehen wir den Sonnengott häufig im Tierkreis (Mosaik, um 250 n. Chr.; Rheinisches Landesmuseum Bonn, Führer 1985, S. 52–54). Ein mittelalterliches Beispiel findet sich in der Handschrift «Scholium de duodecim zodiaci signis et de ventis» (Paris, Bibliothèque Nationale, ms. lat. 7028, Bl. 154ʳ: Sol in Halbfigur und mit Strahlenkranz um das Haupt, in der Linken eine stilisierte Sonnenscheibe). – Der Sonnengott wird häufig zusammen mit seiner Schwester Diana / Luna dargestellt (–> Artemis / Diana).

Wie ein ikonographisches Lehrstück wirkt das Relief des Agostino di Duccio im Tempio Malatestiano in Rimini (Kapelle der Freien Künste, 1455 / 57). Es zeigt A. mit einer Fülle von Attributen, die die wichtigsten Zuständigkeiten des Gottes umreißen: In der Linken hält A. Pfeil und Bogen, in der Rechten eine Laute und einen Lorbeerstrauß, dem die drei Chariten entsteigen. A. hat den Köcher umgehängt, ein Schild schützt den Rücken des Gottes, der von Schwan und Krähe begleitet wird.

D 1. *A. als Einzelfigur.* Die früher allgemein als «Apollines» bezeichneten nackten Jünglingsfiguren («kouroi», Sing. «kouros») der griechischen Kunst stellen, sofern man sie nicht durch Attribute oder Inschriften eindeutig als A. identifizieren kann, Sterbliche dar, die ihr Bild einem Gott geweiht hatten (z. B. die Marmorstatue aus Tenea, Ende 6. Jh. v. Chr., München, Glyptothek).

In dem sog. *Kassler A.* findet die Auffassung der griechischen Klassik ihren vollkommenen Ausdruck (römische Kopie, Kassel, Hessisches Landesmuseum, Staatl. Museen, nach dem verlorenen Bronzeoriginal vermutlich des Phidias, um 460 / 450 v. Chr.). Der athletisch gebaute Körper ist unbekleidet; die Linke hielt wohl Pfeil(e) und Bogen, die Rechte einen Lorbeerzweig oder eine silberne Heuschrecke (das griechische Original wurde als Dank für die Befreiung von einer Heuschreckenplage auf die Akropolis von Athen gestiftet).

Aus römischer Zeit ist eine Vielzahl von plastischen Werken (meist Kopien griechischer Originale) erhalten, die den *Kitharöden* verkörpern. Die kaiserzeitliche Marmorstatue des *A. Barberini* (München, Glyptothek, Inv. 211) muß hier als Beispiel genügen (A. in langem Chiton und Mantel, die Kithara in der Linken).

In Gestalt des *Kitharöden* und *Musenführers*, des *Schützen* und des *Sonnengottes* ist A. in der neuzeitlichen Kunst in Plastik und Malerei gegenwärtig. Dabei bleibt die in der Antike festgelegte, durch die Mythographen wie durch die neu- oder wiederentdeckten Werke der Bildkunst überlieferte Ikonographie verbindlich, wie etwa die Bronzefiguren des Giambologna zeigen (Florenz; Bargello, um 1560, und Palazzo Vecchio, Studiolo, 1560 / 70). – Von jugendlicher Schönheit ist der A. des Pietro Francavilla (Marmorstatue 1577; London, Victoria and Albert-Museum). – Die A.-Statue von Pietro Galli (1838; Rom, Palazzo Corsini) lehnt sich an die klassischen Vorbilder des Kitharöden A. an.

Hoheitsvoll entrückt und zugleich menschlich anrührend ist das Bild des A., wie es Dosso Dossi mit seinem (noch nicht zufriedenstellend gedeuteten) Gemälde des musizierenden Gottes vor Augen führt (*Apollo*, um 1530; Rom, Villa Borghese): Die mächtige Figur des lorbeerbekränzten Gottes sitzt im Vordergrund, eine Viola da Braccio in der Linken, den Geigenbogen in der Rechten. Der athletische Körperbau, der an den kraftvollen Bogenschützen A. gemahnt, steht im Kontrast zu den jugendlich weichen Gesichtszügen.

Als strahlender Sonnengott schreitet der A. des H. Goltzius auf Wolken einher (Stich von 1588, B. 141, H. 131). Das Haupt ist von einem

Strahlenkranz und einer Umschrift in Nimbusform umgeben, die A. als die die Finsternis verbannende Sonne interpretiert. In der erhobenen Rechten hält A. ein Zepter, die Lyra liegt zu seinen Füßen.

2. *Die Geburt von A. und Artemis* –> Leto

3. *A. tötet Python* (Hygin, Fab. 140,5; Kallimachos, Hymnos 2, an A., 100 ff; Pausanias 2,7,7). Von klein auf beweist A. seine Autorität. Als Kleinkind auf dem Arm der Mutter sehen wir ihn (auch zusammen mit der Zwillingsschwester Artemis) bereits mit Pfeil und Bogen ausgerüstet. Er richtet sein Geschoß auf das Ungeheuer Python (das Kind ist da gerade vier Tage alt: Hygin, Fab. 140,5), das manchmal in Schlangengestalt, manchmal als Mischwesen aus Mensch und Schlange erscheint. Das Bild auf einer Lekythos (aus Athen, 1. H. 5. Jh. v. Chr.; Paris, Cabinet des Médailles, Inv. 306) zeigt den kleinen A. (hier ohne die Schwester) auf dem Arm der Leto, wie er einen Pfeil auf Python (im Eingang zu einer Grotte) abschießt. Seltener steht der kleine Bogenschütze bei diesem Kampf schon auf eigenen Beinen. – Bereits erwachsen ist A. auf dem Gemälde William Turners (*A. und Python*, 1811; London, Tate Gallery; vgl. Butlin / Joll 1977, S. 72), der die Szene in dramatisches Helldunkel taucht (A. hat die Riesenschlange tödlich getroffen). Im Katalog zur Ausstellung, auf der das Bild 1811 präsentiert wurde, fand sich der Text des Kallimachos abgedruckt. – Zum Attribut wird die getötete Schlange in der Hand des von einem Strahlenkranz umgebenen Jünglings auf einer Zeichnung von Marten de Vos (16. Jh.; Amsterdam, Rijksprentenkabinet –> Leto).

4. *A. mit einer Sibylle*. Mit den Sibyllen verbindet A. die Gabe der Weissagung. Ein römisches Silberrelief (4. Jh. n. Chr.; Alnwick, Slg. Duke of Northumberland) zeigt die Pythia mit verschleiertem Haupt zusammen mit A., der in der Tür seines Tempels steht, mit Minerva, Diana und Latona. – In Begleitung der Cumäischen Sibylle sieht man A. auf einem Gemälde von Salvator Rosa (1660er Jahre; London, Wallace Collection) und einem Bild von Claude Lorrain («Liber veritatis» Nr. 164). Diese Begegnung beschreibt Ovid (Met. 14,129 ff).

5. *Der Streit mit Merkur um die gestohlenen Rinder* (Homer. Hymnos 4, an Hermes, 254–502). Eines der seltenen Beispiele ist die großfigurige Szene auf einem etruskischen Bronzespiegel (4. Jh. v. Chr.; Florenz, Museo Archeologico, Inv. 596; Umzeichnung in LIMC 1984, 2,1, S. 351): A., einen Rinderfuß in der Hand, stellt Merkur offenbar zur Rede. Dieser verbirgt seine Linke hinter dem Rücken, die leere Rechte weist er dem Ankläger vor (–> Hermes, *Merkur als Dieb*).

6. *Der Streit mit Herakles um den Dreifuß* (Servius, Aen. 8,300; Pausanias 10,13,4). Diese Begebenheit beschäftigt vor allem die griechischen Vasenmaler. Das ältere Schema zeigt die beiden Kontrahenten in drohender Haltung einander gegenüber, jeder hält den Dreifuß fest (Halsamphora des Antimenes-Malers, gegen 500 v. Chr.; Arlesheim, Privatslg.). Es wird um 500 abgelöst: Herakles, von A. verfolgt, eilt nun mit dem entwendeten Dreifuß davon (z. B. auf einer Kanne, gegen 500 v. Chr.; Paris, Louvre, Inv. F 341). Ältestes Beispiel dieses Typs auf einer Metope des Heraions von Foce del Sele (um 575 / 550 v. Chr.; Paestum, Museo Archeologico Nazionale).

7. *Der Streit mit Herakles um die Kerynitische Hindin* (Apollodor, Bibl. 2,5,3). Die selten dargestellte Episode, in der A. seiner Schwester Artemis beisteht, haben wir in einer monumentalen etruskischen Keramikgruppe vor uns, von der nur die eindrucksvolle Figur des A. erhalten ist (sog. *A. von Veji,* vom Portonaccio-Tempel in Veji; Ende 6. Jh. v. Chr.; Rom, Villa Giulia, Inv. 40702). A. hat den Fuß auf die (in Resten erhaltene) Hirschkuh gesetzt. Daß das sog. archaische Lächeln nicht Ausdruck von Freundlichkeit ist, wird hier deutlich. Etwa gleichzeitig wird ein schwarzfiguriges Vasenbild entstanden sein, auf dem A. versucht, Herakles die bezwungene Hindin streitig zu machen (Spitzamphora, Florenz, Museo Archeologico, Inv. 3871).

8. *Die Bestrafung der Niobe* –> Niobe

9. *Die Bestrafung des Orion* –> Artemis

10. *Die Bestrafung des Tityos* (Homer, Od. 11,576 ff, u. a., vgl. **A**). Ein frühes Beispiel ist die auf zwei reliefierte Metopen verteilte Darstellung aus Foce del Sele (Schatzhaus des Heraions, um 550 / 540 v. Chr.; Paestum, Museo Archeologico Nazionale). Auf der einen sieht man den Giganten mit Leto auf dem Arm davoneilen, auf der anderen A. und Artemis, den Bogen spannend, auf Tityos zielend, der sich im Lauf nach ihnen umdreht. – Bis um die Mitte des 5. Jh. v. Chr. findet sich das Thema häufig in der griechischen Kunst. In der Regel sieht man A. an der Seite der Schwester, beide schießen ihre Pfeile auf den Übeltäter ab. – Ausnahmsweise tötet A. den Giganten auch mit dem Schwert, so auf dem Innenbild einer rotfigurigen Schale (um 460 / 450 v. Chr.; München, Staatl. Antikensammlungen, Inv. 2689).

11. *A. tötet Coronis* (Ovid, Met. 2,600 ff). Das vom 15. bis ins 18. Jh. populäre Thema behandelt Domenichino in seinem Freskenzyklus aus der Villa Aldobrandini in Frascati (1605 / 06; heute London, National Gallery; s. *Zyklen*): A., in der Linken den Bogen, schwebt vom Himmel

auf Coronis zu, die, vom Pfeil des A. getroffen, auf dem Boden liegt. – Adam Elsheimer (Gemälde um 1606/07, Liverpool, Walter Art Gallery) schildert in einer großfigurigen Komposition den Moment der Reue des A. Die schwangere Geliebte liegt auf dem Boden, A. hat den tödlichen Pfeil aus ihrem Körper gezogen und sammelt nun wiederbelebende Kräuter. Die Erfolglosigkeit seines Tuns wird mit der Szene im Hintergrund angedeutet: Dort ist man schon dabei, den Scheiterhaufen zu errichten.

12. *A. tötet die Cyklopen* (Apollodor, Bibl. 3,10,4). Zu den seltenen Beispielen zählt Domenichinos Fresko (s. *Zyklen*). A., das Haupt von einem Strahlenkranz umgeben, spannt den Bogen und zielt auf einen flüchtenden Cyklopen, ein anderer liegt tot auf dem Boden.

13. *A. vor Juppiter* (*Die Bestrafung A.s*: Kallimachos, Hymnos 2, an A., 47 f; Apollodor, Bibl. 3,10,4). Des von der bildenden Kunst selten behandelten Themas nimmt sich Cornelis C. van Haarlem in einem Gemälde an (1594, Madrid, Prado): A. senkt vor dem Ankläger und Richter Zeus im Beisein der olympischen Götter sein Haupt.

14. *Der Wettstreit zwischen A. und Marsyas* –> Marsyas

15. *Der Wettstreit zwischen A. und Pan* (Ovid, Met. 11,146 ff). Die bildlichen Darstellungen halten in der Regel das Ende des Wettstreits fest, dem, im Gegensatz zu dem fatalen Ausgang im Fall des Marsyas (s. o.), etwas Burleskes anhaftet. Dies wird z. B. deutlich auf dem Gemälde des Moses van Uyttenbroeck (1625; Amsterdam, Sammlung F.C. Butôt). Auch ein dem P.P. Rubens zugeschriebenes Gemälde (Washington, The Corcoran Art Gallery) gewinnt dem Thema eine komische Seite ab: Während der im Strahlenkranz daherschreitende A. keinen Zweifel darüber läßt, wer der Sieger ist, bläst Pan immer noch eifrig die Syrinx, ungeachtet der Bemühungen des Königs Midas, ihn zu bewegen, sich geschlagen zu geben.

16. *A. und König Midas* (Ovid, Met. 11,172 ff). Diese Episode, in der A. Midas für sein Fehlurteil bestraft, folgt auf die Bestrafung des Marsyas. Domenichinos Fresko (aus dem Zyklus 1616/18; auf Leinwand übertragen, London, National Gallery; s. *Zyklen*) faßt zwei Phasen des Geschehens zusammen: Während Midas (in der Mitte stehend) noch auf Pan (als den nach seinem Urteil Besseren) zeigt, sind ihm unter der gebieterischen Geste A.s schon die Eselsohren gewachsen.

17. *A. und Hyakinthos* –> Hyakinthos

18. *A. und Daphne* –> Daphne

19. *Sol / A. entdeckt die Untreue der Venus* (Ovid, Met. 4,169 ff). Diese

Szene illustriert ein Stich von Hendrick Goltzius: Auf einem Prunkbett sieht man Venus und Mars, der betrogene Ehemann Vulkan gibt das Liebespaar dem versammelten Olymp preis. Die Strahlen, die von A.s Augen ausgehen, veranschaulichen Ovids Worte: «Sieht dieser Gott doch alles als erster.»

20. *Sol / A. meldet Hephaistos die Untreue seiner Gemahlin* –> Hephaistos

21. *Die Sonne bringt es an den Tag.* Die Moral dieser Geschichte findet schließlich ihren Ausdruck in der Allegorie des Triumphs der Wahrheit, die ein (1945 zerstörtes) Fresko von Giambattista Tiepolo zum Gegenstand hatte (um 1757; Vicenza, Palazzo Trento-Valmarana): Die personifizierte Wahrheit trägt das Attribut des Sol-A., die Sonnenscheibe, in der Hand.

22. *A. und die Musen* (*A. als Musenführer, A. Musagetes*). Eines der ältesten bekannten Bildnisse des A. – seine Kultstatue in Delphi (s. o.) – hielt in der Rechten die Figuren der drei –> Chariten. Vielleicht liegt hier der Ursprung für die Vorstellung des Gottes als Schützer und Führer der –> Musen, die in zahlreichen römischen Kunstwerken und v.a. Werken der Renaissance und des Barock Gestalt angenommen hat.

In der griechischen Vasenmalerei finden wir A. in der Gesellschaft einer oder mehrerer Musen. Mit Kalliope (so nennt sie die Beischrift) sieht man den bekränzten Gott, eine Lyra in der gesenkten Rechten und mit um Schultern und Körper geschlungenem Himation auf einer Schale des Kalliope-Malers (um 420 v. Chr.; London, Victoria and Albert-Museum, Inv. 666 1864).

Auf römischen Sarkophagreliefs ist A. häufig in Gesellschaft der Musen anzutreffen («Musensarkophage», z. B. Sarkophag um 220 n. Chr.; Rom, Musei Capitolini, Inv. 1082: A. mit Kithara). – Bemerkenswert ist eine vollplastische Gruppe aus den Faustina-Thermen in Milet (Istanbul, Archäologisches Museum Inv. 114–120): A. mit sechs Musen, die ursprünglich in Nischen aufgestellt waren. Eine ähnliche Gruppe wurde bei Tivoli gefunden (hadrianisch, nach einem Prototyp des 2. Jh. v. Chr.; Rom, Musei Vaticani, Sala delle Muse). A., in langem hochgegürteten Chiton und langer klassizistischer Haartracht, spielt schreitend die Kithara.

Als Musenführer interessiert A. v.a. die Künstler in Renaissance und Barock. Figurenreiche Kompositionen bevölkern Villen und Gärten fürstlicher Herren und charakterisieren sie als Orte der Erholung und der Muße. Dabei handelt es sich meist um komplexe Programme, die A.

unter verschiedenen Aspekten interpretieren und allegorisieren und in der Verknüpfung mit einer historischen Begebenheit oder Persönlichkeit gipfeln. So verbindet das Deckenfresko im Speisesaal des Schlosses zu Brühl von Carlo Carlone (A. mit Aurora und den neun Musen, auch *Das Reich A.s*; um 1747/50) die Eigenschaft A.s als Sonnengott mit der des Musenführers, unter dessen Einfluß Künste und Wissenschaft gedeihen, dank des Patronats des Kurfürsten (Clemens August, des Schloßherrn), dem das wiederum zum Ruhm gereicht, was die Figur der Fama anzeigt.

Ein ebenfalls komplexes Programm stellt die Ausstattung der Sala delle Muse (auch «Sala del Parnaso» oder «Sala di Apollo») im Gartenpavillon der Villa Aldobrandini («del Belvedere») in Frascati dar, zu dem ein Zyklus von zehn Fresken und ein «Parnaß» aus künstlichem Fels mit einer Fontäne gehörten. Auf dem Parnaß sah man die vollplastischen Figuren A.s und der neun Musen, die Musikinstrumente spielten (eine eingebaute, mit Wasserkraft getriebene Orgel sorgte für illusionistische Effekte), begleitet vom Flügelpferd –> Pegasus (von Ippolito und Stefano Buzio, vor 1605). – Ein ganz der Musik gewidmetes Programm mit A. und –> Orpheus als Nischenfiguren entfaltet die große Fassade der Wasserorgel im Park der Villa d'Este (1566/67 und nach 1609).

Gemälde, die das Thema *Parnaß* behandeln, folgen meist folgendem Schema: A., lorbeerbekränzt, sitzt im Kreis der Musen und spielt sein Instrument (bei Raffael und Sodoma auf dem Fresko der Stanza della Segnatura im Vatikan ist es die Viola da Braccio; die Leier auf Simon Vouets Bild, 1634, Budapest, Museum für Bildende Künste). Claude Lorrain (Gemälde von 1652, Slg. Richard Cavendish; «Liber veritatis» Nr. 126) läßt A. mit den Musen in einem Hain zu Füßen des von seinem Tempel gekrönten Parnaß musizieren.

Schon auf griechischen Vasenbildern ist ein Motiv zu beobachten, das eine nachhaltige Wirkung in der Bildkunst haben sollte: A. im Kreise tanzender und musizierender Musen (Hydria gegen 450 v. Chr.; Berlin, Staatl. Museen, Inv. F 2388), wie es später auf Baldassare Peruzzis Bild zu sehen sein wird (um 1522/23, Florenz, Palazzo Pitti; die Gestalten der Musen schließen an den *Parnaß* des Andrea Mantegna im Louvre an, der durch einen Stich von Marcanton Raimondi bekannt war). A. trägt den Lorbeerkranz im Haar und, ungeachtet seiner derzeitigen friedvollen Beschäftigung, einen Köcher mit Pfeilen auf dem Rücken. – Dem ikonographischen Schema des *Musenreigens* folgt ein Gemälde von Nicolas Poussin *Der Tanz zur Musik der Zeit* (um 1640; London, Wallace Collection). Vier die Jahreszeiten verkörpernde Mädchen tanzen den Reigen zum Klang der Lyra des Chronos (–> Kronos), oben in den Wolken erscheint A. im Nimbus auf seinem von den –> Horen umgebenen Wagen, dem Eos, die Göttin der Morgenröte, vorauseilt. Dieser Komposition entsprechen Vorzeichnung und Stich von Claude Lorrain (1662) zu einer Darstellung des A. mit den vier Jahreszeiten, nur daß hier A. selbst den Reigen der Jahreszeiten anführt. Eine Inschrift auf dem Stich formuliert den Bildgedanken: «Apollo in atto di obedire al tempo …» (Apollo im Begriff, der Zeit zu gehorchen …). Dieser divergiert also von jenem des Bildes von Poussin (s. o.), wo A. sich nicht der Zeit unterordnet, sondern selbst der Zeitordner ist (vgl. *Sol.-A. auf dem Sonnenwagen* und *A. und die Horen*).

Welch breiten Spielraum der Bedeutungen die Allegorie dem A. als Protektor der Musen (im übertragenen Sinn der Künste) einräumt, illustrieren zwei herausragende Beispiele, Gemälde von Nicolas Poussin: die *Inspiration des Anakreon* (Hannover, Niedersächsische Landesgalerie) und die *Inspiration des Dichters* (Paris, Louvre). Das erstere zeigt den sitzenden A. in göttlicher Nacktheit, neben sich eine Muse. Er hat seine Lyra abgelegt; ein vor ihm kniender Dichter trinkt aus einem Becher, den ihm A. reicht. Nach E. Panofsky (1960) handelt es sich bei dem Knieenden um den lyrischen Dichter schlechthin, also die Verkörperung der lyrischen Dichtung, beim Inhalt des Pokals um das Wasser der Quelle Kastalia. Das zweite Bild, auf dem der bekränzte A., die Lyra in der Hand, einem langgewandeten Dichter in dessen Buch diktiert, soll die Inspiration des epischen Dichters veranschaulichen. Vermutlich sind mit dem lyrischen und dem epischen Dichter zeitgenössische Persönlichkeiten gemeint, genau wie der Kniende auf dem «Parnaß» des Poussin in Madrid (s. o.) einen «modernen» Dichter (nach Panofskys Vorschlag Giovanni Battista Marino) verkörpert.

24. *A. als Sonnengott (Helios, Sol, Phoebus A.).* Das Erscheinungsbild des A. in diesem Verständnis wurde oben beschrieben. Auch im Mittelalter sehen wir den Sonnengott (mit Strahlennimbus, Zepter und dem Erdball) in seiner Quadriga über den Himmel fahren (wenn der Wagen auch die Form eines vierrädrigen Karren hat). So zeigt ihn der romanische Genesis-Teppich in Gerona / Spanien (Schatzkammer der Kathedrale). Die Beischrift DIES SOLIS kennzeichnet A. als Taggestirn, und als solches steht er mit großer Wahrscheinlichkeit für die Auferstehung (M. Mentré 1976). – Als Sonnengott, meist auf dem von der Quadriga gezogenen Wagen, von Eos / Aurora, der personifizierten Morgenröte,

geleitet und den –> Horen begleitet, erscheint A. auf zahllosen Darstellungen der Barockzeit, v.a. in allegorischen Programmen der Deckenmalerei. – Das Programm des Deckenfreskos im Festsaal des Schlosses Halbthurn / Burgenland von Franz Anton Maulbertsch (1765), auf dem sich A., ganz Lichtgestalt, in seinem Wagen vor der Sonnenscheibe kaum abhebt, deutet Hans Tintelnot (1951, S. 212) als «Triumph des Lichtes und des Frühlings über Nacht und Zeit».

Als Symbol des ewigen Lichts erscheint A. in der aufsteigenden Quadriga im zentralen Rundfeld der Decke in der Fürstengruft zu Liegnitz von Matthias Rauchmiller (im 1676 gestifteten Mausoleum der Piasten).

Geschichte und Mythos verknüpft Giambattista Tiepolo in seinem Deckenfresko des Kaisersaals der Würzburger Residenz (1751 / 52): A., auf seinem von vier Schimmeln gezogenen Wagen stehend, führt Beatrix von Burgund im Triumph ihrem zukünftigen Gemahl, Friedrich Barbarossa, zu. Hatte die Renaissance den Himmel auf die Erde geholt, geschieht im Barock das Gegenteil: Das Irdische erfährt seine Erhöhung durch die Entrückung in den Himmel.

Tritt A. zusammen mit seiner Schwester Diana auf, so liegt die Interpretation des A. als Taggestirn nahe. Dieser Gedanke wird besonders deutlich auf Tiepolos Fresko in der Villa Valmarana bei Vicenza (1757), auf dem beide Rücken an Rücken auf Wolken sitzen, A. als lichte Erscheinung mit nimbiertem Haupt uns zugewandt, Diana, mit der Mondsichel auf dem Kopf, ihrem Bruder und dem Betrachter den Rücken kehrend und im Schatten des A. – Auf den Darstellungen des in seinem Wagen über den Himmel eilenden A. bemerkt man meist auch den Tierkreis, womit A. ausdrücklich als Gestirngottheit gekennzeichnet wird. Ausdrücklich kommt dieser Gedanke zum Ausdruck auf einer Vorzeichnung des Primaticcio zu einem Bild für die Galerie d'Ulysse in Fontainebleau (s. o.; Wien, Albertina): Zu A. im Strahlennimbus gesellt sich ein Ausschnitt des Tierkreises mit dem Sternzeichen des Löwen.

25. *A. und die Horen* –> Horen

26. *A. als Arzt (A. medicus).* Die Darstellung in einer Florentiner Bilderchronik der Renaissance (London, British Museum; Abb. bei J. Seznec 1961 –> Allgem. Bibl., S. 29) läßt beim Anblick des Arztes, der sich (in der Gelehrtentracht der Zeit, in der erhobenen Rechten ein Uringlas, Bücher in der Linken) am Bett eines Kranken zu schaffen macht, eher an einen orientalischen Magier denken.

27. *Der Triumph des A.* Schon die römische Kunst kannte einen «A. victor», dessen Uridee wohl in dem Sieg des A. über Python gründet. In

einem Medaillon am Konstantinsbogen in Rom (312) steht die Statue des A. auf einem Sockel zwischen zwei Lorbeerbäumen: der siegreiche Kaiser in der Erscheinungsform des A. victor. – Für Renaissance und Barock wird der siegreiche A. zu einer zentralen Figur in der Allegorese, die den über seine Feinde triumphierenden Kriegsherrn zum Thema hat. In diesem Verständnis ist wohl die lebensgroße Bronzefigur des A. von Giovanni Francesco Rustici (1589; Paris, Louvre) zu verstehen, und wenn sich Henri XIII, König von Frankreich, mehrmals als «Pythischer A.» darstellen läßt, so meint er damit nicht den weissagenden Gott, sondern den Sieger A. über das Ungeheuer – Triumphgestus und Drohgebärde zugleich. – Einen theatralischen Ausdruck findet die Idee des über Python triumphierenden A. auf der Deckenmalerei des Eugène Delacroix im Louvre (Galerie d'Apollon, 1850/51). A., der hoch oben in einer Glorie auf der Quadriga steht, schießt einen Pfeil auf das Ungeheuer in Gestalt einer feuerspeienden Riesenschlange, wobei Komposition und Inhalt den «Höllensturz» der christlichen Ikonographie berühren.

29. *Zyklen.* Unter den zyklischen Darstellungen aus dem Mythos des A. sind die Fresken des Domenico Zampieri, gen. Domenichino, in der Villa del Belvedere in Frascati hervorzuheben (Sala del Teatro delle Acque, 1616/18; zwei davon noch am Ort, die übrigen, auf Leinwand aufgezogen, in London, National Gallery). Die Themen gehen zum Großteil auf Ovid zurück: 1. *A. besiegt Python* (am Ort), 2. *A. tötet Cyclops*, 3. *Die Bestrafung des Midas*, 4. *A. und Daphne*, 5. *Die Verwandlung des Cyparissus*, 6. *Kopf und Lyra des Orpheus werden in den Fluß geworfen* (am Ort), 7. *Neptun und A. weisen Laomédon an, Troia zu bauen*, 8. *Merkur stiehlt die Herden des Admet*, 9. *A. tötet die Nymphe Coronis*, 10. *Die Schindung des Marsyas* (acht der Darstellungen basieren auf Antonio Tempestas Illustrationen zur Ovid-Ausgabe von 1606).

Lit.: Bardon, Françoise: Le portrait mythologique à la cour de France sous Henri IV et Louis XIII. Mythologie et politique. Paris 1974. Butlin, Martin/Joll, Evelyn: The Paintings of J.M.W. Turner. New Haven/London 1977. Freund, Lothar, in: RDK 1937, 1,2, Sp. 801–810, s.v. Apollo. Hansmann, Wilfried: Das Treppenhaus und das Große Neue Appartement des Brühler Schlosses. Düsseldorf 1972. Krauskopf, Ingrid, in: LIMC 1984, 2,1, S. 335–363; 2,2, S. 285–297, s.v. Aplu. Lambrinudakis, Wassilis, u. a. in: LIMC 1984, 2,1, S. 183–327; 2,2, S. 182–279, s.v. Apollon. Letta, Cesare ebd. 1988, 4,1, S. 592–625; 4,2, S. 366–385. Mentré, Mireille: Le tapis de la création. In: Archeologia 101, 1976, S. 19–25. Panofsky, Erwin: Poussin's Apollo and Daphne in the Louvre. In: Bulletin de la Société Poussin 3, 1950, S. 27–41. Ders.: A Mythological Painting by Poussin. In:

Burlington Magazin 103, 1961, S. 318–21. Pfeiffer, Rudolf: The Image of the De-
lian Apollo and Apoll in Ethics. In: The Journal of the Warburg and Courtauld Institutes 15, 1952, S. 20–32. Simon, Erika / Bauchhenss, Gerd, in: LIMC 1984, 2,1,
S. 363–464; 2,2, S. 298–353, s.v. Apollon / Apollo. Tintelnot, Hans: Die barocke
Freskomalerei in Deutschland. München 1951. Wild, Doris: Nicolas Poussin. Katalog der Werke. Zürich 1980, Bd. 1, S. 31. Winternitz, Emanuel: Musical instruments and their symbolism in western art. 2. Aufl. New Haven 1979.

Arachne, griech., auch Lydia. Mythische Weberin. Tochter des (Purpur-
färbers) Idmon und der Hippope in Lydien. Die erste zusammenhän-
gende Erzählung dieser Version findet sich bei Ovid (Met. 6,5 ff).

A –> Athena lehrt das Mädchen die Webkunst, die A. bald so gut beherrscht, daß
sie von Menschen und Unsterblichen bewundert wird. A. leugnet, daß Athena
ihre Lehrmeisterin war, und ist so vermessen, die Göttin zu einem Wettstreit
herauszufordern. Die nimmt die Herausforderung in Gestalt einer alten Frau an.
Als A. auch noch die Stirn hat, auf ihrem Teppich die Liebschaften der Götter
darzustellen, zerreißt Athena das Meisterwerk (wohl auch aus Neid: ebd. 135 ff)
und sticht A. mit dem Weberschiffchen in die Stirn. In ihrem Unglück versucht
A. sich zu erhängen. Mitleidig verwandelt Athena sie in eine Spinne (Met.
6,135 ff; vgl. Vergil, Georg. 4,246 f), in welch häßlicher Gestalt A. zur Strafe von
nun an weiterhin ihre alte Kunst übt, aber nutzlos (Myth. Vat. I 91 u. II 70).
    Eine andere Version (die attische; nur in der Scholie zu Nikandros von Kolo-
phon, Ther. 2, überliefert) berichtet, A. habe von Athena die Fertigung des Web-
stuhls gelernt, ihr Bruder Phalanx die Kunst des Wettkampfs. Wegen der inze-
stuösen Verbindung der Geschwister verwandelt die Göttin die beiden in zwei
verschiedene Arten von Spinnen.

D 1. *Die Warnung der Athena* (Ovid, Met. 6,23 ff). Als A. prahlt, sich
mit Athena messen zu können, besucht die Göttin sie in Gestalt einer
alten Frau in ihrer Werkstatt, um sie zu warnen. Das Mädchen jedoch
schlägt die Warnungen in den Wind. Diese Szene illustrieren zahlreiche
Ovid-Ausgaben des 16. und 17. Jh. – Daß das Gemälde *Las Hilanderas* (=
die Spinnerinnen) von Diego Velazquez (um 1644 / 48; Madrid, Prado)
diese Szene zum Hauptgegenstand hat, erkannte D.A. Iñiguez (1948,
1952). Athena, am Spinnrad sitzend, wendet sich A. zu, deren kecke Rede
man zu hören meint. Im Hintergrund erhebt Athena, nun in ihrer wahren Gestalt, ihre Rechte gegen das Mädchen: eine allegorische Darstellung bestrafter Hybris.

2. *Der Wettkampf zwischen A. und Athene* (Met. 6,53 ff). Zahlreiche Ovid-Ausgaben illustrieren den Wettkampf: Beide Frauen arbeiten eifrig an ihrem Webstuhl (z. B. in «Le Trasformationi», Venedig 1558). Anders bei Jacopo Tintorettos *Athena und A.* (1570er Jahre; Gemälde in Florenz, Slg. Conte A. Contini-Bonaccorsi): Nur A. sitzt am Webstuhl, während Athena, die Wange in die Hand gestützt, ihr gelassen zuschaut. – Einen angemessenen Schmuck bildet das Thema in der Stanza dei Lanefici (= Leineweber) im Palazzo Farnese in Caprarola (Fresko von Taddeo Zuccari, 1564). – Als *Allegorie der Webkunst* steht die Darstellung des Andrea Pisano und seiner Werkstatt auf einem Relief des Campanile des Doms in Florenz (um 1340; heute in der Domopera): A. sitzt am Webstuhl, Athena steht daneben.

3. *Die Bestrafung der A.* (Met. 6,129 ff). Auf einem flavischen Marmorrelief (Rom, Foro transitorio) sieht man Minerva zum Schlag gegen A. ausholen, die zu Boden gestürzt ist. – Die bei Velazquez im Hintergrund dargestellte Szene (s. o.) ist in verschiedenen Ovid-Ausgaben Hauptgegenstand, z. B. in Metamorfosis, Paris 1655 (Athena schlägt auf A. ein). – Auf dem obengenannten Fresko T. Zuccaris im Palazzo Farnese in Caprarola zerstört Athena den Webstuhl der A., die, halb noch Mensch, sich bereits im Spinnennetz verfangen hat.

4. *Die Verwandlung der A.* (Met. 6,135 ff). Von Mitleid erfaßt, stützt Minerva «die Hängende» und verwandelt sie in eine Spinne. – Unter dem gebieterisch ausgestreckten Arm der Göttin sind die Finger der A. schon zu Spinnenbeinen geworden, die in ein Spinnennetz greifen (Stich von Antonio Tempesta). In Spinnenbeine verwandeln sich auch die Finger der A. auf einem Gemälde von Luca Giordano (Madrid, Escorial, Monastero, Kapitelsaal).

Lit.: Iñiguez, Diego Angulo: Las Hilanderas. In: Archivo Español de Arte 21, 1948, S. 1–19; ebd. 25, 1952, S. 67–84. Luca de Tena, Consuelo: Führer durch den Prado. Madrid 1986, S. 98. Welles, Marcia L.: Arachne's Tapestry. The Transformation of Myth in Seventeenth-Century Spain. San Antonio 1986.

Ares, griech., lat. Mars; auch Mamars, Mavors, Marspiter (Mars pater), Gradivus. Olympischer Gott des Krieges. Sohn des –> Zeus und der –> Hera (Homer, Il. 5,896) oder – in Parthenogenese – auch nur der Hera. Cornutus (Nat. deor. 21) nennt als Mutter Enyo (röm. «Bellona»). Bruder der Hebe und der Eileithyia / -en (Il. 11,270 f: Eileithyien; Homer, Od., 11,603 f: Hebe; s. Hesiod, Theog. 922; Apollodor, Bibl. 1,3,1). Als Gemahlin wird gelegentlich auch Neriene genannt (auch Neria; Plautus, Truc. 2,6,34; Gellius 13,23,11 ff; Martian 1,4, Dick S. 5), hat aber wohl keine Kinder mit ihr. Bemerkenswert fruchtbar ist die – ehebrecheri-sche – Beziehung zu –> Aphrodite. Von ihr soll er die Tochter Harmonia haben und die Söhne Phobos und Deimos (Furcht und Schrecken); spä-ter wird man behaupten, –> Eros / Cupido und auch –> Anteros seien ihre gemeinsamen Kinder (Cicero, Nat. 3,60).

Apollodor und andere nennen eine beachtliche Anzahl von Kindern mit anderen Frauen.

Historisch ist A. ursprünglich vielleicht eine chthonische Gottheit (eine der Erdtiefe im Gegensatz zu den Himmelsgöttern) aus Thrakien, in welche die Vorstellung von einem bronzezeitlichen Lanzengott einge-gangen ist (Kl. Pauly, Bd. 1, Sp. 528). Dieser «A.» nimmt im Hellenismus den ital. / römischen Mars in sich auf (oder umgekehrt?). Als Vater von Romulus und Remus, die ihm die Königstochter R(h)ea Silvia (auch «Ilia») gebiert (vgl. Acca Larentia), erwirbt Mars / A. eine besondere Stellung in der römischen Geschichte.

A Der Mythos des A. ist im Vergleich auffällig klein. Über Kindheit und Jugend wissen wir nur, daß er in Thrakien geboren wurde (Ovid, Fasti 5,257) und daß eine Amme Thero (deren Namen «Wildheit», lat. «feritas», bedeute; Natale Conti 1567, 2,7, Bl. 50 ᵛ, Zeile 29 ff) ihn aufzog (nach Cornutus, Nat. deor 21, war das vielleicht Enyo / Bellona). Doch sollen die Griechen von ihr nichts gewußt haben (Pausanias 3,19,9). Jedenfalls sei das bei den Barbaren geschehen unter nördlichem Himmelsstrich, wo man zwar über einen kraftvollen und großen Leib, aber über nur wenig guten Ratschluß und Weisheit verfüge, wird Natale Conti behaupten (ebd.; vgl. Cartari 1647, S. 207: Die Thraker sind unmäßig, schreckenerregend und kriegslustig). Seltsam, daß die Mutter durch das Pflücken einer Blume (Ovid, Fasti 5,229 ff, speziell 255 f; Boccaccio, Gen. 9,3) oder auch nur durch das achtlose Berühren von Pflanzen und deren Duft (Gyraldi, Synt. 10, S. 417B) ausgerechnet mit dem Kriegsgott geschwängert wurde.

Noch als Knaben, aber schon mit harten Muskeln und überaus viril, soll Hera den A. dem –> Priapus in die Fechtlehre gegeben haben. Der brachte ihm das Waffenhandwerk nicht eher bei, als bis er ein perfekter Tänzer war (s. Kolluthos 36–39, W.A. Mair 1928, S. 544: Lächelnd tanzt er auf der Hochzeit von Peleus und Thetis). Als Entgelt soll A. ihm ein Zehntel seiner Kriegseinkünfte gegeben haben (Lukian, Saltatio 21: «eine bithynische Geschichte»).

Nach Homer (Il. 5,428 ff) muß A. sich die Zuständigkeit für die «Werke des Krieges» mit –> Athena teilen, doch verwalten die beiden je durchaus unterschiedliche Anliegen, die – wie etwa vor Troia – sogar im Streit miteinander liegen, wobei A. augenscheinlich immer der Unterlegene ist. Der Unterschied zwischen ihnen ist der zwischen Rat und Tat, wie er bei Natale Conti anschaulich wird in dem Gegensatz von gutem Ratschluß und Weisheit auf der einen Seite, (kraftvollem) Leib auf der anderen. Das erklärt, warum die Ilias zunächst einzig –> Athena (die man ja auch für die Erfinderin des Krieges gehalten hat: Cicero, Nat. 3,53) bei der Arbeit zeigt, als Ratgeberin (z. B. 1,206 ff zu Achill) und Planerin, die vor allem mit dem Wort (Il. 2,163 ff, im Auftrag der –> Hera, 170 ff zu Odysseus), aber auch nur durch ihre aigisbewehrte Erscheinung (Il. 2,446 ff) Kampfbereitschaft im Heer des Agamemnon zu wecken weiß. Dann ist eben sie es, die im Ränkespiel der –> Hera den Bruch der Eide herbeiführt, indem sie den einfältigen (!) Troer Pandaros zum Bogenschuß überredet (Il. 4,69 ff).

Schließlich ist es Vater Zeus selbst, der einmal die Athena, die es am meisten gewohnt sei, «ihn in Schmerzen zu bringen», auf den Sohn hetzt (Homer, Il. 5,766 ff). Er sei dem Vater «sehr verhaßt», muß er hören (ebd. 5,890), und an Mutter Hera erinnere er ihn, «welche ich mühsam nur bezwinge durch Worte» (ebd. 5,893).

Als Handelnder tritt A. erst auf, als der von anderen wohlvorbereitete Konflikt sich erstmals entlädt (Homer, Il. 4,43 ff), als es zur ersten allgemeinen Schlacht kommt, als das große Töten anfängt, als das Blut «Tötender und Getöteter» (Il. 4,51 ff) auf die Erde fließt, «wie zwei Flüsse … den Bergen entströmen / Und … zusammenwerfen ihr mächtiges Wasser». Das sind Ort und Zeit, da A. sich an dem Blut der Gefallenen sättigt (Il. 5,289), das ist die Stunde des «blutigen» und «von Blut befleckten» (Il. 5,844 u. 455), des «männerverderbenden» (Il. 5,909 u. 20,46), des «menschentilgenden» A. (Il. 5,454), der «unersättlich ist im Kampf» (Il. 5,863), der «Schilddurchdringer» (Il. 1,391 ff), und das sogleich als Gegenspieler der Athena, wie jeder ein Heer gegen das andre antreibt (Il. 4,439 ff). Merkwürdig ist, daß wir A. als Person hier sowenig zu sehen bekommen wie seine Gefährten Deimos, Phobos und Eris, «seine Freundin und leibliche Schwester» (die ja den Krieg eigentlich angestiftet hat).

Anders als –> Athena, die ihrem Wesen nach immer Partei ergreift, ist A. als Verkörperung des Krieges seinem Wesen nach eigentlich unentschieden auf beiden Seiten: So erklärt sich wohl, daß er die Seiten gewechselt haben soll (Homer, Il. 5,831 ff; ebd. 21,413 f) und daß er ausgesprochene Günstlinge auf beiden Seiten hat, wozu besonders der «aresgeliebte» Menelaos bei den Griechen gehört (vgl. Il. 3,90; ebd. 136; 253 u.ö.), auch die beiden Aias (Il. 8,79). Das mag erklären, warum die Ilias diesen Kriegsgott häufig eher als personifiziertes Prinzip sieht (welches seine Gefährten, wie etwa Eris, immer bleiben) denn als Person, die er eigentlich nur ist, wenn er selber kämpft und in Gesellschaft anderer Götter oder als Liebhaber. Daß die Person A. Partei nimmt für die Troer (Il. 20,38 ff), zeigt ihn schließlich als Verlierer eines Krieges, in dem er auch in einzelnen Kämpfen immer der Verlierer war. Zugleich mag man in dieser Hinsicht den Kriegsausgang auch als Triumph der Athena sehen, denn es ist ihr Rat, der die Achaier die Stadt am Ende einnehmen läßt (Il. 15,70 f).

A. ist mit der Menge und mit den einzelnen, wobei wir häufig nur von seinem Wirken hören, gelegentlich sehen wir die Person, einen Mann, der eine Lanze trägt oder einen Helm (z. B. Homer, Il. 20,38), auch eine «glänzende Rüstung» (Hesiod, Aspis: Rüstung, die leuchtet wie helles Feuer), in einem Kampfwagen; manchmal gleiche er einem Sterblichen (Homer, Il. 5,604), oder er hat gar die Gestalt eines bekannten Kriegers (Akamas: Il. 5,461 f), wie man überhaupt annehmen muß, daß zumindest jeder kampfeswütige Krieger den Gott verkörpert, was z. B. auch für die Amazonen gilt, deren Königin Penthesileia seine Tochter ist (vgl. auch Apollonios Rhodios 2,289 ff) und auch seinen Gürtel trägt (Apollodor, Bibl. 2,5,9; Kampfwagen: Hesiod, Aspis 61 ff; ebd. 191 ff; Homer, Il. 15,118 f).

A. führt an (Homer, Il. 5,592: mit Enyo; ebd. 21,391 f: gegen Athena), treibt an (Il. 5,461; Hesiod, Aspis 192 f), weckt mit Worten «Mut und die Kraft eines jeden» (Homer, Il. 5,470), schreit und mahnt die Troer (Il. 20,51 f). Dem Günstling Aeneas erfüllt er «mit Kraft die Brust» (ebd. 5,513), «taucht» in den Hektor und füllt ihm die Glieder mit Stärke und Kraft (Il. 17,210 ff), lanzenbewehrt bald hinter, bald vor Hektor sieht ihn der Gegner Diomedes im Kampf (Il. 5,595 f u. 601–604). Zu Nutzen der Troer läßt er es auch Nacht werden (Il. 5,507).

Als einer, der auf beiden Seiten spielt, erregt er dem Menelaos Kampfeslust in der Erwartung, Aeneas werde ihn bezwingen (Homer, Il. 5,563 f).

Im Einzelkampf mordet er Sterbliche wie den Periphas (Homer, Il. 5,847 f). Der Krieger ist nicht unbesiegbar und nicht unverletzlich: Die Lanze des Diomedes reißt ihm seitlich am Bauch (wohl unter dem Leibgurt) die «schöne Haut» auf (ebd. 5,856 ff). Da brüllt er so laut wie neun- oder zehntausend Männer schreien im Krieg (Il. 5,860), und es ist Furcht, die ihn brüllen läßt (Il. 5,863). Herakles jagt ihm den Speer tief in den «ungeschützten» Schenkel und wirft den Mann flach zu Boden (Hesiod, Aspis 458 ff).

Aber eigentlich überwindet ihn da Athena, denn es ist sie, die dem Diomedes die Lanze führt (–> Aphrodite scheint nie eine Waffe anzufassen). Es entspricht ihrem Wesen, daß sie dem Herakles und Iolaos zuerst taktischen Rat gibt (Hesiod, Aspis 330 ff), ehe sie den Speer des A. gegen Herakles ablenkt (ebd. 455 f).

Jedesmal sucht A. Zuflucht auf dem Olymp (Homer, Il. 5,865 ff), wo er sich kläglich bei Zeus über Athena («die scheußliche Tochter») beschwert (Il. 5,871 ff) und den Diomedes denunziert (Il. 881 ff): Welche Zumutung für ihn, dort unten womöglich noch mehr Schmerzen leiden und die furchtbare Gegenwart von Leichen ertragen zu müssen (Il. 5,885 f)! Der Kriegsgott ist zum Opfer seines eignen Handwerks geworden und beklagt sich darüber höheren Orts. Paieon wird ihn heilen, Schwester Hebe ihn waschen und in «reizende Kleider» hüllen (ebd. 5,900 ff). Wie demütigend für den Gott, als ein andermal ausgerechnet Furcht (Phobos) und Schrecken (Deimos), die Söhne, ihn in seinem Kampfwagen dem Schlachtfeld entrücken (Hesiod, Aspis 463 ff).

In der Götterschlacht ist Athena die Gegnerin des A. (Homer, Il. 20,69). Am Xanthos will er sich an ihr für die schmachvolle Wunde am Leib rächen (Il. 21,391 ff). Blinder Zorn oder Einfalt läßt ihn ausgerechnet auf die Aigis zustoßen. Von einem schweren Grenzstein am Hals getroffen, findet er sich der Sinne beraubt mit bestaubtem Haar und vom Lärm der Waffen umdröhnt am Boden wieder (Il. 21,404 ff). Dann muß er sich noch einen Narren heißen lassen und anhören, daß er sich überheblich mit einer Stärkeren angelegt habe (Il. 21,409 ff). Aphrodite nimmt den Stöhnenden, der sich nur langsam erholt, bei der Hand und findet sich kurz darauf von einem Schlag der –> Athena getroffen neben A. am Boden wieder (ebd. 21,423 ff).

Buchstäblich entwaffnend ist die Macht der Athena über A., als er sich aufmacht (Homer, Il. 15,114 ff), den Tod des Sohnes Askalaphos zu rächen (ebd. 124 ff): «Und sie riß ihm vom Kopfe den Helm und den Schild von den Schultern, / Nahm ihm den ehernen Speer aus der wuchtigen Rechten und stellte / Ihn beiseite und fuhr ihn an.» Das ist die Athena, deren Zorn von Einsicht bestimmt wird gegen den blinden Zorn der Rachsucht. Dabei ist A. ihrer Einsicht auch leicht gefügig, als sie ihm nämlich zuredet (Il. 5,29 ff), Troern und Achaiern den Kampf zu überlassen, ihn aus der Schlacht führt und ihn sich gehorsam niedersetzen läßt am Ufer des Skamandros, wo ihn später (Il. 5,355 f) Aphrodite sehen wird, «Sitzend; Lanze und Pferde ruhten im Nebel» (–> Aphrodite ist verwundet und bittet ihn um seinen Wagen).

Auf troischer Seite erscheint einmal (der Ordner) Apoll als Autorität mit Übersicht, der A. sich eifrig fügt (Il. 5,454 ff; 470; 506 ff): Der bedrohliche Diomedes soll aus dem Kampf gezogen werden; willfährig treibt A. die Troer an und macht den Aeneas stark.

Als A. später ein Heer des Odysseus in die Flucht schlägt, kommt es offenbar wieder zum Streit mit Athena, und der besonnen-ausgleichende Apoll soll die beiden getrennt haben (Telegonie bei Proklos, Chrest.; H.G. Evelyn-White, Hesiod 1977, S. 530, Nr. 1). Viel früher war A. der Hera zu Diensten, als sie eifersüchtig die Geburt des Apoll zu verhindern trachtet (Kallimachos, Hymnos 4, an Del., 55 ff). Hier dient der Krieger als Wächter, sitzt auf dem Berge Haimon in Thrakien (ebd. 63 ff) – die Pferde sind angebunden an der siebenkammrigen Höhle des Boreas – und überschaut das Land. Als es (ebd. 133 ff) darum geht, den Fluß Peneios im Gehorsam der Hera zu halten, schickt A. sich an, den Gipfel des Berges Pangaion hinabzuschleudern, und macht mit Schild und Speer einen Höllenlärm, der das Land ringsum, ganz Thessalien, weithin vor Furcht erzittern läßt: Die bloße Drohung verbreitet Schrecken.

Zu seinem Geschäft gehört auch, Streit zu stiften (was eigentlich Sache von «Schwester» Eris ist). Peirithoos (lat. Pirithous) lädt zu seiner Hochzeit alle Götter außer A. / Mars: Der macht, daß Lapithen und Kentauren sich bekriegen, denn er will das Geschlecht der Lapithen vernichten (Vergil, Aen. 7,304 f; Myth. Vat. I 162; II 108). Auch den Streit zwischen Polineikes und Eteokles soll er entzündet haben (Cartari 1647, S. 207, mit Hinweis auf Statius, Thebais).

Augenscheinlich sonst dem überlegenen Verstand anderer, v.a. der Athena, erlegen, fällt A. einmal auch überlegener physischer Gewalt zum Opfer, als nämlich die gigantischen Gebrüder Otos und Ephialtes (die «Aloaden», –> Herakles), Söhne des –> Poseidon – wohl als sie den Olymp erobern wollen und sich dabei je um Hera und Artemis bemühen –, ihn gefesselt in einen ehernen Krug (Pithos) sperren (Apollodor, Bibl. 1,7,4), wo er vielleicht umgekommen wäre, hätte nicht Hermes den schon Erschöpften heimlich befreit (Homer, Il. 5,385 ff; Apollodor, ebd. 1,7,4; vgl. Homer, Od. 11,307 ff; Boccaccio, Gen. 10,47; –> Apoll und –> Artemis). Boccaccio (Gen. 10,47) vermerkt, daß Juno den Merkur zu Hilfe geschickt hat.

Der Liebhaber A. ist bekannt vorzüglich durch seine Affäre mit –> Aphrodite, der Göttin der Liebe selbst, der er recht eigentlich zum Opfer fällt (vgl. Anacreontea 28). Als Hephaistos die beiden öffentlich an das heimliche Liebeslager fesselt, hat A., der sich doch sonst als blutrünstiger Krieger in Rüstung vorstellt, hilflos nackt (Ovid, Ars 2,583 f) die Gelegenheit, lächerlich zu erscheinen. Das Gelächter der Götter (Homer, Od. 8,326 f) muß ihn besonders schmerzen (hierzu ausführlich –> Hephaistos und –> Aphrodite).

Heimlich treibt er es auch mit Astýoche (Il. 2,512 ff). Und mit Eos hat er geschlafen, wofür die eifersüchtige –> Aphrodite das Mädchen mit unersättlicher Liebeslust bestraft (Apollodor, Bibl. 1,4,4).

Mit der Liebe kommt die Eifersucht, der –> Adonis zum Opfer fällt: A. schickt einen Eber, der den Knaben tötet (vgl. Servius, Aen. 5,72).

Lukian erzählt die Geschichte von Alektryon, dem jungen Burschen und Kumpan des A., der ihn wachsam vor Helios warnen sollte, wenn er bei Aphrodite lag. Wie man weiß, hat der Jüngling das einmal verschlafen, und A. verwandelte ihn verärgert in einen Hahn, der seither überflüssigerweise den Gott zu beschwichtigen sucht, wenn er die Ankunft der Sonne lange vor der Zeit meldet (Gallus 3).

Als auf der Flucht vor Typhon die Götter sich in Tiere verwandeln, nimmt nach Antoninus Liberalis (28,2) A. die Gestalt des Fisches «lepidotós» an (der ein großer, schuppiger Nilfisch sein soll). Das erklärt sich vielleicht aus dessen Erscheinung (oder Verhalten?).

B Dichter und Mythographen überliefern uns zwar den einen A. / Mars, aber sie stellen ihn uns in zwei unterschiedlichen Bewertungen vor, deren eine (1.) wir die homerische nennen und die ihn nicht mag (vgl. Il. 5,890), deren andere (2.) ihn dagegen positiv sieht. Letztere hat wohl auch eine griechische Tradition, gewinnt aber augenscheinlich durch die römischen Aufgaben des Gottes (Mars) ganz wesentlich an Bedeutung.

1. A. ist seinem Wesen nach sowenig subtil wie sein Handwerk. Vorzüglich nach Homer hat er gerade das, was der blutdurstige Schlagetot so recht braucht. Er ist von stürmischem Temperament («thouros»: Homer, Il. 5,830; ebd. 904; ebd. 30 f) und schnell. Über seinen Charakter fin

det sich kein gutes Wort: Gesetzlos sei er (Il. 5,761), verräterisch und wankelmütig (Il. 833 f; 21,413 f); «adulter» wegen unsicheren Kriegsausgangs (Isidor, Etym. 8,11,51; Cartari 1647, S. 217). Boccaccio (Gen. 9,4, Bl. 68ᵛ) wird ihn «grausam» nennen und «wild» .(«immitis»; eben darum habe man in ihm nicht den Sohn des Zeus sehen wollen). Sicher kann man dem «kriegsunersättlichen» (Homer, Il. 5,863) auch Streitsucht nachsagen. Bemerkenswert die Beobachtung, Mars / A. sei, was er ist, weil er aufwuchs ohne verwandtschaftliche Liebe und ohne die Milde des Friedens (Ausonius, Technopaeg. 8,6; das ist wohl ein Hinweis auf den Streit der Eltern, –> Aphrodite).

Es ist unmöglich, sich aus den schriftlichen Quellen eine Anschauung von der leiblichen Erscheinung des A. zu verschaffen. Das mag einen «stürmischen» und «schnellen» Mann kennzeichnen, dessen rastloses Handwerk dem Auge kaum Halt bietet.

Anderseits notieren wir zuerst seine gewaltige leibliche Größe. Von Athena niedergestreckt, bedeckt er unglaubliche sieben Plethren (Homer, Il., 21,407 f; 1 Plethron = zwischen 27 und 35 m!). Die Aloaden (s. o.) waren mit neun Plethren größer, freilich dabei erstaunlich schmal, wenn man Diodor (4,85,7) glaubt. Folgt man der Odyssee (11,311 f), waren sie mit neun Orgyai (= Klafter = ca. 17,5 m) im Vergleich geradezu winzig – aber zu zweit. Riesig muß der Mann sein, der vom Pangaion aus Berggipfel zu werfen vermag (Kallimachos, Hymnos 4, an Delos, 133 ff). Dazu paßt sein Gebrüll, das laut ist wie das von Tausenden Männern (Homer, Il. 5,860).

Überhaupt scheinen ihm Brüllen und Lärmen Instrument und Waffe zu sein, was übrigens auch für –> Athena und –> Poseidon gilt (Homer, Il. 20,49 ff; vgl. Hesiod, Aspis 998 ff; Apollonios Rhodios 2,1205 f). Sie melden seine Gegenwart und treffen das Gemüt, noch ehe das Eisen den Leib trifft. Auf dem Pangaion macht er mit Lanze und Schild einen Lärm, der ganz Thessalien tanzen läßt vor Furcht (vgl. die gewaltige Stimme von Mutter –> Hera).

Wie man ihn hört,. so sieht man ihn auch, noch ehe er nahe ist. Wie helles Feuer leuchten die Rüstungen von Vater und Sohn Kyknos, wenn sie im Kampfwagen stehen (Hesiod, Aspis 58 ff). Häufiger ist es der Helm, der funkelt (Homer, Il. 20,38) oder gar zu brennen scheint, «wie wenn er als Helmzier einen Blitz» trägt (Cartari 1647, S. 207, mit Hinweis auf Statius).

Das alles zeigt einen Gott, dessen Macht sich offenbar angemessen in übermenschlicher physischer Größe und Kraft zu manifestieren scheint (vgl. –> Demeter und –> Poseidon). Aber gerade so entzieht er sich wiederum der eigentlichen Anschauung seiner Person. Geräusche und unbestimmtes Blitzen und Flackern irgendwo nah und fern beleben die Phantasie und lassen sie das Ungeheure schaffen. Mit seiner Größe werden zugleich die Allgegenwart des Gottes auf dem Schlachtfeld anschaulich, die Unbestimmtheit seiner Parteilichkeit und die Unsicherheit des Ausgangs. Dieser homerische A. ist ein suggestives Bild vom bannenden, unentrinnbaren Schrecken des Krieges (vgl. die riesige Eris in Homer, Il. 4,443). Hier muß auch auffallen, daß dieser Gott wohl nie als Patron für physische Fertigkeiten, sondern nur für solche des Gemüts angerufen wurde (vgl. Homer. Hymnos 8, an A., 9 ff).

Menschliche Maße nimmt er augenscheinlich an, wenn er sich (auf dem Schlachtfeld) in anderen verkörpert (s. o.), und so erscheint er uns passend auch als Liebhaber. Vor allem hier läßt sich auf sein Alter schließen. So spricht Lukian (Dial. deor. 15,3) vom Liebhaber der Aphrodite als einem «feinen, strammen, jungen Burschen und Krieger». Martian (1,82, Dick S. 36,8) sieht ihn als «ruber iuvenis», als «roten» Jüngling (wohl mit Blick auf den Planeten). Tatsächlich stellen wir uns den Liebhaber der Aphrodite, der sich über das Gebrechen des Betrogenen auch noch belustigt, ansehnlich vor. Mars soll die bartlosen jungen Männer geschätzt haben (Ausonius, Eclog. 26,5): War er selbst bartlos?

Aufschlußreich, daß man wohl nie sein Gesicht sieht. Während Dichter und Mythographen an Athena die blitzenden Augen sehen, fällt ihnen bei A. der starke Muskel auf. In diesem Sinn spricht Lukian (Saltatio) von dem virilen Knaben mit harten Muskeln, den Mutter Hera im Fechten unterrichten ließ. Bei Athenaios (6,224a) gibt es einen, «der Katapulte frißt und Speere, einen Kerl, der Worte haßt, einen, der in seinem Leben nie eine Antithese geäußert hat, aber ein Auge hat wie Mars». Dieser Mann könnte eine Verkörperung des Gottes sein.

Den Krieger sieht man in Waffen und Wehr. Wie üblich wird er durch die Zeiten zumeist nach Maßgabe der gerade gängigen militärischen Kleider- und Waffenordnung ausgestattet.

Bei Homer kämpft er mit Lanze oder Speer (Pindar, Ol. 13,20; ders. Pyth. 1,109; usw.), auch mit dem (zweischneidigen: Remigius 5,211.6, Bd. 2, S. 64) Schwert (Hesiod, Aspis 457 f; vgl. Lukian, Dial. deor. 7,1; –> Hermes). Er zieht also den Nahkampf vor (vgl. –> Apollon, –> Paris). Einen Rundschild hat er (Kallimachos, Hymnos 4, an Delos, 147; «listig geschmiedet» (Hesiod, Aspis 334); einen ovalen Schild, dessen Langseiten eingezogen sind in Form einer 8, das vom Himmel gefallene «ancile», trägt aber Mars), den Kopf schützt ein Helm (Il. 5,358). Merkwürdig, daß Dichter und Mythographen den A. – anders als –> Athena – historisch wohl erst spät in einem Panzer sehen. Die Ilias (5,857) erwähnt einen – anscheinend recht tiefsitzenden – Leibgurt. Dazu paßt die (vielleicht durch Bildwerke veranlaßte) Nachricht, er habe mit entblößter Brust gekämpft (s. **C**; – Isidor, Etym. 8,11,52; Myth. Vat. II 29; Cartari 1647, S. 214). Schließlich sehen wir den A. «tanzen» (vgl. Lukian, Saltatio 69): Das ist wohl eine Geschicklichkeit, die zum Kampf Mann gegen Mann gehört (vgl. das Tänzeln der –> Athena; vgl. auch das rituelle Springen der Salii im Marskult), aber wir lesen auch von dem A., der ganz Thessalien «tanzen» läßt vor Furcht (Kallimachos, Hymnos 4, an Del., 137–140). Lykophron (249) nennt A. den «Tänzer». In der Ilias (7,41) weiß Hektor «es im Nahkampf auch zu tanzen dem feindlichen A.».

A. fährt einen Streitwagen mit Doppelgespann (Il. 5,355 ff; ebd. 851 f; 15,118 f, Hesiod, Aspis 60 f; Homer. Hymnos 8, an A., 1; Vergil, Aen. 8,433; Ovid, Met. 14,819 f). So kommt er (zumindest bei neuzeitlichen Autoren) auch zu einer Peitsche. Cartari (Venedig 1647, S. 207) referiert den Stand der Dinge: Die Alten stellten den Mars sich so vor: wild und schrecklich anzusehen, ganz in Waffen («tutto armato»), eine Lanze in der Hand und eine Peitsche. Bisweilen setzten sie ihn auf ein Pferd (!) oder einen Wagen, und fast alle Dichter, angefangen mit Homer, sagen, der Wagen sei gezogen worden von zwei Pferden, genannt «Schrecken» und «Furcht». Andere sagen, das seien keine Pferde, sondern Männer, gemeinsam mit Herrschaft («Impero»), Wut («Furore») und Gewalttätigkeit («Violenza») ständige Begleiter des Mars.

Der homerische Kriegsgott mag das Eisen (Homer. Epigr.: H.G. Evelyn-White 1977, S. 466, Nr. 10). Daraus hat ihm Vulcan (–> Hephaistos) gar ein ganzes Haus gebaut (Statius, Theb. 7,40 ff). Das Gebäude verschließe sich dem Phoebus (–> Apoll), das Licht fürchte den Ort, der harte Glanz des Metalls lasse gar den Himmel düster erscheinen. Das geschah noch vor Entdeckung der Affäre durch Phoebus/Sol (ebd. 61 ff). Noch Cartari (1647, S. 210 f) notiert: Statius (vgl. Theb. 40–53) beschreibe das Haus des M. Es stehe in Thrakien, wo er geboren ist und wo die Leute den Krieg lieben. Das Haus sei ganz aus Eisen, das aber nicht glänze noch spiegle; aber es sei auch nicht rostig und dunkel; vielmehr stehe es gleichsam in Flammen, und es vermittle einen schrecklichen und unheimlichen Anblick. Hier auch seien der angriffslustige Furor, der wütende Zorn, die blasse Furcht, die verborgenen Hinterhalte, die sich verstecken, damit man ihre spitzen Messer nicht sieht, die sie verdecken, und die Zwietracht («discordia»), in beiden Händen bewaffnet mit scharfem Stahl. – Seine Rüstung ist aus Bronze (z. B. Il. 5,852 und 856; Homer. Hymnos 8, an A., 1 f; Pindar, Ol. 10,15; ders., Isthm. 7,25: Schild; ders. Isthm. 4,88: Wagen), golden ist der Helm (Homer. Hymnos 8, an A., 1), goldgeschirrt sein Gespann (Homer, Il. 5,358).

2. Einen scheinbar ganz anderen A. ruft der achte Homerische Hymnos 8, an A. (1 ff, an: den kühnbeherzten Krieger, den Retter der Städte, Verteidiger des Olymp, Zwingherrn der Aufständischen, den Führer der Rechtschaffenen, den zeptertragenden König der Männlichkeit. Helfer der Menschen sei er, unerschrockene Jugend gebe er und Stärke im Krieg, welche die Feigheit aus dem Kopf vertreibt. «Trügenden Drang meiner Seele zum Kampf verdräng im Gemüte, sänftige auch, wenn ein scharfes, hitziges Zürnen mich anreizt, hinzugehen in die blutige Feldschlacht! Also verleih mir seligen Starkmut, leidlos in friedlicher Ordnung zu leben, fern vom Getümmel der Feinde, entronnen gewaltsamem Schicksal» (Übersetzung von Anton Weiher 1989, S. 115).

Das ist tatsächlich der «überaus starke» Streitwagenlenker, «goldbehelmt, kühnbeherzt, Schildträger ..., bronzebewehrt, starkarmig, unermüdlich, mächtig mit dem Speer» (ebd. 1 ff). Allein schon die Bitte um Besonnenheit macht ihn hier aber zuständig für etwas, das ihm aus homerischer Sicht eben fehlt (vielleicht ist dieses der A., dessen «Werke» Athena mag; Homer. Hymnos 5, an Aphrodite, 8 ff). Hierher gehört sicher auch die Geschichte von Hallirhotios, den A. tötet, als er ihn beim Versuch beobachtet, die Alkippe zu vergewaltigen (vgl. Pausanias 1,21,4). Vom Vater Poseidon wegen Mordes verklagt, verhandeln die Zwölfgötter den Fall vor dem Areopag und sprechen ihn frei (Apollodor, Bibl. 3,14,2; Euripides, Ion 1258 ff; ders. Iph. taur. 945 f; Pausanias 1,28,5). Das ist offenbar ein A., der aus eigenem Antrieb sein Handwerk übt zum Schutze eines Menschen und zum Nutzen der Gerechtigkeit («Areopag» = «Hügel des A.», weil er der erste war, gegen den man dort wegen Mordes verhandelte; Varro soll das bestritten haben: Augustin, Civ. 18,10). So zeigt sich der Krieg(er) als willkommene (wenn nicht gar notwendige) Ordnungsmacht. Diese Rolle verschafft dem Kriegsgott in Rom eine Wertschätzung, die ihm vor Troia vorenthalten war. Das hängt wohl wesentlich zusammen auch mit einer spezifisch römischen Auffassung von Raum und Grenze, was anschaulich werden mag am Schicksal des Remus, der über den «sulcus primigenius», die vom Bruder in den Boden gepflügte Stadtgrenze, springt und für diese Übertretung sterben muß.

Hier ist Mars der Gott, der das Land «zuteilt», sich auch um dessen Ertrag kümmert und das «pomerium», die «Grenzen» schützt: So wird er zum Krieger (Kl. Pauly, Bd. 3, Sp. 1048). Bei Cato (Agr. 141) bittet ein Bauer den Mars um Schutz und Verteidigung von Fluren, Vieh und Menschen.

Zunächst aber wird er als Vater des Romulus zum Stammvater des römischen Geschlechts («auctor» der «stirps romana»: Servius, Aen. 12,180 und 3,35; «pater» wie Venus «genetrix»: Macrobius, Sat. 1,12,8) und genießt mit (den Eltern) Juppiter und Juno als Mitglied der Kapitolinischen Trias besondere Autorität und Verehrung (vgl. Horaz, Carm. 1,2,44: Octavian als Rächer Caesars («Caesaris Ultor») in Anspielung auf den Tempel des Mars Ultor). Von Vater Juppiter erbittet er die Vergöttlichung des Romulus (Ovid, Met. 6,70; zur Rache als Rechtfertigung von Gewalttat –> Herakles).

Servius meldet zwei Erscheinungsformen des Mars: In der einen zeigt er sich als Patron des Friedens («cum tranquillus est»), und man nenne ihn Quirinus; in der anderen («cum saevit») ist er der Kriegsgott, der – anders als seine friedfertige Verkörperung – nur außerhalb der Stadt einen Tempel habe (Servius, Aen. 6,860 u. 1,292).

Als einer, dem die Menschen Nützliches verdanken und Schutz, erscheint Mars in der Verkörperung durch Hercules / –> Herakles (Servius, Aen. 8,275). Bedeutsam ist, daß der März, der dem Mars geweihte Monat, ursprünglich am Jahresbeginn stand. Bemerkenswert, daß nach Apuleius Mars ein Patron der Diebe gewesen sein soll (Met. 4,22 u. 7,5; –> Hermes).

Die frühen Christen scheint der Krieger kaum zu kümmern (wobei die römischen Autoren sicher v.a. zuerst den Mars, nicht A., vor sich haben). Immerhin findet Clemens v. Alexandrien es merkwürdig, daß dieser blutdurstige A. (in Homer, Il. 5,31 und 455) von den Dichtern so verehrt werde (Exhort. ad Graec. 2,24 P. f; G.W. Butterworth 1982, S. 58–60). Augustin schließt logisch (Civ. 7,14), wenn Mars der Krieg ist, dann könne er kein Gott sein. Augenscheinlich zieht man euhemeristische Kritik vor und bezweifelt einfach die Göttlichkeit. Hier liefert besonders Homer Material, wie er die Götter ausgestattet sieht mit jeder Art menschlichen Fühlens (Clemens v. Alexandrien, Exhort. ad Graec. 2,30 P. f; G.W. Butterworth 1982, S. 74–76; ebd. die Verwundung des A. durch Diomedes). Es sei absurd, daß die Aloaden (s. o.) den Gott (für 13 Monate gefesselt!) fast zu Tode gebracht hätten, sagt Tertullian (Apol. 14,3; vgl. Clemens v. Alexandrien, ebd.). Was seien das für Götter, die

Homer sich in menschliche Dinge verstricken, miteinander kämpfen, gar Venus bluten und Mars fesseln und schließlich fliehen läßt (Minucius Felix, Oct. 24,3 f; vgl. Arnobius 4,25 und 5,41)?

Attraktiv ist die erotische Seite. Warum sollte man die Geschichte vom Ehebruch und seiner Entdeckung erwähnen, die doch nur Vorbild und Rechtfertigung für sündige Menschen wäre (Minucius Felix, Oct. 24,7)? Andere Kritik richtet sich gegen den Kult. Tertullian (Spect. 5) bemerkt, daß wichtige kultische Spiele eingerichtet wurden (ausgerechnet) von Romulus, der doch seinen Bruder umgebracht habe. Eine Anzahl anderer Argumente findet Augustin (Civ. 7,14).

Die moralisierende Ausdeutung des «Ehebruchs» im «Ovide moralisé en prose» (4,8, de Boer S. 141) macht aus Mars eine notwendige Folge aus der Verbindung von Venus und Vulcan, sofern jene die verwerfliche Wollust («luxuria»), letzterer das zerstörerische Feuer ist, in dem die verrückt Verliebten schmoren: Daraus ergeben sich dann eben Aufruhr und Krieg, für die Mars stehe.

Eine wesentliche Rolle für das Fortleben des Gottes durch die Jahrhunderte spielt seine Verkörperung als Planet, den schon der (wohl hellenistische) Homerische Hymnos anruft (s. o.), und damit die kosmologisch-physikalische Interpretation. Sein Naturell zeigt er mit der rötlichen («rutilus, ruber») Erscheinung (Macrobius, Somn. 4,2; ders., Comm. 1,19; Martian 1,82, Dick S. 36), was wohl sein feuriges Wesen (die «qualitas» des Sterns) anzeige oder auch das viele Blut, das im Krieg fließt (zum Zusammenhang von Farbe und Bedeutung s. Macrobius, Comm. 1,19; vgl. Remigius 1,36,7, Bd. 1, S. 134; vgl. Martian 8,851, Dick S. 448: «Pyroin Martem», d. h. «feurig»: Remigius 8,448.10, Bd. 2, S. 272). Seine Sphäre stehe für Feuer wie die des Juppiter für Luft, die des Saturn für Wasser usw. (Macrobius, Comm. 1,11,8).

Mars ist ein mißgünstiger Stern («stella malefica»; wie Saturn, anders als Juppiter und Venus: Macrobius, Comm. 1,19,19). Wenn die Seelen herabsteigen, dann bringen sie mit sich von Saturn den Stumpfsinn («torpor»), von Mars den Zorn («iracundia»; vgl. Remigius 1,13.1, Bd. 1, S. 91: «fervor»), von Venus die Wollust («libido») usw. (Servius, Aen. 6,714; Myth. Vat. III 6,8). Auch hitziges Ungestüm («animositatis ardor» = griech. «thymikón») soll der Mars bringen, mit Saturn sollen kommen Denken und Einsicht, mit Juppiter Tatkraft, mit Sol Fühlen und Vorstellen usw. (Macrobius, Comm. 1,12,14). Leib und Seele gleichermaßen werden bestimmt nach anderer Auffassung: Bei unserer Geburt erhalten wir von Sol den Geist, von Luna den Leib, von Mars das Blut, von Merkur den Verstand («ingenium» usw.; Servius, Aen. 11,51; Myth. Vat. III 9,7). Auf den Planeten ist sicher auch zu beziehen die Nachricht, wonach die Götter beim Beischlaf (der Hochzeit: «nuptiae») zugegen sind und dabei Einfluß haben auf die einzelnen Körperteile: auf den Kopf Juppiter, Venus auf die Augen, Juno auf die Arme, auf die Brust Neptun, Mars auf das Herz etc. (Myth. Vat. II 206, s. die Hochzeit von Peleus und Thetis). Aus dem astronomischen Sachverhalt leitet man sogar eine Erklärung ab für die Behauptung einer parthenogenetischen Geburt des M., sofern nämlich sein Stern jeweils allein durch den Bereich der –> Juno (= Luft) und Juppiter laufe, was einen hitzigen Streit ankündige (Myth. Vat. III 10).

Die Gleichsetzung des Mars mit Hercules (z. B. bei Servius, Aen. 11,51; s. o.) wird auch astrologisch begründet, sofern die Chaldäer nämlich seinen Stern «Hercules» nannten (Macrobius, Sat. 3,12,5 f; Servius, Aen. 8,275). Die Gleichsetzung mit Sol (Macrobius, Sat. 1,17,68; vgl. ebd. 1,17,68) geschieht augenscheinlich über das «Feuer» (die Accitaner in Spanien sollen ihn in einem Bild verehrt haben, das ihn in Strahlen zeigt: Macrobius, Sat. 1,19,4 f). Andere haben schließlich den Liber (–> Dionysos) mit Mars gleichgesetzt (Macrobius, Sat. 1,19,1 ff). Das werde sichtbar etwa an dem Thyrsos, der nichts anderes sei als ein von Efeu verhüllter Pfeil. Der Efeu zeige an die Geduld als notwendige Fessel kriegerischen Ungestüms (was anderes könne Efeu als binden und fesseln!). Außerdem treibe die Hitze des Weins – der doch ein Werk des Liber ist – die Menschen häufig zu kriegerischem Wüten (der Gedanke zusammengefaßt und gedeutet bei Cartari 1647, S. 206). Merkwürdig die Nachricht, Mars sei auch mit Vulcan gleichgesetzt worden, doch sei letzterer der Begründer («princeps») aller Völker («omnis generis»), Mars (nur) der Stammvater der Römer (Servius, Aen. 3,35; hier zeigt sich eine Überlegenheit des Handwerkers –> Hephaistos / Vulcan über den Kriegsgott, die auch bei der Aufdeckung des Ehebruchs sichtbar wird). Schließlich ist Mars mit Bellona und Victoria ein «deus communis» (Gemeinschaftsgott), indem sie alle im Krieg beide Seiten zu begünstigen vermögen. In einer anderen Gruppierung von «dii communes» gesellt Mars – wie ein allgemeingültiges Naturgesetz – sich Sol, Luna und Pluto zu: Sie seien allen Völkern und Ländern gemeinsam (Servius, Aen. 12,118; vgl. ebd. 8,275: «Mars / Herkules»).

Die Allegorese hat an A. / Mars kein vielfältiges, aber ein entschiedenes Interesse. Daß er ein Sohn der Hera / Juno ist, erkläre sich einfach daraus, daß die Mutter Patronin des Reichtums sei, und welcher Reiche werde nicht aus Neid und Mißgunst mit Krieg bedroht (Natale Conti, Myth. 1567, Bl. 50^v).

Besonders beschäftigt die Affäre mit Aphrodite/Venus: Was könne gegensätzlicher sein als töten und zeugen, sich putzen und zerstören, aufrichten und umstoßen? Dennoch vereinige der zerstörerische Mars sich mit Venus, die doch alle Tiere und Pflanzen hervorbringt. Nun sei er ein Bild für Streit («litigium») und Venus eines für Freundschaft. Das Eingreifen des Vulcan, der für große Hitze («calor immodicus») steht, mache, daß diese Vereinigung von Unvereinbarem fruchtlos bleibt (der Schmied sollte wissen, was sich zusammenfügt!). So sei die Geschichte ein dichterisches Zeichen dafür, daß die Dinge in der Natur der Symmetrie («symmetria», die doch Verschiedenes voraussetzt) bedürfen (Natale Conti, ebd. Bl. 50^v f). Dagegen muß man bemerken, daß die Tochter Harmonia mit ihrem Namen die Einheit aus Verschiedenem bezeugt. Lukian (Astr. 22) sagt, die Dichtung Homers entstamme einer Konjunktion der beiden Gestirne.

Mit entblößter Brust zeige man den Gott zum Zeichen, daß der Krieger sich furchtlos den Schlägen des Feindes entgegenwirft (Isidor, Etym. 8,11,52; Myth. Vat. II 29).

Vielfalt zeigt die Erklärung (Etymologie) des Namens «Mars» und seiner Beinamen. Es fällt auf, wie stark diese Deutungen abhängig sind vom jeweiligen Vorurteil. In mythographisch/dichterischer Tradition soll der Name sich ableiten von «mas» (= Mann) und «ars» (= Kunst), denn der Krieg sei eine Kunst des Mannes («maris ars»). Auch nenne man den Tod (= «mors») nach Mars, der gleichsam dessen Vollzieher sei (Isidor, Etym. 8,11,50 f; Rabanus Maurus, De Univ. 15,6, Sp. 430B; Myth. Vat. II 29). Das entspricht dem homerischen Krieger. Im Gegensatz dazu Remigius (7,375.12; Bd. 2, S. 194 f), der den Namen auf die Bedeutung «Tugend» liest: «Mars dictus est quasi megalos Ares» (= großer Ares/Krieger), «id est magna virtus» (= große Tugend) oder «quasi mactus virtute, id est plenus virtutis» (= voller Tugend). Wieder auf den Krieger liest man den Namen «Gradivus», diesmal mit Hilfe auch griechischer Assoziationen (Servius, Aen. 3,35): Das Wort leite sich offenbar her von griech. «dourion Ares», was soviel heiße wie «im Kampf hervorspringen», und das müssen Kämpfer eben tun, oder vom griech. Verb «kradeino», welches das Zittern der Lanze beschreibe; oder vom lat. «gradus», das darauf verweist, daß der Krieger im Kampf schreitet («gradi»), auch unverdrossen («impigre»; vgl. Isidor, Etym. 8,11,52), oder weil der Gott eben schritt, «hierhin und dorthin», denn er sei nie ein Reiter gewesen.

«Mavors» heiße so, «quia magna vertit», weil er Großes zerstört («umkehrt») wie Minerva klein macht («minuit»: Cicero, Nat. 2,67 und 3,62). Im Libellus (3, H.Liebeschütz 1926, S. 117 f) wird dieser Name wie «männerverschlingend» («mares vorans») gelesen.

Die ältesten und ersten Attribute des Gottes sind Waffen und Wehr: die Lanze, der Speer, das Schwert, der Schild, der Helm. Das typische Attribut des Mars Ultor ist das Schwert. Die Lanze ist dem römischen Gott nicht nur beigegeben, sondern steht auch für ihn selbst (Plutarch, Rom. 29,1; vgl. Clemens v. Alexandrien, Exhort. ad Graec. 4,41 P.; G.W. Butterworth 1982, S. 102).

Der Gott versammelt viele Tiere um sich, als Opfer oder zu seiner Gesellschaft. Für A. sind Hundeopfer verbürgt (Kl. Pauly, Bd. 1, Sp. 528), für Mars je ein Schwein, Schaf und Rind bei den «Suovetaurilia» oder Rinder allein (Cato, Agr. 141,3; Festus 212, W.M. Lindsay 1997, S. 204,16: «solitaurilia»; Livius 7,37,3; Plinius, Nat. 22,9; Strabo 5,250 usw.). Als einzigem Gott opfert man ihm ein Pferd (kein Reitpferd!), das durch einen Speerwurf getötet werden mußte (Plinius, Nat. 28,146; Polybios 12,4b1). Aelian (De anim. 12,34) erzählt, man habe das schnellste Pferd geopfert gleichsam als Auszeichnung oder aber auch zur Strafe; denn Schnelligkeit helfe dem Fliehenden, und man wollte zeigen, daß das Heil nicht in der Flucht liegt. Die Sarakoroi sollen statt der Pferde Esel als Kampftiere genutzt und das Tier mit dem lautesten Schrei dem Mars geopfert haben (vgl. Aelian, De anim. 11,34; Cornutus, Nat. deor. 21). Der Hund finde sich in der Gesellschaft des Mars, weil er von den Gefährten des Menschen der wildeste und stärkste ist (Cartari 1647, S. 214; nach Cornutus, ebd., wegen ihres Lärms und ihrer Lästigkeit). Der Wolf ist bei ihm, weil er auch in der Nacht gut sieht, was den Capitani nützlich ist für das Entdecken verborgener Hinterhalte, oder weil er raubgierig ist, gern tötet und Blut vergießt, was dem Kriegsgott gefällt. Den Hahn mag er wegen seiner Wachsamkeit, die den Soldaten gebührt, oder wegen Alektryon (bei Lukian, Gallus, s. o.). Geier habe man dem Gott beigegeben, weil die mit großer Gier Leichen fressen und deswegen den Kriegsheeren folgen, wie wenn die Natur sie gelehrt hat, sich zusammenzutun, um zu töten (vgl. Cornutus, ebd. 21).

Aus solchen Beobachtungen haben die Könige von alters gelernt, nützliche Vorkehrungen für ihr Verfahren zu treffen. Der Specht sei dem Mars lieb, vielleicht weil der Vogel mit seinem starken Schnabel die Eiche höhlt, wie die Soldaten Stadtmauern durchstoßen, oder weil die Auguren besonders auf ihn achteten (Cartari, ebd.). Antoninus Liberalis (4) berichtet von Polyphonte und ihren gewalttätigen Söhnen, die der Ahnherr A. vor schlimmerem Schicksal bewahrt, indem sie in Tiere, vorzüglich Vögel, verwandelt werden. Die Mutter wird zu einer Eule, die Krieg verheiße und Aufruhr. Zum Hasen («lagós»), der Übles ankündige, wird der eine Bursche, der andere zum Geier, dem Vogel, den «Götter und Menschen am meisten verabscheuen». Hermes und A. geben ihm das unstillbare Verlangen nach Menschenfleisch und -blut ein. Die ihren Herren gehorsame Dienerin wird auf eigenen Wunsch zum Grünspecht (wer jagen will oder ein Festessen plant, werde von diesem Vogel günstige Vorzeichen erhalten!). Den Sohn Kyknos soll er in einen Schwan verwandelt haben (Athenaios 9,393e). Ein Fisch ist eine Verwandlungsform des Gottes selbst (s. o.).

Heilig sei dem Mars der Falke, fluchwürdig allen anderen Vögeln (Servius, Aen. 11,719). Die Löwen, «unerreichbar an Tapferkeit», seien dem A. lieb (Lykophron 517 f). Ein mächtiger Drache (Schlange: Hinweis auf ein chthonisches Wesen des Gottes?, s. o.) bewacht das goldene Vlies im Hain des A. (Apollonios Rhodios 2,404 f), ein andrer bewacht die Quelle des A.: Aus seinen Zähnen werden Krieger wachsen (vgl. Kadmos).

Dem Gott heilige Bäume scheint es nicht zu geben (vgl. Cartari 1647, S. 214). Dafür das Gras («gramen», «caespes» = Rasen), womit man zum Opfer den Altar des Mars bedeckt habe. Nach Plinius wachse Gras aus menschlichem Blut (Servius, Aen. 12,118; vgl. auch die «corona obsidionalis» bei Cartari 1647, S. 214).

Der Libellus (3, H. Liebeschütz 1926, S. 117 f) beschreibt das Bild des Mars als das eines wütenden Mannes, der im Streitwagen sitzt, im Brustpanzer und ausgestattet mit den anderen Angriffs- und Verteidigungswaffen, auf dem Kopf einen Helm, eine Peitsche in der Hand, am Gurt ein Schwert. Den Wagen ziehen rasende Pferde. Vor ihm zeigte man einen Wolf, der ein Schaf trägt, unterhalb des Wagens Romulus, wie er den Bruder tötet.

Picinello (1681, 3,31,91, S. 162) engagiert den Mars mit einem kriegsbereiten Pathos, das auch unserem Jahrhundert noch vertraut ist. Interessant, daß er sich dazu mit Cicero und Ambrosius gleichermaßen heidnischer wie christlicher Autorität bedient. Höchst nützlich und notwendig sei der Krieg den Menschen bei der Abwehr von Gewalttat und Unrecht («iniuria»), sagt er unter dem Lemma MAGNA SALUS BELLO (Im Krieg liegt großes Heil) und zählt den Mars zu den «nützlichsten Göttern» der Alten. Nützlich («utile») sei der Krieg, auch wenn

Vergil das Gegenteil sagt, wonach im Krieg kein Heil liege und wir alle nach Frieden strebten («Nulla salus bello, pacem te poscimus omnes»). Man müsse Krieg führen, um in Frieden leben zu können. Wenn Zeit (Umstände) und Not es fordern, sei der Tod der Sklaverei und der Schande vorzuziehen (Hinweis auf Cicero, De off.). Hier gilt dann auch, daß es schön sei und ehrenhaft, für das Vaterland zu sterben, aber «noch schöner, für Religion, Gott und Himmel», sage der Heilige Ambrosius (im Zeitalter der Religionskriege: «De Officiis Ministrorum» 40 u. 41).

Ein Emblem bei Gabriel Rollenhagen (I, 1611, Nr. 68; H./S. Sp. 1738) empfiehlt Mars und Athene, Verkörperungen von Kriegskunst und Wissenschaft, in später Versöhnung als rühmliche Tugenden des Herrschers.

C *Typus.* A./Mars gibt sich auf einen Blick durch seinen muskulösen, nicht selten gedrungenen Körperbau als Krieger, und im besonderen als Nahkämpfer, zu erkennen. Zudem äußert sich sein düsteres, wildes und grausames Wesen in Mimik und Gestik, was sein Erscheinungsbild entscheidend mitprägt. Das gilt vornehmlich für die nachantike Bildkunst.

In der frühgriechischen Kunst gleicht A., ausgerüstet mit Brustpanzer, Helm, Beinschienen, Schild und Speer, den sterblichen Kriegern. Der (in der Regel attische) Helm fällt durch den mächtigen stilisierten Helmbusch auf (z. B. auf der «Françoisvase», Volutenkrater um 570 v. Chr.; Florenz, Museo Archeologico, Inv. 4209). Bärtig erscheint der Gott (wiederum wie die Sterblichen jener Zeit) auf attischen Vasenbildern bis ins späte 5. Jh. v. Chr. (z. B. auf dem Bild einer Pelike mit dem Kampf der Giganten, 425/400 v. Chr.; Athen, Nationalmuseum, Inv. 1333).

In der klassischen Kunst (5. Jh. v. Chr.) wandelt sich sein Bild: Der *A. Borghese* (hadrianische Kopie wohl des verlorenen Kultbildes auf der Agora in Athen von Alkamenes, 430/420 v. Chr.; Paris, Louvre; Inv. MA 866) zeigt einen nackten stehenden Krieger, jugendlich und bartlos. Auf dem Kopf hat er einen reichverzierten Helm, in der Linken hielt er die Lanze (bis auf Reste verloren). Neu ist v.a. die Auffassung des Kriegsgottes, der hier, mit seinem leicht gesenkten Kopf, etwas Nachdenkliches hat, das zu dem blutrünstigen A. der Ilias nicht mehr passen will – « … als ob dem Kriegsgott hier das Furchtbare, das er den Menschen bringt, bewußt werde, und als ob ihn dieses Wissen bedrücke» (E. Simon 1985, S. 165 f.). – Den jugendlich bartlosen Typus vertritt auch die antoninische Kopie nach einer A.-Statue des griechischen Bildhauers Kresilas (um 420 v. Chr.) im Hof des Palazzo Borghese in Rom, und bartlos ist schließlich der berühmte sitzende *A. Ludovisi* (Rom, Museo Nazionale Romano, Inv. 8602), der wohl ein verlorenes Original des Skopas aus dem 4. Jh. v. Chr. (erwähnt von Plinius d. Ä., Nat. 36,26) wiedergibt.

Die physische Erscheinung, die für Mars auf neuzeitlichen Darstellungen charakteristisch ist, bildet sich in römischer Zeit heraus. Als Krieger, der anders als –> Athena, die von ferne lenkend das Kampfgeschehen beeinflußt, sich wesentlich als Nahkämpfer bewährt, ist er von kräftigem, muskulösem Körperbau. Er unterscheidet sich jedoch deutlich von –> Herakles, der als typischer Ringkämpfer einen ausgeprägten Stiernacken aufweist.

Der für die Kunst der Neuzeit wegweisende Typus manifestiert sich v.a. im Bild des römischen *Mars Ultor*, des Rächers, so wie ihn die domitianische Kopie seiner verlorenen Kultstatue, die auf dem Augustusforum stand, wiedergibt (Rom, Musei Capitolini; um 90 n. Chr.; Inv. 58). Erhalten waren nur der gepanzerte Torso und der Kopf mit dem korinthischen Helm (vgl. auch den in drei Repliken erhaltenen bärtigen Kopf: Rom, Museo Capitolino; Kopenhagen, Ny Carlsberg Glyptotek; Paris, Louvre). P.P. Rubens hat die Statue mit den (partiell problematischen) Ergänzungen aus der Renaissancezeit in einer Ölskizze festgehalten (Oxford, Christchurch, Art Collection). Weit entfernt von der Jugendlichkeit des klassischen A., stellt der Kopf einen älteren Mann dar mit gelocktem Haupt- und vollem, kurzem gekräuselten Barthaar. Der Kopf weist ein Charakteristikum des A./Mars schlechthin auf: den leicht geöffneten Mund (E. Simon 1985, 2,1, S. 522). Wir beobachten es am *A. Borghese* (s. o.) ebenso wie an dem *A. Ludovisi* (s. o.). Vielleicht erklärt sich dieses Merkmal aus dem dynamischen Wesen des Gottes, der ja stets in Bewegung ist (vgl. den *A. Gradivus*, s. u.) und deshalb (anders als der wie von Zauberkraft fortbewegte –> Hermes) auch einmal außer Atem ist.

Mag sein, daß auch Giulio Romano dieses Merkmal im Sinn hatte, als er seinen Mars (im Bad mit Venus/–> Aphrodite) mit leicht geöffneten Lippen darstellt (Fresko in Mantua, Palazzo del Te, Sala di Psiche, 1527/28; –> Adonis).

Das Mittelalter entfaltet wie üblich eine eigene (oft befremdliche) Ikonographie. Rüstung und Waffen sind der Zeit angepaßt. Der Krieger Mars trägt nun die eiserne Ritterrüstung, etwa auf einer spätmittelalterlichen Darstellung der Planetengötter in einer Handschrift im Vatikan (Biblioteca, ms. Urb. lat. 1398; J. Seznec, 1961, S. 165), wo er in voller Rüstung mit erhobenem Schwert auf seinem Roß dahingaloppiert, oder auf einem Holzschnitt zum «Ovide moralisé» in einer Handschrift von 1480 (Brügge, Colart Mansion; Abb. bei Jean Seznec 1953, S. 190). Als Mars gibt er sich hier nur durch die Attribute zu erkennen: den Dreschflegel, das Pferd, das seinen Wagen zieht, und den Wolf am Wegrand.

Erst die Renaissance greift wieder auf antike Bildtradition zurück. Dabei unterscheiden die Künstler – wie schon in römischer Zeit (vgl. die Wandmalerei aus der Casa dell'Amore Punito in Pompeji; Neapel, Museo Nazionale; Inv. 9249) – streng zwischen dem *Kriegsgott* und dem *Geliebten der Venus*, die so gegensätzliche Typen verkörpern, daß es schwerfällt, in ihnen ein und dieselbe Person zu erkennen. Eine solche funktionsgebundene Differenzierung des Typus ist bei keinem anderen Gott zu beobachten.

In der Rolle des Liebhabers erscheint Mars jugendlich, wohlgestalt und bisweilen sogar lieblich im Typus des –> Adonis, knabenhaft sanft mit dem zartsprießenden Bartflaum auf Joseph-Marie Viens Gemälde *Venus und Mars* (1768; St. Petersburg, Eremitage).

Dagegen vertritt der Kriegsgott Mars fast durchwegs den Typus eines reiferen, meist bärtigen Mannes, dessen Urbild vielleicht in jener Kultstatue des *Mars Ultor* zu suchen ist (s. o.). Besondere Erwähnung verdient das Bild eines sitzenden Mars von Diego Velazquez (um 1642; Madrid, Prado). Der nur mit Helm und Lendentuch bekleidete Mann in reiferen Jahren sitzt auf dem ausgebreiteten Mantel, den linken Ellbogen auf das Knie gestützt. Die Rechte, die sich in einer Stoffalte des Mantels verbirgt, hält den Schaft (vermutlich) einer Axt – eine Geste, die spontan an Cartaris Erwähnung (1647) der Hinterhalte denken läßt, die aus dem Verborgenen wirken (s. o.). Der Körper ist betont muskulös, der Blick leer – das Bild eines Mannes, der sich ganz dem Kriegshandwerk widmet, in einem Augenblick der Ruhe. Der stilisierte Oberlippenbart ließe an ein Porträt im Typus des Mars denken (s. u.).

Mehr Gewicht als bei anderen Göttern hat bei dem Kriegsgott A./Mars die Mimik. Die finstere, oft grimmige Miene, die er zur Schau trägt, gilt insbesondere für neuzeitliche Darstellungen, wie etwa eine Marmorgruppe von Veit Kininger gut veranschaulicht (1773/1780; Wien, Park Schönbrunn): Der bärtige Kriegsgott ist im Begriff, sein Schwert zu ziehen; –> Athena fällt ihm in den Arm. Auch der sitzende Mars von Giulio Romano und Francesco Primaticcio in einer Lünette der Sala degli Stucchi (Mantua, Palazzo del Te, 1529/30) fällt durch seine finstere Miene auf. In der Rechten hält er das Schwert – wie überhaupt in Betracht zu ziehen ist, daß der finstere oder grimmige Gesichtsausdruck ein Merkmal des Rächers ist so wie das Schwert dessen Waffe (*Mars Ultor*, s. unten). In dieses Bild des Rächers fügt sich auch gut jener Mars, auf dessen Gesicht sich der Zorn spiegelt, als er mit gezogenem Schwert die Verfolgung des –> Adonis aufnimmt (auf dem Fresko von Giulio Romano, Mantua, Palazzo del Te, Sala di Psiche, 1527/28).

Die Wildheit, ja Rohheit des Kriegsgottes betont Hendrick Goltzius auf einer Zeichnung (*Mars*, gegen 1590; Besançon, Musée des Beaux-Arts, Cabinet des Dessins), auf der Mars von einem zähnefletschenden Wolf begleitet wird.

Waffen und Attribute. Seit ältesten Zeiten ist die Lanze Waffe und Attribut des A. schlechthin. Er setzt sie ein im Kampf (auf einer attischen Lekythos, gegen 480 v. Chr.; Heidelberg, Universität), aber auch im friedlichen Beisammensein mit den Göttern hat er sie bei sich (A. und Aphrodite auf dem Außenfries einer Schale des Oltos, um 510 v. Chr.; Tarquinia, Museum). – Die Statue des Alkamenes (430/20 v. Chr.; Kopie in Paris, Louvre, Nr. MA 866; s. o.) hielt die Lanze in der Linken, ähnlich der Statue des Heros Achill.

Charakteristisch für das unruhige Wesen des Mars scheinen die zahlreichen Bronzestatuetten, die den Gott als Lanzenschwinger (mit der Waffe in der erhobenen Rechten) zeigen (Statuette 1. Jh. n. Chr. in Bern, Historisches Museum, Nr. 16204; vgl. die «tänzelnde» –> Athena).

Helm, Schild (meist ein Rundschild) und Lanze sind Charakteristika des römischen Mars. Sie treten zum ersten Mal auf einer praenestinischen Ciste auf (um 300 v. Chr.; Berlin, Staatl. Museen, Inv. Misc. 6238) und sind von nun an bis in die Spätantike für den Kriegsgott kennzeichnend. Der Helm ist häufig nach altitalischer Sitte mit zwei Federn geschmückt – ein Detail, das das Erscheinungsbild entschieden mitbestimmt (vgl. ein Mosaik in Tunis, Musée National du Bardo, oder die gemalte Statue des Mars auf einem vespasianischen Wandbild in Pompeji, II, 3,3, Casa di Venere).

Das Schwert erscheint zwar bereits auf griechischen Vasenbildern (attische Schale: A. mit Lanze und Schwert; frühes 5. Jh. vor Chr.; London, British Museum, Inv. 447), tritt jedoch erst in der römischen Kunst seit der Schlacht von Philippi (42 v. Chr.) gehäuft auf und wird dann zum spezifischen Attribut des *Mars Ultor* (Kopie in Rom, Musei Capitolini, Inv. 58). Daß gerade dessen Kultbild anscheinend kein Schwert trug, erklärt E. Simon damit, daß das Schwert selbst vielleicht im Tempel als Reliquie aufbewahrt wurde (1984, S. 515).

Die Schärpe ist ein altitalisches Attribut meist des nackten, bewegten Mars (vgl. den *Mars gradivus*). Sie ist, in der Regel gewunden um die Körpermitte gelegt, dessen einziges «Kleidungsstück».

Den siegreichen Kriegsgott kennzeichnet eine Trophäe – die aus Waffen und Rüstungsteilen bestehende Beute, deren Anordnung syntaktisch die Gestalt des Gefallenen, dem sie gehörte, wiederholt *(Mars tropaeophoros)*. Eine solche Trophäe führt der tanzende Mars auf einem Denar des Valerius Flaccus (104 v. Chr.) mit, eine durch ihre Größe besonders auffallende Trophäe trägt eine Silberstatuette in Paris im Arm (Louvre, Inv. L 99). Auch ein geschnittener Sardonyx zeigt den frontal stehenden Gott mit Helm, Lanze, Schwert und einer geschulterten Trophäe (1. Jh. n. Chr.; Hannover, Kestner-Museum, Inv. K 146).

Die Waffen, die das Mittelalter dem Kriegsgott in die Hand legt – Geißel und Dreschflegel –, bringen seine Brutalität zur Anschauung. Auf der Darstellung des Taddeo di Bartolo im Palazzo Pubblico in Siena (1407 / 14) steht Mars (bärtig, mit wehendem Mantel) in seinem vierrädrigen Karren und schwingt wie eine Furie die Geißel. Mit dem Dreschflegel sehen wir ihn z. B. in einer Handschrift in Kopenhagen (Kongelige Bibliotek, ms. Thott. 399; J. Seznec 1961, Abb. 76) oder auf der Illustration zu einer Handschrift von «Le Livre des échecs amoureux» (Paris, Bibliothèque Nationale, ms. fr. 143; J. Seznec 1961, Abb. 75).

Die Barockzeit fügt den Requisiten des Mars noch die Trommel, die die Militärmusik vertritt, und Feuerwaffen hinzu. Auf einem Gemälde von Jan van Bijlert sitzt Mars mit gefesselten Handgelenken vor einer großen Trommel (*Mars, von Amor gefesselt*, New York, Privatslg.). Ein Geschützrohr liegt zu Füßen des Mars von Johann Baptist Straub (Keramikmodell für eine Holzstatue, um 1772; München, Bayer. Nationalmuseum).

Einen ausführlichen Katalog der Attribute bietet der Rahmen eines Bildes von Hendrick Terbrugghen: Waffen, Fahnen, Rüstungsteile, Trommel und Pulverhorn (*Der schlafende Mars*, 1629; Utrecht, Centraal Museum).

Dem A. / Mars zugesellte Tiere. Der Kraft und dem grausamen und wilden Wesen des Kriegsgottes entsprechend, sind ihm der Wolf und der Stier heilig (Tonlampe des 2. Jh. n. Chr.; Karthago, Museum: Mars reitet auf einem Wolf). – Auf einem Stich (um 1589; Besançon, Musée des Beaux-Arts, Cabinet des Dessins) nach einer Vorzeichnung von Hendrick Goltzius sieht man einen knurrenden Wolf vor Mars sitzen.

Der Wolf dient auch als Zugtier des Wagens des Kriegsgottes (Prunkharnisch des Antwerpener Goldschmieds Eliseus Libaerts, 1562/64; Dresden, Staatl. Kunstsammlungen, Historisches Museum).

Häufiger jedoch ist das Pferd Zugtier. Von drei Pferden wird der Streitwagen des Mars bei V. Cartari (1647, S. 207) gezogen. – Ein Pferd zieht den Karren des Mars auf der Illustration zu «Ovide moralisé» (Brügge 1480; Abb. bei J. Seznec 1961, S. 190). Es dient dem Gott aber auch als Reittier.

Auf der Illustration zu «Le livre des échecs amoureux» (vgl. J. Seznec 1961, Abb. 75) wird Mars von einem Fuchs begleitet, während auf der zuerst genannten ein Wolf am Weg steht.

Zwei Löwen fungieren als Zugtiere auf der Darstellung eines Triumphs des Mars (Teppichserie des Daniel III Leymiers: «Triumphe der Götter», 1765; Middelburg, Arrondissementbank).

Als römische Standartentiere stehen bis zum frühen 1. Jh. v. Chr. Wolf, Pferd und Eber für den Kriegsgott, danach werden diese vom Adler des Juppiter, der dann als oberster Kriegsherr verehrt wird, abgelöst.

Die Tiere des A. erscheinen auch als Zeichen im Schild des Gottes.

Eine besondere Bewandtnis hat es mit der Gans an den nördlichen Grenzen des römischen Reiches. Man deutet sie als Symbol der Wachsamkeit an den gefährdeten Reichsgrenzen (Darstellung auf dem Viergötterstein aus Iggelheim; Mannheim, Reiß-Museum).

Unter den Fabeltieren ist vor allem der Greif – Begleittier der Rachegöttin Nemesis – zu nennen, der Mars als Rächer charakterisiert (s. o. den *Mars Ultor*, dessen Helm zwei Greifen schmücken).

Gelegentlich sieht man Drachen als Helmschmuck des A. (Zeichnung von H. Goltzius, gegen 1590; Besançon, Musée des Beaux-Arts, cabinet des dessins).

D 1. *Der tanzende Mars*. Der Typus des tanzenden Mars ist in der Kunst zuerst um 300 v. Chr. nachzuweisen. Jene Figur in tänzerischer Haltung auf der schon zitierten Ciste (Berlin, Staatliche Museen, Inv. Misc. 6238) wird – sicher zutreffend – als Mars gedeutet. Nachdruck erhält diese Deutung durch die Tatsache, daß dem Mars eine Tanzbrüderschaft (die der Salier) diente. Auf römischen Gemmen und Münzen (z. B. einem Denar des Valerius Flaccus, 104 v. Chr.) ist dieser Typus ebenso zu beobachten wie in der Rundplastik, etwa bei einer Bronzestatuette, die einen Helm und eine Schärpe um die Taille trägt (Kassel,

Staatl. Kunstsammlungen). W. Deonna (1953) interpretiert diesen Tanz als rituellen Kriegstanz. Da der tanzende Mars häufig eine Trophäe trägt, liegt es nahe, an einen Siegestanz zu denken (vgl. die oben-erwähnte Silberstatuette in Paris, Louvre, oder die Bronzestatuette in Delémont, Musée Jurassien).

2. *Der Triumph des Mars.* Den siegreichen Kriegsgott verkörperte schon der Typus des Trophäenträgers. Manchmal gesellt sich Victoria selbst, die Verkörperung des Sieges, zu ihm, wie auf einer Goldmünze des Postumus (265 n. Chr.). Die Beischrift «Conservatores» weist beide als Schutzgottheiten aus.

Die Illustration in einer französischen Handschrift der «Eclogues» von Vergil (eine dem Marco Zoppo zugeschriebene Miniatur, 1461 / 62; Paris, Bibliothèque Nationale; ms. lat. 11309, Bl. 64^v) präsentiert den auf einem von vier Rappen gezogenen Triumphwagen thronenden Mars, begleitet von gerüsteten Kriegern. – Einen traurigen Tod, aber einen frohen Sieg verheißt Mars in Gestalt einer quasi lebendigen Statue in einer Serie der Sieben Planeten (Vorzeichnung von H. Goltzius, 1596, gestochen von J. Saenredam; Bl. 3). – Auf einem Teppich aus der Serie *Triumph der Götter* (Brüssel, 1765, Middelburg, Arrondissementsbank) wird Mars auf dem von zwei Löwen gezogenen Triumphwagen von der Siegesgöttin gekrönt, voraus fliegt Fama, den Ruhm des Siegers zu künden.

3. *A. / Mars und Aphrodite / Venus* –> Aphrodite

4. *Mars und Rea Silvia.* Nach der Gründungssage der Stadt Rom wurde Rea Silvia durch Mars Mutter der Zwillinge Romulus und Re-mus. Sie erscheint häufig zusammen mit Mars auf Münzen, Sarkopha-gen, Mosaiken und Wandmalereien. Das Relief eines Sarkophags (um 250 n. Chr.; Rom, Palazzo Mattei) zeigt Mars, der sich der auf dem Boden gelagerten Rea Silvia nähert (beide mit porträthaften Zügen – daher der untypische Stoppelbart des Mars). – Auf dem Monumentalgemälde von P.P. Rubens (*Mars und Rea Silvia*, 1616 / 17, Jaffé Nr. 417; Vaduz, Samm-lungen des regierenden Fürsten von Liechtenstein) eilt Mars (in voller Rüstung, als nutze er rasch eine Kampfpause!) auf Rea Silvia zu, die ne-ben einem Altar sitzt, auf dem ein Feuer brennt.

5. *Mars als Stammvater.* Als Stammvater des Julischen Geschlechts ist Mars auf julisch-claudischen Reliefs verewigt, so einem Relief aus Karthago (Algir, Nationalmuseum), wo Mars Ultor zwischen einem Ehepaar erscheint (vermutlich Angehörige des Kaiserhauses). Mit der römischen Wölfin und den Zwillingen Romulus und Remus (seinen Söhnen von Rea Silvia) sieht man Mars auf einem Relief der Ara Pacis

Augustae in Rom (13/9 v. Chr.; die Gruppe der Wölfin mit den Kindern zerstört).

6. *Das mythologische Porträt im Bild des Mars.* Römische Kaiser ließen sich in der Gestalt des Mars porträtieren, z. B. Hadrian (*Ares Borghese*, mit Porträtkopf des Kaisers; Rom, Musei Capitolini, Inv. 40634). Dies beweist das positive Verständnis des Gottes, das sich sowohl von dem der archaischen Griechen wie auch dem nachantiken wesentlich unterscheidet.

7. *Mars als Gegenspieler der Minerva* –> Athena

8. *Mars tritt Kunst und Wissenschaft mit Füßen.* Auch in diesem speziellen Verständnis erweist sich Mars als Gegenspieler der Minerva. Die Bronzegruppe dieses Titels von Giovanni Foggini (1713/16?; Hamburg, Museum für Kunst und Gewerbe) zeigt einen Kriegsgott, der hoch erhobenen Hauptes über zwei auf dem Boden liegende Bücher hinwegtritt, während die Künste unter dem Schutz der Minerva stehen (zu deren Füßen die Symbole der drei Bildenden Künste). Lise Lotte Möller (1973, S. 467 ff) deutet die Gruppe als politische Allegorie auf die Niederlage des Kurfürsten Johann Wilhelm v. d. Pfalz 1711 und dessen Demütigung durch Ludwig XIV., der hier offenkundig mit Mars identifiziert wird, was aus dessen Schildzeichen – einer Sonne mit Strahlenkranz – hervorgeht.

9. *Der schlafende Mars.* Das Gemälde von Hendrick Terbrugghen (1629; eine von drei Versionen in Utrecht, Centraal Museum) meint gewiß nicht den Gott des Monats März (wie vermutlich die beiden Bilder von Piero di Cosimo und Botticelli; –> Aphrodite/Venus), sondern den schlafenden Kriegsgott. Der sitzt, den rechten Ellbogen auf die vor ihm stehende Trommel, den Kopf in die rechte Hand gestützt, mit geschlossenen Augen da, doch auch im Schlaf das Schwert nicht loslassend. Er trägt einen Helm mit weißem Straußenfederschmuck, einen Plattenpanzer und die Pluderhosen der Zeit. Bemerkenswert auch der Rahmen, der mit Emblemen des Krieges verziert ist: Waffen, Fahnen, Rüstungsteilen, Tambur und Pulverhorn.

10. *Mars als Planetengottheit.* Auch in dieser Bedeutung erscheint Mars als gerüsteter Krieger, in der Antike jedoch überwiegend bartlos. Häufig ist er durch einen Stern als Gestirngott gekennzeichnet. Auch die Konstellation mit anderen Göttern kann Aufschluß über die Bedeutung geben. So erscheint Mars auf einem bronzenen Tintenfaß mit Silbereinlagen (Neapel, Museo Nazionale) als Gegenstück zu Merkur/–> Hermes. – Eine beliebte römische Darstellungsform für die sieben Planeten- oder Wochengötter war die Büste: Ein geschnittener gelber Jaspis aus

dem 1. Jh. n. Chr. (Kassel, aus der Slg. Capello; vgl. LIMC 1984, 2,1, S. 541) mit den Büsten der Wochengötter zeigt ihn der Venus zugewandt. – Auf einem antiken Mosaik (Tunis, Musée National du Bardo, Inv. 447) scharen sich um die Büste des Saturn/–> Kronos die sieben Wochengötter, unter ihnen Mars, jung, bartlos, mit dem charakteristischen Federschmuck (zwei Federn) auf dem Helm. – In einer mittelalterlichen Handschrift (Paris, Bibliothèque Nationale, ms. lat. 7330, Bl. 48^{r}) thront Mars (bärtig) zwischen den Tierkreiszeichen Widder und Skorpion, das Schwert in der erhobenen Rechten, die Lanze in der Linken. – Den Planetengott Mars in himmelblauer Rüstung auf sich bäumendem Roß und von einem Strahlenkranz umgeben zeigt ein Codex des Felice Feliciano (1463/67; Rom, Vatikan, Bibliothek, Cod. Reg. Lat. 1388, Frontispiz).

11. *Mars als Allegorie des Winters.* Die Skulptur an der Tour de l'Horloge in Aix-en-Provence von Nicolas Petit (1555) stellt einen bärtigen, finster blickenden Krieger in Rüstung dar. Neben der Figur brennt ein Feuer, wie es zu allegorischen Darstellungen des Winters gehört.

12. *Mars als Monatsgottheit.* Für den Monat März steht Mars auf dem Fresko von Giulio Romano im Palazzo del Te in Mantua, das Venus und Mars im Bad zeigt (–> Aphrodite).

Lit.: Augé, Christian, in: LIMC 1984, 2,1, S. 493–498; 2,2, S. 372–374, s.v. Ares (in peripheria orientali). Bruneau, Philippe, ebd. 2,1, S. 479–492; 2,2, S. 358–372, s.v. Ares. Deonna, Waldemar: Mars tropaeophore. In: Zeitschrift für Schweizerische Archäologie und Kunstgeschichte 14, 1953, S. 65–67. Möller, Lise Lotte: Krieg und Frieden. Über zwei Barockbildwerke in Hamburg. In: Intuition und Kunstwissenschaft. Festschrift Swarzenski. Berlin 1973. Seznec, Jean, 1961 (–> Allgem. Bibl.). Simon, Erika, in: LIMC 1984, 2,1, S. 498–505; 2,2, S. 374–378, s.v. Ares/Laran. Simon, Erika/Bauchhenss, Gerhard, ebd. 2,1, S. 505–580; 2,2, S. 378–425, s.v. Ares/Mars. Simon, Erika, 1985 (–> Allgem. Bibl.), S. 255–268. Weiher, Anton (Hg.): Homerische Hymnen, griechisch und deutsch. München/Zürich 1989.

Argus –> Hermes, –> Hera
Ariadne –> Dionysos

Arion, Areion, griech., lat. Arion. Dichter und Sänger aus Methymna auf Lesbos. Wohl eine historische Persönlichkeit (um 600 v. Chr.).

A Herodot (1,23 f; lat. bei Gellius 16,18) berichtet, A. sei vor alten Zeiten ein edler Sänger zur Kithara gewesen und vielleicht der Erfinder des Dithyrambus, der dem –> Dionysos geweiht war. Um seiner Kunst willen sei ihm Periandros, der König von Korinth (und einer der Sieben Weisen), in Freundschaft und Liebe zugetan gewesen. Von Korinth aus sei er zu einer Reise nach Sizilien und Italien aufgebrochen, um dort seine Kunst vorzuführen (die nicht eigentlich unterhaltend im heutigen Sinn, sondern kultisch-religiös gewesen ist). Wohin er auch kam, er habe mit seiner Musik Ohren und Gemüt seiner Zuhörer betört, und viele Leute wollten ihn hören. So habe er viel Geld und Gut erworben. Endlich beschloß er, nach Korinth zurückzukehren, und nahm dazu in Tarent (Taras), von wo er aufbrechen wird, ein Schiff. Aus verständlichen Gründen vertraute er sich einer Korinthischen Mannschaft an, denn diese Leute «kannten ihn und waren freundlich zu ihm». Dann aber – auf hoher See – beschlossen sie, ihn zu töten und sich in den Besitz seiner Güter zu bringen. Als er erkannte, welch Unheil ihm drohte, habe er den Bösewichten all sein Geld und all seine Habe gegeben und gebeten, doch nur sein Leben zu schonen. Die Räuber aber fanden es gerade noch zulässig, daß er sich selber das Leben nehme, dieses jedoch sogleich und vor ihren Augen: Ins Meer solle er sich stürzen. Voller Schrecken und ohne jede Hoffnung für sein Leben bat der Mann da, man möge ihm doch vor seinem Tod noch erlauben, sich in sein Gewand zu kleiden und zum Klang seiner Zither (lat. «fides») ein seinem Untergang gemäßes Trostlied zu singen. Die wilden Piraten überkam die Lust, ihm zuzuhören. Fronto wird sagen, daß sie sich zu ihrer Beute noch zusätzlich das Vergnügen verschafften, einem großen Künstler bei seinem letzten Auftritt zu lauschen (M.C. Fronto, «Arion», C.R. Haines 1974, S. 486,12 ff). So stand er denn schließlich hoch auf dem Achterdeck, gegürtet, den Mantel übergeworfen – auch seinen Schmuck hatte er angelegt (nach Fronto, ebd., S. 486,14 u. 488,9, war sein Gewand vergoldet) –, und sang mit «stolzer Stimme» das Lied, das man (lat.) «orthium» nennt (griech. «orthios nómos»), einen Gesang zur Zither in sehr hoher Tonlage (vgl. Martian 9,985 und 988, Dick S. 526 u. 529).

Kaum hatte er geendet, warf er sich mitsamt der Zither und in vollem Ornat – «so wie er gestanden und gesungen hatte» – in die Tiefe. Sogleich sei ein Delphin durch die Wogen herangeschwommen, habe sich unter den Schwimmenden geschoben und ihn auf seinem Rücken hoch über den Wogen nach Tainaron (Taenarum) in Lakonien getragen, an Körper und Kleidung unbeschadet. Der König in Korinth wollte die Geschichte nicht glauben, aber bei der Gegenüberstellung konnten die Piraten die Wahrheit nicht weiter leugnen und bezeugten so den Bericht des Sängers. Sie wurden bestraft.

Bei Ovid (Fasti 2,91 ff) setzt sich A. einen Kranz («corona»), der des –> Apoll würdig ist, auf das Haupt, und sein Klagelied gleicht dem Sterbelied des Schwans (vgl. Platon, Phaid. 84e; Aelian, De anim. 2,32). Er nimmt mit sich seine Schätze («pretium» = Preis), und auf dem Delphin sitzend glättet er mit seinem Gesang zur Zither das Meer (vgl. Oppian, Hal. 5,448 ff). Die Götter sind Zeugen dieses frommen Geschehens. Juppiter versetzt den Delphin an den Himmel und gibt seinem Bild *neun* Sterne (vgl. Eratosthenes, Kat. 31; s. u.).

Auch Hygin (Astron. 2,17) faßt die Geschichte mit einigen interessanten Abweichungen zusammen. Danach reist A. mit seinen Sklaven, denen er offenbar ein zu großzügiger Herr war. Als er ihre böse Absicht erkannt hatte, bat er sie – «nicht wie der Herr den Sklaven, sondern wie der Rechtschaffene den Unbotmäßigen, wie ein Vater die Söhne bittet» –, ihm seinen Ornat, in den er sich zu kleiden pflegte, zu lassen, da niemand anderes als er selbst das ihm bestimmte Schicksal besingen wolle, und er begann, seinen Tod zu beklagen. Von diesen Klängen angelockt, seien viele Delphine von überall her durchs Meer herbeigeschwommen, dem Gesang des A. zu lauschen. Der habe die Macht der Unsterblichen angerufen und sich zwischen die Delphine geworfen, von denen einer ihn aufnahm und an den Strand von Tainaron brachte. Die Sklaven aber, die meinten, der Knechtschaft entronnen zu sein, wurden durch einen Sturm an dasselbe Ufer verschlagen; von ihrem Herrn wieder in Empfang genommen, erlitten sie keine geringe Strafe. Wieder anders berichtet Hygin (Fab. 194). Hier sind es die Diener A.s, die mit den Seeleuten gemeinsame böse Sache machen. Angesichts der Bedrohung erscheint dem A. Apoll als Traumbild mit dem Rat, sich in seinen Ornat zu kleiden, den Kranz (vgl. Ovid, Fasti 2,91 ff) aufzusetzen und dann zu singen, schließlich sich jenen anzuvertrauen, die ihm zu Hilfe eilen würden. Beim Klang der Kithara und seiner Stimme seien Delphine rund um das Schiff erschienen, und der Sänger habe sich unter sie geworfen, und diese hätten ihn nach Korinth zu König Pyranthus (!) gebracht. Am Ufer habe A. vor lauter Eile versäumt, das Tier wieder zurück ins Meer zu schieben, und so sei der Delphin dort, wo er ihn verlassen hatte, gestorben. Auf den Bericht des A. hin befahl der König, das Tier zu bestatten und ihm ein Denkmal (lat. «monumentum») zu setzen. Schließlich kam auch das Schiff an: A. sei auf der Reise gestorben, und man habe ihn begraben, erzählen die Leute dem König. Dieser will, daß sie ihre Rede beim Denkmal des Delphins beschwören, und er richtet es so ein, daß am nächsten Tag A. – gekleidet, wie er sie verlassen hatte – just in dem Moment hinter dem Bild hervortritt, als die Übeltäter lügnerisch seinen Tod beschwören. Zur Strafe werden sie bei dem Denkmal gekreuzigt. Den A. versetzt Apoll ob seiner Kunstfertigkeit auf der Zither gemeinsam mit dem Delphin unter die Sterne.

Besonders farbig und voll eigener Details ist die Erzählung bei Plutarch (Sept. sap. conv. 18), der die Ankunft des A. in Tainaron als Epiphanie darstellt (vgl. die Epiphanie Apolls, Kallimachos, Hymnos 2, an Apoll, 1 ff). Eine zusätzlich sachlich-realistische Note erhält dieser Bericht durch die Mitteilung A.s, daß er wohl knapp 500 Stadien (etwa 90 km) auf dem Rücken der Delphine zurückgelegt habe.

Oppian (Hal. 5,448 ff) erzählt, A. habe furchtlos auf dem Rücken eines Delphins gesessen und gesungen (vgl. Ovid, Fasti 2,115 f). – Eine eher spöttische Variante über die Reise findet sich bei Lukian (Dial. marit. 8). Danach erwarb A. seine Reichtümer in Korinth durch das Patronat des Periandros, und da «kam ihn nun die Lust an, nach Methymna heimzureisen und seinen Reichtum zu zeigen».

B Die Geschichte des A. enthält wohl ursprünglich ein Zeugnis der allumfassenden, alle Kreatur durchwaltenden heilbringenden Ordnungsmacht Musik (–> Apoll, –> Amphion, –> Orpheus) wie zugleich auch das Zeugnis für eine besondere Natur des Delphins, was schon beim Antritt der Reise gleichsam vorgezeichnet ist durch den Ort des Aufbruchs: Tarent war die Stadt des Poseidonsohns und Delphinreiters Taras, dessen Standbild in der Stadt zu sehen war und dessen Bild die städtischen Münzen zierte. Beide Aspekte finden im deutenden Verständnis der Geschichte Aufmerksamkeit, entweder jeweils als Schwerpunkt oder sinnvoll aufeinander bezogen.

Bei Hygin (Fab. 194) tritt – wohl auch in Ausdeutung des Motivs bei Ovid (Fasti 2,105 f) – mit Apoll der göttliche Sachwalter der Musik als Schutzpatron neben den Begnadeten, ihm mit seinem Rat die Rettung durch seine Kunst verheißend. Vom musikalischen Sinnzusammenhang fort wendet Plutarch (Sept. sap. conv. 18c) das Geschehen schon, indem er A. den Pythischen Nómos singen hört; denn es ist nicht wie beim Orthios Nómos, von dem Herodot berichtet (s. o.), das eigentlich Musikalische, in dem hier die machtvolle Botschaft liegt, sondern das Thema des Gesangs, der Kampf des Gottes gegen das Ungeheuer: eine Anrufung des pythischen Apoll. So ist denn nicht die Musik das Instrument der Rettung, sondern die Delphine, die als Werkzeuge göttlicher Fürsorge (vgl. Plutarch, ebd. 21e) agieren, und der Hörer (wie sicherlich die Zeugen des Geschehens) der Geschichte weiß, daß Apoll einst selbst die Gestalt eines Delphins annahm, nämlich als er die kretischen Seeleute nach Delphi führte («Apollon Delphinios»; – Homer. Hymnos 3, an d. Pyth. Apoll, 399 ff). Zugleich mag man in dem Steuermann, der sich warnend dem A. anvertraut, eine Anspielung an eine andere berühmte Geschichte gesehen haben, an die Lukian (Dial. marit. 8) ausdrücklich anknüpft wird, den Mythos von Dionysos, der einst ganz ähnlich in die Hände von Piraten gefallen war und der diese strafend mit göttlicher Gewalt in Delphine verwandelte (Homer. Hymnos 7, an Dionysos, 52 f; vgl. Ovid, Met. 3,96 ff; Hygin, Fab. 134; ders. Astron. 2,17; Servius, Aen. 1,67; Myth. Vat. I 123; Myth. Vat. II 171).

In der eher moralisierenden Auffassung Lukians hört der Delphin zwar ein «zauberhaft trauriges und herzbewegendes Lied»; aber es ist deutlich nicht diese Musik, die ihn zur rettenden Tat bewegt, sondern Freundlichkeit gegen Menschen von einem, der einmal selbst ein Mensch gewesen ist und zum Fisch wurde als Strafe für eine böse Tat. Bei Hygin (Astron. ebd.) wird dagegen ebendiese Geschichte zum Beispiel für die Macht der Musik, Musik aber aus dionysischem Geist, wenn nämlich der Gott die feindseligen Gefährten zu einem Gesang auffordert, der von ihnen Besitz ergreift, sie springen läßt, tanzen läßt, wobei sie sich unversehens in das Meer stürzen: der dionysische Taumel, der hier den Bösen Verderben bringt im Unterschied zur heilbringenden Kraft apollinischer Ordnung, wie Herodot (1,23 f) und auch Hygin (Fab. 194) sie mit der A.- Geschichte veranschaulichen. Hier ist zu vermerken, daß der von A. erfundene Dithyrambus (Herodot 1,23) als Tanzmusik besonders dem Dionysoskult diente.

Während A. über seine Beziehung zum Delphin und dessen Sternbild bei Hygin (ebd.) mit Dionysos und Amphitrite, bei Lukian (Dial. marit. 8) neben Dionysos auch mit Ino – die sich mit Kind vom Felsen stürzt und von Delphinen aufgefangen wird – eine Gemeinschaft eingeht, bildet er an anderer Stelle zusammen mit Orpheus und Amphion eine Dreiergruppe, die vor allem die ordnende Macht der Musik bezeugt (vgl. Martian 9,906, Dick S. 480; vgl. Remigius 9,480.15, Bd. 2, S. 310). Diese doppelte Beziehung A.s wird auch durch die von Pausanias erwähnten Weihgeschenke veranschaulicht, von denen das eine –> Poseidon (Kap Tainaron: 3,25,7), das andere, gemeinsam mit Bildern von Dichtern und großen Musikern, den Musen anempfohlen war (Helikon: 9,30,2). Aelian (De anim. 12,45; vgl. auch ebd. 2,6 u. 6,15) sieht in der Geschichte von A. ein Beispiel für die Musikalität des Delphins, der Gesang und (Aulos-)Flöten (!) zu lauschen liebe. Für Eratosthenes (Kat. 31) ist die der Neunzahl der Musen entsprechende Anzahl der Sterne im Bild des Delphins ein Hinweis auf die Musikalität der Tiere (vgl. Ovid, Fasti, ebd.; auch Euripides, El. 435 f; Plinius, Nat. 9,24; Plutarch, Sept. sap. conv. 19 f).

Augustin (Civ. 1,14) wird bemerken, daß die Gegner der Christen eher bereit seien, der A.-Geschichte zu glauben als der Geschichte von Jonas im Bauch des Fisches («belua»; Buch Jona 2,1), die doch so viel unglaublicher («incredibilius») sei und darum um so viel mehr (göttliche) Macht bekunde. Franziscus de Retza («Defensorium immaculatae virginitatis», 1470 u. 71; München, Bayer. Staatsbibliothek, Inv. Cod. 18077) wird es merkwürdig finden, daß die Menschen bereitwilliger an die Wahrheit der A.-Geschichte glauben als an die Jungfräulichkeit Mariens.

Ein Emblem des Gabriel Rollenhagen (1611, Nr. 10; H./S. Sp. 1609) macht den A. zum Bild der Tugend, die Gefahr überwindet (oder verachtet; SPERNIT PERICULA VIRTUS). – Merkwürdig negativ auf den geschäftstüchtigen Künstler A. hat es ein Emblem bei Alciat abgesehen

(1531, Held 159; H./S. Sp. 1608), wo er als warnendes Beispiel herhalten muß für jene, die aus Habgier («Geitz») ihr Glück in der Fremde suchen (IN AVAROS = Gegen die Habgierigen). Bei Laurentius Haechtanus steht er für Geiz als Ursprung des Bösen (IN HOMINES IMPIOS, «Gegen die Gottlosen»; 1579; Jacob de Zet(t)er 1644, Nr. 64; H./S. Sp. 1608 f).

C *Typus*. In der Bildkunst erscheint A. in der Regel als junger, bartloser Mann mit gelocktem Haar und einem Lorbeerkranz. Meist ist er unbekleidet, obwohl die Mythographen gerade auf die Beschreibung des Gewandes besondere Sorgfalt verwenden. Eine phrygische Mütze charakterisiert A. als Orientalen auf einem Mosaik des späten 3. Jh. n. Chr. aus den Thermen von Thina (Sfax/Tunesien, Archäologisches Museum).

Atypisch erscheint A. bei Andrea Mantegna als bärtiger Alter mit wirrem Haar (Mantua, Palazzo Ducale, Grisaille in der Camera degli Sposi, 1474) und entspricht so mittelalterlichen Darstellungen, auf denen er im traditionellen Bild des musizierenden Königs David aufgeht (vgl. die Illustration zu Franciscus de Retza, «Defensorium ...», s. o.). Die Krone auf dem Haupt des A. mag eine Übernahme des königlichen Attributs sein, kann aber auch auf dem Mißverständnis beruhen, das das Wort «corona» der literarischen Quellen nicht als (Lorbeer-)Kranz, sondern als Krone auslegt. Das Meeresufer als Ort der Handlung und das Schiff mit den Seeleuten weisen eindeutig auf den mythischen Sänger A. hin.

Attribute. Als Attribut trägt A. sein Instrument, das die Künstler im antiken Sinn als Lyra (Leier) oder Kithara verstehen, im Mittelalter als Harfe, in der Neuzeit auch als Laute (etwa bei Mantegna, s. o.) oder Viola (Fresko von Baldassare Peruzzi, Rom, Villa Farnesina, Sala delle Prospettive, um 1517/18; –> Apoll). In jedem Fall handelt es sich um (gezupfte oder gestrichene) Saiteninstrumente.

D 1. *Die wunderbare Errettung des A.* Das Ereignis der Rettung hat in der antiken Kunst den fortan gültigen Typus des A. als Delphinreiter, der die Kythara oder Lyra in der Hand hält oder sie spielt, festgelegt. So sehen wir A. auf antiken Münzen aus Methymnia seit dem 4. Jh. v. Chr. und jenem Mosaik aus den Thermen von Thina (s. o.). – Neuzeitliche Darstellungen zeigen den Delphinreiter entweder musizierend (z. B. auf dem Titelbild zu B. Picart le Romain, «Tempel der Zanggodinnen», Amsterdam 1733) oder mit dem Instrument in der einen Hand, mit der anderen sich an dem Delphin festhaltend (Zeichnung von Albrecht Dürer, 1514/34; Wien, Kunsthist. Museum, Ambras-Album, Bl. 16; Gemälde von P.P. Rubens, um 1625/28; früher Petersfield/Hampshire, Slg. A. Mackey, Verbleib unbekannt). – Auf einem Stich von H. Goltzius nach C. Cornelisz van Haarlem sieht man A. (bärtig, in reiferen Jahren) bei bewegter See auf dem Delphin die Harfe spielen. – Besondere Erwähnung verdient der Entwurf für einen Theatervorhang von Philipp Otto Runge (*A.s Meerfahrt*, 1809; Hamburg, Kunsthalle), der A. auf dem Delphin sitzend und seine Leier spielend wiedergibt, umgeben von vier Schwänen. Das regungslose Meer im weißen Schein des Mondes erinnert spontan an Plutarchs suggestive Schilderung (s. **A**). Durch den Verlust des aus Weinlaub gebildeten Rahmens ist der ursprüngliche komplexe Sinn zerstört. Wie die Schwäne auf –> Apoll hinweisen, so greift das Weinlaub ein Attribut des –> Dionysos auf; beiden Gottheiten war A. in vielfacher Weise verbunden (s. o.).

2. *Zyklen.* Mantegnas Grisaillen in der Camera degli Sposi (Palazzo Ducale in Mantua, 1474) illustrieren drei Szenen: *A. bezaubert mit seinem Gesang den Delphin, A.s Errettung, die Vorführung zweier gefesselter Seeleute vor König Periandros.*

Lit.: Freund, Ludwig, in: RDK 1948, 2, Sp. 1026–1027, s.v. Arion. Haines, C.R. (Hg.): Correspondence. Cambridge (Mass.)/London, 2 Bde. 1955, 1957. Krauskopf, Ingrid, in: LIMC 1984, 2,1, S. 477–479, s.v. Areion.

Artemis, griech., lat. Diana, häufig «Mädchen», «Jungfrau», etr. Artumes u. a.; auch Selene/Luna, Phoebe, Lucina, Trivia (vgl. unten). Olympische Gottheit. Tochter des –> Zeus/Juppiter und der –> Leto/Latona. Als Mutter wurde auch –> Demeter angegeben (Pausanias 8,37,6). Zwillingsschwester des –> Apoll, mit dem man sie häufig zusammensieht. Unter den anderen Geschwistern stehen ihr –> Dionysos/Bacchus und –> Ares/Mars besonders nahe. Cicero (Nat. 3,60) sagt, die «erste Diana» sei von Merkur (–> Hermes) die Mutter des ersten Cupido (–> Eros).

A. – wohl nichtgriechischer Herkunft – ist ursprünglich eine Naturgottheit von umfassender Zuständigkeit, was vorzüglich die Kultgeschichte belegt, illustriert von einer Vielzahl von Bildwerken. In ihren frühen Manifestationen erscheint sie v.a. als Herrin der Tiere, als jungfräuliche Geburtshelferin und Helferin der Jugend («Kourotróphos»), als tötende und auch lebengebende Muttergöttin (Kl. Pauly, Bd. 1, Sp. 618). Auch das pflanzliche Leben scheint ihr angelegen gewesen zu sein. Die große Zahl von Kultstätten und Beinamen (nur Zeus hat mehr) veranschaulicht ihre Popularität. Schon sehr früh nimmt sie die ihr wesensverwandte italische Diana, die Schutzherrin des vegetativen, besonders des weiblichen Lebens und seiner Funktionen, in sich auf (Kl. Pauly, Bd. 1, Sp. 1510). Zur mächtigen Mondgöttin (Selene / Luna) tritt die Todesgöttin A. ebenso leicht in Verbindung wie, über die natürliche Beziehung des weiblichen Geschlechts zum Mondzyklus, die Lebenspenderin (vgl. Cicero, Nat. 2,68). Auch in der (chthonischen) Erdgöttin Hekate und in –> Persephone hat man eine Gestalt der A. sehen können (z. B. Aischylos, Hik., 676 f). Hieraus entwickelt sich die Vorstellung von der dreigestaltigen A. Auf diese Weise treten viele Geschichten unter dem Namen der A. / Diana vor uns, die ursprünglich und eigentlich einer anderen gehören. Das gilt besonders für Selene / Luna, z. B. für die Geschichte von –> Pan, der mit einem Stück weißer Wolle (oder einem Vlies) die Begehrlichkeit der Göttin zu wecken sucht (Vergil, Georg. 3,391; Macrobius, Sat. 5,22,7; mit Hinweis auf Nikander).

In den uns erhaltenen Mythos tritt A. ein als die Zeustochter, wie Homer sie uns zeigt: die jungfräuliche (Od. 6,109) Jägerin, die im Erymanthos Eber und Hirsch nachstellt (Od. 6,102 ff; vgl. Il. 21,486), die Herrin der Tiere (Il. 16,470), die Todesgöttin (Il. 21,483: « da ... Zeus ... dir gab, zu töten, wen du nur möchtest»; ebd. 6,428, 19,59, 24,606) mit sanft treffendem Geschoß (Od. 15,409 f, 11,173 u. 325, 15,140, 18,202, 19,61 f u. 80), die sich mit ihren Gefährtinnen am lärmenden Reigentanz erfreut (Il. 16,182). Von dieser A. reden die Mythographen, während sie ihrem Wesen, ihrem «Leben» und Tun nachspüren. So gewinnt die Gestalt der Göttin einen schärferen, reicheren Umriß und Persönlichkeit.

Der Tempel für A. / Diana soll übrigens rund sein gleich dem für Vesta, Herkules und Merkur (Servius, Aen. 9,408). Vitruv (1,2,5) sagt, der Dianatempel werde wie der für Juno und Bacchus den ionischen Stil zeigen.

A Es heißt, A. habe das Licht der Welt noch vor dem Bruder erblickt, auf Delos oder – anders als der Bruder – auf der Insel Ortygia (Homer. Hymnos 3, an Apoll, 14 ff; vgl. Hygin, Fab. 140,3). Das soll – wo auch immer – im (oder nach dem) 7. Monat geschehen sein (vgl. Hederich Sp. 330), am 7. Tag (Hesiod, Erga 771). Nach Diogenes Laertius (2,44) kam Apoll am 7. Thargelion (April / Mai) zur Welt

(W. Schmidt, Geburtstag im Altertum, S. 94). Seneca (Agam. 384 ff) meldet, es sei A. («Lucina») gewesen (also nicht der Bruder), die dafür sorgte, daß die bis dahin unstet schwimmende Insel Delos zum Stillstand kam. Sogleich sei A. der Mutter bei der Geburt des Apoll als Hebamme behilflich geworden (Apollodor, Bibl. 1,4; Servius, Aen. 3,73; Myth. Vat. III 8,3). Nach Kallimachos beweist sie schon im Mutterleib Fürsorge, erspart der Mutter Schmerzen und macht sich schließlich selbst gleichsam zur Hebamme bei ihrer eigenen Geburt (Kallimachos, Hymnos 3, an A., 22 ff; vgl. ders., Hymnos 4, an Delos, 190 ff, wo der Gott schon im Mutterleib weissagt).

Das Erlebnis der schrecklich schmerzhaften Geburtswehen der Mutter ist nach Euripides (Medea 250 ff) der Grund dafür gewesen, daß A. beschloß, jungfräulich zu bleiben: Lieber gehe sie dreimal in den Krieg, als auch nur einmal Kinder zu gebären. Anders als den Bruder zeigt der Mythos sie uns nicht als Säugling. Drei Jahre ist sie alt, als Leto sie auf den Arm nimmt und dem Hephaistos zeigt, der ihr sein Geburtstagsgeschenk gibt (Kallimachos, Hymnos 3, an A., 72 ff). Damals auch nimmt Brontes, der Kyklop, sie auf die Knie, und sie rupft ihm die haarige Brust (Kallimachos, ebd. 75 ff). Kallimachos (ebd. 6 ff) sieht sie als kleines Mädchen, das auf dem Schoß des Vaters sitzt und ihn weniger bittet als unterrichtet über das, was sie sein und tun will: Jungfrau will sie bleiben, für immer. Viele Namen will sie tragen. Pfeil und Bogen wolle sie, Lichtbringerin («phosphorós») möchte sie sein. Dann denkt sie an die Ausstattung: ein kurzes, knielanges Gewand für die Jagd auf wilde Tiere. 60 Nymphen, Töchter des Okeanos, solle er ihr geben zu ihrem Geleit, neun Jahre alt (vgl. auch unten: Britomartis wird neun Monate verfolgt; zur Zahl *Neun* vgl. Apoll), jungfräulich und ungegürtet sie alle. Dazu 20 Nymphen vom (kretischen) Amnisos als Mägde (vgl. die Vielzahl der Nymphen im Libellus 7, H. Liebeschütz 1926, S. 119), die ihre Jagdstiefel pflegen und sich um die schnellen Hunde kümmern sollen (kretische Tempeldiener holt Apoll sich nach Delphi). Und alle Berge will sie. Was Städte anbetrifft, so möge der Vater nach eigenem Ermessen verfahren: Nur selten komme sie dorthin. «In den Bergen will ich leben und die Städte der Menschen will ich aufsuchen nur, wenn die Frauen gequält vom Schmerz der Entbindung mich zur Hilfe rufen.» All dieses gewährt der Vater ihr gern. Dazu gibt er ihr aus eigenem «dreimal zehn Städte», die ausschließlich ihrem Kult gehören sollen, und viele andere Städte und Inseln, in denen sich ihr Kult zum Kult anderer gesellt. Schließlich macht Zeus sie zur Wächterin über Wege und Häfen.

Von alldem, was sie sich wünscht, sind offenbar Pfeil und Bogen ihr besonders angelegen. Darum brauche der Vater sich nicht zu kümmern: Selbstbewußt und zielstrebig weiß sie, daß die Kyklopen ihr das Gerät verfertigen werden, unverzüglich. Einen kydonischen Bogen bauen sie ihr. Es scheint, daß sie zuvor für Apoll gearbeitet haben (Kallimachos, Hymnos 3, an A., 83), der ihr also in dieser Hinsicht zuvorgekommen wäre (Hygin, Fab. 140,4, wird melden, Vulcan habe den beiden Pfeile zum Geschenk gemacht). Dann eilt sie nach Arkadien zu Pan, der ihr Hunde schenkt: zwei schwarzweiße, drei rötliche und einen gefleckten, sie alle stark genug, einen Löwen zu schlagen. Außerdem sieben kynosurische Hündinnen, schneller als der Wind, von der Art, flink Reh und Hasen zu verfolgen, das Lager von Hirsch und Stachelschwein (vgl. Oppian, Cyn. 391 ff) aufzuspüren, die Fährte der Gazelle zu verfolgen. Noch immer ist ihre Ausstattung nicht vollständig. In Arkadien an den Ufern des Anauros fängt sie vier mächtige Hirsche, größer als Stiere, mit goldglänzendem Geweih. Ohne Hilfe der Hunde fängt sie die, so flink ist sie und so geschickt. Sie sollen ihren goldenen Wagen ziehen. Golden seien ihre Arme, golden der Gürtel, golden auch das Geschirr der Hirsche. Das ist die Jägerin A.

Merkwürdig, daß die erste Tat der so Gerüsteten (nach Kallimachos, Hymnos 3, an A., 113 ff) nicht etwa die Jagd ist: Sie entfacht auf dem mysischen Olymp mit den blitzenden Flammen von des Vaters Hand ein Feuer aus Fichtenholz (Kiefernholz?). Dann erst prüft sie den silbernen Bogen: Zunächst schießt sie auf eine Ulme, dann auf eine Eiche, dann erst schießt die Jägerin auf ein wildes Tier. Das vierte Mal – und schon bald – schießt sie auf eine Stadt von ungerechten Menschen, die einander und anderen Böses tun, aufsässige Menschen. Solche trifft ihr strafender Zorn: Seuchen nähren sich an ihrem Vieh, Frost an ihren Feldern, Männer trauern um ihre toten Söhne, während ihre Frauen im Kindbett sterben oder hinfällige Kinder gebären. Wo aber der Acker reiche Frucht trägt, wo das Vieh üppig gedeiht, wo der Wohlstand reichlich wächst, wo die Leute alt werden, wo Eintracht in den Häusern herrscht: dort liegen Lächeln und Großmut (–> Apoll) auf dem Gesicht der A., in der wir schließlich die tötende und lebengebende Muttergöttin wiedererkennen (s. o.).

Diodor (5,3,4 ff) berichtet, A. sei zusammen mit Athena und Persephone aufgewachsen. Auf dem Ätna sammelten sie Blumen und webten Vater Zeus ein Gewand. Das ist wohl eine Ausschmückung der Nachricht, wonach die drei in der Gesellschaft von Nymphen und anderen spielen und Blumen pflücken, als Hades kommt, die Persephone zu rauben (Homer. Hymnos 2, an Demeter, 424; vgl. Hygin, Fab. 146,2; Pausanias 8,31,2). Diese verspielte Seite der Göttin zeigt sich v.a. in ihrer Freude am Reigentanz (Il. 16,182 f) in Gesellschaft ihrer Begleiterinnen. Im Homerischen Hymnos (27, an A., 14 ff) ordnet sie im Hause Apolls den Tanz der Musen und Grazien. Vergil erzählt von Tausenden von Oreaden beim festlichen Tanz mit der Göttin (Aen. 1,497 ff). Entsprechend gehört Tanz auch zu ihrem Kult, der bei den Amazonen die heftige Seite der Göttin zeigt, wenn sie mit Schild und Rüstung im Reigen um ihr Bild einen Kriegstanz vollführen (Kallimachos, Hymnos 3, an A., 240 ff; Amazonen begleiten sie bei der Jagd: Diodor 4,16,3). In Syrakus pflegte man einen Tanz speziell zu Ehren der A. Chitonea (Athenaios 14,629e). Zum Tanz gehört Musik. Man hört vor allem Flöten (Syringen: Kallimachos, ebd. 242 ff; Athenaios, ebd.). Von nächtlichem Nymphengesang erzählt Apollonios Rhodios (1,1225; s. auch Athenaios 14,619b: Gesänge für A.). Zur Lyra singt Oiagros von A. (Apollonios Rhodios 1,568 ff). In Arkadien gab es ein Heiligtum der A. Hymnia (der singenden A.: Pausanias 8,5,11).

Dem Tanz der Amazonen gaben das Stampfen der Füße und das Rasseln der Pfeile im Köcher den Rhythmus (Kallimachos, ebd. 245 f). Dem Rhythmus dienten auch Kastagnetten («krembala»), von denen Athenaios berichtet (14,636c-d).

Es scheint, daß für die Göttin der Tanz zum festlich fröhlichen Ausklang der Jagd gehört (vgl. Homer. Hymnos 27, an A., 11 ff). Unter den Göttern sitzt sie neben dem Bruder Apoll (Kallimachos, Hymnos 3, an A., 169) und singt mit im Chor der Götter (Homer. Hymnos 3, an Apoll, 197 ff). Hygin (Fab. 150,2) erwähnt ausdrücklich A. gemeinsam mit Apoll und Minerva an der Seite des Zeus (Juppiter) im Kampf gegen die Titanen. Vor Troia kämpft sie an der Seite des Bruders für die Troer. Damals pflegt sie mit der Mutter den verwundeten Aeneas (Homer, Il. 5,445 ff). Beim Streit der Götter (hier ist sie mit dem Bruder uneins) wird sie von Hera wie ein kleines Mädchen zurechtgewiesen (Il. 21,478 ff): Statt sich mit der Mächtigeren anzulegen, solle sie lieber auf die Jagd gehen, wovon sie etwas verstehe. Dann nimmt Hera sie mit der Linken bei den Händen, mit der anderen nimmt sie ihr den Bogen von der Schulter und schlägt ihr den um die Ohren, daß die Pfeile aus dem Köcher scheppern. Weinend flieht A. da in des Vaters Schoß und beklagt sich, «um sie zitterte ihr ambrosisches Kleid» (Il. 21,507).

Nonnos wird die Geschichte kosmologisch sehen (36,28 ff): A., die Mondgöttin, schießt ihre Pfeile auf Hera, die sich in eine schützende Wolke gehüllt hat und schließlich mit einem Eisbrocken ihr den Bogen zertrümmert. Nicht genug damit, sie verpaßt dem Mädchen einen Schlag auf die Brust, daß die Pfeile aus dem Köcher fliegen. Dann folgen Spott und Hohn (ders. 36,48 ff). Jagen solle sie oder – noch besser – (ebd. 36,59 ff) ihrem Handwerk als jungfräuliche Geburtshelferin nachgehen. «Wirf fort deinen unnützen Köcher und laß den Kampf mit Hera, denn die ist stärker als du. Kämpf, wenn du willst, mit Kythereia (–> Aphrodite): die Kindbettpflegerin gegen die Ehestifterin.» Da sei A. voller Furcht gewesen, und Apoll legte tröstend seine Arme um sie (ebd. 36,75 ff).

Als die Götter vor dem Ungeheuer Typhon (oder Typhóeus, –> Zeus) nach Ägypten flohen, soll A. die Gestalt einer Katze (lat. «fel») angenommen haben (Antoninus Liberalis, Met. 28,3; Myth. Vat. I 86; «beste sauvage», sagt der «Ovide moralisé en prose» 5,6; de Boer S. 176). Homer (Il. 21,483) nennt sie eine Löwin.

Apoll liebt und spielt die Lyra, das Instrument der A. ist einzig der Bogen: Sie ist vor allem Jägerin. So zeigt sie uns der Mythos. Wie die anderen großen Götter tritt auch sie dort vorzüglich in Episoden vor uns, die nichts anderes sind als Eingriffe, in denen sich am Schicksal anderer Wesen, Anliegen und Macht der Gottheit manifestieren.

A. ist streng, und die Zeugnisse ihres strafenden Unwillens überwiegen die ihrer Großmut und Milde. Hier treffen wir sie häufig mit ihrem Bruder. Gemeinsam mit Apoll erschießt sie Pytho(n), die / der auf Anstiften der Hera Leto verfolgt hatte, um die Geburt der Kinder zu verhindern (vgl. Pausanias 2,7,7). Das geschah womöglich nur Tage nach der Geburt (Hygin, Fab. 140,5). Dann stirbt der Gigant Tityos an den Pfeilen der Geschwister, weil er (vielleicht von Hera geschickt) sich an Leto vergreifen wollte, als sie mit den Kindern auf dem Weg nach Delphi war (Homer, Od. 11,576–589 ff; Pindar, Pyth. 4,90; Apollonios Rhodios 1,760 f; Apollodor, Bibl. 1,4,1; Pausanias 3,18,15; im Eneasroman des Heinrich v. Veldeke, 3516 ff, steht, Tityos habe es auf Diana selbst abgesehen gehabt; vgl. den franz. Eneasroman 2737). In Tegea glaubte man, daß die Geschwister die Mutter an all jenen rächten, die die umherirrende Schwangere mißachtet hatten. Es scheint, daß Leimon, Sohn des Tegeates, seinen Bruder tötete, nur um seine eigene Schuld zu verbergen. Zur Strafe habe A. ihn sogleich erschossen (Pausanias 8,53,2 ff).

Und noch einmal rächen die beiden die Mutter: –> Niobe hatte sich vermessen gerühmt, mehr und auch bessere Kinder zu haben als Leto.

Andere sterben, weil sie dem jungfräulichen Mädchen nachstellten. Das gilt für den Riesen Orion. Er soll an einem Skorpionstich gestorben sein (vgl. Arat 634 ff; Nikander, Ther. 13 ff; Eratosthenes, Kat. 32; Scholie zu Homer, Od. 5,121; Lactantius Placidus zu Statius, Theb. 3,27). Andere sagen, er sei bestraft worden, weil er Opis, ein Mädchen, das von den Hyperboräern gekommen war, zu vergewaltigen suchte (Apollodor, Bibl. 1,4,3). Dann wurde behauptet, er habe vermessen vor Diana und Latona sich als Jäger gebrüstet, töten zu können, was immer die Erde hervorbringe (Hygin, Astron. 2,26: «Scorpius»). Auch heißt es, A. habe ihn (auf Delos) erschlagen, weil er (vermessen) sie zum Wettkampf mit der Wurfscheibe herausgefordert hatte (Apollodor, ebd.). Ganz anders die Geschichte, wonach sie den Orion ahnungslos tötete, was Apollon – in Verteidigung ihrer Keuschheit – so einrichtete, weil sie sich in den Mann verliebt hatte und ihn womöglich gar noch heiraten wollte (Hygin, Astron. 2,34; vgl. Hederich Sp. 1805). Otos und Ephialtes (die Aloaden, –> Herakles), Zwillingsbrüder von riesigem Wuchs, starben, als sie das Mädchen bedrängten. Apoll kam der Wehrlosen zu Hilfe. Er schickte eine Hirschkuh zwischen sie, und die beiden töteten einander unversehens mit ihren Wurfspeeren (Hygin, Fab. 28,3). Es hieß auch, die Göttin habe sich selbst in das Tier verwandelt (Apollodor, Bibl. 1,7,4). Den Oxeater soll A. auf dem Berg Pholoë erschossen haben, weil er ihr schamlos nachstellte (Pausanias 8,27,17). Aktaion mußte mit seinem Leben büßen, nur weil er die Göttin beim Bade gesehen hatte, aber es hieß auch, er habe ihr bei Gelegenheit eines Opfers nach der Jagd nachgestellt oder aber sich für den besseren Jäger erklärt: «Möglicherweise stimmt beides» (vgl. Diodor 4,81,3 ff).

Der Tod droht auch einer Gefährtin, wenn sie den Schwur der Jungfernschaft bricht. Die Nymphe Kallisto fällt zuerst dem Begehren des Zeus zum Opfer (der sich ihr vielleicht gar in der Gestalt der A. nähert: Ovid, Met. 2,422 ff; Myth. Vat. II, 58) und dann dem Pfeil der Göttin, entweder unversehens als Jagdbeute, weil Hera das Mädchen in einen Bären verwandelt hatte, oder vorsätzlich als Strafe für den gebrochenen Schwur (vgl. Apollodor, Bibl. 3,8,2; Hesiod, Astron. bei Pseudo-Eratosthenes, Katast. frg. 1; bei Hesiod, Evelyn-White 1977, S. 68, Nr. 3). Auch scheint sie Promiskuität zu stören: Die schöne Chione soll an einem einzigen Tag mit Apoll und Merkur gelegen und dann bei der Jagd sich noch anmaßend über A. geäußert haben: Sie stirbt unter deren Pfeilen (Hygin, Fab. 200). Die von Apoll schwangere Koronis habe A. getötet, weil sie sich noch dem Ischys hingab (vgl. Pausanias 2,26,5).

Unnachsichtig streng ist A. auch gegen jene, die ihr den gehörigen Respekt schuldig bleiben, leichtfertig oder gar vorsätzlich (s. auch Chione). Der Jäger Broteas versagte ihr das Opfer. Er brüstete sich, nicht einmal Feuer könne ihn verletzen. Da wurde er wahnsinnig und kam in den Flammen um (Apollodor, Epit. 2,2). Ein berühmter Jäger in Poseidonia pflegte Kopf und Füße des erlegten Wildes zu Ehren der A. an Bäume zu nageln. Einst hatte er einen riesigen Eber erlegt und sagte, wie in Verachtung der Göttin, zu sich selbst: «Den Kopf dieser Bestie weihe ich mir selbst.» Er befestigte den Schädel an einem Baum, legte sich darunter und fiel in Schlaf. Es war warm, der Schädel löste sich vom Baum, fiel hinunter und erschlug den Mann. Diodor (4,22,2 f) meint dazu, man solle sich darüber nicht wundern, denn man wisse von vielen Fällen, in denen die Göttin ihre Rache den Unfrommen zeige (–> Aktaeon, zu dessen Geschichte auch das «Bad der Diana» gehört).

Oineus, König von Kalydon, ein eigentlich frommer Mann, kommt wohl durch bloße Unachtsamkeit zu Schaden: Er weiht den Göttern die ersten Früchte der Jahresernte und vergißt dabei die A., die zur Strafe einen riesigen wilden Eber schickt, der ihm das Land verwüstet. Eigentlich hat auch der Tod seines Sohnes Meleager seinen Ursprung in diesem Vergehen. Übrigens soll die verärgerte A. den Eber geschickt haben, der den –> Adonis tötete (Apollodor, Bibl. 3,14,4). Atreus verspricht, der A. das beste Stück seiner Herde zu opfern. Als dann ein Lamm mit goldenem Vlies geboren wird, bricht er sein Gelöbnis und verwahrt das Vlies, welche Unterlassung eine Kette von unseligen Ereignissen über ihn und seine Familie bringen wird. Dazu gehört vielleicht noch, was dem Agamemnon widerfuhr. Der hatte einst eine Hindin gejagt und sich gebrüstet, selbst A. hätte nicht besser schießen können (vgl. Schol. zu Homer, Il. 1,108; Hygin, Fab. 261; Tzetzes, Schol. zu Lykophron 183). Als dann eine Windstille die Flotte festhält, weiß Kalchas, man werde erst weitersegeln können, wenn Agamemnon die schönste seiner Töchter der Göttin geopfert hat. So kommt es, daß man Iphigenie zum Opferaltar führt.

Hier zeigt A. Großmut: Agamemnon ist bereit, die Tochter zu töten, da wird sie (die unschuldige) von der Göttin entrückt, und an ihre Stelle tritt eine Hindin. Einige sagen, A. machte das Mädchen zu ihrer Priesterin, andere, sie habe Iphigenie unsterblich gemacht. Nach Hesiod (s. Pausanias 1,43,1) verwandelt A. sie in Hekate (Apollodor, Epit. 3,21 f; vgl. Euripides, Iph. aul. 87 ff, 358 ff und 1541 ff; s. auch Tzetzes, Schol. zu Lykophron 183; Schol. zu Homer, Il. 1,108; Hygin, Fab. 98; Ovid, Met. 12,24–38; Dictys Cretensis 1,19 ff; Myth. Vat. I 20: Hier ist es Minerva / Athene, die sie entrückt; Myth. Vat. II 202). Es wurde auch berichtet, die Göttin habe das Mädchen in einen Bären oder in einen Stier verwandelt (vgl. Tzetzes ebd.). In eine Quelle verwandelt sie die keusche Arethusa, eine Jagdgefährtin, und entrückt sie so der Nachstellung des Flußgottes Alpheus (Ovid, Met. 5,618 ff). Bei Hygin (Fab. 122,3) steht, daß die Göttin Erigone, die Tochter des Aigisthos und der Klytaimnestra, vor dem Tod durch Orest rettete und sie zu ihrer Priesterin in Attika machte. In Arkadien erzählte man die Geschichte von einem Mädchen aus Tegea, das der zudringlichen Liebe eines Mannes den Tod vorzog und von A. gerächt wurde (Pausanias 8,47,6). Die berühmte Geschichte von Alkestis (–> Herakles), die bereit ist, für ihren Gatten zu sterben, hat ihren

Ursprung in einer nachsichtigen Geste der A.: Admet hatte das Hochzeitsopfer an die Göttin vergessen und dann die Hochzeitskammer voller Schlangen gefunden. Durch Vermittlung des –> Apoll gelang es ihm, die Göttin mild zu stimmen, aber am Ende steht doch der schmerzliche Verlust der Frau wie eine späte Buße. Apollodor (Bibl. 3,10,6) berichtet, A. habe die Phylonoë, Tochter von Tyndareus und der Leda, unsterblich gemacht, aber er gibt keinen Grund dafür an. Einzig –> Herakles kommt davon. A., die in Begleitung des Apoll erscheint, wirft ihm vor, die ihr heilige kerynitische Hindin töten zu wollen. Er rechtfertigt sich mit Notwendigkeit und macht (als eine Art von Befehlsnotstand) den Eurystheus verantwortlich, womit es ihm offenbar gelingt, die Göttin zu beschwichtigen (Apollodor, Bibl. 2,5,3). Die Hirschkuh (!) soll ein – goldenes – Geweih getragen haben (wie ein Ren!). Auch hieß es, sie habe die Inschrift getragen: «Taygete weihte mich der Artemis» (Pindar, Olymp. 3,29 f; Boccaccio, Gen. 13,1, wird sagen, sie habe auch eherne Beine gehabt und sei unüberholbar schnell gewesen).

Nonnos (48,302 ff) erzählt die Geschichte von Aura, einer Gefährtin der A. und Lenkerin ihres Wagens. Sie habe der Göttin vorwitzig mitgeteilt, daß deren weicher, weiblicher Leib doch geradezu nach Liebe zu verlangen scheine, während sie als Gegensatz dazu die jugendliche Keuschheit ihres eigenen straffen Leibes pries. Merkwürdig ist, daß die beleidigte Göttin die fällige Strafe nicht selbst vollzieht, sondern sich an Nemesis wendet, die dann als angemessene Strafe bestimmt, daß Dionysos sich in sie verlieben und sie besitzen werde, gegen ihre eigene Neigung. Nach Hygin (Fab. 189) sind Waffe und Hund in der berühmten Geschichte von Prokris und Kephalos ein – schließlich unseliges – Geschenk der A. Daß sie den Skamandrios in der Jagd unterrichtete, erzählt Homer (Il. 5,50 ff). Überhaupt finden sich auch sonst durchaus Männer in ihrer Begleitung, zumeist freilich bei der Jagd. Einer der bekanntesten ist Hippolytos, dessen Keuschheit ihn der Göttin besonders angelegen sein läßt. Sie will, daß er, den man schuldlos der Unkeuschheit angeklagt hatte, aus der Unterwelt zurückkehren darf (Hygin, Fab. 251,3; vgl. Athenaios 13,600b f, mit Hinweis auf Euripides, Hipp.). Auch der keusche Daphnis soll ein Gefährte der A. gewesen sein und sie mit Flötenspiel und Gesang von Hirtenliedern unterhalten haben (vgl. Diodor 4,84,4). Die Geschichte von Endymion gehört zur Mondgöttin Selene. Daß sie sich in den –> Orion verliebte, meldet eine späte Quelle (Hygin, Astron. 2,34; s. o.).

Eine eigene Bewandtnis hat es mit der Britomartis, der Tochter des Zeus mit Karme in Aigina. Sie liebte das Laufen und die Hirschjagd mit dem Bogen. Es heißt, sie habe sich die besondere Gunst der A. erworben (Kallimachos, Hymnos 3, an A., 189 ff; Pausanias 2,30,3). Dann verliebt Minos sich in sie. Neun Monate verfolgt er sie vergeblich. Am Ende entzieht sie sich ihm durch einen Sprung von einem Kliff ins Meer und fällt in das rettende Netz von Fischern. A. aber macht sie zur Göttin. In Aigina nenne man sie Aphaia, in Kreta heiße sie, in Anspielung auf das rettende Netz, Diktynna (Pausanias, ebd.; zur Gleichsetzung mit A. vgl. Pausanias 3,14,2 und Diodor 5,76,3, der das Mädchen für die Erfinderin des Jagdnetzes und die Geschichte für unglaubwürdig hält).

B Das Bild der jungfräulichen Jägerin hat sich oberflächlich bis in unsere Tage erhalten, und dennoch lassen sich durch die Jahrhunderte subtile Änderungen ihres Wesens erkennen, wobei immer wieder und zunehmend der Aspekt ihrer Jungfräulichkeit eine bestimmende Rolle spielt. In historischer Zeit ist sie von einem vergleichsweise wenig komplexen Wesen und Charakter gewesen. Wild und aggressiv als eine, die den Kampf liebt, zeigt Homer sie im Götterstreit (Il. 21,470 ff), wo sie sogar Bruder Apoll schmäht, nur weil er zögert, dem Vaterbruder Poseidon entgegenzutreten (schön hier der Kontrast zum überlegt verbindlichen Hermes, 21,498 ff). Das geht durchaus mit der düsteren Todesgöttin überein. Horaz (Ars 453 f) spricht von der jähzornigen («iracunda») Diana. Als Jägerin, die die wilde Hatz liebt, sehen wir sie im Homerischen Hymnos (27, an A.). Entschlossen und zielstrebig zeigt uns Kallimachos: Ihr Wesen hat etwas vom Wesen ihrer Waffe.

Die Scheu der Jungfrau erinnert an die flüchtige Scheu ihres Wildes: Diese A. ist eigentlich ein ungebärdiges Kind, das von seinem Wesen umhergetrieben wird. So versteht man die Ohrfeige von Hera, die Tränen und den Trost in Vaters Schoß. A. steht dem Bruder nahe und ist ihm durchaus ähnlich. Beide verwalten sie die ihnen angelegene Ordnung mit Strenge, beide haben sie Pfeil und Bogen als Instrument strafender Gerechtigkeit. Aber es scheint, daß A. etwas verwaltet, das elementarer ist, etwas, das dem vorausgeht, was der Bruder verwaltet, wie sie eben auch vor ihm geboren ist (vgl. den Anspruch –> Poseidons darauf, älter und «weiser» zu sein als Apoll). Viel spricht dafür, daß dieser Göttin ursprünglich das Gleichgewicht von Mensch und Natur angelegen war, sofern der Mensch durch sein Handeln dieses Verhältnis zu zerstören vermag. Heute spricht man da wohl von ökologischem Gleichgewicht. Es geht hier nicht eigentlich um Leben und Sterben, sondern um Gebären und Töten. So sind Hebamme und Jägerin eine Manifestation der Lebenspendenden und Tötenden.

In ihrer Erscheinung durch die Zeiten zeigt A. ihr Wesen durchgängig vorzüglich in der Gestalt der Jägerin. Älter ist sicher das Bild der Herrin der Tiere, etwa auf der Kypseloslade, das von Pausanias (5,19,5) auch literarisch überliefert ist: die geflügelte Göttin stehend, mit einem Panther in der Rechten, einem Löwen in der Linken. Die Geburtshelferin und Amme A./= Diana, die man ursprünglich in der fackeltragenden Göttin zumindest mitveranschaulicht gesehen haben mag, tritt offenbar hinter das Bild der Jägerin zurück (vgl. Kallimachos, Hymnos 3; Natale Conti 1567, 3,18, Bl. 83ᵛ, Zeile 32 f). Anderseits ist es gerade die Geburtshelferin A., die man leicht mit der Mondgöttin identifiziert und über die der weibliche Aspekt der A./Diana sich allmählich in den Vordergrund schiebt (s. u.).

Die leibliche Gestalt der rastlosen Jägerin ist gleich der des Bruders Apollon in der Literatur lange nur in den allgemeinsten Umrissen erkennbar: Jedenfalls ist sie jung. Am häufigsten erwähnt man ihre Leibesgröße (Homer. Hymnos 3, an Apoll, 198). Vergil (Aen. 1,501) sagt, sie überrage alle Göttinnen und ihre Begleiter (Homer, Od. 6,107). Ihre Gabe an die Töchter des Pandareos sei leibliche Größe (und damit doch wohl einzig körperliche Tüchtigkeit) gewesen, während Hera ihnen geistige Fähigkeiten und einen schönen Leib gab, Athene sie das Handwerk der Frauen lehrte (Pausanias 10,30,1). Von ihrer Schönheit ist bei den klassischen Autoren kaum die Rede (s. Homer, Od. 6,108). Ihr mädchenhaftes Wesen scheint fast geschlechtslos.

Metallischer Goldglanz umgibt sie bei Kallimachos (Hymnos 3, an A., 110 ff), der ausgeht von ihrer Kleidung und Ausstattung. Ihr Gewand sei ein ärmelloser knielanger Chiton mit bestickter Borte, ein Jagdgewand (ebd. 11 f u. 225). Golden seien ihre Arme, der Gürtel, der Wagen, die Trensen (auch der Bogen und die Pfeile). Das ist zugleich ihr Schmuck. Ganz anders wird Nonnos sie sehen (48,341 ff), der dann auch nah herangeht, wenn er die «göttliche Schönheit» der keuschen Mondgöttin (!) betrachtet: Hier ist A. ein reifes anziehendes Weib mit «vollrunden, weichen» Brüsten, dessen Erscheinung an Aphrodite denken läßt. Rosiger Glanz liegt auf ihren Wangen. Claudian preist die schönen Schultern, die leuchtend bloßen Arme (Proserp. 2,27–35) und sieht auch ihr widerspenstiges offenes Haar im leichten Wind wehen (vgl. Hederich.Sp. 912; vgl. Gyraldi, Synt. 12, S. 492B). Die bis zu den Knien hinauf bloßen Beine gefallen schon Ovid (Amores 3,2,31). Der Libellus stellt sie vor mit offenem Haar (–> Daphne; vgl. Ovid, Met. 9,89 f); sie trägt Bogen und Pfeile und ist auf der Hirschjagd. Um sie herum eine erstaunliche Vielfalt von Nymphen, aber auch Satyrn. Hinter den Hirschen sehe man ein Segelboot (A. als Göttin der Seeleute: Apollonios Rhodios 1,570) mit einem Mann darin (Libellus 7, H. Liebeschütz S. 119). Kallimachos (Hymnos 3, an A., 110 ff) zeigte die goldgegürtete A. auf einem goldenen Wagen (auch Homer. Hymnos 9, an A.), der von vier Hirschen mit goldenem Geweih gezogen wurde; andere sprechen von zwei Hirschen (vgl. Hederich Sp. 912), weiße Hirsche nennt Natale Conti (Myth. 1567, 3,18, Bl. 83 ᵛ, Zeile 48 f), auch von Rindern ist die Rede und von zweifarbigen Pferden (Gyraldi, Synt. 12, S. 492B). Nach einigen Autoren soll sie einen

Kranz aus Heliochrys (Goldranke, eigentlich «Sonnengold») getragen haben (Gyraldi, ebd.).

Die Mondgöttin und nächtliche Lichtbringerin (lat. «noctiluca») trägt eine Fackel (lat. «fax»: Horaz, Carm. 4,6,38) oder gibt sich mit einer Mondsichel (auf dem Haupt) zu erkennen («siderum regina bicornis»: die zwiegehörnte Königin der Sterne, Horaz, Carm. saec. 35). Wegen ihrer Schnelligkeit habe man sie geflügelt dargestellt, sagt Natale Conti (Myth. 1567, 3,18, Bl. 85^r, Zeile 46 f). Das ist wohl eine Umdeutung der Herrin der Tiere. Ihr schneller Wagen (eine Biga) werde von Stieren gezogen (wohl weil sie gehörnt sind wie sie) oder von einem Rappen und einem Schimmel, weil sie nachts und tags erscheint. Festus (133, W.M. Lindsay 1997, S. 135, Zeile 12 ff) gesellt ihr («Lunae») ein Maultier zu, denn es sei steril wie die Göttin: ein Gedanke, an dem die Einheit von keuscher Diana und Luna deutlich wird. Anderseits: Wie das Maultier eine vom Pferd geliehene Natur habe, so sei auch das Licht der Luna ein nur von der Sonne geliehenes (!).

Der Wandel der äußeren Erscheinung signalisiert einen historischen Wandel des Wesens, der durchaus in der A., wie etwa Kallimachos sie beschreibt, angelegt ist und am deutlichsten wird an der Vorstellung von der Keuschheit der Göttin. Das Epitheton «Jungfrau» bleibt der A. / Diana bis heute, doch es scheint, daß historisch aus dem ursprünglich verliehenen ein erworbenes Gut wird, sofern man offenbar (bes. im christlichen Verständnis von «Tugend») voraussetzt, daß Keuschheit sich eigentlich in der Herausforderung oder Versuchung beweist (–> Herakles). Das ist schon enthalten in der Rede von der «unbezwungenen» A. in der Odyssee (6,109) und wird deutlicher im Homerischen Hymnos 5, an Aphrodite (14 f), wenn es heißt, daß es der fröhlichen Göttin nie gelingen werde, die A. durch Liebe zu bändigen. Anderseits mag diese Standhaftigkeit einzig die Stärke der verliehenen Tugend bestätigen. Die (Jägerin!) A. bei Nonnos tritt aber als eine Frau vor uns, deren Verhalten ganz vom Bewußtsein ihrer erotischen Leiblichkeit bestimmt wird (besonders 48,335 ff). Diese A. erscheint uns weniger keusch als prüde.

Das veränderte Verhältnis zur Liebe zeigt sich auch in einem veränderten Verhältnis zu –> Eros. Man entdeckt die Parallele zwischen Jagd und Liebe (–> Daphne). Der Köcher des Knaben habe einst der A. gehört (Nonnos 48,268 ff; vgl. auch ebd. 36,48 ff). Umgekehrt scheinen die Pfeile der A. ein Mittel gegen die Liebe zu sein (Apollonios Rhodios 3,774 f). Andere machen listig den Ruf der Keuschen zum Diener ihrer eigenen

Liebe oder Begier: Venus kleidet sich nach Art der Diana und geht auf die Jagd, um Adonis nahezukommen (Ovid, Met. 10,535 ff). Juppiter nimmt ihre Gestalt an, weil er Kallisto haben will (Ovid, Met. 2,422 ff; Apollodor, Bibl. 3,8,2; Servius, Aen. 1,744; Nonnos 2,222). Bei Vergil (Aen. 1,315) nimmt Venus Gestalt und Gebaren der «Jungfrau» an, als sie dem Sohn begegnet. Diese Personalunion von Liebe und Keuschheit hat in der italienischen Renaissance – vorzüglich für das allegorische Porträt – und darüber hinaus besonderes Interesse gefunden (vgl. E. Wind 1968, S. 77 ff). Eine solche Einstellung kann nun auch die orgiastische A./Diana mühelos dem Dionysos zugesellen und damit eine alte Verbindung wiederaufnehmen (Tritonius, Melopoiae, bei Gyraldi, Synt. 1, S. 267 u. Vorwort zu Synt. 8; vgl. E. Wind 1968, S. 198 f u. Anm. 28; – zur alten Verbindung zu Dionysos s. E. Simon 1985, S. 161).

Der Entschluß zur Keuschheit hat nach Euripides seinen Grund im Erlebnis der schrecklichen Geburtswehen der Mutter (Medea 250 ff). Gleichzeitig wird ihre Hilfe bei der eigenen Geburt wie der des Bruders zur Grundlegung für die erste ihrer Zuständigkeiten bei Mensch und Tier, die Geburtshilfe (Sophokles, Hik. 676 f; Horaz, Carm. saec.; Servius, Aen. 3,73). Auf diese Weise wird sie zur «Göttin der Frauen» (Athenaios 12,515: A. in Gemeinschaft mit –> Hera, vgl. Pausanias 8,23,5). Der «Ort der Keuschheit» ist offenbar bestimmt durch einen beiden Göttinnen heiligen Baum, den Keuschbaum (= «agnus castus» = Keuschlamm-Baum, griech. «lygos»). Als Kourotrophos kümmert sie sich um die Säuglinge, weiß Hilfe und erfindet Säuglingsnahrung (Diodor 5,72,5). Nach Horaz (Carm. saec. 33 ff) ist sie Schutzpatronin der Mädchen und Jungen. Die auch als Kriegerin fürsorgliche A./Diana übernimmt mit ihren Heiligtümern auf dem Aventin und dem Algidus das Patronat über Rom und Latium (vgl. Horaz, Carm. saec. 69; vgl. Kallimachos, Hymnos 3, an A., 31 ff).

Nach Homer (Od. 15,409 f) läßt unser Leben sich verstehen als eine Jagd, bei der wir am Ende müde erliegen, getroffen von den sanften Geschossen des Apoll und der A., die damit als Mittlerin, Hebamme und Jägerin zugleich, an Eingang und Ausgang des Lebens steht (vgl. Macrobius, Sat. 1,9,5 ff: Diana = D-Iana, vgl. den zweigesichtigen Ianus).

Es scheint, daß der lebengebende Aspekt der Göttin v.a. in der Mondgöttin, der Lichtbringerin (Lucina, Lucifera), anschaulich wird (vgl. Cicero, Nat. 2,27,68), was nicht ausschließt, daß sie vordergründig das Gebaren der Jägerin zeigt.

In der alten Vorstellung von der dreigestaltigen Göttin verbindet

A./Diana sich mit verwandten Gottheiten. Vergil (Aen. 4,511) spricht von den «tria virginis ora Dianae», den drei Gesichtern der keuschen Diana, die er zugleich die dreifache Hekate nennt (vgl. auch Horaz: «ter vocata ... diva triformis», Carm. 2,22). Servius (Aen. 4,511) kommentiert, diese sei zugleich Luna, Diana und Proserpina: Über der Erde halte man sie für Luna, auf der Erde für Diana, unter der Erde für Proserpina (vgl. Rabanus Maurus Sp. 430 f). Andere bezögen die Dreizahl auf Luna, den Mond und seine Dreigestalt (die Sichel des wachsenden Mondes, die des schwindenden und die Gestalt des Vollmonds; Gyraldi, Synt. 12, S. 505: sichelförmig, halb, voll). Wieder andere redeten von Lucina, Diana und Hekate, die zusammen drei unterschiedliche Gewalten («potestates») zuteilten: die zu entstehen («Lucina» = die Hebamme), die zu vermögen (Diana, die Jägerin und Patronin der Jugend usw.) und die zu sterben (Hekate, die Todesgöttin; «nascendi, valendi, moriendi»; vgl. oben). Wegen dieser ihrer dreifachen Gewalt habe man A./Diana-Hekate dreigestalt und dreifach dargestellt und ihr den Tempel an Dreiwegen errichtet (zu einem Bild der «dreigestaltigen Hekate»: Pausanias 2,30,2).

Natürlich treten auch die beiden anderen jeweils unter Namen und Erscheinung der A./Diana auf. «Diana omnivaga», die weitschweifende, sei nicht die Jägerin, sondern die Planetengöttin Luna/Diana, sagt Cicero (Nat. 2,68), und als solche ist sie Gegenstand der Astrologie. Hier hat sie (= Selene) nach Ptolemaios (Tetrabibl. 4,10, 204, F.E. Robbins 1980, S. 442 f) die Zuständigkeit für die ersten vier Lebensjahre des Menschen, also wie A./Diana für die Kindheit, nur einen genau bestimmten Zeitraum davon. Vertraut ist auch die Zuständigkeit für die Mütter, hier in besonderer Konstellation mit Aphrodite/Venus (ebd. 3,4, 113, ebd. S. 240 f; 3,4, 116, ebd. S. 246 f). Wenn sie die rechte Ehe eingehen wollen (ebd. 4,5, 182 ff, S. 392 ff), dann beachte der Mann die Stellung des Mondes, die Frau die Stellung der Sonne (= Apollon). Noch eine Fülle anderer Zuständigkeiten kommt der A./Diana mit der Planetengottheit zu: Körpergestalt und Körperteile, die Seele und ihre Krankheiten, Sexualität und Perversion, Blutsbrüderschaft, Freundschaft usw. (nach Ptolemaios, ebd.).

Hierher gehört auch die Nachricht, wonach der verliebte Juppiter mit Diana schlief und ihr zur Belohnung die Gewalt über die Nacht verlieh sowie das Licht ihrer goldenen Sichel («auratis cornibus») wachsen und schwinden zu lassen (Remigius 9,484.7, Bd. 2, S. 315).

An den «Planeten» schließen sich dann wieder Deutungen der A./

Diana. Die Nachricht, daß A. vor dem Bruder geboren wurde, wird zum Bild der natürlichen Abfolge von Nacht und Tag und zugleich – im Sinne der Schöpfungsgeschichte – der Entstehung des Lichts (= Apoll), dem das Dunkel vorausgehen muß (Myth. Vat. I 37 u. II 17).

Diodor (4,51,1 ff) berichtet, Medea habe ein hohles Bildwerk der A. geschaffen und mit Drogen verschiedener Art gefüllt. Diese A. ist eigentlich die Zauberin Hekate (vgl. Gyraldi, Synt. 12, S. 495B). Die Rückkehr des Hippolytus aus der Unterwelt (Hygin, Fab. 251,3) läßt an Proserpina oder die chtonische Hekate denken.

Die frühen Christen haben nicht viel Anstoß an A./Diana genommen. Tertullian (Apol. 15,1) hält die «verhauene» Diana (Homer, Il. 21,489) für lächerlich. Minucius Felix (Oct. 23,5) findet die zur Jagd kurzgeschürzte Diana verächtlich, schrecklich sei der Anblick der Trivia mit drei Köpfen und vielen Händen, anstößig auch die Ephesische Diana. Andere greifen sie in ihren kultischen Erscheinungen an: Man belustigt sich über die «gehängte» A. (vgl. Pausanias 8,23,6) oder die «hustende» (Clemens v. Alexandrien, Exhort. ad Graec. 2,32 P. u. 33 P.; G.W. Butterworth 1982, S. 80–82). Anstößig ist ihr Dienst gemeinsam mit Mars als Patronin der Spiele im Amphitheater (Tertullian, Spect. 12).

Christliche Allegorese erfreut sich an der Keuschen derart, daß der «Ovide moralisé en prose» in der badenden Diana der Aktaeongeschichte das göttliche Wesen sich baden sehen kann im Quell ewigen Ruhms (3,4, de Boer S. 116. Zur Deutung der dreigestaltigen A./Diana als Bild einer trinitären Gottheit vgl. E. Wind 1968, S. 249).

Bei Picinello (3,17,42) vereinigt sich die Wehrhafte (also nicht die Jägerin!) unter dem Lemma «Servat armata pudorem» (= Bewaffnet dient sie der Keuschheit) mühelos mit Biblischem (Apostel Paulus, Ephes. 6,11): «induite vos armaturam Dei, ut possitis stare adversus insidias diaboli» usw. (Luther: Ziehet an den Harnisch Gottes, daß ihr bestehen könnet gegen die listigen Anläufe des Teufels).

In zwei Emblemen des 16./17. Jh. ist unter dem Bild der von Amor verfolgten Diana (= Dictynna) die angemessene Bewaffnung nichts anderes als Arbeit oder Tätigkeit: «Labor omnia vincit improbus» (Harte Arbeit besiegt alles; Laurentius Haechtanus 1579; Jacob de Zetter 1644, Nr. 12; H./S. Sp. 1747f); «Labor amoris domitor» (Arbeit bändigt die Liebe; Florentius Schoonhovius 1618, Nr. 31; H./S. Sp. 1748). Auf den Erfolg fester Vorsätze weist die Unfehlbarkeit ihres Pfeiles unter dem Lemma «Consequitur quodcunque petit» (Er trifft, worauf immer er zielt) in einem Emblem bei Gabriel Rollenhagen (1611, Nr. 24; H./S. Sp.

1748 f). Als Patronin aufrichtiger Gastfreundschaft (gegen die schlechten Sitten der Zeitgenossen) versteht ein Emblem die Diana unter dem Bild einer Statue, die sie mit Waffen und Fackel zeigt (Petrus Costalius 1555, S. 24; H./S. Sp. 1746). Die Patronin der Kinder zeigt ein Emblem bei Guillaume de La Perrière (1553, Nr. 1) unter dem Bild der Luna (!): «Das unstete Lebensalter folgt dem wandelnden Mond, er symbolisiert eine gleiche Gemütsstimmung» (H./S. Sp. 1745).

In den Schriften genannte Attribute (nach Häufigkeit): Bogen und Pfeil; golden (Ovid, Met. 1,697: Bogen); silbern, wohl in Beziehung auf den Mond (Homer, Od. 15,409; Kallimachos, Hymnos 3, an A., 119); Netz (Nonnos 48,333: zur Jagd; vgl. Kallimachos, Hymnos 3, an A., 198); goldene Spindel (Homer, Il. 16,183). – Der A./Diana zu Diensten: Hirsch und Pferde, Rinder, Hunde; A. als Pferdepatronin: Pindar, Ol. 3,36. Als Beute: Hirsch, Bär, Eber, Panther. – Aelian (De anim. 10,35) referiert, das Rebhuhn sei ihr lieb gewesen. Gyraldi (Synt. 7, S. 301B; vgl. Aelian, De anim. 12,4) nennt einen Vogel namens «buteo» (Bussard?). Auf die Keusche geht die Meeräsche als Anaphrodisiacum (Athenaios 1,5d: «Tochter der A.»). – Die Mondgöttin trägt zumeist die Mondsichel auf dem Haupt, seltener hält sie eine Fackel. Unter den Bäumen stehen ihr nahe: die Eiche (Kallimachos, Hymnos 3, an A., 120; Amazonen setzen ihr ein Bild unter einer Eiche, ebd. 237; Britomartis sucht Schutz unter einer solchen, ebd. 190 f; vgl. auch den Hinweis auf Herakles, ebd. 159); die Buche (Kallimachos, Hymnos 3, an A., 120: wohl selten); die Zypresse: -hain (Vergil, Aen. 1,497; Servius, Aen. 681, mit Hinweis auf Proserpina «propter luctum morientium»). Die Fichte (Kiefer?) könnte ihr zur Fackel dienen (Kallimachos, Hymnos 3, an A., 113 f). Nach Natale Conti (Myth. 1567, 3,18, Bl. 85 r, Zeile 45) ist der Fichte («pinus») die Wesensart («temperamentum») des Mondes eigen. Die Göttin mag keine Myrte: Auf der Flucht vor Minos verfing sich ihr (= Diktynna) Fuß in einer Myrte, was sie verärgerte (Kallimachos, Hymnos 3, an A., 203 ff); die Pflanze ist der Aphrodite lieb (Myrtenwunder, in Athenaios 15,676; zu Heliochrys s. o.).

Da man dem Mond vorzüglich die Farbe Weiß zuordnete, sei ihm (ihr) unter den Metallen das Silber geweiht gewesen (Natale Conti, Myth. 1567, 3,18, Bl. 85 r, Zeile 47 f).

C *Typus.* Von den vier Grundtypen der A. in der bildenden Kunst – A. als *Herrin der Tiere (Potnia Terón)*, A. als *Lichtbringerin*, A. als *Mondgöttin* und A. als *Jägerin* – haben im wesentlichen nur die beiden letzteren in einer Synthese die Zeiten überdauert. Ihnen gilt daher unser Hauptinteresse.

Die keusche A. ist in der antiken Kunst stets bekleidet (mit einer thematisch bedingten Ausnahme; vgl. das *Bad der Diana*). Bis in die klassische Zeit hinein trägt sie sogar ein langes Gewand. Noch die sog. Große A. vom Piraeus erscheint im langen Peplos (Bronzestatue um 350 v. Chr.; Piraeus, Museum, Inv. 4647).

Im 5. Jh. v. Chr. entsteht jenes Bild der Göttin, das fortan als charakteristisch gelten kann: eine schlanke, mädchenhafte Gestalt, die in kurzem gegürteten Gewand, oft von Hund oder Hirschkuh begleitet, mit Pfeil und Bogen bewaffnet leichtfüßig dahineilt. Als Beispiel für viele soll hier die sog. *Diana von Versailles* (Paris, Louvre, Inv. 589) stehen, die ein verschollenes griechisches Original der Zeit um 350/340 v. Chr. wiederholt, das in vielen römischen Kopien überliefert ist.

Seit dem 5. Jh. v. Chr. sieht man A. in kurzer Tunika (so wie Kallimachos, Hymnos 3, an A., 13 ff, sie beschreibt), mit niedrigen Stiefeln oder Sandalen, den Mantel über den Arm gehängt (Lekythos gegen 420 v. Chr., Cambridge, Fitzwilliam Museum, Inv. G 147 [GR 1171864]), das Fell eines Hirschkalbs über der Schulter. Vom 4. Jh. an trägt sie häufig das zur Schärpe gedrehte Manteltuch um die Taille (Marmorstatuette, wohl Ende 4. Jh. v. Chr.; Istanbul, Archäologisches Museum, Inv. 121).

Ein für die Jägerin charakteristisches Bewegungsmotiv beobachten wir an A. seit der klassischen Zeit: Im Lauf zieht A. mit einer Hand einen Pfeil aus dem Köcher auf ihrem Rücken (Amphora aus Nola, um 470 v. Chr.; Paris, Cabinet des Médailles, Inv. 365; Statue des 2. Jh., nach hellenistischem Original; Mariemont/Polen, Museum, Inv. B 153).

Wie bei anderen mythischen Figuren, deren Wesen sich in der Bewegung verwirklicht, haben auch für A. die Ruhephasen besonderes Gewicht. Aber auch dann gönnt sich A. keine Pause im Sitzen, wie Hermes, Ares oder Herakles. Eine hellenistische Statuette (Ende 4. Jh. v. Chr.; Istanbul, Archäologisches Museum) zeigt A. entspannt stehend, das rechte Bein vor dem Standbein gekreuzt, den rechten Unterarm auf einen Pfeiler gelehnt, die Linke in die Hüfte gestützt.

Das Haar trägt A./Diana in der Regel am Hinterkopf mit einem Band zum Knoten oder zu einem Büschel zusammengefaßt (wie es für die Jägerin praktisch ist: Bronzestatuette in Mariemont/Polen, Museum, Inv. 3507), auf griechischen Vasenbildern der Klassik wird das füllige Haar in einem Netz gehalten (z. B. auf einer Schale des Brygos, 480/470 v. Chr.; Paris, Louvre, Inv. G 151 [Cp 1005]).

In der Frühzeit krönt häufig ein Polos (die hohe Götterkrone) das Haupt der Göttin (Marmorstele gegen 525 v. Chr.; Istanbul, Archäologisches Museum, Inv. 680 [M 526]). In der klassischen Kunst Griechenlands trägt A. oft ein Diadem (vgl. auch die *Diana von Versailles*, s. o.). Für die bekrönte Diana der römischen Kunst dagegen ist die Zackenkrone charakteristisch (Wandgemälde aus Boscoreale, Cubiculum, um 50 v. Chr.; New York, Metropolitan Museum).

Gelegentlich nähert sich das Erscheinungsbild der A. dem der Amazonen, mit denen sie die Art der Waffen teilt. So erscheint sie seit dem späten 5. Jh. in der Freiplastik häufig im zweimal gegürteten kurzen Gewand (*A. von Gabii*, Paris, Louvre, Inv. MA 529 (MR 154); eine von mehreren Marmorkopien nach einem Bronzeoriginal von 350/330 v. Chr.), manchmal auch mit den für die Amazonen typischen langen Beinkleidern, Laschenstiefeln und sogar mit der phrygischen Mütze (auf einer Pelike 375/370 v. Chr.; St. Petersburg, Eremitage, Inv. B 4528). Auch die entblößte Brust ist der Ikonographie der Amazonen entlehnt (A. im Bild einer jungen Amazone: Statuette, Karthago, Museum).

In der römischen Kunst erscheint Diana oft in der «Furientracht»: Über dem nackten Oberkörper liegt ein vor der Brust gekreuztes Band, oder der zusammengedrehte Mantel verläuft zwischen den Brüsten (Relief an der Großen Mainzer Juppitersäule; Mainz, Mittelrhein. Landesmuseum).

Völlig entkleidet sehen wir A. in der Antike nur thematisch bedingt: wenn sie nach der Jagd ein Bad nimmt («Das Bad der Diana», –> Aktaeon). Dabei eignet sie sich – außer der Nacktheit – auch andere ikonographische Züge der Aphrodite/Venus an: den für sie sonst unüblichen Schmuck, so auf einem Wandgemälde in Pompeji VI 16,7 (Casa degli Amorini Dorati, 4. Stil), wo A. sogar in Gestalt der *Venus Medici* (s. o.) erscheint; Haar, Hals, Arme und Beine sind geschmückt.

In Renaissance- und Barockkunst bietet dann das *Bad der Diana* (s. u.) einen thematischen Vorwand, die (doch so keusche) Göttin nackt darzustellen. Aber auch auf nicht thematisch bedingten Darstellungen erscheint Diana nun häufig unbekleidet (s. die Elfenbeinstatuette der *Diana* von Georg Petel; um 1620/25; Wien, Kunsthist. Museum) – das gleiche Schicksal, das Minerva/–> Athena widerfährt.

Das Mittelalter geht wie üblich seine eigenen Wege. Wenngleich etwa die Diana aus den «Chroniques de Hainaut» der Auffassung der züchtigen, keuschen Göttin entspricht, fällt es schwer, in jener Dame im modischen Kostüm mit Haube, langem Gewand und Tütenärmeln eine antike Gottheit zu erkennen (Handschrift zwischen 1445 und 1470, Brüssel, Bibliothèque Royale de Belgique, ms. 9242, Bl. 175^v). Von der letzteren ist aber auch die stolze martialische Erscheinung des Johann Heinrich Schönfeld weit entfernt (*Diana*, 1626; Federzeichnung, Staatsgalerie Stuttgart, Graphische Sammlung).

Ein spezifisch archaischer Typus ist A. als *Herrin und Schützerin der Tiere*: A., mit großen gebreiteten Flügeln, hält in jeder Hand ein Tier (zwei Löwen faßt sie an den Hinterbeinen auf einem schwarzfigurigen Vasenbild des Amasis-Malers, 550/525 v. Chr. Lekythos in Paris, Louvre, Inv. F 71).

Auf die Nachricht der Dichter und Mythographen, A. sei von beachtlicher Körpergröße gewesen, nimmt die Bildkunst kaum Bezug. Am ehesten erscheint Diana hochgewachsen auf dem Bild eines Malers der französischen Schule (*Diane de Poitiers*, 16. Jh.; Paris, Louvre), was vor allem auf die extreme Proportion von Kopf zu Körper (1 zu 8) zurückzuführen ist. Aber selbst hier bleibt offen, ob dieses Körpermerkmal nicht eher Diane de Poitiers, die in der Gestalt der Jagdgöttin vor uns tritt, zuzuordnen ist.

Unabhängig von den einzelnen klar umrissenen Typen der A. ist die Göttin im Lauf der Zeit einem stetigen Wesenswandel unterworfen: von der schützenden, aber auch unerbittlich rächenden Göttin der archaischen Zeit (s. die attische Schale, 440/430 v. Chr.; London, British Museum, Inv. E 81 [67.5–8.1006]: A. tötet die Kinder der –> Niobe) über die leichtfüßig dahineilende Jägerin, die hoheitsvolle, gebieterische Autorität, mit der sie die Bestrafung der Kallisto anordnet (Tizian, *Diana und Callisto*, 1559; Edinburgh, National Gallery; eine andere Version wohl 1568; Wien, Kunsthist. Museum), die ihrer Göttlichkeit entkleidete Diana im Habitus einer Dame der Barockzeit (z. B. bei Jan Vermeer, *Bad der Diana*, 1654; Den Haag, Mauritshuis), die kindlich-keusche Patronin der Jagd, die an das Bild einer christlichen Heiligen denken läßt (C. Cornelisz van Haarlem, *Diana*; Kiel, Kunsthalle), bis hin zur koketten venusgleichen Erscheinung bei Balthasar Permoser (Statue im Schloßpark von Schwerin).

Attribute. Pfeil(e) und Bogen sind die charakteristischen Attribute der *Jägerin* A. Mit dem umgehängten Köcher, von Hunden oder einem Hirschkalb begleitet, verfolgt sie das Wild. Pfeil und Bogen kennzeichnen sie aber auch als unerbittliche todbringende *Rächerin*, etwa wenn sie sie – gemeinsam mit ihrem Zwillingsbruder Apollon – gegen die Kinder

der –> Niobe richtet. Seltener sieht man sie mit dem Speer (Bronzesta-tuette der frühen Kaiserzeit, Paris, Cabinet des Médailles; *Diana*, Ge-mälde von C. Cornelisz van Haarlem, s. o.). – Auf dem Gemälde von P.P. Rubens und Jan Brueghel d.Ä. (1623/24, Jaffé Nr. 771; Paris, Musée de la Chasse et de la Nature) sitzt die Göttin unter Bäumen, einen Speer in der Rechten (immerhin nennt Ovid sie die «speerwurffrohe»: Met. 5,375).

Ein spezifisches Merkmal der *Mondgöttin Diana* ist die Mondsichel, die die Göttin – oft wie ein Schmuckstück – über dem Scheitel trägt (Marmorstatue, römische Kopie nach Original des 4. Jh.; Rom, Musei Capitolini). Mitunter erinnert die überdimensionierte Mondsichel an ein Gehörn (Bronzebüste, wohl gegen 200 n. Chr.; London, British Mu-seum, Inv. 1006).

Häufig hält A. eine Fackel (auch zwei Fackeln), die sie zunächst als Lichtbringerin («Phosphóros») kennzeichnet, in einem weiteren Sinn sie mit *Hekate*, der Göttin der Unterwelt, gleichsetzt, die ihrerseits mit der Mondgöttin identifiziert wird. Auf einem Marmorrelief (um 100 v. Chr.; Delos, Museum, Inv. A 3236) hält A. in jeder Hand eine riesige Fak-kel, neben ihr sitzt ein Hund. Die Fackel setzt A. mitunter als Waffe ein, z. B. auf einer attischen Pelike, wo sie als «Hirschtrefferin» (Elaphebó-los) apostrophiert wird (um 380 v. Chr.; London, British Museum). – Als Hekate wird auch die dreigestaltige oder dreigesichtige A./Diana gedeu-tet. Dreigestaltig sehen wir die Göttin unter anderem auf einem Silber-denar, Rom, 43 v. Chr.; Abb. in LIMC 1984, 2,2, S. 611, Nr. 193). Anders als in der Antike begegnet man dieser Form der A. in der neuzeitlichen Kunst selten, wie auf einer Zeichnung von Andrea Semino (um 1550; Florenz, Uffizien, Gabinetto disegni, Inv. n. 15445): Die Mondgöttin glei-tet auf einem von zwei weiblichen Figuren gleicher Gestalt gezogenen Wagen durch die Wolken, alle drei tragen die Mondsichel über dem Scheitel. Auch ein dreiköpfiges Wesen, das gelegentlich im Zusam-menhang mit Diana auftritt, bezieht sich auf Hekate: vgl. das Relief an der Fassade des Odeo Cornaro in Padua (um 1540). Jacopo Zucchi (Dek-kengemälde im Palazzo Ruspoli in Rom, nach 1586) greift bei der Dar-stellung der Diana auf dieses Motiv zurück. Das dreiköpfige Wesen zu Füßen der Göttin setzt sich hier aus Hunde-, Pferde- und Eberkopf zu-sammen (vgl. V. Cartaris Illustration zu seiner ägyptischen Mondgöttin von Apollinopolis, die auf ihrem menschlichen Körper ein dreigestalti-ges Haupt trägt: nach links blickend einen Pferdekopf, frontal einen Eberkopf, nach rechts blickend einen Hundekopf).

Ein Schlüssel als Attribut soll an die Eigenschaft der Diana als Geburtsgöttin *(Lucina)* erinnern (J. Seznec 1961, S. 300). Eines der seltenen Bildbeispiele findet sich auf dem Deckenfresko von Jacopo Zucchi (Rom, Palazzo Ruspoli, s. o.), wo Diana (mit der Mondsichel über dem Scheitel) einen mächtigen Schlüssel in der Hand hält (Abb. bei J. Seznec, S. 299).

A. jagt und kämpft auch vom Wagen aus. Im Unterschied zu –> Apoll benutzt A. die Biga mit zweirädrigem Wagen. Als Zugtiere sieht man Damhirsche (rotfiguriger Krater gegen 430 v. Chr.; Paris, Louvre, Inv. CA 1795) oder Hirsche (auf Münzen des Commodus, 177–192, und des Septimius Severus, 193–211; Abb. in LIMC 1984, 2,2, S. 543, Nr. 1200). – Ein Gemälde von Primaticcio im Ballsaal des Schlosses in Fontainebleau (nach 1532) zeigt Diana in einem von Drachen gezogenen Wagen.

Selten reitet A. Als Reittier fungiert in der Regel der Hirsch (Fußbodenmosaik 3. Jh. n. Chr.; Tunis, Musée National du Bardo, Inv. 2816), auch ein Damhirsch (etruskische Schale des 4. Jh. v. Chr.; Würzburg, Martin von Wagner-Museum), manchmal ein Greif (Medaillon des Antoninus Pius, 138 n. Chr.), der sie vermutlich als Rächerin kennzeichnet (vgl. den *Mars Ultor*, –> Ares), ferner ein Pferd (Gemme aus Jaspis, um 200 n. Chr.; Wien, Kunsthist. Museum, Inv. IX 20,34), schließlich Schwan, Eber oder Stier.

Selten sieht man A. mit Kithara oder Lyra, die sie von ihrem Bruder entliehen zu haben scheint (–> Apollon). Auf einem Relief aus dem Heiligtum der A. in Brauron (gegen 500 v. Chr.; Brauron, Museum, Inv. K 2078) hält sie (begleitet von einer Hirschkuh) in der Linken die Kithara, in der Rechten das Plektron.

Von der ikonographischen Vielfalt der Antike bleibt in der Kunst der Neuzeit nur die römische Hybridform aus der Jägerin A. und der Mondgöttin Luna, wie sie etwa ein französischer Meister des 16. Jh. auf einem Flachrelief im Schloß Anet darstellte (*Diane au repos*; die Göttin mit allen Attributen der Jägerin – Pfeilen, Köcher, Jagdhunden und dem Hirsch – und der Mondsichel über dem Scheitel; heute Paris, Musée de Cluny). – Die Gartenfigur von Ferdinand Dietz schließlich (Büste der Diana, 1761 / 65; aus Schloß Seehof bei Bamberg; München, Bayerisches Nationalmuseum) stellt eine frivol-kokette Schöne dar, die sich Namen und Attribute (Halbmond und, ganz undogmatisch, ein Jagdhorn) der Diana anmaßt.

Der Eichenlaubkranz, den Diana auf dem Bildchen des C. Cornelisz van Haarlem (Kiel, Kunsthalle, s. o.) im Haar trägt, nimmt auf den der Göttin heiligen Baum Bezug.

D 1. *Die Geburt von A. und Apollon* (Homer. Hymnos 3, an Apoll; Kallimachos, Hymnos 3, an A., 22 ff). Das selten behandelte Thema findet häufig seinen Ausdruck im Typus des *ersten Bades* (–> Dionysos). Auf einem Relief aus dem Theater von Hierapolis (mit der Geschichte der Diana, 205 / 210 n. Chr.; Pamukkale / Türkei, Museum) sieht man Latona / –> Leto im Wochenbett, von zwei Frauen umsorgt; eine dritte badet die neugeborene A. – Auf Giulio Romanos Gemälde (Hampton Court; –> Zeus) sind bereits beide Kinder geboren. Hier wird für das erste Bad des Apoll gesorgt, A. ist deutlich die ältere. – Marcantonio Franceschini (Fresko im Palazzo Podestà, Genua, 1715 / 21, s. *Zyklen*) gibt der Episode einen neuen Akzent durch Juno, die (in den Wolken) auf Rache an Leto sinnt.

2. *Leto / Latona mit den Zwillingen.* Für die Darstellung in seinem Zyklus der *Storia di Diana* (1609, Palazzo Anguillara in Bassano Romano) übernimmt Domenichino die Ikonographie der *Caritas* im allgemeinen und im besonderen die seiner eigenen Darstellung der *Caritas* im Palazzo Farnese in Rom. Latona (in freier Landschaft sitzend) gibt Apoll die Brust, Diana kniet neben der Mutter; darüber erscheint Juppiter, der Vater der Kinder. –> Apollo –> Leto

3. *A. als Kind trägt Zeus ihre Bitten vor* (Kallimachos, Hymnos 3, an A., 4 ff). Auf dem Marmorrelief in dem obengenannten Zyklus im Theater von Hierapolis sieht man das kleine Mädchen auf dem Knie des Zeus sitzen, dem sie seine Wünsche vorträgt, den erbetenen Bogen bereits in der Hand. – Dem kindlichen Alter bereits entwachsen ist die Diana in einer Teppichserie nach Kartons von Toussaint Dubreuil (1. Hälfte 17. Jh.; Serie in St. Petersburg, Eremitage; s. *Zyklen*). Die Szene ist in ein höfisches Ambiente verlegt: Juppiter thront auf den Stufen einer barocken Säulenarchitektur, von den olympischen Göttern wie von einem Hofstaat umgeben; die halbwüchsige Diana kniet als Bittstellerin vor ihm (vergleichbare Darstellung auf einem Bildteppich aus dem Atelier von Fontainebleau, 16. Jh.; Rouen, Musée des Beaux-Arts).

4. *A. tötet die Niobiden* –> Niobe, –> Apoll

5. *A. tötet Chione* (Ovid, Met. 11,301 ff). Chione hatte die Stirn gehabt, das Antlitz der Göttin zu kritisieren (11,322), und diese straft sie, indem sie mit ihrem Pfeil die «schuldige Zunge» durchbohrt. – Primaticcio hat den Tod der Chione auf einer lavierten Federzeichnung festgehalten (St. Petersburg, Eremitage): Das Mädchen liegt auf dem Boden, die Zunge ist vom Pfeil durchbohrt. – Nicolas Poussins Zeichnung (aus der Serie für Marino Marini, 1622; Windsor Castle, Royal Library, Inv.

11935) stellt die Klage des Vaters Daedalion und der beiden kleinen Söhne der Chione dar. Diana zeigt sich ungerührt (vgl. auch die Illustration in der Ovid-Ausgabe Paris 1619.

6. *A. und Iphigenie* –> Iphigeneia

7. *Diana und Orion*. Die sonst an der Liebe desinteressierte A. verliebt sich in den Riesen und Jäger Orion, tötet ihn aber, von Apoll getäuscht (Hygin, Astron. 2,34,3 unter Hinweis auf Istros von Kyrene, 3. Jh. v. Chr.). – Die Geschichte von Diana und Orion illustriert ein Luca Penni zugeschriebener Zyklus (Zeichnungen, Paris, Louvre, Cabinet des Dessins, und Rennes, Musée des Beaux-Arts). Das Blatt *Der Tod des Orion* (nach Nonnos 4,338 schickte Diana einen Skorpion, nach Horaz, Carm. 3,4,70 f u. Hygin, Fab. 195, tötete sie ihn selbst) zeigt die Auffindung des Leichnams und Diana auf den Knien vor Juppiter, der zum Himmel zeigt: Nach Hygin (Astron. 2,2,6; 2,34,3 und Ovid, Fasti 5,543 f) bewirkte Diana, daß Orion als Sternbild an den Himmel gesetzt wurde.

8. *Die Jagd der A. / Diana*. Die jagende A. ist Thema der bildenden Kunst seit der achaischen Zeit. So sehr geht die Göttin in dieser Tätigkeit auf, daß die *jagende A.* in der Antike zum Typus wird (s. **C**). Dem Jagdgeschehen jedoch schenken erst neuzeitliche Künstler ihre Aufmerksamkeit. Auf Marcantonio Franceschinis Fresko (Genua, Palazzo Podestà, 1715 / 21; s. o.) verfolgt Diana mit ihren Nymphen ein Wild. – Arnold Böcklin hat sich des Themas mehrmals angenommen. Erwähnenswert sind das Gemälde von 1862 (Basel, Kunstmuseum), das eine (römische) Landschaft, in der Diana mit zwei Nymphen einen Hirsch erlegt hat, und jenes von 1895 / 96 (Paris, Louvre), auf dem die kleinen Figuren eine weiträumige sommerliche Landschaft mit Weidengruppen bevölkern.

Daß die sog. *Jagd der Diana* von Domenichino (Gemälde 1616 / 1617; Rom, Villa Borghese) keine Jagd darstellt, sondern ein Spiel – ein Motiv, das sich vielleicht aus Vergils Aeneis herleitet (5,515 ff) –, hat K. Badt (1962) richtiggestellt.

Häufiger als die Jagd selbst wird die Rast während der Jagd zum Bildgegenstand (vgl. Ovid, Met. 3,155 ff).

9. *Die Rast der Diana*. In der Bildkunst zeichnen sich im wesentlichen zwei Schemata ab: Das eine betont den Ort, eine Oase schattiger Kühle unter Laubbäumen (Hans von Marées, Gemälde 1863; München, Neue Pinakothek), in der die häufig kleinen Figuren als Staffage erscheinen; das andere zeigt großfigurige Kompositionen, in denen die Landschaft nur knappe, aber charakteristische Ortsangabe ist.

Eine eigene Variante bilden die Darstellungen mit den schlafenden Jägerinnen (Gemälde von Abraham Govaerts, 1614; Bordeaux, Musée des Beaux-Arts). – Anekdotische Ausschmückung erfährt diese Szene durch das Motiv zweier Satyrn, die die Schlafenden lüstern betrachten, so auf einem Bild von P.P. Rubens und Jan Brueghel d.Ä., *Diana und ihre Nymphen im Schlaf von Satyrn belauscht* (1623/24, Jaffé, Nr. 772; Paris, Musée de la Chasse et de la Nature; Gegenstück zu *Aufbruch zur Jagd*, s. u.); Amor ist offenkundig mit den Satyrn im Bunde, denn er ermahnt zwei Hunde, die er an der Leine hält, stillzuhalten. – Mehr für die Jagdbeute als für die schlafenden Jägerinnen scheinen sich die vier Satyrn auf einem Elfenbeinrelief des Dominicus Stainhart (um 1700; München, Bayerisches Nationalmuseum) zu interessieren.

Wiederum variiert erscheint das Thema auf einem weiteren Gemälde von Rubens (1636/38, Jaffé Nr. 1646, auch unter dem Titel *Allegorie der Fruchtbarkeit* geführt; Madrid, Prado): Die von der Jagd ausruhenden Nymphen werden von vier Satyrn überfallen; Diana holt kraftvoll zum Speerwurf aus. Ein Gemälde von Rubens gleichen Themas (1639, Jaffé, Nr. 1347; Madrid, Prado) geht wohl auf Statius (Silvae 2,3,8 ff) zurück.

Gelegentlich sieht man die ruhende A./Diana ohne ihr Gefolge von Nymphen, so auf einem Flachrelief der französischen Schule des 16. Jh. aus Schloß Anet (Paris, Musée de Cluny: Diana, auf dem Boden gelagert, legt den Arm um einen Hirsch. Vgl. auch die ehemalige Brunnenskulptur aus Schloß Anet, heute Paris, Louvre). – Die Skulptur einer schlafenden Diana (17. Jh., Rom, Palazzo Barberini) ist (trotz der Bekleidung) dem Typus der schlafenden Venus/–> Aphrodite eng verwandt.

Den *Aufbruch zur Jagd* schildert das Gemälde von P.P. Rubens und Jan Brueghel d.Ä. (1623/24, Jaffé Nr. 771; Paris, Musée de la Chasse et de la Nature; Gegenstück zu *Diana und ihre Nymphen im Schlaf von Satyrn belauscht*, s. o.).

Rubens' *Dianas Heimkehr von der Jagd* (um 1617; Jaffé Nr. 450; Darmstadt, Hessisches Landesmuseum) erscheint angesichts eines Satyrn mit Früchten, der sich der Göttin und ihren Nymphen zugesellt hat, wie eine *Allegorie des Herbstes*.

10. *Das Bad der Diana* (Ovid, Met 3,163 ff). Dieser Bildtypus scheint sich bereits in der Antike aus der Darstellung von Diana und –> Aktaeon entwickelt zu haben. Ein Wandgemälde in Pompeji veranschaulicht gut die Verselbständigung des Motivs (Casa di D. Ottavio Quartione, 4. Stil): Die Badende ist auf einem Bild allein dargestellt, während Aktaeon auf einem Pendant für sich erscheint.

Völlig entmythisiert ist die Darstellung des Vermeer van Delft (1654; Den Haag, Mauritshuis). Diana, hier eher eine vornehme Dame im Kostüm des 17. Jh., wird von einer jungen Frau bedient, die ihr die Füße wäscht. Auch den «Hofstaat» der Göttin bilden Damen im Zeitkostüm. Das Wasser (bei Ovid ein Quellwasser in natürlicher Grotte) ist hier gefaßt in einer Metallschale, und der Hund, der die Prozedur der Toilette verfolgt, ist weniger Jagd- als Schoßhund.

Antoine Watteaus Darstellung (*Diane au bain*, wohl 1713/1718; Paris, Louvre) macht deutlich, wie sehr dieses Thema in der Neuzeit in den Bereich der Aphrodite/Venus übergreift.

11. *Diana und Aktaeon* –> Aktaeon

12. *Diana und Callisto* (Ovid, Met. 2,453 ff). Aus der Antike sind nur wenige Beispiele überliefert. Ein neronisches Wandgemälde in Pompeji behandelt die Entdeckung der Schwangerschaft der Callisto, die neugierig von drei Nymphen gemustert wird, während Diana durch eine abweisende Gebärde ihren Unmut äußert. – Apulische Vasen und eine Münze aus Orchomenos schildern die Bestrafung der Callisto: Vom Pfeil der Diana getroffen, sinkt sie zu Boden.

Die Entdeckung der Callisto bildet mitunter das Gegenstück zu *Diana und Aktaeon* (–> Aktaeon).

Tizians *Diana und Callisto* (eine Version 1559, Edinburgh, National Gallery of Scotland, die andere wohl 1568, Wien, Kunsthist. Museum; Gegenstück zu *Diana und Aktaeon*) komme, so E. Panofsky (1969, S. 159), ikonographisch sozusagen aus dem Nichts: in der Brutalität, mit der Callisto bloßgestellt wird, und in der gebieterischen Geste, mit der Diana zu Gericht sitzt. Wohl nicht zufällig gleicht diese Geste jener für den Zwillingsbruder –> Apoll kennzeichnende. – Ganz anders die Auffassung des Rubens (Gemälde in Madrid, Prado, 1637/38, Jaffé Nr. 1646; auch *Allegorie der Fruchtbarkeit*): Diana ist nicht die erbarmungslose Rächerin; nicht verdammend, sondern eher selbst hilfesuchend streckt sie die Arme nach der Sünderin aus, die schuldbewußt das Haupt neigt.

Rembrandt vereint auf seinem Gemälde (*Diana mit Aktaeon und Callisto*, wohl 1635; Anholt/Westfalen, Slg. Fürst Salm-Salm) beide Episoden auf einem Bild, obwohl sie und die Orte der Handlung im Mythos nichts miteinander zu tun haben: Während Aktaeon die Göttin an ihrem bevorzugten Rastplatz – einer Quelle in natürlicher Tuffgrotte – überrascht, trägt sich die Begebenheit mit Callisto an einem Bach zu, der sich murmelnd durch einen Hain windet (Ovid, Met. 2,455 f). Diana und die Nymphen haben im Stauwasser der Quelle gebadet und fliehen nun vor dem überraschten Aktaeon (im Zeitkostüm, in der Hand den Jagdspeer und bereits mit Hirschgeweih). Rechts sieht man die Gruppe der Nymphen mit der unglücklichen Callisto. – Vielleicht verbindet auch Giambattista Tiepolo die beiden Episoden auf seinem Gemälde in Zürich (Slg. Bührle), vorausgesetzt, es handelt sich bei dem springenden Hirsch um den verwandelten Aktaeon und bei der liegenden Nymphe (rechts) um Callisto.

13. *Der Triumph der Diana*. In ihrem von zwei Hirschen gezogenen Triumphwagen fährt Diana über den hellen Himmel – ganz die Zwillingsschwester des Apoll (Deckenfresko von Giuseppe und Domenico Valeriani, Palazzina di Caccia in Stupinigi bei Turin; 1733).

14. *Das mythologische Porträt im Bild der Diana*. Das Bild der keuschen A./Diana diente v.a. in der Barockzeit als Allegorie der Tugendhaftigkeit und Keuschheit irdischer Frauen (v.a. hochgestellter Damen). So ließ sich etwa die Königin Christina von Schweden in Gestalt der Diana konterfeien mit dem Wahlspruch «Virtutis et virginitatis amore» (Aus Liebe zu Tugend und Jungfräulichkeit; Emailmalerei von Pierre Signac, um 1646, auf dem Gehäuse einer Prunkuhr, Stockholm, Kungl. Husgerådskammaren, Inv. 244). – Königin Elisabeth I. von England schlüpft auf einem satirischen Stich von Pieter van der Heyden in die Gestalt der Göttin Diana, die verdammend die Rechte gegen den Papst ausstreckt, der den Part der Callisto übernimmt (beide Figuren decken sich formal mit jenen auf Tizians Bild *Diana und Callisto*, s.o.). Der politische Hintergrund ist der Kampf der protestantischen Holländer mit dem katholischen Philipp von Spanien, in dem die ersteren die Hilfe der Königin von England erbitten (Frances A. Yates 1975, S. 80 und Abb. 11a). – Das *Bad der Diana* aus der Schule von Fontainebleau (dem François Clouet zugeschrieben) präsentiert zwar die Göttin im Kreise von Nymphen und Satyrn in mythischer Nacktheit, der Reiter im Hintergrund jedoch im Kostüm des 16. Jh. könnte Hinweis genug darauf sein, daß mit den Dargestellten zeitgenössische Persönlichkeiten gemeint sind. Beide Versionen des Bildes hat man unterschiedlich gedeutet (Rouen, Musée de Rouen Nouvel; Sao Paulo, Museu de Arte; beide wohl 1560). Auf der ersten Version meinte man in der Sitzenden Katharina Medici, in der (rechts) Stehenden Maria Stuart zu erkennen, in dem Reiter im Hintergrund Franz II., Gemahl der Maria Stuart; die Satyrn interpretiert R. Trinquet (1968) als den Herzog François de Guise (die Schalmei blasend) und dessen Bruder, Kardinal Charles de Lorraine. Da im Verständnis der Zeit die Satyrn das Böse verkörpern, lassen sich ent-

sprechende Schlüsse ziehen. Auf der zweiten Version (in Sao Paulo) könnte mit dem Reiter im Hintergrund Heinrich II. gemeint sein. Eine dritte Version schließlich (Schule von Fontainebleau, Musée de Tours) soll auf die Amouren Heinrichs IV. anspielen (R. Trinquet 1968). – Besonderes Gewicht erhält die Gestalt der Diana am Hof Heinrichs II. von Frankreich, dessen Maitresse Diane de Poitiers ein völlig neues Frauenideal verkörperte. Hochgewachsen, sportlich und von ewiger Schönheit, die man ihr nachsagte, provozierte sie nicht nur wegen der Namensgleichheit geradezu selbstredend die Assoziation mit der antiken Göttin. Da es sich um die Geliebte des Königs handelte, dürfte die Gleichsetzung mit der Göttin Diana kaum auf deren Keuschheit anspielen.

15. *Diana als Patronin der Jagd*. Darstellungen der Diana als Jagdgöttin implizieren den Gedanken an ein Patronat der Göttin für Jäger und Jagd. Ausdrücklich gemacht wird er auf einem Elfenbeinrelief von Ignaz Johann Bendl (um 1684; Wien, Kunsthist. Museum), das eine Landschaft mit Hirschjagd darstellt, die Diana von den Wolken aus verfolgt.

16. *Die Mondgöttin Diana*. Wenige Beispiele weisen Diana eindeutig und ausschließlich in ihrem Verständnis als Mondgöttin aus. Die Mondsichel allein ist kein Hinweis auf diese Bedeutung (Marmorstatue, römische Kopie nach griechischem Original des 4. Jh. v. Chr.; Rom, Musei Capitolini). Ihr Verständnis als Gestirnsgottheit ist dagegen eindeutig, sobald sie sich in Begleitung von Sternen oder anderen Planetengottheiten befindet (z. B. auf einem goldenen Ring, Ende 5. Jh. v. Chr.: Diana auf einem Hirsch reitend, eine Fackel in der Hand, von vier Sternen umgeben; ehem. Slg. Ralph Harai, Abb. in LIMC 1984, 2,2, S. 513, Nr. 901). – Auf einem Stich von Jacopo de' Barbari erscheinen die Gestirnsgottheiten Sol / –> Apoll und Diana / Luna als Gegenbilder: Sol auf der Himmelskugel im Strahlenkranz, einen Pfeil abschießend, Diana / Luna, uns abgekehrt, im Schatten des Bruders. Denselben Bildgedanken greift Tiepolo mit seiner Gegenüberstellung von Sol und Diana Rücken an Rücken (Diana im Schatten des Apoll) auf (Fresko in der Villa Valmarana bei Vicenza, Stanza dell'Olimpo; 1757). – Auch Giulio Romanos Darstellung von Sonne und Mond in ihren Himmelswagen (in extremer Untersicht) ist hier einzureihen (Mantua, Palazzo del Te, 1525 / 35, Sala del Sole). Der vorausfahrende Sonnengott wirft seinen Schein auf die ihm folgende Mondgöttin und ihr Pferdegespann.

Einige mythische Erzählungen beziehen sich nicht auf Diana, sondern auf die Mondgöttin Selene bzw. Luna, wie die Geschichte von Diana und Endymion oder die von Diana und –> Pan.

17. *A. als Schützerin der Frauen* (als Geburtshelferin, A.- Eileithyia, Diana Lucina). Auf einer Lekythos des 5. Jh. v. Chr. (Syrakus, Museo Nazionale, Inv. 21186) steht A. mit Fackel, Pfeil und Bogen einer Frau gegenüber, die ihren Gürtel ablegt – eine Geste, mit der sie A. Eileithyia um eine glückliche Entbindung bittet (vgl. LIMC 1984, 2,1, S. 676).

18. *Zyklen*. So spärlich die Beispiele in der Antike sind, so populär sind zyklische Darstellungen in der Neuzeit, wo die Geschichte der A. / Diana v. a. in Jagdgebäuden einen angemessenen Ort findet.

Das Programm des Freskenzyklus in Lustheim / Schleißheim bei München (1684 / 89; nach Kallimachos und Apollodor, basierend auf jenem der verlorenen Fresken eines Jagdschlosses bei Turin, 1674) umfaßt folgende Themen: *Juppiter erhebt Diana zur Göttin der Jagd, Diana im Kampf gegen die Giganten, Die Opferung der Iphigenie, Pan wirbt um Diana, Diana und Opis fangen den armenischen Tiger, Die Bestrafung des Ampelos, Diana in der Schmiede des Vulkan* (Kallimachos, Hymn. 3, an A., 46 ff), *Diana im Triumphwagen, Diana vertreibt die stymphalischen Vögel* (ist das die Stymphalische A.?, s. Pausanias, 8,22,7; vgl. auch Gyraldi, Synt. 12, S. 522A), *Diana und Endymion, Diana lädt Mars, Venus und Herkules zur Jagd* (vielleicht frei nach Hygin, Astron. 2,34).

Von diesem Programm beeinflußt war die Ausmalung des großen Saals in Nymphenburg (1701 bis etwa 1703 von Johann Anton Gumpp; noch im 18. Jh. zugunsten einer Neuausstattung entfernt). Die Malerei ist durch eine Dokumentation (ausführliche Beschreibung samt Skizzen) belegt (L. Andersen 1973).

Die Geschichte von Apoll und A. behandelt eine Folge von sechs Stichen von Etienne Delaune nach Vorzeichnungen von Luca Penni (Paris, Louvre, Cabinet des Dessins; s. o.): *Apoll tötet Python, Latona verwandelt die lykischen Bauern in Frösche, Diana lädt Orion zur Jagd, Der Tod des Orion, Diana beweint den Tod des Orion, Britomartis stürzt sich ins Meer.* - Die Deckenmalerei des Domenichino im Palazzo Giustiniani-Odescalchi in Bassano di Sutri umfaßt außer dem Bild der *Latona mit den Zwillingen* (als zentrales Motiv) die Themen: *Diana und Endymion, Pan wirbt um Diana, Diana und Aktaeon, Die Opferung der Iphigenie.* - Nach einem Diana-Zyklus, den Marcantonio Franceschini für Johann Adam von Liechtenstein gemalt hatte (1691 / 1709), schuf er einen weiteren, fünf Fresken umfassenden Zyklus (im Palazzo Podestà in Genua, 1715 / 21): *Die Geburt von A. und Apoll, Die Jagd der Diana, Dianas Nymphen entwaffnen Eroten* (eine Allegorie auf die Keuschheit), *Diana und Endymion, Diana und Pan.*

Die Geschichte der Diana ist auch beliebter Gegenstand von Teppich-serien, z. B. einer Folge für Diane de Poitiers (Histoire de Diane, Schule von Fontainebleau; New York, Privatbesitz, und Schloß Anet). Von den ursprünglich neun Stücken sind sieben erhalten: *Diana lädt Orion zur Jagd, Orions Tod, Die Verwandlung der lykischen Bauern, Die Hybris der Niobe, Der Tod der Britomartis, Der Triumph der Diana* (Fragment), *Der Tod des Meleager.* Zu ergänzen sind vermutlich *Der Tod der Niobiden* und *Der Tod des Actaeon.* - Von einer weiteren umfangreichen Serie (1. Hälfte 17. Jh., nach Kartons von Toussaint Dubreuil) sind sechs von ursprünglich mehr als zehn Teppichen erhalten (St. Petersburg, Eremitage).

Lit.: Andersen, Liselotte: Eine unbekannte Quellenschrift aus der Zeit um 1700. In: Münchner Jahrbuch der bildenden Kunst, 3, 24, 1973, S. 175–212. Badt, Kurt: Domenichinos ‹Caccia di Diana› in der Galleria Borghese. In: Münchner Jahrbuch der bildenden Kunst 13, 1962, S. 216–237. Bardon, Françoise: Diane de Poitiers et le mythe de Diane. Paris 1963. Biass, Sophie: Peinture et cynégétique au XVIe siè-cle etc. In: Destins d'objets. Paris 1988, S. 21–33. Busch, Werner: Das keusche und das unkeusche Sehen. Rembrandts ‹Diana, Aktaion und Callisto›. In: Zeit-schrift für Kunstgeschichte 52, 1989, S. 257–277. Chastel, André: Diane de Poi-tiers: «L'Eros de la beauté froide». In: Friendship's Garland (Storia e letteratura. Raccolta di studi e testi 106). Roma 1966, S. 95–104. Dowley, Francis H.: The ico-nography of Poussin's painting representing Diana and Endymion. In: Journal of the Warburg and Courtauld Institutes 36, 1973, S. 305–318. Ettlinger, Leopold, in: RDK 3, 1954, Sp. 1429–1438, s.v. Diana. Evelyn-White, Hugh G. 1977 (–> All-gem. Bibl.). Kahil, Lilly / Icard, Noelle, in: LIMC 1984, 2,1, S. 618–753. 2,2, S. 442–563, s.v. Artemis. Levine, Stephen Z.: To see or not to see. The myth of Diana and Aktaeon in the 18th century. In: Ausst.-Kat. «The love of the gods», Philadelphia 23.2.-26. 4. 1992. New York 1992, S. 73–95. Mercalli, Maria / Tozzi, Simonetta: Il mito di Callisto. In: Giorgione. Atti del convegno nov. 1978. Roma 1981, S. 155–160. Panofsky, Erwin: Problems in Titian 1969 (–> Allgem. Bibl.). Seznec, Jean, 1961 (–> Allgem. Bibl.). Simon, Erika / Bauchhenss, Gerhard, in: LIMC 1984, 2,1, S. 795–855. 2,2, S. 587–628. Simon, Erika: Die Götter der Grie-chen, München 1985, S. 147–178. Sluyter, Eric Jan: De ‹heydensche fabulen› in de noordnederlandse Schilderkunst, circa 1590–1670. Den Haag 1986, Kapitel 2,1. Tanner, Marie: Chance and coincidence in Titian's Diana and Actaeon. In: Art Bulletin 56, 1974, S. 535–550. Trinquet, Roger: Le «Bain de Diane» du Musée de Rouen. Nouvel essai d'interprétation. In: Gazette des Beaux-Arts 71, 110, 1968, S. 1–16. Vliegenhart, Adriaan W.: Einige Bemerkungen zu Rembrandts Actaeon und Kallisto. In: Nederlands Kunsthistorisch Jaarboek 23, 1972, S. 85. Water-house, Ellis K.: Titian's Diana and Actaeon. Oxford 1952 (Charlton Lectures on Art). Wind, Edgar: Studies in Allegorical Portraiture. In: Journal of the Warburg and Courtauld Institutes 1, 1937–38, S. 138–162. Yates, Francis A.: Astrea. The Imperial Theme in the Sixtheenth Century. London / Boston 1975.

Athena, Athene, häufig auch Pallas oder Tritogeneia, griech., lat. Minerva, etr. Menerva. Olympische Gottheit. Jungfräuliche Göttin des Krieges, des Handwerks, der Wissenschaften und Künste. Tochter des –> Zeus (Homer, Il. 1,202).

Nach heutigem Verständnis ist A. ursprünglich wohl eine mächtige Schutzgöttin des mykenischen Kriegeradels und eine Schirmherrin von Burg und Stadt (vgl. Homer, Il. 6,305; 2,445 ff; vgl. Myth. Vat. III 10,2), die sich mit einer friedfertigen minoischen Haus- und Palastgöttin (A. Polias) zur Einheit eines Wesens verbindet (Kl. Pauly, Bd. 1, Sp. 682). Die damit in der Göttin angelegte Wesensdivergenz bestimmt weithin ihr Schicksal in der Mythologie bis in die Neuzeit (vgl. K. Ph. Moritz 1795 / 1966, S. 89 ff) und hat sogar zu einer Aufspaltung in zwei «Personen» geführt (Boccaccio, Gen. 2,3 und 5,48; s. **B**). Das geschah sicher auf römischer Grundlage und doch auch aus ihrer ursprünglichen Anlage, aber augenscheinlich ebenso im Rückblick auf entsprechende Kultfiguren, welche einerseits die Kriegerin (z. B. die gold-elfenbeinerne Standfigur der A. Parthénos des Phidias), anderseits, als Sitzbild aus Olivenholz, die (wohl unbewaffnete) Friedfertige zeigte, der die Frauen alljährlich bei den panathenäischen Spielen einen Peplos, das kunstvolle Werk ihrer Hände, darbrachten. Nach Cicero (Nat. 3,59) ist eine Minerva die Tochter des zweiten Juppiter (Kriegsherrin); eine andere ist Tochter des Juppiter von der Coryphe und damit Enkel des Oceanus (auch sie ist Kriegerin). Dann habe es eine Tochter des Nil und eine Tochter des Pallas dieses Namens gegeben (s. u.). Cicero (ebd. 3,55) berichtet auch, daß Minerva von Vulcan die Mutter des –> Apoll geworden sei. Natale Conti wird behaupten, Minerva sei von Aesculap Mutter der Hygieia («Hygia») geworden. Während diese Nachrichten durchaus immer wieder das Bild der «A. / Minerva» mitbestimmen werden, tritt sie in ihren wesentlichen Zügen doch immer so vor uns, wie Hesiod und vor allem Homer sie uns zeigen.

A Sicher ist, daß A. nicht auf die übliche Weise geboren wurde, sondern einfach dem Haupt des Zeus entsprang. Unter diesen Umständen meinte man, sie sei ein Geschöpf einzig des Vaters. Nach Hesiod (Theog. 924 ff; vgl. Homer. Hymnos 3, an den Pyth. Apoll, 314 ff und 323) war das der Grund für die eifersüchtige –> Hera, nun ihrerseits den –> Hephaistos in Parthenogenese zu gebären (vgl. Ovid, Fasti 5,231 ff; Cornutus, Nat. deor. 19). Diese Auffassung haben u. a. wohl auch Pindar (Ol. 7,35 ff) und Euripides (Ion 452 ff) geteilt. Andere sagten, Zeus habe das Kind mit der Okeanide Metis gezeugt, was den Ablauf der Ereignisse für uns aber nicht vereinfacht. Auch diese Version findet sich bei Hesiod (Theog. 886 ff).

Demnach war Metis (griech. «Klugheit», «Rat», «Schlauheit») – «die Klügste unter Göttern und Menschen» – die erste Frau des Zeus. Apollodor (Bibl. 1,3,6) wird berichtet, sie habe sich durch vielfältigen Gestaltwandel seiner Umarmung entziehen wollen, doch sie wird schwanger. Jetzt erfährt Zeus von Erde und Himmel (von Uranos oder nur von der Erde), daß das Kind sehr klug sein werde – wie alle Kinder der Metis –, dem Vater an Stärke und klugem Verständnis gleich. Dann aber werde die Frau einen Sohn haben von gewaltigem Geiste und zum König über Götter und Menschen gesetzt (oder zum Herrn des Himmels: Apollodor, Bibl. 1,3,6). Da packt Zeus aus Furcht, sie könne etwas hervorbringen, das mächtiger ist als sein Blitz (Hesiod, Theog. 929 ff), die Schwangere und tut sie in den eigenen Leib, damit die Göttin dort beides für ihn bewirke, das Gute und das Böse. Es kann übrigens sein, daß Metis das Kind erst empfing, als Zeus in bloßer Kenntnis der Warnung sie schon »verschlungen« hatte (Hesiod, ebd.). Unklarheit herrscht auch über die weiteren Umstände. Im Homerischen Hymnos (28, an A.) braucht Zeus keine Hilfe bei der Entbindung, während die anderen Götter dabeistehen und staunen. Eine Götterversammlung samt Flußgöttern und Nymphen – in Anlehnung an Homer (Od. 20,7 ff) – wird Philostrat (Imag. 2,271 ff) sehen. Pindar (Ol. 7,35 ff) berichtet, –> Hephaistos habe (gleichsam als Hebamme und in Abwesenheit – oder anstelle – der Eileithyia, die ja der –> Hera gehört; vgl. Natale Conti 1567, Myth. 5, Bl. 94ʳ, Zeile 7 f) den Geburtshelfer gemacht: Er nahm sein erzenes Beil (oder eine Axt) und öffnete mit einem Hieb dem Zeus das Haupt. Vielleicht in Kenntnis der Geschichte bei Hesiod, wo Hephaistos doch erst nach der A. geboren wird (s. o.), behauptet Euripides (Ion 452 ff), –> Prometheus habe geholfen (Apollodor, Bibl. 1,3,6, nennt Prometheus als ersten). Hier erfahren wir auch, daß die Göttin dem Scheitel des Vaters entsprang und daß die Entbindung ohne Wehen vonstatten ging, was dem Lukian (Dial. deor. 8) Anlaß sein wird, im Gegenteil von mächtigen Kopfschmerzen des »Schwangeren« zu reden. Später wird man auch sagen, Juppiter habe sie aus dem Bart (= «Mannesstärke») geboren (Myth. Vat. I 176,2) wie Hera den Hephaistos aus ihrem Schenkel. Gyraldi (Synt. 11, S. 470B) weiß, daß sie an einem dritten des Monats («tritómenis») Geburtstag hatte, Ovid (Fasti 3,812) gibt dafür den 22. März an. Übrigens soll Juppiter / Zeus bei Minervas Geburt auf die Insel Rhodos Gold geregnet haben (Claudian, Stilich. 3,226 f).

A. tritt in das Leben offenbar als Erwachsene («in jungfräulichem Alter»: Myth. Vat. I 124), und zwar in der vollen Rüstung des Kriegers aus leuchtendem Gold, in der Hand schüttelt sie einen scharfen Speer (Homer. Hymnos 28, an A, 7 f; Hesiod, Theog. 929 f; Apollodor, Bibl. 1,3,6). Sie zeigt sich energisch: In den frühen Quellen ist die Rede davon, daß sie «herausfährt» oder «hervorspringt». Lukian (Dial. deor. 8) sieht sie beim Waffentanz, wobei sie den Schild schüttelt und den Speer schwingt (was mit einer Etymologie von «Pallas» übereingehen würde; s. **B**).

Welch gewaltige Macht da mit A. in die Welt tritt, macht der Homerische Hymnos (28, an A., 9 ff) anschaulich, wenn er erzählt, daß mit ihrem Erscheinen der Olymp schrecklich zu schwanken begann, daß die Erde ringsum angstvoll schrie, das Meer mächtige Wogen warf und weiße Gischt schäumte. Helios habe seine Sonnenrösser angehalten und gewartet, bis das Mädchen die göttliche Rüstung von den Schultern nahm. Nach Pindar (Ol. 7,35 ff) stieß A. sogleich einen Schlachtruf aus so laut, daß Uranos und Mutter Erde erschauerten. Das ist die ehrfurchterregende A., die streitbare Heerführerin, die unermüdliche, die Königin, die Freude hat an Lärm, an Krieg und Kampf (Hesiod, Theog. 924 ff). Das alles geschah am Flusse Triton (Apollodor, Bibl. 1,3,6), der entweder in Libyen liegt oder in Boiotien (Pausanias 9,33,5; vgl. ders. 9,34,1: die Itonische A., A. als Tochter des Itonos) oder auf Kreta (Diodor 5,72,3). In Arkadien glaubte man, sie sei dort an der Quelle Tritonis geboren worden, und errichtete einen Altar für Zeus im Kindbett (Pausanias 8,26,6). Später nannte man auch den tritonischen See (in Libyen; Myth. Vat. I 124). Eine Version besagt, daß A. ein Kind der Erde war und daß man sie an den Ufern des Flusses Triton auffand (Diodor 3,70,2), eine andere, sie sei Tochter des –> Poseidon und des Tritonis-Sees (Pausanias 1,14,5). Jedenfalls ist ihr Beiname «Tritogeneia», «Tritonis» oder (lat.) «Tritonia» hier ein Hinweis auf ihren Geburtsort. Nach Cicero (Nat. 3,59) ist A. die Tochter des Giganten Pallas und der Okeanide Titanis (Clemens v. Alexandrien, Exhort. ad Graec. 2,24 P.; G.W. Butterworth 1982, S. 56); von ihm soll sie den Beinamen «Pallas» haben (man habe sie mit geflügelten Füßen dargestellt; s. B).

Ein anderer Versuch, diesen Namen zu erklären, mag in einer Geschichte stekken, die uns das Mädchen wohl erstmals als Handelnde zeigt, wobei zugleich ihre beiden häufigsten Beinamen miteinander verbunden werden:

Apollodor (Bibl. 3,12,3) berichtet, man habe A. gleich nach ihrer Geburt zu Triton gebracht (offenbar dem Gott eines gleichnamigen Gewässers; vgl. Festus 276, W.M. Lindsay 1997, S. 246,4 f: Pallas = lat. «palus» = Sumpf), der sich ihrer annahm (vgl. Gyraldi, Synt. 11, S. 468A). Dessen Tochter Pallas wurde der A. zur willkommenen Gefährtin in mancherlei kriegerischen Spielen. Als eines Tages aus Spiel Ernst zu werden drohte, griff der wachsame Zeus ein: Um seine Tochter vor Schaden zu bewahren, warf er die Aigis (s. u.) zwischen die beiden. Das lenkte die Pallas ab, und sie wurde getroffen, offenbar tödlich, denn die tieftraurige A. schuf nun ein hölzernes Abbild der Gefährtin und legte ihr in dieser Gestalt die Aigis um die Brust. Das Bild stellte sie neben dem Vater auf und erwies ihm Ehren: Das ist das berühmte Palladion (lat. «Palladium»), das im Krieg um Troia eine wichtige Rolle spielen wird und das man schließlich in Rom aufstellt, dessen Besitzes sich aber auch Argos und Athen rühmten (zu weiteren Ableitungen des Namens s. B).

Diodor (5,3,4) behauptet, A. sei auf Sizilien erzogen worden, zusammen mit –> Artemis und Kore / –> Persephone. Gemeinsam weben sie dem Vater Zeus ein Gewand. Gemeinsam mit Proserpina, Venus und Diana soll sie übrigens auf Sizilien gerade Blumen gepflückt haben, als Vulcan kam, die Proserpina zu rauben (Hygin, Fab. 146).

Natale Conti (1567, 4,5, Bl. 94 ^{r}, Zeile 39 ff, mit Hinweis auf «Possidonius in lib. de Diis & Heroibus») referiert eine späte rationalisierende Version, wonach Minerva / A. von einer Amme Daedala erzogen wurde, einer außerordentlich gescheiten und kundigen Frau, die das Kind schon im zarten Alter in allen edlen (freien: «ingenuis») Künsten unterrichtete.

Die Geschichte um das Palladium zeigt die beiden charakteristischen Neigungen und Talente der Göttin und verknüpft sie im Handlungsablauf miteinander: den Kampf und das Handwerk. Während sie hier wohl schnitzt, sehen wir sie in der anderen Geschichte (Diodor 5,3,4) als Weberin.

Weil es wie üblich für die einzelnen Episoden in Mythos und Legende außerhalb eines epischen Zusammenhangs keine zwingende zeitliche Ordnung gibt, wird das folgende sie nach den beiden dominierenden Wesenszügen der A. referieren, und zwar in der Abfolge, die wiederum der Mythos nahelegt. Demnach steht nach Erscheinung und Auftreten die *Kriegerin* (1) vor der *Handwerkerin* (2).

1. Zwar springt A. «in voller Rüstung» in diese Welt, doch wie die Rüstung in diesem Augenblick aussieht, bleibt in der Literatur wohl lange unklar. Generell neigte man dazu, sie sich im einzelnen nach der jeweils gültigen militärischen Kleiderordnung vorzustellen (z. B. Libellus 7, H. Liebeschütz S. 119; s. a. B). Der Homerische Hymnos (28, an A.) zeigt sie in goldglänzender Rüstung und mit einem «scharfen Speer» in der Hand. Philostrat (Imag. 2,27,16 ff) wird ein Bild beschreiben, das ihre Ausrüstung («panoplía») in den Farben des Regenbogens vorstellt. Ovid (Fasti 3,841 f) erwähnt einen Schild, Lukian (Dial. deor. 19) spricht vom Speer. Das entspricht einer Grundausstattung. Dazu kommen zwei andere Teile, deren Macht in Abwehr und Angriff ganz ungewöhnlich ist und die sie erst erwerben wird: die Aigis (lat. «Aegis») und das Gorgoneion (–> Medusa). Die Aigis ist eigentlich ein von Hephaistos für Zeus geschaffenes «Fell» (Homer, Il. 15,308 ff), das man sich über die Schultern wirft (Homer, Il. 5,738), einfach vor sich her trägt (Il. 15,311 u. 318) oder auch schwingt (ebd. 321). Es dient dem Schutz, wozu schon sein bloßer Anblick (vgl. Il. 5,738 ff) beiträgt, vielleicht auch weil man weiß, daß selbst der Blitz des Zeus es nicht bezwingen könnte (Il. 21,400 f). Die Aigis ist «kostbar, alterslos und unsterblich» (Il. 2,447). Offenbar verleiht der Göttervater das Gerät nach Gutdünken, auch – und auffällig häufig – an A. (Homer, Il. 2,446; ebd. 5,738; 18,203 f; 21,400). Historisch betrachtet vereinnahmt A. die Aigis und macht sie zu einem untrennbaren Teil ihrer Ausrüstung. In diesem Sinn kann Clemens v. Alexandrien (Exhort. ad Graec. 2,24 P.; G.W. Butterworth 1982, S. 56 ff) sogar sinngemäß behaupten, sie selbst habe die Aigis verfertigt: aus der Haut des ruchlos geschlachteten Vaters Pallas (vgl. Apollodor 1,6,2, der wohl an einen Panzer denkt). Cicero berichtet (Nat. 3,59), Pallas habe versucht, der Tochter Gewalt anzutun. Bei Clemens v. Alexandrien (Exhort. ad Graec. 4,42 P.; G.W. Butterworth 1982, S. 104) steht auch, daß das Palladion aus den Knochen des Pelops verfertigt war (ist etwa die elfenbeinerne Schulter gemeint?).

Dazu kommt das Gorgoneion, das die Göttin von –> Perseus hat (dem sie entscheidend hilft und den sie vielleicht sogar zur Tat anstiftete; er soll in ihrem Tempel erzogen worden sein: Hygin, Fab. 63), das Haupt der –> Medusa, das versteinert, wer (oder was) immer es anblickt. Das ist eine mächtige Waffe, die A. in die Aigis einfügt oder in ihren Schild. Bei Euripides (Ion 991; vgl. Hygin, Astron. 2,12) steht, die Göttin selbst habe der Gorgo das Haupt abgeschlagen beim Kampf gegen die Giganten.

In der Ilias (5,736 ff; vgl. 8,387 ff) sehen wir, wie sie sich zum Kampf rüstet, zuerst mit dem Panzerhemd des Zeus, dann legt sie die Aigis mit dem Gorgoneion über die Schultern. Auf das Haupt setzt sie den goldenen viergebuckelten (Übersetzung Wolfgang Schadewaldt) Helm mit Wangenstücken, packt eine große, schwere und wuchtige Lanze und besteigt einen zweisitzigen Kampfwagen. Der Helm wird später (wohl im Anschluß an die bildende Kunst) zumeist nach attischer Art einen Busch aus Roßhaar tragen (z. B. Claudian, Proserp. 3, 218).

Als die Titanen, von –> Hera angestachelt, Jupiter absetzen und Saturn wieder einsetzen wollen, steht A. im Kampf gemeinsam mit –> Apoll und –> Artemis dem Vater zur Seite (Hygin, Fab. 150). Diodor (3,71,4) weiß, daß sie an diesem Kampf teilnahm als Anführerin eines Amazonenheers (die Amazonen waren nach vorwiegender Meinung in der Gegend des Tritonis-Sees zu Hause; s. u.), während –> Dionysos aus demselben Anlaß ein Heer von Männern anführte. Im Kampf gegen die Giganten («Gigantomachie») fällt A. ebenso durch ihren kundigen Rat auf wie durch ihre Tat. Sie rät Zeus, den –> Herakles zu Hilfe zu holen, und als der den Alkyoneus niedergestreckt hat, rät sie, den Giganten aus Pallene fortzubringen, damit er sterben kann (Apollodor, Bibl. 1,61 f). Sie selbst schleudert die Insel Sizilien auf den fliehenden Enkelados und begräbt ihn darunter (Apollodor, Bibl. 1,6,2; vgl. Vergil, Aen. 3,578 ff). Nach Euripides (Ion 209 f) schüttelt sie den Gorgonenschild gegen ihn. Claudian (Gigant. 91 ff) sagt, sie habe keinen Speer gebraucht; das Gorgoneion habe gereicht (vgl. aber Euripides, Ion 991). Pallas sei der erste gewesen, den sie versteinerte (zu seiner Schindung s. o.). Sein Bruder Echion erleidet das gleiche Schicksal (Claudian, Gigant. 104 ff). Palleneus greift sie mit abgewandtem Blick an, aber er fällt unter dem Schwert der Göttin, während gleichzeitig sein Schlangenteil beim Anblick der Gorgo zu Stein wird (Claudian, ebd. 109 ff).

Im troischen Krieg hält sie es mit den Griechen, wohl aus Verstimmung über das Urteil des –> Paris (vgl. Homer, Il. 5,422 ff zu «Kypris»). So ist sie mit –> Hera im Bunde (Il. 1,195; 5,418 ff; 9,254; 11,45; 20,313 f), der sie sich unterordnet (ebd. 2,156; 4,64; 5,713; 8,351). Als kundig im Kriegshandwerk nennt Zeus sie zusammen mit –> Ares (Il. 5,428 ff). Homer vermittelt uns (ebd. 5,835 ff) z. B. das Bild einer gewaltigen, wilden Kämpferin, die entschlossen den Sthenelos aus dem Kampfwagen zieht, Peitsche und Zügel an sich reißt, um dem Diomedes gegen Ares zu helfen, und doch ist es nicht ihre Hand, die Troia stürzt, sondern ihr Rat (Il. 15,71). Man kann aber sagen, daß sie die Hände der Menschen lenkt.

In diesem Sinn wirkt sie auf Herz und Verstand der Kämpfer, sie motiviert zum Kampf, drängt und gibt Kraft: den Achaiern (Homer, Il. 2,450 ff), dem Achill (ebd. 2,156 u. 278 f), dem Diomedes (ebd. 1,122 ff; vgl. Macrobius, Sat. 5,13,34: «Und machte ihm die Glieder leicht, die Füße und die Hände darüber, / ... Denn ich lege dir in die Brust das Ungestüm deines Vaters» usw.), dem Menelaos

(Homer, Il. 17,567 ff): Sie legt ihm Kraft in Schultern und Knie und in das Herz den dreisten Mut der Mücke (vgl. Achill: Homer, Il. 19,353 ff), dem Odysseus (Homer, Il. 13,772) hilft sie beim Wettlauf: «machte die Glieder ihm leicht, die Füße und Hände darüber» (vgl. Tryphiodoros 185 ff). Sie mahnt zu Rüstung (Homer, Il. 11,714 ff) oder Umkehr (Diomedes: Homer, Il. 10,507), ermuntert zum Kampf (Il. 2,278 ff, wo sie als Herold dem Odysseus die Autorität gibt, mit einer Rede die Achaier von der Heimkehr abzuhalten), und gibt taktische Anweisungen für den Zweikampf (Il. 5,829 ff: Diomedes). Dazu gehört, daß sie sich auch «höheren Ortes», bei Zeus, für ihre Schützlinge einsetzt (Il. 8,30 ff; vgl. 8,360 u. 460). Wie sie Verstand gibt, so kann sie ihn auch nehmen (Il. 18,311: Die Troer rufen dem Hektor Beifall, «denn den Verstand nahm ihnen Pallas Athene»).

Recht eigentlich handgreiflich wird sie nur gegen Götter im anderen Lager, gegen –> Ares v. a. und auch gegen –> Aphrodite (vgl. aber Homer. Hymnos 58 ff, wo sie die Taten der Aphrodite nicht mag, aber an denen des Ares Gefallen findet). Wohl kennzeichnend für ihre Art ist, daß sie dem Ares zunächst mit Worten begegnet, als sie ihn zum Schutz des Diomedes und zum Nutzen der Achaier bei der Hand nimmt und mit groben Worten aus dem Kampf redet (Homer, Il. 5,29). Später (ebd. 5,850 ff) lenkt sie die Lanze ab, die Ares gegen Diomedes geschleudert hat, nimmt die Waffe ihres Schützlings, stemmt sie dem Ares «zuunterst gegen die Weichen» und verletzt ihn. Als Ares den Tod des Sohnes Askalaphos rächen will (15,113 ff), stürmt A. (droben im Haus des Zeus) auf ihn ein, reißt ihm den Helm vom Kopf, den Schild von den Schultern, nimmt ihm die Lanze aus der Hand (15,125 ff), redet heftig auf ihn ein und drückt ihn schließlich in einen Stuhl (15,142). Im Götterkampf will Ares sich für die Verwundung rächen. Erst verhöhnt er sie, dann greift er an und stößt ihr die Lanze gegen die Aigis (er sollte es besser wissen!). A. weicht aus, packt einen großen, schwarzen, zackigen Grenzstein und schleudert ihn dem Gegner an den Hals. Der stürzt, sie lacht. Ein paar belehrende Worte zu seiner Vermessenheit, sich mit ihren Kräften messen zu wollen, schickt sie hinterdrein. Als Aphrodite den Verwundeten davonführt (Il. 21,416 ff), schlägt – angestachelt von Hera – A. sie mit «kräftigem Arm» gegen die Brust, so daß auch sie zu Boden geht und neben Ares zu liegen kommt (Il. 21,423 ff; vgl. auch das Eingreifen der A., als Ares den Herakles in Bedrängnis bringt: Hesiod, Aspis 443 ff). Es ist sicher bezeichnend für das Wesen beider Götter, wenn es zwischen den Gegnern –> Apoll und A. nicht zum Streit, sondern zu einer Abmachung kommt: über den Zweikampf zwischen Hektor und Aias (Il. 7,20 ff). Im Epischen Zyklus (Telegonie bei Proklos, Chrest; H.G. Evelyn-White, Hesiod 1977, S. 530, Nr. 1) ist die Rede davon, daß A. und der Ares um Odysseus aneinandergeraten und von Apoll getrennt werden.

Wenn A. auf dem Schlachtfeld handgreiflich wird, dann eigentlich eher als Schild ihrer Schützlinge denn als Waffe. So stellt sie sich vor Menelaos und wehrt die spitzen Geschosse ab, wie eine Mutter Fliegen vom Kind scheucht, sagt Homer (Il. 4,127 ff). «Nur leicht blasend» lenkt sie einen Speer gegen Achill so zurück, daß er dem Hektor vor die Füße fällt (20,438 ff). Schutzgöttin ist sie auch, als sie – von –> Hera geschickt – den Achill hinterrücks beim Schopf packt, um ihn von einer Torheit gegen Agamemnon zurückzuhalten (Homer, Il. 1,194 ff; vgl. ihren Auftritt gegen –> Herakles im Wahn, den sie mit einem Steinwurf abhält, weiter zu wüten: Euripides, Herc. 1001 ff). Das ist die Bedachtsame.

Kennzeichnend ist wieder, wie sie die Hand anderer leitet, wenn sie den Diomedes ermuntert, auch die Aphrodite mit der Waffe nicht zu schonen, wozu sie ihm die Gabe verleiht, Götter zu erkennen (Il. 5,127 ff; die Unfähigkeit der Menschen, Götter zu erkennen, beklagt einmal –> Demeter). Hier ist interessant, daß A. selbst sich mit der Kappe des Hades unsichtbar macht, als sie dem Diomedes gegen –> Ares beistehen will (Il. 5,844 ff). Daß A. die Gestalt des Deiphobos annimmt und in dieser Maske den Hektor täuscht, ist in der Ilias eine auffallende Taktik (22,226 f).

Nicht alle Griechen erfreuen sich ihrer Gunst: Beim Wettlauf soll Odysseus gewinnen; so läßt sie Klein-Aias stürzen und macht ihn zum Gespött der anderen (Il. 23,773 ff). Dieser Aias ist ein mächtiger Kämpfer, aber von reichlich ungestümem Wesen: Nach dem Fall der Stadt vergewaltigt er Kassandra. Das ist sicher schlimm genug, aber er tut das auch noch im Tempel der A., wo das Mädchen sich hilfesuchend an das Palladion, das Bild der keuschen A., klammert (Apollodor, Epit. 5,22). Damit zieht er den Zorn der Göttin auf sich. Auf der Heimreise zerstört ihr Blitz (den sie von Zeus hat: Macrobius, Sat. 5,22,8) sein Schiff, Poseidon schleudert den Vermessenen ins Meer (Apollodor, Epit. 6,6; Homer, Od. 4,499 ff). Andere sagen (Apollodor, Epit. 5,23; Myth. Vat. I 181), die Untat des Aias habe den Zorn der Göttin auf alle Griechen gelenkt, obgleich die offenbar selbst entsetzt waren. Odysseus soll geraten haben, den Übeltäter zu steinigen (Pausanias 10,31,2), aber der habe Schutz am Altar der Göttin gefunden (Apollodor, Epit. 5,23). Anderseits seien die Griechen sich nicht einig gewesen über ihr weiteres Vorgehen (vielleicht angestiftet von A.: Nostoi bei Proklos, Chrest.; H.G. Evelyn-White, Hesiod 1977, S. 526, Nr. 1). Agamemnon riet, zu bleiben und der Göttin zu opfern, Menelaos aber drängte zum Aufbruch (Od. 3,130 ff u. 276 ff; Apollodor, Epit. 6,1) und reizte damit die Göttin, Zeus um einen Sturm gegen seine Flotte zu bitten. Und so sei es geschehen, daß die Schiffe des Menelaos durch schwere Stürme zerstört oder in alle Richtungen zerstreut wurden, während Diomedes und Nestor eine glückliche Fahrt hatten (Apollodor, Epit. 6,1; vgl. –> Hera).

Wichtig auch, daß A. und Zeus die einzigen Götter gewesen sein sollen, die vor Typhon nicht flohen (vgl. Antoninus Liberalis 28,2).

A. mag tätige Leute, die ihr Handwerk verstehen, die gescheit sind und geschickt, Leute, die etwas zustande bringen im Krieg wie im Frieden. Vor Troia sind das v. a. Achill, Odysseus, Diomedes (der vielleicht auch das Palladion bergen wird; vgl. Ovid, Met. 14,475 f: Rettung aus den Fluten) und dessen Vater Tydeus (den die Göttin unsterblich machen will, sich aber schaudernd abwendet, als der Mann im Kampf vor Theben aus dem abgeschlagenen Haupt seines Gegners das Hirn trinkt: z. B. Apollodor, Bibl. 3,6,8). Kennzeichnend auch ihr Interesse an –> Herakles und –> Perseus («Bruder»: Ovid, Met. 5,46 u. 250) und –> Bellerophon, dem sie hilft, den –> Pegasus zu zähmen (Pindar, Ol. 13,63 ff). Herakles gibt sie, als er zu seinen Taten aufbricht, eine feingeschmiedete Brustplatte aus Gold (Hesiod, Aspis 124 ff) und später, gegen die stymphalischen Vögel, ein Paar eherne Kastagnetten, die sie von –> Hephaistos hat (Apollodor, Bibl. 2,5,6; Herakles soll ihr übrigens die toten Vögel gebracht haben!), sowie einen Peplos (s. u.) und lenkt seine Hand beim Erlegen der lernäischen Hydra (Hygin, Fab. 30,3; s. Hesiod, Theog. 318). Auch holt sie ihn nach Phlegra zum Kampf gegen die Giganten (Apollodor, Bibl. 2,7,1 u. 1,6,1 f). Theseus hilft sie beim Kampf der Lapithen und Kentauren (Ovid, Met. 12,359 f). Den Argonauten hilft sie beim Durchfahren der Symplegaden (Orph. Argon. 694 ff: angeregt von Hera). Dem Kadmos, der ihr das Orakel-Rind opfern will, ist sie wohlgesonnen. Sie rät ihm, die Drachenzähne auszusäen, und fördert damit die Gründung der Stadt Theben (Ovid, Met. 3,101 ff; ebd. 127 zu Echion, einem der fünf aus der Drachensaat, die sie dem Cadmus zur Hilfe gibt: Myth. Vat. I,149). Dem Aeëtes gibt sie die andere Hälfte der Zähne zur Aussaat (Apollodor, Bibl. 1,9,23). Dem Perdix, der Säge und Zirkel erfand, steht sie bei, denn sie mag die Erfinder (Ovid, Met. 8,250 ff), wie sie die Kunstfertigen mag (z. B. Pheréklos, der dem Alexandros / Paris die Schiffe gebaut hatte und sich auf vieles verstand: Il. 5,58 ff; vgl. auch Kolluthos, Hel. 195 ff: A. – «Atrytone»: «Königin des Handwerks»). Aus gleichem Geist ist sie wiederholt auch dem –> Prometheus behilflich (s. **B**). Nichts könnte diese Seite der A. anschaulicher machen als ihre umsichtige Aufmerksamkeit für den erfindungsreichen Odysseus.

Bemerkenswert ist u. a. die Vielzahl von Erscheinungsformen der Beistandsgöttin in der Odyssee: wiederholt als Mentor (Homer, Od. 2,268 u. 401; 22,205; 24,446 u. 548), dann als Mentes (1,105), Telemach (2,383), als junger Hirte von Ithaka (13,221 f), als Phäake (8,193); auch als Tochter des Dymas in einem Traumbild (6,13 ff) und als junges Phäakenmädchen (7,20), als schönes Weib (816,177 ff) und als Frau (20,30 ff). Merkwürdig ist die Verwandlung in einen Vogel (Od. 1,320), einen Seeadler (3,371 f) und in eine Schwalbe (22,240). Zahlreich sind die Eingriffe zugunsten des Helden, wozu gehört, daß sie ihn passend verwandelt: Sie macht ihn größer und schöner (6,229 ff u. 24,367 ff), vor Telemach macht sie ihn größer und jünger, sie verwandelt ihn in einen Bettler und wieder zurück (13,396 ff u. 429 ff; 16,455); sie erscheint Odysseus und stärkt und berät ihn (13,370 f), berät sich mit ihm über den Freiermord (13,372; 19,1 f u. 52), kräftigt ihm die Glieder für den Faustkampf mit Iros (18,70). Auch bei Penelope wird sie öfter tätig, sendet ihr Schlummer (16,450 f), wäscht und salbt sie und macht sie schön und ansehnlich (18,187 ff), lenkt sie ab (19,479), gibt ihr Schlaf (19,604) und rät ihr später zum Bogenkampf (21,1 ff). Dem Telemach rät sie zum Aufbruch nach Sparta (15,1 ff), wozu sie ihm günstigen Wind gibt (15,292) usw. (Laertes: 24,487 u. 516 ff; Freier: 20,346; 22,256 u. 273; 297). Auch dem Telegonos, Sohn des Odysseus von Circe, hilft sie, als der unversehens seinen Vater getötet hat (Hygin, Fab. 127).

Wie A. aus besonderem Anlaß sich gelegentlich in einen Vogel verwandelt, so gibt sie hilfreich auch anderen diese Gestalt. Ovid erzählt von zwei Mädchen, die beide die Göttin auf diese Weise aus einer dringenden Not befreit. Die schöne Coronis (Ovid, Met. 2,572 ff) verwandelt sie vor der Verfolgung des Neptun in eine Krähe und macht sie sich zu ihrer Gefährtin. Nyctimene war von ihrem eigenen Vater Epopeus vergewaltigt worden und hatte sich aus Scham im Wald verborgen. Mitleidig verwandelte Minerva sie in eine Eule («noctua»), die verschämt das Tageslicht scheut und darum nur in der Nacht unterwegs ist (Hygin, Fab. 204), denn sie «wird aus dem ganzen Reich der Lüfte von allen vertrieben» (Ovid, Met. 2,598 ff). Verärgert über die Geschwätzigkeit der Krähe (s. Aglauros) erwählt die Göttin schließlich an deren Statt die Eule zu ihrer Gefährtin. Perdix, den erfinderischen Lehrling, den Daedalus aus Künstlerneid von der Akropolis gestoßen hat, verwandelt sie in ein Rebhuhn (Ovid, Met. 8,250 ff; der junge Mann heißt bei Apollodor, Bibl. 3,15,8, Talos, bei Pausanias – 1,21,6 und 26,5 – Kalos).

Abweichend von der üblichen Geschichte, heißt es auch, Minerva / A. sei es gewesen, die aus Mitleid Iphigenie entrückte (Myth. Vat. I 20).

2. Die Handwerkerin A. verträgt sich gut mit der Kriegerin und ist ihr auch zu Diensten (nach Cicero, Nat. 3,53, ist die Tochter des 2. Juppiter Patronin und Erfinderin des Krieges, die Tochter der Coryphe, ebd. 3,59, galt in Arkadien als Erfinderin des Kampfwagens). Das mag sichtbar werden z. B. an der Nachricht, wonach die Griechen das Troianische Pferd, das doch ein Stück Ingenieurkunst und ein glücklicher taktischer Einfall zugleich ist, der Göttin weihten mit der Aufschrift: «Danai Minervae Dono Dant» (Die Danaer geben dieses der Minerva zum Geschenk: Hygin, Fab. 108; vgl. die Inschrift bei Apollodor, Epit. 5,15; dazu Homer. Hymnos 11, an A.). Ein Homerischer Hymnos preist sie neben Hephaistos als Lehrerin berühmten Handwerks, das Menschen zu Menschen machte (Homer. Hymnos 20, an Hephaistos, 1 ff). Proklos (Schol. zu Platon Tim. 29a) erzählt in orphischem Geist, Hephaistos und A. seien alle Künste unter dem Himmel gelehrt worden. An anderer Stelle heißt es, daß A. und Kore sich auf die Webkunst verstanden (Syrianos, Komm. zu Aristoteles' Metaphysik, 997b 34). Sie versteht sich auf viele praktische Künste (Homer, Il. 5,60 f; ebd. 15,409 ff), allen voran auf die Webkunst, ein Handwerk der Frauen. Sie trägt einen selbstgemachten Peplos, weich und bunt, den sie vor dem Kampf mit der Rüstung vertauscht (Il. 5,733 ff; ebd. 8,386 f). Merkwürdig, daß sie Herakles einen Peplos gibt, der offenbar seine Rüstung vervollständigen soll (Apollodor, Bibl. 2,4,11; nach Diodor 4,14,3 ist der Peplos als Kleidung für Fest und Vergnügen ein Zeichen ihrer Friedfertigkeit, –> Hephaistos, der sich mit Kriegsgerät um seine Sicherheit kümmert). Von ihrer Hand ist das reichverzierte ambrosische Kleid (Il. 14,178 f), das –> Hera anlegt, als sie Zeus gefallen will. Die –> Pandora kleidet sie mit einem silbrigen Gewand und legt ihr ein kostbares besticktes Tuch und Blumen über das Haupt (die goldene Krone ist von Hephaistos' Hand; Hesiod, Theog. 574 ff; vgl. Hesiod, Erga 72 ff). Das Unheilsgewand («sceleribus tincta») der Harmonia soll ein gemeinsames Geschenk von Minerva / A. und Vulcan / Hephaistos sein (Hygin, Fab. 148). Claudian (Stil. 2,339 ff) preist ein Gewand, das die Kunst Minervas atme. Er spricht auch von der «anderen Minerva»:

«der Spinnrocken statt des Pfeiles sollte dein sein», empfiehlt er einer Frau (Eutropius 1,271 ff). Schließlich sagt man, A. sei die Erfinderin des Spinnrockens (Natale Conti 1567, Bl. 95 v, Zeile 9 f). Von der «Kunst der Minerva» spricht Ovid (Met. 4,32 ff), dessen Geschichte von Arachne die Göttin der Webkunst am Webstuhl zeigt und zugleich als strenge Richterin über einen vermessenen Anspruch des Mädchens auf seine Kunstfertigkeit: Arachne wird in eine Spinne verwandelt (Met. 6,5 ff).

Ein anderes Handwerk, in dem A. sich auskennt, ist der Schiffsbau (Homer, Il. 5,61 f; 15,409 ff). Bekannt ist v.a., daß Argos das Schiff nach ihren Anweisungen baute (Apollonios Rhodios 1,19 f u. 111 f u. 526: A. baut einen Balken aus dem sprechenden Holz der Dodonischen Eiche in das Schiff; Apollodor 1,9,16; Claudian, Goth. 16). Dann gilt sie als Erfinderin der «navis biprora», des Schiffs mit doppeltem Vorderdeck (Hygin, Fab. 277,5 u. 168,2: Mit diesem Schiff soll Danaos aus Ägypten nach Argos geflohen sein; vgl. Apollodor, Bibl. 2,1,4).

Auch auf das Bauen versteht sie sich: Herakles soll sie – gemeinsam mit den Troern – einen Schutzwall errichtet haben (Il. 20,145 ff; das ist sicher die Umsichtige, die ihrem Günstling gegen das Meeresungeheuer hilft). Babrius (Fab. 59) erzählt von einem Wettkampf der A. mit Zeus und Poseidon um die Herstellung von etwas «Schönem» («kalón»): Sie verfertigte ein Haus für die Menschen (Zeus schuf den Menschen, Poseidon den Stier). Hygin sagt (Fab. 39), Daidalos habe sein Handwerk («fabrica») von Minerva / A. Übrigens fand Momus das Haus mangelhaft, denn es hatte keine Räder und konnte also nicht auf die Reise mitgenommen werden!

Ebenso scheint sie etwas vom Bau eines Pflugs zu verstehen (Hesiod, Erga 429 ff; vgl. Servius, Aen. 4,402, wo A. tatsächlich für die Athener einen von Hand lenkbaren Pflug erfunden haben soll).

Berühmt ist die Erfindung des Aulos (griech. «aulós», lat. «tibia» bei Hygin, Fab. 165; eine Pfeife, s. Kl. Pauly, Bd. 1, Sp. 755 ff; vgl. Plutarch, De cohib. ira 6, 456B; Athenaios 14,616e f; Properz 2,30,16 ff; Ovid, Fasti 6,697 ff; ders., Ars 3,505 f; Hygin, Fab. 165; Fulgentius, Myth. 3,9, 726, Helm S. 73; Myth. Vat. I 125 u. II 115; –> Marsyas).

Mit Berufung auf Livius wird Boccaccio (Gen. 2,3) berichten, Minerva sei auch die Erfinderin der Zahlen und der Ziffern («figurae»), die anstelle der Zeichen («signa») traten, die man vorher verwendete.

Die Eurynome soll A. all ihre Künste, ihren Verstand und ihre Weisheit gelehrt haben (Hesiod, Ehoien 7; H.G. Evelyn-White, Hesiod, 1977, S. 158). Die Töchter des Pandareos (–> Artemis und –> Hera) lehrt sie weibliche Kunstfertigkeit (Pausanias 10,29,1). Dem Paris verspricht sie übrigens, aus ihm einen siegreichen Kriegsmann zu machen (so sagt Lukian, Dial. deor. 20; vgl. ders., Dear. iud. 12; vgl. Apollodor, Epit. 3,2).

Wie den Musen, den Göttinnen schöpferischer Inspiration, ist auch der A. / Minerva, der kundigen Helferin in Handwerk und Kunst, jene Quelle lieb, die –> Pegasus aus dem Felsen schlug. Sie selbst hatte ja an der Geburt des Musenrosses entscheidend mitgewirkt (–> Perseus, –> Medusa). Kallimachos

(Hymnos 5, über das Bad der Pallas, 70 f) erzählt, daß die Göttin in ebenjener Quelle sogar ein Bad nahm, ein Bad also in einem Element der Begeisterung, der Inspiration. In diesem Sinn besucht sie in dem Bericht Ovids (Met. 5,250 ff) auf dem Helicon auch nicht die Musen – wie später immer behauptet wird –, sondern eben den Quell (ebd. 256 ff), der sie alle im gleichen oder verwandten Geiste um sich versammelt.

Gelegentlich hat A. Geschäfte mit –> Poseidon – der ja auch Vater des –> Pegasus gewesen sein soll –, etwa als Verbündete vor Troia, dort helfen z. B. beide in Männergestalt Achill beim Kampf gegen Skamander (Homer, Il. 21,285). Als die Götter beschlossen hatten, daß ein jeder seine Stadt mit dem ihm gehörigen Kult haben solle, kam Poseidon nach Attika, stieß seinen Dreizack mitten in die Akropolis, und Wasser strömte hervor, der Teich (Brunnen?, vgl. Pausanias 1,26,5) Erechtheis. Dann forderte er den Ort zum Eigentum. Darauf kam A., pflanzte einen Olivenbaum und erhob ihrerseits Besitzanspruch. Den Streit ließ Zeus von den zwölf Göttern schlichten, zugunsten der A., nachdem Kekrops bezeugt hatte, daß sie den Ölbaum zuerst gepflanzt hatte. So gab A. der Stadt ihren Namen, Poseidon schickte verärgert eine Flut über das Land (Apollodor, Bibl. 3,14,1). Hygin (Fab. 164) sagt, daß Zeus der Richter war und daß er Merkur anwies, Neptun die Flut zu untersagen. Schließlich behauptet er, Athen sei die älteste Stadtgründung auf Erden. Der Vatikanische Mythograph (I 2) berichtet, daß die beiden miteinander wetteiferten, indem sie etwas Nützliches schufen: Der Meeresgott schuf (offenbar durch einen Stoß mit seinem Dreizack: «percusso litore») ein im Krieg nützliches Pferd (vgl. –> Pegasus, s. Areion), A. schleuderte eine Lanze, aus welcher der erste Ölbaum erwuchs, der als Zeichen des Friedens die Sympathie der Juroren fand (zu dem Streit um den Besitz von Attika gibt es eine Reihe von Varianten: vgl. Herodot 8,55; Herodian 8,55; Plutarch, Them. 19; Pausanias 1,24,5 und 1,26,6; Ovid, Met. 6,70 ff; Hygin, Fab. 164; Servius, Georg. 1,12; Lactantius Placidus 7,185).

Von allen Göttern auf dem Olymp steht Hephaistos der A. offenbar am nächsten. Er war vielleicht die Hebamme bei ihrer Geburt, und später gibt er sich Mühe, auch noch mit ihr zu liegen, wobei er auf unvermutete Weise den Erichthonios zeugt: Sie selbst kommt zu ihm, denn sie braucht Waffen, ihn aber packt das Verlangen, das ihm Aphrodite eingegeben hat (Apollodor, Bibl. 3,14,6), oder aber Neptun hat ihn angestiftet (Hygin, Fab. 166,3–5). Es heißt auch, Vulcan / Hephaistos habe den Juppiter gebeten, die Minerva in die Ehe führen zu dürfen (Myth. Vat. I 128). Sogar erpreßt scheint er den Göttervater zu haben, denn er macht dem ja die Blitze. So soll er das Versprechen erhalten haben, alles zu bekommen, was er sich nur wünscht, also auch die Ehe mit Minerva. Juppiter seinerseits habe der Tochter befohlen, ihre Jungfräulichkeit auch mit der Waffe zu verteidigen (Myth. Vat. III 10,3, Bode S. 222). Lukian erzählt, wie Hephaistos den Zeus schon um das Mädchen bat, kaum daß er ihm in die Welt verholfen hatte (Dial. deor. 8; vgl. Philostrat, Imag. 2,27,19 ff). Also setzt die Jungfrau sich zur Wehr, und sein Samen fällt auf ihr Bein, wo sie ihn mit einem Wollbausch aufnimmt und dann auf die Erde wirft (Apollodor, Bibl. 3,14,6), oder er tropft gleich auf den Boden (des Schlafzimmers: Myth. Vat. III 10,3). Jedenfalls gebiert die Erde das Kind. Der Vatikanische Mythograph (II 37) scheint zu behaupten, daß Minerva die leibliche Mutter des Kindes ist. Clemens v. Alexandrien (Exhort. ad Graec. 2,24 P.; G.W. Butterworth 1982, S. 58) ist sicher, daß A. bei dieser Gelegenheit ihre Jungfräulichkeit verlor. Die Göttin nimmt sich des Knaben an und zieht ihn in ihrem Heiligtum (dem Erechtheion auf der Akropolis von Athen) auf (Apollodor, Bibl. 3,14,6). Erichthonios aber wird König von Athen. Er errichtet dort das hölzerne Bild der Göttin und setzt die panathenäischen Spiele ein (Apollodor, Bibl. 3,14,6). Dieser Mythos ist ein Versuch, die Stadt über ihre göttliche Gründung hinaus in eine Göttergenealogie unter Einschluß der A. einzubinden und dabei ihre Jungfräulichkeit zu respektieren (zur Jungfrau vgl. Homer. Hymnos 28, an A., 3).

Die Jungfrau schätzt die Gesellschaft von Nymphen, besonders der Chariklo, Mutter des Teiresias. Der ist noch ein Jüngling, als er auf der Jagd ahnungslos die beiden beim Bade sieht (Kallimachos, Hymnos 5, über das Bad der Pallas, 68 ff). Sogleich legt Pallas ihre Hände auf seine Augen (Apollodor, Bibl. 3,6,7) und nimmt ihm das Augenlicht (Kallimachos, ebd., 82 ff), denn es gibt ein Gesetz des Kronos, wonach einen hohen Preis zahlt, «wer immer einen der Unsterblichen sieht gegen dessen Willen» (Kallimachos, ebd. 99 ff). Großmütig verleiht sie ihm statt dessen ein Orakel: Er soll den Weg der Vögel als gutes oder böses Omen zu lesen verstehen (Kallimachos, ebd. 123 ff). Apollodor (Bibl. 3,6,7) wird erzählen, Chariklo habe vergeblich für den Sohn gebeten. Angesichts seiner Blindheit scheint es logisch, daß die Göttin ihm die Gabe verleiht, die Stimmen der Vögel zu deuten, wozu sie ihm eigens die Ohren reinigt. Außerdem gibt sie ihm einen Stab, der ihm beim Gehen helfen soll, und ein langes Leben und schließlich die Gabe, auch in der Unterwelt zu weissagen (Kallimachos, ebd., 126 ff; vgl. Homer, Od. 11,90 ff, wo er dem Odysseus weissagt). Der Stab soll vom Holz der Kornelkirsche gewesen sein; mit seiner Hilfe konnte er gehen wie ein Sehender (Apollodor, Bibl. 3,6,7).

B Der häufigste Beiname der A. ist «Pallas». Man hat ihn etymologisch auf ihren Geburtsort, auf Ziehvater und Vater gedeutet (s. **A**), außerdem aber in ihm einen Hinweis auf ihre Tätigkeit gesehen, und zwar durch Ableitung von (griech.) «pallein», was dann das Schwingen und Schütteln der Lanze meine oder das Springen und Tänzeln beim Kampf. Überhaupt besage das Verb soviel wie «etwas schwingen, etwas antreiben, und auch springen» (s. Gyraldi, Synt. 11, S. 468A f; mit Hinweis auf Platon). Tatsächlich gehören die flinke Beweglichkeit, die sie sogleich bei ihrer Geburt zeigt, wie auch ihre reiche Verwandlungsfähigkeit (die sie von Mutter Metis haben mag; s. Apollodor, Bibl. 1,3,6) zu ihrem Geschäft, das augenscheinlich Kampf ist.

Man wüßte gern, warum sie als Kriegerin (und nicht als «Handwerkerin») in diese Welt tritt: Heraklit sagt in einem vielzitierten Wort, der Krieg sei der Vater aller Dinge. Wenn es wahr ist, daß Widerstreit und Krieg dem Philosophen hier als Metapher für den Wandel in dieser Welt gelten, wenn es in solchem Verständnis folglich Widerstreit ist, aus dem «alle Dinge» entstehen (wozu auch der generative Widerstreit der Geschlechter gehört; s. hierzu Kirk / Raven 1957, S. 195), dann wäre A. für diesen Kampf gerüstet als eine, die parteilich streitbar das hat, was es braucht, in einem Konflikt zu obsiegen und damit den ursprünglichen Gegensatz zur Frucht eines neuen Ausgleichs zu bringen.

Aus solchem Blickwinkel wird auch verständlich, wie die Kriegerin und Handwerkerin A. / Minerva das Zeug hat, zugleich das zu sein, was sie heute fast ausschließlich ist: die Patronin v. a. schöpferisch geistiger Tätigkeit, wobei sie aber offenbar ihre ursprüngliche kriegerische Ausstattung nie ablegt: Sie ist das alles aus einem und demselben Geist. Dies ist nicht immer so gesehen worden. Wohl auf der Grundlage der fünf verschiedenen Minerven in der Genealogie Ciceros entwickelt sich im Mittelalter die von Boccaccio ausführlich überlieferte Unterscheidung zwischen der Kopfgeborenen (Gen. 2,3), die wir die Kundige nennen, und der Kriegerin (Gen. 5,48), die ein Kind des 2. Juppiter mit Coryphe, Tochter des Oceanus, sei. Erstere ist die Erfinderin der Wolle und des Webens, zudem noch die Erfinderin der Zahlen und ihrer Zeichen. Zwar haben einige sie mit Waffen dargestellt, Leontius aber berichte, sie sei waffenlos. Den Wettkampf mit Neptun habe nicht sie, sondern die andere bestritten. Diese andere zeige (mit Hinweis auf Statius, Theb. 7,72–74) die Züge der Bellona. Sie sei Schwester des Mars / –> Ares und lenke einen Kampfwagen. Ihre Rüstung sind Lanze und Kristallschild. Sie gilt als Erfinderin des Krieges und ist Heerführerin. Anders als die Kopfgeborene verweigert sie sich offenbar nicht dem Vulcan und wird von ihm Mutter des Apoll (mit Hinweis auf Cicero, Nat. 3,55). K. Ph. Moritz wird in A. / Minerva entschieden das Gegeneinander ihrer scheinbar unterschiedlichen Tätigkeiten sehen (1795 / 1966, S. 89 ff).

Die «Person» A. / Minerva ist (zumindest) ursprünglich eine bemerkenswert abstrakte, unsinnliche Erscheinung. Gewiß, wir sind Zeuge, als sie dem Haupt des Vaters entspringt, aber wir sehen da eigentlich nur ihre Rüstung – und ihre strahlenden Augen. Der Mythos erkennt und macht sie sichtbar nur an ihrem Tun, dem schon die Art ihrer Handwaffe, die Lanze (oder Speer), entspricht (gelegentlich sieht man sie wohl auch mit einem Schwert: Claudian, Gigant. 109 ff). Anders als etwa –> Apoll und –> Artemis, die gewöhnlich aus der Ferne wirken, ist sie wohl immer nah dran, im Kampfgetümmel: A. ist eine, die «Hand an-legt», wenn es darum geht, etwas zu bewerkstelligen. In diesem Sinn bringt sie Kopf und Hand zusammen zum Ende einer Handlung, die et-was verfertigt. Sie lenkt die Hand, wie Rat die Tat leitet (darum geht sie dem –> Ares voraus und ist ihm – buchstäblich – überlegen). Hierher gehört auch, daß Zeus eben sie vorschickt, den Pandaros zum eidbre-chenden Schuß auf Menelaos zu verleiten: Sie führt ihm die Hand (Ho-mer, Il. 4,64 ff).

So wird verständlich, daß sie etwas von Handwerk versteht und daß ihr, die der Homerische Hymnos (28, an A.,) «erfindungsreich» («polý-metis») nennt, die Erfinder lieb sind.

Wer sie ist und was sie kann, zeigt A. nirgendwo besser als in der –> Perseus-Geschichte, wenn sie etwa den Blick des Helden auf das Spie-gelbild im Schild lenkt und entsprechend seine Hand führt. Leicht er-kennt man hier – spätestens bei ihrem Umgang mit der Reflexion im Spiegel – die gedanklich-abstrakte Natur ihrer Arbeit, und ihre flinke Beweglichkeit wird mühelos zum Bild des Gedankens, der sein abstrak-tes Naturell an die ganze Erscheinung weitergibt: Das ist die Kopfgebo-rene und die Tochter von Metis, von Klugheit, Plan und Rat also, um die sich –> Hephaistos bemüht und die dem –> Prometheus hilft, das Feuer in den Herd der Menschen und ihre Köpfe zu bringen (z. B. Myth. Vat. III 10,9 u. 10). Vielleicht ist Perseus nur das Instrument, mit dem sie die wirksamste ihrer Waffen erwarb: Das Gorgoneion, das durch seinen blo-ßen Anblick tötet, ist zugleich die der Göttin eigentlich gemäße Waffe, denn sie trifft den Gegner im Kopf, durch bloße Wahrnehmung, packt ihn bei seinem Gemüt. Das widerfährt auch jenen, die sie in den Wahn-sinn treibt (welche Technik natürlich auch andere anwenden, z. B. –> Dionysos und –> Hera), wie Groß-Aias (Apollodor, Epit. 5,6) und die Schwestern der Pandrosos (Apollodor, Bibl. 3,14,6; s. Erichthonios). Hier muß auffallen, daß selbst die zornige A. als Kriegerin unblutig zu Werke geht, jedenfalls gegen Menschen (im Unterschied also zu ihrem kriege-rischen Umgang mit Göttern, Titanen und Giganten), worin sie sich von anderen Göttern, von –> Ares / Mars und insbesondere von –> Artemis und –> Apoll, unterscheidet. Daß sie den ruchlosen Klein-Aias mit dem Blitz erschlägt, ist – auch für die Tochter des Zeus – eine eher untypische Art der Bestrafung. Durch einen Blitz soll auch ihr Priester Agathokles, der sich beim Tempelbau bereichert hatte, mit seiner Familie gestorben sein (Diodor 8,11,1). Das ist wohl eine Nachbildung der Aias-Geschichte.

Glaukopis, «die Helläugige» (oder «die mit den strahlenden Augen»), nennt schon Homer sie. Cartari (1647, S. 189) referiert zunächst, ihre Augen seien blaugrau («caesius»; vgl. Lucretius, De rer. nat., 4,1161) gewesen, im Unterschied zum Blau («caeruleus») Neptuns, sagt dann aber, es gebe da eigentlich keinen Unterschied, denn die Wörter meinten beide ein Hellgrün («verdiccio ben chiaro») wie bei den Katzen oder den Käuzchen («civette»), nur daß die Farbe bei Minerva nach Art der Löwen feuriger gewesen sei (vgl. dagegen Cicero, Nat. 1,83). Nach Lukian (Sacrif. 11 und ders., Dial. deor. 8) waren die Augen grün / blaugrün («glaukópis»). Finster («torvus») blickt die kriegerische Minerva bei Boccaccio (5,48 mit Hinweis auf «Cornutus»).

Es überrascht nicht, daß die Leiblichkeit der Göttin ursprünglich wohl einzig an ihren Augen anschaulich wird, und diese sind ein Organ der Wahrnehmung, der Beobachtung: Sie schaut genau hin, wie das zu jeglichem Handwerk gehört (vgl. die «großäugige», die «kuhäugige» –> Hera, die blitzenden / strahlenden Augen der –> Aphrodite, die Strahlen schießenden Augen des –> Herakles). Es ist, als ob die Keusche sogar den Mythographen verwehrt, zu sehen, was Teiresias das Augenlicht kostete. Schemenhaft hat Kallimachos (Hymnos 5, über das Bad der Pallas, 17) ihr Gesicht gesehen: Immer sei sie schön, und ihr Haar (vgl. Homer, Il. 6,303) kämme sie mit einem goldenen Kamm (Kallimachos, ebd., 31). Anders als die eitle Aphrodite salbt sie sich – wie Castor und Herakles – nur mit dem «männlichen» Olivenöl (Kallimachos, ebd. 29 f).

Daß sie nicht uneitel ist, zeigen das Paris-Urteil und die Geschichte, in der sie den Aulos fortwirft, nur weil sie ihr beim Spiel das Gesicht verzerrt (–> Marsyas). Übrigens sollte man bemerken, daß hier nicht der Spott der anderen, sondern – wie in der Perseusgeschichte – ein Spiegel die entscheidende Rolle spielt. Die Berichte sprechen immer häufiger von ihrer allgemein maskulinen Erscheinung, so Philostrat d. J. (Imag. 2,8,12 ff), der außer von ihrem hellen Blick auch von ihrem geröteten Gesicht redet. Blitzende Augen sieht Lukian und findet, daß sie erschreckend aussieht wie ein Mann (Dial. deor. 19). In der lateinischen Welt nennt man sie gern – gleich einer Amazone – «virago», eine kämpferische Jungfrau («mulier viriliter agens»: Remigius 6,286.16, Bd. 2, S. 125). Man kann sagen, daß sie auf diese Weise gleichsam in ihre kriegerische Aufmachung hineinwächst. Wenn man von ihrer «dreiteiligen Kleidung» spricht, meint man sicher mit Homer (Il. 5,736 ff) das Panzerhemd, die Aigis und den Helm. Vorzüglich der Helm ist häufig aus Gold (Il. 5,744) oder «goldglänzend». Der Peplos (lat. «pallium») wird in späteren Quellen gern als dreifarbig beschrieben (s. u.). Bei Homer (Od.

1,96–98) trägt sie goldene Sandalen, die Cartari (1647, S. 199) für Flügel-schuhe nach Art des –> Hermes halten wird.

Die kosmologisch-physikalische Interpretation hat an A./Minerva vergleichsweise wenig Interesse gefunden. Bei Macrobius (Sat. 3,4,8) steht sie – mit Hinweis auf die kapitolinische Trias – für den obersten Äther («summum aetheris cacumen») und damit über Juppiter (= mitt-lerer Äther) – ihm gleichsam zu Häupten – und –> Juno (= Erde). Remi-gius meldet, daß die Philosophen den Stern, der bei den Griechen «Phos-phoros», bei den Lateinern «Lucifer» heiße und den man gemeinhin seiner Schönheit und Gefälligkeit («appetitus voluptatum») wegen der Venus/–> Aphrodite geweiht habe, der Pallas zugeschrieben hätten (6,285.14, Bd. 2, S. 121: «tu es prior igni», du bist älter als das Feuer). Nach Augustin (Civ. 7,16) wurde sie auch mit dem Mond gleichgesetzt (schon bei Aristoteles), den man sich am untersten Ende des (oberen?) Äthers vorgestellt habe (vgl. Remigius 6,285.14, Bd. 2, S. 121). Natale Conti (1567, 5, Bl. 97 [v]) behauptet, man habe in Minerva auch ein Bild der Sonne gesehen, die den Menschen die Weisheit eingibt. Die «verstei-nernde Macht» des Gorgoneions ist demmnach nichts als die blendende Macht der Sonne usw.

Nach einigen ist «A.» ein Bild für das Element Luft (Diodor 1,12,7), was schon ihr Name bedeute. Eine Jungfrau sei sie, weil die Luft von Na-tur rein ist. Da das Element im Universum zuoberst liegt, habe man den Mythos erfunden, sie sei dem Haupt des Zeus entsprungen. Tritogeneia («die dreimal geborene») nannte man sie, weil sie im Jahresablauf drei-mal ihre Natur ändere, in Frühling, Sommer und Winter (vgl. Gyraldi, Synt. 11, S. 450B: hier u. a. nach Eusebius, Evang. praep.: «Minerva aeria», weil die Luft im Ablauf der Jahreszeiten Wärme, Kälte und Milde besitze).

Es muß auffallen, daß der Mythos immer wieder die *Drei*zahl an A. beobachtet. Die Pythagoräer sollen das gleichseitige Dreieck «Athena» genannt haben im Hinblick auf die «dreimal geborene» und die Kopf-geborene: Plutarch, Is. et Os. 75, 381F.

Glaucopis hieß man sie nicht wegen ihrer blauen Augen, sondern ein-fach weil die Luft eben blaufarben ist.

Die frühen Christen finden an der Kundigen wohl nichts auszusetzen; was aber die Keusche anbetrifft, so liest man die Erichthonius-Ge-schichte gern in der Version, die sie belastet: Tertullian (Spect. 9,1) weiß, daß das Kind eine Frucht der Lust seiner Eltern war. Im übrigen scheint man nicht viel Anstößiges zu finden. Man ist belustigt darüber, daß die drei Göttinnen sich dem Urteil ausgerechnet eines Schäfers aussetzten (Tertullian, Apolog. 15,2), und auch darüber, daß Minervas Augen grau waren wie die einer Katze (Minucius Felix, Octav. 23,5). Augustin scheint sagen zu wollen, daß selbst die Alten nicht sehr viel von ihr hielten, da sie nicht einmal (wie er meint: vgl. oben) einen Stern für sie fanden und sie darum – gerade noch – in Äther und Mond erkennen konnten (Civ. 7,16). Arnobius findet die Götter der Heiden schon dadurch diskreditiert (5,45), daß sie ihren Namen für bloße Dinge hergeben müssen, man also «Ceres» sage und Brot, «Minerva» sage und Kleid («stamen») meine.

Schwerer wiegt ein Angriff auf ihre Glaubwürdigkeit bei Augustin (Civ. 1,2; vgl. ebd. 3,8,8; –> Juno): Troia sei nicht deshalb gefallen, weil es seine Wächterin Minerva (das Palladium), sondern umgekehrt, weil das Bild seine Wächter verlor.

Gewöhnlich sieht man – mit dem Blick auf die Person – in A. / Minerva / Pallas, in ihrem Wesen und ihrer Erscheinung ein Bild geistiger Fakultäten und Qualitäten, v. a. ein Bild der Weisheit (lat. «sapientia»), auch der Klugheit (lat. «prudentia»; Orpheus soll gesagt haben, der Geist des Kroniden sei von der A. gelenkt worden: Proklos, Komm. zu Platon, Politeia, 1,102).

Das ist schon in der Kopf-Geborenen, aber auch im Wesen der Mutter Metis angelegt. Repräsentativ hierfür und einflußreich Martian (z. B. 6,567, Dick S. 285,6 ff): «Virgo armata decens, rerum sapientia, Pallas / aetherius fomes, mens et sollertia fati, / ingenium mundi, prudentia sacra Tonantis / ardor docticus nostraeque industria sortis» (Anmutige Jungfrau in Waffen, Pallas, aetherischer Zündstoff, Sinn und Fertigkeit des Schicksals, Verstand der Welt, heilige Klugheit des Donnerers, gelehrtes Feuer und Fleiß in unserem Tun).

Hier auch die Gleichsetzung der A. / Minerva mit der Zahl *Sieben*, sofern beiden strikte Jungfräulichkeit eigen sei («pervirgo»), eine Eigenschaft der «wahren Weisheit», wie Remigius kommentiert (7,372.17, Bd. 2, S. 192). Das geht gleicherweise auf die Geburt der Göttin, denn die Sieben sei die einzige Zahl unter zehn, die nicht zusammengesetzt ist (wie etwa die 6 = 1+2+3), sondern ihren Ursprung einzig in der (Multiplikation der) eins habe («unitas»). Wie die Sieben also einen monadischen Ursprung hat, so sei Minerva (Pallas) nur einem einzigen Elternteil entsprossen (erklärt deutlicher Macrobius, Comm. 1,6,11 ff; vgl. Myth. Vat. III 2, Bode S. 222). In entgegengesetzte Richtung geht die Beobachtung bei Remigius (7,372.17, Bd. 2, S. 192, wonach die Sieben mit den Zahlen Drei und Vier ein männliches (= die ungerade Drei) und ein weibliches Element (= die gerade Vier) enthalte, die sich zu einem Jungfräulichen vereinigen, das also selbst nichts hervorzubringen vermag (die Verdoppelung von Sieben geht über die Zehn hinaus), wie Pallas. Das schließt vermutlich an orphische Vorstellungen von einer Zweigeschlechtlichkeit der Götter an, was sich u. a. bei Agrippa v. Nettesheim ablesen läßt:

«... et Orpheus naturam mundi Iovemque mundanum marem simul appellat et foeminam: adseritque untrunque diis sexum inesse. Hinc in Hymnis Minervam sic alloquitur: Vir quidem et foemina producta es. Et Apuleius ... ex Orphica Theologia hunc versiculum traduxit de Iove: Iuppiter et mar et foemina, nescia mortis» (De occulta philosophia III,8, S. 222; vgl. Edgar Wind, S. 213, Anm. 66; «Und Orpheus nennt das Wesen der Welt und den Weltgott Juppiter männlich und weiblich zugleich; er fügt hinzu, daß allen Göttern beiderlei Geschlecht eigen sei. Daher redet er in seinen Hymnen die Minerva so an: als Mann und Weib (zugleich) bist du geschaffen. Und Apuleius ... überliefert aus der Orphischen Theologie die Zeile über Iovis: Juppiter ist männlich und weiblich und weiß nichts vom Tode»).

Solche Zweigeschlechtlichkeit kann Martian (6,738, Dick, S. 373,2 ff) leicht aus Minervas Beinamen «virago» («eine männlich handelnde Jungfrau») ablesen.

Ein anderer naturphilosophischer Gedanke zur Zahl *Sieben* behauptet, daß die ganze Natur in den Zahlen *Drei* und *Vier* enthalten sei, und liest die Dreizahl auf eine Dreiteiligkeit des Unkörperlichen, d. h. der «natürlichen Seele» («anima»), sofern sie nämlich erzürnbar, begehrlich und vernunftbegabt sei («irascibilis, concupiscibilis, et rationabilis»); zudem verfüge sie über (die Dreizahl von) «Sein, Wollen und Wissen». Die Vierzahl zeigt dann die vier Elemente, aus denen alle Körper bestehen (Remigius 6,285.14, Bd. 2, S. 121). Unausgesprochen bleibt hier, weil im Kontext evident, die Siebenzahl der Freien Künste, die ja der Gegenstand des Traktats sind.

Eher wörtlich liest Remigius aus Martian die anderen Aspekte der Pallas als Bild der Weisheit: Bewaffnet («armata») sei sie, weil sie die Torheit bekämpft (6,285.15, Bd. 2, S. 121). Der Schild («clypeus») sei rund zum Zeichen, daß göttliche Weisheit die Welt regiert (ebd. 6,285.19; ebd.), oder seine Rundung zeigt an, daß die Weisheit alle Kreatur umfaßt und in sich birgt wie der Ozean die Erde (ebd. 6,286.3, Bd. 2, S. 122). Die Lanze («hasta») bedeute die Schärfe («subtilitas») der Weisheit und ihre

Spitze den durchdringenden Scharfsinn («acumen»; mit Hinweis auf den Apostel Paulus; 6,286.2, Bd. 2, S. 123).

Die nachtsichtige Eule ist ihr beigegeben, weil die Weisheit im Dunkeln leuchtet und keine Dunkelheit duldet, wie sie jegliche Ignoranz erkennt (usw.; 6,286.5, Bd. 2, S. 123; vgl. Fulgentius, Myth. 2,1, 664 u. 666, Helm 1970, S. 37). Die Olive aus der Gründungslegende von Athen liest Remigius auf die Lampe («lucerna») und damit auf ein Gerät der «Erleuchtung» und zum Nutzen des Handwerkers und des Lesers (6,286.5, Bd. 2, S. 123; Arnobius 4,25 nennt sie «luminis ministram et lucernarum modulatricem»). Fulgentius (Myth. 2,1, 664 u. 666, Helm 1970, S. 36 f) sieht, aus Anlaß des Paris-Urteils, in Minerva ein Bild der «vita theoretica» (lat. «vita contemplativa»), welche sich der Weisheit und der Suche nach Wahrheit widme («bei uns» also das Leben der Bischöfe, Priester und Mönche, «bei jenen» aber der Philosophen usw.). Das macht die Göttin mit ihrer Geburt aus dem Haupt des Juppiter anschaulich, denn der Geist hat seinen Sitz im Hirn; wie dieses (durch den Schädel) befestigt ist, so zeige man sie bewaffnet. Das Gorgoneion auf ihrer Brust besagt, daß der Weise den Schrecken für seine Gegner in der Brust birgt. Helm und Buschen melden, daß des Weisen Kopf («cerebrum») bewehrt und schmuck («decorum») sei. Die dreifache Kleidung (s. o.) besage, daß alle Weisheit vielfältig ist, oder auch, daß sie im Verborgenen wohnt und von außen selten erkannt wird. Das Wort der Weisheit dringt tief: Dem zum Zeichen trägt Minerva eine lange Lanze. Der Zweite Vatikanische Mythograph (37) sagt, Minerva halte man für die Göttin der Weisheit, weil sie aus dem Haupt des Vaters geboren sei, dem Sitz der fünf Sinne. Boccaccio, der sich wie immer wesentlich auf die Mythographen (besonders den dritten) stützt, gibt (Gen. 2,3) dem Gedanken vom göttlichen Ursprung der Weisheit eine deutlich biblische Richtung (vgl. Myth. Vat. III 2, Bode S. 222: «Fingitur sine matre nata, quia sapientia sine principio et fine est»: Man stellt sie ohne Mutter vor, weil die Weisheit ohne Anfang und Ende ist; vgl. ähnlich Remigius 2,24,14, Bd. 1, S. 111). Das gilt vielleicht auch für die Deutung der Jungfräulichkeit als Wesen der Weisheit, denn diese unterliege nie sterblicher Berührung, sei immer rein, licht, integer und unversehrt. Unfruchtbar für das Zeitliche, gebe die Weisheit ihre Früchte der Ewigkeit. Das Gewand der Minerva sei so vielfältig (= dreiteilig), wie die Werke der Weisen und v. a. die der Dichter vielfachen Sinn bergen. Der Peplos, den die Frauen der Göttin darbrachten, sei bunt geschmückt («pictus»), wie des Weisen Rede geschmückt sei, blumig, zierlich und voller Schönheit (mit Hinweis auf Lactantius wird Georg Pictor (Apoth. 1, S. 45) sagen, das Pallium der Pallas sei dreifarbig gewesen: weiß, golden und purpurn, mit jeweils spezifischer Bedeutung auf die Weisheit verweisend; vgl. den Libellus 8). Nach Hederich (Sp. 1637) zeigt sich in den Farben die Dreiheit von Physik, Mathematik und Theologie. Die Krähe habe die Göttin gegen die Eule ausgetauscht, denn der Weise findet seine Ratschlüsse so in Abgeschiedenheit, wie die Eule im Finstern sieht und ihr Werk ohne Reden und Geschwätzigkeit übt. Das gilt für die Kopfgeborene. Es fällt auf, daß Boccaccio (Gen. 5,48) auch die Kriegerin Minerva auf die Weisheit hin liest (friedfertigen Gemütern ist diese bewaffnete A. / Minerva / Weisheit ja auch heute noch eine Herausforderung). Deren Waffen seien nicht als Hinweis auf eine Erfinderin des Krieges zu verstehen; denn da der Krieg nichts Gutes bewirke, sollen diese Waffen uns lehren, daß vorsorgliche Männer immer mit gutem Ratschluß bewaffnet sind, um Notfällen begegnen zu können (Wilhelm Busch über den Igel: «bewaffnet, doch als Friedensheld»). Der finstere Blick besage, daß der Weise nicht leicht zu durchschauen ist. Wie der «tarvus» (= «tardus»?), der Schwachkopf, woanders hinschaut, als man seinem Gesicht ablesen möchte, so gibt der Weise äußerlich lange etwas anderes zu tun vor, als er wirklich im Sinn hat. Die Länge der Lanze zeige an, daß der Kluge schon von weitem erkennt, Schläge austeilt und Angreifer zurücktreibt. Der Schild ist durchsichtig und fest, denn der Weise durchschaut die Pläne des Gegners und weiß sich also mit den rechten Mitteln zu wehren. An anderer Stelle (Gen. 12,25) spricht Boccaccio vom «Spiegel» der Pallas. Er steht für die Klugheit, mit der wir zu unserem Schutz die Handlungen des Feindes kalkulieren (–> Perseus, –> Medusa). Minerva trage das Gorgoneion auf der Brust zum Zeichen der Klugheit, die sich über einen ergießt («infundit») und ihm zeigt, daß er unkundig ist und (nicht mehr als) ein Stein. Das ist ganz auf die gescheite Göttin abgestellt (Isidor, Etym. 8,11,73; Rabanus Maurus Sp. 432).

Der «Ovide moralisé en prose» bietet nichts Neues, sofern auch hier Pallas ein Bild der göttlichen Weisheit («divine sapience») ist (z. B. zu 2,38 u. 6,4, de Boer S. 106 u. S. 187 f). Als «vie contemplative» erscheint sie zu 11,19 (ebd. S. 286).

Das meiste dieser Gedanken geht – häufig variiert – in die Mythographie von Renaissance und Barock ein. Wirklich Neues findet sich selten. Cartari (1647, S. 189) findet bei «Martian» die Erklärung, Minerva sei ohne Mutter geboren, weil es den Frauen an Rat («consiglio») und Klugheit («prudenza») fehle: Entweder sei er da frauenfeindlich, oder er folge dem Aristoteles, der in den «Moralia» den Frauen nachsage, es mangle ihnen an gutem Rat («buon consiglio»). Cartari: «Ich wage nicht, dem zu widersprechen, aber ich kenne in unseren Tagen viele Frauen, die sich so klug und gescheit (»aciotte«) zeigen, daß sie jene Behauptung Lügen strafen.»

Der Libellus (8, H. Liebeschütz 1926, S. 119 f) sagt, die Dichter hätten die Göttin der Weisheit nach Art einer Gebieterin in Waffen gezeigt, gepanzert und schwertgegürtet, das Haupt strahlenumkränzt («yride circumcincta»). Sie trug einen Helm mit Buschen («crista»). In der Rechten hielt sie eine Lanze, in der Linken einen kristallenen Schild mit dem schlangenbedeckten Gorgonenhaupt darauf, und ihre Augen leuchteten. Ihr Pallium zeigte die Farben Gold, Purpur und Blau («celestis»). Neben sich hatte sie einen grünen Olivenbaum und über sich einen Vogel, den man Eule («noctua») nennt.

Christine de Pizan (Zimmermann 1990, S. 106) liest dieses (in einigen Aspekten veränderte) Bild, das man der Göttin in Athen aufgestellt habe, im Geist des spätmittelalterlichen Rittertums, wobei sie der spezifisch auf den Ritter bezogenen Bedeutung jeweils eine mehr oder weniger geläufige Bedeutung auf die Weisheit folgen läßt. Ihre Augen seien schrecklich und grausam gewesen, weil es die Aufgabe des Rittertums sei, strenge Gerechtigkeit zu üben. Der Helm bedeute, daß ein Ritter beim Waffengang Kraft im gestählten und beständigen Herzen verspüren müsse usw. Das Panzerhemd bezeichne die Macht des Ritterstandes, die Lanze besage, daß der Ritter ein Stab der Gerechtigkeit sein soll. An ihrem Hals hing ein Schild aus Kristall, der bedeutete, daß der Ritter stets wachsam sein und allen Orten um die Verteidigung des Landes und des Volks besorgt sein muß. Die Gorgo (die ein Schlangenkopf ist) bedeutete, daß der Ritter im Umgang mit den Feinden listig und wachsam wie die Schlange zu sein hat. Die Eule zeige an, daß ein Ritter Tag und Nacht zur Verteidigung des Gemeinwesens bereit sein muß.

Gyraldi (Synt. 11, S. 467) berichtet, man habe die Göttin auf folgende Weise dargestellt: v. a. mit männlich-grimmigem Gesichtsausdruck («Phornutus»), bewaffnet, mit wildem Blick aus blauen Augen, mit langer Lanze und Kristallschild (das alles solle sie als klug und weise charakterisieren). In Attica habe man, nach Pausanias, ihr Bild aus Gold und Elfenbein gemacht. Ihr Helm zeigte vorn das Bild einer Sphinx («weil ein Kluger nicht allemal deutlich saget, was er meynet»: Hederich Sp. 1637), an den Seiten Greifen. Auf der Brust sah man das Gorgonenhaupt und eine Victoria. In der Hand hielt sie eine Lanze, der Schild lag ihr zu Füßen, daneben eine Schlange usw. Nach Apuleius habe ein Olivenkranz den Helm bedeckt, den Schild habe sie gehalten und die Lanze geschüttelt. Im Sitzbild sei sie in einem schmucken, häufig bebilderten Peplos gezeigt worden, gewöhnlich mit einer Eule, mal ihr zu Füßen, mal ihr zu Häupten, aber auch mit einer Schlange («draco»). In der Burg zu Elis habe ein Bild (von Phidias) die Göttin mit dem kampflustigen (oder wachsamen: Hederich Sp. 1637) Hahn auf dem Helm gezeigt (s. Pausanias 6,26,3). Der Hahn könnte aber auch der Handwerksgöttin heilig gewesen sein, meint Pausanias. A. mit der Krähe soll ein Bronzebild in Korone gezeigt haben (Pausanias 4,34,6). Plinius (Nat. 22,1) berichtet von einem Bildwerk, das die Göttin mit einem Blitz in der Hand zeigte (Hederich Sp. 1630).

Merkur und Minerva zusammen veranschaulichen, daß Eloquenz und Klugheit («prudentia») zusammengehören (Cartari 1647, S. 188; –> Hermathena; vgl. Cornutus, Nat. deor. 20: Minerva überwindet die Riesen als Bild der Zähmung ungeschlachter Menschen durch Beredsamkeit; –> Prometheus). Ein Emblem bei Guillaume de la Perrière (1553, Nr. 18; H./S. Sp. 1731 f) zeigt Minerva mit –> Juno (–> Hera). Beide halten Zepter und Krone auf einer Kugel. Das Lemma besagt, daß Macht der Weisheit bedürfe. JOVIS PROCREATA CEREBRO (Geboren aus dem Haupte Jupiters) lautet, mit Hinweis auf (u.a.) Ecclesiasticus 1,1 ff, ein Lemma bei Picinello (3,40,111, S. 165) und will besagen, daß alle Kunst nicht menschliches, sondern Geisteswerk aus dem Quell göttlicher Weisheit zu menschlichem Nutzen sei. Daß Wissenschaft gewappnet («armata») zu sein habe, meldet das Lemma ARMATA SAPIT (In Waffen weise) bei Picinello (ebd., 112). Mit dem Blick auf die Pallas, wie sie sich ohne weibischen Aufzug zeigt, ließe sich folgern, daß weiche und verweiblichte («effaeminati») Geister sich für die Künste von Frieden, Krieg und Wissenschaft nicht schicken, was schon ein geläufiger Spruch besage: Wahre Wissenschaft liegt nicht in einem weichen Bett («Non jacet in molli veneranda scientia lecto»). Dazu werden (neben Aristoteles und Seneca) auch die Sprüche Salomos, 24,5, bemüht. Unter Berufung auf Proverbia 24,6 soll der Gedanke zudem noch die kundige Kriegsherrin Pallas einschließen. Auf das Schicksal Troias durch den Verlust des Palladiums und damit der Weisheit beruft sich das Lemma zum Bild der Minerva SERVATA, SERVABIMUR IPSI (Solange wir sie bewahren, werden wir uns selbst bewahren), was sich wiederum auf die Sprüche Salomos (8,35) berufen kann: «Qui me invenerit inveniet vitam, et hauriet salutem a Domino.» Außerdem kann das Lemma auf den Glauben

(«Fides») und auf die Marienverehrung gelesen werden. Wenn man mit Clemens v. Alexandrien (4,42 P., s. o.) annimmt, daß das Palladium aus den Gebeinen des Pelops gefertigt war, dann lasse sich das Lemma auch in dem Sinn lesen, daß die Erinnerung an den Tod («Mortis memoria») hilfreich ist zum Erlangen des ewigen Heils und zum Überwinden der Anschläge des Feindes (Picinello 3,34,98, S. 163).

Die Aulospielerin Minerva schaute in den Wasserspiegel und sah ihr verzerrtes Gesicht, da verwarf sie zornig das Gerät. Hieraus entwickelt sich ein Emblem (Picinello, ebd. 99) unter dem Lemma TANTUM SESE COGNOSCERE PRODEST (So nützlich ist Selbsterkenntnis), das auf die verzerrende Gewalt des Zorns abgestellt ist, was mit der Geschichte der A. nicht recht übereingehen will (vgl. die Deutung der Chimaira auf «Zorn» als Gegner des der A. / Minerva verbundenen –> Bellerophon).

Eher selten sieht man A. / Minerva ausschließlich als Bild der standhaften Jungfräulichkeit wie in einem Emblem bei Alciat (1531, C2, Held Nr. 75; H. / S. Sp. 1732), das unter dem Lemma CVSTODIENDAS VIRGINES (Zum Schutz der Jungfrauen) das Bild der wehrhaften Pallas mit einem offenbar besiegten Drachen zu Füßen zeigt. An das schlimme Geschick des Teiresias (s. o.) durch Pallas knüpft das Lemma NON NISI VIRGINIBUS (Einzig den Jungfrauen) an, denn vor Gott, «die ewige Weisheit», tritt man nur mit reinem Auge und Sinn (Anschluß an den Evangelisten Matthäus 5,8: «Beati mundo corde, quoniam ipsi Deum videbunt.» Hinweis auf Paulus, 1. Kor. 7,3, sowie auf Augustin, Serm. 149; in Picinello 3,40,113, S. 165). Zum Bild der Tugend, die über den Neid in Gestalt der Hydra siegt, wird sie in einem Emblem bei Guillaume de la Perrière (ebd., Nr. 9; H. / S. Sp. 1732).

A., durch die Zeiten der Inbegriff der Weisheit, ist von Anbeginn der mythographischen Überlieferung zugleich die Findige und die Erfinderin, und das eigentlich im Sinn der praxisbezogenen Klugheit (vgl. Homer. Hymnos 28, an A., 2: «polýmetis» = klug und erfinderisch). Während ihre Erfindungen zunächst gleichwertig Krieg und Frieden, dem Schlachtfeld und dem Haushalt zu dienen scheinen (vgl. Homer. Hymnos 5, an A., 9 ff), wird sie historisch allmählich zur Kulturstifterin, deren Erfindungen den Menschen das Leben erleichtern. Es entspricht einer euphemistischen Grundhaltung, wenn die längste Liste der Erfindungen A.-Minervas sich bei Christine de Pizan findet, wobei die Kriegskünste nun nicht gleich am Anfang stehen, auch weil Christine in Minerva zuerst die Frau erkennt..Die Erfindungen (mit denen Christine nichts eigentlich Neues bringt, sondern das Bekannte nur differenziert) in Abfolge: die griechischen Lettern zum leichten Schreiben; die Zahl, das Zählen, das schnelle Addieren; das Wollweben, die Tuchherstellung; das Scheren der Wolle, das Streichen und Kämmen, das Kardieren mit verschiedenem Werkzeug, das Reinigen, das Weichmachen mit Eisenspießen, das Spinnen mit dem Rocken; verschiedenes Werkzeug zur Tuchherstellung und zum Weben; Technik, aus Oliven Öl zu gewinnen und dem Obst den Saft zu entziehen; Technik und Gepflogenheit, Wagen und Karren herzustellen, zum Transport (also keine Kampfwagen!). Für den Krieg erfindet sie Rüstung und Waffen aus Eisen und Stahl wie auch Prinzipien der Taktik in der Schlacht und der Schlachtordnung (vgl. Remigius 6,285.15, Bd. 2, S. 121: dreiteiliger Helmbusch, dreiteilige Schlachtordnung). Schließlich Flöten, Flageolette, Trompeten und überhaupt Blasinstrumente (Zimmermann 1990, S. 104 ff; vgl. ebd., S. 111).

A./Minerva braucht vergleichsweise wenig Attribute. Allgemein gilt auch hier, daß man sich zunehmend mit Hilfe der bildenden Kunst ein Bild von ihr macht. Am deutlichsten erscheint sie durch ihre Rüstung: Lanze, Schild und Helm mit hohem Buschen, Gorgoneion. Unverzichtbar die Eule (oder Käuzchen; vgl. den Physiologus 5, zum Käuzchen), selten der Hahn, die Krähe und die Schlange, häufiger der Olivenbaum (oder seine Teile; das ist wohl die einzige Pflanze in ihrer Umgebung: vgl. –> Hera und –> Artemis).

Der Unterschied zwischen der Kriegerin und der Handwerkerin scheint wesentlich im Unterschied zwischen der Stehenden (oder Aufrechten) und der Sitzenden (selten!) anschaulich zu werden. Schließlich kann man sagen, daß ihre hellen Augen und ihr Blick vorzügliche und wesentliche Attribute (vgl. die Arme der –> Hera!) ihrer literarischen Erscheinung sind.

Von den Körperteilen hat A./Minerva das Patronat über die Augen (Fulgentius, Myth. 3,7, Helm 1970, S. 70 f; Juppiter ist zuständig für den Kopf, Juno für die Arme usw.; s. auch die Minerva ocularis, Gyraldi, Synt. 11, S. 475B) und über die Finger, die doch die eigentlichen Instrumente des Handwerks sind (Gyraldi, Synt. 1, S. 21B, mit Hinweis auf Servius, Aen.).

Zur frühen Wächterin über Burg und Stadt paßt sicher auch das Patronat über Pferd und Wagen (Kallimachos, Hymnos 5, über das Bad der Pallas, 2; Horaz, Carm. 1,11 f). Daß sie etwas von Pferden versteht (A. Hippia), zeigt auch die Geschichte von –> Bellerophon (Pindar, Ol. 13,65 ff, wo sie sich zudem als Minerva Frenatrix, als Züglerin, beweist: Gyraldi, Synt. 11, S. 477B). Ursprünglich Patronin des Handwerks in

Krieg und Frieden, wird die Göttin ganz im historischen Gleichschritt mit der Entwicklung von Technologie und Wissenschaft zuständig für das einschlägige «Know-how», wobei sie augenscheinlich mehr und mehr eher ihr friedfertig kultiviertes Anliegen zeigt, ohne dabei (durchaus sinnvoll) die kriegerische Aufmachung abzulegen. Natale Conti (1567, 4,5, Bl. 97ᵛ) faßt für seine Zeit zusammen: «Haec necessaria est terram colentibus, haec navigantibus, haec artes exercentibus, cum omnia sapientiae pareant»: Die den Boden bearbeiten, brauchen sie, und die zur See fahren und die sich in den Künsten üben, denn sie alle sind der Weisheit untertan.

C *Typus*. Durch alle Zeiten ist für A./Minerva das kriegerische Erscheinungsbild charakteristisch. So, wie sie bereits dem Haupt des –> Zeus entspringt, mit Helm, Schild und Lanze, tritt sie uns entgegen.

Auf griechischen Vasenbildern sieht man A. meist mit dem attischen Helm, den eine mächtige Helmzier krönt – in der Regel ein kammförmiger Roßhaarschmuck (Bronzestatue von Piräus, gegen 350 v. Chr.; Piräus, Museum, Inv. 4646). Manchmal trägt sie den Helm in der Hand (Bild einer schwarzfigurigen Hydria des Antimenes-Malers, das den Moment nach der Geburt der A. darstellt; um 510 v. Chr.; Würzburg, Martin von Wagner-Museum, Inv. L 309 [132]) – ein Gestus der Epiphanie der A. (E. Simon, 1985, S. 207).

A./Minerva trägt selten Schmuck, der weder ihrem stürmischen Temperament noch ihrer kriegerischen Tätigkeit angemessen wäre.

In der klassischen Tradition ist die Göttin mit dem gegürteten Peplos bekleidet, wie sie uns etwa der Bildhauer Myron zeigt (Bronzegruppe A./Marsyas, um 450 v. Chr., nicht erhalten; römische Kopie der Figur der A. in Frankfurt, Liebig-Haus, Inv. 195) oder auch das Weihrelief an A. von der Akropolis in Athen (um 450 v. Chr.; Athen, Akropolis-Museum, Inv. 695). Schultern und Brust sind von der Aigis bedeckt (Figur der A. aus dem Westgiebel des Aphaiatempels in Aigina, gegen 510/500 v. Chr.; München, Glyptothek, Inv. 74). Die Aigis setzt A. auch wie einen Schild zum Schutz ein (Statue der A., römische Kopie nach hellenistischem Original; Neapel, Museo Nazionale, Inv. 6007).

Der bogig geführte Rand der Aigis ist in der antiken Kunst mit sich bäumenden Schlangen gesäumt – ein Motiv, dessen dekorativen Wert v.a. die attischen Vasenmaler genutzt haben (vgl. v.a. die obengenannte Hydria des Antimenes-Malers). – An die Aigis ist das Gorgoneion geheftet, das ursprünglich, seiner apothropäischen Bedeutung entsprechend, von beachtlicher Größe ist (vgl. das Fragment einer Giebelfigur aus dem Tempel des Apollon Daphnephoros in Eritrea; Chalkis, Museum; oder eine attische Amphora, Berlin, Staatl. Museen, Inv. F 2159), mit der Zeit aber – v.a. in der Kunst der Neuzeit – mehr und mehr den Charakter einer schmückenden Brosche annimmt (Marmorstatue von Jerôme Duquesnoy, 1612–1664, Regensburg, Fürst Thurn und Taxis, Schloßmuseum).

Das älteste Bild der kriegerischen Göttin liefern uns die Kultfiguren der A. (= Palladien), wie sie vom 2. Jahrtausend an bis in die früharchaische Zeit hinein entstanden. Eine archaische Bronzestatuette z. B. (Mariemont / Polen, Museum, Inv. B 31) veranschaulicht den Typus: Die Göttin – in langem Gewand, mit Helm und Aigis – steht mit geschlossenen Füßen, Speer und Schild in den Händen.

Aus diesem Typus entwickelte sich im 6. Jh. v. Chr. in Athen der der *A. Prómachos* (= Vorkämpferin), der die Göttin in Schrittstellung mit erhobener Lanze darstellt (Bronzestatuette von der Akropolis in Athen, nach 480 v. Chr.; Athen, Nationalmuseum, Inv. 6447). Als angemessenen Schmuck sehen wir die A. Promachos auf den panathenäischen Preisamphoren (ältestes bekanntes Beispiel gegen 560 v. Chr.; London, British Museum, Inv. B 130). – Man nimmt an, daß dieser Typus ein kolossales Bildwerk von der Akropolis aus der Zeit um die Mitte des 6. Jh. wiederholt, das im sog. Persersturm (480 v. Chr.) zerstört wurde. Das bedeutendste Beispiel der *A. Promachos* war die des Phidias, die jenes ältere Standbild ersetzte und ebenfalls verloren ist. – Auffallend viele Kleinbronzen, die den Typus der kämpfenden Minerva vertreten, sind in der etruskischen Kunst anzutreffen (hier ist der durchwegs hochgeklappte Wangenschutz des Helms kennzeichnend), relativ wenige Beispiele dagegen in der römischen Kunst (Minerva).

Neben der *A. Prómachos* ist als zweiter klar umrissener Typus die *A. Parthénos* zu nennen, die die siegreiche Göttin verkörpert. Schöpfer dieses Typus war wiederum Phidias, der das verlorene, aber in zahlreichen Wiederholungen (Statuen, Münzen) überlieferte Standbild der A. für den Parthenon (Tempel der A. Parthénos) auf der Akropolis von Athen schuf (447 / 438 v. Chr.). Eine römische Kopie, die sog. Marmorstatuette vom Varvakeion, gilt als getreueste Wiedergabe des Originals (vermutlich traianisch; Athen, Nationalmuseum, Inv. 129). Die stehende Göttin (rechts Stand-, links Spielbein) ist mit gegürtetem langen Gewand und der Aigis (mit Gorgoneion) bekleidet, der Helm trägt eine dreifache Zier in Gestalt von Fabeltieren (zu deren Bedeutung vgl.

E. Simon 1985, S. 207–209). Die gesenkte Linke hält den auf dem Boden abgestellten Rundschild, an dessen Innenseite sich eine Schlange windet, die Rechte, die auf einer Säule ruht, hält die kleine Figur einer Nike.

Das Erscheinungsbild der kriegerischen A. / Minerva dominiert auch in der nachantiken Kunst – selbst dort, wo es thematisch nicht motiviert ist, wie bei ihrem Besuch bei den Musen auf dem Helikon (s. u.).

Renaissance und Barock zeigen Minerva jedoch auch in ihr unangemessener Nacktheit, wie sie dem Wesen nach der –> Aphrodite zukommt. So kleidet etwa B. Spranger seine siegreiche Minerva (Gemälde *Triumph der Weisheit / Minerva als Siegerin über die Unwissenheit*, 1591 / 92; Wien, Kunsthist. Museum) in ein Phantasiegewand, das die Brust frei läßt – charakteristisch für eine Zeit, die ihrer Neigung zu «Lasciviae» (Titel einer Stichserie nach Agostino Carracci) ungehemmt Ausdruck verleiht. Nahezu nackt erscheint Minerva – ohne Motivation des erzählerischen Zusammenhangs – auf Giorgio Vasaris Bild, das sie (wohl nach Apollodor, Bibl. 3,14,6) in der Schmiede des Vulkan / –> Hephaistos zeigt (wohl 1563, Florenz, Uffizien).

Weniger erotisch als animalisch gibt sich Minerva (mit entblößter rechter Brust wie eine Amazone) auf einer Ölskizze von P.P. Rubens, wo sie gemeinsam mit Herakles den Kriegsgott Mars / –> Ares in die Schranken weist (Paris, Louvre).

Atypisch ist auch das Bild, das sich Bernardo Strozzi von der Göttin macht (Gemälde um 1635; Cleveland, The Cleveland Art Museum): Wäre die Dargestellte nicht durch Helm, Rundschild und auf dem Boden liegende Rüstungsteile als Minerva gekennzeichnet, würde man aus dem zum Himmel gerichteten Blick und dem Gesichtsausdruck, der den Glauben an ein Jenseits zu verraten scheint, eher auf eine christliche Heilige schließen. Selbst Jacques-Louis David läßt die klassische Tradition außer acht, wenn er seine Minerva mit entblößtem Bein darstellt (*Le combat de Minerve contre Mars*, 1771; Paris, Louvre).

Ebenfalls undogmatisch verfahren die Künstler der Neuzeit in der Darstellung der A. / Minerva beim Urteil des Paris. Vielleicht weil die Konstellation der drei konkurrierenden Göttinnen das Bild der drei Grazien (–> Chariten) wachruft, erscheint selbst A. in diesem Zusammenhang nackt. Auf den beiden Gemälden von Rubens erkennt man sie nur an den auf dem Boden abgelegten Waffen und Rüstungsteilen (*Das Urteil des Paris*, 1632 / 35, Jaffé Nr. 1084; London, National Gallery; 1638 / 39, Jaffé Nr. 1371; Madrid, Prado). – Mit kartuschenförmigem Schild und pompösem Kopfputz aus Straußenfedern, die seltsam zu dem nackten Körper kontrastieren, bietet Minerva ein befremdliches Bild auf dem Gemälde eines deutschen Anonymus (*Urteil des Paris*, 16. Jh.; Washington, National Gallery of Art).

Im Gegensatz etwa zu –> Hera wird A. (abgesehen von der Frühzeit) selten sitzend bzw. thronend dargestellt – vielleicht weil man sie sich ihrem Wesen entsprechend stets in Bewegung denkt. Dies gilt besonders für die griechische Kunst, weniger für die römische, was einem gewandelten Verständnis der Göttin entspricht (vgl. die Kolossalfigur in Arsoli, Villa Massimo; ferner die Porphyrstatuette des 2. Jh. n. Chr. in Paris, Louvre, oder die Darstellung auf einer Schale aus dem «Hildesheimer Silberfund», gegen 50 v. Chr.; Berlin, Staatl. Museen).

Attribute. Als Waffen trägt A. in der Regel Lanze und Schild, der in der klassischen Tradition ein Rundschild ist, in Renaissance und Barock auch andere Formen haben kann (vgl. den kartuschenförmigen Schild auf dem Stich *Minerva* von Hendrick Goltzius, aus einer Serie mit vier antiken Gottheiten, 1596, B. 160 [241]). Im Schild führt A. meist das Gorgoneion (z. B. *Marmorrelief Lanckoronski*, 1. Jh. v. Chr.; Richmond, Virginia Museum). Auch in der Neuzeit ist das Gorgoneion die übliche Schildzier. Markantes Beispiel ist u. a. ein italienischer Bildteppich mit der Darstellung der A. / Minerva (nach 1491, unter wesentlicher Mitwirkung von Sandro Botticelli; Favelles, Loir-et-Cher, Viscomte de Baudreuil).

Die Lanze, die A. als Stoßwaffe benutzt, nimmt in Renaissance und Barock auch die Form einer Hellebarde an (s. Botticellis als *Pallas und Kentaur* gedeutetes Gemälde, um 1482; Florenz, Uffizien).

Gelegentlich hält A. das Blitzbündel des –> Zeus, so auf einer Münze (Tetradrachmon) des Antigonos II. Gonatas von Makedonien (277 / 239 v. Chr.; Berlin, Staatl. Münzkabinett; Abb. in LIMC 1984, 2,2, S. 723, Nr. 164) oder auf einer Medaille des Guillaume Dupré (1572–1642). Hier tritt Maria Medici (in Gestalt der A., mit ihrem Sohn Ludwig XIII.) mit einem Blitzbündel in der Hand auf (vgl. auch Cartari 1647, S. 303).

Unkanonisch ist die mit dem Schwert gegen die Giganten kämpfende Minerva auf einem etruskischen Vasenbild (Stamnos, Mitte 4. Jh. v. Chr.; Oxford, Ashmolean Museum, Inv. 1917.54). Immerhin ist das Schwert eine Waffe, die A. als Nahkämpferin charakterisiert, die schließlich sogar mit der bloßen Hand in den Kampf eingreift, wie wir dies auf dem Fries des Zeus-Altars aus Pergamon sehen (gegen 190 / 180 v. Chr.; Berlin, Staatl. Museen): A. packt den in die Knie gegangenen Giganten

Alkyoneus am Haarschopf (vgl. Claudian, Gigant. 91 ff). Auch gegen Mars geht sie mit der bloßen Hand vor auf P.P. Rubens' Gemälde *Minerva verteidigt den Frieden* (1630 / 31, Jaffé Nr. 993; München, Alte Pinakothek).

Ungewöhnlich martialisch faßt Gabriel Grupello Minerva auf (Bronzestatuette, um 1695 / 1700; Düsseldorf, Kunstmuseum; sowie die Elfenbeinstatuette in München, Bayerisches Nationalmuseum). Beide sind wohl Vorstudien für eine Statue im Minervatempel des Schloßparks zu Schwetzingen, die Peter Anton Verschaffelt 1773 frei überarbeitet hat. Das Kriegsgerät (darunter eine Keule) hat nun einer Eule (s. u.) Platz gemacht, was offenbar dem Anliegen des Auftraggebers und der damals vorherrschenden Vorstellung der A. besser entsprach.

Das heute geläufigste Attribut der A. / Minerva ist die Eule oder ein Käuzchen. In der Antike konzentrieren sich die Beispiele auf die klassische und hellenistische Epoche. Eine attische Bronzestatuette stellt A. mit einem flatternden Käuzchen in der erhobenen Rechten dar (um 450 v. Chr.; New York, Metropolitan Museum of Art, Inv. 15.11.1). Werke wie dieses mag Cartari vor Augen gehabt haben, wenn er seiner Minerva eine Eule auf die Hand setzt (1647, S. 193). – Der von Giorgio Vasari entworfene Triumphwagen der Minerva wurde von einem gigantischen Eulenpaar (Automaten, die Flügel und Kopf bewegten!) gezogen (*Carro di Minerva*, Zeichnung, Florenz, Uffizien, Gabinetto dei Disegni, Inv. n 2802).

Die geflügelte Nike charakterisiert die Göttin als Siegerin. Als Statuette auf der Hand der A. hat sie eindeutig attributiven Charakter (z.B. auf einem hellenistischen Goldstater, Abb. in LIMC 1984, 1,2, S. 730, Nr. 225).

Die Schlange als Begleittier der A. / Minerva, die ihren Ursprung im Mythos der Göttin hat (s. o.) und wie sie z. B. an der Innenseite des Schildes der A. Parthénos des Phidias zu sehen war, wird in der Neuzeit vorwiegend als Symbol der Weisheit verstanden.

Der Hahn ist schon auf panathenäischen Preisamphoren zusammen mit A. zu sehen. Während seine Bedeutung auf den antiken Darstellungen noch ungeklärt scheint, deutet Cartari (1647, S. 193) den Hahn als Symbol der Wachsamkeit und Weisheit. So versteht sich wohl auch der Hahn, der den Helm einer Hubert Gerhard zugeschriebenen bronzenen Sitzfigur der Minerva ziert, die, zurückweichend, von Cupido bedrängt wird (um 1600; Amsterdam, Rijksmuseum, Inv. R.B.K. 1959 – 2).

Eine Spindel hält A. in der Hand als deren Erfinderin. Schon in der

Antike selten, scheinen sich neuzeitliche Künstler noch weniger ihrer zu erinnern (sieht man von Cartari ab: 1647, S. 193), obwohl gerade sie die Geschichte vom Wettstreit der A. mit –> Arachne besonders beschäftigt.

Die musizierende A. spielt ein Windinstrument: auf griechischen Vasenbildern die Doppelflöte (den Aulos), die sie selbst erfunden hat (–> Marsyas), so auf einem apulischen Glockenkrater vom Ende des 5. Jh. v. Chr. (Boston, Museum of Fine Arts, Inv. 00 348). – In der neuzeitlichen Kunst greift A. auch zum Dudelsack (–> Marsyas), wie auf den Illustrationen zu den ersten Ausgaben des «Ovidio volgare» (Venedig 1497 und 1501). Auf diesen fußt vermutlich der italienische anonyme Meister, der A. auf seinem den Wettstreit zwischen … und –> Apoll und Marsyas darstellenden Gemälde (Washington, National Gallery of Art) mit dem Dudelsack am Ufer eines Sees zeigt, in dem sie sich spiegelt.

Unter den Pflanzen ist A. vor allem der Olivenbaum zugeordnet, der ihre Schöpfung und ihr heilig ist. Wir sehen die Göttin neben dem heiligen Ölbaum der Akropolis auf einem Kelchkrater (um 410 v. Chr.; Adolphseck, Schloß Fasanerie; Abb. bei E. Simon 1985, S. 197). – Manchmal trägt A. einen Ölzweig in der Hand oder einen Kranz aus Ölzweigen im Haar (Silberdrachme aus Athen, gegen 430/407 v. Chr.; Abb. in LIMC 1984, 1,2, S. 739, Nr. 302). Mit Olivenzweigen bekränzt ist auch die Pallas des Botticelli (*Pallas mit Kentaur*, um 1482; Florenz, Uffizien, s. o.).

Die Neuzeit sieht in A./Minerva in erster Linie die Patronin von Kunst und Wissenschaft und bringt dies in angemessenen Attributen zur Anschauung. Auf einem Gemälde von Giorgio Vasari (*Pallas in der Schmiede des Vulkan*, wohl 1563; Florenz, Uffizien) hält Pallas Zirkel und Winkelmaß. H. Goltzius versammelt auf seinem obenerwähnten Stich in den Bildecken alle seiner Zeit geläufigen Attribute und Symbole für die verschiedenen Zuständigkeiten der Göttin: Musikinstrumente (Blasinstrumente, der Erfinderin des Aulos angemessen!), Symbole der Künste und Wissenschaften wie Buch und Winkelmaß, schließlich auch Kriegsgerät: Schild, Helm, Hellebarde und Schwerter.

Zugtiere des Wagens der A. sind in der Regel Pferde, wie es z. B. das Vasenbild auf einer Pelike illustriert (gegen 400 v. Chr.; Policorno, Museo Nazionale, Inv. 35304). – Ein Schimmelpaar ist vor den Triumphwagen der Minerva auf dem Fresko des Francesco Cossa im Palazzo Schifanoia in Ferrara gespannt (1469/70).

Die Eulen als Zugtiere (Entwurf für die Mascherata zu Ehren der Johanna von Österreich, s. o.) sind eine eigenwillige Wahl Giorgio Vasaris, ebenso die vier Elefanten, die auf einer Münze Seleukos' I. (306/305 v. Chr.) den Wagen der A. ziehen. Selten fungieren auch Schlangen als Zugtiere, so auf einer Darstellung des Paris-Urteils auf dem Deckel einer griechischen Pyxis (450/425 v. Chr.; Kopenhagen, Nationalmuseum, Inv. 731).

D 1. *Die Geburt der A.* (Homer, Il. 5,875 ff; Hesiod, Theog. 886 ff, 924; Homer. Hymnos 28; Pindar 7,35 ff; Apollodor, Bibl. 1,3,6; 3,12,3,4 ff). Die ungewöhnliche Geburt der A. hat v.a. die Phantasie der griechischen, insbesondere der archaischen Vasenmaler beschäftigt, die (mit Varianten) folgendem Schema folgen: Dem Haupt des in einem Stuhl sitzenden, von Göttern umgebenen –> Zeus entspringt in voller Rüstung die kleine A., die sogleich ihr stürmisches Temperament offenbart. Das wohl älteste erhaltene Beispiel dieses Schemas findet sich als Relief am Hals eines kykladischen Pythos (um 580/570 v. Chr.; Tenos, Museum). Unter den Göttern, die auf den Vasenbildern der Szene beiwohnen, fällt besonders –> Hephaistos auf: Er, der dem Göttervater den Schädel gespalten hat, geht, sich umblickend, mit der Doppelaxt in der Hand davon (rotfigurige Schale, gegen 500/490 v. Chr.; London, British Museum, Inv. E 15).

Die einzige erhaltene Darstellung der Geburt der A. in der Monumentalplastik findet sich am Ostgiebel des Parthenon in Athen (gegen 438 v. Chr.; Akropolis-Museum).

Der Hellenismus und die römische Kunst haben offenkundig das Interesse an diesem Thema verloren. Auch das Mittelalter schenkt ihm wenig Beachtung. Die Illumination einer Handschrift des Pseudo Nonnos (Kommentare zu 4 Homilien des Gregor von Nazianz, 2. Hälfte 11. Jh.; Jerusalem, Patriachral Library, Cod. Taphou 14, Bl. 312[r]) schildert das Geschehen lapidar: Aus dem Haupt des thronenden Zeus ragt die Kniefigur der mit Lanze und Rundschild bewaffneten A.; vor Zeus steht Hephaistos, der ihn mit beredter Geste anspricht. Was diese Geste bedeutet, geht aus der anschließenden Illustration hervor, auf der Hephaistos begehrlich die schnell herangewachsene A. verfolgt.

Die Neuzeit greift das Thema ebenfalls nur sporadisch auf. Eine schriftliche Quelle (B. Spaanstra-Polak 1973) dokumentiert die (verlorene) Darstellung der Geburt der Minerva als Teil der Dekoration eines Bürgerhauses in Brüssel. Vom antiken Kanon abweichend, ist A. hier nackt, und ihre Haltung wiederholt eher die der schaumgeborenen Venus (–> Aphrodite). – Antiken Beispielen entspricht dagegen die Illustration von Hans Holbein d.J. zu «Encomium Moriae» (Lob der Torheit) des Erasmus von Rotterdam (Basel, 1515).

2. *A. auf dem Schoß des Zeus*. Diese selten dargestellte Szene bezieht sich auf einen Moment nach der Geburt der A. Sie findet sich u. a. auf einer Pelike aus Nola (gegen 480 v. Chr.; Wien, Kunsthist. Museum, Inv. 728). A. steht auf den Knien des Vaters, den Helm mit mächtiger Helmzier auf dem Kopf, die Lanze schwingend, die Aigis schwenkend – ein Bild, das die Erinnerung an die kindliche –> Artemis wachruft, die auf dem Schoß des Zeus um Waffen bittet.

3. *A. im Gigantenkampf* (Claudian, Gigant. 91 ff). Unter den zahlreichen Beispielen in der griechischen Kunst ist der Fries des Zeus-Altars aus Pergamon hervorzuheben (gegen 190/180 v. Chr.; Berlin, Staatl. Museen), wo die mit der bloßen Hand kämpfende A., zwischen Zeus und Ares, von Nike bekränzt wird.

4. *A. / Minerva und Poseidon / Neptun* –> Poseidon

5. *Der Kampf zwischen A. / Minerva und Ares / Mars*. Unter den Themen aus dem Mythos der A. / Minerva ist dieses in Renaissance und Barock besonders populär. Die in der Ilias (21,391 ff) geschilderte Attacke der A. gegen Ares illustriert Jacques Louis Davids Gemälde (*Le combat de Minerve contre Mars*, 1771; Paris, Louvre). Vor dem im Hintergrund tobenden Kampf um Troia hat Minerva – in weißem Gewand und blauem Mantel (den marianischen Farben!) – den Kriegsgott durch einen Steinwurf zu Boden gestreckt. – Einen Kampf schlechthin nimmt P.P. Rubens zum Anlaß, die beiden als wesensungleiche Protagonisten zu schildern (*Minerva und Mars*; Skizze zu dem Freskenzyklus in London, Whitehall; Rotterdam, Museum Boymans-van Beuningen): Die herbeistürmende Minerva versetzt Mars, der eine Frau am Haar über den Boden schleift, mit der bloßen Hand einen Stoß. Auf einer Ölskizze (1634/35, I. Held 1980, Nr. 244) erweitert Rubens die Szene um die Figur des Herakles (die Göttin tatkräftig unterstützend), der seiner Schutzgöttin ja durch sein hohes Ethos verbunden ist. – Auf eine knappe Formel bringt Veit Kininger das Thema in seiner Marmorgruppe *Mars und Minerva* im Park von Schönbrunn (1773/80): Minerva fällt Mars, der im Begriff ist, das Schwert zu ziehen, in den Arm.

6. *A. / Minerva und Arachne* –> Arachne

7. *A. führt Herakles in den Olymp ein* (Homer, Il. 18,117 ff; Hesiod, Theog. 950 ff; Sophokles, Phil. 1409 ff; Apollodor, Bibl. 2,7,7, 11 f). Das schwarzfigurige Bild einer Schale des Phrynos (gegen 550/530 v. Chr.; London, British Museum, Inv. B 424) charakterisiert höchst anschaulich

das temperamentvolle Wesen der Göttin: Im Laufschritt sieht man sie auf den Thron des Zeus zueilen, ihren Schützling ungestüm am Arm hinter sich herziehend.

8. *Minerva als Friedensbringerin («pacifera») oder Verkörperung des Friedens.* - Jacopo Tintorettos Allegorie auf den Frieden (1577; Venedig, Palazzo Ducale, Sala del Anticollegio) führt uns Minerva als die schlichtende Kraft vor, die sich trennend zwischen Mars, die Verkörperung des Krieges, und Pax, die Personifikation des Friedens, stellt, der sie schützend den Arm um die Schultern legt, während sie mit der anderen Hand Mars mit Nachdruck in die Schranken weist. Francesco Sansovino (1581) erläutert hierzu: Minerva stößt Mars zurück, während Friede und Überfluß gedeihen. Die Weisheit der Minerva hält den Krieg vom Staat fern und macht so die Untertanen glücklich, deren Liebe zu Venedig dadurch gesteigert wird. – Eine Variante des Themas stellt der Modello eines anonymen österreichischen Meisters für ein Fresko dar (1700/10; Salzburg, Slg. Rossacher): Minerva, durch den Ölzweig in ihrer Hand als Friedensstifterin gekennzeichnet, schneidet Mars, dem ein Putto den Schild der Göttin mit dem Gorgoneion entgegenhält, den Weg ab. So geht Minerva als Siegerin aus einem unblutigen Kampf hervor. – Als Schützerin und Garantin des Friedens erscheint Minerva auf einem Gemälde von P.P. Rubens (*Minerva verteidigt den Frieden gegen Mars*; 1629/30, Jaffé Nr. 969; London, National Gallery; Variante 1630/31, Jaffé Nr. 993; München, Alte Pinakothek): im Vordergrund die Personifikation des Friedens in Gestalt einer Frau, im Hintergrund Minerva, die Mars vehement abwehrt.

9. *Der Triumph der A./Minerva.* Die Idee des Sieges ist für Renaissance und Barock (an römischen Beispielen orientiert) mit der des Triumphs verbunden (vgl. die «Trionfi» des Petrarca). Auf dem Fresko des F. Cossa (1469/70; Ferrara, Palazzo Schifanoia) fährt Minerva auf einem von zwei Schimmeln gezogenen Triumphwagen. Auch Giorgio Vasari präsentiert die Göttin in der für Margarethe von Österreich inszenierten «Mascherata» auf prunkvollem Triumphwagen (Zeichnung s. o.).

Anders manifestiert sich der Triumph auf Jacob Jordaens Zeichnung (*Triumphierende Minerva*; New York, Pierpont Morgan Library): Die Göttin (im Kreis der Olympier im Beisein der Fama von –> Kronos mit dem Lorbeer des Ruhms gekrönt) setzt den Fuß auf den besiegten Feind – ein aus dem byzantinischen Kaiserkult übernommener Triumphgestus, wie er uns auch auf Sprangers Gemälde *Triumph der Weisheit* begegnet (1591/92; Wien, Kunsthist. Museum, s. o.).

10. *A. / Minerva als Patronin eines Heros oder eines anderen Sterbli-chen.* Die mythischen Schützlinge der A. sind zahlreich (Achill, –> Bellerophon, –> Perseus, –> Prometheus und viele andere). Aber auch römische Kaiser nehmen sie als Schutzgottheit in Anspruch. Als diese erscheint Minerva auf verschiedenen römischen Münzen.

Die barocke Allegorese greift den Gedanken wieder auf, nicht ohne ihn zu erweitern und zu modifizieren, wie es P.P. Rubens mit seinem Entwurf zu einem Deckengemälde für den Herzog von Buckingham getan hat (*Minerva and Mercury conduct the Duke of Buckingham to the Temple of Virtue,* 1625/27; London, National Gallery).

11. *A. / Minerva bei den Musen* (Ovid, Met. 5,250 ff). Das Thema tritt zwischen 1550 und 1650 gehäuft auf, in einer Zeit also, die in der Göttin in erster Linie die Patronin der Künste und Wissenschaften sieht. Auf einem Gemälde von Frans Floris (um 1565; Condé-sur-Escaut, Hôtel de Ville) betritt Minerva (mit Helm und Speer) den Helikon und nähert sich dem Kreis der musizierenden –> Musen. – Auf dem Bild von Hendrick van Balen (1575–1632) und Josse de Momper (1564–1635) sieht man eine der Musen dem göttlichen Besuch entgegengehen (wohl Urania, s. Ovid, Met. 5,260 ff; Gemälde in Antwerpen, Musée Royal des Beaux-Arts). Das Bild verrät auch den Anlaß dieses Besuchs: –> Pegasus, der mit seinem Huf eine Quelle aus dem Boden geschlagen hat, erscheint hoch auf einem Felsen, von dem das Quellwasser über einen Felsenabsatz herabfließt. – Ein plastisches Ensemble *(Minerva und die Musen)* von Nicolas Millich (1670) findet sich im Garten von Schloß Drottningholm/Schweden.

12. *Die musizierende A. / Minerva.* Gelegentlich spielt A. auf dem von ihr erfundenen Aulos (z. B. auf einer schwarzfigurigen Amphora, gegen 520/510 v. Chr.; 1984 Basel, Kunsthandel, s. LIMC 1984, 2,2, S. 764). Sie musiziert, einen Fuß auf ein Bema gestellt, gemeinsam mit Herakles, der die Kithara spielt. Während A. hier noch unbefangen sich dem Musizieren hingibt, läßt das Bild auf einem apulischen Glockenkrater vom Ende des 5. Jh. v. Chr. (Boston, Museum of Fine Arts, Inv. 00348; s. o.) den weiteren Verlauf der Geschichte ahnen, die damit endet, daß A. das Instrument fortwirft: Sie sitzt unter einem Baum auf ihrer Aigis und bläst den Aulos, während ihr ein junger Mann einen Spiegel vorhält, der ihr zeigen wird, wie wenig sie diese Tätigkeit kleidet. – Im Gegensatz zu dieser freien Schilderung folgt das Relief eines römischen Sarkophags (Rom, Palazzo Barberini) der literarischen Überlieferung, der zufolge sich A. im Wasser eines Sees spiegelt (Fulgentius, Myth. 3,9, 726, Helm

1970, S. 73; vgl. **A**). – In der Renaissance weicht der Aulos bisweilen dem Dudelsack. Vermutliche Quelle für die betreffenden Darstellungen ist ein Holzschnitt in der ersten Ausgabe des «Ovidio volgare» (Venedig 1501, Bl. 49^v), auf dem A. und Marsyas den Dudelsack blasen. Im Hintergrund sieht man, wie A. den um eine Tafel versammelten Göttern ihre Erfindung vorführt.

13. *A. und Marsyas* –> Marsyas

14. *A. / Minerva als Patronin des Handwerks, der Künste und Wissenschaften.* In diesem Verständnis nimmt A. / Minerva in der Allegorese den breitesten Raum ein. – Eine Interpretation der Minerva (auf dem Triumphwagen fahrend) als Patronin der Webkunst und anderer textiler Fertigkeiten liefert F. Cossas Fresko im Palazzo Schifanoia in Ferrara (Sala dei Mesi, *März*, 1469/70). Einige Frauen sind an einem Webstuhl tätig; eine ist über einen Stickrahmen gebeugt, eine weitere hantiert mit der Schere, eine dritte fädelt ein. – Wohl in Kenntnis der «Hieroglyphica» des Pierio Valeriano (Basel 1556), wo Minerva gemeinsam mit Vulkan «ingenium et ars» verkörpert, malt Giorgio Vasari 1563 sein Bild, das *Pallas Athene in der Schmiede des Vulkan* zeigt (Florenz, Uffizien; s. o.). So inspiriert Pallas, die Zirkel und Winkelmaß in der Hand hält, nicht nur die Arbeit des Vulkan, die Schmiedekunst, sondern auch andere Künste – ein Gedanke, den die im Hintergrund dargestellten Künstler nahelegen (M. Winner 1962, S. 159).

Ein verlorenes Gemälde des Hans von Aachen, überliefert durch einen Stich von Egidius Sadeler, setzt Pallas A. ausdrücklich zur Malerei in Beziehung – *(Pallas Athene führt Pictura in den Kreis der septem artes liberales ein)* –, ein um 1600 häufig behandeltes Thema (W. Prinz 1975). Pictura, in Gestalt einer jungen Frau, wird von Pallas den Musen zugeführt. – Die Rembrandt zugeschriebene *Minerva* (1635; Stockholm, Privatslg.), die in ihrer prächtigen Robe und ihrem Schmuck, in einem Armstuhl sitzend, eher eine Dame des gehobenen Bürgertums darstellt, ist durch die Attribute eindeutig gekennzeichnet: den abgelegten Helm, die Lanze und den Rundschild mit riesigem Gorgoneion, den Lorbeerkranz im offenen Haar. Der auf dem Tisch liegende aufgeschlagene Foliant und der Globus deuten auf ihre Eigenschaft als Patronin der Wissenschaft hin.

Das Thema bietet ein breites Spektrum gedanklicher Möglichkeiten. Joachim Sandrarts Gemälde *Minerva und Saturn beschützen Kunst und Wissenschaft* (1644; Wien, Kunsthist. Museum) variiert es, indem er der Göttin Saturn an die Seite stellt, der mit seinem Schild den Ansturm verderbenbringender Mächte abwehrt, während sich Kunst und Wissenschaft (in Gestalt zweier kleiner Genien) in den Schoß der Minerva flüchten. – Als Beschützerin der jungen Künstler zeigt sie ein kleines Bild in der Art des Hendrick van Balen (Budapest, Museum der Bildenden Künste), assistiert von Herakles und der personifizierten Weisheit, die gemeinsam Unwissenheit, Neid und die irdische Liebe (Amor / –> Eros) bekämpfen, während ein Genius herbeieilt, um einem jungen Maler auf die Beine zu helfen.

15. *Minerva als Gegenspielerin der Venus.* Diese schon in der «Ilias» angelegte Kontroverse (5,420 ff u. 21,424 f) hat besonders anregend auf die Allegorese der Neuzeit gewirkt. Auf einem Jacopo Tintoretto zugeschriebenen Bild (St. Louis, City Art Museum of St. Louis) sehen wir Minerva als Verfolgerin der Venus, über der drohend der Schild mit dem Gorgoneion schwebt. – In freiem Gedankenspiel kleidet Dietrich Ernst André (1680 – nach 1730) das Thema in eine ausgreifende Handlung (Gemälde von 1722 / 24; Hovingham Hall, Yorkshire, Slg. Sir William Worsley, Bt.): Minerva, die majestätisch die Stufen einer Säulenarchitektur herunterschreitet, hält Venus das Haupt der Gorgo entgegen – eine Geste, die wir sonst nur von –> Perseus kennen. Venus wendet sich entsetzt ab, um ihren bereitstehenden Wagen zu besteigen. Zwischen den beiden Göttinnen sieht man –> Kronos, der Amor / –> Eros, der sich an Venus klammert, die Flügel stutzt. – In diesen Gedankenkreis gehört auch die schon erwähnte Bronzegruppe von Hubert Gerhard (Minerva und Amor; Amsterdam, Rijksmuseum, s. o.): Die sitzende Göttin, die ein aufgeschlagenes Buch in der Hand hält, weicht vor Amor, dem ständigen Begleiter der Venus, zurück. – So wird A. / Minerva auch folgerichtig zur:

16. *Verkörperung der Keuschheit,* die, wie wir gesehen haben, ein Wesenszug der Göttin ist. Den bringen schon die griechischen Vasenmaler zur Anschauung: Als sich die Göttinnen auf das bevorstehende Urteil des –> Paris vorbereiten, tut es jede auf die ihr gemäße Weise, wobei A. vornehmlich im Gegensatz zu Aphrodite charakterisiert wird. Auf einem Kelchkrater (gegen 440 v. Chr.; Paris, Cabinet des Médailles, Inv. 422) sieht man Venus sich im Handspiegel betrachten; A. aber hat ihre Waffen (nicht die Kleider!) abgelegt und wäscht sich an einem Brunnen. – Als «Keuschheit» spielt A. / Minerva auch in der Emblematik eine prominente Rolle. In diesem Verständnis tritt sie auch als Gegenspielerin Cupidos (–> Eros) auf, so in einem Emblem bei Gilles Corrozet (1543, C v B: «Chasteté vainc Cupido»; H. / S. Sp. 1733 f).

17. *Minerva als Verteidigerin der Tugend.* In dieser Eigenschaft erscheint die Göttin auf Andrea Mantegnas Gemälde *Minerva vertreibt die Laster* (1501/02; Paris, Louvre): Diana und Castitas (= Keuschheit), gefolgt von Minerva in voller Rüstung, stürmen aus einer Grotte, um die Laster – allen voran Venus – aus dem grünenden Garten zu vertreiben. Ein Ölbaum trägt ein Schild mit der Inschrift «Virtus» (= Tugend), am Himmel erscheinen Gerechtigkeit, Stärke und Mäßigkeit.

18. *Minerva als Allegorie der Stärke.* «Fortitudo» (= Stärke) begegnet uns im Erscheinungsbild der Minerva auf einem Gemälde von Dietrich Ernst André (London, John Harris Collection). Den Speer in der Rechten, das Gorgoneion auf der Brust, stützt sich die behelmte Göttin auf eine Säule, ein Löwe steht an ihrer Seite (Säule und Löwe sind die üblichen Symbole der «Stärke»).

19. *Das mythologische Porträt im Bild der Minerva.* Die Bildnisse gekrönter, später auch bürgerlicher Frauen in Gestalt der Minerva sind zahlreich. Ihnen liegt entweder die Vorstellung der siegreichen Göttin zugrunde oder der Gedanke an die Friedenstifterin, die den Künsten und Wissenschaften Schirmherrin ist und die Glück und Wohlstand garantiert. – Kristina von Schweden ließ sich mehrmals als Minerva porträtieren. Auf einem Stich des Jeremias Falck (nach einer Vorlage von Erasmus Quellinus, vor 1654) sieht man sie in Form einer skulpierten Büste, in ihrem Rücken drei Folianten, auf denen eine Eule hockt. – Ein Repräsentativporträt der Königin als Minerva von Justus van Egmont (1654; Stora Vika/Schweden, Slg. Arvid Stolzenberg) zeigt sie in Brustpanzer, Kettenhemd und einem Mantel, der auf der linken Schulter durch eine Brosche in Gestalt des Gorgoneions gehalten wird; die Rechte stützt sich auf einen Stab, der bekränzte Helm ist abgelegt. – Katharina von Rußland ließ im Jahr ihrer Thronbesteigung, 1762, eine Medaille prägen, deren Vorderseite ihr Porträt im Bild der Minerva zeigt.

Unbeeindruckt von der bissigen Kritik Denis Diderots an der Mode des mythologischen Porträts (s. Chastel/Dowley 1955, S. 261ff) verzichtet auch die bürgerliche Zeit nicht auf diese Form, wie z.B. das Bildnis der Madame Gaudrie von Dominique Ingres beweist (1864; Köln, Wallraf-Richartz-Museum). Man sieht die Dame des Hauses en face, mit einem Helm auf dem Kopf, eine Lanze in der Rechten, in der Linken den Schild. Die kleine Schlange auf ihrer Schulter nimmt sich aus wie ein Schmuckstück.

Lit.: Baumstark, Reinhold: Ikonographische Studien zu Rubens' Kriegs- und Friedensallegorien. In: Aachener Kunstblätter des Museumsvereins 45, 1974, S. 125–234. Canciani, Fulvio, in: LIMC 1984, 2,1, S. 1074–1109; 2,2, S. 785–815, s.v. Minerva. Cini, Giovanni Battista: Descrizione dell'Apparato fatto in Firenze per le Nozze dell'Illustrissimo ed Eccelentissimo Don Francesco de' Medici Principe di Firenze. Firenze 1882 (Le Opere di G. Vasari 8, S. 521–622). Corrozet, Gilles: Hecatomgraphie. Paris 1543. Demargne, Pierre, in: LIMC 1984, 2,1, S. 955–1044; 2,2, S. 704–765, s.v. Athena. Dowley, Francis H.: French Portraits of Ladies as Minerva. In: Gazette des Beaux-Arts 6, 97, 45, 1955, S. 261–286. Foerster, Richard: Studien zu Mantegna und den Bildern im Studierzimmer der Isabella Gonzaga. In: Jahrbuch der Königlich preußischen Kunstsammlungen 22,1, 1901, S. 78–87; 22,2, S. 154–180. Haverkamp-Begemann, Egbert: Rembrandt's so-called Portrait of Anne Wijner as Minerva. In: Studies in Western Art 3, 1963, S. 59–65. «Katharina die Große», Ausst.-Kat. Kassel, Museum Fridericianum, 13. Dez. 1997–8. März 1998. Kassel 1997, S. 73–80 (Susan Tipton: Die russische Minerva). Langner, Johannes: Die Erziehung der Maria Medici. Zur Ikonographie eines Gemäldes von Rubens. In: Münchner Jahrbuch der Bildenden Kunst 3, 30, 1979, S. 107–130. Ligthbown, Ronald: Sandro Botticelli, Life and Work. London 1978, Bd. 1, S. 82–85. McGrath, Elizabeth: Rubens' Musathena. In: Journal of the Warburg and Courtauld Institutes 50, 1987, S. 233–245. Mirimonde, A.P. de: L'Hélicon ou la visite de Minerve aux Muses de H. van Balen et Josse de Momper. In: Jaarboek Koninklijk Museum voor schone Kunsten (Antwerpen), 1961, S. 141–154. Pfeiff, Ruprecht: Minerva in der Sphäre des Herrscherbildes von der Antike bis zur Französischen Revolution. Münster 1990 (Bonner Studien zur Kunstgeschichte 1). Pigler, Andor: Neid und Unwissenheit als Widersacher der Kunst. In: Acta Historiae Artium Academiae Scientiarum Hungaricae 1, 1954, S. 215–235. Pilo, Giuseppe Maria: Il ‹Trionfo della Sapienza› di Giovanni Coli e Filippo Gherardi per la libreria di San Giorgio Maggiore. In: Paragone 36, 1985, 425, S. 47–62. Prinz, Wolfram: Das Motiv «Pallas Athene führt die Pictura in den Kreis der septem artes liberales ein» und die sogenannte Cellini-Schale. In: Festschrift für Peter Wilhelm Meister zum 65. Geburtstag. Hamburg 1975, S. 165–173. Rosenthal, Lisa: The ‹Parens Patriae›. Familial imagery in Rubens' ‹Minerva protects Pax from Mars›. In: Art-History 12, 1989, S. 22–38. Sansovino, Francesco: Venetia Città Nobilissima. 1581, ed. Venetia 1604. Spaanstra-Polak, Bettina: The Birth of Athena. An Emblematic Representation. In: Album amicorum J.G. van Gelder. Den Haag 1973, S. 298–305. Weitzmann, Kurt, 1951 (–> Allgem. Bibl.), S. 55 f. Winner, Matthias: Gemalte Kunsttheorie. Zu Gustave Courbets «Allégorie réelle» und der Tradition. In: Jahrbuch der Berliner Museen 4, 1962, S. 151–185. Wittkower, Rudolf: Transformations of Minerva in Renaissance Imagery. In: Journal of the Warburg and Courtauld Institutes, London 2, 1938–39, S. 194–205.

Atlas –> Herakles, –> Perseus

Bellerophon, auch Bellerophontes, griech. Korinthischer Held. Sohn des Glaukos, Königs v. Ephyra (Korinth) und der Eurymede, Enkel des Sisyphos (Homer, Il. 6,155; Apollodor, Bibl. 1,9,3). Nach Hesiod (Ehoien 7; H.G. Evelyn-White 1977, S. 158; Hygin, Fab. 157,1) ist Poseidon sein Vater von Eurynome, Tochter des Nysos. Gemahl der Philonoë (auch Antikleia, Schol. zu Pindar, Ol. 13,59(82); Achimene: Boccaccio, Gen. 13,58), von dieser Vater des Isandros, des Hippolochos und der Laodameia (Homer, Il. 6,196 f; Boccaccio, Gen. 13,58).

A Homer (Il. 6,152 ff) sagt, Proitos, König von Argos, habe B., den Herrn von Ephyra, aus dem Land vertrieben. Aus dem folgenden kann man schließen, daß der junge Mann sich nun am Hofe des Proitos aufhielt, wohl aufhalten mußte, wie Boccaccio (Gen. 13,58: «Pritus») offenbar meint. Jedenfalls findet Anteia (Il. 6,160 ff; «Antia»: Myth. Vat. I 71), die Frau des Proitos, Gelegenheit, sich in den Mann zu verlieben und ihm heimlich ein Angebot zu machen (sie habe ihm «die Gelegenheit» geboten und ihm dazu gar das halbe Königreich des Gemahls versprochen, sagt Hygin, Astron. 18). Der «redlich gesinnte, verständige B.» (Homer, Il. 6,162 f) verweigert sich, und die Frau verleumdet ihn beim König mit dem Vorwurf, der Bursche habe ihr nachgestellt (er habe sie vergewaltigen wollen, wird der Myth. Vat. I 71 sagen): «Stirb, o Proitos, oder erschlage den B.», fordert sie (Il. 6,164).

Apollodor berichtet anderes (Bibl. 2,3,1 f; s.a. Diodor 9,1; Servius, Aen. 5,118). Danach hat B. versehentlich seinen Bruder Deliades (nach einigen heißt er Piren oder Alkimenes) getötet, flieht zu Proitos und läßt sich von ihm reinigen. Der weitere Verlauf der Ereignisse entspricht dem, was Homer erzählt, nur daß die Frau hier Stheneboia heißt (Boccaccio ebd.: «Stenobes»). Die einen sagen, daß Proitos ihr glaubt, aber sich «im Herzen» scheut, das Todesurteil selbst zu vollstrecken (Il. 6,167; wollte er das Gastrecht nicht verletzen?). Hygin (Astron. 18) weiß, daß Proitos den Burschen mag. Jedenfalls schickt er ihn zu Iobates (oder «Abas», Myth. Vat. II 131), dem Schwiegervater (Hygin, Fab. 157), mit einem Brief, in dem er ihn auffordert, B. zu töten. Homer (Il. 6,168 ff) spricht von einer Klapptafel, in die «todbringende Zeichen» eingeritzt sind. Iobates (Boccaccio: «Ariobatus») meint, das könnte gut die Chimaira für ihn erledigen, die gerade das Land verwüstet und die Herden plündert, und schickt den Mann aus, das Untier zu erlegen.

Hygin (Astron. 18) sagt aber, «Proetus» schickte B. zu Iobates, den er als einen gerechten Mann kannte, damit er die Ehre der Tochter verteidige und den Übeltäter der Chimaira vorwerfe. Übrigens sei auch behauptet worden, daß Antia (Stheneboia) den B. gar nicht verleumdete, sondern daß der unwillig ihrer ständigen Bitten überdrüssig nach Argos floh (Hygin, Astron. 18).

Unklar bleibt dann aber, wie er an die Chimaira gerät. Diese ist in der Tat ein Monstrum, das das Land verwüstet und die Herden plündert. Es sieht schon höchst bedrohlich aus: Vorn ist es ein Löwe, hinten hat es Schlangengestalt, dazu hat es noch drei Köpfe, deren mittlerer ziegengestaltig ist und Feuer speit (Servius, Aen. 5,118; vgl. Hygin ebd.). Homer sagt einfach, der Mittelteil sei der einer Ziege gewesen, und offenbar spie das Ganze Feuer (vgl. Myth. Vat. I 72 u. 71, Myth. Vat. II 131). Hesiod (Theog. 319 ff) beobachtet noch mehr: Groß sei das Tier gewesen, schnellfüßig und stark usw. Es mag wenigstens drei Männer brauchen, dieses Biest zu überwältigen, das über die Kraft von drei Tieren verfügt. Da dürfte ein einzelner keine Chance haben. So dachte wohl Iobates, dem ein alter Brauch verboten haben mag, einen Menschen zu töten, mit dem er zuvor gespeist hatte (Tzetzes, Schol. zu Lykophron 17); denn *neun* Tage lang hatte er den Gast bewirtet, neun Rinder geschlachtet, ehe er sich am Morgen des zehnten Tags den Brief des Proitos zeigen ließ (Homer, Il. 6,172 ff). Die Vatikanischen Mythographen (ebd.) berichten, Iobates habe solch einen Mann schon umbringen wollen; aber als es dem gelungen war, mit Klugheit und Keuschheit der unmittelbaren Gefahr zu entgehen, da habe er ihn zur weiteren Erprobung seiner Sittsamkeit noch einer so mächtigen Gefahr entgegengeschickt (Hygin, Astron. 2,18; vgl. Zenobius, Cent. 2,87).

B. hätte wohl große Mühe gehabt, die Begegnung mit der Chimaira zu überstehen ohne göttlichen Beistand: Er hatte sich den –> Pegasos, das Flügelroß, Kind der –> Medusa und des –> Poseidon, gewünscht, aber es war ihm nicht gelungen, das Tier, das vielleicht schon dem –> Perseus gedient hatte, zu fangen und gar zu zäumen. Das war am Peirene-Quell (die Geschichte steht bei Pindar, Ol. 13,63 ff), den Pegasos mit einem Huf aus dem Boden geschlagen hatte: B. muß sich recht gemüht haben, denn «wahrlich, vieles mußte er an dieser Quelle durchleiden, / bis endlich die Jungfrau Pallas ihm einen goldbeschlagenen Zügel / brachte …» (ebd. 64 f). Die Aufmerksamkeit der Göttin (–> Athena), der die Tüchtigen, die gescheit sind und geschickt, lieb sind, ehrt den Mann. Sie kommt zu ihm im Traum, und er eilt, das Richtige zu tun. Es scheint, daß er schon zuvor den Rat des nächsten heimischen Sehers eingeholt und auf dem Altar der Göttin geschlafen hatte. Nun berichtet er dem Seher das Geschehene, und der rät, der Aufforderung der Göttin schleunigst zu folgen: Einen Stier soll er also dem Poseidon, dem «Bändiger», opfern und der Athena Hippia einen Altar errichten. Das Unterfangen gelingt. B. packt das Pferd mit starker Hand und «spannt ihm den zähmenden Zauber um das Kinn», legt einen Panzer an, steigt auf und «beginnt sogleich das Waffenspiel» (ebd. 84 f). Pausanias hat gehört, daß Athene das Roß bändigte und zäumte (2,4,1).

Noch anderes berichtet Hesiod (Ehoien 7, s. o.): Als der Bursche in das rastlose Alter gekommen war, da habe Vater Poseidon ihm das Flügelroß, das offenbar seinem enormen Bewegungsdrang dienen sollte, geschenkt. Mit flinken Schwingen unermüdlich und schnell wie ein Sturm ist dem B. nun kein Platz auf Erden unerreichbar.

Das alles muß irgendwann vor dem Unternehmen Chimaira geschehen sein, denn jetzt besteigt B. wie selbstverständlich das Roß, hebt sich hoch in die Luft und erschießt (vgl. Apollodor, Bibl. 2,3,2: doch wohl mit Pfeilen) das Monstrum aus der Höhe, tötet es, «den Zeichen der Götter folgend», sagt Homer (Il. 6,183), ohne den Pegasos zu erwähnen (oder ihn zu kennen?). Über den angesichts der Paarung doch sicher dramatischen Kampf erfahren wir weiter nichts. Immerhin aber meldet Natale Conti (1567, 9,3, Bl. 269ᵛ) mit Berufung auf Theopomp, B. habe der Chimaira eine Lanzenspitze aus Blei in den flammenden Rachen gestoßen, das Metall sei geschmolzen, habe sich im Körper verteilt und so das Monstrum getötet. Mit solchem Erfindersinn erwiese der Mann sich der Hilfe Athenas wahrhaft würdig. Athenaios (11,497b) spricht von einem Vasenbild, das den B. zeigt, als er gerade den Speer geworfen hat.

Iobates hat die Kampfkraft des B. und des Pegasos offenbar unterschätzt. Jetzt (Apollodor, Bibl. 2,3,2) schickt er den Mann gegen die Amazonen, aber auch die überleben den Kampf nicht. Nach Homer (Il. 6,183f) ließ er ihn zuvor gegen die Sólymer kämpfen: «Dies war der härteste Kampf mit Männern, in den er sich einließ» (ebd. 185). Schließlich kauft sich der König die «Tapfersten unter den Lykern»: Sie sollen dem B. auflauern und ihn töten. Auch sie sterben bei dem Versuch, bis auf den letzten Mann. Andere sagen, B. habe nach der Chimaira noch gegen die «Calydoner» kämpfen müssen (Myth. Vat. I 71 u. II 131). Bei Servius (Aen. 5,118) schickt «Iovates» den B. zuerst gegen die «Tympii oder Solymi», dann legt er ihm erfolglos einen Hinterhalt, schließlich schickt er ihn gegen die Chimaera. Das alles bringt B. am Ende jedenfalls die Bewunderung des Königs ein. Die Vatikanischen Mythographen sagen, er habe jetzt B. von den ihm nachgesagten Verbrechen gereinigt (ebd.). So bekommt er den schlimmen Brief zu sehen, und Iobates bittet ihn zu bleiben, gibt ihm sogar die Tochter Philonoë zur Frau (worauf Stheneboia sich das Leben genommen haben soll: Hygin, Fab. 70) und vermacht ihm auf dem Sterbebett das Reich. Bei Homer steht, daß er schließlich in B. den starken Göttersproß erkannte, ihm die Tochter gab und von seinem Königtum die Hälfte. Dazu hätten die Lyker ihm ein schönes Landgut mit Acker und Pflanzung zurechtgeschnitten. Pausanias (2,4,2) meint nach gründlichem Studium der Ilias, daß B. auch jetzt noch dem Proitos untertan gewesen sein muß. Vielleicht erst in diesen Tagen des Ruhms und der Würde mag geschehen sein, daß Oineus den «untadeligen» B. in seinen Hallen bewirtet und 20 Tage bei sich behält. Einen kostbaren purpurschimmernden Gürtel habe er ihm geschenkt und von B. einen «doppelt gebuchteten» goldenen Becher empfangen (Homer, Il. 6,216ff).

Die nächste Nachricht über den Helden ist zugleich die letzte. Es heißt, er habe angesichts seiner Erfolge und seines Glücks sich vermessen in die Gesellschaft der Götter zu Zeus hinauftragen lassen wollen. Da habe Pegasos seinen Herrn abgeworfen (Pindar, Isthm. 7,40ff). Hygin (Astron. 18) erzählt, B. sei gar nicht mehr weit vom Himmel gewesen, als er auf die Erde zurückblickte: Da packte ihn die Angst, er stürzte und starb. Hederich (Sp. 536) referiert, daß Juppiter eine Bremse schickte, die den Pegasus stach, so daß der scheute. B. soll in eine wüste Gegend Ciliciens gestürzt und dazu auch noch erblindet sein (Natale Conti 1567, 9,4, Bl. 271ʳ, Zeile 12f; Hygin, Fab. 57, scheint zu sagen, B. habe sich damals die Hüften verrenkt: «coxas eiecisse dicitur»).

Die Nachricht, wonach B. sich an der Stheneboia rächen will, nach Tiryns zurückkehrt, die Frau zur Flucht mit dem Pegasus überredet, um sie dann in das Meer zu werfen, stützt sich wohl auf Fragmente der «Sthenoboia» des Euripides (vgl. H. Hunger 1981, S. 83).

B Schon das Flügelroß (gleichsam sein Attribut) und besonders die Umstände, die ihn nach Hesiod und Pindar in dessen Besitz bringen, zeigen uns einen Mann von lebhaftem Temperament und voll Unternehmungslust. Daß er versehentlich den Bruder getötet haben soll und auch sein unrühmliches Ende lassen ihn als einen erscheinen, der gelegentlich unbedacht ist und über das Ziel hinausschießt. Von Charakter gilt er als «untadelig», als «redlich gesinnt» und «verständig» (Homer, Il. 6,155 u. 162). Von «außerordentlicher Tugend» («virtus eximia») spricht Boccaccio (Gen. 13,58). Er ist schön und von «männlicher Anmut» (Homer, Il. 6,156). Auffallend schön und wohlgestalt ist der Jüngling, in den sich die Frau des «Pritus» bei Boccaccio (ebd.) verliebt.

Die Deutung charakterisiert ihn gewöhnlich über und mit Chimaira und –> Pegasos, die beide das Außerordentliche an ihm und seinen Taten ausmachen, und es scheint, daß in der Allegorese eher sie als B. von sich reden machen (z. B. Picinello).

Schon in der Antike erklärt man die Chimaira als einen Vulkan, den B. bewohnbar macht: B., der Kulturbringer.

Generell lassen sich physikalische, historische und moralische Deutungen unterscheiden. Nach Nikander v. Kolophon (Natale Conti, 9,4, Bl. 269^v, Zeile 43 ff) sind B. und Pegasos ein und dasselbe, nämlich ein Bild für die Kraft der Sonne, die man nach deren unterschiedlichen Tätigkeiten mit unterschiedlichen Namen benenne. Aus dem Sturz des Himmelstürmers B. leitet man ab, er stehe für «Feuchtigkeit» («humor»), welche durch die Sonnenwärme hinaufgezogen und «kurz darauf» wieder hinuntergeschickt wird. Wenn sie hinuntergeschickt wird, nenne man sie «Pegasus» (Natale Conti 1567, 9,4, Bl. 271^r), was also heißen müßte, daß wiederum «B.» und das Flügelroß für ein und dasselbe gehalten werden. Andere meinten, daß Aufstieg und Fall des B. ein Bild seien für die Trennung der Elemente in leichte und schwere (ebd. 25 ff). Man habe auch behauptet, daß B. für die physikalischen Vorgänge astronomische Erklärungen («astronomicas rationes») fand; darum sagte man, er sei in den Himmel aufgestiegen (ebd. 33 ff: Warum stürzte er dann?).

Auch eine gängige moralische Sentenz hat man Aufstieg (Leben) und Sturz des B. abgelesen: Halte Maß («nequid nimis»), in Unglück und

Glück, worüber Gott wacht, der B. in Nöten half und ihn zurückwies, als er zu hoch hinauswollte.

Die etymologische Deutung bei Fulgentius (3,1, S. 59) liest den Namen B.s mit dem Blick auf sein Verhalten gegen Sthenoboia («Antia») auf die Bedeutung «Befrager der Weisheit» («consultator sapientiae»), auch auf den, «der Gutes denkt», usw. (–> Pegasos).

Natale Conti (ebd. und Bl. 271 r, Zeile 42 ff) übermittelt zwei Beispiele für eine historische Deutung, die die Chimaira erklären wollen (Bl. 269 v, Zeile 37 ff) Chimaira ist die Frau des Amisodarus (s. o.), Herrn von Lykien. Ihre Brüder, Leo und Draco geheißen, seien in das Land eingefallen und hätten Hinterhälte gelegt. Ob der Eintracht der drei Geschwister habe man sie wie eine einzige Person beim Namen der Schwester (der «Ziege») genannt. B. überwältigte sie und führte sie wieder in die Knechtschaft; deshalb spreche man davon, B. habe dem Monstrum Blei in das Maul beigebracht. Eine andere Geschichte (Natale Conti, ebd. Bl. 271 r) macht die Chimaira zum Kompositum aus den drei anderen Aufgaben oder Anschlägen des Iobates: Für den Löwen stehen die Solymer; die Dichter nannten sie «löwenähnlich». B. besiegte sie in einer Seeschlacht. Für den Mittelteil stehen die Amazonen: Man habe sie wegen ihres schwierigen Berglandes «Ziegen» genannt. «Schlangenschwanz» hieß man den Hinterhalt, den Iobates dem Heimkehrenden legte.

Dann heißt es auch, die Geschichte von B. auf dem Pegasus gegen Chimaira besage, daß der Mann zuvor das Rennpferd («celes») und den Zügel erfunden hatte (ebd., Bl. 271 r, Zeile 36 f). Das Pferd habe B. zum Zeichen, daß er als erster eine Flotte zu segeln wußte und lehrte, wie man eine solche in Ordnung (in Formation) zu bringen hat. Segel und Ruder seien die Flügel der Schiffe (ebd. Bl. 271 r, Zeile 39 ff).

C *Typus.* Auf den wenigen antiken Darstellungen unterscheidet sich B. wenig von anderen jugendlichen Helden. In der klassischen Kunst sehen wir ihn mit kurzem gelockten Haar, meist nackt, allenfalls mit kurzem, wehendem Mantel, so auf dem pompejischen Wandgemälde, das die Zähmung des –> Pegasus darstellt (40–63 n. Chr.; Pompeji, Museo, Inv. 1174/4). Ungewöhnlich, jedoch begründet (vgl. **B**) die Darstellung auf einem etruskischen Kelchkrater, wo B. in einem Strahlenkranz erscheint, wie er eigentlich dem Helios/–> Apoll zukommt (Werk des Samavilla-Malers, um 420 v. Chr.; Parma, Museo Archeologico Nazionale). – Auf den seltenen Darstellungen der Neuzeit erscheint B. häufig im Habitus des Kriegers, so bei P.P. Rubens, der ihn in Brustpanzer, Waffenrock und Helm mit Helmzier wiedergibt (Gemälde *B. tötet die Chimäre*, 1635, Jaffé Nr. 1164; Bayonne, Musée Bonnat).

Als Waffe gegen die Chimaira benutzt B. meist die Lanze oder (auf mittelalterlichen Darstellungen) den Wurfspeer, etwa auf der Illumination zu einer Handschrift der «Cynegetica» des Pseudo-Oppian (vor dem Jahr 1000; Venedig, Biblioteca Marciana, Cod. gr. 479, Bl. 8ᵛ). Hier fällt das struppige dunkle Haar des B. auf, das ihn als wilden Burschen charakterisiert. – Wenig ins Auge fallend hält P. manchmal das Zaumzeug, das goldene, das –> Athena ihm gegeben hatte (vgl. das byzantinische Elfenbeinkästchen, sog. Veroli-Kästchen, aus Konstantinopel, 10. / 11. Jh.; London, Victoria and Albert-Museum).

Eindeutig zu erkennen gibt sich B. in der Regel aus dem Bildzusammenhang, vornehmlich durch seinen Kampf gegen die Chimaira (s. u.).

D 1. *Die Zähmung des Pegasos* (s. **A**). Eines der raren Beispiele ist das obenerwähnte Wandgemälde in Pompeji (40–63 n. Chr.): B., mit rotem Manteltuch, das den Rücken hinabfällt, legt im Lauf dem sich bäumenden Schimmel das Zaumzeug der –> Athena an, die ihm hilfsbereit entgegeneilt. Das Kompositionsschema erinnert an ein Marmorrelief des späten 3. Jh. v. Chr. (Budapest, Museum der Bildenden Kunst, Inv. 4775): B. hat das zu Boden gegangene, sich aufbäumende Flügelpferd bezwungen in einer Haltung, die an Darstellungen des Mithras, der den Stier überwältigt, orientiert ist.

2. *B. mit Pegasos an der Tränke* (Pindar, Ol. 13,63 ff). Nachdem B. das Flügelroß gezähmt hat, trinkt dieses an der Quelle Peirene. Diese Szene illustrierte ein wohl klassisches Relief, von dem eine römische Kopie eine Vorstellung gibt (um 140 n. Chr.; Rom, Palazzo Spada): B., in vollkommener Ruhe nach dem heftigen Kampf, hält das mit gesenktem Kopf trinkende Tier am Zaumzeug. Ein römischer Marmorsarkophag mit der Geschichte des B. wiederholt die Komposition (um 150 n. Chr.; Athen, Nationalmuseum; s. auch unter *Zyklen*).

3. *Der Kampf des B. gegen die Chimaira* (s. **A**). Das Bildschema des zu allen Zeiten populären Themas ist stets das gleiche: Der auf Pegasos reitende B. richtet seine Waffe gegen die auf dem Boden hockende, angriffsbereite oder schon verwundete Chimaira. In der Antike sitzt B. zwischen den aufgestellten Schwingen des Flügelrosses (Darstellung z. B. auf einem Mosaik aus Parndorf / Österreich, 3. Jh. n. Chr.; Eisenstadt, Landesmuseum). – Im Mittelalter verbindet sich das Bild des kämpfenden B. mit dem eines anderen «Drachentöters», des hl. Georg,

etwa auf dem erwähnten byzantinischen Elfenbeintäfelchen im British Museum in London. – Die Kompositionen des Annibale Carracci (Kreidezeichnung nach 1595; Paris, Louvre; Vorzeichnung für ein nicht ausgeführtes Fresko im Camerino Farnese, Palazzo Farnese, Rom) und des Rubens (s. o.) setzen sicher die Kenntnis der Illustration zu Alciats «Emblemata» voraus (Lyon 1550, Held Nr. 34, «Klugheit überwindet Stärke»). – Eine Skulptur von Johann Nepomuk Schaller (1821; Wien, Österreichische Galerie), die sich deutlich an Canovas Gruppe *Theseus erschlägt einen Kentauren* orientiert (1805; Wien, Kunsthist. Museum), verläßt das klassische ikonographische Schema: B. (mit Helm) reitet nicht auf Pegasus (dieser erscheint nur als den Helm schmückendes Relief), sondern erlegt Chimaira im Nahkampf.

4. *Der Sturz des B.* (s. A) ist Gegenstand der Illustration zu einem Emblem aus Mathias Holtzwart (1581, Emblem Nr. 37; H. / S. Sp. 1662): Pegasus hat im Flug den Vermessenen abgeworfen, der bäuchlings zur Erde stürzt.

5. *Zyklen.* Mehrere Szenen aus dem Mythos des B. finden sich auf dem reliefierten kleinen Marmorsarkophag in Athen (s. o.), auf dem man Stheneboea (links, sitzend) sieht, in der Mitte Aphrodite mit Amor (Anspielung auf die Liebe der Stheneboea zu B.). Abseits stehen B., den für Iobates bestimmten Brief schon in der Hand (nach Euripides, s. A), und der an der Quelle trinkende Pegasos.

Lit.: Lochin, Cathérine, in: LIMC 1994, 7,1, S. 214–230; 7,2, S. 142–171, s.v. Pegasos.

Attis –> Kybele
Bacchus –> Dionysos
Battos –> Dionysos
Baucis –> Hermes
Berecynthia –> Kybele
Calliope –> Musen
Castor –> Leda
Ceres –> Demeter

Chariten, griech., lat. Gratiae, Grazien. Plural von griech. «Charis» (Freude, Anmut, Gunst, auch Dankbarkeit). Nach Hesiod sind die Ch. Töchter von –> Zeus und Eurynome (Theog. 907 ff), und dies ist die weithin gültige Genealogie. Später wird eine Vielzahl anderer Elternpaare genannt (s. u.).

A Die Ch. haben einen kleinen Mythos. Groß dagegen ist durch die Zeiten das Interesse an ihnen, das sich in einer Vielzahl von Ausgestaltungen und Deutungen zeigt.

Nach den –> Horen (den Jahreszeiten), Eunomia (Ordnung), Dike (Recht), Eirene (Frieden) und den drei –> Moiren (den Schicksalsgöttinnen) zeugt Zeus – noch vor den –> Musen – die drei Ch.: Aglaia, Euphrosyne und Thalaia (Hesiod, Theog. 901 ff). Pausanias (9,35,1) bemerkt, Homer habe vielleicht mehr als drei Ch. gekannt (vgl. Il. 14,267 ff u. 275 f).

Sie wohnen alle auf dem Olymp, neben den Musen und Himeros (Hesiod, Theog. 64). Ihre Throne stehen dort neben dem des Pythischen Apoll (Pindar, Ol. 14,11 ff).

Bei Homer finden sie individuelle Anstellung: Eine «Charis» ist dem Hephaistos vermählt. Nach Hesiod (Theog. 945 f) ist das Aglaia. Die Pasithea kriegt Hypnos (den Schlaf) zum Weib von Hera (Homer, Il. 14,267 ff und ebd. 275 f), woraus man geschlossen hat, daß Hera Herrin der Ch. war. Gemeinsam ist ihnen augenscheinlich ihre Zuständigkeit, auffällig oft im Dienst der Aphrodite (z. B. Pindar, Pyth. 1,6 f), der sie einen «ambrosischen» Peplos machen (Homer, Il. 5,338) und die sie salben und die sie überhaupt zu ihrer Schönheit herrichten (ders., Od. 8,364 ff). Im Himmel sollen sie «in allen Dingen» dienstbar sein, vor allem bei Feier und Festmahl mit Tanz und Gesang (Pindar, Ol. 14,11 f). Zeus will, daß Aphrodite die –> Pandora mit Charis versieht, und die Ch. statten die Frau mit goldenen Halsketten aus (Hesiod, Erga 65 u. 73). So dienen sie auch den Sterblichen: Mit ihrer Hilfe erlangen die alles, was «süß ist und angenehm», so daß ein Mann «ein guter Sänger ist, schön anzusehen, und wenn man ihn anerkennt» (Pindar, Ol. ebd.). Sie geben «Entzücken», und Männer werden «tapfer und weise», d. h., sie werden (gute) Krieger und Dichter (ebd.). «Weckerinnen der Wonne» nennt sie der Orphische Hymnos (an die Ch., 61,6). In diesem Sinn stehen die Ch. den Musen bei (ebd. 9,53 ff; Paean 3 u. 4,13) und helfen dem Dichter (Pindar, 9,53 ff; ders. Isthm. 5,21).

B Zumindest die frühen Quellen lassen uns die Ch. – wohl weil das von geringer Bedeutung ist – nur mit ganz allgemeinen Epitheta auch sehen. Jedenfalls sind sie schön (Homer, Od. 6,18), «schönwangig» seien sie (Hesiod, Theog. 907 ff) und «schönhaarig», auch «goldhaarig» (Pindar, Nem. 554 f). «Tiefgegürtet» nennt sie Pindar (Pyth. 9,2), und vermutlich tragen sie ein Haarnetz aus Silber und Gold (Homer, Il. 51 ff). Pausanias

(9,35,2) sagt, man habe die Ch. ursprünglich bekleidet gezeigt, dann (und auch zu seiner Zeit) nur nackt.

Wichtiger als ihr Aussehen (ihr Anblick, –> Medusa, –> Eros) ist offenbar ihr Blick, der gemeinsam mit dem Klang von Lyra und Flöten ihren Günstling trifft (Pindar, Ol. 7,11): «Ihren Augen entströmt Liebe, welche die Glieder schwach macht» (Hesiod, Theog. 907 ff).

Es scheint, daß das ureigene Wesen und Anliegen der Ch. das ist, was wir noch heute «Charisma» nennen, jene geheimnisvolle Ausstrahlung von Mensch und Werk, die uns gefangennimmt. Das mag –> Pandora veranschaulichen (Hesiod, Erga 65), die zu allen Gaben der Schönheit auch noch «charis» erhält, denn die Frau soll gefallen, recht eigentlich gefangennehmen. Gleicherweise gilt hier, nicht nur gut, sondern auch erfolgreich zu sein; denn diese Frau ist doch ein Artefakt, das Werk eines Künstlers, des –> Hephaistos, der einer Charis vermählt ist, die übrigens sicher besonders gern dem Goldschmied dient (vgl. den Goldschmuck der Ch. für die Pandora in Erga 75).

Diese Fähigkeit macht sie ebenso zu Gefährten des Dichters (Pindar, Isthm. 5,21), dessen «Lied» doch gehört sein und wirken will: «Länger als Taten lebt das Wort, was immer die Zunge durch die Gunst der Ch. aus den Tiefen des Gemüts hebt» (Pindar, Pyth. 10 ff; vgl. die Bitte, mit Hilfe der Ch. einen Sieg besser besingen zu können als andere: Pindar, Pyth. 9,53 ff). Wenn die Muse den Dichter drängt (Pindar, Paean 4,13), für den Lobpreis des Vaterlandes den Beistand der Ch. zu holen, dann veranschaulicht das zugleich die Abhängigkeit der Nachgeborenen von den älteren Geschwistern (–> Musen). Hier wird auch die Beziehung der Ch. zu Hermes / Merkur deutlich, sofern nämlich es beiden gleichermaßen um das Vermitteln geht. Beide sind da, wo Botschaft und Empfänger einander treffen: Das ist das kupplerische Geschäft beider. In solchem Sinn wird Nicolas Reusner (1581, I, Nr. 25; H. / S. Sp. 1773) davon sprechen, daß Merkur Ch. und Musen zusammengebracht hat.

Hesiod sieht die Ch. neben Himeros wohnen, dem Gehilfen der Aphrodite, der (körperliches) Verlangen stiftet. In diesem Sinn ist ihr Blick oder Klang der «Pfeil» (Pindar, Nem. 9,53 ff), den der Betroffene als Anblick erlebt (–> Eros). Ihre Nähe anderseits zu den Musen zeigt, daß ihr Anliegen keineswegs schlicht erotischer Art ist. Dennoch hat man sie (durchaus legitim) gern im Dienst der Aphrodite / Venus gesehen (z. B. –> Pandora; vgl. Pindar, Pyth. 6,1) und den Gedanken weiter ausgebaut. Aufgrund dieser Vorstellung wird es heißen (Myth. Vat. II 26), die Grazien seien der Venus geweiht, weil durch ihren Antrieb alle Lebewesen zur Liebe geneigt sind. Als Kinder von Juppiter und Juno sind sie «schmeichlerische und sanfte» Dienerinnen der Venus. Sofern sie nicht nur Liebe, sondern auch Ehe stiften, zeigen sie sich als Töchter der –> Juno /–> Hera (Myth. Vat. I 132; vgl. Remigius 1,4.2, Bd. 1, S. 69; ebd. 9,470.4, Bd. 2, S. 294). So werden sie auch zu Kindern von Venus und Liber, denn Wollust und Wein tun sich gern zusammen (–> Dionysos; Servius, Aen. 1,720; Myth. Vat. III 11; vgl. Boccaccio, Gen. 3,22). Hier mag man anmerken, daß Tanz und Gesang – häufig genannte Beschäftigungen der Ch. – die Eigenschaft haben, Gemeinschaft zu stiften.

Die Dreizahl der Ch. unter dem Namen «trigarium» hat Remigius (9,474.7, Bd. 2, S. 301).

Anderseits verengt sich der Begriff der Grazien / Chariten schließlich zur Vorstellung von «Dankbarkeit» für empfangene Großmut, die sich schließlich als Stifterin von Freundschaft erweist. Man folgt da wohl auch dem Bedürfnis, der Dreizahl der Ch. einen besonderen Sinn abzulesen, wobei man vermutlich v. a. ihre Dreisamkeit in Bildwerken vor Augen hat, die man – anders als Eros, Himeros und Pothos – unmittelbar aufeinander bezogen sieht. Grundgedanke ist die Großmut im Geben, die man mit wechselndem Akzent ebenso als selbstlose Tugend wie als nützlichen Erwerbsakt versteht (vgl. Diodor 5,73,3).

Angesichts einer fundamentalen Zweierbeziehung kann Cornutus (Nat. deor. 16) sich – ganz im Sinne von Dankbarkeit – schon bloße zwei Ch. vorstellen, welche Geber und Empfänger veranschaulichen (vgl. Pausanias, 9,35,1: Kleta und Phaenna in Sparta, Auxo und Hegemone in Athen).

Die drei Ch. zeigen, daß der, dem Gutes widerfuhr, seinerseits fortzeugend Gutes tun soll. Nackt seien sie zum Zeichen, daß die Großmut ihren Besitzstand nicht achtet (und es wohl auch so eilig hat, daß sie sich nicht einmal kleidet!; Myth. Vat. III 11: Sie sind ungeschminkt, weil nicht verlogen, sondern aufrichtig). Der heitere Gesichtsausdruck zeigt offenbar das freudige Geben und Nehmen. Der Aspekt der Dankbarkeit in diesem Zusammenhang wird vielfach variiert. Cartari (1647, S. 290) wird einige davon sammeln. Er sieht sie auch in durchsichtige Gewänder gekleidet, denn empfangene Wohltat soll nicht verborgen bleiben: Wenn man sie nicht mit Werken vergelten kann, dann soll man das wenigstens mit Worten tun, damit die Freigebigkeit des Wohltäters allen offenbar ist.

Diese Deutung der Ch. sollte man im Licht der lateinischen Dankesformel «gratias agere» und des italienischen «grazie» noch unserer Tage sehen.

So wird auch Remigius (9,474.5; Bd. 2, S. 301) verständlich, wenn er die drei «Gratiae», ihre Trinität unter dem Namen «Trigarium», auf den christlichen Kult, nämlich auf die «Gratiarum actio» im römischen Missale, die Danksagung des Priesters nach der Messe, bezieht, an deren Ende drei Orationen stehen: «Tres enim Gratiae sunt quibus omnis supplicatio conciliatur Deo» (vgl. ebd. 474,7), wonach im Kult (der Götter!) dreierlei bedacht werde: die Verehrung Gottes («colitur»), sein Lobpreis («laudatur») und das Gebet für die Sünder («pro peccatis oratur»).

Servius (Aen. 1,720) erklärte die drei aus dreierlei Weisen ihres Wirkens zum Erwerb von Freundschaft: Pasithea ist «anziehend» («attrahens»), Aglaia «schmeichelt» («demulcens»), Euphrosyne «hält fest» («retinens», mit Willfährigkeit, «obsequio»; vgl. Myth. Vat. III 11; Boccaccio, Gen. 3,22).

Deutlich auf eine alte und populäre Bildformel, in der eine der drei uns den Rücken zukehrt, während die beiden anderen im Hintergrund oder zu ihren Seiten sie anschauen, geht die Deutung, daß Liebe und Gunst von uns einfach ausgehen, aber doppelt vergolten werden sollen (Myth. Vat. III 11; Remigius 1,4.2, Bd. 1, S. 69). Cartari (1647, S. 289) nennt das Gebilde einen «nodo dell'amicitia», Freundschaftsknoten, und erklärt (ebd. S. 286) die Freundschaft als Werk der «Gratie» zur Stiftung von Kultur als Leben in Gemeinschaft.

Zu diesem Bild behandelt ein Emblem bei Alciat (1550, S. 175, Held Nr. 50; H./S. Sp. 1782 f) mit zumeist geläufigen Bezügen das Thema Dankbarkeit. Ein anderes Emblem (Petrus Costalius 1555, S. 282/283; H./S. Sp. 1783 f) behandelt zum gleichen Bild das Thema selbstloser Fürsorge unter dem Lemma, wonach heute die Freundschaft «aufhört, wenn es ums Geld geht». Ein weiteres Epigramm behandelt die Nacktheit der Grazien und endet mit der Klage, daß ohne Aussicht auf lohnenden Gewinn kein Vater mehr dem Schwiegersohn auch nur einen Schekel leiht!

Hermesianax (um 300 v. Chr.) soll Peitho, die Überredung, die einzige Ch. genannt haben (Pausanias 9,35,1). Das bringt die Ch. in die Zuständigkeit des –> Hermes/Merkur, dem Zeus selbst «charis» verliehen hat (Homer. Hymnos 4, an Hermes, 573). Remigius (2,58.5, Bd. 1, S. 172) setzt «gratia» mit Beredsamkeit («facundia» und «eloquentia») gleich. Den ihren gebe sie (ebd. 1,4.2; Bd. 1, S. 69) dreierlei: Schönheit («pulchritudo», nicht «venustas»!), Stimme und Geste, d. h. körperliche Beweglichkeit und Gewandheit, welche drei den guten Sängern und Rednern eigen seien, den Stiftern jeglicher Art von Liebe (also nicht nur der leiblichen; ebd. 7,369.1, Bd. 2, S. 185). Remigius hat hier das Gruppenbild der drei nackten Grazien vor Augen. Cartari (ebd.), nüchtern und einleuchtend: Merkur als Begleiter und Führer der Grazien zeige, daß zur rechten Wohltätigkeit Verstand («ragione») und vernünftige Überlegung gehören («sano discorso»).

Eine ganz eigenwillige Deutung hat Remigius noch in 2,58.7 (Bd. 2, S. 172), in der die Ch. unversehens zum bloßen Bild ordinärer Gefälligkeit werden. Demnach heißen die drei Grazien «Cantes». Sie seien «ornamentorum deae», also Göttinnen des Schmucks. Eigentlich seien «cantes» Flöten, deren Klang die Kunst der Musik übersteige. Man nenne die drei so, weil sie die neun «anderen Musen» mit ihrer Anmut («gratia») und ihren Gaben («munera») übertreffen. Tatsächlich sei es dreierlei, womit sie dem Liebhaber gefallen: Reichtum, Schönheit und Weisheit.

Cartari (1647, S. 286 ff) sieht die Grazien / Ch. schließlich mit den –> Horen (vier! Jahreszeiten) gleichgesetzt, womit ihnen endgültig ihr ursprünglicher Sinn genommen ist.

C Auf den Bildzeugnissen griechischer Kunst sieht man die Ch. häufig beim Tanz, einander an den Händen fassend, z. B. auf einem Votivrelief aus Mesaria, um 400 v. Chr. (Kos, Archäologisches Museum). Anders als die römischen Gratiae sind sie bekleidet. – In der römischen Kunst entsteht dann die Gruppierung der in der Regel nackten Grazien, die fortan kanonisch ist. Die Art der Gruppierung wird zuerst von Servius beschrieben (Aen. 1,720): Das mittlere der drei stehenden Mädchen kehrt dem Betrachter den Rücken zu, die beiden sie rahmenden die Vorderseite. Die mittlere legt ihre Hände auf die Schultern ihrer Nachbarinnen, während diese eine Hand auf die Schultern der mittleren legen; in der anderen tragen sie Attribute (Weihrelief um 150 n. Chr.; Rom, Musei Capitolini, Inv. 504). Zahlreiche Werke folgen diesem Typus, der an ein verlorenes vollplastisches Vorbild denken läßt (vgl. z. B. eine hadrianische Gruppe aus den Thermen von Kyrene, Museum, Inv. 14348, oder die Gruppe in Paris, Louvre, Inv. MA 287).

Es ist offenkundig, daß Raffael bei seiner Darstellung der drei Grazien (vor 1508; Chantilly, Musée Condé) auf römische Vorbilder zurückgegriffen hat, etwa der Art eines Weihreliefs des 2. Jh. n. Chr. (Rom, Musei Capitolini, Inv. 504) oder des Wandgemäldes aus Pompeji (IX 2,16, 1. Jh. n. Chr.; heute Neapel, Museo Nazionale, Inv. 9236). Raffael allerdings legt seinen Grazien Äpfel als Attribute in die Hand – vermutlich eine Entlehnung aus der Ikonographie der Hesperiden (–> Herakles).

Auch P.P. Rubens orientiert sich an römischen Quellen und Bildwerken, wenn er auch den traditionellen Kanon leicht variiert. Auf seinem Gemälde in Madrid (Prado, um 1636/39, Jaffé Nr. 1344) gibt er die Körper der beiden äußeren (nackten) Frauen im Dreiviertelprofil wieder. – *Die drei Grazien* desselben Meisters (1620/22, Jaffé Nr. 663; Blumen und Landschaft von Jan Brueghel; Wien, Gemäldegalerie der bildenden Künste) heben gemeinsam einen großen Korb voller Blumen empor – ein Motiv, das es wohl erlaubt, sie mit den –> Horen gleichzusetzen, jenen «irdischen», die im Dienst der Ceres einen Blumenkorb als Symbol für den Frühling tragen (vgl. Eusebius, Praep. evang. 3,11, 114a).

Lucas Cranach d.Ä. (Zuschreibung, Gemälde *Die drei Grazien*, 1531; 1932: Paris, Privatslg.) zeigt die Mädchen nackt, geschmückt mit üppigen Halsketten, die mittlere mit modischem Hut, sich zierend: die linke von hinten, die mittlere von vorn, die rechte von der Seite gesehen. – Die drei Göttinnen, die sich dem –> Paris zur Schönheitswahl stellen, übernehmen häufig die Ikonographie der drei Grazien.

Lit.: Harrison, Evelyn B., in: LIMC 1986, 3,1, S. 191–203; 3,2, S. 151–157, s.v. Charis, Charites. Sichtermann, Hellmut, ebd. 3,1, S. 203–210; 3,2, S. 157–167, s.v. Gratiae.

Chione –> Apoll, –> Artemis
Clio –> Musen
Cupido –> Eros

Danaë, griech., im Mittelalter auch Danes, Dané. Einzige Tochter des Akrisios, Königs von Argos, und der Aganippe (Hygin, Fab. 63) oder Eurydike (Apollodor, Bibl. 2,21,4 u. 3,10,3). Von –> Zeus Mutter des –> Perseus. Genannt werden auch die Söhne Argus und Argeus (von Pineus?) sowie Daunus (von Pilumnus. – «Dané» im «Ovide moralisé en prose»; auch –> Daphne).

A Akrisios, der eigentlich nur wissen möchte, wie er zu Söhnen kommen könnte, erfährt vom Orakel statt dessen, daß seine Tochter D. einen Sohn haben werde, und dieser werde ihn töten. Diesem Schicksal hofft er zu entgehen, indem er das Mädchen einsperrt in eine eherne Grube und sie dort bewachen läßt (Apollodor, Bibl. 2,4,1). Von einem ehernen unterirdischen Kerker spricht auch Pausanias (2,23,7 u. 10,5,5; vgl. Nonnos 47,544), während spätere Autoren, wie schon Horaz (Carm. 3,16), sich das Gebäude gern als Turm, der auch aus Erz sein kann, vorstellen (Myth. Vat. I 156; Myth. Vat. III 3,5). Andere geben kein Material an («Ovide moralisé en prose», de Boer S. 159; Boccaccio, Gen. 2,32). Hygin (Fab. 63) spricht nur von einem Kerker, der aus Stein ist («muro lapideo»). Feste («robustae») Türen, wachsame Hunde und finstere Wächter sollen nächtliche Liebhaber von dem Mädchen fernhalten (Horaz, Carm. 3,16). Noch etwas aufwendiger ist die Bewachung beim Myth. Vat. II 110: Im Inneren des Kerkers seien weibliche Wächter um das Mädchen gewesen, draußen standen Wächter («satellites») mit Wachhunden. Das alles aber hilft nichts, denn D. wird schwanger.

Es ist behauptet worden (vgl. Apollodor 2,4,1), daß Proitos, des Akrisios Zwillingsbruder, sie verführt habe. Er habe sich Zugang in das Verlies verschafft, indem er in Gestalt eines Goldregens durch das Dach in den Schoß des Mädchens fiel. Boccaccio (Gen. 2,32) wird erklären, Zeus sei dem Ruf der Schönheit des Mädchens gefolgt. Anschaulich sagt der zweite Vatikanische Mythograph (110), daß der Goldregen durch die Ritzen der Dachziegel rann («per tegularum rimas se decursit»). Daß Zeus der Erzeuger ihres Kindes sei, erzählt das Mädchen offenbar dem Vater. Apollodor (Bibl. 2,4,1) berichtet, Akrisios habe ihr nicht geglaubt (und demnach den Bruder verdächtigt?). Er habe Mutter und Kind in einen Kasten gesperrt und in das Meer geworfen (vgl. Lukian, Dial. mar. 12). Nach Ovid (Met. 4,612 f) reute es den Akrisios bald, «daß er den Gott verletzt und nicht erkannte den Enkel». Am Strand der Insel Seriphos (einer Kykladeninsel) findet der Fischer (Hygin, Fab. 63) Diktys den Kasten und nimmt sich des Kindes an (Apollodor, ebd.). Auf Seriphos begegnet D. Polydektes, dem König der Insel und Bruder des Diktys. Schon Pindar beschreibt ihn als gewalttätigen Mann (Pyth. 12,9.; vgl. Ovid, Met. 5,242 ff): In ständiger Knechtschaft habe er D. gehalten und sich ihr Bett erzwungen.

Nach Apollodor aber wirbt Polydektes vergeblich um die Frau. Es scheint, daß Perseus, der inzwischen zum Mann herangewachsen ist, ihm dabei im Weg steht. Nun läßt er sich allerlei einfallen, doch noch ans Ziel zu kommen (Apollodor, Bibl. 2,4,2). Unversehens verhilft er Perseus dabei zu ruhmreicher Tat, als er ihn nämlich hinterlistig auffordert, ihm das Haupt der Gorgo –> Medusa zu bringen. Indessen hält Diktys zu D. und sucht mit ihr vor den Nachstellungen des Polydektes Zuflucht »bei den Altären« (Apollodor, Bibl. 2,4,3). Später begleitet D. den Sohn nach Argos, wo er den Großvater besuchen will (Apollodor, ebd.). Einen wohlwollenden Polydektes stellt uns Hygin (Fab. 63) vor. Hier bringt Diktys Mutter und Kind dem König. Der heiratet D. und läßt den Knaben im Tempel der Minerva / –> Athena erziehen.

Bei Vergil (Aen. 409 ff) steht eine ganz andere Geschichte: D. sei mit ihren «akrisischen Siedlern» vom Südwind nach Italien verschlagen worden. Dort habe sie die Stadt Ardea (südlich Rom) gegründet (vgl. Martian 6,642; Dick S. 314). Hieran schließt wohl Myth. Vat. I (156), der erzählt, Akrisios habe die Schwangere in ein Boot gesetzt und sie ihrem Schicksal überlassen. Das Erbarmen der Götter habe sie nach Italien, «einen sicheren Ort», geführt. Ein Fischer namens Perseus habe sie dort gefunden. Nun erst gebar sie das Kind, dem sie den Namen ihres Retters gab. Dann habe man sie dem König zugeführt, der sie zu seiner Frau machte und gemeinsam mit ihr die Stadt Ardea gründete. Hier trennen sich die Wege von Mutter und Sohn. Den Perseus gibt Juppiter /–> Zeus (!) in die Obhut eines anderen Königs, der zum Werkzeug der eifersüchtigen –> Juno werden wird. Im Anschluß an Servius (Aen. 7,372) berichtet Boccaccio (Gen. 2.32), der Kasten («archa») mit D. sei in Apulien von einem Fischer gefunden worden. Es scheint, daß D. das Kind unterwegs geboren hatte. König Pilumnus ist von Abkunft («genus») und Herkunft («patria») der D. so beeindruckt, daß er sie heiratet. Gemeinsam ziehen die beiden zu den Rutulern, wo sie Ardea gründen. Dann schenkt D. dem König den Sohn Daunus (den künftigen Vater des Rutulus, womit die Argiverin zur Ahnherrin eines italischen Geschlechts wird). Servius (Aen. 8,345) schöpft auch noch aus einer ganz anderen Quelle. D. sei mit den Söhnen Argus und Argeus, die sie von Pineus (?) hatte, nach Italien an den Platz des heutigen Rom gekommen. Dort habe sie dem Ort, an dem die Aborigines hinterhältig ihren Sohn Argus getötet hatten, den Namen Argiletum gegeben.

B Über ihr Aussehen haben die alten Autoren sich anscheinend nur spärlich geäußert. Hesiod (Aspis 216) preist die Fülle ihres Haars, Homer (Il. 14,319) ihre schönen Fesseln (s. Atalanta). Boccaccio (Gen. 2,32) spricht vom Ruf ihrer Schönheit. «Tant fut belle et plaisant», sagt der «Ovide moralisé en prose» (4,24, de Boer S. 159), daß der Vater sie zum Schutz gegen die Männer einsperrte (vgl. Myth. Vat. I 157). Von wunderfeinem Anstand («mirae elegantiae») sei sie gewesen, sagt der Vatikanische Mythograph (I 156).

Ihre – wie auch immer geartete – Begegnung mit Zeus gereicht D. durch die Zeiten zu Ruhm oder Skandal, zu Ehre oder Schande. Das Thema ist anscheinend ausschließlich ihre Keuschheit, die sie sich entweder gleichsam für die glanzvolle Umarmung des Göttervaters bewahrt oder aber gegen schnödes Gold fortgibt: ein Schicksal zwischen Heiliger und Kurtisane. Dabei ist nicht immer klar, ob die Käuflichkeit der Wächter und Diener wie die List des Gottes ihr zur Lust oder Last gereichte, sie zum Nutznießer oder Opfer wurde.

Rationalistische Deutung sieht in dem Goldregen ein Bild dafür, daß Zeus / Juppiter das Mädchen oder die Wächter mit Gold bestach. Der Gedanke findet sich schon bei Horaz (Carm. 3,16,1 ff): Die wachsamen

Vorkehrungen des ängstlichen Akrisios hätten Juppiter und Venus /
–> Aphrodite nur zum Spott gereicht. Indem er sich in etwas Kostbares
wandelte, seien dem Gott Tür und Tor offen gewesen. «Dem Gold gefällt
es, mitten durch eine Wächterschar zu gehen, und kraftvoller noch als
der Blitz zerbricht es den Fels» (vgl. Statius, Theb. 287: D. «culpata si-
nus»).

Den frühen Christen ist solches willkommen in ihrem Unterfangen,
D. und ihren göttlichen Liebhaber moralisch zu disqualifizieren. Bei
Lactantius Firm. (Div. inst. 1,11,18) finden wir dies: «Die D. zu schänden,
schüttete er (Iuppiter) reichlich Goldmünzen in ihren Schoß. Das war
der Preis der Unzucht. Doch die Dichter, die ja von einem – in ihrem
(‹quasi›) Verständnis – Gott sprachen, erfanden, um die Autorität seiner
Würde (‹maiestas›) nicht zu verletzen, den Ausdruck, er sei in einem
Goldschauer herabgekommen, wie man so von einem Eisenschauer
spricht, wenn man die Menge der Speere und Pfeile meint.» Von der
durch Gold befleckten Keuschheit spricht auch Augustin (Civ. 18,13; vgl.
Myth. Vat. III 3,5). Arnobius (5,22) findet, Iuppiter habe der D. die Jungfräulichkeit geraubt. An das Komische grenzt Boccaccios Erklärung
(Gen. 2,33): Da es dem Buhlen («adulter») verwehrt war, den Weg durch
die Tür zu nehmen, habe er heimlich das Dach bestiegen und von dort
sich in das Gemach der Jungfrau hinabgelassen. Im «Ovide moralisé en
prose» (4,24) wird D. durch die bestechlichen Wächter zum Opfer, mit
dem der Gott nach Belieben verfährt. Die Geschichte sei ein moralisches
Lehrstück dafür, daß selbst eine weggeschlossene und bewachte Frau tatsächlich nie sicher sei. Anders die Allegorese (ebd.), die in Akrisios die
störrischen Juden sieht, die sich ihrem Herrn und Heiland versagen und
ihre Tore zu Glauben und Gehorsam in störrischem Widerspruch verschlossen halten. D. wird in typologischer Entsprechung zu Maria gesehen. Man könne sie verstehen als Mutter Christi, «der sie so liebte, daß
er in sie eintrat und sie dabei nicht mehr berührte als Regen die Wolle
(»laine«) berührt, auf die er fällt, oder wie das Sonnenlicht, das ein Glas
durchdringt, ohne es zu verletzen oder (gar) zu zerbrechen.» Unmißverständlich auch der Hinweis auf den Thalamus Mariae im gleichen Zusammenhang (ebd. 4,26): «Als der Sohn des glorreichen Gottes vom
Himmel auf die Erde herabstieg, hielt er es für würdig, in den verschlossenen Turm der Jungfräulichkeit einzutreten, den kostbaren Schoß der
Jungfrau Maria.»

Im Fulgentius Metaforalis (H. Liebeschütz 1926, S. 56 f) steht D. für
«pudicitia» (Keuschheit), weil sie ihr Gefängnis nicht verlassen konnte

und so zum Bild für die züchtige Frau wurde, wie dann Cesare Ripa (1992, S. 370) zur Pudicitia schreiben wird: « ... daß die züchtigen Frauen in ihren Häusern bleiben sollen» («che le donne pudiche devono stare assidue nelle case»). Auch für «modestia» (Bescheidenheit) soll D. stehen können (vgl. Jean Seznec, S. 94). Eine Bildbeschreibung zum Fulgentius Metaforalis (Cod. Palat. 1066, Bl. 227^v, 1) lautet: «Situ sublimata, menibus vallata, egestate sata (= filia paupertatis), agmine stipata, prole fecundata, auro violata» (Auf erhöhtem Sitz, von Mauern umgeben, vom Mangel gezeugt [d.i. die Tochter der Armut], von einer Meute umzingelt, mit einem Kind geschwängert, von Gold geschändet; H. Liebeschütz 1926, S. 116, Abb. 8).

Im nordischen Sagenkreis hat der D.-Mythos eine Entsprechung im Märchen von den «Sterntalern».

C *Typus.* Während D. auf mittelalterlichen Darstellungen in der Regel bekleidet ist, übernimmt sie in der italienischen Renaissance den Typus der nackten Venus / –> Aphrodite, der fortan verbindlich ist (s. die Gemälde von Corregio, Tizian, Tintoretto, Rottenhammer, s. **D**). D. begegnet uns überwiegend in erzählerischem Kontext.

D 1. *D. empfängt Zeus in Gestalt des Goldregens* (Ovid, Met. 4,607 ff). Dieses Thema hatte seit der Antike das nie ermüdende Interesse der Künstler. Die griechische Vasenmalerei stellt D. auf ihrem Bett sitzend oder liegend dar, als sie Zeus in Gestalt des Goldregens heimsucht. Manchmal fängt sie das Gold stehend im Bausch ihres Gewandes.

Seit dem späten Mittelalter zählt diese Episode zu den populärsten Themen der Bildkunst – vielfältig variiert und ausgedeutet. Auf dem Spielstein eines Brettspiels von Hans Kels (1537; Wien, Kunsthist. Museum) steht D. in zeitgenössischem Gewand und fängt im Bausch des Rocks ein Strahlenbündel, in dem der Perseusknabe herabschwebt (Entlehnung eines Motivs der «Verkündigung» Mariens). – Jan Gossaerts Gemälde (1527; München, Alte Pinakothek) thematisiert verschlüsselt die Keuschheit der D.: Sie sitzt mit gekreuzten Beinen (die Haltung der «Mäßigung» in Johann Fischarts «Philosophisch Ehzuchtbüchlein», Straßburg 1578) in einer Säulenarchitektur, deren (halb)kreisförmiger Grundriß an einen Tempel der jungfräulichen Göttin Vesta (–> Hestia) denken läßt, der stets Rundtempel geweiht waren. – Im neuen ikonographischen Gewand der Nacktheit sehen wir D. bei Antonio Corregio (*Danaë*, um 1532, Rom, Galleria Borghese). Amor hilft der auf dem Bett Liegenden, den Goldregen aufzufangen. – Anders bei Tizian auf seinem Gemälde in Neapel (1545 / 46; Gallerie Nazionali, Capodimonte). Hier wendet sich Amor angesichts der Wolke (Juppiters) erschreckt ab.

Eine Sinnerweiterung erfährt das Thema durch ein zweites Werk Tizians (1553 / 54; Madrid, Prado) dadurch, daß der Liebesgott nun durch die Figur einer alten Frau (Apollonios Rhodios: «Amme») ersetzt ist, die den Goldregen in ihrer Schürze auffängt. Tizian mag dabei die weiblichen Wächter vor Augen gehabt haben, wie sie der Mythographus Vaticanus II (vgl. **A**) erwähnt, aber auch Ovids «Ars amatoria» könnte ihm Anregung gewesen sein, die dem Freier rät, die vertraute Dienerin seiner Angebeteten zu bestechen, um ans Ziel zu kommen (1,353 ff). – Geldbeutel und Schlüsselbund weisen die Alte als Beschließerin aus. Beide Attribute hat man, wie den anwesenden Hund (neben D.), in der Renaissance auch als Metaphern für schamlose Bettelei und Habgier verstanden. (Zum Hund: Horaz, Od. 3,16,1 ff, spricht von Wachhunden.)

Auf die Macht des Goldes spielt Otto van Veen an («Emblemata Horatiana», 1607, S. 126 und 127: «Quid non auro pervium?»); es durchdringt selbst Mauern – in Anspielung auf das Gefängnis der D., die man klein im Hintergrund auf ihrem Bett sieht; eine Alte fängt den Goldregen auf einem Tablett. – Jacopo Tintoretto (*Danaë*, 1555 / 1560; Lyon, Musée des Beaux-Arts), der die Alte durch eine junge Dienerin ersetzt, macht D. – in einem kostbar ausgestatteten Zimmer – zu einer vornehmen Dame, vielleicht zur Kurtisane.

Eine neue Facette erhält das Thema wiederum durch Tizian (1555 / 60; Wien, Kunsthist. Museum): Eine junge Frau fängt den Goldregen mit einem Tablett auf. Ein Motiv, das Hans Rottenhammer aufgreift (Gemälde Anfang 17. Jh.; Stockholm, Nationalmuseum; vgl. Otto van Veen, s. o.) und das nun im Verein mit den auf einem Tisch ausgestellten Kostbarkeiten (Schmuck und kostbare Gefäße) eine Deutung als Allegorie des Überflusses («abundantia») zuläßt (vgl. «Hirths Formenschatz» 1889, Nr. 89, «Reichtumen und Überflus»). Im selben Verständnis erscheint das Thema auf einem Kupferstich des Jacob Matham (1610, nach A. Bloemaert) und auf einem Gemälde des Hendrick Goltzius (1603; Paris, Louvre), wie man aus den kostbaren Gefäßen (bei Goltzius zudem Münzen und Geschmeide) schließen kann. Goltzius fügt der Szene noch den für Geldangelegenheiten zuständigen Merkur / –> Hermes hinzu, der sich anschickt, die schlafende D. zu wecken. – Rembrandts Gemälde (nach 1630; St. Petersburg, Eremitage) ist unterschiedlich gedeutet worden, doch verteidigt E. Panofsky (1933) überzeugend den Titel «Danaë».

Den gefesselten Cupido am Kopfende des Bettes betrachtet er als Symbol der gefesselten Triebe, hier eine Anspielung auf die erzwungene Keuschheit der D. Die mißtrauisch (oder neugierig?) hinter dem Vorhang hervorspähende Alte trägt dieselben Attribute wie bei Tizian (s. o.): Schlüssel und Geldsäckchen. Hier fällt allerdings kein Goldregen, der – für Rembrandt charakteristisch – in einen immateriellen Lichtschein umgesetzt ist.

2. *Das mythologische Porträt im Bild der D.* Um ein allegorisierendes Porträt handelt es sich bei der «Nouvelle Danaë», einem Gemälde von Anne-Louis Girodet-Trioson (1799; New York, Slg. Wildenstein). Es stellt die Schauspielerin Mlle. Lange dar, der hier in leicht zu entschlüsselnder Sprache ein ausschweifendes Leben nachgesagt wird. «Fidelitas» (= Treue) in Gestalt einer Taube liegt auf dem Boden, von einer Münze des Goldregens tödlich getroffen, während eine zweite, «Constantia» (= Beständigkeit), in die Nacht entfliegt.

3. *D. und Perseus* (s. **A**). Akrisios läßt D. mit dem Kind –> Perseus in eine Kiste stecken: ein auf griechischen Vasen häufig dargestelltes Thema. Auf einer attischen Lekythos sehen wir, wie Mutter und Kind in eine Truhe verfrachtet werden (480 / 470 v. Chr.; Ohio, Museum of Art, Inv. 69369). Akrisios streckt gebietend den Arm aus.

Lit.: Bock, Henning: Sir Joshua Reynolds, «Kitty Fischer als Danaë», ein mythologisches Porträt oder eine erotische Szene? In: Festschrift für Peter Bloch zum 11. Juli 1990. Mainz 1990, S. 229–233. «La Danae e la pioggia d'oro». Ausst.-Kat. Rom, Villa Borghese. Rom 1991. Herzog, Sadja: Tradition and innovation in Gossaert's Neptune and Amphitrite and Danae. In: Bulletin Museum Boymans-van Beuningen 19, 1968, S. 1–3 u. S. 25–41. Maffre, Jean-Jacques, in: LIMC 1980, 3,1, S. 325–337; 3,2, S. 243–249, s.v. Danaë. Millner Kahr, Madlyn: Danaë: Virtuous, voluptuous, venal woman. In: The Art Bulletin 60, 1978, S. 43–55. Ordenberg Bock von Wülfingen: Tizians «Danaë». In: Festgabe für seine Königl. Hoheit Kronprinz Rupprecht v. Bayern. München 1953, S. 68–84. Panofsky, Erwin: Der gefesselte Eros. In: Oud Holland 50, 1933, S. 193–217. Praz, Mario: Girodet's Mlle. Lange as Danae. In: The Minneapolis Institute of Arts Bulletin 58, 1969, S. 64–68. Pruvost-Auzas, Jacqueline: Girodet et le thème de Danae. In: La Revue du Louvre 20, 1970, S. 377–382. Reynolds, Graham: Victorian painting. London 1966. Settis, Salvatore: Danae verso il 1495. In: I-Tatti-Studies 1, 1985, S. 207–237. Watson, Paul F.: Titian and Michelangelo: The Danae of 1545–1546. In: Collaboration in Italian Renaissance Art. New Haven 1978, S. 245–260.

Daphne («Lorbeer»), griech. – Tochter des Flußgottes Ladon und der Ge (Pausanias 10,7,8; Nonnos 42,387 ff) oder des Flußgottes Peneios (Ovid, Met. 1,452; Hygin, Fab. 203) oder des Königs Amyklas (Plutarch, Agis 9).

A Der verliebte Leukippos verschafft sich listig Vertrauen und Gesellschaft der entschlossen keuschen D. Das weckt die tödliche Eifersucht Apolls. So erzählt Parthenios (15; vgl. Pausanias 8,20,2–4) in einer Geschichte, aus der Ovid (Met. 1,452 ff) die seine entwickelt (Met. 1,452 ff).

Hier ist D. die erste Liebe Apolls. Was da mit den beiden geschieht, ist aber das Werk Amors (–> Eros), aus besonderem Anlaß. Der Bogenschütze und Pythonbezwinger Apoll hatte sich (reichlich unverschämt) mit dem Bogenschützen Cupido, dem «geilen Knaben», angelegt. Den Bogen solle er lieber dem Kundigen überlassen und sich statt dessen mit der Fackel begnügen, «ich weiß nicht, was für Liebesflammen» (461 f) zu zünden. Der Geschmähte sieht das anders. Der Bogen Apolls möge sonst alles treffen, der Bogen Amors aber treffe ihn selbst. Auf den Parnaß eilt er, nimmt zwei Pfeile aus dem Köcher, einen spitzig-scharfen goldenen, der die Liebe entflammt, und einen stumpfen, von Blei beschwert, der die Liebe vertreibt. Im innersten Mark getroffen, entbrennt Apoll in heftiger Liebe zu dem Mädchen, das sich all seiner drängenden Leidenschaft flüchtig entzieht. D. flieht nicht nur Apoll, sie flieht alle Männer. Dem drängenden Vater versagt sie den Enkel und bittet statt dessen, er möge ihr ein Leben als Jungfrau vergönnen wie Zeus der Tochter Diana. Gleich der Göttin steht der Sinn ihr am meisten nach der Jagd. Der Vater gewährt ihr den Wunsch, aber es bleibt ihr die Schönheit, und die entflammt Liebe und Begier des Gottes.

So läuft sie davon, ihr auf den Fersen Apoll. Zunächst will er die Ängstliche überreden, nichts Böses habe er im Sinn, dann warnt er, sie könne sich verletzen, dann prahlt er mit seiner Macht, seiner Abkunft von Zeus, seiner Sehergabe, dem Spiel auf der Lyra, seinem treffsicheren Pfeil, seiner ärztlichen Kunst, dann klagt er begehrlich, daß es keine Arznei gebe, die Liebe zu heilen, die Wunde, welche der Pfeil des Amor schlägt. Da er sie mit Worten nicht fassen kann, will er sie mit den Händen greifen, wie ein Hund den flüchtigen Hasen packt. So holt er auf, kommt ihr ganz nahe, «sein Atem streift die im Nacken flatternden Haare» (542), und erschöpft versagt ihr da die Kraft. Als letzte Zuflucht fleht sie den Vater an, er möge den Grund ihrer Not verderben: ihre Gestalt (845 f), und sogleich erstarren ihr die Glieder, Bast legt sich um das Fleisch, die Haare werden zu Blättern, die Arme zu Zweigen, als Wurzeln haften die Füße im Boden, ein Wipfel ist jetzt, wo das Gesicht war. Nur ein Glanz noch umgibt den Baum, der sie nun ist. Auch so bleibt ihr die Liebe des Gottes, dessen Rechte noch unter der Rinde das Herz fühlt, der sie mit den Zweigen umarmt, aber noch das Holz weicht zurück vor seinen Lippen. So ist die Frau seiner Gegenwart entrückt, doch auch in ihrer neuen Gestalt soll sie ihm künftig Gefährte sein. Lorbeer soll seine Lyra begleiten, sein Haupt bekränzen, dem Köcher dienen. Lorbeer soll den römischen Feldherrn beim Triumph zieren, und er soll am Tor des Augustus stehen. Schließlich: So wie das gelockte Haupt des Gottes nie die Schere duldet, soll das Laub des

Baums immerwährend grünen. Andere sagten, das habe er getan, weil sie sich unberührt bewahrte (Servius, Aen. 3,91). Es schien, als neige der Baum zu diesen Worten den Wipfel, wie man den Kopf neigt. Nach Hygin (Fab. 203) bittet D. die Erde um Hilfe (vgl. Servius, Aen. 2,513.; Myth. Vat. I 116; II 23; II 8,4). Die nimmt sie in sich auf und verwandelt sie in den Baum. Apoll aber bricht einen Zweig und legt ihn sich aufs Haupt. Bei Parthenius (15) steht, D. habe Zeus um Hilfe angefleht. Das soll jedenfalls in Antiochia in Syrien geschehen sein, dort, wo der Tempel des Apoll und der D. steht und wo man einen Lorbeerbaum verehrt als den, in den das Mädchen sich verwandelte (Philostrat, Vita Apoll. 1,16).

B D. ist das Opfer einer Auseinandersetzung zwischen Apoll und Amor. Ihr Schicksal veranschaulicht zugleich die Strafe für die Anmaßung des Gottes vor einem Stärkeren (–> Eros).

Merkwürdig, daß D. nach Wesen und Tun –> Artemis / Diana, der Schwester also ihres Bewunderers, ähnlich ist (vgl. Ovid, Met. 1,485 ff). Sie muß unerhört schön sein («speciosissima»: Myth. Vat. II 23; Boccaccio, Gen. 7,29). Ovid zeigt sie uns vorwiegend mit den begehrlichen Augen des Liebenden. Erst heftet sein Blick sich an das offene Haar, das schmucklos auf die Schultern fällt (wie sähe es wohl geflochten aus?), dann sieht er die strahlenden Augen, die Lippen danach, die nur zu sehen ihm nicht genügen will. Hinaus zu den Fingern springt der Blick und steigt von den Händen über die bloßen Arme hinauf fast bis zu den Schultern und schlüpft dort unter das Gewand zu den vielleicht noch größeren Reizen dort im Verborgenen (Ovid, Met. 1,497–502). Schön ist sie, wenn ihr im Laufen der Wind die Glieder entblößt, das Gewand flattern läßt und das Haar nach hinten weht (ebd. 1,527 ff). Das paßt zu ihr wie zum Wesen auch der anderen flüchtigen Spröden (von freilich eher kämpferischem Temperament), die ebenso der Liebe unterliegt: Atalante. Gekleidet ist sie wohl in das kurzärmlige Gewand der Jägerin.

Kennzeichnend für die mittelalterliche Erscheinung des keuschen und doch so anziehenden Edelfräuleins ist, daß ihre Schönheit sich einzig im Gesicht («son visaige») zeigt («Ovide moralisé en prose» 1,48, de Boer S. 67).

Im Grunde ist die Geschichte der D. ein aitiologischer Mythos, der die Beziehung Apolls zum Lorbeer erklären soll. Das kommt zum Ausdruck auch in den rationalistischen Deutungen der Vatikanischen Mythographen und bei Boccaccio. D. sei Tochter des Flußgottes Peneus, weil der Lorbeer besonders an den Ufern dieses Flusses (Myth. Vat. I 116; II 23) und überdies wohl überhaupt in Flußwassern (Myth. Vat. III 8,4: Bode

S. 201,42 ff; Boccaccio, Gen. 8,29) gut gedeiht (weiter ausgeführt mit der Gleichung Apoll = Sonne usw. wird der Gedanke im «Ovide moralisé en prose» 1,48, de Boer, S. 67; vgl. Boccaccio a.a.O.). Daß der Gott sich in die Schöne (Myth. Vat. II 23) verliebte, erkläre sich aus einer besonderen Eigenschaft der Pflanze: Wenn man Lorbeer neben (auf) das Haupt eines Schlafenden legt, dann werde der in seinen Träumen künftiges Geschehen schauen. Damit ist es der Seher Apoll, der D. begegnet und ihr Schicksal bestimmt (vgl. Myth. Vat. III, ebd.; vgl. den Wahrtraum der Aura unter einem Lorbeerbaum bei Nonnos 48,258 ff).

Die frühen Christen zeigen an D. kaum Interesse. Die Apologeten finden an der Tugendhaften offenbar nichts auszusetzen. Schon Clemens v. Alexandrien spricht von ebendieser D., wenn er sie als die einzige begrüßt, die dem «Propheten und seiner Bestechung» entging (Exhort. ad Graec. 2,27 P.; G.W. Butterworth 1982, S. 66). Es ist natürlich die Jungfrau D., deren sich die christliche Allegorese nur zu gern annimmt. Besonders einfallsreich ist hier (wie immer) der «Ovide moralisé en prose» (mit dem Namen Dané: 1,46 ff, de Boer S. 65 ff). Ohne besondere Begründung wird D. zum Bild der Jungfrau Maria (ebd. 1,49). Ausführlich diskutiert wird ein anderer Gedanke (ebd. 1,48). Mit dem Blick auf die biblische Parabel hütet die wahre, die kluge («saige») Jungfrau nicht nur ihren Leib, sondern bewahrt auch ihr Inneres frei von sündigem Verlangen. Zu diesem Ende gesellen sich ihr Weisheit und Nächstenliebe zu («charité»). Es scheint nun, daß das Mädchen sich in Apoll der Weisheit verwehrt und also einzig ihren Leib intakt zu halten sucht. Ihr Wandel in den Baum möchte dann gleicherweise als Strafe und Erlösung erscheinen. Der immergrüne Lorbeer zeige an, daß kein Wind von Versuchungen die wahre Keuschheit des Mädchens entwurzeln noch zerreißen kann, daß weder Geschenke noch Versprechen oder Bitten sie zu beugen vermögen. Außerdem zeuge der immergrüne Lorbeer von Ehre, Liebe und Ehrerbietung gegen Gott und die Jungfrau Maria, und Lorbeer kröne die heiligen Jungfrauen im Paradies. Selbst der Baum zeige noch die Keuschheit des Mädchens mit seiner Eigenschaft, Küsse abzuweisen (1,47, de Boer S. 67, in Ausdeutung von Ovid, Met. 1,556; s.o. **A**). Libanios (Progymnasmata) soll von einem Maler erzählen, dem es nicht gelang, das Bild Apolls auf eine Tafel aus Lorbeerholz zu malen, weil das Holz die Farben abstieß (Fr. Pomey 1694, S. 399; ist es denkbar, daß die Weisheit als unkörperliches Vermögen sich dem Mädchen erfolgreich zugesellt, eben indem es im Lauf seine leibliche Unversehrtheit zu wahren versucht?). Kühner noch sind die Nachrichten zum grundlegenden

Aspekt des Konflikts zwischen Apoll und Amor («Ovide moralisé en prose» 1,50, de Boer S. 69).

Boccaccio ist die D. («Dane»: Gen. 7,29) gerade noch Anlaß zur Frage, warum denn Apoll Kithara und Köcher mit Lorbeer schmückte, um dann ausführlich über den *Lorbeer* als Auszeichnung für Sieg und Triumph zu schreiben. Am Anfang stehe der Brauch, den Sieger in den pythischen Spielen in Erinnerung an den Sieg des Gottes über Python mit einem Lorbeerkranz zu ehren. Der Lobeerschmuck auf Köcher und Kithara ehre dann gleicherweise den verdienten Boxer und Athleten wie den Dichter, insonderheit den Epiker, der im heroischen Versmaß (Hexameter) die Taten der Alten dem dauernden Gedächtnis übereignete, was er ohne die Beredsamkeit Apolls nicht in so feinen Versen zu tun vermöchte. Dieser Brauch sei dann nach Rom übertragen worden. Schließlich habe man sogar den großen Dichter gekrönt. Boccaccio steht hier unter dem Eindruck der Krönung Petrarcas zum «poeta laureatus» 1331 in Rom und zitiert ihn: «Was für die Jungfrau ein Kranz aus Blumen, das ist der Lorbeerkranz für den Dichter.» So hebt der Lorbeer den Dichter hinauf in die Ränge der Caesaren und läßt ihn mit jenen gleichen Ruhm erfahren. Versteht sich, daß die Entscheidung über solche Ehrung nicht irgendwem, sondern dem Senat oblag und später – wie alles andere – von den Fürsten übernommen wurde. Daß der Lorbeer überhaupt zu so ehrenvollen Diensten kam, verdankt er hier offenbar – unter Berufung auf Isidor und Rabanus – seinem Namen: «laurus» leite sich ab von (lat.) «laudis» und (älter) «laudus», was jedenfalls soviel wie «Lobpreis» («laus») heißen sollte. Damit eignete sich das Laub zum sinnvollen Zeichen für die Ehrung von Verdiensten um den Staat und von Dichtern. Nützlich dabei auch das Immergrün als Zeichen für nie welkenden Ruhm, der überdies sicher sei vor den Blitzen des Neides, wie der Baum sicher sei vor dem Blitz aus den Wolken.

So ist D. bei Boccaccio in ihrer Lorbeergestalt zum bloßen Attribut des Musenführers und Dichterpatrons Apoll geworden. Das gilt auch für die Allegorese der Neuzeit, z. B. in einem Emblem unter dem Lemma POETIS ABUNDAT AETAS («Überaus reich an Dichtern ist die Zeit»). Das Bild zeigt drei D., die sich in Lorbeerbäume verwandeln (Hernando de Soto 1599, S. 17b; H./S. Sp. 1743). Die Dreizahl ist sicher eine Anspielung auf den Dreifuß des Sehers Apoll, vielleicht im Anschluß an die Behauptung, daß (nach «Remigius») der Dreifuß eine Art Lorbeerbaum mit drei Wurzeln ist, den es auf der «Insel» Claros beim Apollotempel reichlich gebe, dem Gott der Weissagung durchaus willkommen (Myth.

Vat. III 8,5, Bode S. 202). Zum Bild lernunwilliger Jugend macht die D. ein Emblem des Barptolomaeus Anulus (1552, S. 47; H./S. Sp. 1742 f; –> Apoll).

«Warum, wenn es angeht, also die Frist des Daseins/hinzubringen, als Lorbeer, ein wenig dunkler als alles/andere Grün, mit kleinen Wellen an jedem/Blattrand (wie eines Windes Lächeln) – ...» Hinter diesen Zeilen mag man immer noch schemenhaft das Bild der flüchtigen D. erkennen (R.M. Rilke, 9. Duin. Elegie).

C Die bildende Kunst sieht D. als junges Mädchen, meist mit offenem Haar. Ihr Attribut ist ihre Verwandlungsform: der Lorbeer. Im eigentlichen Sinn attributiv ist dieser vorwiegend in römischer Zeit aufgefaßt. Im übrigen ist er in den erzählerischen Zusammenhang – die Verwandlung der D. – eingebunden.

Die Metamorphose der D. wird in verschiedenen Stadien festgehalten. Die Extreme bilden das Schema, das D. am Beginn des Prozesses noch überwiegend in menschlicher Gestalt zeigt (Wandgemälde in Pompeji VI,15,1 (q), Vettierhaus, um 70/75 n. Chr.; ein Lorbeerzweig wächst aus dem Kopf der D.; Giambattista Tiepolo, *Apoll und D.*, 1755/60, Gemälde in Washington, National Gallery), und jenes, bei dem D. schon fast ganz Baum ist (frz. Miniatur zum «Ovide moralisé», 1325/50; Paris, Bibliothèque de l'Arsenal, Ms. 5069, Bl. 4ʳ). Dazwischen liegen viele Übergangsstufen. Auf frühchristlichen Darstellungen sieht man häufig den *Daphne-im-Baum-Typus* (Elfenbeintäfelchen, um 600; Ravenna, Museo Nazionale, Inv. 1001: D. steht in einer Astgabel). – Im Mittelalter nimmt die sich verwandelnde D. häufig groteske Formen an (Illustration zu Christine de Pizan «Epistre d'Ostéa», um 1405/10; London, British Museum, Ms. Harl. 4431): D. ist als nackter, kopf- und armloser Körper wiedergegeben, aus dessen Schultern Zweige wachsen. – Das Bronzemodell für einen Brunnenaufsatz (nach Peter Flötner, 1532/33; Nürnberg, Germ. Museum) bildet D. mit Wurzeln an den Füßen ab. – Auf Tiepolos Bild (*Apoll und D.*, s. o.) sind den Händen anstelle der Finger Zweige entsprossen, ähnlich wie in Berninis Gruppe (s. u.).

D 1. *Einzeldarstellungen* der D. sind selten. Eine römische Marmorstatue der D. (früher Rom, Slg. Borghese) zeigt D. in für die römische Kunst charakteristischer Weise: Nicht ihre Verwandlung ist festgehalten, sondern ein überzeitlicher Moment, in dem der Lorbeer attributiven, ornamentalen Charakter erhält: Auf dem Gewand des Mädchens, dessen Beine teilweise von einem Baumstumpf umgeben sind, erscheinen Zweige und Blätter wie ein appliziertes Ornament.

2. *Apoll und D.* (Ovid, Met. 1,452 ff). Von den namentlich zu identifizierenden Frauen, die Apoll verfolgt, ist D. die bekannteste. In der römischen Kunst, zumal der pompejanischen Wandmalerei, begegnen wir sowohl dem Motiv der Verfolgung der D. durch Apoll als auch dem des beschaulichen Nebeneinander, das man wohl als Apotheose der D. verstehen darf (Wandgemälde in Pompeji VIII 3,24, Casa d'Apolline e Coronide).

Während in der römischen Kunst weder die Dramatik der Verfolgung noch das Transitorische der Verwandlung von besonderem Interesse sind, erfahren gerade diese Momente in der Kunst der Neuzeit besondere Aufmerksamkeit.

Das transitorische Moment hat zuerst Antonio Pollainolo ins Auge gefaßt (Gemälde um 1490; London, National Gallery), zur Vollendung führte es Gianlorenzo Bernini mit seiner Marmorgruppe von 1622/24 (Rom, Villa Borghese): D., in heller Verzweiflung den Mund zum Schrei geöffnet, versucht, mit einer letzten Körperwendung sich dem Zugriff des Gottes zu entziehen, was ihr mißlingt; Apoll hat sie bereits eingeholt. Mit der Rechten noch die Laufbewegung ausgleichend, umfaßt er mit der Linken das Mädchen, aus dessen Fingern schon die Zweige wachsen; linkes Bein und Hüfte sind von Rinde umschlossen: eine Darstellung von höchster Dramatik, deren künstlerische Qualität besonders deutlich wird angesichts einer freien Kopie der Gruppe von Antoine Pesne (Gemälde 1739, Potsdam, Neues Palais).

Ikonographisch noch ungeklärt ist das Gemälde Dosso Dossis (*Apollo*, Rom, Villa Borghese). Die mächtige Figur des lorbeerbekränzten Gottes sitzt im Vordergrund, eine Viola da Braccio in der Linken, den Bogen in der Rechten. Apoll scheint sein Spiel jäh unterbrochen zu haben: Von einer heftigen Bewegung erfaßt, reißt er den rechten Arm mit dem Bogen empor. Klein (im Mittelgrund) sieht man D. im Augenblick der Verwandlung, die hier offenkundig als mentales Ereignis verstanden sein will. – Eher beschaulichen Charakter hat die Darstellung des Bernardino Luini (Fresko-Fragment in Mailand, Brera), die Apoll in Versunkenheit am Ufer eines Flusses sitzend zeigt; der Körper der D. erscheint als Relief auf der Oberfläche des Baumstamms. Mögliche Quelle könnte ein Gedicht des Lorenzo de' Medici sein (W. Stechow 1932, S. 68). – Auch Nicolas Poussins Gemälde (1664, Paris, Louvre), das sich eng an Ovid hält (Met. 1,452 ff), verzichtet auf jede Dramatik. Gelassen betrachtet

Apoll (unter einem Baum sitzend) die Szene: Amor (–> Eros) legt seinen Pfeil mit der bleiernen Spitze an und zielt auf D., die sich hilfesuchend zum Vater geflüchtet hat (dem Flußgott Peneios, im üblichen Erscheinungsbild eines Flußgottes: alt und bärtig, mit nacktem Oberkörper auf eine Wasserurne gelehnt). Bezeichnend für Poussin ist, daß er nicht die Verfolgung, sondern, in einer eher epischen Auffassung, eine vorausgehende Episode illustriert. – Ganz im Gegensatz hierzu steht die Interpretation des Francesco Montelatici, gen. Cecco Bravo (1607–1661; Gemälde in Ravenna, Pinacoteca). Mit höchster Dynamik schildert er den Moment, als Apoll – aller Göttlichkeit entkleidet und nichts weiter als ein stürmischer junger Liebhaber – die sich wehrende Spröde (ohne jede Andeutung einer Verwandlung) umklammert.

Lit.: Ettlinger, Leopold, in: RDK 3, 1954, Sp. 1052–1057, s.v. Daphne. Margiotta, Anita / Mattirolo, Anna: Il mito di Apollo e Dafne. In: Giorgione e la cultura veneta tra '400 e '500. Mito, allegoria, analisi iconologica (Atti del convegno Roma, nov. 1978). Roma 1981, S. 161–165. Panofsky, Erwin: Apollo and Daphne in the Louvre. In: Bulletin de la société Poussin 3, 1950, S. 27–41. Stechow, Wolfgang: Apollo und Daphne. Leipzig / Berlin 1932.

Demeter, griech., auch Deo (Kallimachos, Hymnos 6, an D., 17), auch Eleusinia, lat. Ceres, auch Magna Mater, Cybele / –> Kybele, Ops, Vesta / –> Hestia (s. u.). Göttin der Feldwirtschaft und des Getreides und überhaupt der Fruchtbarkeit der Erde, speziell der Familiensatzungen und überhaupt gesellschaftlicher Ordnung (D. Thesmophóros, s. u.). Tochter des Kronos und der R(h)ea. Mutter der –> Persephone (Kore; lat. Proserpina), von Zeus, von Iasion, Mutter des Plutos und des Philomelos. Auch Mutter der –> Artemis soll sie sein (Pausanias 8,37,6). Wie auch sonst (z. B. –> Hephaistos / Vulcan und –> Hera / Juno) spiegelt die Mythographie durch die Zeiten den religionsgeschichtlichen Ablauf wider: D. nimmt die ihr verwandte, aber durchaus eigenständige altitalisch-römische Ceres in sich auf (oder auch umgekehrt) und erwirbt dabei deren Eigenheiten. Ein italischer Mythos – mit deutlichem Anschluß an Griechisches – mag sich erhalten haben in der Meldung, Ceres sei die Tochter von Caelum (griech. Uranos) und Vesta (griech. –> Hestia). Als Gemahlin des sizilischen Königs Sicanus habe sie zahlreiche Kinder geboren, auch den Flußgott Acheron usw. (Boccaccio, Gen. 3,4).

Ihrer Zuständigkeit entsprechend, hat D./Ceres historisch einen bedeutenden Kult erfahren.

A Zwischen –> Hestia und –> Hera ist D. das zweite der Kinder, die Vater Kronos – aus Furcht vor einem Usurpator unter ihnen – sogleich nach der Geburt verschlingt und später wieder ausspeit (Hesiod, Theog. 453 ff u. 491 ff; Apollodor, Bibl. 1,1,5 u. 2,1). Über eine Kindheit der D. erfahren wir nichts. Die Frau weckt die Begehrlichkeit des Zeus (Homer Il. 14,326 f), der mit ihr die Persephone zeugt (Hesiod, Theog. 912 ff). Nach Arnobius (5,20 und 5,37) nähert er sich ihr in Widder- oder Stiergestalt (vgl. Gyraldi, Synt. 6, S. 280A). Auch –> Poseidon stellt ihr nach. Ihm zu entgehen, nimmt sie die Gestalt eines Pferdes in der Herde des Onkion an, vergebens, denn der Mann nimmt sie in Hengstgestalt und zeugt mit ihr ein Mädchen, dessen Namen nur Eingeweihte sprechen dürfen, und auch einen Hengst, den Areion (vgl. Homer, Il. 23,346 f). Nach anderen liegt sie in Gestalt einer Erinye (lat. Furie) mit ihm (Apollodor, Bibl. 3,6,8).

Der Mythos verbindet diese Geschichte mit der der Persephone (Pausanias 8,25,4 ff u. 42,1 ff; s. u.). Irgendwann hat sie, in einem dreifach umgeackerten Feld, eine Affäre mit Iasion (dem «außerordentlich schönen»: Hygin, Fab. 270), dem Sohn von Zeus und Elektra. Nach Hesiod geschieht das in «süßer Liebe» im reichen Kreta (Theog. 969 ff). Bei Homer (ebd.) streckt ein Blitz des eifersüchtigen Zeus den Sterblichen nieder (Homer, Od. 5,125 – 128). Andere sagen, Iasion habe versucht, die Frau zu vergewaltigen, und ein Blitz habe ihn erschlagen (Apollodor, Bibl. 3,12,1; vgl. Konon 21; Strabo 7; Meineke 1851 – 52, Frg. 50; Hygin, Astron. 2,4; Boccaccio, Gen. 8,4). Nach Hesiod (ebd.) war die Frucht dieser Begegnung Plutos (lat. Pluto = Wohlstand, Reichtum; vgl. Diodor 5,77,1 f, wo er der erste ist, der im Sammeln und Aufbewahren von Gütern Sorgfalt walten läßt).

Tochter Persephone ist weithin das bestimmende Element in ihrer Geschichte. Vater Zeus verspricht das Mädchen dem Hades zur Frau. Wohl weil Mädchen und Mutter anderen Sinnes sind, werden sie gar nicht gefragt, und Hades holt sich die Braut in einem hochdramatischen räuberischen Akt, in einem echten Kidnapping (Homer. Hymnos 2, an D., 4 ff), reißt sie aus dem Kreis der Gefährten beim Blumenpflücken und bringt sie hinab in sein Reich. Nach Ovid (Met. 5,385 ff) geschieht das auf Sizilien und am Pergus-See, nach Diodor bei Enna (5,3,1) oder bei Syrakus (5,4,1; vgl. das Gedicht des Claudian, Proserp., mit vielen besonderen Einzelheiten). Niemand ist Zeuge, nur Hekate und Helios/–> Apoll hören ihren Hilferuf (vgl. Ovid, Met. 5,396 ff). Schließlich hallen Berge und Tiefen des Meeres wider von ihrem Ruf, und jetzt (Homer. Hymnos 2, an D., 38 ff) hört auch die Mutter sie. Bitterer Schmerz erfaßt D., sie zerreißt den Schleier über ihrem «göttlichen Haar», wirft den dunklen Umhang von den Schultern und eilt wie ein Vogel über Land und Meer auf der Suche nach dem Kind (in allen Ländern und in allen Tiefen des Meeres, sagt Ovid, Met. 5,439). Keiner kann ihr helfen, weder Gott noch Mensch, auch nicht die «wahrsagenden Vögel» (das «auspicium»; nicht Aurora noch Hesperus, meldet Ovid, Met. 5,440 f; an allen

Drei- und Vierwegen habe sie ihre Klage verlautet: Servius, Aen. 4,609; Myth. Vat. II 94). *Neun* Tage wandert sie durch die Welt, kommt («im Westen») zu den «Schwarzen» und zum Garten der Hesperiden (Kallimachos, Hymnos 6, an D., 10 ff) mit flammenden Fackeln in den Händen (Apollodor, Bibl. 1,5,1). Die Fackeln seien Fichtenbäume gewesen, die sie an den Feuern des Aetna entzündete, sagt Ovid (Met. 5,441 f). So sehr hat sie der Schmerz gepackt, daß sie kein Ambrosia zu sich nimmt, noch süßen Nektar, noch den Leib mit Wasser netzt (vgl. Kallimachos, Hymnos 6, an D., 12 u. 16); Ovid spricht von ihrem Durst, den ihr eine Alte löscht mit «Süßem», das sie zuvor mit geröstetem Speltmehl überstreut hat (Met. 5,446 f).

In der Frühe des *zehnten* Tages kommt mit einer Fackel in der Hand Hekate zu ihr und erzählt, was sie weiß. Die beiden werden gemeinsam Helios aufsuchen, der D. erzählt, daß Zeus ihr Kind vergeben hat, und der im übrigen den Hades für einen ordentlichen Gatten hält. Andere sagen, D. habe in der Stadt Hermion gehört, daß Hades die Tochter entführte (Apollodor, Bibl. 1,5,1; Zenobius, Cent. 1,7; vgl. Pausanias 2,35,3 f). Schlimmer noch sind jetzt Schmerz und Zorn der D., und sie haben nun auch eine Richtung: Sie ist böse auf Zeus und meidet die Götterversammlung und den Olymp. Statt dessen geht sie zu den Menschen, in die Städte und in die Felder, aber niemand erkennt sie, denn sie hat ihre Erscheinung entstellt: Sie sieht aus wie eine alte Frau, jenseits von Mutterschaft und erotischem Liebreiz. Ammen mögen so aussehen.

Am Parthenosbrunnen (Homer. Hymnos 2, an D., 98 ff) am Wegesrand, unterhalb eines Olivenhains, setzt sie sich traurig nieder. Den neugierigen Töchtern des Königs Keleos (auch Keleus; lat. Celeus oder Celus) erzählt sie, sie heiße Doso und komme aus Kreta, von Piraten entführt, sei ihnen aber entflohen. Sie bietet ihre Dienste als Amme an oder überhaupt als Dienerin im Hause. So wird sie schließlich am Hof des Keleos zur Amme des Demophoon (auch Demophon), des spätgeborenen Königssohns. Apollodor (Bibl. 1,5,1) sagt, sie habe nach dem Besuch von Hermion (s. o.) im Zorn auf die Götter den Himmel verlassen und sei in Gestalt einer Frau nach Eleusis gegangen, wo sie sich auf einen Felsen setzte, den man nach ihr Agélastos nenne («einer, der nicht lacht»), neben einem Brunnen, der Kallíphoros (Brunnen «der schönen Tänze») heiße (vgl. Pausanias 1,38,6 u. 1,39,1; bei Kallimachos, Hymnos 6, an D., 15, heißt der Brunnen Kallíchoros). Dann ging sie offenbar stracks zu Hofe. Im Homerischen Hymnos wird sie von Metaneira, der Frau des Keleos, empfangen (später heißt es auch, sie habe dem König erzählt, wer ihre Tochter entführte, und sie habe damit sein Wohlwollen erworben: Myth. Vat. II 96).

Ihr Auftritt ist der einfachen Aufmachung entgegen von besonderer Art: Wie sie auf die Schwelle tritt, reicht ihr Haupt auf bis zur Decke (Dach), und sie füllt den Eingang mit himmlischem Glanz. Da packen Metaneira Ehrfurcht und blasse Furcht, sie steht auf von ihrem Sitz und bietet ihn ehrfürchtig der Göttin an, doch die bescheidet sich mit einem niedrigen Hocker, den die Dienerin Iambe aber noch rasch mit einem silberglänzenden Vlies belegt. Dort sieht man die D. lange sitzen, das Gesicht hinter dem Schleier verborgen, schweigend vor Kummer. Sie grüßt niemanden, weder mit Wort noch Geste, lächelt nicht, ißt auch nicht und trinkt nicht. Aber schließlich gelingt es Iambe, sie mit Bemerkungen und Scherzen aufzuheitern zu Lächeln und Lachen (vgl. Apollodor, Bibl. 1,5,1: mit Hinweis auf den Kult; Diodor 5,4,6 f). Statt des Rotweins, den ihr Metaneira anbietet, bittet die Göttin um eine Mischung aus Mehl, Wasser und Minze, trinkt und nimmt nun das Kind an sich. Nach ihrem eigenen Willen (Homer. Hymnos 2, an D., 235 ff) soll der Knabe aufwachsen wie ein Unsterblicher. Nicht Speise und Brust gibt sie ihm (bei Boccaccio, Gen. 8,4, bekommt er die Brust), sie salbt ihn alltäglich mit Ambrosia und legt ihn heimlich nachts in das Feuer (das sterbliche Fleisch von ihm zu nehmen: Apollodor, Bibl. 1,5,1; vgl. Achill), und der Knabe gedeiht zum Erstaunen aller. Er wäre unsterblich geworden, hätte die mißtrauische Metaneira nicht nachgeschaut (Homer. Hymnos, an D., 242 ff) oder die Praxithea (Apollodor, Bibl. 1,5,1).

Namen und Umstände der an diesen Ereignissen Beteiligten sind außerordentlich kontrovers überliefert. Sicher ist, daß D. überrascht wird. Von der Mutter hört sie Klage und Vorwurf, nimmt verärgert das Kind aus dem Feuer und wirft es auf den Boden, wo später die Schwestern es finden und aufnehmen werden (Homer. Hymnos 2, an D., 251 ff u. 284 ff). Praxitheia schreit auf, und das Kind verbrennt im Feuer. Andere sagen, D. selbst habe im Zorn das Kind getötet (Myth. Vat. II 97). Einige behaupten, es sei der Vater gewesen, der D. überraschte (Hygin, Fab. 147; Servius, Georg. 1,19 u. 163; Lactantius Placidus zu Statius, Theb. 2,382; Myth. Vat. II 97: Ceres tötet ihn im Zorn). Die letztgenannten und Ovid (5,645) nennen das Kind «Triptolemos», der bei Apollodor (ebd.) als älterer Bruder des Demophoon genannt wird. Bemerkenswerte Uneinigkeit herrscht in den Quellen über die Namen der Eltern.

Ausführlich nun der Homerische Hymnos (ebd. 256 ff). Verärgert beschwert D. sich bei der Frau über die Beschränktheit menschlicher Wahrnehmung und Einsicht und läßt sie wissen, welch göttliche Ehrung sie so dem Sohn vorenthalte. Nun solle man ihr einen Tempel bauen, sie selbst werde die Riten lehren, welche die Eleusiner üben mögen, und damit der Göttin Herz zurückgewinnen. Während sie so spricht (ebd. 275 ff), wandelt sie Gestalt und Erscheinung, wirft das Alter ab. Schönheit verbreitet sich um sie, lieblicher Duft geht von ihren Gewändern aus. Hell strahlt weithin der Leib. Über ihre Schultern legen sich goldene Locken, das große Haus ist in blitzend blendendes Licht getaucht.

Keleos baut Tempel und Altar (ebd. 292 ff). Es scheint, daß D. sich von den Menschen ebenso verlassen sieht wie von den Göttern. Während sie in Eleusis in ihrem Tempel sitzt und um die Tochter trauert, schickt sie den Sterblichen grausamen Hunger: Sie hält die Saat im Boden, Acker und Furche bleiben fruchtlos (ebd. 301 ff). So hätte sie die Menschheit zerstört. Zeus begreift, daß sie damit zugleich die Olympier ihres Anrechts auf Geschenke und Opfer berauben würde, und schickt die Botin –> Iris zu ihr. Er lockt mit Geschenken und Vorrechten nach ihrem Wunsch. Sie aber will ihre Tochter sehen und sonst nichts: Weder auf den Olymp wolle sie wieder, noch werde sie die Erde Frucht treiben lassen. Da redet der Mittler –> Hermes mit Hades (ebd. 334 ff), und der ist den Argumenten zugänglich. Er gibt die Persephone frei, aber er sorgt dafür, daß sie zu ihm zurückkehren muß: Er läßt sie einen Granatapfelkern verschlucken (vgl. unten). Hades jedenfalls bringt sie im Wagen hinauf nach Eleusis zum Tempel, wo die Mutter der Tochter entgegeneilt wie eine Mainade, sagt der Homerische Hymnos. Auch Persephone hat es eilig; dann liegen die Frauen einander in den Armen. Später kommt Hekate, umarmt das Mädchen und ist von nun an seine Dienerin und Gefährtin (Homer. Hymnos 2, an D., 434 ff).

D. weiß, daß die Tochter wieder hinunter muß, und sie legt das schwarze Gewand nicht ab. Jetzt läßt Zeus Mutter Rea sie holen und kommt mit ihr überein, daß das Mädchen ein Drittel des Jahres in der Unterwelt, zwei Drittel bei der Mutter verbringen soll (Homer. Hymnos 2, an D., 398 ff, 445 ff; Apollodor 1,5,3; vgl. Ovid, s. u.).

Nun eilt D. hinunter in das einst fruchtbare Getreideland Rharos. Rea nennt noch einmal die Bedingungen des Zeus, bittet um Gehorsam und darum, fortan die lebenspendende Frucht zu geben (Homer. Hymnos, ebd. 459 ff), und D. tut, wie geheißen (vgl. Pausanias 1,38,6: Die Ebene von Rharos sei die erste gewesen, wo man säte und erntete, weshalb man von dort die Gerste für die Opferkuchen hernahm). Dann lehrt sie die «Könige» (wohl in Eleusis) ihre Riten und Mysterien (Homer. Hymnos 2, an D., 473 ff) und kehrt zurück auf den Olymp (ebd. 485 ff). Irgendwann soll sie dem –> Herakles kleinere Mysterien eingerichtet haben, um ihn von der Blutschuld an den Kentauren zu reinigen (Diodor 4,14,3).

Eine andere Überlieferung verbindet diese Geschichte mit der Poseidonaffäre, die ihr demnach auf der Suche nach der Tochter widerfuhr. Verärgert und in Kummer habe sie sich schwarz gekleidet und in Arkadien in einer Höhle verborgen, während draußen die Früchte der Erde verdarben und die Menschen hungerten (Pausanias 8,42,1 f). Anders als im Homerischen Hymnos verbirgt sie sich hier selbst vor den Göttern, wie man die Tochter vor ihr verborgen hat. Zufällig findet –> Pan sie und erzählt dem Zeus (Pausanias 8,42,3), der die –> Moiren (Parzen) zu ihr schickt: Gehorsam legt da die Göttin den Zorn ab und vergißt den Kummer (ebd.).

Wieder anders Ovid (Met. 5,341–571), wohl aus italisch-römischer Tradition. Schließlich sei die Göttin auf ihrer Suche nach Sizilien zurückgekehrt, wo die in einen Bach verwandelte Cyane ihr den Gürtel der Tochter zeigt (ebd. 5,462–470; nach Diodor, 5,4,2, läßt Hades den Quell Cyane entspringen). Noch weiß sie nicht, wo das Kind ist, und der Zorn packt sie, sie rauft sich das Haar und schlägt sich die Brust. Dann wendet der Zorn sich gegen die Menschen, nennt sie undankbar und unwürdig der Gabe der Früchte, v. a. in Sizilien. Wütend zerschlägt sie die Pflüge, weiht Bauern und Vieh dem Tode, läßt die Samen verkommen im Übermaß von Sonne oder Regen, «Sterne» schaden und Wind, Vögel verschlingen die Saat, der Weizen erstickt in Unkraut. Die Nymphe Arethusa macht sich zum Anwalt von Erde und Insel und erzählt der Mutter, wo sie das Kind gesehen hat. Jetzt nimmt Ceres den Wagen und sucht Juppiter auf, ihn um die Tochter zu bitten, ihn zu überzeugen, daß er den Raub der Tochter nicht billigen kann. Zurückkehren dürfe die nur, wenn sie da drunten noch nicht gespeist hat, erfährt die

Mutter. Aber (Met. 5,534 ff) das Mädchen hat dort einen Granatapfel gepflückt und sieben Kerne davon zerkaut (nach Boccaccio, Gen. 3,13, stand der Baum im Lustgarten des Pluto, und es waren drei Kerne): Ascalaphus hat es gesehen und verraten (s. auch Apollodor, Bibl. 1,5,3; Boccaccio, Gen. 3,13).

Schließlich kommt man überein, das Jahr in Hälften zu teilen, die sie je bei Gatten und Mutter verbringen wird (Met. 5,564 ff; ders., Fasti 4,613 f; Hygin, Fab. 146; Servius, Georg. 1,39; Myth. Vat. II 100; Myth. Vat. III 7,2). Dazu wird auch berichtet, Juppiter habe sie beredet, Mohn zu speisen, wodurch sie müde geworden und in tiefen Schlaf gefallen sei, und erst der Erwachten habe er die bedingte Rückkehr der Tochter versprochen (Boccaccio, Gen. 8,4; vgl. Myth. Vat. III 7,1).

Die meisten Quellen erzählen, daß die Göttin schließlich dem Triptolemos, dem Sohn des Königs von Eleusis, die Macht verleiht, ihre Früchte («fruges») über die ganze Erde zu verbreiten, wozu sie ihm einen von geflügelten Schlangen (oder «Drachen» = lat. «draco» = Schlange und Drache) gezogenen Wagen gibt und Weizen, den er bei der Fahrt durch die Lüfte aussät (Apollodor, Bibl. 1,5,2; Ovid, Trist. 3,8; ders., Fasti 4,599 ff; Hygin, Fab. 147,4; ders., Astron. 2,14; Servius, Georg. 1,19 u. 163; Myth. Vat. I 8; Myth. Vat. II 97; bei Ovid, Met. 8,794 f, hat sie selbst einen Drachenwagen). Nach seiner Rückkehr will der Vater ihn um seiner Gaben willen töten, aber statt dessen zwingt Ceres ihn, das Reich dem Sohn zu übergeben. Zum Dank habe Triptolemos der Göttin einen Kult eingerichtet, die Thesmophoria (Hygin, Fab. 146,6).

Die Göttin verwaltet ihr Geschäft mit Strenge. Das wird (Kallimachos, Hymnos 6, an D., 24–119) deutlich an der Geschichte des Erysichthon, der mit 20 Riesenburschen in einen der D. heiligen Hain in Thessalien einbricht und Bäume umschlägt, allen voran eine der Göttin heilige himmelhohe Pappel. Ein Haus will er daraus bauen, groß genug für die Bankette mit seinen Gefährten. D. nimmt die Gestalt ihrer Priesterin Nikippe an und warnt den Mann, der aber bedroht sie frech mit der Axt. Da nimmt D. zornig ihre göttliche Gestalt an. Jetzt ist sie so riesig, daß ihr Scheitel hinaufreicht zum Olymp (Homer. Hymnos, ebd. 58). Ja, er möge ruhig sein Haus bauen und feiern, denn von nun an werde er häufig speisen (ebd. 63 f). Erisychthon wird von grausamem Hunger gepeinigt, mit der Speise wächst sein Hunger: 20 Köche arbeiten für ihn, zwölf Mann sorgen für den Wein. Schließlich verschlingt er auch noch Maultiere und Pferde und Katzen und nimmt dennoch ab bis zum Skelett (vgl. die dramatische Schilderung bei Ovid, Met. 8,738–878).

Eine andere Form der Strafe ist die Verwandlung. Den Askalaphos, der Persephone verriet (s. o.), verwandelt sie in ein Käuzchen (lat. «ulula»; Ovid., Met. 5,538 ff; Servius, Georg. 1,39; ders., Aen. 4,462; Myth. Vat. II 100). Nach Apollodor (Bibl. 1,5.3) legte sie im Hades einen schweren Felsen auf ihn. In Sizilien will König Lyncus aus Ruhm- oder Gewinnsucht (Servius, Aen. 1,323; vgl. Myth. Vat. II 98; Myth. Vat. I 31) den «Fruchtbringer» töten: Ceres verwandelt ihn in einen Luchs (= «lynx»; Hygin, Fab. 274,19).

Eine andere Geschichte sagt, der Mann habe einen unanständigen Laut gegen sie ausgestoßen (wie wohl?), weshalb sie ihn (in Skythien) in einen Luchs verwandelte (Myth. Vat. I 10). Zu Fröschen werden lykische Bauern, die der Durstigen das Trinken verwehren wollen und sie mit häßlichen Geräuschen durch die Nase verspotten (Myth. Vat. 2,95; vgl. –> Leto/Latona). Einen Knaben, der die durstige Göttin verspottete, habe sie in eine Eidechse verwandelt, erzählt Ovid (Met. 5,451 ff).

Die Sirenen soll Ceres mit Flügeln versehen (verunziert?) haben zur Strafe dafür, daß sie der Proserpina nicht halfen (Hygin, Fab. 141,1). Vielleicht aber waren sie Gespielinnen des Mädchens gewesen, die sich auf der Suche nach der Entführten Flügel wünschten zum Flug auch über das Meer (Ovid, Met. 5,552 ff).

Als der Geterkönig Carnubutes (Hederich, Sp. 636: Carnabon), dem Triptolemos bei seiner Mission heimtückisch nach dem Leben trachtet und dazu einen der Drachen vor dessen Wagen tötet, greift Ceres ein, bringt zur Strafe für sein Unterfangen den König zum Selbstmord und versetzt ihn als Warnung für andere an den Himmel (Hygin, Astron. 2,14, zu «Ophiuchus»).

Melissa, eine Priesterin der Ceres, hält sich gehorsam an das Schweigegebot der Göttin und wird dafür von wütenden Frauen zerrissen. Ceres bestraft die Täter und das Land mit einer Pestilenz. Dann macht sie, daß aus dem Leib der Frau Bienen erstehen (Servius, Aen. 1,430).

Merkwürdig die Nachricht, wonach D. die einzige unter den Göttern war, die – ahnungslos – vom Leib des Pelops aß, den Arm oder die Schulter, welchen Teil sie später durch einen elfenbeinernen ersetzt (Hygin, Fab. 83: den Arm; Servius, Aen. 6,603: die Schulter; Myth. Vat. I 12: Arm; Myth. Vat. II 102: Schulter).

Der (Erd-)Göttin sind die Schlangen lieb. Als Eurylochos die Schlange des Cychreus als lästig von der Insel verbannte, nahm D. sie nach Eleusis und machte sie zu ihrem Gefährten (Hesiod, Frauenkat., und Ehoien 77 bei Strabo 9; H.G. Evelyn-White 1977, S. 206 f).

B D./Ceres ist nach Wesen und Berufung Mutter. Das sagt schon der zweite Teil ihres griechischen Namens («méter»; vgl. auch Platon, Krat. 404b), aber auch der Umstand, daß ihr Tun wesentlich vom Schicksal der Tochter bestimmt wird. Als solche personifiziert die Göttin ein mütterliches Prinzip vegetabiler Fruchtbarkeit, notwendig dem Leben von Mensch und Tier und dem Ablauf der Jahreszeiten verbunden (Bringerin der Jahreszeiten, «horephóre» nennt sie der Homerische Hymnos 2, an D., z.B. 2,492; «allnährend»: Hesiod, Theog. 912).

Der von uns vermerkte Mythos zeigt sie zuständig eigentlich für Getreide und überhaupt Ackerfrucht, wie etwa die (kretische) Geschichte ihrer Liebschaft mit Iasion veranschaulicht, der sie in der Ackerfurche «besät». Diese Vereinigung von menschlicher Sexualität mit der («tellurischen») Fruchtbarkeit des Bodens verweist auf die (attische) D. Thesmophóros, die sich neben den Feldfrüchten auch des Frauenlebens annimmt und einen reinen Frauenkult genießt (vgl. Kl. Pauly, Bd. 1, Sp.

1460; ebd., Bd. 5, Sp. 752; -> Adonis). Im Gegensatz hierzu ihre Zuständigkeit für die Scheidung («divortia») der Ehe, welche Venus gestiftet hat, während Juno für den Kindersegen sorgt, Saturn und Mond dagegen die Unfruchtbarkeit verwalten (Servius, Aen. 3,139).

Es verwundert nicht, daß unter den Göttern -> Dionysos/Bacchus/Liber der D./Ceres am nächsten steht (s. Kallimachos, Hymnos 6, an D. 70 f: Dionysos teilt den Ärger der D.; Vergil, Georg. 1,7: Liber und die segensreiche («alma») Ceres; ebd. 2,229: Beide kümmert der Boden, Ceres (Korn) will lockern, Liber (Wein) will festen; Vergil, Georg. 1,344; ders., Ecl. 5,79: Die Bauern opfern beiden). Sicher über ihre Bindung an die Jahreszeiten kommt sie auch zum Dienst der -> Horen/Horai. Eusebius (Praep. evang. 3,11, 114a) unterscheidet diese Göttinnen nach himmlischen und irdischen, welch letztere je nach Jahreszeit einen Korb tragen, gefüllt mit Blumen im Frühling, gefüllt mit Ähren im Sommer.

Wie die Mythographen die D. vorstellen, erscheint die Person uns auf zweierlei Weise: als alte Frau ohne erotischen Liebreiz und als Weib in blühender, strahlender Schönheit, wobei man eigentlich die Abfolge umgekehrt sehen möchte, sofern die blühende doch der alten vorausgehen muß. Aber der Mythos folgt je ihrer Erscheinung, einmal als sie die Tochter vermißt, und dann zu deren Rückkehr, womit sie Zustände des immer sich wiederholenden Wechsels vom Einbringen der Saat in den Boden und deren Wiederkehr als Frucht veranschaulicht. Mutter und Tochter stehen in einem generativen Verhältnis zueinander. In der Rückkehr der Tochter erweist sich die Mutter: Die Saat hat Frucht getragen. So zeigt D./Ceres sich als fruchtendes Prinzip. Entsprechend hat man die Tochter als Saat (lat. «seges») verstanden.

Demnach ist die düstere Alte mit dem verschleierten Haupt und dem dunklen Umhang (Homer. Hymnos 2, an D. 181 f, 360, 441: die dunkel gekleidete; ebd. 40 ff) ein Bild für das Feld, das in seiner Leere auf die Rückkehr der Saat wartet. Wie dieses Feld sich wandelt im Heranwachsen zu reicher Frucht, so wandelt auch die Göttin Gestalt und Erscheinung von der einen zur anderen (Homer. Hymnos 275 ff): Sie wirft das Alter von sich, wird schön, ihr Leib strahlt weithin Licht, goldene Lokken legen sich über ihre Schultern. Das Haar ist der bestimmende Eindruck ihrer eigentlichen göttlichen Erscheinung, es ist – wie das der -> Hera – «reich» (Homer. Hymnos 2, an D. 224, ebd. 297, 315), Homer (Il. 14,326 f) redet von der «Herrin mit den herrlichen Flechten». Vor allem ist es blond (Il. 5500; Homer. Hymnos 2, an D. 302; Vergil, Georg.

1,96; Ovid, Met. 6,118; Myth. Vat. III 7,1 = «flava»). Vom Leib sieht man fast nichts, auch nicht das Gesicht, aber schöne Augen hat sie (Homer. Hymnos 2, an D. 194). Metaneira sieht Würde und Anmut in ihren Augen (ebd. 214). Und, wie man von einer Amme erwarten kann, ist auch die Rede von ihrem Busen und ihren (göttlichen) Händen (ebd. 231 f). Von der «Schlankfüßigen» spricht der zweite Homerische Hymnos (183 u. 453). Jedenfalls ist sie anmutiger Gestalt (Homer. Hymnos 2, 315).

Auch ihre Kleidung scheint unbestimmt zu bleiben: Ehe der Homerische Hymnos (ebd. 277 ff) uns unseren Peplos sehen läßt, läßt er ihn uns riechen: Lieblicher, süßer Duft geht von ihm aus (vgl. –> Hera; auch Busen und Tempel duften: Homer. Hymnos, ebd., 231 f und 384). Das Auge nimmt v. a. Licht wahr, Glanz und Helligkeit (z. B. Homer. Hymnos 2,189 f). Sie sei reich bekränzt (Homer. Hymnos 2, an D., 251), und ein goldenes Schwert habe sie (ebd. 4).

Anschaulicher ist die Kleidung der anderen, ein – wohl langer – Mantel und ein Schleier über dem Haupt. Die legen sich über die leuchtende D., wie eine winterlich dunkle Wolke sich über die Sonne legt.

Interessant ist, daß die Göttin ihre Macht zeigt auch in gewaltiger leiblicher Größe, wenn ihr Haupt beim Eintreten das Dach des Palastes in Eleusis berührt (Homer. Hymnos 2, ebd. 189). Als sie sich zornig dem Erisychthon zeigt, reicht ihr Haupt bis hinauf zum Olymp (Kallimachos, Hymnos 6, an D. 58). Das ist eine Fähigkeit, die sie mit –> Ares / Mars teilt. Mag sein, daß das die Übermacht der Göttin, Herrin über Leben und Tod der Menschen veranschaulicht.

Auch ihr Wesen scheint ihren zwei Zuständen zu entsprechen. Theokrit (7,155 ff) sieht die Lichte lächeln, die andere scheint ernst zur Sache zu gehen oder zornig.

Ihre offenbare Zuständigkeit für den fruchtbringenden Boden (lat. «tellus») führt zu ihrer Gleichsetzung mit der Erde (lat. «terra») als Element und als Weltkörper und verbindet sie auch mit anderen Göttinnen gleicher oder ähnlicher Kompetenz. In diesem Sinn leitet Isidor (Etym. 8,59–67) den Namen Ceres von lat. «creare» (erschaffen, hervorbringen) von Früchten ab: Also sei sie die Erde (vgl. Myth. Vat. I 12: «Terra, id est Ceres»). In gewohnt kühner Etymologie kommt er zum Schluß, daß Ops, Proserpina, Vesta nur andere Namen für Ceres seien. Die viel Gebärende sei identisch mit Tellus und Magna Mater (folgt ausführliche Deutung der Attribute der letzteren, –> Kybele). Arnobius (5,37; vgl. 5,34 u. 5,35) hält den stiergestaltigen Juppiter über der Ceres für ein Bild des Regens, der die Erde befruchtet.

Auch für Vesta / —> Hestia habe man Ceres-Terra gehalten, denn die Erde berge doch offenbar auch Feuer, wie etwa der Ätna zeige (Isidor, Etym. 8,11,67).

Zur Etymologie des Namens «Ceres» auf Grundlage der Gleichsetzung von Ceres und Erde («terra»), von «creare» und «crescere» (wachsen) nach Remigius, nach Cicero (Nat. 3,52 u. 62) von «gerere» (tragen), weil sie Frucht trage, siehe den Vatikanischen Mythographen III (7,1).

Später wird es heißen, Luna, Diana, Ceres, Juno und Proserpina seien dieselbe (Myth. Vat. II proem.).

Nicht auf die fruchtende, sondern auf die verschlingende Erde liest man die Pelops-Geschichte (s. o.): Ceres sei ein Bild für die Erde, denn die verschlinge alle Körper und bewahre nur die Knochen (Myth. Vat. I 12,4 u. II 102).

In physikalisch / kosmologischer Deutung stellt Macrobius (Sat. 1,18, 23) Liber und Ceres nebeneinander und erkennt in ersterem die Sonne, in letzterer den Mond, sofern beide auf je ihre Weise für die den Bodenfrüchten förderliche Temperatur sorgen. Nach anderen (Myth. Vat. I 7,5) ist Proserpina der Mond, der sechs Monate wächst, sechs schwindet, je 15 Tage pro Monat; wachsend scheine er bei den himmlischen, schwindend bei den Göttern der Unterwelt zu sein.

Boccaccio (Gen. 8,4) faßt zusammen, wenn er sagt, daß Ceres manchmal für den Mond gehalten werde, manchmal für die Erde, manchmal für deren Frucht, häufig («persaepe») auch nur für eine Frau («foemina»).

In griechischer Etymologie leitet Fulgentius (Myth. 1,10, 635 f) den Namen «Ceres» von (griech. «chará») «gaudium» = «Freude» ab, welche sich angesichts der Fruchtfülle einstelle. Das lateinische «Proserpina» leitet er ab von «proserpere», das Hervorkriechen der Saat aus den Wurzeln im Boden.

Es gibt auch einige eher platte rationalisierende Erklärungen. Boccaccio (Gen. 8,4) liefert eine durchgängige Deutung der Proserpina-Geschichte. Demnach steht das Mädchen für die Frucht, die zur Reife der Wärme bedarf, welche der Vater Juppiter verkörpere (Mutter Ceres bleibt aber unerklärt). Pluto steht für den Boden («terra»), der die Frucht nicht wieder herausgibt; denn bisweilen geschehe es, daß ein Übermaß von Aussaat den Boden austrocknet und den Samen nicht nähren kann. Darüber verwirrt, zerstöre Ceres nun das Wirtschaftsgerät, aber diese Ceres sei ein Bild für die Bauern; denn so könne man doch diese erdverbundenen Leute nennen, die da die vergebliche Mühe erkennen und danach handeln. Das Rufen der Frau («ululatus femineus») meint das Klagen der Bauern, die Fackeln sind ein Bild für das Austrocknen des Bodens. Der Mohnschlaf meint die Brache, in der der Boden wieder zu seinen Säften kommt. Andere sagen, den Mohn habe Zeus der Ceres verordnet, weil er Schlaf bringt. Diesen können wir brauchen, um im Sommer bei verzögerter Getreidereife leichter mit den knappen Erntevorräten umzugehen (Myth. Vat. III 7,1). Die Kerne des Granatapfels seien zu verstehen (Boccaccio, ebd.) als Prinzipien des vegetativen Lebens, die erst dann wirksam werden («iniiciuntur»), wenn der Samen durch Bodenfeuchtigkeit erwärmt und erweicht Wurzeln schießt, deren Werk das Wachsen der Saat ist. Die Kerne des Granatapfels seien ein Bild für diese Prinzipien, weil man eine Ähnlichkeit sah zwischen dem nährenden Blut der Tiere und der Pflanzen. So habe auch Empedokles gesagt, daß das Leben der Tiere vom Blut abhänge wie das der Pflanzen von den Säften der Erde.

«Blond» («flava») nenne man D. / Ceres wegen der Farbe reifer Ähren (so wird ihr dichtbehaartes Haupt zum Ährenfeld).

Recht ausführlich würdigt man historisierend die Erfinderin und Kulturbringerin (z. B. zusammenfassend Kallimachos, Hymnos 6, an D., 17–22), für die es häufig eine italisch / römische Version gibt. Zunächst notiert man die «Erfindung» des Getreides. Das rharische Feld bei Eleusis sei das erste gewesen, das man je besäte oder erntete, berichtet Pausanias (1,38,6). Daher nahm man von dort die Gerste für die Opferkuchen (ebd.). Hygin sagt (Fab. 274,19), daß die Göttin das Getreide («frumentum») in Sizilien erfand («invenit»; oder fand sie es?). Den Triptolemos habe sie das Säen gelehrt (ders., Fab. 277,4). Dazu brachte sie den Menschen bei, wie man den Boden mit dem Eisen wendet (Vergil, Georg. 1,147 f; s. auch Ovid, Met. 5,341). Isidor (Etym. 17,2) weiß, daß sie das die Griechen lehrte, aber keineswegs schon mit Pflug oder Pflugschar, sondern einfach nur mit einem Eisen.

Das ist Entwicklungsgeschichte, zu der auch paßt, daß der Lärm der ehernen Zymbeln der Korybanthen um die Magna Mater den Arbeitslärm auf dem Feld nachahme, woran sich zeige, daß die Alten den Boden zunächst mit ehernem und erst später mit Eisen-Gerät bearbeiteten (Isidor, Etym. 8,11,66; Servius, Aen. 4,402, berichtet, Minerva / –> Athene habe zum Handhaben der Saat den Pflug erfunden. Boccaccio, Gen. 8,4, erwähnt mit Hinweis auf Vergil den Hakenpflug als ihr Werk; vgl auch die Erdzeitalter des –> Zeus). Dazu zeigte sie (Hygin, Fab. 274,19), wie man Stiere zähmt (doch wohl für den Pflug?; vgl. dazu Christine de Pizan, s. u.). Wichtiger noch, daß sie den Menschen gesellschaftliche Ordnung bringt, denn ehe sie das Getreide («frumentum») erfand, seien die Menschen gesetzlos umhergeschweift. Dann seien aus und mit der Einteilung der Äcker (und doch wohl der Seßhaftigkeit) Gesetze entstanden (Servius, Aen. 4,58: «Ceres legifera»; «nata sunt iura»; vgl. Boccaccio, Gen. 8,4). Das sind übrigens Anliegen der D./Ceres Thesmophóros, die sich sicher auch in der Haushälterin zeigt, als die sich in Eleusis vorstellt (Homer. Hymnos 2, an D., 141–144). Ovid bemerkt (Met. 5,341–343) dazu noch, daß mit Pflug und Frucht und Gesetzen auch noch mildere Nahrung zu den Menschen gekommen sei.

Man sage, sie habe den Triptolemus geliebt, weil er den Pflug und einen großen Teil der Landwirtschaft erfand (Myth. Vat. III 7,1; anders Boccaccio, Gen. 8,4).

Auf dieser Grundlage wird Christine de Pizan (Zimmermann 1990, Kap. 35, S. 107, Kap. 38, S. 110) in Ceres eine «kluge» Königin von Sizilien sehen und ihr eigentlich alle aus der Erfindung der Landwirtschaft folgenden zivilisatorischen Errungenschaften zuschreiben. So habe sie die Menschen aus einem Zustand roher Wildheit in eine urbane Kultur gebracht. Die zuvor in Höhlen des Unwissens lebten, führt sie zu geistiger Tätigkeit. Hier ist die D. Thesmophóros zur vollen Reife gekommen.

Die frühen Christen nehmen anscheinend nicht viel Anstoß an D./Ceres (vgl. Tertullian und Minucius Felix). Es fällt auf, daß Augustin nicht die Person, sondern den Mythos angreift, wenn er die Gleichung von C. und Vesta unlogisch findet (Civ. 4,10), die Gleichsetzung von Ceres mit der Magna Mater (= Erde) und Juno (= Erde) für eine (willkürliche) theologische Konstruktion hält (Augustin, Civ. 7,17). Wenn Chronos (–> Kronos!) für den Samen stehe, was brauche es da noch Liber und Libera, «das ist die Ceres» (ebd. 7,19). Die Geschichte von Triptolemos und dem geflügelten Wagen sei schlichtweg erfundene Fabel (ebd. 18,13; vgl. die Kritik an der Gleichung Libera = Luna bei Firmicus Maternus 7,7).

Im «Ovide moralisé en prose» (5,9, de Boer S. 181) wird «Seres» dagegen zum Bild sogar der «heiligen Kirche», die uns Christen lehrt, Gott zu dienen und zu ehren usw. – «Proserpine», der Heiligen katholischen Kirche Tochter, ist das Bild für die christliche Seele, geraubt vom König der Unterwelt («enfer»). Auch steht die zurückgekehrte Proserpina für die Sünderin, welche von Mutter Kirche zurückgeführt wird auf den Weg der Erlösung (ebd. S. 183). Gleichzeitig ist Ceres immer noch die Göttin des Getreides im Überfluß (ebd. S. 182 u. 8,10, S. 235). Christine de Pizan (ebd., 39, S. 114) wird sie mit der Eucharistie verbinden. Sie beobachtet, daß Christus dem Brot, einer «Erfindung» der Ceres, besondere Ehre zuteil werden ließ, indem er ihm eine so würdige Verkörperung gab und den Menschen zum (liturgischen) Genuß empfahl.

Artemidor (2,39) sieht sie zusammen mit Persephone und Iakchos (–> Dionysos) auf vielerlei Weise günstig für den Träumer, wenn er Bauer ist oder wenn er Land kaufen will. Für eine Heirat und alle anderen Unternehmungen ist sie nur günstig ohne die Begleitung der Tochter usw.

In der literarischen Beschreibung versammelt D./Ceres nicht viele Attribute auf sich. Dazu gehören die Fackel und Früchte, Getreide und Mohn (s. Theokrit, 7,155 ff: D. mit Weizenähren und Mohn in den Händen), eine Sichel («falx», Servius, Aen. 3,707; goldenes Schwert: Homer. Hymnos 2, an D., 4), vielleicht die Schlange. Mauerkrone, Schlüssel und löwengezogenen Wagen sowie die Korybanten mit Zimbel und Tympanon, auch den Hahn (vgl. Isidor, Etym. 8,11,59–66) hat sie von der Magna Mater (–> Kybele/Cybele).

Der Kult bringt zu ihr Schweine (weil die den Früchten nachstellen: Myth. Vat. II 61 u. III 26; vgl. Gellius, Noct. Att. 4,6,8, und Cato, Agr. 134: Schlachtopfer vor der Ernte; s.a. Hygin, Fab. 277,4). Herkules und Ceres habe man eine trächtige Sau, Brot und Wein dargebracht (Macrobius, Sat. 3,11,10). Dagegen heißt es auch, nicht Wein (Macrobius, Sat. 3,11,2), sondern Honig («mulsum») bringe man ihr (ebd. 3,11,9). Vergil (Georg. 1,297) erwähnt ein Opfer aus Honig in Milch und Wein. Hygin spricht vom Brauch, gesalzenes Opferschrot über die Tür zu legen (Fab. 277,4). An die baumliebende Göttin mag das Eichenlaub erinnern, das die Leute bei Tanz und Erntegesang um die Schläfe tragen (Vergil, Georg. 349 f).

Der Libellus (23; H. Liebeschütz 1926, S. 128) stellt die Ceres an das Ende der Liste aller Götter, weil ihre Fürsprache allen Menschen lebensnotwendig zu sein scheine, und beschreibt sie so: Man habe sie gezeigt in Gestalt einer reifen Frau («matrona»), gekleidet nach Bauernart in einen groben Mantel und hohe Schuhe. Sie sitzt auf einem Rind, welches Tier man für die Bodenbearbeitung anstelle. In der Rechten trägt sie eine Hacke zum Wenden des Bodens, am Arm hängt ein Korb mit Saat. Zu ihrer Rechten stehen zwei Bauern, deren einer mit der Hacke den Boden umgräbt, deren anderer Samen ausstreut. In der Linken aber hält Ceres die Schnittersichel und einen Stock zum Dreschen des Getreides. Auf derselben Seite sind zwei andere Bauern, von denen der eine das Korn schneidet, der andere es mit dem Stock drischt. Auch steht Ceres zwischen zwei obstbeladenen Bäumen. Zu ihrer Rechten oben sieht man Juno, die Göttin der Wolken, wie sie Regen über die Saat ausgießt. Zur Linken sieht man Apoll, die Sonne, wie sie das Getreide für die Mahd austrocknet.

Die Namen D. und Ceres stehen häufig metonym für Getreide und Brot.

C *Typus.* Die Anschaulichkeit, wie sie anderen Göttern durch die Beschreibung der Ilias zuteil wird, ist D. versagt geblieben. Die Werke der Bildkunst vor Augen, läßt sich die Erscheinungsweise der D. in Umrissen so beschreiben: Sie repräsentiert durch alle Zeiten einen mütterlichen, manchmal fast matronenhaften Typus. Am besten ist er vielleicht in dem Marmorbild der thronenden Göttin veranschaulicht, das ein griechischer Bildhauer um 330/340 v. Chr. für das Heiligtum von D. und Kore in Knidos geschaffen hat (London, British Museum, Inv. 1300). D., von robuster Statur, sitzt auf einem Thron mit hoher Lehne; der lange Mantel ist straff um den Körper gezogen und bedeckt den Hinterkopf. Die Wangen sind weich gerundet, das Haar, in der Mitte gescheitelt, verläuft hinter den Ohren und fällt in sanften Wellen nach vorn über die Schultern.

Charakteristisch für viele Bilder der D. wie der römischen Ceres, die von Anbeginn im ikonographischen Typus der D. erscheint, ist der den Hinterkopf bedeckende Mantelschleier, wie es der geschnittene Sardonyx des 1. Jh. n. Chr. zeigt (Paris, Cabinet des Médailles; Abb. in LIMC 1988, 4,2, S. 599, Nr. 2).

Ihr mütterliches Wesen macht D. zur Gegenspielerin der –> Aphrodite und rückt sie gleichzeitig in die Nähe von –> Hera. Im Gegensatz zu Aphrodite ist D. grundsätzlich bekleidet.

In der griechischen und römischen Kunst trägt sie den langen Chiton oder Peplos und einen Mantel darüber, der häufig hinten wie ein Schleier über den Kopf gezogen ist (s. o.). – Schon die Spätantike handhabt dieses Prinzip weniger streng, und in Renaissance, Manierismus und Rokoko sieht man die Göttin ebenso oft nackt wie bekleidet, wobei dieser Nacktheit unterschiedliche Bedeutung zukommt. Einerseits ist sie als Eigenschaft zu verstehen, die Wesen mythischen/göttlichen Ursprungs von den (bekleideten) Sterblichen abheben (vgl. Hartlaub 1953, S. 82 u. 83). Anderseits ist sie – gerade in Manierismus und Rokoko – ohne Zweifel um der Pikanterie willen gewählt.

Die beiden Extreme in der Kunst der Neuzeit markieren das Gemälde von J. Jordaens *Das Opfer (die Huldigung) an Ceres* (Madrid, Prado) und ein Gemälde von Hans von Aachen mit *Bacchus, Ceres und Amor* (Wien, Kunsthist. Museum). Jordaens präsentiert die Göttin, wiewohl unverkennbar barock, entsprechend dem von der Antike geprägten Bild – schlicht und in einen langen Mantel gehüllt, während Hans von Aachen mit der nackten Figur der Ceres ins ikonographische Hoheitsgebiet der Venus / –> Aphrodite eindringt. – P.P. Rubens' Tafel mit der Statue der Ceres (um 1614, Jaffé Nr. 240; St. Petersburg, Eremitage) kopiert eine römische Statue, die in vielen Wiederholungen existiert (z. B. Ostia, Museo, Inv. 25; Paris, Louvre, Inv. MA 1139).

Schlichtheit ist eines der Charakteristika der Erscheinung der D. So sieht man die Göttin in der Regel mit einer einfachen Frisur und selten geschmückt (allenfalls mit Ohrgehängen), das gewellte Haar liegt dem Kopf an, so auf dem großen Weihrelief an die Eleusinischen Gottheiten (um 430 v. Chr.; Athen, Nationalmuseum, Inv. 126), oder ist am Hinterkopf hochgesteckt (Silberstater aus Metaponto; 400–350 v. Chr.; Abb. in LIMC 1988, 4,1, S. 573, Nr. 186).

Mit Diadem oder Krone, die weniger Schmuck als Würdezeichen sind, sieht man die Göttin seit der klassischen Zeit, so auf dem Bild eines Kolonettenkraters um 500 v. Chr. (Würzburg, Martin von Wagner-Museum, Inv. L 529), das D. zusammen mit Triptolemos zeigt. Diademgeschmückt ist der Kopf der Marmorstatue in Berlin (Staatl. Museen; 5. Jh. v. Chr., Inv. SK 178).

Die neuzeitliche Kunst betont fast durchweg die Verbundenheit der Göttin mit Natur und Menschen. Ceres kann nun geradezu die Gestalt einer Bäuerin annehmen, die – barfuß – eine Rast bei der Feldarbeit eingelegt hat, wie wir dies etwa auf dem Gemälde des J. Jordaens *Das Opfer an Ceres* sehen (Madrid, Prado; s. o.), das eigentlich eine Epiphanie der Göttin darstellt. Nur der karminrote Mantel und ihre dominierende kompositorische Stellung heben sie aus der Menge der Sterblichen heraus.

Attribute. Ähren und ein Ährenkranz im Haar sind die Hauptattribute der D. / Ceres. Sie sind allanwesend in der Kunst von der archaischen bis in die heutige Zeit.

Dabei spielt die Dreizahl eine wesentliche Rolle, wohl als Hinweis auf die drei Jahreszeiten. Häufig begegnet uns D. mit drei Ähren in der Hand (u. a. auf dem Bild eines Kraters, 5. Jh. v. Chr.; Paris, Louvre, Inv. 368: D. mit Triptolemos). E. Simon (1985, S. 115) verweist in diesem Zusammenhang auf drei goldene, bei Syrakus gefundene Ähren (4./3. Jh; New York, Slg. N. Schimmel). – Drei Ähren hält Ceres auch auf dem Bild von Sebastiano del Piombo in der Hand (*Ceres in Eleusis*; Berlin, Staatl. Museen: s. u.).

Ähren sind auch in der Kunst der Neuzeit das sicherste Erkennungsmerkmal der Ceres: Ein Ährenkranz schmückt das kurze gelockte Haar der thronenden Göttin auf einem Gemälde von Michele Pannonio (wohl um 1460; Budapest, Museum der Bildenden Künste), das ikonographisch besonders interessant ist. Ceres hält in der Rechten einen langen Zweig mit Weinlaub und einer Traube (hier ein eucharistisches Motiv? Vgl. **B**: Christine de Pizan), in der Linken eine Blüte. Den kostbaren Thron flankieren zwei Vasen mit einem Lilienzweig – ein Attribut, das der marianischen Ikonographie entlehnt ist. – Einen Ährenkranz und Ähren in der Hand trägt die Göttin auf einem Brustbild nach Dosso Dossi (vermutlich Kopie nach einem verschollenen Original von Dosso, 1525/30; Den Haag, Rijksdienst Beeldende Kunst). – Der Ährenkranz mit Büscheln von Früchten und Blüten an den Schläfen schmückt auch die dem Baldassare Peruzzi zugeschriebene *Ceres* (Tafelbild, wohl 1521/23; Rom, Palazzo Barberini). Sie trägt ein peplosartiges Gewand und einen kunstvoll drapierten Schleier. Das gewellte Haar liegt dem Kopf an, wie wir es von römischen Bildwerken kennen.

Nächst den Ähren ist die Fackel das häufigste Attribut der D./Ceres. Im Ostfries des Parthenon hält sie sie in der gesenkten Linken (London, British Museum). Häufig hat die Fackel enorme Ausmaße, v.a. in römischer Zeit (marmorne Aschenurne des 1. Jh. n. Chr.; Rom, Museo Nazionale, Inv. 11301). – In der Kunst der Neuzeit verliert sie als Attribut an Bedeutung. Sie begegnet uns dort aber in erzählerischem Zusammenhang: Daß D. sich mit Fackeln auf die Suche nach der entführten Tochter macht, erzählt Apollodor (s. o.). Wenn wir die Göttin mit zwei brennenden Fackeln sehen, so dürfen wir also annehmen, daß sie auf der Suche nach ihrer Tochter ist. Johan Tobias Sergel (1740–1814) zeigt sich quellenkundig, wenn er seiner von zwei Drachen flankierten Ceres in jede hoch erhobene Hand eine Fackel legt (*Ceres auf der Suche nach Proserpina*, Gipsskulptur 1785; Stockholm, Nationalmuseum). Auch sonst entspricht ihre Erscheinung dem archäologischen Wissen: Sie trägt einen langen, hoch gegürteten Chiton mit Mantel, der als Schleier über den Kopf gezogen ist.

Während das Zepter der –> Hera (Ausdruck ihrer herrscherlichen Würde) deren allgegenwärtiges Attribut ist, bleibt es für D. eher sekundär und im wesentlichen auf die griechische Kunst beschränkt (z. B. auf einem Marmorrelief in Eleusis, Museum, Inv. 5085). Die Künstler der Neuzeit ignorieren dieses Attribut in der Regel.

Früchte scheinen in der griechischen Kunst als Attribute der D., wie sie dann in römischer Zeit üblich werden, unbekannt, bis auf den vielsamigen Granatapfel (ein Symbol der Fruchtbarkeit), aber auch dieser erscheint relativ selten. In der Neuzeit ist eine Ceres mit Baumfrüchten ein gewohnter Anblick, wiewohl sie ursprünglich nur für die Feldfrucht zuständig war. Schon seit der römischen Zeit mischen sich Züge der Pomona, Göttin der Baumfrüchte, in das Bild der Ceres, während man D. in der griechischen Kunst konsequent nur mit den Früchten des Ackers (Kornähren) gezeigt hatte. Eine weitere Neuerung aus römischer Zeit ist, Ähren und Früchte der Göttin nicht in die Hand , sondern sie in Füllhorn, Schale oder Korb zu legen. Auf einem Wandgemälde aus Pompeji, Casa dei Dioscuri (Neapel, Museo Nazionale, Inv. 9454), trägt Ceres (mit Nimbus) in einer Hand einen Korb mit Ähren (in der anderen eine Fakkel), auf einem geschnittenen Karneol des 2. Jh. n. Chr. (München, Staatl. Münzsammlung; Abb. in LIMC 1988, 4,2, S. 604, Inv. 119) hält sie einen Teller mit Früchten in einer Hand, Ähren in der anderen.

In der Spätantike gesellt sich zu den Ähren gelegentlich der Mohn, wie alle vielsamigen Pflanzen ein Fruchtbarkeitssymbol (vgl. aber auch **B**, Myth. Vat. III 7,1; Boccaccio, Gen. 8,4). – Ein Kranz von Ähren und Mohnkapseln schmückt das Haupt der Livia als Ceres auf einer geschnittenen Onyx-Kamee (Florenz, Museo Archeologico, Inv. 26). Auf der Großen Kamee in Paris (Cabinet des Médailles; Abb. in LIMC 1988, 4,2, S. 610, Nr. 174) mit der Darstellung der julisch-claudischen Kaiserfamilie hält die thronende Livia / Ceres Ähren und Mohn in der Hand (1. Hälfte 1. Jh. n. Chr.).

Anders als in der antiken Kunst ist das Füllhorn als Attribut der D. in der Neuzeit häufig anzutreffen. Es scheint zunächst das Attribut des Plutos gewesen zu sein (Votivrelief, 300 v. Chr.; Edinburgh, Royal Museum of Scotland: Zwischen Kore und D. steht Plutos als junger Mann mit einem Füllhorn in der Linken). In der römischen Kunst ist es Pomona, der Göttin der Baumfrüchte, vorbehalten. Von dieser könnte D. / Ceres das Attribut übernommen haben. – Ein Stich des Crispijn de Passe nach Marten de Vos (1532–1603), der das Thema *Sine Baccho et Cerere friget Venus* (s. **D**) variiert, zeigt Ceres (in langem gegürteten Gewand und Ährenkranz) mit einem Füllhorn voller Früchte; auf dem Tisch steht eine Schale mit Obst.

Die Schlange ist der D. heilig (Hesiod, Ehoien, Evelyn-White 1977, S. 206, Nr. 77). Als Attribut scheint sie – wie das Füllhorn – zunächst dem Plutos zugeordnet gewesen zu sein (Bild einer attischen Kylix, 530 v. Chr.; Eleusis, Museum, Inv. 2534: Plutos mit Schlange zwischen Kore und D.). Schlangen sind v.a. die Zugtiere des Wagens der D. (Ovid, Met. 5,643 f u. 8,794 f), oder sie sind, wie in der griechischen Vasenmalerei, den Radnaben appliziert, so auf dem rotfigurigen Bild eines Skyphos aus Capua (480 v. Chr.; London, British Museum, Inv. E 140). Hier hat sie ihren Wagen dem Triptolemos zur Verfügung gestellt.

Die Göttin selbst sehen wir auf der Suche nach ihrer entführten Tochter auf dem von zwei riesigen geflügelten Schlangen gezogenen Wagen (auf einem apulischen Volutenkrater von 350 v. Chr.; Rom, Museo Vaticano, Museo Gregoriano, Inv. 17162, oder einem Marmorsarkophag 130–150 n. Chr., LIMC 1988, 2, Abb. 126). Ein Stich des 17. Jh. nach diesem oder einem ähnlichen Sarkophag (Paris, Bibliothèque Nationale, Cabinet des Estampes) mag Honoré Fragonard für seine Darstellung vorgelegen haben (Stich von Pierre Philippe Choffard, 1784; Abb. bei R. Josephson 1956, Bd. 2, S. 372). – Auf einem reliefierten Silberteller (1. Hälfte 1. Jh. n. Chr.; Wien, Kunsthist. Museum, Inv. VII A 47) werden die vor den zweirädrigen Wagen gespannten Schlangen von den Horen gefüttert (Kleopatra als Ceres, Marcus Antonius als Triptolemos mit Juppiter und Tellus = «Erde»; s. de Angeli 1988, 1, S. 905).

Seit alten Zeiten war das Schwein (Ferkel) das Opfertier der D. (vgl. das Emblem bei J. Sambucus 1566, S. 14; H./S. Sp. 554 f: Das Bild zeigt die Göttin vor dem Opferaltar und eine Priesterin, die ein Schwein schlachtet). – Eine Reihe antiker Tonbüsten stellt die Göttin mit einem Ferkel in der vor die Brust gehobenen Hand dar (Büste in London, British Museum, Anf. 4. Jh. v. Chr.). Die andere Hand hält häufig die Fackel (Büste in Tharros, Slg. Spano).

Mit einer Sichel (vgl. Libellus bei H. Liebeschütz 1926, S. 128, u. a.) sehen wir Ceres auf einem Gemälde von Antoine Watteau (1684–1721; Washington, National Gallery of Art) und einem Fresko, um 1704, von Benoît Coffres in Schloß Frederiksborg/Dänemark.

Das ikonographische Lehrstück des Hendrick Goltzius (*Ceres*, B. 67[242], Abb. in Illustr. Bartsch 3, S. 156) zeigt die Göttin mit einem Ährenkranz, einer Sichel in der Rechten, einem Füllhorn mit Feldfrüchten in der Linken; neben ihr (klein) Proserpina. In den Bildzwickeln die Attribute: oben Drachen (= Schlangen), unten Feldfrüchte. Das merkwürdigste ist die unkanonische Kleidung dieser Ceres: Sie läßt Brust und

Bauch der (ihrem Wesen nach doch keuschen) Göttin frei, so wie wir dies von Attis aus dem Kreis der –> Kybele kennen. Hieraus wird jedoch schon der Gedankenschluß klar: Die ungewohnte Freizügigkeit charakterisiert Ceres als Muttergottheit und Personifikation der Fruchtbarkeit.

D Wie sooft dominieren in der Antike Bildthemen, die in der neuzeitlichen Kunst eine geringe Rolle spielen. Von den mythischen Erzählungen um D. / Ceres haben in der Antike (kultisch bedingt) die Aussendung des Triptolemos und Themen, die hiermit im Zusammenhang stehen, den Vorrang. In der römischen Kunst gewinnen die Entführung der Proserpina / –> Persephone (die später zum selbständigen Thema wird) und die Verfolgung des –> Hades / Pluto durch D. / Ceres besondere Bedeutung. Die Kunst der Neuzeit hält sich an Ovid und schildert bevorzugt das Thema des Raubes der Proserpina und die umherirrende Ceres. Das Hauptgewicht liegt nun aber auf allegorischen Darstellungen, die in der Göttin eine Verkörperung der Fruchtbarkeit der Felder und des Sommers sehen.

1. *D. und Kore.* D. sieht man selten in Gesellschaft; man möchte sie geradezu als Einzelgängerin bezeichnen, wofür die Darstellung auf dem Ostfries des Parthenon auf der Akropolis ein eindrucksvolles Beispiel ist. Während die anderen Götter untereinander im Gespräch sind, sitzt D. für sich, sinnend (oder trauernd um den Verlust der Tochter?) das Kinn in die Rechte gestützt, in der gesenkten Linken die Fackel. Im Ostgiebel des Parthenon sitzen Mutter und Tochter wie ein Freundinnenpaar nebeneinander (4. Jh. v. Chr; heute in London, British Museum).

Die zahlreichen Bildwerke von D. und Kore sind, besonders in der Frühzeit, Mutter-Tochter-Darstellungen, in denen sich beide völlig gleichen oder sich nur durch leichte Abwandlungen unterscheiden. Die beiden Tonfiguren aus Theben, die ursprünglich auf einem Bauernwagen saßen, gleichen einander wie Zwillinge (um 620 / 600; London, British Museum; Inv. 95.10 – 29.5). E. Simon (1985, S. 91) merkt an, «Zweiheiten von Mutter und Tochter, in denen die Tochter die verjüngte Mutter war», seien für die ägäische Religion bezeichnend gewesen. Die vielleicht schönste Darstellung von D. und Kore ist uns mit einem eleusinischen Weihrelief erhalten, das an die Aussendung des Triptolemos erinnert (s. u.).

In der Neuzeit ist die Erinnerung an diese D. «selbander» (Anna und Maria in der christlichen Ikonographie) verblaßt.

2. *Ceres lehrt Triptolemos den Ackerbau* (Hygin, Fab. 277,4, u. a.). Bu-

kolischen Charakter hat ein Gemälde von Louis J. F. Lagrenée (1769, geschaffen für das Petit Trianon in Versailles unter Louis XV.). Die ährenbekränzte Ceres, die den Plutos-Knaben im Schoß hält, wendet sich mit weisender Gebärde gegen Triptolemos, der die Königskrone auf dem Kopf trägt und in der Rechten eine Sichel hält. Im Hintergrund sind Landleute bei der Erntearbeit. Liebesgötter und eine stillende Mutter (im Mittelgrund) mögen genrehaft erscheinen, sind jedoch mythologisch fundiert; denn D. bescherte nicht nur den Äckern, sondern auch den Frauen Fruchtbarkeit (E. Simon 1985, S. 92).

3. *Die Aussendung des Triptolemos* (Homer. Hymnos 2, an D.; Ovid, Met. 5,645 ff). Besonders häufig findet sich das Thema als Schmuck griechischer Vasen, wo wir Triptolemos auf dem zweirädrigen Wagen der D. sehen. Auf dem schwarzfigurigen Bild einer Amphora (Ende 6. Jh. v. Chr.; Budapest, Museum der Bildenden Künste, Inv. 50/732) sieht man Triptolemos bärtig, in der Hand Ähren, gerahmt von D. und Kore. Jüngere Beispiele zeigen Triptolemos in der Regel als Knaben, der auf einem Wagen mit geflügelten, schlangenbesetzten Rädern sitzt (Vasenbild des Makron auf einem Becher, um 480 v. Chr.; London, British Museum, Inv. E 140). – Auf dem großen Weihrelief (um 430 v. Chr.; Athen, Nationalmuseum, Inv. 126) ist der «heiligste Augenblick der letzten Stufe der eleusinischen Mysterien» festgehalten (E. Simon 1985, S. 117): Der Knabe steht zwischen D., die ihm die Ähre präsentiert, und Kore, die (segnend?) ihre Hand auf seinen Kopf legt. – In der Kunst der Neuzeit ist die Aussendung des Triptolemos kein Thema mehr.

4. *Das Opfer an Ceres*. Das (traditionell so genannte) *Opfer an Ceres* von Jacob Jordaens (Madrid, Prado; s. o.) stellt im Grunde eine Huldigung des Landvolks an die Göttin und deren Epiphanie dar. Sie erscheint zwar wie eine Statue (auf erhöhtem Standort), ist aber, in einen roten Mantel gehüllt, höchst lebendig und schaut den Betrachter an. Die Tatsache, daß sie eine Traube in der Hand hält, hat zu der Überlegung geführt, daß es sich nicht um Ceres, sondern um Pomona, die Göttin der Baumfrüchte, handeln könnte (vgl. Ovid, Met. 14,661 ff). Jedoch auch Ceres steht ja dem Gott des Weines nahe («Sine Cerere et Libero friget Venus», s. u.).

5. *Ceres und Bacchus* –> Dionysos

6. *Ceres und Iasion* (Homer, Od. 5,125; Hesiod, Theog. 969). Den in der Bildkunst seltenen Gegenstand einer Zeichnung von B. Gagneraux (1756–1795; Dijon, Musée des Beaux-Arts) hat A.P. Mirimonde (1975) identifiziert. In ihrem von zwei Drachen gezogenen zweirädrigen Wa-

gen steht Ceres, neben ihr liegt der schlafende Jüngling. Cupidi begleiten das Gefährt. Ob das Motiv der Entführung des Iasion eine literarische Quelle hat, ist ungewiß. Jedenfalls geht aus der Verbindung von Ceres und ihm Plutos hervor, Personifikation des Reichtums. So interpretiert Mirimond (1975) die Darstellung als Allegorie auf den Frieden, der die Voraussetzung von Gedeihen und Reichtum ist.

7. *Die Entführung der Proserpina* –> Persephone

8. *D. / Ceres verfolgt Hades / Pluto*. Das Motiv der D. / Ceres, die das Gespann des Hades / Pluto verfolgt (nicht bei Ovid), sehen wir häufig auf römischen Reliefsarkophagen. Die Darstellung auf einem Marmorsarkophag (Anf. 3. Jh. n. Chr.; Rom, Palazzo Mattei), das dem üblichen Kompositionsschema entspricht, zeigt (in seiner von zwei Pferden gezogenen Biga) den grimmigen Pluto, der die sich sträubende Proserpina im Arm hält. In einigem Abstand folgt Ceres in ihrem (hier von zwei Pferden gezogenen) Wagen. Häufig sind zwei mächtige geflügelte Schlangen («Drachen») die Zugtiere.

Das Motiv der den Entführer verfolgenden D. spaltet sich später ab und wird zum eigenständigen Thema. – Beispiele wie die der römischen Sarkophagreliefs müßte Giorgio Vasari vor Augen gehabt haben, als er seine in dunkler Nacht dahinrasende Ceres im Palazzo Vecchio in Florenz entwarf (Sala di Cerere, Mittelfeld des Deckenfreskos, 1555 / 58). Die Körperhaltung (Ceres erscheint wie im Lauf, obwohl sie auf dem von geflügelten, schlangenschwänzigen Drachen gezogenen Wagen fährt) unterstreicht ihre rasende Eile.

9. *Die Verspottung der Ceres* (Ovid, Met. 5,449 ff). Adam Elsheimer hält sich mit seinem Gemälde (aus seiner frühen römischen Zeit; Madrid, Prado; hierzu sieben Repliken aus dem Elsheimer-Kreis) recht genau an den Text Ovids. Die Göttin (barfuß, in langem, langärmeligem Gewand) trinkt stehend aus einem Krug. Die Alte vor der Tür ihrer Hütte betrachtet sie lächelnd, eine Kerze in der Hand, die die nächtliche Szene beleuchtet. Neben ihr steht ein kleiner Junge, der frech lachend auf Ceres zeigt, während die Alte ihm beschwichtigend die Hand auf die Brust legt. Bei Ovid ist der Knabe anonym, der Name «Stellio», der in der Literatur des 17. Jh. genannt wird, bedeutet lateinisch nichts anderes als die Sterneidechse. Quelle war die Beschreibung der Fauna Mexikos, dessen Autor, Johann Faber, ein Freund Elsheimers war (Animalia 1628, S. 748: «Stellio Novae Hispaniae»). – Ein Werk zu diesem Thema von Rembrandt ist verschollen.

10. *Ceres verwandelt den Spötter in eine Eidechse* (Ovid, Met.

5,446 ff). Diese an die Verspottung anschließende Episode illustriert u. a. ein Gemälde von Jacob Jordaens (Bourges, Hôtel Jacques Coeur).

11. *Ceres und Cyane* (Ovid, Met. 5,462 ff). Eine der seltenen Darstellungen dieser Episode sehen wir auf einem Gemälde von Jan Soens (1547–1611; Valenciennes, Musée des Beaux-Arts). Im Vordergrund einer weiträumigen bergigen Landschaft steht die sizilische Nymphe mit ausgebreiteten Armen im Wasser (es bleibt ihr nur die Geste, denn zu reden ist ihr genommen), am Ufer in großer Erregung Ceres, Ähren im Haar, in der Linken die brennende Fackel, die ihr bei ihrer nächtlichen Suche nach Proserpina den Weg weist, in der Rechten den Gürtel der geraubten Tochter, den ihr Cyane übergeben hat.

12. *Ceres und Kybele* –> Kybele

13. *Ceres in Eleusis* (Homer. Hymnos 2, an D., 95 ff). Die rätselhafte Darstellung des Sebastiano del Piombo (Berlin, Staatl. Museen) könnte sich auf jene Stelle im Homerischen Hymnos an Demeter beziehen, die von der Ankunft der Ceres in Eleusis berichtet (Evelyn-White, Hesiod 1977, S. 294 f). Nach ihrer Ankunft dort setzte sie sich auf einen Stein oder Felsen in der Nähe eines Brunnens (den Stein erwähnt freilich nicht der Homer. Hymnos, sondern Apollodor, Bibl. 1,5,1). Auf dem Berliner Bild sitzt die (nackte) Göttin auf einem quaderförmigen Stein, der an der Stirnseite mit einem Widderkopf geschmückt ist. In der vor die Brust gehobenen Linken hält sie drei Ähren. Ihre Einsamkeit ruft spontan das Bild der nachdenklichen, vielleicht trauernden D. auf dem Parthenon-Fries zurück (s. o.). Beide scheinen gezeichnet vom Schmerz um die verlorene Tochter.

14. *Ceres als Allegorie des Sommers*. Auf einem Fresko in der Villa Falconieri in Frascati von Niccolò Berrettoni steht Ceres für den Sommer (der *Raub der Proserpina* für den Winter). Die Göttin empfängt die Opfergaben (Korngarben und Früchte), die ihr das Landvolk darbringt. – Antoine Watteau malte seine *Ceres* als Teil eines Jahreszeiten-Zyklus (Washington, National Gallery of Art; der Rest des Zyklus verschollen bzw. verbrannt). Die mädchenhafte Erscheinung sitzt auf Wolken, in der Linken hält sie eine Sichel, der rechte Arm ruht auf einer Korngarbe, in den Ährenkranz im blonden Haar mischen sich Mohn- und Kornblumen. Der Löwe zu ihrer Rechten steht wie auch der Krebs (unten links) für das Tierkreiszeichen – beide sind die des Sommers. Vgl. auch die Figur der Ceres von Wenzel Jamnitzer als *Sommer* vom 1578 vollendeten *Luftbrunnen (*vergoldete Bronze; Wien, Kunsthist. Museum) sowie jene des *Jahreszeitenbrunnens* von Hans Krumpper (ehemals München,

Grottenhof der Residenz; heute München, Bayerisches Nationalmuseum, Inv. R. 6981): Ceres mit Diadem, Ährenkranz, Sichel und mächtigem Füllhorn.

15. *Ceres als Allegorie der Fruchtbarkeit.* In einer Allegorie auf die Fruchtbarkeit im Fürstentum Speyer sehen wir Ceres, eine Ähre triumphierend in der Rechten, mit dem Gott Pan, der eine Korngarbe hält (Deckenfresko im Fürstensaal, Schloß Bruchsal; von Johann Zick, 1751). Sie wird verkörpert durch Ceres (ährenbekränzt), die triumphierend eine Ähre in der Rechten hält, und durch den Feld-Gott Pan mit einer Korngarbe. Eine Denkschrift hierzu von Zick selbst gibt eine Erklärung zu dieser Allegorie auf «die glorwürdigste Beherrschung, Fruchtbarkeit und Commercien Flor des Hochfürstlichen Hochstifts» (Heidelberg 1756).

16. *Das mythologische Porträt im Bild der Ceres.* Mitglieder des römischen Kaiserhauses ließen sich gern als Ceres, die man als Verkörperung von Reichtum und Wohlstand verstand (s. **B**), verewigen. Eine in mehreren Versionen überlieferte Statue wurde z. B. von Faustina Maior (140–150; Paris, Louvre; Inv. MA 1139) und von Sabina (136–140; Ostia, Museo Ostiense, Inv. 21) für ihr Porträt in Anspruch genommen (vgl. auch die oben zitierte Große Kamee: die Kaiserin Livia in Gestalt der Ceres). – In der Gestalt der Ceres (mit Ähren in der Hand) möchte Pietro Citati (1990) ein Porträt der Paola Gonzaga sehen, die den Verlust eines Kindes zu beklagen hatte (Fresko von Parmigianino in Fontanellato / Parma, Rocca Sanvitale).

Lit.: de Angeli, Stefano, in: LIMC 1988, 4,1, S. 893–908; 4,2, S. 599–611, s.v. Ceres. Beschi, Luigi ebd. 4,1, S. 844–892; 4,2, S. 563–599, s.v. Demeter. Citati, Pietro: Il dolore de Demetra. In: Paragone 41, 1990, 483, S. 3–9. Ettlinger, Leopold, in RDK 3, 1954, Sp. 397–403, s.v. Ceres; Hartlaub, Gustav Friedrich: Zu den Bildmotiven des Giorgione. In: Zeitschrift für Kunstwissenschaft N.F. 7, 1953, S. 57–84. Josephson, Ragnar, 1956 (–> Allgem. Bibl.). Kocks, Dirk: Sine Cerere et Libero friget Venus. In: Jahrbuch der Hamburger Kunstsammlungen, 24, 1979, S. 113–132. Mirimonde, A.P.: Un sujet rare …: Cérès et Jasion de Bénigne Gagneraux. In: Gazette des Beaux-Arts 6, 85, 1975, S. 129–136. Sambucus, Joannes: Emblemata, Antwerpen 1566. Simon, Erika: Die Götter der Griechen, München 1985 (–> Allgem. Bibl.), S. 91–117.

Diana –> Artemis
Diomedes –> Herakles
Dione –> Zeus

Dionysos, auch Bakchos, griech., lat. Dionys(i)us, Bacchus, Liber (pater), Sohn des –> Zeus und der Semele – Tochter des Kadmos (Hesiod, Theog. 940 ff) –, der –> Persephone oder der –> Demeter (vgl. Diodor 3,62,6 f). Auch Ammon und Amaltheia werden als Eltern genannt (ders. 3,68,1 f). – Von Altheia Vater der Deianeira. Nonnos sagt, Aure habe ihm Zwillinge geboren, von denen nur Iakchos überlebte (48,846 ff). Von –> Aphrodite soll er Vater des –> Priapus geworden sein (Pausanias 9,31,2; vgl. Diodor 4,6,1). Nach späten Autoren ist er von Venus / Aphrodite auch Vater des Hymen (vgl. Servius, Aen. 4,129; Myth. Vat. III 11,3; Boccaccio, Gen. 5,25). Boccaccio (ebd.) nennt einen Sohn Pryonaeus. Mehrere Kinder hat er mit Ariadne.

D. ist ursprünglich sicher ein Vegetationsgott. Seine Herkunft ist umstritten, vielleicht ist er nichtgriechischen Ursprungs (vgl. Kl. Pauly, Bd. 2, Sp. 77 f; zu einem phrygisch-thrakischen Ursprung s. Ulrich v. Wilamowitz, Bd. 2, S. 59; vgl. D. Nilsson, S. 578 ff, der von einer lydisch-thrakischen Herkunft des D. spricht). In den Olymp wird er erst nach einer Zeit irdischer Bewährung aufgenommen (wie –> Herakles).

Das fundamentale Anliegen dieses Gottes verbindet ihn mit einer Anzahl von Gottheiten benachbarter Kulturkreise, worunter v. a. der ägyptische Osiris zu nennen ist, aber auch der phrygische Sabazios. Die Römer identifizieren ihn mit ihrem Weingott Liber Pater (vgl. Cicero, Nat. 2,42).

Der orgiastische Kult des D. wird eigentlich von seinen weiblichen Anhängern, den Mainaden (lat. Maenaden; in Delphi hießen sie Thyaden) betrieben, die in ekstatischem Rausch (vgl. Servius, Aen. 4,302) ursprünglich durch Wald und Gebirge ziehen und dabei Rehkitze (aber auch andere Tiere) zerreißen und (blutig oder gekocht) verschlingen (= Omophagie). In Ziegen- oder Stiergestalt ist der Gott mit ihnen (vgl. Nonnos 9,15, der vom «gehörnten» und «stiergestalten» Bakchos spricht; Orph. Hymnos 51,2). Der Schar der Mainaden gesellen sich im dionysischen (bacchantischen) Thiasos (der Kultgemeinschaft) Silene, Satyrn und Nymphen zu. Sie alle tragen als Zeichen ihrer Zugehörigkeit zum Kult des Gottes, als Eingeweihte, den Thyrsosstab (auch «Narthex», z. B. Diodor 3,64,6 und 4,4,3 f), eine Lanze, deren Spitze ein (häufig voluminöser) Pinienzapfen bildet und deren Schaft Efeu umrankt. Herodot (2,49) berichtet, Melampos habe die Griechen den dionysischen Opferkult und den phallischen Umzug gelehrt. Die Mysterien des D. sollen von –> Orpheus eingerichtet worden sein (vgl. Apollodor, Bibl. 1,3,2).

Speziell aus dem attischen D.-Kult (Lenäen, Dionysien) soll die Erfindung der Urtragödie und des frühesten Satyrchores durch –> Arion hervorgegangen sein (vgl. Kl. Pauly, Bd. 1, Sp. 548 f). Für D. gibt es zahlreiche Beinamen. Die häufigsten finden sich in den «Bakchen»: «Bakchos» (als zugehörig zu seinen Anhängern), «Bromios» (nach dem Lärm, der bei seinem Kult entsteht), «Euios» (nach dem Jubelruf «Euoi»), «Iakchos» (nach dem griechischen Wort für «rufen»), «Dithyrambos» (nach dem ihm gewidmeten Gesang; –> Arion; vgl. Diodor 4,5,1 f). Weitere Namenserklärungen finden sich z. B. bei Boccaccio (Gen. 2,25).

A Das irdische Leben des D. ist unstet von Anbeginn. Darum nennt man ihn auch den «zweimal Geborenen» oder auch den «mit den zwei Müttern» («bimater»; vgl. Ovid, Met. 4,12). Der Kindheit entwachsen, ist er unterwegs, die Menschen seine göttliche Natur zu lehren, ihren Respekt und ihre Verehrung zu fordern. Den Frommen und Gefügigen zeigt er seine Großmut; die sich ihm widersetzen, straft er grausam. Seine mächtigste Waffe ist der zerstörerische Wahnsinn, dem seine Gegner verfallen.

Über seine Abkunft und seine Geburt gibt es verschiedene Geschichten. Diodor (3,62,2 f) bekennt, daß er Schwierigkeiten habe, die Geschichten des D. vorzustellen. Es gebe so viele Götter dieses Namens (ders. 5,75,4): Griechen, Ägypter und Inder beanspruchten ihn als einen der ihren (ders. 4,1,6 f). Drei verschiedene D. unterscheidet Diodor (3,63,3–3,64,7). Demnach gab es einen ersten D. in Indien, ein anderer war Sohn des Zeus und der Persephone oder der Demeter, ein dritter war Sohn des Zeus mit der Semele (zur Nähe des D. zu –> Demeter s. Kallimachos, Hymnos 6, an Demeter, 70 f). Diodor (3,64,1 ff) identifiziert den Sohn der Persephone mit Sabazios, den wir als phrygisch-thrakischen Gott der vegetativen Fruchtbarkeit kennen (vgl. Macrobius, Sat. 1,18,11). Bei Nonnos (5,562 ff) findet sich dagegen eine andere Geschichte, die den D. mit Zagreus, dem Sohn des Zeus mit der Persephone, zusammenbringt. Demnach nähert der Gott sich in Schlangengestalt der Persephone und zeugt mit ihr den Zagreus, der auf des Vaters Thron sitzen wird. Aber die Eifersucht der Hera stiftet die Titanen zum Mord an (ebd. 6,169 ff): Sie verkleiden sich als Frauen (!) und metzeln das Kind in Stücke (vgl. hierzu Arnobius 5,19: Die Titanen zerrupfen den D., tun alles in ein Töpfchen und kochen es. Vom Duft angezogen kommt Zeus, entdeckt den Schrecken und schleudert die Kerle in den Orkus).

Nach Diodor (3,62,6 f) folgt dieser Zerstörung des Leibes eine dritte Geburt.

Nun hält Zeus Ausschau nach Semele, mit ihr das Ebenbild des «ersten D.» (= Zagreus) zu zeugen (Nonnos 5,564 f). Hygin (Fab. 167) berichtet, Zeus habe das Herz des Kindes geborgen und es, zerrieben in einem Trunk, der Semele beigebracht, und so sei diese mit dem D. schwanger geworden. Wieder anderes erzählt Apollodor (Bibl. 3,4,3) von der Geburt des D.

In dieser bekanntesten der Geschichten verliebt Zeus sich in Semele und schwängert sie. Da nimmt die eifersüchtige Hera die Gestalt der Beroë an, einer alten Amme, die Semele aus ihrer Kindheit kennt, und redet der Arglosen ein, ihren göttlichen Liebhaber doch zu veranlassen, sich ihr so zu zeigen, wie er sich der Hera zeigt. Zuvor solle sie ihn («beim Styx»: Boccaccio, Gen. 2,64 und 5,25) aber schwören lassen, ihr jeden Wunsch zu erfüllen. Nach einigen Autoren appelliert Hera dabei offenbar an die Eitelkeit und Lust der Frau (z. B. Hygin, Fab. 167; vgl. auch «Ovide moralisé en prose», de Boer S. 117), nach anderen appelliert sie mehr an das Mißtrauen (denn es könnte ja sein, daß sie statt einem Gott nur einem Hochstapler erlag). Es wird auch erzählt, daß die Geschwister das Gerücht verbreiteten, Semele behaupte lügnerisch, von einem Gott geliebt zu werden. Ebenso zeigt der Neffe Pentheus sich nicht überzeugt. Sie alle werden für ihren lästerlichen Unglauben grausam bestraft werden. – Zeus mag sich dem Wunsch der Frau nicht widersetzen und erscheint ihr mit Blitz und Donner.

Andere sagen, er habe sie bestraft für ihre lügnerische Behauptung, mit ihm gelegen zu haben. Jedenfalls: Getroffen von göttlicher Gewalt, stirbt Semele. Nach Apollodor (Bibl. 3,4,3) fuhr der Gott gar im Wagen vor, und die Frau sei angesichts der gewaltigen Erscheinung vor Furcht und Schrecken gestorben. Andere (z. B. Nonnos 8,389 ff) behaupten, ein Blitz habe sie zu Asche verbrannt, ja das ganze Gemach sei in Flammen aufgegangen. Bei Boccaccio (Gen. 2,64) sucht der besorgte Zeus sich rücksichtsvoll – aber vergeblich – damit zu behelfen, daß er einen kleineren Blitz schleudert («sumpto minore fulmine»). In jedem Fall entnimmt Zeus das unversehrt gebliebene Kind dem Leib der Toten und birgt es in seinem Schenkel, damit es dort heranreife. Es heißt auch, daß –> Hermes das Kind geborgen und zu Zeus gebracht habe (Nonnos 8,396 ff). Apollodor (Bibl. 3,4,3) sagt, das Kind sei damals im 6. Monat, Lukian (Dial. deor. 9,2) und Nonnos (ebd.) behaupten, es sei im 7. Monat gewesen. Als die Zeit gekommen war, öffnete Zeus den Schenkel und gebar auf diese Weise das Kind ein zweites Mal. Dieses Kindbett des Göttervaters macht Lukian (ebd.) zum Gegenstand seiner amüsant frechen Spötterei. Eine wiederum ganz andere Geschichte zur Geburt des D. weiß Pausanias, der behauptet (2,2,2), er sei persönlich davon überzeugt, daß Semele niemals starb, denn sie sei schließlich die Gemahlin des Zeus gewesen. In Lakonien freilich erzähle man sich, daß Kadmos, als er den Zustand der Tochter entdeckt hatte, diese in einen Kasten steckte und in das Meer warf. Der Kasten trieb bei Brassiai an. Man fand Semele tot, aber das Kind war wohlauf. Dann sei Ino auf ihren Irrfahrten dahergekommen und habe sich als Amme für den Knaben angeboten. Noch zu Pausanias' Zeiten zeigte man den Reisenden die Grotte, in der Ino den D. aufgezogen habe. Die übliche Geschichte aber erzählt, daß Zeus das Kind, nachdem er es seinem Schenkel entnommen hatte, dem Hermes gab, es der Ino zu bringen, damit sie es gemeinsam mit ihrem Gemahl Athamas aufziehe. Wohl um es vor den weiteren Nachstellungen der Hera zu schützen, steckten sie den Kleinen in Mädchenkleider (wie Achill!).

Es scheint jedoch, daß der Knabe auch so vor Hera nicht sicher genug war, denn nach einiger Zeit verwandelte Zeus ihn in ein Zicklein, das er von Hermes zu den Nymphen auf dem Berg Nysa in Asien (Apollodor, Bibl. 3,4,3) bringen ließ (zum Sternbild der Nysai / Hyaden / Suculae vgl. Hygin, Fab. 182 u. 192; ders. Astron. 2,21). Es wird auch von nur einer einzigen Amme (Nyssa) gesprochen (Terpandros, D.A. Campbell, Greek Lyric, Bd. 2, 1988, Frg. 9, S. 318), aber schon Homer kennt mehrere Wärterinnen (Il. 6,132 ff; das Sternbild der Nysai besteht aus vier Sternen, nach dem Myth. Vat. I 120 aus sieben). Der Vatikanische Mythograph (I 120) spricht von sieben Ammen. Nach Apollonios Rhodios (4,1131 ff) nährte Makris, Tochter des Aristaios, den D. mit Honig (vgl. Ovid, Fasti 3,735 ff: Bacchus entdeckt den Honig). Ovid erzählt, daß die Nymphen das Kind in einer Höhle bargen und mit Milch nährten (Met. 3,314 f). Boccaccio (Gen. 5,25) erwähnt, daß sie es vor den Nachstellungen der Juno unter Efeu verbargen. Auch werde berichtet, Silen (Seilenos) sei der Erzieher des kleinen D. gewesen (ebd., vgl. Diodor 4,4,3).

Wie immer seine Kindheit verlaufen sein mag, eines Tages sehen wir ihn auf der Wanderschaft, unstet von Ort zu Ort ziehend, begleitet von der Schar seiner Anhänger (vgl. Euripides, Bacch. 130), unter denen vielleicht auch die Ammen vom Berg Nysa zu finden sind.

Die wohl wichtigste, sicher aber bekannteste Tat des D. ist die Entdeckung des Weins (Apollodor, Bibl. 3,5,1; Diodor 3,62,3 ff; Strabo 15,1,7 ff). Es fällt auf, daß an fast allen Plätzen, die er nach Euripides (Bacch. 13 ff) auf seinen Wanderungen besuchte, der Wein beheimatet ist: Lydien, Phrygien, Baktrien, Medien und «ganz Asien» (d. h., der dem Mittelmeer anliegende Teil bis zum Indus). Nach Ägypten und Syrien soll D. gekommen sein, als Hera ihn mit Wahnsinn geschlagen hatte (Apollodor, Bibl. 3,5,1; vgl. Herodot 2,42 u. 49 u. 144; Diodor 1,2,3; ebd. 1,13,5; 1,96,5; 4,1,6; Plutarch, Is. et Os. 28,34,35; Tibull 1,7,29 ff). Diodor sagt, D. habe die ganze Welt bereist, außer Äthiopien (3,3,1), Britannien (5,21,2) und Ligurien (5,39,4).

Seinem Aufenthalt in Phrygien scheint besondere Bedeutung zuzukommen, v. a. für seinen Kult. Apollodor (Bibl. 3,5,1) berichtet, dort habe, in Kybela, die Rea (–> Kybele, Magna Mater) ihn gereinigt und ihn die Initiationsriten gelehrt. Auch sein Gewand habe er von der Göttin erhalten. Stephanus Byzantius (s.v. «Mastoura») behauptet gar, er sei von Phrygien aus erst nach Indien gezogen, wo er «Pfeiler» errichtete, erst später sei er mit der Schar seiner Anhänger nach Griechenland gezogen.

König Proteus von Ägypten war der erste gewesen, der den Gott willkommen geheißen hatte, Lykurgos, der König der Edoner am Fluß Strymon der erste, der sich ihm widersetzte, ihn beleidigte und verjagte. Eine entscheidende Rolle bei diesem Konflikt muß der Weinbau gespielt haben. Lykurgos betrieb die Verfolgung so heftig, daß D., und mit ihm vielleicht auch seine sieben Wärterinnen (vgl. Myth. Vat. I 120), Zuflucht im Meer bei Thetis suchen mußte (vgl. Homer, Il. 6,130 ff), während die Menge seines Gefolges in Gefangenschaft ging. Als dann die Bacchanten plötzlich freigelassen waren, trieb D. den König in den Wahnsinn: Lykurgos nahm eine Axt und erschlug den eigenen Sohn, den er für den Zweig eines Weinstocks hielt. Erst als er dem Leichnam noch die Gliedmaßen abgeschnitten hatte, wurde er wieder nüchtern. Nun blieb aber das Land unfruchtbar. Der Gott erklärte in einem Orakel, daß es erst wieder Frucht tragen werde, wenn man den Lykurgos hingerichtet habe. Da führten die Edoner ihren König zum Berg Pangaion, banden ihn und ließen ihn von Pferden zerreißen (Apollodor, Bibl. 3,5,1). Nach Sophokles (Ant. 955 ff) scheint Lykurgos nach dem Tod seines Sohns nichts schlimmeres erlitten zu haben, als daß sein Volk ihn in eine Höhle brachte, wo sein Wahn sich mählich legte. Hygin (Fab. 132; vgl. ebd. 242,2) erzählt, der König habe trunken von Wein mit der Mutter schlafen wollen. Danach sei ihm der Wein als böse Medizin erschienen, die den Verstand verändert, und darum habe er die Weinstöcke abhauen wollen. Weib und Sohn habe er getötet, er selbst sei von D. auf dem Berg Rhodope den Panthern vorgeworfen worden. Auch werde gesagt, daß er sich statt des Weinstocks einen Fuß abgeschlagen habe (vgl. Servius, Aen. 3,14; Myth. Vat. I 122). Ein anonymer Hymnos an D. (3. Jh. n. Chr.) zeigt Lykurgos im Kampf mit imaginären Schlangen, die doch in Wirklichkeit seine beiden Söhne sind, die er tötet. Er leidet schreckliche Strafe auch in der Unterwelt, wo er dazu verurteilt ist, unablässig ein löchriges Gefäß mit Wasser zu füllen (Select Papyri, D.L. Page, Bd. 3, 1970, S. 520 ff). Nach Homer (Il. 6,139 f) wird Lykurgos von Zeus geblendet und stirbt bald darauf.

Dann zog D. nach Griechenland und kam nach Theben, wo König Pentheus, Sohn der Semele-Schwester Agauë und des Echion, sich ihm entschlossen widersetzte. Der Gott hatte die Frauen der Stadt gezwungen, ihr Haus zu verlassen und in bacchischer Raserei über den Berg Kithairon zu ziehen. Das erzählt Apollodor (Bibl. 3,5,2). Euripides macht den Konflikt zwischen D. und Pentheus zum Gegenstand seiner «Bacchen». Hier hören wir, daß der Gott auch und besonders die Schwestern der Mutter, die seine göttliche Abkunft geleugnet und die Mutter verleumdet hatten, hinausschickte auf den Kithairon, ihm als Bacchanten zu dienen. Teiresias, der Seher, und Kadmos, der einstige König, zeigen sich – im Mainadengewand – als Anhänger des Gottes in der Stadt. Sein Gegner ist Pentheus, der sich ihm entschieden widersetzt. Der bacchische Kult, wie er ihn zu kennen meint, scheint seine Autorität und seinen Ordnungssinn ebenso zu verletzen, wie ihm D. als Gott unglaubhaft erscheint. Er läßt den Fremden, der doch in Wahrheit der Gott selbst ist, fesseln und in den Pferdestall werfen. D. erscheint im Wortstreit mit seinem Widersacher als überlegener, gar geduldiger Mahner, der aber auch mit Wundertaten wie der Befreiung der Bacchanten, auch mit Blitz und Erdbeben (vgl. Euripides, Bacch. 585 ff) göttliche Autorität zu zeigen weiß. Erst als alle Mahnungen und Warnungen nichts fruchten, beschließt der Gott, den Gegner zu vernichten. Er packt ihn bei seiner Neugier und seiner Lüsternheit, läßt ihn sich als Mainade verkleiden, um unerkannt das «wüste» Treiben der Bacchanten zu beobachten mit dem Vorwand, sich dabei das rechte Mittel zu verschaffen, dem widerlichen Tun ein Ende zu bereiten. Mit übermenschlicher Kraft hebt D. den Pentheus in den Wipfel einer Fichte, ein geeignetes Versteck, wie es scheint. Dann wird der König das Opfer der Wut der Mainaden, die ihn auf Geheiß des Gottes in Stücke reißen, allen voran die Mutter Agauë, die im Wahn einen jungen Löwen (bei Ovid, Met. 2,714, ist es ein Eber; ein Kalb, «vitulus», beim Myth. Vat. II 83) zu töten meint. Ahnungslos wird sie, das Haupt des Sohnes auf den Thyrsos gespießt, in Theben einziehen (vgl. Hygin, Fab. 184; Ovid, Met. 3,51 ff u. 701 ff; Myth. Vat. II 83; vgl. auch die Bildbeschreibung bei Philostrat, Imag. 1,18).

Jetzt ging D. nach Argos, die Leute dort seine Göttlichkeit zu lehren. Die Frauen, die sich solchem Anspruch widersetzten – vielleicht waren es einzig die Töchter des Königs Proitos –, trieb er in die Berge, wo sie im Wahn ihre eigenen Kinder zerrissen und verschlangen (Apollodor, Bibl. 3,5,2; vgl. ebd. 2,2,2). Ovid (Met. 4,389 ff) erzählt von den Töchtern des Minyas, die über ihrer Webarbeit den Gott mißachten, seine Festzeit entweihen. Zur Strafe verwandelt der sie in Fledermäuse.

Eine der bekanntesten Geschichten aus dem irdischen Leben des D. zeigt ihn ohne sein Gefolge, auf sich allein gestellt. Maßgeblich wohl der siebte Homerische Hymnos (an D., 1 ff). Einsam steht der junge Gott im Purpurmantel am Meeresstrand. Tyrsenische Piraten entdecken und fangen die kostbare vermeintlich königliche Beute in raschem Zugriff und bringen sie auf ihr Schiff. Sogleich aber zeigt der Gott seine Macht, als nämlich die groben Fesseln von ihm fallen. Nur der Steuermann erkennt das Zeichen, aber seine Warnung wird verworfen: Noch entschiedener bleibt man beim üblen Vorsatz. Als ein böses Zeichen fällt plötzlich eine heftige Böe in die Segel, dann geschehen seltsame Dinge: Süßduftender Wein fließt durch das Schiff, unvermittelt rankt Wein über den Segeln, schwer hängen Trauben daran; über die Ruderpinnen hängen Laubgirlanden. Da packt die Piraten die Furcht, und sie wollen, daß der Steuermann sie an Land bringt. Aber ehe dieses geschehen kann, wandelt der Gott sich in einen brüllenden Löwen, auf dem Vorschiff, während mittschiffs ein struppiger Bär aufsteht. Ängstlich drängen die Leute sich auf dem Heck, und als der Löwe den Kapitän anspringt, springen sie alle ins Meer und werden zu Delphinen. Nur der Steuermann entgeht auf Geheiß des Gottes diesem Schicksal (vgl. Ovid, Met. 3,581 ff; Hygin, Fab. 134; ders., Astron. 2,17; Servius, Aen. 1,67; Myth. Vat. I 123; Myth. Vat. II 171).

Ähnlich erzählt Apollodor (Bibl. 3,5,3). D. will von Ikaria nach Naxos und mietet dazu ein Schiff tyrrhenischer Piraten. Diese halten ihn für eine gute Beute, die sich in Asien teuer verkaufen ließe, und segeln an Naxos vorbei. Jetzt zeigt der Gott seine zauberische Kraft: Mast und Ruder verwandeln sich in Schlangen, Efeu rankt sich über das Schiff, Flötenklang erschallt. Da packt die Piraten der Wahn, sie springen ins Meer und werden in Delphine verwandelt.

Ovid (Met. 3,582–691) schließt an den siebten Homerischen Hymnos an (s. o.). Hier ist D. ein mädchenhafter Knabe, der wein- und schlaftrunken zu schwanken scheint (ebd. 607 ff). Acoëtes, der Steuermann, dessen Gestalt der

Gott in Theben annimmt, erzählt, das Schiff sei mitten im Lauf plötzlich stehengeblieben und auch durch kräftiges Rudern nicht mehr zu bewegen gewesen. Efeu umwucherte die Ruder und Segel. D. ist umgeben von Tigern, Luchsen und Panthern. Seine Stirn bekränzen Trauben, seinen Stab umhüllt Weinlaub. Anschaulich beschreibt der Dichter den Gestaltwandel der Männer in Fische. Ganz anders wieder das Bild, detailreich und lebendig, das Philostrat (Imag. 1,19) beschreibt. Hier führt D. in Begleitung seines Gefolges selbst ein Schiff.

Gastfreundschaft vergilt D. gern mit Wein. Dem Oineus, zu dessen gastfreundlichen Gaben gar die eigene Frau gehörte, schenkt er zum Dank einen Weinstock (Apollodor, Bibl. 1,63 u. 65; Oineus). Eine weniger bekannte Geschichte erzählt Hygin (Fab. 10; ders. Astron. 2,4; vgl. Myth. Vat. II 61: Icarus). Als Dank für großzügige Gastfreundschaft im Haus des Icarius und seiner Tochter Erigone schenkt der Gott den beiden einen Schlauch (oder eine ganze Wagenladung davon) voller Wein. Das soll denen aber zum Unheil werden, als sie ein paar attische Hirten zum Trunk laden: Die betrinken sich, bis sie am Boden liegen. Wähnend, man habe sie vergiftet, erschlagen sie den freundlichen Spender und lassen dann seinen Leichnam unbestattet liegen oder werfen ihn in einen Brunnen oder begraben ihn unter einem Baum, an dem die Tochter sich vor Kummer erhängen wird. Im Zorn hierüber bestimmt D. den Töchtern der Athener ein gleiches Schicksal: In einer Selbstmord-Epidemie erhängen sich viele Mädchen an einem Baum. Den Fluch zu lösen, rät Apoll die Hinrichtung der Mörder. Icarius und Erigone versetzt er – gemeinsam mit ihrem Hund – an den Himmel. Ovid (Met. 6,125) scheint anzudeuten, daß D. der Erigone trügerisch in Traubengestalt beiwohnte. So wäre seine Dankbarkeit gegen den Vater ähnlich motiviert wie die gegen Oineus.

Berühmt ist die Geschichte des Midas, der sich die Dankbarkeit des Gottes damit erwarb, daß er dem Silen, der sich als Gefährte des Gottes auf dem Zug nach Indien verirrt hatte, Gastfreundschaft gewährte. D. erfüllt ihm den törichten Wunsch, daß alles, was er berührt, zu Gold werde, und er hilft dem Unglücklichen auch, sich wieder von dem unseligen Zauber zu befreien (vgl. Hygin, Fab. 191,3 ff).

Seinen Freunden bewahrt D. Dankbarkeit auch dann, wenn es zum Konflikt kommt: Als sein einstiger Erzieher Nysos, dem er vor seinem Aufbruch nach Indien die Herrschaft über Theben anvertraut hatte, sich später weigert, sie wieder abzutreten, bewahrt D. Geduld, bis sich nach drei Jahren die Gelegenheit findet, die Stadt mit Hilfe einer List wiederzugewinnen. Er verkleidet seine Soldaten als Mainaden, denen man fromm Einlaß in die Stadt gewährt (Hygin, Fab. 131).

Vieles tut der Gott, sich in der Welt Geltung zu verschaffen. Dazu gehört nicht nur, daß er Städte erobert, in Indien soll er die Stadt Hammon gegründet haben (Hygin, Fab. 275,6). Der Anlaß hierzu scheint ein besonderes Ereignis gewesen zu sein. Auf der Suche nach Wasser war ihm plötzlich ein Widder erschienen, der ihn zu einer Quelle führte. Dort habe er dem Juppiter (Hammon) einen Tempel errichtet (Hygin, Fab. 137).

Obgleich Frauen in seiner Gefolgschaft eine große Rolle spielen, scheint das

Liebesleben des D. sich vergleichsweise in Grenzen zu halten. Immerhin ist Deianeira die Frucht seines Beilagers mit Altheia, das Oineus dem Gast gewährt hatte. Vielleicht erlag ihm auch Erigone (s. o.). Einen lüsternen D. sieht Nonnos (48,485 ff). Bekannter ist die Geschichte seiner Begegnung mit Ariadne, die in einigen Varianten überliefert ist. Einmal heißt es, D. habe die Frau dem Theseus mit Waffengewalt unter Einsatz seiner übermächtigen Flotte fortgenommen, als jener auf der Heimreise von Kreta nach Athen war (Pausanias 10,29,2). In der Odyssee steht (11,321 ff), er habe die Ariadne von –> Artemis auf die Insel Dia (die später auch Naxos genannt wird) verschlagen lassen, um ihrer habhaft zu werden. Eine späte Quelle meldet, die Insel (Naxos) sei dem Gott heilig gewesen, und Theseus habe die Frau dort heimlich verlassen, als sie schlief, und dem D. überlassen (Myth. Vat. II 124). Letzteres steht auch bei Ovid (Met. 8,174 ff). In den Ehoien soll gestanden haben, daß Theseus die Ariadne um einer anderen Frau willen verließ (Plutarch, Thes. 20). Alle Autoren scheinen darin übereinzustimmen, daß D. sich in die Frau verliebt und sie heiratet. Nach Apollodor (Epit. 1,9) entführt er sie zunächst nach Lemnos, um sich ihrer dort zu erfreuen: Die Söhne Thoas (auch Thoantes: Boccaccio, Gen. 5,25), Staphylos, Oinopion und Peparethos werden die Frucht dieser Verbindung sein. Apollodor (Bibl. 1,9,16) nennt neben Staphylos noch den Argonauten Phanos als Sohn des D. (vgl. Myth. Vat. I 204; auch Diodor 4,61,5; Schol. zu Apollonios Rhodios 3,997; Schol. zu Theokrit 2,45; Catull 64,116 ff; Servius, Georg. 1,222).

Nonnos (10,175 ff) beschreibt ausführlich, wie der junge D. in leidenschaftlicher Liebe zu dem schönen Satyr Ampelos entbrennt.

Schließlich hatten die Menschen begriffen, daß D. ein Gott sei, und sie ehrten ihn zu seiner Genugtuung. Da stieg er hinab in den Hades, um seine Mutter Semele heraufzubringen. Er nannte sie nun Thyone und stieg mit ihr auf in den Himmel. Über den genauen Ort seines Abstiegs ist man sich nicht einig. Einige sagen, er sei in den Alkyonischen See in Lerna gesprungen. Der sei grundlos und habe damit einen leichten Zugang zur Unterwelt geboten (vgl. Pausanias 2,37,5). Anderseits wird die Bucht von Troizen als Ort des Abstiegs genannt. Es wird auch berichtet, D. habe den Weg nicht gekannt und darum einen gewissen Prosymnos um Rat gefragt («Polymnos»: Pausanias 2,37,5; «Hypolypnos»: Hygin, Astron. 2,5). Dieser war von der Schönheit und Jugend des D. so angetan, daß er sich für seine Hilfe schamlos sogleich einen Lohn ausbat. D. war aber ungeduldig, die Mutter zu sehen, und versprach seinen Lohn, sobald er zurückgekehrt sei (Hygin, Astron. 2,5). Als er dann sein Versprechen einlösen wollte, war der Mann gestorben. D. schnitzte aus einem Ast von Feigenholz (zur Feige vgl. Diodor 3,63,3; –> Priapus) eine Form, die wohl dem entsprach, was der Mann an dem Jüngling so begehrt hatte, und pflanzte sie am Grab des Verstorbenen auf. Ausführlicher hierzu äußert sich Arnobius (5,28). Danach war das Bild, das D. da von sich machte, ityphallisch, d. h., es zeigte die Menschengestalt (wie eine Herme, –> Hermes) derart, daß an einem kantigen Pfeiler nur der Kopf und der Phallus in natürlicher Erscheinung ausgearbeitet waren. Dazu habe D. auch noch das Gesäß sorgfältig geformt, um so in Holzgestalt zu dulden («pati»), was er einst dem

Prosumus (sic) in Wirklichkeit zu erdulden versprochen hatte (vgl. Gyraldi, Synt. 8, S. 374; Clemens v. Alexandrien, Exhort. ad Graec. 2,30 P.; G. W. Butterworth 1982, S. 72; Tzetzes, Schol. z. Lykophron 212). – Der Handel mit Hades um die Freigabe der Mutter ist das Thema der «Frösche» des Aristophanes. Der Scholiast zu Zeile 330 erzählt, Hades habe von D. verlangt, ihm vom Liebsten zu geben, damit es den Schatten der Semele ersetze. Die D. liebsten Dinge seien Efeu, Wein und Myrte gewesen.

Auch in der Gesellschaft der Götter fallen D. Aufgaben zu. Beim Kampf gegen die Giganten erschlägt er den Euryton mit einem Thyrsos (Apollodor, Bibl. 1,6,2; vgl. Diodor 3,70,6 u. 71,1 ff). Als die Götter vergeblich versuchten, den Hephaistos zurückzuholen, damit er die Mutter Hera aus einer mißlichen Lage, in die er sie gebracht hat, befreie (–> Hephaistos), da setzt D. seine besonderen Fähigkeiten ein und hilft: Er macht den Widerspenstigen gefügig, indem er ihn trunken macht. Dann führt er ihn auf einem Maultier (oder Esel) hinauf in den Olymp (Hygin. Fab. 166,1 ff). Das ist zugleich die Versöhnung des D. mit seiner Mutter.

Über die Vielzahl der Taten des D. und seiner Beziehungen läßt sich hier nicht annähernd erschöpfend berichten. Reich an interessanten Einzelheiten ist das Gedicht des Nonnos (dem deutschen Leser bietet hierzu leichten Zugang die Übersetzung von Thassilo v. Scheffer 1929 (I) und 1933 (II); mit ausführlichem Kommentar. Sehr nützlich auch die engl. Ausgabe, Übersetzung von W.H.D. Rouse, 1940, 1984).

Satyrspiele haben die Geschichte des Gottes mit vielerlei Details geschmückt, wie man an den Dokumenten der bildenden Kunst erkennen kann (vgl. Paul Zanker 1965, S. 45 ff, 77 ff).

B Die ureigene Domäne des Vegetationsgottes war sicher der Weinberg. Der Weinrausch hat eine fundamentale Rolle in seinem orgiastischen Kult gespielt und so auch seine Erscheinung mitgeprägt.

D. hat zwei Gesichter. Sein (eigentliches) Wesen als Erlöser oder Befreier scheint aus einem Jüngling von zeitloser Jugend und Schönheit zu leuchten (vgl. Ovid, Met. 4,17 f: «tibi enim inconsumpta iuventa est, tu puer aeternus, tu formosissimus» = «denn Du hast unverlorene Jugend / Knabe bist ewig Du, Du allerschönster»), in dem sich merkwürdig die Gegensätze von Zartheit und Kraft, weibliche (vgl. Ovid, ebd. 20: «tibi ... virgineum caput est») mit männlichen Zügen vereinen. Vielleicht von Anbeginn ist ihm ein eher femininer und eher ängstlicher Zug (vgl. Nonnos 17,283) eigen, der ihn in Bedrängnis z. B. Zuflucht suchen läßt in der Obhut der Thetis.

Dem steht gegenüber der wild-grausame D., der seine Gegner blutig vernichtet. Er bedient sich dabei als Waffe des Wahns, der das Festgefügte aufzulösen vermag in eine Vielfalt trügerischer Erscheinungen. Dieser D. wird wohl eher in der Gestalt des bärtigen, reifen Mannes angemessen angeschaut. Unter Berufung auf Diodor sagt Gyraldi (Synt. 8, S. 392A), man habe sich den D. («biformis» = zwiegestaltig) zuerst bärtig und erst später jugendlich vorgestellt (was durch die bildende Kunst des 6./5. Jh. belegt zu werden scheint; s. u.). Solche Zwiegestalt des Wesens ist sicher auch in seinen tierischen Verwandlungsformen sichtbar, unter denen das sanfte Zicklein (vgl. u. a. Antoninus Liberalis 28; Ovid, Met. 5,39; Myth. Vat. I 86), die Ziege und der Stier einerseits, der wilde Löwe, Panther und Tiger anderseits kennzeichnend sind. Die Zwiegesichtigkeit des Gottes, in der er sich je Freund oder Feind zeigt, hat auch in zwei entsprechenden Kultbildern (Statuen) ihren Ausdruck gefunden, deren eine nach Pausanias' Zeugnis man «Bakcheis» («der Rasende»), deren andere man «Lysios» («der Befreier, der Lösende») nannte. Pausanias (2,2,7 f) erzählt, daß solche Statuen in Korinth standen. Man hatte sie – gemäß einem Spruch der Pythia – aus dem Holz des Baums geschnitten, von dem aus einst Pentheus die Mainaden heimlich beobachtete und von dem man ihn in den Tod gezerrt hatte (vgl. **A**).

Die literarische Überlieferung der Alten beschreibt den D. gern mit den Attributen der Jugend und Schönheit. Dichtes dunkles Haar wallt von seinem Haupt auf breite Schultern im Homerischen Hymnos (7, an D., 4 f). Goldhaarig zeigt ihn Hesiod (Theog. 947; zum Haar vgl. auch Ovid, Met. 3,421 u. 4,13: «indetonsus»). Euripides sieht ihn mit «blondgelocktem Haar, verbreitend süßen Duft, / Weinrot, die Augen glühend in Aphrodites Reiz» (Bacch. 235 f). Diodor (4,4,2) nennt ihn «den Schönsten von allen».

Sein Temperament erscheint uns ruhelos und von Emotionen bestimmt. Der spätere Mythos, der ihn ja v. a. zeigt, wie er sich gegen den Widerstand des Bestehenden durchzusetzen sucht, veranschaulicht seine heftige Grausamkeit häufiger oder entschiedener als seine versöhnliche Seite (vgl. Gyraldi, Synt. 8, S. 392A). Leidenschaft, ekstatische Wildheit und «Enthusiasmus» (Gotterfülltheit) des bacchantischen Tobens kennzeichnen einen Zug seines Wesens, der nicht minder wichtig ist als der der Milde. Deutlich zeigt er die Züge eines Zauberers (Magiers). In seinem eigenen Gestaltwandel wie im Gestaltwandel von Beseeltem und Unbeseeltem, von Lebendigem und Totem äußert sich wohl am deutlichsten die Natur des «zweimal Geborenen», in dem das ewige «Stirb und Werde» in der Natur, das Lösen und Binden der Ordnung der Dinge in wechselnder Folge, zur Anschauung kommt und entsprechend seinen Kult bestimmt. Heraklit soll gesagt haben, daß –> Hades und D. dasselbe seien (Clemens v. Alexandrien, Exhort. ad Graec. 30 P.; G.W. Butterworth

1982, S. 72). Hier wird D. wohl als überschäumendes Leben dem Tod gegenübergestellt, und beide sind verschiedene Weisen eines und desselben: «Wie dasselbe in uns lebendig ist und tot, das Wachen und das Schlafen, und die Jugend und das Alter: denn dieses, das sich wandelte, ist nun jenes, und jenes, das sich wandelte, ist nun dieses» (Plutarch, Consol. ad Apoll. 10,106 f).

Auffällig ist die Sinnlichkeit in seiner Erscheinung, deren Gegenwart nicht nur die Augen betört, deren man auch im Klang der Flöten (Auloi) und Tympana gewärtig wird wie in betörendem Duft (vgl. Euripides, ebd.; Homer. Hymnos 7, an D., 35 ff). Nur der Tastsinn scheint nicht besonders gefordert zu werden, es sei denn, man will, daß sein erotischer Reiz solches einbeschließt (vgl. Arnobius 5,28).

Der Aulos ist das Instrument der ekstatischen, der begeisterten Stimmung. Die Lyra ist das Instrument des –> Apoll, der Aulos das der D.-Feiern (vgl. Th. Georgiades 1958, S. 23). Wohl auch aus orphischer Tradition referiert Macrobius (Sat. 1,18,7 ff), man habe den D. mit Apoll und der Sonne gleichgesetzt. In diesem Geiste habe man den Gott in vier Lebensaltern bildlich dargestellt als Kind, als Jüngling, als (bärtigen) Mann, als Greis. Das sei geschehen in Übereinstimmung mit dem Lauf der Sonne durch das Jahr. Von der Wintersonnenwende («Kind») über die Tag- und Nachtgleiche des Winters («Jüngling») zur Sommersonnenwende, wo der Gott die Fülle seiner Kraft erreicht, und mit dem sinkenden Licht verbinde man das Greisenbild (mit Hinweis auf Orpheus bei Macrobius, Sat. 1,18,22; mit Hinweis auf Vergil, Georg. 1,7, sei Liber die Sonne, Ceres / –> Demeter der Mond: Macrobius, ebd. 23; vgl. hierzu die Kritik des Arnobius 3,33).

Andere haben den Liber / D. schließlich mit Mars (–> Ares) gleichgesetzt (Macrobius, Sat. 1,19,1 ff). Das werde sichtbar etwa an dem Thyrsos, der nichts anderes sei als ein von Efeu verhüllter Pfeil. Der Efeu zeige an die Geduld als notwendige Fessel kriegerischen Ungestüms (was anderes tue Efeu als binden und fesseln!). Außerdem treibe die Hitze des Weins – der doch ein Werk des Liber pater ist – die Menschen häufig bis zu kriegerischem Wüten.

Es wird auch dies berichtet (Myth. Vat. III 12,4): Die Giganten fanden den D. betrunken vor. Sie rissen ihn in Stücke und begruben sie. Wenig später habe man ihn unversehrt wiederauferstehen sehen. Hieraus hätten die Orphiker gefolgert, daß der Gott nichts anderes sei als die Weltseele, welche gleichsam in Gliedern über den Körper der Welt verteilt sei, sich immer wieder bildend, dabei aber allzeit ein und dieselbe bleibend, keine Teilung der Einheit duldend. Man sagte, daß diese Fabel im Kult des Gottes dargestellt worden sei (vgl. Boccaccio, Gen. 5,25).

Auch wenn der Wein mit all seinen Eigenschaften in Natur und Kult dieses Gottes – wie der Mythos ihn uns überliefert – immer eine Rolle gespielt hat, werden sein Wesen und sein Aussehen später, besonders seit römischer Zeit als Bacchus und Liber pater, mehr und mehr allein durch die Kultur des Weins, schließlich – wohl auch als Folge seiner Auseinandersetzung mit dem Christentum – fast nur noch durch den Weingenuß bestimmt. Es ist, als verlöre er in einem Prozeß der Domestizierung am Ende die virile, heftige Seite seines Wesens. Der kraftvolle Jüngling, der sich einst in einen schreckenerregenden Löwen verwandeln konnte, wandelt sich historisch in den – eher schwächlichen – Mann mit femininen Zügen, wie ihn Cornutus beschreibt (Nat. deor. 30), denn «Trunkenheit» beraube den Mann «seiner Kraft» (die moderne Medizin kennt dieses Phänomen als Symptom chronischen Alkoholmißbrauchs). Arnobius, der Apologet (6,12), sagt, man habe den Liber dargestellt mit weichen Gliedern und durchweicht von weiblichen Säften («membris cum mollibus et liquoris feminei dissolutissimus laxitate»). Ovid noch hatte den Bacchus, der wenig später seine furchteinflößende Macht zeigen wird, als Knaben gesehen, der «zart wie ein Mädchen» ist und «schwer von Wein und Schlaf» zu schwanken scheint (Met. 3,607 ff). Die femininen Gesichtszüge des D./Bacchus sind für lange Zeit beherrschender Bestandteil seiner Ikonographie (vgl. «Ovide moralisé en prose», de Boer S. 127: «visaige assez feminin»; der Libellus, 19: «Erat enim imago sua cum facie muliebri»).

Anliegen des Kults ist, des Gottes inne zu werden. Das geschieht in der Ekstase, einem Zustand des Außer-sich-Seins, in dem der Gott sich des Entrückten bemächtigt, von ihm Besitz ergreift und in ihm und durch ihn wirkt (vgl. Marsilio Ficino, In Dionis. Areopag. 1576, Praef., 1959, S. 1013).

Diese besondere Weise göttlicher Gegenwart im Gläubigen kann den frühen Christen nicht fremd erschienen sein. Wohl auch darum hat D./Bacchus die besondere Aufmerksamkeit der Apologeten. Man verfährt auf die übliche Weise «euhemeristisch» und erklärt den – vorgeblichen – Gott zum bloßen Wohltäter, der den Menschen den Wein brachte (vgl. Minucius Felix, Oct. 21; mit Hinweis auf «Euhemerus»). Arnobius zählt jene Sterblichen auf, die man zu Göttern erklärte: Hercules, Romulus, Aesculapius, Liber und Aeneas (3,39). Tertullian (Spect. 10) denunziert ihn (Bacchus/Liber) als einen jener «Dämonen», die sich der Erfindung der Künste und der Musikinstrumente durch den Menschen bemächtigen, nur um für Götter zu gelten. Warum – fragt er (Apol. 11,8) – machte man den Liber zum Gott, weil er den Wein brachte, und enthielt diese Ehre dem Lucullus vor, wo der doch Italien die Kirschen bescherte! Wichtig ist Tertullian auch die Beobachtung, daß man die verfolgten Christen ausgerechnet der Wildheit und Gier jener Tiere vorwirft, die zur Gesellschaft u. a. auch des Liber gehörten (Apolog. 12,5).

Mit Hinweis auf Cicero (Nat. 2,60) hält Minucius Felix (Oct. 21) den Liber für die bloße Personifikation des Weins: Ohne Liber und Ceres friere die Venus (vgl. Terenz, Eun. 733). Dazu kommt die moralische Disqualifikation, die z. B. die ohnehin «belastete» Beziehung des Gottes zu Venus / Aphrodite (–> Priapus) auswertet. Von hierher nimmt man die Bühnenkünste, die doch ihren Ursprung im Kult des D. haben («liberalia» = Dionysia), ins Visier und macht die beiden «Götter» zu Patronen dieser – doch wohl fragwürdigen – Künste (Tertullian, Spect. 10). Augustin wird deutlicher und sieht bei dem Götterpaar nur noch sexuelle Zuständigkeiten. Dem habe es entsprochen, wenn man Frauen und Wein dem Liber zuordnete, welche nur die Aufgabe hätten, die sexuelle Begehrlichkeit zu wecken, und auf diese Weise habe man den grenzenlosen Wahnsinn der Bacchanalia gefeiert. Aber selbst der Senat habe schon die Gefahren erkannt und (im Jahre 186 v. Chr.) die Liberalia verboten (vgl. Boccaccio, Gen. 5,25, am Schluß). Mit der Auslegung der Apologeten ist die Mehrzahl der Themen für die Folgezeit angeschlagen.

Die historische Tradition weist D. / Bacchus einen Platz als Erfinder und Kulturbringer zu, was um so leichter fallen mußte, als ja auch von einem Grab des D. gesprochen wurde. Unter Berufung auf Varro meldet Boccaccio (Gen. 5,25), D. sei im Kampf mit –> Perseus gefallen. Sein Grab könne man in Delphi sehen.

Seine wichtigste Leistung war, daß er die Menschen das Anpflanzen des Weinstocks und das Herstellen des Weins lehrte (Diodor 2,38,5 ff; vgl. Polidoro Virgilio, De rer. invent. 1521[2], 2,3; Gyraldi, Synt. 8, S. 372B). Auch das Herstellen von Bier (eines Getränks aus Gerste) habe er gelehrt (Diodor 3,73 ff). Ebenso verdanken die Menschen ihm (dem Sohn des Zeus und der Persephone) den Gebrauch des Pflugs und den Nutzen der Rinder als Zugtiere dabei (Diodor 3,64,1; vgl. Gyraldi, Synt. 8, S. 371B f). Boccaccio meldet auch, daß Bacchus der erste gewesen sei, der den Wein verschiedenen anderen Getränken beimischte, um sie so köstlicher zu machen (Gen. 5,25). Außerdem lernte man von ihm das

Aufbewahren der Früchte (Diodor 2,38,5 ff). Daß Bacchus den Honig entdeckte, berichtet Ovid (Fasti 3,735 ff). Schließlich soll er die Menschen auch die Gerechtigkeit gelehrt haben (Diodor 3,64,7).

Die physikalische Tradition, die sich leicht mit der moralischen verbindet, liest den D./Bacchus als Personifikation des Weins in all seinen Zuständen, Eigenheiten und Wirkungen. Cornutus (Nat. deor. 30) setzt den Gott mit «Frieden» («pax») gleich, denn er gebe die Bäume und er pflege sie: Dazu bedürfe es des Friedens, denn im Krieg stürben die Bäume. Im Frieden werde nämlich viel gefeiert, und dazu brauche es Wein. – Dem Leib der Mutter sei er durch Feuer entrissen worden, denn Feuer sei das Wesen des Weins. Daß er im Schenkel des Iuppiter heranreifte, zeige an, daß der Wein (die Trauben) durch Treten (in der Kelter) zur rechten Reife bereitet werde.

Gehörnt sei er, weil Trunkenheit gewalttätig ist und weil es schwer sei, ihrem Angriff zu widerstehen (vgl. Fulgentius, s. u.). – Das bunte Gewand (der Bacchanten) zeigt die Unbeständigkeit des Herbstes an. – Daß man ihn halbnackt zeige, veranschauliche die Einfachheit und Direktheit («nuditas») seines Wesens. – Da er (der Gott in Gestalt des Weins) zu jedem Alter paßt, stelle man ihn gleicherweise als Greis wie als Jüngling dar. – «Dithyrambos» heiße er, weil der Wein macht, daß einem das Herz über die Lippen fließt. – Die Allegorese des Fulgentius (Myth. 2,12, 691 ff, Helm 1970, S. 52 ff) behauptet, den D. nenne man auch «Liber pater», weil der Weingenuß («passio vini») freie («liberas») Geister schaffe. – In Indien habe er geweilt, weil die Leute dort womöglich aus zweierlei Gründen dem Wein ergeben seien: entweder, weil die heiße Sonne sie zu Trinkern mache, oder weil der Wein dort (in Falernum!) so geartet (stark?) sei, daß ein Trunkenbold davon im Monat kaum einen Schoppen trinke (vgl. Myth. Vat. III 12,3). – Auf einem Tiger reitend, stelle man sich den D. vor, weil Trunksucht immer der Gewalttätigkeit widerstehe oder auch weil Wein erregte Gemüter besänftige («ecferatae mentes mulceantur»). – Als Jüngling zeige man ihn, weil für Trunkenheit niemand zu jung ist, und nackt, weil ein Trinker sein Geld und Gut durchbringt und selbst nackt zurückbleibt oder weil der Betrunkene die Geheimnisse seines Herzens entblößt. – Schließlich ist aufschlußreich, daß Fulgentius die vier Töchter des Cadmus als Bilder der «vier Arten der Trunkenheit» versteht (vgl. Myth. Vat. III 12,3).

Die Vorstellungen des letzteren (12,1–5) bewegen sich ganz auf den von Cornutus und Fulgentius vorgezeichneten Bahnen. Sie übernehmen, fügen aber auch anderes hinzu oder variieren. Das gilt dann auch für Boccaccio (Gen. 5,25), der variiert, wenn er z. B. sagt, man zeige den Bacchus als Knaben, weil «nur junge Leute im Rausch ausgelassen sind, denn es fehlt ihnen noch der reife Verstand». Aufwendig deutet er die Schwangerschaft der Semele, ihren Tod und die Bergung des Frühgeborenen im Schenkel des Vaters auf den vegetabilen und handwerklichen Prozeß, der zum Wein führt, wobei die Gleichsetzung des Juppiter/Zeus mit dem Element Feuer eine Rolle spielt. Wenn der Wein dann trinkfertig sei, diene «Ino» als wohlverwahrtes Gefäß, das zugedeckt verhindere, daß Juno/Hera den Wein findet, d. h. verhindere, daß er durch die Luft verunreinigt wird.

Das Bergen des Kindes im Schenkel des Juppiter versinnbildliche das Gewerbe der Geburtshelferinnen. – Dem greisen Silen sei das Kind zur Pflege gegeben worden, weil Greise sich häufig mehr von flüssiger denn von fester Nahrung ernährten. – Daß der geizige Midas den Silen wieder zurückgab (?), solle zeigen, daß der Geizige ungern trinkt. – Bemerkenswert ist die Gleichsetzung von Bacchus und Gasthaus, das Boccaccio (Gen. 5,25) einem militärischen («königlichen») Feldlager vergleicht: «Nicht ohne Grund, denn wenn wir Gasthäuser betrachten, Plätze im Grünen (‹Hütten aus Laub›), dann sehen wir dort gierige Schlemmer, Freß- und Trinkgelage, auch Tumult und Streit, wie das in Feldlagern üblich ist.» – Ausführlich kommentiert Boccaccio die Attribute des D./Bacchus. Zunächst den (Triumph-)Wagen, der für sich die Unstetigkeit («volubilitas») des Trunkenen anzeige. Der Luchs besage, daß mäßig genossener Wein Kräfte, Kühnheit und Scharfblick mehrt. Tiger ziehen den Wagen, um die Wildheit der Trunkenen zu veranschaulichen, denn wer voll ist vom Wein, scheint niemanden zu fürchten. Außerdem seien Zauderer im Weinrausch derart, daß sie unbedacht sich in jedwede Gefahr begeben. – «Halbtote» Wölfe und «zerfetzte» Bärinnen seien unter der Beute des Bacchus, weil sie leicht in Zorn geraten und dann zu wüten beginnen. Darum seien sie keine angemessenen Begleiter in diesem munteren Zug. – Im Widerspruch zu früher Gesagtem heißt es dann: «Trunkene sind furchtsam, weil sie erst das klare Urteil verlieren und dann häufig sogar das Harmlose fürchten.» Das Bild der Tugend werde dem Wagen beigesellt im Geiste von Eigenschaften, die schon für den Luchs genannt worden seien.

Schließlich zeige man die Gefährten des Gottes mit schweren Schritten einhergehen, um damit das Taumeln zu bezeichnen, denn sie schwankten derart auf ihren Beinen, daß sie ständig zu fallen meinten. – Zum Efeu sagt Boccaccio, er sei dem Bacchus heilig, u. a. weil die Weintrauben den Blütentrauben des Efeu ähnlich seien; vielleicht auch, weil der Efeu immergrün ist, womit man dann die beständige Jugend des Weins anzeige: «Die Kräfte des Weines altern nie.»

Die Dichter kröne man mit Efeu, weil sie ob ihrer Wortgewalt («facundia») dem Bacchus angelegen sind, und auch, um den dauernden Fortbestand ihrer Lieder («carmina») zu versinnbildlichen. Der Vatikanische Mythograph (III 12,4) hatte argumentiert, die Dichter seien dem Bacchus geweiht gewesen, weil sie (bei ihrem Werk) wie die Bacchanten in einen Rausch verfallen.

Auch das Sieb («vannum») sei dem Bacchus auf mystische Weise heilig. Servius sagt, daß der Kult (die «sacra») des «Liber pater» der Reinigung der Seele dient und daß so die Menschen durch seine Mysterien gereinigt werden, ganz wie das Getreide mit einem Sieb gereinigt werde. Einige aber wollten, daß diese Reinigung des Menschen durch extreme Trunkenheit geschieht, was auch den Kult des Bacchus ausmache. Sie behaupten, daß bei jemandem, der bis zum Erbrechen trunken ist, nach Überwindung der Lähmung des Gehirns und nach dem Ausüben und (befreienden) Austoben ekliger Übungen der Geist besänftigt zur Ruhe gekommen sei. Dieser Meinung sei wohl auch Seneca gewesen in seinem Werk «De tranquilitate animi»! – Dazu, daß –> Marsyas dem Schutz des D. anvertraut sei, gibt Boccaccio eine umständliche Begründung aus der dem Trunkenen eigenen Unüberlegtheit in der Rede.

Die Emblematik des 16. Jh. scheint den D. / Bacchus fast ausschließlich als Gott des Weins zu sehen, Nutzen und Schaden des Weingenusses anzusprechen, wie Alciat unter dem Lemma «IN STATUAM BACCHI» (1531, Held Nr. 156; H. / S. Sp. 1825). Die beflügelnde Wirkung des Weins meint Junius, der den Bacchus mit Flügeln und Weinschale zeigt, dazu das Epigramm, das den Wein als eine Nahrung des Geistes preist (ebd. Nr. 34; H. / S. Sp. 1827). Bei Laurentius Haechtanus sieht man Bacchus mit Flügeln, Efeu und Weinschale, dazu Pegasus: ein Hinweis auf den Wein, der die dichterische Phantasie beflügelt (1579, Nr. 10; H. / S. Sp. 1827). Ähnlich ein Emblem bei Florentius Schoonhovius mit dem Epigramm, daß Wein den Geist schärfe (1618, Nr. 19; H. / S. Sp. 1827). Daß Wein die Weisheit fördere, besagt ein Emblem bei Alciat (1550, S. 29, Held Nr. 39; H. / S. Sp. 1828). Daß Wein der (geselligen) Eintracht förderlich sei, will Nicolas Reusner sagen, der den Bacchus in Gesellschaft der Concordia zeigt (1581, Embl. I, Nr. 19; H. / S. Sp. 1828). Mäßigen Weingenuß rät Joannes Sambucus, der den jungen und alten Bacchus zeigt (1566, S. 204; H. / S. Sp. 1830 f). Die Standbilder von Bacchus und Apoll bei Alciat meinen offenbar die zeitlose Jugend der beiden (1550, S. 108, Held Nr. 59; H./S. Sp. 1828). Bacchus mit Thyrsos und Mohn in den Händen in einem Emblem des Florentius Schoonhovius bedeutet, daß der Trunkene sich sträflich dem Schlaf überläßt (1618, Nr. 11; H./S. Sp. 1931 f). Daß in viel Wein kein wohlbedachter Sinn sein könne, meint Petrus Costalius (1555, S. 102 f) als Warnung an die Richter und zeigt den Bacchus als Vorsitzer eines Gerichts (H./S. Sp. 1829 f). An Aristophanes' «Die Frösche» schließt ein Bild an, das Bacchus mit Löwenfell und Keule, mit Weinschlauch und Kranz aus Weinlaub als Herkules zeigt und damit daran erinnert, daß die Natur sich nicht ändern läßt: Durch die Maske (auch wahnhafter Einbildung im Rausch) hindurch schaut der Verkleidete und wirkt komisch (Guillaume de La Perrière 1539, Nr. 48; H./S. Sp. 1828 f).

Es gibt auch Zeugnisse eines tieferen, differenzierteren Interesses an D. in der Nachantike. Das gilt zunächst für den italienischen Humanismus des 15. und 16. Jh., sofern man sich da nicht eigentlich dem Gott, sondern vielmehr dem Geheimnis seiner enthusiastischen Gegenwart im Gläubigen zuwendet. «Viele tragen den Thyrsos, aber nur wenige sind Bakchoi.» Das hatte Platon gesagt (Phaid. 690) und dann – vielleicht mit milder Ironie – die Bakchoi den wahren Philosophen gleichgesetzt. Es ist die humanistische Besinnung auf die schöpferische Subjektivität aus göttlichem Geist – göttlicher Begeisterung –, die einen solchen Gedanken, der neuplatonisch (Proklos, Plotin) ausgearbeitet zur Verfügung stand (z. B. Plotin, Enn. 1,6,6; ebd. 6,9,11; vgl. E. Wind 1968, S. 3 f u. 61), für eine philosophisch-kunsttheoretische Spekulation wieder aktuell machen konnte (vgl. Marsilio Ficino, In Dionys. Areopag. 1576, 1959, S. 1013).

Im selben Geist vermag man auch an eine orphische Tradition (Orph. Hymnos 75) anzuknüpfen, in der dem D. die –> Musen verbunden sind (vgl. auch D. in Begleitung von Satyrn und Musen: Diodor 4,4,3; 4,5,3 f; vgl. ebd. 3,59,6: Nach dem Schinden des –> Marsyas legt Apoll Lyra und Flöte als Votivgaben in der Höhle des D. nieder).

Mit dem Blick auf die Orphischen Hymnen kann Pico della Mirandola D. den «Musenführer» («dux musarum») nennen (Conclusiones Nr. 2, Eugenio Garin 1942, S. 122 ff). Eine Auflistung der neun Musen, eine jede in Begleitung «ihres» Bakchos/Dionysos – auf Grundlage der in den Hymnen erkennbaren neun Bakchoi –, finden wir bei Marsilio Ficino (Theol. Plat. 4,1; concl.) und dann bei Gyraldi (vgl. E. Wind 1968, S. 278; vgl. Cartari 1647, S. 218; vgl. auch die Embleme).

Als Musenführer rückt D. nahe an Apoll und bildet – aus unserer Sicht – so mit ihm eine Gemeinschaft, der Friedrich Nietzsche tiefen Sinn ablesen wird. Er erkennt in diesen beiden Kunstgottheiten den bildhaften Ausdruck griechischer Kunstanschauung. Apoll und D. veranschaulichen den (natürlichen) Gegensatz zweier (dem Menschen beigegebener) produktiver Triebe zur Kunst: zur bildenden Kunst Apoll, D. zur unbildlichen Kunst der Musik.

Dem augenscheinlichen Unterschied dieser Künste zueinander entspreche ihr Ursprung aus den getrennten Kunstwelten des Traums und des Rausches, welcher Gegensatz im Gegensatz von Apollinischem und Dionysischem seine vollständige Entsprechung habe. Das Außerordentliche an der attischen Tragödie sei, daß sich in ihr die beiden so unterschiedlichen Kunstwelten paarten und sie gleicherweise zu einem dionysischen wie zu einem apollinischen Kunstwerk machten (Friedrich Nietzsche 1886, Kap. 1). Man kann sich vorstellen, daß ein Künstler unserer Tage den bewußtseinserweiternden Effekt eines (Drogen-)Rausches zum Gewinn künstlerischer Kreativität auch aus uralt dionysischem Geist rechtfertigt. Wahrscheinlicher aber treffen wir in unseren Tagen den D./Bacchus nur noch als Patron wein- oder bierseliger Stammtische, und der ursprüngliche Glanz seiner Erscheinung ist dem metallischen Widerschein von Flaschenetiketten gewichen.

Durch die Zeiten hat D. eine Vielzahl von Attributen um sich versammelt, in denen sich jeweils Züge seines Wesens spiegeln, deren Sinn aber heute nicht immer eindeutig zu erkennen ist.

Die Mehrzahl der Attribute stellen Tiere dar: in erster Linie das Zicklein (der Bock) und der Stier, die v. a. Manifestationen des Gottes selbst sind, der ja auch Hörner trägt (z. B. Philostrat, Imag. 2,15; vgl. Nonnos 9,15; Diodor 3,64,2; Bocksgestalt nimmt D. an auf der Flucht vor Typhon: Antoninus Liberalis 28,3; in der orphischen Theologie sah man ihn vieräugig und viergehörnt: Proklos, Komm. zu Platon, Rep. 2,169). Mit Hörnern zeige man ihn, weil er als erster Ochsen unter das Joch gebracht hat (Diodor 4,4,2). Athenaios (11,476): Man sage, daß die Menschen in früher Zeit aus Ochsenhörnern tranken. Daher habe man D. gehörnt dargestellt, und viele Dichter nennten ihn immer noch einen Stier (s. auch ders. 2,35e). Eine ähnlich subsidielle Rolle scheinen Hirschkalb und Schlange zu spielen. Löwen, Panther, Tiger und Luchse, aber auch Hirsche ziehen seinen Wagen. Ferner sieht man den Bären und den Delphin. Letzteren als Hinweis auf den Abstieg ins Meer und darauf, daß der Wein mit Wasser zu mischen sei, erklärt Georg Pictorius (Apoth., Basel

1558, S. 9; vgl. Athenaios 1,26). Auch der Esel ist dabei, wohl als Hinweis auf Lüsternheit. Der Libellus (19; H. Liebeschütz 1926, S. 123 f) zeigt den Bacchus auf einem Tiger reitend in Gesellschaft von Schwein, Löwe und Affe (Liebeschütz 1926, S. 123; Taf. 25, Abb. 42). Georg Pictorius (ebd., S. 86 u. 91) zeigt Bacchus (als pyknischen Typ) in Gesellschaft von Affe, Schwein, Löwe und Wolf als Bildern der Trunkenheit. Der Elefant gilt als Hinweis auf den Indienzug.

An Pflanzen sind voran der Wein und der Efeu zu nennen. Auch die Feige wird gelegentlich genannt (vgl. Hygin, Astron. 2,5). Athenaios berichtet (3,78c), man habe D. die Entdeckung des Feigenbaums zugeschrieben. Auf Naxos habe man das Gesicht des D. Baccheus aus einem Weinstock, das Bild des D. Melichius aus Feigenholz gemacht, denn die Feige nannte man «meilicha» («milde Frucht»). Interessant ist, daß D. in Griechenland niemals den Beinamen «Ampelos» (der Weinstock oder der Wein) trug, dafür aber in Attika «Kissos» (Efeu) genannt wurde (vgl. Pausanias 1,31,6; vgl. Carl Kerényi 1976, S. 62 ff). Der Efeu kann als Hinweis auf den Wein verstanden werden, sofern er den Beinamen «Oinops» oder «Oinopos» («weinfarben») trägt (vgl. Sophokles, Oedip. col. 675; s. Athenaios 7,325b u. 13,608e). Bei Euripides (Alc. 756 f) trinkt Herakles den Wein aus einer Efeuschale. Eine kultische Bedeutung des Efeus mag sich zeigen in der Verwendung der Pflanze oder ihrer Teile beim dionysischen Festzug (vgl. Athenaios 5,197e u. 200a). Die Verbindung von Efeukranz und D. erklärt Athenaios (15,675d) damit, daß eine Kopfbinde aus Efeu ein geeignetes Mittel gegen den Kopfschmerz sei. Neben anderen willkommenen Eigenschaften widerstehe die Pflanze einer zu festen Bindung, dabei kühle sie, ohne zugleich durch einen zu starken Duft zu stören: «Und so glaube ich, daß man aus diesem Grunde bei uns den Kranz dem D. geweiht hat, weil man meinte, daß der Entdecker des Weins zugleich der Beschützer gegen dessen unangenehme Eigenschaften sei» (vgl. ders. 7,325b; 14,622c: Die «phallophóroi», Phallusträger, tragen einen Kranz aus Veilchen und Efeu).

Es heißt auch, daß die Alten aus dem Holz des Efeus Filter für den Wein machten. Walter F. Otto hat die vegetabilen Eigenschaften der beiden Pflanzen miteinander verglichen und gezeigt, wie sehr sie einander ähneln und doch grundsätzlich verschieden sind (vgl. C. Kerényi, ebd.). – An anderen Attributen sind zu nennen Hörner und Phallus, Korb, Stab (Thyrsos) und Sieb (s. o.), Apfel (Athenaios 3,82d). Von kultischer Bedeutung ist offenbar der «Spiegel des Dionysos» (Plotin, Enn. 4,3,12; Proklos, Komm. zu Platon, Tim. 23e-d).

C Ein Bild des D., das die markantesten ikonographischen Merkmale in sich vereint, wäre das eines Mannes, dem man den reichlichen Weingenuß ansieht. Mit seiner wenig definierten (manchmal feminin erscheinenden) Muskulatur und der labilen Körperhaltung ist D. das Gegenbild zu einem Athleten wie etwa –> Ares, darüber hinaus erkennbar an den charakteristischen Attributen: einem Efeu- oder Weinlaubkranz im Haar, in der Hand Becher, Schale oder Traube und vor allem den Thyrsosstab.

Typus. Die klassische Kunst Griechenlands bringt gleichsam den Idealtypus des D. hervor: den jugendlich-schönen, nackten D., der allenfalls ein Manteltuch um die Schultern geworfen hat oder mit einem Tierfell (oder beidem) ausgestattet ist. An diesem Idealtypus messen wir zwangsläufig, was die weitere Entwicklung hervorgebracht hat.

Daß reichlicher Weingenuß die Physis verändert, kommt schon in der spätantiken Kunst zum Ausdruck. Die Muskulatur ist undefiniert, der Körper nimmt mitunter sogar weibliche Züge an (Mosaik aus dem Atriumhaus in Antiochia, vor 115 n. Chr.; Baltimore, Museum of Art, und Worcester / Mass., Art Museum, Inv. 193336). Korpulent sehen ihn vor allem der Hellenismus und die römische Kunst (Reliefbasis des 1. Jh. n. Chr.; Rom, Musei Vaticani, Sala Busti, Inv. 783). Auch in der Kunst der Neuzeit (seit der Renaissance) ist D. häufig fettleibig – selbst dann, wenn er seine Braut Ariadne im Triumph heimführt (Gemälde eines unbekannten Malers, Anfang 16. Jh.; Avignon, Musée du Petit Palais; *Triumph des Bacchus* von Bevenuto Tisi da Garofalo, Dresden, Gemäldegalerie Alte Meister). – Animalische Vitalität spricht aus P.P. Rubens' Bild des *Bacchus* (um 1636 / 38, Jaffé Nr. 1342; St. Petersburg, Eremitage): Die Linke in die Hüfte gestemmt, sitzt der gewichtige Gott auf einem Weinfaß; eine Mänade gießt Wein in seine Schale, ein kleiner Genius verrichtet ungeniert seine Notdurft (ein Motiv, das auf das Relief eines römischen Sarkophags zurückgeht; vgl. auch –> Ganymed u. Guido Renis *Trinkender Bacchusknabe*, s. u.), ein kindlicher Satyr profitiert von der Ungeschicklichkeit des weiblichen Mundschenks und fängt mit dem Mund den die Schale verfehlenden Strahl auf (vgl. auch Rubens' Ölskizze, *Triumph des Bacchus*, um 1635 / 40; Rotterdam, Museum Boymans-van Beuningen, oder den Stich von Jan Suyderhoef *Trunkener Bacchus*, nach Rubens, um 1613 / 15).

Das Phänomen des beleibten D. / Bacchus scheint auf den Norden beschränkt, ohne daß man sagen könnte, er dominiere dort. Auch Gegenbeispiele lassen sich finden, etwa der geradezu kindliche Bacchus des Cornelis Cornelisz van Haarlem (Gemälde 1608; Rotterdam, Museum Boymans-van-Beuningen).

Insgesamt überwiegt die Rezeption des jugendlich schönen, wohlgestalten Gottes (*Triumphzug von Bacchus und Ariadne*, Deckenfresko von Annibale Carracci, Anfang 16. Jh., Rom, Palazzo Farnese; *Bacchus und Ariadne*, Gemälde von Jacopo Tintoretto, 1577, Straßburg, Musée des Beaux-Arts; *Bacchus und Erigone*, Gemälde von Nicolas Poussin, 1593/94, Stockholm, Nationalmuseum; *Bacchus und Venus*, Gemälde von Bartholomäus Spranger, um 1597, Hannover, Niedersächsische Landesgalerie).

Zur Kleidung des D. gehört seit der Antike ein Tierfell, Zeichen wohl seines wilden Wesens (s. das Guido Reni zugeschriebene Gemälde *Bacco fanciullo*, um 1615/20, Florenz, Palazzo Pitti, und Luca Giordanos *Bacco giovane*, Venedig, Slg. Brass). Auf Sebastiano Riccis Gemälde *Bacchus und Ariadne* (Anfang 18. Jh.; Schloß Pommersfelden, Slg. Schönborn) ist ein Leopardenfell das einzige Kleidungsstück des jungen Gottes. – Auf einem Tierfell ruht D. auf dem Ostgiebel des Parthenon (gegen 432 v. Chr.; London, British Museum). Sicher ist es kein Zufall, daß dieses Attribut animalischer Wildheit dem D. durch die Zeiten erhalten bleibt, während –> Artemis ihr Tierfell sehr bald ablegt.

Seine nicht-griechische Herkunft verrät D. in der Antike gelegentlich durch seine orientalisierende Tracht, so etwa auf einem attischen Volutenkrater (gegen 410 v. Chr.; Taranto, Museo Nazionale, Inv. IG 8263): D. trägt fast kniehohe Stiefel und eine prächtige bestickte Mitra.

Die Künstler seit der Renaissance kennzeichnen Bacchus mitunter (aber gerade in einer Reihe hervorragender Werke) durch eine ganz unklassische Physiognomie mit einer auffallend kurzen stumpfen Nase als ein Naturwesen, das ihn den Satyrn und Silenen seines Gefolges nicht unähnlich macht. Der Bacchus auf Tizians Gemälde *Bacchus und Ariande* (nach 1514; London, National Gallery) entspricht diesem Typus, ebenso der efeubekränzte *Bacco* des Michelangelo Merisi (gen. Caravaggio; 1593; Rom, Galleria Borghese), dessen Blick und die leicht geöffneten Lippen für ein lüsternes Wesen sprechen, während der zwei Jahre später gemalte Bacchus des Meisters (Florenz, Uffizien) zwar wie eine Verkörperung der Sinnlichkeit erscheint, jedoch durchaus zivilisiert, womit auch die gläserne Weinschale in seiner Hand und die Glaskaraffe auf dem Tisch harmonieren.

Zu erwähnen sind schließlich die wenigen Beispiele, die auf die Stiergestalt des Gottes Rücksicht nehmen: So zeigen campanische Münzen des 3. Jh. v. Chr. den Gott unter dieser Gestalt, jedoch mit menschlichem Kopf.

Attribute. Seit frühester Zeit erkennt man den Gott des Weins am Efeukranz im Haar (D. mit einem Satyrn auf dem Innenbild einer Schale des Makron, um 480 v. Chr.; Berlin, Staatl. Sammlungen; Abb. bei E. Simon 1985, S. 293).

Der *efeubekränzte Bacchus* («Bacchus hederatus») ist für die Antike typisch, während in der neuzeitlichen Kunst der Efeukranz eher die Ausnahme scheint (vgl. die frühere Version von Caravaggios Bacchus, s. o.), ein Kranz aus Weinblättern (mit und ohne Trauben) die Regel, wiewohl auch dieser seinen Ursprung in der (Spät-)Antike hat. Einige von vielen Beispielen sind das zweite Bacchus-Bild von Caravaggio (s. o.), ferner der *Zug des Bacchus* von Jacob Jordaens (1635/40; Kassel, Gemäldegalerie) oder die Skulptur des Johann Peter Wagner in Veitshöchheim (um 1775; Schloßpark, Gartenhaus).

In der Hand hält D. auf den ältesten Darstellungen ein Trinkhorn (Halsamphora um 520 v. Chr.; Würzburg, Martin von Wagner-Museum, Inv. L 198), meist aber den Kantharos, z. B. auf einer Schale aus Capua (die Büste des D. mit der Semeles, um 560/540; Neapel, Museo Nazionale, Inv. Stg. 172). Auch Efeuzweige hält D. in der Hand (auf einem Kantharos, um 500 v. Chr.; Boston, Museum of Fine Arts, Inv. 00334) oder Rebzweige (Skyphos, um 530/500 v. Chr.; London, British Museum, Inv. E 139). – Dem antiken Kantharos entspricht in der Neuzeit ein Glas oder eine Schale (vgl. Caravaggios *Bacco* von 1595, s. o.).

Wichtigstes Attribut des D. seit der klassischen Kunst Griechenlands ist jedoch der Thyrsosstab, der sich zu Zweig oder Kantharos oder zu beiden gesellt. Königliche Würde verleiht der Thyrsos dem thronenden Gott auf Vasenbildern des 4. Jh. v. Chr., besonders überzeugend auf einem Wandgemälde aus Pompeji (Casa del Naviglio; Neapel, Museo Nazionale, Inv. 9456). Auch in der Renaissance- und Barockkunst führt Bacchus den Thyrsos als sein wichtigstes Attribut. Auffallend der des Bacchus von Jacob Jordaens (*Der Zug des Bacchus*; Kassel, Gemäldegalerie; s. o.): Die Spitze des langen, mit Reben und Trauben umwundenen Schaftes trägt eine Schale, in der Flammen lodern (eine Kombination also von Thyrsos und Fackel, s. u.). In römischer Zeit, die D. mit dem Weingott Liber Pater gleichsetzt, gesellt sich zu den genannten Attributen noch die Weintraube. Bei den vielen Beispielen des *angelehnten*

D. (jugendlich, nackt, den angewinkelten Arm auf einen Baumstumpf gestützt) und anderen ist die Traube in der Hand wohl meist Zutat des römischen Kopisten (z. B. der Bacchus vom Typus Kyrene; Kyrene, Museum, Inv. 14230). Eine riesige Traube hält der sitzende Bacchusknabe eines römischen Bildhauers in den Armen (Marmorstatue vom Palatin, Mitte 2. Jh. n. Chr.; Hannover, Kestner-Museum).

Das Kind D. ist in der Spätantike mitunter durch einen Nimbus hervorgehoben, so auf einem Fußbodenmosaik aus Yakto bei Antiochia am Orontes (aus Bad D), wo wir –> Hermes, das Kind auf dem Arm, zu den Nymphen eilen sehen (2. Hälfte 4. Jh. n. Chr.; Worcester / Mass., Art Museum, Inv. 193632).

Statt des Thyrsos hält D. jetzt auch eine brennende Fackel (brennendes Pinienholz diente bei den Nachtfesten des D. als Fackel; vgl. W.F. Otto, 1939, S. 143). Auf einer gold-silbernen Reliefplatte des 2. / 3. Jh. n. Chr. (Paris, Cabinet des Médailles, Inv. 233) z. B. sehen wir den jugendlichen Gott im Lauf, in jeder Hand eine brennende Fackel. In der Kunst der Neuzeit ist dieses Attribut selten (vgl. den Bacchuszug von Jacob Jordaens).

Vereinzelte Beispiele zeigen D. mit der Peitsche (Relief eines byzantinischen Elfenbeinkästchens, Venedig, Museo Civico: D. auf einem von zwei Löwen gezogenen Wagen; Abb. bei K. Weitzmann 1951, Nr. 155), mit der wohl der Donnerkeil des –> Zeus gemeint ist. Die Peitsche ist in den mystischen Kulten der Spätantike aber auch ein Attribut der Sonne (–> Apollon / Sol). Macrobius vermerkt die Beziehung zwischen Sol und D., die lediglich zwei Aspekte ein und desselben sind (Sat. 1,18,7; s. **B**).

Die Emblematik des 17. Jh. entleiht den Mohn von Hypnos (= Schlaf) als Attribut des Weingottes (Florentius Schoonhovius 1618, Nr. 11; H. / S. Sp. 1931 f).

Weitere Merkmale des D. sind: der von zwei Panthern gezogene Wagen, meist im Kontext des Thiasos oder des Triumphzugs des Gottes, so wie der zweirädrige Wagen auf Tizians Gemälde *Bacchus und Ariadne* mit einem Pantherpaar bespannt ist (1520 / 22; London, National Gallery). – Der Panther kann auch Begleit- oder Reittier sein.

Seltener treten als Zugtiere auf: Pferde, Ziegenböcke, Greifen, Kentauren: diese v.a. in der römischen Kunst (geschnittener Sardonyx wohl der frühen Kaiserzeit vom Cimetero di Calepodio; Paris, Louvre, Inv. Bj. 1740–1778). Der Triumphwagen des Bacchus auf einem Gemälde von Nicolas Poussin wird von einem Kentaurenpaar (Mann und Frau) gezogen (Gemälde in Kansas City, William Rockhill Nelson Gallery of Art).

Phantasiewesen wie Greifen deuten wohl auf die exotische Herkunft des D. hin, die Kentauren auf dessen ungezügeltes Wesen.

Elefanten im Gefolge des D. gehören in das Bild des im Triumph aus Indien zurückkehrenden Gottes. Diesen Triumphzug stellt das Relief eines Sarkophags aus der Zeit um 170 / 180 n. Chr. dar (Baltimore, Walters Art Gallery, Inv. 2331). – Jacopo Zucchi läßt seinen Bacchus, der triumphierend eine Traube emporhält, auf einem Elefanten reiten (Gemälde Rom, Palazzo Ruspoli, nach 1586; s. auch **D**, *Der Triumph des D. / Bacchus*).

Durch ein Faß, auf dem der Gott des Weins reitet, erhalten neuzeitliche Darstellungen einen genrehaften Zug (Diego Velazquez' *Los Borrachos*, um 1629, Madrid, Prado; Skulptur des Bacchusbrunnens von Jacques Jonghelinck im Schloßpark zu Aranjuez, 1563 / 69; *Bacchus* von P.P. Rubens, St. Petersburg, s. o.: Das Motiv geht vielleicht auf den Stich *Silenus mit Cupidi und Kindern* von einem Nachfolger Mantegnas – London, British Museum – zurück).

Zum Gefolge des D. gehören Mainaden (in ekstatischem Tanz), Satyrn und Silene, die im Schwarm oder als Einzelfiguren den Gott begleiten (s. **D**, *Der Thiasos*).

D 1. *Die Geburt des D.* (s. **A**). Die erste Geburt des Kindes illustriert ein bedruckter Mousselin aus Antinoë / Altägypten (Grabbeigabe 5. Jh. n. Chr.; b: 3,37 m, h: 1,23 m; Paris, Louvre). Wir sehen die Mutter Semele im Wochenbett, von Frauen umsorgt, ferner das erste Bad des Kindes und den Tod der Semele durch einen Blitz des –> Zeus. – Die zweite Geburt, aus dem Schenkel des Zeus, illustrieren mehrere antike Darstellungen (Volutenkrater, Taranto, Museo Nazionale, Inv. I.G. 8264): Das Kind entsteigt dem Schenkel des Gottes und streckt die Arme –> Aphrodite (auf anderen Beispielen der Geburtsgöttin Eileithyia) entgegen. – In drei Phasen wird die Geburt in einer Handschrift des Pseudo-Nonnos geschildert («Oratio in sancta lumina», Jerusalem, Patriarchal Library, Cod. Taphou 14, Bl. 311[r]): Zeus birgt das Kind aus dem Schoß der toten Semele; Zeus bettet es in seinem Schenkel; Zeus entnimmt das Kind dem Schenkel.

2. *Das erste Bad des D.* Diese Szene, die die Ikonographie des Bades des neugeborenen Christkinds (seit dem 5. Jh. nachweisbar) vorwegnimmt, findet sich außer auf der obengenannten Textilie in einem figurenreichen Bodenmosaik in Paphos / Zypern (dem alten Nea-Paphos; im Haus des Aion, 2. Viertel 4. Jh.): Während drei Nymphen das Bad vor-

bereiten, hält Hermes das Kind (mit Nimbus) auf seinen Knien. Ein bärtiger Mann («Tropheus» = Ernährer) nähert sich dem Kind in devoter Haltung. – Die Badeszene findet sich auch auf römischen Reliefs (Sarkophag, 140/150 n. Chr., München, Glyptothek; kaiserzeitlicher Silberbecher aus Pompeji, Casa del Menandro, Neapel, Museo Nazionale).

3. *Der Neugeborene wird den Nymphen übergeben* (s. **A**). Auf einem hadrianischen Relief (Rom, Musei Vaticani, Sala delle Muse, Nr. 493 [inv. 328]) nimmt –> Hermes das Kind entgegen, um es den Nymphen zu übergeben. – Zahllose Werke auch der Neuzeit schildern die Übergabe des Kindes an die Nymphen durch den Götterboten, z. B. das Gemälde Nicolas Poussins (Harvard University, Fogg Art Museum).

4. *D. von einer Nymphe gesäugt* (Terpandros, D.A. Campbell, Greek Lyric, Bd. 2, 1988, Frg. 9, S. 318). Wie das *Erste Bad* wird auch dieses Motiv (dargestellt auf einem Mosaik in Djemila/Algerien, Museum der Großen Thermen; Anf. 3. Jh. n. Chr.) in der christlichen Ikonographie fortleben – im Typus der *Madonna Lactans*.

5. *Das Kind wird nach Euboea gebracht* (Oppian, Cyn. 4,237–266). Oppian berichtet davon, daß das Kind von Ino, Autonoë und Agaue (den Schwestern der Semele) in einem Boot nach Euboea gebracht wird. Es ist in einem Kästchen aus Pinienholz versteckt (Illumination in einem Kodex, um das Jahr 1000, in Venedig, Biblioteca Marciana, Cod. Marc. GR. 479).

6. *Silen mit dem D.-Kind* (Diodor 4,4,3; Boccaccio, Gen. 5,25). Kaum ein schöneres Bild für das Umsorgtsein des kleinen Gottes kann man sich vorstellen als jenes, das uns römische Kopisten nach einem frühhellenistischen Original vermitteln (Marmorkopien in Paris, Louvre, MA 922, und in Rom, Musei Vaticani, Braccio Nuovo). Es zeigt einen bärtigen Satyrn (vermutlich Silen, der den Knaben erzogen haben soll), der großväterlich das vergnügt strampelnde Kind in seinen Armen wiegt.

7. *Bacchusknabe und Satyr mit Ziege*. Die von Gianlorenzo Bernini um 1605 geschaffene Bronzegruppe (Rom, Villa Borghese) stellt nicht, wie bislang vermutet, den kleinen –> Zeus mit Satyr und der Ziege Amalthea dar, sondern zweifellos den kleinen D., als dieser eindeutig ausgewiesen durch einen Kranz aus Weinlaub und Trauben auf dem Kopf. Das Kind schickt sich an, eine Ziege zu melken, während ein kleiner Satyr genießerisch die Milch aus einer Schale schlürft. Man sieht ihn schon, erwachsen, im zukünftigen Gefolge des Gottes, dann trunken von Wein. Eine Szene, die höchst lebendig das bukolische Ambiente illustriert, in dem D. seine frühe Kindheit verbringt. – Vermutlich meint

auch die Marmorgruppe *Les enfants à la chèvre* von Jacques Sarrazin (1640; Paris, Louvre) dieselbe Situation: Das eine der Kinder ist wieder mit einem Weinlaubkranz als D. gekennzeichnet.

8. *Die weitere Kindheit des D.* Kaum ein anderer griechischer Gott (außer –> Apoll und –> Hermes) besitzt schon als Kind so viel Autorität. – Auf seinem Gemälde *Das Fest der Götter* (Washington, National Gallery of Art) stellt Giovanni Bellini D. im Kreis der erwachsenen Olympier als Kind dar (mögliche Quelle: «Ovidio volgarizato», Venedig 1498; s. R. Goffen 1989, S. 246 u. Anm. 54). Das blondgelockte Kind (mit leuchtendblauem Kleid und weißem Untergewand) kniet auf dem Boden, um – ganz professionell – aus einem Faß Wein in einen Glaskrug zu zapfen. – Angesichts des kindlichen *Bacchus* von Giovanni Bellini (Washington, National Gallery of Art) denkt man spontan an Ovid, der einen Knaben, «zart wie ein Mädchen», vor Augen hat (Met. 3,553 ff). Das Kind, mit langem Lockenhaar, efeubekränzt und mit einem ärmellosen Kittelchen bekleidet, sitzt barfuß auf felsigem Boden, in der Hand eine feingearbeitete Metallkanne.

9. *D. verwandelt die Piraten in Delphine* (Homer. Hymnos 7, an D., 1 ff; Ovid, Met. 3,582–691; Apollodor, Bibl. 3,5,3 u. a., s. **A**). Eine der seltenen Darstellungen finden wir auf einem reliefierten Sarkophagdeckel der ersten Hälfte des 3. Jh. n. Chr. (Skikda, früher Philippeville / Algerien, Musée de Skikda). – Buonaventura Genelli behandelt das Thema auf einem Aquarell (um 1822 / 32; Berlin, Staatl. Museen zu Berlin, Sammlung der Zeichnungen).

10. *Die Meerfahrt des D.* An obige Episode (die Verwandlung der Piraten) wird ein schwarzfiguriges Bild des Exekias (Schale um 540 / 534 v. Chr.; München, Staatl. Antikensammlungen, Inv. 2044) anschließen: D. liegt in göttlicher Gelassenheit, ein Füllhorn in der Hand, den Efeukranz im Haar, zurückgelehnt in seinem Schiff, das, von spielenden Delphinen umgeben, mit geblähtem Segel geruhsam dahingleitet. Ein Weinstock rankt sich um den Mast, die Rebzweige, schwer von Trauben, beschirmen das Gefährt.

Das Bild einer attischen Amphora (um 510 v. Chr.; Tarquinia, Museo Nazionale) zeigt den Gott, würdevoll in seinem Schiff stehend, hier aber mit seinem Gefolge von musizierenden Satyrn und Mainaden.

11. *D. ein Tier reißend.* Was von den Mainaden berichtet wird, nämlich daß sie in ihrer Ekstase wilde Tiere reißen, gilt auch für den Gott selbst. In orgiastischem Rausch zerreißt der Gott im Lauf ein Damwild (attischer Stamnos, 490 / 470 v. Chr.; London, British Museum, E 439).

12. *Der trunkene D. / Bacchus*. Dieses Thema ist in der Bildkunst allgegenwärtig von der Archaik bis in unsere Tage. Den ekstatischen Gott frühgriechischer Kunst verbindet mit dem Trunkenbold eines *Bacchus* von L. Corinth jedoch nur mehr der Name. – Auf den griechischen Vasenbildern sehen wir den Berauschten häufig gestützt von einem Satyr (Skulpturengruppe 1. Jh. n. Chr.; Athen, Nationalmuseum 245). Berauscht dürfte der Gott auch bei den vielfach illustrierten Gelagen sein, so auf einem Kantharos aus Tarquinia (um 500 v. Chr.; Boston, Museum of Fine Arts, Inv. 00 334): Der gelagerte Gott, ein Trinkhorn in der Hand, wird von zwei Satyrn bedient; der eine schleppt eine mächtige Spitzamphora heran, der andere einen Weinschlauch.

Thematisiert wird die Trunkenheit erst in der Kunst der Neuzeit. Vielleicht hat Boccaccio daran mitgewirkt, wenn er Bacchus mit Noah vergleicht (Gen. 5,25). – Michelangelos Marmorstatue des Bacchus (1497; Florenz, Bargello) ist das vollendete Bild des trunkenen, knabenhaften Gottes. Mit Mühe hält er den Körper aufrecht und im Gleichgewicht. Ascanio Condivi, der Biograph Michelangelos, ergeht sich in einer ausführlichen Beschreibung: Die Figur entspreche in allen Teilen den antiken Autoren – in dem heiteren Gesichtsausdruck, dem lasziven Blick als Folge des reichlichen Weingenusses. Sogar über das Alter läßt er sich aus: Etwa 18 Jahre sei der Gott alt, wie der kleine Satyr an seiner Seite etwa sieben sei (zitiert bei P. Barocchi 1982, S. 7). – Eher beschwingt schreitet der Bacchus des Giambologna daher (um 1560; Florenz, Fontana di Borgo S. Jacopo; ähnlich der des Jacopo Sansovino, um 1550; Florenz, Bargello).

13. *Das Bacchanal* (Ovid, Fasti 1,393 ff). Gemeint ist ursprünglich ein Gelage (Symposion) mit Satyrn und Mainaden im Beisein oder zu Ehren des Bacchus. Auf griechischen Vasen beschränkt sich das Motiv oft auf wenige Personen, z. B. den auf einer Kline gelagerten D. mit einem oder zwei Satyrn, die ihn bedienen (auf einem Kantharos um 500 v. Chr.; Boston, Museum of Fine Art) oder unterhalten (Amphora um 480 v. Chr.; Paris, Louvre: Ein Satyr spielt den Aulos).

Die zahllosen Beispiele in Renaissance und Barock meinen, mögen sie auch unterschiedliche Titel tragen, immer das gleiche: eine weinselige Gesellschaft, die sich zu Ehren des Bacchus zusammengefunden hat (P.P. Rubens' Gemälde in St. Petersburg, Eremitage, s. o.; *Triumph des Bacchus*, 1637 / 38; Jaffé Nr. 1244, Madrid, Prado; *Silenszug* von Rubens, 1619 / 20, Jaffé Nr. 546, London, National Gallery, oder das *Bacchanal* des Dosso Dossi in London, National Gallery).

Zügellose Lebensfreude spricht aus dem Gemälde Lovis Corinths (*Bacchus*, 1909; Ch. Berend-Corinth 1992, Nr. 489): Der auf dem Boden sitzende, aus dem Gleichgewicht geratene, seiner Göttlichkeit völlig entkleidete *Bacchus* hält einer nackten jungen Frau einen Glaspokal voll Wein an die Lippen. Auch das *Bacchanal* Hans Makarts schildert nichts anderes als ein Saufgelage (*Bacchanal*, um 1867; Wien, Historisches Museum).

Einen besonderen Typus stellt das *Kinderbacchanal* dar, das auf römische Beispiele zurückgeht, vielleicht auf das Relief eines römischen Sarkophags (1. Jh. n. Chr.; Pisa, Campo Santo), das schon Donatello gekannt haben muß, wie das Bronzerelief am Sockel seiner Judith-Gruppe verrät (Florenz, heute Palazzo Vecchio). Lucas Cranach (Zuschreibung) malte ein Kinderbacchanal (Privatbes. Caracas), auf dem der antike Gott, ganz dem nordischen Kulturkreis angepaßt, statt eines Pokals oder einer Schale mit beiden Händen einen Deckelhumpen hält.

14. *Der Thiasos (Der Zug des D.)*. Musizierend, tanzend und zechend schweift das Gefolge des D. umher – ein Motiv, das wie kaum ein anderes von den ältesten Zeiten bis in die Neuzeit stets gleich populär ist. Seinem Charakter nach könnte man den mehr oder weniger volkreichen Thiasos ein in Bewegung geratenes Bacchanal nennen. Mainaden, Silene und Satyrn sind in Ekstase vereint. Mainaden tanzen, schlagen die Schellentrommel und das Becken (Volutenkrater um 440/420 v. Chr.; Ferrara, Museo Nazionale, Inv. 2897), schwingen den Thyrsosstab und Schlangen (auf einer Amphora, um 500/480 v. Chr.; München, Staatl. Antikensammlungen, Inv. 8732 [2344]), reißen in der Ekstase wilde Tiere. Auf einer Pelike (um 480/470 v. Chr.; London, British Museum, Inv. 362) sehen wir D. mit zwei Teilen eines Rehkitzes. Silene spielen den Aulos (rotfigurige Pelike, um 480/470 v. Chr.; London, British Museum, Inv. E 362). Auch der Gott selbst wird vom Rausch dahingerafft: Auf einer Kylix aus Vulci vollführt er den rasenden Tanz, in der einen Hand den Thyrsos, in der anderen eine Schlange (um 480/470 v. Chr.; London, British Museum, Inv. E 75). Einer seiner Begleiter muß ihn stützen, wenn ihm die Glieder vom Wein schwer geworden sind.

Auf Tizians Gemälde *Bacchus und Ariadne* (1520/22; London, National Gallery) finden sich alle für den Thiasos charakteristischen Requisiten wieder: eine Mainade mit dem Tympanon, eine andere mit der Schellentrommel, die Schlangen, die hier den Körper eines Silens umwinden, Teile von gerissenen Tieren, ein trunkener Silen (von einem Satyrn gestützt) auf dem Esel. Das Bild des Gottes, der wie ein personifizierter Wirbelsturm vom Wagen zu springen sich anschickt, läßt an den Orphischen Hymnos (48) denken, der den «alles umwirbelnden» Bakchos besingt (Übersetzung J.O. Plassmann 1992, S. 86).

Ein Thiasos in übergeordnetem erzählerischen Zusammenhang geleitet den von D. überlisteten –> Hephaistos zurück in den Olymp.

15. *Der Triumph des D.* Ursprünglich und im konkreten Sinn ist damit der Triumphzug des siegreichen D. auf seiner Rückkehr aus Indien gemeint, wie er in zahlreichen Illustrationen seinen Niederschlag gefunden hat, meist an den mitgeführten Elefanten zu erkennen. Auf von Elefanten gezogenem Triumphwagen erscheint Bacchus in der Haltung des Triumphators auf mehreren reliefierten römischen Sarkophagplatten (Rom, Villa Medici; Rom, Museo Nazionale, und Rom, Lateran). – Der Typus des Elefantenwagens ist schon dem Hellenismus bekannt (vgl. F. Matz, 1952). – Das Fresko des Pierino del Vaga im Palazzo Doria in Genua (1530), das in einigen Details eine Vorstellung von Raffaels Entwurf für einen *Triumph des Bacchus* für Alfonso d'Este vermittelt (s. unter *Triumph des Bacchus und der Ariadne*), folgt einem ähnlichen Kompositionsschema wie die römischen Darstellungen. Dieser Triumph ist auch für Vater Zeus ein Triumph: hat D. doch seine Männlichkeit unter Beweis gestellt, den Schmähungen der eifersüchtigen Hera zum Trotz. Nur das kann mit der Geste des Zeus gemeint sein, der (mit Hera in den Wolken über der Szene), Hera anblickend, auf Bacchus zeigt.

Wenn vom Triumph des Gottes die Rede ist, so haben nicht erst die Künstler der Neuzeit den Siegeszug des Weins im Sinn – ein Gedanke, der implizit sicher stets vorhanden ist, aber nicht immer so vordergründig zum Ausdruck kommt wie auf einem Tonrelief von Johann Peter Melchior (um 1780; Speyer, Historisches Museum der Pfalz): Bacchus, den Arm auf ein Weingefäß gestützt, sitzt auf einem von einem Pferdegespann gezogenen Wagen. – Zügellosigkeit und jede Art von Ausschweifung als Folge der Trunkenheit demonstriert ein Stich von Cornelis Bos (nach Maarten van Heemskerck, 1543; Abb. bei S. Schéle 1965, Abb. 49). Ein fettleibiger Bacchus fährt auf einem von Eseln gezogenen Wagen, geleitet von Satyrn, Mainaden, Silenen und begleitet von Gauklern. Ein Volltrunkener liegt auf dem Boden – Anlaß für einen moralisierenden Kommentar in Versform (auf Zustand II des Stichs). – Frei von solcher Trivialität ist Nicolas Poussins *Triumph des Bacchus* (Kansas City, William Rockhill Nelson Gallery of Art; eine von vier für Kardinal Richelieu 1635/36 gemalten Triumphdarstellungen). Bacchus, vom apollinischen Typus, im von Kentauren gezogenen Wagen erscheint wie ein Spiegelbild des Apoll, der in seinem Sonnenwagen über den Himmel fährt (vgl. Macrobius, Sat. 1,18,7).

16. *Die Entdeckung des Honigs* (Ovid, Fasti 3,744 ff). Diesem Thema widmet Piero di Cosimo ein Gemälde (Worcester / Mass., Worcester Art Museum): Ein Satyr schickt sich an, ein Bienenvolk, das sich in einem Olivenbaum niedergelassen hat, zu bergen. Nach Th. F. Mathews (1963) steht der Honig – seit Sappho (Carmina 132, Th. Reinach) – als Metapher für die Liebe, und daß auch Piero mit dieser Geschichte eine Allegorie auf die Liebe und offenkundig der Fruchtbarkeit im Auge hat, dafür spricht vieles: etwa der Zwiebeln feilbietende Pan an prominenter Stelle (die Zwiebel galt im Altertum als Aphrodisiakum), die Satyrfamilie mit der säugenden Satyrfrau und nicht zuletzt der Gott selbst, an dessen Seite seine Geliebte Ariadne erscheint, die in den Quellen im Kontext dieser Geschichte nicht vorkommt (also allegorische Bedeutung haben muß).

17. *Bacchus als Verkörperung des Weins.* Nicht zuletzt hat man den triumphierenden D. / Bacchus – in der Neuzeit hauptsächlich und gegenwärtig ausschließlich – als Verkörperung des Weins verstanden, desgleichen die zahlreichen «Bildnisse» des D. / Bacchus (Bacchusknabe von Guido Reni, um 1615 / 20; Florenz, Palazzo Pitti). – In diesem Sinn (erweitert um den Gedanken einer Allegorie des Herbstes) sind wohl auch die Bacchusbilder Caravaggios zu verstehen (s.o.).

18. *D. / Bacchus findet die schlafende Ariadne* (Ovid, Met. 8,174; Myth. Vat. II 124). Der ruhelos umherschweifende Gott trifft auf der Insel Naxos im Ägäischen Meer auf die schlafende, von Theseus verlassene Ariadne, von deren Liebreiz er so hingerissen ist, daß er sie auf der Stelle heiratet. Dieses durch alle Zeiten beliebte Thema scheint in römischer Zeit bildliche Gestalt angenommen zu haben. Auf einem neronischen Fresko aus Pompeji (Casa del Chitarrista; Neapel, Museo Nazionale, Inv. 9286) nähert sich D. mit seinem Gefolge der Schlafenden, –> Eros enthüllt ihren Körper. Dieselbe Szene begegnet uns auf mehreren reliefierten Sarkophagen, etwa dem frühseverischen Beispiel (um 220 – 235 n. Chr.; St. Petersburg, Eremitage) oder einem Sarkophag in Paris (Louvre, Inv. MA 1346).

In enger Anlehnung an Philostrat (Imag. 1,15) schildert Claude Lorrain die Geschichte (kleinfigurige Komposition in weiter Landschaft; «Liber veritatis» Nr. 139). – Nicht die Schlafende findet Tizians Bacchus vor (*Bacchus und Ariadne*, s.o.): Das Mädchen wendet sich mit erschreckter Geste ab, als der Gott vehement von seinem Wagen springt.

Inspiriert wurde Tizian zu dieser Darstellung der Ariadne wohl von Catull (64,249: «Die Hochzeit des Peleus und der Thetis», wo die Decke eines Saals beschrieben wird, auf der die verzweifelte, am Ufer zurückgelassene Ariadne zu sehen ist; allerdings ist hier keine Rede von der Ankunft des Bacchus). Als Alfonso d'Este das Bild in Auftrag gab, war Catulls Werk soeben in einer ihm gewidmeten Ausgabe erschienen.

19. *Der Triumph des D./Bacchus und der Ariadne.* In der Bildkunst verbindet sich der Triumphgedanke auch mit der Heimführung der Ariadne, so wie man das auf einem in der Renaissance vielbeachteten Sarkophag des 2. Jh. n. Chr. beobachtet (früher Rom, St. Maria Maggiore, heute London, British Museum). An der Frontseite bewegt sich der Zug mit dem Paar, das in von zwei musizierenden Kentauren gezogenen Wagen fährt, geleitet von Mainaden und Satyrn; der trunkene Silen auf dem Esel gibt das Geleit. Der Triumphzug erscheint variiert auf einem Fries über dem Kamin der *Iole* im Palazzo Ducale in Urbino, der auf dem Esel reitende, von einem Bacchanten gestützte Silen auf einem Fresko von Baldassare Peruzzi (Rom, Villa Farnesina, Sala de' Fregi; vgl. V. Cartari 1615, S. 559). – Unter den zahllosen Darstellungen in Renaissance und Barock ist Raffaels *Triumph des Bacchus* (1517) hervorzuheben, wenngleich das Werk nur durch eine Aquatinta von Conrad Martin Metz (18. Jh.) zuverlässig überliefert ist. Bemerkenswert die Komposition, die das triumphierende Paar – Bacchus und Ariadne – an den äußersten (linken) Rand rückt, um dem Thiasos mit dem volltrunkenen Silen und einem Elefanten die Mitte einzuräumen.

20. *D. und Ariadne.* In Umarmung sehen wir das Paar auf einem Terrakotta-Altärchen (um 350 v. Chr.; Oxford, Ashmolean Museum, Inv. Oldfield 51). – Vermutlich um ein Doppelbildnis von D. und Ariadne handelt es sich bei einem Relief von Tullio Lombardo (Brustbilder; 1490/1520er Jahre; Wien, Kunsthist. Museum). Den Titel rechtfertigt der Efeukranz, den der unbekleidete, bartlose junge Mann auf dem schulterlangen Lockenhaar trägt; das Mädchen an seiner Seite ist dann vermutlich Ariadne. – Das Gemälde von Jacob Jordaens (*Bacchus und Ariadne*, gegen 1645/50; Boston/Mass., Museum of Fine Arts) scheint die Entdeckung der schlafenden Ariadne durch D. mit deren Versetzung an den Himmel als Sternbild der Corona zu verknüpfen: Der Gott, der auf die Schlafende zuschreitet, hält in der erhobenen Rechten eine Krone, deren Zackenenden mit funkelnden Steinen besetzt sind.

21. *Bacchus unter den Musen.* Das Gemälde von B. Genelli (1868 vollendet; Aquarell, um 1852; Dresden, Kupferstichkabinett, Inv. 1908/189)

nimmt sich dieses Themas (vielleicht als Entwurf für einen Theatervorhang) an, in dem B. zum Konkurrenten des –> Apoll wird. Der jugendliche Gott im Kreis der Musen schaut dem trunkenen Silen und dem tanzenden Comus zu. Das Thema gehört in den Themenbereich der Erziehung des Gottes. Vielleicht soll dabei auch an D. als den Urheber der Theaterspiele erinnert werden.

22. *Bacchus und Midas* (Hygin, Fab. 191,3 ff). Die Geschichte des goldgierigen Midas, der sich flehend an den Gott wendet, er möge die Erfüllung seines Wunsches zurücknehmen, ist Gegenstand eines Gemäldes von Nicolas Poussin (um 1630; München, Alte Pinakothek). Der König kniet vor Bacchus, der mit einer Geste der linken Hand die Gewährung andeutet.

23. *D. / Bacchus als Allegorie des Herbstes.* Wenn Caravaggios *Bacco* nicht nur eine Traube in der Hand hält, sondern auch einen Korb mit Früchten vor sich stehen hat, so wird Bacchus zur Allegorie des Herbstes. Dessen Personifikation ist seit der Antike mit den Attributen des Bacchus versehen. Auf einem Mosaik in Volubilis (s. unter *D. / Bacchus und die Jahreszeiten*) ist der Kopf der Büste mit Weinlaub und Trauben bekränzt, wie wir das mehr als ein Jahrtausend später auch bei Hans Krumpers Bronzestatuette des *Herbstes* sehen (1611; München, Bayerisches Nationalmuseum).

24. *B. als Allegorie auf das Landleben.* Gleich der Göttin –> Demeter / Ceres kann Bacchus für das Landleben stehen. Paolo Veronese führt auf einem Fresko in der Villa Barbaro in Maser (Stanza di Bacco, um 1560) eine eigenwillige Konstellation von Figuren vor: Bacchus, der zwei Bauern die Weingewinnung lehrt, Somnus (Personifikation des Schlafs) und eine Muse, die in Wolken schwebend die Viola da Braccio spielt, umgeben von kindlichen geflügelten Genien. Th. Puttfarken (1980) hat die Szene als Allegorie auf das ländliche Leben in der Villa interpretiert, das für jene Zeit eine Verquickung von Agrikultur, Muße (Schlaf) und «humanistischer Beschäftigung» darstellt. Die Szene sei als Gegenstück zur *Anrufung des Hymenaeus* (Hymen) in der Stanza del Tribunale d'Amore (Villa Maser) zu verstehen, die in allegorischer Handlung das Familienleben auf dem Land umschreibt.

25. *D. / Bacchus und die Jahreszeiten.* Als Vegetationsgott ist D. dem Jahresablauf verbunden. Auf einem Mosaik in Volubilis / Marokko im Haus des Flavius Germanus (Maison de Dionysos et des Quatre Saisons, wohl 3. Jh. n. Chr.) ist der Gott von den Personifikationen von Frühling, Sommer, Herbst und Winter umgeben. Die von R. Etienne (1955, S. 110)

vorgeschlagene Deutung: Der Anbringungsort des Mosaiks – das triclinium als Ort der convivia, der Gastmähler – lege nahe, D. durch den
Wein als Spender ewiger Jugend zu sehen – ein Gedanke, der durch die
Darstellung der personifizierten Jahreszeiten – die Symbole der ewigen
Erneuerung des Lebens – sinnvoll ergänzt wird. – Das Verständnis des
D./Bacchus als Vegetationsgott führt konsequent zu einem Vergleich
mit –> Adonis, wie ihn schon die Antike gezogen hat. Dies ist u. a. belegt
durch einen Stich von P.S. Bartoli in seinen «Picturae antiquae» (Pl. IV),
der einen Adonis in der Erscheinung des Bacchus (mit Thyrsos, flankiert
von zwei Mainaden) vorführt.

26. *Bacchus und Ceres*. Schon in der schwarzfigurigen Vasenmalerei
ist der traubenspendende D. häufig der Partner des kornbringenden
Triptolemos, Schützlings der –> Demeter (Amphora um 520 v. Chr.;
Würzburg, Martin von Wagner-Museum). – In der neuzeitlichen Allegorese treten Bacchus und Ceres selbst häufig gemeinsam auf. Der ge-
bildete Zeitgenosse wird die Darstellung unmittelbar als Allegorie auf
Sommer und Herbst gedeutet haben. Auch verschiedene niederländi-
sche Darstellungen (u. a. ein Alabasterrelief, um 1620/30, Karlsruhe,
Badisches Landesmuseum; ein Elfenbeinrelief um 1650, Hamburg, Museum für Kunst und Gewerbe), die Bacchus und Ceres wie ein Liebespaar
daherschreitend zeigen, sind als Allegorie von *Sommer* und *Herbst* mit
ihren Gaben (Feldfrucht und Wein) sicher nicht fehlinterpretiert.

Eine Auslegung in verwandtem Sinn wird auch für die Darstellung
des Hans von Aachen zutreffen. Das Gemälde *Bacchus, Ceres und Amor*
(um 1600; Wien, Kunsthist. Museum) zeigt den Gott des Weins, der sich
mit gebreiteten Armen der sitzenden Göttin zuneigt. Diese (unkanonisch nackt) hält in der Linken ein gefülltes Weinglas. Alle Requisiten
(der Korb mit Früchten in den Händen Amors) deuten vordergründig
auf eine Allegorie des Herbstes. Der tiefere Gedanke: Bacchus und Ceres
lassen die Liebe reifen.

27. *«Sine Cerere et Libero friget Venus»* (ohne Ceres und Liber friert
Venus; Terenz, Eun. 733). Dieses Sprichwort griff der Humanismus im
16. Jh. auf. Es erscheint zunächst in der Emblematik der Zeit, wo Bacchus
– zusammen mit Ceres – für den Überfluß steht, der die Begierde fördere
(bei Barptolomäus Anulus 1552, S. 114; H./S. Sp. 1753). Hier ist die
Quelle für die vielen bildlichen Darstellungen der Trias Venus, Bacchus,
Ceres zu suchen: z. B. das Gemälde von B. Spranger (um 1600; Graz,
Joanneum) oder die beiden Gemälde von Rubens, *Sine Cerere et Libero
friget Venus* (1612/13, Jaffé Nr. 191, Kassel, Gemäldegalerie) und die

Frierende Venus (1614, Jaffé Nr. 234; Antwerpen, Koninklijk Museum voor Schone Kunsten). Meist sind die beiden in Begleitung des Amor (z. B. auf einer Federzeichnung von H. Goltzius, 1593; London, British Museum), der seinerseits anstelle der Venus allein für die Liebe stehen kann. – Auf denselben Gedanken spielen wohl zwei Darstellungen des B. Spranger an: *Bacchus und Venus* (um 1597; Hannover, Niedersächsische Landesgalerie) und *Bacchus und Ceres verlassen Venus und Amor* (1590; Wien, Kunsthist. Museum).

28. *Bacchus und Venus*. Diese Konstellation könnte man, anders als die Begegnung von Bacchus und Ceres, aus dem Mythos herleiten. Daß B. Spranger seinem Gemälde (*Bacchus und Venus*, um 1597; Hannover, Niedersächsische Landesgalerie) jedoch einen allegorischen Sinn unterlegt, der den Wein als Förderer der Liebe interpretiert, liegt nahe.

29. *Bacchus als Symbol der Fruchtbarkeit*. Die befremdliche Kombination der Szene der Geburt des Bacchus (Merkur hat das Kind soeben den Nymphen übergeben) mit dem leblosen Narziß und der dahinsiechenden Echo auf dem Gemälde von Nicolas Poussin, *Die Geburt des Bacchus* (1657; Boston, Fogg Art Museum), deutet A. Blunt (1944, S. 167) als «Symbole» von Fruchtbarkeit und Unfruchtbarkeit. Fußend auf Natale Conti, fasse Poussin den Götterboten Merkur als Vermittler zwischen Himmel und Erde auf. Die Anwesenheit Pans, der im Schatten der Bäume seine Syrinx spielt, führt Blunt auf die Beschreibung Philostrats zurück, seine Bedeutung jedoch wiederum auf Natale Conti, der in Pan das Symbol der Vereinigung von Göttlichem und Menschlichem sieht, da sein oberer Teil schön und gottähnlich erscheint, der untere häßlich und tierähnlich. So vereine Pan durch seine Gestalt Göttliches und Irdisches, was die übergeordnete Thematik dieses Bildes sei.

30. *D. mingens*. Das Gemälde *Trinkender Bacchusknabe* von Guido Reni (um 1623 oder 1637 / 38; Dresden, Gemäldegalerie Alte Meister) stellt das wohlgenährte nackte Kind auf dem Boden kniend, auf ein Weinfaß gestützt und aus einer bauchigen Weinflasche trinkend dar, wobei es auf den Boden uriniert – ein in der Bildkunst häufig wiederkehrendes Motiv, das den Fruchtbarkeitsgedanken allegorisiert (nur die gewässerte Erde kann Frucht hervorbringen; –> Ganymed). Auch die Auffassung des D. als Walter über «die feuchte und warme Schöpfung», deren Symbol unter anderem der Wein sei, kommt einem in den Sinn (Proklos, zitiert bei W.F. Otto 1939, S. 142).

31. *Bacchus-Apollo* («Liber pater, qui et Apollo est» = Liber pater, der auch Apollo ist). E. Panofsky (1960) interpretiert das Thema eines Ge-

mäldes von Nicolas Poussin im Nationalmuseum zu Stockholm (nach 1624; früher *D. und Erigone* genannt) als D. in der Doppelbedeutung von Liber pater und Apoll, in Begleitung einer Bacchantin / Muse, fußend auf Macrobius (Sat. 1,18,7). Er geht von der Beobachtung aus, daß die hier auftretenden Attribute nicht nur bacchisch sind (Thyrsos, Weinlaubgirlande, Traube), sondern ebenso auf Apoll hinweisen: der Lorbeerkranz, den ihm ein herabschwebender Genius auf das Haupt drückt, die Lorbeergirlande, die seinen Oberkörper ziert. Dieses «numen mixtum» aus Bacchus und Apoll sei schon der Antike nicht fremd gewesen, da beide Gottheiten nicht nur Gegensätze darstellten, sondern auch durch gemeinsame Wesenszüge verbunden gewesen seien. – Von Bedeutung für den Bildgegenstand mag aber auch sein, daß Marsilio Ficino (Theol. Plat. 4,1) und Gyraldi (Syntagma de Musis; Opera 1, S. 537 f) neun verschiedene Bakchoi jeweils mit einer Muse aufführen. – Ch. Dempsey (1966, S. 230 ff) sieht in dieser Bacchusgestalt nicht nur einen Bacchus-Apoll, sondern die Trinität Bacchus-Apoll-Adonis (vgl. o. *Bacchus und die Jahreszeiten*).

32. *Die Erziehung des Bacchus* als Allegorie auf die Manifestation der Form in der Materie. In diesem platonischen Sinn interpretiert A. Blunt (1944, S. 166) das Gemälde von N. Poussin (um 1630; London, National Gallery): Wie der Wein, den der kleine Bacchusknabe aus einer von einem Satyr dargereichten Schale schlürft, sich in dessen Mund ergießt, so ergieße sich die Form in die Materie.

33. *D. in eschalotologischer Bedeutung.* Den Ursprung dieser Bedeutung hat man in dem Mysteriengott D. zu suchen, der seinen Anhängern ein Fortleben nach dem Tod versprach, was in seinem Verständnis als Vegetationsgottheit wurzelt. Aber auch die Geschichte der Ariadne, die in einem todesähnlichen magischen Schlaf verharrt, bis sie D. erweckt, steht in engem Zusammenhang mit einem «Auferstehungsglauben». So bilden Erweckung und triumphale Heimführung der Ariadne einen angemessenen Sarkophagschmuck. Das Relief der Vorderseite des Sarkophags in Baltimore (Walters Art Gallery) zeigt D. (zentrale Figur mit großem Gefolge) vor der Schlafenden.

34. *Weinlese und Kelter als dionysisch-christliche Symbole.* Die Thematik der Dekoration von S. Costanza in Rom (2. Hälfte 4. Jh.) ist so von bacchantischen Motiven bestimmt, daß frühe Archäologen für einen später zur christlichen Kirche umfunktionierten Tempel des Bacchus hielten, was in Wahrheit das Mausoleum der Constantina, Tochter des Constantin, ist. Die Thematik eines (nur in einer Zeichnung überliefer-

ten) Bodenmosaiks und in einem der Gewölbe kreist um Weinernte und Weinbereitung. Sie kehrt wieder an dem Porphyrsarkophag der Constantina (306–337 n. Chr., aus S. Costanza, Rom; heute Musei Vaticani, Sala a Croce Greca): Kleine geflügelte Genien sind mit Weinlese und Kelter beschäftigt.

Die dionysische Thematik im Kontext einer Funeralarchitektur erklärt sich letztlich aus dem Wesen des D. als Mysteriengott, der seinen Anhängern ein Fortleben nach dem Tod verspricht. Auch der Aspekt des D./Bacchus als chthonische und Vegetationsgottheit, verstanden als Symbol ewiger Erneuerung, ist hier von Bedeutung. In der christlichen Eschatologie schließlich vereint sich dieser Gedanke mit dem Auferstehungsglauben (vgl. «Christus in der Kelter» in der chistlichen Ikonographie).

So ist auch plausibel, daß der Wein als Wandschmuck in den christlichen Katakomben (Graffito in den Priscilla-Katakomben) eine Rolle spielt.

35. *Bacchus als Präfiguration Christi*. Daß die Attribute auf einem Hauptwerk des Dosso Dossi (*La stregoneria* = Hexerei; Florenz, Uffizien) dionysischen Charakter haben und den Schlüssel für eine Deutung des Bildes als Huldigung an Bacchus (im Typus des alten bärtigen Gottes) liefern, hat M. Calvesi (1982) dargelegt. Zugleich sieht er eine Verbindung zwischen dem gewaltsamen Tod des D.-Zagreus, auf den die Darstellung symbolisch anspiele, und dem Opfertod Christi. Die Kugel in der Hand des Bacchus werde sinnvoll, wenn man sie als Äquivalent für den Erdball in der Hand Christi versteht.

36. *Zyklen*. Der sog. *Dionysos-Stoff* aus Ägypten im Louvre (s. *Die Geburt des D.*) illustriert folgende Szenen, vorwiegend aus der Kindheit des D.: (im obersten Fries) Selene wird vom Blitz des Zeus getroffen; Geburt des und erstes Bad des D.; die folgende Szene ist verloren; es folgt Juno (mit Beischrift), vor der zwei Krieger das Kind in der Wiege (ganz außen) schützen. Den Hauptfries nimmt ein Thiasos ein, in dem die tanzende Semele die Hauptfigur ist.

Mehrere Episoden aus dem Leben des D. schmücken eine Elfenbeinpyxis des 5. Jh. (Bologna, Museo Civico, Inv. 693): die Geburt (Semele im Kindbett); D. sitzend zwischen zwei Kriegern und tanzenden Korybanten, einer Frau mit Spiegel und einer Mänade; das Kind D., das, unterstützt von einem Satyrn, auf einem Ziegenbock reitet; D. auf einem von zwei Panthern gezogenen Wagen, begleitet von seinem Thiasos. – Vier Themen aus dem Kreis des D. waren im Camerino d'Alabastro, dem Studiolo Alfonso d'Estes in Ferrara, vereint (im Verbindungstrakt zwischen Kastell und neuem Schloß; Ausstattung 1514 in Auftrag gegeben): Giovanni Bellinis *Fest der Götter* (s. o.); *Bacchus und Ariadne* (s. o.) und die *Andrianer* (Madrid, Prado; nach Philostrat, Imag. 1,25, «Die Leute von Andros»), beide von Tizian, und das *Bacchanal* von Dosso Dossi (ebenfalls im Prado; vgl. Charles Hope 1971). – Dem Bacchus gewidmet ist die *Galleria di Bacco* im Palast der Este in Sassuolo, die Giovanni Boulanger mit Gehilfen von 1650 an mit zahlreichen Szenen aus dem Leben des Gottes ausgestaltete. Die einzelnen Bilder (zum Teil als illusionistisch gemalte Wandteppiche): *Semele, die den hinterhältigen Rat der Juno in Gestalt der alten Amme Beroë anhört* (s. **A**); *der Triumph des Bacchus, der auf einem von zwei Panthern gezogenen Wagen fährt, mit seinem Gefolge; der Abschied des Bacchus-Osiris von Isis* (Diodor 1,17: Im Vordergrund einer weiträumigen Landschaft führt die über seinen Abschied betrübte Isis dem ägyptischen Merkur (dem Trismegistos) und dem Herkules zu; *Bacchus durchquert auf dem von Zeus geschickten Tiger den Tigris* (Natale Conti 5,13); *die Begegnung mit Pentheus* (s. **A**); *Bacchus überwacht die Errichtung zweier Säulen an den Ufern des Ganges* (Dionysios v. Milet, Descriptio orbis, v. 1164); *Bacchus geht mit Gefolge an Land und findet auf einem Felsen die klagende Ariadne* (s. **A**).

Lit.: Augé, Christian / Linant de Bellefonds, Pascale, in: LIMC 1986, 3,1, S. 514–531; 3,2, S. 406–419, s.v. Dionysos in peripheria orientali. Barocchi, Paola: Il Bacco di Michelangelo. Firenze, Museo Nazionale del Bargello 1982. Blunt, Anthony: The Heroic and the Ideal Landscape in the Work of Nicolas Poussin. In: The Journal of the Warburg and Courtauld Institutes 7, 1944, S. 154–168, bes. S. 165 ff. Calvesi, Maurizio: Dosso e il «sacramento» di Bacco. In: Storia dell'Arte 46, 1982, S. 209–213. Carman, Charles H.: Michelangelo's Bacchus and Divine Frenzy. In: Source. Notes in the History of Art 2,4,1983, S. 6–13. Cavalli-Björkman, Görel (Hg.): Bacchanals by Titian and Rubens. Papers given at a symposium in Nationalmuseum, Stockholm, march 18–19, 1987. Stockholm 1987 (Nationalmusei Skriftserie. N.S. 10). Cristofani, Mauro, in: LIMC 1986, 3, 1, S. 531–540; 3, 2, S. 419–427, s.v. Fufluns. Dempsey, Charles: The Classical Perception of Nature in Poussin's Earlier Works. In: The Journal of the Warburg and Coutauld Institutes 29, 1966, S. 219–249. Dionysos 1987. Arte Orafe e iconografia dionisiaca. Ausst.-Kat. Torgiano, Museo del Vino, 1987. Etienne, M. Robert: Dionysos et les quatre saisons. Sur une mosaïque de Volubilis. In: Mélanges d'Archéologie et d'Histoire 63, 1951, S. 93–118. Fehl, Philipp: The Worship of Bacchus and Venus in Bellini's and Titian's Bacchanals for Alfonso d'Este. In: Studies in the History of Art 6, 1974, S. 37–96. Gallo, Daniela: Mostre del Museo del Bargello: Iacopo Sansovino. Il Bacco e la sua fortuna, Firenze 1986. Gasparri, Carlo / Veneri, Alina, in: LIMC 1986, 3,1, S. 414–514; 3,2, S. 296–406, s.v. Dionysos. Ders., ebd. S. 540–566 u. S. 428–456, s.v. Dionysos / Bacchus. Gesing, Martin: Triumph des Bacchus. In: Europäische Hochschulschriften 28, Bd. 84, Frankfurt / Bern / New York / Paris 1988. Goering, Max, in: RDK 2,2, 1948, Sp. 1330–1359, s.v. Bacchus. Goffen, Rona: Giovanni Bellini. New Haven / London 1989. Goldscheider, Ludwig: Michelangelo Studies II. Virtus et Voluptas. In: The Connoisseur 133, 1954, S. 147–149. Hamdorf, Friedrich Wilhelm: Dionysos / Bacchus. Kult und Wandlungen des Weingottes. München 1986. Holberton, P.: Battista Guarino's Catullus and Titian's Bacchus and Ariadne. In: Burlington Magazine 128, 1986, S. 347–350. Hope, Charles: The «camerino d'Alabastro» of Alfonso d'Este. In: The Burlington Magazin 113, 1971, S. 641–650 u. 712–721. Houser, Caroline: Dionysos and His Circle. Ausst.-Kat. Cambridge / Mass., The Fogg Art Museum, Harvard University, 10. 12. 1979–10. 2. 1980. Cambridge / Mass. 1979. Jubaru, Florian: La decorazione bacchica del Mausoleo cristiano di Santa Costanza. In: L'Arte 6, 1904, S. 457–468. Kerényi, Carl: Dionysos. London 1976. Kocks, Dirk: Sine Cerere et Libero friget Venus. In: Jahrbuch der Hamburger Kunstsammlungen 24, 1979, S. 113–132. Lawrence, Marion: Three Pagan Themes in Christian Art. In: Essays in Honor of Erwin Panofsky. New York 1961, S. 323–334. Mathews, Thomas F.: Piero di Cosimo's Discovery of Honey. In: The Art Bulletin 45,4,1963, S. 357–360. Matz, Friedrich: Der Gott auf dem Elefantenwagen. Mainz 1952 (Abhandlungen der Geistes- und Sozialwissenschaftl. Klasse der Akademie der Wissenschaften und der Literatur 1952, 10). Nilsson, M.P.: Geschichte der griechischen Religion, 2 Bde. 1955 u. 1961. Nordhagen, Per Jonas: The Origin of the Washing of the Child in the Nativity Scene. In: Byzantinische Zeitschrift 54,1961,1, S. 333–337. Otto, Walter F.: Dionysos. Mythos und Kultus. 2. Aufl. Frankfurt / M. 1939. Panofsky, Erwin: A Mythological Painting by Poussin in the Nationalmuseum Stockholm. Stockholm 1960 (Nationalmusei Skriftserie 5). De la Perrière, Guillaume: Le théâtre des bons engins. Paris, 1539. Puttfarken, Thomas: Bacchus und Hymenaeus: Bemerkungen zu zwei Fresken von Veronese in der Villa Barbaro in Maser. In: Mitteilungen des Kunsthistorischen Institutes in Florenz 24, 1980, S. 1–14. Renger, Konrad: Sine Cerere et Baccho friget Venus. Zu bacchischen Themen bei Rubens. In: Peter Paul Rubens. Werk und Nachruhm, Hrsg. vom Zentralinstitut für Kunstgeschichte und den Bayerischen Staatsgemäldesammlungen. München 1981, S. 105–135. Schéle, Sune: Cornelis Bos. Stockholm 1965. Simon, Erika 1985 (–> Allgem. Bibl.), S. 269–294. Steiner, Robert: Il ‹Trionfo di Bacco› di Raffaello per il duca di Ferrara. In: Paragone 325, 1977, S. 85–99. Weitzmann, Kurt 1951 (–> Allgem. Bibl.). Wilamowitz-Moellendorff, Ulrich von: Der Glaube der Hellenen. 3. Aufl. 1959. Wind, Edgar 1958 (–> Allgem. Bibl.), S. 177–190 (A Bacchic Mystery by Michelangelo). Zanker, Paul: Wandel der Hermesgestalt in der attischen Vasenmalerei. Bonn 1965.

Dioskuren –> Leda
Eos –> Apoll
Erato –> Musen
Erichthonios –> Athena, –> Hephaistos

Eros, griech., lat. Amor, Cupido, etr. Eros. – Die Liebe, Gott der Liebe zwischen den Geschlechtern. Über Ursprung und Eltern gibt es viele widersprüchliche Nachrichten (vgl. Pausanias 9,27,2; s.a. LIMC, Bd. 3,1, S. 850 f). Bei Hesiod (Theog. 120 ff) ist E. am Anfang der Welt nach Chaos und Erde (Ge) die dritte Ursprungsmacht. Der Dichter sagt nicht, E. sei ein Kind der beiden älteren gewesen, wie später oft verstanden wird (vgl. Servius, Aen. 1,664: Chaos und «prima rerum naturae»; vgl. Gyraldi, Synt. 13, S. 557A f). Platon (Symp. 178b) stellt fest, er habe keine Eltern. Man meinte offenbar auch, er sei gemeinsam mit Aphrodite dem Meer entstiegen (Antipater v. Thessalonike, Anth. Pal. 9,420). In altorphischer Vorstellung soll er – noch vor Erde, Luft und Himmel – dem von Nyx (Personifikation der Nacht) hervorgebrachten Weltei entstiegen sein (Aristophanes, Aves 692 ff). In der Logik genealogischen Denkens und gelenkt von bestimmten Auffassungen seines Wesens, identifiziert man immer wieder andere Eltern. Nach Pausanias (9,27,2) hielt man zumeist Aphrodite für seine Mutter. Simonides soll berichtet haben, Venus / Aphrodite habe den E. / Cupido allein aus sich geboren (Servius, Aen. 1,664). Später meint man gewöhnlich, er sei ein Kind der Göttin von Hephaistos / Vulkan (Nonnos 5,135 ff; vgl. Servius, Aen. 1,664; Myth. Vat. II 35; Boccaccio, Gen. 3,24 u. 23).

Cicero (Nat. 3,60) unterscheidet drei verschiedene Cupidines.

In der griechisch-römischen Literatur der Antike ist der Gott – wie im wirklichen Leben – außerordentlich oft vertreten.

In E. manifestiert sich eine Urpotenz von kosmischer Geltung, welche wir als Liebe erfahren. Als kosmische Urgewalt, «die hinauf reicht zu den Sternen und hinab in das Meer», wird Seneca ihn vorführen (Phaedra 330 ff).

A Der Mythos des E. ist sehr klein. Seine Geschichte(n) schreiben statt dessen die Dichter und geben ihm dabei Gestalt, und er hat immer wieder das Interesse der Philosophen (Platon, Symp.).

Obgleich er einer der ältesten der Götter ist, stellt man ihn sich doch zugleich in zeitloser Jugend als den jüngsten vor (Longos 2,5,2: «Ich bin ... kein Kind mehr, auch wenn ich wie ein Knabe aussehe, sondern bin älter als Kronos und alle Zeit»). Dabei hat er unbeschränkte Macht gleicherweise über Götter und Menschen (Hesiod, Theog. 121; Longos 2,6,2 f; vgl. Seneca, Phaedra 184 ff: Juppiter und Mars seine Opfer). Nach Platon (Symp. 195b-c) muß er jünger sein als die vorolympischen Götter, deren Handeln nicht unter dem E., sondern nur unter der Notwendigkeit gestanden haben könne.

Jedenfalls hält man ihn zunächst für älter als –> Aphrodite, der er sich bei ihrer Geburt aber zugesellt, gemeinsam mit –> Himeros (Hesiod, Theog. 201 ff; vgl. Gyraldi, Synt. 13, S. 558A). Zu den beiden kommt noch Pothos («Sehnsucht»: vgl. Platon, Krat. 420a). Die drei sind offenbar Gefährten der Göttin.

Das Bild des E. durch die Zeiten wird fundamental bestimmt durch die Urerfahrung einer natürlichen unausweichlichen Macht, die uns ebenso zu beglükken wie zu bedrücken vermag, die wir subjektiv ebenso als Heil wie als Unheil erleben können. Dazu kommt – aus anderer Blickrichtung – die Beobachtung, daß diese «Liebe» von zweiteiliger Struktur ist und eine eigentümliche und fundamentale Beziehung zwischen zwei Menschen, dem Ver-liebten und dem Ge-liebten, herstellt, an der man – nach Auskunft der Mythographen – zwei Gruppen von drei verschiedenen Protagonisten unterscheidet: 1. E., Himeros und Pothos (nach Gyraldi, Synt. 13, S. 561, sind dieses Namen für ein und denselben). 2. E., Himeros und Anteros (meint Cicero mit seinen drei Amores diese letzteren drei?). Schließlich will auch das Verhältnis von E. zu –> Aphrodite – und umgekehrt – verstanden sein.

Die Geschichte des «E.» ist eine Geschichte der Einsicht in sein Wesen und seiner Bewertung. Wie wenig überzeugend obige Unterscheidungen waren, bezeugt die Anzahl verschiedener Deutungen in der Mythographie wie in Übersetzungen. Ein Epigramm des Kallimachos (Anth. Pal. 12,54) verwendet spielerisch alle drei Namen gleicherweise im Sinn von E. Gyraldi (Synt. 13, S. 561), notiert einige interessante etymologische Versuche, die drei zu verstehen (mit Hinweis besonders auf Cornutus, Nat. deor. 25).

Man sollte hier unterscheiden zwischen Ursache und Wirkung. Alle drei sind Verursacher: E. verursacht Liebe; Himeros verursacht körperliches Verlangen nach dem Geliebten, wobei er dem Bruder folgt (wie Hesiod ihn als zweiten nennt). Gyraldi (Synt. 13, S. 558B) zitiert einen Scholiasten, wonach E. / Cupido durch den Anblick Liebe verursache, danach Himeros, das Verlangen («desiderium»), die Begierde wecke. Pothos mag man verstehen als «Sehnsucht» nach etwas, das man vermißt, im Gegensatz zum «Reiz» des (sinnlich!) Anwesenden (vgl. Platon, Krat. 419d-420b), dem Anliegen des Himeros. Xenophon (Symp. 4,22) bemerkt, daß ein bloßes Abbild nur Sehnsucht («pothos») wecken kann (Properz 5,24 notiert, daß alte Bilder den Amor ungerührt lassen: Er verlangt nach Gegenwart).

Das Verhältnis der drei zueinander macht auf seine Weise Lukian deutlich (Dear. iud. 15 f): Nachdem E. in Helena die Liebe zu Paris entfacht hat, soll Himeros ihn begehrenswert und reizend für Helena gestalten, indem er ihn schön macht (daß sie Lust auf ihn bekomme). Damit das Geliebte dann im Sinn bleibt, wenn es aus den Augen ist, dafür sorgt Pothos, den die Göttin dem Paris zusammen mit dem (Hochzeitsgott) Hymen auch noch verspricht (vgl. die Etymologie bei Gyraldi, Synt. 13, S. 561B f). Sicher verfehlt ist die Deutung des Pothos bei Pausanias (1,43,6) als «Sex» (Peter Levi 1979, Bd. 1, S. 121). –> Anteros ist in diesem Szenario die Gegenliebe des Geliebten, welche die beiden schließlich zu einem Paar macht: Hier wird der Verliebte zum Geliebten, und zwei Eroten stehen einander gegenüber. Das ist E. «amphibalés», die gegenseitige Liebe («mutuus et reciprocus»; Gyraldi, Synt. 13, S. 563B).

Der lateinische «Cupido» steht in sprachlichem Sinne dem Himeros wohl näher als «Amor» (vgl. Gyraldi, Synt. 13, S. 559 f: «Cupido» zu «cupiditas»).

Skopas soll versucht haben, das unterschiedliche Wesen von E., Himeros und Pothos in einem Bildwerk darzustellen (Pausanias 1,43,6). Wie die drei je ausgesehen haben, wissen wir nicht, jedenfalls unterschiedlich. Es scheint, daß das (literarische) Bild des E. die beiden Gefährten langsam in sich (wieder?) aufnimmt, was deutlich wird auch in der gelegentlichen ausdrücklichen Gleichsetzung von E. und Himeros im Hellenismus: Meleagros (Anth. Pal. 7,421; hier ist er ein geflügelter Bursche, mit Jagdspeer und in einer Wildschweinhaut, der an Meleager erinnert). Den E. in einem Bild von Praxiteles (vgl. Kallistratos 3) nennt Antipater v. Sidon einen «süßen Himeros», dessen Feuer sogar kalten Stahl entflammen könnte (Anth. Pal. 16,167). Pothos bleibt eigentlich unsichtbar. Sappho stellt ihn sich augenscheinlich geflügelt vor (LIMC, Bd. 3,1, S. 851). Bei Meleagros (Anth. Pal. 12,54; s. o.) ist er mit den beiden anderen austauschbar.

Daß besonders der Himeros es zu keiner eigenen Gestalt bringt, ist symptomatisch für ein Problem, mit dem E. historisch seine Schwierigkeiten hat, sofern er häufig von dem anderen offenbar besetzt wird (s. u.). Es scheint, daß die (v.a. christliche) Kritik an dem Sinnenfreudigen und am Herrn der Hurerei («fornicatio») eigentlich den «Lüstling» Himeros meinen wird.

Wie E. – von Ursprung der Ältere – sich der Aphrodite zugesellt, so sieht man ihn als ihren Diener und Vollstrecker (Ovid, Met. 5,365: «Meine Waffe und Hand, mein Sohn, meine Macht und Gewalt du», sagt sie). So weckt sein Pfeil dem Pluto / –> Hades die Liebe zu Proserpina / –> Persephone und erobert damit der Mutter und sich das letzte Drittel der Welt (Ovid, Met. 5,366 ff; vgl. Anth. Pal. 16,210: zur Unentrinnbarkeit. –> Zeus, –> Poseidon). Dabei hat er offenbar ihr gegenüber seinen eigenen Willen, der z. B. auch bestochen sein will, als nämlich Mutter möchte, daß er der Medea Liebe eingibt für Iason (Apollonios Rhodios 3,129 ff u. 275 ff). Als Verwalter eigener Sache zeigt er sich in der Auseinandersetzung mit Apoll, der den kindlichen Schützen nicht ernst nimmt und – zum eigenen Schaden – verspottet (–> Daphne; Ovid, Met. 1,452–473).

B Grundlegend für die Vorstellung von E. durch die Zeiten ist die Unterscheidung von Verliebtem und Geliebtem, in welcher Konstellation E., als der Verursacher von Liebe, der Geliebte ist. Aus dieser Sicht beobachtet man, daß Liebe aus dem Anblick entsteht: «ex aspectu amor concipitur» (Gyraldi, Synt. 13, S. 561B, mit Hinweis auf Hesychius; –> Paris; zur Macht des Anblicks –> Medusa; vgl. Xenophon, Symp. 4,24: der versteinernde Anblick des Geliebten; vgl. ebd. 1,9). Der Anblick braucht den Blick. Daß die Augen die Liebe anführen, soll Properz sagen («oculi sunt in amore duces», Gyraldi, Synt. 13, S. 561B; vgl. die mittelalterlichen Stellen bei Panofsky, Blind Cupid, 1939/1962, S. 103). Die Augen sind die des Verliebten. Kolluthos (259 ff) beschreibt, wie Helena ihren Blick von Paris nicht wenden kann, und zeigt sie so als Opfer.

Die Erfahrung hat man in das Bild eines Bogenschusses übersetzt, wie denn Blick und Schuß einander ähneln, wozu auch der Abstand gehört, über den hinweg das Ziel jeweils getroffen wird (Xenophon, Symp. 4,22; vgl. Gyraldi, Synt. 13, S. 562A f). Der Pfeil ist die Schönheit des anderen, eben des E. Im «Roman de la Rose» (1694) dringt der Pfeil durch das Auge ins Herz, wo er (ebd. 1715 f) mit widerhakiger Spitze (vgl. Properz 2,12,9), «die man Schönheit (»Biautés«) nennt», festsitzt und sich nicht einfach entfernen läßt (vgl. die Illustration zu «Der Wälsche Gast», wo «Liebe» den törichten Mann in das Auge schießt: Ms., Zürich, Privatslg., ca. 1380; Panofsky, ebd. S. 113). Daß Amor/Liebe hier als nackte Frau erscheint, mag wohl mit dem grammatischen Genus des Namens (auch «Minne») im Deutschen zusammengehen (Panofsky, ebd.), kann aber durchaus auch den durch eine reife Frau personifizierten Liebesgott (die Geliebte) vor dem verliebten Mann zeigen.

Mit dem Bild vom Bogenschützen verbindet sich leicht das Bild vom strahlenden Glanz des E. als Brandstifter, wobei man den Blick im Bild eines Blitzes (Gyraldi, Synt. 13, S. 561A, nach Plinius) oder eines Feuerstrahls, der den Blitz sogar zu brechen vermag (Anth. Pal. 16,250), versteht und die Liebe im Bilde eines Brandes sieht (zu Lichtstrahl und Pfeil –> Apollon).

Es liegt in der Logik der grundlegenden Auffassung, daß man (seit dem 13. Jh. und v.a. seit der Renaissance) sich den E. blind vorstellen kann (vgl. Panofsky, ebd. S. 105 ff). Im gleichen Sinn übt er seine Macht aus, auch wenn er schläft. Den vor den Augen der Psyche sinnlich verführerischen bloßen Anblick des schlafenden Knaben E. («Cupido»), bei dem man besonders das «Strahlen» bemerkt, beschreibt ausführlich Apuleius (Met. 5,22).

Bei Platon (Leges 5,731e) findet sich eine andere, schlicht psychologische Beobachtung, wonach die Liebe nicht blind ist, sondern blind macht, und also von der Blindheit des Verliebten und nicht der des Geliebten spricht. Der Gedanke wird sich zur vielfältigen Deutung mit der Vorstellung vom blinden Geliebten (= E.) verbinden. Im «Der Wälsche Gast» (Thomasin von Zerclaere, um 1215) wird Amor sagen: «Ich bin blind, und ich mache blind.» So sind hier beide Protagonisten behindert (A. v. Oechselhäuser, Der Bilderkreis zum Wälschen Gaste des Thomasin von Zerclaere, Heidelberg 1890, S. 25, Nr. 19).

Diese Auffassung liegt auch der Beobachtung zugrunde, wonach Schönheit nicht die Ursache der Liebe, sondern deren Frucht ist, sofern dem Verliebten eine häßliche Frau als die schönste erscheinen mag. Gyraldi schreibt (Synt. 13, S. 564A), der blinde Amor mache den Verliebten blind, lasse ihm schön erscheinen, was nicht schön ist. Später wird man formulieren, die Schönheit liege im Auge des Betrachters. Es muß auffallen, daß solches Verständnis den Bogenschützen E. gleichsam als vermittelnden Dritten einzuführen scheint. Sicher den – nicht so erfolgreichen – Mittler E. hat Lukian im Sinn mit der Geschichte, in der der Liebesgott im Ringkampf dem –> Hermes unterliegt (Dial. deor. 11,221). Anderseits soll er den (Lüstling) –> Pan besiegt haben (Myth. Vat. I 127 u. II 48: «amor vincit omnia» – Liebe besiegt alles). Andere behaupten, er sei dem Pan unterlegen gewesen (Libellus 9,H. Liebeschütz 1926, S. 120).

Eine Person scheint aus dem Prinzip zumindest schon bei Hesiod geworden zu sein (Theog. 120 f u. 201). Platon (Symp. 195a-196b) sagt, er sei der jüngste und zarteste der Götter und von geschmeidigem Wesen. Seine Gestalt zeige Ebenmaß und Geschmeidigkeit. Hesiod (ebd. Theog. 120) hatte ihn den schönsten («kalós») der Unsterblichen genannt. Man stellt ihn sich gemeinhin als Knaben vor, zumeist – vielleicht seit Asklepiades – eher als Kleinkind (Asklepiades, Anth. Pal. 105: «mikròs»; ders. ebd. 162: «neognòs»), gelegentlich als Jüngling (z. B. Meleagros, Anth. Pal. 7,421, vgl. o.; wohl auch Apuleius, Met. 5,22), den man durch die Zeiten mit einer Anzahl von Attributen versehen wird, die sein Wesen veranschaulichen sollen.

Schon der Bogen kann den E. als Jäger kennzeichnen. In diesem Sinn hat man gesagt, sein Köcher habe zunächst der Artemis gehört (Nonnos 48,268).

In seiner bis heute gültigen Erscheinung ist er nackt und geflügelt (doch bei Sappho kommt er in purpurfarbener Chlamys vom Himmel: D.A. Campbell 1994, S. 98, Frg. 54. Euripides, Hipp. 1275, sieht ihn geflügelt und in goldenem Glanz, vielleicht nach Sappho: ebd., S. 182 ff, Frg. 194), trägt einen Bogen (seit Euripides, ebd. 531 ff) und Köcher und eine Fackel. Das ist seine Grundausstattung (s. Properz, El. 3,12; Seneca, Oct. 557 ff). Gelegentlich (und spät) zeigt man ihn mit einem Schwert (vgl. Cod. palat. 1066, in Liebeschütz, S. 54), gewöhnlich aber mit einem Pfeil. Zwei Pfeile hat er bei Ovid (Met. 1,468 ff; Myth. Vat. III 11,18). Der «blinde» E. / Cupido wird anschaulich mit geschlossenen Augen oder (deutlicher) durch eine Augenbinde (Boccaccio, Gen. 9,4; nach Francesco da Barberino, gest. 1348, der den Knaben – auf Bildern? – blind gesehen hat). – Übrigens soll Orpheus von einem E. ohne Augen gesprochen haben (Proklos, Comm. zu Platon, Tim. 33c bei Diehl, Bd. 2, 85, 23).

Vorab aber glänzt der Gott und strahlt v.a. von Gold: Euripides, Iph. aul. 1275 («chrysophaés»); goldgelockt und -geflügelt sind Amoretten bei Sappho (Frg. 194), goldnes Haar hat er bei Anakreon (Athenaios 13,599c; Euripides, Hipp. 548: «chrysokómes»; ein «goldenes Haupt» hat er bei Apuleius, Met. 5,22; s. u.), goldgeflügelt sieht ihn Aristophanes (Aves 1738; Asklepiades oder Posidippos, Anth. Pal. 12,77: goldene Flügel und silberne Schultern), Ibykos (Frg. 1) sieht ihn im Glanz himmlischer Blitze (vgl. Kl. Pauly, Bd. 2, Sp. 362). Glanz weckt Aufmerksamkeit: E. veranschaulicht wesentlich all das, was das Geliebte ist und was den Verliebten zum Opfer macht (vgl. Platon, Symp. 204b-c).

Es fällt auf, daß die Schönheit des E. / Cupido geschlechtsneutral ist, was schon seine kindliche Erscheinung mit sich bringt (man nennt ihn gelegentlich androgyn): Er kümmert sich um beide Geschlechter!

Das ursprüngliche Bild des E. ist offenbar das des Geliebten, seine Geschichten aber werden augenscheinlich zu allen Zeiten von den Verliebten geschrieben, die ihn bemerkenswert oft eher für eine Last denn für eine Lust halten. Das gilt besonders für den Hellenismus und die Spätantike, deren Dichtung gern die bitter-süße Alltagserfahrung der Liebe widerspiegelt (schon Sappho: D.A. Campbell 1980, S. 174, Frg. 172) und dabei vorzüglich das Ärgernis denunzieren, während E. als verspielter, mutwilliger Putto auftritt. Süßbitter hergerichtet wird jetzt auch sein Pfeil: Den für Hephaistos bestimmten taucht Aphrodite in Honig, E. in Galle (Anacreontea 28). Ovid (Met. 1 468 ff) erklärt die unglückliche (unerwiderte) Liebe damit, daß Amor zwei Pfeile hat, einen goldenen und einen bleiernen, welch letzterer dem Getroffenen die Liebe vertreibt. Das widerfuhr zum Verdruß des verliebten Apoll der Daphne (eigentlich ist hier die Rede vom –> Anteros, der Gegenliebe). Daß Liebe kein verläßliches Versprechen ist an den Verliebten, zeigt Apollonios Rhodios (3,112 ff) mit dem betrügerischen Würfelspieler E. Als Vogel zeigt Bion (Frg. 4) den Flüchtigen.

Moschos (Anth. Pal. 9,440) beschreibt einen kleinen Schlingel, dessen Winzigkeit im Gegensatz steht zu seiner Gefährlichkeit, und zu seinem Arsenal gehören nicht nur die bekannten Waffen, sondern auch ein schlechter Charakter, ein bösartiges Herz und eine Rede, die süß ist, aber lügnerisch und nie die Wahrheit sagt. Auf die (süße) Rede des E. spielt wohl ein Epigramm an, in dem man sieht, wie Bienen Honig auf die Lippen des schlafenden Knaben träufeln (Platon, Anth. Pal. 16,210). Apuleius (Met. 4,32) nennt «Cupido» unbesonnen («temerarius»), schlechte Manieren habe er, kümmere sich nicht um Recht und Gesetz («disciplina publica»), dringe bei Nacht mit Flamme und Pfeil in fremde Häuser ein und ruiniere die Ehen, Schandtaten begehe er und sei überhaupt ein Tunichtgut. Hierher gehört das Motiv des gefesselten E. / Cupido, das dem Lästigen gilt (Moschos, «Der entlaufene E.», Anth. Pal. 9,420; vgl. ebd. 16,195, Satyros; ähnlich ebd. 16,196, Alkaios; ähnlich ebd. 16,197, Antipater v. Sidon; ebd. 16,198, Maikios: Gefesselt ist der Verächter der Keuschheit, der Gemütsdieb, Räuber der Vernunft, geflügeltes Feuer, unsichtbare Wunde der Seele). Vom «gekreuzigten Cupido» erzählt Ausonius im Anschluß an Vergil (Aen. 6,441 ff). Cupido gelangt in der Unterwelt in die Gefilde der Trauer («campi lugentes»), wo jene weilen, die das «Gift» unglücklicher Liebe tötete (verzehrte). Die erkennen ihn, und es sind die Frauen, die ihn wütend als den Schuldigen an einen Myrtenbaum binden und quälen. Schlimmer noch, auch Mutter Venus kommt, hält ihm das eigene Ungemach vor wie die blamable Niederlage vor Vulkan / –> Hephaistos, ebenso den Ärger mit –> Priapus, Eryx und Hermaphrodit, und auch sie prügelt auf ihn ein. Da lassen die Heroinen von ihm ab und erklären nun – zur Genugtuung der Mutter – das Schicksal («fatum») zum Schuldigen an ihrem Unglück (Ausonius 8, «Cupido cruciatur»)

Auch der schlafende E. / Cupido soll aus diesem Blickwinkel uns Ruhe versprechen, doch selbst sein Traum könnte uns schaden (Statyllius Flaccus, Anth. Pal. 16,211; ähnlich Alpheios, ebd. 16,211; «vom Schlaf gefesselt», sagt Platon, Anth. Pal. 16,210).

Gyraldi (Synt. 13, S. 562B) gibt noch einige Epitheta des Gottes, darunter diese: «tyrannus» (nach Platon), weil er auch großmütige und edle

Geister schwelgen («bacchari») und wüten läßt; «harpys» wegen seiner Raffgier (Hinweis auf eine Fabel, wonach Amor die Furie Erinys geliebt haben soll; vielleicht eine Anspielung auf –> Demeter Erinys und Poseidon: Pausanias 8,25,4 ff u. 8,42,1 ff; Tzetzes, Schol. zu Lykophron 153).

Das ist ein Gott, der augenscheinlich seine ursprüngliche kosmische Allgewalt verloren hat und nur noch bloßer Diener einer überlegenen Schicksalsmacht ist. Schon Apuleius hat in seinem Märchen den Mann von seiner Macht unterschieden: indem er sich in Psyche verliebt (Met. 4,35 ff), nimmt diese Macht von ihm selbst Besitz, wendet sich gegen ihn, und er wird ihr Opfer wie andere auch. Daß er sich an Juppiter um Fürsprache bei Venus wendet, deren Eifersucht und Willkür er dienen sollte und die sich nun auch gegen Psyche wendet, trennt ihn vollends von einer ursprünglichen kosmischen Autorität (ebd. 6,22 f).

Etwas von seiner ursprünglichen Zuständigkeit wird sichtbar in einem Bild, das ihn mit Delphin und Blume statt seiner Waffen in Händen als Herrn über Meer und Land zeigt (Palladas, Anth. Pal. 16,207; Vergil, Georg. 3,242 ff; Oppian, Cyn. 2,410 ff; Emblem bei Alciat 1531, [D8], Held Nr. 97; H./.S. Sp. 1761). Wohl sein fruchtendes Wirken im Dienste der Demeter sollte ein pflügender E. zeigen (Moschos, Anth. Pal. 16,200).

Das kosmogonische Prinzip ist auf eigene Weise erhalten in der stoischen Abstraktion des Cornutus. Hier ist Amor/E. ein Bild für den Kosmos («universus mundus»), sofern er schön ist («pulcher») und ansehnlich («venustus») und von blühender («florida») Gestalt, sofern er älter ist als alles andere, sofern er soviel vom Feuer Gebrauch macht und eine rasche Bewegung verursacht wie mit einem Bogen (Nat. deor. 25).

Metaphorisch hat man in E. auch ein Prinzip geistiger Natur sehen können, das mit der Fackel in den Köpfen der Menschen das Licht der Gelehrsamkeit entzündet (–> Prometheus) und die Seele in den Himmel führt. Aus den vier Kardinaltugenden windet er Girlanden, auf dem Haupt trägt er die Krone der Weisheit (der Anwalt Marianos Scholastikos, um 500 n. Chr., Anth. Pal. 16,201).

Der Gelehrte Gyraldi (Synt. 16, S. 558B) sucht ein Bild, den Unterschied von «E./Cupido» und Himeros zu veranschaulichen: «E. macht, daß du beim Anblick eines schönen Buchs dieses aus Liebe zu Kultur und Literatur haben möchtest. Wenn du es dann erworben hast, dann macht Himeros, daß du daraus lernen und das darin Geschriebene dir anzueignen begehrst.»

Dem lästigen E./Amor fügt wohl vorzüglich christlicher Vorbehalt den verwerflichen hinzu und verhilft ihm damit zu einer weiteren Metamorphose, gelegentlich auch der Erscheinung.

Theodulf von Orléans erkennt in dem vertrauten Knaben mit seiner gewohnten Ausrüstung den verbrecherischen Unzuchtsteufel, einen, der Macht, Amt und Praxis eines Teufels («Daemon») hat (Theodulf, Carm. 45, MGH Poet. 1, S. 543 f; vgl. den gehörnten E., der Tiere verfolgt: Paris, Bibliothèque Nationale, ms. Grec 2736, Bl. 28 ^{v}, 15. Jh.). Isidor (Etym. 8,11,80) nennt ihn den Teufel der Hurerei («fornicationis»).

Anderseits legt die alte Trennung von Eros und Himeros den Grund für die Unterscheidung von himmlischer und irdischer Liebe bei Platon (Symp. 180b-c), wobei die beiden Eroten je einer Aphrodite zugeordnet werden. Hieraus entwickelt sich die moralisierende Unterscheidung von «reiner» und «unreiner» Liebe (Liebe und Sex; –> Aphrodite; vgl. Remigius 1,3.14, Bd. 1, S. 69: «Denn wie es zwei Veneres gibt, die keusche und die liederliche, so gibt es auch zwei Cupidines, das ehrliche Verlangen und das liederliche»). Der Codex Palatinus 1066 (Bl. 238 ^{r}) unterscheidet in diesem Sinn «amor fatuus» und «amor verus», törichte und wahre Liebe (Liebeschütz 1926, S. 53), andere reden vom guten Keuschen und schlechten Unkeuschen («pudicus» und «impudicus»; Myth. Vat. III 11,18). Der keusche Amor ist verliebt in Weisheit und Tugend (vgl. Xenophon, Symp. 5,10), der andere verführt zur Unzucht («vitia»). Nach dem Codex Palatinus 1066 (Bl. 238 ^{v}) zeigten die Athener den Amor verus mit vier Flügeln (Liebeschütz ebd.).

Auf dieser Grundlage stellt Francesco da Barberino (vor 1318) den Burschen als «Amor Divino» in christliche Dienste, dem es um die Vereinigung mit Gott geht. Zu diesem Zweck gibt er ihm eine dienliche Erscheinung. Während er den Knaben auf übliche Weise nackt, geflügelt und blind vor sich sieht, zudem schießend zu Pferde, zeigt er im Widerspruch dazu den sicheren Schützen scharfsichtig, der tätig werde nur in Umständen der Reinheit. Fast ein Jüngling sei er, denn ein Knabe könnte auf mangelhaftes Urteil schließen lassen. Nackt sei er zum Zeichen, daß seine Tugenden geistiger Art sind. Bescheidenheit macht, daß er statt eines Mantels nur eine Girlande trägt. Das Pferd trage einen Köcher mit Pfeilen, um zu zeigen, daß der Verliebte schon das bei sich trägt, womit er später getroffen werden wird. Besonders fällt auf, daß dieser Amor die Füße eines Falken hat, welche anzeigen, daß er jene festhält, von denen er weiß, daß sie ihn unterstützen werden.

Zumal E. unter seinen verschiedenen Namen zumeist eher eine bloße Personifikation bleibt, arbeitet die Allegorese um so leichter an seinem

Bild und liest dazu fast ausschließlich die Attribute oder erfindet dienliche neue. Grundsätzlich gibt es zwei unterschiedliche Standpunkte: 1. E. ist schicksalhaft unausweichlich und jenseits unseres Willens: Wir sind Günstling oder Opfer. Hier gilt, was schon Hesiod sagt: E. ist von den Unsterblichen jener, «der Göttern und Menschen die Glieder löst und den Verstand nimmt und den klugen Ratschluß». 2. Der (lüsterne) E. wirkt zu unserem Schaden, doch haben wir die Freiheit, ihn zu meiden, was offenbar den Willen über die Liebe stellt. Im folgenden eine Auswahl aus der Fülle des Materials.

Ein Knabe sei er, weil die Rede der Verliebten kindisch ist (Remigius 1,8.22, Bd. 1, S. 81; Gyraldi, Synt. 13, S. 560A) oder weil Verliebte beschränkten Geistes sind und leicht dem Trug zum Opfer fallen (Cornutus, Nat. deor 25; vgl. Isidor, Etym. 8,11,80; vgl. Boccaccio, Gen. 9,4). Nackt sei Amor, weil er künstliche Schönheit verschmäht (Properz 2,8) oder weil Liebe offenbar ist und ohne Absicht (Isidor, ebd.). Blind zeige man ihn, weil Verliebte auf ihren Weg nicht achten und sich einzig von der Leidenschaft leiten lassen (Boccaccio, Gen. 9,4; vgl. den Libellus 5), geflügelt, weil er leichtfertig ist («levis», Theodulf v. Orléans, ebd. 35) oder weil es nichts gibt, das flüchtiger und veränderlicher wäre als die Liebe (Isidor. ebd.). Dann sei die Liebe ebenso unsicher und flüchtig wie ein Pfeil, wie uns Dido lehrt. Weil Liebe entsteht durch einen Strahl, den das Auge aussendet, zeigt man Amor der Ähnlichkeit wegen mit einem Pfeil oder auch mit vielen Pfeilen, weil die Verliebten so häufig Blicke schießen oder weil der Anblick wie ein Pfeil auch aus der Ferne betroffen macht (Gyraldi, Synt. 13, S. 562A). Als Behältnis der Pfeile gilt der Köcher als Bild des verworfenen Charakters («mens prava»; Theodulf v. Orléans, ebd. 37). Die Fackel zeigt, daß er mit seinem Feuer die Gemüter entfacht (Cornutus, ebd.). Sie erinnert auch an eine zweifache Natur des Feuers wie der Liebe: Es leuchtet und ist angenehm, oder es brennt und ist schädlich (Gyraldi ebd.). Oder: Fackel und Flügel zeigen an, daß das Gemüt Liebender wandelbar ist und flüchtig (ebd.). Bei Petrarca fährt er einen Flammenwagen («carro di foco»; Trionfo d'Amore 1,23). Die Greifenkrallen (Vogelkrallen) sollen zeigen, wie fest die Leidenschaft zupackt (Boccaccio, Gen. 3,4). Ein Bild habe den Cupido mit einem Blitz in der Hand gezeigt, was seine Gewalt über die des gewöhnlichen Feuers stellte (Anth. Pal. 16,250; Gyraldi, ebd. S. 561A).

Remigius (7,366.8, Bd. 2, S. 179) redet von einem schwarzen («piceus») Cupido, weil Liebe häßlich («taeter») mache oder weil der Wollüstige gern am dunklen Ort zur Tat schreite. Sophist und Zauberer («magus») nenne man ihn, weil er im Liebesakt («generatio») die Gemüter auf natürliche Weise besänftigt und für sich gewinnt, so daß sie sich ungern davon ablenken (abhalten) lassen.

Wie E. / Amor / Cupido in einem historischen Prozeß schließlich zu einem Attribut der (Mutter) –> Aphrodite / Venus wird, so teilt er mit ihr eine Anzahl von Attributen: Apfel, Honig (Bienen), Hase, Schwan.

Die Emblematik des 16. / 17. Jh. findet häufig Anlaß, den E. / Amor / Cupido zu engagieren (H. / S. Sp. 1758–1767). Auffällig Amor als Soldat im Kriegsdienst der Liebe (Hernando de Soto 1599, S. 63; H. / S. Sp. 1762 f; Hinweis auf Ovid, Amor. 1,9,1 ff; ders. Ars 2,515 ff; vgl. Otho Vaenius 1608, S. 48 / 49; H. / S. ebd.). Amor als Weltgesetz, das auch die Verbindung der Elemente beherrscht: Sebastián de Covarrubias Orozco 1610, I, Nr. 45). Ein Amor im von Vögeln gezogenen Wagen mit Palmwedel in der Hand soll um Frieden und Eintracht bemüht sein (Gilles Corrozet 1540, K iiii b; H. / S. Sp. 1764). Daniel Heinsius (1615, Nr. 4; H. / S. Sp. 1122) zeigt Amor und Hymen beim Würfelspiel. Hier geht es nicht ums Betrügen, sondern um den ungewissen Ausgang der Bemühung um eine «wohlgesinnte Geliebte».

C *Typus und Attribute.* In der bildenden Kunst erscheint E. als nacktes geflügeltes Kind mit kurzem Lockenhaar. Attribute sind v.a. seine Waffen: Bogen und Pfeile samt Köcher sowie eine oder zwei Fackeln als Zeichen brennender Liebe, umgekehrt gehalten als solche erloschener Liebe – auch im Zusammenhang mit dem Tod. So sieht ihn die spätantike Kunst (vgl. Properz 3,12) und, deren Beispiel folgend, häufig die der Neuzeit. Seit dem 13. Jh. treffen wir Amor auch mit einer Augenbinde, die seine Blindheit ins Bild setzt (z. B. auf der Illumination in einer Handschrift um 1480, Kopenhagen, Det Kongelige Bibliotek, ms. Thott 399, Bl. 9ᵛ).

Als Jüngling erscheint er vornehmlich im Mittelalter, unkanonisch prachtvoll gekleidet und bekrönt, z. B. auf einer Illumination zum «Roman de la Rose» des 14. Jh. (Codex in Wien, Österreichische Nationalbibliothek, Cod. 2592, Bl. 13ᵛ). – Die Vogelkrallen (etwa auf einem Fresko der Unterkirche von S. Francesco in Assisi, in der «Allegorie der Keuschheit», um 1320 / 25) und die Hörner (in einer Handschrift des 15. Jh.; Paris, Bibliothèque Nationale, ms. Grec 2736, Bl. 28ᵛ) spielen auf das teuflische Wesen des Amor aus der Sicht christlicher Moral an (vgl. **B**).

Die Vielzahl von Amorini, die seit der Spätantike häufig die Bilder bevölkern, geht wohl auf Apuleius (Met. 10,32; vgl. LIMC 1986, 3,1, S. 954) zurück, der von einem Schwarm von als Amorini verkleideten Kindern spricht. Sie sind allesamt der Venus zu Diensten, umschwärmen sie, versorgen ihren Wagen mit dem Taubengespann und bahnen ihr den Weg bei ihrer Fahrt übers Meer.

D Daß E. / Amor eine allgegenwärtige, das ganze Universum umspannende Macht ist, verdeutlichen die Bildthemen durch alle Zeiten. Sowenig wie er eine eigene Geschichte hat, so selten ist er Haupthandlungsträger.

Die ungezählten Darstellungen, in denen E. / Amor / Cupido als Verkörperung der Allmacht Liebe im erzählerischen Kontext zugegen ist, müssen hier unberücksichtigt bleiben. Der Bildkatalog beschränkt sich im wesentlichen auf Themen, in denen er als Individuum auftritt.

1. *Der bogenschnitzende Amor*. Bei den Vorbereitungen zu seiner ureigenen Tätigkeit zeigt ihn ein Gemälde von Parmigianino (gegen 1521; Wien, Kunsthist. Museum), das P.P. Rubens etwas variiert wiederholt hat (1614, Jaffé Nr. 235; München, Alte Pinakothek): Der blondgelockte Junge, der dem Betrachter den Rücken zukehrt, blickt sich flüchtig um, ohne seine Tätigkeit zu unterbrechen.

2. *Der bogenspannende Amor*. Die wesentliche Beschäftigung des E. hielt Lysipp in einer Statue fest. Sein bogenspannender E. (um 330 v. Chr.) ist zwar verloren, jedoch durch drei römische Kopien überliefert (z. B. Rom, Musei Capitolini, Inv. 410). – Auf den Betrachter zielt der kindliche Gott auf einem Gemälde von Carle Vanloo (1705 – 1765; Pavlovsk / Rußland, Schloß).

3. *Aphrodite / Venus und E. / Amor*. Als präexistent stellen sich verschiedene griechische Künstler den E. vor, so Phidias: Auf einem Relief an der Basis seiner berühmten Sitzfigur des Zeus in Olympia sah man die dem Meer entsteigende Göttin, gestützt vom geflügelten E. Dieser Tradition folgen einige griechische Vasenbilder, z. B. eine attische Schale (um 360 v. Chr.; Paris, Cabinet des Médailles), wo der geflügelte E. die aus der Erde heraufsteigende –> Aphrodite – *Anodos* – begrüßt. – Auf einer attischen Pyxis (um 460 v. Chr.; New York, Metropolitan Museum, Inv. 39.11.8) läuft die eben geborene Göttin auf E. (als geflügelter Jüngling) zu, der sie mit beiden Armen in Empfang nimmt. – Als Mutter von E. und –> Himeros erscheint Aphrodite auf einer Weihetafel von der Akropolis in Athen (um 550 v. Chr.; Athen, Nationalmuseum, Inv. 15131): Die schwarzfigurige Malerei zeigt die Göttin mit den beiden munteren Kindern auf dem Arm.

Ob E. nun als präexistent oder als Sohn der Aphrodite angesehen wird, in der Bildkunst ist er jedenfalls seit der Antike ihr fast allgegenwärtiger Begleiter. – Lucas Cranach und seine Schule haben das Thema *Venus und Amor / Cupido* wiederholt und jeweils variierend (teilweise orientiert an der Emblematik der Zeit) aufgenommen (vgl. z. B. die Gemälde von 1509 in St. Petersburg, Eremitage; *Venus und Cupido*, um 1520, Friedländer / Rosenberg Nr. 116; Princeton / N.J., Princeton University Art Museum).

In Bronzinos Meisterwerk (*Allegorie mit Venus und Amor*, 1540er Jahre; London, National Gallery) ist E., fast noch ein Kind, selbst der frühreife Liebhaber der Venus, die spielerisch seinen Pfeil entwendet hat (ein bekanntes Motiv, –> Aphrodite). E. Panofsky (1967, S. 86–91) sieht in der Darstellung eine Allegorie auf die Luxuria (Ausschweifung). Der jüngste Deutungsversuch (L. Mendelsohn 1992) erklärt die Figur des Chronos (ganz oben rechts) als Saturn, das Bildgeschehen als Treiben der Kinder des Saturn (–> Kronos).

4. *Himmlische und irdische Liebe* (Platon, Symp. 180c-e; Lorenzo Valla, De voluptate). E. Wind (1968, S. 138–140) hat auf die möglichen literarischen Quellen für Tizians *Himmlische und irdische Liebe* hingewiesen (Rom, Galleria Borghese) und die beiden Frauengestalten als diese gedeutet: die sitzende, prächtig gekleidete, als die irdische, die auf dem Brunnenrand sitzende nackte als die himmlische Liebe. – Guido Reni veranschaulicht diesen Gedanken in einem Gemälde (1622 / 23; Genua, Galleria Spinola): Die profane Liebe, in Gestalt des kleinen geflügelten Amor, mit Augenbinde und an einen Baum gefesselt, ist der himmlischen Liebe unterlegen; diese, in Gestalt eines Halbwüchsigen (ebenfalls geflügelt), leert den Köcher Amors auf den Boden. –> Aphrodite

5. *Kampf zwischen Cupidi und Bacchanten* (Lotta di Amoretti e Baccarini). Auf dieser eindrucksvollen Darstellung Guido Renis (Gemälde 1627; Rom, Galleria Doria Pamphili) ringen drei geflügelte Cupidi, die ihre Waffen abgelegt haben, mit drei ungeflügelten Jungen – allesamt Kleinkinder. Ein Weinstock mit Reben im Hintergrund und Kanne und Schale auf einem Tisch deuten an, daß die kleinen Kerle ohne Flügel dem dionysisch / bacchischen Kreis angehören. Es hat ganz den Anschein, als sollte Amor dem Bacchus unterliegen.

6. *Amor als Honigdieb* (Theokrit 19: «Keriokleptes»; J.M. Edmonds 1977, S. 234). Eines Tages stiehlt E. Honig aus einem Bienenstock und wird von einer Biene gestochen. Als er sich bei Aphrodite beklagt, wie

ein so kleines Wesen solche Schmerzen verursachen könne, gibt sie ihm zu bedenken, daß er selbst ja, so klein er auch sei, große Wunden schlage. Auf diese Quelle beziehen sich mehrere Gemälde aus der Werkstatt Lucas Cranachs d. Ä. (z. B. Gemälde 1530; Kopenhagen, Statens Museum for Kunst). Cupido, eine Honigwabe in der Hand, schaut weinend und hilfesuchend zu Venus auf (vgl. ein Emblem bei Alciat, 1531, E 4b, und E 5, Held Nr. 101 u. 102; H. / S. Sp. 1758).

7. *Amor entledigt sich der Augenbinde.* Lucas Cranach d. Ä. (Gemälde, Philadelphia, Pennsylvania Museum of Art) stellt Amor (noch ein Kleinkind, geflügelt) nackt, auf einem Folianten stehend, dar, dessen Rücken die Aufschrift «Platonis Opera» trägt, was zur Deutung Amors als platonische Liebe veranlaßt hat.

8. *Der Triumph Amors* (Petrarca, Trionfi 1: Trionfo d'Amore). Das verbindliche Darstellungsschema liefern die Illustrationen zu Petrarcas «Trionfi», das sich dann – oft abgewandelt – in der Bildkunst wiederfindet (der Triumphator sitzt hoch auf einem Wagen, dessen Zugtiere und Begleitfiguren allegorische Bedeutung haben). – Eng am Text Petrarcas (Trionfo d'Amore 1,23 ff) orientiert ist ein mantovanisches Elfenbeinrelief (15. Jh.; Florenz, Bargello): Der geflügelte Knabe (mit Pfeil, Bogen und Augenbinde) steht auf seinem Triumphwagen in einem Meer züngelnder Flammen (vgl. die Embleme bei Alciat, 1531, Held Nr. 101 und 102, Held Nr. 96; H. / S. Sp. 1758 f). – Einen frivol den Betrachter anlächelnden Amorknaben zeigt uns Michelangelo Merisi da Caravaggio (Berlin, Staatl. Museen): Der Pfeil, den er triumphierend in der Rechten hält, ist die siegreiche Waffe über Kunst und Wissenschaft, wie die Musikinstrumente und eine Sphäre zu Füßen des Jungen andeuten.

Daß der Knabe E. selbst Herkules, die Verkörperung übermenschlicher Stärke, besiegt («Amor vincit omnia»!), kommt in Edme Bouchardons Skulptur *L'Amour taillant son arc dans la massue d'Hercule* zum Ausdruck (1750; Paris, Louvre): Der geflügelte Gott hält spielerisch seinen Bogen, der aus der geborstenen Keule des Herkules hervorwächst.

9. *Der schlafende E. / Amor.* Hypnos / Somnus (Personifikation des Schlafs) nimmt auch die Gestalt des geflügelten Eroskindes an, das schlafend auf dem Boden liegt. Den Ursprung des Haupttypus darf man wohl in dem Bronzeoriginal des späteren 3. Jh. v. Chr. sehen (New York, Metropolitan Museum, Inv. 43114). Das geflügelte Kind liegt auf dem Rücken auf einem Felsen (dieser eine moderne Ergänzung). – In der Antike ist der Gedanke an den schlafenden E. / Amor auch an den Totenkult gebunden (vgl. den schlafenden Amor auf einem Kindersarkophag, 2. Jh.

n. Chr.; Rom, Musei Vaticani, Galleria dei Candelabri, Inv. 2422). – Der schlafende Amor ist häufig beim Stelldichein von Venus und Mars zugegen (–> Aphrodite).

Lit.: Augé, Christian / de Bellefonds, Pascale Linant, in: LIMC 1986, 3,1, S. 850–952. 3,2, S. 609–668, s.v. Eros. Blanc, Nicole / Gury, Françoise, ebd. 3,1, S. 952–1049; 3,2, S. 678–727, s.v. Eros / Amor / Cupido. Mendelsohn, Leatrice 1992 –> Aphrodite, Lit. Panofsky, Erwin, 1967 (–> Allgem. Bibl.), S. 95–128 (Blind Cupid). Ders. ebd., S. 129–169 (The Neoplatonic Movement in Florence and North Italy). Wind, Edgar, 1968 (–> Allgem. Bibl.), S. 53–80 (Orpheus in praise of blind love).

Euphrosyne –> Chariten
Europa –> Zeus
Eurystheus –> Herakles
Euterpe –> Musen
Gaia –> Kybele

Ganymed, griech. Ganymedes, lat. Catamitus, etr. Catmite. Sohn des dardanischen Königs Tros und der Kallirrhoe, Bruder von Ilos und Assarakos. Älteste literarische Quelle ist Homer (Il. 20,230 ff), auf dem praktisch alle späteren fußen.

A G. ging zunächst einer Tätigkeit als Hirte und Jäger nach (LIMC 1988, s. Lit., S. 155). Dann wurde er – seiner ungewöhnlichen Schönheit wegen – «von den Göttern» (Il. 20,234) auf den Olymp entführt, vielleicht bei der Jagd (vgl. Hederich Sp. 1138). Später ist gewöhnlich Zeus der Entführer in Adlergestalt oder mit Hilfe eines Adlers. Lukian (Dial. deor. 20,6: Parisurteil) zeigt –> Hermes als Helfer bei der Entführung durch einen Adler, in den sich Zeus verwandelt hatte. Der Adler als Entführer taucht in der Literatur erst nach der berühmt gewordenen Schöpfung des Bildhauers Leochares auf (Plinius, Nat. 34,79): als Vogel, der den Burschen dem Zeus bringt (Apollodor, Bibl. 3,12,2; Vergil, Aen. 5,255; Plinius, ebd.; Martial 1,6; 9,20; Apuleius, Met. 6,15,1) oder als Verwandlungsform des Zeus (Lukian, Dial. deor. 4,1 u. 5,2; Properz 2,30,30). Jedenfalls dient er den Göttern als Mundschenk (Il. 5,226; ebd. 20,232; Lukian, Dial. deor. 5,2).

B An charakteristischen Eigenschaften des G. ist, außer daß er schön war, kaum etwas überliefert. Als Kennzeichen seiner Schönheit ist die

Hervorhebung seines blonden Haars zu werten (Homer. Hymnos 5, an Aphrodite, 202; Martial 9,16,36).

Als Bild freudiger Hingabe an Gott sieht den vom Adler entführten G. ein Emblem bei Alciat (1531; [B 6], Held Nr. 42; H. / S. Sp. 1726 f). Als Streben nach dem Ewigen erscheint er bei Gabriel Rollenhagen (II, 1613, Nr. 22; H. / S. Sp. 1727), als Bild der Entrückung zu Gott bei Juan de Horozco y Covarrubias (III, Nr. 25; H. / S. ebd.).

C In der bildenden Kunst wird G. durchwegs als schöner Knabe dargestellt. Häufig trägt er (seiner kleinasiatischen Herkunft entsprechend) eine phrygische Mütze (Antoninische Marmorgruppe, Neapel, Museo Nazionale, Inv. 6355). Seine Attribute sind Kanne und Schale, die ihn als Mundschenk ausweisen (hadrianische Marmorgruppe, Musei Vaticani, Museo Chiaramonti). Die römische Kunst kennzeichnet G. schließlich durch die Beigabe von Hirtenstab (lat. «pedum») und Hund als Hirten (vgl. das Mosaik der späten Kaiserzeit in Sousse / Tunesien, Museum). Auch die Andeutung des Ambientes im Moment der Entführung, wie sie in der neuzeitlichen Kunst üblich ist, geht auf Römisches zurück.

Auf einem Marmorrelief vom Grab der Ennier ist G. mit Bogen und Hirtenflöte ausgestattet (frühes 2. Jh. n. Chr.; Sempeter / ehem. Jugoslawien). Unkanonisch mit Speeren bewaffnet ist G. auf einem Mosaik aus Italica (um 150 n. Chr.; Sevilla, Casa de la Condesa de Lebrija), ein Hund begleitet ihn.

D 1. *Die Verfolgung des G. durch Zeus / Juppiter* (Homer, Il. 20,230 ff; Ovid, Met. 10,155 ff: Hier erscheint Juppiter in Gestalt des Adlers; in Vergil, Aen. 5,252 ff, dagegen ist der Adler nur Bote des Juppiter). In den «Verfolgungsbildern» der griechischen Kunst begegnet uns Zeus zunächst in seiner menschlichen Gestalt, und die erotische Motivation der späteren Entführung ist offenkundig. Auf attischen Vasenbildern sieht man Zeus hinter dem fliehenden Knaben hereilen, der sich mit Reifenspiel vergnügt hat (z. B. das rotfigurige Bild des Pan-Malers auf einer Halsamphora, 470 / 460 v. Chr.; Boston, Museum of Fine Arts, Inv. 10184).

2. *Die Entführung des G.* Eine Terrakottagruppe aus Olympia (um 470 v. Chr.; Olympia, Museum) stellt Zeus dar, der mit dem noch kindlichen Knaben im Arm davoneilt. – Der griechische Bildhauer Leochares war der erste, der den Adler an die Stelle des Gottes in menschlicher Gestalt setzte (Original verloren; die Antoninische Marmorgruppe in den Mu-

sei Vaticani gilt als getreueste Wiedergabe). Fortan vertritt der Adler den Zeus, gleichzeitig wandelt sich die Haltung des Knaben gegenüber dem Gott. In der römischen Kunst versucht G. nicht mehr die Flucht zu ergreifen, sondern fügt sich willig in sein Schicksal, ja man sieht ihn häufig in freundschaftlicher Umarmung mit dem Adler (mehrere Darstellungen vom Typ der Antoninischen Marmorgruppe, Neapel, Museo Nazionale, Inv. 6355, s. o.). Der Gedanke an eine Apotheose drängt sich auf, zumal der Adler im Zusammenhang mit dieser der symbolische Vogel der Entrückung ist (vgl. das Relief vom Sockel der Antoninus-Säule mit der Apotheose des Kaisers und seiner Gemahlin Faustina, 2. Hälfte 2. Jh. n. Chr; Rom, Musei Vaticani: Die Büsten der beiden Verstorbenen sind von zwei Adlern flankiert).

In Alciats Emblembuch (1531, Held Nr. 42; H./S. Sp. 1726) reitet der kindliche G. auf dem Adler.

Daß auch im Mittelalter der Mythos des G. nicht in Vergessenheit geraten war, beweist ein skulptiertes Kapitell in der Kirche La Madeleine in Vézelay (um 1120). Vom Gedanken einer Apotheose ist hier jedoch nichts zu spüren. Der Adler hat den Unglücklichen beim Hemd gepackt und trägt ihn davon wie der Raubvogel seine Jagdbeute. Ilene H. Forsyth (1976, S. 244) interpretiert die Darstellung als Warnung an die christliche Gemeinde vor den Verführungskünsten des Teufels.

Die Auffassung des Themas in den Darstellungen seit der Renaissance ist, auf antiken Überlieferungen basierend, facettenreich. Da manifestiert sich zum einen der Raub- und Entführungsgedanke. Rubens' späteres von zwei Gemälden, welche das Thema behandeln (1637/38, Jaffé Nr. 1272; Madrid, Prado), verdeutlicht durch einen Köcher voller Pfeile, den G. geschultert hat, wie den Jüngling das Schicksal mitten in seiner alltäglichen Beschäftigung des Jagens ereilt, bei der ihn sein Hund begleitet hat. – Antonio Correggio (Gemälde aus dem berühmten Zyklus von vier Bildern, den *Amori di Giove*, 1527/31; –> Zeus) läßt den Knaben sich hilfesuchend nach dem Betrachter umsehen, während er sich am Gefieder des mächtigen Adlers festhält (Wien, Kunsthist. Museum). Das Motiv des Hundes, der dem Entführten nachschaut, geht auf römische Beispiele zurück.

An Drastik nicht zu überbieten ist Rembrandts Darstellung: Das nur mit einem Hemdchen bekleidete Kind sträubt sich weinend und uriniert vor Angst (Gemälde 1635, Dresden, Gemäldegalerie Alte Meister). Der Sinn des Bildes, dessen literarische Quelle in Carel van Manders' «Het schilder-boeck» (Haarlem 1604, Teil 5) zu suchen ist, ist vielschichtig (M.

Russell 1977). Zum einen verkörpert G., hier als Kleinkind, die von Gott entrückte Seele, deren Reinheit durch die Kirschen in der Hand des Kindes symbolisiert wird. Zum anderen ist das Motiv des urinierenden Knaben («puer mingens») eine Anspielung auf das Sternbild des Wassermanns, als das Zeus G. an den Himmel gesetzt hat. Auch Giulio Romanos Stuckmedaillon mit der Entführung des G. im Camerino dei Falconi (Palazzo Ducale, Mantua) interpretiert das Ereignis so, worauf das Sternzeichen des Aquarius auf der Kanne des Ganymed hindeutet.

In vollkommener Harmonie sehen wir Entführer und Entführten auf einem Gemälde von Charles-Joseph Natoire (um 1731; Troyes, Musée des Beaux-Arts et d'Archéologie) und dem von Joseph Anton Koch (1838/39; Hannover, Niedersächsische Landesgalerie). Die erotische Komponente hebt z. B. das Fresko von Anton Raphael Mengs in der Galleria Nazionale d'Arte Antica in Rom hervor (um 1760, auf Leinwand übertragen). – Die beiden Gemälde des P.P. Rubens folgen entgegengesetzten Auffassungen. Das frühere (1611/12; Jaffé Nr. 169; Wien, Slg. Fürst Schwarzenberg) zeigt über den Wolken den Jüngling, an die Schwingen des Adlers geschmiegt, mit zwei weiblichen Gestalten (Juno und wohl Hebe), die ihm eine Trinkschale reichen (sozusagen die Amtsübergabe!), während im Hintergrund die Olympier um einen Tisch zum Gelage versammelt sind. Auch Rubens mag eine allegorische Ausdeutung im Sinn gehabt haben, wie sie den Neu-Platonikern seit der Renaissance geläufig war: die Entführung des Knaben als Sinnbild für die Entrückung der Seele (des Geistes) zu Gott.

Michelangelos sich dem Griff des Adlers wehrlos hingebenden G. interpretiert E. Panofsky als Ekstase platonischer Liebe (1962, S. 218; *Der Raub des G.*, Originalzeichnung verloren, überliefert durch eine Kopie von Giulio Clovio, Windsor Castle).

Baruch D. Kirschenbaum (1951) schlägt eine Deutung des G. allgemein als Verkörperung menschlicher Leidenschaft vor, bei Michelangelo als Ausdruck der persönlichen Zuneigung zu Tomasso Cavaliere, dem der Künstler 1532/33 eine Reihe von Zeichnungen mythologischen Inhalts widmete, darunter den *Raub des Ganymed*.

2. *G. als Mundschenk.* Seltener sind Darstellungen des G. bei seiner Tätigkeit als Mundschenk (auf einer rotfigurigen Pelike des Gerasmalers, um 490 v. Chr.; Paris, Louvre, Inv. G 224: G., hier in langem Gewand, gießt Zeus aus einer Kanne ein). Manchmal läßt G. den Adler aus einer Schale trinken (v. a. auf römischen Steinschnitten, z. B. einem Amethyst; Paris, Cabinet des Médailles, Inv. 1430).

Lit.: Forsyth, Ilene H.: The Ganymede Capital at Vézelay. In: Gesta 15, 1976, S. 241–246. Kirschenbaum, Baruch D.: Réflexions sur les dessins de Michel-Ange pour Cavaliere. In: Gazette des Beaux-Arts 6, 38, 1951, S. 99–110. Panofsky, Erwin, 1962 (–> Allgem. Bibl.), S. 171–230 («The Neo-Platonic Movement and Michelangelo»). Russell, Margarita: The iconography of Rembrandt's Rape of Ganymede. In: Simiolus. Netherlands quarterly for the history of art 9, 1977, S. 5–18. Sichtermann, Hellmut: Ganymed. Mythos und Gestalt in der antiken Kunst. Berlin (um 1952). Ders. in: LIMC 1988, 4,1, S. 154–169; 4,2, S. 75–96, s.v. Ganymedes.

Giganten –> Zeus
Gorgonen –> Medusa
Grazien –> Chariten

Hades, griech., auch Aidoneus (Hesiod, Theog. 913), Aides, Aidas, wohl seit dem 5. Jh. v. Chr. auch Pluton, Plutos oder Pluteus, lat. Pluto, Dis (pater), etr. Aita, Eita, Calu (erst seit Mitte des 4. Jh. v. Chr. bezeugt). Da man gern vermied, den Gott beim Namen zu nennen, ersetzte man den häufig durch euphemistische Bezeichnungen. H. ist olympischer Gott, Herrscher der Unterwelt, die seinen Namen trägt. Einer der drei (s. u.) Söhne des –> Kronos und der Rea. Gemahl der Persephone (Kore) und von dieser (Orph. Hymnos 30,5) Vater der Eumeniden (vgl. Servius, Aen. 1,82). Von einer kultischen Verehrung und Altären des H. ist nichts bekannt (er sei den Menschen verhaßter als alle Götter, sagt Homer, Il. 9,159). Sicher ist aber, daß die Eleer ihn in einem eigenen Tempelbezirk verehrten (Pausanias 6,25,2). Sie hatten besonderen Anlaß dazu (s. u.). Der Mythos des H. ist, gemessen an seiner Bedeutung, ungewöhnlich klein.

A Die Welt ist dreigeteilt: Irgendwann losen (oder teilen auf andere Weise) die drei Söhne des –> Kronos sie unter sich aus. –> Zeus fällt der Himmel zu, dem Poseidon das Meer, die Unterwelt dem H.; Erde und Olymp sind den dreien gemeinsam (Homer, Il. 15, 189–192; Apollodor, Bibl. 1,2,1; Platon, Gorg. 523a). Nach Hesiod (Theog. 885) war Zeus der Verteiler. Diesen Zuständigkeiten entsprechen die Gerätschaften (auch «Insignien»), welche die drei schon zuvor aus der Werkstatt der Kyklopen erhalten hatten als Ausrüstung für den Kampf mit den Titanen: Zeus einen Blitz, Poseidon einen Dreizack, H. aber eine Kappe

(Apollodor, Bibl. 1,2,1), die unsichtbar macht (Il. 5,844 ff; Hesiod, Aspis 226 f) und die er auch verleiht: an –> Athene im Kampf mit –> Ares (Il. 5,844 f), an –> Perseus gegen –> Medusa (Aristophanes, Acharnes 390), an –> Hermes für die Gigantomachie (Apollodor, Bibl. 1,6,2). Servius (Aen. 1,133) nennt den Cerberus (s. u.) das «Zepter» des Pluto.

H. / Aidoneus ist Herr über das Totenreich, das Reich der Schatten (Homer. Hymnos 2, an Demeter, 347 u. 357). Dort, «in den Gründen der Erde», hat er seine Wohnung (Homer, Il. 6,284 u. 22,482). Homer stellt den Ort sich «schrecklich» vor und «moderig», ein Abscheu auch den Göttern (Il. 20,65). Der Dichter hat wohl einen Palast oder eine Stadt vor Augen, denn er redet von «Häusern» (Il. 20,64). H. sitzt auf einem Thron (ebd. 62). Aeneas (Vergil, Aen. 6,548 ff) sieht einen weiten Palast, an den Felsen gelehnt, von dreifacher Mauer umgeben, vom feurigen Fluß Phlegeton umtost. Ein mächtiges Tor sieht er, Säulen aus Stahl, einen Turm aus Eisen. Ovid (Met. 4,436–440) wird von einer weiten Öde voller Angst und Grauen sprechen, in der die «stygische Stadt» liegt. Dis / H. residiere in einer «grausigen» Halle. Die Stadt sei geräumig, habe tausend Zugänge und überall offene Tore. «Öde» sei sein Reich («inanis», ebd. 510 f) und «wüst» («inamoenus», ebd. 10,15). Diese Umgebung charakterisiert ihren Herrn, den Homer «gewaltig» («pelórios») nennt und «grausam» («karterós») und «abscheulich, finster» («stygerós»; vgl. Kl. Pauly, Bd. 2, Sp. 903). Bemerkenswert ungeheuer ist auch Kerberos (Cerberus), der drei- oder mehrköpfige Hund, der dem «scheußlichen» Gott dient (Homer, Il. 8,368; Od. 1,623 ff; Hesiod, Theog. 310 ff, spricht von 50 Köpfen, Pindar und Tzetzes sollen von 100 geredet haben, so auch Horaz, Carm. 2,13,34). Er hat einen Drachenschwanz und auf dem Rücken allerlei Arten von Schlangen (Apollodor, Bibl. 2,5,12). Vergil (Aen. 6. 273 ff) listet als Helfer und Vollstrecker des Unterweltsherrn eigentlich alles auf, was man sich für das Schreckliche als dienlich vorstellen kann.

Aischylos (Eum. 273–276) sagt, H. fungiere als Totenrichter. Es ist wohl dieser Richter, den Homer «unerbittlich und hart» nennt (Il. 9,158; «dura lex Plutonis» = das harte Gesetz des Pluto: Servius, Aen. 6,119). Aber Platon (Gorg. 523b ff) erzählt in philosophischem Kontext, ursprünglich, als sie noch den Tod vorherwußten, hätten Menschen über Menschen gerichtet und sie je nach Verdienst zu H. oder zu den Inseln der Seligen geschickt. Dann beschwerten H. und die Vorsteher der Inseln sich bei Zeus über mangelhafte Urteile. Darauf setzte Zeus Rhadamanthys und Aiakos zu Richtern ein unter dem Vorsitz des Minos (ebd. 524a; die drei sind nach Myth. Vat. II, 76, Söhne des Zeus von Europa). Nach Aristophanes (Ranae 1331 ff) schickt H. den Menschen die Träume. Bestimmte Tätigkeiten übernehmen seine Gefährten: Gemeinsam mit Persephone ruft man ihn als Rächer an (Homer, Il. 9,569 ff), und die Erynien hören den Ruf (ebd. und Scholie; Euripides, Iph. taur. 286).

Die bewegteste und bekannteste (wohl spät erfundene) Episode im Mythos des H. ist die Entführung der –> Persephone (–> Demeter; Hesiod, Theog. 912 f, Homer. Hymnos 2, an Demeter, 17; ausführlich auch Diodor 5,3,1 ff). Auf Wunsch der Venus (–> Aphrodite) schießt Cupido (–> Eros) dem Dis / H. den widerhakigen Pfeil ins Herz (Ovid, Met. 5,384). Fast zugleich «sieht, begehrt und raubt» der das Mädchen (ebd. 5,395) und macht es zu seiner Gemahlin, die neben ihm thronen wird. Das war nicht sein einziger Besuch in der Oberwelt. Als er vor Troia gefallene Krieger aus Pylos am Tor empfängt, trifft ihn ein Pfeil des –> Herakles schmerzhaft in die Schulter. Er eilt hinauf zum Olymp und läßt sich dort von Paiéon mit Heilkräutern kurieren (Il. 3,395 ff).

Später, als Herakles mit seinem Heer gegen Pylos rückt und Athene ihm zur Seite steht, kämpft der rachsüchtige H. auf seiten der Pyler, die ihn verehren (Pausanias 6,25,2). Irgendwann hat er dulden müssen, daß Herakles ihm den Theseus entführte, ein andermal, daß er ihm die Alkestis nahm, schließlich auch, daß der Held den Kerberos in die Oberwelt entführte.

Unter den Göttern scheint ihm der Seelengeleiter («psychopómpos») –> Hermes am nächsten zu stehen (Homer, Od. 24,1 ff; Homer. Hymnos 2, an Demeter, 334 ff; Pausanias 8,32,4). Daß er Asklepios und Hygieia nicht mag, versteht sich (Diodor 4,71,1 f; Orph. Hymnos 68,6 f). Heilkräuter (für die Menschen) sind ihm (= Dis) zuwider wie jegliche Genesung (Ovid, Met. 15,535). Merkwürdig, daß Pluto aus Mitleid (!) dafür gesorgt haben soll, daß Vulcan (–> Hephaistos) zum Vorsteher der Cyclopen wird. Die Idee, der Mutter Juno (–> Hera) einen goldenen Sessel zu bauen, soll auch von Pluto stammen (Myth. Vat. I 76).

In der Auseinandersetzung mit –> Demeter um deren Tochter Persephone erweist H. sich als einsichtig, was ein Verdienst des Hermes sein mag (Homer. Hymnos 2, an Demeter, 334 ff; ist er vielleicht gehorsam? Schließlich hat Zeus ihm die Frau zugeführt). Aber listig erzwingt er deren Rückkehr, indem er sie einen (oder mehrere) Granatapfelkerne speisen läßt (die Bedingung für ihre Rückkehr war, daß sie in der Unterwelt nichts esse).

Aber der Gott zeigt auch eine freundliche Seite. So wird er zum Verwalter der Schätze der Erde. Hesiod (Erga 465) nennt ein Gebet, das den «Zeus der Erde» (Zeus chthonios = der «unterirdische» Zeus; Iovis stygius: Servius, Aen. 4,638) und Demeter anruft, das heilige Korn gesund und reichlich zu machen (vgl hiermit Veiovis, den «bösen Iovis»: Remigius 1,29.7, Bd. 1, S. 119). Offenbar nimmt dieser wohltätige Gott nun den Namen «Pluton» an. Hierzu Platon (Krat. 403a): «Pluton» nenne man so in Beziehung auf die Gabe des Reichtums, «plutos», weil der Reichtum von unten aus der Erde kommt. «Der Name ‹Hades›, glauben wohl die meisten, bezeichne sein Unscheinbares und sein Dunkel, ‹aeides›, darum scheuen sie diesen Namen und nennen den Gott lieber Pluton.» Schließlich (404a) habe der Namengeber den Namen «Hades» nicht von «aeides» (dunkel, unsichtbar) hergenommen, sondern, «weil er alles Schöne weiß», von «eidos» (Schönheit, Urbild) abgeleitet. Dieser H. / Pluton scheint nun in einem freundlichen Ambiente zu wohnen, denn er hat sogar einen Lustgarten («viridarium»), aus dem der Granatapfel stammt (Boccaccio, Gen. 13,4). Der Vatikanische Mythograph (III 6,1) wird eine prägnante Formulierung finden: «Pluto» halte man für den König der Unterwelt (der Verstorbenen) und zugleich für den Vorsteher («praesul») der Welt («terrarum»). Statius (Theb. 8,91 ff) nenne ihn den Säer («sator») und Endiger («finitor») der Dinge, denn aus der Erde, welcher er vorstehe, werden alle Körper geschaffen und in ihr wieder aufgelöst. Der Name «Dis» komme von «dives», was «reich» bedeute, denn man meint, daß Reichtümer nur in der Erde seien, oder in der Welt gebe es nichts reicheres als die Unterwelt, weil sie alles in sich aufnimmt und dennoch nie gesättigt ist (mit Hinweis auf Cicero, Nat. 2,66; vgl. Remigius 1,5.18, Bd. 1, S. 72; ebd. 1,35.20, Bd. 1, S. 133: Pluto reicher als Neptun, –> Poseidon). Merkwürdig, daß er in Erythia eine Rinderherde gehabt haben soll, die Menoites hütete (Apollodor, Bibl. 2,5,10).

Nachdem er die Freier erschlagen hatte, habe Odysseus dem H. und der Persephone und Teiresias geopfert (Apollodor, Epit. 3,34).

B Der Totengott personifiziert eine Jenseitsvorstellung von Verbleib und Schicksal der Verstorbenen, die wir der Erde übergeben und die die Erde sich auch nimmt.

Damit ist zunächst ein Ort angegeben, der sich unseren Blicken so entzieht wie die Toten, die wir entlassen müssen in eine Finsternis, in der wir sie nicht mehr sehen. H. verkörpert die physikalische Vorstellung einer unterirdischen düsteren «Gegenwelt» und zugleich die «dunklen» Emotionen der Zurückbleibenden. So ist er der schlechthin «Dunkle», dessen Unerbittlichkeit und Härte (Il. 9,158 f) das Unwiderrufliche des Todes zeigen. H. ist nicht nur dunkel, er fürchtet auch das Licht, das einmal durch einen Spalt bis in den Tartarus dringt (Ovid, Met. 2,260 f; vgl. «blaß» und «lichtscheu»: Remigius 1,35.15, Bd. 1, S. 132). Anderseits verdunkelt sein Wagen sogar die Sterne (Claudian, Proserp. 1,2).

Die Wüstenei seiner Welt bei Homer (s. o.) erinnert an Zerfall und Vergänglichkeit des Leiblichen. Vergil sieht eher eine Strafanstalt, deren massive Größe und Solidität aus Stein und Eisen, von Feuer umgeben, den Eindruck von Unentrinnbarkeit und Hoffnungslosigkeit vermitteln.

Die Person des Gottes entzieht sich gleichsam in der Dunkelheit unserer Anschauung. Nach Theokrit (10,19 f) war er selbst – «Plutos», wie –> Eros – blind. Jedenfalls ist er dunkelhaarig (Homer. Hymn. 2, an Demeter, 347). Ovid (Met. 4,438) nennt ihn den «schwarzen König» (Remigius 1,35.15, Bd. 1, S. 132: «pallescens lucifuga id est obscura, inumbratione utpote inferni et tenebrarum deus»; vgl. Myth. Vat. II 61). Unbekannt bleibt ebenso seine Kleidung. Das einzige Kleidungsstück, von dem wir hören, die Kappe, können wir nicht sehen, denn sie macht unsichtbar. Auch zu hören bekommt man ihn wohl selten (Homer, Il. 20,61). Dafür läßt vor allem Vergil uns die Geräusche seines Handwerks hören: Stöhnen und das Schwirren wütender Schläge, Eisengerassel und Kettengeklirr (Aen. 6,557 f; vgl. Boccaccio, Gen. 8,6: «saevaque multisonans exercet poena cathenas»), auch das schaurige Knarren von Torangeln (ebd. 573). Der Herrscher H. hat einen goldenen Wagen mit einem (Vier)gespann unsterblicher Pferde (Homer. Hymnos 2, an Demeter, 375 f). Boccaccio (Gen. 8,6) sagt, der Wagen sei eine «Triga» gewesen, dreirädrig und gezogen von drei Rössern, namens Amatheo, Abastro und Novio (vgl. den dreiköpfigen Cerberus).

Die freundliche Seite des Gottes scheint sich schon in jenem bescheidenen Brauen-Lächeln zu zeigen, das der Homerische Hymnos (2, an Demeter, 357 f) sieht in dem Moment, wo es zu der Abmachung mit Demeter kommt. Im übrigen sieht man von ihm nicht mehr als zuvor.

Die Ausdeutung der Person in Mittelalter und Neuzeit ist nach Umfang und Inhalt klein und nicht sonderlich interessant. Der Vatikanische Mythograph (II 1) spricht in physikalischer Deutung von vier Kindern des Saturn, die er als Bilder der vier Elemente versteht, für deren zwei obere (Feuer und Luft) Juppiter und Juno, für deren zwei untere (Wasser und Erde) Poseidon und Pluto stehen (vgl. Fulgentius, Myth. 1,2, 629, Helm S. 18). Daß man dem Gott der Toten die Erde zuwies, liege daran, daß diese das von allen dunkelste Element sei (Fulgentius, Myth. 1,5, 631, Helm S. 20)!

Ausführlicher ist die Allegorese der Mitarbeiter des Totengottes, speziell bei Fulgentius, der sich besonders um die Dreizahl kümmert. Der Tricerberus (Myth. 1,6, 632; s.a. Myth. Vat. II 11 u. III 6,22) veranschauliche dreierlei Ursachen oder Arten von Konflikten zwischen den Sterblichen. Sie seien natürlicher, kausaler oder zufälliger Art. Der Haß zwischen Hund und Hase, Wolf und Schaf, Mensch und Schlange sei natürlich. Kausal seien Eifersucht und Mißgunst in der Liebe. Zufällig entstehe Streit durch Worte beim Menschen, um das Futter beim Vieh. Drei Köpfe habe der Hund auch zum Zeichen für die drei Lebensalter (Kindheit, Jugend, Greisenalter), mit denen der Tod in die Welt kommt. Andere (Myth. Vat. III 6,22) hielten den Hund für ein Bild der drei Erdteile, was daran erinnert, daß nach Platon Zeus drei Richter für die Toten je aus Asien und Europa einsetzte, zwei aus Asien, einen aus Europa (Gorgias 524a). Pluto dienten auch die drei Furien (Erynien; ebd. 1,7; vgl. Myth. Vat. I 109; II 12 u. III 6,23). «Alecto» heiße soviel wie sich dem Zorn ungezügelt hingeben, «Tisiphone» ihn hinausschreien, «Megera» heiße den Streit vorantreiben («protelare»). Ebenso arbeiten die Parzen («Fata», –> Moiren) für Pluto (Fulgentius Myth. 1,8, 634, Helm S. 21; vgl. Myth. Vat. I 110; II 14 u. III 6,23). In Ausdeutung wieder des griechischen Namens besagt «Cloto» (griech. Klotho) den Aufruf zur Geburt, «Lacesis» (griech. Lachesis) das Lebensschicksal, die Weise, in der einer zu leben vermag, und «Atropos» ist die Bedingung des Todes, der ohne Gesetz kommt (Remigius 1,5,18, Bd. 1, S. 72; ausführlich: Myth. Vat. III 6,23). Die drei Harpyen («Arpyae») werden zwar nicht von Fulgentius (Myth. 1,9, 634, Helm S. 21), aber von anderen (Vergil, Aen. 6,289) als Diener des Pluto genannt. Sie heißen Aello, Oquipete und Celeno. Die erstere (sagt ihr Name) erstrebe Fremdes, die andere besetze das Erstrebte, die dritte verberge es.

Eine umständliche Deutung des dreirädrigen Wagens und der Namen der drei Pferde gibt Boccaccio (Gen. 8,4; s. o.). Dis, der Herr über den Reichtum des Bodens, verbindet sich hier leicht mit dem strafenden Gott Vergils (Aen. 6,540–544). Es sei klar, daß die Reichtümer im Boden (in der Erde) seien und aus ihm gewonnen werden. Nun werde die Erde «Ops» (etwa «Reichtum, Fülle») genannt, und rechtens nenne man Pluto ihren Sohn. Da anderseits, noch ehe man das Gold kannte, Saturn die Menschen die Landwirtschaft gelehrt habe und da der Reichtum zu guten Teilen der Kultivierung des Bodens entstamme, habe man ihn rechtens den Vater des Pluto genannt. Und in moralisierender Hinsicht: Die eiserne Stadt des Pluto und der Wächter Thesiphon bei Vergil sollen uns an den «eisernen» Sinn und die Unfreundlichkeiten der Raffgierigen, an ihre Knauserigkeit («custodia») und ihren Geiz erinnern. Diese Stadt betrete kein Gerechter, sage Vergil: Es sei verfügt, daß kein Reiner die Schwelle des Frevels betrete, woraus sich ergebe, daß nach Reichtum zu streben oder ihn zu bewahren ohne Ungerechtigkeit unmöglich ist (folgt ein Hinweis auf Dante und die Strafe für jene, die weder Liebe zum Nächsten noch zu Gott zeigen).

Im Fulgentius Metaforalis des John Ridewall (H. Liebeschütz 1926, S. 100–114) wird Pluto zum Bild für «providencia», der Voraussicht, als drittem Teil der «prudencia», der Klugheit (–> Juno). «Providencia» schaue umsichtig voraus in das Künftige und zurück auf das Vergangene (Cicero, De Off. 1,4,117). Das dichterische Bild zeige ihn so: 1. Mit einer Krone von Holz, 2. mit Gütern versehen, 3. vorgesetzt den Toten, 4. von Cerberus getragen, 5. der Etas (= Proserpina) verbunden, 6. bewaffnet mit den Furien, 7. schützend umgeben von den Faten («Ligno coronatus, opibus ditatus, / inferis prelatus, Cerbero delatus, / Etati ligatus, Furiis armatus, / et Fatis vallatus»). Dieses seien sieben Bilder für Pluto, denen ebenso viele Eigenschaften der «providencia» entsprechen. 1. Martian (1,80; Dick S. 35,20) zeige den Gott mit einer Krone aus Ebenholz. Solches Holz brenne nicht, und sein Wert sei dem von Gold und Elfenbein vergleichbar (Plinius, Nat. 12,17 u. 19). Diese drei habe die Königin von Saba dem Salomon als Gastgeschenk gebracht, und man könne sie (ob ihrer Beständigkeit) sehr wohl auf die Tugend der Voraussicht beziehen. Wie das Ebenholz nicht brenne, so mache die Tugend das Gemüt leidenschaftslos («impassibilis»). 2. Der Reichtum des Pluto seien in Wahrheit nicht irdisch-vergängliche Dinge («opes»), sondern Tugenden, die uns für immer bereichern. So lehre die Voraussicht. 3. Wie ein Gott sich um jene sorgt («providet»), die in der Welt sind, so begegnet die Voraussicht vor-sichtig denen in der Unterwelt («inferno»): Wie göttliche Voraussicht dagegen ist, daß wir uns im Weltlichen einrichten, so wendet die menschliche Tugend der Voraussicht uns ab von den Versuchungen der Hölle («contra inferni declinacionem»). 4. Cerberus unter den Füßen des Pluto beziehe sich vierfach auf die Voraussicht. Zunächst stehe er für weltliche Begehrlichkeit, welche die Tugend der Voraussicht mit den Füßen tritt und verachtet, denn sie weiß, daß diese Begehrlichkeit schließlich zur Höllenbuße führt. Dann hören wir, daß die drei Köpfe mit ihrem Biß gesonderte Botschaft für uns haben. Da werden unterschieden der Biß der Mühe («labor»), denn der Gierige arbeite zum Erwerb (Begehrlichkeit sei die Wurzel allen Übels). Dann folgt der Biß der Furcht, denn wie der Erwerb mit Mühe, so sei der Besitz mit Furcht verbunden. Schließlich kommt der dritte Biß, der des Schmerzes, denn wie der Begehrliche mit Mühe erwirbt und mit Furcht bewacht, so verläßt er im Tode das Erworbene mit Schmerz. Auf diese Begehrlichkeit setzt die Tugend der Voraussicht ihren Fuß. 5. Die Ehe des Pluto mit Proserpina bedeutet, daß die «providencia» sich abwendet von höllischem Übel und sich mit himmlischer Glückseligkeit verbindet, sofern das Mädchen eine Tochter der «Freude» ist (Fulgentius, Myth. 1,10, 635 f, Helm S. 22). Aus Freude und dem Vergnügen, dessen der Mensch sich in Gott erfreut, erwachse ihm Glückseligkeit («beatitudo»). 6. Die Furien in Gesellschaft des Pluto sind ein Bild für die moralische Bewaffnung der Voraussicht mit Zorn und tugendhafter Entrüstung (es folgt eine lange Erörterung verschiedener Arten von Zorn). 7. Hier werden die Fata (Parzen, –> Moiren) vorgeführt als Verwalter und Diener des Gottes. Die umfangreiche Präsentation enthält keinen ausdrücklichen Bezug auf die «providencia».

Der Herrscher der Toten hat nur wenige Attribute. Ihn kennzeichnet das Zepter (Fulgentius, Myth. 1,5, 631, Helm S. 20), eine Krone, die bei Martian (1,80; Dick S. 35,20) aus (schwarzem) Ebenholz ist (das Holz sei unbrennbar und wandle sich geschnitten zu Stein: Remigius 1,35.19, Bd. 1,

S. 133), vielleicht auch der Wagen. Der wohltätige («katachthónios»)
Pluton (vgl. Hesiod, Erga 465; vgl. oben) scheint keine eigenen Attribute
erworben zu haben. Man sagt, sein Attribut in der bildlichen Darstellung sei das Füllhorn (Kl. Pauly, Bd. 2, Sp. 904). Das könnte gelegentlich
eine Verwechslung mit Plutos, dem Sohn der –> Demeter von Iasion,
sein. Der Vatikanische Mythograph (III 6,24: «Somnium novimus cum
cornu pingi»: Wir wissen, daß der Schlaf mit einem Füllhorn dargestellt
wird) läßt vermuten, daß das Füllhorn auch mit dem Traumbringer H.
zu tun hat (vgl. Aristophanes, Ranae 1331 ff; s. o.).

Dem schwarzen Gott soll man der Farbe wegen schwarzes Rind geopfert haben (Myth. Vat. III 6,26; zum Ebenholz s. o.).

Die frühen Christen scheint H./Pluto nicht sonderlich zu stören.

Der Libellus (10, H. Liebeschütz 1926, S. 120 f) gibt eine relativ umfangreiche Beschreibung. Die Alten hätten geglaubt, daß alle Seelen
hinuntergehen in die Unterwelt und dort bei Pluto in ewiger Finsternis
verweilen. Das ihm gemäße Bild zeigte ihn als einen schrecklichen («ter-
ribilis») Mann auf einem Thron aus Schwefel, in der Rechten ein herrscherliches Zepter, in der Linken eine Seele umklammernd. Unter seine
Füße legte man den dreiköpfigen Cerberus, auch standen bei ihm die
drei Harpyen. Von seinem Schwefelthron entsprangen vier Flüsse, die
man Lethe, Cochis, Phlegeton und Acheron nannte. Neben die Flüsse
legten sie die Styx, «einen Sumpf» (!). Zur Linken Plutos aber saß Proserpina, die Königin der Unterwelt, mit dunklem und schrecklichem Gesicht. Da waren auch die drei entsetzlichen Furien, alte Weiber mit
Schlangenhaar, die die Menschen in Raserei versetzten. Die Parzen, die
man im Gegensinn der Wortbedeutung so nannte, weil sie niemanden
schonen («parcere»), waren drei jungfräuliche Schwestern, deren eine
eine Spindel hielt und spann. Die andere drehte den Faden, den die dritte
abriß. Dann waren da noch Harpyen, räuberische Vögel mit dem Gesicht
von Mädchen.

Der Herr der Toten und Herr der Güter der Erde Pluto/H. einerseits
und Plutos/Plutus, Sohn der Demeter/Ceres und Gott des Reichtums,
anderseits, scheinen im Laufe der Geschichte von Dichtern und Mythographen nicht immer klar auseinandergehalten zu werden. Picinello
(3,45,124 und 125) präsentiert unter «Pluto» den Unterweltsgott und den
Gott des Reichtums. Beide Allegorien aber moralisieren unterschiedslos
über Reichtum («divitiae»). Unter dem Lemma OPIBUS DOMINA-
TUR, ET ORCO (Herr über Reichtum und Unterwelt) zu Pluto lesen wir,
daß nach dem Evangelisten Matthäus (19,24) eher ein Kamel durchs Na-

delöhr geht, denn daß ein Reicher in das Reich Gottes kommt (Hinweis auf Augustin, Civ. 10,18). Plutus wird unter dem Lemma OCULIS AC MENTE CALIGAT («Blind an Auge und Verstand» = d. h. gegen die Versuchungen des Reichtums) in kühner Wendung zum Bild des unbestechlichen Richters (mit Hinweis auf Ecclesiasticus 20,31).

Dagegen dient Pluto / H., der sich die Proserpina holt, einem Emblem zum Thema «Erzwungene Liebe» (Sebastián de Covarrubias Orozco 1610, II, Nr. 39; H. / S. Sp. 1794).

C *Typus*. In der griechischen Kunst weist H. keine ikonographischen Besonderheiten auf. Weder aufgrund seiner Gesamterscheinung noch aufgrund von Attributen ist er einwandfrei zu identifizieren. Ein Charakteristikum sieht man hingegen in der Abwendung des Kopfes, wie man sie z. B. auf dem Bild einer attischen Schale des Xenoklesmalers beobachtet (540 / 30; London, British Museum, Inv. B 425), wo H. dem Zeus und dem Poseidon gegenübertritt, sein Gesicht jedoch abkehrt. Eine Erklärung hierfür findet sich vielleicht in einem chtonischen Opferritus (Homer, Od. 10 527 f); auch an eine bildliche Umsetzung des Beinamens «der Unsichtbare» hat man gedacht (LIMC 1988, 4,1, S. 389 unter II).

Der Typus, in dem H. dargestellt wird, erinnert im allgemeinen an jenen des –> Zeus oder des –> Poseidon: ein Mann in reiferen Jahren mit fülligem Haupt- und Barthaar (s. die Marmorstatue in Syrakus, Museo Regionale, Inv. 21686; wohl 2. Jh. v. Chr.). Mitunter erscheint er auch als weißhaariger Greis, z. B. auf einer rotfigurigen Hydria (um 430 v. Chr.; London, British Museum, Inv. E 183).

Schon in der Spätantike läßt sein Aussehen häufig auf ein rauhbeiniges, ungehobeltes Wesen schließen, v.a. auf Darstellungen der Entführung der Persephone (H. mit zerzaustem, ungepflegtem Haar auf zwei Mosaiken: 2. Jh. n. Chr.; Rom, Musei Capitolini; das zweite um 200 n. Chr.; Vatikan, Nekropole unter St. Peter). – Das Mittelalter stellt sich H. / Pluto als furchterregendes, bedrohliches Wesen vor, oft mit den Zügen eines Monstrums. So hat er z. B. einen (bekrönten) Löwenkopf (Illumination zu «Des Eschez amoureux», um 1500; Paris, Bibliothèque Nationale, ms. fr. 143, Bl. 136) oder nimmt eine teufelsähnliche Gestalt an (mit behaartem Körper und dem Kopf eines Fabeltiers in einer Handschrift Guillaume de Machauts, «Le confort d'amy», 1357; Paris, Bibliothèque Nationale, ms. fr. 1584, Bl. 144).

Renaissance und Barock betonen den düsteren Aspekt seines Wesens (vgl. z. B. Rembrandts *Entführung der Proserpina*, –> Demeter).

Attribute. Die Attribute des H. sind überwiegend unspezifisch. Als Zeichen seiner Herrscherwürde trägt er häufig ein Zepter, wie es jedem Herrscher zukommt, z. B. auf einem rotfigurigen Stamnos (um 470/460 v. Chr.; Paris, Louvre, Inv. C 10798). In Begleitung des Kerberos sehen wir den Gott der Unterwelt merkwürdigerweise selten in der griechischen Kunst, erst in römischer Zeit («Pluto») ist dies häufig der Fall – vermutlich unter dem Einfluß des Bildwerks des Sarapis (eines düsteren Gottes ohne Mythos) von Bryaxis.

Ein Füllhorn hält H./Pluto in der Hand, so auf einer attischen Schale aus Vulci (430/20 v. Chr.; London, British Museum, Beischrift: «Hades-Pluton»). Gelegentlich meint man einen blühenden Mohnzweig (einschläfernde Wirkung des Mohns!) in seiner Hand zu erkennen (auf einer Tontafel, s. u.). – Manchmal ist dem Pluto ein Schlüssel (zum Tor der Unterwelt) beigegeben: auf einem severischen Relief (Bukarest, Historisches Nationalmuseum; einen Schlüssel soll schon der H. auf einem Kranztisch in Goldelfenbeintechnik von Kolotes in Olympia als Attribut bei sich gehabt haben: Pausanias 5,20,3).

D Meist sehen wir H. mit Persephone als thronendes Herrscherpaar (auf mehreren Terrakottatafeln, 540/500 v. Chr., vom Typ jener in Reggio Calabria, Museo Nazionale) oder auch zusammen mit Hermes, Demeter und Triptolemos.

Die einzige erzählerische Episode aus dem Mythos des H., in der er selbst aktiv wird, ist die Entführung der –> Persephone. –> Orpheus, –> Demeter

Lit.: Bolte, Ulrike: Deformität als Metapher. Ihre Bedeutung und Rezeption im England des 18. Jh. Frankfurt/Berlin 1993 (Europäische Hochschulschriften 28: Kunstgeschichte 187). Lindner, Ruth/Dahlinger, Stefan-Christian/Yalouris, Nikolaos, in LIMC 1988, 4,1, S. 367–394; 4,2, S. 210–225, s.v. Hades. Lindner, Ruth ebd., 4,1, S. 399–406; 4,2, S. 228–236, s.v. Hades-Pluto.

Hebe –> Herakles
Hekate –> Artemis
Helena –> Paris
Helios –> Apoll

Hephaistos, griech., lat. Volcanus, Vulcanus, auch Mulciber, etr. Sethlans, dt. Vulkan. Einer der Zwölfgötter. Gott des Feuers, des Schmiedehandwerks und überhaupt handwerklicher Kunstfertigkeit. Sohn des –> Zeus und der –> Hera (Homer, Il. 1,575 ff; Apollodor, Bibl. 1,3,5) oder – in Parthenogenese – der Hera allein (Apollodor ebd.). Gemahl der Charis (Homer, Il. 18,382), die Hesiod Aglaia nennt, die «jüngste der Grazien» (Theog. 945 f). Die Odyssee (8,266 ff) und spätere nennen –> Aphrodite / Venus als seine Frau. In der lateinischen Welt wird Maia, eine latinische Göttin in kultischer Gemeinschaft mit Volcanus (Gellius 13,23,2), schon früh mit der Pleiade und Mutter des –> Hermes verwechselt und dabei zur Gemahlin des Feuergottes, die nach Piso eigentlich Maiestas geheißen haben soll (Macrobius, Sat. 1,12,18 f; Boccaccio, Gen. 12,70; Kl. Pauly, Bd. 3, Sp. 895). Durch Ge oder – in späten Quellen (z. B. Ovid, Met. 2,757) – von –> Athena Vater des Erichthonios, von der Frau des Lernos Vater des Argonauten Palaimon(-ios; Apollonios Rhodios 1,202 f), von Epikleia Vater des Periphetes aus Epidauros (Apollodor, Bibl. 3,16,1; Ovid, Met. 7,437); Vater des Ardalos, der die Flöte erfunden haben soll und nach dem man die Musen «Ardalides» nannte (Pausanias 2,31,4). Nonnos (14,17 ff) erwähnt, daß die Kabiren und geschickten Schmiede Alkon und Eurymedon Söhne des H. von der thrakischen Kabeiro gewesen seien. Hygin (Fab. 158) nennt die Söhne Philammon, Cecrops, Erichthonius, Corynetes, Cercyon (vgl. Fab. 38,5), Philottes, Spinther. In einer sicher italischen Geschichte ist Vulcan Vater auch des Caeculus (Coeculus), mythischen Gründers von Praeneste (Vergil, Aen. 7,678 ff; vgl. Remigius 6,314.17; Bd. 1, S. 150). Ein glühendes Stück war dem Herdfeuer entsprungen und hatte die Mutter geschwängert (Myth. Vat. I 84; Myth. Vat. II 184). Vater des Scheusals Cacus, der rußiges Feuer speit (Vergil, Aen. 8,198). Nonnos (5,135 ff) weiß, daß H. von Aphrodite Vater des –> Eros wurde.

Der Gott ist wohl asiatischer Herkunft. Unter seinen Kultstätten scheint Lemnos mit dem Erdfeuer auf dem Hügel Moschylos besondere Bedeutung zugekommen zu sein (vgl. Kl. Pauly, Bd. 2, Sp. 1025). Zu seinem Kult gehörte auch die Lampadedromia (ein Fackelstaffettenlauf) in Athen (Kl. Pauly, Bd. 3, Sp. 467 f; vgl. die «Lampadaphoria» bei Natale Conti 1567, 2,6, Bl. 46 ᵛ, Zeile 21).

A Über Herkunft und Ursprung des H. / Vulcan sind die Mythographen und andere sich einig nur darin, daß –> Hera / Juno seine Mutter sei. Sicher sind sie auch, daß der Gott an einem körperlichen Gebrechen leidet, das seine Beine betrifft: Wie das genau aussieht, darüber ist man sich nicht einig, aber man weiß, daß er hinkt. Unterschiedliche Nachrichten gibt es wieder darüber, wie er zu diesem Gebrechen kommt. In jedem Fall wirft man ihn hinaus und auf die Erde. Sicher ist schließlich auch, daß er sich dem Schmiedehandwerk widmet. Uneins ist man sich wieder über den Ort dieser Tätigkeit.

Sein Ursprung und die Ursache für sein Gebrechen sind durch die Zeiten in vier unterschiedlichen Versionen überliefert. Zwei davon sehen seinen biographischen Anfang im Spannungsfeld des elterlichen Ehezwistes. Sie finden sich schon bei Homer.

Hesiod (Theog. 929 ff; vgl. Homer. Hymnos 3, an den Pyth. Apoll, 310 ff) berichtet, –> Hera habe das Kind aus sich selbst, ohne Zutun eines Mannes empfangen. Das soll aus ihrem eigenen Ratschluß im Zorn über die Zeustochter –> Athena geschehen sein. Schwächlich aber sei das Kind zur Welt gekommen, sagt die Mutter, dazu noch mit verkrüppeltem Fuß (oder Füßen: Homer. Hymnos 3, ebd. 317: «riknòs pódas»): zu Scham und Schande der Himmlischen. Angesichts der makellosen Tochter des Gemahls kränkt sie das besonders. So nimmt sie den Kleinen und wirft ihn hinunter in das Meer, wo Thetis und ihre Schwestern sich um ihn kümmern werden (Homer. Hymnos 3, ebd. 319 ff). Homer nennt Eurynome und Thetis (Homer, Il. 18,398 f). Neun Jahre sei er dort geblieben, läßt er ihn sagen (Il. 18,400).

In einer anderen Geschichte (Homer, Il. 1,590 ff) wird H. zum Opfer des zornigen Zeus, der keinen Widerspruch duldet. Als H. ihm einst entgegentritt, wohl in Verteidigung der Mutter und vielleicht damals, als Zeus sie mit zwei Ambossen an den Füßen aus dem Himmel hängte (vgl. Apollodor, Bibl. 1,3,5), packt er ihn kurzerhand beim Fuß und schleudert ihn von der «göttlichen Schwelle» hinab auf die Erde. Einen ganzen Tag sei er gestürzt, ehe er mit der sinkenden Sonne in Lemnos herabfällt, wo sich sogleich die Sintier des offenbar Verletzten annehmen (Homer Il. 1,590 ff). Diese Geschichte hat man so verstanden, daß H. sein Gebrechen, das ihn hinken läßt, erst dem Eingriff des Zeus verdankt (z. B. Apollodor, Bibl. 1,3,5). H. spricht hier zwar vom «lieben Vater» (578), aber es ist denkbar, daß er da nicht den leiblichen, sondern den Götter-Vater meint (vom «Vater» Zeus, dem der Sohn ein Haus baute, sprechen auch Il. 14,338 f und 20,10 f). Jedenfalls ist diese Stelle (Il. 1,578) offen für beide Lesarten. Gewöhnlich ist es Zeus / Juppiter, der ihn auf Lemnos hinabwirft, aber auch Hera / Juno wird genannt (Myth. Vat. III 10,4, Bode S. 224). Übrigens wurde auch behauptet, er sei auf Lemnos von Affen aufgezogen worden (Boccaccio, Gen. 12,70; Natale Conti 1567, 2,6, Bl. 46ʳ, Zeile 44), wozu man wohl «simii» für «sintii» gelesen hat.

Den Geschichten entspricht jeweils die Haltung des H. zur Mutter, der er entweder mit Abneigung (Homer, Il. 18,396 f, wo er sie «hundsäugig» nennt; bei Hygin, Fab. 166,1, wird er schlicht leugnen, überhaupt eine «Mutter» zu haben) und Rachsucht begegnet oder der er als treusorgender Sohn v.a. als Verbündeter gegen den Vater zur Seite tritt (Homer, Il. 1,571 ff). Es gibt auch Versuche, die beiden Episoden im erzählerischen Kontext der Ilias für zwei verschiedene Ereignisse im Leben des H. zu halten.

Die beiden anderen Versionen der Geschichte gehen offenbar von einem Einvernehmen der Göttereltern aus.

Die eine (Myth. Vat. I 176) übernimmt wichtige Motive der sicher älteren. Danach beschlossen Juppiter und Juno nach so viel gemeinsamen Kindern (gleichsam überdrüssig oder auch neugierig?), einmal außer der Regel, «paradóxeos», und zwar ohne den Partner zu zeugen. Dann sind beide sich einig, den mißgestalten Knaben hinauszuwerfen. Hier erbarmt Pluto / –> Hades sich seiner und setzt ihn über die Kyklopen, die dem Juppiter die Blitze bauen. Eine Variante dieser Geschichte (Myth. Vat. II 37) sagt, während Juppiter die Pallas aus dem Haupt gebar, habe Juno den Vulcan aus ihren Genitalien geboren (gewöhnlich soll das aus ihrem Schenkel geschehen sein); weil diese aber unrein seien und ungestalt, sei das Kind schwärzlich («fuscus») und lahm (verkrüppelt) zur Welt gekommen. Hier wirft Juppiter ihn hinaus, und die Sintier auf Lemnos werden ihn päppeln.

Schließlich findet die eindeutige Nachricht, wonach H. die Frucht gewöhnlicher ehelicher Beziehung ist, sich ebenfalls schon bei Homer, aber in der Odyssee (8,310–12) beschwert der «Krüppel» sich bitter über die Eltern, die ihn gar nicht hätten zeugen sollen (aber schon Il. 1,575 ff, 14,338 f, 20,10 f sprechen eindeutig von «Vater» Zeus, vgl. o.). Boccaccio wird berichtet, daß die meisten Autoren Juppiter und Juno als Eltern des Vulkan nennen. Mit Berufung auf Vergil (Bucolica) sagt er (Gen. 12,70), daß die Eltern gemeinsam den lahmen und häßlichen Knaben sogleich nach Lemnos hinunterwarfen: «Cui non risere parentes. Nec deus hunc mensa, dea nec dignata cubili est …» (Juppiter hielt das Kind für nicht des Tisches, sie für nicht des Ehebetts würdig.)

Die eine Geschichte (Homer. Hymnos 3, an den Pyth. Apoll. 319 f) läßt den Knaben H. ohne genauere Ortsbestimmung einfach in das Meer fallen, zu den Nereiden. In der anderen gelangt er nach Lemnos (z. B. Apollodor, Bibl. 1,3,5). Vergil ortet Vulcan irgendwo zwischen dem Ätna und den liparischen Inseln (vgl. Myth. Vat. III 10,5), nahe der Insel des Aeolus, in einer Höhle, der «Aetnakluft der Cyklopen». Auffällig hier, daß der Gott vom Olymp dorthin hinabgestiegen (nicht etwa gestürzt) sein soll.

Gewöhnlich gilt, daß H. hinaus- und hinuntergeworfen wird. Es heißt auch, er sei von der Göttertafel ausgeschlossen gewesen (Myth. Vat. I 128,2; Myth. Vat. II 37; Boccaccio, Gen. 12,70). Fern dem Olymp dient er dennoch den Göttern. Auffällig, daß der Häßliche («bäurisch und außerordentlich häßlich», sagt der Libellus; vgl. unten) eine der –> Chariten (Grazien) heiratet (Il. 18,382). Irgendwann heiratet er Aphrodite / Venus (man hat gesagt, das sei nach der Rückkehr des H. / Vulcan in den Himmel geschehen: Cartari 1647, S. 205, mit Hinweis auf Pausanias). Diese Ehe ist eigentlich nur bekannt durch den Ehebruch der Frau mit –> Ares / Mars (Homer, Od. 2,266 ff). Aber Frucht der ehelichen Verbindung soll –> Eros / Amor (Cupido) gewesen sein. Nonnos (5,135 ff) erzählt, wie der Vater entzückt war, gegen seine Befürchtung einen Sohn mit heilen Füßen und mit – wie Hermes – strahlenden Flügeln zu sehen (Seneca, Oct. 557 ff; Servius, Aen. 1,664; Myth. Vat. II 35). Irgendwann auch (als sie zu ihm kommt, um sich Waffen machen zu lassen: Apollodor, Bibl. 3,14,6) bemüht er sich um Athena, die ihn verschmäht (Nonnos, 27,317, spricht vom «Liebhaber der Jungfrau und dem Bräutigam der schaffenden Erde», als deren Frucht Erichthonios hervorgeht, –> Athena). Aphrodite soll ihm das Verlangen eingegeben (Apollodor, Bibl. 3,14) oder Neptun / –> Poseidon ihn angestiftet haben (Hygin, Fab. 166,3–5). Die Zahl seiner Kinder bezeugt ein fruchtbares Liebesleben des Mannes.

Der Ort seiner Ankunft auf der Erde ist zugleich sein Arbeitsplatz. H. ist Handwerker, und sein ureigenes Metier ist das Schmieden, also das Arbeiten mit Metall, wozu er das Feuer braucht. Einmal bei Thetis und den ihren, scheint er sich sofort ans Werk zu machen. Seine Werkstatt ist eine verborgene Höhle, rings vom Okeanos umgeben (Homer, Il. 18,402 ff), weder Götter noch Menschen wissen davon. Merkwürdig, wie das feurige Handwerk hier Schutz im Wasser findet. Auf den ersten Blick will es sinnvoller scheinen, wenn H. in der anderen Version der Geschichte auf dem vulkanischen Lemnos niedergeht, aber auch Lemnos ist von Wasser umgeben: Wasser dient dem Schmied, die Gewalt des Feuers zu temperieren und zu bändigen. Später baut H. sich ein Haus ganz aus Erz und darinnen die Werkstatt (Il. 18,369 ff). Die meisten Quellen sprechen von der Werkstatt auf Lemnos (so Cicero, Nat. 3,22; die Od., 8,283 f, sagt, die Feste von Lemnos sei ihm die liebste auf Erden gewesen). Die Lateiner sehen ihren Vulcan unter dem Aetna (Vergil, Aen. 8,416 ff) oder auf Lipari (Juvenal, Sat. 13,45; Natale Conti 1567, 2,6, Bl. 47ᵛ, Zeile 27 f) oder irgendwo dazwischen (Vergil, Aen. 8,417), etwa auf dem benachbarten Hiera (heute Vulcano; Schol. zu Apollonios Rhodios 3,41).

Wie wenn er selbst vor lauter Rauch und Düsternis den Raum nicht sieht, zeigt Homer uns statt dessen das Werkzeug: das Feuer, die Blasebälge, den Amboßhalter (Il. 18,409 ff). Für einen Moment sehen wir den silbernen Gerätekasten aufblitzen (ebd. 413). Dann (Il. 18,468 ff) beobachten wir den Schmied bei der Arbeit: Er geht zu den Bälgen (20 Stück hat er), wendet sie gegen das Feuer unter den Tiegeln, wirft Erz, Zinn, Gold und Silber hinein, befestigt den Amboß am Halter, nimmt mit der Rechten den Hammer, mit der Linken die Zange und beginnt die Arbeit am Schild des Achill. Lärmende Geschäftigkeit in der Ätnakluft beschreibt Vergil (Aen. 8,418 ff). Hier ist Vulcan der Arbeit eigentlich entrückt, macht sich gleichsam die Hände nicht schmutzig. Die Arbeiten verrichten die Kyklopen, Brontes, Steropes und Pyrakmon (Aen. 8,425). Apollodor (Bibl. 1,4,3) erzählt, Orion habe sich einen Burschen aus der Schmiede des H. geholt.

Der Handwerker fängt – sofern er bei den Nereiden ist – augenscheinlich klein an, als Goldschmied recht eigentlich, mit Spangen und Armreifen, Kelchen und Ketten (oder «Ohrengehängen»; Homer, Il. 18,401). Das diente sicher den Bedürfnissen seiner Beschützerinnen. Schmuck wird er immer wieder verfertigen, darunter das berüchtigte Halsband der Harmonia (Hermione; Apollodor, Bibl. 3,4,2), das er einst für Venus / Aphrodite geschaffen hatte (vgl. Ovid, Fasti 3,514), ein unerhört prächtiges und raffiniert konzipiertes Gebilde (phantasiereiche Beschreibung bei Nonnos 5,135 ff; vgl. Myth. Vat. II 78: Auf Anraten der Athena hat er dem Geschmeide die Augen der Gorgo eingesetzt; Myth. Vat. II 78; vgl. Myth. Vat. I 157), für Harmonia auch eine reichverzierte Brautkrone mit vielfarbigen Steinen (Nonnos 5,131 ff), ein Halsband für Elektra, mit Ornamenten nach der feinen Art von Myrinai (Nonnos 3,131 ff), Halsband, Ohrringe, Armbänder, die Nereus der Beroë zur Hochzeit schenkt. Zur Hochzeit mit Liber baut er der Ariadne eine Krone mit sieben Leuchtern darauf (Myth. Vat. II, 124). Daß er dem –> Dionysos einen Spiegel verfertigte, gehört sicher direkt in den Bereich orphischer Kosmologie (Proklos, Kommentar zu Platon, Timaios 23d-e; vgl. Plotin, Enneade 4,3,12; s. Pompeji, Villa dei Misteri). Eine goldene Weinrebe (statt der Rösser) soll er dem Zeus geschmiedet haben für König Tros, den Vater des –> Ganymed (Schol. zu Euripides, Or. 1391; vgl. aber Schol. zu Euripides, Troad. 822). Eher zierliches Werk werden wohl auch die goldenen und silbernen Wachhunde vor den Pforten des Palastes gewesen sein (Nonnos 3,131 ff; Homer, Od. 7,91 ff). Ebenso Kleinkunst sind sicher die ehernen Kastagnetten für Athena (Apollodor, Bibl. 2,5,6; –> Herakles).

Gebrauchsgegenstände weiß er nicht nur zu schaffen, sondern auch prächtig zu schmücken: Den goldenen Wagen des Sonnengottes versieht er mit Chrysolithen und anderen Edelsteinen (Ovid, Met. 2,105 f). Bei Philostrat (Imag. 1,6) gibt es Körbchen, deren Edelsteinschmuck nach Ordnung und Fassung als Werk des H. gelten müssen (vgl. Gyraldi, Synt. 13, S. 559A). Nicht minder versteht er sich auf bildnerischen Schmuck und übt ihn häufig und ausführlich. Ein Prachtstück an figürlichem Schmuck muß der Korb gewesen sein, den Moschos (2,37 ff) beschreibt, ein Geschenk an Libya, das schließlich in den Besitz der Europa kommt. Ovid meldet, er habe die Bilder an der Halle des Sonnengottes geschaffen, ein wahres Weltbild (Met. 2,5 ff). Ein Welttheater schmückte den Schild des Herakles (Hesiod, Aspis 139 ff), glänzend von Email, Elfenbein, Bernstein und strahlendem Gold, auch Silber findet sich reichlich, eingesetzt in Streifen aus blauer Glaspaste («kyanos») ist die Fülle szenischer Bilder. Überhaupt könnte die ganze Ausrüstung des Helden ein Werk des H. sein. Die bronzenen Beinschienen erwähnt Hesiod (Aspis 122 f), die goldene Brustplatte, die Athena ihm gibt (ebd. 124 ff), hat sie nach Apollodor (Bibl. 2,4,11) von H. Diodor (4,14,3) meldet, H. habe ihm eine Keule und einen Kettenpanzer gegeben. Dem Achill macht er auf Bitten der Thetis (Il. 18,456 ff) eine neue Rüstung. Der Schild ist mit seinem Schmuck kaum weniger kostbar als der des Herakles (Beschreibung: Il. 18,478–607). Dazu ein Panzer, «heller glänzend als Feuer», ein Helm mit goldenem Buschen (ebd. 609 f) und Beinschienen aus «geschmeidigem Zinn» (ebd. 613). Bei Nonnos (25,336 ff) erfährt man, daß Rheia (Rea) dem –> Dionysos einen Panzer gab, der aus der lemnischen Werkstatt des H. stammte. Darauf ein Bild von Erde und Meer, von Himmel und Sternen. Manche kommen zu ihm, um sich Waffen machen zu lassen, wie Athena (Apollodor, Bibl. 3,14,6); die Waffen für Sohn Achill hat Thetis bei ihm abgeholt (Il. 18,616 f; Hygin, Fab. 106). Apollodor (Epit. 2,7) berichtet, H. selbst habe dem Achill die Rüstung gebracht. Dem Diomedes schuf er einen «kunstvollen» Schild (Il. 8,195). Dem Mars / –> Ares habe er (Vulcan) einen Wagen gebaut, sagt Vergil (Aen. 8,432). Waffen soll er auch dem Peleus (Servius, Aen. 1,43 und 2,275; ein Schwert: Philostrat d.J., Imag. 10,4) und dem Memnon (Servius, Aen. 1,751) gemacht haben. Odysseus besaß offenbar eine Rüstung von H., die er dem Pyrrhus gab (Philostrat d.J., Imag. 15,6). Apoll /–> Apollon und Diana /–> Artemis haben ihre Pfeile von H. (Hygin, Fab. 104,4). Auch die Aigis des Zeus, «schrecklich und ringsum zottig, erstrahlend», hat er gemacht (Il. 15,308 ff; vgl. Vergil, Aen. 8,435 ff: für Pallas; «aus Gold und Drachenschuppen geglättet», dazu die Schlangen), obendrein das Zepter, das Zeus weitergibt und das schließlich Agamemnon erhält (Il. 2,101). Daß der Gott den Göttern die Waffen fertigte, sagt Lactantius Firm. (Div. inst. 1,17,12), daß er selbst dem Juppiter die Blitze (Donnerkeile) schmiedet, hört man überraschend selten (und dann gern bei den Lateinern), denn das ist eigentlich das Geschäft der Cyklopen, denen freilich Pluto den H. / Vulcan vorgesetzt haben soll (Myth. Vat. I 176; s.a. Myth. Vat. III 10,3, wo er die Abhängigkeit des Göttervaters von seinem Waffenlieferanten nutzt). Vergil sieht genau hin: Der Blitz ist ein komplexes Gebilde, das aus dem eigentlichen Strahl besteht, an den drei Strahlen Hagel, drei aus «wässrigen Wolken», drei aus «rötlicher Glut und geflügeltem Sturm» angeschweißt sind, dazugemischt das Leuchten, der Donner, das «Entsetzen» und «der Zorn der vergeltenden Flamme» (Aen. 8,426 ff). Seneca weiß, daß die Blitze dreigezackt waren (Phaedra 189). Der Libellus (15, H. Liebeschütz 1926, S. 122) wird berichtet, daß Jupiter sich die Blitze von einem Adler heraufbringen ließ (vgl. Myth. Vat. II 3).

Dazu kommt wieder Friedfertiges: ein goldener Thron (Lehnstuhl) mit Fußschemel für den Gott des Schlafes (Il. 14,238 ff). Ein Krater zum Weinmischen aus Silber, mit goldener Lippe (Homer, Od. 4,615 ff).

Bemerkenswert ist die Kompetenz in der Baukunst: Jedem der Götter habe er ein Haus gebaut «mit kenntnisreichem Verstande» (Il. 1,607 f), Kammer und Halle für Zeus (Il. 14,338 f; 20,9 ff), eine Kammer für Mutter –> Hera (Il.14,166 ff). Dem Mars /–> Ares soll er (noch vor der Entdeckung des Ehebruchs!) das eiserne Haus gebaut haben, von dem Statius berichtet (Theb. 7,42 ff). Auf Wunsch des –> Poseidon baut er dem Oinopion ein unterirdisches Haus (Apollodor, Bibl. 1,4,4). Dazu das eigene Haus aus Erz (Il. 18,369 ff). Es könnte sein, daß seine eigentliche Zuständigkeit in Baudingen – im Gegensatz zum «Architekten» –> Apoll – sich auf die Metallteile bezieht, z. B. Türen und Dächer von Tempeln, wobei man auch an metallene Überzüge (gegossen oder getrieben) denken muß (vgl. Kl. Pauly, Bd. 2, Sp. 369). Auffällig, daß Homer zweimal von Türen berichtet, die H. an den Pfosten fügte (Il. 14,167 u. 339). Die (vermutlich zumindest teilweise metallene) Tür für das Gemach der Hera hatte ein Sicherheitsschloß (Il. 14,168). Doppeltüren hinter einer «wohlgeschmiedeten» ehernen Schwelle erwähnt Nonnos (3,131 ff) bei einem Palast, den H. für Elektra baute. Hier ist der Gott ein rechter Baumeister, der ein reichverziertes Vestibül und eine Kuppel errichtet und die Wände mit Mosaik in weißem Grund einlegt (vgl. Homer, Od. 7,81 ff). Apollodor (Bibl. 1,4,4) berichtet, Poseidon habe den H. ein unterirdisches Haus für Orion bauen lassen. Auch hat er einen Tanzplatz gebaut wie einst Daidalos für Ariadne (Homer, Il. 18,589 f). In der orphischen Theologie habe man die Kyklopen «Handwerker», H. einen «Maurer» geheißen (Syrianos, Komm. zu Aristoteles, Met. 997b 34).

Übrigens soll er Athena, die sich doch wirklich auf das Weben verstand (Syrianos, ebd.), einen Peplos geschenkt haben (Apollodor, Bibl. 2,4,11; in orphischem Verständnis teilen die beiden sich in die Kenntnis aller Künste unter dem Himmel: Proklos, Komm. zu Platon, Tim. 29a).

Die Krone seiner Schöpfungen sind gewiß Automaten wie die laufenden Dreifüße. 20 davon schuf er, als Thetis ihn aufsucht (Il. 18,373 ff). Sie sollen selbständig zum Ort ihres Dienstes, dem Versammlungsplatz der Götter, eilen und dann wieder «ins Haus» zurückkehren. Eine Flugmaschine war offenbar die geflügelte Liege aus Gold, die den schlafenden Sonnengott weit über die Wogen (nächtens) ostwärts zu Wagen und Rössern trug (Athenaios 11,470a-b; ein Fahrzeug zum gleichen Dienst war auch die goldene [Trink-]Schale, «Schüssel», erwähnt nach Aischylos von Athenaios 11,469). Noch aufregender die Dienerinnen, Automaten in offenbar menschlicher Gestalt, mit Stimme und Verstand: Sie glichen lebenden Jungfrauen. «Die haben drinnen Verstand im Innern und drinnen auch Stimme / Und Kraft, und wissen von den unsterblichen Göttern her die Werke.» Daß sie, als sie den Meister auf seinem Weg stützen, gar «keuchen», macht sie noch menschenähnlicher. Anderseits sind sie golden und zeigen damit sogleich, daß sie eben Maschinen sind. Es ist schwer, hier nicht an Gestalten der Sciencefiction unserer Tage zu denken.

Auch Talos, der erzene Mann oder Stier, dem Minos zu Diensten, soll ein Werk des H. gewesen sein (Apollodor, Bibl. 11,9,26). Dem Aëtes von Kolchis hat H. zwei feuerschnaubende Stiere mit erzenen Füßen geschenkt (Apollodor, Bibl. 1,9,23; vgl. Ovid, Met. 7,104 f).

Ein weithin berühmtes Werk ist die –> Pandora, die H. nach Auffassung einiger (Hesiod, Theog. 570–612; –> Prometheus) auf Geheiß des Göttervaters gestaltet, aus Lehm, ein wahrhaft lebendiges Wesen, dem augenscheinlich alles Mechanische fehlt (vgl. z. B. Hygin, Fab. 142).

So dient H. mit seiner Kunst Göttern und Sterblichen. Auch sonst ist er hilfreich in Krieg und Frieden. Gelegentlich geht er Zeus / Juppiter zur Hand, z. B. als Geburtshelfer zur Entbindung der –> Athena, indem er dem Vater das Haupt spaltet (Pindar, Olymp. 7,35; Apollodor, Bibl. 1,3,6; Philostrat, Imag. 2,27). Es ist wohl der kundige Handwerker, der auf Anweisung des Zeus –> Prometheus an den Kaukasus nagelt (Apollodor, Bibl. 1,7,1). Im Kampf gegen die Giganten schleudert er Brocken rotglühenden Metalls und tötet damit den Mimas (Apollodor, Bibl. 1,16,2; Myth. Vat. I 11,8). Es soll etruskische Meinung gewesen sein, daß neben Juppiter auch Vulcan und Minerva / Athena die Gewalt besaßen, Blitze zu schleudern (Myth. Vat. III 16; vgl. Myth. Vat. I 11,8). Interessant seine Nähe zu –> Hermes, dem Einfallsreichen: Zum Opfermahl bereitet und hütet er ihm das Feuer (Homer. Hymnos 4, an Hermes, 115). Merkwürdig, daß er den Pelops vom Mord an Myrtilos, einem Sohn des Hermes, gereinigt haben soll (Apollodor, Epit. 2,8). Als –> Herakles den Stier Italos sucht, vertraut er die Herde des Geryon dem H. an (Apollodor, Bibl. 2,5,10). Am Ende wird H. den sterblichen Teil des Helden verbrennen (Ovid, Met. 9,250 ff). Vor Troia steht er auf seiten der Achaier (Il. 15,214; 20,63; 21,330). Achill gibt er nicht nur die Waffen, er hilft ihm beim Kampf gegen Skamandros (bei den Göttern «Xanthos»). Zunächst jagt er die Gegner mit der Flamme, dann trocknet er den Fluß aus (Homer, Il. 21,328 ff: Hera bittet um sein Eingreifen; Apollodor, Epit. 4,7; vgl. Philostrat, Imag. 1,1). Es ist H./Vulcan, der die Schiffe des Aeneas in Flammen setzt (Ovid, Met. 14,532). Idaios, den Sohn des Dares, rettet er aus dem Kampf (Il. 5,22 ff).

Für Erichthonios soll er um erneuerte Jugend gebeten haben (Ovid, Met. 9,423 f). Vergil engagiert ihn gleichsam für die troische Seite und läßt ihn um der Liebe zur Gemahlin Venus willen Waffen für Aeneas fertigen (8,382 ff).

Daß H. seine Kunstfertigkeit – abgesehen von seinem Gerät – auch seinen besonderen eigenen Zwecken dienen läßt, erzählen drei Geschichten, die eigentlich alle Racheakte eines Verschmähten sind: 1. Die Gemahlin Aphrodite hat heimlich Umgang mit Ares/Mars, und das noch auf Lager und Bettstatt des Gatten. Ovid (Ars 2,561 ff) erzählt, Venus habe den Gatten wegen seiner Beine und ob seiner von Feuer und Handwerk hart gewordenen Hände oft genug verlacht und ihn vor Mars gar nachgeäfft. Helios (oder Phoebus oder Apoll) petzt, und H. fertigt böse ein für Götter unsichtbares Netz, mit dem er die Ehebrecher auf ihrem Liebeslager fängt. Die erhaltenen Berichte unterscheiden sich in Einzelheiten des Geschehens. Die Odyssee (8,282 ff; Lukian, Dial. deor. 17) erzählt, H. habe das Bett mit dem Netz versehen und sei dann scheinbar arglos nach Lemnos gereist (hier also sind Haus und Werkstatt getrennt), um die beiden in Sicherheit zu wiegen. Das Netz war in jedem Fall eine unerhört feine Arbeit. Die Ilias (8,280) vergleicht es mit einem Spinnengewebe, das um die Pfosten gelegt ist und vom Deckengebälk hängt (vgl. Ovid, Met. 4,179). Spätere reden von winzigen Ketten («minutissimae catenae»; Servius, Aen. 6,14; Myth. Vat. II 121; ebd. 141), die nach Ovid (Met. 4,178) gefeilt waren. Ovid sagt (ebd. 176), sie seien erzen, Hygin (Fab. 148), sie seien diamanten gewesen (Myth. Vat. II 121). Darin verfangen die beiden sich unentrinnbar. Sie können sich wohl überhaupt nicht rühren (Il. 8,298). Während die Odyssee darauf nicht achtet, zeigt Ovid (Ars 2,583 f) die beiden nackt, weder Gesicht noch Scham kann ihre Hand bedecken; Lukian (Dial. deor. 17) sieht augenscheinlich nur Aphrodite splitternackt; Venus habe kaum die Tränen halten können (Ovid, Ars 2,582). Nach Lukian (ebd.) kommt Helios dem H. erst jetzt zu Hilfe. Ausführlich nun die Odyssee (8,305 ff). Laut brüllt H. auf und ruft Zeus an und die anderen Götter, zu kommen und zu sehen «Dinge zum Lachen und nicht zu ertragen» (ebd. 307). Nicht eher werde er die Fesseln lösen, als bis ihr Vater ihm alle Brautgeschenke herausgegeben habe (ebd. 319). Dann kommen die Götter. Wir hören von –> Poseidon, –> Hermes und –> Apoll (ebd. 322 f). Die Göttinnen seien schamhaft zu Hause geblieben (ebd. 324). Ungeheures Gelächter verursacht der Anblick der beiden im Liebesspiel Gefangenen (ebd. 326 f; aber man hat auch gesehen, daß der Betrogene selbst den Pfeil schmiedete, den Aphrodite und Eros dem armen Ares beibringen werden: Anacreontea 28). Nach Lukian (Dial. deor. 17) hat H. am lautesten gelacht. Später (ebd. 344 ff) bittet (der ausgleichende) Poseidon, doch den Ares zu befreien, und H. zeigt sich einsichtig.

Wie H. hier die Lächerlichkeit als Waffe nutzt gegen jene, die ihn kränken, so nutzt er sie auch gegen die Mutter, die ihn verschmähte und kränkte, und wieder ist das Mittel ein Werk seiner Kunstfertigkeit:

2. Hygin (Fab. 166 f) erzählt, Vulcan / H. habe einst den Göttern goldene oder diamantene Schuhe gefertigt. Als Juno die ihren anhatte, sah sie sich plötzlich in der Luft hängen. Da habe man nach dem Sohn um Hilfe geschickt. Aus Zorn darüber, daß sie ihn einst aus dem Himmel geworfen hatte, erklärte der, überhaupt keine Mutter zu haben. Erst als Liber (–> Dionysos) ihn trunken gemacht und – auf dem Eselsrücken oder einem Maultier – vor den Götterrat gebracht hatte, erbarmte er sich. Damals soll Juppiter ihm die Erfüllung aller Wünsche versprochen haben. – Ein anderer Bericht ist diesem ähnlich:

3. Pausanias (1,20,2) zitiert eine «alte» Geschichte, wonach H. – in böser Erinnerung an den Himmelssturz – der Mutter einen goldenen Sessel schickte, an den sie sich unversehens durch unsichtbare Fesseln unlösbar gebunden sah. H. widersetzte sich allen Bitten um Hilfe, bis Dionysos, mit dem er sich gut gestanden habe, ihn trunken machte und in den Himmel hinaufbrachte. Ein Bild soll ihn gezeigt haben, wie er die Mutter befreit (Pausanias 3,17,3).

Während diese beiden Geschichten den H. aus Rache handeln lassen, scheint eine andere ihn für ein echtes Findelkind zu nehmen, das seine Eltern kennenlernen möchte: Pluto läßt ihn eines Tages einen Thron bauen, der ihm helfen soll, die Mutter zu finden: H. erkennt sie, als er sie darauf sitzen und lachen sieht (Myth. Vat. I 176).

Es scheint, daß H. von nun an auf dem Olymp bleibt, aber auch jetzt gesellt er sich offenbar den anderen nicht als Gleicher unter Gleichen zu, sondern dient – wohlgelitten – ihnen, wie der Mutter, auch jetzt: als Mundschenk (Homer, Il. 15,96 ff).

Auf der Flucht vor Typhon soll H. sich in einen Stier verwandelt haben (Antoninus Liberalis 28,3).

B Wohl mehr als bei den anderen Göttern – mit Ausnahme der (Gemahlin!) Aphrodite – gilt für H., daß uns seine Erscheinung wichtig ist für das Verständnis seines Wesens und seiner Rolle. Anders als der Schwester –> Athena gibt Homer ihm eine erstaunlich sinnliche Präsenz, wobei die Person sich in Tätigkeit, Werkzeug und Atmosphäre untrennbar mit dem Handwerk verbindet: Es gibt viel zu sehen, zu hören, zu riechen und, wenn wir den verschwitzten, verräucherten Mann sich mit dem Schwamm über Gesicht und Körper wischen sehen (Il. 18,414 f), fast auch zu fühlen.

H. ist schlecht zu Fuß: Die Nachrichten über die Art der Behinderung sind widersprüchlich. Einmal sind seine Beine verkrüppelt von Geburt (Homer. Hymnos 3, an den Pyth. Apoll, 317; vgl. Gyraldi, Synt. 13, S. 571A, mit Hinweis auf Hesiod, Astron. 4). Nach der anderen Version bricht er sich beim Sturz einen Fuß («altero pede claudus», sagt

Arnobius 4,24) oder beide Füße oder Beine. Hederich (Sp. 2484) spricht von einem gebrochenen Fuß oder Bein. Nonnos (5,140) nennt ihn «knieschwer» («barýgounos»). K. Ph. Moritz wird von «gelähmten Füßen» sprechen (1795/1966, S. 109). In jedem Fall hinkt er, ist (lat.) «claudus» (z. B. Servius, Aen. 8,414). Als Folge ist er zugleich unge-stalt (lat. «deformis»: Myth. Vat. I 176 u. I 128,2, ohne Erwähnung der Gehbehinderung): Ihm fehlt das körperliche Ebenmaß (vgl. Vitruvs «eurythmia» und den «homo bene figuratus», De archit. 1,2,4 und 3,1,1). Das ist ein Mangel, der allein schon ihn aus der Gesellschaft der olympischen Götter auszuschließen scheint. Die «schwächlichen Schen-kel» (Il. 18,411) lassen den Körper darüber, v.a. die starken Arme, den stämmigen Nacken, die haarige Brust (Il. 18,145), um so wuchtiger erscheinen. Kopf und Gesicht überläßt Homer ganz unserer Phantasie. Spätere Autoren erwähnen gern die dunkle (doch sicher vom Feuer ge-gerbte) Haut (lat. «fuscus»; z. B. Myth. Vat. II 37).

H. weiß, daß er ein Krüppel und häßlich ist, und er leidet darunter (Homer, Od. 8,310–12). Später wird man ihn sogar außerordentlich bäu-risch-häßlich nennen («rusticus turpissimus»: Libellus 5, H. Liebeschütz 1926, S. 118). In der Beschreibung Homers (Il. 18,409 ff) hat er etwas Animalisches an sich, wie er so schnaubend daherhumpelt. Die Sorgfalt, mit der er sein Werkzeug in einer silbernen Kiste verstaut, die Blase-bälge beiseite stellt, gibt ihm zugleich etwas Rührendes, auch wie er sich da mit dem Schwamm den Schweiß von Gesicht, Armen und Brust wischt, einen Chiton anlegt, den Stab (oder das Zepter?), der «dick» ist und stämmig wie er selbst, in die Hand nimmt, ehe er zum würdigen Empfang der Thetis sich auf den Thron setzt. Der Gegensatz von profes-sioneller Ernsthaftigkeit und Erscheinung bei Homer gibt ihm leicht ein komisches Air, und man teilt unversehens das Vergnügen der Götter an seinem Anblick.

Die Art, in der er der Thetis begegnet, zeigt H. dankbar, bescheiden und warmherzig. Sein Wesen hat etwas von dem Element, das er hand-habt und verkörpert. Das wird sichtbar z. B. an seiner warmherzigen Verbindlichkeit: Wie das Feuer das Spröde gefügig macht und Verschie-denes zu einem Ganzen zu verschmelzen vermag, so weiß er (Homer, Il. 1,571 ff) den heftigen Konflikt zwischen den Eltern und die Verdros-senheit der anderen Götter (ebd. 570) in ein friedlich-fröhliches Gelage aufzulösen. Das tut er mit beschwichtigender Rede und besonders, in-dem er den anderen Anlaß zu Gelächter gibt: Statt den Konflikt aus-zukämpfen, schafft er mit der bloßen Komik seiner Erscheinung eine

Atmosphäre warmen Einvernehmens. In dieser Weise unterscheidet er sich von der «kriegerischen» Athene, die wesentlich im Widerspruch tätig wird. Überhaupt ist H. in vielem das genaue Gegenteil der Schwester: Wo sie leichtfüßige Beweglichkeit zeigt, tritt er mit schwerfällig humpelndem Schritt vor uns. Ihre distanzierte Kühle findet in seiner geradezu animalischen Wärme ihr Gegenstück. Schließlich ist es der Unterschied der Kopfgeborenen zu einem, den die Mutter aus dem Schenkel gebar. Athene ist die mit den strahlenden Augen, Homer heißt H. den «mit Armen Gewandten» (Homer, Il. 1,607; ebd. 18,383 u. 393, u.ö.; lat.: «manu potens»: Gyraldi, Synt. 13, S. 571A).

H. ist kein Intellektueller, aber er ist durchaus differenziert und auch subtil. Aufschlußreich ist die Art seiner Rache: Wie er selbst in seiner Erscheinung verlacht wird, so gibt er jene, die ihn verletzten, gleicherweise der Lächerlichkeit preis. Als er sich zum Mundschenk macht und damit selbst vorsätzlich der Lächerlichkeit aussetzt, hebt er sich auf zum Herrn über seine Schwäche. Dieser Akt der Selbstironie scheint einzigartig unter den olympischen Göttern (vgl. E. Simon 1985, S. 214).

So wendet H. seine Schwäche zur Stärke und macht sie zum Instrument. Aus dieser Fähigkeit wird er zum Schöpfer vielfältiger Kunst, die sicher zunächst eine not-wendige ist in dem Sinn, in dem man sagt, daß alle Kunst ihren Anfang im Mangel (lat. «necessitas») habe. Genau das veranschaulicht der Konflikt zwischen seiner leiblichen Behinderung und seiner Kunst: Der Wagen, mit dem er sich bewegt, ein Rollstuhl wohl («um seine Füße zu verbergen», sagt der Myth. Vat. I 128,2), die automatischen Dienerinnen (Homer, Il. 18,417 ff) sind technische Mittel, die seiner Behinderung, die einem Mangel abhelfen. H. ist das mythische Bild des Kulturbringers schlechthin (zur Vielfalt des handwerklichen Gebrauchs von Feuer vgl. Boccaccio, Gen. 12,70). Es ist dieser behinderte H., von dem es heißt, daß er ein «großer Gott sei, der viel zur Geburt und Enwicklung aller Dinge beiträgt» (Diodor 1,11,12).

Der Mythos stellt H. immer wieder neben Athena, wobei auffällt, daß er (!) es ist, der ihre Nähe sucht. Das veranschaulicht sicher auch einen kunsttheoretischen Sachverhalt: das Verhältnis von Praxis (Handeln) zu Theorie (Einsicht), von Können zu Wissen – die Tat verlangt nach Rat. Die Vorstellung von H. als Hebamme, die der Schwester ans Licht der Welt verhilft, könnte zeigen, daß das Bedürfnis nach Theorie sich im Handelnden bildet. Daß die Göttin sich dann seiner Umarmung entzieht, mag ein Bild dafür sein, daß der Gegensatz von Theorie und Praxis, von Kopf und Hand, sich nicht aufheben läßt. Cartari (1647, S. 203) wird sagen, daß die Künste für ihr Werk zweier Dinge bedürften: des Eifers («industria») und der Erfindung («inventione») einerseits, des Ins-Werk-Setzens dessen, was das «Ingenium» entworfen hat, anderseits. Für die ersteren stehe Athena / Minerva, für letztere stehe H. / Vulcan, den man für ein Bild des Feuers halte, das uns ein Instrument sei zum Herstellen aller Dinge, denn es erwärmt und erleuchtet: Ohne Licht und Wärme sei nichts zu machen (vgl. Myth. Vat. III 10,4, Bode S. 223 f). Wie es nun der Kunst nicht möglich sei, alle (gedanklichen) Vorstellungen zu verwirklichen, so sei die Göttin dem Verlangen des H. / Vulcan unerreichbar geblieben.

Daß H. ein freundliches Verhältnis zu –> Hermes hat, mag erklärt werden damit, daß beide – auf je eigene Weise – Gegensätze zusammenbringen, miteinander verbinden.

H. / Vulcan ist der Herr des Feuers und vielleicht schon bei Homer eine Verkörperung des Elements (Homer, Il. 9,467 u. 17,88; Pindar, Pyth. 1,25 u. 3,40; Diodor 1,11,12; Servius, Aen. 1,171: «ut plerumque ponimus Vulcanum pro igne»; Isidor, Etym. 19,6: «per Vulcanum ignem significantes»). Die Allegorese des Herakleitos (Homer. probl. 18,43) sieht in H. das Schöpferprinzip Feuer, in seinen Materialien (Gold, Silber, Bronze und Zinn) die Elemente. Der runde Schild bedeute nichts anderes als die Welt selbst. Der Himmelssturz des H. sei ein Bild dafür, daß man das Feuer mit Spiegeln (!) vom Himmel holte. Dann steht er für das irdische Feuer. Daß er humpelt, zeigt, daß er nie ohne Stock (= Holz) geht. Nicht weniger einfallsreich die kosmologische Interpretation im Sinne des Elements Feuer bei Servius (Aen. 8,414; vgl. Isidor, Etym. 8,39 ff; Myth. Vat. II 40; Myth. Vat. III 10,4): «Vulcanus» nenne man (lat.) den Gott im Sinne von «Volicanus», weil er (= das Feuer) durch die Luft fliege (lat. «volare»; «volans candor»: fliegender Glanz). Ebendarum sage Homer, der Knabe sei durch die Luft auf die Erde geschleudert worden, denn jeglicher Blitz kommt durch die Luft. Auf Lemnos sei er niedergegangen, weil es auf der Insel sehr häufig blitzt, und hinkend stelle man ihn sich vor, weil die Flamme niemals von gerader Gestalt ist. Über die Gleichsetzung der Mutter –> Juno (–> Hera) mit dem Element Luft erklärt sich auch die Geburt des Kindes aus dem Schenkel, weil die Blitze immer aus den unteren Schichten der Luft kommen (Servius, Aen. 8,454, mit Hinweis auf Lucan 2,269).

«Mulciber» heiße man den Gott, weil das Feuer alles auflöst oder schmiegsam macht (lat. «mulcere»; auch «mulcens imbrem», Weichmacher des Regens: Myth. Vat. III 10,4 f). Eine andere Ableitung geht auf (lat.) «mul(c)tare» und ist ein Hinweis auf die Behinderung seiner Beine oder auf das Feuer als Mittel der Strafe (Servius, Aen. 8,724).

Die Liebschaft von Ares / Mars und Aphrodite / Venus sei die Verbindung von Widersprüchen («coniunctio discors»), von Streit nämlich und Freundschaft, ein Gegensatz von Prinzipien, den H. / Vulcan als Prinzip großer Hitze mit seinen Kräften unter Kontrolle bringt («suis funguntur viribus»). Die Geschichte sei ein Bild dafür, daß alle Dinge in der Natur der Symmetrie bedürfen.

Im Herrn über das Feuer sieht man leicht den Erfinder der Schmiedekunst, denn ohne Feuer lasse sich kein Metall schmelzen (z. B. Isidor, Etym. 8,11,41; vgl. «Ovide moralisée en prose» 1,18, de Boer S. 49, wo Vulcan Gott auch des Handwerks – «favrerie» – ist, der Erste im Schmiedehandwerk sei aber Tubalchayn gewesen). Überdies wurde behauptet, daß Vulcan, nicht –> Prometheus, der Erfinder des Feuers war (Natale Conti, Myth. 1567, 2,6, Bl. 46ᵛ; mit Hinweis auf Tzetzes 335).

An die Vorstellung vom Handwerker H. / Vulcan knüpft eine Deutung der Geschichte von den Affen, die sich um den Knaben kümmerten und ihn fütterten: Da diese Tiere doch gern den Menschen nachmachten, die Menschen wiederum mit Kunst und Sinn die Natur nachzumachen suchten, wozu ihnen häufig das Feuer nützlich sei, habe man mit den «Affen», die den Vulcan nährten, eigentlich Menschen gemeint (also doch wieder die Sintier!).

Übrigens gab es die Unterscheidung von dreierlei Art Feuer: Für das erste steht Juppiter. Es ist ätherisch, einfach, harmlos, und es verbrennt nichts. Das zweite gehört der Vesta / –> Hestia. Es dient den Bedürfnissen der Sterblichen und ist alltäglicher («publicus») Art (vgl. Myth. Vat. III 2,4, Bode S. 223 f). Das dritte gehört dem Vulcan. Es gilt als gefährlich («noxius»), und es zerstört, wie das der Blitz tut (Myth. Vat. III 10,4). Boccaccio (Gen. 12,70) rationalisiert den Gedanken. Was die Dichter «Juppiter» nennen, sei das Element Feuer, das wir nicht sehen. Verursacht von diesem sei ein anderes zwiefältiges, das einmal offenbar durch heftiges Kreisen der Luft sich in den Wolken entzündet und mit Donnerkrach in die Erde schlägt, das wir anderseits durch Verbrennen von Holz und anderem Brennstoff gewinnen, unter welchen zwei Stoffen wir «Juno» verstehen. In den beiden Arten des Feuers (Blitz und Verbrennung) habe man Vulcan erkannt, vornehmlich wohl daran, daß sie beide «hinkten» (zur vielfältigen handwerklichen Verwendung des Feuers durch H. vgl. Boccaccio, Gen. 12,70). Hierher gehört auch, daß man den Gott für kundig in der Pyromantie (der wahrsagenden Feuerschau), vielleicht sogar für deren Erfinder, gehalten hat (Natale Conti, Myth. 1567, 6,2, Bl. 46ᵛ).

Wie H. Aphrodite und Ares im Liebesnest in einem Netz fängt, ist nach Herakleitos (Homer. probl. 8,69) ein Bild für den Akt des Schmiedens: Das Eisen (= Ares) wird vom Feuer (= H.) gebändigt, verbunden der Schönheit (= Aphrodite), gehärtet im Wasser (= Poseidon).

Die christliche moralisierende Allegorese des Mittelalters hat den aus seinem Wesen feurigen Liebhaber im Visier. Ausführlich hierzu der «Ovide moralisée en prose». Wie er Pallas Athene verfolgt und bedrängt, ist er ein Bild der feurigen Begierde («luxure»), die der weisen und keuschen Jungfrau nachstellt und überhaupt den braven Jungfern und hübschen jungen Frauen Gewalt antut, sie entehrt und beschmutzt, die Ehen zerstört, die Heiligen und Frommen verdirbt (2,27, de Boer S. 98). Dann ist er der Teufel schlechthin («l'ennemy d'enfer»), der mit seinem häßlichen Gesicht («sa laide face»; also nicht mit verkrüppelten Füßen!) die Gunst der Götter verlor, aus dem Paradies geworfen wurde und seither göttliche Macht und Weisheit herausfordert. Er ist jenes feurige Fieber, das in den Herzen der Menschen verderbliches Verlangen schmiedet und vielerlei sündige Versuchungen entfacht (ebd. 2,28, de Boer S. 98 f).

Seine Ehe mit Venus macht den Feuerbrand, der so viele Menschen in verrückter Liebe entflammen und brennen läßt, zum Gemahl böser Fleischeslust («luxure»: 1,18, ebd., S. 49; 4,8, S. 141). Mit seiner erotischen Kompetenz hängt sicher auch zusammen, daß man ihm die Vaterschaft an Eros (Cupido) nachgesagt hat.

In andere Richtung geht die Beobachtung, man habe den Vulcan der Minerva (–> Athena) zugesellt, wie der Zorn («furor») sich gelegentlich unversehens in die Weisheit schleicht (Myth. Vat. II 40). In vielleicht verwandtem, aber wohl positivem Sinn versteht Fulgentius in kühner Etymologie (Virgil. 764, Helm 1970, S. 105) den Vulcan als den «feurigen Ratschluß» («consilium ardens»).

In der Traumdeutung des Artemidor bedeutet H. «im wesentlichen dasselbe wie das Feuer, nur bringt er Verborgenes ans Licht, besonders Ehebruch …; ferner ist er allen Handwerkern, Heiratswilligen und Leuten, die etwas Gemeinsames unternehmen wollen, von guter Vorbedeutung wegen des gemeinsamen Taktes beim Doppelblasebalg und des Zusammenschweißens beim Eisen» (Krauss 1991, 2,37, S. 160). Nach 2,34 (Artemidor, ebd., S. 149) gehört H. zu den «nur geistig» wahrnehmbaren Göttern.

Wie man sich ein Bild von H./Vulcan machte, beschreibt der Libellus (15, H. Liebeschütz 1926, S. 122): «Vulcan, den Gott des Feuers, zeigte (pingebatur) man in Gestalt eines ungestalten und hinkenden Handwerkers, der einen Hammer in der Hand hält und der von den Göttern gestoßen auf die Erde herabfällt. Man zeigt neben ihm viele Götter, die ihn unter Gelächter aus dem Himmel vertreiben. Von ihm selbst sagt man, er habe auch als Verstoßener auf der Erde dem Juppiter Blitze gemacht, die der Adler des Juppiter in den Himmel brachte. Daher habe man neben Vulcan die Schmiedewerkstatt gezeigt und den Adler, bereit, die Blitze davonzutragen.»

In der Emblematik scheint H./Vulcan selten Interesse gefunden zu haben. Auf den Schmied verweist ein Emblem bei Juan de Horozco y Covarrubias III (1610, Nr. 43; H./S. Sp. 1757 f), das zeigt, wie der Handwerker zwei Freunde zusammenschmiedet (s. o. die Traumdeutung bei Artemidor). Den kraftvollen Liebhaber meint ein anderes bei Petrus Costalius (1555, S. 183 f; H./S. Sp. 1756 f). Sehr oft – sagt das Lemma – seien die feineren Leute weniger zur Liebe geeignet als rohe Bauern und Köche, d. h.: Venus ist ihnen weniger gewogen. Dazu gibt es drei verschiedene Epigramme. Das Bild zeigt den Schmied am Amboß zwischen Charis und Venus.

C In der griechischen und römischen Kunst ist H. neben –> Hades/Pluto und –> Ares/Mars der am seltensten dargestellte olympische Gott. In Griechenland scheint es nur ein einziges bedeutendes Monumentalbildwerk gegeben zu haben: die bronzene Kultstatue des Alkamenes (5. Jh. v. Chr.) im Hephaisteion zu Athen. Eine Ausnahme bilden die zahlreichen attischen Vasenbilder mit der Rückkehr des H. zum Olymp (s. **D**).

Dem Mittelalter bleibt H. mehr oder weniger fremd. Nur die Künstler seit der Renaissance werden nicht müde, ihn in seiner Schmiede zu zeigen.

Typus. Die Bildkunst stellt H. als reiferen oder alten bärtigen Mann mit kräftigem, muskulösem Körperbau dar, dem man die schweißtreibende Tätigkeit ansieht (Fresko von Paolo Veronese in der Villa Barbaro in Maser, Sala dell'Olimpo, 1566/68); der Blitze schmiedende Vulkan des P.P. Rubens, Gemälde 1636/38, Jaffé Nr. 1334; Madrid, Prado; Skulptur von Mathias Braun in Prag, 1725; Vrtba-Garten, Terrassengarten).

Jung oder schön erscheint der Gott meist nur auf den attischen Vasenbildern (weißgrundige Schale des Tarquinia-Malers, um 470/460 v. Chr.; London, British Museum; Abb. bei E. Simon 1985, S. 225). Im allgemeinen aber verschweigen sie das körperliche Gebrechen des Gottes nicht. Schonungslos führen sie seine Lahmheit vor Augen. Sie zeigen ihn mit verkrüppelten Füßen auf Esel oder Maultier (Fries eines Salbgefäßes aus Korinth, um 630/620 v. Chr.; Athen, Nationalmuseum, Inv. 664[CC 628]). Auch der Stock, auf den sich H. gelegentlich stützt, ist eine Anspielung auf seine Lahmheit (Kelchkrater gegen 400 v. Chr.; Richmond, Virginia Museum, Inv. 8170). Schließlich spricht der Rollstuhl, den sich H. baut und den man auf einigen Vasenbildern sehen kann, für sich (attische Schale, Ende 6. Jh., Florenz, Museo Archeologico, Inv. 81600). – Das Kultbild des H. im Hephaisteion zu Athen von Alkamenes dagegen wurde im Altertum gerade deswegen gerühmt, weil es die Lahmheit des Gottes geschickt verbarg (E. Simon 1985, S. 226). Daß H. unansehnlich, ja häßlich sein soll, kommt auf vielen Darstellungen des 15. und 16. Jh. zum Ausdruck, etwa in dem Gemälde Jacopo Tintorettos im Warteraum der Gesandten (Antecollegio) des Dogenpalastes in Venedig (nach 1577), das den Schmiedegott mit stumpfer Nase, hoher Stirnglatze und schütterem weißen Bart zeigt, die Stirn in Falten gelegt, oder in dem Kaminbild des Baldassare Peruzzi in der Villa Farnesina in Rom (Sala delle Prospettive, 1517/18).

Die Züge eines Satyrn (mit stumpfer Nase und niedriger Stirn) trägt H. auf einem Gefäß des Töpfers Sotades in Form eines hohlen Astragals (*H. mit einem Mädchenchor*, London, British Museum; Abb. bei E. Simon 1985, S. 224). Auch neuzeitliche Künstler – etwa J. Tintoretto oder B. Peruzzi (s. o.) – greifen auf diesen Typus zurück.

Die Kunst der Neuzeit bringt das körperliche Gebrechen des H. selten direkt zum Ausdruck. Die wenigen Ausnahmen treten in der Renaissance gehäuft auf. B. Peruzzi zeigt den Schmiedegott auf dem Kaminbild in der Villa Farnesina in Rom (s. o.) klein und verwachsen mit rundem Rücken und mißgebildetem Fuß. Die auffallende Haltung des mit ausgestrecktem Bein auf dem Boden sitzenden Vulkan bei Piero di Cosimo (*Vulkan und Aeolus*, nach 1487; Ottawa, National Gallery of Canada) ist vielleicht als Hinweis auf ein steifes Knie zu verstehen. – Ein eindrucksvolles Bild des lahmen Schmiedegottes schuf Pierfrancesco Mazzucchelli, gen. Morazzone (1573–1626), auf seinem Kaminbild aus einem Haus in Marazzone (heute Mailand, Castello Sforzesco, Pinacoteca): Die mächtige Gestalt des Gottes steht vor dem vom Schmiedefeuer erleuchteten niedrigen, engen Raum mit einer Krücke unter dem linken Arm.

Seiner Tätigkeit angemessen, trägt H. in der griechischen Kunst den kurzen Handwerkerkittel, die Exomis (griechische Bronzestatuette in London, British Museum, Inv. 1914.11–17).

Häufig sehen wir ihn auch mit einem Lederschurz oder einem Lendenschurz aus Stoff, wie ihn Mazzucchellis Kaminbild zeigt (s. o.).

In der archaischen Vasenmalerei ist H. auch in einen Mantel gekleidet: bei seiner Rückkehr in den Olymp (s. D) und auf Darstellungen, die ihn auf dem Flügelwagen zeigen (rotfigurige Schale aus Saturnia, um 500 v. Chr.; Florenz, Museo Archeologico, Inv. 81600), oder beim Gelage (Kelchkrater, Ende 5. Jh. in Adolphseck, Schloß Fasanerie).

Auf dem Kopf trägt er in der Antike den Pilos, eine eng anliegende Kappe, die nach oben leicht konisch verläuft (Büste, die wohl das Kultbild des Alkamenes kopiert, Rom, Musei Vaticani, Museo Chiaramonti, Inv. 86). – Mazzucchellis Schmiedegott (s. o.) fällt durch eine Kappe mit Ohrenschutz auf.

Attribute. Die gängigsten Attribute des H. entstammen seinem Handwerk: die Schmiedezange (auf den attischen Vasenbildern als echtes Attribut bei der Rückkehr des H. in den Olymp: z. B. einem Kelchkrater des Kleophrades-Malers im Louvre) und der Hammer (Skyphos um 430/420 v. Chr.; Toledo/Ohio, Museum of Art, Inv. 8288), wo H. Hammer und Zange bei sich hat, oder auf Paolo Veroneses Fresko in der Villa Barbaro in Maser, s. o.). Aus der Schmiedetätigkeit des Gottes erklären sich auch Fackel (römische Bronzemünze des 1.–2. Jh. n. Chr.: H. im Lauf; LIMC 1988, 4,2, S. 388, Abb. 52) und Blasebalg (Relief vom Nordfries des Siphnierschatzhauses in Delphi, um 525 v. Chr., wo H. flammenwerfend am Gigantenkampf teilnimmt; von einem Stück glühenden Erzes ist bei Apollodor, Bibl. 1,16,2, und beim Myth. Vat. I 11,8 die Rede).

Im wesentlichen auf die antike Kunst beschränkt bleibt die Doppelaxt (schwarzfiguriges Bild um 510 v. Chr. auf einem Stamnos in Oxford, Ashmolian Museum, Inv. G 271 [V511]).

Trinkhorn oder Becher (Kantharos) gehört in die Thematik der Rückkehr zum Olymp (s. D; Halsamphora, Ende 6. Jh.; Berkeley, Lowie Museum, Inv. 85699). Den Becher hält H. in der Rechten auf einer attischen Schale (gegen Ende des 6. Jh. v. Chr.; früher Berlin, Staatl. Museen), wo man ihn auf zweirädrigem Wagen sitzen sieht.

Ein Zepter kennzeichnet ihn allgemein als Gebieter und im besonderen als Ahnherrn der Könige von Athen (E. Simon 1985, S. 226; vgl. Homer, Il. 18,416 und 422). Beispiele in der Bildkunst sind relativ selten.

D 1. *H. wird aus dem Olymp geworfen* (Homer, Il. 1, 590 ff; Myth. Vat. I 176; Boccaccio, Gen. 12,70, mit Hinweis auf Vergil, Buc.). Diese brutale Behandlung des Kindes hält ein Baurelief in Ostia fest (nach 150 n. Chr.; Berlin, Staatl. Museen, Inv. SK 912). Hier werfen Zeus und Hera das Kind gemeinsam hinunter (Myth. Vat. I 176). In den Wolken schauen H. (Juno) und Zeus (Juppiter) dem hinabstürzenden H. nach, der schon mit Pilos und Hammer ausgestattet ist.

2. *Die Auffindung des H. auf der Insel Lemnos* (Homer, Il. 1,594; Boccaccio, Gen. 12,70). Das selten behandelte Thema illustriert ein Gemälde von Piero di Cosimo (1462–1521; Hartford/Conn., Wadsworth Atheneum; vgl. E. Panofsky 1967, S. 34 ff). In felsiger Landschaft sind sechs junge Frauen um den Knaben bemüht, der auf eine blühende Wiese gefallen ist. Für Panofsky sind es Nymphen, wenn aber schon von der Insel Lemnos die Rede ist, sollte man in ihnen eher die Frauen der Sintier sehen (vgl. Homer, Il. 1,594).

3. *H. bei der Geburt der Athena* –> Athena

4. *H. verfolgt Athena* –> Athena

5. *H. bei der Geburt des Erichthonios* (Myth. Vat. III 10,3; Nonnos 27,317). Auf sein Zepter gestützt, blickt H. hinunter auf Gaia (die Erde), die, halb im Boden verborgen, das Kind der Athene hinaufreicht, die es aufziehen wird (Apollodor, Bibl. 3,16,6; Stamnos, gegen 460 v. Chr.; München, Staatl. Antikensammlungen, Inv. 2413). Erichthonios, Sohn des H., war einer der Urkönige von Athen, als deren Stammvater H. hier das Zepter trägt (vgl. **C**).

6. *H. im Gigantenkampf*. Auf dem Relief des Siphnierschatzhauses in Delphi (525 v. Chr.) kämpft der Schmiedegott an der Seite von –> Hestia und –> Aphrodite flammenwerfend, den Blasebalg zu seiner Seite. – Auf Giulio Romanos *Gigantensturz* in der Sala dei Giganti im Palazzo del Te in Mantua (1532/34) entdeckt man Vulkan im Kreis der Götter mit zerzaustem weißen Haar und Bart, im kurzen gegürteten Kittel, den Hammer geschultert.

7. *Hera an ihren Thron gefesselt* (Pausanias 1,20,2 unter Verweis auf eine alte Geschichte). Auf einem Volutenkrater (um 420 v. Chr.; Ferrara, Museo Nazionale, Inv. 3033 [T 127 VT]) sieht man H. frontal in ihrem Thron sitzen und böse zu H. hinüberblicken. – Eine apulische Amphora (gegen 330/320 v. Chr.; Foggia, Museo Civico, Inv. 132723) schildert die grotesk anmutende Szene, die vermutlich auf eine verlorene griechische Komödie zurückgeht: H. befreit seine Mutter aus der peinlichen Lage, in die er sie selbst gebracht hat.

8. *Die Rückkehr des H. in den Olymp* (Pausanias 3,17,3). In der Antike, namentlich bei den griechischen Vasenmalern, ist dies die weitaus populärste Episode aus dem Mythos des H. (J. Brommer, 1937, zählt 76 einschlägige Beispiele).

H., auf einem ityphallischen Esel oder Maultier reitend, wird von Dionysos geleitet und von Satyrn, manchmal auch Mainaden, begleitet. Weinselig sitzt er auf dem Reittier (Kantharos, um 550/540 v. Chr.; Dresden, Staatl. Kunstsammlungen, Inv. ZV 1466), gelegentlich im Damensitz oder mit angezogenen Beinen. – Der feierliche Zug, angeführt von –> Dionysos (seltener von Hermes geleitet), nähert sich, begrüßt von –> Aphrodite, dem thronenden Götterpaar –> Zeus und –> Hera (auf einem Fries der Françoisvase, 567/560 v. Chr.; Florenz, Museo Archeologico, Inv. 4209). Die Szene suggeriert olympische Heiterkeit, oft in burlesker Ausschmückung (etruskische Bauchamphora des Efeu-Malers, um 530/520 v. Chr.; Zürich, Eidgenössische Technische Hochschule).

Dieser Bildtypus wird in klassischer Zeit durch einen neuen abgelöst: Jetzt ist H. zu Fuß, sichtlich angetrunken. Auf dem Bild einer Schale (gegen 480 v. Chr.; Paris, Cabinet des Médailles, Inv. 542) führt Dionysos den unsicher Einherschreitenden an der Hand, ein andermal folgt H. dem Dionysos bedächtigen Schritts, den Arm um die Schulter eines Satyrn gelegt (auf einer Pelike um 440/430 v. Chr.; München, Staatl. Antikensammlungen, Inv. 2361).

9. *H. beim Gelage.* Das überwiegend in der antiken Kunst behandelte Thema dürfte H. nach seiner Rückführung in den Olymp meinen (Kelchkrater, Ende 5. Jh. v. Chr.; Schloß Adolphseck; vgl. die Aufnahme des –> Herakles in den Olymp, die ebenfalls mit einem Gelage gefeiert wird). – Eines der raren Beispiele neuzeitlicher Kunst, Francesco Primaticcios Malerei in der chambre du roi in Fontainebleau, ist leider verloren (s. *Zyklen*).

10. *H./Vulkan und Aphrodite/Venus.* Obgleich –> Aphrodite seine Gemahlin ist, tritt sie selten mit ihm in Erscheinung. Die Familienidylle, wie sie Jacopo Tintoretto zeichnet, bleibt eine Randerscheinung (Gemälde, Frühwerk; Florenz, Palazzo Pitti): Venus, unter einem Baldachin in freier Landschaft liegend, gibt Cupido/Eros die Brust, Vulkan (kniend) beugt sich zu dem Kind.

Zu den seltenen Beispielen, die Venus mit ihrem Gemahl zusammen zeigen, zählt ein Freskenzyklus Garofalos im Palast des Ludovico il Moro (Ferrara, 1517). Dargestellt ist das Paar in der Hochzeitsnacht, zwischen

Amboß und Bett stehend (auch hier H. in reiferen Jahren); Venus schickt sich an, seinen Gürtel zu lösen.

Nicht restlos zu entschlüsseln ist ein Gemälde aus der Werkstatt Giulio Romanos (*Venus und Vulkan*, Paris, Louvre), das die Liebesgöttin im Kreise dreier Cupidi und des Amor zeigt, dessen Köcher sie einen Pfeil entnimmt, während Amor selbst mit seinem Bogen hantiert (nach Anacreontea 28 schmiedet ironischerweise H. selbst den Pfeil für Amor, durch den sein Nebenbuhler Mars in Liebe zu Venus entbrennen soll). Vulkan, alt und bärtig, hat ein Bündel von Pfeilen geschultert – sicher nicht die des Amor, dessen Köcher für sie zu klein wäre (vielleicht jene, die der Gott für Apoll und Diana geschmiedet hatte – also um todbringende Pfeile, die im Gegensatz zu jenen des Amor zu sehen sind).

11. *Apoll verrät Vulkan die Untreue der Venus* (Ovid, Met. 4,171 ff). Die Illuminationen zu verschiedenen Ovid-Ausgaben vereinen zwei Szenen zu einem Bild: die Überbringung der Botschaft und deren Inhalt. So sieht man in der Ausgabe der Metamorphosen (Venedig 1522) den Schmiedegott vor dem Grotteneingang am Amboß stehen, als ihm Apoll mit erhobenem Finger den Ehebruch der Venus anzeigt, die in der linken Bildhälfte zur Anschauung kommt: Hier steht das ehebrecherische Bett, und das Liebespaar, im Vorausgriff schon im Netz des Vulkan gefangen, ist den Blicken der Götter ausgesetzt. Ähnlich das Schema der Illustration in der Ausgabe Venedig (1586), nur seitenverkehrt. Bei der Botschaft des Apoll ist Vulkan der Hammer aus der Hand gefallen.

Offenkundig von diesen Darstellungen inspiriert ist das Gemälde des Diego Velazquez (*Die Schmiede des Vulkan*, 1629/30; Madrid, Prado). Die Zeichnung der Charaktere ist von subtiler Psychologie. Bei den Worten Apolls hält Vulkan in der Arbeit inne, sein Blick verrät höchste Aufmerksamkeit, die im Begriff scheint, in Zorn umzuschlagen, während der jüngste seiner Gehilfen mit offenem Mund die Kunde vernimmt.

12. *H., Venus und Mars*. Der linke Flügel eines Triptychons von Maarten van Heemskerck (*Venus und Mars von Vulkan überrascht*; Wien, Kunsthist. Museum) ist dieser peinlichen Episode gewidmet. Vulkan, in der gesenkten Linken den Hammer, hat ein Netz über das auf dem Bett gelagerte Paar geworfen, das nun, gefangen, den Blicken und dem Gelächter der Olympier ausgesetzt ist, die aus einer Wolke herunterschauen (Venus wendet ihr Gesicht ab). Daß wir diese Szene und insbesondere Vulkan im Zusammenhang dieser Geschichte als Exempel zu deuten haben, macht die Rückseite deutlich, auf der (in Grisaille) die Fi-

guren von «Prudentia» (Klugheit) und «Justitia» (Gerechtigkeit) erscheinen.

13. *Die Schmiede des Vulkan*. Die Schmiede befindet sich entweder in einer Höhle (Homer, Il. 18,402 ff) oder einer Grotte, deren Bühnenwirksamkeit Alfonso Parigi mit seinem Bühnenbild *La Grotta di Vulcano* nutzt (für «Le Nozze degli Dei», 1637; Entwurf in Mailand, Civica Raccolta delle Stampe Achille Bertarelli) oder in einem architektonisch gestalteten Raum (Il. 18,369 ff; verlorene Darstellung von Francesco Primaticcio an einem Schrank in der Chambre du roi in Schloß Fontainebleau, 1535; Vorstudie in Paris, Louvre, Cabinet des Estampes), aber auch in freier Landschaft, etwa auf dem Gemälde von Francesco Bassano (*Die Schmiede des Vulkan*, Warschau, Nationalmuseum).

a) *H. bei der Schmiedearbeit*. In der Malerei der Neuzeit ist der schmiedende Gott selten ohne seine Gehilfen dargestellt, wie auf dem Gemälde des P.P. Rubens (*Vulkan schmiedet den Blitz des Zeus*, 1636/ 38, Jaffé Nr. 1334; Madrid, Prado).

Der Gegenstand, an dem H. arbeitet, ist häufig zu identifizieren. So fertigt der Gott einmal die Keule des –> Herakles (Diodor 4,14,3; Bild der sog. Homerischen Schale, um 200 v. Chr.; Paris, Louvre), ein andermal schmiedet er einen Helm für Athene (Stamnos, 5. Jh.; Oxford, Ashmolean Museum, Inv. 1911 620), dann wieder Blitze für –> Zeus, so auf Giorgio Vasaris und Cristofano Gherardis Fresko im Palazzo Vecchio in Florenz (Sala degli elementi; 1555/58). Auch der Vulkan des Rubens (s. o.) ist dabei, einen Blitz zu schmieden.

Jacopo und Francesco Bassano greifen die Überlieferung auf, der zufolge Vulkan auch Gefäße und Schmuckgegenstände aus Metall fertigt (Il. 18,401; *Die Schmiede des Vulkan*, Posen, Nationalmuseum, und ein Gemälde desselben Titels von F. Bassano, Warschau, Nationalmuseum; s. o.). Auf letzterem sitzt Venus an einem Tisch und betrachtet sich in einem Handspiegel (–> Aphrodite). Auf dem Tisch stehen Vase und Schale, auf dem Boden liegen metallene Gefäße.

Auch Amors Pfeile (–> Eros) sind Vulkans Werk (Paolo Veroneses Fresko in der Villa Barbaro, s. o.: H. hält ein Bündel Pfeile in der Hand, Amor hat sich einen bereits angeeignet).

b) *Vulkan schmiedet die Flügel Amors / Cupidos*. Dieses Thema tritt in der Malerei des beginnenden 16. Jh. gehäuft auf. Es geht wohl auf ein Programm zurück, das der Humanist und Rhetor Celio Calcagnini, auf einer Geschichte des Porphyrios fußend, für das Schlafgemach des Antonio Costabili (heute «stanza del tesoro») im Palast des Lodovico del

Moro in Ferrara entworfen hatte (Malerei vermutlich von Benvenuto Tisi, gen. Garofalo, 1517; –> Anteros): Vulkan ist im Begriff, den Flügel für einen der beiden Liebesgötter zu schmieden. – Bernardino Luini (1480 / 85 – 1532) behandelt das Thema auf einem Fresko unbekannter Herkunft (heute Mailand, Brera): Vulkan schmiedet einen Flügel, wobei ihm ein junger Mann, der den Amorknaben im Arm hält, zusieht (die Blüten im üppigen gekräuselten Haar lassen an Hymen, den Hochzeitsgott, denken).

c) *H. in der Schmiede mit seinen Gehilfen* (den Kyklopen: Myth. Vat. I 176). Dieses Thema bildet seit der römischen Zeit einen festen ikonographischen Typus, bei dem es sich um die Darstellung des H. handelt, der mit seinen (in der Regel drei) Gehilfen, den Kyklopen, am Amboß den Schmiedehammer schwingt. Archetypus ist ein römisches Relief in Rom (Palazzo dei Conservatori), wo die Schmiede dabei sind, einen Schild zu bearbeiten (vermutlich für Achill). Gerahmt wird die Gruppe von Athene und Thetis.

Die Kyklopen, mit großen Hämmern ausgestattet, leisten meist die grobe Arbeit, während der Gott selbst mit einem kleineren Hammer für die Feinarbeit sorgt, wie auf Jacopo Tintorettos Gemälde im Antecollegio des Dogenpalastes in Venedig (1577).

Antike Darstellungen zeigen den Gott in der Regel sitzend bei der Arbeit, neuzeitliche Meister geben ihn stehend, kniend oder auch sitzend wieder, wie Anton van Dyck (*Venus in der Schmiede des Vulkan*, um 1630 / 35; Wien, Kunsthist. Museum) oder Mathieu Le Nain auf dem Gemälde gleichen Titels (1641; Reims, Musée des Beaux-Arts). Letzterer betont den Gegensatz zwischen dem (erschöpft wirkenden) Vulkan und dessen jugendlicher Gemahlin.

Manieriert wirkt das Motiv des im Knien schmiedenden Gottes mit seinen ebenfalls knienden Gehilfen auf J. Tintorettos genanntem Bild im Dogenpalast in Venedig.

d) *Venus in der Schmiede des Vulkan* (Vergil, Aen. 8,368 ff). Während Aeneas die Nacht als Gast des Euander verbringt, begibt sich Venus in die Schmiede des Vulkan und erschmeichelt sich von ihm Waffen für ihren Sohn für die bevorstehende Schlacht mit den Laurentern. – Mit der ihm eigenen Sachlichkeit schildert Mathieu Le Nain auf seinem großfigurigen Bild den Besuch der Venus in der Schmiede (s. o.). Die matronenhaft wirkende Gemahlin (allerdings in rotem Gewand!) nähert sich, von Amor geführt, dem Gemahl.

Ihre weiblichen Reize setzt die Göttin dagegen auf einem Gemälde von Anton van Dyck ein (*Venus erbittet von Vulkan die Waffen des Aeneas*, 1630/32; Paris, Louvre). Von derselben Seite zeigt sich Venus auf einem Gemälde des Louis Jean François Lagrenée (Salon 1759; Paris, Louvre), wenn sie liebkosend das Kinn ihres Gemahls faßt, der einen Schild bearbeitet hat. Daß ihre Bemühung nicht vergebens sein wird, deutet Amor an, der im Begriff ist, seinen Pfeil auf Vulkan abzuschießen (dasselbe Motiv mit burlesker Ausschmückung auf einem zweiten Gemälde von van Dyck, um 1630/32; Wien, Kunsthist. Museum). – Giambattista Tiepolos Darstellung (Gemälde 1758/60; Philadelphia, Slg. John G. Johnson) läßt keinen Zweifel über die Wirkung der Venus, die ihre Reize zur Schau stellt, auf ihren Gemahl.

e) *Thetis in der Schmiede des Vulkan* (Homer, Il. 18,421 ff, 456 ff und 614 f; Hygin, Fab. 106). Diese Szene schmückt mehrere griechische Vasen, z. B. eine Schale der Zeit um 490/480 v. Chr. (Berlin, Staatl. Museen, Inv. F 2294): H., sitzend und in der Rechten den Hammer, reicht Thetis den für Achill bestimmten Helm.

Beispiele neuzeitlicher Kunst sind das Fresko in der Sala di Troia im Palazzo Ducale in Mantua (Entwurf von Giulio Romano, 1536; Thetis hält den Schild in der Hand und beobachtet die Fertigung des Helms), der Entwurf für die Achilles-Teppichserie von P. P. Rubens (1630/32, Jaffé Nr. 1028–1048; Rotterdam, Museum Boymans-van Beuningen; als Hauptquelle diente Rubens die 1616 in Leiden publizierte «Achilleis» des Statius von Gevartius); ferner das Triptychon des Maarten van Heemskerck (rechter Flügel: *Vulkan und Thetis*, 1540/45; Wien, Kunsthist. Museum). Vulkan überreicht Thetis (in Begleitung zweier ihrer Schwestern) den Schild für Achill. Hinter Vulkan ein Cyklop. Auf der Rückseite des Bildes in Grisaille «Caritas» (rudimentär) und «Temperantia».

f) *Athene in der Schmiede des Vulkan* (Apollodor, Bibl. 3,14,6). Ein attisches Alabastron zeigt den sitzenden Schmiedegott mit einem Helm in der Hand – offenkundig für –> Athene bestimmt, die vor ihm steht (gegen 460 v. Chr.; Brüssel, Musées Royaux, Inv. A 2314). – Dasselbe Schema wiederholen verschiedene kaiserzeitliche Münzen, z. B. eine lydische Münze des Kaisers Commodus (180–192).

14. *H. bei der Erschaffung der Pandora*. Auf einer weißgrundigen Schale des Tarquinia-Malers (um 470/460 v. Chr.; London, British Museum; Abb. bei E. Simon 1985, S. 225) rahmen Athene und H., hier jung und bartlos, die Figur der –> Pandora. Quelle könnte «Pandora oder die Hämmerer», ein verlorenes Jugendwerk des Sophokles, gewesen sein (E. Simon 1985, S. 225).

15. *Vulkan und Aeolus*. Als «Ur-Handwerker und erster Lehrer menschlicher Kultur» (E. Panofsky 1967, S. 44) erscheint der Schmiedegott auf Piero di Cosimos Gemälde in Ottawa (National Gallery of Canada; nach 1487), das den Gott beim Schmieden von Hufeisen zeigt, Aeolus, der Herr der Winde, betätigt den Blasebalg. Im Hintergrund errichten einige Männer das Holzgerüst eines Hauses. Mit einiger Vorsicht möchte man in jenem vom Typus des Vulkan den Gott erkennen, der mit einem Hammer arbeitet, im Gegensatz zu dem mit einem primitiven Holzprügel hantierenden Mann.

16. *H. auf dem «Vogelwagen»*. Auf seinem selbstgefertigten Flügelwagen sieht man H. auf griechischen Gefäßen. In langem Mantel sitzt er auf zweirädrigem geflügelten Wagen im rotfigurigen Bild einer attischen Schale (gegen 500 v. Chr.; Florenz, Museo Archeologico; Abb. bei E. Simon 1985, S. 223). In der Linken hält er die heilige Doppelaxt. Der zweirädrige Wagen variiert die Gestalt eines Vogels, zwischen dessen Schwingen der Gott thront.

17. *H. dirigiert einen Mädchenchor*. Die anmutige Darstellung auf dem Gefäß des Töpfers Sotades (London, British Museum; Abb. bei E. Simon 1985, S. 224; s. o.) zeigt den Gott, der einen Reigen von Mädchen – vermutlich seine eigenen Geschöpfe (Athenaios 11,470a-b) – dirigiert.

18. *H. / Vulkan als Verkörperung des Feuers*. Diese Ausdeutung besteht seit ältesten Zeiten. Sie legt eine römische Münze des 1. / 2. Jh. v. Chr. nahe, auf deren Rückseite man den Gott mit einer brennenden Fakkel laufen sieht. – Die Neuzeit interpretiert H. / Vulkan oft schon allein durch den Ort der Anbringung als Gott des Feuers, z. B. über dem Kamin (s. o. die Fresken von Peruzzi, Vasari / Gherardi und Mazzucchelli) oder als Ofenkrönung, wie sie die geschwärzte Tonfigur des Claude Curé darstellt (1725; Schloß Pommersfelden, westphälische Zimmer, Wohnzimmer). – Auf dem Gemälde *Het Vuur* von Erasmus Quellinus (1607–1678) und Paul de Vos (1595–1678) in Madrid (Prado) wird das Element Feuer durch den sitzenden Gott mit einer Fackel in der einen Hand verkörpert, auf die er mit der anderen hinweist. – Zu dem Programm, das Vincenzo Borghini für das Studiolo im Palazzo Vecchio in Florenz entwarf, gehören die Sinnbilder der vier Elemente (in je zwei Personifikationen als Nischenfiguren), von denen Vulkan (Bronzestatuette von Vincenzo de' Rossi, 1572 vollendet) und Apoll (Bronze von Giambologna) Feuer und Licht verkörpern. Als Verkörperung des Elements Feuer erscheint Vulkan auch auf Veroneses Fresko in der Villa Barbaro in Maser (s. o.).

19. *Vulkan als Gott des Handwerks.* In dieser Eigenschaft ist Vulkan der –> Athena verwandt. Einander die Hand reichend zeigt beide das Fragment eines Frontispiz zu Natale Conti (1604). In diesem Zusammenhang ist noch einmal auf die Interpretation des H./Vulkan als Kulturbringer bei Piero di Cosimo hinzuweisen.

20. *H./Vulkan im Dienst der Liebe* (als Gehilfe Amors). Zu den Utensilien, die Vulkan für Amor schmiedet, gehören auch dessen Flügel. Eine Deutung des Flügel schmiedenden Gottes ermöglicht ein Bild aus dem Zyklus Garofalos im Palazzo Ludovico il Moro (Ferrara), auf dem zwar nicht Vulkan selbst, aber doch seine Gehilfen tätig sind. Der lateinische Text hierzu (sinngemäß): Die Cyclopen stellen die Waffen her, durch die tausend Herzen Qualen erleiden (vgl. *Vulkan schmiedet die Flügel Amors/Cupidos*).

21. *Die Arbeit der Cyklopen als Allegorie der Eintracht.* In seiner Erläuterung zu Tintorettos *Schmiede des Vulkan* im Dogenpalast (Venedig) interpretiert Francesco Sansovino (1663) die Arbeit der Cyklopen, die gemeinsam ihr Eisen in Form schmieden, als Allegorie der Eintracht der Senatoren in der Verwaltung der Republik Venetien; die Rüstungsteile seien Hinweis auf militärische Vorbereitungen (E. Newton 1951, S. 8). Eine solche politische Demonstration wurde am Anbringungsort, dem Warteraum der Gesandten, mit Sicherheit verstanden.

22. *Vulkan als Sinnbild von Klugheit* («prudentia») *und Gerechtigkeit* («iustitia»). Die Personifikationen von Klugheit und Gerechtigkeit erscheinen als Grisaillen auf der Rückseite des Gemäldes von M. van Heemskerck, *Venus und Mars, von Vulkan überrascht* (s. o.). Venus, hier Sinnbild der «luxuria» (Wollust), wird durch die beiden Kardinaltugenden besiegt (Markx-Veldman 1973). Der zugehörige (holländische) Text in Übersetzung: «Falsche Waage ist dem Herrn ein Greuel; aber völliges Gewicht ist sein Wohlgefallen, Proverbia XI» (Sprüche Salomos, 11,1, nach Luther).

23. *Vulkan als Sinnbild von Nächstenliebe* («caritas») *und Mäßigkeit* («temperantia»). Die Personifikationen von «caritas» und (vermutlich) «temperantia» befanden sich (in Grisaille; nur in Resten erhalten) auf der Rückseite des rechten Flügels des obengenannten Triptychons von M. van Heemskerck mit der Darstellung Vulkans, der Thetis den Schild für Achill übergibt (s. *Zyklen*). Wenn wir Markx-Veldman (1973) folgen, steht zunächst Thetis, die Vulkan aufgenommen und aufgezogen hat (vgl. Homer. Hymnos 3, an den Pyth. Apoll, 319 ff), für Nächstenliebe, umgekehrt ist Vulkan deren Sinnbild, wenn er der Bitte der Thetis um

Waffen für Achill nachkommt. Gleichzeitig sei er aber auch Sieger in zweifacher Hinsicht: wenn er als Verkörperung des Feuers das Eisen bezwingt, und – in indirekter Weise – Sieger über die Troer, da er durch seine Waffen Achill zum Sieg über Troia verhilft; damit sei er aber zugleich Sieger über Venus, die (als Mutter des Aeneas) auf der Seite der Troer steht.

24. *Vulkan als Verkörperung der Tugend*. In der Deutung von F. Hartt (1958, S. 181) ist das Programm der Sala di Troia im Palazzo del Te in Mantua (Fresken von Giulio Romano und Werkstatt) dem Sieg von Vulkan und Minerva über Venus gewidmet, die beide für die Tugend stehen. Den siegreichen, triumphierenden Vulkan kennen wir noch aus anderem Zusammenhang:

25. *Der Triumph des Vulkan*. Auf dem Fresko von Ercole de' Roberti im Palazzo Schifanoia in Ferrara (1469/71) fährt der Gott auf einem Triumphwagen, der von Affen gezogen wird; Affen hocken auch an dessen Ecken. Rechts sieht man Venus und Mars im ehebrecherischen Bett (die Deutung des Paars als Mars und Ylia ist im Gesamtzusammenhang wenig sinnvoll). Dieses und die Anwesenheit der Affen liefern vermutlich den Schlüssel zur richtigen Deutung des Bildes. Interpretiert man die Affen nicht aus der Biographie des Vulkan (s. **A**), sondern als Verkörperung der Schamlosigkeit, so wird Vulkan folgerichtig zum Sieger über die Ausschweifung. (Zum Affen in der Bedeutung von «Schamlosigkeit» vgl. Cesare Ripa 1603, s.v. «Sfacciataggine», unter Berufung auf Valerian; ed. 992, S. 405.)

26. Als *Sinnbild fürstlicher Tugend* interpretiert Giorgio Vasari (1568) die Pfeile Amors, die Vulkan auf dem die Kaminwand einnehmenden Fresko der Sala degli elementi im Palazzo Vecchio in Florenz schmiedet, die Blitze, die die Cyclopen für Zeus fertigen, als Sinnbilder strafender und belohnender Gerechtigkeit (E. Allegri 1980, S. 68).

27. *Vulkan, Gott des Monats September*. Auf dem oben beschriebenen Fresko von Ercole de' Roberti in Ferrara (Palazzo Schifanoia) ist Vulkan dem Monat September zugeordnet.

28. *Zyklen*. Zyklische Darstellungen aus dem Mythos des H. sind selten. Um so bemerkenswerter ist der (verlorene) Zyklus, den Primaticcio für die Chambre du roi in Fontainebleau schuf (s. o.), auch deshalb, weil er Themen aufgriff, die seit der Antike wenig Beachtung gefunden hatten: *die Rückkehr in den Olymp* und *Vulkan beim Gelage*. Die übrigen Themen waren *Vulkan in der Schmiede* (Vulkan mit Venus, mit Thetis, Vulkan, die Flügel Amors schmiedend), *Vulkan mit Venus und Mars*. –

Das Triptychon des M. van Heemskerck umfaßt folgende Themen: *Venus und Mars von Vulkan überrascht* (Homer, Od. 8,266 ff; Ovid, Met. 4,171 ff), *Venus und Amor in der Schmiede des Vulkan* (= Mittelstück, 1536: Aeneis 8,373 ff) und *Vulkan übergibt Thetis den Schild für Achill* (Homer, Il. 18,614 f).

E. Panofsky (1967, S. 49) sieht in Piero di Cosimos *Die Auffindung des Vulkan* und *Vulkan und Aeolus* (s. o.) Teile eines unvollständig erhaltenen Zyklus, der die Frühgeschichte der Menschheit illustrierte. Ein von Giorgio Vasari erwähntes Bild mit dem Titel *Mars, Venus mit ihren Cupidi und Vulkan* könnte ebenfalls Teil dieses Zyklus gewesen sein.

Lit.: Angulo, Diego Iñiguez: La Fabula di Vulcano, Venus y Marte y «La Fragua» de Velazquez. In: Archivo Español de Arte 129, 1960, S. 149–181. Allegri, Ettore / Cecchi, Alessandro: Palazzo Vecchio e i Medici. Florenz 1980. Bacchi, Andrea: Francesco del Cossa. Soncino 1991, S. 54 ff (I mesi di Schifanoia). Brommer, Frank: Die Rückführung des Hephaistos. In: Jahrbuch des deutschen archäologischen Instituts 1937, S. 198 ff. Hartt, Frederick: Giulio Romano (Text- und Tafelband). New Haven 1958. Hermary, Antoine / Jacquemin, Anne, in: LIMC 1988, 4,1, S. 627–654; 4,2, S. 386–404. Jacobsen, Michael A.: Vulcan Forging Cupid's Wing. In: The Art Bulletin 54, 4, 1972, S. 418–429. Krauskopf, Ingrid, in: LIMC 1988, 4,1, S. 654–659; 4,2, S. 404–405, s.v. Sethlans. Newton, Eric: Jacopo Tintoretto. London 1951 (Gallery Books 22). Panofsky, Erwin, 1967 (–> Allgem. Bibl.), S. 33–67 (The Early History of Man in Two Cycles of Paintings by Piero di Cosimo). Rosner, Edwin: Die Lahmheit des Hephaistos. In: Forschungen und Fortschritte, Dez. 1955, S. 362–363. Sansovino, Francesco: Venetia città nobilissima, et singolare. Venedig 1663. Schwarzenberg, Erkinger: Die Lünetten der «stanza del tesoro» im Palast des Lodovico il Moro zu Ferrara. In: Arte antica e moderna 25, 1964, S. 131–150 u. S. 297–307. Simon, Erika, 1985 (–> Allgem. Bibl.), S. 213–228. Veldman, Ilja Markx-: Het ‹Vulcanus-triptiek› van Maarten van Heemskerck. In: Oud Holland 1973,1, S. 95–123.

Hera, auch Here, griech., lat. I(J)uno. Olympische Göttin der Frauen, der Ehe (Herrin der Hochzeit: z. B. Apollonios Rhodios 4,96) und der Geburt (sie beschleunigt oder hemmt die Geburt: Homer, Il. 19,117 f; Geburt des –> Herakles). Viehherden und Weideland sind ihr angelegen. Tochter des –> Kronos und der Rea. Zwillingsschwester und Gemahlin des –> Zeus (Homer. Hymnos 12, an H.). Mutter des –> Ares und des –> Hephaistos. Als ihre Töchter werden genannt die Eileithyien (oder Eileithyia, lat. Lucina; Homer, Il. 11,270; Hesiod, Theog. 921–923) sowie Hebe (vgl. Hesiod, Theog. 922), Hekate/–> Artemis u. a. – Boccaccio (Gen. 9,1) behauptet, H. sei noch vor dem Zeus geboren worden (wie –> Artemis vor –> Apoll; vgl. Kl. Pauly, Bd. 2, Sp. 1028 f).

In der lateinischen Welt trägt H. den Namen «Juno», einer genuin römischen Göttin, die man mühelos für eine Erscheinungsform der Griechin halten konnte. Das wird anschaulich auch in diesem Artikel. Dennoch rechtfertigen besondere Aspekte darüber hinaus ein separates Stichwort –> Juno.

A Der Mythos der H. ist im Vergleich mit anderen Göttern ihres Ranges nicht sehr umfangreich. Wie bei jenen gibt es für die Episoden aus dem «Leben» der H. jenseits von Kindheit und Jugend selten eine zwingende Chronologie. Die grundlegenden Züge ihres Wesens und ihrer Erscheinung durch die Zeiten verdankt sie wohl v.a. Homer. Aus diesem Grund wird im folgenden der Bericht jenseits der Hochzeit zunächst und grundsätzlich an der Ilias Orientierung suchen (zu H./Juno im Mittelalter s. **B**).

Über ihre Kindheit gibt es widersprüchliche Nachrichten. Sicher ist, daß Vater Kronos sie, wie ihre Geschwister (–> Hestia, –> Demeter, –> Hades und –> Poseidon), gleich nach der Geburt verschlang (Hesiod, Theog. 466 f) und später wieder ausspie. Als Zeus den Kronos unter die Erde verdammte, soll Rea sie zu Okeanos und Thetis gebracht haben, «die mich zuhause behüteten und mich erzogen» (Homer, Il. 14,201 ff). Nach Pausanias (2,17,2) wuchs H. bei den drei Töchtern des arkadischen Flußgottes Asterion (Eiboia, Prosymna und Askraia) auf. Bei dem Dichter Olen findet Pausanias (2,13,3) die Nachricht, daß sie bei den Horai/–> Horen aufwuchs. Es heißt auch, Temenos, Sohn des Pelasgos im alten Stymphalos, sei der Ziehvater der Göttin gewesen (Pausanias 8,22,2). Als Saturn/Kronos über die Erde irrte, begleitete ihn die kleine H./Juno. Um ihr die Mühsal des Weges zu ersparen, gab er sie in die Obhut der Nymphen in Afrika (seither habe sie in Karthago gewohnt; Myth. Vat. I 215).

Das Mädchen wächst heran und scheint recht eigenwillig zu sein und spröde; denn als Zeus es begehrt, muß er sich zum Erfolg ein reichlich umständliches Verfahren einfallen lassen, wie ein alter Kommentar zu Theokrit berichtet. Auf dem Berg Thronax sitzend, habe er das Mädchen erblickt, allein und abseits der anderen Götter («wenig sicher sind Mädchen, die allein herumstreifen», bemerkt

Gyraldi dazu, Synt. 3, S. 161). Im Begehren, mit ihr zu liegen, habe er sich in einen Kuckuck verwandelt und zugleich ein Unwetter herbeigerufen: Das habe den Vogel so geschreckt, daß er passende Zuflucht just im Schoß des Mädchens suchen mußte, das ihn sogleich willkommen fürsorglich in seinem Gewand barg. Da nahm der Mann seine eigene Gestalt an und umarmte die Frau. H. habe sich gewehrt (aus Furcht vor der Mutter!), bis er ihr die begehrte Ehe versprach (Gyraldi, ebd.; vgl. Valerian, Hierogl. 25,458). An anderer Stelle (2,17,4) berichtet Pausanias, H. habe den Vogel einfangen wollen (zumindest im Mittelalter scheint der Kuckuck den Ruf der Geilheit gehabt zu haben). Den Berg nannte man seither Coccyx, den Kuckuck. Nach einer noch anderen Version floh das Mädchen vor den Nachstellungen des Mannes in die Höhle eines gewissen Achilles, der ihr aber geraten habe, sich dem Zeus zu ergeben (Ptolemaios, Tetrabibl. 6; vgl. Hederich Sp. 1393). Übrigens soll Sokrates daran Anstoß genommen haben, daß Zeus sich zur Liebe mit dem Mädchen ungeduldig gleich auf den Boden lagerte, auf der Stelle hinsank und redete, wie verliebte Sterbliche reden (Gyraldi, Synt. 3, S. 161B f). Gemäß der Liste bei Hesiod (Theog. 586–921) ist H., sogleich nach –> Leto, die siebte Frau, mit der Zeus sich vereint.

Die Hochzeit fand auf Kreta statt, bei Knossos unweit des Flusses Therene (Diodor 5,72,4). Alle Götter, Menschen und Tiere habe Zeus dazu eingeladen (Servius, Aen. 1,505). In Syrien erzählte man sich, daß H. nach der Hochzeit ein Bad nahm. Bis zu diesem Tag entströme dem Ort ein Duft, der die ganze Umgebung erfüllt, und Schulen von Fischen tummeln sich dort (Aelian, De anim. 12,30). 14 wohlgestalte (Boccaccio, Gen. 9,1) Nymphen sollen die Königin bedient haben (Vergil, Aen. 1,71), worunter –> Iris die vornehmste und ihre Botin gewesen sei (Ovid, Met. 1,270; ebd. 11,629 ff; ebd. 14,829 ff; Libellus 11, H. Liebeschütz 1926, S. 121). Auf einem goldenen Thron saß sie (z. B. Homer, Il. 14,153), und für die Reise hatte sie einen von Pferden gezogenen Wagen, «ein Wunder zu schauen», mit ehernen Rädern, mit Teilen aus Silber und Gold (Homer, Il. 5,720 ff: ausführliche Beschreibung; vgl. ebd. 8,432–435). Bei Ovid wird ihr Wagen von Pfauen gezogen (Met. 2,531 ff; den Pfau gibt es seit dem 7./6. Jh. in Samos, wo er der H. heilig ist). Aus Homer (Il. 14,267 ff) hat man geschlossen, daß sie Herrin über die –> Chariten (Grazien) war.

Irgendwann, jedenfalls aus Anlaß der Hochzeit von Peleus und Thetis, kommt es auf dem Ida zu der denkwürdigen Schönheitskonkurrenz, die man als «Urteil des –> Paris» kennt: Drei Göttinnen, H., –> Athena und –> Aphrodite, bewerben sich um den Rang der Schönsten, und alle drei versuchen den Richter zu bestechen: H. verspricht ihm die Herrschaft über alle Menschen, Athene verspricht den Sieg im Krieg, Aphrodite aber verspricht ihm schlicht Helena, mit Erfolg (Apollodor, Epit. 3,1 ff; Hygin, Fab. 92: Juno/H. verspricht Herrschaft über die ganze Welt und Reichtum; Minerva, er werde der Stärkste der Sterblichen und in allen Künsten kundig, Venus verspricht ihm die Ehe mit Helena; Myth. Vat. I 208: Juno/H. verspricht Herrschaft über Asien, Minerva Kenntnis der Künste, Venus jede Frau, die er will; beim Myth. Vat. II 205 entscheidet Paris einzig nach der Erscheinung). H. wird dem Paris nicht verzeihen. Schon als die beiden auf der

Reise nach Troia sind, schickt sie einen Sturm, der sie nach Sidon verschlägt (Apollodor, Epit. 3,1 ff).

Die Ehe mit dem Göttervater ist, wohl bald, voller Spannungen, wie man v.a. aus der Ilias erfährt, in der die beiden Partner in entgegengesetzten Lagern stehen: H. fördert, gegen die Neigung des Zeus, die Griechen und gibt dabei Anlaß zu heftigen Konflikten mit ihm, die sich ganz als Streitigkeiten zwischen Eheleuten entladen und wenigstens den modernen Leser in die Lage versetzen, Weltgeschichte gelegentlich auch aus der Perspektive eines göttlichen und eigentlich recht bürgerlichen Ehezwists zu sehen. Gegen die Troer ist H. aus verletzter Eitelkeit, «wegen des Paris Verblendung, / Welcher die Göttinnen kränkte ...» (Homer, Il. 24,18 f; vgl. ebd. 18,364–67), gegen den Gemahl hegt sie Groll wegen seiner vielen Liebschaften (vgl. Seneca, Herc. fur. 1 ff, wo sie sich Witwe nennt). In –> Athena und –> Poseidon hat sie vor Troia mächtige Verbündete, mit denen sie früher schon sich gegen Zeus verschworen hatte (Il. 1,399 f – H. sammelt Kriegsvolk gegen Troia: Homer, Il. 4,28; H. hilft den Achaiern: ebd. 1,56 u. 195; 2,15 u. 68; 5,784; 8,205 u. 350; 18,168; 21,330; hilft dem Menelaos: Homer, Il. 4,8, den sie nach Apollodor, Epit. 6,29, sogar unsterblich machen wird; hilft dem Achill: Homer, Il. 1,55 u. 208; 9,254; 18,168; 21,328).

Homer stellt uns in H. eine Frau vor, deren Tatkraft nur an Zeus auf ihre Grenzen zu stoßen scheint, so zäh und umsichtig sie ihr eigenes Anliegen auch verfolgt, ob sie dem Achill eine Rede eingibt (Il. 1,56) oder ihn durch Iris mahnt, sich «heimlich vor Zeus und den Göttern» zu rüsten (ebd. 18,168), ob sie den Streit zwischen Agamemnon und Achill, denen sie gleichermaßen zugetan ist, schlichten läßt (ebd. 1,195) oder mit mächtiger Stimme den Argeiern eine Brandrede hält (ebd. 5,784 ff), ob sie den Poseidon gar gegen Zeus aufzubringen trachtet (ebd. 8,198 ff) oder Athena, die Bundesgenossin, antreibt zu handeln (8,350 ff) oder –> Hephaistos, den Sohn, Feuer schicken läßt gegen die Wasser des Flusses Skamandros, um dem Achill zu helfen (ebd. 21,331 ff). Einmal schickt sie Helios (–> Apoll) zurück, um eine Schlacht zum vorzeitigen Ende zu bringen (ebd. 18,239 ff).

Bei alldem kann sie sich auch mächtig aufregen: Unwillig wirft sie sich auf ihrem Thron derart hin und her, daß der Olymp bebt (ebd. 8,198 f), ein andermal schreit sie «groß auf, übermäßig in Furcht um Achilleus ...» (ebd. 21,328). Anderseits ist sie der Athene eine gefügige Partnerin und geht und besorgt z. B. die gewünschten Pferde (ebd. 8,381 f). Gelegentlich wird sichtbar, daß sie mit den Troern zugleich Zeus treffen will (ebd. 8,198 ff). Die beiden sind gründlich zerstritten. Zeus klagt über ihre Schmähreden und darüber, daß sie ständig mit ihm vor den Göttern streitet, und ihm vorwirft, es mit den Troern zu halten (ebd. 1,519 ff). Sie zeiht ihn der Heimlichtuerei, klagt, daß er sie nicht teilhaben läßt an seinem Planen und Handeln (ebd. 1,540 ff). Sie ist mißtrauisch und schaut genau hin, wenn Zeus etwa mit Thetis sitzt und wie einer, der sich Ärger ersparen will, vermeiden möchte, daß H. die Frau sieht (ebd. 1,522). Ein Nicken nur soll ihr die Antwort bedeuten – und H. sieht das Nicken und zieht mißtrauisch ihre Schlüsse (ebd. 1,558 f).

Zeus setzt sich zur Wehr und weist sie in ihre Schranken. Zunächst recht geduldig: Seine Pläne werde sie erfahren nur, wenn er so befinde (ebd. 1,545 ff). Dann kommt von H. die klassische Richtigstellung: Weder befragt habe sie ihn bisher noch ausgeforscht; er solle nur ruhig tun, was er will, aber … (ebd. 1,553 f). Erst jetzt kommt die verärgerte Replik des «Genervten»: Immer müsse sie «denken», und, sicher, er könne ihr nicht entgehen; was sie aber erreicht damit, sei nur, daß sie sich seinem Herzen entfremdet. Das werde ihr «noch schrecklicher», ihm selbst aber werde es «eben so lieb sein». Hinsetzen solle sie sich und schweigen. «Da fürchtete sich die Kuhäugige» (ebd. 1,561 ff).

Als H. und Athene am zweiten Tag der Schlacht versuchen, den Griechen zu helfen, ruft Zeus sie zurück (ebd. 8,350–445), und H. muß sich auf ihre Vorhaltungen hin (ebd. 8,461 ff) anhören, daß ihre Erbitterung ihn nicht kümmert, denn nichts «Hündischeres» gebe es als sie (ebd. 8,482 f). Gegen solch groben Eigensinn des Gemahls ist die Frau nicht wehrlos.

Ihre stärkste Waffe ist das Bett. Wo Zeus auf ihre Gründe nicht hören will, da weiß sie dem Mann die Begehrlichkeit zu wecken. Wie sie ihn auf dem Ida erblickt, und die Griechen sind in Nöten, kommt ihr der Haß. Jetzt will sie den mächtigen Poseidon ganz auf ihrer Seite haben und beschließt, ihm freie Hand zu verschaffen: «Und sie überlegte alsbald …, die Herrin Here, / Wie sie täuschen könnte den Sinn des Zeus … / Und dieses schien ihr in ihrem Mute der beste Rat: / Zum Ida zu gehen, nachdem sie sich gut zurechtgemacht, / Ob ihn wohl irgend verlangen würde, zu schlafen in Liebe / Bei ihrem Leib, und sie ihm einen Schlaf, einen leidlosen und sanften, / Über die Augenlider gieße und die klugen Sinne» (Homer, Il. 14,159 ff; Übersetzung von W. Schadewaldt).

Und das wird gelingen, im Stil einer sorgfältig geplanten Verschwörung. Die beginnt damit, daß H. sich in ihre Kammer einschließt und schön macht (ebd. 14,166–185), erst sich mit Ambrosia wäscht, mit ambrosischem Öl sich salbt. Da gerät ihr die Kosmetik fast zum kosmischen Ereignis: Himmel und Erde sind erfüllt von ambrosischem Duft (zur Art des «Parfums» s. Athenaios 15,688e; dieser «riesige» Duft erinnert an die riesige Erscheinung der –> Demeter und des –> Ares). Dann legt sie das Haar, flicht Zöpfe, legt ein Gewand an (das, mit vielen Bildern verziert, Athena ihr gewirkt hat), schließt es mit goldenen Nadeln über der Brust, legt einen Gürtel um, den hundert Quasten schmücken, ziert dann das Haupt mit Ohrgehängen, an denen drei Kugeln, maulbeerförmig und wie Augäpfel, hängen. Über den Kopf legt sie ein neues, frisches leuchtendweißes Tuch und bindet schließlich schöne Sandalen an die Füße. Das ist nicht genug. Von –> Aphrodite erschwindelt sie sich den Liebeszauber, ein besticktes Band, das sie sich an den Busen heftet (Homer, Il. 14,214 ff). Den Gott des Schlafes (Hypnos) aber, der ihr den Zeus einschläfern soll, muß sie erst bestechen. Sie verspricht ihm einen goldenen Lehnstuhl mit Fußschemel, von der Hand des Hephaistos (ebd. 14,238 ff), und als das nicht zureicht, verspricht sie ihm die Pasitheë, eine schöne Charitin, zur Frau und muß das auch noch beschwören (ebd. 14,267 ff).

So ausgestattet und gerüstet zeigt sie sich Zeus, den denn auch gleich das Verlangen packt. Listig heuchelt sie jetzt, zu den angeblich zerstrittenen Pflegeeltern

Thetis und Okeanos reisen zu wollen, die ihrer Vermittlung zu Liebe und Ehebett bedürften (ebd. 14,300–306; vgl. 14,198–210). Gut kalkuliert: Er bittet sie zu bleiben (ebd. 14,313 f). Vermutlich gibt es ihr Genugtuung, wenn Zeus, jetzt ganz entflammt, eine lange Liste vergangener Liebschaften aufzählt, aber nach keiner Frau habe er je so verlangt wie jetzt nach ihr (ebd. 14,315–328). Nun zeigt sie sich schwierig: Wenn er mit ihr liegen wolle (das wolle er doch?: ebd. 14,340), dann bitte nicht hier in aller Öffentlichkeit auf dem Ida, das täte man besser in der Kammer. Aber Zeus will es jetzt und hier, in einer goldnen Wolke will er sie beide bergen, und er packt sie mit beiden Armen (ebd. 14,342 ff), «und unter ihnen ließ wachsen die göttliche Erde frisch sprossendes Gras / und Lotos, tauigen, und Krokos und Hyakinthos, / …» Dann fällt Zeus – wie vorgesehen – in tiefen Schlaf, derweil der Gott des Schlafes zu Poseidon eilt.

Am nächsten Morgen sind die Troer in schwerer Bedrängnis, und Hektor liegt getroffen am Boden. Der Zorn des Göttervaters wendet sich klarsichtig gegen H. (ebd. 15,13 ff): Sie sei schuld am bösen Lauf der Dinge, ihre heillose List, ihre Tücke. Betrügerei wirft er ihr vor (ebd. 15,31). Mit Schlägen droht er und erinnert daran, daß er einst zur Strafe für ihre Verfolgungen des Herakles sie mit zwei Ambossen an den Füßen in den Himmel gehängt hatte. All das muß sie hören und dazu den Vorwurf, betrügerisch Liebe und Lager mit ihm geteilt zu haben (ebd. 15,32 f). Das trifft, und sie «erschaudert». Dann folgt die Klarstellung, die zugleich ein wenig denunziert: Nein, den Poseidon habe sie nicht angestiftet, der handle aus eigenem Antrieb (aber ehrenhaft mitfühlend!), und sie wollte (im Gegenteil) ihn wohl gar gern auf den rechten Weg bringen, den des Zeus (ebd. 15,41–46).

H. kämpft mit den Waffen, die dem Schwächeren eher zur Hand sind: Sie weiß um Zeus' Überlegenheit (Homer, Il. 4,56), aber sie erhebt Anspruch auf eine Würde, die ihr aus gemeinsamer Abkunft und aus ihrer Stellung als seine Gemahlin zukommt (ebd. 4,58 ff). Geschickt weiß sie zu argumentieren, daß Ehezwist im Haus des Göttervaters vor den anderen Göttern nicht gut sei: warum also nicht Partnerschaft, in der einer auf den anderen hört und auch bereit ist nachzugeben? In Anwendung solchen Rats meint sie, Zeus möge doch gleich die Athena schicken, damit sie die Troer zum Vertragsbruch gegen die Griechen reizt, und Zeus tut – «nicht ungehorsam» – wie geheißen. Das ist einer der harmonischen Momente, noch früh im Verlauf der Ereignisse, als Zeus, bei allem Streit, noch mit H. liegt, «Wo er auch sonst immer ruhte, wenn süßer Schlummer ihn ankam» (ebd. 1,610 f; Übsetzung von Roland Hampe).

Männliche Frucht dieses Lagers ist –> Ares, und es sollte nicht verwundern, daß er der Kriegsgott ist. Mag sein, daß besonders seine listige Rachsucht (die ihn auch zu Mars Ultor werden läßt) ein wenig vom Wesen der Mutter spiegelt (vgl. Homer, Il. 5,893, wo Zeus in Ares die zänkische Mutter erkennt). Das andere Kind, Hephaistos, wird mit Hinweis auf Homer (Il. 1,571 f u. 577 f; vgl. Apollodor, Bibl. 1,3,5) gern ebenfalls für einen Sohn des Zeus gehalten, doch läßt sich die Rede vom «Vater» nicht sicher auch auf Vaterschaft deuten. So ist er schon für Hesiod (Theog. 927 ff; vgl. Lukian, Sacrif. 6) kein Kind des Zeus, sondern

Frucht durch Parthenogenese recht eigentlich des Streits mit ihm (vgl. die Chronologie bei Hesiod, Theog. 924–928 u. 929 ff; vgl. Homer. Hymnos 3, an den Pyth. Apoll, 323 ff; vgl. Apollodor, Bibl. 1,3,6, wo Hephaistos bei der Geburt der Athene hilft). Ovid (Fasti 5,229 ff; vgl. Cornutus, Nat. Deor. 19; Boccaccio, Gen. 9,3) wird melden, H. sei ohne Vereinigung mit dem anderen Geschlecht, aber mit Hilfe der Flora auch Mutter des Mars / Ares geworden, verärgert darüber, daß der Gemahl die Minerva / Athene ganz «ohne Mutter» zur Welt gebracht hatte (weil Juno steril war, berichtet Natale Conti 1567, Myth. 4,5, Bl. 94[r]). Nach Gyraldi (Synt. 10, S. 417B) ist H. / Juno anscheinend ganz einfach beim Wandeln durchs Grüne – wie zufällig – durch das Berühren von Blumen und durch ihren Duft schwanger geworden. Boccaccio (Gen. 9,1; vgl. Myth. Vat. I 20) berichtet kurz, die Hebe habe sie durch den Genuß von Lattich («lactuca», Kopfsalat) empfangen (welche Speise den Ruf hatte, bei Männern Impotenz zu verursachen: vgl. Athenaios 2,69b-e; –> Adonis).

Bei späten Mythographen wird es heißen, daß Zeus und H. einander ihre Göttlichkeit zeigen wollten und Kinder «paradóxos» gebaren. Dabei habe Juno / H. den Vulcan / Hephaistos aus dem Schenkel oder aus ihrem «Samen» geboren (Isidor, Etym. 8,11,40; Myth. Vat. I 176 und 204; vgl. Myth. Vat. II 37; Natale Conti 1567, 2,6, Bl. 45[v], Zeile 42, wird mit Hinweis auf Hesiod von einer Empfängnis durch den Wind, «conceptus subventaneus», sprechen). Hephaistos erschien zumindest nach seiner Gestalt im Vergleich mit Athena als ein mißlungenes, schwächliches Geschöpf. So beschloß H. die Geburt eines anderen Sohns, der mächtiger sein sollte als alle Götter und dennoch kein Kind des Zeus. Sie spricht Erde und Himmel an und die Titanen im Tartaros, sie mögen ihr ein Kind gewähren, das um soviel stärker sein werde als Zeus, wie dieser stärker ist als Kronos. Mit der Hand schlägt sie den Boden, und die lebengebende Erde erzittert zum Zeichen guter Hoffnung der Frau. Ein Jahr lang bleibt sie nun dem Lager des Zeus fern, dann gebiert sie ein Wesen, das weder den Göttern gleicht noch den Menschen: Typhaon, eine grausige Kreatur, die den Menschen ein großes Unheil sein wird (Homer. Hymnos 3, an den Pyth. Apoll, 311–355).

Übrigens scheinen die Kentauern gelegentlich gemeint zu haben, sie seien die Kinder der Göttin mit Ixion (Ovid, Met. 12,504 ff).

Als Mutter erscheint die bei den Göttern auf Würde und Ansehen bedachte Gemahlin des Göttervaters gar nicht anziehend, als sie den verkrüppelt zur Welt gekommenen Hephaistos (den man schlecht vorzeigen kann) sogleich packt und ins Meer wirft (Il. 18,395 ff; Homer. Hymnos 3, an den Pyth. Apoll, 316 ff; vgl. in dieser Hinsicht Thetis und Achill). Sie beschwert sich sogar darüber, daß Thetis sich des Kindes angenommen hatte (ebd. 319 f; dabei heißt es, sie selbst sei die Ziehmutter der Thetis gewesen: Apollodor, Bibl. 3,3,5). Der Sohn vergilt ihr das mit Schabernack von angemessener Art (Hygin, Fab. 166,1 f): Zeus und den anderen Göttern schenkt er Schuhe aus Gold, der H. aber heimlich solche, die bewirken, daß sie sich unversehens kopfüber in der Luft hängen sieht. Eine Mutter habe er nicht, soll er gesagt haben, als man ihn um Hilfe bat (erst –> Dionysos wird ihn mit Trunkenheit dazu überlisten). Auch einen goldnen Sessel habe er der Mutter geschickt, den er so eingerichtet hatte, daß sie sich unversehens an ihn gefesselt sah. Auch hier brauchte es wieder die Hilfe des Dionysos, sie aus dieser lächerlichen Lage zu befreien (Pausanias 2,20,2 u. 3,17,3). Servius (Ecl. 4,62) berichtet, Hephaistos habe sie nicht eher freigegeben, bis sie ihm seine Eltern nannte und er so seinen Platz unter den Göttern erhielt. Bei Homer zeigt der Sohn aber auch fürsorgliche Zuwendung, wo er der Mutter zur Seite steht, einmal, als Zeus sie in den Himmel gehängt hatte (s. o.) und er ihr zu Hilfe kommen wollte, was damit endete, daß Zeus ihn hinunter auf die Erde schleuderte (Homer, Il. 1,590), und dann, als er die Mutter nach einer heftigen Auseinandersetzung mit dem Gemahl mit verständiger Rede tröstet (ebd. 1,571 ff).

Mythos und Legenden berichten auch nicht viel über die Mutter H., sondern zumeist über die vorwiegend eifersüchtige Ehefrau, die erstaunlich viel Aufwand treibt, die Geliebten des Mannes und seine Kinder zu verfolgen (vgl. die Vorsicht des Zeus, sich für die Europa in einen Stier zu verwandeln, auch, um die Eifersucht der Gemahlin zu meiden, bei Moschos 2,77 ff).

An Mitteln fehlt es ihr nicht: Die schwangere –> Leto, die ja eigentlich keine Nebenbuhlerin mehr sein sollte, hetzt sie rastlos durch die Welt und unterbindet mit ihrer Tochter Eileithyia lange Zeit die Geburt von –> Artemis und –> Apoll (vgl. den Wortwechsel mit Leto bei Lukian, Dial. deor. 16).

Andere werden zur Strafe verwandelt: Galanthis, eine Dienerin der Alkmene, wird zum Wiesel (oder einer Katze), weil sie die Eileithyia (Lucina), die die Geburt des –> Herakles verzögern sollte, überlistet hatte (Antoninus Liberalis 29; Ovid, Met. 306 ff). Io, eine Priesterin der H., verwandelt sie in eine weiße Kuh (es heißt auch, Zeus habe das getan: Ovid, Met. 1,610 f; Myth. Vat. II 89), um sie dem Zeus zu entziehen, und setzt ihr dazu den Argus (–> Hermes) zum Wächter (Ovid, ebd. 625 ff). Später läßt sie das Tier durch eine Bremse stechen und weit durch die Länder jagen. Dennoch wird das Mädchen den Epaphos gebären. Man behauptete auch, daß H. das Kind von den Kureten habe stehlen und verstecken lassen (Apollodor, Bibl. 2,1,3; Myth. Vat. I 183). Damals soll sie zudem die Titanen gegen Juppiter aufgehetzt haben (ebd.). Kallisto, eine Gefährtin der –> Artemis, erliegt der Lust des Zeus. H. (vielleicht auch Zeus oder Artemis) verwandelt sie in eine Bärin (Ovid, Met. 2,476 ff). H. soll auch veranlaßt haben, daß Artemis das Tier erschoß (Apollodor, Bibl. 3,8,2). –> Hermes barg den Arkas aus ihrem Schoß. Der Semele, die mit –> Dionysos schwanger geht, erscheint H. als die vertraute Amme Beroë, die rät, den Geliebten doch zu bitten, ihr in derselben Gestalt zu erscheinen, in der er sich im Olymp der Gemahlin zeigt. An ein Versprechen gebunden, erfüllt Zeus ihr den Wunsch, und die Frau verbrennt in einem Blitz.

Die Nymphe Echo ist dem Zeus gefällig, wenn er mit einer aus ihrer Schar liegt. Geschwätzig hält sie die Göttin auf, als sie mißtrauisch nach dem rechten schaut, und büßt dafür mit der Unfähigkeit, etwas aus eigenem Antrieb zu sagen: Sie wird eben zum bloßen Echo (Ovid, Met. 3,359 ff).

Schlecht ergeht es auch den Kindern (oft auch ihren Helfern) aus Zeus' Liebschaften. Das gilt besonders für –> Dionysos und –> Herakles. Dionysos habe sie aus Rache den Verstand genommen, was man am dionysischen Rausch und dem verrückten Tanzen erkenne, zu denen er anstachelt (Athenaios 10,440d; vgl. Lukian, Dial. deor. 18). Am Altar der Rea suchte er Zuflucht vor H. (Athenaios 5,201c). Ino, die sich fürsorglich des Dionysos angenommen hatte, und ihren Gemahl Athamas verfolgt sie selbst im Orkus, wo sie den drei Erynien begegnet und die Tisiphone veranlaßt, das Paar mit Wahnsinn zu schlagen (Ovid, Met. 4,481 ff; vgl. Apollodor, Bibl. 3,4,3). Inos Gefährtinnen verwandelt sie in Felsen und Vögel (ebd. 543 ff).

Zahlreich sind die Angriffe auf Herakles: Nachdem die Geburt sich nicht hatte verhindern lassen, sollen Schlangen den Säugling (acht Monate alt) töten (Apollodor, Bibl. 2,4,8), sie belegt ihn mit Wahnsinn (ebd. 2,4,12), verwandelt sich selbst in eine Amazone und hetzt die Frauen auf ihn (ebd. 2,5,9; s. Amazonen), schickt den nemäischen Löwen (Hesiod, Theog. 326 ff), zerstreut die Herde des Geryon mit Hilfe einer Bremse (in Thrakien; Apollodor, Bibl. 2,5,10), schickt Stürme gegen ihn (Homer, Il. 14,249 ff u. 15,24 ff; Apollodor, Bibl. 2,7,1), verschlägt ihn nach Kos (Homer, Il. 14,250 ff u. 15,26) usw. (vgl. Seneca, Herc. fur. 1 ff). Erst nachdem er unsterblich geworden war, versöhnte sie sich mit ihm, und er heiratete ihre Tochter Hebe (Apollodor, Bibl. 2,7,7). Herakles scheint übrigens der einzige zu sein, der sich gegen die Göttin handgreiflich zur Wehr setzte. Sein Pfeil trifft sie, «unerträglich schmerzhaft», in die rechte Brust (Homer, Il. 5,392 f). Daß Polydektes –> Perseus zu den Gorgonen (–> Medusa) schickt, soll einer mißgünstigen Eingebung der H. entsprechen (Myth. Vat. I 157). Den Knaben –> Ganymed mag sie natürlich auch nicht (Ovid, Met. 10,161; vgl. den Wortwechsel bei Lukian, Dial. deor. 5).

Auch Sippenhaft gibt es: Die Abneigung gegen Europa, von Zeus die Mutter des Minos, erstreckt sich auf alle Angehörigen des Hauses Kadmos (Ovid, Met. 3,256 ff), wozu sicher gehört, daß H. den Thebanern die Sphinx schickt (Apollodor, Bibl. 3,5,8). Den Aegineten (Oinopia) schickt sie die Pest, denn die Insel trägt den Namen der Nebenbuhlerin, der Mutter des Aiakos (Aeacus: Ovid, Met. 7,517 f).

Die Troer verfolgt ihr Zorn auch auf der Flucht. Eigentlich ist es –> Juno, die italische Erscheinung der H., die Aeneas und seine Gefährten von Italien fernzuhalten versucht. Sogar die schönste ihrer Nymphen verspricht sie ihm zur Frau (Vergil, Aen. 1,71 ff). Dann (ebd. 5,606 ff) schickt sie –> Iris in Gestalt der Beroë: Sie soll die Frauen dazu anstiften, die Schiffe zu verbrennen. Anders als Homer, bei dem sie selbst über die Winde gebietet, sieht Vergil sie zu Aeolus (Aiolos) gehen und ihn um Stürme bitten, damit die Flotte versenkt oder wenigstens zerstreut werde (Aen. 1,51 ff). Alles vergebens. So gerät Aeneas nach Karthago (ebd. 1,157 ff). In Latium treibt sie den Latinus zum Kampf gegen Aeneas an (ebd. 7,619 ff); später hilft sie dem Turnus aus einer Bedrängnis, indem sie ein Schiffstau kappt (ebd. 10,658).

Während wir die Göttin hier als tatkräftige Kämpferin sehen, zeigt sie sich in einem anderen Moment beim Verhandeln mit Venus, die auf Aeneas' Seite steht, als listig heuchlerische Ränkeschmïedin, die wir aus der Ilias kennen (Aen.

4,90 ff). Wichtig auch das Streitgespräch zwischen Juno und Venus (ebd. 10,62 ff:
–> Juno). Daß H. unnachsichtig ist auch gegen jene, die ihr den Respekt schuldig
bleiben, teilt sie mit anderen Göttern, etwa –> Artemis, die übrigens selbst einmal allerhöchste handgreifliche Unterweisung in Respekt erfährt (gegen die
Himmelskönigin): H. schlägt ihr den Bogen um die Ohren (Homer, Il. 21,489 ff;
zu einer Variante bei Nonnos –> Artemis).

Pelias, König von Iolkos, hatte vor dem Altar der H. seine Stiefmutter Sidero
ermordet und auch später der Göttin den Respekt versagt: Daß er schließlich
einem Komplott der Medeia (Medea) erliegt und von der Hand der eigenen ver-
blendeten Töchter grausam stirbt, soll einem Plan der H. entsprechen. Die drei
Töchter des Proitos (Proetus) von Argos betraten feierlich den Tempel der Ju-
no/H. und erklärten sich vor deren Bild für schöner. Zur Strafe belegte die Göttin sie mit Wahnsinn: Sie hielten sich für Kühe. Während sie muhten, vermißten
sie verwirrt ihre Hörner (Myth. Vat. I 85; Myth. Vat. II 68; vgl. Apollodor, Bibl.
2,1,2). Immerhin soll Melampos sie später geheilt haben (ebd.; vgl. Ovid, Met.
15,325 ff).

Auf irgendeine Weise maß die Königin der Pygmäen sich töricht mit Juno/H.
und wurde dafür in einen Kranich verwandelt, in welcher Gestalt sie dann lächer-
licherweise noch dem eigenen Volk den Krieg erklärte (Ovid, Met. 6,90–92).
Nach Aelian (De anim. 15,29) hieß sie Gerana und erklärte sich für schöner als
H., Athena, Artemis und Aphrodite, aber es war H., die sie in den «scheußlichen»
Vogel verwandelte (vgl. Athenaios 9,393e f). Zum Storch wird Antigone, Tochter
des Laomédon von Troia, weil sie sich für schöner hielt als die Göttin (Myth. Vat.
II 69; vgl. Ovid, Met. 6,93–97). Andere sagen, zunächst habe zur Strafe ihr Haar
sich in Schlangen verwandelt, und erst als sie es wusch, sei sie aus Mitleid der
Götter zum Vogel geworden (Myth. Vat. I 179). Rivalität mit der Schönheit der
Göttin wurde auch Side, der Frau des Orion, zum Verhängnis: H. schickt sie in
den Hades (Apollodor, Bibl. 1,4,3).

Teiresias fällt (in einer Version der Geschichte) wiederum dem zerstrittenen
Ehepaar zum Opfer: Man möchte von ihm wissen, ob der Mann oder die Frau das
größere Vergnügen am Liebesakt empfinde. Er berichtet, der Genuß der Frau sei
neunfach größer als der des Mannes. Fulgentius nennt das weniger dramatische
Verhältnis von drei zu neun (Myth. 2,5). In diesem erklärten Ungleichgewicht
des Lustgewinns ist offenbar eine drastisch einseitige Abhängigkeit der Frau unterstellt, und darum reagiert jeder der beiden auf seine Weise: H. schlägt den jungen Mann zornig mit Blindheit, und Zeus verleiht ihm (zufrieden) die Sehergabe
(Schol. zu Homer, Od. 10,494). Nach Ovid (Met. 316 ff) ist der Ursprung dieses
Dramas eine scherzhafte Bemerkung des Zeus beim Nektar.

Zeus nimmt sich seine Geliebten nach Lust und Liebe, auch gegen deren Willen. H. scheint nicht einmal Favoriten zu haben. Wenn sie einen fördert wie Jason
(vgl. Apollonios Rhodios 3,6 ff, wo sie mit Athene über den besten Weg für Jason
berät, das Vlies zu erobern; s.a. Homer, Od. 12,69 ff), dann hat sie wohl anderes
im Sinn, nämlich die Rache an Pelias (s. o.).

Dabei ist sie selbst begehrenswert: Der schöne Endymion verliebt sich in sie, fällt aber, wie der ruchlose Ixion, einem Trugbild zum Opfer und wird – wohl von Zeus – wie jener in den Hades geschleudert (Hesiod, Gr. Ehoien 11 bei Schol. zu Apollonios Rhodios 4,57; H.G. Evelyn-White 1977, S. 260). Apollodor (Bibl. 1,6,2) erzählt, Zeus habe beim Kampf gegen die Giganten dem Porphyrion Lust auf die H. eingegeben. Der hatte schon ihr Gewand zerrissen und war bereit, sie zu nehmen, da erhörte der Gott ihren Hilferuf und schleuderte einen Blitz, mit einem Pfeil tötete Herakles (oder Apoll) den Giganten (Schol. zu Lykophron 63; vgl. Pindar, Pyth. 8,12). Der Aloade Ephialtes bewarb sich um H., während sein Bruder Otos sich an –> Artemis machte; die erschoß beide (Apollodor, Bibl. 1,7,4).

Die Argiver behaupteten, daß H. in der Quelle Kanathos bei Temenion alljährlich durch ein Bad ihre Jungfräulichkeit wiederherstellte. Einmal soll sie so verärgert über Zeus gewesen sein, daß sie sich nach Euboea zurückzog. Zeus konnte sie nur durch eine List, die ihr schmeichelte, zurückgewinnen. Von Kithairon, dem klugen König von Plataeae, beraten, inszenierte er ein kleines Spektakel, das nichts anderes bedeutete als die (vorgebliche) Vorbereitung zur Hochzeit mit einer anderen. H. handelte wie berechnet: Sie kam, riß den Schleier von der Braut und entdeckte an deren Statt eine hölzerne Puppe. Entzückt von diesem Trick zu ihren Gunsten (von dergleichen Kunst verstand sie etwas, meinen wir), sagt Pausanias (9,3,1), sei sie versöhnt gewesen.

Ganz anderes erzählte man im arkadischen Stymphalos. Dort soll sie von König Temenos aufgezogen worden (s. o.) und dorthin im Streit mit Zeus zurückgekehrt sein. Als sie noch ein unberührtes Mädchen war, nannte der König sie «Die Jungfrau» (Pais), die Ehefrau des Zeus hieß er «Die Vollendete» (Teleia), «Die Witwe» («Die Getrennte», Chera) nannte er die nach Stymphalos Zurückgekehrte. Einer jeden dieser drei Gestalten der Göttin habe er einen Tempel geweiht (Pausanias 8,22,2).

Ganz späte Mythographen vermuten, daß H. gegen den Anschein auch ihre Liebhaber hatte. So sei sie, noch vor der Vermählung mit Zeus, von Eurymedon Mutter des –> Prometheus geworden (vgl. Hederich Sp. 1396).

Die Erzählungen des Mythos verführen den Leser dazu, angesichts der Frau des Zeus die mächtige Weltenherrscherin H. zu übersehen, deren Bewegungen den Olymp erbeben lassen können (Homer, Il. 8,198), die den Stürmen befiehlt (ebd. 14,254 u. 15,26), den Weg der Sonne (Helios) lenkt (ebd. 18,239). Das wird besonders anschaulich an einer Geschichte, die auf amüsante Weise die Frau mit der kosmischen Ordnung des Sternenhimmels verknüpft. Einmal habe sie ahnungslos den kleinen Merkur gesäugt; als sie dann den Sohn der Maia erkannte, habe sie ihn von sich gerissen, und die Milch spritzte in hohem Bogen in den Himmel, wo wir sie immer noch als Milchstraße erkennen. Dort, wo die Milch auf den Boden fiel, soll übrigens die Lilie entsprossen sein («rosa iunonia»; s. Gyraldi, Synt. 3, S. 158B). Eine andere Version der Geschichte meldet, daß H. / Juno dem kleinen Merkur / Hermes zugetan war. Sie nährte ihn, und mit ihrer Milch erwarb er die Unsterblichkeit (Martian 1,34, Dick S. 22; vgl. Remigius 1,22.11 f, Bd. 1, S. 107; Boccaccio, Gen. 4,35). Andere lassen sie den kleinen –> Herakles nähren, den man der Schlafenden an die Brust gelegt habe; der gierige Kleine habe dann den Mund einfach zu voll genommen und den Überschuß hinausgeprustet (Hygin, Astron. 2,43). Diodor erzählt (4,9,6), daß Alkmene das Kind aus Furcht vor H. versteckte, mit sonderbarem Erfolg: Athene und H. kamen vorbei, und H. habe sich von jener überreden lassen, doch dem Knaben die Brust zu geben. Als der dann ungewöhnlich heftig zur Sache ging, habe sie ihn vor Schmerz zurückgestoßen.

B Die Gattin des Zeus mag uns heute leicht als bloßer Typus der zänkischen, mißtrauischen, rachsüchtigen Ehefrau erscheinen. Ein solches Urteil wird zu berücksichtigen haben, daß die Frau nur versucht, gegen einen lebefreudigen, vielleicht rücksichtslosen, v.a. aber überlegenen Gemahl mit den ihr verfügbaren Mitteln die Ehe zu erhalten. Die Ehe war ihre Bedingung, mit ihm das Lager zu teilen. Nicht Lust bestimmte demnach ihr Verhalten gegen den Mann. Insofern wäre ihre Entrüstung über Teiresias (s. o.) eine ehrliche Mitteilung v.a. über sich selbst. Daß Keuschheit ihr über die Lust geht, zeigt wohl das jährliche Bad, das ihr die Jungfräulichkeit wiedergibt. In diesem Sinn muß man sicher auch die Neigung des Mythos verstehen, ihre Kinder nach und nach als Frucht einer Parthenogenese oder aus Umständen zu verstehen, die nichts mit einer gewöhnlichen (natürlichen) Zeugung zu tun haben. Aus religiöser Sicht ist H.s Auftrag die Ehe als ein fundamentales gesellschaftliches Ordnungsgefüge aus Mann und Frau, wobei wichtig ist, daß deren verantwortliche Verwaltung offenbar der Frau obliegt. Entsprechend notiert Boccaccio unter Berufung auf Vergil (Gen. 9,1; vgl. Seneca, Medea 1 f), Juno/H. sei die Aufsicht über die Ehebande gegeben («vincla iugalia»; Iuppiter/Zeus möchte wohl «Ehefesseln» lesen). Pindar nannte sie die Vollenderin der Ehe (Nem. 10,18).

Wie der Mythos zeigt, ist H. für diese Aufgabe gut ausgestattet. Sie erscheint uns im Umgang mit Zeus als eine gescheite Frau mit beträchtlichem «Durchblick» (Seneca, Oct. 213 ff, spricht von weiser Fügsamkeit: «sapiens obsequium»). Den Töchtern des Pandareos schenkt sie Geistesgaben: Man schenkt, wovon man hat (Athene gibt Kunstfertigkeit, Artemis verleiht Körpergröße – Pausanias 10,30,1; was sie schenkt, kann sie auch nehmen: das macht den Wahn zu ihrer Waffe, –> Herakles). Ihre Wachheit und ihre Wachsamkeit werden anschaulich im vieläugigen Argos, der ihr dient (freilich vergebens). Dieses Motiv hat der spätere Mythos glücklich weiterverarbeitet: H. verwandelt den von Hermes getöteten Mann in den Pfau, von dessen Gefieder uns noch die Augen des Wächters anblicken (Myth. Vat. II 89). Als Zugtier und Gefährte dient der Vogel der Göttin und dabei weiter auf zweifache andere Weise: als Zeichen (und Instrument?) ihrer Wachsamkeit und zugleich als Schmuck, der ihrer Schönheit gebührt und sie zeigt. Statius spricht von der bewaffneten («armata»; Theb. 10,282), von der harten («saeva»; ebd. 1,12) Juno/H., auch von der wütenden («furata»; ebd. 12,465) und der betrügerischen («fallax»; ebd. 2,293).

H. ist schön. Das müssen wir annehmen, denn der Mythos läßt sie uns kaum sehen, auch wenn der Homerische Hymnos (5, an Aphrodite, 41) sie die bei weitem schönste unter den unsterblichen Göttinnen nennt. Selbst auf dem Ida enthüllt sie sich nur für –> Paris. Bemerkenswert also, daß sie den Pandareostöchtern neben Verstand auch einen schönen Leib schenkt (Pausanias 10,30,1). In den schriftlichen Quellen bleibt die leibliche Erscheinung der Frau bemerkenswert unsinnlich: Homer spricht einmal von den Lippen und der Stirn über den dunklen Brauen (Il. 5,101 ff), v.a. aber spricht er von ihr als der Kuhäugigen (z. B. Il. 14,159 u. 263; deutsch auch «Rinderäugige»), gelegentlich heißt sie einfach die Großäugige («boopis», Homer. Hymnos 3, an den Pyth. Apoll, 332; 365; 409). So wird sie dem Betrachter unversehens ganz Auge. Aber dieses Auge ist doch wohl eher ansehnlich als wachsam und vermittelt – wenigstens uns – die Vorstellung von Milde (bei Longos, 1,17,3, kennzeichnen die großen Kuhaugen offenbar die Schönheit des Mädchens). Als die Götter einst vor den Typhóeus flohen, verwandelte H./Juno sich in eine Kuh, was ihr Wesen ebenso kennzeichnen sollte wie der Widder den Juppiter/Zeus und die Katze die Diana/Artemis (Myth. Vat. I 86).

Gemäß einer anderen Geschichte (Fulgentius, Myth. 3,7, 721, Helm S. 70 f) glaubte man, Iuppiter habe die Götter zur Hochzeit geladen, weil sie je für einen Teil des menschlichen Leibes zuständig seien: für die Augen Minerva/Athene, Juno/H. aber für die Arme (Jupiter/Zeus für den Kopf, Merkur/Hermes für die Füße usw.). So sind denn auch die Arme neben den Augen das andere, das die schriftlichen Quellen uns vom Leib der H. sehen lassen, wenn sie von der Weißellbogigen oder Weißarmigen (z. B. Il. 5,784; Homer. Hymnos 3, an den Del. Apoll, 95: «leukolénou») sprechen. In dieser Hinsicht ist interessant, daß Lukian (Dial. deor. 20) die H. beim Parisurteil (wo sie sich als erste entkleidet; vgl. Lukian, Dear. iud. 10 f) von sich sagen läßt, sie habe außer weißen Ellenbogen und großen Augen auch noch einen überall schönen Körper.

Homer zeigt sie im übrigen (Il. 14,166 ff; s. A) v.a. in der Maske der aus Kosmetik geliehenen Schönheit, die wie ein der Verschwörung dienlicher Kampfanzug wirkt, der sich als duftendes Öl über die Haut, als sorgfältige Form über Haar und Haupt, als kostbar farbiges Gewand über den Leib legt und als Kopftuch schützend von oben herab den Körper einhüllt.

Doch ehe wir sie sehen, nimmt uns der betörende Duft wohlriechender Essenzen gefangen. Auf dem blutigen Schlachtfeld dagegen hört man von weitem ihre gewaltige Stimme von ehernem Klang und unglaublich laut wie die des Stentor (Il. 5,487 ff; man denkt unwillkürlich an den metallisch durchdringenden Schrei des – schönen – Pfaus; vgl. dazu Boccaccio, Gen. 9,1). Hier zeigt sich die Herrscherin H., die gleich dem Gemahl ihre Autorität auch gewalttätig ausüben kann, z. B. wenn sie die –> Artemis zur Ordnung ruft.

Spätere Beschreibungen der Göttin orientieren sich gern an Kultbildern, wobei das (verlorene) große Bildwerk aus Gold und Elfenbein von Polyklet im Heraion von Argos weithin maßgeblich ist. Es zeigte die Göttin sitzend auf einem Thron, auf dem Haupt ein Diadem mit Bildern der Chariten (Grazien) und der Horen, in der einen Hand ein Zepter, in der anderen einen Granatapfel, auf dem Zepter hockte ein Kuckuck (Pausanias 2,17,4). In diesem Bild hat man zumindest bis in den Barock die Königin H., die Juno Regina, gesehen (vgl. Libellus 11, H. Liebeschütz 1926, S. 121; –> Juno).

Das Mittelalter kennt die H. der Ilias nur aus literarischen Reflexen. Erst mit der lateinischen Übersetzung des Leontius Pilatus (gest. 1366/67) kann sie wieder unmittelbar die Aufmerksamkeit vielfältigen Interesses auf sich ziehen, doch wird ihr Bild noch in der italienischen Renaissance wesentlich aus der mittelalterlichen Allegorese geprägt, die ihrerseits häufig an antike Quellen anschließt.

In der Allegorese sind es im wesentlichen zwei Aspekte, unter denen H. / Juno Beachtung findet: 1. die physikalische Deutung, die dazu neigt, sie im narrativ-genealogischen Kontext zu sehen, und 2. die moralisierende Deutung, die hauptsächlich an die «Königin» (Juno Regina) anknüpft und sie dann eher aus dem narrativen Kontext löst. Sie macht gern von der physikalischen Deutung Gebrauch. Die Etymologie ist zumeist lateinisch und redet dann von «Juno».

1. Grundsätzlich ordnet man H. / Juno hier in die Elementenlehre ein: Saturn, «gleichsam der Gott der Zeit», hat vier Kinder, «id est elementa», die beiden oberen sind Juppiter und Juno, die beiden unteren Neptun und Pluto (Myth. Vat. I 14). Juno wird meist mit der Luft («aer») gleichgesetzt (schon Platon, Krat. 404c; Macrobius, Sat. 1,17,54; ders. Comm. 1,17,15; Myth. Vat. II 4), wobei Juppiter meist für Feuer («ignis»)

bzw. «aether» (griech. «aither») steht (Myth. Vat. I 105: «ignis» = «vita, calor», Leben und Wärme; Myth. Vat. III 3,2; vgl. Gyraldi, Synt. 1, S. 13A). Das Verhältnis wird dann sinnvoll ausgedeutet.

Man sage z. B., Juno sei noch vor dem Bruder geboren worden, weil, wo Feuer sein soll, schon Luft sein muß, wie man in den Wäldern und Mooren beobachten könne: «sic aer natus antequam ignis» (Boccaccio, Gen. 9,1). Die Luft sei von den Stoikern mit der Juno gleichgesetzt worden, weil sie dem feurigen Äther (= Juppiter) ähnlich und zwischen diesem und dem Wasser liege. Außerdem habe ihre weiblich-weiche Konsistenz die Gleichsetzung mit der Göttin nahegelegt (denn das grammatikalische Geschlecht von «Feuer» und «Äther» ist auch im Griechischen männlich; Cicero, Nat. 2,26,66; vgl. Boccaccio, Gen. 9,1, mit Hinweis auf Servius). Man nenne (im Sinne dieser Gleichsetzung) Juno die Schwester des Juppiter, weil Himmel («caelum») und Luft demselben Samen entstammten, man nenne sie die Frau, weil die Luft unter dem Himmel liege (Macrobius, Comm. 1,15). Wie das göttliche Ehepaar sich fruchtbar vereinigt, so vermittelt die dem Feuer vermählte Luft ihre Wärme der Erde und macht sie fruchtbar (Myth. Vat. III 3,2; vgl. Myth. Vat. I 3; vgl. dazu Homer, Il. 14,342 ff).

Die Stellung zwischen Äther und den beiden unteren Elementen soll das Bild von der mit goldenen Ketten und Ambossen an den Füßen in den Himmel gehängten H./Juno zeigen (Myth. Vat. I 3; vgl. die Deutung bei Boccaccio, Gen. 9,1). Bei anderen Interpreten vermittelt die Luft nicht nur, sondern vermischt sich auch mit den unteren Elementen, v.a. dem Wasser (Juno ist «humidae flabilique naturae», feuchter und luftiger Art).

So ein richtiger Wolkenbruch zeigt an, daß das Verhältnis der Elemente zueinander aus dem Gleichgewicht geraten ist: Juppiter und Juno liegen im Streit miteinander (Eusebius, Praep. evang. 86c). Das mag anschließen an Macrobius (Sat. 1,17,54), wonach Juno/«aer» feucht ist und schwer. Bei Isidor (Etym. 8,69 f) teilt sich das Paar in alle vier Elemente: Der Gemahl ist Feuer und Luft, die Gattin (und Schwester) ist Wasser und Erde. Durch ihre Vermischung entstehe alles andere. «Schwester» nenne man die Juno, sofern sie ein Teil der Welt ist, «Gemahlin» nenne man sie, weil sie sich (als Wasser und Erde) mit den entgegengesetzten Elementen in Mischung verbindet (vgl. Rabanus Maurus Sp. 431D).

Boccaccio verdeutlicht die generative Beziehung der Elemente zueinander im Sinne der geschlechtlichen Beziehung von Ehegatten: Feuer und Luft halte man für aktive (zeugende), Wasser und Erde für passive (empfangende) Wesenheiten (Gen. 9,1; vgl. Macrobius, Comm. 1,15, s. o.). Bei Martian (1,74 f, Dick S. 34) spiegelt «Iuno» / aer die Farben des morgendlichen feurigen –> Apoll. Martian identifiziert die «aetherische» Juno mit der Vesta / –> Hestia, «der Göttin des Feuers» (vgl. Remigius 2,69.15, Bd. 1, S. 189 f).

Gelegentlich setzt man Juno allein mit dem Element Erde («terra») gleich (vgl. die Etymologie «Hera» = «Here» = Erde, bei Boccaccio ebd.; Eusebius, Praep. evang. 84d, in Korrespondenz zu Latona = «nox», Nacht). Boccaccio (Gen. 9,1) findet bei «Barlaam» die Gleichung Saturn = Schöpfergott, Ops = Materie, Juno = Erde oder Wasser. Gemeint sind offenbar die Elemente. Später nimmt Boccaccio den Gedanken scheinbar wieder auf, meint hier aber eindeutig den Erdball, das Erdenrund, und verknüpft damit mühelos die physikalische Deutung mit der moralischen, wobei er grundsätzlich von einem Bild der Göttin ausgeht, das im Libellus seine sachliche Beschreibung findet (s. u.).

2. So verkörpert die Göttin die Erde als den Ort irdischer Macht («regnum») und ist deren Herrscherin («regnorum Regina»), was an ihrem Zepter anschaulich werde, und da Macht mit Reichtum zusammengeht, sei sie auch die Göttin des Reichtums («divitiae»). Das verschleierte Haupt zeige an, daß sie in ihrem Inneren edle Metalle und kostbare Steine birgt. Felder und Früchte und Vieh, den eigentlichen Reichtum der Menschen, zeige und gewähre sie. Boccaccio knüpft hier wohl an Fulgentius an, der im Kontext einer Allegorese des Parisurteils die Juno zur Patronin der «vita activa» macht (Minerva = «vita theoretica», Venus = «vita voluptaria»). Der Name Iuno komme von «iuvare» (helfen; vgl. Cicero, Nat. 2,26,66), und hilfreich sei sie besonders dem tätigen Leben, weil das v.a. nach Reichtum strebt (vgl. Myth. Vat. II 206,21 ff u. Myth. Vat. III 11,23; vgl. «Ovide moralisée en prose» 10,19, de Boer S. 286). Darum zeige man sie mit dem Zepter, denn Reichtum ist mit Macht verbunden. Ihr Haupt zeige man verhüllt, weil Reichtum sich verborgen hält. Damit soll sich vertragen, was der Autor zum Pfau sagt. Der sei in ihren Schutz gestellt, weil das Streben nach Vermögen sich gern in Schmuck zeigt. Anderseits dient der Vogel auch einer Mahnung: Wenn er nämlich seinen gestirnten Schweif aufstellt, dann schmückt das wohl die Vorderseite, entblößt jedoch schmählich die Rückseite. Gleicherweise ergehe es dem Streben nach Reichtum und Ruhm: Vorerst erwirbt man eine Zier, am Ende aber geht man nackt davon (Hinweis auf Ecclesiasticus 11,29). Boccaccio (ebd.) sagt, der Pfau sei ein lauter Vogel, in dessen Stimme man das Prunken und Krakeelen («boatus») der Rei-

chen erkenne. Auch sitze der Vogel gern auf dem Dach und immer ganz oben, woran man erkenne, daß die Reichen nach allen Vorteilen («praeeminentia») streben, und was man ihnen dann nicht gibt, das nehmen sie sich. Der prachtvolle Schweif, den man so bewundert, wird, wenn er zum Rad aufgestellt ist und dabei den Hintern entblößt, zum Bild für den Purpur der Reichen, das güldene Gewand, den hohlen Ruhm, den nichtigen Pomp und die den Schmeichlern willfährigen Ohren. Sieht man aber die unschöne Kehrseite, dann erkennt man unter all dem Glanz ein von drängenden Sorgen gepeinigtes Herz, Feigheit, Torheit, moralische Schwäche, unflätige Laster usw.

Der «Ovide moralisée en prose» (1,57, de Boer S. 75) erzählt u. a., daß die Augen auf dem Schweif des Vogels die fleischlichen Lüste bedeuten und die weltlichen Ehren, deren die Hochmütigen und die Sündigen sich rühmen usw. Einen Wagen, meldet Boccaccio (ebd.), habe man der Juno beigegeben, um damit den steten Fluß der Luft um die Erde anzuzeigen (vgl. K. Ph. Moritz 1795/1966, S. 78). Die Waffen besagen, daß der Kampf um Reichtum und Macht ihrer bedarf. Die 14 Nymphen in ihrer Gesellschaft stehen für ebenso viele verschiedene meteorologische Phänomene in der Luft (bei Nonnos 36,28 ff, bewirft H. die –> Artemis mit Eisbrocken). Der «Friedensbogen» der Iris, dessen Farbenpracht vielleicht plötzlich vergeht, erinnert an die Flüchtigkeit des Glücks (Fulgentius, Myth. 2,1,3; Boccaccio, Gen. 9,1). Andere lasen «Iris» wie «Eris», was besage, daß Streit zum Reichtum gehört, und in diesem Sinn sei Iris immer geschickt worden, um Zwietracht zu säen (Boccaccio, ebd.). Nach Natale Conti (1567, 2,4, Bl.44^v, Zeile 12 ff) ist die goldene Kette, an der Zeus die Frau aufhängte, das Bild für Habsucht und Ehrgeiz.

Der Libellus (11, H. Liebeschütz 1926, S. 121) faßt zusammen und zeigt uns dabei, was aus dem Bild der Königin H. seit Polyklet geworden ist: die Juno Regina: In Juno habe man ein Bild der Luft gesehen, in Juppiter ein Bild des Feuers; Juno habe man seine Gemahlin und Schwester genannt, Iris und Nymphen ihr zugesellt. Ihr Bild habe man so gemalt: Sie war eine Frau auf einem Thron, das königliche Zepter in der Rechten haltend. Ihr Haupt war umwölkt, darüber trug sie ein Diadem. Iris war ihr beigegeben («sacrata», geweiht) und umfing sie mit einem Reif. Man nannte sie die Botin der Juno und stellte sie neben ihr dar als dienstbereite Magd. Zu ihren Füßen, links und rechts, reckten sich Pfauen, die man die Vögel der Juno nannte. Sie gebar einen Sohn, denn man hielt sie für die Patronin der Geburt, und es hieß, sie habe den Merkur gesäugt. – Zu den Beinamen der Juno/H. –> Juno.

Die Emblematik zeigt gelegentliches Interesse an H.: AMBITIO DESTRVENS (Zerstörerischer Ehrgeiz) lautet das Lemma zu einem Emblem mit dem Epigramm, daß die Semele als Opfer der Juno/H. sieht, die ihr in Gestalt der Beroë einredet, den Zeus unverhüllt sehen zu wollen. So wird Semele zum Beispiel für den verderblichen Ehrgeiz, mit den Mächtigen umgehen zu wollen (Barptolomaeus Anulus 1552, S. 76; H./S. Sp. 1730 f). Die gute Ehe ist das Lemma eines Emblems bei Guillaume de la Perrière 1553, Nr. 70; H./S. Sp. 1730). Das Epigramm meldet, daß man den Opfertieren für Juno/H. zuvor die Galle entfernte, «um zu zeigen, daß gute Eheleute ohne Zorn und Bosheit leben sollen» (Plutarch, Coniug. praec. 27, 141F; Eusebius, Praep. evang. 84a). Das Bild zeigt die Göttin auf dem Altar in Gestalt der Juno Regina. Interessant das Emblem bei Guillaume de la Perrière (1553, Nr. 18; H./S. Sp. 1731), das unter dem Bild der H./Juno mit Athene/Minerva, die gemeinsam ein gekröntes Zepter auf einer Kugel (= Fortuna) halten, uns belehrt, daß Macht der Weisheit bedürfe. «Wenn Juno ... aber nicht von der weisen Pallas guten Rat bekommt, ist ihre Macht dahin.»

Die historische Deutung bei Christine de Pizan (59, Zimmermann 1990, S. 233 f) macht aus H./Juno eine glücklich verheiratete, sehr wohlhabende Königin, die ihren Ruhm jedenfalls keiner hervorstechenden Eigenschaft verdankte. Die Frauen sollen sie für die Urheberin der ehelichen Rechte gehalten und darum in Griechenland und in Karthago verehrt haben. Ihr Bild sei von Samos nach Rom auf das Kapitol gekommen und in einem Jupitertempel an der Seite des Gemahls aufgestellt worden.

«Unter der Juno dachte man sich das erhabene, mit der Macht vereinte Schöne. Der Juno hohes Urbild war der Luftkreis, welcher die Erde umgibt; dieser vermählte sich mit dem ewigen Äther, der auf ihm ruht»: Das ist die Göttin aus dem Blickwinkel der deutschen Klassik (K.Ph. Moritz, 1795/1966, S. 77).

H. hat nur wenige charakteristische Attribute. Am deutlichsten wird sie wohl als Thronende mit einem Zepter; sie soll auch mit einer Schere dargestellt worden sein (Gyraldi, Synt. 3, S. 158A). Der gordische Knoten in ihren Händen möchte ein Hinweis auf die Unauflösbarkeit der Ehe sein («Devis et marche avec Germain Pilon pour l'Entree de la Reine 1571»; in V.E. Graham/W. McA. Johnson 1974, S. 309 u. 417).

Als ihr heilige Pflanzen werden genannt der Granatapfel sowie die Lilie («rosa iunonia»: Gyraldi, Synt. 3, S. 158B, als Kranz), der Keuschlammbaum (lat. agnus castus, griech. lygos, ein Anaphrodisiacum;

–> Artemis) und Asterion (Aster?). Unter den Tieren: Rinder, Löwe, Pferd, der Kuckuck und der Pfau, der seit dem Hellenismus mit am häufigsten zu sehen ist; der Kuckuck wird oft nach dem Vorbild des Polyklet auf dem Zepter gesehen. Aelian (Nat. anim. 12,4) nennt auch einen «tanysipteros», einen Vogel mit weiten Schwingen. Dazu kommt in ihrer menschlichen oder (häufig) in ihrer physikalischen Gestalt die –> Iris.

Offenbar als Reflex auf ihre eigene Erscheinung stehen unter ihrem besonderen Schutz die Arme (Myth. Vat. II 206,8; Myth. Vat. III 11,23) und die Augenbrauen (Festus 439, W.M. Lindsay 1997, S. 397: «Lucina»; vgl. Il. 15,102; Gyraldi, Synt. 3, S. 159B). Mit «kräftigem Rudern und der Hilfe der H.» sei es den Argonauten gelungen, die Symplegaden zu durchfahren, sagt Apollodor (Bibl. 1,9,22): Das läßt vermuten, daß man für die Kraft der Arme die Göttin anrief.

–> Juno Regina hat auch den Interessen des allegorischen Porträts gedient.

C *Typus* Die Gesamterscheinung der Göttermutter H. ist matronenhaft, manchmal geradezu bieder, v.a. im Vergleich mit Aphrodite, wie er sich am besten auf den Darstellungen des Paris-Urteils (–> Paris) bietet. In der antiken Kunst ist sie meist in füllige Gewänder gehüllt, der Mantel (oder ein Schleier) ist über den Kopf gezogen – zum Verwechseln dem Bild der –> Demeter ähnlich. So ist z. B. auch bis heute fraglich, ob der berühmte Kopf der *Juno Ludovisi* (Rom, Museo Nazionale Romano, Inv. 8631) nicht jene darstellt.

Häufig sehen wir H. thronend mit Stephane (Krone) und Zepter, etwa auf dem Bild einer Hydria aus Vulci (460 / 450 v. Chr.; Leiden, Rijksmuseum, Inv. PC 73).

Attribute. H. ist arm an Attributen. Als oberste Göttin (bei Ovid nennt sie sich selbst «Königin der Götter im Äther»: Met. 2,512) trägt sie die Götterkrone, in der Hand hält sie ein Zepter, auf den attischen Vasenbildern meist von beachtlicher Länge. Beim Opfer (oft mit –> Zeus, welches vielleicht in Verbindung mit ihrer Heiligen Hochzeit zu sehen ist) hält sie eine Phiale (Opferschale).

D Im erzählerischen Zusammenhang spielt H. eine auffallend geringe Rolle. In der Bildkunst erscheint sie gelegentlich allein (Kultbilder und Votivfiguren), von denen die meisten jedoch nicht eindeutig als H. zu identifizieren sind. Zweifelsfrei H. stellt eine Marmorstatue aus dem

Heraion in Samos dar (210/160 v. Chr.; Samos, im Freien vor dem Museum; Kopf und Unterarme verloren). Die sog. H. des Cheramyes dagegen, eine überlebensgroße Marmorfigur ebenfalls aus diesem Heraion, Weihgeschenk des Cheramyes (570/560 v. Chr.; Paris, Louvre, Inv. MA 686), wird heute als namenlose Mädchenfigur interpretiert (LIMC 1988, 4,1, S. 674). – Sodann sehen wir H. in Begleitung von mythischen Personen, v.a. des Zeus oder der –> Iris.

1. *H. / Juno und Zeus / Juppiter.* Als göttliches Paar erscheinen beide in der griechischen Kunst auf den Hochzeits- und Werbebildern, etwa einem Holzrelief aus dem Heraion in Samos (620/610 v. Chr.; verschollen, Abb. in LIMC 1988, 4,2, S. 415, Nr. 202: Beide stehen nebeneinander, Zeus legt seinen Arm um H.s Schulter) oder auf dem Bild einer Hydria (um 450 v. Chr.; Laon, Musée Archéologique Municipal, Inv. 37 1027: H. und Zeus beim Opfer einander gegenübersitzend, zwischen beiden eine geflügelte Ministrantin).

Seltener wird das Paar (Juno / Juppiter) in der römischen Kunst dargestellt, etwa auf einem claudischen Sardonyx mit den Büsten von Juno / Isis und Juppiter / Ammon (London, British Museum, Inv. 3619).

In der Neuzeit spielt das Thema kaum eine Rolle, abgesehen von den Beispielen mit der Darstellung der *Hochzeit*, etwa auf einem Gemälde von Annibale Carracci (–> Juno).

2. *Die Entstehung der Milchstraße* (s. **A**). Hierfür kennt die Mythographie drei Versionen: Die eine besagt, daß H. den kleinen –> Merkur gesäugt und von sich gestoßen habe, als sie in ihm den Sohn der Maia erkannte (Gyraldi, Synt. 3, S. 158B); eine andere meldet, daß H. / Juno dem kleinen Merkur / Hermes zugetan war und ihn nährte, wodurch Merkur die Unsterblichkeit erwarb (Martian 1,34, Dick S. 22; vgl. Remigius 1,22.11 f, Bd. 1, S. 107; Boccaccio, Gen. 4,35). Die dritte Version weiß, daß es der kleine –> Herakles war, den die Göttin stillte. Als das Kind den Mund zu voll genommen hatte, prustete es die Milch hinaus, und so entstand die Milchstraße (Hygin, Astron. 2,43). – Die erste Version könnte Jacopo Tintoretto illustrieren (*Die Entstehung der Milchstraße*, um 1582; London, National Gallery). Von den Brüsten der Göttin geht die Milch in Strahlenbündeln aus, die in Sternen enden. – Zur zweiten Version –> Hermes.

3. *H. säugt den kleinen Herakles* (Diodor 4,9,6; Hygin, Astron. 2,43). Dieses Thema findet seinen Niederschlag in der Bildkunst zwar nicht häufig, aber durch alle Zeiten. In Theben gab es eine (verlorene) Statue der den Herakles säugenden H. (vgl. Anth. Pal. 9,589). – Auf einer apu-

lischen Lekythos sieht man die stillende Göttin in freier Landschaft sitzen (360 v. Chr.; London, British Museum, Inv. F 107: Die vor ihr stehende Athena reicht ihr eine Blume). – Ein in der Literatur (F. Hartt 1958, S. 215) fehlgedeutetes Gemälde von Giulio Romano (und Gehilfen; 1538/39; London, Slg. Dr. Ephraim Schapiro) illustriert offenkundig die von Diodor beschriebene Szene: H. (schon des Pfaus wegen eindeutig sie, nicht Alkmene) gibt dem kleinen H. die Brust; ihr schmerzlich-verärgerter Gesichtsausdruck verrät, daß das Kind sie unsanft behandelt hat. Die Haltung der Athene zeigt an, daß sie es ist, die Kind und Amme zusammengeführt hat. – Eine reichlich freie Umsetzung des Themas stellt die plastische Gruppe von Johan-Niklas Byström dar (um 1828; Stockholm, Nationalmuseum). Juno liegt schlafend auf einem Empire-Sofa, während sich der kleine Hercules über ihre Brust beugt.

4. *H. und Ixion* (Pindar, Pyth. 2,39; Apollodor, Epit. 1,20; Hygin, Fab. 62; Boccaccio, Gen. 9,27). Einen Eindruck von der Würde, aber auch der Unerbittlichkeit der H. vermittelt ein Wandgemälde in Pompeji VI (Vettier-Haus, Triclinium, 75 n. Chr.). Unbeeindruckt betrachtet die Göttin den aufs Rad geflochtenen Ixion (vom Rand überschnitten).

Lit.: Graham, Victor E. / McAllister Johnson, William: The Paris Entries of Charles IX and Elisabeth of Austria, 1571. Toronto 1974. Kossatz-Deissmann, Anneliese, in: LIMC 1988, 4,1, S. 659–719; 4,2, S. 405–435, s.v. Hera. Schweikhart, Gunter: Studien zum Werk des Giovanni Maria Falconetto. In: Bollettino del Museo civico di Padova 57,1, 1986, S. 17–67.

Hermaphroditos –> Hermes, –> Aphrodite

Herakles, griech., lat. Hercules, etr. Herkles. Heros, der am Ende vergöttlicht wird. Sohn des –> Zeus und der Alkmene, Tochter des Elektryon und Gemahlin des Amphitryon, Königs von Mykene und Tiryns, oder auch Sohn des letzteren.

H. hat eine reiche Kultgeschichte mit einer interessanten römischen Ausprägung. Herodot (2,44) notiert zugleich einen Gott und einen Heros.

H. ist bis in unsere Tage eine der populärsten Gestalten des antiken

Mythos (und dazu ein echter Europäer), was sich durch die Jahrhunderte niederschlägt in einer kaum überschaubaren Fülle von Nachrichten über sein Schicksal und seine Taten. Er ist im Mythos derart allgegenwärtig, daß dieser Artikel häufig auf entsprechende andere verweisen kann. Das durch die Zeiten besondere Interesse an ihm zeigt sich auch darin, daß sein Mythos ungewöhnlich viele Varianten entwickelt.

Die nun folgende Bewertung sieht H. entschieden aus der Distanz eines modernen Beobachters.

H. ist ein Sterblicher von einer leiblichen und mentalen Stärke, die ihn über alle anderen Sterblichen hinaushebt. Allein dieses weckt Interesse. Entscheidend aber ist, was er mit solcher Kraft tut: Bis in unsere Tage ist H. ein Inbegriff tugendhaften Lebens. Wenn Tugend als moralische Kategorie anrät, das Rechte (nicht eigentlich das «Richtige») zu tun, dann sollte das Leben des H. dafür ein Beispiel sein.

Es charakterisiert die Mythographie des H., daß sie seinem irdischen, an Taten und Ereignissen so reichen Leben keine einheitliche Rangordnung und Chronologie hat geben können, außer der Kindheit und früheren Jugend. In dieser Hinsicht stellt sein Mythos sich noch verwirrender dar als der der meisten Götter (–> Prometheus). Ein Grund hierfür ist sicher ein anhaltendes Interesse an ihm, das zunehmend weniger das Athletische als das Moralische an seinen Taten im Blick hat. In diesem Sinn kann man von einer Dramaturgie der Mythographen durch die Zeiten sprechen, die dem H. gleichsam ein zweites, möglichst tugendhaftes Leben verleihen. Das geschieht keineswegs durch die Erfindung neuer Taten, sondern einzig durch Ausdeutung und Bewertung der schon bekannten.

Der «Tugendheld» schlechthin bewährt sich in gewissenhaftem Erfüllen von Aufgaben. Darum ist an seinen Taten zunächst weniger wichtig, was er tut, als die Tatsache, daß er es tut, wobei freilich die Größe der Aufgabe zugleich Maßstab ist für die Größe der moralischen Leistung: In diesem Sinn ist die Überwindung eines Gegners (einer Aufgabe) auch ein Akt der Selbstüberwindung.

Wohlverhalten soll gewöhnlich seinen Lohn haben: H. darf auf Unsterblichkeit hoffen. So zeigt sich, daß der Tugendhafte einer ist, den man am Bösen mißt, das er tun könnte oder schon getan und dem er abgeschworen hat.

Tatsächlich ist H. zunächst, jenseits der unschuldigen Kindheit und dann besonders in homerischer Zeit, offenbar durchaus ein «Tunichtgut» (was mit der Religionsgeschichte übereingeht; überhaupt spiegelt seine Entwicklung durch die Zeiten die religionsgeschichtliche Entwicklung). Aus dieser Sicht erscheint sein Leben – ein Spiegelbild der zivilisatorischen Entwicklung des Abendlandes – als ein fortwährender Prozeß der Läuterung, an dessen Ende es heißt: «In dem Herkules war die Menschheit gleichsam bis zum Gipfel ihrer Größe emporgestiegen» (K.Ph. Moritz 1796 / 1966, S. 169).

Mit dem Tugendhelden verbindet sich leicht der Kulturbringer.

Als Verkörperung einer rein geistigen Gewalt, als einer, der die Keule durch die Macht der Zunge ersetzt, ist der –> Hercules gallicus zwar im Hinblick auf den H. konzipiert und geht leicht in das späte Bild des kultivierten Helden ein, verdient aber dennoch ein eigenes Stichwort (–> Hermercules).

Das folgende macht zumeist Apollodor (Bibl., 1. / 2. Jh. n. Chr.) zur Grundlage des Berichts, besonders für den Ablauf der Ereignisse. Der gern rationalisierende Diodor (1. Jh. v. Chr.) ist häufig wesentlich ausführlicher.

A Apollodor (Bibl. 2,8 ff) erzählt: Zeus begehrt die schöne Alkmene (Hesiod, Aspis 7 f) und gesellt sich nächtens listig ihr zu in Gestalt des Gatten Amphitryon, der gerade unterwegs ist (ausführlich hierzu Hesiod, Aspis 14 ff). Zudem schafft er sich viel Zeit für das Vergnügen, indem er macht, daß das, was wie eine einzige Nacht erscheint, in Wahrheit deren drei sind (vgl. Diodor 4,9,2; zwei Nächte nennt Hygin, Fab. 29,2; vgl. Plautus, Amphitruo, Prolog 112 ff). Der verwirrte Gemahl erfährt von Teiresias, wer die Nacht zuvor (vgl. Hesiod, Aspis 37 f) statt seiner der Frau beigewohnt hatte. Offenbar liegt jetzt auch Amphitryon bei ihr (s. Hesiod, Aspis 42 ff). Alkmene wird zwei Kinder gebären, den H. und den um eine Nacht jüngeren Iphikles. Eigentlich hätte H. früher zur Welt kommen sollen, doch –> Hera hat mit Hilfe der Eileithyien (oder Eileithyia) die Entbindung verzögert, denn Zeus hatte verkündet, dieses heute geborene Kind werde Herr von Mykene sein (zur Rolle eines Wiesels / Marders bei der Entbindung s. Aelian, De anim. 12,5). Statt dessen gebiert jetzt Nikippe den Eurystheus, der so zwar ein Siebenmonatskind ist, doch er wird König von Mykene und so zum mißgünstigen Dienstherrn des H. werden (Homer, Il. 19,100 ff; Apollodor, Bibl. 2,4,5). Damals soll Teiresias dem Knaben H. große Taten vorausgesagt haben (wie viele Ungeheuer zu Land und See er vernichten werde, den Kampf mit dem neidischen(!) Antaios und den Kampf an der Seite der Götter mit den Giganten; Pindar, Nem. 1,60 ff).

Alkmene will den Zeussohn vor der eifersüchtigen Hera beschützen und setzt ihn dabei ausgerechnet in einer Gegend aus, wo Athene und Hera daherkommen. Athena überredet die Gefährtin, dem eindrucksvoll kräftigen Säugling die Brust zu geben, der dann derart energisch zur Sache geht, daß Hera ihn vor Schmerz von sich stößt. Athene bringt ihn zurück zur Mutter (Diodor 4,9,6). Hygin

(Astron. 2,43) weiß, daß Juppiter den Kleinen der schlafenden Juno an die Brust legte. Als die Frau den Bastard erkannte, habe sie das Kind von sich gestoßen, die Milch spritzte bis zu den Sternen und bildete die Milchstraße (vgl. –> Hermes / Mercur; die Milchstraße stamme von der Milch der Ops, Mutter des Saturn / Kronos, sagt Hygin, Astron. 2,43). Germanicus soll dem hinzufügen, Juppiter habe mit der göttlichen Milch das Kind auf den Tugendpfad setzen wollen (Colucio Salutati, Labores 2,18,1, Ullmann S. 153 u. Anm.). Hederich (Sp. 1239) wird melden, schon durch diesen Schluck habe H. die Unsterblichkeit erworben (mit Hinweis auf Natale Conti; nach Aelian, Hist. var. 12,47, ernährte den H. eine Hirschkuh).

Als das Kind acht (Apollodor, Bibl. 2,4,8; oder zehn: Theokrit 24,1) Monate alt war, beschließt Hera seine Beseitigung und schickt zwei große Schlangen an sein Bett (ebd.). Nach Pherekydes aber hat Amphitryon sie eingesetzt, um herauszufinden, welches der Kinder seines sei. Der kleine H. steht auf und erdrosselt beidhändig die Tiere, während Iphikles sich davonmacht (hierzu ausführlich und mit Varianten sehr farbig Theokrit 24; vgl. Pindar, Nem. 1,33 ff; vgl. Pausanias 1,24,2; Vergil, Aen. 8,288 f; Hygin, Fab. 30,1). Diodor (4,10,1) fügt hinzu, man habe den Knaben, der bislang Alkaios hieß, seither Herakles geheißen, weil er durch diese Tat Ruhm (= «kleos») erworben habe eben mit Hilfe der Hera. Apollodor (Bibl. 2,4,12) sagt, er habe ursprünglich Alkides geheißen, und erst die Pythia nannte ihn später erstmals beim Namen H. (vgl. Aelian, Hist. var. 2,32). Das jedenfalls ist der Sohn, den Vater Zeus sich gewünscht hatte zum Schutz vor dem Verderben von Göttern und Menschen (Hesiod, Aspis 27 ff). Damals soll Amphitryon aus Mykene verbannt worden und nach Theben gekommen sein (Diodor 4,10,2).

Theokrit (24,134 ff) beschreibt, wie Mutter Alkmene seine Erziehung ordnet. Er schläft auf harter Lagerstatt auf einem Löwenfell, und ihm gefällt das. Zum Frühstück gibt es Braten. Im Korb hat er einen mächtigen Laib dorischen Brots bei sich. Das bescheidene Nachtmahl speist er kalt.

Der Bursche erfährt die einem Prinzen gehörige Erziehung durch ausgewählte Lehrer (Apollodor, Bibl. 2,4,9; vgl. Diodor 4,10,2; Theokrit 24,105 ff). Das Fahren mit dem Kampfwagen und das Führen eines Schiffes lehrt ihn Amphitryon, Autolykos den Ringkampf. Theokrit (24,104 ff) nennt hier den Hermessohn Harpalykos als Lehrer auch im Boxen, dessen Anblick allein schon zum Fürchten war. Das Bogenschießen lehrt ihn Eurytos (Vater des Iphitos) oder Rhadamanthys oder Teutaros (Tzetzes, Schol. zu Lykophron 50; oder Apoll: Diodor 4,14,3), Kastor, «der mächtigste Krieger unter den Halbgöttern», bringt ihm den Umgang mit Schwert (Hauen und Stechen) und Lanze bei, auch das Führen einer Truppe und das Einschätzen des Feindes im Anmarsch. Irgendwann wird der junge H. auch von den anderen Göttern gefördert (Apollodor, Bibl. 2,4,11): Hermes gibt ihm ein Schwert, von Apoll hat er Bogen und Pfeile, Hephaistos gibt ihm einen goldenen Brustpanzer, einen Peplos Athena. Sich selbst habe er in Nemea eine Keule (aus Olivenholz: Theokrit 25,207 ff) geschnitzt, eine Keule und einen Kettenpanzer soll er auch von Hephaistos haben (Diodor 4,14,3). Diodor (ebd.) erwähnt (neben anderem) noch Pferde von Poseidon.

Bei Theokrit (der vielleicht den künftigen Ptolemaios III im Sinn hat; ebd.) geht der athletischen Erziehung die musische voraus: Linos, «der schlaflose Wächter», habe den Knaben Schreiben und Lesen («grammata») gelehrt. Das Singen und das Spiel auf der Lyra (Phorminx) aus Buchsbaumholz habe Eumolpos, Sohn des Philammon, ihn gelehrt, sagt der Dichter (ebd.). Nach Apollodor (ebd. 2,4,9) ist der Musiklehrer Linos («Bruder des Orpheus»), und der Unterricht endet in einer Katastrophe: Linos verpaßt dem schwerfälligen Burschen strafend Hiebe, da nimmt H. die Lyra und erschlägt damit den Lehrer (vgl. Diodor 3,67,2; Pausanias 9,29,3; Tzetzes, Chil. 2,213 f; Aelian, Hist. var. 3,32, sagt, H. habe den Linos mit dem Plektron erschlagen). Ein Gericht spricht ihn frei vom Vorwurf des Mordes, denn er habe sich – gemäß einem Gesetz des Rhadamanthys – nur gewehrt gegen einen unberechtigten Angriff. Aus Furcht vor einer Wiederholungstat schickt Amphitryon ihn auf das Land zu den Viehherden. Dort macht das gute Essen, daß er schließlich alle anderen an Statur und Stärke übertrifft, und seine Erscheinung erinnert an Vater Zeus. Er ist vier Ellen hoch (Tzetzes, Chil. 2,210 f, nennt vier Ellen und einen Fuß), seine Augen blitzen. Ein unfehlbarer Schütze ist er mit Bogen und Speer.

Mächtig potent zeigt sich damals auch schon der Liebhaber. Achtzehnjährig ist er zu Gast bei Thespios («Thestios» bei Pausanias 9,27,5), weil er einen berüchtigten Löwen erlegen will, der auf dem Kithairon dessen Herden und die des Amphitryon dezimiert. 50 Nächte verbringt er dort und schläft jede Nacht mit einer der 50 Töchter des Königs, der sich von ihnen Kinder des H. erhofft (vgl. Pausanias 9,27,5). Dabei habe H. gemeint, immer mit der einen zu schlafen! Es wurde auch behauptet, er habe in nur sieben Tagen mit jeweils sieben Frauen gelegen, eine habe sich ihm versagt (sie sei Priesterin geworden). Pausanias (ebd.) hat gehört, daß er nur eine einzige Nacht brauchte, um sie alle mit Knaben zu schwängern, die jüngste und die älteste mit Zwillingen. Die Variante bei Diodor (4,29,2 ff) spricht von 50 Knaben. Auch den Löwen erlegt er, kleidet sich in dessen Haut und macht sich den Schädel mit weit offenem Maul zum Helm (Apollodor, Bibl. 2,4,9 f; gewöhnlich heißt es, er trage die Haut des Löwen von Nemea).

Auf dem Heimweg (Apollodor 2,4,11) trifft H. Boten des Königs Erginos von Orchomenos, die in Theben einen fälligen Tribut abholen sollen. Es kommt zum Streit, H. schneidet ihnen Ohren, Nasen und Hände ab, hängt sie ihnen an Schnüren um den Hals und schickt sie heim mit solchem «Tribut». Erginos zieht nun gegen Theben, wo er im Kampf gegen den von Athena bewaffneten H. fällt. Diodor, der wie immer die herrscherliche Seite des H. herausarbeitet (4,10,3 ff), berichtet ausführlich, H. habe die thebanische Jugend mobilisiert, deren Rüstung und Waffen aus Mangel an anderem Weihgeschenke aus den Tempeln gewesen seien. Schließlich habe er Palast und Stadt der Minyer (Orchomenos) zerstört. Der Ruhm dieser Tat habe sich über ganz Griechenland verbreitet (ebd. 4,10,6).

Auch Amphitryon stirbt, Rhadamantys wird seine Witwe heiraten. Dem H. gibt Kreon die Tochter Megara zur Frau, die jüngere Tochter dem Iphikles. Drei Söhne soll H. mit der Frau haben (Apollodor, ebd.; Euripides, Herc. 995 f; zwei nennt Hygin, Fab. 31,6 u. 32,2; acht nennt Pindar, Isthm. 4,61 [104]).

Das Verstümmeln der Minyer ist schon in der Mißachtung der Unantastbarkeit von Herolden eine verwerfliche Tat, mit der H. strafende Gerechtigkeit herausfordert. Bald ereilt ihn das zornige Urteil der Hera: Er verfällt in Wahnsinn und greift seine eigene Familie an, die er für die des Eurystheus hält. Nach Apollodor wirft er seine Kinder von Megara und zwei der Kinder des Iphikles ins Feuer (Apollodor, Bibl. 2,4,12; vgl. Euripides, Herc. 967 ff, wo er Mutter und Kinder erschießt und erschlägt; vgl. Hygin, Fab. 31,8 und 32; Seneca, Herc. fur. 1024 ff; Moschos 4,13 ff; bei Diodor 4,11,1 erschießt er seine Kinder; Tzetzes, Schol. zu Lykophron, 38; nach Anacreontea 9 benutzt er dazu den Bogen des Iphitos; s. u.). Er soll auch zunächst versucht haben, seinen Gefährten Iolaos umzubringen (Diodor 4,11,1). Mit einem Felsen gegen die Brust geschleudert, habe –> Athena ihn zu Boden und in den Schlaf geschickt, ehe er auch noch Amphitryon metzelte. Ängstlich banden Diener ihn an eine Säule (Euripides, ebd. 1001 ff).

Jedenfalls habe H. danach sich selbst zur Verbannung verurteilt (Apollodor, ebd. 4,12). Nach Diodor (4,11,2) zog er sich in seinem Kummer in sein Haus zurück und mied jeden Umgang mit Menschen. Von Thespios gereinigt, sagt Apollodor (Bibl. 2,4,12), sei er nach Delphi gegangen, den Rat des Gottes einzuholen. Er erhält (–> Hera) die Weisung (anders Hygin, Fab. 32,3), nach Tiryns zu gehen und dort dem Eurystheus zu dienen für zwölf Jahre und dabei zehn ihm auferlegte Arbeiten zu verrichten. Danach werde er unsterblich sein.

Gemäß Diodor aber (4,10,6) hat der Ruf des Kriegers gleich nach der Tat an den Minyern den mißtrauischen Eurystheus veranlaßt, H. Arbeiten aufzuerlegen, was dieser schlicht ignorierte. Da habe Vater Zeus ihn zum Dienst bei dem Mann aufgefordert, was dann durch das Orakel in Delphi als Wunsch der Götter nach zwölf Arbeiten bestätigt wird. Nach Diodor (4,9,5) regelt Zeus mit Hera schon vor der Geburt das künftige Schicksal des H. als Diener des Eurystheus, in dessen Dienst er sich durch welch immer zwölf Arbeiten die Unsterblichkeit werde erwerben dürfen. Erst jetzt (ebd. 4,11,1) ereilt den H., der mit der Vorstellung hadert, einem Geringeren dienen zu sollen, der Wahnsinn (blinder Zorn?).

Genau umgekehrt sieht Euripides (Herc.) den Ablauf der Ereignisse: Hera (oder vielleicht das Schicksal: ebd. 20) belegt den H. zuerst mit den Arbeiten für Eurystheus wohl als Strafe für die Untat (jedenfalls geschieht dies nach seiner Begegnung mit den Minyern: ebd. 560). Erst dann, nachdem er den Kerberos heraufgeholt (die letzte der zwölf Taten) und nachdem er Lykos, der seiner Familie nachstellt, erschlagen hat (ebd. 731–759), ereilt ihn der Wahnsinn, und er bringt seine Familie um in der Meinung, es sei die des Eurystheus (ebd. 921–1014). Ganz ähnlich dann Seneca (Herc. fur.), bei dem er mit der Keule Megara erschlägt (die er für Hera hält) und die Kinder tötet (die er für die des Lykos hält) mit dem Bogen und den (vom Blut der Hydra) giftigen Pfeilen (ebd. 991 ff).

In offenbar diesem Zusammenhang, wo der Held vor den Folgen seiner Untat steht, entwickelt sich die Vorstellung von «H. am Scheidewege» (= H. Prodikos; lat. Prodicius: vgl. Gyraldi, Synt. 10, S. 453B) als der Moment, in dem er sich zum Tugendhelden wandelt (nach Prodikos von Keos, 5. Jh. v. Chr., bei Xenophon,

Memor. 2,1,21 ff; vgl. Kirchenvater Basilius, Lib. gent. 4.; Seb. Brant, Narrenschiff, 107, 1964, S. 404 ff – Philostrat, Vita Apoll. 6,10; s.a. die Evangelisten Matthäus 7,13, und Lukas 13,24).

Philostrat (ebd.) zeigt ihn als Jugendlichen, der sich für seinen Lebensweg noch nicht entschieden hat. Laster und Tugend stehen als weibliche Gestalten ihm zu seiten und zerren an seinem Gewand, ihn zu sich zu ziehen. Das Laster ist gold- und kettengeschmückt, trägt ein purpurnes Gewand, die Wangen sind angemalt, das Haar ist säuberlich geflochten, die Augen sind mit Henna unterstrichen. Auch trägt es goldene Schuhe, man sieht, wie es darin umherspaziert; Tugend aber sieht aus wie eine von Mühen zerschlissene Frau, mit bedrücktem Ausdruck; für ihr Aussehen hat sie grobe Erbärmlichkeit gewählt, sie hat keine Schuhe, trägt das einfachste Gewand, und sie wäre nackt erschienen, hätte sie nicht soviel Respekt für weiblichen Anstand.

Die Entscheidung des Mannes für die Tugend bestimmt sein weiteres Leben.

H. ist ein Täter, schon als Säugling: Grundsätzlich tut er – im moralischen Sinn – Böses und Gutes. Ersteres bedingt seine guten Taten: entweder zur Sühne, die ihm auferlegt ist, oder aus eigenem Antrieb. Aus dieser Sicht lassen sich zwei große Tatkreise erkennen, die als Sühne je einer Untat folgen: dem Totschlag an seiner eigenen Familie oder der Mißhandlung der Minyer (I) und dem Mord an Iphitos (II). Während Anzahl und Art der Taten – v. a. zu (I) – durch die Geschichte jeweils variieren, unterscheiden sie sich darin, daß erstere ausdrücklich einer präzisen und mißgünstigen Anweisung folgen sollen, letztere den H. zunächst eher als Diener mit eigner Entscheidungsbefugnis zum Nutzen seiner Herrin zeigt, ihn dann aber als selbstvergessenen Liebhaber geradezu zur Karikatur des Helden macht. Der unglückliche Totschlag an Eunomos (Apollodor Bibl. 2,7,6) stellt sogar eine dritte Untat dar, für die H. auf dem Exil als Sühne besteht, was ihn nach Trachis führen wird, dem Ort seiner Apotheose.

Dazu kommen (III) die Taten, die er aus eignem Antrieb tut, irgendwann dann nach seinem Dienst bei Omphale und bis zu seinem Tod.

Die Mythographen bemühen sich um eine chronologische Abfolge der Ereignisse (deutlich besonders bei Diodor), wobei die Taten im Auftrag (I) sich als «große» unterscheiden lassen von den vielen anderen «kleinen», welche dann entweder zu Bestandteilen eines «großen» Unternehmens (einer «Aufgabe») oder zu eigenständigen Taten auf dem Weg dorthin werden.

Das größte Interesse haben immer die Aufgaben des Eurystheus gehabt, die schließlich in der Zwölfzahl als «Dodekathlos» bekannt geworden sind. Tatsächlich sind aber insgesamt weit mehr als zwölf solche «Arbeiten» bekannt, sofern einzelne immer wieder gegen andere ausgetauscht wurden.

Diese «Arbeiten» («Mühen», auch «victoriae» und «fortitudines»: Libellus 22, H. Liebeschütz 1926, S. 124–128) des H.» haben durch die Zeiten das Bild des Helden geprägt und bestimmt. Das folgende kann nur versuchen, die wesentlichen Züge der Überlieferung zu umreißen.

Als Instrument der Hera stellt Eurystheus Kraft und Umsicht des H. auf die Probe, und ist bemüht, es dem Mann so schwer wie möglich zu machen.

Über Art, Anzahl und Abfolge der Arbeiten gibt es viele unterschiedliche Nachrichten, wesentlich nach Maßgabe der jeweiligen Bewertung. Boccaccio (Gen. 13,1) wird insgesamt 31 («ungleichwertige») Taten zählen, Hederich (Sp. 1245) zählt mehr als 40, was jedenfalls die besondere Bedeutung des Eurystheus mindert. Vergil (Aen. 8,291 f) spricht von 1000 Arbeiten («mille labores») des H. unter Eurystheus, meint damit aber sicher nur gewaltige Mühsal (vgl. LIMC 5,1, S. 5).

Apollodor (Bibl. 2,51 ff) meldet die (neben der häufig zitierten des Diodor) folgende Sequenz von zwölf Aufgaben und ihren Vollzug: 1. Der Löwe von Nemea; 2. die lernäische Hydra; 3. die kerynitische Hindin; 4. der erymanthische Eber; 5. die Ställe des Augeias; 6. die stymphalischen Vögel; 7. der kretische Stier; 8. die Mähren des Diomedes; 9. der Gürtel der Hippolyte; 10. die Herden des Geryon. Diese Taten soll H. in acht Jahren und einem Monat vollbracht haben. Jetzt gibt Eurystheus ihm zwei weitere Aufgaben: 11. die goldenen Äpfel aus den Gärten der Hesperiden (ebd. 2,5,11); 12. Kerberos.

I,1. H. soll den Löwen von Nemea töten, ein gewaltiges Untier. Es zeigt sich (Apollodor, Bibl. 2,5,2), daß das Biest unverwundbar ist (eine farbige Beschreibung des Kampfes bei Theokrit 25, 204 ff, wo ihm sogar die Keule aus Olivenholz zerbricht). H. erdrosselt ihn und bringt das geschulterte Tier nach Mykene, wo Eurystheus, beeindruckt und verängstigt von seiner Stärke, ihn anweist, die Frucht seiner Taten künftig vor den Toren abzulegen. Es hieß auch, Eurystheus habe sich damals ängstlich unterirdisch in einem bronzenen Faß / Pithos (in der Erde) versteckt (vgl. Diodor 4,12,1, der dieses Ereignis im Anschluß an die dritte Arbeit, den Kampf gegen den erymanthischen Eber, sieht). Außerdem ernennt er den Kopreus zum Boten, der von nun an seine Anordnungen dem H. überbringen soll (vgl. Homer, Il. 639 f; Apollodor, Bibl. II,5,1). Hederich (Sp. 1700) meldet, H. habe bei diesem Kampf einen Finger verloren (Ptolemaios Hephaistionis 2; bei Photios, Bibl. 190).

I,2. Eine augenscheinlich besonders schwierige Aufgabe gilt dem Erlegen der bösartigen Hydra (Hesiod, Theog. 313 f) von Lerna (Apollodor, Bibl. 2,5,2). Das ist ein riesiges Ungetüm, wohl schlangenartig (Ovid, Met. 9,69 ff), das Land und Viehherden ringsum verwüstet. Es hat vielleicht neun Köpfe (Schlangenköpfe: Diodor 4,11,5; Ovid, ebd.), deren mittlerer unsterblich ist. Diodor (ebd.) und Ovid (Met. 9,71) zählen 100 Köpfe, Palaiphat nennt 50 (vgl. Myth. Vat. II 165), andere 55 (Myth. Vat. I 62), Pausanias (2,37,4) sieht nur einen, Boccaccio (Gen. 13,1) nennt sieben (vgl. Myth. Vat. I 62). Der Liber Monstrorum (2,9; vgl ebd. 3,1) wird vom schrecklichen Anblick und vom Zischen («stridor») reden (vgl. ebd. 3,1, mit weiteren Besonderheiten).

H. kommt mit Roß und Wagen und dem Fahrer Iolaos. Mit Feuerpfeilen treibt er das Untier hervor, packt es und wird von ihm gepackt: Es windet sich um einen Fuß. Jetzt schlägt der Mann mit seiner Keule zu. Er versucht die Köpfe zu zerschmettern, doch aus jedem, den er zerschlagen hat, wachsen zwei oder drei (Myth. Vat. II 165) neue (Boccaccio, Gen. 13,1, sagt, für jeden abgeschlagenen Kopf seien sieben neue gewachsen. – Nach Hesiod, Theog. 316 ff, hat er das

Schwert benutzt). Indes beißt eine riesige Krabbe ihn in den Fuß, und er erschlägt sie (vgl. Hygin, Astron. 2,23; Eratosthenes, Kat. 11). Jetzt ruft er den Iolaos herbei, der mit brennendem Holz die Stellen ausbrennt, aus denen die Köpfe wachsen, und H. kann den unsterblichen Kopf abschlagen. Er begräbt ihn am Straßenrand und wälzt einen Felsen darüber. Den Leib des Tiers schlitzt er auf und tunkt seine Pfeile in die Galle, die so giftig ist, daß sie unerbittlich zum Tod führt. Eurystheus wird diese Tat nicht gelten lassen, denn H. hatte die Hilfe des Iolaos (zur Hydra vgl. Euripides, Herc. 419 ff; Diodor 4,11,5 f; Pausanias 2,37,4; 5,5,10; 5,1–7,11; Zenobius, Cent. 6,26; Quintus Smyrnaeus 6,212 ff; Tzetzes, Chil. 2,237 ff; Vergil, Aen. 8,299 f; Ovid, Met. 9,69 ff und 192 f; Hygin, Fab. 30). Eine – wie soft – eher platte Rationalisierung dieser Tat gibt Palaiphat (38).

I,3. Die nach Apollodor (Bibl. 2,5,3) dritte Aufgabe ist, seinem Dienstherrn die kerynitische Hindin zu bringen, lebend. Das Tier hat ein goldenes Geweih und ist der –> Artemis heilig. So will H. es weder töten noch verletzen. Ein ganzes Jahr braucht er, ehe er es sich über die Schultern werfen kann. Als er Apoll und Artemis begegnet, gelingt es ihm, den Zorn der Göttin zu beschwichtigen (vgl. Euripides, Herc. 375 ff: H. tötet das Tier). Diodor (4,13,1) betont, H. habe das Tier mit Einsatz bloßer Geistesgaben überwunden, ohne Gewalt und ohne Gefahr für sich selbst: Man habe von Netzen gesprochen, andere sagten, er habe das Tier im Schlaf überwältigt, wieder andere, er habe es bis zu dessen Erschöpfung verfolgt. Späteren scheint dieses Tier zu banal: Bei Quintus Smyrnaeus (6,225 f) bläst es Flammen, als H. es bei einer Geweihstange gepackt hat. Boccaccio (Gen. 13,1) wird wissen, daß es eherne Beine hatte und unüberholbar schnell war. Pindar (Ol. 3,50 ff) erzählt, H. sei bei seiner Jagd in das ferne Land jenseits des kalten Boreas gekommen usw. (war das Tier ein Ren?; vgl. Aelian, De anim. 7,39; vgl. Tzetzes, Chil. 2, 265 ff; Hygin, Fab. 30).

I,4. Auf dem Berg Erymanthos treibt ein wilder Eber sein Unwesen: H. soll ihn fangen und dem Eurystheus bringen (Apollodor, Bibl. 2,5,4). Es ist v.a. List, die den Mann zum Erfolg führt. Aus einem Versteck im Dickicht heraus treibt er das Tier durch Zurufe, bis es erschöpft sich in tiefem Schnee verfängt. Jetzt kann er es nehmen und nach Mykene bringen. Diodor (4,12,1 f) sieht den H. hier einzig beim Ringkampf und betont die Umsicht des Helden, dabei einerseits die gefährlichen Hauer zu vermeiden, andererseits das Tier nicht etwa zu töten. Hygin sagt (Fab. 30,4), er habe das Tier getötet. Ein eigenes Ereignis in diesem Zusammenhang sind der Besuch des Kentauren Pholos und der Kampf mit den Kentauren (Apollodor, Bibl. 2,5,4; Diodor 4,12,3 ff).

I,5. Jetzt soll H. die Viehställe (oder den -stall, Hof) des Augeias (Augias) ausmisten, an einem einzigen Tag. Der Mist habe im Land und ringsum Krankheiten verursacht, sagt Servius (Aen. 8,300). Das ist die fünfte Aufgabe nach Apollodor (Bibl. 2,5,5), eine, die ihn besonders demütigen soll und die ihm vor allem zur Kopfarbeit wird. Ohne seinen Auftrag zu erwähnen, bietet er dem Augeias seine Arbeit an gegen den Lohn eines Zehntels der Herde. Das Werk ist rasch getan: H. lenkt die Wasser zweier Flüsse durch den Stall, denen er zuvor Zu- und Abfluß bereitet hat. Als Angeias erfährt, daß H. solches im Auftrag des Eurystheus getan hat, verweigert er die Zahlung, leugnet – sogar gegen die von H. umsichtig besorgte Zeugenschaft seines Sohnes Phyleus – die Abmachung (vgl. Tzetzes, Chil. 2,278 ff). Diodor (4,13,3) sieht vor allem, wie der Held sich hier der Demütigung entzieht, indem er es für seiner unwürdig erklärt, den Unrat auf den Schultern davonzutragen, und das Werk statt dessen den Fluten des Alpheios überläßt: So habe er eine seiner unwürdige Arbeit ohne Schande und ohne sich dabei der Unsterblichkeit unwert zu erweisen erledigt. Am Ende (Apollodor 2,5,5) müssen er und sein Zeuge Elis verlassen, und Eurystheus wird sich weigern, die Arbeit anzuerkennen, denn sie sei gegen Lohn geschehen. Nach Pausanias (5,1,9) wandte Augeias sich an H. und versprach ihm vielleicht für die Arbeit einen Teil seines Reiches oder anderes. Er verweigerte den Preis, eben weil H. nicht Muskelkraft, sondern seinen Kopf angestrengt hatte (usw.; vgl. Schol. zu Homer, Il,629 und 11,700; Schol. zu Apollonios Rhodios 1,172; Hygin, Fab. 30,7, sagt, H. sei von Juppiter geholfen worden).

I,6. Jetzt soll H. die Vögel vertreiben (Apollodor, Bibl. 2,5,6): von der Insel des Mars im See bei Stymphalos (Hygin, Fab. 30,6; Servius, Aen. 8,300: «alumnae Martis», Ziehkinder des Mars, seien sie gewesen) oder aus den Wäldern, wohin sie vor Wölfen Zuflucht gesucht hatten (Apollodor, ebd.). Sie sollen ringsum die Ernte vernichtet (Diodor 4,13,2) oder gar Menschen gefressen haben (Pausanias 8,22,4). Es seien so viele gewesen, daß sie mit ihren Federn und Kot Mensch und Tier töteten, Äcker und Saat zudeckten (Servius, Aen. 8,300). Wieder muß H. angesichts ihrer Menge und auch, weil sie sich im Wald verteilten (Apollodor, ebd.), sich etwas einfallen lassen: Er benutzt bronzene Kastagnetten, deren Lärm die Tiere aufscheucht. Einige sagen, daß er sie nun mit dem Bogen abschoß (Apollodor, ebd.; Pausanias 8,22,4; Quintus Smyrnaeus 6,227 ff; Hygin, Fab. 30,6), andere, daß er sie nur vertrieb (Diodor 4,13,2; Apollonios Rhodios 2,252 ff; vgl. Pausanias, ebd., mit Hinweis auf Peisander v. Kamiros). Hygin (Fab. 30,6) weiß, daß die Vögel mit ihren Federn schossen wie mit Pfeilen (vgl. Strabo 8,6,8; Tzetzes, Chil. 2,291 f). Diodor behauptet mit Bewunderung, H. habe Verfahren und Gerät sich ausgedacht; nach Apollodor (ebd.) hat die (erfinderische) –> Athena ihm geholfen. Sie gab ihm die Kastagnetten, die –> Hephaistos geschmiedet haben soll. Später wird es heißen (Myth. Vat. I 56), diese Vögel, die Ovid die stymphalischen nenne, seien Harpyen gewesen, die bei Acinous, König der Phaeacen, ungebeten zu Tisch zu kommen pflegten. H. habe sie verwundet und verjagt («quas vulneratas reppulit a regno»).

I,7. Die nach Apollodor (Bibl. 2,57) siebte Aufgabe ist, dem Eurystheus den Kretischen Stier zu bringen. Einige Verwirrung herrscht darüber, um welches Tier es sich dabei handelt. Akusilaos soll ihn für den Stier gehalten haben, der für Zeus die Europa trug. Andere sprachen vom Minotauros, in den Pasiphae sich verliebte (Diodor 4,13,4). Nach Apollodor ist das der Stier, den –> Poseidon einst dem Minos schickte und schließlich verärgert wild machte, weil der König ihn gegen das Versprechen nicht geopfert hatte. H. bittet den Minos um Hilfe, aber der überläßt ihm das Tier, das H. dem Eurystheus zeigen wird, ehe er es freiläßt. Es soll dann durch Sparta und Arkadien gezogen sein, den Isthmus überwunden und in Marathon in Attika die Leute belästigt haben. Diodor behauptet, H. sei auf dem Rücken des Tieres über das Meer nach Peloponessos gereist. Nach Vergil (Aen. 8,294 f) hat er das Tier geopfert («tu Cresia mactas / prodigium»).

I,8. Diomedes, Sohn des Mars, ist König der kriegerischen Bistonen in Thrakien. Er besitzt menschenfressende Pferde, Mähren (Hygin, Fab. 30,9, nennt vier Pferde, keine Mähren), die H. nach Mykene bringen soll. Der segelt mit Freiwilligen an den Ort, überwältigt die Stallburschen und treibt die Tiere ans Meer. Im Kampf mit den Bistonen erschlägt H. den Diomedes. Unterdes schleifen die Pferde den Abderos, einen Günstling oder Geliebten des H., den er als Wächter zurückgelassen hatte, zu Tode. Ihm zu Ehren gründet der Held neben seinem Grab die Stadt Abdera (Apollodor, Bibl. 2,5,8; vgl. Philostrat, Imag. 2,25). Die Pferde soll Eurystheus freigelassen haben. Sie seien auf den Olymp gekommen, wo wilde Tiere sie töteten (Apollodor, Bibl. 2,5,8; vgl. Tzetzes, Chil. 2,299 ff). Diodor (4,15,3), der den Abderos gar nicht erwähnt, erzählt, Diomedes habe die (unglaublich starken) Tiere mit dem Fleisch von Menschen gefüttert. Jetzt läßt H. sie sich am Fleisch des Diomedes sättigen und bringt sie so unter Kontrolle. Eurystheus soll sie der Hera geweiht haben, und noch bis in die Zeiten Alexanders d. Gr. habe es ihre Abkömmlinge gegeben. Nach Philostrat (Imag. 2,25) erschlägt H. die (vier) Pferde, die zuvor den Abderos tödlich verstümmelt haben, mit der Keule, und Diomedes kommt neben sie zu liegen (vgl. Quintus Smyrnaeus 6,245 ff). Die eigentliche Mühsal an dieser Tat sei aber der Tod des geliebten Gefährten gewesen; so gesellt –> Eros sich zur Szene. Nicht nur Stadt und Grabmal errichtet H. dem Abderos, er gründet auch Spiele zu seinen Ehren: Boxen, Pankration, Ringen und alles andere, außer Pferderennen.

I,9. Als neunte Aufgabe bei Apollodor soll H. den Gürtel der Hippolyte bringen (Apollodor, Bibl. 2,5,9), denn Admete, die Tochter des Eurystheus, verlangt danach. Hippolyte ist Königin der kriegerischen Amazonen; den Gürtel hat sie gleichsam als Hoheitszeichen von Vater –> Ares.

Wieder hat er unterwegs noch anderes erledigt (Apollodor, Bibl. 2,5,9). Mit einem Schiff voller Gefährten macht er halt auf Paros, das den Söhnen des Minos gehört. Als diese feindselig zwei seiner Leute erschlagen, ereilt sie selbst von H.s Hand das gleiche Schicksal. Eine Belagerung hebt er schließlich auf, als man ihm zwei Enkel des Minos übergeben hat. So kommt er nach Mysien, wo ihn König Lykos bewirtet, dem er im Krieg gegen die Bebryker hilft, dabei neben vielen anderen König Mygdon erschlägt. Er nimmt den Bebrykern viel Land und gibt es dem Lykos, Bruder des Mygdon, der es Herakleia nennen wird.

Dann kommt er nach Themiskyra, wo Hippolyte ihn empfängt, sich erkundigt und ihm (womöglich verständig?) den Gürtel verspricht. Jetzt nimmt Hera die Gestalt einer Amazone an und läßt wissen, daß die Fremden die Königin entführen wollen. Beim Anblick der zu Pferd auf das Schiff anstürmenden Frauen erschlägt H. die Hippolyte, nimmt ihr den Gürtel, kämpft mit den anderen und segelt davon. Diodor (4,16,1 ff) sagt, die Königin verweigere die Herausgabe des Gürtels, und sogleich kommt es zum Kampf. Voran stellen sich die besten (berühmtesten) Kriegerinnen dem H. und fallen nacheinander von seiner Hand (die

Waffe bleibt ungenannt). Am Ende sind nicht viele Amazonen übrig. Die gefangene Antiope gibt H. dem Theseus. Melanippe, die Anführerin, berühmt für ihren männlichen Mut, tauscht er gegen den Gürtel ein. Christine de Pizan (18, Zimmermann 1990, S. 75 ff) wird ausführlich berichten, wie schwer H. und Theseus es hatten, den Amazonen beizukommen. Gegnerin des H. sei Manalipe gewesen, Hippolyte kämpfte gegen Theseus. Triumph der kriegerischen Weiblichkeit war offenbar auch, daß die beiden Männer im Kampf vom Pferd fielen.

Auf der Weitereise erschießt H. bei Ainos den Sarpédon, einen Sohn des Poseidon und üblen Burschen (Apollodor, Bibl. 2,5,9). Die Insel Thasos nimmt er den dort wohnenden Thrakern fort und gibt das Land den Söhnen des Androgeus. In Torone fordern ihn die Brüder Polygonos und Telegonos, Söhne des Proteus, Enkel des Poseidon, zum Ringkampf heraus, bei dem er sie tötet (vgl. Tzetzes, Chil. 2,320 f).

I,10. Die nach Apollodor zehnte Aufgabe ist, die Herden des Geryon zu holen. Gleichgültig, wo schließlich der Mann wohnte: H. macht eine weite Reise, die ihn durch Europa nach Libyen bringt (Apollodor, Bibl. 2,5,10). Nach Diodor (4,17,1 ff) ist sein Ziel Iberien, und er macht sich von Kreta aus auf den Weg, denn die Insel liege günstig für Expeditionen in alle Richtungen.

Eurystheus habe sich diese Aufgabe ausgesucht in der Annahme, sie sei nicht zu bewältigen, denn der Gegner wird König Chrysaor sein mit seinen mächtigen drei Söhnen, deren einer Geryon ist. Doch H. sei solchen Gefahren mit dem gleichen kühnen Mut begegnet wie allen anderen zuvor. Als erstes versammelt er Waffen und Truppen für die Expedition und zeigt sich so als Feldherr. Die Güte dieser Herden war weit berühmt.

Auf dem Weg westwärts fühlt der Held sich vom Sonnengott belästigt, hebt den Bogen gegen ihn, hält aber inne, als Helios das verlangt. Der reicht ihm voller Bewunderung eine goldene Schale (griech. «depas»; lat. «olla»: Gefäß, Topf, Pokal), in der der Held nun über das Meer nach Erytheia reist. Vielleicht hat er das Sonnengefährt auch von Okeanos (Athenaios 11,469d). Anders als Helios nächtens in seinem Fahrzeug reist H. nun westwärts. Nach späteren Autoren ist das Gefäß aus Eisen («ferrea») oder ehern («aenea, aerea»: Libellus 22,11, H. Liebeschütz S. 127, Bl. 7). Unterwegs soll Okeanos ihm erschienen sein und das Fahrzeug geschüttelt haben. Auch hier half die Drohung mit dem Bogen (ebd.).

In Erytheia angekommen, wird H. alsbald von Orthos, dem zweiköpfigen Wachhund, aufgespürt. Der Hund verendet unter der Keule des Eindringlings, dann stirbt der Wächter Eurytos (Eurytion). Menoitios, der Hirte des –> Hades, alarmiert den Geryon. Der kommt, sieht H. das Vieh davontreiben und läßt sich auf einen Kampf ein, in dem ein Pfeil des H. ihn tötet (vgl. Hesiod, Theog. 92 f; vgl. Hygin, Fab. 30,11: «uno telo»). Boccaccio (Gen. 13,1) redet wohl von einem dreijährigen Krieg («trianimem bellum» = «triennalem bellum»). H. lädt das Vieh in sein Fahrzeug und reist damit nach Tartessos auf dem spanischen Festland, wo er dem Helios die Schale zurückgibt, und von dort weiter ostwärts nach Mykene (Apollodor, Bibl. 2,5,10). Die Reise ist lang und führt ihn über Abderia (in Südspanien) nach Ligurien, wo die bösen Poseidonsöhne Ialebion und Derkynos (anders Tzetzes, Chil. 2,340 ff) ihm die Herde stehlen wollen: H. bringt sie um. Hier in Ligurien wird er (nach einer Geschichte bei Aischylos, Prom. lyómenos, Frg. 40 [326]) von kriegerischen Einwohnern attackiert, die es auf die Herde abgesehen haben. Als er seine Pfeile verschossen hat, hilft Zeus auf sein Bitten ihm mit einem Regen von Steinen, mit denen er die Schlacht für sich entscheidet (das soll der Ursprung der steinigen Plaine de la Crau zwischen Arles und Marseille sein. – Vgl. Strabo 4,1,7; Dionysius Halic. 4,1,7; Hygin, Astron. 2,6).

In Rhegion (lat. Regium; Apollodor, Bibl. 2,5,10) springt ein Stier ins Meer und schwimmt hinüber nach Sizilien. Die Tyrrhener sollen ihn «Italos» genannt haben, wonach man dann das ganze Land benannte. Eryx, ein anderer Poseidonsohn, versteckt das Tier in seiner Herde. Jetzt überläßt H. die Geryon-Herde der Aufsicht des Hephaistos und sieht sich schließlich von Eryx zum Ringkampf herausgefordert. Dreimal siegt H.: Am Ende bringt er den Gegner um (vgl. Myth. Vat. I 53), nimmt den Stier und zieht mit der Herde ans ionische Meer. Irgendwo dort schickt Hera eine Stechfliege, die Tiere werden wild und zerstreuen sich am Rande der thrakischen Berge. H. kann nur einige wieder einfangen, die er zum Hellespont treibt, die anderen bleiben fortan in der Wildnis. Schließlich fühlt der Held sich auf seinem Weg vom Fluß Strymon behindert. Er bringt dem Eurystheus die Herde, der sie der Hera opfert.

Diodor (4,21–25) berichtet eine Fülle anderer Ereignisse und Taten, zunächst solche, die Bedeutung für die Geschichte Roms haben.

Die berühmte Begegnung mit dem Räuber Cacus auf dem Aventin wird ausführlich von römischen Autoren beobachtet. Cacus soll dem H. zwei (Ovid, Fasti 1,548) oder vier Rinder (Vergil, Aen. 8,208) gestohlen haben (über die Auseinandersetzung der beiden: Dionysios Halic. 1,5; Livius 1,7; Vergil, Aen. 201 ff; vgl. Juvenal, Sat. 5,125; s.a. Euander, der dem H. einen Altar errichtete, Livius 7). Hier sieht man, wie H. als Kulturbringer in die römische Geschichte eingebaut wird. Hierher gehört auch die Geschichte der Charybdis (Servius, Aen. 3,420; Myth. Vat. II 170), Tochter von Neptun und Erde. Ungemein gefräßig, entführt sie H. einige der Rinder des Geryon und wird dafür von Juppiter mit dem Blitz erschlagen.

In Agyrion auf Sizilien soll H. dem Heros (!) Geryon einen heiligen Bezirk geweiht haben (Diodor 4,24,3).

I,11. Jenseits des Okeanos (Hesiod, Theog. 215) oder in Libyen (Diodor 4,262,2) oder «auf dem Atlas» bei den Hyperboräern (Apollodor 2,5,11), jedenfalls in weiter Ferne, befinden sich die goldnen Äpfel, die Ge (die Erde) einst – samt Zweigen – dem Zeus nach seiner Hochzeit mit Hera schenkte. Hera / Juno hat sie im Garten der Götter nahe dem Berg Atlas einpflanzen lassen und einen mächtigen unsterblichen Drachen zu ihrem Schutz eingesetzt, auch weil die vier Töchter des Atlas (Aigle, Erytheia, Hesperia und Arethusa; Hygin, Fab., praef. 1, nennt drei, Diodor 4,27,2 nennt sieben; auch andere Namen werden genannt), selber Wächterinnen, sich an ihnen gütlich taten (vgl. Hygin, Astron. 2,3; vgl. Euripides, Herc. 394 ff; Apollonios Rhodios 4,1396 ff; Diodor 4,26,2; Pausanias 5,11,6 und 5,18,4 und 6,19,8; Erathosthenes, Kat. 3; Tzetzes, Chil. 2,355 ff; Ovid,

Met. 4,637 ff: goldene Bäume; ebd. 9,190; Hygin, Fab. 30; Myth. Vat. I 38; Myth. Vat. II 161). Diese Äpfel soll H. holen.

Offenbar liegt eine Besonderheit der Aufgabe schon darin, den Weg zu den Äpfeln zu finden und zu bewältigen (die Aufgabe wäre der Weg), wozu dann das Bewältigen einzelner Hindernisse gehört. So fordert auf dem Weg nordwärts in Makedonien Kyknos, Sohn des Ares und der Pyrene, ihn zum Kampf heraus, den ein Blitz abgebrochen haben soll (Apollodor, Bibl. 2,5,11). Hygin (Fab. 31) behauptet, H. habe den Mann getötet (vgl. ebd. 2,7,7: Sohn des Ares und der Pelopia in Itonos, Thessalien). Weiter nordwärts (Apollodor, Bibl. 2,5,11) durch Illyrien holt H. sich schließlich am Fluß Eridanus (= Po) bei den Nymphen, Töchtern des Zeus und der Themis, Auskunft über den Verbleib des Nereus, der ihm den Weg zu den Äpfeln und den Hesperiden weisen soll. Der sanftmütige Meeresgott (Hesiod, Theog. 233) ist wohl unwillig, denn H. überfällt den Schlafenden, der sich in vielerlei Gestalten wandelt, fesselt ihn und erzwingt die gewünschte Auskunft.

Wie zum Hohn führt sein Weg ihn nun südwärts und durch Libyen (im westlichen Marokko?), wo Antaios (Antaeus), ein Poseidonsohn, dem es gefiel, Fremde beim Ringkampf umzubringen, ihn herausfordert. Da der Kerl im Kontakt mit der Erde seine Kraft zu mehren wußte, hob H. ihn auf, brach und tötete ihn (hierzu vgl. Pindar, Isthm. 4,52 (87) ff; Diodor 4,17,4; Pausanias 9,11,6; Philostrat, Imag. 2,21: ausführliche Beschreibung; Quintus Smyrnaeus 6,285 ff; Tzetzes, Chil. 2,363 ff; Ovid, Ibis 393 ff; Hygin, Fab. 31; Lucan 4,588–655; Juvenal, Sat. 3,89; Statius, Theb. 6,893 ff; Lactantius Placidus zu Statius, Theb. 6,869 (894); Myth. Vat. I 55; Myth. Vat. II 164; zum Ort: Pomponius Mela 3,106; vgl. Plutarch, Sert. 9). Hieran schließt die Episode, in der die Pygmäen den H. angreifen und ihn im Schlaf töten wollen, um den Bruder Antaios zu rächen (vgl. Philostrat, Imag. 2,22).

Jetzt wendet H. sich nach Ägypten, wo Busiris herrscht, ein Sohn des Poseidon. Dieser opfert – einem Orakel folgend – alljährlich dem Zeus einen Fremden, denn das Land leidet seit neun Jahren unter Dürre. Diesmal soll H. das Opfer sein: Der sprengt seine Fesseln und tötet den König und dessen Sohn Amphidamas. In Lindos nimmt er hungrig einem Mann einen Ochsen vom Wagen und verspeist ihn (Apollodor, Bibl. 2,5,11; vgl. Philostrat, Imag. 2,24). Gemäß Diodor (4,27,3) reist H. nun den Nil hinauf nach Äthiopien, wo er den feindseligen Emathion erschlägt. Nach Apollodor (ebd.) trifft er den aber in Arabien. Auch auf dieser Reise (ebd.) soll Helios ihm eine Schale als Fahrzeug gegeben haben. Damit überquert er das Meer und gelangt zum Kaukasus, wo er den Adler erschießt (vgl. Hesiod, Theog. 526 ff), der dem Prometheus die Leber wegfrißt, befreit den Mann und bietet Zeus den unsterblichen Chiron, der für Prometheus zu sterben bereit ist.

Prometheus rät H., dem Atlas die Himmelskugel abzunehmen und ihn die Äpfel holen zu lassen. Als dann Atlas die Last nicht wieder übernehmen will, hilft wieder ein Rat des Prometheus: H. bittet den Riesen, er möge doch kurz übernehmen, damit er sich ein Polster auf das Haupt legen (oder die Schulter wechseln) könne. Atlas tut, wie erwartet, H. nimmt die Äpfel und geht davon.

Philostrat (Imag. 2,20) sieht die Begegnung mit Atlas eher als athletischen Wettbewerb, auf den H. sich ohne Auftrag einläßt. Nach anderen geht er hin, erschlägt den Drachen, pflückt die Äpfel und bringt sie dem Eurystheus, der sie ihm zurückgibt. Athena wird sie wieder den Eltern bringen.

Ganz anders Diodor (4,26,2 f; vgl. Palaiphat 20). Danach besaßen die Hesperiden Schafherden, die man ihrer Schönheit wegen «goldene Äpfel» nannte, vielleicht auch hatten sie ein goldfarbenes Fell. Drakon habe ihr starker und mutiger Hirte geheißen. Jedenfalls erschlug H. ihn und brachte die «Äpfel» dem Eurystheus. Hieran schließt eine andere Geschichte (Diodor 4,27,1 ff):

Atlas (Diodor 4,27,4 f) hat mit Hesperis sieben wunderschöne Töchter (und außerdem gemeinsam mit Bruder Hesperos Herden goldgelber Schafe). Diese Mädchen will Busiris haben. Er schickt Seepiraten aus, sie ihm zu holen. H. erfährt von der Tat, überrascht die Leute, erschlägt sie und bringt die Mädchen dem Vater zurück, der dankbar dem Helden bei seiner Aufgabe behilflich ist. Überdies gibt Atlas dem H. Unterricht in Astrologie (Astronomie), worin er führender Fachmann ist, denn er hat die sphärische Natur der Himmelskörper (oder ihrer Anordnung) entdeckt.

Eine eher spaßige Variante der Atlasgeschichte wird Boccaccio (Gen. 13,1 nach «Anselmus») notieren: Damals hätten die Götter sich in der Abwehr der Giganten alle in einem Himmelsteil versammelt, der nun unter ihrer Last einzustürzen drohte: Darum habe H. gemeinsam mit «Athlas» den Himmel geschultert.

I,12. Am Ende, nach Apollodor (Bibl. 2,5,12), soll H. dem Eurystheus den Kerberos bringen. Das ist der Wachhund des Hades. Er hat (wenigstens) drei Köpfe (Apollodor, Bibl. 2,5,12), der Schwanz ist ein Drachen (Schlange?), auf dem Rücken trägt er die Köpfe von allerlei Schlangen. Der Zutritt in die Unterwelt verlangt die rituelle Einweihung, worum H. den Eumolpos in Eleusis bittet, wozu er sich als Adoptivsohn des Pylios vorstellt, denn einem Fremden ist der Zutritt zu den Mysterien verwehrt. Außerdem muß Eumolpos ihn zunächst von dem Totschlag an den Kentauren reinigen. Nach Diodor (4,25,1) initiiert ihn Musaios, Sohn des Orpheus. Der Zugang zum Hades liegt in Tainaron in Lakonien. Dort steigt H. hinab (Apollodor; Bibl. 2,5,12). Sein Anblick treibt die Seelen in die Flucht, außer Meleager und Medusa, gegen die er das Schwert hebt, und erst Hermes belehrt ihn, daß er vor einem leeren Phantom steht.

Unweit des Höllentors trifft er Theseus und den gefesselten Peirithoos, der der –> Persephone nachgestellt hat. Die strecken die Hände nach ihm. Den Theseus packt er bei der Hand und hebt ihn auf, aber als er den anderen mitnehmen will, bebt die Erde, und er läßt los. Dann rollt er den Felsen von Askalaphos (–> Demeter). Weil er die Seelen mit Blut beleben will, schlachtet er ein Tier aus der Herde des Hades. Menoites, deren Wächter, fordert ihn zum Ringkampf heraus. Der packt ihn um die Mitte, bricht ihm die Rippen und läßt ihn dann frei, als Persephone darum bittet. Erst jetzt kann der Held den Plutos um Kerberos bitten. Das wird ihm gewährt, wenn er das Untier ohne seine Waffen zu überwältigen vermöge. Er findet den Hund an der Pforte zum Acheron. Gekleidet in Brustpanzer und Löwenhaut, wirft er die Arme um den Kopf des Scheusals und läßt –

während der Drachenschwanz ihn beißt – nicht locker, bis es den Widerstand aufgibt. Diodor (4,26,1) erklärt den Erfolg als Gunsterweis der Persephone. Bei Troizen soll er hinaufgestiegen sein (Apollodor, ebd.; vgl. Pausanias 2,31,2; andere sollen Hermione oder den Berg Laphystios in Boeotien genannt haben: Pausanias 2,35,10 und 9,34,5). H. zeigt den Höllenhund dem Eurystheus und bringt ihn wieder hinab zu Hades. Diodor sagt, er habe das in Ketten geschlagene Tier den Menschen vorgeführt (4,26,1).

Man scheint allgemein angenommen zu haben, daß H. zumindest den Theseus heraufbrachte, aber nicht den Peirithoos. Hygin (Fab. 79) und Diodor (4,26,2) meinen, beide, andere (vgl. Diodor 4,63,4 f), einen von beiden. Fulgentius (Myth. 1,22, 660, Helm 1970, S. 34) sagt, er habe damals zugleich die Alcestis / Alhertis heraufgebracht (zu H. und Kerberos: Homer, Il. 8,366 ff; ders. Od. 11,623 ff; Bacchylides, Epinic. 5,56 ff; Euripides, Herc. 23 ff u. 1277 ff; Diodor 4,25,1 u. 4,26,1; Pausanias 2, 31,6 u. 2,35,10 u. 3,18,13 u. 3,25,5 f u. 5,26,7 u. 9,34,5; Tzetzes, Chil. 2,388–405, wie Apollodor; Schol. zu Homer, Il. 8,368; Ovid, Met. 7,410 ff; Hygin, Fab. 31; Seneca, Agam. 859 ff; ders. Herc. fur. 50 ff; Myth. Vat. I 57. Zum Kerberos: 50 Köpfe bei Hesiod (311 f); 100 bei Pindar; Schol. zu Homer 8,368 f; so auch Tzetzes, Schol. zu Lykophron 699; Horaz, Carm. 2,13,34. Sonst sieht man drei Köpfe: Sophokles, Trach. 1098; Euripides, Herc. 24 u. 1277; Pausanias 3,25,6; Horaz, Carm. 2,19,29 ff u. 3,11,17 ff; Vergil, Georg. 4,483; ders. Aen,. 6, 417 ff; Ovid, Met. 4,451 f; Hygin, Fab. 151; Seneca, Agam. 62 u. Herc. fur. 783 f – Zur Initiation des H. in Eleusis vgl. Diodor 4,25,1: Musaios vollzieht die Initiation; in 4,14,3 meldet Diodor, Demeter habe für H. die kleineren Mysterien eingeführt; und Tzetzes, Chil. 2,394; Pylios als Adoptivater des H.: Plutarch, Thes. 339. – Zum Abstieg bei Tainaron: vgl. Euripides, Herc. 807 ff; Pausanias 3,25,5; Seneca, Herc. fur. 807 ff – Bakchylides 5,71 ff zeigt H., wie er gegen den Geist des Meleager den Bogen hebt, aber der weist ihm, daß von einem Geist nichts zu fürchten sei).

Als der Hund droben das ungewohnte Licht sah, habe er einen Schaum gespuckt, aus dem eine giftige Pflanze erstanden sei, die man aconitum (Eisenhut) nennt (Myth. Vat. I 57,2).

Apollodors Liste unterscheidet sich nach Art und Abfolge der Taten teilweise erheblich von anderen. Die Systematik scheint keineswegs willkürlich zu sein.

Man muß die Aufgaben im Kontext der üblichen Lebensumstände der Zeit sehen als Reflexe der Aufgaben in einer bäuerlich / agrarischen Gesellschaft. Aus dieser Sicht könnte die mythographische Auswahl folgenden Absichten entsprechen: H. bewährt seine Kompetenz als 1. mächtiger Ringer (nem. Löwe), 2. als umsichtiger Nahkämpfer mit der Handwaffe (Hydra), 3. als einer, der außer Kraft auch Schnelligkeit besitzt (Hindin), 4. als geschickter Jäger, der das Wild durch Erschöpfung gefügig macht (Eber). 5. Der Dienst für Augias zeigt ihn als einen, der den Verstand einsetzt und Körperkraft spart. 6. Dann ist H. einer, der den Gegner mit der Waffe auch aus der Entfernung trifft (Vögel).

Diesen ersten sechs Taten ist gemeinsam, daß sie auf der Peloponnes geschehen, gleichsam daheim. Die nächsten sechs bringen den Helden hinaus, sie haben den Charakter von Expeditionen in alle vier Himmelsrichtungen: 7. Das Einfangen des Stiers auf Kreta (Süden) scheint ihn in keiner anderen Fähigkeit zu zeigen als den schon bekannten. 8. Die Expedition zu Diomedes in Thrakien (Norden) gilt wohl eigentlich dem Mann und seiner schändlichen Mißachtung der Gastfreundschaft und damit einem moralischen Übelstand. 9. Die Expedition zu den Amazonen (Osten) zeigt H. als tüchtigen Krieger; der Gürtel wird so zur Trophäe. 10. Das Einholen der Rinder des Geryon (Westen) zeigt den Helden als einen, der den kostbaren Reichtum von Vieh nicht nur zu erwerben, sondern ihn durch alle Fährnisse auch durch ganz Europa unbeschadet zu treiben weiß. 11. Die Äpfel der Hesperiden bringen den H. bis ans Ende der Welt. 12. Daß er den Kerberos heraufholt, zeigt, daß er gar in die Unterwelt hinabzusteigen weiß und damit schließlich in all den Unternehmungen die bekannte Welt und ihre Grenzen (vgl. Pindar, Nem. 3,21 ff) und dazu das Reich des Todes abgeschritten hat. So hat er allein den Himmel noch nicht beschritten: Der ist ihm als Lohn verheißen.

Der rationalisierende Diodor (4,26,2), der (wohl nicht zufällig) über den Hadesgang des H. nur sehr wenig zu sagen hat (4,26,1), setzt an die letzte Stelle den Gang zu den Hesperiden und macht ihn so zu Höhepunkt und Vollendung des Weges.

Hierzu kommen Alternativen bei anderen Mythographen, von denen sechs in den Zusammenhang der elften Aufgabe bei Apollodor gehören. Die zwölf wichtigsten sind:

1. Der Kampf mit den Kentauren (I,4).

2. Antaios (I,11).

3. Der Kampf mit Kyknos (ebd.).

4. H. erschlägt die Seepiraten, die die Töchter des Atlas entführt haben (ebd.).

5. Die «Säulen des Atlas» (I,10; Euripides): Auf dem Weg nach Tartessos errichtete er als Wegzeichen zwei Säulen, die, einander gegenüberstehend, die Grenze zwischen Europa und Libyen (Afrika) markierten, welche Tat ihn auch als Eroberer und Ordner zeigt (zu den Säulen vgl. Apollodor, Bibl. 2,5,10; Bd. 1, S. 212 f, Anm. 1).

6. H. erschlägt den Busiris (I,11; Ovid).

7. Der Drache bei den Äpfeln der Hesperiden (I,11; Hygin). Das ist der 100köpfige Drache, der die Äpfel der Hesperiden bewacht. Er soll zahlreiche unterschiedliche Stimmen gehabt haben. Hesiod (Theog. 333 ff) sagt, die «Schlange» sei ein Kind von Keto und Phorkys, Apollodor (Bibl. 2,5,11) nennt ihn ein Kind von Typhon und Echidna, Apollonios Rhodios (4,1396) «Ladon». Über den Kampf scheint nichts Genaueres bekannt zu sein.

8. Hesione (I,9): Auf dem Weg zu den Amazonen kommt H. mit sechs Schiffen (Homer, Il. 5,641) nach Troia (ebd.), das damals gerade unter den Repressalien von –> Apoll und –> Poseidon gegen den wortbrüchigen Laomédon leidet. Der Held ist bereit (vgl. Apollodor, Bibl. 2,5,9), die Königstochter Hesione vor dem Meeresuntier zu retten, das Poseidon geschickt hat. Philostrat d.J. (Imag. 12) betont, diese Aufgabe habe H. selbst gewählt. Als Lohn will er die unsterblichen Pferde, die Zeus einst dem Tros gegeben hat für den Raub des Sohns Ganymed.

Auch heißt es (Myth. Vat. I 136), er habe sich die Hesione zur Frau ausbedungen. Er tut wie versprochen, und als Laomédon ihm den Lohn schuldig bleibt, droht er mit Krieg gegen Troia (vgl. Homer, Il. 5,640; Ovid, Met. 11,211 ff), oder er zerstört die Mauern der Stadt und gibt die Frau dem Telamon (Myth. Vat. 136; vgl. Ovid, Met. 11,211 ff). Darüber, wie H. das Untier bewältigte, wird unterschiedlich berichtet. Nach Homer (Il. 20,145 ff) hatte er dabei die Hilfe der Athene, die ihm gemeinsam mit den Troern einen Schutzwall errichtete, damit er sich womöglich vor dem andrängenden Tier zurückziehen kann. Bei Diodor (4,42,6) «erschlägt» er es einfach. Philostrat d. J. (12) zeigt ein Riesenvieh, davor den furchtlosen, nackten H., die Löwenhaut und Keule zu seinen Füßen. Bei Hygin (Fab. 89,3) hat er den Telamon dabei. So auch bei Valerius Flaccus (2,451 ff). Dort ist das Biest fürwahr riesig (479 f; es scheint schlangenartig; Beschreibung ebd. 497 ff; vgl. Philostrat d.J., Imag. 12). Zunächst (521 f) verschießt H. alle seine Pfeile. Dann ist das Tier zu nahe für den Bogen. H. wirft alle Waffen beiseite, bricht Felsen und Steine aus dem Meeresboden, und als das Ungeheuer über ihm steht, streckt er es in raschem Streich mit einem Felsen nieder, nimmt die Keule und drischt damit zu, bis es in den Wellen versinkt (ebd. 527 ff).

Nach Lykophron (31 ff) aber verschluckt ihn das Ungeheuer («Tritons Hund»), doch macht er sich in seinen Eingeweiden ans Werk und schnetzelt ihm dort die Leber. Da drinnen ist es auch ohne Feuer so heiß, daß er all sein Haar verliert. Tzetzes (Schol. zu Lykophron 34) wird melden, daß H. in voller Rüstung dem Vieh in das Maul gesprungen sei und es von innen angegriffen habe. Nach drei Tagen sei er kahlköpfig wieder hervorgekommen (vgl. Perseus; die Geschichte ganz anders bei Myth. Vat. II 193).

9. Admet war dem Apoll ein großzügiger Dienstherr gewesen (vgl. Hygin, Fab. 50,2), anders als Eurystheus dem H. Wohl darum beweist dieser ihm Freundschaft (Apollodor, Bibl. 1,9,15): Admet will die Alcestis heiraten, aber deren Vater Pelias macht zur Bedingung, daß er einen Löwen und ein Wildschwein vor den Wagen spannt und sie abholt. Da hilft Apoll beim Löwen aus. Fulgentius (Myth. 1,22, 659 u. 662, Helm 1970, S. 34) behauptet, H. habe das Wildschwein vor den Wagen gespannt. Vielleicht aus Freundschaft holt H. ihm später die Frau auch aus dem Hades. Sie war für den geliebten Mann gestorben (nach Euripides, Alc. 1142 u. 837–849, kämpft / ringt er mit Thanatos (dem Tod) in der Nähe des Grabes; vgl. Apollodor, Bibl. 1,9,15; Hygin, Fab. 51,3). Fulgentius (Myth. 1,22, 660 u. 662, Helm 1970, S. 34 u. 35) behauptet, er habe die Alcestis zusammen mit Cerberus heraufgebracht. Nach Euripides (Alc. 483) ist er damals gerade auf dem Weg, die Diomedespferde zu holen. Palaiphat (41) sagt, er habe die Pferde schon bei sich gehabt.

10. Die Schlangen, die der Säugling erdrosselt (s. o.; Hygin, Fab. 30; Boccaccio; Gen. 13,1).

11. Der Kampf mit Acheloos (s. u.).

12. Apotheose (s. u.). Spätere nennen u. a. den Cacus (Libellus).

II. Kaum, daß er den Sühnedienst bei Eurystheus vollendet hat, verpflichtet H. sich zu einem anderen: Er tötet den Iphitos. Diese Geschichte wird sehr unterschiedlich erzählt.

Bei Homer (Od. 21,14 ff) sucht der Mann nach Pferden und Maultierfohlen, die ihm abhanden gekommen sind. Auf seinem Weg kommt er zu H., der den Gastfreund und Tischgenossen ruchlos tötet, um sich der Herde zu bemächtigen. Sophokles liefert einen Grund für die Tat und sieht das Geschehen im Zusammenhang mit König Eurytos von Oichalia, der den Gast gekränkt, den Betrunkenen vor die Tür gesetzt habe. Aus Rache stößt H. seinen ahnungslosen Sohn Iphitos vom Turm. Vom Verbleib der Pferde ist keine Rede (Trach. 259 ff). Zeus vergibt dem H.: Tückisch zwar war die Tat, aber rechtens, denn H. habe offen Rache geübt für den Übermut des Eurytos. Zur Sühne dient er der Omphale (s. u.).

Wieder anders Apollodor (Bibl. 2,6,1 f): Nach Abschluß der «Arbeiten» will H., nachdem er die Megara dem Iolaos gegeben hat, Iole, Tochter des Eurytos, heiraten. Weil der König mit seinen Söhnen aus Angst, den Kindern der Frau könnte geschehen, was den Kindern der Megara widerfuhr, eine Abmachung mit H. bricht, kommt es zum Konflikt. Bald darauf stiehlt Autolykos in Euboia Vieh (also nicht etwa Pferde: vgl. Homer, Od. 21,23 ff), und Eurytos hält H. für den Dieb. Iphitos, der älteste der Söhne, ist anderer Meinung und geht arglos zu H. Dieser ist gerade zurück aus Phaira, wo er die Alkestis aus dem Hades geholt hat. Iphitos schlägt vor, mit ihm das Vieh zu suchen. Das verspricht H. und lädt ihn ein. Wie zuvor, als er die eigene Familie angriff, packt ihn wieder der Wahnsinn, und er wirft den Mann von den Mauern von Tiryns.

Neleus lehnt als Freund des Eurytos die Reinigung vom Mord ab. Das tut nun Deiphobos in Amyklai. Pausanias (3,15,3) nennt auch Hippokoon in Sparta als einen, der die Reinigung verweigert. Eine schwere Krankheit, die er sich wegen des Mordes zugezogen hat, bringt H. nach Delphi, doch die Pythia weigert sich, ihm ein Orakel zu geben, weil sie fürchtet, er könne den Tempel plündern. So bringt er den Tripos (Dreifuß) beiseite, um sich ein eigenes Orakel einzurichten. Jetzt kommt es zum Streit mit Apoll, den Zeus schlichtet oder mit einem Blitz abbricht. H. erhält eine Weisung, die ihm sagt, er solle sich verkaufen lassen, drei Jahre dienen und dem Eurytos für den Mord eine Entschädigung zahlen. –> Hermes / Merkur wird ihn verkaufen, aber Eurytos die Annahme des Erlöses verweigern. Käufer ist Omphale, Königin von Lydien und Witwe, die das Reich von Gemahl Tmolos geerbt hat (vgl. auch Tzetzes, Chil. 2,417–423; vgl. Hygin, Fab. 32,3 f).

Diodor (4,3,12 ff) sagt, H. habe sich von Eurytos entehrt gefühlt und darum dessen Mähren gestohlen (Schol. zu Homer, Od. 21,22: Autolykos stiehlt und verkauft dem H. die Tiere). Iphitos hegt Verdacht und kommt auf der Suche nach den Rössern nach Tiryns, wo H. ihn auf einen hohen Turm der Burg führt mit der Aufforderung, doch nachzuschauen, ob die Tiere wohl irgendwo grasen. Als der Mann nichts entdeckt, da wirft H. ihm vor, ihn fälschlich des Diebstahls verdächtigt zu haben, und stürzt ihn kopfüber in die Tiefe.

Als Folge der Tat erkrankt H. (Apollodor, Bibl. 2,6,2) und geht zu Neleus in Pylos. Der und dessen Söhne, außer Nestor, dem jüngsten, sind der Meinung, daß er sich dem Reinigungsritus nicht unterziehen solle. Diesen aber gewährt ihm Deiphobos, Sohn des Hippolyt. Doch die Krankheit bleibt. Da fragt er den

Apoll um Rat. Der sagt ihm, er könne sich leicht von der Krankheit befreien, würde er sich als Sklave verkaufen lassen und den Kaufpreis den Söhnen des Iphitos geben. Dem Orakel gehorsam, segelt H. mit ein paar Freunden nach Asien. Dort läßt er sich von einem der Freunde bereitwillig verkaufen, der den Erlös an die Söhne des Getöteten übergibt (Diodor 4,31,6).

H. gesundet und wird Sklave der Omphale. Apollodor (Bibl. 2,6,4) scheint zu sagen, daß H. erst nach seinem Sühnedienst gesundete.

H. dient der Omphale drei Jahre (nach Sophokles, Trach. 252 f, ein Jahr) als Sklave. Von Aufträgen an ihn hört man nichts. Vielleicht handelt er nach eigenem Ermessen, wobei er sich wiederum als Kämpfer bewährt. So soll er in Ephesos die Kerkopen gefangen und gefesselt haben (Apollodor, Bibl. 2,6,3; vgl. Diodor 4,31,7). Es hieß offenbar auch, er habe sie kopfüber an einer Stange über der Schulter davongetragen und, als sie sich über sein schwarzes Gesäß amüsierten, gutgelaunt freigelassen (vgl. Gyraldi, Synt. 10, S. 456). Dann habe er in Aulis den Syleus und dessen Tochter Xenodoke erschlagen. Der Mann hatte tyrannisch alle durchziehenden Fremden gezwungen, in seinem Weingarten zu arbeiten. H. verbrennt auch seine Weinstöcke (vgl. Diodor 4,31,7). Den Itonen, die das Reich der Omphale geplündert hatten, nahm er die Beute ab, zerstörte ihre Stadt und versklavte die Einwohner. Hygin (Astron. 14) meldet noch, er habe am Fluß Sagaris in Lydien eine riesige Schlange getötet, die Menschen umbrachte und Äcker verwüstete. Wohl erst Spätere entdecken eine erotische Beziehung der beiden und lassen den sonst so Starken in der Schwäche des Liebhabers ahnungslos lächerlich erscheinen (–> Ares). Bei Seneca (Hipp. 317 ff) legt er Bogen und Löwenhaut beiseite, paßt sich Smaragde an die Finger, legt das struppige Haar in Locken, schnürt die Beine mit goldenen Bändern, schlüpft in goldgelbe Schuhe, und die keulengewohnte Hand spinnt mit fliegender Spindel den Faden. In reiches tyrisches Gewand ist er gekleidet (ders., Herc. fur. 464 ff), während Omphale sich die Löwenhaut umwirft. Einen barbarischen Turban trägt er dazu, und die Hände schlagen den Tamburin (vgl. die Allegorese bei Fulgentius, Myth. 2,2; vgl. den Spott des Asklepios bei Lukian, Dial. deor. 13). Ovid erzählt auch eine Geschichte, in der die beiden Gewand und Bett austauschen, was nächtens dem verliebten Faunus zu schrecklicher Verwirrung und Irrtum gereicht (Ovid, Fasti 303 ff).

III. Den «großen» Taten für Eurystheus und auch den (wenigen) für Omphale ist gemeinsam, daß sie (mit wohl der einzigen Ausnahme: Hydra) den Helden allein am Werk sehen. Es fällt auf, daß bei Apollodor (Bibl. 2,6,4 ff) H. nach seinem Dienst für Omphale sich zunehmend als Feldherr und Anführer zeigt, auch wenn er dabei immer noch selbst Hand anlegt. Er fährt mit einem Heer von Freiwilligen nach Troia, ist aber derjenige, der Laomédon und dessen Söhne erschlägt. Es folgt die Expedition nach Kos (ebd. 7,1), wo er den König Eurypylos erschießt. Hier zeigt er auch Verwundbarkeit (wie er überhaupt in dieser Periode zum Kränkeln neigt): Chalkedon verwundet ihn in der Schlacht, doch Zeus entrückt ihn, und er bleibt ohne Schaden. Damals soll Athene ihn nach Phlegra geholt haben, weil man ihn im Abwehrkampf gegen die Giganten brauchte (vgl. Apollodor, Bibl. 1,6,1 f). Mit einem arkadischen Heer zieht er gegen Augias und dessen Generäle Eurytos und Kteatos in Elis (zu einem einzigen Leib zusammengewachsene Zwillingssöhne der Molione von Aktor oder Poseidon; ebd. 7,2; vgl. Schol. zu Homer, Il. 23,638 f; Schol. zu Homer, Il. 11,709). Er erkrankt und muß sich zurückziehen (Apollodor, ebd. 2,7,2). Auf ihrem Weg zu den dritten isthmischen Spielen lauert er ihnen auf, erschlägt sie und dann Augeias und dessen Söhne; das Königreich gibt er dem Phyleus (vgl. Pindar, Ol. 10,26 [36] ff; Diodor 4,33,3; Pausanias 2,15,1 und 5,2,1). Damals soll er das erste Olympische Fest ausgerichtet haben, wofür er den heiligen Bezirk bestimmt habe (vgl. Pindar, Ol. 3,3 f u. 6,67 ff u. 10,43 [51] ff; Diodor 4,14,1 f u. 5,64,6; Pausanias 5,7,9; 5,8,1; 3 f; Tzetzes, Schol. zu Lykophron 41; Schol. zu Homer, Il. 11,700; Hygin, Fab. 273). Dem Pelops habe er einen Altar errichtet (ebd.; vgl. aber Pausanias 5,13,1 f), sechs Altäre den zwölf Göttern (vgl. Pindar, Ol. 5,4 [8] ff; ebd. 10,24 [30] f).

Dann zieht H. gegen Pylos (Apollodor, Bibl. 2,7,3; vgl. Homer, Il. 5,392 ff u. 11,690 ff; Schol. zu Homer, Il. 2,396; Pausanias 2,18,7 u. 3,26,8 u. 5,3,1 u. 6,22,5, 6,25,2 f; Tzetzes, Chil. 2,451; Ovid, Met. 12,549 ff). Dort erschlägt er Periklyménos, einen besonders schwierigen Gegner, der als Gabe des Poseidon vielfältige Gestalt anzunehmen versteht. Beim Kampf soll er nacheinander die Gestalt eines Löwen, einer Schlange und einer Biene angenommen haben (Apollodor, Bibl. 1,9,9). Der Scholiast zu Apollonios Rhodios (1,156), der die Hilfe der Athene erwähnt, fügt dem noch die Ameise und einen Bienenschwarm hinzu. Ovid sagt (Met. 12,549 ff), H. habe ihn in Adlergestalt erschossen (vgl. Hygin, Fab. 10). Der Scholiast zu Apollonios Rhodios (1,156) sagt, er habe ihn mit der Keule erschlagen, als er sich in eine Fliege gewandelt hatte (usw.). H. erschlägt Vater Neleus und, bis auf den Nestor, seine Söhne. In dieser Schlacht verwundet er auch den Hades (Apollodor, ebd.2,7,3; vgl. Homer, Il. 5,395 ff; Pausanias 6,25,2 f). Hera soll er in die rechte Brust geschossen (Homer, Il. 5,392 ff; Clemens v. Alexandrien, Exhort. ad Graec. 2,36 P.), dem Ares den Speer in den Schenkel gestoßen und ihn in den Staub geworfen haben (vgl. Hesiod, Aspis 359 ff).

Dann zieht H. gegen die Lakedaimonier v. a., weil er den Tod des Neffen Oionos rächen will (Apollodor, ebd. 2,7,3; Pausanias 3,15,4 f): Der hatte den Palast des Hippokoon betrachtet, als ein Molosserhund ihn angriff, den er mit einem Steinwurf niederstreckte. Da kamen die Söhne des Hippokoon und erschlugen den Mann. Pausanias (ebd.) erzählt, H. habe sogleich dessen Tod rächen wollen, sei aber verwundet und zum Rückzug gezwungen worden (auch soll Hippokoon dem H. die Reinigung vom Mord an Iphitos verweigert haben; ebd., 3). In Arkadien erbittet H. die Hilfe des Kepheus und seiner 20 Söhne. Weil der König aus Furcht vor den Argivern die Stadt nicht verlassen will, gibt H. ihm eine besondere Waffe: eine «Locke» aus dem Haar der Gorgo Medusa, die einst Athene ihm gegeben hat. Dieses Haar soll Sterope, die Tochter des Kepheus, einem anrückenden Feind dreimal entgegenhalten (dabei sich selbst aber abwenden), und der Feind werde fliehen (vgl. Pausanias 8,47,5). Die Schlacht verläuft blutig: Kepheus und Söhne fallen, auch Iphikles, der Bruder des H., der selber Hippokoon und Söhne erschlägt und dem Tyndareus die Herrschaft übergibt.

In Tegea schwängert er Auge, von der er nicht weiß, daß sie die Tochter des Königs Aleus ist. So wird er (in einer komplizierten und vielerzählten Geschichte) zum Vater des Telephos (Apollodor, Bibl. 2,7,4; ebd. 3,9,1).

In Kalydon bewirbt er sich um Deianeira, Tochter des Oineus, und heiratet sie nach einem Ringkampf mit dem Mitbewerber Acheloos, der im Kampf Stiergestalt annahm (Apollodor, Bibl. 2,7,5). H. bricht ihm ein Horn ab, das der Unterlegene der Amaltheia gibt (zur Hochzeit vgl. Diodor 4,34,1).

Jetzt marschiert H. mit den Kalydonern gegen die Thesprotier. In Ephyra schwängert er die Königstochter Astyoche (oder Astydamia: Pindar, Ol. 7,23 [40] f) und wird Vater des Tlépolemos. An dieser Stelle vermerkt Apollodor (Bibl. 2,7,6), daß H. den Thespios auffordert, 40 seiner 50 Söhne (die eigentlich dem H. gehören) nach Sardinien zu schicken und dort eine Kolonie zu gründen. In dieser Zeit geschieht es, daß H. beim Gelage bei Oineus mit einem Knöchelstüber versehentlich den jungen Eunomos erschlägt, als der ihm Wasser über die Hände gießt. Der Vater erkennt den Unfall und vergibt dem Täter, doch H. besteht nach dem Gesetz auf Sühne und bricht nach Keyx in Trachis auf.

Er kommt an den Fluß Evenos, wo der Kentaur Nessos den Fährmann macht. Während der Held den Fluß allein durchquert, versucht Nessos, die Deianeira zu vergewaltigen. H. schießt ihn ins Herz. Im Sterben verspricht der Kentaur der Frau einen Liebeszauber für H.: Sie soll den auf den Boden geflossenen Samen des Nessos vermischen mit dem Blut aus der Wunde. So geschieht es.

Es folgt die Geschichte, in der der hungrige H. im Land der Dryoper dem Thiodamas einen der beiden Stiere fortnimmt und verspeist (Apollodor, Bibl. 2,7,7).

Dann hilft er Aigimios, König der Dorer, gegen die Lapithen unter König Koronos in einem Grenzstreit, wofür ihm ein Stück des Landes versprochen wird, was er aber zurückweisen wird. Laogoras, König der Dryoper und Verbündeter der Lapithen, erschlägt er samt Söhnen, weil er in einem Heiligtum des Apoll ein Gelage hält. Das Totschlagen hält an: Kyknos, Sohn des Ares von Pelopia, fordert den H. zum Kampf heraus und verliert. König Amyntor verweigert ihm den Weg durch Ormenion und zahlt dafür mit dem Leben. Diodor (4,37,4) sagt, der König habe dem H. die Tochter Astydamia nicht geben wollen. H. habe ihn getötet, das Mädchen genommen und mit ihm Ktesippos gezeugt. In Trachis stellt er ein Heer gegen Oichalia zusammen, denn er will Eurytos bestrafen, der ihm ja die Tochter Iole nicht geben wollte. Gemeinsam mit verschiedenen Verbündeten erschlägt er Eurytos und Söhne und nimmt die Stadt ein. Die Iole nimmt er gefangen (Apollodor, Bibl. 2,7,7). Dann errichtet er in Kenaion dem Zeus einen Altar (Apollodor, Bibl. 2,7,7; vgl. Sophokles, Trach. 237 ff, 752 ff, 993 ff; Diodor 4,37,5; Ovid, Met. 9,136; Seneca, Hercules oet. 102 f, 782 ff). Für das Opfer schickt er den Boten Lichas nach Trachis um ein Festgewand (vgl. Sophokles, Trach. 756 ff; Diodor 4,38,1 f; Tzetzes, Chil. 2,472 ff; ders. Schol. zu Lykophron 50 f; Ovid, Met. 9,136 ff; Hygin, Fab. 36; Seneca, Herc. fur. 485 ff; Servius, Aen. 8,300; Myth. Vat. I 58; Myth. Vat. II 165).

Aus Eifersucht gegen Iole tränkt Deianeira das Gewand mit dem Blutgemisch des Nessos, das sie für einen Liebeszauber hält. H. legt das Gewand an und folgt

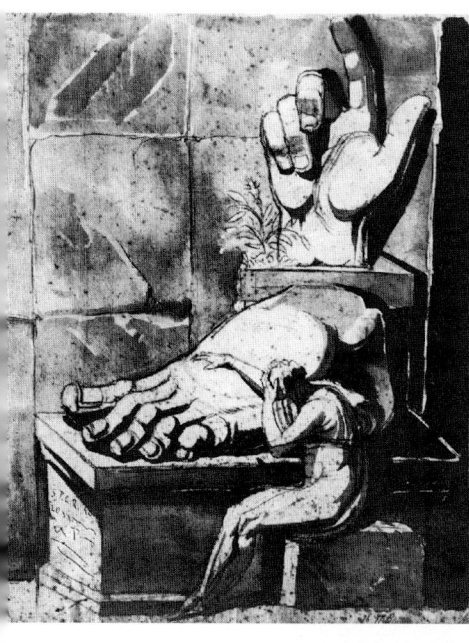

Johann Heinrich Füssli:
Der Künstler, verzweifelnd vor der
Größe der antiken Trümmer,
1778/80. Zürich, Kunsthaus

Rembrandt van Rijn:
Juno Moneta,
um 1660/65. New York,
he Armand Hammer Foundation

Jacob Jordaens:
Juppiter mit Donnerkeil,
um 1614.
Mr. and Mrs. Michael Jaffé, London

Sog. Apoll vom Belvedere.
2. Jh. n. Chr., nach griech. Original
des 4. Jh. v. Chr. Vatikan,
Cortile del Belvedere.

Apollon.
Skulptur aus dem Westgiebel
des Zeustempels von Olympia,
um 470/457 v. Chr.

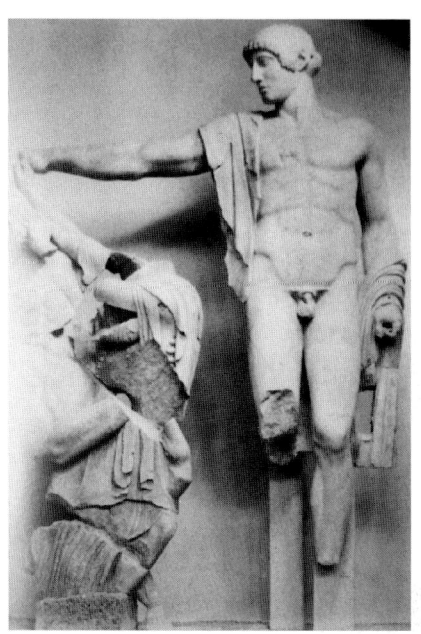

Apollon als Kitharöde.
Halsamphora,
Anf. 5. Jh. v. Chr. Würzburg,
Martin von Wagner-Museum

Dosso Dossi: Apollo, um 1530.
Rom, Villa Borghese, Museo

Sog. Diana von Versailles. Hadrian. Kopie nach
griech. Original um 350/340 v. Chr.
Paris, Louvre

«Diana bella». Maiolica-Teller
Florenz, um 1450.
Paris, Musée de Cluny

Schule von Fontainebleau:
Diana als Jägerin,
um 1550. Paris, Louvre

[Ferd]inand Dietz: Diana.
[Skul]ptur aus dem Garten von Schloß Seehof
[bei B]amberg, um 1761/1765.
[Mün]chen, Bayerisches Nationalmuseum

Aphrodite
Kallípygos,
4./1. Jh. v. Chr.
Neapel, Museo
Nazionale

Die Hure Babylon
im Bild der Venus.
Jean de Bondol / Nicolas Batailles
Detail aus dem Teppich von Ang
1377 / 80. Angers, Schloß, Galeri

Lucas Cranach
d. Ä.:
Venus und Amor.
Rom, Villa
Borghese, Museo

Eros. Röm. Marmorstatue
verlorenem Bronzeorig
des Lysipp (4. Jh. v. C
Rom, Musei Capit

Der teuflische Amor,
1320/30. Assisi,
San Francesco, Unterkirche

. Ares Ludovisi.
n. Kopie nach der verlorenen Statue
Skopas (4. Jh. v. Chr.).
n, Museo Nazionale Romano

Diego
Velázquez:
Mars, um 1642
Madrid, Prado

Hephaistos auf dem Flügelwagen. Innenbild einer attisch-rotfigurigen Schale aus Saturnia. Um 500. Florenz, Museo Archeologico

Peter Paul Rubens, Vulkan schmiedet die Blitze Juppiters, 1636/38. Madrid, Prado

Athena. Schwarzfiguriges Bild des Kleophrades-Malers auf einer panathenäischen Preisamphora. Leiden, Rijksmuseum

Athena.
Weihrelief an Athene
von der Akropolis in Athen.
Um 450.
Athen, Akropolis-Museum

Bartholomäus Spranger:
Triumph der Weisheit (im Bild der Minerva).
Gemälde, um 1595.
Wien, Kunsthist. Museum

Dionysos in ekstatischem Tanz. Bild einer Kylix,
um 480/470 v. Chr. London, British Museum

Guido Reni:
Trinkender Bacchusknabe,
um 1623 (?).
Dresden, Gemäldegalerie
Alte Meister

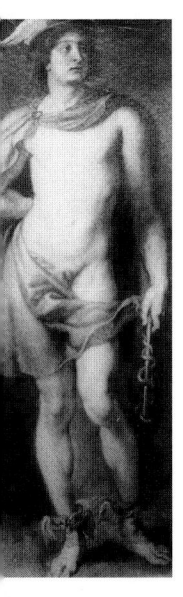

Peter Paul Rubens:
Merkur,
um 1636.
Madrid, Prado

Giambologna:
Merkur. Bronze.
Florenz, Bargello

Demeter mit drei
Ähren an einem Altar.
Schaleninnenbild.
Um 450.
Brüssel, Bibl. Royale

Hendrick Goltzius:
Ceres und Proserpina.
Stich B. 67 (242) Saenredam

Francisco Goya:
Saturn,
1820/23. Madrid, Prado

Ignaz Günther: Chronos.
Holzskulptur
(vermutlich Aufsatz einer Uhr),
um 1765/70. München,
Bayerisches Nationalmuseum

Gianlorenzo Bernini:
Pluto raubt Proserpina.
Marmorskulptur, 1622.
Rom, Villa Borghese, Museo

Jan Gossaert, gen. Mabuse:
Neptun und Amphitrite, 1516.
Berlin, Staatl. Museen – Preußischer
Kulturbesitz

Pan.
Illumination aus Rabanus Maurus:
De universo, nach 1022.
Montecassino, Codex 132

Arnold Böcklin:
Faun und Amsel,
n 1864/65. Hannover,
Niedersächsische
Landesgalerie

Herakles in der Schale
des Sonnengotts.
Schaleninnenbild in der
Art des Douris,
490/480 v. Chr. Rom,
Vatikanische Museen

Hendrick Goltzius:
Der Große Herkules.
Stich 1589 (SG 283)

Honoré Daumier:
Herkules und Omphale.
Lithographie aus:
Histoire ancienne, 1842

dem Opferritus. Da erwärmt das Gewand das Gift der Hydra (an dem ja Nessos gestorben war) und zerstört H. die Haut. Mit der Kleidung reißt er nun zugleich sich das Fleisch vom Leib. Zu Schiff bringt man ihn in diesem jämmerlichen Zustand nach Trachis. Von dort geht er auf den Berg Oité, errichtet einen Scheiterhaufen, besteigt ihn und gibt Anweisung, ihn zu entzünden. Das tut erst Poias, ein Hirte auf dem Weg zu den Herden. Ihm gibt H. seinen Bogen (von der Keule ist schon lange keine Rede mehr). Man sagt, im Feuer habe sich eine Wolke unter H. geschoben und mit Donnerklang himmelwärts getragen. Diodor (4,38,1 ff) berichtet, H. habe in seiner Bedrängnis den Boten Lichas erschlagen, dann das Heer aufgelöst und, in der Hoffnung auf Heilung, Likymnios und Iolaos nach Delphi geschickt. Die Antwort des Gottes rät, H. mit Rüstung und Waffen nach Oité zu bringen und einen Scheiterhaufen zu errichten, was Iolaos tat. Philoktetes habe das Feuer gelegt und dafür außer dem Bogen auch noch Pfeile erhalten. Gleichzeitig habe ein Blitz den Scheiterhaufen völlig aufgelöst. Nicht einen einzigen Knochen fanden seine Gefährten, woraus man schloß, daß er wirklich von den Menschen hinaufgestiegen sei in die Gesellschaft der Götter.

Dort droben (Apollodor, Bibl. 2,7,7) erwirbt er die Unsterblichkeit, versöhnt sich mit Hera und heiratet deren Tochter Hebe, von der er die Söhne Alexiares und Aniketos hat (zur Hochzeit mit Hebe: Homer, Od. 11,602 ff; Hesiod, Theog. 950 ff; Pindar, Nem. 169 [104] ff; ebd. 10,17 [30] f; ders. Isthm. 4,59 [100]; Euripides, Heracl. 915 f; Ovid, Met. 9,400 f).

Deianeira erhängte sich noch vor dem Tod des Helden (Apollodor, Bibl. 2,7,7; Diodor 4,38,3; anders Sophokles, Trach. 930 f: Die Frau ersticht sich mit dem Schwert). Hyllos, den ältesten Sohn von Deianeira, hat H. vor seinem Tod aufgefordert, die Iole zu heiraten (Sophokles, Trach. 1216 ff; Apollodor, Bibl. 2,7,7; Ovid, Met. 9,278 ff).

B H. ist ein Sterblicher, und alle seine Taten wollen daran gemessen sein. Von Anbeginn ist er ein Inbegriff der Stärke, zunächst wohl augenscheinlich eher der leiblichen, die aber immer häufiger gelenkt wird von einem gescheiten Kopf, mit Übersicht und List, schließlich der moralisch-sittlichen, was alles sich in seinen Taten zeigt und sich an ihnen ablesen läßt.

In seinen Taten ist H. dem Beobachter zumeist physisch recht nahe. Dennoch vermißt man zunächst eine ausreichende Vorstellung von seiner leiblichen Größe. An der literarischen Überlieferung fällt auf – auch im Vergleich mit anderen Heroen, z. B. Achill –, daß unsere Vorstellung von seiner Körpergröße zunächst einzig seine Taten zum Maßstab nehmen kann: Wer sich mit riesigen Gegnern mißt, muß selbst riesig sein! Dieser Mangel an Anschaulichkeit unterstützt die Vorstellung von seiner Stärke.

Die Nachricht, er sei vier Ellen hoch gewesen (= ca. 180 cm: Apollodor

2,4,9) oder gar noch um einen Fuß höher (ca. 210 cm: Tzetzes, Chil. 2,210 f; ders. Schol. zu Lykophron 662; zur Berechnung der Größe aus der Schrittlänge des H. durch Pythagoras s. Gellius 1,1, mit Hinweis auf Plutarch; vgl. den «Roman de la Rose» 9184 ff, der mit Berufung auf Solinus von sieben Fuß spricht und davon, daß kein Mensch größer sein könne; so auch Boccaccio, Gen. 13,1), macht seine Erscheinung zwar deutlicher – und so ist er wirklich riesig nach menschlichem Maßstab –; zugleich aber wird seine Leibesstärke eher zweifelhaft: Hederich (Sp. 1254) wird fragen, wie denn ein solcher H. den Antaeus, einen Kerl von «wenigstens dreyßig Ellen», hat heben und ihm die Luft hat ausdrücken können! Einen jedenfalls beachtlichen Maßstab gibt das Löwenfell vor, insonderheit das Löwenhaupt.

Theokrit (25,138 ff) sieht ihn einen mächtigen Stier niederringen. Auf gewaltige Leibesgröße läßt auch einer schließen, der auf einen Sitz einen ganzen Ochsen (oder mehr) verspeist (s. u.). Der Phantasie sind offenbar keine Grenzen gesetzt: Herodot (4,82) berichtet von einem Fußabdruck des H. am Fluß Tyras, der zwei Ellen lang gewesen sei. Solch dichterischen Gigantismus aus Freude am Fabelhaften und Wundersamen parodiert Lukian, wenn er von einer 100 Fuß langen Spur erzählt (Verae hist. 1,7 und 1,2 f). Eine «seltene» Nachricht sei, daß H. mit einem Atemzug 125 Schritte gelaufen sei (Myth. Vat. I 63).

Anderseits hat man sich H. durchaus auch klein vorstellen können, was seine Kraft um so merkwürdiger macht. Nach Dikaiarchos (Schüler des Aristoteles) sei H. schlank gewesen, sehnig, dunkel, mit Hakennase, strahlenden Augen («hypocharopón»), mit langem glatten Haar; der Philosoph Hieronymus (wohl der Peripatetiker, 3. Jh.) soll gesagt haben, H. sei von kleiner Statur gewesen, mit borstigem (widerspenstigem) Haar, und sehr stark, referiert Klemens v. Alexandrien (Exhort. ad Graec. 2, 26 P.; G.W. Butterworth 1982, S. 62). Daß er den Kyathos mit dem Hieb eines einzigen Fingers gegen den Kopf auf der Stelle tötete, veranschaulicht jedenfalls seine Kraft (Pausanias 2,13,8). Daß er einen Bart trug und «ungemein starke Arme» hatte, liest Hederich wohl eher Bildwerken als schriftlicher Überlieferung ab. Merkwürdig die Nachricht, wonach er drei Zahnreihen besessen haben soll (Hederich Sp. 1254): So ausgestattet ist bei Homer die Skylla (Od. 12,91).

Wie den Mythographen die Körpergröße des H. ins Grenzenlose zu wachsen scheint, so auch seine Stärke: Den Berg, den die Giganten auf den Olymp getürmt hatten, soll er hinabgestoßen haben (Myth. Vat. I 63, mit Hinweis auf Lucan). Als er den Ciminern seine Kraft («virtus»!)

zeigen sollte, stieß er eine eiserne Brechstange in den Boden, die niemand herausziehen konnte als er: Da schoß ein Riesenstrom Wasser aus dem Boden, und es entstand der See von Ciminum (Myth. Vat. I 54).

Kleidung und Ausstattung des H. entsprechen dem Kämpfer und Krieger, wobei auffällt, daß er in dieser Hinsicht im Laufe der Geschichte geradezu abgerüstet und entkleidet wird. Der Knabe trug ein schlichtes Gewand, das gerade über die Knie reichte (Theokrit 24,140).

Homer (Od. 11,606 ff) sieht am Schatten des grimmigen Kriegers in der Unterwelt nur Waffen und Rüstung: Bogen und Pfeil auf der Sehne, über der Brust das goldene Tragband für das Schwert, reich bebildert mit wilden Bären, Ebern und Löwen, Schlacht- und Kampfszenen. Hesiod (Aspis 122 ff) zeigt einen nach allen Regeln der Zeit wohlausgestatteten adligen Krieger. Er hat einen Kampfwagen mit Wagenlenker Iolaos (ebd. 77, 95 ff), trägt bronzene Beinschienen, eine goldene Brustplatte, einen stählernen Panzer über den Schultern, über dem Rücken einen Köcher voller langer Pfeile, gefiedert mit braunen Adlerfedern. Einen Speer mit bronzener Spitze hat er, auf dem Haupt trägt er einen wohlgeschmiedeten Helm, der den Schläfen eng anliegt, und er hält seinen berühmten runden Schild. Der Bogen wird nicht erwähnt, noch sieht man ein Schwert (das er ja von Hermes hat! Diodor 4,14,3; vgl. Hederich Sp. 1255). In der Gigantomachie ist er ausschließlich Bogenschütze (–> Zeus).

Später hat er die Rüstung abgelegt und ist in die Löwenhaut gekleidet (die dem unverletzlichen nemeischen Löwen gehört haben soll oder dem Löwen vom Kithairon, vgl.o.), wobei das Löwenhaupt mit geöffnetem Maul als Helm dient, in der Linken trägt er einen Bogen, in der Rechten eine Keule (die Löwenhaut soll ihm gleichermaßen als Schild wie als Ruhekissen gedient haben: Seneca, Herc. fur. 1151 f). Schließlich hat er auch den Bogen abgelegt und tritt endlich in unsere neuzeitliche Welt als der Muskelmann mit Keule, der sogar oft die Löwenhaut abgelegt hat; aber schon bei Aristophanes (Frösche) reichen Löwenhaut und Keule aus, den verkleideten Dionysos als H. auszuweisen (vgl. Theokrit 25,62 ff). Der «schwarzärschige» H., der in die Geschichte der Kerkopen gehört, bestätigt das volkstümliche Bild vom nackten Muskelmann.

H. ist auch ein mächtiger Esser und Trinker (Athenaios 10,411a–412b), der sich in diesen Disziplinen sogar auf den Wettkampf einläßt (mit Lepreus), nicht nur im Diskuswurf und dem Wasserschöpfen, sondern auch darum, wer einen Stier schneller zu verspeisen versteht und wer am meisten zu trinken vermag (vgl. Aelian, Hist. var. 1,24; zur Ernährung des Kindes mit Fleisch und Brot s. Theokrit 24,137 f; vgl. o.; eine für Auge und Ohr drastisch-komische Beschreibung des Fressers bei Athenaios 10,411b: «du würdest sterben, sähest du ihn essen»; vielleicht im Anschluß an Pindar, Frg. 168 [150]).

Seine Lieblingsspeise, «richtiges Essen, gut für Gesundheit und Körperkraft: frisches Rindfleisch gekocht, in riesiger Menge, mit reichlich Stelze und Maul, dazu drei gesalzene Stücke vom Jungschwein» (Athenaios 2,63d). Den robusten Selbstversorger zeigt die Geschichte, in der er sich (in Lindos) bei einem Landmann (Theiodamas) einen Ochsen vom Gespann holt und ihn sorgfältig, aber ungeduldig über Dungfeuer geröstet abends in dessen Haus verspeist (Philostrat, Imag. 2,24 [vgl. Anth. Pal. 16,101]; vgl. Apollodor, Bibl. 2,7,7; mit Hinweis auf den gleichermaßen verfressenen H. in einer Geschichte bei Pindar, wo er wohl gleich zwei Ochsen verspeist; Kallimachos, Hymn. 3, an Apoll 161; anders Apollonios Rhodios 1,1216 ff, wo H. den Mann erschlägt; vgl. Lactantius Firm., Div. inst. 1,21,33 ff).

Anderseits hat er wohl auch Wachteln geschätzt: Die Phöniker sollen ihm diese Vögel geopfert haben in Erinnerung an ein Ereignis in Libyen, wo der bloße Duft einer Wachtel (wie ein Riechfläschchen!) den von Typhon niedergestreckten H. wieder zum Leben erweckt habe (Athenaios 9,392d f; der Vogel soll weniger verspeist als zu Kampfspielen verwendet worden sein: Platon, Lysias 211e; Aristophanes, Aves 1299 f; s. Kl. Pauly, Bd. 5, Sp. 1344. Athenaios, 9,392d, nennt die Wachtel als Opfertier für H.). Auf den Esser H. bezieht sich auch die Möwe namens Bouphágos (wörtlich als «Stieresser» gelesen), die man dem H. als Attribut gab (Athenaios 10,411b).

Den Weintrinker H. treffen wir bei Athenaios (10,441) und ausführlich in Gesellschaft des Pholos (Macrobius, Sat. 5,21,16, nennt ihn trunksüchtig, «bibax»; vgl. Gellius 3,12,2). Den trunkenen H. zeigt Euripides (Alc. 756 ff): Ungemischten Wein trinkt er aus einem Kelch von Efeuholz (–> Dionysos), bis ihm das Herz warm wird und er sich Myrte über das Haupt streut, während er irgendwelche Weisen heult, so laut wie falsch. Zweierlei Melodie habe man dabei unterscheiden können. Er singt und nimmt dabei seine Umgebung nicht zur Kenntnis (vgl. auch die Empfehlung von Wein und Weib als Mittel gegen Kummer: ebd. 785 ff). Weil der Held aus großen Schalen zu trinken pflegte, habe man vielleicht die Geschichte von seiner Seereise in einer solchen statt in einem Schiff erfunden (Athenaios 11,469d).

Auf diese Weise zeigt er seine Nähe zu –> Dionysos, mit dem er auch teilt die Vergöttlichung nach einer Zeit irdischer Bewährung. Wie Dionysos Mutter Selene aus der Unterwelt holt, so holt H. die Alcestis von dort. Interessant sicher, daß Dionysos bei Pholos einen Wein bereitgestellt haben soll für den Fall, daß H. vorbeikommt.

Vielleicht ist der Wein auch der Anlaß für seine Wahnanfälle, die schließlich der Entschuldigung für seine mörderischen Taten dienen.

Homer (Od. 11,608 f) zeigt den H. als einen finsteren, kampfwütigen Gesellen. Der Mann, der den Pfeil schußbereit auf der Bogensehne hält, charakterisiert den H. gut als den, der immer wieder dem Jähzorn zum Opfer fällt und dann rasch zuschlägt, wobei er leicht einmal einen unbeabsichtigt umbringt. Das zeigt schon der Knabe, als er den Lehrer Linos mit der Lyra erschlägt, wohl weil der seinem Mangel an Interesse und Talent mit Hieben hatte abhelfen wollen (Apollodor, Bibl. 2,4,9; Diodor 3,67,2). Solche Momente zeigen zugleich das Übermaß seiner Leibeskraft: Den Mundschenk Kyathos erschlägt er auf der Stelle mit einem Fingerstüber gegen den Kopf, nur weil der Knabe ihm irgend etwas kredenzt hatte, was H. mißfiel (Pausanias 2,13,8; Athenaios 9,411). Versehentlich und auf gleiche Weise soll er einen Eunomos oder Cherias getötet haben, weil der ihm ungeschickt Wasser über die Hände gespritzt hatte (Apollodor, Bibl. 2,7,6; Athenaios 9,410). Aus Jähzorn wird er den Bogen sogar gegen die Sonne (Helios) heben, nur weil ihn deren Hitze ärgert (Apollodor 2,5,10; Athenaios 11,39; Diodor 11,470c f). Genauso soll er später auch den Okeanos bedroht haben (Athenaios ebd.). Blinder Jähzorn mag jener «Wahnsinn» sein, der seine Kinder das Leben kostet, Jähzorn auch sein Wüten, als das Orakel in Delphi sich ihm verweigert (z. B. Iphitos, den er von der Mauer stößt, im Wahn vgl. aber Homer, Od. 21,23 ff). Überhaupt sind die Opfer seines Wahnsinns ja auch unbeabsichtigt.

Daß man auch zu Schaden kommen kann, wenn man die Eitelkeit des H. herausfordert (oder gar schneller am Feind ist als er), erfährt Telamon vor Troia (Apollodor, Bibl. 2,6,4). Als feindselig muß er sein eigenes Abbild empfunden haben, als er das Standbild, das Daidalos ihm in Pisa gesetzt hat, nächtens für lebendig hält und flink einen Stein danach wirft und (natürlich) trifft (Apollodor, Bibl. 2,6,3).

Im Kampf ist H. vielseitig. Er wählt die angemessene Waffe (die dem Berichterstatter passend erscheint), sehr häufig den Bogen (vgl. Homer, Od. 11,606 ff, und Gigantomachie; Apollodor, Bibl. 1,6,1 u. 2,6,1). Nach seinem Tod sieht man anscheinend nur noch den Bogen, den er auch weitergibt (vgl. Apollodor, Bibl. 2,7,7; Diodor 4,8,8). Seltener nutzt er wohl das Schwert. Bei den früheren Autoren schlägt er den unsterblichen Kopf der Hydra damit ab. Bei Pictorius nutzt er es gegen die Hydra überhaupt. Die Keule scheint er gar nicht so häufig zu schwingen (Hund des Geryon; Hydra; einen der Söhne, weil er ihm für den Bogen zu nahe ist: Euripides, Herc. 991 ff). Auch im Ringkampf sieht man ihn (Antaios, Acheloos, Nereus und doch auch einige der Tiere und Untiere). Lanze oder Speer scheint er selten zu benutzen: Dem Ares stößt er den Speer (Lanze?) in den Schenkel (Hesiod, Schild 458 ff).

Er selbst ist keineswegs unverletzlich (Apollodor Bibl. 2,7,1; Pausanias 3,15,5). Auch wird er krank (Apollodor, Bibl. 2,6,2; 2,7,2).

Subtil ist H. gewiß nicht, was schon die Art seiner ureigenen Waffe, die Keule, zeigt, aber er ist einfallsreich im Durchsetzen seiner Ziele. In dieser Hinsicht stehen –> Athena (z. B. gegen die lernäische Hydra: Hesiod, Theog. 318) und –> Hermes (von dem er sein Schwert hat) ihm bei.

Auch Vater Zeus hilft und trägt den verwundeten H. aus der Schlacht oder ruft die Hera zur Ordnung, als sie dem H. auf See schwere Stürme schickt (Apollodor, Bibl. 2,7,1).

Pietät zeigt H., als er den Leichnam des Ikaros / Icarus begräbt, den er in Doliche am Strand gefunden hat (Apollodor, ebd.). Er soll der erste gewesen sein, der gegenüber seinen Feinden Milde zeigte, denn er habe erstmals einen Waffenstillstand gewährt zum Begraben der Toten, die man bisher den Hunden überlassen hatte (Aelian, Hist. var. 12,27, mit Hinweis auf Homer, Il. 1,4). Aelian (Hist. var. 4,5) notiert auch Beispiele für die Dankbarkeit des H. und solche gegen ihn.

H. soll zwischen seinen Mühen gern mit Kindern, Knaben, gespielt haben, zur Erholung und Abwechslung (Aelian, Hist. var. 12,15).

In der Fülle seiner Taten qualifizieren sich durch die Zeiten nicht nur der Tugendheld, sondern zugleich auch der Kulturbringer und mit diesem eigentlich der fürsorgliche Herrscher, dessen vornehmliches Anliegen die Abwehr von Unheil und Schaden ist, die sich gern in Gestalt von Ungeheuern in Tier- oder Menschengestalt zeigen, bedrohlich durch schiere physische Kraft, auch auf vielfach exotische Weise (man bemerkt, daß darunter viele Nachkommen des –> Poseidon sind). Dazu kommt jegliche Art von menschlicher Bösartigkeit, der sich mit physischer Gewalt begegnen läßt: Das Leben des H. ist – zumindest streckenweise – eigentlich eine einzige Kette von Gewalttätigkeiten, die zumeist mit dem Tod des Gegners enden. Besonders die Zeit nach seinem Dienst bei Omphale zeigt den Mann vorzüglich als Feldherrn, der von Ort zu Ort zieht und Ordnung schafft, gewöhnlich durch «Hinrichtung» auf diese oder jene Art. Die Quellen vermerken stereotyp, er habe «erschlagen» oder einfach «getötet».

Es fällt auf, daß besonders der «Dodekathlos» in seiner «kanonischen» Ordnung nicht nur die Fertigkeiten des Mannes zeigt, sondern auch die Vielzahl der Dienste, die er damit zu leisten vermag. Diodor nimmt im Zusammenhang mit der Expedition nach den Herden des Geryon (s. o. I,10) die Gelegenheit, den Helden ausführlich als Kulturbringer zu zeigen, wozu das Anbauen und Pflanzen ebenso gehören wie das Verteidigen und Reinigen. So berichtet er, H. habe Kreta von wilden Tieren gereinigt, so daß es später weder Bär noch Wolf noch Schlange noch anderes ähnliches Getier auf der Insel gab, eine Tat zu Ehren von (Vater) Zeus, seinem Geburtsort und frühen Aufenthalt (ebd. 17,3). Libyen unterwirft er, dazu noch Teile der angrenzenden Wüste, und er tötet auch dort alle wilden Tiere.

Er kultiviert das Land, bringt es unter den Pflug. Allenthalben gibt es nun gepflügte Felder und Früchte, viele Weingärten und Olivenhaine. Das tut er mit einem Land, das zuvor wegen der vielen wilden Tiere unbewohnbar gewesen war. Außerdem bestraft er mit dem Tod alle Gesetzlosen oder arroganten Herrscher und macht die Städte reich. Der Grund für diese Abneigung gegen wildes Getier und gesetzlose Leute seien gewesen seine frühe Erfahrung mit Schlangen, die ihm nach dem Leben trachteten, und die Erfahrung mit einem arroganten und ungerechten Despoten (Eurystheus), der ihm so viele Mühsal auferlegte (ebd. 4,18,4/5). Apollodor (Bibl. 2,5,10) ist in dieser Hinsicht deutlich lakonisch und sagt einzig, H. habe auf seinem Zug durch Europa viele wilde Tiere getötet. Danach ist er wohl durch Libyen nur hindurchgezogen. Auf dem Weg nach Tartessos errichtete er als Wegzeichen zwei Säulen, die, einander gegenüberstehend, die Grenze zwischen Europa und Libyen (Afrika) markierten, welche Tat ihn auch als Eroberer und Ordner zeigt, gleich, ob man der Meinung war, daß H. eine Landverbindung zwischen den Kontinenten durchbrach und damit die Meere miteinander verband, oder ob er eine ursprünglich breitere Straße verengte und flacher machte, die Kontinente näher aneinanderschob, um Ungeheuern des Atlantik den Weg ins Mittelmeer zu erschweren (eben auch eine nützliche Tat; Diodor 4,18,5; Seneca, Herc. fur. 235 ff; ders. Herc. oet. 1240; Plinius, Nat. 3,4; Pomponius Mela 1,27; ders. 2,95; Martian 6,625). Diodor (ebd.) meint auch, die Säulen habe H. zur Erinnerung an seine Tat als Denkmale gesetzt. Man hat in diesen «Säulen» den Felsen von Gibraltar und den Felsen von Abyla (Ceuta) erkannt (Strabo 3,5,5; Tzet-

zes, Schol. zu Lykophron 649; Martian 6,624; zu anderen Deutungen
s. Apollodor, Frazer 1976, Bd. 1, S. 212 f, Anm. 1).

Nichts könnte den Kulturbringer H. besser veranschaulichen als die
Befreiung des –> Prometheus und der Umstand, daß er von ihm Rat ent-
gegennimmt. Anderseits ist der Titan ein Aufständischer gegen die Götter, während H. nicht nur deren Beistand hat, sondern ihnen sogar mit
Aufmerksamkeit begegnet, v. a. Vater Zeus, dem er in Kenaion einen Altar errichtet (Apollodor, Bibl. 2,7,7; vgl. Sophokles, Trach. 237 ff, 752 ff,
993 ff; Diodor 4,37,5; Ovid, Met. 9,136; Seneca, Herc. oet. 102 f, 782 ff).
Das geschieht bedeutungsvoll im Zusammenhang mit seiner Apotheose,
als der Vater ihn aufnimmt zum Lohn für das gehorsame Erfüllen seines
Auftrags. In Olympia hat er den zwölf Göttern sechs Doppelaltäre errichtet (vgl. Pindar, Ol. 5,4 [8] ff; ebd. 10,24 [30] f). Das geschah wohl aus
Anlaß der Gründung der olympischen Spiele, worin er gleichermaßen
herrscherliche Fürsorge zeigt. Spiele hat er auch in Abdera eingerichtet
(Apollodor, Bibl. 2,5,8; vgl. Philostrat, Imag. 2,25).

Der Kulturbringer H. erweist sich eigentlich als fürsorglicher Herrscher, und man mag sich den Zeussohn vorstellen als das Ebenbild des
Vaters unter den Sterblichen. An dieser Stelle sollte man bemerken, daß
die historische Entwicklung des H. beim archaischen Herrscherbild beginnt und sich fortwährend modernisiert.

Die Iphitosgeschichte durch die Zeiten veranschaulicht den Wandel
vom groben, mörderischen Totschläger aus Gewinnsucht (Homer), der
auch noch das Gastrecht verletzt, zum Tugendhelden, dessen todbringende Tat versehentlich (im Wahn!) geschieht: So ist der «Wahnsinn»
ein vorzügliches Mittel, den Übeltäter gleichsam zu entschuldigen.
Schließlich zeigt der Mythos ihn in dieser Hinsicht ja auch als Opfer der
Hera. Insofern muß man notieren, daß er nicht nur sühnen soll, sondern
das auch will, aus eigenem Antrieb.

Dieser H., der Schwierigkeiten eindrucksvoll mit dem Muskel wie
auch mit beträchtlicher Übersicht zu bewältigen weiß, erweist sich in
seinem historischen Leben schließlich als Inbegriff tugendhaften Lebens, als Tugendheld schlechthin.

Den frühen Christen ist recht eigentlich der (populäre) Gott ein Ärgernis, dem sie mit Spott begegnen und ihn lächerlich machen, gern
auch über seinen Kult (Tertullian, Apol. 14,1: der Zehnte, den man dem
Gott versprach; Minucius Felix, Oct. 23,7: H. legt seine Sterblichkeit ab,
indem er verbrennt; ebd.: Er beschäftigt sich mit Kuhmist; Augustin,
Sermo 24,6, in PL, Bd. 38, Sp. 166).

Lactantius Firm. (Div. inst. 1,9) greift den «Tugendhaften» an: Da habe man einen zum Gott erhoben, der das Erdenrund gereinigt haben soll, tatsächlich es aber beschmutzte mit Vergewaltigungen, Wollust und Ehebruch. Kein Wunder, wo er doch selbst einem Ehebruch entstammt. Freilich, seine großen und wunderbaren Taten verlangten einen tapferen Mann («vir fortis»), doch den Geist («animus») zu besiegen, den Zorn zu bändigen, das verlangt den Stärksten. Das aber habe H. nicht getan noch vermocht. Einer, der einen Löwen überwindet, ist nicht stärker als einer, der die wilde Bestie in sich selbst, den Zorn, überwältigt. Woraus folge, daß man einen tapferen Mann nennen kann nur den, der maßvoll ist, beherrscht und gerecht. Ähnlich wird Augustin die 13jährige Agnes, die den Teufel besiegt, für heldischer und stärker halten als H., den Sieger über Cacus, Löwe und Cerberus (Sermo 273,6, PL, Bd. 38, Sp. 1250).

Im Gegensinn findet der Christ Boethius nicht aus dem Glauben, sondern aus philosophischem Geist Trost eben bei H. als Beispiel tugendhaften Lebens, denn Tugend («virtus») ist unbesiegbar, weil sie auf ihrer eigenen Stärke beruht («quod virtus suis viribus nitens non superetur adversis»; Cons., W. Weinberger 1934, S. 105). Als letzte seiner zwölf Taten trug er den Himmel auf dem Nacken: «So geht denn, ihr Tapferen, wohin der steile Weg des großen Beispiels euch führt. Warum entblößt ihr untätig den Rücken? Die besiegte Erde schenkt (euch) die Sterne» (Ite nunc, fortes, ubi celsa magni ducit exempli via. Cur inertes terga nudatis? Superata tellus sidera donat; ebd. Carm. 4,7; ebd. S. 106).

Anders dagegen die moralisierende Allegorese, die H. zum Bild der Tugend («virtus») macht und dabei – ganz wie Lactantius Firm. – die moralische Tugend vor die physische stellt, nur mit gegenläufiger Bewertung: Daß der Held den Cerberus heraufholt, zeigt ihn als Verächter und Herrn über alle Sinnenlust («cupiditates») und irdische Laster («vitia terrena»; Servius, Aen. 6,395). Auf diese Weise wird auch der Christ Fulgentius in Cacus ein Bild der Bosheit («malitia»), in «Anteus» die Wollust («libido») sehen, die beide im Kampf der Tugend/H. unterliegen (Myth. 2,3 f, 674–676, Helm 1970, S. 42 f). Daß der Held der Omphale zum Opfer fällt (ebd. 2,2, 672–674, Helm 1970, S. 41 f) erkläre sich aus der Erbsünde (Hesekiel/Ezechiel 16,4). Darum konnte Wollust gar die unbesiegte Tugend überwinden (–> Eros: «amor vincit omnia», die Liebe überwindet alles).

In der Hochzeitsgeschichte von Admet sieht Fulgentius im Kontext einer umständlichen Allegorese, die auch den Hadesgang einbezieht (Myth. 1,22, 658–662, Helm 1970, S. 33 ff), den H. schließlich als Bild der Tugend («virtus»), welche den Eber, Apoll als Bild der Weisheit, die den Löwen einspannt.

Auch den kulturgeneigten, geistig interessierten H. erkennt Fulgentius auf diese Weise: Die vier Äpfel der Hesperiden sind (nach ihrem aus dem Griechischen übersetzten Namen) Bilder für Studium («studium»), Verstand («intellectus»), Gedächtnis («memoria») und Beredsamkeit («facundia»); denn zuerst gilt es, zu studieren, dann einzusehen, dann, was man einsieht, sich zu merken («memorari»), schließlich, was man sagen will («quod terminas»), in der Rede zu schmücken. So hat Tugend auch den «Goldschmuck» Studium geraubt (ders., Virgil. 755, Helm 1970, S. 97; dieser Gedanke ist vielleicht eher vom –> Hercules Gallicus bestimmt).

Auf solcher Grundlage findet man (Myth. Vat. III 13,4), daß H. an Geist stärker war denn an Leib, sagt der Mythographus Vaticanus III (13,4), der verschiedene verfügbare Deutungsweisen miteinander vermischt. H. habe von Atlas die Himmelskunde («astrologia») erlernt (was sicher dem Herrscher gut ansteht; vgl. Diodor 4,27,5). Überhaupt sei er ein Philosoph gewesen, was sich etwa an der Cerberusepisode zeige (nach Fulgentius). Gleicherweise historisiert er auch den Sieg über die Hydra, die in Wirklichkeit ein Ort war, der Wasser ausstieß, welches die benachbarte Stadt verwüstete; wenn man nun einen Fluß versperrte, dann brachen («erumpebant») statt dessen viele andere hervor. Als H. das sah, hat er viele Plätze ringsum ausgebrannt und damit den Wassern den Weg versperrt.

Dem Achelous brach er ein Horn ab und weihte es der Copia. Das sei ein Bild dafür, daß er ein Flußbett, dessen Überschwemmungen die Felder unmäßig überfluteten, austrocknete und fruchtbar machte.

An Macrobius (Sat. 1,20,1 ff) schließt die pysikalische Deutung der Atlasgeschichte. H. ist die Sonne: Die zwölf Taten sind auf die zwölf Tierkreiszeichen des Jahres bezogen, die sie durchläuft und also überwindet (vgl. Cartari 1647, S. 184). In stoischer Deutung sieht Cornutus (Nat. deor., 31) in H. ein Bild jener Kraft, die allen Dingen von Natur eingegeben sei.

Es ist v. a. das wache Interesse an Ovid, das im Schoß einer etablierten Kirche seit dem 12. Jh. dem H. zu einer neuen Metamorphose verhilft und ihn in moralisierender Allegorese schließlich in die christliche Heilsgeschichte aufnimmt. Man bemerkt die Analogien («Ovide moralisé en prose» 7,11, de Boer S. 214): H. ist ein Bild Christi, «Sohn eines ewigen Vaters, herabgestiegen aus dem Himmel, um die Wege hier unten von Gefahren zu reinigen und die Schuld, der diese arme Welt verfallen ist, zu tilgen. So wird von ihm alle Häresie ausgelöscht. Er ist es, der dem wilden Stier widersteht und den Eber fängt, der die Weingärten verwüstete. Er ist es, der den Löwen bändigt, der die Menschen verschlang.» Der Abstieg in den Hades wird zum Bild für Christus in der Vorhölle, und für den Cerberus findet sich Psalm 22(21),17: «Etenim circumstant me canes multi, caterva male agentium cingit me» (Luther: Denn Hunde haben mich umgeben, und der Bösen Rotte hat mich umringt).

In Alkmene («Almena»; ebd. 9,3; S. 243) lasse sich die Jungfrau Maria erkennen, «die mit Hilfe des Heiligen Geistes ohne sterblichen Samen den Sohn Gottes empfängt, welcher mit seiner Stärke das Menschengeschlecht aus der Hölle befreit und so die in düsterer Unwissenheit Verirrten erleuchtet». Auf diese Weise wird Iole («Yole») zum Bild der «katholischen Kirche».

Zum Tod des H. heißt es (ebd. 9,2; S. 239), der Mensch habe drei Feinde: «Das Fleisch, die Welt und den Teufel, von denen Gott in seiner Allmacht sie einst befreien wollte, als er im Leibe einer heiligen Jungfrau Menschengestalt annahm. Als Mensch kämpfte er bis zu seinem leiblichen Tod, mit dem er den Höllenfeind bezwang, die Seelen der heiligen Väter von ihren Fesseln befreite und sie dann in den Himmel in die Glorie des Paradieses führte. Und so zeigte er ein Beispiel der Demut gegen den Hochmut der Welt in harter Buße für begangene Sünden» (vgl. hierzu F. Gaeta 1954, S. 227 ff; mit Material aus dem «Ovide moralisé» und dem «Ovidius Moralizatus» des Pierre Bersuire, um 1340, ebd. S. 246). Es ist sicher diese Tradition, aus der Ronsard den «Hymne de l'Hercule Chrestien», den Christlichen H., konzipiert, eine «lückenlose christliche Typologie» des H. mit dem Blick auf Christus (vgl. P. de Ronsard 1571, Gallimard 1950, Bd. 2, S. 206 ff; zum Thema allgemein vgl. W. Sparn 1984, S. 73 ff).

Als Ritter H. überlebt auf seine Weise auch der Fürst und Feldherr (s. Raoul Lefèvre, Recueil des histoires de Troyes, 1464; vgl. F. Gaeta, ebd.). Seine Reisen durch Europa machen ihn zum beliebten Ahnherrn vieler Dynastien (vgl. Jean Seznec 1961, S. 25).

Die Mythographie des 16. und 17. Jhs. sieht zumeist den Tugendhelden. Natale Conti (1567, 10, Bl. 300ᵛ) macht ihn zum Exemplum eines «vir bonus», der durch die Niederungen von Hochmut, Zorn, Arroganz und Raserei («animi furor») hindurchgegangen ist bis zu der Einsicht, daß das Gemüt von allen diesen Regungen rein zu halten sei. So sei H.

zum Bild für Stärke («fortitudo»), Redlichkeit («probitas») und Geistes-größe geworden im Überwältigen von Lastern, im Zertreten jeglicher Wollust. Das sieht den Tugendhaften deutlich im Gegensatz zu seinen einstigen Untaten. Ganz ähnlich, als Sieger über die wilden Monstren nicht draußen, sondern im Gemüt, führt Cartari ihn vor (1647, S. 184).

Der Emblematik gibt H. zahlreiche Anregungen. Besonders häufig finden sich Lemmata zu H. am Scheideweg, Mahnungen zur Tugend, z. B. bei Gilles Corrozet (1543, K viii b; H./S. Sp. 1642; vgl. E. Panofsky 1930, S. 36 ff). Nicolas Reusner (1591, A vb; H./S. Sp. 1643) weist auf den Ruhm der Tugend. Hadrianus Junius zeigt H. zwischen Minerva-Tu-gend und Venus-Laster (1565, Nr. 44; H./S. ebd.). Zwischen Tugend und Venus sieht ihn Laurentius Haechtanus (1579, Nr. 49; H./S. ebd.). Seba-stián de Covarribias Orozco (1610, II, Nr. 75; H./S. Sp. 1644) sieht unter dem Bild von Löwenfell und Fuchsbalg H. als Vereinigung von Stärke und List. Nicht nur an den Herrscher wendet sich Diego de Saavedra Fa-jardo (1659, Nr. 97; H./S. Sp. 97). Zum Bild von Löwenfell und Keule be-handelt er das Lemma, wonach Beute uns stärker macht (vgl. Picinello 3,22,62, S. 157). Alciat (1550, S. 149/150, Held Nr. 17; H./S. 1645 f) macht die «12 Arbeiten» zum Lemma und breitet dazu eine Liste mora-lisierender Deutungen aus, an deren Anfang die Beredsamkeit des Hel-den steht, an deren Ende es heißt, er habe die Verehrung der Gelehrten, und sein Lob, Preis und Name währten ewig.

Besonders ergiebig für die praktische Anwendung ist die Hydra-Epi-sode. Gilles Corrozet (1543, I, vii b; H./S. Sp. 1647) sieht darin ein Bild für die wachsende Zahl der Komplikationen in einem Rechtsstreit. Achille Bocchius (1555, III, Nr. 92; H./S. ebd.) hält offenbar die Fackel im Kampf für das Bild einer guten Tat, welche den Neid (Hydra) vernichtet. Schlichtweg die Beobachtung, wonach ein Unglück selten allein kommt, scheint Joannes Sambucus (1566, S. 119; H./S. ebd.) der Hydra abzule-sen. An den allzu harten Kritiker wendet sich Nicolas Reusner (1581, III, Nr. 9; H./S. ebd.) mit der Mahnung, Maß zu halten (NE QUID NIMIS): Fehler gehören zur Natur der Geschöpfe. Noch umständlicher ist die Be-ziehung zwischen Tugend und Amor unter dem Bild der Hydra bei Otho Vaenius (1608, S. 32/33; H./S. Sp. 1648). Umgekehrt als Führer des Amor sieht den H. Otho Vaenius (1648, S. 52/53; H./S. Sp. 1654). Zum Scharfrichter an einem Tyrannen, der nun erleidet, was er anderen antat, macht den H. Sebastián de Covarrubias Orozco (1610, III, Nr. 93; H./S. Sp. 1648 f) aus Anlaß der Diomedes-Episode. Die drei goldenen Äpfel in den Händen charakterisieren ihn als tapfer («fortis»), bescheiden («modestus») und stark («potens»; Achille Bocchius 1555, II, Nr. 55; H. / S. Sp. 1650). Das zum Füllhorn gewordene Horn des Acheloos ist ein Bild für den Lohn der Mühsal des Helden bei Nicolas Reusner (1581, I, Nr. 18; H. / S. Sp. 1650).

An den Fürsten wendet sich das Emblem zu «H. Musagetes» (Dionysius Lebeus-Batillius 1596, Nr. 46; H. / S. Sp. 1651; –> Musen). Sieger über die Vermessenheit ist H. bei Alciat (1531, B b, Held Nr. 110; H. / S. Sp. 1653) am Beispiel der Pygmäen (Philostrat, Imag. 2,22; H. / S. ebd.). Daß Tugend auch durch Überzahl nicht zu überwinden sei, zeigen die Pygmäen bei Reusner (1591, E iiij [a]; H. / S. ebd.). Hieraus zieht bei Picinello auch die Kirche Zuversicht künftigen Triumphs über vielfältigen Ansturm (3,22,67, S. 158). Daß (das Streben nach) Ruhm Kraft gibt (vgl. Ovid, Trist. 5,12,37), veranschaulicht H. in einem Emblem des Hieronymus Sperling (Augsburg o. J., Nr. 12; H. / S. Sp. 1654).

Mühelos wird H. auch wieder positiv in die christliche Welt eingeordnet, wie Picinello beweist. Ein auf Ludwig XIV. von Frankreich bezogenes Emblem (ebd. 3,22,65, S. 158) entdeckt zunächst, daß die Keule aus Olivenholz also dem Frieden diene, auch im Kampf gegen die Ungeheuer. Das gelte gleichermaßen für das Kreuz Christi. Ganz ähnlich sind Keule und Kreuz Instrumente strafender Gerechtigkeit («iustitia vindicativa»; ebd. 66). Der Tod des H. gibt unter dem Lemma «Ex morte perennitas» (Aus dem Tod die Ewigkeit) Gelegenheit, gleicherweise auf den heiligen Lorenz zu verweisen (ebd. 3,22,60; S. 157). Der Sieg über den Erdensohn Antaeus soll ein Bild sein für den Erwerb der Sterne, wie der Christ durch Überwinden der Welt den Himmel erwirbt (ebd. 3,22,56; S. 156 f). Wenn die Kardinäle im Interregnum zwischen zwei Päpsten allein die Last der Kirche tragen, dann üben sie ein herkulisches Amt, sagt ein Emblem unter dem Lemma «Donec reddatur Atlanti» (bis daß Atlas wieder übernimmt; ebd. 58). Aus Anlaß der Thronübernahme macht Philipp II. von Spanien den H. zum Bild seiner selbst unter dem Lemma «Ut qiescat Atlas» (Auf daß Atlas ausruhe). Hier ist die Rede auch von Christus als dem himmlischen Atlas (ebd. 59).

Außer der notorischen Ausstattung des Kämpfers (Löwenfell und Keule, Bogen, Köcher, Pfeile) hat man H. noch die Pappel (populus alba = Silberpappel) als Attribut gegeben. Dazu berichtet Cartari (1647, S. 184 f), man habe H. für ein Bild der Zeit gehalten, die alles besiegt und beherrscht, weshalb man ihn mit Pappelzweigen bekränzte. Daher wisse Vergil, daß Euander sich solche aufs Haupt legte und «Herculea fronde» (Georg. 2,66) nannte, weil sie mit ihren zwei Farben die zwei Teile der

Zeit zeigen, das Weiß den Tag, das Dunkle die Nacht. Auf dem Weg in die Unterwelt habe H. sich einige Zweige davon aufs Haupt gelegt. Die Seite der Blätter, die ihm auf der verschwitzten Haut lagen, wurde weiß, die andere, die der Höllenluft ausgesetzt war, wurde dunkel und rauchig. Der Held wollte, daß sie so blieben, weil sie ihm den Kopf gegen die betäubenden Höllendämpfe freihielten. Der Baum soll am Acheron gewachsen sein und H. sich damit erst nach seinem Hadesgang bekränzt haben.

Der –> Hercules gallicus, der die Keule gleichsam durch die Macht seiner Zunge ersetzt, ist wie ein geistiges Kontrastprogramm zu dem Muskelmann.

C *Typus.* Die kanonischen Merkmale des H. sind ein muskulöser Körper, kurzer kräftiger Hals und Stiernacken, ein verhältnismäßig kleiner Kopf und kurzgelocktes Haupt- und Barthaar, wie sie z. B. der berühmte *Hercules Farnese* aufweist (Neapel, Museo Nazionale; Kolossalstatue des Glykon von Athen aus dem frühen 3. Jh. n. Chr., vielleicht auf ein Original des Lysipp, 4. Jh. v. Chr., zurückgehend). Ausgeprägt ist der Typus auf spätantiken Münzen und Steinschnitten zu sehen (Kamee aus Sardonyx, Paris, Cabinet des Médailles, Inv. Nr. 71). Dort ist H. häufig auch kahlköpfig bis auf einen Haarkranz, die Nasenpartie trägt die Spuren des Nahkampfs (zwei skulpierte Marmorkonsolen, 2. Jh. n. Chr.; Istanbul, Archäologisches Museum, Inv. Nr. 2276, 2278; Kamee aus Sardonyx, 1. Jh.?; Paris, Cabinet des Médailles, Inv. 71), ähnlich dem berühmten sitzenden Faustkämpfer (griech. Original in Bronze, 3. Jh. v. Chr.; Rom, Thermenmuseum = Museo Nazionale, Inv. 1055).

Gekleidet ist H. in ein Löwenfell, das er wie eine Rüstung trägt. Die Pfoten des Tiers sind über der Brust geknotet, der Kopf mit geöffnetem Maul fungiert als Helm. So sieht man ihn in der Bildkunst durch alle Zeiten von den griechischen Vasenbildern (schwarzfiguriges Bild auf einer Hydria des Madrid-Malers; Rom, Musei Vaticani) bis in die Neuzeit (Covarrubias Orozco 1610, II, Nr. 75; H./S. Sp. 1644; u. a.).

Der häufig in Ruhepose (nach seinen Plagen ausruhend) gezeigte Held stützt sich auf seine Keule *(Hercules Farnese),* oder er sitzt entspannt (auf dem *Hersperidenrelief,* Kopie nach Original um 420 v. Chr.; Rom, Villa Albani, Inv. 1008). – Ein italienischer Künstler der 2. Hälfte des 18. Jh. zeigt den Helden schlafend im Sitzen, Hand und Kopf auf die Keule gestützt (Oxford, Ashmolean Museum, Kat. 1992, Nr. 69).

Die Frühzeit der griechischen Kunst beschränkt sich in ihrer Charakterisierung auf die spezifischen Attribute des Helden. Im übrigen ist dieser nur durch eine Namensbeischrift oder den Bildzusammenhang zu identifizieren.

Den klassischen Typus verkörpert eine Statue des Myron (5. Jh.), die in einer römischen Kopie überliefert ist (Boston, Museum of Fine Art): Der stehende H. hat das Löwenfell über dem linken Arm gehängt, mit der Rechten stützt er sich auf die mächtige Keule. – Demselben Schema entspricht der vergoldete römische Bronzekoloß des 2. Jh. n. Chr. in Rom (Musei Vaticani, Sala Rotonda).

Den betont athletischen Körperbau zeigt H. erst im 4. Jh. v. Chr. (F. Brommer 1954, S. 64 ff).

Das Mittelalter entwickelt seine eigene Ikonographie. Der mythographischen Überlieferung, die in H. einen Helden von hohem Ethos sieht, entspricht eine Visualisierung als «Ritter», etwa auf einer Illustration zu Boccaccios «De claris mulieribus» (franz., frühes 15. Jh.; London, British Museum, Royal Ms. 16 G.V., Bl. 26ᵛ). Besonders anschaulich wird dieser Gedanke in der Romanliteratur am Herzoghof von Burgund und später in den Entrées am französischen Königshof (s. auch Raoul Lefèvre, «Recueil des histoires de Troyes», Brügge 1489. Als Lohn für seine Taten wird H. von König Kreon in den Ritterstand erhoben!).

Interessant ist eine Zeichnung von Lucas Cranach (um 1551; Edgware, Slg. Schilling). H., der gegen eine Horde Wilder Männer kämpft, erscheint als Ritter in voller Rüstung, seine Waffe ist das Schwert, ein Rundschild dient zum Schutz, während seine Gegner mit des H. herkömmlicher Waffe, der Keule, kämpfen – als wollte der Maler Beginn (in Gestalt der Wilden Männer) und Ende (in Gestalt des Ritters) der erstaunlichen Entwicklung des Wesens des H. vom Raufbold zum Edelmann zur Anschauung bringen, was man wiederum als Gleichnis für die Phylogenese des Menschen verstehen könnte. Von nachhaltigem Eindruck auf die Künstler der Neuzeit war jene 1540 in den Caracalla-Thermen in Rom gefundene Kolossalstatue des (hier schon mehrfach genannten) *Hercules Farnese*. Beine und Arme ergänzte Fra Guglielmo Della Porta so zutreffend, daß man darauf verzichtete, sie gegen die später gefundenen Originale auszutauschen. Die Statue stellt den Heros nackt, in Ruhepose auf seine Keule gestützt, dar, die Rechte ist auf den Rücken genommen. Eine der frühesten Nachbildungen ist eine Terrakotta-Statuette von Stefano Maderno (1617; Oxford, Ashmolean Museum, Cat. 1992,1, Nr. 56). Hendrick Goltzius fertigte eine Zeichnung nach der Statue (schon mit den Ergänzungen; 1591, Haarlem, Teyler's

Stichting, Prentenkabinet). – Auch der Koloß im Park von Schloß Wilhelmshöhe (bei Kassel; Krönung des «Oktogons», 1714/1717 von Johann Jacob Anthony) ist eine Nachbildung des *Hercules Farnese*.

An den Rand der Karikatur (nicht im abwertenden Sinn) gerät der *Große Hercules* von Hendrick Goltzius (Stich 1589, B. 142, SG 283; Abb. in Illustr. Bartsch 3, S. 135, Abb. 142), der in der differenzierten Definition der Muskulatur wie eine anatomische Demonstrationsfigur wirkt. Mit den gedrungenen Proportionen, dem unzivilisierten Gesamteindruck, dem wilden Schnauzbart ist er weit entfernt von den klassischen Beispielen (die Goltzius aufs genaueste kannte und als Kopist beherrschte). Auffallend auch die Attribute – das Horn (des Acheloos) in der gesenkten Rechten und die geschulterte Keule, die in einem Knauf endet.

Attribute. Verglichen mit anderen mythischen Gestalten (etwa –> Artemis), ist H. arm an Attributen. Kanonisch ist die gewaltige aus Holz geschnittene, von Astnarben bedeckte Keule (s. wiederum den *Hercules Farnese*; ferner Annibale Carraccis *Hercules am Scheideweg*, wohl 1595 für das Camerino im Palazzo Farnese in Rom begonnen; heute Neapel, Museo Nazionale).

Die Überlieferung, der zufolge H. von –> Hephaistos eine Keule mit bronzenem Kopf erhält, scheint sich in Darstellungen des Mittelalters und der Renaissance zu spiegeln: Die Keule endet in einem Stachelknauf und ähnelt einem Streitkolben (Cartari 1571, S. 341). Deutlich als Artefakt ist die Keule (mit Griff!) auch auf Dürers Holzschnitt B. 127(143) gekennzeichnet (*Herkules besiegt die Molioniden*, um 1496).

Gelegentlich wird die Keule durch einen ausgerissenen Baumstamm ersetzt, so auf Dürers *Herkules am Scheideweg* (B. 73 [86], um 1498). Diese Waffe scheint der Ikonographie des *Wilden Mannes* entlehnt. – Am *Herkulesbrunnen* des Adriaen de Vries in Augsburg (1602) schlägt der Held mit einem gewaltigen brennenden Ast auf die Hydra ein.

Zu Pfeil und Bogen greift H., wenn seine bevorzugte Nahkampfwaffe, die Keule, nicht einsetzbar ist, etwa bei der Begegnung mit den Stymphalischen Vögeln: Auf Dürers Federzeichnung (um 1500; Darmstadt, Hessisches Landesmuseum) hat er die Keule abgelegt, während er den Bogen spannt. – Odysseus sieht bei seinem Besuch in der Unterwelt den mächtigen H. einen Pfeil an die Sehne des Bogens legen (Homer, Od. 11,607 ff), furchtbar um sich blickend.

Kniend spannt H. den Bogen im Kampf gegen die Troer (Skulptur im

Ostgiebel des Zeustempels von Aigina, zweite Figur von rechts; 485 / 480 v. Chr; München, Glyptothek); sein Pfeil hat König Laomédon (liegende Giebelfigur ganz links) getroffen. – Als neuzeitliches Beispiel soll nur die Bronzefigur von Emile-Antoine Bourdelle erwähnt werden (1909; Rom, Galleria nazionale d'arte moderna).

Als reines Attribut charakterisiert der Bogen v. a. den –> Hercules Gallicus.

Mit den Äpfeln, die H. in der Hand trägt, sind die Äpfel der Hesperiden gemeint. Als Attribut trifft man sie insbesondere im Hellenismus an (hellenistische Bronzestatue des H. in Paris, Bibliothèque Nationale). An solche Darstellungen schließen die Künstler der Renaissance an, etwa Bartolommeo Bandinelli (Bronzefigur in Florenz, Bargello), Giovanni di Bertoldo (Zuschreibung; Bronze in London, Victoria and Albert-Museum) oder der Anonymus, der die Marmorstatue in Florenz (Boboligarten, 2. H. 16. Jh.) schuf. Vermutlich folgte auch Michelangelos (verschollene) Kolossalfigur eines H. diesem Typus (1529 von Franz I. erworben, krönte sie einen Brunnen im Garten von Fontainebleau).

Drei Äpfel sind auch Attribute einer der beiden Hermen von Nicolas Poussin, die den H. darstellen (1655 / 65; heute im Park von Versailles).

Ein seltenes Attribut des H. ist das Füllhorn (das Horn des Acheloos). Darstellungen finden sich vornehmlich auf griechischen Vasenbildern.

Mit der Schlange, die H. manchmal beigegeben ist (sie windet sich z. B. um sein Bein), ist entweder die Hydra gemeint oder der Drache Ladon, der den Baum der Hera im Garten der Hesperiden bewacht. Dieses seltene Attribut findet sich (im letzteren Verständnis) an einer der Hermen von Poussin (1655 / 1665, Park von Versailles): Zusammen mit den drei Äpfeln spielt der leblos vor dem Körper des H. hängende Schlangenleib auf die letzte Arbeit an.

Der Kranz, den H. auf dem Haupt trägt, ist kein spezifisches Attribut, sofern es sich um den Siegeskranz handelt. Anders bei der Laubkrone aus Pappelblättern, wie sie der jugendliche H. einer Herme (2. Jh. n. Chr.; London, British Museum, Inv. 1731) oder der H. auf Dossos Gemälde *Herkules und die Pygmäen* trägt (Graz, Joanneum, Alte Galerie; nach 1534: mit deutlich unterschiedener Färbung von Ober- und Unterseite der Pappelblätter; s. o.).

Die Säule dürfte ein von der Personifikation der *Stärke* entlehntes (seltenes) Attribut des H. sein. Eine der drei Gartenplastiken von Jan Pieter van Baurscheit (Amsterdam, Rijksmuseum, Inv. N.M. 13215a), die H. gewidmet sind, zeigt den Helden mit zwei Bruchstücken einer Säule in den Händen. – Umgekehrt tritt die «Stärke» gelegentlich mit Requisiten des H. auf (Stich von Hendrick Goltzius, wohl nach 1580; Abb. in Illustr. Bartsch 3, Commentary, S. 81: eine nackte weibliche Gestalt mit Löwenhelm und den Rücken bedeckendem Löwenfell; mit der Rechten umfaßt sie eine Säule).

D 1. *Der schlafende H.-Knabe.* Vielleicht bezieht sich eine Zeichnung Parmigianinos (Budapest, Museum der Bildenden Künste, Inv. 2130, gestochen von Wenzel Hollar) auf jene Version des Mythos, der zufolge das Kind von Alkmene ausgesetzt wurde (Diodor 4,9,6). Es liegt schlummernd unter einem Baum im Bild des schlafenden –> Eros. Eine Verwechslung mit diesem ist schon wegen der abgelegten Keule ausgeschlossen.

2. *Die Entstehung der Milchstraße* –> Hera

3. *Der H.-Knabe als Schlangenwürger* (Diodor, 4,10,1; Theokrit 24,10–64; I. M. Edmonds 1977, S. 288ff). Dieses durch die Zeiten beliebte Thema zeigt ein Wandgemälde im Haus der Vettier in Pompeji (1. Jh. n. Chr.): Das kräftig gebaute Kleinkind packt beide Schlangen, die sich um seine Arme und Beine winden. Ein Mosaik aus Antiochia (House of the Evil Eye; 4. Jh. n. Chr.; Antakya, Museum) beschränkt sich auf die Figur des Kindes, das in jeder Hand eine Schlange hält. – Eine Skulptur (röm. Kopie nach einem hellenistischen Original; Rom, Musei Capitolini) stellt das nackte Kind auf dem Boden sitzend dar; mit jeder Hand hat es eine Schlange gepackt, mit furchtlosem Blick und kindlicher Unbekümmertheit schaut es die Schlange an, die es mit der Rechten hochhebt (die andere drückt es gegen den Boden). – Gelegentlich zählt dieses Ereignis als erste der Taten des H., so auf dem Wandteppich einer Serie für Albrecht V. von Bayern (s. u.). – In der Stanza di Ercole im Palazzo Vecchio, Quartiere degli Elementi, in Florenz (Vasari, 1555/58) nimmt die Szene die Deckenmitte ein, um die sich die übrigen Arbeiten gruppieren. – Mit barocker Dramatik schildert Joshua Reynolds das Geschehen, in grelles Licht getaucht, unter erregten Zeugen; in einer Wolke erscheint –> Hera, die Urheberin des Unheils (Gemälde 1786/88; St. Petersburg, Eremitage). – Wie Spielzeug wirken die Schlangen in den Händen des kleinen H. bei Gustave Moreau (Öl auf Holz, gegen 1856; Vicenza, Privatslg.)

Eine besondere Vorliebe für dieses Thema zeigten die Fürsten der Renaissance und des Barock (s. die Medaillen zum Regierungsantritt Philipps IV. und die Medaillen auf die Geburt Karls VI. und Josephs II.).

Für sie war der kleine schlangenwürgende H. Verkörperung der dem Herrscher angeborenen Stärke (vgl. u. a. das Gemälde *De Jonge Hercules* von Jacob van Campen, 1. Hälfte 17. Jh.; Den Haag, Huis ten Bosch; der Siegerkranz aus Eichenlaub in der Hand eines kleinen Genius ist dem kindlichen Helden schon gewiß).

4. *Der Knabe Hercules.* Ein Rarum stellt die weit überlebensgroße Figur des H.-Knaben (noch mit den Speckpolstern des Kleinkinds) aus schwarzem Basalt dar (3. Jh.; Rom, Musei Capitolini, Inv. 1916), als dessen Sockel ein mit Szenen aus dem Mythos des Juppiter geschmückter Altar fungiert.

5. *H. erschlägt Linos* (Apollodor, Bibl. 2,4,9; Diodor 3,67,2; s.a. **A**). Diese frühe Untat des H. illustriert u. a. eine attische Schale (460 / 450 v. Chr.; Paris, Cabinet des Médailles, Inv. 811): Der Knabe attackiert seinen alten Lehrer mit einem Stuhl (nicht der Lyra!).

6. *Der Wahnsinn des H.* (s. **A**), auch *Der rasende H.*, *Hercules furens*. Auf dem Gemälde von Alessandro Turchi (gegen 1620; München, Alte Pinakothek; Gegenstück zu *H. und Omphale*, s. u.) schleudert H. eines der Kinder zu Boden, ein Leichnam liegt im Feuer. Die anwesenden Frauen versuchen, zwei Kinder vor der Raserei des Vaters zu schützen. – Eines der raren plastischen Beispiele ist Antonio Canovas bühnenmäßige Inszenierung (Wachsbozzetto *Ercole saetta i figli*, 1799; Venedig, Museo Correr; M. Praz 1976, Nr. 112). H. spannt den Bogen (Diodor 4,11,1: H. erschießt die Kinder), Megara, ein lebloses Kind im Arm, scheint selbst getroffen. Der Rasende, der schon drei der Kinder getötet hat, ist auch nicht durch den Alten (Amphitrion? oder einen der vielen, die bei Philostrat, 2,23, den Rasenden aufzuhalten suchen) zur Einsicht zu bringen.

Die *zwölf Arbeiten* (der *Dodekathlos*, nach Apollodor, Bibl. 2,51 ff).

7. Erste Arbeit: *Der Nemeische Löwe.* Dies ist die am häufigsten dargestellte Arbeit (biblische Entsprechung: Samson mit dem Löwen). – Auf attischen Vasenbildern ringt H. mit dem Ungeheuer auf dem Boden (schwarzfigurige Amphora, um 510 v. Chr.; Brescia, Museo Civico), kniend (rotfigurige Amphora des Andokides-Malers; Basel, Antikenmuseum, Inv. Nr. BS 491) oder – v. a. seit der klassischen Zeit – im Stehen, indem er entweder den Körper des Löwen umklammert oder dessen Kopf unter die Achselhöhle klemmt (Marmorstatuette, 50 / 100 n. Chr.; St. Petersburg, Eremitage; Inv. Nr. A 498). Beide Typen finden sich auf römischen Sarkophagreliefs wieder und, von diesen inspiriert, auf byzantinischen Elfenbeinkästchen des 11. bis 13. Jh.

In nachmittelalterlicher Zeit sieht man H. häufig breitbeinig über dem Löwen stehen und gewaltsam dessen Rachen öffnen. – Von riesenhafter Gestalt ist der Löwe, mit dem H. auf einem Gemälde von P. P. Rubens ringt (um 1615, Jaffé Nr. 290; Brüssel, R. van de Broek). Ein menschlicher Schädel und ein getöteter Leopard veranschaulichen die Gefährlichkeit des Tiers.

8. Zweite Arbeit: *Die Lernaeische Hydra*. Das Fragment einer Skulpturengruppe (H. und die Hydra; Rom, Musei Capitolini) hält den Moment fest, da sich die Hydra (erhalten ist nur der schlangenartige Schwanz) um die Füße des H. windet. – Eine Gruppe von Giambologna (Bozzetto; Florenz, Palazzo Vecchio) repräsentiert den in der Renaissance üblichen Typus: Der nackte Heros steht über der auf dem Boden liegenden Hydra und holt mit der Keule zum Schlag aus. Denselben Typus verwendet Adriaen de Vries für seine den H.-Brunnen krönende Figur in Augsburg (1596/1602). – Auf dem Gemälde von Francisco de Zurbarán (s. *Zyklen*) sieht man hinter H. Iolaos mit der Fackel in der Hand. – Bei René-Antoine Houasse (Gemälde 1644/45; Paris, Ecole des Beaux-Arts) steht Iolaos H. bei, indem er mit einem brennenden Ast die Halswunden des Untiers ausbrennt, wie es auch auf dem Entwurf für ein verlorenes Werk des P.P. Rubens zu sehen ist (1636; Jaffé Nr. 1276; London, Courtauld Institute of Art, Princess Gate Coll.). – Bildbeherrschend ist die bedrohlich sich aufbäumende Schlange auf dem Gemälde von Gustave Moreau (*Herakles und die Hydra von Lerna*, 1876; Chicago, The Art Institute). H. tritt ihr keck mit ungeschütztem Körper entgegen, ungeachtet der Opfer, die den Boden bedecken.

9. Dritte Arbeit: *Die Kerynitische Hindin*. In der griechischen Kunst bezwingt H. das Tier, indem er, ein Knie auf den Rücken der Hirschkuh gesetzt, die Geweihstangen packt (z. B. auf einem Mosaik um 300 n. Chr.; Paros, Archäologisches Museum; LIMC 5, Nr. 2226 b).

10. Vierte Arbeit: *Der Erymanthische Eber*. Weniger beeindruckt hat die bildenden Künstler der Kampf mit dem Untier als die Schilderung, der zufolge Eurystheus sich beim Anblick des Ungeheuers in einen bronzenen Vorratskrug flüchtete. Als H. mit dem erlegten Eber auf den Schultern herbeieilt, hebt Eurystheus (in dem in den Boden versenkten Vorratskrug) entsetzt die Hände (schwarzfigurige Halsamphora, 540/530 v. Chr.; London, British Museum, Inv. Nr. B 213). Dieser Typus, der bis ins 6. Jh. v. Chr. zurückzuverfolgen ist, lebt fort bis ins Mittelalter. Das Motiv des H. mit dem geschulterten Eber verselbständigt sich in der Plastik (Bronzestatuette, um 460 v. Chr.; Mainz, Römisch-Germanisches

Zentralmuseum, Inv. O.28574) und wird bis in die Neuzeit typenbildend. Giambologna (*H. mit dem Eber,* aus dem verlorenen Zyklus der Arbeiten des H.; Bronze, nach 1576; Oxford, Ashmolean Museum; Kat. 1992, Bd. 1, Nr. 41; s. *Zyklen*) zeigt den nackten H. mit dem Eber über der linken Schulter (von sechs weiteren Versionen nach dem Entwurf Giambolognas befindet sich eine in Florenz, Bargello).

11. Fünfte Arbeit: *Die Säuberung der Ställe des Augias.* Auf antiken Darstellungen erkennt man H. mit der Schaufel beim Säubern der Ställe, so auf einer Metope vom Zeustempel in Olympia (456 v. Chr. vollendet; Paris, Louvre). Eine Marmorbasis (Rom, Musei Capitolini) dagegen zeigt H. ruhend, während das Flußwasser die Arbeit erledigt: H. sitzt, die Wange in die Hand gestützt, auf einem Weidenkorb, über den er sein Löwenfell gebreitet hat. – Die lapidare Schilderung des Francisco de Zurbarán läßt an den Magier H. denken: Während sich der Fluß Alpheus in den Stall ergießt, nimmt H., den Betrachter anblickend, die Pose eines Siegers ein (Gemälde 1634, Madrid, Prado; s. *Zyklen*). – Aus der Sicht der heraufziehenden Romantik gerät die Episode dann zum Märchen, wenn Joseph Hoffmann die Szene detailfreudig schildert (Federzeichnung 1805; Weimar, Staatl. Kunstsammlungen).

12. Sechste Arbeit: *Die Stymphalischen Vögel.* Meist wird H. mit gespanntem Bogen auf die Vögel zielend dargestellt. Ausnahmsweise erlegt er die Ungeheuer mit einer Steinschleuder (schwarzfigurige Amphora aus Vulci, 550/540 v. Chr.; London, British Museum, Inv. B 163). – Auf byzantinischen Elfenbeinkästchen sieht man den Bogenschützen H., mitunter auch ohne die Vögel (Kästchen in Baltimore, Walters Art Gallery). – Einige mittelalterliche Handschriften illustrieren den Mythographus Vaticanus I (56): Auf einem gedeckten Tisch hocken Harpyen (Ungeheuer in Vogelgestalt mit menschlichen Köpfen) und stehlen den Menschen das Brot (Handschrift vom Ende 14. Jh., Paris, Bibliothèque Nationale, lat. 11856, Bl. 110^v: die Vögel hier mit menschlichen Köpfen). Vielleicht steht dahinter die Episode in der Aeneis (3,244 ff), wo Aeneas während eines Festmahls von den Harpyen überfallen wird.

13. Siebte Arbeit: *Der Kretische Stier.* Die Bezwingung des Stiers ist v. a. Thema der attischen Vasenmalerei. In der archaischen Kunst sieht man H. meist im Begriff, den bezwungenen Stier zu fesseln (z. B. auf einer Halsamphora aus Vulci; um 520/510 v. Chr.; New York, Metropolitan Museum, Inv. 41.162.193).

Fast beschaulich wirkt eine Darstellung von Donato Bramante (um 1444–1514; Zeichnung, Bayonne, Musée Bonnat): H., mit drapiertem

Mantel, die Keule neben sich, faßt wie in einer symbolischen Handlung ein Horn des Stiers.

14. Achte Arbeit: *Die Mähren des Diomedes.* In der griechischen Kunst sehen wir H. im Typus des Rossebändigers (apulische Oinochoe, 330/310 v. Chr.; Taranto, Museo Nazionale; Inv. 8910 (5110): H., im Lauf, faßt zwei Pferde an den Zügeln) oder im Begriff, die Keule gegen eine der Bestien zu erheben (Ringstein, roter Jaspis, 3. Jh. v. Chr.; Berlin, Staatl. Museen, Inv. FG 384). – Wie H. mit seiner Keule zum Schlag gegen den (auf dem Boden hockenden) Diomedes ausholt, zeigt u. a. eine römische Marmorgruppe aus Ostia (antoninisch; Rom, Musei Vaticani, Inv. 137). Zwei der Rosse (in kleinerem Maßstab) ergänzen die Gruppe. – Ein römischer Sarkophag (um 230 n. Chr.; Rom, Vatikan, Museo Gregoriano Prof., Inv. 9803) zeigt H. mit zweien der Rosse, von denen eines zu Boden gegangen ist, gegen das andere erhebt er seine Keule. Dieses Schema lebt im frühen Mittelalter fort oder wird im Rückgriff von antiken Vorbildern übernommen (vgl. die Darstellung auf dem Elfenbeinkästchen des 9./10. Jh. in Darmstadt, Hessisches Landesmuseum).

Als *Rossebändiger* sehen wir H. wieder auf den Elfenbeintafeln der sog. Cathedra Petri (s. *Zyklen*), ferner auf einem Teppich der 2. H. des 16. Jh. (zu einer vierteiligen Serie gehörig, aus der Manufaktur in Oudenaarde; Paris, Louvre: H. in antikisierender Rüstung und Löwenfell).

Auf Charles Lebruns Gemälde *Hercules und die Rosse des Diomedes* (um 1640; Nottingham/U.K., Art Gallery) steht H. über dem getöteten Diomedes und einem der Tiere, während er mit der Rechten machtvoll ausholt, um ein zweites Roß zu erschlagen.

In angemessener Dramatik gestaltet Heinrich Füßli die Episode (Stich von Heinrich Lips für «Sämtliche Werke Heinrich Füsslis nebst einem Versuche seiner Biographie», Zürich 1807). H. holt kraftvoll mit der Keule gegen Diomedes aus, der sich, von Todesangst gezeichnet, an einen Zaun klammert. – Auf einer Reihe von Beispielen ist H. Zeuge, wie Diomedes von seinen eigenen Rossen verschlungen wird: Auf dem Gemälde von Gustave Moreau (1865; Rouen, Musée des Beaux-Arts) schaut der Held von hoher Mauer aus gelassen zu, wie die (drei) Rosse ihren Herrn zerfleischen.

15. Neunte Arbeit: *Der Gürtel der Hippolyte (H. und die Amazonen).* Vicenzo de' Rossis Marmorgruppe (Florenz, Palazzo Vecchio; s. *Zyklen*) zeigt eine kniende Hippolyte (mit Helm), die H. mit einem Keulenhieb zu töten sich anschickt. – Die Amazonenschlacht ist zentrales Thema einer Deckenmalerei von Giovanni und Luca Cambiaso im Palazzo Doria

in Genua (*Sala delle Storie di Ercole*, nach 1542): H. kämpft mit seiner Keule, während die Amazonen Waffen aller Gattungen benutzen. Er bedroht eine zu Fall gekommene Amazone, während die Königin ihren Speer auf ihn richtet. Der Ort wird durch einen liegenden Flußgott (Thermodon) gekennzeichnet.

16. Zehnte Arbeit: *Die Rinder des Geryon.* Eine der seltenen Darstellungen der Meerfahrt in der Schale des Helios sehen wir auf einer attischen rotfigurigen Schale (490/480 v. Chr.; Rom, Musei Vaticani, Inv. 16563). Die zehnte Arbeit selbst wird in der Kunst der Antike auf zweierlei Weise wiedergegeben: Einmal sieht man H., die Keule schwingend, das Löwenfell über den linken Arm gehängt, mit zwei Rindern aus der Herde – so v. a. auf schwarzfigurigen attischen Vasen (bis Ende des 6. Jh.) und, von neuem, in den ersten Jahrhunderten unserer Zeitrechnung auf Münzen aus Perinthus und Alexandria. Der zweite Typus zeigt H. mit Keule und Fell in der Linken, mit der Rechten das Horn einer Kuh packend, so auf einem römischen Silberteller (Athen, Nationalmuseum). Letzterer könnte auf eine ausschmückende Episode zurückgehen, die Apollodor erzählt: Hera, stets bemüht, H. Steine in den Weg zu legen, hatte den Rindern eine Bremse geschickt, vor der sie flohen und weithin versprengt wurden.

Den ersten Typus greift die Miniatur in einer Handschrift des Pseudo-Oppian auf (Codex Marcianus; Venedig, Biblioteca Marciana, Gr. 479, Bl. 24ʳ: Cynegetica, um 1000): H. (namentlich bezeichnet) treibt, die Keule in der Linken, vier Rinder davon. – Auf einer Federzeichnung des Jan Gossaert (Amsterdam, Rijksprentenkabinet) sieht man H. über dem zu Fall gebrachten Geryon (hier in menschlicher Gestalt), der versucht, sich gegen den Keulenhieb zu schützen. Im Hintergrund unter einem Felsenbogen die Rinderherde.

Ikonographisch eigenwillig wieder Vincenzo de' Rossi (Marmorgruppe; Florenz, Palazzo Vecchio; s. *Zyklen*): H. hat Diomedes (mit Krone, Kopf nach unten) ausgehoben und schickt sich an, ihn in den Boden zu rammen.

17. Elfte Arbeit: *Die Äpfel der Hesperiden.* Die einzelnen Phasen dieser Arbeit haben reichen Niederschlag in der Bildkunst gefunden. Zunächst sehen wir den Heros mit dem Himmelsglobus, den er dem Atlas abgenommen hat (s. u.). Als nächstes erlegt er den Drachen (oder die Schlange) Ladon, etwa auf dem Mantel Kaiser Heinrichs II. (Bamberg, Domschatz): H. holt mit der Keule gegen Ladon aus, der sich um den Stamm windet.

Wie H. die Äpfel vom Baum pflückt, wird schon in der schwarzfigurigen Vasenmalerei dargestellt (so auf einer Amphora in Lecce, Museo Provinciale). Um 450 v. Chr. beginnt dieses Motiv die Schilderung des Kampfes mit Ladon vollends abzulösen. – Den apfelpflückenden H. zeigt auch eine Illustration in der Boethius-Handschrift (Cons., Ende des 14. Jh.; Paris, Bibliothèque Nationale, lat. 11856, Bl. 110ᵛ); der Schlangenkörper des Ladon legt sich wie eine Umfriedung um den Garten, in dem H. die Früchte vom Baum pflückt. Daneben erkennt man den thronenden Eurystheus, dem H. kniend die Äpfel überreicht.

Schließlich ruht H. im Garten der Hesperiden aus. Dies führt der Meidias-Maler auf dem Bild einer Hydria vor Augen (um 410 v. Chr.; London, British Museum, Inv. E 224), v. a. das sog. *Hesperidenrelief* (s. u.), das vielen Werken der Neuzeit Vorbild gewesen ist. Der transzendentale Gedanke hinter diesem idyllischen Bild ist offenkundig: H. ruht im Garten der Hesperiden wie im Paradies und zeigt sich als vergöttlichter Held.

18. Zwölfte Arbeit: *Die Gefangennahme des Kerberos.* Attische Vasenbilder zeigen H. häufig mit dem Höllenhund, den er an einer Kette (ein chthonisches Motiv) hinter sich herzieht. – Auf einer Vorzeichnung für ein Bronzerelief des geplanten H.-Brunnens von Vincenzo de' Rossi (nach 1560; Paris, Louvre; s. auch *Zyklen*) sieht man H., die Keule geschultert und den dreiköpfigen Höllenhund an einer Kette führend, im Beisein einer großen Zuschauermenge aus der Unterwelt heraufsteigen. Diese hat – deutlich von der Vorstellung Dantes vom Inferno inspiriert – die Gestalt konzentrischer kreisrunder Vertiefungen im Boden, deren Grund mit leblosen Körpern bedeckt ist. – Mit bannender Gebärde tritt H. dem dreiköpfigen Ungeheuer entgegen, das sich nach Hundeart duckt und sich fügt (P.P. Rubens, Bozzetto für ein verlorenes Gemälde, 1636, Jaffé Nr. 1278; Gegenstück zu *Deianira schenkt Fama Gehör*, s. u.; als Quelle verweist Jaffé auf Natale Conti, Venedig 1581, 7, S. 456).

Peter Cornelius (Federzeichnung; Weimarer Preisaufgaben 1805; ehemals Berlin, National-Galerie, seit 1945 vermißt) verlegt das Geschehen in ein unterirdisches Verlies – das Gefängnis des Theseus, den H. befreien wird; Kerberos bleibt am Rande.

19. *H. trägt die Himmelskugel.* Der griechische Bildhauer, der die Metopen am Zeustempel in Olympia schuf (456 v. Chr. vollendet; Olympia, Museum; Paris, Louvre), ist mit der Überlieferung des Mythos recht unabhängig umgegangen: Um die Last des Globus zu lindern, hat H. ein Kissen auf seinen Nacken gelegt. Nach Apollodor (Bibl. 2,5,11) gab H.

nur vor, sich ein Kissen unterlegen zu wollen (um so Atlas dazu zu bewegen, ihm die Last – für einen Moment – wieder abzunehmen; s. **A**).

Das Motiv des Globusträgers hat im Manierismus zu dem Typus des «Globusbechers» angeregt: Der Körper – einmal des H., einmal des Atlas – dient als Stand, der Globus fungiert als Coppa. Die beiden Pokale des Christoph Jamnitzer und Jeremias Ritter, die den «Globus caelestis et terrestris» darstellen (1632 König Gustav Adolf von Schweden bei seinem Einzug in Nürnberg zum Geschenk gemacht; Stockholm, Historisches Museum), zeigen H. unter der Bürde gebückt in weiter Schrittstellung.

20. *H. im Kampf mit einem Kentauren.* Handelt es sich um diese beiden allein, liegt es nahe, an jenen Kampf zu denken, der sich bei dem Kentauren Pholos zuträgt (Apollodor, Bibl. 2,5,4).

Das an antiken Vorbildern orientierte Elfenbeinrelief eines byzantinischen Kästchens (Paris, Louvre; s. K. Weitzmann 1951, Abb. 183) stellt zwei Facetten des Kampfes dar: a) H. überwältigt einen Kentauren; b) H. stürmt, die Keule in der Rechten, auf einen zu Boden gestürzten Kentauren zu. – Eine Marmorgruppe von Giambologna (1594/99; Florenz, Loggia dei Lanzi) verkörpert H., der mit gespreizten Beinen über einem zu Fall gekommenen Kentauren steht, ihn mit der Linken gepackt hat und mit der Rechten zum Schlag mit der Keule ausholt. Eine zweite Version (in Bronze) befindet sich im Palazzo Bianchi in Genua (Bozzetto in London, Victoria and Albert Museum). Ähnlich eine Plastik aus der Schule des Giambologna (Amsterdam, Rijksmuseum, Inv. R.B.K. 16939).

H. spielt aber auch eine Rolle in der Kentauromachie – dem Kampf zwischen den Hochzeitsgästen des Peirithoos und den Kentauren. Unter den vielen neuzeitlichen Darstellungen ist ein Jugendwerk Michelangelos hervorzuheben (Marmorrelief 1490/92; Florenz, Casa Buonarroti), das den Kampf zwischen Kentauren und Griechen zum Thema hat. Die Interpretation von M. Lisner (1980) verweist v. a. auf Boccaccio und (auf diesem fußend) den Traktat «De laboribus Herculis» von Coluccio Salutati sowie die Volgare-Übersetzung der Metamorphosen des Ovid von Giovanni Bonsignore (um 1370) als literarische Quellen. Polizian könnte den jungen Künstler dazu angeregt haben, neben H. auch Theseus und Nestor in den Kampf einzubeziehen (Lisner 1980, S. 311).

Auch eine Illustration zum «Libellus de imaginibus deorum» (Verona, um 1400; Handschrift in Rom, Vatikan, Bibliothek, Cod. Reg. lat. 1290) bezieht H. (hier mit der modischen Sendelmütze der burgundischen Hoftracht) in die Geschichte ein; er schickt sich an, einen Kentauren zu erschlagen, der sich an einer Lapithenfrau vergriffen hat. – Zwei Gemälde des Bartolomeo di Giovanni (Cassonebilder, eine der seltenen neuzeitlichen Darstellungen der Hochzeit des Peirithoos, um 1490; Horsmonden / Kent; Slg. Austen) zeigen ebenfalls Hercules unter den Gästen: Auf der einen sieht man die Hochzeitstafel. H. (mit Keule) in Begleitung eines Musikanten gesellt sich zu den Gästen; in dem ausgebrochenen Tumult (Gegenstand des Pendants) hat H. einen Kentauren zu Boden gezwungen und holt zum Schlag mit der Keule aus.

21. *H. im Kampf gegen die Giganten* (Apollodor, Bibl. 1,6,1). Auf Darstellungen der Gigantomachie fehlt H. im Altertum nie. Wie in jenem anderen großen mythischen Kampf (zwischen Griechen und Troern; s. o.) setzt er hier Pfeil und Bogen ein. Berühmtestes Beispiel sind die beiden Gigantomachien des Phidias am Parthenon in Athen (Metope von der Ostseite des Tempels, London, British Museum: H. über einem Giganten, den Bogen in der ausgestreckten Linken). – Auf der Innenseite des Schildes der *Athena Parthenos* des Phidias befand sich eine gemalte Gigantomachie mit H. (zusammen mit Zeus und Athena) als kniendem Bogenschützen (vgl. die Figur im Ostgiebel des Zeus-Tempels von Aigina; s. o.).

Im Fries des Altars aus Pergamon (großer Altar des Zeus, 1. Hälfte 2. Jh. v. Chr.; Berlin, Staatl. Museen) hat H. (rudimentär) einen Giganten am Haar gepackt. – Eine blaue Glaspaste (augustäisch; Berlin, Staatl. Museen, Inv. FG) dagegen zeigt H., der mit der Keule auf einen zu Fall gekommenen Giganten einschlägt.

Eine eindrucksvolle Inszenierung des Gigantenkampfs finden wir im Garten von Wilhelmshöhe bei Kassel: Das auf dem Berg liegende Schloß wird von einer fast zehn Meter hohen Statue des H. (s. o.) gekrönt. Er hat seinen Gegner, den Giganten Encelades, mit einem Felsblock in ein unterhalb gelegenes Wasserbassin geschleudert; als Erwiderung speit der Gigant einen Wasserstrahl gegen seinen Bezwinger.

22. *H. und Kakos / Cacus* (Vergil, Aen. 8,194 ff; s.a. **A** und **B**). Dieser Episode gedenkt ein Medaillon des römischen Kaisers Antoninus Pius (2. Jh. n. Chr.; Paris, Bibliothèque Nationale) mit einer Darstellung des H., der von einer Menschenmenge umgeben ist, die ihre Dankbarkeit zum Ausdruck bringt (H. als Befreier). – Hendrick Goltzius schildert den dramatischen Kampf auf einem Holzschnitt (1588, B. 231[72]: H., über dem feuerspeienden, auf dem Boden liegenden Mann stehend, holt zum tödlichen Schlag mit der Keule aus.

Eines der Reliefs am Campanile des Doms in Florenz (Werkstatt des

Andrea Pisano, gegen 1340) zeigt H., auf seine Keule gestützt, als Bezwinger des zu seinen Füßen liegenden Ungeheuers. – Zur politischen Geste wird die Aufstellung der Marmorgruppe des Vincenzo de' Rossi 1534 vor dem Palazzo Vecchio in Florenz gegenüber dem *David* des Michelangelo: Beide Werke galten den Zeitgenossen als Symbole der gerechten Herrschaft, in H. im besonderen sah man den heldenhaften Bezwinger der Feinde der Stadtrepublik Florenz. Unmittelbarer Anlaß war die siegreiche Rückkehr der Mediceer, die man 1492 aus der Stadt verjagt hatte. – H. und Cacus stellt auch eine Gartenplastik von Jan Pieter van Baurscheit dar (1669–1728; Amsterdam, Rijksmuseum, Inv. N.M. 13215c).

Die ältere Interpretation von A. Dürers Holzschnitt *Ercules* (B. 127(143), um 1496) als *H. und Cacus* (vgl. Panofsky 1943, Bd. 1, S. 50) ist überholt. Wie Ch. Mesentseva (1971) und Erika Simon (1971, S. 270, Nr. 512) unabhängig voneinander herausfanden, handelt es sich um:

23. *H. und die Molionischen Zwillinge* (Apollodor Bibl. 2,7,2; Pausanias 5,2,2). Die Körper der Zwillinge Eurytos und Kteatos, Söhne der Molione, waren miteinander verbunden, so daß ihre Kraft die eines jeden Sterblichen übertraf. – H., von einer Furie begleitet, hat die Zwillinge (mit Helmen und Rüstung, offenbar Rücken an Rücken zusammengewachsen) zu Boden gestreckt; verzweifelt wirft Molione die Arme empor.

24. *H. und Antaios/Antaeus* (Philostrat, Imag. 2,21 u. a.; s. **A**). Die griechische Vasenmalerei zeigt die Gegner meist Schulter an Schulter auf dem Boden kämpfend (das Bodenringen ist eine attische Erfindung des 6. Jh. v. Chr.; vgl. W. Felten 1990, 5,1, S. 32), wie wir es auf einem Kelchkrater (um 515/500 v. Chr.; Paris, Louvre) sehen.

Seit der römischen Zeit herrscht die Darstellung des H., der den Gegner ausgehoben hat, vor (Marmorgruppe in Florenz, Palazzo Pitti; römische Kopie gegen 200 n. Chr., vielleicht nach einem Werk des Lysipp, gefunden wohl vor 1490 in Rom).

Wichtiges Zeugnis aus römischer Zeit ist ein Fresko aus dem Grab der Nasonier (Rom, Via Flaminia; 2. Jh. v. Chr.): H. faßt Antaeus von hinten um den Leib und hebt ihn hoch, Athena eilt ihm zu Hilfe.

Deutlich als Riese gekennzeichnet ist Antäus auf zwei byzantinischen Elfenbeinkästchen (Cividale, Museo Archeologico; Lyon, Kathedrale). – Eine auffallende Häufung des Themas beobachten wir in der Renaissance. Hervorzuheben ist die Marmorgruppe von V. de' Rossi (aus dem H.-Zyklus; s. u.). – Eine vergoldete Bronzegruppe (um 1510; deutscher

411

Anonymus; München, Bayerisches Nationalmuseum) kommt der Beschreibung Philostrats sehr nahe: Antaeus kniet hier auf dem Oberschenkel des H., der ihn hochhebt. – Eindrucksvoll die Darstellung des Hans Baldung Grien (Gemälde 1531; Kassel, Staatl. Kunstsammlungen, Gemäldegalerie) durch die akribische Wiedergabe anatomischer Details und die genaue Beobachtung des Moments, da Antaeus sein Leben aushaucht. Der Körper ist kraftlos, der Kopf in den Nacken gesunken, die Beinmuskulatur noch angespannt. – Auf Jacopo Tintorettos Gemälde (gegen 1570; Hartford Wadsworth Atheneum) ist das Geschehen wirkungsvoll in Szene gesetzt: Auf erhöhtem Standort sieht man die beiden Ringer, oben in den Wolken Zeus und die Schar der Olympischen Götter, weit unten hat sich eine Menschenmenge versammelt. H. hat den Gegner, in hilflos Halt suchender Bewegung, quer vor den Leib gelegt.

25. *H. und Busiris* (s. **A**). In der bildenden Kunst spielt das Thema nur in der griechischen Vasenmalerei eine nennenswerte Rolle, wo es bis um die Mitte des 5. Jh. v. Chr. anzutreffen ist. Auf einer Pelike (um 470 v. Chr.; Athen, Nationalmuseum, Inv. 9683) hat der sog. Pan-Maler den Ägyptern die Physiognomie von Barbaren gegeben (kurze, stumpfe Nasen, kahle Köpfe); H. hat einen der Priester an den Füßen gepackt.

26. *Die Befreiung der Hesione* (Philostrat d.J. 12 u. a.; s. **A**). In einer Grisaille von N. Poussin in der Grande Galerie du Louvre in Paris (nachgestochen von Jean Pesne) sieht man die an den Felsen geschmiedete Hesione und H., der mit seiner Keule auf das Ungeheuer einschlägt.

27. *H. und Admet* (Euripides, Alc.). Ein Gemälde von Frederick Lord Leighton (1830–1896; Privatslg.) zeigt Alcestis auf dem Totenbett, umgeben von den trauernden Angehörigen. H. ringt mit Thanatos und verdrängt ihn.

28. *H. und Lichas* (Sophokles, Trach.; Seneca, H. auf dem Berg Eta; Ovid, Met. 9,211 ff; Diodor 4,38,1 ff). In einer monumentalen Marmorgruppe (*Ercole e Lica*, 1795/1815; Rom, Galleria Nazionale d'Arte Moderna; M. Praz 1976, Nr. 131) hat u. a. Antonio Canova das Thema behandelt: H. faßt den jugendlichen Boten an Fuß und Kopf, um ihn ins Meer zu schleudern.

29. *H. und die Kerkopen* (Apollodor, Bibl. 2,6,3; Diodor 4,31,7). Eine Metope aus Selinunt (um 550 v. Chr.; Palermo, Museo) zählt zu den ältesten Beispielen in der Bildkunst. – Im Mittelalter wird H. mit der geschulterten Stange über die bildliche Assoziation zur Entsprechung des Erzengels Michael, des Seelenwägers mit der Balkenwaage. Beide sind gemeinsam in einer Archivolte an der Kathedrale von Tudela (Provinz

Navarra) zu sehen. Dieselbe Konstellation sehen wir an einem Kapitell in St. Trophîme in Arles (12. Jh.). Hier halten sich die Kerkopen die Ohren zu als Bild dafür, daß die Ungläubigen dem Evangelium gegenüber taub sind (F. Benoit 1952, S. 157). – Tiepolos Fresko im Palazzo Sandi in Venedig (Salone; 1724/25) drückt das Gegenteil aus: –> Hercules Gallicus, dessen Zunge durch Ketten mit den Ohren der Kerkopen verbunden ist, zähmt die Burschen durch die sanfte Gewalt seiner Rede.

30. *Der trunkene H.* Unter den seltenen Darstellungen ist eine Marmorstatue hervorzuheben (2. Jh. n. Chr.; Raleigh, North Carolina Museum). Die Keule geschultert, hält der torkelnde H. mit Mühe das Gleichgewicht. – Das Gemälde von P.P. Rubens (*Der trunkene Herkules*, 1613/14; Dresden, Gemäldegalerie Alte Meister, Jaffé Nr. 215; Gegenstück zu *Krönung des Tugendhelden*, München, Alte Pinakothek) zeigt den unsicher daherschreitenden Koloß, gestützt von einem Satyr und einer Nymphe.

31. *H. mingens* (seine Notdurft verrichtend; vielleicht nach Euripides, Syleus, TGF[2] frg. 693). Der Typus des seine Notdurft Verrichtenden paßt in das Bild des berauschten H. (vgl. LIMC, 4,1, S. 771). Zahlreiche Steinschnitte und Statuetten behandeln das Motiv (jedoch nicht vor dem 2. Jh. v. Chr.), z.B. ein Steinschnitt des 1. Jh. n. Chr. (Berlin, Staatliche Museen) oder eine Marmorstatuette derselben Zeit (Wörlitz, Schloß).

32. *H. und Acheloos/Achelous* (Apollodor, Bibl. 2,7,5; Ovid, Met. 9,17 ff; Sophokles, Trach. 9–21; Diodor 4,35,3; Philostrat d.J. 4). Griechische Vasenbilder illustrieren den Kampf der beiden, in dem H. ein Horn (oder beide Hörner) des Monstrums packt (Hydria um 510/500 v. Chr.; London, British Museum, Inv. B 131). – Auf der alten Cathedra Petri (s. *Zyklen*) hält H. das abgebrochene Horn in der Rechten. Vorbild waren antike Darstellungen, etwa von der Art des römischen Mosaiks aus Anzio (Rom, Museo Nazionale, Inv. 124528). – Die Vorzeichnung zu einem verschollenen Gemälde von Nicolas Poussin (um 1638; Windsor Castle, Royal Art Collection) bezieht sich auf Ovid (Met. 9,87). H. eilt mit Deianira davon, während der verwundete Achelous von einer Nymphe versorgt wird. In der rechten Bildhälfte sieht man die Naiaden (Nymphen) um das Füllhorn geschart, am Rande der Szene entfernt sich Oineus (Vater der Deiarira). – Ein Domenico Zampieri, gen. Domenichino (1581–1641), zugeschriebenes Gemälde (Paris, Louvre; Gegenstück zu *Herkules und Cacus*) schildert die Szene in bizarrer Flußlandschaft.

33. *H. und Deianeira/Deianira* (s. **A**). Als Liebespaar werden die bei-

den relativ selten dargestellt. Bei Hendrick Goltzius gehört das Paar in einen Zyklus von Götterliebschaften (*Die vier Umarmungen der Götter*; Zeichnung in Frankfurt / M., Staedelsches Kunstinstitut; Reznicek 1961, Bd. 2, S. 126). Man sieht die beiden in Umarmung unter einem Baum sitzen; im Hintergrund weist die Entführung der Deianira durch Nessus schon auf das tragische Ende hin.

34. *H. und Omphale* (Ovid, Met. 9,140 ff «Iole» statt Omphale; ders., Fasti 2,303 ff). Dieser Sagenstoff hat zu allen Zeiten die bildenden Künstler angeregt. Eine römische Wandmalerei (Pompeji, Casa di Sirico) zeigt den in einem Frauengewand ruhenden H., Cupidi spielen mit Keule und Köcher, im Hintergrund erscheint Omphale mit ihrem Gefolge. – Ein kleines Bild von B. Spranger (um 1595; Wien, Kunsthist. Museum) zeigt H., mit Schürze und Kopfschmuck, sichtlich gequält mit Spinnrocken und Spindel hantierend. Omphale dagegen hat fast spielerisch die Keule geschultert und den Löwenkopf aufgesetzt, das Fell vor dem Körper haltend. Das Fazit eines lateinischen Kommentars, den der Nachstich von Anton Eisenhoit zu diesem Bild gibt, lautet übersetzt: ... der, den nicht einmal Mars besiegen konnte, wird von der Liebe («amor») besiegt.

Ein ähnlicher Gedanke mag dem Gemälde von Alessandro Turchi zugrunde liegen (1620; Pendant zu *Der rasende Herkules*, München, Alte Pinakothek). Der Liebesgott nähert sich H., der eine Spindel in der Hand hält. Omphale trägt auch hier Löwenfell und Keule.

Auf P.P. Rubens' Gemälde (um 1602, Jaffé Nr. 27; Paris, Louvre) erniedrigt Omphale den Helden, indem sie ihn am Ohr zieht.

Einigen der zahlreichen neuzeitlichen Beispiele liegt vermutlich als literarische Quelle das Werk des Giglio Gregorio Giraldi («Herculis vita», 1539) zugrunde, der folgende Geschichte erzählt: H. und Omphale hatten sich eines Tages, als sie die Weingärten von Tmolos besuchten, in eine Grotte zurückgezogen und zu ihrer Kurzweil die Kleider getauscht. So legten sie sich getrennt schlafen. In der Nacht schlich sich Pan, der sich in Omphale verliebt hatte, in die Grotte, machte sich an die vermeintliche Begehrte heran und geriet so an H., der ihm einen solchen Fußtritt versetzte, daß der Eindringling jämmerlich heulend in einer Ecke liegen blieb. Jacopo Tintoretto (Gemälde um 1585; Budapest, Museum für bildende Künste) verwandelt die Grotte eigenwillig in ein prächtiges Schlafgemach, doch die Handlung ist eindeutig: Der auf dem Bett sitzende H. hat Pan gerade mit einem Fußtritt zu Boden gestreckt. Die beiden Fackelträger (rechts) greifen vielleicht einen Gedanken Ronsards auf («Satyre», 1569), der den Satyr (= Pan) im Dunkel der Grotte

nach Licht rufen läßt. Auch die Einbindung der Deianeira (links, offenkundig der Rivalin Omphale / «Iole» gegenübergestellt), die mit dem
Hemd des Nessos herbeieilt, könnte auf Ronsard zurückgehen.

35. *H., Opfer Amors.* Der Gedanke, daß der im Kampf unbesiegbare
H. schließlich durch die Liebe besiegt wurde, beschäftigte die Interpreten vom Mittelalter bis ins 18. Jh. Im «Roman de la Rose» wird H. durch
Deianeira (bzw. durch das vergiftete Hemd, das sie ihm schickt, und also
indirekt durch die Liebe) besiegt. – Ein Teppich vom Beginn des 16. Jh.
(Paris, Louvre, Musée des Arts décoratifs) zeigt H., der den Löwen an der
Mähne gepackt hat, während Amor mit seinen Pfeilen und einer brennenden Fackel (Symbol der Leidenschaft) auf sein Opfer wartet. – 1741
schuf Joseph Vinache ein Bildwerk mit dem Titel «Hercule enchaîné par
l'Amour» (Paris, Louvre). Es stellt den auf seinem Löwenfell sitzenden
H. gefesselt dar, mit einer nach unten gekehrten Fackel.

36. *Die Entführung der Deianeira / Deianira durch Nessos* (Apollodor,
Bibl. 2,7,6). Dieser versuchte Frauenraub ist häufig Thema der griechischen Vasenmalerei. In der archaischen Kunst entführt Nessos das Mädchen auf dem Rücken, später hält er sie in den Armen (z. B. auf zwei
Schalen des Aristophanes; 410 / 400 v. Chr.; Boston, Museum of Fine
Arts: Der jugendliche H. holt zum Schlag mit der Keule aus; vgl. auch
das römische Mosaik in Budapest, Aquincumi-Museum, um 200 n. Chr.;
hier schießt H. einen Pfeil auf den Entführer ab).

Ein Gemälde von David Vinckboons (1612; Wien, Kunsthist. Museum) zeigt den mit der Frau enteilenden Nessos, dessen Brust ein Pfeil
des H. von hinten durchbohrt hat (vgl. Ovid, Met. 9,126–128). – Ein
Stuckrelief in der Villa Doria Pamphilj in Rom (nach einem Entwurf von
A. Algardi) stellt H. den Bogen spannend, auf Nessos zielend dar (Kopie
auf einem Bergkristallschnitt in Wien, Kunsthist. Museum). – Wieder-
vereint finden sich H. und Deianeira auf dem Gemälde von Bartholomäus Spranger (um 1585; Wien, Kunsthist. Museum): Nachdem H. den
Kentauren getötet hat (dieser liegt tot auf dem Boden), nimmt er Deianeira wieder in die Arme, während Amor mit einer bedeutsamen Geste
der rechten Hand auf Nessos zeigt. E. Fučiková (Prag um 1600, Bd. 1,
S. 277): « … mit der anderen (Hand) macht er eine Hörnerträgergeste,
auf den Zentaur weisend … Spranger wollte vielleicht moralisieren und
andeuten, daß die Wollust nach der Frau eines anderen kein gutes Ende
nehmen kann.» Vielleicht ist die Geste auch lediglich ein Hinweis auf
den bereits vollzogenen Beischlaf von Nessos mit Deianeira (Diodor
4,6,3 f; vgl. auch Apollodor, Bibl. 2,7,6).

37. *Der Tod des H.* (Ovid, Met. 9,134 ff). Unter den antiken Beispielen ist ein Kalksteinrelief des 2. Jh. n. Chr. bemerkenswert (Wien, Niederösterreich. Landesmuseum): H. sitzt nackt auf dem Scheiterhaufen, davor sieht man Philoktet, in der Hand den Bogen.

Francisco de Zurbarán und Guido Reni nehmen das Thema in ihre zyklischen Darstellungen auf (s. u.). Zurbarán (1634; Madrid, Prado) zeigt H. wie einen christlichen Märtyrer, mit vom Schmerz gezeichneten Gesicht zum Himmel aufblickend; der H. Renis kniet auf dem Boden und versucht sich das brennende Hemd vom Leib zu reißen.

Ein Fresko von Giambattista Zelotti (1526–1578) in der Villa Emo in Fanzolo (bei Treviso) zeigt H. auf dem brennenden Scheiterhaufen, mit gebreiteten Armen zum Himmel schauend. Philoktet entfernt sich eilig mit dem Bogen des H.

Eine Seltenheit ist die Skulptur von Guillaume Coustou, die H. auf dem Scheiterhaufen darstellt (1704; Paris, Louvre).

38. *Die Apotheose des H.* (Ovid, Met. 9,271 f). Die antike Bildkunst verwendet hierfür verschiedene ikonographische Typen, u. a. *Die Entrückung des H. in den Olymp, die Hochzeit mit Hebe, H. beim Gelage im Olymp, Der ruhende H., H. im Garten der Hesperiden, H. vor seinem Heroon* (Tempel).

Eines der bedeutendsten Beispiele der Apotheose des H. in der Neuzeit war G. B. Tiepolos Fresko *Trionfo d'Ercole* im großen Saal des Palazzo Canossa in Verona (1761; 1945 zerstört). Im ovalen Deckenspiegel, den der Tierkreis umspannte, fuhr H. im von vier Rossen gezogenen Triumphwagen zum Himmel auf, umgeben von den von ihm bezwungenen Gestalten. Fama verkündete seinen Ruhm.

Von antiken Vorbildern inspiriert ist Baldassare Peruzzis Fresko aus der Loggia der Villa Stati in Rom (1519/20; auf Leinwand übertragen, New York, Metropolitan Museum). Es zeigt den thronenden Zeus, ihm gegenüber H. mit Löwenfell und Keule, zu dessen Rechter (vermutl.) Athena, die Hebe heranwinkt.

Eine besondere Vorliebe für das Thema entwickelt der Barock. P. P. Rubens greift mit seiner *Apotheose des H.* (1636/38, Jaffé Nr. 1283; Madrid, Prado) einen Typus auf, den wir schon auf griechischen Vasenbildern beobachten: H. fährt in einem von einer Quadriga gezogenen Triumphwagen (auf Wolken) zum Olymp; ein Genius bekränzt ihn.

Dem Deckengemälde des Andrea Pozzo im Palais Liechtenstein in Wien (1704–1709) liegt ein komplexer Gedanke zugrunde. H., als triumphierender Held, vor dem –> Kronos und die Laster fliehen, wird mit dem Lorbeerkranz und der Vermählung mit der ewig jungen Hebe für seine Mühen belohnt. Die gemalte Architektur bietet Raum für die Darstellung der Taten, mit denen sich H. Unsterblichkeit verdient hat. Die Allegorien dreier Jahreszeiten samt Bacchus und Satyrn binden H. an den Jahresablauf und damit an das kosmische Geschehen.

Auf einem Deckenfresko von Giulio Quaglio im Palazzo Martinengo Palatini in Brescia (1714 ff) sieht man, wie Fama (der Ruhm) den H. dem Kreis der Olympier (in deren Mitte der thronende Zeus) zuführt. – Von Zeus und Hera wird H. auf einem Deckenfresko von Christoph Unterberger (1785 / 86; Rom, Villa Borghese, Sala d'Ercole) im Beisein der übrigen Olympischen Götter in Empfang genommen. – Francisco Bayeux wählt für sein Deckengemälde im Real Palacio in Madrid (1769) eine für den Spätbarock typische Komposition (eine im Zickzack ansteigende Bewegung), die den zahlreichen Darstellungen der Aufnahme eines christlichen Heiligen in den Himmel entspricht: H. steigt, von Göttern umgeben, hinauf; die Wendepunkte der aufsteigenden Zickzacklinie sind der sitzende Apoll und weiter oben Athene. Die Komposition gipfelt in einer Gruppe von Siegesgenien, die H. mit Kranz und Zweigen erwarten.

39. *Die Säulen des H.* Rein illustrierende Darstellungen sind relativ selten, die symbolische Bedeutung des Motivs hat dafür um so mehr Gewicht.

Zunächst findet es Eingang in die Geographie: Auf einer Weltkarte des 10. / 11. Jh. (London, British Museum) sieht man auf zwei Inseln je eine Säule stehen. – Die «Erste Karte von Lybia» (um 1460; New York, Public Library) zeigt je eine Säule auf beiden Kontinenten an der Meerenge von Gibraltar.

Die Errichtung der Säulen nimmt in den «Hystories de Troyes» (1464 bei Raoul Lefèvre, s. o.) ebenfalls einen Platz unter den zwölf Arbeiten ein. Letzterer berichtet, H. habe an einer der beiden Säulen ein Plakat angebracht mit einer Mahnung an die Seeleute, von hier aus nicht weiterzusegeln. – Zu den Feierlichkeiten anläßlich der Hochzeit Karls des Kühnen von Burgund mit Margaret von York 1468 in Brügge führte man eine Szene auf (als eine der zwölf Taten), in der H. (mit langem weißen Bart und Krone) die Säulen im Meer errichtete. Die moralische Ausdeutung lieferte der Vers: «Faictes comme Herculès a vostre désirance / Abornez vos désirs en mondaine espérance» (Macht es wie Herkules mit eurer Begierde / Setzt Grenzen euren Wünschen nach weltlichen Dingen).

Die ersten künstlerisch bedeutenden Darstellungen treten in der italienischen und deutschen Graphik der Renaissance auf. A. Dürer zeichnete H. im Löwenfell mit den geschulterten (korinthischen) Säulen (Zeichnung 1511; zerstört, ehem. Bremen, Kunsthalle).

Besondere Bedeutung hatten die Säulen des H. für das Haus Habsburg. Sie illustrieren (zum erstenmal 1518) die Devise der Habsburger Kaiser, «plus oultre» (lat. «plus ultra» = darüber hinaus, noch weiter), deren Autor Luigi Marliano ist. – Auf zwei Münzen des Herzogs von Burgund (Karl, späterer Kaiser Karl V., seit 1506 Herzog von Burgund) stehen die balusterförmigen Säulen auf einer Insel, darüber erscheint die Herzogskrone. – Zwei Hans Weiditz zugeschriebene Porträts zeigen Karl (damals König von Spanien) auf zwei Holzschnitten (1518 u. 1519) mit der Übersetzung der Devise («noch weiter»). Das Titelblatt eines Huldigungsgedichts von Carl Gustav Heraeus zur Kaiserwahl Karls V. mit den zwei flankierenden Säulen verdeutlicht den weitgreifenden territorialen Anspruch der Habsburger: Die linke Säule wird von der westlichen Hemisphäre gekrönt, die rechte von der östlichen. Zu Füßen der linken sieht man neben der Keule des H. und einem Sack mit Münzen ein Gürteltier, das für die Fauna des neuentdeckten Amerika steht. Die Attribute der rechten Säule sind Bacchus mit einem Weinstock, Panther und Schlange, die sich um einen Baum windet; sie stehen für die noch nicht eroberte östliche Hemisphäre. – Aus dem Jahr 1519 stammen die gemalten Balustersäulen mit den Emblemen des Ordens vom Goldenen Vlies im Chor der Kathedrale von Barcelona, wo im selben Jahr ein Treffen Karls V. mit dem Orden stattfand. Da sich dieser die Eroberung des Heiligen Lands zum Ziel gesetzt hatte, bedeutet die Devise unmißverständlich, daß die Säulen als Meilensteine auf dem Weg zu weiteren Eroberungen zu verstehen seien.

Ein monumentales Denkmal setzte Fischer v. Erlach den Säulen vor seiner Karl Borromäus-Kirche in Wien (1715/33).

40. *H. bei den Pygmäen* (Philostrat, Imag. 11,22). Die Pygmäen, Brüder des Antaeus (nach Philostrat), der tot auf dem Boden liegt, greifen den schlafenden H. an. Sie schicken sich an, ihn wie eine Festung zu erstürmen. H. jedoch richtet sich auf und lacht, er sammelt die Zwerge und steckt sie in sein Löwenfell. – Philostrat konnte sicher auf ältere Quellen zurückgreifen, wie eine 94/95 n. Chr. geprägte Medaille aus Alexandria nahelegt (Abb. in LIMC 1990, 5,2, S. 109, Nr. 2806): Zu Füßen des stehenden H. sieht man vier zwergenhafte Gestalten. – Schon Philostrat sieht in der Geschichte ein Sinnbild der Vermessenheit. – Der früheste

Niederschlag seiner Beschreibung in der Neuzeit findet sich bei Alciat (1531, [Bb], Held Nr. 110; H./S. Sp. 1653). Die Darstellungen in der bildenden Kunst mehren sich nach dem Erscheinen der lateinischen Übersetzung Philostrats von Celio Calcagnini (Caelii Calcagnini opera, Basel 1544). Hervorzuheben ist ein Gemälde von Dosso und Battista Dossi (nach 1534; Graz, Museum Joanneum, Alte Galerie). W. Suida (1923, S. 74), der es als Versuch einer Rekonstruktion des von Philostrat beschriebenen Bildes anspricht, deutet im übrigen das des Dosso als Porträt des Ercole II. d'Este (1534 Herzog von Ferrara, Modena und Reggio) in Gestalt des H.

Nichts von der Entrücktheit des H., wie sie ihm bei den Dossi eigen ist, auf Lucas Cranachs Gemälden (1551; Dresden, Gemäldegalerie Alte Meister). Cranach verteilt die beiden bei Philostrat beschriebenen Phasen auf zwei Gemälde: Das eine zeigt den schlafenden Koloß und die angreifenden Zwerge, das andere den erwachten Riesen, der mit der Keule gegen die Angreifer vorgeht. W. Schade (1974, S. 91 f) sieht in diesen Bildern eine politische Allegorie auf die Erlangung der Kurwürde durch Moritz von Sachsen und die Verteidigung seiner bedrohten Herrschaft. – Ausführlich und figurenreich der Stich des Cornelis Cort (1563) nach einem verlorenen Gemälde von Frans Floris, das eng dem Text Philostrats folgt (J.P. Guépin 1988).

41. *H. am Scheideweg* («*H. Prodikos*», «*Hercules Prodicius*»). Das Thema beschäftigt v. a. Künstler und Exegeten seit der Renaissance. Von Petrarca und Coluccio Salutati (De laboribus Herculis; vgl. B. Ullman 1951, S. VII) für die Literatur wiederentdeckt, fand die Parabel in der Renaissance auch Eingang in Emblematik und bildende Kunst. Als «Entscheidungsthema» tritt es so an die Seite des im Mittelalter populären *Paris-Urteils* (–> Paris). Die Darstellungen (seit der Mitte des 15. Jh.) variieren oder erweitern jeweils die Grundidee, wobei sich zwei Typen unterscheiden lassen: a) die Verkörperungen von Tugend und Laster legen Hand an den Helden und versuchen ihn auf ihre Seite zu ziehen, b) die Tugend ist bemüht, den Helden mit Argumenten zu überzeugen, das Laster versucht, ihn zu verführen. Im Hintergrund sieht man einen steilen, steinigen Weg (links), der zum Heil, einen bequemen (rechts), der ins Verderben führt.

Der ikonographische Grundtypus, wie ihn eine Miniatur des Felice Feliciano vorführt (1463; Cod. Reg. lat. 1388, Bl. 17 v), geht auf eine Beschreibung Philostrats (Vita Apoll. 6,10) zurück. Annibale Carracci schuf dann einen vorbildlichen Typus mit seinem Gemälde (Deckenbild für den Camerino des Palazzo Farnese, Rom, wohl 1595 begonnen; heute Neapel, Museo Nazionale). Es zeigt den Helden, auf seine mächtige Keule gestützt, mit angezogenem Bein auf einem Felsen unter einer Palme sitzend. Zu seiner Linken (hier zum erstenmal als Rückenfigur) das Laster in Gestalt einer Frau mit Symbolen der Sinnenlust und der weltlichen Freuden, zur Rechten die Tugend, die auf Pegasus im Hintergrund hinweist; zu ihren Füßen sieht man einen bekränzten Poeten, dessen auf H. gerichteter Blick (wie auch Pegasos im Hintergrund, auf den die «Tugend» hinweist) dem Helden «ewigen Dichterruhm» verheißt (Panofsky 1930, S. 125). H., dessen Gesicht noch quälerischen Zweifel spiegelt, wird die richtige Entscheidung treffen, worauf die Palme (Siegespalme!) anspielen dürfte. – Auf einer polygonalen Tafel von Girolamo di Benvenuto (*Ercole al bivio*, um 1500; Venedig, Ca' d'Oro) steht H. zwischen den beiden Frauen, die seine Arme festhalten. Eine Andeutung der rechten Entscheidung gibt ein Genius mit der Siegespalme in den Wolken, der an einen segnenden Gottvater gemahnt. H. selbst erscheint im Typus eines christlichen Märtyrers oder des Schmerzensmanns.

Auf einem Stich von Pieter Nolpe nach einem Gemälde von Pieter Potter (Panofsky 1930, Abb. 63) wird das Thema zur christlichen Allegorie: Der steile Weg ist als Kreuzweg gedeutet, der zu einem hohen, lichten Gipfel hinaufführt; der bequeme, den Gewalt und Tod säumen, führt ins Verderben.

Auf einem (wohl nicht authentischen) Bild des P.P. Rubens (*Ercole fra il Vizio e la Virtù*; Florenz, Uffizien, Catalogo Generale 1979, S. 464, P. 1389) ist die kontemplative Ruhe der Renaissancedarstellungen einer dramatischen Erregtheit gewichen. Das «Laster» in Gestalt der Venus umarmt stürmisch den Helden, doch dieser macht durch seine Körperwendung zur «Tugend» in Gestalt der Athene hin seine Entscheidung deutlich. Auf dem Gemälde des Jan Lyss (um 1625; Dresden, Gemäldegalerie Alte Meister, Gal.-Nr. 1841 A) ist dem Helden, der von der «Tugend» hinweggeführt wird, anzusehen, wie schwer ihm die Entscheidung fällt (eine das Laster verkörpernde Schöne versucht ihn auf ihr Lager zu locken).

Eine ungewöhnliche Bearbeitung des Themas zeigt A. Dürers Kupferstich (um 1498; B.73 [86]), heute als *H. am Scheideweg* gedeutet: Eine bekleidete weibliche Gestalt (die «Tugend») prügelt auf eine auf dem Boden sitzende nackte Frau neben einem Satyrn (dem lüsternen Naturwesen) ein; H. (Rückenansicht; mit erhobenen Armen, breitbeinig stehend) hält ein Baumstämmchen wie eine Parierstange in den Händen. Dürers Quelle war vermutlich Benedictus Chelidonius' «Voluptatis cum virtute disceptatio heroicis lusu versibus», Wien 1515 (Abb. in Illustr. Bartsch 10, S. 160).

Ein spätes Beispiel, E. Wächters Gemälde von 1839 (Stuttgart, Württembergische Landesgalerie), zeigt H. zwischen den beiden Frauengestalten, die antiken Skulpturen nachgebildet sind.

Ein allegorisches Porträt von Friedrich Sustris (um 1595), überliefert durch einen Stich von Johann Sadeler, stellte Maximilian I. als H. am Scheideweg dar.

42. *H. als Allegorie auf die Tugend.* In den höfischen Entrées (festlichen Aufzügen) des 16. Jh. verkörpert H. bisweilen den Sieg, aber auch den Frieden, wobei es sich jeweils um Anspielungen auf konkrete politische Ereignisse handelt. – Als Inbegriff aller Tugenden und als «Tugendheld» (s. u.) wird H. in Renaissance und Barock zum Vorbild herrscherlicher Tugend.

Obgleich H. (selten) auch als Allegorie des Krieges gedeutet worden ist (M.-R. Jung 1966, S. 37), gilt allgemein, daß er nie als brutale Gewalt auftritt. Eine Ölskizze von P.P. Rubens (*Hercules and Minerva fighting Mars*, um 1634/35; London, Edward Speelman & Co.; J.S. Held 1980, Nr. 244) macht diese Auffassung deutlich: H., an seiner Seite Minerva (nicht nur seine Schutzpatronin, sondern auch in ihrem Ethos dem Wesen des H. verwandt), stellt sich der brutalen Gewalt des Mars entgegen, der eine zu Boden gestürzte Frau am Haar packt und sie zu erdolchen droht. H. erhebt seine Keule gegen den Kriegsgott, Minerva wehrt Mars mit ihrem Schild ab.

43. *H. als Tugendheld.* Die Bezeichnung «Tugendheld», die im späten 19. Jh. auftaucht (U. Krempel 1981, S. 89), beinhaltet die Vorstellung des Sieges des Tugendhaften, der das Laster überwunden hat. Das Gemälde *Krönung des Tugendhelden* von P.P. Rubens (1613/14; München, Alte Pinakothek; Jaffé Nr. 214: «La vittoria incorona l'eroe»; Gegenstück zu *Der trunkene Herkules*, 1613/14; Dresden, Gemäldegalerie Alte Meister, Jaffé Nr. 215) zeigt einen gepanzerten Helden im Triumphgestus, mit auf den reglosen Körper eines Satyrs gestelltem Fuß, während ihm eine geflügelte weibliche Gestalt (kanonisches Erscheinungsbild der Siegesgöttin Nike/Victoria) den Siegeskranz aufs Haupt setzt. Eine Deutung des Helden als H. ist zweifelsfrei (aufgrund des Typus wie auch der auf den Stiefeln applizierten Löwenmasken). Die Besiegten sind die Personifikationen der Trunksucht (Satyr), der Wollust (nackte Frauenge-

stalt) und des Neids (eine alte Frau, aus deren Mund Schlangen kriechen). Ein spezifisches Verständnis des Tugendhelden als «Christlicher Ritter» (miles christianus; s. hierzu U. Krempel 1981, S. 90) mag Rubens im Sinn gehabt haben. Augenscheinlich ist der Gedanke eines *H. am Scheideweg* in diesen beiden Gegenstücken durch zwei gegensätzliche Themen zur Anschauung gebracht (U. Krempel 1981, S. 99). Bedeutsamer – was eine Charakterisierung des Wesens des H. betrifft – ist vielleicht, daß die beiden Bilder die Extreme dieses komplexen Wesens veranschaulichen.

44. *Der christliche H.* Das schon in der Antike gewandelte H.-Bild auf einen Menschen göttlicher Abkunft von höchstem Ethos hin nimmt in vielem die Erscheinung Christi vorweg (Pfister 1937). Die wesentliche Entsprechung ist, daß beider Lebensweg, den sie im Auftrag eines göttlichen Vaters gehen, ein Weg der Mühen und des Leidens ist, an dessen Ende die Aufnahme in den Himmel und die Unsterblichkeit stehen. Beide haben – nicht nur für sich selbst, sondern stellvertretend für alle Menschen – den Tod überwunden. H. steigt in den Hades (die Unterwelt) hinab und triumphiert über den Tod («Kallinikos»), so wie Christus in den Limbo hinabgestiegen ist, um die Seelen zu retten, und beide wurden als Erlöser der Welt verehrt.

Pierre de Ronsard (1525–1585) zieht in seinem Hymnus «L'Hercule chrétien» 18 Parallelen zwischen dem Leben Christi und dem des H. Die Schlangen, die Hera dem H. in die Wiege schickte, sind hier die Knechte des Herodes, die Jesus nach dem Leben trachten. Die Giganten, die H. besiegt, werden zum Gleichnis für die Ungläubigen, Hebe, die Personifikation der ewigen Jugend, mit der H. vermählt wird, steht für die «Ewigkeit» u.s.w.

Da H. als Personifikation der Tugend verstanden wurde, liegt es nahe, diese spezifisch als christliche Tugend zu interpretieren. Ein Gemälde von Joannes Holzer (1736; Privatbesitz) stellt einen jugendlichen H. dar, von einem Engel geleitet, im Kreis der vier Kardinaltugenden. H. richtet die Keule, die ihm die Personifikation der «Stärke» reicht, gegen eine vielköpfige Hydra, die das Böse verkörpert. Der Engel weist auf die «Weisheit» hin, die höchste der Kardinaltugenden. – Das Deckenfresko Paul Trogers in der Bibliothek des Stifts Zwettel (1732/33) stellt fünf Szenen aus dem Leben des H. dar, anhand derer die Tugendlehre des Christentums exemplifiziert wird: Minerva führt H. im Triumph vor die Ewige Weisheit, die von Gerechtigkeit und Mäßigkeit flankiert wird; den Platz der vierten (fehlenden), der Stärke, wird H. einnehmen.

In der kirchlichen Kunst des Mittelalters erscheint H. häufig als Prä-figuration Christi. Szenen aus dem H.-Mythos finden sich daher in der Sakralbaukunst, z. B. am Gerichtsportal der Kathedrale von Auxerre (Sockel des linken Gewändes; 13. Jh.). Am Lettner der Kathedrale von Limoges (zerstört) erschienen die Taten des H., als Flachreliefs gearbei-tet. – Im typologischen System (Altes / Neues Testament) tritt H. an die Seite Simsons, der wie er einen Löwen (der für das Böse steht) getötet hat (M. Simon 1955, S. 171). Ikonographisch deckt sich der Typus des H. so genau mit dem des Simson, daß der eine oder der andere nur durch eine Beischrift zu identifizieren ist.

Am deutlichsten weist der Reliefschmuck des Taufbeckens im Dom zu Siena von Antonio Federighi (nach 1460) H. als Stellvertreter Christi aus: Dargestellt sind Adam und Eva im Paradies und deren Vertreibung. Statt jedoch, wie zu erwarten, Christus als «neuen Adam» und Erlöser vorzufinden, begegnen wir H., einmal im Kampf gegen einen Kentau-ren, einmal gegen den Löwen, die beide das Böse verkörpern.

45. *H. als Patron der Astronomie* (Diodor 4,27,4 f.). Ein monochromes Fresko von Bernardino Luini (1480 / 85 – 1532; Mailand, Castello Sfor-zesco) zeigt den den Himmelsglobus tragenden H. mit einem Astrono-men, der mit dem Stechzirkel hantiert.

46. *H. mit Sonnenuhr*. Wohl aus seiner Funktion als Patron der Astro-nomie erklärt sich eine antike Figur, die im 16. Jh. auf einem Platz in Ravenna stand (überliefert durch einen Holzschnitt von 1558; Berlin, Kunstbibliothek): H. trägt kniend eine Sonnenuhr auf den Schultern, wie er sonst den Himmelsglobus trägt.

47. *H. als Musenführer («H. Musagetes», «H. Musarum»)*. H. tritt hier mit einem Beiwort auf, das in erster Linie –> Apoll eignet. Zum er-sten Mal wird er im Zusammenhang mit den Musen bei Hesiod erwähnt (Aspis 205 f.). Einige frühe Lyriker betrachteten H. als ihren Schutz-patron. In hellenistischer und römischer Zeit lebte dieser H. fort als «H. Musagetes». Im Jahr 189 v. Chr. weihte Fulvius Nobilior nach der Ein-nahme von Ambracia H. und den Musen einen Tempel in Rom, der zur Zeit des Augustus erneuert wurde. Auch die ara maxima in Rom war dem H. und den Musen geweiht, vielleicht unter dem speziellen Einfluß der Pythagoräer, die H. mit Apoll identifizierten.

Als H. Musagetes hat H. auch in der Emblematik seinen Platz gefun-den: z. B. bei Dionysius Lebeus-Batillius (1596, Nr. 46; H./S. Sp. 1651), der den «Hercules Musagetes» durch die Darstellung eines H. mit der Leier vor dem Tempel der Musen illustriert. Robert Boissard («Parnassus cum imaginibus Musarum»; Frankfurt / M. 1601) gibt dem «Hercules Musagetes / Musarum Protector» das Bild eines bekränzten H. mit Keule, Löwenfell und Leier im Arm bei. V. Cartari (Padua 1615, S. 546) zeigt einen «Hercole Musagete» (mit Löwenfell), der im Schreiten mit dem Plektron die Lyra schlägt.

Dem H., der die Lyra spielt, stimmt oder im Arm hält, begegnen wir schon auf griechischen Vasenbildern (z. B. auf einer Amphora in Rom, Villa Giulia, 530 / 520 v. Chr., zwischen Hermes und Athena). – Auf dem Stuckrelief in einer Grabkammer an der Via Latina in Rom (2. Jh. n. Chr.) sieht man den musizierenden H. mit der Leier im Wettstreit mit einem Aulosbläser. – Auch auf den byzantinischen Elfenbeinkästchen ist der musizierende H. ein häufig wiederkehrendes Motiv. – Dem Begriff «Musagetes» (Musenführer) entspricht eine plastische Gruppe des 18. Jh. im Garten des Belvedere in Wien (von Domenico Parodi, um 1725, heute im unteren Parterre): Mit Löwenfell und geschulterter Keule erscheint H. hier als Begleiter Kalliopes, der Muse der epischen Dichtung, die ihrerseits den Ruhm ihres Protektors verkündet. Die Darstellung veranschaulicht ein spezifisches Verständnis des H. Musagetes, welches das wechselseitige Abkommen zwischen H. und den Musen beinhaltet: H. gewährt den Musen Schutz gegen Gewalt und Unterdrückung, diese dagegen besingen seine Taten und seine Tugenden zu seinem immerwährenden Ruhm. Dieser Gedanke liegt v.a. den Fürsten der Renaissance und des Barock, die sich ohnehin gern mit H. identifizierten und sich in ihrer Rolle als Schützer und Förderer der Künste durch den H. Musagetes wohl am vollkommensten vertreten sahen. So präsentiert in einem Entrée von 1550 die Stadt Rouen dem König (Heinrich II.) das Bild des H. Musagetes als «tuteur et protecteur des Muses». 1575 weiht Amadis Jamyn dem Herzog von Alençon sein Werk «Hercule défenseur des Muses», in dem das Wechselverhältnis zwischen Dichter und Mäzen deutlich zum Ausdruck kommt (s.a. *H. am Scheideweg* von Annibale Carracci).

Zu einem H.-Zyklus, den Jacopo Tintoretto für Rudolf II. malte (s. *Zyklen*), gehörte ein Bild des H. mit den Musen (verloren). – *Die Wiedererweckung der Freien Künste* durch den H. Musagetes (wieder mit Lyra; Relief von Matthäus Donner, um 1738; Wien, Kunsthistorisches Museum, Hauptmünzamt) hat den Schutzherrn der Wiener Akademie, Kaiser Karl VI., im Sinn.

48. *H. als Kulturbringer.* Nach der Ansicht römischer Autoren teilte H. mit den Musen den Altar, weil er das Volk des Euander den Gebrauch

der Buchstaben gelehrt hatte. – Den Empfang des H. durch König Euander stellt eine Zeichnung von Baldassare Peruzzi dar (um 1517/18; Paris, Louvre). Der König, umgeben von seinem Hofstaat, tritt dem Helden auf einer Estrade entgegen.

Dem Kulturbringer H. ist auch dessen Entdeckung des Purpurs von Tyros zuzuordnen, deren P.P. Rubens mit einem Gemälde gedenkt (1636/38, Jaffé Nr. 1281; Madrid, Prado; Quelle: Julius Pollux, «Onomasticon» 1,47 – ein griech. Wörterbuch in zehn Büchern, nach Sachgebieten geordnet). Ein Hund hat H. offenkundig an den Meeresstrand geführt, wo der nun kniend eine Purpurschnecke betrachtet; der Hund erhält seinen Streichellohn.

49. *H. als Stammvater.* Im Sinn des ursprünglichen Mythos ist H. lediglich der Stammvater der Herakliden, deren Geschlecht nach und nach den ganzen Peloponnes besiedelte. Seit der Antike führen jedoch Herrscher immer wieder ihre Abstammung auf H. zurück. Schon das makedonische Herrscherhaus nahm H. als seinen Stammvater in Anspruch, und die makedonischen Könige bezeichneten sich selbst als «Herakliden». Alexander d. Gr. ließ sich auf Münzen als jugendlicher H. abbilden. Die römischen Kaiser Constantin und Maxentius nannten sich stolz die «Herculii» (Herculier), nachdem schon die Adoptivkaiser (u. a. Trajan und Commodus) die Gestalt des H. in die Kaisersymbolik aufgenommen hatten (G. Bruck 1953, S. 191 ff).

In der Neuzeit sind es vornehmlich die Dynastie der Habsburger und die französischen Könige, die den Anspruch erheben, von H. abzustammen. Besonders verbunden fühlte sich dem H. Kaiser Maximilian I., der sich Stammbäume mit H. als Stammvater aufstellen ließ, über sein melancholisches Temperament, das man sowohl dem H. wie allgemein dem Herrscher, dem Feldherrn, dem Künstler und dem Gelehrten zuordnete. – In Rom erklärte die Familie Massimo alle Colonne H. über die römische Gens Fabia zu ihrem Stammvater; über dem Wappen des Pietro Massimo am Palazzo Massimo alle Colonne in Rom (1627) sieht man den schlangenwürgenden H.-Knaben.

50. *Das mythologische Porträt im Bild des H.* Kaiser Commodus ließ sich in einer eindrucksvollen Marmorbüste als H. darstellen (Ende 2. Jh. n. Chr.; Rom, Musei Capitolini). –

Im Löwenhelm sehen wir auch Mithridates VI. «Eupator» (132–63 v. Chr.; Paris, Louvre, Inv. MA 2321).

Zahlreiche Fresken und eine Statue (G. Bruck 1953, S. 191) zeigen Kaiser Karl VI. von Habsburg als H. Ein Porträt Ferdinands II. von Tirol

(1529–1595) gibt den Erzherzog im Löwenharnisch wieder (Schloß Amras bei Innsbruck). Karl V. ließ sich einen Helm in Form eines Löwenkopfes anfertigen (Wien, Kunsthist. Museum). – Die Herrscherbüste mit einem auf der Schulter applizierten Löwenkopf erscheint in geschlossener Reihe seit Karl V. in der spanischen, seit Rudolf II. in der deutschen Linie der Habsburger (G. Bruck 1953, S. 194; vgl. das Bildnisrelief Rudolfs II. von Adriaen de Vries, 1609; London, Victoria and Albert Museum).

51. *Zyklen*. Von den zahllosen zyklischen Darstellungen können hier nur einige erwähnt werden. Ein bedeutendes antikes Beispiel sind die Metopen des Zeustempels von Olympia, auf denen jeweils eine Arbeit des H. lapidar wiedergegeben ist. Athena, die Halbschwester und Schutzpatronin des H., ist stets gegenwärtig. – In der 2. Hälfte des 2. Jh. v. Chr. entwickelt sich in Kleinasien ein Sarkophagtypus, der in den die Seitenwände gliedernden Arkaden die Episoden des Dodekathlos schildern (z. B. Sarkophag in Rom, Museo Torlonia, 150/200 n. Chr.) – ein angemessener Sarkophagschmuck, hatte doch H. nicht nur selbst Unsterblichkeit erlangt, sondern auch den Höllenhund besiegt und Theseus aus der Gewalt des Hades befreit. – Die sog. Cathedra Petri (Elfenbeinplatten mit Ritzarbeit, datiert zwischen dem 4. und 9. Jh.; im letzten Drittel des 9. Jh. auf einen hölzernen Thron montiert; heute in einem Nebenraum der Sakristei von St. Peter, Vatikanstadt) ist mit Szenen des Dodekathlos geschmückt. – Die Pariser Handschrift des späten 14. Jh. (Bibliothèque Nationale, lat. 11856, Bl. 110^v – 112^r: Les «Travaux» d'Hercule) umfaßt folgende Themen: *H.* (in zeitgenössischer Rüstung) *erschießt Nessos mit dem Pfeil, H.* (zu Pferd) *mit drei Kentauren, H. und der Nemeische Löwe, H. zielt auf die Stymphalischen Vögel, H. pflückt die Äpfel der Hesperiden, H.* (kniend) *überreicht einer gekrönten Figur* (Eurystheus) *die Äpfel, H. und Cerberus, H. und die Rosse des Diomedes, H. und die Lernäische Hydra, H. und Hippolyte* (auf demselben Bildfeld: *H. gegen einen Drachen*, rechts ein Fluß: wohl Andeutung der Augiasställe), *H. und Antäus, H. und Geryon, H. und der Erymanthische Eber, H. und Atlas stützen gemeinsam die Himmelssphäre.*

Bemerkenswert sind auch die Darstellungen der zwölf Taten in Rundfeldern von Albrecht Dürer (Feder- und Pinselzeichnungen, 1511; Bremen, Kunsthalle) – Vorlagen für einen Prunkpokal (Raudnitz/Tschechien, Schloß).

Unter den zyklischen Werken der Renaissance sind v. a. die Skulpturen von Vincenzo de' Rossi im Palazzo Vecchio in Florenz (Salone dei Cinquecento; 1562 / 84) hervorzuheben, die in sieben (von zwölf in Auftrag gegebenen) überlebensgroßen Figurengruppen die Arbeiten des H. darstellen (eine davon – *Ercole che regge il globo di Atlante* – seit dem 17. Jh. am Eingang der Villa di Poggio Imperiale). Die übrigen Gruppen stellen dar: *H. und Cacus, H. und der Kentauer, H. und Antäus*, ferner (nicht eigenhändig): *H. und die Amazonenkönigin, H. den Erymanthischen Eber tragend, H. überwältigt Diomedes*. - Giambologna schuf die Modelle für einen Zyklus von sechs *Arbeiten des H.*, die 1589 in Silber gegossen wurden (*H. und der Erymanthische Eber* in Bronze gegossen). – Von den ungezählten Freskenzyklen des Barock sind besonders erwähnenswert: der zehnteilige Zyklus des Francisco de Zurbarán (Gemälde 1634, Madrid, Prado) mit den Themen: *H. trennt die Berge Calpe und Abyla, H. als Sieger über Geryon, H. kämpft mit dem Nemeischen Löwen, H. mit dem Erymanthischen Eber, H. ringt mit Antäus, A. führt Cerberus aus der Unterwelt, H. im Kampf gegen die Lernäische Hydra, H. erschlägt den Kretischen Stier, H. lenkt den Lauf des Alpheus um* (die Reinigung der Ställe des Augias), *der sterbende H.* Ferner die vier Monumentalgemälde von Guido Reni (1617 / 21; Paris, Louvre): *H. und Achelous, H. und die Hydra, Nessus raubt Deianira, H. auf dem Scheiterhaufen*.

Lit.: Benoit, Fernand: L'Ogmios de Lucien et Hercule Psychopompe. In: Beiträge zur älteren europäischen Kulturgeschichte 1, 1952, S. 144–158. Benzaken, Jean Charles: Hercule dans la Révolution Française ou les «vouceaux traveaux d'Hercule»… In: Les images de la Révolution Française. Paris 1988, S. 203–214. Bernheimer, Richard: Wild Men in the middle ages. Cambridge / Mass. 1952. Biedermann, Gottfried: Herkules und die Pygmäen. Zum Oeuvre der beiden Dossi. In: Festschrift Richard Milesi. Klagenfurt 1982, S. 125–137. Boardman, John / Palagia, Olga / Woodford, Susan, in: LIMC 1988, 4,1, S. 728–838; 4, 2, S. 444–559, s. v. Herakles. Boardman, John, u. a. in: LIMC 1990, 5, 1, S. 1–192; 5, 2, S. 6–161, s. v. Herakles. Brommer, Frank: Herakles. Die 12 Taten des Helden in antiker Kunst und Literatur. Münster / Köln 1953. Bruck, Guido: Habsburger als «Herculier». In: Jahrbuch der Kunsthistorischen Sammlungen in Wien 50, 1953, S. 191–198. Buchowiecki, Walther: Der Barockbau der ehemaligen Hofbibliothek in Wien, ein Werk J.B. Fischers von Erlach. Wien 1957. Bush, Virginia L.: Bandinelli's «Hercules and Cacus» and Florentine traditions. In: Studies in Italian art and architecture. Rom 1980, S. 163–206. Chew, Samuel C.: The Pilgrimage of Life. London 1962. Coupe, William A.: The German illustrated broadsheet in the seventeenth century. Historical and iconographic studies. Baden-Baden 1966. David, Charles: ‹Colossus facere ausus est. L'apoteosi di Ercole e il colosso padovano del Ammanati. In: Psicon 3, 1976, 6, S. 32–47. Dhanens, Elisabeth: Jean Boulogne. Brüssel 1956. Dumont-Fillon, Cécile: La tenture d'Hercule aux Musées royaux d'art et d'histoire de Bruxelles. Remarques iconographiques. In: Bulletin des Musées royaux d'art et d'histoire, Bruxelles 55, 1984, 1, S. 83–98. Dyggve, Ejnar: «Basilica Herculis». In: Festschrift W. Sas-Zaloziecky zum 60. Geburtstage. Graz 1956, S. 34–39. Ders.: La SS. Cattedra de S. Pietro ed il suo ambiente primordiale storico. In: Analecta Romana Instituti Danici 1. Kopenhagen 1960, S. 13–43. Ettlinger, Leopold: Hercules Florentinus. In: Mitteilungen des Kunsthistorischen Institutes in Florenz 16, 1972, S. 119–142. Fenyö, Ivan: Le «Hercule endormi» et autres dessins du Parmesan. In: Bulletin du Musée hongrois des beaux-arts 32/33, 1969, S. 69–78. Fink, Josef: Herakles als Christusbild an der Via Latina. In: Rivista di archeologia cristiana 56, 1980, S. 133–146. Francovich, Geza de: Benedetto Antelami, architetto e scultore e l'arte del suo tempo. 2 Bde. Milano 1952. Gaeta, Franco: L'avventura di Ercole. In: Rinascimento 5, 2, 1954, S. 227–260. Galinsky, G. Karl: The Herakles Theme. The Adaptions of the Hero in Literature from Homer to the Twentieth Century. Oxford 1972. Gibbons, Felton: Two allegories by Dosso for the court of Ferrara. In: The Art-Bulletin 47, 1965, 1, S. 493–496. Göransson, Anna Maria: Livstädet och Geofroy Tory. In: Tidskrift för Konstvetenskap 30, 1957, S. 57–85. Guarducci, Marguerita: La Cattedra di San Pietro nella scienza e nella fede. Rom 1982. Güntner, Gudrun, in: Von allen Seiten betrachtet. Herakles im Karlsruher Schloß. Ausst.-Kat. Karlsruhe, Badisches Landesmuseum 26. 9.–8. 12. 1991. Guépin, J.P.: Hercules belegerd door de Pygmeen, schilderijen van Jan van Scorel en Frans Floris naar een *Icon* van Philostratus. In: Oud Holland 102, 1988, S. 155–173. Gussone, Nikolaus/Staubach, Nikolaus: Zu Motivkreis und Sinngehalt der Cathedra Petri. In: Frühmittelalterliche Studien 9, 1975, S. 334–338. Hallowell, Robert E.: Ronsard and the Gallic Hercules myth. In: Studies in the Renaissance 9, 1962, S. 242–255. Heitmann, Bernhard: Gut und Böse im Widerstreit. In: Jahrbuch des Museums für Kunst und Gewerbe Hamburg 2, 1983, S. 7–16. Held, Julius S., 1980 (–> Allgem. Bibl.). Hessert, Marlis van: Zum Bedeutungswandel der Herkules-Figur in Florenz. Von den Anfängen der Republik bis zum Prinzipat Cosimos I. Köln/Weimar 1991. «Herkules – Tugendheld und Herrscherideal». Ausst.-Kat. Kassel/Eurasburg 1997. Hoff, Ursula: The sources of «Hercules and Antaeus» by Rubens. In: In Honour of Daryl Lindsay. Essays and studies. Melbourne 1964, S. 67–79. Jung, Marc-René: Hercule dans la littérature française du XVIe siècle. De l'Hercule courtois à l'Hercule baroque. Genève 1966. Kray, Ralph/Oettermann, Stephan (Hg.): Herakles/Herkules I. Metamorphosen des Heros in ihrer medialen Vielfalt. II. Medienhistorischer Aufriß. Basel 1994. Krempel, Ulla: Bemerkungen zur Ikonographie der «Krönung des Tugendhelden». In: Gentse Bijdragen tot de kunstgeschiedenis 24, 1976–78, S. 83–94. Dies.: Die «Krönung des Tugendhelden». In: Peter Paul Rubens. Werk und Nachruhm. München 1981, S. 89–104. Lebègue, Raymond: Un thème Ovidien traité par le Primatice et par Ronsard. In: Gazette des Beaux-Arts 55, 102, 1960, S. 301–306. Lenz, Martin: «Überredungsbilder». Zur Ikonographie der Manipulation seit der Renaissance. Marburg 1981. Loeffler, Elaine: Lysippos' labors of Herakles. In: Marsyas 6, 1950–53. New York 1954, S. 8–24. Lohuizen-Mulder, Mab van: Raphael's images of justice, humanity, friendship. A mirror of princes for Scipione Borghese. Wassenaar 1977. Macchioni, Silvana: Annibale Carracci, Ercole al bivio … In: Storia dell'arte 1981, S. 151–170. Mann, Vivian B.: Samson vs. Hercules: a carved cycle of the twelfth century. In: The Center for medieval and early Renaissance studies State University of New York at Binghamton Acta 7, 1980. 1983, S. 1–38. Mateo Gómez, Isabel: Los trabajos de Hércules en las sillerias de coro góticas españolas. In: Archivo español de arte 48, 1975, S. 43–55. «Maximilian I.». Ausst.-Kat. Innsbruck 1969, Abb. 12 (Maximilian I. als Hercules Germanicus). McDonald, William C.: Maximilian I of Habsburg and the veneration of Hercules: on the revival of myth and the German Renaissance. In: The Journal of Medieval and Renaissance Studies 6, 1976, S. 139–154. Mezzatesta, Michael: Dreaming Hercules – a note on Hercules iconography and north Italian classicism c. 1500. In: Marsyas 18, 1976, S. 17–19. Mrazek, Wilhelm: Zwischen Herkules und Apollo. Zur Symbolik des fürstlichen Palastbaues in der Barockzeit. In: Alte und moderne Kunst 2, 1957, 1, S. 19–22. Müller Hofstede, Justus: Rubens' St. Georg und seine frühen Reiterbildnisse. In: Zeitschrift für Kunstgeschichte 28, 1965, S. 69–112. Mütherich, Florentine: Der Elfenbeinschmuck des Thrones. In: Atti della pontificia accademia romana di archeologia 3. Memorie 10, 1971, S. 253–273. Nony, Daniel: Postume, l'empereur Hercule. In: Le Club français de la médaille 50, 1976, S. 132–140. Orgel, Stephen: The example of Hercules. In: Mythographie der frühen Neuzeit (12. Wolfenbütteler Symposion, 5.-8. 12. 1982). Wolfenbüttel / Wiesbaden 1984, S. 25–47. Panofsky, Erwin: Hercules am Scheidewege. Leipzig / Berlin 1930. Ders.: Albrecht Dürer. Princeton / N.J. 1943. Ders.: Hercules Agricola: A further complication in the problem of the illustrated Hrabanus manuscripts. In: Essays presented to Rudolf Wittkower on his sixty-fifth birthday. London 1967, Bd. 2, S. 20–28. Penny, Nicholas: Catalogue of European Sculpture in the Ashmolean Museum, 3 Bde. Oxford 1992. Pfister, Erich: Herakles und Christus. In: Archiv für Religionswissenschaft 34, 1937, S. 42 ff. Poensgen, Georg: Herkules und Omphale … In: Bibliotheca docet. Festgabe für Carl Wehmer. Amsterdam 1963, S. 303–334. Praz, Mario: L'opera completa del Canova (Classici dell'Arte 85). Milano 1976. Rosenthal, Earl E.: The invention of the columnar device of Emperor Charles V at the Court of Burgundy in Flanders in 1516. In: Journal of the Warburg and Courtauld Institutes 36, 1973, S. 198–230. Schade, Werner: Die Malerfamilie Cranach. Dresden 1974. Scharmer, Heide: Der gelagerte Herakles. In: Winckelmannsprogramm der Archäologischen Gesellschaft zu Berlin 124. Berlin 1971. Schmitt, Annegrit: Der Einfluß des Humanismus auf die Bildprogramme fürstlicher Residenzen. Acta humaniora. Weinheim 1989, S. 215 ff. Schwarz, Shirley J. in: LIMC 1990, 5,1, S. 196–253; 5,2, S. 164–186, s.v. Hercle. Sedlmayr, Hans: Die Schauseite der Karlskirche in Wien. In: Kunstgeschichtliche Studien für Hans Kauffmann. Berlin 1956, S. 262–271. Simon, Marcel: Hercule et le

Christianisme. Straßburg 1955. Sparn, Walter: Hercules Christianus. My-thographie u. Theologie in der frühen Neuzeit. In: Mythographie der frühen Neuzeit 12. Wolfenbütteler Symposion, 5.–8. 12. 1982 (Wolfenbütteler For-schungen 27). Wiesbaden 1984. Strauss, Walter, E. (Hg.), 1981 (–> Allgem. Bibl.). Suida, W.: Die Landesbildergalerie und Skulpturensammlung in Graz. Wien 1923. Szarota, Elida Maria: Winckelmanns und Hölderlins Herkulesdeu-tung. In: Beiträge zu einem neuen Winckelmannbild. Berlin 1973, S. 75–87. Taylor, René: Architecture and Magic. Consideration on the «Idea» of the Esco-rial. In: Essays presented to Rudolf Wittkower on his sixty-fifth birthday. Bd. 1, London 1967, S. 81–109. Thulin, Oskar: Bilder der Reformation. Aus den Sammlungen der Lutherhalle in Wittenberg. Berlin 1953 (Abb. 34). Tietze-Con-rat, Erika: Notes on ‹Hercules at the crossroads›. In: Journal of the Warburg and Courtauld Institutes 14, 1951, S. 305–309. Ullman, Berthold L. (Hg.): Colucii Salutati De laboribus Herculis. 2 Bde. (Reihe Thesaurus mundi). Zürich 1951. Utz, Hildegard: Der wiederentdeckte Herkules des Michelangelo. München 1975. Vollkommer, Rainer: Herakles – die Geburt eines Vorbildes und sein Fort-bestehen bis in die Neuzeit. In: Idea (Jahrbuch der Hamburger Kunsthalle 6) 1987, S. 7–29. Wang, Andreas: Der «Miles Christianus» im 16. u. 17. Jh. und seine mittelalterliche Tradition (Mikrokosmos 1). Bern/Frankfurt/M. 1975. Weitzmann, Kurt: The Iconography of the Carolingian Ivories of the Throne. In: La Cattedra lignea di S. Pietro in Vaticano. Città del Vaticano 1971, S. 217–245. Winner, Matthias: Der eherne Herkules Victor auf dem Kapitol. In: Hülle und Fülle. Festschrift für Tilmann Buddensieg. Alfter 1993, S. 629–642. Wuttke, Dieter: Die «Historia Herculis» des Nürnberger Humanisten und Freundes der Gebrüder Vischer, Pangratz Bernhaubt gen. Schwenter. Köln/Graz 1964. Yates, Frances A.: Astraea. The imperial theme in the sixteenth cen-tury. London usw. 1975. Zahlten, Johannes: Hercules Wirtembergicus. Über-legungen zur barocken Herrscherikonographie. In: Jahrbuch der Staatli-chen Kunstsammlungen in Baden-Württemberg 18, 1981, S. 7–45. Zuchold, Gerd-H.: Luther = Herkules. Der antike Heros als Siegessymbol für Humanis-mus und Reformation. In: Idea (Jahrbuch der Hamburger Kunsthalle 4), 1985, S. 49–64.

Hercules Gallicus, lat., griech. Herakles Ogmios. Verkörperung des –> Herakles/Hercules in Gallien, wohl eine literarische Erfindung, die sich seit der Renaissance in Frankreich großer Beliebtheit erfreut hat.

A Die maßgebliche Quelle gibt Lukian (Her. 1 ff), der ihn (mit einigem Sarkas-mus) wie eine Karikatur des vertrauten Herakles beschreibt: Er sei sehr alt, kahl-köpfig – bis auf ein paar graue Haare –, faltig sei seine Haut und sonnenver-brannt tiefschwarz, wie die eines alten «thalattourgós», eines Seemannes: Für einen Charon oder einen Iapetos könnte man ihn halten. Anderseits trägt er die Ausrüstung des Herakles: die Löwenhaut, die Keule in der Rechten, hat zur Seite den Köcher, hält den Bogen in der Linken. Wie er ausschaut, möchte man meinen, daß man mit diesem Bild jenen Herakles bestraft, der einst als Viehdieb durch Europa streifte (bemerkt Lukian).

Das eigentlich besondere an diesem H. sind dünne Ketten aus Gold und Bernstein, die von seiner Zunge ausgehen und am anderen Ende an die Ohren einer Menge Leute geknüpft sind, die dem Mann trotz so zerbrechlicher Fesseln willig folgen, während er freundlich lächelt (ebd. 3).

B H.G. ist konzipiert als Verkörperung der Macht der Rede, die der rein physischen Kraft schon darin überlegen ist, daß sie mühelos lenkt und selbst insbesondere dem Alter gehorcht (Hinweis auf Euripides, Phoen. 530, wonach das Alter mit mehr Weisheit redet als die Jugend). In diesem Sinne sei er eigentlich der griechische «Hermes» (ebd. 4). Es kennzeichnet die Macht der Rede, wenn die Kelten diesen Gott «Hercules» nennen. So wird er zum Repräsentanten einer Kultur, die sich bis in unsere Tage einen wachen Sinn für die Macht der Sprache bewahrt hat. Ronsard wird den Gallischen H. als Kulturbringer dem griechischen Übeltäter und Bösewicht gegenüberstellen («Hylas» in «Poèmes», 7e livre, 1569).

Auch die Emblematik hat an ihm Interesse gefunden. Beredsamkeit sei mächtiger als leibliche Stärke, sagt Alciat (1531, E 6, Held Nr. 18; H./S. Sp. 1651f; vgl. Achilles Bocchius 1555, II, Nr. 43; Laurentius Haechtanus 1579, Nr 43; H./S. Sp. 1652). Die Beredsamkeit sei eine Kunst, die selbst Widerstrebende mitzureißen versteht, meldet Picinello (3,22,68; S. 158) zu einem Emblem unter dem Lemma VI SUAVI («Mit sanfter Gewalt»; vgl. Gyraldi, Synt. 10, S. 453A).

C Seine Erscheinungsform entspricht im wesentlichen der Beschreibung des Lukian (s. o.). Wie –> Herakles trägt er Löwenfell und Keule, dazu Bogen und Köcher. Sein Hauptmerkmal jedoch sind Ketten, durch die er mit einer Menschenmenge verbunden ist. Sie führen von seiner Zunge zu den Ohren der Menschen (Cartari 1647, S. 181: «Dio della eloquenza»).

Ein Palmzweig kennzeichnet mitunter den H.G. als Sieger (V. Cartari 1615, S. 306).

In die Monumentalmalerei hat der H.G. durch Giambattista Tiepolo Eingang gefunden, der ihn auf seinem Deckenfresko im Palazzo Sandi in Venedig (Piano nobile, Salone; 1724/25) in ein vierteiliges Programm aufnahm, das der Macht der Redekunst gewidmet ist. Minerva/ –> Athena und Merkur/–> Hermes sind umgeben von Repräsentanten der Macht der Rede, zu der auch die Musik gehört: 1. des –> Orpheus (der mit seinem Spiel die Mächte der Unterwelt zu rühren vermochte), Eurydike aus dem –> Hades führend; 2. des H.G., der die (lügnerischen) Kerkopen mit Ketten an seine Zunge gebunden hat; 3. des –> Bellerophon auf –> Pegasus (als Überwinder der Chimaere); 4. des –> Amphion, bei dessen Spiel die Mauern von Theben sich von selbst zusammenfügen.

Hermathena, Allegorie, in der die Vorstellungen von –> Hermes und –> Athena vereinigt sind. Im Mythos sehen wir die Göttin gelegentlich in Begleitung des Geleiters –> Hermes (z. B. Apollodor, Bibl. 2,42; Homer, Od. 11,626). Der Gedanke wird vermutlich durch Cicero vermittelt, der ein Bild dieses Namens in Tusculum beim Gymnasium aufstellt (Att. 1,1,5) und es für ein seiner «academia» angemessenes Ornament hält. Hieran schließt Bocchius (Achille Bocchi) an (Symbol. quaest. 102, ed. 1574) mit seinem Emblem für eine Akademie. Im Sinne der populären Maxime «festina lente» (Eile mit Weile) verbindet es die Schnelligkeit des Gottes der Beredsamkeit mit der Bedächtigkeit der Göttin der Weisheit. Das Bild zeigt übrigens auch Amor/–> Eros, was an Athenaios anschließen mag (3,561d). Die Vorstellung findet sich schon bei Marsilio Ficino (in Plat. polit., praef. an Federico da Montefeltre; op. omn., S. 855 u. 1294). – Die H. Ciceros war wohl eine Herme (mit zwei Gesichtern?). Cartari (1647, S. 188) beschreibt die H. als Zwitter (s. Federico Zuccaro im Palazzo Vecchio in Florenz; vgl. J. Seznec 1961, S. 296).

Auf einem Fresko im Palazzo Farnese in Caprarola (Gabinetto dell'Ermatena; um 1570) stellt Federico Zuccari Hermes und Athena (zwei Körper, ein Paar Beine) mit ihren Attributen thronend dar.

Hermercules, Hermeracles. – Allegorie, welche –> Hermes und –> Hercules miteinander verbindet. Im Mythos erfreut Herkules/–> Herakles sich der besonderen Zuwendung des Gottes. Das Wort (Hermeracles) findet sich bei Cicero (Att. 1,10,3) und bezieht sich dort auf ein Bild («signum»), das vielleicht eine Herme ist. Athenaios (13,561d) erwähnt, daß man in öffentlichen Gymnasien Bilder des Hermes und des Herakles gemeinsam aufstellte. – Die freundschaftliche Gemeinschaft von Eloquenz und physischer Stärke werde durch die Gegenwart des –> Eros anschaulich (anderseits ist Hermes auch der Erfinder der Leibesübungen, d. h. der «Palaestra»).

Hermeros, griech. Allegorie. Die Verbindung von –> Hermes und –> Eros ergibt sich leicht aus der Verwandtschaft ihrer Zuständigkeiten als Mittler wie auch ihrer raschen Arbeitsweise. – Platon (Symp. 202E) spricht vom «hermeneuein» (dem Erkennen) als einer Kraft des Eros. Bei Lukian (Dial. dor. 7) begegnen die beiden einander im Ringkampf, bei dem Hermes obsiegt (zu Eros in öffentlichen Gymnasien s. Herm(h)ercules). Gyraldi (Synt. 1, S. 28) spricht von «Hermerotes». Bocchius Achille Bocchi (Symbol. Quaest. 163, ed. 1574) macht H. zum Bild des göttlichen Liebhabers: «fert tacitus, vivit, vincit, divinus amator« (schweigend erträgt, lebt und siegt der göttliche Liebhaber).

Hermes, auch Hermaios, griech., lat. Mercurius (= M.), etr. Hermu (?), Merkur (= M.; auch Cyllenius, Athlantides, Stilbon, Kyrios). Einer der Zwölfgötter, der Herold des Zeus und Götterbote, «Argeiphontes», der Argustöter (Übersetzung unsicher). Sohn des Zeus und der Bergnymphe Maia vom Berg Kyllene (Cyllene) in Arkadien, Enkel des Atlas. H. ist jünger als –> Apoll und diesem besonders verbunden (s. unten). Zu seinen zahlreichen Kindern s. **A.**

Die Römer setzten H. mit dem ihm wesensverwandten Mercurius gleich. Cicero (Nat. 3,56) nennt außer dem Sohn des Juppiter und der Maia noch vier andere Götter gleichen Namens: einen Sohn des Caelus («Himmel») und der Dies («Tag»; er scheint ithyphallisch gewesen zu sein), einen Sohn des Valens und der Phoronis (den man mit dem unterweltlichen Trophonius identifizierte), einen Sohn des Nilus (dessen Namen auszusprechen den Ägyptern als Sünde galt) und jenen, den man in H. Pheneus verehrte, den Argustöter (s. u.), der nach Ägypten floh, wo er den Leuten Recht und Schrift gab. Sein ägyptischer Name sei Theuth (Thot; s. **B**). Auch ein Sohn des Liber und der Proserpina wird erwähnt (vgl. Servius, Aen. 1,297; Gyraldi, Synt. 9, S. 409, mit Hinweis auf Lactantius Placidus zu Statius). Schon die Vielfalt verschiedener Deutungen seines Namens läßt auf ein komplexes Wesen des Gottes schließen (s. **B**).

Vielleicht ist H. ursprünglich ein Herdenwächter und -mehrer (vgl. Homer, Il. 14,490 f; Pausanias 2,3,4), was ihn auch als Fruchtbarkeitsgott erklären könnte (wohl in diesem Sinn nennt Hygin, Fab. 160, ihn als Vater des –> Priapus). Die solcher Tätigkeit eigene Mobilität machte ihn dann leicht zum Wegprotektor und -weiser. Dazu läßt sich aus der Funktion des Herdenwächters auch der Hundswürger, Drachenbezwinger und Sichelheld ableiten (vgl. Ovid, Met. 1,717). Ebenso fügt der zaubermächtige Helfer sich gut zu solchen Aufgaben. Schließlich kann dem guten Hirten und Beschützer der Wege die Aufgabe des Seelengeleits und der Seelenkunde nicht ganz fremd sein. Weniger leicht läßt sich auf diese Weise der Herold und Bote, noch schwerer der Patron der Kaufleute und Diebe, der Vater der Redner und Dolmetscher (vgl. auch Platon, Krat. 407e ff; Diodor 1,16; Orph. Hymnos 28,6; Macrobius, Sat. 1,17) und schließlich der Patron der Palaestra und der Patron der Gaukler (Isidor, Etym. 8,9,33) erklären. Tatsächlich tritt der Gott in zwei verschiedenen, aber einander bedingenden Ämtern vor uns: als fürsorglich hilfreicher Herr und Geleiter einerseits (wozu auch der Totengeleiter, H. Chthonios / H. Psychopompos = Seelengeleiter, gehört, der sich leicht mit dem ägyptischen Anubis verbindet: vgl. z. B. Apuleius, Met. 11,11; vgl. Homer. Hymnos 4, an H., 572) und als geschickter, einfallsreicher, auch listiger und betrügerischer Diener und Bote anderseits. Während die eigentlich religionsgeschichtliche Bedeutung dem ersteren zuzufallen scheint (vgl. Kl. Pauly, Bd. 2, Sp. 1069 ff), ist es sicher der letztere, der spätestens seit klassischer Zeit wesentlich das populäre Bild des H. bestimmt hat.

Anderseits entwickelt die Spätantike im kultischen Umkreis des ägyptischen Gottes Thot (Theut) die Vorstellung von H. Trismegistos («der dreimal größte H.») als Künder und Mittelpunkt einer synkretistischen Geheimlehre (in die auch Pythagoräisches eingeht und Orphisches) mit Offenbarungs- und Erlösungscharakter. Wie man diesen H. durchaus als eine historische Metamorphose des arkadischen H. verstehen kann («Poimandres», d. h. Völkerhirt – nach einem Dialogpartner des H. –, ist der Titel der umfangreichsten hermetischen Schrift), so durchdringt er in der Mythographie des Mittelalters dann seinerseits wieder die Gestalt des Arkadiers, bereichert und variiert sie (vgl. B) und wird vor diesem Hintergrund in der Renaissance eine nicht unbedeutende Rolle in philosophisch-religiöser Spekulation spielen (lat. Übers. des «Poimandres» / «Pimander» von Marsilio Ficino, Florenz 1463, auf Veranlassung des Cosimo de' Medici; Nachdr., S.S.E.S., Florenz 1989).

A H. ist ein uralter (wohl hellenischer) Gott, dessen Kult man besonders in Arkadien pflegte. Dort wurde auch behauptet, die Bergnymphen der drei Brunnen in den trikrenischen Bergen über Pheneos hätten den Neugeborenen gewaschen; außerdem hieß es, der Knabe sei nahe der Stadt Akakesion von Akakos, dem Sohn des Lykaon, aufgezogen worden (Pausanias 8,36,10). Philostrat (Imag. 1,26) überliefert, H. sei auf dem Gipfel des Olympos in der Wohnung der Götter geboren, und die Horen hätten sich seiner angenommen (vgl. Alkaios, D. A. Cempbell 1994, S. 356ff, Frg. 3086, Frg. 3; Philostrat, Vita Apoll. 5,15). Die Böoter glaubten, der Gott sei in ihrem Land, auf dem Berg Kerykion, geboren und zudem unter einem Andrachnebaum (auch Andrachlebaum = Erdbeerbaum; lat. «arbor portulaca»), der ihm darum auch heilig sei (Natale Conti 1567, 5,5, Bl. 134ʳ, Zeile 43), aufgewachsen (Pausanias 9,20,3 u. 22,1: Tanagra). Übrigens wurde auch behauptet, für einige Zeit sei Juno / –> Hera seine Amme gewesen (Martian 1,34, Dick, S. 22; Boccaccio, Gen. 4,35 u. 9,1; Natale Conti, ebd.); dabei soll das Kind einmal so gierig an der Brust der Amme gesaugt haben, daß unversehens ein Strahl der Milch sich über den Himmel ergoß: die Milchstraße! (So, wohl in Übernahme eines Motivs aus der Herkulesgeschichte, Fr. Pomey 1694, S. 60, u. a.)

Grundlegend für die übliche Vorstellung von Wesen und Zuständigkeiten des Gottes ist die *Kindheitsgeschichte* im Homerischen Hymnus (4) an H. geworden: Zeus verliebt sich in die scheue Maia und teilt nächtens in tiefer, schummriger Höhle ihr Lager. Am vierten Tag des zehnten Monats wird die Frau von H. entbunden. Sie legte das Kind in einen Worfelkorb (griech. «líknos»: Homer. Hymnos 4, an H., 20, 21, 63, 150f, 254, 358. Der Korb soll als Symbol von Reichtum und Fruchtbarkeit gegolten haben; vgl. Apollodor, Bibl. 3,10,2; J.G. Frazer, Bd. 2, 1979, Bd. 2, S. 5, Anm. 4; vgl. Servius, Georg. 1,166; Plutarch, Is. et Os. 35: H. als «Der vom Worfelkorb»).

H. ist ein munterer Bursche, der sich zu einem ungemein beweglichen Leben sogleich ans Werk macht: Im Morgengrauen geboren, springt er alsbald aus der Wiege, schon zur Mittagszeit spielt er die Lyra, und abends stiehlt er dem Apoll die Rinderherde (Homer. Hymnos 4, an H., 17ff) Bei alldem erweist er sich als atemberaubend flink mit Hand und Kopf. Die Lyra ist seine Erfindung und sein Werk (Homer. Hymnos 4, an H., 39ff; vgl. Arat 268ff). Der Panzer einer Schildkröte (die ihm eben noch über den Weg gelaufen ist) dient als Schallkörper, Ochsenhaut, über die Höhlung gespannt, gibt die Schalldecke, und aus Schafsdarm sind die sieben Saiten. Apollodor erzählt (Bibl. 2,10,2), H. habe die Lyra erst nach dem Viehdiebstahl erfunden und die Saiten dem geschlachteten Vieh entnommen. Auch das Plektrum habe er ersonnen. Diodor (5,75) scheint zu sagen, daß es vor dieser Lyra schon eine andere gab, nur eben nicht eine aus einem Schildkrötenpanzer, denn H. habe sie nach dem berühmten Wettstreit des –> Marsyas mit Apoll erfunden. Er soll ihr drei Saiten von hohem, mittlerem und tiefem Klang gegeben haben, worin sich die drei Jahreszeiten (Sommer, Frühling und Herbst) ausdrückten (Diodor 1,16,1). H. selbst weiß offenbar meisterhaft das Instrument zu spielen. Er improvisiert kleine Strophen nach Art der spöttischen Wechselgesänge junger Leute beim Fest, besingt die Liebschaft der Eltern und die Geschichte seiner eigenen Herkunft, lobpreist die Mägde der Mutter, ihr freundliches Heim, die vielen, im ganzen Haus verteilten Dreifüße, die Menge der Kessel. Noch während er singt, kommt anderes ihm in den Sinn (Homer. Hymnos 4, an H., 62 ff).

Es gelüstet ihn nach Fleisch. So packt er die Lyra in die Wiege und sucht ein Plätzchen, wo sich nachdenken läßt über ein dienliches Unternehmen, einen Streich nach Art nächtlicher Spitzbuben.

Bei Sonnenuntergang (Homer. Hymnos 4, an H., 68 ff) kommt er zu den Bergen von Pieria, wo die Götter ihre Herden halten. Antoninus Liberalis (23; Hesiod, Gr. Ehoien 16; H.G. Evelyn-White 1977, Hesiod, S. 262 ff) berichtet, die Herden Apolls seien bei denen des Admet gestanden (vgl. Apollodor, Bibl. 3,10,2). 50 Rinder sondert er für sich ab und treibt sie davon (Antoninus Liberalis zählt zwölf Färsen, 100 Kühe und den Stier, ebd.). Philostrat (Imag. 1,26) wird behaupten, die Rinder seien weiß und hätten goldene Hörner. Listig bemüht sich H., Verfolger zu täuschen und zu verwirren. Spuren im Sand verwischt er (mit an den Schwanz der Tiere gebundenem Reisig: Antoninus Liberalis, ebd.), auch läßt er die Herde rückwärts laufen, so daß es scheint, als sei er selbst in die entgegengesetzte Richtung marschiert. Andere berichten, er habe den Tieren Schuhe angelegt (Apollodor, Bibl. 3,10,2). Auch seine eigene Spur ist verstellt: Zu diesem Zweck hat er sich Sandalen geflochten, aus Tamarisken- und Myrtenzweigen, und wunderschön zudem (Homer. Hymnos 4, an H., 79 ff). Das seien Spuren weder von Mann noch Frau noch die vom grauen Wolf oder vom Löwen, auch nicht die Spuren vom zottigen Kentauren, wird Apoll verwirrt bemerken (Homer. Hymnos 4, an H., 222 ff). Einen alten Mann (Battos bei Antoninus Liberalis, in anderen Quellen heißt er Battus, Bathos bei Boccaccio, Gen. 2,12), der in Onchestos bei der Arbeit an seinen Weinstöcken unversehens zum Zeugen des Diebstahls wird, sucht H. durch Versprechen und Drohung zur Verschwiegenheit zu zwingen. Am nächsten Morgen hat er seine Ställe am Fluß Alpheus erreicht (Homer. Hymnos 4, an H., 101 ff). Nach Pylos (in Messenien) sei er gegangen, sagt Apollodor (Bibl. 3,10,2).

Antoninus Liberalis (23) zufolge führt H. die Herde einen erstaunlich weiten Weg: durch das Land der Pelasger und durch Achaia nach Phtia, dann durch Lokris, Böotien und Megaris, von dort über Korinth und Larissa nach Tegea und weiter entlang den lykäischen Bergen und vorbei an Mainalos und dem sogenannten Ausguck des Battos. Letzterer habe den Diebstahl bemerkt und ein Schweigegeld verlangt. H. habe eingewilligt, habe die Tiere erst in eine Höhle in den Felsen bei Koryphasion (spartanisch für Pylos, s. o.) getrieben und sei dann zurückgekehrt, um in veränderter Gestalt die Verläßlichkeit des Mannes zu prüfen. Ein Gewand habe er ihm geboten. Battos erwies sich als bestechlich. H. berührte ihn mit seinem Stab, und der Mann wurde zu Stein (vgl. Aglauros). Die

Geschichte ist auch ein Thema für Ovid (Met. 2,685 ff), bei dem H. dem Battus erst ein Gewand als Schweigegeld gibt und ihm später eine Kuh und einen Stier verspricht. Der Fels trage seither den Namen «Zeiger» (index).

Jetzt tränkt und füttert H. das Vieh, dann schichtet er Holz auf und entdeckt, wie durch Aneinanderreiben von Hölzern sich Feuer entfachen läßt. Zu diesem Zweck hat er sich ein kräftiges Stück vom Olivenbaum zurechtgeschnitten. Die eigentliche Feuerstelle ist ein Graben. Nun schlachtet er zwei Rinder, zerlegt sie und bereitet aus Fleisch und Fett sorgfältig ein Mahl. Endlich nimmt er vom besten Fleisch, legt es auf einen glatten flachen Stein und teilt es in zwölf Teile: das Opfermahl für die Götter. So sehr ihn der Duft des Fleisches auch lockt (Homer. Hymnos 4, an H., 130 ff), er verzichtet schließlich auf die Speise (denn er ist selbst ein Gott, einer der zwölf, und so ist ihm der substantielle Genuß der Opfergaben verwehrt). Nach Apollodor (Bibl. 3,10,2) «opferte» er die Tiere, kochte das Fleisch, aß einiges davon und bereitete aus anderem ein Brandopfer. Im Homerischen Hymnos (4, ebd.) steht, daß er Fleisch und Fett zum Zeugnis seiner frühen Tat verwahrt. Merkwürdig ist, daß er anderseits sorgfältig die Spuren des Diebstahls beseitigt. Er verbrennt die Hufe und die Köpfe, wirft die Sandalen in den Fluß und löscht die Glut. All dieses war die Tat einer einzigen Nacht! Der Morgen graut (Homer. Hymnos 4, an H., 145 ff), als H. heimeilt, ungesehen von Mensch und Gott, von keinem Hund verbellt. Durch das Schlüsselloch schlüpft er, «wie ein Lufthauch im Herbst», eilt lautlos zur Wiege, schlüpft hinein und gibt sich als Säugling, während er zu seiner Linken die Lyra weiß. Die Mutter hat ihn bemerkt und macht ihm Vorhaltungen (bei Philostrat, Imag. 1,26, ist sie offenbar ahnungslos), aber er rechtfertigt sich wie einer, der entschlossen ist, sich nicht zu begnügen mit dem, was er hat, sondern aufsteigen will zu Wohlstand und Macht um fast jeden Preis. Es ist eigentlich der Anspruch auf Göttlichkeit, den er anmeldet. Aufschlußreich die Erklärung, er fordere einen Kult gleich dem des Apoll, und wenn der Vater ihm diesen verweigere, dann habe er das Zeug zum Fürsten der Räuber. In das Heiligtum in Pytho (–> Apoll) werde er eindringen und sich nehmen, was alles an prächtigen Dingen darin sei.

Inzwischen ist Apoll ihm auf der Spur. Der einzige Zeuge (Battos) hat geschwätzt. Ein Kind habe er gesehen usw. (Homer. Hymnos 4, an H., 187 ff). Das Omen eines «langflügligen» Vogels weist Apoll den Weg (Homer. Hymnos 4, an H., 211 ff). Apollodor (Bibl. 3,10,2) sagt, er sei nach Pylos gegangen. Die Leute dort hätten wohl ein Kind mit einer Herde, aber keine Spuren gesehen. Dann steht Apoll vor der Wiege und droht dem Winzling eine Zukunft in der Unterwelt: als Anführer der Säuglinge (Homer. Hymnos 4, an H., 254 ff)! Der aber spielt den Ahnungslosen. Nichts getan habe er, nichts gesehen, nichts gehört von jenen gestohlenen Rindern, was immer das sei, denn er kenne so was nur vom Hörensagen (Homer. Hymnos 4, an H., 260–277 und 309–311). Apoll redet auf ihn ein, und er pfeift derweil gelangweilt vor sich hin. Es ist wie eine Drohung, als der Bruder ihn schließlich auf den Arm nimmt (Homer. Hymnos 4, an H., 293 ff), sie wird zur Komödie, als er ihn gleich wieder fallen läßt, erschreckt vom Rülpsen und Niesen des Kleinen, dafür aber wohl ermutigt durch das gute Omen (zum Niesen als freundlichem Omen vgl. Properz 2,3,24, wo Amor niest, und Catull 45,9 usw.).

Auf Horaz (Carm. 1,10) mag zurückgehen, was Philostrat (ebd.) berichtet: Der Kleine habe dem Apoll hinterrücks den Köcher geleert. Weiter ausgearbeitet und verfremdet erscheint die Szene bei Boccaccio (Gen. 2,12): Apoll will den Knaben mit dem Bogen erledigen, der aber macht sich zauberisch unsichtbar.

Später schlägt H. vor, man solle Zeus zum Schiedsrichter machen (Homer. Hymnos 4, an H., 312). Apoll wird bered seine Geschichte vortragen (Homer. Hymnos 4, an H., 333 ff), sein Widersacher wird – die Windeln in der Hand – das hilflose Opfer des großen Bruders spielen und an die Gerechtigkeit des Vaters appellieren. Zeus will, daß man sich einigt. Als die Brüder dann vor der Herde stehen, greift Apoll mißtrauisch nach zwei Weidenruten, um den H. zu fesseln, seine Kraft zu binden (Homer. Hymnos 4, an H., 408 ff). Die Zweige aber fallen zu Boden, beginnen sogleich zu wachsen, sich miteinander zu verflechten und dabei die Herde zu umfangen. Dieser Zauber beeindruckt Apoll. Zum erstenmal hat H. seine wahre Macht gezeigt. Noch mächtiger ist seine Musik. Er nimmt die Lyra (Homer. Hymnos 4, an H., 418 ff), stimmt die Saiten, faßt sich ein Herz und beginnt zu singen, ein Lied vom Ursprung der Welt und von den Göttern, eine Theogonie. Allen voran preist er Mnemosyne, die Musenmutter und Ahnfrau.

Jetzt schwindet der Unmut Apolls und beginnt sich in Respekt zu wandeln. Fürwahr, dieser Gesang sei 50 Rinder wert, und man müsse sich friedlich einigen (Homer. Hymnos 4, an H., 436 ff). Seine Rede ist voller Bewunderung für H. Er gibt ihm einen Stab aus dem Holz der Kornelkirsche: Einen Führer werde er aus ihm machen, geschätzt unter den Unsterblichen, glücklich werde er sein, kostbare Geschenke verspricht er ihm und auch seine Aufrichtigkeit in alle Zukunft. Nun endlich lenkt H. großmütig ein (Homer. Hymnos 4, an H., 475 ff). Er bietet dem musenkundigen (!) Bruder die kostbare Lyra, er selbst wolle sich künftig den Herden widmen. Als Ersatz für die Lyra soll er jetzt die weithin hörbare Flöte (Syrinx) erfunden haben (Homer. Hymnos 4, an H., 511 f). Andere berichten, Apoll habe sich zur Lyra noch die Flöte gewünscht und dafür seinen goldenen Hirtenstab geboten. H. habe dagegen zu dem Stab noch die Kunst der Weissagung gefordert (Apollodor, Bibl. 3,10,2). Einträchtig sind die beiden zurückgekehrt auf den Olymp, da kommen dem Apoll Bedenken, der listige H. könne ihm womöglich eines Tages Lyra und Bogen stehlen (Homer. Hymnos 4, an H., 513 ff). So muß H. versprechen, dem Bruder nie etwas zu stehlen noch seinem Haus nahe zu kommen, und Apoll schwört (Homer. Hymnos 4, an H., 521 ff), Gefährte und Freund des Bruders sein zu wollen und ihn zu lieben wie keinen anderen unter den Göttern oder den Kindern des Zeus. Auch werde sein (des Apoll) Vertrauen ihn zu einem guten Omen für die Götter machen. Dann (ebd. 528 ff) reicht Apoll dem H. eine goldene dreiästige (Zauber-) Rute. Sie gewähre Reichtum und Wohlstand, halte ihren Träger unversehrt und gewähre das Gelingen jeglichen Unterfangens in Wort und Tat, sofern es nur gut sei nach dem Urteil des Zeus durch Apoll. Der Ratschluß des Zeus in vielen Dingen sei aber einzig der Kenntnis Apolls vorbehalten, so habe H. auch keinen Anspruch darauf.

Zum Mittel der Weissagung unterstellt Apoll dem Bruder immerhin die Thriai (Homer. Hymnos 4, an H., 550 ff), bienenähnliche Jungfrauen, durch die er dem Kundigen unter den Sterblichen Auskunft über künftiges Glück zu geben vermöchte, während er selbst sich die Weissagung aus dem Ruf und Flug der Vögel vorzubehalten scheint (Homer. Hymnos 4, an H., 541 ff). Nach Apollodor (Bibl. 3,10,2) empfängt H. die Kunst der Weissagung aus Kieseln (wie sie von den Thriai geübt worden sein soll) gegen die Gabe der Flöte (vgl. Zenobius, Cent. 5,75; Kallimachos, Hymnos 2, an Apoll, 45). Dann unterstellt er dem H. die wilden Stiere und Pferde und das geduldige Maultier. Das alles findet des Zeus Zustimmung (Homer. Hymnos 4, an H., 568 ff), der den H. noch zum Herrn über alle der Weissagung dienenden Vögel, über Löwen und Wildschweine macht, über alle Herden auch und alle Schafe. Schließlich sei allein er bestimmt zum Boten für Hades, der ihm keinen geringen Preis zahlen werde. So erweist Apoll dem Sohn der Maia Freundschaft, und Zeus gibt ihm dazu noch Anmut («charis», Homer. Hymnos 4, an H., 573). Sterbliche und Unsterbliche sind gleicherweise sein Umgang. Nutzen zieht er nur wenig daraus, aber Nacht für Nacht überzieht er die Völker der Sterblichen fortwährend mit Trug (dem Trug der Träume).

Wie ein Katalog der vielfältigen Talente des kleinen (und großen) H. liest sich der Dialog zwischen Apoll und Hephaistos bei Lukian (Dial. deor. 7). Dem Poseidon habe der Säugling den Dreizack gestohlen, dem Ares das Schwert entwendet, dem Apoll Pfeil und Bogen, dem Hephaistos die Feuerzange. Der Aphrodite stahl er gar den Gürtel vom Leib, als sie den Buben gerade auf dem Arm hatte, und Zeus büßte bei der Gelegenheit unbemerkt das Zepter ein. Der Donnerkeil sei dem Kleinen nur zu schwer und zu heiß gewesen, vermutet Apoll. Auch bestaunt man die Zungenfertigkeit und das musikalische Talent des Buben sowie seine Fingerfertigkeit beim Bau der Lyra. Nachts steige er in den Tartaros hinab, wobei ihm die Macht der Zauberrute über die Seelen dienlich sei. Die Rute sei übrigens ein Werk des Hephaistos und als Spielzeug gedacht gewesen. Bedeutsam ist auch die Nachricht vom kundigen Ringkämpfer H.: Den Eros habe er herausgefordert und kurzerhand aufs Kreuz gelegt.

Den *Erwachsenen* sehen wir zumeist als Boten und «Vollzugsbeamten» des Zeus oder anderer Götter; aber er folgt auch eigenem Antrieb, nicht nur in Liebesdingen, in denen er recht eifrig zu sein scheint. Wo immer nötig, vermag er in Windeseile über Land und Meer zu eilen. Dazu verhelfen ihm goldene, unvergängliche Sandalen, und in der Hand hält er den Stab, «mit dem er die Augen der Menschen bezaubert, / Welche er will, und mit dem er auch wieder die schlafenden weckt» (Homer, Il. 24,340 f; s. **B**).

Der respektlose Lukian (Dial. deor. 24,1) läßt ihn über die Vielzahl seiner Pflichten klagen, auch wenn ihm inzwischen die Dienste des –> Ganymed eine gewisse Erleichterung verschafft hätten. Das hört sich an wie der Seufzer eines geplagten Butlers, der zugleich noch den Eilboten und den Zustelldienst machen muß, dazu den Postillon d'amour für seinen Herrn, und das alles rund um die Uhr. Dabei sei er schon Fechtmeister und Professor der Rhetorik, und nachts übe er das Amt des Seelengeleiters für die Toten und sitze über sie zu Gericht.

Der Bote erscheint zumeist als bloßer Gehilfe, und wir erfahren kaum mehr als den Umstand und die Botschaft (Botschaften z. B. an: Penelope, Homer, Od. 1,84 ff; Deukalion, Apollodor, Bibl. 1,7,2; Atreus, Apollodor, Epit. 3,5; vgl. Vergil, Aen. 4,222 ff). Von (dem aufrührerischen) –> Prometheus muß der gewandte Sprecher des Vaters sich höhnisch einen «bloßen Dienstknecht» heißen lassen (Aischylos, Prom. 984). Vollstrecker des väterlichen Willens ist er, wenn er den kleinen (Bruder) –> Dionysos aus dem Feuer reißt (Nonnos 8,396 ff), ihn später zu Ino und Athamas und schließlich das Zicklein Dionysos zu den Nymphen bringt (Apollodor, Bibl. 3,4,3).

Anders, wenn es gilt, den Willen des Göttervaters durchzusetzen und den Lauf der Ereignisse zu bestimmen. Dann kann H. auch zum Handelnden aus eigenem Ermessen werden und seine besonderen Talente zeigen. Die berühmteste dieser Taten, die ihm den geläufigsten seiner Beinamen einbringt, zeigt, wie er den Argos Panoptes, den Inbegriff umsichtiger Wachsamkeit, zu überlisten weiß. Eindrucksvoll, wie er da die Wachheit dessen, der ganz Auge ist (100 Augen soll er haben), über das Gehör von innen beim Gemüt packt, ihm auf der Syrinx vorspielt und ihm eine Geschichte erzählt und ihn so entspannt und in den Schlaf führt. Das Enthaupten wird auf diese Weise fast zum bloßen symbolischen Akt (Ovid, Met. 1,624 ff; vgl. Myth. Vat. I 18 und III 8,3). Es hieß auch, er habe den Argos mit einem Steinwurf getötet (Apollodor, Bibl. 2,1,3; vgl. Schol. zu Aischylos, Prom. 561, und Schol. zu Homer, Il. 2,103).

Als einfühlsamen Geleiter und Beschützer des Priamos im Auftrag des Zeus sehen wir ihn in der Ilias (24,332 ff), wo er sich in die Gestalt eines schönen Jünglings verkleidet und erst am Ende zu erkennen gibt. In und um Troja trifft man H. überhaupt häufiger, nachdem Zeus ihn schon zuvor die drei Göttinnen auf den Ida hatte geleiten lassen (Apollodor, Epit. 3,2; Hygin, Fab. 92,2). Es wurde auch behauptet, er habe auf Wunsch des Zeus Helena nach Ägypten gebracht und sie dem Proteus zur Frau gegeben, während Alexander / –> Paris nur ein Phantom umarmte (Apollodor, Epit. 3,5). Aus eigenem Antrieb scheint zu kommen, wenn der Gott sich hilfreich jener annimmt, deren Art nach seinem Herzen sein muß, wie Odysseus, –> Perseus und –> Herakles. Dem Odysseus, der behauptet, seine Geschicklichkeit, auch die, ein Mahl zu bereiten, «was den Begüterten alles die niederen Leute verrichten» (Homer, Od. 15,324), von H. zu haben, gibt er die geheimnisvolle Pflanze Moly, die ihn unempfindlich gegen den Zauber der Kirke machen soll (Od. 10,277; vgl. Apollodor, Epit. 7,16; Myth. Vat I 15 u. II 211; vielleicht handelt es sich um ein Zwiebelgewächs; s. Kl. Pauly, Bd. 3, Sp. 1403).

Den Perseus geleitet er (gemeinsam mit Athene) zu den Nymphen (Töchtern des Phorkos: Apollodor, Bibl. 2,4,2) und gibt ihm später die Sichel, mit der er die Gorgo –> Medusa enthaupten wird (ebd.). Vielleicht gibt er ihm sogar den Beutel, die geflügelten Sandalen und die Tarnkappe. Jedenfalls heißt es, daß Perseus ihm nach erfolgreicher Tat diese Gegenstände reicht, damit er sie den Nymphen wiederbringe (Apollodor, Bibl. 2,4,3). Herakles hat ein Schwert von ihm (Apollodor, Bibl. 2,4,11). Den im Frondienst Stehenden geleitet er (gemeinsam mit

Athene) in die Unterwelt, den Höllenhund zu holen (Od. 11,624 ff), und besucht ihn schließlich im Hades (Apollodor, Bibl. 2,5,12). Autolykos, der Meisterdieb, soll sein Talent dem H. verdanken (Od. 19,395 ff).

Sein Amt als Seelenführer übt H. z. B., wenn er die toten Freier der Penelope in den Hades geleitet (Homer, Od. 24,1 ff) oder wenn er den Protesilaos (Apollodor, Epit. 3,30) und die –> Persephone (Homer. Hymnos 2, an Demeter, 334 ff u. 405 ff) aus der Unterwelt wieder heraufholt. Es heißt, er habe auf Jupiters Befehl den Ixion ans Rad gebunden (Hygin, Fab. 62).

Strafendes Organ göttlichen Unwillens ist er auch in einer selten erzählten Geschichte, die sich merkwürdig mit der Erfindung der Lyra verbindet: Chelone mißachtet die Einladung zur Hochzeit von Juppiter und Juno. Zur Strafe vernichtet H. (M.) ihr Haus und verwandelt sie selbst in eine Schildkröte, die zudem ihr Haus auf dem Rücken tragen muß (Myth. Vat. I 101 u. II 67; vgl. Servius, Aen. 1,505, wo die Frau unfähig der Sprache ist – «linguae impotens») und wo ihre Häuser am Fluß stehen (vgl. Aesop, B.E. Perry, Babrius and Phaedrus 1984, S. 442, Nr. 106).

Anderseits reinigt er gemeinsam mit Athene die Danaiden vom Mord (Apollodor, Bibl. 2,1,5).

Auch Götter in Not erfreuen sich seiner geschickten Hilfe. In der Schlacht gegen die Giganten trägt er die Tarnkappe des Hades und tötet den Hippolytos (Apollodor, Bibl. 1,6,2; vgl. Homer, Il. 5,844 f: Athena; Hesiod, Aspis 226 f). Charakteristisch auch für ihn, daß er (gemeinsam mit Aigipan) die Hand- und Fußsehnen, die Typhon dem Zeus herausgeschnitten hatte und unter Bewachung versteckt hielt, stiehlt und dem Vater heimlich wieder einsetzt (Apollodor, Bibl. 1,6,3). Dem Ares hilft er aus einer peinlichen Lage und befreit ihn aus einem bronzenen Krug, in dem die Riesen Otos und Ephialtes ihn dreizehn Monate lang gefangengehalten hatten (Homer, Od. 11,305 ff; Apollodor, Bibl. 1,7,4; Boccaccio, Gen. 10,47; Claudian, Stil.). Dem Vater soll er in der Affäre mit Leda behilflich gewesen sein, indem er sich in einen fliehenden Adler verwandelte, den die Frau wunschgemäß für Juppiter hielt und darüber unversehens unter den lüsternen Schwan geriet (Myth. Vat. I 78). In der Geschichte um Europa bewährt er sich im Auftrag des Vaters als Rinderhirte (vgl. Apollodor, Bibl. 3,1,1; Ovid, Met. 2,836 ff; vgl. Myth. Vat. I 148 und II 76). Es charakterisiert beider Wesen, wenn man H. häufiger gemeinsam mit Athena tätig sieht.

Unter seinen Liebschaften sind die bekanntesten die mit Herse, aus der Kephalos hervorging (Apollodor, Bibl. 3,14,3), die mit Amosyne, die noch flinker auf den Beinen ist als er selbst und die er erst durch rutschige Häute, die er ihr listig in den Weg wirft, zu Fall bringt (Apollodor, Bibl. 3,2,1); dann die Affäre mit –> Aphrodite, aus der Hermaphroditos hervorgehen wird und bei der der Verliebte einmal die verständige, aber reichlich umständliche Hilfe des Zeus hat: Da die Göttin die Leidenschaft des H. nicht erwidert, schickt der Göttervater einen Adler, der der im Acheloos Badenden eine Sandale stiehlt und sie dem Freier bringt, der in Amitenea, einer Stadt in Ägypten, darauf wartet, daß die Bestohlene ihr Gut auf die von ihm ersehnte Weise einlöst (Hygin, Astron. 16: Aquila).

Von Dryope soll er Vater des –> Pan sein (Homer. Hymnos 19, an Pan 19,33 ff). Nach anderen hat er den von Penelope, der er sich (nach dem Tode des Odysseus) in Bocksgestalt genähert haben soll (Servius, Aen. 2,44; vgl. Myth. Vat. I 89). Bei Chione trickst er mit seiner Zauberrute den Nebenbuhler Apoll aus (Ovid, Met. 11,301 ff) und wird so zum Vater des Autolykos. Hygin (Fab. 160) nennt ihn noch den Vater der Argonauten Echion und Eurytus von Antianira sowie den Vater eines Cephalus von Creusa, Tochter des Erechtheus, und eines Libys von Libya, Tochter des Palamedes.

Es entspricht wesentlich seiner verbindlichen Seite, daß H. sich zum Kulturbringer qualifiziert. So sieht man ihn auch sogleich neben –> Prometheus, gleichsam wie ein göttliches Korrektiv neben dem Aufrührer. In philosophischem Kontext beschreibt Platon seine Leistung (Prot. 322c f):

Nachdem die Geschöpfe des Prometheus sich als unfähig erwiesen, in städtischer Gemeinschaft friedlich miteinander zu leben, ließ Zeus den H. einen jeden Menschen in gleichmäßiger Verteilung mit dem Sinn für Recht («dike») und Toleranz («aidos») ausstatten, einer wesentlichen Voraussetzung für das gesellschaftliche Leben miteinander (Platon, Prot. 322c f).

Im Gegensinn steht bei Hygin (Fab. 143): Solange die Menschen ohne Stadt und ohne Gesetz lebten, sprachen sie eine (einzige) Sprache. Dann kam H. (M.) und deutete, und es ergab sich Zwietracht, zum Mißfallen des Juppiter, der den Phoroneus einsetzte (vgl. Plinius, Nat. 7,193 und Pausanias 2,15,5).

Aber der Ruf des H. als Gesetzgeber überwiegt (vgl. Nonnos 30,163; 41,353; 41,161: H. hält eine lateinische Gesetzestafel).

Diodor (1,15,9 u. 16,1 f) stellt eine lange Liste zivilisatorischer Leistungen des H. zusammen, von dem er auch sagt, er habe dem Osiris in Ägypten als priesterlicher Ratgeber gedient (H. Trismegistos). Die Gemeinsprache habe er weiter artikuliert, Dingen ihren Namen gegeben (so daß wir miteinander reden können, was übrigens andere seiner Großmutter Mnemosyne zuschrieben: Diodor 5,67,3), das Alphabet erfunden (aus dem Flugbild der Kraniche: Hygin, Fab. 277) und den Gottesdienst geregelt. Dann habe er als erster die geordnete Bewegung der Sterne sowie Harmonie und Charakter der Töne beobachtet. Die Palaestra habe er eingeführt und sich um die harmonische Bewegung («eurythmia») des menschlichen Körpers und seine gehörige Entwicklung gekümmert. Eine dreisaitige Lyra soll er gebaut haben (s. o.), und die Griechen habe er gelehrt, ihre Gedanken auszudrücken. Schließlich habe man ihm statt –> Athena die Entdeckung der Olive zugeschrieben.

Nach Aesop (B.E. Perry, Babrius and Phaedrus 1984, S. 441, Nr. 102) zeigt er den Menschen, wie sie sich zum Wohnen Höhlen in die Erde (die das gar nicht mag!) graben können.

Es ist sicher dieser Gott, der bei Aesop Ehrlichkeit belohnt und Trug bestraft (B.E. Perry, ebd., 1984, S. 453, Nr. 173).

Der Spitzbube H./M. wird dennoch nicht vergessen. An ihm orientiert sich eine Fabel bei Babrius (B.E. Perry, ebd., 1984, S. 72 f, Nr. 57). Hier reist der Gott mit einem Wagen voller Lug und Trug und Schurkerei durch die Welt von Volk zu Volk und verteilt seine Güter in gehöriger Portion (wobei die Araber durch eigenes Verschulden besonders schlecht wegkommen). Ähnlich gesinnt ist er, wenn er an die Handwerker, besonders die Schuhmacher, Falschheit verteilt (Aesop, Perry, ebd., S. 441, Nr. 103).

Servius (Aen. 8,138) hat eine merkwürdige Geschichte zum Ursprung der Palaestra, die wiederum den Dieb charakterisisiert und zugleich eine Erklärung zum Ursprung der Herme ist (s. **B**). H. nimmt sich die Königstochter Palaestra zur Geliebten, und dazu nimmt er sich die Kunst der Leibesübung, die eigentlich eine Erfindung ihrer Brüder ist, eignet sie sich an und lehrt sie die Menschen. Die Bestohlenen sinnen erbost auf Rache. Sie finden den Dieb schlafend auf einem Berg und schlagen ihm die Hände ab. Der Berg heißt seither Cyllenius, denn «kyllous» nenne man auf griechisch Menschen, denen ein Körperglied fehlt. So komme es auch, daß man jene Figuren ohne Hände «Hermen» nenne (Festus S. 45, Zeile 8 ff; s. u.). (Im Gegenzug läßt H. den Vater der Burschen in einen Blasebalg umarbeiten, –> Marsyas; vgl. Hederich Sp. 1596.) Daß die Palaestra seither ihren Namen trägt, ehrt die Geliebte.

Wie eine Anleihe aus der Prometheus-Geschichte liest sich die Fabel bei Aesop (B.E. Perry, ebd., 1984, S. 442, Nr. 108): Als Zeus den Menschen schafft, heißt er den H. (der offenbar in dieser Sache besonders kompetent ist), ihm das Hirn einzugießen. Der gibt jedem die gleiche Menge von dem Stoff, der nun zwar ausreicht für einen kleinen Leib, aber nicht für einen großen (bei dem noch viel Platz leer bleibt). So komme es, daß die Kleinwüchsigen gescheiter seien als die mit dem großen Leib.

Aus dem Bereich des Thot stammt die spätantike religiös-philosophische Vorstellung vom Weltenschöpfer H., der deutlich Züge des Arkadiers zeigt (wohl bei Soterichos, 1. Jh. n. Chr.). Danach ist H. ein Geschöpf des Zeus aus der eigenen Substanz, der in väterlichem Auftrag handelt. Er ist von vierfältiger Gestalt («tetrágona morphe»), die wohl die vier Elemente spiegeln soll. Sein Schöpfungsakt beginnt mit einer Ansprache (!) an die miteinander streitenden Elemente, sich zu trennen und dann in Frieden und Freundschaft (!) zu vereinen, was er mit einer Berührung durch seine goldene Rute selbst bewerkstelligt. Dann schafft er in sieben Sphären, denen je ein Planet vorsteht, den Himmel. Mit H. ist sein flinker, geflügelter Sohn Logos (Sprechen / Wort / Verstand / Ordnung), der Herold des Vaters; er ist ehrlich und hat die heilige Überredung auf den Lippen (D.L. Page, Select Papyri 1970, Bd. 3, S. 546 ff).

Seine Verbindung zu dem ibisköpfigen Thot / Theut erklärt die Geschichte, nach der H. vor dem Typhon nach Ägypten floh und sich dort in Gestalt des Ibis verbarg (vgl. Ovid, Met. 5,331).

B Horaz, der dem Gott des Glücks und des Friedens einen Hymnus widmet (Carm. 1,10), gibt ein anschauliches Beispiel für ein persönliches Verhältnis zu H. / M. als dem Patron der geistigen Berufe («H. logios», der beredte, gelehrte H.; Serm., 2,6,14 ff) als dem Beschützer (ders.

Serm. 2,6,5 u. 15) und dem Retter aus Kriegsgefahr (im Jahr 42 bei Philippi; Carm. 2,7,13 f; vgl. 2,17,29 f). Es entspricht nicht nur seiner persönlichen Verehrung, wenn der Dichter den Gott zugleich im Kaiser verkörpert sieht als dem Retter (ebd., Carm. 1,2,41 ff). Er teilt hier eine durchaus nicht mehr neue Vorstellung von der Göttlichkeit des menschlichen Herrschers. Die Gleichsetzung mit H. ist erstmals für Ptolemaios III. von Ägypten (247–221) belegt und wird auch für die Nachfolger des Augustus gelten (vgl. O. Brendel 1935, S. 231 ff; Alexander d. Gr. soll sich gelegentlich als H. gekleidet haben: Athenaios 12,537). Man hat vermutet, daß dieser Gleichsetzung die letztlich ägyptisch / orientalische Vorstellung vom H. Logos, dem jugendlichen Gottessohn auf Erden, entspricht (vgl. K. Rupprecht 1946, S. 67 ff).

Auch im Hinblick hierauf hat das frühe Christentum es nicht schwer mit H. / M. Auf bewährte Weise wird vermutet, man habe den in vielen Künsten Erfahrenen («Marssohn») vielleicht für einen Gott gehalten oder ihn nach seinem Tod dazu erklärt (Augustin, Civ. 18,8; Arnobius 4,24). Ebenso wird die verwirrende Anzahl von Göttern dieses Namens zum Argument gegen eine Göttlichkeit (Clemens v. Alexandrien, Exhort. ad graec. 2,24 P., Butterworth S. 58). Arnobius (4,24) fragt, ob man etwa einen Dieb verehren solle (vgl. Augustin, Civ. 7,26). Minucius Felix findet, daß Gestalt und Erscheinung (die geflügelten Füße!) des «Gottes» ihn Verachtung und Spott preisgeben (Oct. 23,5). Man beobachtet auch, daß die Gallier dem H. / M. Menschenopfer darbrachten (Minucius Felix, Oct. 30,4).

Der Mythos des H. besteht – außer der Erzählung seiner Kindheit und bis zu einem gewissen Grade auch der Schilderung seines Beistandes für Priamos (Homer, Il. 24,334 ff) – vorwiegend gleichsam aus Momentaufnahmen, was angesichts seines Ranges überraschen möchte, aber durchaus auch für angemessen gelten kann bei einem Gott, zu dessen betriebsamem Wirken das eilige Kommen und Gehen geradezu gehören.

Anderseits haben sein Wesen und Tun der Deutung reichlichen Stoff geboten. Das bezeugt schon die Vielfalt der etymologischen Deutungen seines Namens. Die wichtigsten darunter sind hier die Ableitungen von «herma(x)» und «hermaion» im Sinne von «Steinhaufen» als Bezeichnung für ein Wegmal und auch für ein Grabmal (Kl. Pauly, Bd. 2, Sp. 1070; vgl. Lactantius Firm., Div. inst. 1,6,2 f; vgl. die «Herme», s. u.); von griechisch «hermeneía» im Sinne von «Sprache, Rede / Auslegung, Erklärung» und von griechisch «hermeneús» im Sinne von «Herold / Erklärer, Dolmetscher» (vgl. Isidor, Etym. 8,11,45 u. 49): sie alle erweisen sich einzeln und zusammen schließlich als durchaus sinnvoll (vgl. Kl. Pauly, Bd. 2, Sp. 1069 ff).

Das gilt auch im Lateinischen für die gängige Etymologie von «Mercurius» als «Rede» (lat. «sermo») im Sinne von «medius currens» (dazwischen laufend), da die Rede zwischen den Menschen (hin und her) laufe. Das schließt ausdrücklich an die griechische Etymologie von H. an (Isidor, Etym. 8,11,45; vgl. ausführlich Augustin, Civ. 7,14; Arnobius 3,32). Die Ableitung von lateinisch «merx» (Ware) erkennt auf diese Weise den Gott des Handels (Isidor, Etym. 8,11,3; vgl. Festus S. 111, Zeile 10; Servius, Aen. 4,638; Augustin, Civ. 4,11). Bei Fulgentius (Myth. 1,18, 648) steht die Gleichung: Mercurius = «mercium-curum» (= «merx» + «cura» = Fürsorge / Sorge um Ware).

In der langen Geschichte seiner Überlieferung ist er seinem – literarisch bezeugten – ursprünglichen Wesen durchaus treu geblieben, wenngleich er dabei durch die Jahrhunderte vom pfiffigen Schlingel gar zum Gelehrten (etwa in Sachen der Grammatik und der Metaphysik) heranwächst (s. u.), dessen Ernsthaftigkeit schon im H. Homers angelegt sein mag.

H. ist gescheit (Homer, Il. 20,35), er ist listig und trickreich, dabei freundlich (Zeus gab ihm «charis»: Homer. Hymnos 4, an H., 573), er ist einfühlsam und anpassungsfähig bis zur Gestaltlosigkeit, v. a. aber ist er außerordentlich gewandt im Kopf, mit der Zunge (stimmgewaltig, «vocalis», ist er: Apuleius, Met. 6,7,1), mit Leib und Hand, geradezu der Proptotyp der intelligenten Wendigkeit und Geschicklichkeit, die sich unter dem Anspruch des Augenblicks bewähren: «Wie ein rascher Gedanke durch das Herz eines Mannes eilt, wenn drängende Sorgen ihn jagen, oder wie wenn das Auge hell aufblitzt, so entwarf der ruhmreiche H. Gedanken und Tat zugleich» (Homer. Hymnos 4, an H., 43 ff: zur Erfindung der Lyra). Präziser läßt sich das eigentliche Wesen des Gottes, wie es für Jh. schließlich bestimmend geworden ist, kaum fassen. Auf solchem Wesen ruht die Vielzahl seiner Talente, denen allen gemeinsam ist, daß sie sich in raschem (spontanem?) und richtigem Handeln bewähren. So kann man von H. vielleicht als dem Gott der vorteilhaften Entscheidung sprechen.

Es scheint, daß man in dieser Hinsicht sein Wirken von der launischen Zuteilung der Fortuna unterschied (vgl. Gyraldi, Synt. 9, S. 410A, mit Hinweis auf Galen; Kairos; vgl. dagegen Ausonius, Epigr. 33: «Simulachrum occasionis»; vgl. Babrius, B.E. Perry, Babrius and Phaedrus 1984, S. 84, Fab. 68, wo H. für einen Wettkampf zwischen Apoll und Zeus die

Lose mischt; zum Verhältnis von H. und Fortuna zueinander: E. Wind 1968, S. 102, Anm. 16).

Seinem eigentlichen Beruf nach ist H. ein Mittler: Wie eine Entscheidung immer wesentlich das Verknüpfen ist von Verschiedenem, so tut H. in allem, was er seinem ureigenen Auftrag nach tut, ebendieses. Das wird besonders sinnfällig in seinem Ruf als Friedensstifter (H. Koinos; vgl. Diodor 5,75,1 f; H. Eriounios, der Heilbringer und Segenstifter, Cornutus, Nat. deor. 16), aber auch in dem Erfinder der Maße und Gewichte, speziell im Erfinder des Wortes (vgl. Diodor 5,75,2). So wird er zum Boten der Götter, zum Herold des Zeus, zum Seelengeleiter, auch zum Erfinder schlechthin. So wird er zum Patron der Redner und der Dolmetscher, der Kaufleute und Diebe, auch zum Patron der Palaestra (speziell der Ringer und der Fechter; vgl. Diodor 5,75,3), aber auch zum Patron der Gaukler. Nach Oppian (Hal. 47 ff) ist er auch der Patron der Fischer. Sogar den Schutzherrn der Ärzte hat man in ihm gesehen. Außerdem entwickelt er allgemein eine maßgebliche Kompetenz in den Sieben Freien Künsten, was ihm neben den ihm ursprünglich nahen Künsten des Triviums (speziell der Rhetorik und der Grammatik; zur Dialektik vgl. Iamblichos bei Gyraldi, Synt. 9, S. 414B) auch die Zuständigkeit in den Künsten des Quadriviums einbringt, insonderheit der Mathematik und der Astronomie. Den Humanisten wird er zum Patron des forschenden Verstandes schlechthin.

Auch als Führer und in Begleitung der –> Chariten / Gratien hat man ihn gesehen (Cornutus, Nat. deor. 16, am Anfang; Pausanias 1,22,8). Nicolas Reusner (1581, I, Nr. 25; H. / S. Sp. 1773 f) wird sagen, M. habe –> Musen und Chariten zusammengebracht (vgl. Plutarch, Recta rat. aud. 13; s.a. Cartari 1647, S. 289).

Bei seiner leiblichen Erscheinung ist grundsätzlich zu unterscheiden zwischen dem H. im handlungsbezogenen Zusammenhang des Mythos einerseits, der Veranschaulichung seines Wesens und seiner Zuständigkeiten (etwa als Kultbild) anderseits. Beide Bilder mögen schließlich ineinander übergehen.

Es hängt unmittelbar mit eben der besonderen Natur des Gottes zusammen, wenn die schriftlichen Quellen sich erst spät ausführlicher zu seinem Aussehen vernehmen lassen, wobei sie sich zunehmend und maßgeblich an den Vorstellungen der bildenden Kunst orientieren. Niemals hat H. in der Literatur – und auch sonst – auch nur annähernd jene unmittelbare Sinnlichkeit erreicht, die für –> Dionysos (dem schon der Fruchtbarkeitsgott H. durchaus nahesteht) so charakteristisch ist (bei

Nonnos 3,409 ff ist sein Gesicht dem des Dionysos nicht unähnlich, aber er ist unsichtbar!).

Es ist zutiefst bezeichnend für das Wesen dieses Gottes, daß man ihn sich für Jahrhunderte in der abstrahierenden Gestalt der Herme (s. u.) hat zureichend vorstellen können. Seinem klar umrissenen Wesen steht gegenüber die Vielgestaltigkeit des Wandlungsfähigen, der sich allem Anschein nach jeweils seiner Rolle anpaßt, eben das ist, was die Umstände erfordern. Sicher scheint, daß H. mindestens seit Homer, wenn nicht als Herme, in aller Regel in Jünglingsgestalt auftritt: «Schritt heran und erschien in Gestalt eines vornehmen Jünglings, / An den Wangen den Flaum, im vollen Reize der Jugend» (Il. 24,346 ff; vgl. Apuleius, Met. 11,11). In Jünglingsgestalt zeigt sich der Gott z. B. als heilbringender Widderträger (H. Kriophóros) in Tanagra (Pausanias 9,22,2).

Während diese Vorstellung ihre Sinnlichkeit sicher dem erzählenden Kontext verdankt und sich schon so von der Herme als Kultbild unterscheidet, mag man bemerken, daß Homer den Gott in einem Alter sieht, das im Ablauf des Lebens gleichermaßen unbestimmt ist wie die Zeit seiner Geburt im Morgengrauen: eine Stellung dazwischen. In der Zeit ist H. das «Nicht mehr» und zugleich das «Noch nicht» (hierher gehört auch die Vorstellung vom zweigesichtigen H.), im Raum nimmt er die Gestalt des Um-Standes an und füllt so das «Dazwischen», ganz wie das ursprünglich in der Alchimie und heute in einigen modernen Sprachen nach ihm benannte Quecksilber sich verhält (it. / span. «mercurio», engl. «mercury» usw.). So vermochte er durch das Schlüsselloch zu schlüpfen (Homer. Hymnos 4, an H., 145 f), so vermittelt er zwischen Verschiedenem und schafft ein Ganzes (vgl. den Erfinder von Maßen und Gewichten).

Die *Herme* hat das Bild des Jünglings nicht ersetzt. Von ihr geht bis in unsere Tage bestimmender Einfluß auf das öffentliche Bild des Gottes aus. Die Herme, der H. «tetrágonos» (lat. «Mercurius quadratus»), ist ein ithyphallisches Bild des Gottes, bei dem einzig der Kopf ausgebildet ist und einer vierkantigen Stele aufsitzt, an deren Vorderseite an gehöriger Stelle der – zumeist erigierte – Phallus erscheint. Der Ursprung dieses Gebildes ist unklar. Vielleicht war es ursprünglich ein Grabmal, vielleicht ein Grenzstein, vielleicht ein Wegmal (vgl. die amüsante Geschichte bei Babrius, B.E. Perry, ebd., S. 64, Fab. 48) oder alles zusammen, jedenfalls bezeichnet es den Ort eines Übergangs.

Der kultische Gebrauch der Herme war in Griechenland weit verbreitet und soll seinen Anfang bei den bäuerlichen Pelasgern gehabt haben

(Herodot 2,51). Wenigstens im 5. Jh. muß es in Athen üblich gewesen sein, vor der Tür eines Privathauses eine Herme aufzustellen (Thukydides 6,27). Dieser H. «propylaios», der Hüter von Tor und Tür (vgl. den lat. –> Janus, Portunus), dem Ort zwischen zwei verschiedenen Bereichen, stand auch am Eingang in die Akropolis von Athen (Pausanias 1,22,8; vgl. 1,15,1). Es scheint, daß H. in solcher Gestalt u. a. als H. «chtonios» die Rolle des Mittlers zwischen den Lebenden und den Toten spielte. Wir bemerken, daß er bärtig ist und reiferen Alters als der H. Homers. Anderseits werfen Darstellungen in der Vasenmalerei ein bezeichnendes Licht auf die kultische Funktion der Herme. Man hat beobachtet, daß auf diesen Bildern der Gott sich häufig seinen Adoranten angleicht: Ein Alter betet vor einem Alten, ein Kind wendet sich an eine kindliche Herme (P. Zanker 1965). Wichtig hieran ist, daß die Darstellungen dabei nicht etwa die Herme abbilden, sondern den in ihr gegenwärtigen Gott, dessen Wandlungsfähigkeit wir kennen und von dem wir wissen, daß er als Mittler vollständig in seiner Rolle aufgeht.

Das veranschaulicht auch der *Planetengott*. Der ist eine Projektion des H./M. an den Sternenhimmel, wirkt aber seinerseits auch zurück auf die Vorstellung von seinem Urbild. Unter den Planeten ist er der einzige, der in seinem Charakter nicht festgelegt ist; er ist der letzte, aber der schnellste: Er übernimmt die Eigenschaften – auch das Geschlecht – dessen, den er begleitet (auch hier ist er Gefährte!), und wird mit Juppiter und Venus «gut» (von warm-feuchter Natur), mit Mars und Saturn «böse» (von kalt-trockener Natur). Während Saturn, Juppiter, Mars und Sol männliche, Venus und Luna weibliche Gestirne sind, ist H./M. Hermaphrodit, der im Wandel das Geschlecht des jeweils anderen annimmt (vgl. Servius, Aen. 4,239 u. 10,272; Myth. Vat. III 9,5). Von den sechs Perioden, in die Ptolemaios (Tetrabibl. 4,10) das Leben des Menschen einteilt, steht nach den ersten vier Jahren, die der sich rasch wandelnden Luna zugehören, die zweite Periode von zehn Jahren unter der Autorität des H./M., der dem Lernen förderlich sei. Dazu gehört wohl, daß wir im Augenblick der Geburt vom Planetengott H./M. unser «ingenium», den Charakter, das Talent, empfangen sollen (Myth. Vat. III 9,7; vgl. hierzu Marsilio Ficino zu Plotin, Enn. 6,3, 1835, Bd. 1, S. 549 f).

Unter den Körperteilen sind dem H. die Füße (Myth. Vat. II 6; Myth. Vat. III 11,23), auch Füße und Knie anheimgegeben (Myth. Vat. II 6; Myth. Vat. III 11,23). Schon der Leib des Jünglings, wie Homer ihn sieht, spiegelt sein bewegliches Wesen. Plutarch (Is. et Os. 359E; vgl. Gyraldi, Synt. 9, S. 412) sieht ihn schmalschultrig wie die wendigen, geschmeidigen Wiesel oder Katzen. Man habe ihn «galeángkonis» genannt, denn von seinem ersten Tag an habe er schmale Schultern gehabt.

Der Gott der Palaestra zeigt sich in angemessen schmucker, jugendlicher Gestalt (Servius, Aen. 4,559: H. habe die «membra decora iuventae»). Vergil (Aen. 4,556 f) sieht ihn blond (goldfarben; s.a. Apuleius, Met. 10,30, der Mercur als goldgelockten nackten Knaben vor –> Paris sieht). Das mag an die Vorliebe Homers für blond anschließen, sich aber auch auf H. Stilbon, den «strahlend hellen» Planeten, beziehen. Hübsch, ungeschminkt, ungekünstelt, mit heiterem Gesicht und scharfem Blick sieht ihn Galen bei Gyraldi (Synt. 9, S. 410; vgl. Natale Conti, 1567, 5,5, Bl. 134ᵛ, 20; F. Pomey 1694, S. 60).

Am Planetengott ist sicher orientiert, wie Servius (Aen. 4,558) H. sieht: Blond sei er und braungebrannt («ustus»; vgl. Myth. Vat. III 9,8; auch «fuscus»), weil er der Sonne näher stehe als die anderen Planeten. Beredter als die bloße Physiognomie sind die Attribute. Das gilt schon für die Nacktheit. Über Schulter und Hals liegt allenfalls ein Mäntelchen («Chlamys»: Apuleius, Met. 10) oder ein Tuch. Die für den Gott so wesentliche Beweglichkeit wird anschaulich eigentlich erst in den Flügelschuhen (oder -sandalen), von denen schon Homer spricht, und in den Flügeln an Haupt oder Hut. Die Flügelschuhe sind Reisekleidung, die man an- und ablegt. Wohl erst spät stellt man sich die Füße selbst geflügelt vor (Minucius Felix, Oct. 23,5; Augustin, Civ. 7,14). Ebenso halten spätere Autoren die Flügel am Haupt gelegentlich für natürliche Gliedmaßen (Apuleius, Met. 10,30; Augustin, ebd.; Libellus 6, Liebeschütz 1926, S. 119: «in capite et in talis alas habebat»). Heute spricht man gewöhnlich vom «Flügelhut». Je nach Auffassung ist auch nur vom «Hut» (lat. «galerium», auch «pileum», Filzkappe) die Rede. Nicht minder wichtig ist aus früherer Zeit (Homer. Hymnos 4, an H., 528 ff) der «caduceus» (griech. «kerykeion»), der Wunder- und Zauberstab (auch Rute oder Zweig; vgl. Homer, Il. 24,1 ff.) Er ist gewöhnlich von zwei Schlangen («serpentes dracones») umschlungen, gelegentlich von nur einer (vgl. unten). Es heißt auch, die Schlangen seien ein Paar aus den beiden Geschlechtern (vgl. Pictor, Allegor. 1532, Bl. 19ᵛ; ders., Apoth. 1558, S. 37).

Andere übliche Attribute sind das Sichelschwert (mit dem H. den Argos getötet haben soll), der Widder, der Hahn, auch der Geldbeutel. Seltener finden sich Syrinx (lat. «fistula») und Lyra. Der Libellus (6, ebd.) erwähnt noch, daß man ihn als Zwitter zeigte (vgl. den Planetengott). Dieselbe Vorstellung vermitteln Lanze und Spinnrocken. Da H. Weiß in

Schwarz zu wandeln vermochte, zeige man seine Kappe auch halb schwarz gefärbt, halb weiß. Nach F. Pomey (1694, S. 60) zeigten die Ägypter den Gott mit einem Gesicht teils dunkler, teils heller Farbe. Schließlich stelle man ihn auch hundsköpfig dar (Anubis; vgl. Ovid, Met. 9,690; Isidor, Etym. 8,11,45 u. 49; Rabanus Maurus, Bd. 111, Sp. 429 f; Myth. Vat. III 9,8). Pausanias (1,27,1) erwähnt die Myrte.

Die lebhafte Wandlungsfähigkeit des H. spiegelt sich durch die Zeiten auch in der Vielfalt der Deutungen, die zugleich das anhaltende und gründliche Interesse an ihm bezeugen. Beim Versuch, das Material sinnvoll zu gliedern, folgen die Mythographen gewöhnlich dem Gesichtspunkt des Berufs oder der Zuständigkeit und gliedern darunter – in jeweils passender Abfolge – nach der Liste der Attribute. Boccaccio (Gen. 2,7 u. 12; 3,20; 7,34 u. 36; 12,62) versucht, die Liste der Berufe und Zuständigkeiten mit der v. a. von Cicero (Nat. 3,56 f) vorgegebenen (euhemeristischen) Unterscheidung verschiedener Mercurii zu verbinden.

Daß Botschaft mit dem Wort zu tun habe, entspricht dem griechischen Weltverständnis. So wird der Götterbote mühelos zum Gott und Patron der Rede (Platon, Krat. 407e ff). Schon in Auslegung seines Namens («H.» von «hermeneía», Sprache, Rede / Auslegung: «Ideo et Hermes Graece, quod sermo vel interpretatio quae ad sermonem utique pertinet, hermeneia dicitur»; Isidor, Etym. 8,11,45; vgl. Rabanus Maurus, S. III, Sp. 429 f) zeigt er sich leicht selbst als Bild der Rede, welche die Götter den Menschen schicken (Cornutus, Nat. deor. 16: «oratio»). Er sei nach Apoll geboren, weil ein weiser Ratschluß («consilium»), der dem Apoll als Gott der Weisheit untersteht, der Rede, als welche man den M. versteht, in jedem Fall vorausgehe (Myth. Vat. III 9,1; vgl. Isidor, Etym. 8,11,47: «nuntius»). Daß Juno / –> Hera ihn nährte («educatus», erzogen hat), lasse sich physikalisch so verstehen: Die Göttin sei ein Bild für die Luft, H. ein Bild für die Rede («sermo»), welche die Stimme aus der Luft herausschlage und so gestalte, vollende und gleichsam ernähre (Myth. Vat. III 9,2). Nonnos (5,574) weiß, daß er Peitho (die Überredung) ehelichte. Nach Remigius (vgl. Myth. Vat. III 9,5) wäre es übrigens angemessener, von silbernen statt goldenen Sandalen des Gottes zu sprechen. Im mystischen Verständnis stehe Gold nämlich für die Reinheit des Sinnes, während für die Klarheit der Rede das Silber stehe (vgl. «Reden ist Silber, Schweigen ist Gold»). Von seinem Munde ausgehende goldene Ketten sollen bedeuten, daß seine Rede das Gemüt seiner Zuhörer fessele (F. Pomey 1694, S. 63; dieser Gedanke geht wohl auf den –> Hercules Gallicus zurück).

H. sei geflügelt, weil die Rede rasch ist (Servius, Aen. 8,138), nichts sei rascher als sie (Myth. Vat. III 9,5: Flügelschuh und -hut; vgl. Rabanus Maurus, ebd., Sp. 429f, nach Isidor). Im Moment, indem sie den Mund des Sprechers verläßt, erreicht sie schon das Ohr des Hörers (Boccaccio, Gen. 12,62). Cornutus (Nat. deor. 16) erinnert an die Metapher vom geflügelten Wort bei Homer. Vielleicht auch zeige man ihn mit Flügeln wegen der überaus großen Geschwindigkeit seines Sterns, und auch die Flügel am Haupt («oben») könne man auf die Geschwindigkeit des Planeten deuten (Myth. Vat. III 9,5). Auf Dienst und Macht der Rede, vornehmlich vor Gericht, deutet man zumeist den Stab (Rute/Zweig). Nach Remigius veranschaulicht er («caduceus») die rechte Rede («sermo facundiae»), sofern sie sich auf dem geraden Wege des Verstandes («ratio») ohne Verzug («tramite et promptissime») vorträgt (Myth. Vat. III 9,3). Die Rute («virga») bezeichne die Rede des Anwalts («rhetor/orator»), die beim Handhaben von Recht («iustitia») und Wahrheit gleicherweise gerade und flexibel sein soll. An der Spitze sei sie golden, in der Mitte blau, das Ende pechschwarz («piceus»). Die Abfolge der Farben soll den Ablauf des Plädoyers von einem freundlichen («pulcher») Anfang bis zur Verurteilung am Ende veranschaulichen (Myth. Vat. III 9,4). Zwei Schlangen umschlingen die Rute – die man «caduceus» nenne –, weil die Rede des Rhetors zwischen den einander «angiftenden» Parteien vermittelt («medius currens») und sich um Versöhnung bemüht (Myth. Vat. III 9,3; vgl. Isidor, Etym. 8,11,48). Die Schlangen (die man sich auch schwarz vorstellt: Petrarca, Africa 3,174ff) können ebenso die «giftige Schärfe» der Rede bezeichnen. Sie sind zu zweit, weil die Rede des Rhetors verdammt und befreit (verurteilt und freispricht: Myth. Vat. III 9,4). Bei Boccaccio umwindet nur eine Schlange den Stab (Gen. 12,62; vgl. ebd. 7,20). Sie ist (im biblischen Sinn) ein Bild der Klugheit, die den Redner zum Erfolg seiner Rede anhält, Zeit und Ort der Rede und die Art des Auditoriums zu bedenken.

Andere Deutungen schließen ausdrücklich an die im Mythos belegte Macht der Rute an. Wie H. mit dem Zauberstab Seelen in den Orkus brachte, andere heraufholte, so können wir die Rute («virga») als Bild für die Macht des Redners sehen, dem einen das Leben zu erhalten, andere in den Tod zu schicken (Boccaccio, Gen. 12,62, mit Hinweis auf die erfolgreiche Beredsamkeit Ciceros und Catos, als Exempla; vgl. Myth. Vat. III 9,3). Wie die Rute Wind wecke und Nebel durchdringe, so könne Rede Wut wecken und Aufruhr besänftigen (Boccaccio, ebd.). Wie die Rute Schlaf («somnus») geben und nehmen kann, so kann Beredsamkeit

Schläfrige und Träge zur Tat reizen, unmäßig Erregte beruhigen (ebd.). Die der Rute eigene erregende und beschwichtigende Macht wird offenbar anschaulich auch in den «caduceatores» (Stabträgern), die einen Krieg erklären und Frieden schließen (Isidor, Etym. 8,11,48, mit Hinweis auf Livius; vgl. Myth. Vat. III 9,3).

Die Filzkappe («galerum») soll eine schwer verständliche Dunkelheit der Wörter bezeichnen. In diesem Zusammenhang handelt der Mythographus Vaticanus (III 9,4, Bode S. 215) den rhetorischen Aufbau einer Rede aus (berechneter) Unklarheit und polemischer Schärfe ab. Nach anderen zeigt die Kappe, welch guter Schutz die Eloquenz sei gegen die Blitze des Neides (Boccaccio, Gen. 12,62).

Auch die Flöte («fistula») wird zum Bild der Beredsamkeit (Libellus 6, ebd.). Boccaccio (Gen. 12,62) berichtet, daß nach Meinung der «Mathematiker» die «fistulae» in unserem Leib der Autorität des Planeten Mercur unterstehen. Daraus entwickelt er eine kühne Ableitung auf den Götterboten und Dolmetscher: Die nur ihm unmittelbar verständlichen göttlichen Geheimnisse, die sich nur durch Gestik («nutus» = Nicken) und Wörter ausdrücken lassen, macht der Gott (als Dolmetscher) durch den Dienst der von ihm verwalteten Organe auch uns verständlich (d.h., die von ihm verwalteten Organe passen die Rede unserem Verständnis an). Sinngemäß heißt es dann auch, daß eine Rhetorik bloßer Körpersprache («nutus» und «status et vultus» = etwa: Körpersprache und Mimik) nicht möglich sei, «denn das Wort, (griech. logos) ist die einzige Wirklichkeit, die den Gedanken klar auszudrücken (sichtbar zu machen) vermag» (Herakleitos, Homer. probl. 72,11; vgl. hierzu unten die einschlägige Deutung der Herme).

Den Lateinern macht schon eine (voreingenommene) Etymologie den H./M. zum Handelskundigen: Mercurius = «mercium-curum» (Fulgentius, Myth. 1,18, 648) oder «merces curans» (Myth. Vat. III 9,3) – einer, der sich um Waren kümmert.

Griechisch heiße er «H.», was soviel wie «besprechen» bedeute, womit der Redner sich auch zum Kaufmann qualifiziere, da ja das Gespräch bei den Geschäften eine wichtige Rolle spiele (Fulgentius, ebd. 650). Nach Fulgentius (ebd.) braucht der Kaufmann auch noch Sprachkenntnisse («linguarum disertio»). Wendig («convertibilis») soll er sein, sagt Boccaccio (Gen. 7,36) und spricht davon, daß es den Kaufleuten gut anstehe, sich den Sitten anderer Völker anzupassen, ihre Geschäfte mit gescheiter Rede zu betreiben und sie mit Einfallsreichtum («ingenium») und Scharfsinn zu verfolgen.

Von M. stamme das Streben nach Reichtum (Servius, Aen. 3,638; vgl. Myth. Vat. III 6,8). Fulgentius (Myth. 1,18,648) sagt: Flügelschuhe trage er, weil die Füße der Kaufleute gleichsam überall hingehen.

Die von Schlangen umwundene Rute zeige an, daß ein Handel manchmal gleichsam das Zepter der Herrschaft verleiht, manchmal aber wie eine Schlange verletzt. Der Hut («galerum») bedeute, daß man Geschäfte im Dunklen abwickelt. Der Hahn sei ihm zugesellt, weil Kaufleute immer wachsam sind und weil dieser Vogel ihnen die Aufstehenszeit meldet, damit sie sich ihren Geschäften widmen können (vgl. Myth. Vat. III 9,3). Boccaccio (Gen. 7,36) sagt, der Hahn zeige den nächtlichen Fleiß der Kaufleute an, die jeden Moment nutzten, Waren zusammenzustellen, Rechnungen und Reiserouten durchzusehen. Man nenne den H. / M. einen Gott und Patron des Diebstahls, gar selbst einen Dieb, weil es zwischen Raub und Schwur des Händlers einerseits, dem heiligen Eid und Diebstahl des Spitzbuben anderseits keinen Unterschied gebe (Fulgentius, Myth. 1,18, 651, Helm 1970, 630; vgl. Boccaccio, Gen. 7,36).

Der Argus wird zum Bild des überaus gescheiten Mannes, der dem trügerischen, heuchlerischen Kaufmann zum Opfer fällt, weil es ihm an weltlicher Schläue mangele (Myth. Vat. III 9,3; noch anders Fulgentius, Myth. 1,18, 652, ebd.). Die schwarz-weiße Kappe trage er, weil Kaufleute Weiß in Schwarz zu wandeln vermögen (vgl. Georgius Pictor, Allegor. 1532, Bl. 20ᵛ). Der Geldbeutel (den man im Kult an sein Standbild zu hängen pflegte) kennzeichne H. / M. als den Gott von Gewinn und Profit (F. Pomey 1694, S. 67,2). Der Ruf seines Scharfsinns habe dazu geführt, daß man den hundsköpfigen ägyptischen Gott Anubis (vgl. Ovid, Met. 9,690) für H. hielt, denn nichts sei scharfsinniger als dieses Tier (Servius, Aen. 8,698; Isidor, Etym. 8,11, 45 und 49; Myth. Vat. III 9,8).

Seine urspüngliche Begabung zum Geistigen hat H. / M. auf seinem langen und ereignisreichen Weg durch die Geschichte voll ausgebildet. Der «H. logios» der Spätantike ist gleichsam das Bild des herangewachsenen, reifen Gottes. Es entspricht seiner eigenen Anlage, wenn man ihn eines Tages auch in Thot, dem ägyptischen Gott der Weisheit und Erfinder der Schrift (der zugleich dem Totenreich verbunden ist), wiedererkennen kann (H. Trismegistos). Die übliche Auffassung kann man bei Lactantius Firmianus nachlesen (Div. inst. 1,6,2 ff; vgl. Cicero, Nat. 3,56; vgl. Gyraldi, Synt. 9, S. 419A, mit ausführlichem Hinweis auf Platon, Phaidros 274d; auch sei dieser Gott kein anderer als der Theutates der Gallier und der Barbaren; zur Erfindung der Schrift durch M. / H. oder andere vgl. Plinius, Nat. 7,192). Der Argustöter sei gleich nach der Tat

nach Ägypten geflohen, wo er den Leuten Gesetz und Sprache bei-
brachte und auch eine Stadt gründete (Hermopolis).

Höhepunkt und Erfüllung dieser Karriere mag man in der Tatsache
sehen, daß der Name des H. / M. (= Thot) im Kontext der literarischen
Überlieferung den Sieben Freien Künsten als umfassendes System antiker Wissenschaft in die Nachantike eng verbunden ist in einem der im
Mittelalter am meisten gelesenen und einflußreichsten Bücher, das uns
als Werk des Martianus Capella unter dem Titel «De nuptiis Philologiae
et Mercurii» (Von der Hochzeit der Philologie und des Merkur) erhalten
ist.

Als Protagonist des allegorischen Rahmenwerks zur eher sachlich-
trockenen Präsentation der Künste verkörpert er hier (Buch 1 und 2) die
Beredsamkeit («facundia»), die in seiner Gestalt – auf Anraten Apolls –
Philologia, die Verkörperung verständiger Gelehrsamkeit (Tochter der
Phronesis = lat. «prudentia» = Klugheit; vgl. Myth. Vat. III 9,1), heiratet.
Über die Rechtmäßigkeit der Ehe befindet unter dem Vorsitz Juppiters
eine große Versammlung von Göttern und allegorischen Gestalten, Philosophia, den Musen, den Kardinaltugenden, den Grazien, auch Hymen
ist dabei. Schließlich erfährt Philologia ihre Apotheose, und erst jetzt
treten, mit göttlicher Autorität, die Künste auf.

In der Konstellation vergöttlichter Philologie und H. / M. erhält sich
die Vorstellung vom Götterboten, dessen Aufgabe das Vermitteln himmlischer Nachricht ist. Hier nun ist aber aus dem Mittler wegweisender
göttlicher Weisheit der kundige Lehrer heilsversprechender Wissenschaft geworden, an deren fragloser Bekömmlichkeit wir heute gerade zu
zweifeln beginnen.

Dieser Vorstellungskreis wird (wie zum Zeugnis seiner Aktualität)
später noch weiter ausgebaut, was etwa Boccaccio (Gen. 3,20) belegt, bei
dem H. / M. mit der Zuständigkeit in der Medizin sich gleichsam zum
Universalpatron akademischer Fächer qualifiziert. Interessant an diesem
Bericht ist auch, daß dieser (fünfte) Sohn des Caelus, der in Wirklichkeit
ein Sterblicher zweifelhafter Herkunft sei, dieser künftige Lehrer und
Mittler (Dolmetscher) göttlicher Dinge, seine Fertigkeiten durch Studium erwirbt: zunächst Arithmetik, Geometrie und Astrologie, dann die
Medizin. Das geschieht zu wesentlichen Teilen in Ägypten (wohin er
sich vor dem schlechten Ruf seiner Herkunft geflüchtet hat). Seine
Kunstfertigkeit als Arzt habe vermuten lassen, daß er tatsächlich Apoll
selbst unter dem Namen des H. / M. sei. Anderseits erinnert uns der
Stab, den nur eine einzige Schlange umwindet, an Asklepios. Jedenfalls

ist er so erfolgreich, daß man ihn (aus diesem oder jenem Grund) schließlich adelte, indem man ihn einen Sohn des Caelus und der Dies nannte: Gleichsam vom Himmel gesandt sei er, um im Lichte des Tages Gestalt anzunehmen. Die Attribute auf den Arzt hin zu lesen fiel nicht schwer. Die Filzmütze verbildlicht den uns alle beschirmenden Himmel und wird (im Sinne der Humoralpathologie) auf die astrologische Beobachtung der Planeten und ihrer Konstellationen für Diagnose und Therapie bezogen. Die Flügelschuhe erinnern an die Verpflichtung des Arztes, rasch die richtige – weil irreversible – Entscheidung zu treffen, aber auch daran, daß er in jedem Fall rasch zum Kranken eilen soll.

Mit der Rute habe Apoll ihm die Zuständigkeit in der Medizin verliehen. Sie zeige auch an, daß der Arzt dem Tod Anheimgegebene durch seine Kunst gleichsam wie aus dem Orkus zurückzurufen vermag, umgekehrt aber – bei mangelnder Kenntnis der Ursachen – den Kranken in den Tartarus, in den Tod, schickt. Daß die Rute dem Mythos gemäß auch Winde weckt und sänftigt, gibt Anlaß, auf die widrigen Winde im Gedärm und ihre Therapie zu verweisen. Anderseits sänftigt der Arzt mit ihr gleichsam auch (widrige) Winde im Gemüt des Kranken, wenn er dessen törichte Vorstellungen und somit auch die Angst mit gutem Zureden und mit der Wahrheit beseitigt (Boccaccio, Gen. 3,20; vgl. ebd. 12,42; von schlechten Gedanken als verdrängten Winden soll noch Immanuel Kant gesprochen haben). Die Schlange um den Stab soll daran erinnern, daß die Medizin eine Kunst zwischen Verderb und Gedeih ist (wohl in Anwendung ihrer metaphorischen Bedeutung für die Dialektik als Kunst der Unterscheidung = discretio; zwei Schlangen als «dialecticae symbolum», Iamblichos bei Gyraldi, Synt. 9, S. 414B). Eigentlich ist dann von der rechten Dosierung die Rede. So könne die falsche Menge Rhabarber als Laxativ einem Geschwächten zum Verhängnis statt zum Heil werden.

Während die Vorstellung vom gelehrten H./M. sich solchermaßen ausführlich am Vorrat seiner Attribute (freilich oft genug auf recht platte und pedantische Weise) veranschaulichen läßt, wird auch und besonders die *Herme* in der kompetenten Betrachtung seiner Schutzbefohlenen zum beredten Bild für H. logios.

Schon ihre bloße Erscheinung, der Kopf, als Sitz der geistigen Fakultäten des Menschen, über der geometrischen Form der Stele mit dem Phallus, dem Organ der Zeugung, daran, trägt sich leicht als bedeutungsvolle Abstraktion vor. Die einschlägige Deutung setzt bereits im Namen bei der Geometrie der Stele an und nennt das Gebilde «H. tetrágonos» und «Mercurius quadratus», den viereckigen, den quadratischen. Der wird zunächst und vorzüglich als ein Bild der Rede und der Beredsamkeit verstanden: «Die Maler und Bildhauer geben ihm (dem H.) quadratische (kubische) Gestalt, denn eine rechte Rede steht immer auf festem Boden; sie rutscht nicht und sie rollt nicht von einer Seite zur anderen» (Herakleitos, Homer. probl. 72,4, zu Od. 10,277, wo H. dem Odysseus vor der Tür zum Palast der Kirke begegnet). Das ist H. logios als kundiger Redner, der (aus stoischem Verständnis) durch sein phallisches Attribut zugleich zum «H. spermatikós» (zeugend) wird. Nach Eusebius (Praep. evang. 3,11,42) bedeutet dieser H. die Rede, wobei seine aufrecht gestreckte Haltung deren Kraft und Anspannung zeige wie auch zugleich den alles durchwaltenden, befruchtenden Geist. Daß man ihn ohne Hände und Füße zeigt, veranschauliche das Geistige seines Wesens (vgl. Cornutus, Nat. deor. 16). Über eine einfache Etymologie hat man diesen H. auch als den «Cyllenius» identifiziert, dessen Rede der Mittel der Körpersprache nicht bedürfe (Festus, 52, W. M. Lindsay 1997, S. 45, Zeile 8 ff; vgl. L.B. Alberti, Aedif. 6, Bl. 101 ʳ; Suda, s.v. «kyllos»; Gyraldi, Synt. 9, S. 413B; Cartari 1615, S. 295).

Erst von hierher scheint man der Figur die Reihe der anderen gelehrten Kompetenzen des H./M. abgelesen zu haben. Aus kosmologischer Perspektive sieht ihn Macrobius (Sat. 1,15 u. 19): «welch Figur bedeutet, daß die Sonne das Haupt der Welt und der Erzeuger (‹sator›, Säer) aller Dinge sei, der aber einzig aus dem Geist (‹mens›) bestehe, dessen Sitz das Haupt ist.»

Die Vierzahl an der Stele verweise auf den Tetrachord («Viersaiter», Inbegriff der vier Tonstufen als Grundlage der griech. musikalischen Harmonik, in der sich kosmische Ordnung spiegelt; –> Amphion), aber auch die vier Himmelsrichtungen und die Jahreszeiten. Über die Zahl Vier wird dann leicht die Beziehung des Gottes zu den Künsten der Arithmetik und Geometrie, aber auch der Astronomie (Astrologie) an der Gestalt der Stele anschaulich (zu «tetrágonos» vgl. Suda, ebd., zu «tetrádeion», wo von einer Beziehung zur Astrologie die Rede ist; H. wurde am 4. Tag des 10. Monats geboren, welche Zahlen als «vollkommen» galten: 1 + 2 + 3 + 4 = 10).

Neuplatonische Deutung vermag im «H. tetrágonos» unter dem besonderen Aspekt des phallischen Spermatikós (vgl. Eusebius, Praep. evang. 3,11) ein Bild des schöpferischen Prinzips Geist zu erkennen. Plotin (Enn. 3,6,19): «Denn allein die Form kann zeugen, das andre Sein ist ohne Zeugungskraft. Aus diesem Grunde, glaube ich, stellen auch die alten Weisen, in der Rätselsprache der Mysterien geheimen Sinn bergend, den H. der Urzeit mit dem stets zur Zeugung bereiten Organ des Entstehens dar, um damit auszudrücken, daß es die geistige Form ist, welche die Sinnendinge erzeugt» (Übersetzung von R. Harder 1962, Bd. 2, S. 160 ff).

Das Wesen dieses H. / M. faßt Seneca gut zusammen (Benef. 4,8), wobei er ihn ganz nah an Juppiter herangerückt sieht (vgl. Soterichos, s. o.): «Dieser (Juppiter) galt den unseren für M., denn er ist ganz Verstand (‹ratio›), Zahl, Ordnung und Wissenschaft (‹scientia›).»

Daß man sich den gelehrten H. / M. schließlich auch in der anthropomorphen Erscheinung des arkadischen Jünglings vorstellen konnte, bezeugt Galen bei Gyraldi (Synt. 9, S. 410). Demnach stellten die Bildner und Maler den Vater der Rede («oratio») und den Urheber aller Künste als Jüngling dar, der auf einer quadratischen Basis steht, welche ein Bild der Stabilität und Festigkeit sei. Anderseits geht die Vorstellung vom jugendlichen H. / M. mindestens seit der Renaissance auch in die Herme ein, und es scheint, daß er dabei in der Regel den Flügelhut trägt.

Es ist der wesentlich aus hermetischem Geist bestimmte, neuplatonisch interpretierte H. logios, der zum geschätzten Boten und Dolmetscher vielfältiger Weisheit für Philosophie und Kunst der Renaissance wurde. «Denn M. ist jene göttliche Kraft, die dem Menschen durch göttliche Fügung eingegeben ist und die Angelegenheit des Menschen in Ordnung bringt und darin hält.» Mit diesem Satz charakterisiert Natale Conti (1567, Bl. 296 ʳ f) den Gott und erklärt dazu sinngemäß, daß ihm die Kompetenz des Redners weniger wichtig sei.

Schließlich muß noch die dreiköpfige Herme erwähnt werden. Der «H. trikephalos» oder «Mercurius triceps» ist in geläufigem Verständnis ein Wegmal am Scheideweg (vgl. Georgius Pictor, Apoth. 1558, S. 40). Gyraldi (Synt. 9, S. 414) erwähnt (mit Hinweis auf Servius und Cicero) u. a. die Dreiheit eines irdischen, eines himmlischen und eines unterweltlichen M.; auch seine Zuständigkeit für Himmel, Meer und Erde habe man in der Figur gesehen. Nach Erasmus (Prov.) wende sich das Bild an die Unsicheren und Unentschlossenen oder an die ganz Schlauen («in ambiguos, ancipites, aut vehementer astutos»).

Seiner Bedeutung gemäß spielt H. / M. auch eine große Rolle in der Emblematik: z. B. Alciatus 1621, Embl. 8 (Gott des Kreuzwegs, der die rechte Richtung weist); ebd., Embl. 99 (M. als Patron der [Freien] Künste, die der Willkür der Fortuna entgegenwirken); ebd., 119 («Ein starker Geist [mens] und Beredsamkeit verschaffen Vermögen»); ebd., Emblem

182 («Beredsamkeit will mühselig erlernt sein»). Nicolas Reusner (1581, I, Nr. 25; H./S. Sp. 1773 f) sieht M. dem Bacchus zugesellt, wenn Wein und Witz sich miteinander mischen. Weitere Embleme zu «Schmeichelei», «Siegreiche List», «Eifersucht», «Verschwiegenheit», «Klugheit und Stärke», «Klugheit und Anmut», «Vervollkommnung des Naturgegebenen», «Lohn des Studieneifers», «Nächtliche Entschlüsse»; dazu Embleme zur Herme: «Führung durch Gott», «Mittelweg zwischen Armut und Reichtum» usw., auch zum Caduceus (H./S. Sp. 1768–1780).

C Seinem Wesen und seiner Wendigkeit entsprechend, hat H. das Aussehen eines jungen Mannes von zwar muskulösem, aber nicht athletischem Körperbau (heute würde man von «Windschlüpfigkeit» sprechen; vgl. den Wieselartigen bei Plutarch, Is. et Os. 359E). Abgesehen von der archaischen Zeit, ist er fast immer bartlos und hat kurzes gewelltes Haar. Auffallend ist seine Jugendlichkeit, v.a. in der nachklassischen Zeit Griechenlands, die in H. gern den Patron der Palaestra und der Jugend sieht. So erscheint der Gott in der hellenistischen und römischen Kunst oft knabenhaft, ja kindlich (s. z. B. die H.-Statuette im Vatikan, Galleria dei Candelabri, Inv. IV 43/180; wohl flavische Kopie nach griech. Original; oder den Marmorkopf aus dem Tempel A der Aphrodite in Kyrene, 120–130 n. Chr.; London, British Museum, Inv. 1462).

Die Gesamterscheinung des H. wird in der bildenden Kunst wesentlich mitbestimmt durch seine Attribute (s. u.), Caduceus, Flügelhut und Flügelschuhe.

Die ältesten Bildwerke des Gottes sind Idole in Gestalt einer Herme – eines Pfeilers mit ausgearbeitetem Kopf und erigiertem Phallus. Statt der Schultern und Arme erscheint ein Querbalken, auf dem man einen Stoffmantel drapierte (Herme aus Siphnos, gegen 490 v. Chr.; Athen, Nationalmuseum, Inv. 3728). Wie man sich ein solches Idol mit Draperie vorzustellen hat, illustriert z. B. das Bild auf einer Oinochoe (480/470 v. Chr.; Frankfurt/M., Museum für Vor- und Frühgeschichte, Inv. VF 307). Als dekorative und architektonische Form lebt die Herme bis in die Kunst der Neuzeit fort.

Die griechischen Künstler der archaischen Zeit verzichten, wie üblich, auf eine individuelle Charakterisierung des Gottes, der nur über seine Attribute oder durch den erzählerischen Zusammenhang zu identifizieren ist.

Das klassische Bild des Gottes schaffen die griechischen Bildhauer des 5. Jh. v. Chr.: Der wohlproportionierte Körper ist nackt bis auf eine Chlamys, die den Arm bedeckt; das Gesicht ist bartlos, kurzes Lockenhaar schaut unter dem Flügelhut hervor, die bloßen Füße sind flügellos (*M. von Thalwil*, Bronzestatuette, Kopie des 1. Jh. n. Chr. nach dem Original des Kresilas, 5. Jh. v. Chr.; Zürich, Schweizerisches Landesmuseum, Inv. P 3447; ferner: der sog. *Ephebe von Annecy*, Kopie des 1. Jh. n. Chr. nach dem Original des Polyklet, 5. Jh. v. Chr.; eine Bronzestatuette, Paris, Petit Palais, Coll. Dutuit, Inv. DUT 1; der sog. *H. Lansdowne*, Statue des Naukydes, 410/400 v. Chr.; New York, Metropolitan Museum, Inv. 5623415). Der sog. *H. Ludovisi* (römische Marmorkopie nach Bronzeoriginal vermutlich des Phidias, um 450/40 v. Chr.; 2. Jh. n. Chr., Rom, Museo Nazionale, Inv. 8624) gilt als die früheste bekannte Darstellung des H. in rein menschlicher Gestalt: Die bloßen Füße sind flügellos, ebenso der Petasos, dessen seitlich heruntergebogene Krempe, von vorn gesehen, den Eindruck von Flügeln erweckt. Die Linke hielt einmal den bronzenen Caduceus. (Der rechte Arm im 17. Jh. von Alessandro Algardi ergänzt. Zur Deutung s. u. *H. Chthonios*). – Der berühmte H. des Praxiteles schließlich – hochgewachsen, nackt, barhäuptig und barfuß, mit kurzem, dem Kopf anliegendem gewellten Haar – verkörpert einen Jüngling von vollkommener Gestalt schlechthin. Der heute fehlende Caduceus war der einzige eindeutige Hinweis auf H. (Die Marmorstatue im Museum von Olympia gilt entweder als Original der 330er Jahre v. Chr. oder als sehr gute Kopie der frühen Kaiserzeit; s. u. *H. Paidophóros*.)

Grundsätzlich verschieden von den H.-Bildern ist die Darstellung des römischen Mercurius schon in ihren Anfängen: Anscheinend hatte das Kultbild des Gottes von Anbeginn die rein menschliche Gestalt. Die früheste Statue des Mercurius soll das Kultbild im 495 v. Chr. eingeweihten Tempel des Gottes gewesen sein, von dem allerdings lediglich der Kopf erhalten ist: Ein geflügelter Filzhut mit Krempe (lat. «pileus») bedeckt den Kopf mit den lang herabfallenden Locken. Man hat es sich als Großkeramik in der Art des Apoll von Veji (–> Apoll) vorzustellen mit dem (von H. übernommenen) Caduceus in der Hand (LIMC 1990, 6,1, S. 502).

Das Mittelalter zeichnet ein Bild des H./M., das, bis ins 15. Jh. hinein ausschließlich literarisch und durch Textillustrationen überliefert, häufig auf Mißverständnissen beruht und die Gestalt des antiken Gottes bis zur Unkenntlichkeit entstellt. So sieht man in einem Manuskript (Oxford, Bodleian Library, ms. Rawl. B. 214, Bl. 198ᵛ) den Argustöter M. mit kurzem gegürteten Gewand, einem Flügelhut, der eher einen Helm mit mächtiger Helmzier darstellt, und Schwingen, die aus den Fußsohlen zu wachsen scheinen und die Unterschenkel bedecken. – Die Illustration

einer Handschrift von «De rerum naturis» (Rabanus Maurus; Manuskript von 1023 in Monte Cassino, cod. 132, Bl. 386) zeigt den Gott
hundsköpfig (in Anlehnung an den ägyptischen Anubis; vgl. **B**). Die
mächtigen, aus den Schultern wachsenden Flügel erinnern an Engeldar-
stellungen.

Erst durch die Anschauung, die durch Funde antiker Beispiele möglich geworden war, kam es im 15. Jh. zu einer (teilweise zögernden) Kor-
rektur der mittelalterlichen Bildtradition. Von weitreichender Bedeutung war die Entdeckung eines hellenistischen (antikisierenden) Reliefs
durch den Maler Cyriacus von Ancona auf einer Griechenlandreise, das
er in einer Zeichnung festhielt (J. Seznec 1961, Abb. 81). Es zeigt H. in
kurzer Chlamys, die Schultern, linken Arm und den (uns abgekehrten)
Rücken bedeckt. Je ein Flügelpaar wächst aus den Fußgelenken, der
breitkrempige Sonnenhut ist mit Flügeln ausgestattet, den Caduceus
trägt H. in der gesenkten Linken. An dieser Darstellung orientiert sich
A. Mantegna bei der Darstellung seines *Mercurio* (aus den *Tarrocchi*,
um 1465: M. als eine der Planetengottheiten; J. Seznec 1961, S. 200 f).
Abweichend sind die den Körper bedeckende Tunika und die kniehohen
Stiefel, aus denen an der Ferse je ein Flügel wächst. Der mittelalterlichen
Tradition verhaftet ist immer noch die Präsentation der Attribute zu Füßen des Gottes (Argushaupt und Hahn).

Die Darstellungen des M. folgen seit der Hochrenaissance im allgemeinen dem von der Antike überlieferten Typus, wie ihn z. B. Jacopo
Sansovinos Bronzestatue für die Loggetta am Campanile in Venedig
(1545) verkörpert: jung, bartlos, bekleidet mit kurzer gegürteter Tunika,
wadenhohen weichen Stiefeln und einem geflügelten Sonnenhut mit
vorn ausladender Krempe.

Als die vielleicht angemessenste Darstellung des riesigen Gottes und
Götterboten erscheint uns die Statue des Giambologna (*Mercurius Medici*, 1580; Florenz, Bargello; vgl. auch die Kleinbronze, wohl 1575; Wien,
Kunsthist. Museum): Der geschmeidige nackte Körper streckt sich und
dreht sich zugleich um die vertikale Achse. Vom Hauch des Windes getragen, dessen liegender Kopf als Basis dient *(Mercurius Medici)*, balan-
ciert er auf der Spitze des linken Fußes, in der gesenkten Linken hält er
den Caduceus, der rechte Arm ist senkrecht erhoben. Der Blick ist nach
oben gerichtet, die harmonisch ausgewogene Bewegung gipfelt im aus-
fahrenden Zeigefinger der rechten Hand. – P.P. Rubens' *Friedensangebot*
(aus der Medici-Galerie; 1622–1625, Jaffé Nr. 750; Paris, Louvre) zeigt
den Gott in fast völliger Nacktheit (ein wehender Mantel verhüllt ledig-

lich den linken Arm und die Lenden), mit Flügelhut und an den Fußgelenken befestigten Flügeln, den Caduceus in der gesenkten linken Hand, in der anderen – als Friedensbringer – einen Ölzweig. – In Johan Tobias Sergels Terrakottagruppe (*Merkur und Psyche*, 1772; Stockholm, Nationalmuseum, Inv. NMSK 1561) erscheint der Gott wiederum fast nackt (der Mantel bedeckt nur die Schultern), mit Flügelhut, jedoch ohne Flügel an den Füßen.

Eine Sonderentwicklung ist in der Kunst des Nordens, v.a. der altdeutschen, zu beobachten, wo die Erscheinungsweise des Gottes nicht dem klassischen Bild gleicht, sondern sich eher am *H. Trismegistos* (vgl. **A** und **B**) orientiert, wie wir ihn, betagt und bärtig, z. B. auf der Fußbodenintarsie im Dom zu Siena sehen (1. Travée im Mittelschiff; von Giovanni di Stefano, 1488).

Befremdlich erscheint auch der Planetengott M., wie ihn Hans Baldung Grien sieht (auf dem, wie angenommen, Flügelteil einer astronomischen Uhr, um 1533; Stockholm, Nationalmuseum). Wären nicht Caduceus, Flügelhelm und -sandalen, man würde in dem bärtigen Mann reiferen Alters kaum Merkur erkennen. Ungewöhnlich auch die bunten Federn, die Scham und Gesäß bedecken (im übrigen ist die Figur unbekleidet), und die Feige in der rechten Hand. – Ähnlich irritierend für das «klassisch» geschulte Auge ist der Merkur auf dem Bild des Lucas Cranach d.Ä. mit dem Urteil des –> Paris (1530; Karlsruhe, Kunsthalle): ein alter Mann mit weißem Haupthaar und langem Bart, in vollständiger Rüstung, barfuß und barhäuptig, der in der Linken statt des Apfels eine gläserne Sphäre hält. Diese könnte eine Erklärung für die untypische Gestalt sein (vgl. Hans Baldung Griens M. ähnlichen Typs), zumal der Planetengott häufig bärtig dargestellt wird, etwa auf einem Stich des Meisters des Hausbuchs (Paris, Bibliothèque Nationale, Cabinet des Estampes), der ihn in langem schweren Mantel, eine Sendelmütze auf dem Kopf, über den Himmel reitend zeigt.

In archaischer Zeit trägt H. (wie alle Götter) den kurzen gegürteten Chiton (*H. als Widderträger*, Bronzestatuette, um 520 v. Chr.; s. u.; H. entführt die in eine Kuh verwandelte Io: schwarzfiguriges Bild einer ionischen Amphora, um 530/520 v. Chr.; München, Staatl. Antikensammlungen, Abb. bei E. Simon 1985, S. 299). – Im Chiton zeigen ihn auch die Künstler der Frührenaissance (z. B. Mantegna; s. o.). – Vasenmaler und Bildhauer der klassischen Zeit stellen den Gott in der Regel fast nackt dar, nur mit einem Mantel, der die Schultern bedeckt und den Rücken hinabfällt, manchmal auch lediglich über den linken Arm geworfen ist (*H. Ludovisi*; Rom, Museo Nazionale Romano; s. o.). So sehen ihn auch die Künstler seit der Hochrenaissance.

Anders die mittelalterliche Tradition. Sofern diese sich nicht bemüht, das Bild, das die mythographische Literatur beschreibt, ohne Anschauung antiker Beispiele zu illustrieren (z. B. in der Rabanus-Maurus-Handschrift in Montecassino; s. o.), unterscheidet sie nicht zwischen der Erscheinungsweise des antiken Gottes und eines zeitgenössischen Gelehrten oder Königs. Jener M., der an seinem Schreibpult sitzt, könnte, mit einem langen weiten, langärmeligen Gewand angetan, ebensogut einen Evangelisten verkörpern (British Museum, Add. ms. 16578, Bl. 52ᵛ; Seznec 1961, S. 159). Leicht assoziiert sich hier das Bild einer *Ars dictaminis* als eine mittelalterliche Ausformung der Rhetorik (vgl. E.R. Curtius 1967, S. 85 f).

Die ältesten Bildbeispiele für die Flügelschuhe datieren – wie die des Caduceus – aus dem frühen 6. Jh. v. Chr. Die archaische Zeit bevorzugt waden- oder knöchelhohe Stiefel (Bronzestatuette, gegen 510/500 v. Chr.; Boston, Museum of Fine Arts, Inv. 994 89), während die klassischen und spätantiken Beispiele geflügelte Sandalen aufweisen (z. B. der sitzende H. des Lysipp; s. u.). Die Flügel erscheinen entweder paarweise an jedem Schuh (Bronzestatue, röm. Replik nach dem Original des Lysipp; Neapel, Museo Nazionale) oder einzeln (rotfigurige Schale, gegen 510 v. Chr.; London, British Museum).

Ob nun Götterbote oder Hirte – H. bewegt sich im Freien und bedarf eines Sonnenschutzes. Also trägt er in der Regel einen geflügelten oder ungeflügelten Sonnenhut (griech. «petasos»). Die frühesten Bildbeispiele finden sich gegen Ende der archaischen Zeit (*H. als Widderträger*, Bronzestatuette um 510 v. Chr.; Boston, Museum of Fine Arts, Inv. 99489). Mitunter ist der Sonnenhut das einzige Erkennungsmerkmal des Gottes (Relief vom Fries des Parthenon, 445/438 v. Chr.; London, British Museum, Platte 4: H. hält den Hut auf dem Schoß). Manchmal ist der an einem Band befestigte Hut in den Nacken gerutscht, so auf dem sog. Dreifiguren-Relief (röm. Kopie nach griech. Original 420/10 v. Chr.; Paris, Louvre, Inv. MA 854; –> Orpheus) – ein markantes und häufig verwendetes Motiv.

Statt des Huts trägt H. seit der klassischen Zeit (5. Jh. v. Chr.) häufiger eine Kappe (griech. «pilos», mit oder ohne Rand, mit und ohne Flügel: Statuette des 2. Jh. n. Chr.; Rom, Musei Capitolini, Inv. 1435). Die ältesten bekannten Beispiele datieren vom Ende des 6. Jh. v. Chr. Fast 100 Jahre nach den Flügelschuhen taucht in der griechischen Kunst der Flügelhut auf. Die Flügel können sowohl den Sonnenhut als auch die Kappe zieren.

In der Spätantike kommt ein neuer Typus auf: Die Flügel werden als natürliche Gliedmaßen aufgefaßt und wachsen unmittelbar aus dem Körper, wie zahlreiche römische Beispiele zeigen, etwa der Marmorkopf aus dem Tempel A der Aphrodite in Kyrene (120 / 130 n. Chr.; Kopie nach einem Original vielleicht des 4. Jh.; London, British Museum, Inv. 1462).

In der neuzeitlichen Kunst trägt H. / M. Flügelhut oder -kappe, wobei die letztere oft zum Helm wird. Eine Federzeichnung von Hendrick Goltzius (1587; Oxford, Ashmolean Museum, Abb. bei Reznicek 1961, Bd. 2, S. 75) zeigt das Brustbild des Gottes mit breitkrempigem Hut (mit eingeschnittenem Rand), aus dessen Seite zwei kurze Flügel wachsen, eine Rötelzeichnung desselben Meister (Chur, Slg. Landolt) mit einem Flügelhelm (vgl. den *Merkur* von Hans Baldung Grien, Stockholm; s. o.). Bei P.P. Rubens erscheint M. mit schmalkrempigem Flügelhut, der hier geradezu einen modischen Zug bekommt (*Merkur und Argus*, 1635 / 38, Jaffé Nr. 1216; Dresden, Gemäldegalerie Alte Meister; s. u.), nicht zuletzt durch die Art, wie er etwas schräg auf den Kopf gesetzt ist. Es mag nicht überinterpretiert sein, wenn man darin etwas Stutzerhaftes sieht. Dies trifft auch auf das *Urteil des Paris* vom selben Künstler zu (Gemälde 1638 / 39, Jaffé Nr. 1371; Madrid, Prado). – Bemerkenswert ist eine Elfenbeinstatuette der niederländischen Schule (1. Hälfte 17. Jh.; Basel, Historisches Museum) wegen der eigenartigen Flügelknospen, die an die Blattknospen romanischer Kapitelle erinnern.

D Von den zahllosen Episoden, in denen H. / M. eine Rolle spielt, können hier nur die wichtigsten zur Sprache kommen.

1. *Der Rinderdiebstahl des Neugeborenen* (Homer. Hymnos 4, an H., 17 ff). Die griechischen Vasenmaler zeigen seit dem 7. Jh. eine Vorliebe für dieses Thema (vgl. E. Simon 1985, S. 296). Das schwarzfigurige Bild einer Caerataner Hydria (um 530 v. Chr.; Paris, Louvre, Inv. E 702) schildert höchst lebendig, wie sich Apoll bei Zeus und Maia über den Diebstahl seiner Rinder durch den Neugeborenen beschwert (Homer. Hymnos. 4, an H., 254 ff). Die Eltern verteidigen den Säugling, der, die Unschuld selbst, in seinem fahrbaren Bettchen liegt. Seine derzeitige Bewegungsunfähigkeit (er ist fest gewickelt) läßt die Anschuldigungen des Bruders absurd erscheinen. Wie recht Apollon dennoch hat, beweisen die Rinder, die dichtgedrängt in der Höhle stehen, hinter rankenden Zweigen verborgen. – Im Gegensatz zu dieser dramatischen Szene steht

jene Idylle, die uns der Brygos-Maler auf einer rotfigurigen Schale vor Augen führt (480/470 v. Chr.; Vatikan, Museo Gregoriano Etrusco, Inv. 16582): Das Kind sitzt, den Sonnenhut auf dem Kopf, an die Höhlenwand gelehnt in seiner Getreideschwinge bei der Rinderherde des Apoll, während Maia sich gestikulierend vor ihn stellt. Ein Tier hat sich aus der Herde gelöst und beschnuppert das kleine Wesen: Dies ist im Grunde nicht der Dieb H., sondern der künftige Gott der Herden.

2. *Die Entstehung der Milchstraße* (Martian 1,34, Dick S. 22; vgl. Remigius 1,22.11 f, Bd. 1, S. 107; Boccaccio, Gen. 4,35). Einer Überlieferung zufolge war –> Hera dem kleinen H./M. zugetan und nährte ihn mit ihrer Milch, wodurch das Kind unsterblich wurde. Auf diese bezieht sich augenscheinlich das Gemälde des Rubens (*Die Entstehung der Milchstraße*, 1636/38, Jaffé Nr. 1293; Madrid, Prado). Hera, in den Wolken, reicht dem Säugling liebevoll (!) die Brust, von der ein Bündel von Milchstrahlen ausgeht, die sich allmählich zu einem diffusen Schleier verdichten. In H.s Rücken aber sitzt nachdenklich Juppiter (Vater des Kindes).

3. *H. als Widderträger* (griech. «H. Kriophóros»). Als Schutzgott der Herden ist wohl der widdertragende H. zu verstehen. Er bildet in der griechischen Kunst (überwiegend der archaischen) einen festen Typus, der in drei Varianten vorkommt:

a) H. trägt den Widder im Arm (Bronzestatuette um 510/500 v. Chr.; Boston, Museum of Fine Arts; s. o.).

b) H. trägt einen Widder auf den Schultern – das Bild des «Guten Hirten», wie es uns aus der christlichen Ikonographie als Typus Christi geläufig ist (Bronzestatuette gegen 530 v. Chr.; Karlsruhe, Badisches Landesmuseum; Marmorstatue des sog. *Kriophóros Wilton House;* London, Warburg Institute, röm. Kopie eines archaisierenden Originals des 1. Jh. v. Chr.).

c) (selten): H. hält den Widder vor dem Körper (schwarzfiguriger Skyphos, gegen 520 v. Chr.; Paris, Louvre, Inv. F 165 bis: Der Gott zwischen zwei apotropäischen Augen).

4. *H. als Hirte.* Nur in dieser Funktion sehen wir den sonst so eiligen Gott in beschaulicher Ruhe, in vollkommener Harmonie mit den ihm anvertrauten Tieren. So kennen wir ihn schon von dem rotfigurigen Bild, das ihn als Säugling bei den Rindern des Apoll zeigt (s. o.). Denselben Stimmungsgehalt meinen wir auf dem rotfigurigen Bild einer Schale zu spüren (510/500 v. Chr.; London, British Museum, Inv. E 815), wo H. bei seiner Schafherde sitzend die Lyra spielt; ein vor ihm stehen-

des Tier scheint der Musik zu lauschen. Unwillkürlich stellt sich das Bild des –> Orpheus ein, der mit seinen Klängen die Tiere verzaubert. – Die Darstellungen in der griechischen Kunst stützen die Behauptung E. Simons (1985, S. 299 f), H. sei nicht der Gott der Herden schlechthin gewesen, sondern habe nur über das Kleinvieh, vornehmlich Ziegen und Schafe, geherrscht (vgl. dagegen Homer. Hymnos 4, an H., 568 ff).

5. *H. / M. und Battos / Battus* (Gr. Ehoien bei Antoninus Liberalis 23; Ovid, Met. 2,685 ff). Die Begegnung mit Battos, der Zeuge des Rinderdiebstahls geworden war, illustriert u. a. ein Gemälde von Jacob Pynas (*Merkur und Battus;* Kassel, Staatl. Museen, Gemäldegalerie: Merkur im Gespräch mit dem Alten). – Als *Merkur und Battos* (Privatslg.) hat Marcel Röthlisberger (1960) den Gegenstand eines Gemäldes von Claude Lorrain identifiziert. Merkur eilt auf den bei seiner Kuhherde unter einem mächtigen Laubbaum sitzenden Battos zu. – Die für Battos fatale Begegnung schildert auch ein Kupferstich von Jean Matheus (tätig um 1620 in Paris; stach 36 Blätter für die franz. Ausgabe von Ovids Metamorphosen): Der Alte, noch zu einem Versuch der Rechtfertigung fähig (Oberkörper, Kopf und Arme haben noch menschliche Gestalt), ist durch die gebietende Hand des jungen Gottes schon zur Hälfte in einen Fels verwandelt. Auffallend, daß H. in der Bildkunst als Erwachsener erscheint (anders als im Homer. Hymnos, der die «Ruhmestaten» des Neugeborenen schildert).

6. *H. / Merkur und Argos / Argus* (Ovid, 1,624 ff). Die griechischen Künstler schildern den Tod nicht des schlafenden, sondern des wachenden Argos (also anders, als Ovid die Begebenheit beschreibt): Auf einer schwarzfigurigen Bauchamphora (London, British Museum, Inv. 1848.6– 19.4[B 164]) attackiert H. den auf dem Boden hockenden, doppelgesichtigen Argos; Io in Gestalt der Kuh und (vermutlich) Hera sind Zeugen der Szene. – Das rotfigurige Bild des Eucharides-Malers auf einer Bauchamphora (Hamburg, Museum für Kunst und Gewerbe, Inv. 1966.34.) zeigt den Hirten, dessen Körper von Augen bedeckt ist, auf dem Boden kniend, während ihn H. von hinten mit einem Kurzschwert angreift. – Unblutig geht es auf dem schwarzfigurigen Bild einer ionischen Amphora zu (um 530 / 520 v. Chr.; München, Staatl. Antikensammlungen, Inv. 585): H., ohne Waffe, entführt die kuhgestaltige Io trotz des Protestes ihres Bewachers.

Unabhängig von älteren (griechischen) Beispielen stellt sich die Geschichte in der pompejanischen Wandmalerei des 4. Stils dar (um 70 n. Chr.), wo M. nicht das Schwert, sondern die Syrinx bei sich hat. Auf einem Wandbild im Haus der Livia (Rom, Palatin, 2./3. Stil) sitzt Io (in menschlicher Gestalt) auf dem Absatz eines Felsens, hinter dem «Hermes» (Beischrift) hervortritt; rechts steht Argus als junger Hirte, mit Hirtenstab, nackt, ein Fell über dem linken Arm. Selten hat Io Kuhgestalt (Glaspaste des 18. Jh. nach einem Original gegen 400 v. Chr.; Würzburg, Martin von Wagner-Museum, Inv. Kr. 37).

Grundsätzlich anders die nachantiken Beispiele, die sich in der Regel an die Schilderung Ovids halten: Argus sinkt durch das Spiel des Gottes in Schlaf, und Merkur tötet den Schlafenden. Die Darstellungen zeigen entweder Merkur, der Argus das Schlaflied spielt, oder den Akt der Tötung selbst. – In einer Handschrift des «Ovide moralisé» (wohl 14. Jh.; Lyon, Bibliothèque Municipale, ms. 742, Bl. 21ᵛ) spielt M., im langen Kapuzenmantel, statt der Flöte oder Schalmei den Dudelsack (–> Marsyas) und behält dabei den in Schlaf gesunkenen Argus im Auge (hier als Schafhirte). – Eine Handschrift (wohl des 15. Jh.) illustriert dieselbe Szene, nun jedoch spielt M., der seine klassische Erscheinungsform wiedererlangt hat, eine Flöte (Paris, Bibliothèque de l'Arsenal, ms. fr. 5066, Bl. 15ʳ, s. J. Seznec 1961, S. 199). – Auf einem Gemälde von Govaert Flinck (*Merkur, Argus und Io*, Amsterdam, Rijksmuseum) sieht man den schlafenden Argus unter Büschen, aufmerksam von Merkur beobachtet. Eine Variante stellt die Replik desselben Bildes dar (Cleve, Städtisches Museum): Merkur bläst die Querflöte (!). – Eine Federzeichnung von Hendrick Goltzius (aus der ersten Serie der Illustrationen zu Ovids «Metamorphosen», 1589; Besançon, Musée des Beaux-Arts) schildert dramatisch die Enthauptung des Hirten. M. holt mächtig zum Schwerthieb aus; das Gebell eines Hundes (im Mittelgrund) wird Argus nicht zur rechten Zeit warnen. Im Hintergrund ist –> Juno nach vollendeter Tat dabei, die Schwanzfedern ihres Pfaus mit den Augen des Argus zu schmücken. – P.P. Rubens hält auf seinem Gemälde (1635/38, Jaffé Nr. 1216; Dresden, Gemäldegalerie Alte Meister) den Moment vor der Tat fest: Argus ist in Schlaf gesunken, Merkur, die Schalmei noch an den Lippen, beobachtet den Hirten lauernd und greift nach dem unter seinem Bein verborgenen Schwert.

7. *Juppiter und Merkur bei Philemon und Baucis* (Ovid, Met. 8,626 ff). Die zahlreichen Darstellungen v.a. der Barockzeit zeigen die Spannweite der Ausdeutungsmöglichkeiten der von Ovid detailreich geschilderten Begebenheit. Textgetreu gibt P.P. Rubens die Geschichte wieder (Gemälde um 1626, Jaffé Nr. 877; Wien, Kunsthist. Museum): Als die Gastgeber die Göttlichkeit ihrer Gäste erkannt haben, fängt Baucis ihre einzige Gans,

um ein angemessenes Mahl zu bereiten. Die Götter sorgen jedoch dafür, daß das Tier am Leben bleibt. – Im denkbar größten Gegensatz zueinander stehen das Gemälde Rembrandts (1658; Washington, National Gallery of Art) und das des Johann Carl Loth (vor 1659; Wien, Kunsthist. Museum). Rembrandt (in für ihn charakteristischer spiritueller Auffassung) stellt den Moment dar, in dem die Gastgeber der Göttlichkeit ihrer Besucher gewahr werden. Heller Schein umgibt das Haupt des M. Der Gedanke an das Emmaus-Wunder liegt nahe (Evangelist Lukas 24,13 ff: Die Jünger erkennen den Auferstandenen an der Geste des Brotbrechens). Im Gegensatz hierzu J.C. Loth: Nur auf einen flüchtigen Blick hält er sich an den Text Ovids. Auch hier gehört die Gans zu den Protagonisten, und sie schreit – aber nicht, weil es ihr an den Kragen gehen soll, sondern sie nimmt ihr Wächteramt wahr. Denn während die beiden Alten bemüht sind, die an einem Tisch sitzenden Gäste zu bewirten, versteckt der jugendliche Merkur etwas hinter seinem Rücken. Um von sich abzulenken, zeigt er gar auf Juppiter. Für diesen groben Mißbrauch der Gastfreundschaft dürfte man vergeblich nach einer literarischen Quelle suchen. Vielleicht handelt es sich um eine politische Allegorie, die sich gegen die Ausbeutung der Armen (v.a. des Bauernstandes) durch die Feudalherren richtet.

Eine Schnitzerei (Holztafel eines anonymen niederländischen Meisters, 18. Jh.; Amsterdam Rijksmuseum, Inv. N.M. 2512) interpretiert die Geschichte ganz im Geist der Zeit moralisierend: «Chacun peut se contanter de son sort» (Jeder kann sich mit seinem Los zufriedengeben; Text auf der Sockelleiste).

8. *H. / Merkur als Dieb*. Die griechische Kunst faßt wohl ausschließlich den Viehdieb ins Auge: Auf einer schwarzfigurigen Olpe (um 520 v. Chr.; Paris, Louvre, Inv. F 151) trägt der Gott einen Widder auf den Schultern. Daß hier nicht der «Gute Hirte», sondern der Viehdieb gemeint war, ist augenscheinlich: Im Laufschritt sich umschauend, macht sich H. davon.

Die römische Bildkunst findet für den (geborenen) Dieb eine prägnante Formel: Er verbirgt seine Hand hinter dem Rücken, um das Diebesgut zu verstecken. Diese Geste ist oft genug rein symbolisch zu verstehen: Wenn –> Apoll den Bruder wegen der gestohlenen Rinder zur Rede stellt und der seine leere Hand vorweist, die andere hinter dem Rücken verbirgt, so wird er dort kaum das Diebesgut verstecken (etruskischer Bronzespiegel, 4. Jh. v. Chr.; Florenz, Museo Archeologico). Dieselbe Geste beobachten wir auf einem Wandgemälde aus Ostia (mittlere

Kaiserzeit; heute Vatikan, Biblioteca Apostolica; Umzeichnung in LIMC 1992, 6,1, S. 517). Interessant, daß sich Merkur hier als *Patron der Kaufleute* (s. u.) zu erkennen gibt.

Attributiven Charakter hat diese Geste schließlich auch bei P.P. Rubens (*Merkur*, um 1636, Jaffé Nr. 1299; Madrid, Prado): Im klassischen Kontrapost mit Stand- und Spielbein, mit Flügelhut und Flügelsandalen, dem Caduceus in der Linken, einem Mäntelchen, das den wohlgestalten Körper eher entblößt als bedeckt, ist der jugendliche Gott statuarisch frontal wiedergegeben; die Rechte verbirgt er hinter dem Rücken.

Unmißverständlich ist eine Darstellung von Joshua Reynolds: *Mercury as cut-purse* (Gemälde um 1774, Slg. Lord Faringdon, Buscot Park, Faringdon / Berkshire). Der kindliche M., mit gegürtetem langärmeligen Kittel und weichkrempigem Flügelhut, hält in der Linken einen Geldbeutel mit abgeschnittener Kordel, die Rechte versteckt er hinter dem Rücken. Da der betrübte Gesichtsausdruck des Kindes nicht dem üblichen Bild des Merkur entspricht, handelt es sich wohl eher um das Porträt eines kleinen Straßendiebs im Bild des Merkur.

9. *H. mit dem Dionysosknaben* («H. Paidophóros» = Kindträger; Nonnos 8,396 ff u. 406: H. birgt das Kind aus dem Feuer und bringt es zu Zeus; Apollod., Bibl. 3,4,3: H. bringt es in Gestalt eines Zickleins, in das Zeus Dionysos verwandelt hatte, zu den Nymphen; Ovid, Met. 3,314: Das Kind wird zu den Nymphen gebracht, ohne Angabe, von wem). Nachdem der Gott das Kind gerettet hat (Nonnos, s. o.), bringt er es zu den Nymphen; so erzählen es die attischen Vasenmaler. Das Bild auf einem Kelchkrater (430 / 420 v. Chr.; Paris, Louvre, Inv. G 478) zeigt den Gott im Lauf mit dem Kind auf dem Arm, gerahmt von einer Nymphe und einem Satyr. – Die Übergabe an die Nymphen geben mehrere Darstellungen wieder: z. B. das Bild eines Kelchkraters (gegen 460 v. Chr.; London, British Museum, Inv. E 492) und das Relief auf einem Puteal des 1. Jh. v. Chr. (Rom, Musei Vaticani, Galleria dei Candelabri, Inv. III 16).

Die Marmorstatue des Praxiteles (Olympia, Museum; s. o.) meint vielleicht eine Rast während der Reise zu den Nymphen. Das Kind auf dem Arm und diesen auf einen Baumstumpf gestützt, kümmert sich H. um den kleinen Schützling in angemessener Weise: Er hält mit der Rechten eine Weintraube hoch (ergänzt wie der rechte Arm), die der kleine Bruder zu greifen sucht. Die linke Hand hielt einen bronzenen Caduceus.

Die Übergabe des Kindes an die Nymphen illustriert ein Gemälde des Martin Joh. Schmidt (genannt Kremser-Schmidt; 1789, Triest, Civico

Museo «Sartorio»). Von Wolken getragen tritt Merkur in den Kreis der Nymphen; den Säugling in den Armen; oben in den Wolken Zeus, der Vater des Kindes, und (vermutlich) Semele.

10. *M. und die Töchter des Kekrops* (M. und Herse; Ovid, Met. 2,708 ff). Die Geschichte, wie Ovid sie erzählt: Am Fest der Athena wallfahren die Töchter des Kekrops mit Weihgeschenken zum Tempel der Göttin. Merkur beobachtet sie und verliebt sich in Herse, eine der drei Schwestern. – Eine besondere Vorliebe für das Thema zeigen holländische und flämische Maler der Barockzeit. Sie beschreiben die Szene textgetreu. Jacob Pynas (wohl um 1609; Florenz, Uffizien), vermutlich nach einem verlorenen Gemälde von Adam Elsheimer, zeigt eine weiträumige Landschaft mit einem Rundtempel im Mittelgrund, auf den sich der Zug der Mädchen zu bewegt. Einem von ihnen (Herse) gilt das deutliche Interesse des Merkur (über der Landschaft schwebend). – In großfiguriger Komposition schildert das Geschehen ein Gemälde von Jan Boeckhorst (um 1650; Wien, Kunsthist. Museum). Im Reigen der Mädchen, die in großen Körben ihre Opfergaben tragen, ist Herse durch ein helles Gewand hervorgehoben. Der in einen roten Mantel gehüllte Gott (in der Luft) wird von Amor begleitet, der auf Herse zeigt.

11. *M. und Aglauros* (Ovid, Met. 2,738 ff). Aglauros, Schwester der Herse, erklärt sich bereit, als Mittlerin zu wirken und ihre Schwester dem Gott gewogen zu stimmen (s. o.). Aglauros ist jedoch von Eifersucht geplagt (ein Racheakt der –> Athene für den Ungehorsam des Mädchens). Sie versperrt dem Gott den Weg zu ihrer Schwester Bett (auf einem Stich von Peter van der Borcht sitzt sie auf der Türschwelle des Palastes und verwehrt Merkur den Zugang) und wird zur Strafe von ihm in einen Stein verwandelt. – Menschlich anrührend ist Govaert Flincks Darstellung des unglücklichen Mädchens (Gemälde, wohl 1639 / 40; Boston, Museum of Fine Arts. Den Bildgegenstand hat E. Panofsky identifiziert: J.W. von Moltke 1965, S. 83). Aglauros sitzt vor der Tür des väterlichen Palastes. Sie stützt den Kopf in die Hand, ein Tuch fängt ihre Tränen; vor ihr kniet Merkur. Beide tragen die Tracht des 17. Jh. Der Gott ist gekleidet wie ein Höfling (mit modischem Hut), weist sich jedoch durch seinen geflügelten Schuh und den Caduceus, den zwei lebendige Schlangen umwinden, als Merkur aus. Im Hintergrund schöpft ein Mann Wasser aus einem Brunnen, ohne auf die Szene zu achten.

12. *H. / M. und das Urteil des Paris* (Euripides, Troad. 920 ff; Androm. 274 ff; Hel. 22 ff; Hygin, Fab. 91, 92, 110). Die Mittlerrolle, die Merkur hier übernommen hat, wird von den Künstlern durch alle Zeiten nuan-

cenreich zur Anschauung gebracht. Als Geleiter des Prinzen, dessen Urteil er zu lenken scheint, tritt H. auf einer schwarzgrundigen Lekythos auf (gegen 450 v. Chr.; Athen, Slg. Politon); er hält im Schreiten seinen Caduceus dem sitzenden Paris entgegen. – Im lateinisch sprechenden Mittelitalien tritt Mercurius in der Funktion des Mittlers schon in den frühesten Mythenbildern auf: Auf einem etruskischen Bronzegriffspiegel reicht er (stehend) dem sitzenden Paris den Apfel (um 350 v. Chr.; Lausanne, Musée Cantonat d'Archéologie et d'Histoire, Inv. 82). – In der pompeijanischen Wandmalerei häufen sich die Beispiele. Auch hier wieder sieht man Mercurius dem Paris zugewandt (Wandbild aus Pompeji I 4,5; beginnender 3. Stil; Neapel, Museo Nazionale), während die drei Göttinnen des Urteils harren.

Auf neuzeitlichen Darstellungen erscheint das Paris-Urteil häufig als Traumerlebnis. Da setzt der Gott auch seinen Zauberstab ein, der in Schlaf zu versetzen wie zu wecken vermag. So auf einem Kupferstich des sog. Meisters mit den Banderolen: Der Gott berührt den mit einer Rüstung bekleideten Paris, der unter einem Baum schläft, mit seinem Stab. In der Linken hält er den Apfel, den er dem Paris übergeben wird. – Auf Lucas Cranachs d. Ä. Gemälde (1530; Karlsruhe, Kunsthalle) sehen wir einen betagten, bärtigen M. in voller Rüstung, statt des Apfels eine gläserne Sphäre in der Linken (s. o.). Er beugt sich zu dem schlaftrunkenen Paris (ebenfalls in Rüstung), um ihn in seine Aufgabe einzuweisen, während sich die drei nackten Göttinnen vor dem Schiedsrichter zieren.

Schlafend liegt Paris bei seinen Herden auf Giulio Romanos Fresko im Palazzo del Te in Mantua (Sala di Troia; Ausführung von Luca da Faenza). Wache Wirklichkeit dagegen die übrige Szene: Der jugendliche M. führt die Göttinnen zu dem Hirten, Venus beeilt sich, Schritt zu halten, und legt ihre Hand auf des Gottes Rücken. Wir erinnern uns an das Versprechen, das sie Paris geben wird (er werde die schönste Frau der Welt heimführen, wenn er ihr den Schönheitspreis zuerkennt). In einem Abstand erst folgen Athena und – zuletzt – Hera.

13. *M. und Venus* (Apuleius, Met., 6,7 f). Eine seltene Gruppierung stellen die beiden Skulpturen von Jean-Baptiste Pigalle, heute im Schloßpark zu Potsdam, dar (beide 1748; Venus jedoch erst im nachhinein entstanden; ursprünglich war der Gott für sich konzipiert). Die Gruppe illustriert jene Stelle bei Apuleius, da die eifersüchtige Venus M. beauftragt, ihr die Psyche zu bringen. Der Gott gehorcht umgehend und bindet sich die Sandale, um aufzubrechen.

14. *H. die Sandalen anlegend* (der «Sandalenbinder»). Dieser Typus

charakterisiert den Gott als Boten. Das bekannteste Beispiel ist der Sandalenbinder des Lysipp (tätig in der 2. Hälfte des 4. Jh. v. Chr.), dessen Original nicht erhalten ist, von dem aber mehrere Kopien existieren (z. B. in Kopenhagen, Glyptothek, Inv. 2798, in Paris, Louvre, Inv. MA 83, und in München, Glyptothek, Inv. Gl 287). H. steht nach vorn gebeugt, das rechte Bein auf einen Baumstumpf gestellt, um die Sandale anzulegen. So zeigen ihn auch verschiedene Münzen, wo auch der Caduceus bereitsteht, der H. ebenfalls als Boten kennzeichnet. – Jean-Baptiste Pigalles Marmorskulptur ist unabhängig von diesem in der Antike in vielen Varianten wiederholten Typus (1744; Berlin, Staatl. Museen; vgl. oben die Gruppe *M. und Venus* in Potsdam). Der Gott, unbekleidet, nur mit dem Flügelhut auf dem Kopf, bindet sich, auf Wolken sitzend, die linke Sandale, Gedanken und Blick schon auf sein Ziel gerichtet. – Der M. François Rudes (Statuette gegen 1827, *Mercure rattachant sa talonnière*; Paris, Louvre) nimmt sich nicht einmal so viel Zeit: Noch mit dem Binden der Sandale beschäftigt, hebt er bereits ab.

15. *M. und Psyche* (Apuleius, Met. 6,8 f). In Erfüllung seines Auftrags sieht man M. in der Elfenbeinskulptur eines anonymen Meisters (vielleicht Melchior Barthel, um 1650; Basel, Historisches Museum, Inv. 1894 421). Der nur mit Flügelhut bekleidete Gott trägt das widerstrebende Mädchen auf den Armen. – Ohne Gewaltanwendung führt M. das Mädchen in Johan Tobias Sergels Terrakottagruppe (1772; Stockholm, Nationalmuseum; s. o.). Den Arm um die Schultern des anderen gelegt, schreiten beide eher einträchtig nebeneinander her. Lediglich ein nach oben (zum Olymp) gerichteter besorgter Blick der Psyche gibt einen Hinweis auf den Ernst der Situation. Hier gibt sich M. augenfällig als Psychopompos, als Seelengeleiter (s. u.).

16. *Der sitzende H.* Dem griechischen Bildhauer Lysipp verdanken wir einen zweiten berühmten Typus: den sitzenden H. (auch dieser ist nur in einer römischen Kopie überliefert; *H. von Herculaneum;* Neapel, Museo Nazionale). Der Götterbote (mit Flügelsandalen) sitzt ein wenig nach vorn geneigt auf einem Felsen, sich auf den rechten Arm stützend, das rechte Bein abgestreckt. Er wirkt nicht entspannt (wie etwa –> Herakles, wenn er ausruht), sondern wie auf dem Sprung, gleich wieder aufzubrechen, wie es seinem Wesen entspricht.

17. *H. als Gott der Toten, als Seelengeleiter* («H. Chthonios», «H. Psychopompos»). In der griechischen Kunst begegnet er uns als Geleiter von Göttern und Helden in die Unterwelt, als Helfer beim Totentransport und als Psychopompos, der zur Reise ins Jenseits einlädt (LIMC 1990 5,1,

S. 335 ff). Eine der anrührendsten Darstellungen ist das sog. *Dreifiguren-Relief* (als H., Eurydike und Orpheus gedeutet; röm. Marmorkopie nach griech. Original der 420er Jahre v. Chr.; Paris, Louvre, Inv. MA 854; s. o.). Behutsam nimmt H. die Frau bei der Hand, um sie in die Unterwelt zurückzuführen (–> Orpheus).

Den *H. Chthonios* stellte man sich gern aufgrund seiner besonderen Gabe, mit Kindern umzugehen, als Geleiter von Kinderseelen ins Jenseits vor. Eher Heiterkeit atmet die Malerei einer Grabnische für die sechsjährige Octavia Paulina (severisch; heute Rom, Museo Nazionale Romano): Vor dem mit roten Blüten bemalten Grund steht in der Mitte des Bildes ein Pfeiler der dreigestaltigen Hekate, die das Jenseits verkörpert. M. eilt heran, um sich der Kinderseelen (klein, in Gestalt von Kindern) anzunehmen.

Auf einem Vasenbild des Euphronios (Kelchkrater gegen 510 v. Chr.; New York, Metropolitan Museum, Inv. 1972. 11. 10.) ist H. zugegen, als die Brüder Hypnos (Schlaf) und Tanatos (Tod) den Leichnam des Sarpedon vom Boden aufheben. Zurückblickend schreitet er nach rechts; in der Linken hält er den Caduceus, mit der erhobenen Rechten wendet er sich an Hypnos.

Auf einer weißgrundigen Lekythos (geg. 440 v. Chr.; München, Staatl. Antikensammlungen, Inv. 2797) sitzt H. (hier mit Bart und flügellos) auf einem Felsen, den Caduceus in der Linken. Mit dem Zeigefinger der rechten Hand deutet er auf eine ihm zugewandt stehende junge Frau.

18. *H. als Seelenwäger* (die «Psychostasia»). Als solcher erscheint H. auf schwarzfigurigen Vasen, häufig – angemessen – auf den dem Grabkult verbundenen Lekythen. So auf einer attischen Lekythos (500 / 480 v. Chr.; London, British Museum, Inv. B 639). H. hält in der Linken eine Balkenwaage, auf deren Schalen Seelen in Gestalt kleiner geflügelter Figuren gewogen werden. Unschwer erkennt man im Motiv des Seelenwägers das Bild des hl. Michael.

19. *M. als Patron der Kaufleute*. Der römische Mercurius, stets mit Geldbeutel (lat. «marsupium»), war v.a. Patron der Kaufleute, wie es etwa eine Wandmalerei aus Ostia veranschaulicht (LIMC 1992, 6,1, S. 517, s. o.). Kaufleute beladen ein Schiff im Beisein des Gottes, der, den Geldbeutel in der Rechten, die Linke hinter dem Rücken verbirgt (vgl. *H. als Dieb*).

20. *M. als Planetengott*. M. ist, als einer der römischen Wochengötter, Patron des Mittwoch (franz. «mercredi», ital. «mercoledì»). M. hat als Planetengott, abgesehen von gelegentlichen Wolkenschwaden (s. u.),

keine ikonographischen Besonderheiten. Vermutlich ist die Sphäre in seiner Hand (z. B. bei Lucas Cranach, *Das Urteil des Paris*, s. o.) ein Attribut des Planetengotts. Am sichersten weist ihn der Bildzusammenhang als Planetengott aus, z. B. auf einem geschnittenen Karneol, wo M. – mit seinen bekannten Attributen (Caduceus und Geldbeutel) – in Begleitung zweier Sterne erscheint, vermutlich seiner Nachbarplaneten Mars und Juppiter (1. Jh. n. Chr.; Hannover, Kestner-Museum).

In mittelalterlichen Handschriften sehen wir M. im Kreis der personifizierten Planeten, so in einer Handschrift wohl des 13. Jh. (Dijon, Bibliothèque Municipale, ms. 448, Bl. 63ᵛ): Man erkennt ihn an einem Paar mächtiger Flügel, die seinem Haupt entwachsen. – Agostino di Duccios M. in der Cappella dei Pianeti im Tempio Malatestiano zu Rimini (1455 / 1457) ist, nicht nur aufgrund seiner Nachbarschaft zu den Tierkreiszeichen Jungfrau und Zwillinge, als Planetengott zu erkennen: Außer den bekannten Attributen (Caduceus, Hahn und Musikinstrument, hier einer Mandoline, dem Klangäquivalent der antiken Kithara) kennzeichnen ihn Wolkenschwaden, die seine Knie umschließen (vgl. auch *M. als Personifikation des Frühlings*). – Als Planetengott erscheint M. auch auf dem Fresko Giorgio Vasaris in der Casa Vasari in Arezzo (Sala della Fortuna, auch «Studio»), wie die ihm zugehörigen Tierkreisbilder (Zwillinge und Jungfrau) und das Gesamtprogramm der Fresken dieses Raums verdeutlichen.

Den Einfluß der Planeten auf Charakter und Tätigkeiten der Menschen veranschaulicht das Mittelalter in einem besonderen Bildtypus: dem der «Planetenkinder», die zuerst in Illustrationen des 14. Jh. auftauchen (F. Saxl 1915; J. Seznec 1961, S. 69 ff). Eine Darstellung des Meisters des Hausbuches schildert das geschäftige Treiben der unter dem Einfluß des M. Geborenen: Musiker, Maler, Goldschmied, Lehrer, Astronom und andere sind tätig unter dem Schutz des Gottes, der über den Himmel reitet (Paris, Bibliothèque Nationale, Cabinet des Estampes).

Als Planetengott hat M. (neben Mars) eine besondere Beziehung zu den Pferden, die unter beider Einfluß stehen: den des M. verraten Pferde von unentschlossener Fellfarbe, die nicht ganz weiß und nicht ganz schwarz ist (gemeint ist der gefleckte, also der Apfelschimmel), mit hoher Stirn, langem Gesicht und etwas Haar auf den Wangen (vgl. den von M. gehaltenen Pegasus auf dem Gemälde Mantegnas, *Der Parnaß*; Paris, Louvre).

Allanwesend ist der Planetengott M. (meist in Gesellschaft des Mars) in der Teppichserie *L'école d'équitation* (gegen 1645) nach Vorlagen von

Jacob Jordaens (ein vollständiger Satz in Wien, Kunsthist. Museum). In diesen Zusammenhang gehört das Gemälde *Lévade* vom selben Meister in Ottawa (National Gallery of Canada; gegen 1645): In der Arena sieht man einen Reiter auf einem sich bäumenden Pferd, während M. und Mars mit einem zweiten Pferd (einem Apfelschimmel) beschäftigt sind: M. hält die Zügel, Mars die Gerte (vgl. J. S. Held 1949).

21. *M. als Personifikation des Frühlings.* Auf Sandro Botticellis bekanntem Gemälde *Der Frühling* (gegen 1478; Florenz, Uffizien) fällt (links) die Gestalt des M. durch seine merkwürdige Haltung und Handlung auf: Mit dem Caduceus berührt er Wolkenschwaden über seinem Haupt. Nach Charles Dempsey (1992, S. 9) erinnert Botticelli an jenen M., der in früher Zeit der Gott des Frühlings und der Wolkenteiler gewesen war (vgl. das Relief von Agostino di Duccio in Rimini, s. o.). – Als Personifikation des Frühlings sehen wir den Gott auch am Uhrenturm zu Aix-en-Provence, hier mit einem Blütenkranz im Haar, mit Füllhorn und (wohl) Spaten (auf die Arbeit des Bauern anspielend) in Gesellschaft von Venus (Sommer), Juppiter (Herbst) und Mars (Winter. Skulpturen von Nicolas Petit, 1555; vgl. J. Boyer 1970/72).

22. *M. als Patron der Künste.* Die Künste stehen unter dem Einfluß des Planeten M. (s. o; der Gott schart die Künstler wie seine Kinder um sich). – Eine Federzeichnung von Hendrick Goltzius (1596; Leiden, Rijksuniversiteit, Prentenkabinet) zeigt uns M. als Patron der Künste, speziell der Redekunst in Form einer Statue auf hohem Sockel (uns den Rücken zukehrend) und zu deren Füßen Gelehrte und Künstler, links hinten einen Hafen. Der nach dieser Vorlage entstandene Stich von J. Saenredam (B. 74) interpretiert die Darstellung durch den Text: «Me Diis commendat facundae gratia linguae, Et varias rudibus monstro mortalibus artes» (Die Gabe der flüssigen Rede empfiehlt mich den Göttern, und die rohen Sterblichen lehre ich verschiedene Künste).

Häufiges Beiwerk von Künstlerporträts ist eine Statuette des M., wie es z. B. das Selbstporträt des Robert Walker veranschaulicht (17. Jh.; Oxford, Ashmolean Museum): Den Betrachter anblickend, weist der Künstler auf M. – Zu den Attributen der Kunst gesellt sich der Kopf eines M. auf einem Gemälde von Jean-Baptiste-Siméon Chardin (vermutlich eine Supraporte, vor 1728; Moskau, Puschkinmuseum).

Die Barockzeit variiert das Thema «M. und die Freien Künste» in vielfältiger Weise. Einmal weckt der Gott die Künste (als weibliche Figuren personifiziert) auf einem Gemälde von Lukas de Heere (1534–1584; Turin, Pinacoteca), dann wieder spricht er ihnen nach dem Krieg Mut zu

(*M. ermutigt die Freien Künste nach dem Krieg*, Cornelis de Vos zugeschriebenes Gemälde; Privatslg. – A. P. de Mirimonde 1969, S. 343 ff).

Einmal tritt der Gott selbst als Maler auf (*M. als Maler*, Gemälde von
H. Goltzius, 1611; Haarlem, Frans Hals-Museum): Der dem Betrachter
zugekehrt sitzende (nackte) Gott hält in der gesenkten Rechten einen
zierlichen Caduceus, in der Linken Palette und Pinsel. Der Sinn des Bildes ist bis jetzt nicht entschlüsselt. Betrachtet man jedoch das auf der
Erde liegende Skizzenmaterial und die Frau im Hintergrund, die aufge-
bracht gestikuliert und in einer Hand einen Vogel hält, der eine Elster
sein könnte (die diebische!), so liegt der Gedanke nahe, der Dieb M.
(s. o.) habe sich hier als Plagiator betätigt. Auch meint man im Gesicht
des Gottes porträthafte Züge zu erkennen.

23. *M. als Lehrer.* Eingedenk der Rolle des M. als Patron und Vermittler der Künste ist seine Rolle als Lehrer nur konsequent. An einem skulpierten Kapitell des Dogenpalastes in Venedig (14. Jh.) sieht man die Planeten und ihre Schützlinge; M. mit einem aufgeschlagenen Buch in der
Linken. – Diesem Typus entspricht die Illustration in einer spätmittelalterlichen Handschrift (London, British Museum, Add. ms. 16578, Bl.
52ᵛ): Der hinter einem Pult sitzende M., durch die Sternzeichen von
Zwillingen und Jungfrau sowie eine auf dem Pult stehende Sphäre als
Planetengott definiert, legt die Rechte auf die aufgeschlagenen Seiten
eines Buchs, das auf einem Lesepult liegt. Es ist nicht zu übersehen, daß
der antike Gott hier in das Bild des Evangelisten – auch er ein Bote («eu
angelos» = der gute Bote) – geschlüpft ist, wie es uns aus der mittelalterlichen Kunst vertraut ist. – Auf welche literarische Quelle eine Bronzestatuette des Pier Jacopo Alari Bonacolsi, gen. l'Antico (gest. 1528), zurückgeht, ist unbekannt (Wien, Kunsthist. Museum). Alten Quellen
zufolge stand zur Rechten des M. die Figur des Cupido (–> Eros), den der
Gott im Lesen unterweist, was durch den Gestus seiner rechten Hand
(auf einen Knotenstock gestützt, den Zeigefinger ausgestreckt) verdeutlicht wird. Der ursprüngliche Aufstellungsort – das Studiolo der Isabella
d'Este in Mantua – erfuhr durch die Gruppe jedenfalls einen angemessenen Schmuck.

24. *M. als Allegorie auf die Redekunst.* Auf der schon erwähnten Illustration zu Martians «De nuptiis Mercurii et Philologiae» präsentiert
sich M. als Bräutigam der Philologia, die ihm von einer weiblichen Figur
zugeführt wird (vgl. **B**). – In Begleitung der «Prudentia» (Klugheit) sieht
V. Cartari (1647, S. 187) M. als Personifikation der «Eloquenza» (Redekunst). – Die leicht geöffneten Lippen des M. von Hendrick Goltzius

(Zeichnung, Oxford, Ashmolean Museum; s. **C**) mögen ein Hinweis auf den Rhetor sein (E.K.J. Reznicek 1961, Bd. 1, S. 280; vgl. aber die geöffneten Lippen des Mars / –> Ares!).

Um eine personenbezogene Allegorie handelt es sich bei dem M. des C. Gherardi in der Sala degli Elementi im Palazzo Vecchio in Florenz. Giorgio Vasari interpretiert Cosimo dei Medici dort als Verkörperung charakteristischer Eigenschaften des M. (der Rede- und Überzeugungskunst) und nennt ihn «mercurialissimo» (Allegri / Cecchi 1980, S. 33).

25. *M. als Sinnbild des ruhelos Wandernden.* Sowohl der rastlose Götterbote H. wie der Planetengott M. liefern das Motiv für diese Allegorie. Das späte Mittelalter verbindet diesen H. / M. mit Idee und Bild des *Nemo* (= Niemand), der, als Prügelknabe rastlos durch die Welt zieht. Ein Flugblatt des Joerg Schan (Straßburg 1507) zeigt einen Alten mit Flügelhaube (einziger visueller Bezug zu M.), in zerschlissener Kleidung, einer zerbrochenen Pilgerflasche und einem geschulterten Sack, aus dem durch ein Loch der Reiseproviant fällt (G. Calman 1960).

Lit.: Boyer, Jean: Un imagier provençal du XVIe siècle, Nicolas Petit. In: Bulletin de la société de l'histoire de l'art français 1970. Paris 1972, S. 19–25. Calmann, Gerta: The Picture of Nobody. In: The Journal of the Warburg and Courtauld Institutes 33, 1960, S. 60–104. Curtius, Ernst Robert: Europäische Literatur und lateinisches Mittelalter. 6. Aufl. Berlin 1967. Dempsey, Charles: The Portrayel of Love: Botticelli's Primavera and the Humanist Culture at the Time of Lorenzo the Magnificent. Princeton 1992. Ettlinger, Leopold: Muses and Liberal Arts. In: Essays presented to Rudolf Wittkower. London 1967, S. 29–39. Held, Julius S.: Jordaens and the Equestrian Astrology. In: Miscellanea Leo van Puyvelde. Brüssel 1949, S. 153–156. Lücke, Hans-Karl: Mercurius quadratus: Anmerkungen zur Anthropometrie bei Cesariano. In: Mitteilungen des Kunsthistorischen Institutes in Florenz 35, 1991, 1, S. 61–84. Mirimonde, A.P. de: Les Allégories de la Musique, 2, Le retour de Mercure et les allégories des beaux-arts. In: Gazette des Beaux-Arts 111, 6, 73, 1969, S. 343–362. von Moltke, J.W.: Govaert Flinck. Amsterdam 1965. Reznicek, E.K.J.: Die Zeichnungen von Hendrick Goltzius. 2 Bde. Utrecht 1961. Röthlisberger, Marcel: The Subject of Claude Lorrain's Paintings. In: Gazette des Beaux-Arts 102, 6, 55, 1960, S. 209–224. Saxl, Fritz, 1915 (–> Allgem. Bibl.). Siebert, Gérard, in: LIMC 1990, 5, 1, S. 500–554; 5,2, S. 272–306, s.v. Mercurius. Simon, Erika: Die Götter der Griechen. München 1985, S. 295–326. Stechow, Wolfgang: The myth of Philemon and Baucis in Art. In: Journal of the Warburg and Courtauld Institutes 4, 1940–41, S. 103–113. Vasari, Giorgio, zitiert nach Allegri, Ettore / Cecchi, Alessandro: Palazzo Vecchio e i Medici, Florenz 1980. Wind, Edgar, 1968 (–> Allgem. Bibl.), S. 113–127 («Botticelli's Primavera»). Zanker, Paul: Wandel der Hermesgestalt in der attischen Vasenmalerei. Bonn 1965.

Hermione –> Apoll
Herse –> Hermes

Hestia, griech., lat. Vesta; eine der Zwölfgötter. Göttin des Herdes und des Hauses. Vom Vater verschlungen und später wieder ausgespien, ist sie ältestes und zugleich jüngstes (Homer. Hymnos 5, an Aphrodite, 21 f) Kind des Kronos von Rea (Ops), Schwester der –> Demeter, der –> Hera, des –> Hades und des –> Zeus. Nach Gyraldi (Synt. 4, S. 207B) gab es zwei Göttinnen des Namens Vesta, deren eine die Gemahlin des Saturn, deren andere seine Tochter war (erstere sei die Erde, letztere das Feuer gewesen).

Die römische Vesta ist wohl eigenen Ursprungs mit einer Beziehung zu Altar und Herd, den etwa Vergil beim Namen der Göttin nennt (Georg. 4,384). Anders als die griechische H. hat Vesta keinen Platz im Einzelhaus (s. Kl. Pauly, Bd. 5, Sp. 1227); statt dessen wohnt sie unter der Obhut des «Pontifex maximus» in einem ihr geweihten Staatsheiligtum in Rom, an der dem Forum zugekehrten Nordecke des Palatins, das grundsätzlich nur ihren jungfräulichen Priestern, den Vestalinnen, zugänglich ist (Kl. Pauly, ebd.). Die Mythographen verbinden sie mühelos mit der griechischen H., deren häuslicher Herdkult auch auf den Staatshaushalt übertragen wurde (vgl. Platon, Leges 856a; Pindar, Nem. 11,1 f). Vesta ist einer der schützenden Hausgötter (Penaten; s. z. B. Macrobius, Sat. 3,4,11 f). Augustus, der im Jahre 12 v. Chr. Pontifex Maximus geworden war, weihte in seinem Palast der Vesta ein Heiligtum (vgl. Ovid, Met. 15, 864 f). Ovid (ebd. 778) zeigt Caesar als Priester der Göttin: Der Mord an ihm würde das heilige Feuer erlöschen lassen.

A H. / Vesta hat kaum einen Mythos, und sie hat sich – anders als ihre Geschwister – auch nie wirklich zur Person gestaltet. Was wir über sie erfahren, ist zudem schon zu Beginn der mythographischen Überlieferung deutlich an ihrem Kult orientiert. Immerhin muß sie ein attraktives Weib gewesen sein, denn –> Apoll und –> Poseidon wollen sie heiraten (Homer. Hymnos 5, an Aphrodite, 21–32). Sie verweigert sich (vgl. Ovid, Fasti 288). Vielleicht erst jetzt berührt sie das Haupt des Zeus und schwört einen großen Eid, immer Jungfrau bleiben zu wollen. So gibt Zeus ihr statt der Ehe große Ehre unter Göttern und Menschen: In allen Tempeln der Götter hat sie einen Ehrenanteil, im Hause der Sterblichen erhält sie den Platz in der Mitte, bei den Sterblichen hat sie den Rang einer Herrin aller Göttinnen (vgl. Homer. Hymnos 29, an H., 1 ff). Kein Bankett gebe es bei den Menschen, bei dem man nicht zu Beginn und am Ende ihr süßen Wein opfere (ebd.; vgl. Kallimachos, Hymnos 6, an Demeter, 108).

Viel später berichtet Martian (1,72; vgl. Remigius, 1,33.17; Bd. 1, S. 127 f), sie sei die Amme des Juppiter gewesen, und als sie ihn im Schoß hielt, habe sie gewagt, ihn zu küssen. Gyraldi (Synt. 4, S. 206A) wird dem entnehmen, daß die Göttin das Kind in ihrem Schoß barg, während die Mutter es nährte (vgl. Myth. Vat. III 2,5, Bode S. 159; Libellus 17, Liebeschütz 1926, S. 122 f).

Unter den Göttern hat sie außer zu Zeus, mit dem sie «eines Sinnes» sein soll (Homer. Hymnos 24, an H., 4 f), ein engeres Verhältnis auch zu –> Hermes und zu –> Apoll.

B Die offenbar enge Beziehung der Göttin des häuslichen Herdfeuers zu –> Hermes (Homer. Hymnos 29, an H., 7 ff), dem Mittler und Gott der Sprache, erinnert an die Geschichte bei Vitruv (De archit. 2,1,1 f), wonach die Menschen, die ursprünglich wie die wilden Tiere vereinzelt in der Wildnis lebten, sich einmal am Feuer zusammenfanden, dort in der Beziehung zueinander die Sprache bildeten und im Gemeinsinn schließlich begannen, Häuser zu bauen: H. und Hermes als Kulturbringer. In diesem Sinn also der Zuruf: «Kommt und weilt in diesem glorreichen Hause in Freundschaft, denn ihr beide, die ihr die edlen Taten der Menschen kennt, stärkt ihre Weisheit und ihre Kraft» (Homer. Hymnos 29, ebd.; vgl. K.Ph. Moritz, 1795 / 1966, S. 118). In ähnlichem Sinn steht H. dem Ordner –> Apoll nahe und hütet sein Haus (Homer. Hymnos 24, an H., 1 f), ihm, der gern Städte gründet (Kallimachos, Hymnos an Apoll, 55 ff) oder als Agyieus (z. B. Macrobius, Sat. 1,9,6) die Tore schützt, deren häusliche Schwelle der H. / Vesta heilig ist (s. unten).

Man darf annehmen, daß H. / Vesta in keiner anderen Gestalt zur Welt kam als ihre Geschwister, nur bekommen wir sie so nicht zu Gesicht. Einmal heißt es, sanft tropfe Öl von ihren Locken (Homer. Hymnos 24, an H.). Das geschieht im Haus des –> Apoll, von dessen Locken ja allheilendes Öl («panákeia») tropfen soll. Ovid läßt uns vom Weib etwas ahnen: Bei einem von der Cybele ausgerichteten mächtigen Gelage droht ihre Keuschheit dem Silen zum Opfer zu fallen und wird nur durch den plötzlichen Schrei eines Esels (der ja als besonders lasziv gilt!) gerettet (Fasti 6,320–344; Lactantius Firm., Div. inst. 1,21,25: Hier ist –> Priapus / Priapos der Übeltäter; vgl. Boccaccio, Gen. 8,3).

Augenscheinlich hat die Deutung der Göttin bei den hier konsultierten Mythographen recht eigentlich nur die italisch / römische Vesta im Sinn. Dabei fällt – in Abwesenheit eines Mythos – die dominierende Rolle des Kults auf, wobei man wechselnd das Wesen der Göttin dem

Kult und den Kult ihrem Wesen abliest. Wesentlich vorab ist, daß man Vesta gleicherweise für das Feuer und für die Erde hält (was – zumindest zunächst – keineswegs die bloßen Elemente meint!). Gyraldi (Synt. 4, S. 207B) meldet, daß die Römer der Vesta einen runden Tempel bauten, in dessen Mitte sie ein Feuer setzten, welches nach der Meinung vieler sich eigentlich in der Erdmitte befindet, womit der Tempel deutlich zur Abbildung wird (zu ihrem «Platz in der Mitte» vgl. Homer. Hymnos 24, an H.). Fundamental für ihre Bedeutung ist, was der Mythograph sagt (III 2,5), wenn er beobachtet, daß es ohne Feuer weder ein Opfer noch einen religiösen Kult gebe. Das gibt ihr offenbar im Kult den Rang der mächtigsten unter den Göttern (vgl. ebd.).

Die späten Mythographen berufen sich zum Thema zumeist auf Ovid (Fasti 6,267 ff): «Vesta eadem est et terra: subest vigil ignis utrique:/significant sedem terra focusque suam./Terra pilae similis, nulla fulcimine nixa,/aere subiecto tam grave pendet onus» (Vesta und die Erde sind dasselbe: Unter ihnen beiden ist das wachsame Feuer. Erde und Herd bezeichnen ihren Sitz. Einem Ball ähnlich ist die Erde, keiner Stütze verbunden ruht ihr so schweres Gewicht in der Luft). So wird der Tempel der Göttin zum Bild der Erdkugel. Wie jene sei er rund und ohne Winkel und wehre mit seinem Kuppeldach den Regen ab. Er birgt in sich kein (Kult-)Bild der Göttin, sondern einzig unauslöschliches Feuer, und in diesem erkenne man die Göttin, die also nichts sei als lebendige Flamme («viva flamma»). Aus der Flamme geborene Leiber gebe es nicht. In diesem Sinn sei Vesta rechtens Jungfrau, welche einen Samen weder gibt noch empfängt (vgl. den ähnlichen Gedanken bei Cornutus, Nat. deor. 28, der sie mit Ceres zusammenstellt). Schließlich bemerkt Ovid hier, daß es weder von Vesta noch vom Feuer ein Bild («effigies») gebe: Wir schauen die Göttin offenbar in der Flamme an.

Martian (1,72, Dick S. 33) sieht Vesta in Gesellschaft der Ops (Tellus: Augustin, Civ. 7,24; Magna Mater, Cybele: Myth. Vat. III 2,6; Berecynthia: Myth. Vat. III 2,4), was nach Remigius (1,33.17; Bd. 1, S. 127 f) die Verbindung von Feuer und Erde veranschaulichen soll, denn (Myth. Vat. III 2,4) wir sehen Feuer aus der Erde kommen und können Feuer aus Steinen schlagen (vgl. Isidor, Etym. 8,11,67: Hinweis auf Vulkane). Cornutus (Nat. deor. 28) sieht u. a. diese Verbindung: Die fruchtbare Erde sei Mutter der Lebewesen, und deren Lebensgrund sei das Feuer. Die Geschichte von der Amme des Juppiter/Zeus besage (in Umkehrung der üblichen Deutung!), daß das irdische Feuer (Vesta) das himmlische (Juppiter) ernähre. Als Erst- und Letztgeborene sehe man sie, weil sie selbst auflöst, was sie einmal hervorgebracht hat: Das ist offenbar die frucht-bringende und schließlich die Frucht wieder auflösende Erde (Cornutus, Nat. deor. 28; Myth. Vat. III 2,6).

Die Erde als Weltkörper meint Macrobius (Sat. 1,23,8), wenn er sagt, H. bedeute die Erde, weil allein sie im Haus der Götter (Planeten) unbe-weglich feststeht («manet immobilis»; vgl. Augustin, Civ. 7,16).

Auch Etymologie bemüht man: «Vesta» von lat. «vestire», kleiden: Bei Isidor (Etym. 8,11,61; vgl. unten, Ovid) liest man, «Vesta» (Erde) heiße sie, weil sie in Pflanzen («herbis») und vielerlei andere Dinge ge-kleidet sei oder weil sie aus eigener Kraft («via sua») steht. Remigius sieht die brennenden Kohlen von der lebendigen Flamme gleichsam ge-kleidet («carbones vestit»; 2,69.15; Bd. 1, S. 189 f). Weil es den Herd schon in den ersten Häusern, also zu Beginn und gleichsam am Eingang (der Geschichte), gegeben habe, sei Vesta «vestibulum» (Vorhof) genannt worden (Ovid, Fasti 6,302 f). Anderswo heißt es, «vestibulum» nenne man den Platz im Haus, weil der Vesta die Schwelle («limen») heilig sei (Myth. Vat. III 12,2, nach Varro; vgl. hierzu auch die Bedeutung der Schwelle für –> Hermes). Ovid (Fasti 6,299 f) leitet den Namen ab vom Vermögen der Erde, aus eigener Kraft zu stehen: «stat vi terra sua: vi stando Vesta vocatur», was möglicherweise auch für den griechischen Namen gelte. Aus diesem Vermögen schließt der Mythograph (III 2,6) auf das Element «Erde»: Während alle anderen Elemente sich ohne Zu-tun von außen bewegen, stehe die Erde (das Element) aus eigener Kraft still («quasi vi sua stet»). Die – im Gegensatz zu dem des Vulcan (–> He-phaistos; vgl. Remigius 1,37.6; Bd. 1, S. 136; Augustin, Civ. 7,16) – freund-liche Natur ihres Feuers liest Ovid (ebd. 301) dem Namen «focus» für den Herd ab, sofern das Wort sich ableite von «flamma» und «fovere», «Flamme» also und «wärmen»: weil der Herd alles wärmt.

Es gab auch die Gleichsetzung von Vesta und –> Juno (Martian 2,168; Remigius 2,69.15; Bd. 1, S. 189 f): «Vesta, die Göttin des Feuers, ist ei-gentlich Iuno» («Vesta dea ignis, ipsa est Iuno»). Gemeint ist die «äthe-rische» («aetheria») Iuno. Diese Beziehung erklärt sich wohl aus einer stoisch bestimmten physikalischen Deutung, sofern das Feuer der Luft (hier «aether» = «aer») bedarf, wie z. B. Boccaccio beobachtet: «sic aer natus antequam ignis» (so ist die Luft vor dem Feuer geboren; –> Hera). Das findet wohl auch kultischen Ausdruck in den «weißen Blumenge-winden», die man um sie lege, «weil das reinste (‹candidissimus›) aller Elemente sie krönt und allseitig umgibt», womit sicher die Luft gemeint ist (Cornutus, Nat. deor. 28). Zu Vesta / Ceres: –> Demeter.

Aus dem Kult erklärt sich auch die Meldung, wonach Vesta Gemahlin des Ianus gewesen sei. Beide habe man gleicherweise häufig angerufen (Gyraldi, Synt. 4, S. 206, mit Hinweis auf Fabius Pictor. In allen Gebeten soll sie immer am Ende, Ianus immer am Anfang angerufen worden sein: Kl. Pauly, Bd. 2, Sp. 1311).

Die Haltung der frühen Christen kann Augustin (Civ. 3,18) illustrieren, der neben anderen ähnlichen Katastrophen die (fast ironische) Tatsache kommentiert, daß der Vestatempel in Rom (s.o) einem Feuer zum Opfer fiel: Wenn denn solche Heiligtümer sich nicht einmal selbst gegen Wasser und Feuer zu schützen vermöchten, wie sollten sie der Stadt, deren Heil sie angeblich beschützten, gegen diese Wasser- und Feuersnöte helfen? (Vgl. ebd. 6,2.)

Der Libellus (17, s. o.) sagt, sie werde derart im Bild dargestellt: «Da war ein weiter und geräumiger Tempel mit einem Altar in der Mitte. Um den brannte an beiden Seiten Feuer, das ständig bedient wurde und das zu löschen streng verboten war. Diesem Mysterium dienten viele Vestalische Jungfrauen, die man sah, wie sie das Feuer zu beiden Seiten (des Altars) hegten (‹fovere›). Oben auf dem Tempel (seinem Giebel, auf seinem höchsten Punkt: ‹supra pinaculum›) sah man Vesta selbst in Gestalt einer Jungfrau, die Jovis in ihrem Schoße wärmt (‹fovens›).»

Gyraldi (Synt. 4, S. 207B) meldet, man zeige die Vesta in Gestalt einer sitzenden Frau, die ein Tympanon hält, welches uns sagen soll, daß die Erde die Winde in sich birgt. Das ist eigentlich das Bild der Erdgöttin (Cybele, Magna Mater, –> Kybele; vgl. Eusebius, Praepar. evang. 3,11,7 = 109a: «simulacrum virginea specie juxta focum»: Bild einer Jungfrau neben dem Feuer).

Eines der seltenen Embleme zeigt einen Vestatempel («Erde») im Gegensatz zum Tempel der «göttlichen Vorsehung», welche beide den Gegensatz von Physik und Metaphysik veranschaulichen sollen, dazwischen die Gestalt der «Natura». Das Epigramm betont die führende Autorität der Metaphysik (Joannes Sambucus 1566, S. 65 f; H./S. Sp. 1534 f).

C *Typus und Attribute*. Aus der Tatsache, daß H. eigentlich nicht als Person Gestalt angenommen hat, folgt, daß sie auch kaum Eingang in die Bildkunst gefunden hat.

In der griechischen Kunst wird sie meist mit Chiton, Mantel und Schleier dargestellt, in der Hand ein Opfergefäß (z. B. auf dem Bild einer Schale mit der Einführung des –> Herakles in den Olymp, gegen 500 v.

Chr.; Berlin., Staatl. Museen, Inv. F 2278). – Verschleiert und in ihren langärmeligen Chiton gehüllt, sitzt die Göttin auf einem runden Altar, daneben –> Hermes und –> Hephaistos, auf dem Relief eines runden Altars (1. Jh. n. Chr.; Ostia, Museo Ostiense, Inv. 120). Der merkwürdige Platz der Göttin auf dem Altar erklärt sich daraus, daß man im Feuer, das auf dem Altar brannte, die Göttin selbst verehrte.

Verschiedene römische Münzen vermitteln ein Bild vom verlorenen bronzenen Kultbild der H., der *H. vom Prytanaion* (vgl. Pausanias 1,18,3): Die stehende Göttin mit langem Gewand und Schleier hält in der Linken eine mächtige brennende Fackel, in der Rechten eine Opferschale.

Opferschale und Zepter sind die Attribute der Vesta auf einem Marmorrelief (wohl Bauplastik) aus der Mitte des 2. Jh. n. Chr. (Berlin, Staatl. Museen, Inv. 1964.21). Mit dem über den Hinterkopf gezogenen Schleier und dem Diadem ist sie der –> Demeter nicht unähnlich. Die Schlange, die unter ihrem Thron hervorkommt, ist ein Hinweis auf die Überschneidung der Kompetenzen der Vesta und der –> Kybele. Neben dem Thron ein Brotlaib (wohl eine Opfergabe), unter dem Thron ein Kornmaß mit Weizenähren. – Ein Esel (vgl. oben die Episode mit Silen) begleitet H. / Vesta auf dem Relief eines Marmoraltars (frühes 1. Jh. n. Chr.; Neapel, Museo Nazionale, Inv. 147827). – Auf einem Wandgemälde in Pompeji (VII 12,11 [4]; 70–79 n. Chr.) wird Vesta von zwei Hausgöttern (Laren) flankiert, in der Linken hält sie ein Füllhorn, in der Rechten eine Opferschale; auf einem Tischchen liegen Ähren. Hinter dem Thron wieder ein Esel. – Mit Diadem und einer Fackel in der Hand sehen wir sie noch einmal auf einem runden Altar sitzen (auf dem Bild einer Pyxis, 440 / 420 v. Chr.; Mainz, Sammlung der Universität).

Die brennende Fackel ist Attribut der Vesta auch in der neuzeitlichen Kunst (vgl. die überlebensgroße Holzfigur von Johann Baptist Straub, um 1722: sog. *Ceres* oder *Vesta*; München, Bayerisches Nationalmuseum, Inv. L 19 / 150).

Ein Zepter in der Rechten, einen Schlüssel (eigentlich Attribut der –> Kybele) in der Linken hält das thronende Bild der Göttin auf dem Deckenfresko des Marmorsaals in Schloß Bruchsal von Johannes Zick (1754). Drei Vestalinnen scharen sich um den Rundaltar zu Füßen der Göttin, auf dem das Feuer brennt.

D Einzig erhaltene Monumentaldarstellung der H. ist (bei korrekter Deutung) jene auf dem Relief im Ostgiebel des Parthenon in Athen, wo sie neben Aphrodite und Dionysos sitzt (als Zeugen bei der Geburt der Athena; gegen 438 v. Chr.; London, British Museum).

Mit ihren Priesterinnen, den Vestalinnen, zeigt die thronende H. ein römisches Marmorrelief (spätes 1. Jh. n. Chr.; Palermo, Museo Regionale, Inv. 1539); wie die Göttin selbst sind sie in lange, langärmelige Kleider gehüllt, der Kopf ist mit einem Schleier bedeckt.

1. *Zeus als Kind auf Kreta* –> Zeus

2. *Die Vestalin Emilia entzündet das heilige Feuer* (Gemälde von Joseph-Benoit Suvée, 1781; Paris, Louvre). Eine Priesterin der Vesta, die mit dem Feuer, wie wir wissen, auch selbst gemeint sein kann, entzündet das Feuer, das niemals ausgehen darf.

Himeros –> Eros

Horen, griech. Horai, lat. Horae. Kinder des Zeus von der Themis (Hesiod, Theog. 901). Verkörperung der Stunden (griech. «horai») und der Jahreszeiten. Ursprünglich zählt man drei, später vier H. Hygin (Fab. 183) nennt neun und zehn Namen.

Sie sind die ersten Kinder des Zeus von Themis noch vor Eunomia, Dike und Eirene und den Moiren (Hesiod, Theog. 901 ff).

A In Mythos und Dichtung finden die H. relativ wenig Aufmerksamkeit. Bei Homer bewachen sie das Tor des Himmels und können zudem die Wolken über der Erde öffnen und schließen (Il. 5,749; 8,393 ff). Sie sind überhaupt dienstfertig. Der Hera und der Athena schirren sie die Rösser aus, bringen sie zu den Krippen und stellen den Wagen ab (Il. 8,433). Pausanias hat von Olen erfahren (2,13,3), daß sie der Hera als Ammen dienten. Ihre Nähe zu –> Apoll, dem Ordner, zeigen sie, als sie gemeinsam mit Mutter Erde den Kleinen auf den Schoß nehmen und ihm Nektar und Ambrosia auf die Lippen träufeln (Pindar, Pyth. 9,60). Besonders nahe sind sie der –> Aphrodite / Venus, die ein fruchtendes Prinzip verkörpert. Sie stehen bereit, als die Göttin dem Meer entsteigt, kleiden und schmücken sie unerhört kostbar und führen sie den Unsterblichen zu (Homer. Hymnos 6, an A., 5 f). Häufig sieht man sie in Gesellschaft der –> Chariten. Bedeutsam ist, daß die Krone der berühmten Gold- und Elfenbeinstatue der Hera von Polyklet Bilder der H. und der Chariten zeigte (Pausanias 2,17,4).

Wie Chariten und –> Musen und –> Moiren (Orph. Hymnos 42) lieben sie den Reigentanz, allein (Pindar, Ol. 4,1 u. 13,17: zur Lyra) oder mit anderen (nach der Musik der Musen tanzen sie mit den Chariten, Harmonia, Hebe und Aphrodite: Homer. Hymnos 3, an den Pyth. Apoll, 194 ff).

B Das Wächteramt über das Öffnen und Schließen, das Kommen und Gehen zeigt die Töchter der Themis als Ordner der Zeit. Das veranschaulicht auch ihre Zuständigkeit, die Wolken zu bewegen und also im eigentlichen Sinn das Wetter zu machen.

So kann man in ihnen schließlich die Jahreszeiten sehen, und ihr Reigentanz kann zum Bild werden für den Reigen der Jahreszeiten im Jahresablauf mit der wechselnden Fülle der Früchte, welche die Erde gibt (Philostrat, Imag. 2,34). Das Wirken der H. veranschaulicht der Dichter mit ihrem Schreiten (im Tanz: ebd. 3), das ein Bild ist für den Wandel im Kommen und Gehen der Zeiten und ihrer jeweiligen Frucht. In diesem Sinn unterscheidet Philostrat (ebd.) sogar verschiedene H. der drei Jahreszeiten: solche für je den Frühling, den Sommer und den Herbst. Ihr Tritt scheint den Duft der Frühlingsblumen lieblicher und süßer zu machen als den eigenen. Auf den weichen Fluren macht der Tritt, daß im Sommer die Ähren sprießen. Er ist so leicht, daß die Halme unter ihm sich nicht beugen. Im Herbst machen sie auf gleiche Weise, daß die Reben voll süßen Weins sind: Theokrit (15,100 ff) spricht von den sanftfüßigen H. und von ihrem ganz langsamen Schritt, womit er wohl das unmerkliche Voranschreiten des Wachstums und des Reifens meint, die einer Vollendung entgegenstreben, der Frucht, einem Gut(en) für alle. Ovid nennt die H. «sanft» oder «gelassen» («mitis»: Fasti 1,125).

Es liegt sicher in der Logik des Gedankens, der einen Jahresablauf im Blick hat, daß Theokrit (ebd.) die H. den Adonis erst nach zwölf Monaten der Aphrodite zurückbringen läßt. Homer (Od. 10,469; 19,152) spricht davon, daß die H. nach Vollendung des Jahres (wie in einem Reigen) sich «wenden» und «wiederkommen». Im Orphischen Hymnos (42) heißt es, sie seien im Frühling geboren.

Indem sie die Aphrodite schmücken, dienen sie deren erotischem Reiz und zeigen damit zugleich ihr eigenes Anliegen, das Fruchtbringen zu fördern. Das mag man gemeint haben mit der Ableitung ihres Namens von (griech.) «hóro» im Sinne von anregen, antreiben (vgl. Hederich, Sp. 1291).

Schließlich dient ihr Werk auch Vater Zeus. Ein Bild von Phidias soll ihn mit einer Krone gezeigt haben, auf der man die Horen und die Moiren sah; denn jedermann wisse, daß das Geschick allein dem Zeus gehorcht und daß er die Jahreszeiten nach ihrer gehörigen Ordnung regelt (Pausanias 1,40,3; vgl. Horaz, Carm. 1,12,16).

Macrobius (Sat. 1,21,13) sieht den Kreislauf der Jahreszeiten in seiner Abhängigkeit von der Sonnenbahn durch das Jahr und behauptet, die H. hießen so nach dem ägyptischen «Horus», dem Namen für die Sonne. Auf solcher Grundlage kann Eusebius (Praep. evang. 3,11, 114a) zu der Unterscheidung zweier Arten von H. kommen: solchen im Himmel und solchen auf Erden. Erstere seien Helfer der Sonne und bewachten die Himmelspforten. Letztere dienten der Ceres und trügen zweierlei Art von Korb, einen voller Blumen als «Symbol» für den Frühling, einen anderen voller Ähren für den Sommer.

Eine Beziehung der H. auch zum geistigen Leben des Menschen zeigt Pindar (Ol. 13,14 ff), indem er den mentalen Prozeß, der schließlich zu einer Erfindung (= Entdeckung), also zu etwas Neuem, führt, doch wohl gleichsetzt mit der Entwicklung einer Frucht: «Die H. verleihen dem Verdienstvollen glanzvollen Sieg. Sehr oft waren es die H., die in alten Zeiten den Menschen die Erfindungen ins Herz legten. Doch aller Ruhm gehört dem Finder.» Solche Erfindungen sind etwa das Zaumzeug für die Pferde oder die Adlerbilder auf den beiden Tempelgiebeln (ebd.).

Eine andere Unterscheidung bemerkt Hederich (Sp. 1290 f), wonach die H. bei Homer andere seien als die bei Hesiod (Theog. 901 ff). So habe man die Pförtnerinnen des Himmels und Dienerinnen der Sonne unterschieden von den Töchtern der Themis: Eunomia, Dike und Eirene. Das entspricht der Unterscheidung von H. einerseits, welche die Natur, und anderen, welche die Kultur ordnen. Der Orphische Hymnos (42) scheint in den H. beide Zuständigkeiten vereint zu sehen (vgl. K. Ph. Moritz 1795 / 1966, S. 230).

Nach Cornutus (Nat. deor. 29) sind die Töchter von Juppiter und Themis die «Früchte der Gerechtigkeit», denn sie versehen uns mit allem Guten. Die eine heiße man «Eunomia» (Rechtlichkeit, gute Verfassung), weil sie üppig und im Überfluß gibt, die andere heiße «Dike» (Recht, Richterspruch), weil sie die Streitenden trennt (Streit schlichtet). Die dritte heiße «Eiréne» (Frieden), weil sie Streitigkeiten nur mit Worten regelt («discernat»), während der Krieg («pólemos») danach trachte («properet»), die Gegner einzig mit den Händen zu überwinden.

Den Chariten stehen die H. nicht nur nahe, sie werden schließlich auch mit ihnen gleichgesetzt, sicher sofern ihnen beiden das fruchtende Gedeihen der Natur angelegen ist. In diesem Sinn bemerkt Cartari (1647, S. 288), man habe sie mit Kränzen auf dem Haupt gezeigt, die offenkundig auf vier Jahreszeiten deuten: Blumen, Ähren, Trauben und Weinlaub, schließlich Oliven.

Die H. erwerben keine Individualität. Jedenfalls sind sie jung und schön. Ihre Erscheinung signalisiert gleichsam die Frucht ihres Anliegens. Vielfarbig sieht man sie (vgl. Ovid, Fasti 5,217), Blumen sind ihr Schmuck, und sie duften (Orphischer Hymnos, ebd.; vgl. Pindar, Frg. 75 (45) 13 ff: im Frühling purpurgewandet). Der Homerische Hymnos (6, an Aphrodite) sagt, sie kleideten sich in Gold und anderen kostbaren Schmuck, wenn sie zu des Vaters Haus gehen.

Die H. scheinen gleichermaßen Lyra und Flöte geschätzt zu haben.

C Den drei –> Chariten und –> Moiren (auch den –> Musen) ähnlich sind die H. in der griechischen Kunst: Sie tragen lange Gewänder und tanzen. Zu den Klängen der Panflöte (vom Gott gespielt) tanzen sie auf einem Relief des 4. Jh. v. Chr. (Athen, Nationalmuseum, Inv. 1449).

Bis in den Hellenismus sieht man sie zu dritt, dann kommt eine vierte hinzu. Als Personifikationen der Jahreszeiten sieht man sie fortan mit den entsprechenden Attributen. Philostrat (Imag. 2,34) sieht sie, sich an den Händen fassend, den Jahreskreis drehen.

Zahlreiche Darstellungen finden sich auf römischen Mosaiken und Wandbildern, z. B. auf einem polychromen Mosaik des 2. Jh. n. Chr. (Tunis, Bardo-Museum, Inv. A 292). Die (bis auf den «Winter») nackten stehenden Figuren sind durch eindeutige Attribute zu identifizieren: der «Frühling» durch Rosenkranz und einen Korb voller Rosen, der «Sommer» durch Ährenkranz, Sichel und Korngarbe, der «Herbst» durch den Thyrsosstab (–> Dionysos), Rebenkranz und Kanne, der (in einen Mantel gehüllte) «Winter» durch einen Schilfkranz und eine geschulterte Stange mit erlegtem Wassergeflügel.

Die Horen als Verkörperung der Jahreszeiten sieht man (wie die Tages- und Wochengötter) häufig in Büstenform.

Battista Dossi hat die H. im Sinn, die am Morgen die Rosse des Sonnengottes anschirren (vgl. Hederich Sp. 1290 f). Auf seinem Gemälde (Dresden, Gemäldegalerie Alte Meister) ist eine der Horen im Morgengrauen dabei, die Rosse aus dem Stall zu führen. – Die mädchenhaften Gestalten der Horen umschweben den mit zwei Pferden bespannten Wagen des Apoll (in verwirrender Untersicht) auf der Vorzeichnung für ein Deckengemälde der (unter Ludwig XIV. zerstörten) Galerie d'Ulysse in Fontainebleau von Primaticcio (Paris, Louvre, Cabinet des Dessins; Abb. bei L. Dimier 1928, Pl. XIX).

Auf Botticellis *Geburt der Venus* (Florenz, Uffizien) nimmt eine H. die Göttin (auf Zypern) in Empfang (vgl. den Homer. Hymnos 6, an Aphrodite, 2 ff).

Lit.: Abad Casal, Lorenzo, in: LIMC 1990, 5,1, S. 510–538; 5,2, S. 348–368, s.v. Horai / Horae. Dimier, Louis: Le Primatice. Paris 1928. Machaira, Vassiliki, in: LIMC 1990, 5,1, S. 502–510; 5,2, S. 344–348, s.v. Horai.

Hyazinth, Hyakynthos, griech., lat. Hyacinthus, Jacinthus. Jüngster Sohn des Amykles, Königs von Sparta, und der Diomede, Tochter des Lapithes. Bruder des Argalos und des Kynortas (Pausanias 3,1,3; vgl. Apollodor; Bibl. 3,10,3). Als Eltern werden auch genannt Pieros, Sohn des Magnes, und der Muse Klio (Kleio), Tochter des Zeus und der Mnemosyne. Ovid (Met. 10,196) nennt Oebalus (Oibalos) als Vater (vgl. Hygin, Fab. 271,1; Philostrat, Imag. 24; Philostrat d.J., Imag. 14).

Vielleicht war H. ein chthonischer Lokalheros. Es gilt aber als wahrscheinlicher, daß er ursprünglich ein vorgriechischer Vegetationsgott war (–> Adonis, –> Dionysos), den man schon im 2. vorchristlichen Jahrtausend in Amyklai kultisch verehrte. Man weiß von bronzenen Disken als Weihgeschenke. Die Hyakinthia waren eines der bedeutendsten Feste in Sparta. Der Mythos veranschaulicht wohl die Übernahme seines Kults durch Apoll, dessen Kultbild als Bewaffneter ja über seinem Grab gestanden haben soll (s. o.). An diesem Altar seien neben (u.a.) –> Zeus, –> Dionysos, Semele und Io auch die Apotheose des H. und seiner Schwester Polyboia dargestellt gewesen (Pausanias 3,19,3 f), von –> Demeter, Kore / –> Persephone, –> Aphrodite, –> Athena, –> Artemis, den –> Moiren und –> Horen geleitet (s. Kl. Pauly, Bd. 2, Sp. 1254). – Der nach Athen eingewanderte H. und seine Töchter (s. o.) gehören sicher in die Kultgeschichte.

A H. muß ungemein schön gewesen sein. Hygin (Fab. 271,1) nennt ihn unter den «Ephebi formosissimi» nach –> Adonis, Endymion und –> Ganymed an vierter Stelle. Seine Schönheit wird ihm zum Schicksal. Bekannt geworden ist er eigentlich nur durch seinen Tod und die Ereignisse, die dazu geführt haben. Bei allem sinnlichen Reiz muß ihm noch etwas Besonderes eigen gewesen sein, denn er wurde – wie wir hören – der erste, der die Leidenschaft eines Mannes entfachte: Thamyris, der Sänger, Sohn des Philammon und der Nymphe Argiope, verliebte sich in ihn. Später wirbt Apoll um den Knaben, aber dessen Zuneigung wird ihm zum Verhängnis. Bei Ovid (Met. 10,162 ff) sehen wir die beiden beim Wettspiel mit dem Diskus. Mit feinem Sinn für den erotischen Reiz der Situation zeigt uns der Dichter die beiden nackt, mit vom Olivenöl glänzenden Leibern unter der Mittagssonne. Mit mächtigem Schwung schleudert der Gott die schwere Scheibe. Ungeheuer hoch scheint sie zu fliegen, schneidet sich durch die Wolken, und nach «langer Zeit erst fällt» sie zurück. Noch ist sie nicht auf dem Boden, als der Knabe, sie zu bergen, ihr eifrig entgegenläuft. Und dann geschieht plötzlich das Unheil: Die Scheibe schlägt auf den harten Boden, prallt ab, trifft den H. im Gesicht und schlägt ihm die tödliche Wunde. Apoll fängt den leblosen Leib, birgt ihn, sucht ihn wieder zu beleben, die Wunde zu stillen, «sucht mit Hilfe von Kräutern die fliehende Seele zu halten» (186). Vergebens seine Kunst: Wie eine welkende Blume stirbt H. dahin, «den Nacken verläßt seine Kraft, und, selbst sich zur Last, das Haupt, es sinkt herab auf die Schulter» (194 f). Dann die Klage des Gottes und die Kunde, daß der Tote sich in eine Blume wandeln werde, und diese werde von des Liebhabers Klage künden. Das Blut, rings um den entseelten Leib versprengt, wandelt sich in eine Blume von der Gestalt einer Lilie («lilia»), aber purpurfarben. Und eingeschrieben in ihre Blütenblätter liest man den Klageruf des Gottes, ein «Wehe»: AI AI (vgl. den Großen Aiax). Bei Palaiphat (47) wird H. ein Opfer der Eifersucht. Neben Apoll bewirbt sich auch Zephyr, der Westwind, um den Burschen. Es scheint, daß die beiden Rivalen im Wettkampf ihre Fertigkeiten vorführen. Apoll zeigt sich als Bogenschütze, Zephyr bläst auf Windesart, und von ihm kommt Gesang, kommt Sinnenfreude, aber das ängstigt den Knaben und verwirrt ihn. So neigt er dem Apoll zu und weckt damit die böse Eifersucht des Windgottes, der es denn auch gewesen sein soll, der den Diskus gegen den Jungen lenkte (vgl. Nonnos 253 ff; Fr. Pomey, London 1694, S. 389). Der erste Vatikanische Mythograph (1,117) nennt Boreas, den Nordwind, statt Zephyr. – Lukian (Dial. deor. 14) erzählt, Apoll habe den H. das Diskuswerfen gelehrt. Später habe er den mörderischen Zephyr mit seinen Pfeilen bis ans Gebirge (den Taigetos) verfolgt. Der jüngere Philostrat (Imag. 14) beschreibt ein Bild, das den werbenden Apoll vor H. zeigt. Auch Eros ist dabei, mit einem Ausdruck, der ihn gleichzeitig strahlend erscheinen läßt und bedrückt. Zephyr sitzt auf seinem Ausguck und beobachtet mit wildem Blick die Szene. Erstaunlich, was der Gott dem Buben da alles verspricht: die Kunst des Bogenschießens und die Musik, die Kunst der Weissagung und die Fertigkeit, die Leier zu schlagen; in der Palaestra dürfe er die Aufsicht führen, und schließlich sei ihm gestattet, auf einem von Schwänen gezogenen Wagen all die Länder zu besuchen, die dem Apoll lieb und teuer sind. – Der ältere Philostrat (Imag. 24) zeigt dagegen den toten H., wie er neben der Wurfschwelle über dem Diskus am Boden liegt und wie er sich zu verwandeln beginnt. Lachend genießt der Windgott seinen Triumph. Bei Nonnos (19,102) aber steht, daß Apoll den H. wieder zum Leben erweckte. – Sein Grab befindet sich in Amyklai unter einem Standbild des Apoll (Pausanias 3,10,3).

B Es verwundert nicht, daß solche Schönheit die dichterische Phantasie beschäftigt hat. In der Bildbeschreibung Philostrats (Imag. 1,24,3;

O. Schönberger 1968, S. 150 f) ist H. «ein lakonischer Jüngling mit geraden, im Lauf wohlgeübten Beinen und mit Armen, die Muskeln ansetzen und den schönen Knochenbau darunter offenbaren» (vgl. die geraden Beine des Achill und den Tadel an dicken und krummen Beinen des Antaios bei Philostrat, Imag. 2,21,4). Noch genauer sieht der jüngere Philostrat hin (Imag. 14,4), bei dem der Knabe aber einen purpurfarbenen Mantel übergeworfen hat, der freilich dem neugierigen Blick auf den Körper kaum hinderlich zu sein scheint. Da hat H. schlanke Fesseln, gerade Beine, feingestalte Knie, wohlentwickelte Hüften, einen weiten Brustkorb (wohl zum kräftigen Durchatmen). In feiner Kurve schwellen die Muskel der Arme. Über die Stirn fällt nicht allzu ordentlich und weich (es sei nicht etwa steif von Schmutz) das Haar und verbindet sich mit dem ersten Anflug eines Barts. – Auf seinem Grabaltar in Amyklai (s. o.) soll Nikias (4. Jh. v. Chr.) den H. bärtig und, weil Apoll in ihn verliebt gewesen war, unglaublich schön dargestellt haben (Pausanias 3,19,4; s. auch **C**).

Nichtsinnliche Tugenden werden H. anscheinend seltener nachgesagt. Palaiphat (47) nennt ihn «hinreichend tugendhaft» («honestus satis»), und Fr. Pomey (1696, S. 38) nennt ihn, wohl nach Maßgabe zeitgenössischer höfischer Maßstäbe, «hübsch» («pretty») und geistreich («ingenious»).

In der schwierigen Frage der botanischen Identifizierung der Pflanze Hyazinthe herrscht keine Einigkeit (vgl. Kl. Pauly, Bd. 2, Sp. 1255).

C H. erscheint in der Regel als bartloser schöner Jüngling, oft knabenhaft oder gar kindlich (vgl. die Gruppe *Apoll und H.* von Benvenuto Cellini, 1546; Florenz, Bargello). Ausnahmen sind antike Darstellungen aus Amyklai, der Heimat des H., die ihn bärtig zeigen.

Meist sieht man H. ohne Attribute, abgesehen von der Lyra auf griechischen Vasenbildern (apulischer Volutenkrater, gegen 320 v. Chr.; Neapel, Museo Nazionale, Inv. 82261 [H 3252]: *H. und Zephir*).

D *Der Tod des H.* (Ovid, Met. 10, 162 ff). Ein Wandgemälde aus Pompeji (4. Stil) zeigt A., sitzend, im Strahlenkranz neben dem leblos am Boden liegenden Jüngling. Die Anwesenheit –> Amors deutet die Beziehung der beiden zueinander an, ein Zuschauer im Hintergrund, der dem römischen Typus des Lehrers entspricht, spielt wohl auf das jugendliche Alter des Toten an. – Den toten H. (auf den Boden hingestreckt), über den sich Apoll kniend beugt, zeigt ein Gemälde von P. P. Rubens

(1636/39, Jaffé Nr. 1287; Madrid, Palazzo Reale). – Auf den ersten Blick rätselhaft das Gemälde von Giambattista Tiepolo (um 1752/53; Madrid, Museo Thyssen-Bornemisza). H. (im Vordergrund) ist zu Boden gesunken, während der Gott mit verzweifelter Gebärde herbeieilt. Das Diskuswerfen übersetzt der Maler des Rokoko eigenwillig in das seit dem 16. Jh. in Europa populäre Ballspiel: Den Unglücklichen tötete nicht ein Diskus, sondern ein Tennisball. Auf dem Boden liegt ein Tennisschläger, neben dem aus dem Blut des H. eine Blume gewachsen ist. Den Symbolgehalt des Bildes glaubt W.S. Heckscher (1974) zu entschlüsseln unter Hinweis auf Teresa von Avilas «Libro de su vida», Kap. 30, § 11 («Manchmal ist es, als ob die Teufel mit der Seele Ball spielten und sie unfähig wäre, dieser Macht zu entrinnen»: Heckscher, in engl. Übersetzung des span. Originals, S. 112).

Lit.: «Collectie Thyssen-Bornemisza», Ausst.-Kat. Rotterdam, Museum Boymans-van Beuningen, 14. Nov. 1959–3. Jan. 1960, Nr. 110, Pl. 103. Heckscher, William S.: *Petites perception:* an account of *sortes Warburgianae.* In: The Journal of Medieval and Renaissance Studies 4, 1974, S. 101–132, bes. S. 110 ff. Schönberger, Otto (Ed. u. Übersetzung): Philostratos. Die Bilder. München 1968.

Iphigenie, Iphigeneia, Iphigoné, Iphimede, griech; lat. Iphigenia, Iphianassa. Eine der –> Artemis verbundene Göttin oder eine Heroine, als solche Tochter des Agamemnon und der Klytaimnestra (dies ist jedenfalls das durchweg angenommene Elternpaar), Schwester des Orest, wobei die Göttin von der Heroine nicht klar zu trennen ist. – Die Opferung der I., die auf Aulis stattfindet, wird bei Homer nicht erwähnt, wohl aber ausführlich in den Kyprien (vgl. Proklos, Chrest. 1; H.G. Evelyn-White, Hesiod 1977, S. 492 f).

A Agamemnon hatte Artemis erzürnt, indem er eine Hirschkuh der Göttin getötet oder indem er sich gebrüstet hatte, die Göttin in der Jagd zu übertreffen. Artemis straft ihn mit einer Flaute, so daß die griechische Flotte nicht nach Troia aufbrechen kann. Der Seher Kalchas weiß, daß nur das Opfer der I. Abhilfe schaffen wird. So bringt man das Mädchen unter dem Vorwand, es solle dort Achill zur Frau gegeben werden, nach Aulis, wo Agamemnon selbst das Opfer vollziehen wird. Im letzten Moment erscheint Artemis mit einer Hirschkuh als Opfertier und entrückt I. nach Tauris. Geopfert wurde statt der Hirschkuh vielleicht eine Bärin (Schol. zu Aristophanes, Lysistrata 645).

D *Die Opferung der I. (I. in Aulis).* Das Thema ist der griechischen wie der römischen Kunst geläufig. Griechische Vasenbilder zeigen das Mädchen vor dem Opferaltar; ein Opfernder (wohl Agamemnon) mit Opfermesser schickt sich an, Hand anzulegen (Volutenkrater, 370/355 v. Chr.; London, British Museum, Inv. F 159). – Eines der seltenen plastischen Beispiele ist eine Figurengruppe, die –> Artemis, –> Niobe und die Hirschkuh darstellte (Fragment, Marmor, Anfang 3. Jh. v. Chr.; auch 150/50 v. Chr. werden vorgeschlagen; Kopenhagen, Glyptothek, Inv. 481–482, 482a). Artemis stützt das hinsinkende Mädchen (von der Hirschkuh sind nur Hals und Kopf erhalten).

Die zahlreichen Beispiele römischer Kunst verteilen sich v.a. auf Wandbilder und Mosaiken. Auf das Eingreifen der Artemis nimmt nur ein Mosaik Bezug (1. Jh. n. Chr.; Ampurias, Museo monografico de las Excavaciones: Die Göttin erscheint – klein – mit ihrer Hirschkuh).

In der neuzeitlichen Kunst ist das Thema eher eine Seltenheit. Giambattista Tiepolos groß angelegtes Fresko in der Villa Valmarana (Vicenza, 1757) hält den Moment fest, in dem der greise Agamemnon, der bereits zum Todesstich angesetzt hat, unterbrochen wird durch die Erscheinung der von Artemis gesandten Hirschkuh (auf einer Wolke von Amor – mit umgehängtem Köcher – geführt). Der Opferaltar steht in einer illusionistisch wiedergegebenen jonischen Säulenhalle.

Iasion –> Demeter
Io –> Zeus
Iphikles –> Herakles

Iris («Regenbogen») griech., auch Thaumantias oder Thaumantis (Ovid, Met. 4,480 und 11,647). Götterbotin. Tochter des Titanen Thaumas und der Okeanide Elektra; Schwester der Harpyen (Hesiod, Theog. 265 ff). Bei Alkaios (D.A. Campbell 1982, S. 368, Frg. 327) steht, sie sei von Zephyros die Mutter des –> Eros.

A Die Ilias zeigt I. als Botin der Götter (15,144) v.a. im Dienst des Zeus (2,786: zu den Troern in Gestalt des Priamossohnes Polítes; 3,121 ff: zu Helena in Gestalt der Laodike; 8,398 ff: gegen –> Athene und –> Hera; 11,185 ff: zu Hektor;

15,158 ff: zu Poseidon; 24,77 ff: zu Thetis im Meer, für Hektor; 24,143 ff: zu Priamos), aber auch der –> Hera (15,144: gemeinsam mit Apoll zu Zeus; 18,166 ff: zu Achill; Euripides, Herc. 822 ff, gegen Herakles; die Botin sagt, ebd. 832: «Ihr Wille ist meiner»). Einmal schicken die Göttinnen sie, um der –> Leto gegen die –> Hera zu helfen (Homer. Hymnos 3, an den Del. Apoll, 102 ff). Bei Homer (Il. 5,353) geleitet sie (hat sie einen Auftrag?) –> Aphrodite aus der Schlacht. Auch aus eigenem Antrieb handelt sie (Il. 23,198 ff): Sie hört die Bitte des Achill und eilt zu den Windgöttern, ihm zu helfen. Schon in der Odyssee hat sie ihr Amt an –> Hermes abgegeben. Interessant in dieser Hinsicht der Homerische Hymnos (2, an –> Demeter, 314 ff), wo sie den Auftrag des Zeus nicht ausführen kann und wo es wohl des kundigeren –> Hermes (seiner Beredsamkeit?) bedarf.

Sie ist nicht nur Botin. «Wenn Streit und Zwietracht ausbrechen unter den unsterblichen Göttern, und wenn einer … von ihnen lügt, dann sendet Zeus I. aus, daß sie in einem goldenen Krug den großen Eid der Götter hole von fernher, das berühmte kalte Wasser» der Styx (Hesiod, Theog. 782 ff; zu Apollonios Rhodios s. u.). In diesem Sinn ist interessant, wie sie als Botin zwischen den streitenden Zeus und Poseidon vermittelt, wozu Poseidon sie lobt, denn gute Sitte sei es, «wenn ein Bote das Maßvolle achtet» (Homer, ll. 15,200–207; vgl. ebd. 8,412–424). Bei Theokrit (17,133 ff) steht, daß sie sich die Hände mit Myrrhe wäscht und dann dem Zeus und der Hera das gemeinsame Bett bereitet.

Der Hellenismus sieht sie mehr und mehr als die persönliche Botin und Dienerin der Hera / Juno, wie etwa Apollonios Rhodios belegt, bei dem sie der Hera Wächterdienste leistet und dann mit wichtigen Botschaften zugunsten der Argonauten zu Thetis, Hephaistos und Aiolos eilt (4,753 ff). Aber auch hier wird sie tätig aus eigenem Antrieb und gar in eigener Sache, als sie die Harpyien, die Geschwister, vor der Verfolgung durch Zetes und Calais rettet. Hier sehen wir sie selbst als Göttin, die einen Eid bei den Wassern der Styx ablegt (ebd. 2,284 ff).

Im Dienst der Juno steht sie bei Vergil (Aen. 4,694 ff; 5,606 ff; 9,2 ff; auch 10,73). Doch auch dem Juppiter / Zeus ist sie da einmal zu Diensten (Aen. 9,803 ff). Ovid nennt sie ausdrücklich die Botin der –> Juno («nuntia Junonis»: Met. 1,270) und versieht sie zugleich mit noch anderen Zuständigkeiten, bei denen sie mit Wasser hantiert: Sie füllt die Wolken mit Regen bei der großen Flut (Met. 1,270 ff), und sie reinigt die Göttin bei ihrer Rückkehr aus der Unterwelt (–> Hera). Im Dienst der Juno geschieht es, daß sie beinahe die Schiffe des Aeneas verbrennt (Met. 14,85): Das ist eine merkwürdige Fähigkeit der I., über die man gern mehr wüßte. Als Botin geht sie zu Somnus, dem Schlaf, damit er die Alcyone tröste (Met. 11,584 ff), und zu Hersilia, um sie in verwandelter Gestalt mit dem Gatten Romulus wieder zu vereinen (Met. 14,829 ff).

Vergil (Aen. 5,692 ff) berichtet von einem Amt der I., das eigentlich der Proserpina zukomme: Sie schnitt (im Auftrag der –> Juno) der sterbenden Dido das Haar («die goldene Locke») vom Haupt und löste ihr damit die Seele vom Leib. Ein solcher Dienst macht sie auch dem Seelengeleiter («Psychopompós») –> Hermes / Merkur ähnlich. Hederich (Sp. 1371) wird behaupten, daß sie dergleichen nur für die Frauen tat (vgl. **B**).

Valerius Flaccus (4,75 ff) berichtet, Zeus habe sie zu Hercules /–> Herakles geschickt, damit er den –> Prometheus befreie.

B Durch die Mutter trägt I. in sich ein Erbe, das sie mit Wasser und
Licht, durch den Vater ein Erbe, das sie mit dem Wunderbaren (= griech.
«thauma») verbindet. Es ist denkbar, daß man sie ursprünglich in der Erscheinung des Regenbogens erfuhr. Jedenfalls läßt sich die Vorstellung
von ihrem Wesen im erhaltenen Mythos und in der Legende leicht aus
der Beobachtung des physikalischen Phänomens ableiten. Das gilt schon
für die Form des Bogens, der wie eine Brücke zwei Plätze miteinander
verbindet und zur Gestalt eines Botenwegs wird (vgl. Vergil, Aen.
5,609 f: «I. beschleunigt den Weg auf tausendfarbigem Bogen, / Unbemerkt läuft über die Brücke die eilende Jungfrau»). Zugleich hat man natürlich mühelos die Physik des Ereignisses bemerkt. So bildet sich z. B.
die Vorstellung von der I., die hinabtaucht und Wasser der Styx herauf-
bringt (s. o.; vgl. Vergil, Georg. 1,380, wo vom Wasserziehen die Rede
ist). Gleichzeitig wird das Außerordentliche daran, das Göttliche, anschaulich im Wunder der Farben. Wie hier Wasser und Licht der Luft
verbunden sind (vgl. Servius, Aen. 4,700), so gesellt man die I. mit derselben Entschiedenheit der –> Hera / Juno zu, mit der man – speziell in
stoischem Geist – in ihr ein Bild der Luft sieht.

In ihrer göttlichen Gestalt hat I. goldene Flügel (sie ist «chrysópte-
ros»; z. B. Hom. Hymn. 2, an Demeter, 314 ff), mit denen sie schnell ist
wie der Wind («aellópos»). Dabei wird der Regenbogen zur Spur ihres
Fluges und zu ihrem Weg (Vergil, Aen. 4,693; Ovid, Met. 11,631; ebd.
14,839; vgl. Servius, Aen. 5,610: «Nam arcus semper videtur: quem non
Irim, sed viam Iridis dixi»). Man meinte auch, das Mädchen sei so
schnell gewesen, daß man einzig seine Spur zu sehen bekam (Servius
ebd.). Es seien die 1000 Farben ihres buntschillernden Gewandes («vela-
mina mille colorum»), die ihr Flug in den Himmel zeichne, sagt Ovid
(Met. 11,589); daher hat sie die Attribute «roscida» (betaut: wie Tau im
Sonnenlicht) und «aeria» (luftig, luftfarben). Die Gefährtin der Juno /–> Hera kann dann in Gestalt des Bogens die Göttin mit der Pracht
ihrer Farben umgeben und schmücken (z. B. Libellus 11, H. Liebeschütz
1926, S. 121).

Nicht nur den Göttern dient die Botin, sie übermittelt auch, was
Sterbliche wünschen (Il. 23,198 ff: Achill, der freilich einer Göttin Sohn
ist). Ihr Weg führt sie ebenso in die Tiefen des Meeres wie durch die
Lüfte: Bei Apollonios Rhodios sieht man sie, unterwegs zu Thetis, in die

Aegeis springen (4,771 f). Servius (Aen. 5,607 ff) widerspricht der Auffassung, wonach I. die Dienerin einzig der Göttinnen gewesen sei wie Merkur der Diener nur der Götter, denn häufig habe doch auch Iuppiter sie geschickt. Ebenso verwirft er (ebd.) die Meinung, daß es der I. Aufgabe war, Zwietracht zu säen (zu diesem Ende liest man statt «Iris», «Eris» = Streit), während Merkur (–> Hermes) nur Eintracht stiftete (s.a. Servius, Aen. 9,2; Boccaccio, Gen. 9,1; –> Hera). Nach Herakleitos (Hom. probl. 28,2) ist (in etymologischer Ausdeutung) I. das Wort, das spricht, Hermes das Wort, das erklärt.

Zur Allegorese der I. –> Hera und –> Juno.

C In der griechischen Kunst wird I. als Person wiedergegeben, in der Regel als junges Mädchen mit großen Flügeln (daher oft nicht von der Siegesgöttin Nike zu unterscheiden), häufig – als Botin – im Laufschritt mit einem Heroldstab (z. B. auf einer Amphora aus Nola, um 490 / 480 v. Chr.; Karlsruhe, Badisches Landesmuseum, Inv. B 95 (203), manchmal auch mit Flügelschuhen (–> Hermes), so in dem Relief einer Arula («Altärchen»; um 500 v. Chr.; Kassel, Staatl. Kunstsammlungen, aus der Slg. Dierichs).

In der Antike ist I. meist langgewandet und trägt Haube oder Binde um den Kopf. Die Kunst der Neuzeit zeigt sie auch mit offenem Haar, so ein Gemälde von Guy Head (1793; Rom, Accademia di S. Luca), das sie mit langen blonden Locken, fast unbekleidet und (nach antikem Muster) schwebend wiedergibt.

Mittelalterliche Illustrationen geben sie als junges Mädchen wieder. Auf der Miniatur aus einer französischen Handschrift (Anfang 15. Jh.; London, British Museum, Burney Ms. 257, Bl. 159 r) erscheint I. wie eine Hofdame der Juno, mit hochgestecktem Haar und in tailliertem modischen Kleid, das halb rot und halb blau ist (mehrfarbig wie der Regenbogen).

Als Begleitfigur des Wagens der Juno ist Giorgio Vasaris Entwurf zu einer Figur der I. gedacht, die er für seine «Mascherata» von 1565 in Florenz konzipierte (Florenz, Uffizien, Gabinetto disegni, «Iride», Inv. 2831 F.). Ihre Füße stecken in Wolkenschuhen, die Gestalt wird (verbal) als schlank und flink beschrieben, das Gewand ist gelb, rot, blau und grün zu denken, wie wir zeitgenössischen Quellen entnehmen (vgl. Baldini, zitiert bei Petrioli 1966, S. 49).

In der gängigen Ikonographie trägt I. – vielleicht ihrer Stellung und Funktion angemessen – keinen Schmuck.

Im Mittelalter und in der Kunst der Neuzeit wird I. häufig nicht personifiziert, sondern in Gestalt des Regenbogens dargestellt. Eine Beschreibung der Iuno im Libellus (H. Liebeschütz 1926, S. 121) bildet I. als Regenbogen eine Aureole um die Figur der Juno.

In der neuzeitlichen Malerei benutzt I. dagegen den Regenbogen wie eine Rutschbahn, auf der sie hinabgleitet.

I. tritt in vielerlei Gruppierungen mit Göttern und anderen mythischen Figuren auf, in der Regel aber als Botin der –> Hera / Juno. Beim Opfer von –> Zeus und Hera fungiert sie auch als Ministrantin, häufig mit einem Krug oder einer Opferschale in der Hand.

Die Künstler des 18. und 19. Jh. zeigen sich ikonographisch unabhängig. Christian Bernhard Rode (Deckenbild im Marmorpalais in Potsdam, Landschaftszimmer, um 1790) stellt I. zweifach dar, und zwar als Regenbogen und als Person: I. in Gestalt eines geflügelten Mädchens mit wehendem Gewand, das Haar zum Nackenknoten gebunden, fängt den Regen auf, den eine Puttenschar aus den Wolken preßt.

Guy Head (s. o.) wählt für sein Gemälde von 1793 ein Thema ohne Bildtradition. Er stellt I. mit der goldenen Kanne, in der sich das Wasser der Styx befindet, zum Olymp schwebend dar, der sich als Lichtfleck von der dunklen Umgebung abhebt.

Lit.: Baldini, Baccio: La mascherata della genealogia degl'iddei de' Gentili. Florenz 1565 (Neudruck New York 1976). Kossatz-Deissmann, Anneliese, in: LIMC 1990, 5,1, S. 741–760; 5,2, S. 484–500, s.v. Iris. Petrioli, Anna Maria: Mostra di disegni Vasariani. Carri trionfali e costumi per la genealogia degli dei (1565). Florenz 1966 (Gabinetto disegni e stampe degli Uffizi, 22).

Juno, lat. Römische Himmelsgöttin, speziell Frauen-, Ehe- und Geburtsgöttin. Wird der griech. –> Hera gleichgesetzt, bildet mit –> Juppiter aber keineswegs ein so enges Paar wie jene mit –> Zeus. Man verehrte sie auf dem Kapitol im Heiligtum der kapitolinischen Trias gemeinsam mit Juppiter und Minerva.

A Sollte J. einen eigenen Mythos gehabt haben, so ist er mit dem der Hera verschmolzen, was der engen Verflechtung der römischen Gründungssage mit dem troianischen Sagenkreis entspricht (s. Vergil, Aen.). Aber eben hier liegt auch ein Problem. Einerseits ist die Göttin als Mutter des –> Ares / Mars Großmutter des Romulus und damit Stammutter Roms, anderseits erweist sie sich in Mythos und Legende als unversöhnliche Feindin Troias, des Aeneas und seiner Nachkommen. Insofern interessant Horaz' Versuch der Harmonisierung (Carm. 3,3,18 ff): J. segnet Macht und Größe Roms unter der Voraussetzung, daß Troia in Trümmern bleibt. Die Vorstellung von der Identität der römischen mit der griechischen Göttin wird bei dem Dichter auch andernorts anschaulich: In Carm. 1,7,8 ff und in 3,4,59 ist J. die Hera, in Carm. 1,3,11 ist sie deren römische Erscheinungsform, eben «J.», und zwar in kultischem Zusammenhang. In Abwesenheit narrativer Quellen beschäftigen die Mythographen sich mit der beachtlichen Anzahl von Beinamen, die sich im kultischen Bereich gebildet haben und immer eine Eigenschaft oder Zuständigkeit der Göttin meinen, aber häufig Gelegenheit für Deutungen geben. Gemeint ist immer J., die Römerin, und das Vokabular ist lateinisch. Gelegentlich wird deutlich, daß man mit «J.» zugleich «Hera» meint, auch wenn es sich um ganz eigenständige Züge der J. handelt. Aus solchen Gründen rechtfertigt sich ein eigenes Stichwort an dieser Stelle.

B Grundsätzlich lassen sich drei dominante Erscheinungsformen der J. erkennen: 1. die *J. Regina*, die Königin und die Göttin der Könige (z. B. Boccaccio, Gen. 9,1), die im Bild der thronenden Herrscherin allgemein an –> Hera anschließt. Ihr Bild aus mittelalterlicher Sicht beschreibt der Libellus (11, Liebeschütz 1926, S. 121); es wird zumindest seit dem 16. Jh. wieder vom antiken Bild der Hera, eigentlich nach Polykleitos in Argos (Pausanias 2,17,4), verdrängt. 2. Die *J. Lucina*, die als Ehepatronin identisch ist mit Hera, als Geburtshelferin aber auch Aufgaben übernimmt, die gewöhnlich gleicherweise der –> Artemis / Dina zukommen, in welchem Sinn man sie auch für die Mondgöttin (Luna) halte (Boccaccio, Gen. 9,1). Die Einheit dieser beiden einander verbundenen Funktionen sieht Boccaccio offenbar in ihrem Patronat über den Ortswechsel im menschlichen Leben («multa posse ... circa motus de loco ad locum»). 3. Die *J. Moneta* ist wohl die einzige wirklich genuin römische Manifestation der Göttin. Der Name schließt an ein Ereignis im Heiligtum der

J. auf der «arx» in Rom, das L. Camillus 345 v. Chr. der Göttin gelobt und gebaut haben soll, an (Livius 7,28,4; Ovid, Fasti 6,183 ff): Nicht lange bevor die Stadt den Galliern in die Hände fiel, habe es ein Erdbeben gegeben, und aus dem Tempel der J. sei eine Stimme zu hören gewesen mit der Mahnung, sich ihrer sorgfältig anzunehmen (römische Götter scheinen es lange vorzuziehen, sich – anders als die griechischen – eher vernehmen als sehen zu lassen; vgl. Aius Locutius, Cicero, Divin. 1,101 u. 2,69). Das Kapitol wurde nicht zerstört. Seither habe man die Göttin «Moneta» genannt und damit an jene Mahnung (lat. «monere», mahnen) erinnert.

Eine andere Geschichte knüpft an den Umstand an, daß sich in diesem Tempel die Münzstätte Roms befand, was schließlich dazu führte, daß man diese wie auch das Geld beim Namen der Moneta (z. B. engl. «money») nannte (Lucan 1,380; vgl. Gyraldi, Synt. 3, S. 165A). Suda (vgl. Gyraldi, ebd.) referiert, den Römern habe im Krieg gegen Pyrrhus und die Tarenter Geld gefehlt. Darum wandten sie sich an *J. Moneta* um Hilfe und erhielten die Auskunft, Geld werde ihnen nicht fehlen, wenn sie sich einzig der Waffen des Rechts («iustitia») bedienten. In Dankbarkeit für diesen Rat und in Verehrung habe man die Münzen mit ihrem Namen versehen und in ihrem Tempel aufbewahrt.

Boccaccio (Gen. 9,1) listet – wohl in Kenntnis von Martian (2,149, Dick S. 63) – die folgenden Beinamen der J. auf (ohne erkennbares System): «Jana» (auch Jano, zu Janus) heiße J., weil sie durch den Verteidigungswall der Frauen gleichsam einen Zugang öffnet und auch dem Kind den mütterlichen Geburtsweg weitet wie schließlich dem Gatten den Zugang zu seinem Weib. «Socigena» heiße sie, weil sie den Männern die Frauen zugesellt und ihnen in der Ehe verbindet. «Populonia» (bei anderen auch Populon(e)a; Martian, ebd.: «Poplona») ist sie, weil durch ihre Verbindung der Geschlechter Völker («populi») entstehen. Martian (ebd.) meinte, sie heiße so, weil das Volk (sic) sich mit Bitten an sie wende (vgl. Gyraldi, Synt. 3, S. 163A). Der Name Cynthia (Martian, ebd.: «Cinctia», von lat. «cingere» = gürten) gehöre der Mondgöttin, die den Jungfrauen, wenn man sie dem Mann gibt, den Keuschheitsgürtel löst (vgl. Festus 63, W.M. Lindsay 1997, S. 55, Zeile 20 ff). Boccaccio sagt, daß dieses Amt wohl der Venus /–> Aphrodite gebühre, während der J. einzig zukomme, als «Domiduca» (vgl. Martian 2,149, Dick S. 63; Myth. Vat. III 4,3) sich um das Stiften der Ehe zu kümmern. «Matrona» sei der Beiname der Göttin als Patronin der empfängnisfähigen Frauen, auch der unverheirateten. Als «Fluonia» ist J. zuständig entweder für den

Samenfluß oder weil sie den Frauen bei der Geburt hilft, oder aber (nach Boccaccios Meinung, wohl nach Augustin, Civ. 7,2 f), weil sie zuständig ist für die monatliche Periode der Frau, die nach Meinung einiger vom Mond verursacht wird («Fluonia J.»: Festus 65, W.M. Campbell 1997, S. 82, Zeile 4 f; Arnobius 3,30; Martian 2,149, Dick S. 63; Myth. Vat. III,4,3). «Februa» ist der Beiname der J., sofern sie die Frauen von der Nachgeburt befreit (ganz anders Gyraldi, Synt. 3, S. 167A: «Februalis J., Februata, Februla»). Alle diese Beinamen sind offensichtlich auf die Patronin der Frauen, der Ehe und der Geburt (*Lucina*, s. o.) bezogen mit Ausnahme eines, den Boccaccio unvermittelt ebenfalls nennt: Die «J. Curitis» (eigentlich «Quiritis», die Patronin des wehrhaften Mannes, Martian 2,149, Dick S. 63) sei entweder die königliche, starke, mächtige (Hinweis auf Albricus) oder weil sie einen Wagen (lat. «currus») hat als Zeichen, daß man in ihr die Patronin eines guten Kriegsgrundes sah (Hinweis auf Servius; vgl. auch «Curis» und «Quiritis» bei Festus 34, W.M. Campbell 1997, S. 43,5, Zeile 5 f u. 44, ebd. S. 55, Zeile 6 ff u. 45, ebd. S. 56, Zeile 21 f, mit Hinweis auf Opfer in den Curien). Die (natürlich falsche) Deutung auf den Wagen («currus») scheint an das Bild der homerischen Hera anzuschließen. Gyraldi wird diese Liste erheblich erweitern und dabei auch wieder die griechischen Beinamen behandeln (Synt. 3, S. 157 ff). Die «J. Inferna» ist dort oberste Göttin der Unterwelt (–> Proserpina; Gyraldi, ebd. S. 159B; vgl. die lateinische Liste bei Myth. Vat. 3,4,3).

Bei Macrobius (Sat. 3,4,8) findet sich mit Hinweis auf Varro die Vorstellung von Iuppiter, J. und Minerva als Penaten, als römischen Hausgöttern also, die nun gleichsam als Lebensgeister verstanden werden, die uns atmen lassen, uns den Leib geben und den Verstand. Das geht einher mit der stoischen Gleichsetzung der drei mit mittlerem Äther (Juppiter), unterer Luft und Erde (J.) und oberem Äther (Minerva). Wichtig an dieser Stelle ist, daß hier die kapitolinische Trias (s. o.) in einen fundamentalen Zusammenhang römischer Religiosität eingebunden wird, wobei der J. als Hausgöttin eine erstaunliche Autorität zukommt (vgl. Servius, Aen. 2,296 u. 3,12).

Die frühen Christen scheinen an der heidnischen Göttin selten ausführliches Interesse zu zeigen. Anders Augustin (Civ. 1,3), der sich (mit Hinweis auf Vergil, Aen. 1,67 f u. 282) darüber wundert, daß die Römer sich ausgerechnet Schutzgöttern – und hier ausdrücklich der J. – anvertrauten, die doch in Troia versagt hatten, wie selbst Vergil (Aen. 2,319 ff) feststelle. Eigentlich sei es doch so, daß jene Götter eher dem Aeneas anvertraut waren als er ihnen (Aen. 2,293). Hierher gehört Arnobius (3,40) zur Gleichsetzung der kapitolinischen Trias (Juppiter/–> Zeus, J. und Minerva/–> Athena) mit den Penaten (s. o.): eine noch verwirrendere Gleichung, die seinem Argument gegen den Polytheismus dienen soll. Man habe die drei Götter für Penaten gehalten und geglaubt, wir vermöchten ohne sie nicht zu leben und zu wissen, und sie beherrschten uns mit Verstand («ratio»), Wärme («calor») und Geist («spiritus»).

Die ausführliche Allegorese stellt, auf physikalischer Ebene, die J. / Hera als (zumeist) Bild der Luft in den Kontext der Elemente (–> Hera, s. **B**). Die moralisierende Deutung hat im wesentlichen die *J. Regina* im Blick (ebd.). In ihren Zusammenhang gehört die Tugend-Allegorese der J. als *Memoria*, womit sie unversehens in den Bereich der *Moneta* gerät, die man statt als «Mahnerin» auch als Personifikation der «Erinnerung» (griech. Mnemosyne) verstanden hat (vgl. Kl. Pauly, Bd. 3, Sp. 1410). Sie findet sich ausführlich dargestellt im «Fulgentius Metaforalis» des John Ridewall (Liebeschütz 1926, S. 87 ff).

Nach Seneca und Cicero (Rhet. 1,53) habe die Klugheit («prudencia») drei Teile: die Erinnerung an Vergangenes («preteritorum memoria»), die Einsicht in das Gegenwärtige («presencium intelligencia») und die Vor(aus)sicht auf das Künftige («futurorum providencia»). Auf dieser Grundlage und christlich gestärkt durch Augustin (s. Liebeschütz 1926, S. 87, Anm. 4) erscheinen drei Kinder des Saturn, nämlich Juno, Neptun und Pluto, als dichterische Bilder für je eine dieser Tugenden: J. steht für «memoria», Neptun für «intelligentia», Pluto für «providentia». Dem entspricht, daß der Vater für «prudentia» steht, denn das Kind sei «ein Teil der Eltern». J. tritt für die «memoria» ein, weil diese, wegen der Zartheit und Zerbrechlichkeit des Gedächtnisses, weiblichen Geschlechts sei. Kein organisches Vermögen («virtus organica») im Menschen lasse so rasch nach wie dieses.

Auf diese Gleichung baut eine ausführliche Allegorie. Sie entfaltet sich an einer «pictura poetica» der J., die ihrerseits in der «Pictura» 11 des Libellus (Liebeschütz 1926, S. 121) im wesentlichen ihre Entsprechung findet.

Der Text zählt in fünf Zeilen zu je zweien zehn Aspekte der Juno auf: 1. ihr Haupt ist verhüllt, und 2. ein Regenbogen («iris») umfängt sie; 3. sie ist von Salbenduft umweht, und 4. es schmückt sie ein Zepter; 5. sie trägt goldene Fesseln, und ist 6. dem Jupiter vermählt; 7. sie zürnt dem Herkules / Herakles, und sie ist 8. von Vögeln umgeben; 9. sie ist von Feuchtigkeit benetzt und 10. von Licht erhellt.

In dieser Abfolge nimmt die Allegorese sich der einzelnen Aspekte an und deutet sie – häufig recht ausführlich, bisweilen gewaltsam – auf eine Qualität der «memoria» im Dienste eines christlichen Lebens.

1. Es ist dem Sünder angemessen, daß er sich in Erinnerung an seine bösen Taten aus Scham verhüllt.

2. Der Regenbogen ist ein Zeichen der Versöhnung mit Gott (vgl. Genesis 9,13), und der Mensch wird sie erlangen, wenn er sich seine begangenen Verfehlungen wieder vergegenwärtigt («rememoratio»). Nach Chrysostomus gibt es kein besseres Mittel gegen begangene Untaten als eine stetige Erinnerung daran (in Ep. ad Hebr. 12, Hom. 31, PG, Bd. 63, Sp. 216; Liebeschütz S. 88, Anm. 3).

3. «Unxia», die Gesalbte, sei ein passender Beiname der duftumwölkten J., was zugleich ein Bild sei für geistlichen Trost, dessen der Mensch teilhaftig wird nach der Versöhnung mit Gott, die er erlangt hat durch die Erinnerung («recordacio») an seine Sünden.

4. Das Zepter ist ein der «memoria» angemessenes Bild, denn die Erinnerung an seine Sünden setzt den Sünder wieder ein in die verlorene Herrschaft.

5. Nach Remigius (1,8.17; Bd. 1, S. 80) stellen die Dichter sich die «memoria» in goldenen Fesseln vor, mit gutem Grund; denn alles, was wir sehen oder hören, würde wie ein Nebel verschwinden und dem Sinn entfallen, hielte das Gedächtnis es nicht mit seinen Fesseln fest. Wie kostbar ein gesundes und gutes Gedächtnis ist, zeige der Dichter mit der Rede von den goldenen Fesseln. Wie das Gold beständiger ist als alle anderen Metalle, so soll ein gutes Gedächtnis das Vergangene beständig und dauerhaft in sich bergen usw.

6. Zur Klärung («Nota ordinem»): Der Schleier zeige die Scham in Erinnerung an begangene Sünden, und die Scham versöhne den Sünder mit Gott (s. 1.). Die Genugtuung aber, die ihn im Zustand jener Scham erfüllt, die bleibe und führe ihn zurück in die frühere Würde und in das frühere Vertrauensverhältnis zu Gott. In diesem Sinn kommt es offenbar zur Versöhnung der J. mit dem Gemahl, der als Bild der «caritas» verstanden wird, was doch wohl heißen muß, daß die Schuld an der «Entfremdung» bei ihr liegt.

7. Herkules sei das Bild für den Ruhm des Helden, und als solcher überantworte er dem Gedächtnis den nichtigen Ruhm der Mächtigen, und es sei nur recht, wenn derart Nichtiges und Wertloses die Juno-«memoria» erzürnt (dazu ein interessantes Zitat nach «Augustin»).

8. Die Pfauen sind der J. (als Wächter) zum Schutz gegeben, was sich

«moraliter» vorzüglich zur «memoria» füge, welche die beste Wahrerin und Hüterin der Tugend sei, denn die Erinnerung, die der Sünder hat an seine Sünde und ihre Schmutzigkeit und auch an die Tugend und ihre Ehrbarkeit, hält ihn zurück vom Rückfall in das Böse.

9. Die Vorstellung von der von Feuchtigkeit benetzten J. passe gut zur «memoria», sofern die Erinnerung an die Sünde und der Gedanke an das mit ihr verbundene Elend uns die Tränen in die Augen treiben (dieser Aspekt resultiert aus dem Mißverständnis einer Textstelle bei Martian; vgl. Liebeschütz 1926, S. 92, Anm. 4; anderseits ist die Beziehung der J. zum Wasser über die –> Iris durchaus korrekt).

10. Hier ist von *J. Lucina* die Rede, die man sich von Licht umgeben vorstellt, und das passe gut zur «memoria». Auf die Erkenntnis des Elends aus der Sünde folgen Tränen und ein trauriges Herz, aber aus den Tränen ersteht ein heiteres Gewissen: «Wie nach dem Regen die Sonne heller leuchtet, so erscheint Christus gütiger nach der Tränenflut und sendet die Strahlen seiner Erkenntnis aus und erleuchtet die Herzen mit dem Wort des Trostes.» Das alles läßt sich der J. Moneta ablesen.

Natale Conti (1567, 2,4, Bl. 44^v) meldet, daß die Chemiker («chimici artifices») versucht haben, einige Teile der J.-Fabel auf ihre Feuer und Gefäße zu beziehen.

C Die römische J. teilt im wesentlichen Thematik und Ikonographie der –> Hera, entwickelt jedoch darüber hinaus einige eigene Charakteristika.

Beiden gemeinsam ist ihre Kennzeichnung als Königin durch Krone (Stephane / Diadem) und Zepter. Als solche wird die römische J. in dem Begriff *J. Regina* ausdrücklich gemacht. In diesem Verständnis erscheint sie auch auf mittelalterlichen Illustrationen (Miniatur aus Statius, Thebais, franz. Handschrift vom Anfang des 15. Jh.; London, British Museum, Burney Ms. 257, Bl. 10^v): J., mit Krone und modischem Gewand der Zeit, kniet vor dem thronenden Juppiter.

Als *Schutzpatronin der Herden* ist J. in Unteritalien durch einen Ziegenhelm charakterisiert, so wie sie der Stirnziegel eines Tempels in Falerii Veteres zeigt (frühes 5. Jh. v. Chr.; Rom, Villa Giulia, Inv. 7246; J. trägt über dem offenen Haar einen Helm mit lyraförmig geschweiften Hörnern und Ziegenohren). – Vielleicht in Anpassung an Hera, der die Kuh heilig war, trägt sie manchmal auch den Kuhhelm, etwa auf einem Stirnziegel aus Ton vom Anfang des 5. Jh. v. Chr. (Rom, Villa Giulia, Inv. 10231; der Helm mit Kuhhörnern und -ohren), auf Münzen sieht man sie gelegentlich mit einem Ziegenfell und Ziegenhörnern (Denar des L. Procilius, Rom, 80 v. Chr.).

Einen eigenen Typus stellt die *J. Moneta* dar (vgl. **B**). Bei ihrem ersten Auftreten in der Bildkunst, auf römischen Münzen, wo sie durch Beischriften als J. Moneta ausgewiesen ist, zeigt sie zunächst keine spezifischen Attribute, will man nicht ihren auffallenden Schmuck (den sie allerdings auch sonst trägt) hier eigens deuten. Erst in der Neuzeit wird sie auch durch sprechende Attribute gekennzeichnet: Münzen, Geldbeutel, Kronen und Schmuckkästchen.

Der Pfau, ständiger Begleiter der J. in der neuzeitlichen Kunst, ist in der Antike eher selten anzutreffen. Er taucht erst im 2. Jh. v. Chr. auf Münzen der Insel Samos auf, wo er der –> Hera heilig war. Auch aus der römischen Kunst sind wenige Beispiele bekannt (Grabrelief der Aelia Leporina, 160–180 n. Chr.; Tébessa / Algerien, Hof des Musée du Temple Paien). Eine Bronzemedaille der Faustina Minore (Rom, 161–176 n. Chr.) zeigt J. als Kleinkind auf einem Pfau reitend, flankiert von zwei tanzenden Korybanten. Diese gehören eigentlich in die Geschichte des –> Zeus und könnten hier frei fabulierend daran erinnern, daß J. / Hera als Zwillingsschwester des Zeus das Geschick ihres Bruders teilen mag (Abb. in LIMC 1990, 5,2, S. 545, Nr. 228).

Erst in der Neuzeit sind der Pfau (vgl. eine Federzeichnung von Hendrick Goltzius; Düsseldorf, Staatl. Kunstakademie, Kupferstichkabinett) und der von zwei Pfauen gezogene zweirädrige Wagen in der Ikonographie der J. kanonisch (Stich von H. Goltzius, *Juno Moneta*, B. 64[241]; Abb. in Illustratet Bartsch 3, S. 151).

Als *Patronin der Ehe* kennzeichnen sie Mohnkapseln (Symbole der Fruchtbarkeit) und ein Joch bei V. Cartari (1647, S. 106).

Der Spiegel, den Rombout Verhulst (1624–1698) seiner Statue der J. in die Hand gibt (Gartenplastik um 1690; Amsterdam, Rijksmuseum, Inv. N.M. 8670), ist untypisch und fügt sich in das (ebenfalls untypische) Bild der *Toilette der J.* (s. u.) – vielleicht ein Hinweis auf Ilias (14,166 ff.).

V. Cartari (1647, S. 101) legt einer seiner beiden J.- Gestalten ein Blitzbündel in die Hand, eigentlich das Attribut des –> Zeus / Juppiter (–> Hephaistos).

In Renaissance und Barock erscheint J. häufig auf einem Regenbogen, der eine Erscheinungsform der –> Iris, der Botin der J., ist (vgl. das Wandbild des Andrea Pozzo im Palais Liechtenstein in Wien, um 1709, wo J. als *Allegorie der Luft* gedeutet wird; s. u.).

In der römischen und neuzeitlichen Kunst fällt v.a. der meist reiche

Schmuck der J. ins Auge, so auf einem geschnittenen Sardonyx (unter Caligula oder Claudius; Florenz, Museo Archeologico): Die als Büste im Profil wiedergegebene J. trägt ein prächtiges Gewand, eine gemmenbesetzte Krone und eine kostbare Brosche. – In nobler zeitgenössischer Kleidung zeigt ein anonymer (wohl elsässer) Meister des frühen 17. Jh. J. als Einzelfigur auf einem Gemälde (Straßburg, Musée de Strasbourg), das zu einer Gruppe von drei Bildern gehört, J., Minerva (–> Athena) und Venus (–> Aphrodite) darstellend. Die Göttin, die in der Linken ein Zepter, in der Rechten eine Krone hält, ist reich gekleidet (Hermelinbesatz am Halsausschnitt) und geschmückt mit Ohrgehängen und Halskette. Auf dem hochgesteckten Haar sitzt eine bestickte Haube, Kennzeichen der verheirateten Frau, was der üblichen Charakterisierung der J. als Matrone entspricht.

D 1. *Juno Regina* (s. **A**). Schon in der griechischen Kunst war –> Hera mit den königlichen Insignien Krone und Zepter ausgestattet, jedoch erst in römischer Zeit wird die Göttin als Königin ausdrücklich zum Typus, wie die Beischriften auf verschiedenen Münzen verdeutlichen. Ihn vertritt u. a. die sog. *J. Barberini*, eine kaiserzeitliche Statue (Rom, Musei Vaticani, Sala Rotonda, Inv. 249), die in der Rechten ein langes Zepter, in der Linken eine Patera (Opferschale) hält und mit einer Stephane gekrönt ist.

2. *J., Argus und Io* (Ovid, Met. 1,624 ff). In einer weiten Landschaft sieht man auf einem Nicolas Poussin zugeschriebenen Bild (1630er Jahre; Berlin, Staatl. Museen) Argus auf dem Boden liegen, getötet von Merkur /–> Hermes, der sich durch die Wolken davonstiehlt. J., die die Tat angezettelt hat, kniet neben dem Körper des Argus auf dem Boden.

3. *J. sammelt die Augen des Argus* (Ovid, Met. 1,722 f). P.P. Rubens' Gemälde *Der Tod des Argus* (1610/11, Jaffé Nr. 142; Köln, Wallraf-Richartz-Museum) zeigt J. (eine königlich-matronenhafte Erscheinung), die seltsam sachlich die Augen des Getöteten in ihrer rechten Hand sammelt, während ihre Begleiterin das Haupt des Argus in ihrem Gewandbausch hält. Cupidi sind dabei, die Schwanzfedern des Pfaus damit zu schmücken. – Diese Episode regte Rubens vielleicht an zu seinem Titelblatt für Francisco de Aguilóns «Opticorum Libri sex …» (1613): J., im Strahlenkranz, thront zwischen Pfau und Adler, ein Zepter in der Rechten, dessen Knauf ein Auge ziert. – Eine gedankliche Verwandtschaft hiermit erweist sich im folgenden Thema:

4. *J. in einer Allegorie des «Gesichts».* P.P. Rubens' Gemälde *Das Ge-*

sicht (Rubens und Jan Brueghel d.Ä., 1617, Jaffé Nr. 465; Madrid, Prado; zu einer Serie der *Fünf Sinne* gehörig) zeigt J., begleitet von einem Putto, in Betrachtung eines Gemäldes, das die Blindenheilung durch Christus darstellt. J. Müller-Hofstede (1984) weist in diesem Zusammenhang auf ein Emblem bei Pierio Valeriano (Basel 1575, Buch 33: «oculus», Bl. 236ᵛ) hin, wo J. als Beschützerin der Augen, insbesondere der Augenlider, apostrophiert wird (–> Hera).

5. *Die Bestrafung der Hera / J.* (Myth. Vat. I 3; Boccaccio, Gen. 9,1). Als Teil eines komplexen mythologisch-allegorischen Programms setzt Correggio die Gestalt der von Juppiter brutal bestraften J. in eine Lünette der Camera di San Paolo (Parma; 1520). Die nackte Göttin hängt mit über dem Kopf gefesselten Armen vom Himmel herab, an den ebenfalls gefesselten Füßen ist der Amboß befestigt. – Auf diese Darstellung geht vermutlich jene des Giovanni Falconetti in der Loggia Cornaro in Padua zurück (wohl 1538 vollendet). Sie schmückt die Szene weiter aus, wodurch die prägnante Knappheit verlorengeht. Juppiter hält die gefesselte Frau an einer Kette, die an einem eisernen Gürtel um deren Taille befestigt ist. – Wieder begegnet uns diese Szene als Illustration in P. Valerianos «Hieroglyphica» (Basel 1556). J. ist an einer Kette aufgehängt, die an ihrem Hals und in den Wolken befestigt ist. J. sind die Hände auf dem Rücken gebunden. Die Ausgabe Basel 1567 zeigt uns eine bekleidete J. (mit langem Gewand und Krone), die an der mit einem Ring an einer Wolke befestigten Kette hängt, deren anderes Ende ihren Hals umschließt; an J.s Fuß hängt ein Gewicht. Die Beischrift interpretiert J. als *Allegorie der Luft* (s. u.).

6. *Die Trias Hera / J., Athene / Minerva / Aphrodite / Venus.* Diese Gruppierung, die sich aus dem erzählerischen Zusammenhang des «Paris-Urteils» (–> Paris) ergibt, ist v.a. Renaissance- und Barockkunst geläufig (vereinzelte Beispiele auch im Mittelalter), wobei man sicher auch eine allegorische Ausdeutung im Sinn hatte. Ergänzend zum Beispiel Elsheimers ist u. a. eine Miniatur aus «Le livre des échecs amoureux» zu nennen (15. Jh.; Paris, Bibliothèque Nationale, ms. fr. 143), in welcher im umfriedeten Garten der «Natur» (personifiziert als junge Frau in vornehmer Tracht) Juno (in langem Gewand mit Haube), Minerva (mädchenhaft, fast kindlich) und Venus (nackt, sich in einem Handspiegel betrachtend) das aktive, das kontemplative und das Liebesleben verkörpern (vgl. Fulgentius, Myth. 2,1, 664 ff, Helm S. 36 f: J. als «vita activa» sowie Seznec 1961, S. 107 f; s. auch *J. als Allegorie der vita activa*).

7. *Die Toilette der Juno* (vielleicht auf Ilias 14,166–185 bezogen). Ein-

mal macht sich Hera schön, um Zeus zu gefallen. Ikonographisch handelt es sich um eine Entlehnung aus dem Bereich der –> Aphrodite / Venus. Andrea Appiani (1754–1817) schildert die Toilette der J. mit der Erzählfreude eines Genremalers (Gemälde in Brescia, Civica Galleria Tosio-Martinengo): Über den Wolken sitzt die prächtig gekleidete J. unter einem Baldachin, umgeben von drei Zofen. Eine hält ihr den Spiegel, eine ordnet ihr Haar. Die Requisiten (ein Toilettentischchen mit Krug und Schale) lassen an das Boudoir einer vornehmen Dame denken.

8. *J. und Ailos / Äolus* (Vergil, Aen. 1,50 ff). Zahlreiche Darstellungen, v.a. des 16. und 17. Jh., schildern den Besuch der J. in der Höhle des Äolus, um ihn dazu zu bewegen, die angeketteten Winde loszulassen, die die Flotte der Troier vernichten sollen (Pietro da Cortonas Deckenfresko in der Galleria des Palazzo Doria Pamphilij in Rom, 1651 / 54). Die durch die Luft heranschwebende, von zwei Pfauen begleitete J. spricht Äolus an, der über den Winden (in Männergestalt) erscheint.

9. *J. als Allegorie der Luft* (Platon, Krat. 404c; Macrobius, Sat. 1,17,54 u. a.; vgl. auch –> Hera). Diese Allegorie kann sich hinter zwei Geschichten, die der Mythos berichtet, verbergen: der von der Bestrafung der Hera / J. (s. o.) oder der des Besuchs der J. bei Aiolos / Aeolus (s. o.). So (auf letztere bezogen) bei Andrea Pozzo auf einem Wandbild in Wien (Palais Liechtenstein, um 1709). Unter der Göttin auf dem Regenbogen sieht man Äolus die Ketten der Winde lösen (s. auch *Die Bestrafung der Hera / J.*)

10. *J. als Allegorie der vita activa.* Als Deutung für A. Elsheimers verlorenes Gemälde (s. unter *Juno Moneta*), das Teil einer Gruppe von drei Bildern war, die das Reich der J., der Minerva / –> Athena und der Venus / –> Aphrodite darstellen (1607 / 08; die beiden letzteren in Cambridge, Fitzwilliam Museum, Inv. 532 u. 539), schlägt Julius S. Held (1977, S. 485) eine Allegorie der *vita activa* (als Voraussetzung für Reichtum und Macht) vor (s. o.), im Gegensatz zu Minerva als *vita contemplativa* und Venus als *vita sensualis*. Die behäbig, den Arm aufgestützt, im Thronsessel sitzende J. ist offenkundig bereits in der Lage, nicht mehr selbst aktiv sein zu müssen, sondern andere für sich arbeiten zu lassen (vgl. das Treiben im Hintergrund!).

11. *J. als Sinnbild von Reichtum und Macht* manifestiert sich in einem eigenen Typus, dem der J. Moneta.

12. *J. Moneta* (s. **A**). Während die römische J. Moneta durch ihren Schmuck nicht unbedingt als solche charakterisiert ist, wird sie in der Kunst der Neuzeit, die *Moneta* in der Regel im Sinne von «Geld» ver-

steht (die Beispiele häufen sich im 16. und 17. Jh.), eindeutig durch Symbole des Reichtums (und auch der Macht) charakterisiert. Auf einem Stich von H. Goltzius (B. 64[241]: auf einer Wolke sitzend, mit Krone und Zepter) trägt sie eine kostbare Armspange, eine Perle im Ohr. In den Ecken (außerhalb des ovalen Bildfeldes) die Symbole des Reichtums: Münzen, Geldbeutel, kostbare Gefäße, ein Schmuckkästchen, und solche der Macht wie Kronen und Zepter (Abb. in Illustr. Bartsch 3, S. 151). – Paolo Veronese verwendet in seinem Deckenfresko im Palazzo Ducale in Venedig (Consiglio dei Dieci, Sala delle Udienze, um 1555) das Bild der *J. Moneta* in einer Allegorie auf die Stadt in Gestalt einer jungen Frau, in deren Schoß J., auf einer Wolke, Münzen und Kronen – auch einen Lorbeerkranz – fallen läßt.

Eine variierte allegorische Ausdeutung erlaubt die (verlorene, durch einen Stich von Wenzel Hollar, 1646, überlieferte) Darstellung der *J. Moneta* von Adam Elsheimer. J., mit langem Gewand und pelzbesetztem Mantel, in der Rechten ein Zepter, die Linke in die Hüfte gestützt, sitzt mit weit geöffneten Knien auf ihrem Thronsessel. In einer basilikaartigen Pfeilerarchitektur im Hintergrund entfaltet sich geschäftiges Leben (Waren werden herangekarrt und -getragen; s. auch *J. als Allegorie der vita activa*).

J.S. Held (1991, S. 99 ff) erkannte auch in Rembrandts *Juno* (Gemälde um 1663 / 64; Los Angeles, Armand Hammer Foundation) die *J. Moneta*. Die Göttin, von stattlichem Bau und im Kostüm der Zeit, könnte das Porträt einer holländischen Kaufmannsfrau sein. Die in Dreiviertelfigur streng frontal wiedergegebene Gestalt steht neben einem Tisch. Mit der Linken stützt sie sich auf den Tisch, mit der Rechten auf das Zepter. Auf dem sorgfältig frisierten, von Bändern gehaltenen üppigen Haar sitzt eine Zackenkrone; Ohrgehänge und schwere Halsketten künden von Reichtum, nicht zuletzt der Mantel von (königlichem) Hermelin, der auf der Brust von einer kostbaren Schließe gehalten wird (unten links sieht man den Kopf des Pfaus).

13. *J. als Sinnbild der Ehe*. Als *Schützerin der Ehe* ist uns J. bereits geläufig (s. o.: V. Cartari 1647, S. 106). – Mit *Ehe* betitelt Domenico Pellegrini ein Gemälde, das J. mit einem Adler, der für Juppiter steht, auf einem Sofa darstellt (1803; Rom, Galleria dell'Accademia Nazionale di S. Luca).

14. *Das mythologische Porträt in Gestalt der J.* Livia (58 v.- 29 n. Chr.), Frau des Kaisers Augustus, ließ sich als J. in einer Statue verewigen (Sitzfigur aus Paestum, mit über den Kopf gezogenem Rückenmantel;

Madrid, Museo Arqueolico Nacional). – Ein römisch geschnittener Sardonyx trägt das Doppelporträt der Agrippa Minor als Minerva und der Agrippa Maior als Juno (claudisch; London, British Museum, Inv. 3584). – Der Typus des mythologischen Porträts lebt in der Renaissance wieder auf und erreicht einen Höhepunkt im Absolutismus, v.a. am französischen Hof. Auf einem Marmortondo erscheint Katharina Medici in Gestalt der J. (früher Schloß Anet, heute Paris, Musée de Cluny).

Ein Stich von M. Lasne (1625) stellt Anna von Österreich, Gemahlin Ludwigs XIII. von Frankreich, im höfischen Kostüm der Zeit, mit Krone und Zepter und in Begleitung des Pfaus dar (Gegenstück zu Ludwig XIII. als Juppiter. Abb. in F. Bardon 1974, Pl. XLV).

Lit.: Aguilón, Francisco de: Opticorum Libri sex philosophis iuxta ac Mathematicis utiles. 1613. Bardon, Françoise 1974 (–> Allgem. Bibl). Grohé, Stefan: Rembrandts mythologische Historien. Weimar 1996. Held, Julius S.: Rembrandt's Juno. In: Apollo 105, 2, 1977, S. 478–485. Ders.: Rembrandt Studies. Princeton / N.J. 1991, S. 99–117. Kobler, Friedrich: Zum Giebelrelief am Münzgebäude in München. In: Jahrbuch der bayerischen Denkmalpflege 40, 1986, S. 139–142. La Rocca, Eugenio, in: LIMC 1990, 5,1, S. 814–856; 5,2, S. 533–553, s.v. Juno. Müller Hofstede, Justus: ‹Non saturatur oculus visu› – Zur «Allegorie des Gesichts» von Peter Paul Rubens und Jan Brueghel d.Ä. In: Wort und Bild in der niederländischen Kunst und Literatur des 16. und 17. Jahrhunderts. Erftstadt 1984, S. 243–289.

Kallisto –> Artemis
Kassandra –> Apoll
Kentauren –> Herakles
Kore –> Pesephone
Koronis –> Apoll
Korybanten –> Zeus

Kronos, Chronos, griech., lat. Saturnus. Sohn des Himmelsgottes Uranos (lat. Coelus) und der Gaia / Ge (lat. Terra oder Tellus), der Mutter Erde (Hesiod, Theog. 137 f). Jüngster Bruder der Titanen (ebd. und Apollodor, Bibl. 1,1,3). Auch Okeanos und Tethys, sonst seine Geschwister, werden neben anderen (Diodor 5,66,2 nennt einen Kureten und Titanea) als Eltern angegeben. Gemahl der Rea (lat. Ops), von ihr Vater der –> Hestia, –> Demeter und –> Hera, von –> Hades, –> Poseidon und –> Zeus (Hesiod, Theog. 453 ff; vgl. Apollodor, Bibl. 1,1,5). Von der Philyra, der er (aus Furcht vor Ops) in Pferdegestalt beiwohnt (Myth. Vat. II 62), Vater des Chiron (Hesiod, Theog. 1001 f; Hygin, Fab. 138). Aus seinem abgeschnittenen Gemächte (s. u.) ersteht –> Aphrodite. K. war der letzte der vorolympischen Himmelsherrscher («Götterfürst»: Macrobius, Sat. 1,7,13).

Der uralte italisch-römische Saturn mit einer Zuständigkeit für den Ackerbau ist wohl eigenen Ursprungs, verbindet sich aber leicht mit dem griechischen K., wobei das Ackerbauland Sizilien eine wesentliche Rolle zu spielen scheint (s. Kl. Pauly, Bd. 4, Sp. 1570 f). Diese historische Situation erklärt sicher, daß z. B. Diodor (3,61,1 ff) historisierend von zwei verschiedenen K. schreibt: dem Gemahl der Rea (in Kreta?), der sich durch sein Verhalten offenbar den Zorn seiner Bürger zuzieht und schließlich von Sohn Zeus abgelöst wird (ebd. 3,61,4 ff), und einem anderen, der Herrscher von Sizilien, Nordafrika und Italien ist, welcher (in historisierender Anknüpfung an Hesiod, Erga 111–120) die Menschen von ursprünglicher Roheit in die Zivilisation geführt habe (ders. 5,66,4–6; vgl. Servius, Aen. 8,322) und dessen Regiment besonders im «Westen» erfolgreich gewesen sei (ders. 5,66,4–6). Man hat diese beiden auch für ein und denselben erklärt (s. u.; zur Rationalisierung des K. vgl. z. B. Lactantius Firm., Div. inst. 1,12 f).

Die Saturnalia sind ein sehr altes Hauptfest im römischen Kalender (17. Dezember), das schließlich zum größten Volksfest wurde (noch im 4. / 5. Jh.; vgl. Kl. Pauly, Bd. 4, Sp. 1569).

A Da Uranos seine Kinder in der Erde gefangenhielt, stiftete Gaia den Sohn an, seinen Vater mittels einer Sichel zu kastrieren (Hesiod, Theog. 154 ff; 175; 180; Apollodor, Bibl. 1,1,4; –> Aphrodite). Alle Geschwister, außer Okeanos, sollen an der Verschwörung gegen den Vater beteiligt gewesen sein (Apollodor, Bibl. 1,1,4). Die aus dem Tartaros befreiten Geschwister machen K. zum neuen Herrscher, doch schon bald (wie es scheint) schickt der sie zurück in das Gefängnis und heiratet Schwester Hera. Die Menschen sollen unter der Herrschaft des K. in einem goldenen Zeitalter gelebt haben, ohne Kummer, ohne Sorge und Trauer und offenbar in ständiger Glückseligkeit (Hesiod, Erga 111 ff).

Einer Weissagung (der Themis: vgl. Servius, Aen. 3,104) zufolge sollte ihn eines seiner Kinder entmachten. Um das zu verhindern, verschlang K. seine Kinder gleich nach der Geburt. Boccaccio wird melden, daß er nur die männlichen Kinder verschlang (Gen. 8,1). Einzig –> Zeus entging diesem Schicksal durch die List der Mutter Rea (Hesiod, Theog. 485 ff; Ovid, Fasti 4,199 ff; Hygin, Fab. 139; Servius, Aen. 3,104; Schol. zu Statius, Theb. 4,784 u. a.), und an ihm wiederholte sich das Geschick des Uranos: Wie K. den Vater, so entmannt Zeus den K., und er bindet ihn in Fesseln (Macrobius, Comm. 1,2,11; Tzetzes zu Lykophron 762; vgl. Hederich Sp. 1404; nach Porphyrios, Nymphengrotte 16, hat Zeus den K. mit Honig trunken gemacht).

Das weitere Schicksal des K. ist unklar. Nach Homer (Il. 8,479 ff) sitzt er im Tartaros. Hesiod (Erga 169 ff) sieht ihn von seinen Fesseln befreit als Herrn der gestorbenen Helden auf den Inseln der Seligen. Es wurde erzählt (Myth. Vat. I 215), er sei nach dem Verlust der Herrschaft ruhelos über die Erde geirrt in Gesellschaft der Juno, die wohl noch ein Kind war. Um ihr die Mühsal des Weges zu ersparen, habe er sie in Afrika in die Obhut von Nymphen gegeben. Eine andere und sicher späte Geschichte (Myth. Vat. III 1,2; vgl. Remigius 1,5.22, Bd. 1, S. 73) läßt den Herrn von Kreta mit Sohn Juppiter in kriegerischen Streit geraten. Saturn unterliegt und flieht (im Schiff: Macrobius, Sat. 1,7,22) nach Italien, wo ihn König Ianus (der Inbegriff der Klugheit, «prudentia») aufnimmt, den er nun den Anbau von Wein («vitisator», Weinbauer ist er, nicht Erfinder des Weins: Servius, Aen. 7,179) und den Gebrauch der Sichel («falx») lehrt. Der Ort Drepanum, nicht weit vom Berg Eryx, habe den Namen von der Sichel (griech. «drépanos»), die er dort hingeworfen haben soll (Servius, Aen. 3,707). So hat er den Wein nach Italien gebracht (Servius, Aen. 3,165). Als Teilhaber der Herrschaft habe er sich sogar eine Stadt gebaut. Das ist der Patron des Ackerbaus, der auch eine Verbesserung der Lebensmittel mitbringt (s. Macrobius, Sat. 1,7,21). Ianus ehrt den Gast damit, daß er als erster Münzen mit beidseitigen Bildern prägt: auf der einen Seite das Bild des Saturn, auf der anderen das Schiff, mit dem er anreiste (ebd. 22; vgl. Tertullian, Apolog. 10: Saturn als Wächter der Schatzkammer; Varro, De Lingua Lat. 183: Patron des Geldwesens; nach Boccaccio, Gen. 8,1, hat er das Metallgeld nach Italien gebracht), alles Land unter seiner Botmäßigkeit nennt er «Saturnia» (vgl. Ovid, Fasti 6,31), errichtet einen Altar und führt den Kult der Saturnalia ein, ein Fest im Dezember, dem Monat neben dem Januar (ebd. 23 f). Servius (Aen. 8, 322) sieht den Mann als Gesetzgeber bei Leuten, die vorher nach der Natur («per naturam») gelebt hatten. Die Gesetze habe man im Schatzhaus («aerarium») verwahrt, welches dem Saturn geweiht war. Ein kluger / vertrackter Richter ist er bei Hygin (Fab. 220: «Cura»).

B K. / Saturn hat einen nur kleinen, doch bedeutungsschwangeren Mythos. Ein durchgehendes Interesse an ihm macht, daß er in immer deutlicheren Umrissen vor uns tritt. Dabei ist zu bemerken, daß man den Blick zunehmend auf den Planetengott richtet, der aber mühelos den

Gott des Mythos in sich aufzunehmen vermag, was schon Boccaccio bemerkt (Gen. 8,1: «et planetae et homini conveniunt omnia»). Anderseits bleibt der Gegensatz zwischen dem düsteren Kinderfresser und dem wohltätigen Herrscher bestehen und wird gelegentlich sogar herausgearbeitet.

Entsprechend schwankt das Charakterbild des K./Saturn zwischen zwei Extremen: Hesiod (Theog. 18; ebd. 168 u. 495) und der Homerische Hymnos (5, an Aphrodite, 22) nennen ihn tückisch oder hinterlistig («ankylométes»), Diodor (3,61) nennt ihn unfromm und habgierig. Gewalttätig und von krummem Ratschluß («flexuoso consilio») sei er, sagt Cornutus (Nat. deor. 6). Das ist wohl der K., der seinen Vater verstümmelt, die eigenen Kinder verschlingt, die Geschwister einsperrt. Nach Boccaccio (Gen. 8,1) ist er auch träge. Ganz anders verhält es sich mit dem Kulturbringer Saturn, der von Anbeginn nur friedfertige und wohlwollende Züge trägt und in dem K. des goldenen Zeitalters bei Hesiod einen Ahnen hat (s. o.).

Eine Anschauung der Person verschafft man sich allem Anschein nach erst spät, wobei man den Mann aus Teilen seines Mythos und v.a. aus Aspekten seines Sterns gleichsam wie eine Puppe zusammensetzt.

Fulgentius (Myth. 1,2,626 ff; vgl. Remigius 1,55.2, Bd. 1, S. 73) sieht ihn in höherem Alter («senior»), mit verhülltem Haupt, eine Sichel tragend. Der Mythograph (III 1,1) stellt ihn vor als betrübten («maestus») Greis, grauhaarig, das Haupt von einem blauen Tuch bedeckt, eine Sichel in der Hand, mit der Rechten halte er einen flammenspeienden Drachen («draco», Schlange), der seinen eigenen Schwanz verschlingt. Das ist eine personifizierende Allegorese. Boccaccio (Gen. 8,1) fügt hinzu, er sei schmutzig.

Das historische Schicksal des K./Saturn wird wesentlich bestimmt durch eine Bedeutungserweiterung, die sich mit dem zufälligen Gleichklang des Namens «Kronos» mit dem griechischen Wort «Chronos», in der Bedeutung von «Zeit», einstellt und die als erster wohl Plutarch vermerkt (Is. et Os. 32; Quaest. rom. 112, 266E f). Gerade dieser Aspekt erweist sich als sehr fruchtbar für die physikalische wie für die moralisierende Ausdeutung.

Macrobius (Sat. 1,7 ff) sagt, im Chaos habe es keine Zeit gegeben, denn Zeit sei ein bestimmtes Maß, das man dem Umlauf des Himmels entnehme. Der Himmel zeugte den Sohn K./Chronos, und erst mit dem kam die Zeit in die Welt. Der Venus (–> Aphrodite), die aus dem Gemächte des Uranos erwuchs, sei in der Welt die Aufsicht über die Vereinigung von Mann und Weib und damit über die ewige Abfolge von Generationen gegeben. Die Sichel sei ein Zeichen dafür, daß die Zeit alles mißt, «ausschneidet und einschneidet» (und damit doch wohl gliedert; Macrobius, Sat. 1,9). Sie zeige, daß alle Frucht, welche die Zeit hervorbringt, geschnitten werde; ihre Krümmung veranschauliche, daß alle Zeiten in sich zurücklaufen (Myth. Vat. III 1,6). Auch daß er seine Kinder verschlingt und sie wieder von sich gibt, zeige ihn als Zeit, welche doch abwechselnd alles hervorbringt, dann fortnimmt und schließlich wiedergebiert. Daß der eigene Sohn ihn vertreibt, sei ein Zeichen dafür, daß die alternde Zeit von der ihr folgenden abgelöst wird (Macrobius, ebd. 1,10; vgl. Myth. Vat. III 1,5; Macrobius läßt eine obskure Deutung der Fesselung folgen).

Gefesselt soll Juppiter ihn haben, um seinen Lauf an den der anderen Sterne, die doch die Zeit ordnen, anzubinden (ebd. III 1,8). Bei Macrobius (Sat. 1,22,8) heißt K. «Chronos», «Urheber der Zeit» («auctor temporum»). Demnach ist er die Sonne (vgl. Servius, Aen. 1,729), welche in ihrem Lauf die Zeit in Jahreszeiten gliedert, deren ordnender Vierzahl dann (neben vielem anderen) auch die Ordnung der vier Elemente folge. Der Mythograph (III 1,5) fügt nach dem Vorgang von Remigius (1, 33.9; Bd. 1, S. 127) eine Spekulation hinzu, wonach man im Griechischen den Gott auch «Tex» genannt habe, was die Zahl 360 anzeige, die Anzahl der Tage im Jahr. Das Wort soll lateinisch auch die Bedeutung von «essen» oder «verzehren» haben, was dann auf das Verschlingen der Kinder verweist. Der Drache (Schlange) in der Rechten, der sich selbst in den Schwanz beißt (s. o.), sei ein Bild für das Jahr, das zu sich selbst zurückkehrt und jährlich den Ertrag der Ernte verschlingt. Das Feuer, das dieser Drache speit, ist offenbar ein Bild dafür, daß da wirklich alles verzehrt wird, von der Zeit, dem Jahr. An Chronos schließt auch der Gedanke, daß Saturn sich gleicherweise als Greis und Knabe vorstellen lasse, weil nämlich das Jahr im Winter altert und im Frühling sich wiederbelebt (ebd. III 1,8 im wesentlichen nach Remigius 1,33.8, Bd. 1, S. 127).

Dazu kommt der Gott des Ackerbaus (Macrobius, Sat. 1,10,19 f): Saturn und Gemahlin Ops seien gleicherweise Urheber von Frucht und Ernte. Der Name «Saturn» leite sich ab von «satus», Saat, Zeugung («sationum deus»: Remigius 1,29.6, Bd. 1, S. 119, vgl. ebd. 1, 33.6, S. 126), deren Ursprung im Himmel sei. Der Name der «Ops» erklärt sie sogleich als «Hilfe» oder «Beistand», welche sie den Menschen für den Erwerb der Lebensmittel, für Frucht und Ernte gewährt. In beiden zusammen erkenne man Himmel und Erde.

Das meiste Interesse aber genießt der Planet, in den auch «Chronos» eingeht. Man verbindet vorwiegend negative Vorstellungen mit ihm: Gemeinsam mit Mars ist er ein mißgünstiger Stern («stella malefica»: Macrobius, Comm. 1,19,20) und schädlich («noxia»: Myth. Vat. III 9,6). Man glaubt, daß beide den Menschen weder Reichtum noch Ruhm («claritas») bringen (Myth. Vat. III 9,9, Bode S. 216).

Nach Servius (Aen. 3,139) sind Saturn und Mond zuständig für Sterilität, denn beide haben die Fähigkeit, zu berauben und zu entblößen, welche Gemeinschaft wohl von der Vorstellung «Sichel» gestiftet wird. Andere sagen, daß der Saturn nur beim Abstieg schädlich sei, was auch die Sichel anzeige, die ja nur in einer Richtung schneidet (Myth. Vat. III 3,6).

Die «Mathematiker» nennen ihn einen boshaften Gott («deus malitiosus»: Myth. Vat. III 1,8). Er bringe den Menschen weder Reichtum noch Ruhm («claritas»: Macrobius, Comm. 1,19,26), statt dessen Trägheit oder Stumpfsinn («torpor»: Myth. Vat. III 6,8) oder auch Langsamkeit und Kälte wegen seiner Stellung weit draußen und fern von der Sonne (Remigius 1,13.1, Bd. 1, S. 91; vgl. ebd. 1,33.6, S. 126).

Anderseits heißt es, die Seele empfange im Zeichen des Saturn Verstand («ratiocinatio») und Intelligenz (das Vermögen zur Einsicht, «intelligentia»), im Zeichen des Juppiter Tatkraft usw. (Macrobius, Comm. 1,12,14).

Auffällig ist seine Beziehung zum Feuchten. Seine Sphäre stehe für (das Element) Wasser wie die des Mars für Feuer usw. (ebd. 1,11,8). Wenn wir entstehen («cum nasci coeperimus»), dann empfangen wir von der Sonne die Seele («spiritus»), vom Mond den Leib, von Saturn die Säfte («humor») usw. (vgl. Servius, Aen. 11,51).

Die ihm zugehörigen Tierkreiszeichen sind Wassermann und Steinbock (Macrobius, Comm. 1,21,24 f und 26: Bei der Entstehung der Welt stand Saturn im Bild des Steinbocks). Sein Erscheinen am Himmel kündige immer(!) Schlimmes («tristitia») an: Im Zeichen des Steinbocks bringe er schwerste Regenfälle – v.a. in Italien –, im Skorpion Hagel, in anderen Zeichen Blitze, in wieder anderen Wind, anderes Schädliches schließlich zu anderen Zeiten. Es sei dieser Saturn, den man «betrübt» zeige (s. o.), vielleicht auch, weil er von allen Planeten der langsamste ist: Er braucht 30 Jahre für seinen Weg, der Mond gerade einen Monat! (Myth. Vat. I 1,3,; vgl. Macrobius, Comm. 1,19,16.) Der Stern ist sehr kalt («frigidissima»), weshalb man ihn auch als Greis zeige. Wie dieser fern sei von der Jugend (und blutarm: Remigius 1,55.2, Bd. 1, S. 73), so sei der Stern von der allwärmenden Sonne weit entfernt, statt dessen aber den himmlischen Wassern nahe, und er habe sein Haus in den Zeichen Wassermann und Steinbock (vgl. Remigius 1, 27.6; Bd. 1, S. 115 f; ders. 2, 75.14; S. 201 f), die man für kalt hält. Wie der Greis kalt ist und von phlegmatischem Temperament, so sei die Jahreszeit unter Steinbock und Wassermann im Januar und Februar kalt und regnerisch. Daß man ihn grauhaarig zeige, spiele an auf Reif («pruina») und Schnee. Weil er so friert, schütze der Greis sich mit einem Tuch gegen die Kälte. Blau sei das Tuch, weil die Natur des Sterns feucht sei und kalt. Schließlich bedeutet das verhüllte Haupt auch den Blätterschirm über den Früchten, welche die Zeit hervorbringt. Dann stellte man ihn sich vor mit dem Gesicht eines Drachen, wegen der übermäßigen Kälte im Winter, dann, wegen der übermäßigen Hitze im Sommer, mit Löwenrachen, dann auch mit Wildschweinhauern am Helmbuschen wegen des häufigen Aufruhrs («intemperantia») der Elemente (s. Remigius 2, 75.18; Bd. 1, S. 202).

Ausführlich ist der arabische Astrologe Albumasar (der sicher unter einem anderen Himmel lebt), wie Boccaccio ihn zitiert (Gen. 8,1). Saturn, der Greis, sei von kalter und trockener(!) Verfassung, sei melancholisch und habe einen stinkenden Mund, was alles auf einen trübseligen Menschen verweise. Die nun folgende Aufzählung von Eigenschaften meint deutlich das Planetenkind, die Verkörperung des «Saturn» durch den unter dem Planeten Geborenen (die «saturnii» und «saturnus homo», ebd.). Dieser Saturn ist ein mächtiger Fresser, habgierig, arm bis zur Notdürftigkeit, übelwollend, neidisch; er ist von starkem Charakter («valens ingenium»), ein Verführer, kühn in Gefahren, ändert selten den Sinn («conversationis paucae»), hochmütig («superbus»); ein Heuchler ist er und Prahler, auch reich an Plänen (unternehmungslustig) und voller gründlichem Ratschluß («profundi consilii»); sein Zorn kommt langsam, ist aber unversöhnlich; wohlgesinnt ist er niemandem, und er ist ein Zerstörer von Plätzen. Dazu kommt eine Zuständigkeit für das Vermessen und Teilen von Land im Dienste der Landwirtschaft, für lange und beschwerliche Reisen, für Gefängnis, für Betrübnis und Trauer, für Betrug und Bedrängnis, Zerstörung und Verlust, für Tote und für die Mißachtung / Schändung («vituperatio») und den Diebstahl an ihren Leibern («reliquiae»), das Ausgraben der Gräber, die Leichenschändung durch Zauberer («magi») und gemeine («viles») Menschen und durch «Verschnittene» («spadones»).

Wie die Beschreibung des Saturn auch zum Mann paßt, untersucht

Boccaccio (ebd.), wobei er den italischen Saturn und den Planetengott zusammentut. Betrübt zeige man ihn, um damit seine Melancholie und auch den Kummer über seine Vertreibung zu zeigen, als Greis, weil er bei seiner Vertreibung eben einer gewesen und weil ein solcher eben häßlich und schmutzig sei, auch wegen seiner nach Art der Betagten großen Klugheit («consilium») und Schläue («astutia»). Die Verhüllung des Hauptes spiele an auf den dunklen Aspekt des Gestirns, auf das Verhalten des Flüchtlings, den verborgenen Scharfblick, die Pläne und Täuschungen der Saturnkinder. Langsam (träge) zeige man ihn eben als Greis (auch im Zorn) und auch als den Planeten. Auf den Vertriebenen und ebenso auf den Landarbeiter liest Boccaccio den verschmutzten und armselig Gekleideten. Die Sichel zeige, daß er die Landwirtschaft nach Italien brachte. Schließlich hat Saturn auch eine wichtige Rolle in der Spärenharmonie. So gibt er – entsprechend seiner Stellung zu den anderen Planeten – den höchsten («acutissimus») Ton im Gegensatz zum Mond mit dem tiefsten (Remigius 2,75.17; Bd. 1, S. 202; vgl. ausführlicher in ebd. 1,10.24, Bd. 1, S. 86).

Der Fulgentius Metaforalis sieht den K. / Saturn als Verkörperung der «Klugheit» («prudentia») unter folgendem Bild: 1. Er ist der Ops verheiratet, 2. ist beschwert von hohem Alter («senio»), 3. sein Haupt ist verhüllt, 4. er hat eine Sichel als Zepter, 5. sein Gesicht ist betrübt («desolatus»), 6. er ist seines Gemächtes beraubt und wird 7. von seinen Kindern ernährt. Das sind sieben Eigenschaften, in denen sich die Weisheit zeigt.

1. In der Ops sei er der Hilfe («auxilium») und dem Beistand («subvencio») verbunden. 2. Der Greis zeige ihn in einem reifen Alter, denn die Klugheit weile nicht bei der Jugend, sondern bei den Alten: Nicht rasche körperliche Tüchtigkeit schaffe Großes, sondern Rat, Autorität und Kenntnis («sententia»). Weisheit verlange nach großer Erfahrung. Man spreche im Griechischen von «Chronos», weil die Klugheit, welche von Saturn dargestellt wird, der Zeit bedürfe (Hinweise auf Aristoteles, Top. 3,2,5; Cicero, Senect. 6,17). 3. Das verhüllte Haupt erinnert u. a. an den Brauch antiker Philosophen und Weiser, sich verhüllten Hauptes oder mit Filzkappe zu zeigen als Zeichen von Ehre und Verehrung, welche dieser Tugend zustehen, usw. 4. Das Sichel-Zepter weist die «prudentia» aus als gehörige Herrscherin (Hinweis auf Proverbia 8,15 f). Das Zepter ist eine gekrümmte Sichel zum Zeichen ihrer großen Freigebigkeit, denn so kann sie alle an sich heranziehen (mit der Sichel selbst?) und Brot und Wein der Weisheit («sapientia») großzügig an alle verteilen usw. (auch

Hinweis auf Proverbia 9,2–5). Außerdem erinnere die Sichel an den Saturn, der Italien als erster lehrte, den Acker zu bestellen, zu säen und zu ernten. Das alles tat er mit Hilfe der Klugheit, und darum stelle man ihn poetisch mit einer Sichel in der Hand dar. 5. Das niedergeschlagene, betrübte Gesicht passe gut zu dieser Tugend, denn man wisse von Philosophen, berühmt ob ihrer Klugheit, die beim Gedanken an die weltlichen Laster und das Streben nach Nichtigem voller Mitleid mit den Menschen ständig zu weinen pflegten. Das sollen Juvenal (Sat. 10,32) und Seneca (Dial. lib. 9,15) von Heraklit berichtet haben, im Unterschied zum lachenden Demokrit. Daher sage Johannes Chrysostomos (in Math. Hom. 6, PG, Bd. 57, Sp. 69), nichts verbinde so sehr mit Gott wie jene Tränen, welche Sündenschmerz und Tugendliebe vergießen.

Solche Tränen machen uns zu Nachahmern Christi, den man häufig weinen, aber nie lachen sehe usw. 6. Nichts sei der Klugheit so gefährlich wie jenes unordentliche Vergnügen an der Fleischeslust. Darum soll Klugheit die Wollust des Geschlechts unterdrücken, und darum zeige man poetisch den Saturn als Kastraten. Nach Aristoteles (Eth. nic. 7,6) raubt Fleischeslust dem Weisen («sapiens») den Verstand («intellectum»), und Augustin belegt auf seine Weise, daß solche Lust der Klugheit schädlich sei (Solil. 1, 1, PL, Bd. 40, 866). Und wieder erweist sich das Alter als tugendhaft, weil es frei sei vom Schmutz venerischer Begier (Cicero, Senect. 12,39 f.). Schließlich habe die Liebe Gottes der «Klugheit» das Instrument fleischlicher Lust abgeschnitten, und die daraus erstandene Venus sei der gute und heilige und ordentliche, der von leiblicher Lust freie Genuß der Liebe (Venus /–> Aphrodite; vgl. Platon, Symp. 180a). 7. Die Dichter erzählten, Saturn habe seine eigenen Kinder verspeist («in cibum assumpsisse»). Das sei die siebte Eigenschaft der Klugheit, daß sie sich an sich selbst sättigt, sich ernährt mit den eigenen Taten, welche nichts seien als ihre Kinder. Wie Speise den Leib des Essenden nährt, mehrt und zustande bringt, so nährt ihr Gebrauch die Tugend, macht sie eifriger, stärker und vollkommen, wie Augustin an der «caritas» beobachte (Epist. in Joh. Tract. 5,4, PL, Bd. 35, Sp. 2014).

Seit dem Mittelalter wird Saturn überwiegend negativ beurteilt. Der menschenfressende Gott wird nun erstmals auch bildlich dargestellt, z. B. in den Ausgaben des «Ovide moralisé».

Auch als Planetengott werden dem Saturn nur negative Eigenschaften zugeschrieben. Im Zeichen des Saturn geboren sein bedeutet, unter einem Unstern zu stehen; seine Kinder sind die ärmsten der Armen, Krüppel, Verbrecher, Gefangene. Gegen Ende der römischen Republik werden

K. und Saturn dann nicht mehr dem Planeten als Gottheit zugeordnet, sondern mit ihm identifiziert: heißt es nun nicht mehr «Stern des K.», sondern nur noch «K.», statt «Stern des Saturnus» nur mehr «Saturnus».

Die Farbe des Saturn ist schwarz; er ist kalt und trocken; hohes Alter, tiefste Armut und Tod gehen mit ihm einher (Myth. Vat. I 1,4).

Die Melancholie, die schon in arabischen Schriften des 9. Jh. mit Saturn assoziiert wird, hat durchaus auch einen positiven Aspekt: Sie ist das Temperament des schöpferischen Menschen («Gleichsetzung von saturnischer Melancholie und Genie»; Klibansky u. a. 1964, S. 114). Die neuplatonische Rehabilitierung des Saturn als Hüter der Weisheit, als Patron der Künste und Wissenschaften hatte wenig Tragweite. Eine der seltenen Bearbeitungen dieses Gedankens haben wir in Joachim Sandrarts Gemälde «Minerva und Saturn als Schützer von Kunst und Wissenschaft» vor uns (Wien, Kunsthist. Museum; zur Emblematik vgl. H./S., Sp. 1813–1815).

C *Typus.* K. wird im allgemeinen als alter, oft gebrechlicher, mürrischer oder auch melancholischer Mann dargestellt. Dieses Bild hat sich jedoch erst im Laufe der Neuzeit etabliert. Die ältesten erhaltenen Denkmäler der griechischen Kunst (5. Jh. v. Chr.) zeigen noch keine besonderen Charakteristika. Nach Mitte des 5. Jh. bildet sich der Typus des reifen Mannes mit vollem Haupt- und Barthaar heraus. Darin unterscheidet er sich nicht von –> Zeus oder –> Poseidon, sein Charakteristikum jedoch ist der den Hinterkopf verhüllende Mantel (marmorner Kolossalkopf, 1. Jh. v. Chr.; Rom, Musei Vaticani, Inv. 698). – Ein römischer Ringstein (Karneol; New York, Metropolitan Museum, Inv. 81. 6. 53) zeigt den Kopf des K. mit düsterer Miene (vgl. **B**) im Profil nach rechts; der Mantel bedeckt den Hinterkopf.

Attribute. Hauptsächliches Attribut ist die Sichel, einerseits das Werkzeug des K. bei der Kastration des Uranos, anderseits das Gerät des Akkergottes. Ein Wandbild aus Pompeji (Casa dei Dioscuri, IV. Stil; heute Neapel, Museo Nazionale, Inv. 8837) stellt den stehenden K. (mit langem Mantel und verschleiertem Hinterkopf) mit einer Sichel in der Rechten dar. – Bei Servius (Georg. 2,406) wird die Sichel aufgrund ihrer Form zum Symbol der Zeit, die in sich zurückkehrt (vgl. **B**). Sie symbolisiert damit dasselbe wie die Schlange oder der Drache, die sich in den Schwanz beißen (s. u.). – Im Mittelalter wird die Sichel durch die Sense ersetzt – erstmals in der Rabanus-Maurus-Handschrift des 11. Jh. («De Universo»; Monte Cassino, Codex 132). Auch Primaticcios Entwurf für eine Maskerade zeigt Saturn (geflügelt) mit Sense (Zeichnung; Stockholm, Nationalmuseum, Abt. Graphik). – Zum Charakter des K. fügt sich gut, daß Sichel und Sense seit dem Mittelalter auch Attribute des Todes sind.

Nachantike Attribute (seit dem 5. Jh.) sind auch Schlange oder Drache, die sich in den Schwanz beißen: der Kreis, ohne Anfang und Ende, als Symbol der Ewigkeit (vgl. Martian 1,70, Dick S. 33; Remigius 1,33.8, Bd. 1, S. 127; Myth. Vat. III 1,6 u. a.).

Flügel charakterisieren den K. als Personifikation der Zeit (Chronos). Ikonographisches Vorbild sind antike Darstellungen des *Kairos*, des flüchtigen Augenblicks, sowie des *Aion*, des gegenteiligen Aspekts der Zeit im Sinn von Ewigkeit. – Der Gedanke der flüchtigen Zeit impliziert folgerichtig den der Vergänglichkeit. So trägt K. / Chronos als Attribut ein Stundenglas, etwa auf Bronzinos Londoner Allegorie (*Allegorie mit Venus und Amor*, 1540er Jahre; London, National Gallery). Ein Stundenglas erscheint zwischen den Flügeln des Gottes in seinem Nacken.

Gelegentlich hält er auch Schlüssel in der Hand (spätantikes Relief; Alexandria / Ägypten, Museum) – ein Attribut, das vielleicht der Ikonographie des Aion / Aeon, der ursprünglich das Leben, die Lebensdauer, verkörpert, entlehnt ist.

Krücken veranschaulichen die Gebrechlichkeit des Alters (Saturn als Personifikation des Gestirns mit seinen «Kindern», auf einem Holzschnitt aus einem Blockbuch, Mitte 15. Jh.: ein bärtiger, magerer Alter, der sich mit der Linken auf eine Krücke stützt, in der Rechten eine Sichel hält. Abb. bei E. Panofsky 1967 (–> Allgem. Bibl.), Taf. XXVI, Nr. 48).

D 1. *K. verschlingt seine Kinder* (s. **A**). In der Antike nie dargestellt, prägt dieses Thema das K.-Bild der Neuzeit nachhaltig. Das früheste Beispiel findet sich auf einer Illustration zum «Ovide moralisé» (München, Bayerische Staatsbibliothek, MS lat. 14271). Aus der Vielzahl der Darstellungen greifen wir hier nur die wohl bekanntesten heraus – das Gemälde des P. P. Rubens (1636 / 38, Jaffé Nr. 1324; Madrid, Prado) und das des Francisco Goya (*Saturn*, um 1821 / 23; Madrid, Prado). Während Rubens einen gebrechlichen Alten darstellt, dem man diese bestialische Tat kaum zutraut, und die Reaktion des Kleinkindes, dem der Alte die Brust zerfleischt, im Brennpunkt des Interesses steht, wird Saturn bei Goya zum gierigen Monster, das Kind zur leblosen Puppe. J. A. Tomlinson

(1994, S. 255 f) verweist im Zusammenhang mit Goyas Darstellung auf das Bühnenstück «Salle de la Fantasmagorie» von Etienne-Gaspard Robertson (1800) und eine Vorliebe für das Monströse im Madrid jener Jahre.

2. *Die Geburt des Zeus / die Täuschung des K.* –> Zeus

3. *K. / Saturn und Philyra* (Apollodor, Bibl. 1,2,4; Vergil, Georg. 3,93; Hygin, Fab. 138, u. a.). Das selten dargestellte Thema zeigt ein Majolica-Teller aus Urbino (1543; Florenz, Bargello). In Gestalt eines Schimmels, die K. angenommen hat, um nicht von seiner Gemahlin Rea entdeckt zu werden, nähert er sich in Gegenwart Amors dem Mädchen, das in Erwartung auf der Bettkante sitzt. In den Wolken erscheint K. / Saturn in seiner wahren Gestalt als bärtiger Alter, eine Sense in der Hand.

4. *K. / Chronos als Personifikation der Zeit.* In diesem Verständnis erscheint K. in vielfältigem Zusammenhang. Ein Fresko Paolo Veroneses hat *Zeit und Geschichte* zum Thema (um 1560 / 61; Villa Barbaro-Volpi, Maser, Stanza del Cane), wobei K. die Zeit verkörpert. – Anton van Dycks Allegorie *Die Zeit stutzt der Liebe die Flügel* (1630 / 32; Paris, Musée Jacquemart-André) zeigt einen geflügelten alten K. (bärtig mit Stirnglatze); er hat die Sense abgelegt, um dem kleinen Cupido die Flügel zu beschneiden. Vorbild war wohl ein Emblem von Otto van Veen (1567, S. 237), das dem Gedanken eine neue Wendung gibt: Mag die Zeit auch die Liebe abschwächen, der Geist bleibt unberührt («mens immota manet»).

Lit.: Klibansky, Raymond / Panofsky, Erwin / Saxl, Fritz: Saturn and Melancholy. London 1964. Panofsky, Erwin, 1967 (–> Allg. Bibl.), S. 69–93 («Father Time»). Serbeti, Eleuteria D., in: LIMC 1992, 6,1, 142–147; 6,2, S. 64–67, s.v. Kronos. Tomlinson, Janis A.: Francisco Goya y Lucientes. London 1994, S. 245 f.

Kureten –> Zeus

Kybele, auch Kybebe, Dindymene, Berekynthia (Vergil, Aen. 6,784; Fulgentius, Myth. 3,5, 711–715, Helm 1970, S. 64–66), griech., lat. Cybele, Magna Mater, Ops. Phrygische Berggöttin und Muttergottheit (Kl. Pauly, Bd. 3, Sp. 383). Göttin der Fruchtbarkeit und des weiblichen Geschlechts. Die lebenerzeugende Kraft in Tier- und Pflanzenwelt (Sophokles, Phil. 391; Lucretius, De rer. nat. 2,589 ff: die Erde, «tellus», aus der alles entsteht, Meer und Feuer, Getreide und fruchtbringende Bäume für die Menschen, Flüsse und Blätter und fette Weide für das wilde Getier). Nach Herodot (2,2) soll das ursprüngliche Wort für «Brot» phrygisch gewesen sein (vgl. Lucretius, De rer. nat. 2,612 f). Schließlich gilt sie als Prinzip allen Lebens schlechthin (Cornutus, Nat. deor. 5; Salustios 4). Auch hat man K. für eine Gründerin und Schützerin der Städte gehalten, die sie auf ihrem Rücken trägt (Lucretius, ebd. 2,607; Vergil, Aen. 10,253; Ovid, Fasti 4,219; Cornutus, Nat. deor. 5).

In K. manifestiert sich ursprünglich eine fundamentale Lebensmacht, deren allgemeine Bedeutung in der weiten Verbreitung ihres Kults in der alten Welt anschaulich wird. Damit geht einher, daß man sie lokal und v.a. in der späteren Mythographie mit einer Anzahl anderer Göttinnen identifiziert hat (s. u.). Wesentlich ist ihre enge kultische Verbindung mit Attis (vgl. den Schrein der Mutter von Dindyme und Attis in Dyme: Pausanias 7,17,5).

Wohl mit besonderer Autorität des Ahnherrn Aeneas, der aus Troia unweit des Berges Ida stammt, findet sie als «Mater Deum Magna Idaea» (die große Mutter vom Berge Ida) durch Senatsbeschluß 204 v. Chr. Eingang in Rom. Ihr Heiligtum stand auf dem Palatin. Zwischen 384 und 394 kommt es zu einer «Auseinandersetzung zwischen dem Mysterienkult der Magna Mater und dem staatlich verordneten Christentum ...» (Ch. Beutler 1985, S. 37). Schließlich soll die Marienverehrung des frühen Christentums ihr einige Impulse verdanken (Kl. Pauly, Bd. 389).

Ihr blutiger Kult ist orgiastisch-ekstatischer Art. Seine Protagonisten sind Priester, die eunuchischen Galloi (lat. Galli oder Korybanten), und besonders Frauen. Er wird angetrieben durch Musik und Tanz, durch Flöten, Becken, Rasseln und Pauken. Athenaios (14,636a) nennt Lärm von Trommeln, Tuben (?) und beidhändig geschlagenen Becken (Cymbeln), jedenfalls rhythmische und Windinstrumente.

A Ein Mythos der K. ist nur in Bruchstücken erhalten, in denen sich zumeist weniger ihr Wesen als ihr Kult, seine Protagonisten und Instrumente spiegeln.

Die Kultgemeinschaft mit Attis veranschaulicht eine polarisierte Zweierbeziehung, die ihren Ausdruck auch in je eigenen Geschichten findet, die den Mann / Knaben immer als Opfer zeigen. Auffällig ist das Motiv der Zuneigung der Göttin zu ihm einerseits, seine Impotenz (gewöhnlich aus rauschhafter Selbstverstümmelung) und zumeist auch sein Tod andererseits.

Die «bekannteste» und vielleicht bedeutsamste Geschichte zu Attis referiert Pausanias (7,17,5). In Pessinoos (auf dem Hang des Dindymos [Adgistis] in Westgalatien) erzähle man dieses: Im Schlaf läßt Zeus seinen Samen auf den Boden (auf die Erde!) fallen. An dieser Stelle erhebt sich nach einiger Zeit ein dämonisches Zwitterwesen. Man nennt es Adgistis. Die Götter fürchten sich vor ihm und schneiden ihm das Gemächte ab (nach Arnobius 5,6 hat Liber dafür eine komplizierte Vorrichtung gebaut). Daraus erwächst alsbald ein Mandelbaum mit schon reifen Früchten (ein Granatapfelbaum, meldet Arnobius 5,6). Man sagt, eine Tochter des Flusses Sangarios (ebendort) habe einige Nüsse aufgehoben und in ihren Gewandfalten (oder im Schoß: Arnobius, ebd.) verwahrt. Diese verschwanden sogleich, und sie wurde schwanger. Den Knaben, den sie gebar, setzte die Frau aus. Ein Ziegenbock kümmerte sich darum (Arnobius 5,6 spricht von Bocksmilch = «lacte hirquino»). Das Kind wuchs heran zu einem Knaben von unglaublicher Schönheit, in den Adgistis sich verliebte. Den Herangewachsenen schickte die Familie (sic) nach Pessinoos, dort die Königstochter zu heiraten. Beim Hochzeitsgesang erschien Adgistis, und A. wurde wahnsinnig. Er schnitt sich sein Gemächte ab, der Brautvater ebenso. Adgistis reute das alles so sehr, daß er Zeus dazu bewegte, daß A.s Körper nie verfallen und auf irgendeine Weise verwelken möge.

Es fällt auf, daß diese Geschichte den Attis nicht mit der Göttin konfrontiert, doch ist sein «Vater» Adgistis ein Kind der Erde. Anders Arnobius (5,6), der betonen wird, die Göttermutter habe den schönen Knaben geliebt. Im Weinrausch («perbacchatus») wirft A. sich unter einer Föhre («pinus») zu Boden und kastriert in einer Opfergeste an Adgistis («Acdestis») sich selbst. Die Göttin («Magna Mater») habe das Gemächte aufgenommen und sogleich im Boden verwahrt. Aus dem Blut seien die Blume Viola und eine Föhre entsprossen (nach Ovid, Met. 10,13 f, verwandelte Attis sich in den Baum). Das Mädchen Nana habe sich selbst getötet. Dort, wo die Göttin sie begrub, sei eine Mandelbaum gewachsen zum Zeichen bitteren Verderbens.

Wiederum nach Pausanias (ebd., mit Hinweis auf Hermesianax) ist A. ein Sohn des Phrygers Kalaos und von Geburt an impotent. Er wächst auf in Phrygien, wo er an den Mysterien der Göttin für die Lyder teilnimmt. Die Göttin findet an ihm so großen Gefallen, daß Zeus verärgert einen mörderischen wilden Eber schickt, dem auch A. zum Opfer fällt (–> Adonis). In diesem Sinn meldet Ovid (Fasti 4,223 ff): Der hübsche Knabe Attis fesselt die «Mauergekrönte» in keuscher Liebe. Sie will, daß er ihr dient, ihre Tempel schützt, und sie will, daß er immer keusch bleibt. Er verliebt sich in eine Wassernymphe, die zur Strafe sich in einem Baum verwandelt. Attis (237 ff) nimmt einen scharfen Stein und schneidet sich das Gemächte ab: die Teile, die ihm schadeten (240). Jetzt fehlen ihm die Zeichen der Männlichkeit (242). Dieses sei Beispiel für die langhaarigen Diener («ministri») der Göttin, die sich die schlimmen Glieder abschneiden (243 f).

Den Kult vor Augen hat auch Catull (63,1 ff): Im Hain der Göttin packt den Mann rasender Wahnsinn, und er schneidet sich mit scharfem Stein das Gemächte («pondera») ab. Dann (10 ff) schlägt er zu Ehren der Mutter Cybebe das Tympanon, schlägt auf die «Höhlung der Stierhaut» und singt. Festus (52, S. 45,3 f) sagt, «Cybebe mater» nenne man die Göttin, weil sie Menschen in Raserei versetze (von griech. «kýbebon»).

Eine rationalisierende Geschichte zu K., die er als phrygischen Mythos vorstellt, konstruiert Diodor (3,58,1 ff), wobei K. unversehens die Züge einer Mainade (–> Dionysos) annimmt.

Demnach wurde die Göttin in Phrygien geboren. Sie ist Tochter von König Meion (von Phrygien und Lydien) und Dindyme. Der Vater verstößt den Säugling und setzte ihn auf dem Berge Kybelos aus. Vielleicht nach göttlichem Plan begannen Leoparden und einige andere besonders wilde Tiere das Kind zu säugen. Das beobachten einige Frauen bei den Herden in der Nähe, nehmen sich des Kindes an und nennen es nach dem Namen des Platzes Kybele. Das Kind wächst heran zu einer Frau von außerordentlicher Schönheit und Tugend, die auch für ihre Intelligenz bewundert wird, denn sie erfindet die mehrteilige Flöte aus Schilfrohr (Syrinx), die Zimbel und die Kesseltrommel (?) zur Begleitung von Spielen und Tanz. Außerdem lehrt sie das Heilen von Herden und kleinen Kindern durch Reinigungsriten. Weil nun die Kinder durch ihre Zaubersprüche vom Tod errettet wurden und weil sie die Kinder gewöhnlich auf den Arm nahm, führen ihre Hingabe und Zuneigung dazu, daß die Leute von ihr als der «Mutter vom Berge» sprechen («meter prosagoreuthena»). Ihr Begleiter, der sie liebte, war der keusche –> Marsyas, der die Laute vieler Schilfrohre in eine einzige Flöte brachte. Zur Frau herangereift, verliebt K. sich in einen einheimischen Jüngling, Attis, den man später Papas nannte. Sie vereinigt sich heimlich mit ihm und wird schwanger. Das geschieht etwa zu der Zeit, als ihre Eltern sie als ihr Kind anerkennen (Diodor 3,59). Sobald der Vater weiß, daß die Tochter schwanger ist, läßt er ihre Ammen und den Attis töten. Die Leiber läßt er unbeerdigt. Da wurde K. aus Liebe zu dem Jüngling und Gram über die Ammen wahnsinnig, lief aus dem Palast in das Land. Sie schrie laut, schlug auf die Kesselpauke und zog so – mit aufgelöstem Haar – von Land zu Land. Nur Marsyas folgte ihr aus Mitleid und aus alter Liebe zu ihr.

Schließlich (ebd. 59,7) soll die Leute in Phrygien eine Pestilenz befallen haben, und das Land trug keine Frucht. Da fragten sie den Gott, und der riet ihnen, den Leib des Attis zu begraben und die K. als Göttin zu verehren. Weil der Leib des Attis verschwunden war, machten sie ein Bild von ihm. Davor sangen sie Trauergesänge und beschwichtigten den Zorn des ungerecht Behandelten durch Ehrerweisungen. Diese Riten pflege man bis in unsere Tage, sagt Diodor. Der K. errichteten sie Altäre und opferten ihr alljährlich. Später bauten sie ihr in Pisinos (Pessinoos) in Phrygien einen kostbaren Tempel, in dem sie zu Ehren der Göttin Opfer von größter Pracht darbrachten. Aus Liebe zur Schönheit nahm Midas an diesen Werken teil. Neben die Statue der K. stellten sie Panther und Löwen, da man meinte, daß sie ursprünglich von diesen Tieren gesäugt worden sei.

Augenscheinlich ebendiesen Kult, doch ohne Attis, führt Diodor in einer anderen Geschichte (3,57,2 ff) zurück auf eine Tochter des Uranos, die Titanin Basileia, die man ob ihrer Fürsorge für ihre Geschwister die «Große Mutter» genannt habe. Hier wird der Lauf der Ereignisse bestimmt durch den Tod ihrer Kinder, Helios und Selene, von der Hand der eifersüchtigen Titanen. Die Kinder versetzt man an den Himmel, die Mutter verehrt man als Göttin.

B Die wesentlichen Epithetha weisen die K. durch die Zeiten spezifisch als Mutter aus. «Mutter der Götter und Menschen» nennt sie der Homerische Hymnos 14. «Große Mutter» (griech. «Méter Megále») oder auch nur «Mutter» heißt sie z. B. bei Plutarch (Mar. 17 und Themist. 31). Lucretius (de rer. nat. 2,598 f) nennt sie die «Große Mutter» der Götter und der wilden Tiere und Schöpferin unseres Leibes. Bei Augustin (Civ. 2,4) heißt sie die «Allmutter» («mater omnium»).

Wohl zu allen Zeiten hat man in dieser Gottheit eine Personifikation der (Mutter) Erde sehen können (vgl. Macrobius, Sat. 1,21,8), häufig vornehmlich des fruchtenden Bodens (lat. «tellus»), der uns unterhält, bisweilen zugleich des Weltkörpers (lat. «terra»). Nach Arnobius (5,7) wohnt die Mutter der Götter in einer Höhle, wohin sie die Föhre, unter der Attis sich entmannte, genommen hat und gemeinsam mit «Acdistis» davor trauert und klagt.

An ebendiese Erdgöttin schließt eine der eher seltenen Deutungen ihres mystischen Verhältnisses zu Attis bei Firmicus Maternus (3,2): Man meine, daß die Erde («terra») die Feldfrüchte («fruges») liebt. Die Strafe, die Attis erlitt, sei ein Bild für das, was der Schnitter den reifen Früchten antut, sein Tod ein Bild dafür, daß man die Samen verwahrt («conduntur»), sein Leben ein Bild dafür, daß man die Samen im Wechsel der Jahre wieder in die Erde einbringt («reconduntur»). Ähnlich Fulgentius (Myth. 3,5, 713, Helm 1970, S. 65): Wie einer eine Blume liebt und sie dennoch abschneidet, so tat Berecynthia/K. an Attis, denn «antis» heiße griechisch «Blume».

Anderseits wird Fulgentius (Myth. 3,5, 711, ebd. S. 64) die Geschichte (der «Berecynthia») kritisch als banale Affäre zwischen einer alten Frau («anus») als kindischer und eifersüchtiger Liebhaberin vorstellen, die mit der Kastration des Quells wollüstiger Wünsche gar ihrem eigenen Interesse schadet.

Ihre leibliche Erscheinung stellte man sich vor als Frau in einem von zwei Löwen gezogenen Wagen (z. B. Lucretius ebd., 600 ff). Ihr Haupt ziert eine Mauerkrone (ebd. 606). Auch ein Zepter und/oder einen Schlüssel in ihrer Hand hat man gesehen, und sie sei in ein farbiges Gewand gekleidet gewesen (s.unten).

Es ist vorzüglich dieses Bild, an dem die Deutung ihres Wesens sich übt. Dabei wird sie eigentlich immer als Erdgöttin verstanden, die zur Identifikation mit anderen Göttern einlädt.

Isidor (Etym. 8,11,59–69; vgl. Rabanus Maurus, Sp. 431a ff; Myth. Vat. III 2,3, Bode S. 158) spricht von «Ceres» (–> Demeter) und erklärt deren verschiedene Namen; Ops, Proserpina, Vesta, Tellus und Magna Mater, auch Alma usw. (–> Demeter). Ops heiße sie, weil der Boden («terra») durch Bearbeiten («opere») besser wird. Proserpina, weil aus ihr (dem Boden) die Früchte hervorkriechen («proserpiunt»); Vesta, weil sie geschmückt («vestita», gekleidet) wird durch die Vielzahl von Pflanzen und Dingen. Ebenso heiße sie «Vesta» «vi sua stando»: aus eigener Kraft stehend. Vesta nenne man sie auch, weil die Erde zweifellos auch Feuer enthält (wie man am Ätna sehe). In diesem Sinn hält man sie auch für jungfräulich, weil das Feuer ein unverletzliches Element sei; denn nichts könne aus ihm erstehen, weil es alles, was es an sich reißt, aufnimmt (also nicht von sich gibt, nicht herausgibt).

Als «Tellus» und «Magna Mater» zeige man sie mauerbekrönt («turrita»), mit Tympanon und Hahn (s. u.) und dem Lärm von Cymbeln. «Mutter»: sie bringt viel hervor; «magna»: sie gebiert Nahrung. «Alma»: sie ernährt («alit») mit ihren Früchten alle Lebewesen («animalia»). Man zeigt sie mit einem Schlüssel, weil der Boden («tellus») im Winter verschlossen, im Frühling geöffnet wird, damit die Früchte entstehen können. Das Tympanon zeige das Erdenrund (vgl. Remigius 2,70.8, Bd. 1, S. 191: ihr, Cybele / Ops, werden Tympana gegeben als Bild dafür, daß die Erde von zwei Himmelssphären umfangen ist). Der Wagen soll zeigen, daß die Erde im Raum («aere», in der Luft) schwebt; seine Räder veranschaulichen, daß die Erde sich dreht und rund ist. Die gehorsamen Löwen bedeuten, daß es auf der Erde nichts gibt so wild, das nicht unterworfen oder von ihr besiegt werden könnte. Die Mauerkrone bedeute, daß die Städte auf der Erde gleichsam durch große Türme ausgezeichnet sind. Sessel um sie herum zeigen, daß sie unbewegt bleibt, während alles andere um sie herum sich bewegt. Die schwertbewaffneten Corybanten zeigen die Notwendigkeit, die Erde zu verteidigen. Aufschlußreich auch das Motiv des Hahns, der nichts anderes ist als eine Übersetzung der «Galli» im Sinn des lateinischen Worts («gallus» = Hahn): Wer Samen braucht, soll der Erde («terra») folgen, denn in ihr kann man alles finden. Der Lärm der Cymbeln meint den Lärm des Ackergeräts bei der Feldbestellung, auch den Klang des Erzes (Bronze), mit dem man den Acker bearbeitete, ehe es Eisen gab.

Wieder anders der Mythograph (III 2,3, Bode S. 158), diesmal zu «Ops»: Nach Remigius sei sie eine sehr alte, korpulente Mutter («mater»), weil sie die Erde ist, die Gebärerin von allem. Korpulent sei sie, weil das Element Erde mehr Körper habe als die anderen. Sie trage ein buntes, von Metallen und Edelsteinen verziertes Gewand, wie sie sich im Schoß der Erde oder im Sand finden. Die Oberfläche der Erde werde geschmückt von der Vielfalt von Gräsern und Blumen. Man nenne sie auch Cybele, «quasi Cubele», denn das Element ist das festeste von allen. Den Kubus (Würfel) nenne man «solidus»; so spreche man auch von «kubischen» Zahlen (s. Remigius 1,5.22; Bd. 1, S. 73).

Im Bild der K. («Cibelles») präsentiert der Libellus (12) tatsächlich die Ge/Gaia, die Mutter der Giganten.

In moralisierender Allegorese liest Fulgentius (Myth. 3,5, 714, ebd. S. 65) die Mauerkrone als Zeichen stolzer Macht. Die Löwen bedeuten Tugend, welche die Macht leite. Die vielfarbige Kleidung zeige, daß alle Macht sich im Schmuck zeige, das Zepter kennzeichne herrscherliche Gewalt usw.

Eine Zusammenfassung der meisten gängigen Deutungen gibt Boccaccio (Gen. 1,8).

Ovid, Met. 10,103 f: Die Föhre («pinus») ist der Göttermutter («mater deum») lieb. In ihrem Stamm erstarrt, hat Attis seine Menschengestalt verloren.

C *Typus.* Der kanonische Typus der K. ähnelt dem einer anderen Muttergottheit: dem der –> Demeter. Die antiken Darstellungen, deren Mehrzahl aus hellenistischer und römischer Zeit stammt, zeigen sie thronend, mit Untergewand und Mantel bekleidet, den Mantel über den Hinterkopf gezogen. So muß sie das nicht erhaltene Kultbild im Metroon auf der Agora gezeigt haben. Ein Weihrelief vermittelt eine Vorstellung davon (Berlin, Staatl. Museen, Inv. SK 691[K 106]).

Attribute. Charakteristisch sind: das Tympanon (eine Handtrommel, auf die sie meist die linke Hand stützt: Terrakotta-Sitzfigur, 3. Jh. v. Chr.; Gordion/Türkei, Museum, Inv. 2152 T 35), die mit Türmen besetzte Mauerkrone (eine Statue des 2. Jh. n. Chr., sog. Kybele Pamphilij; Rom, Villa Doria Pamphilij; Silbertetradrachmon, Smyrna 190–133 v. Chr.; Abb. in LIMC 1997, 8,2, S. 517, Nr. 113) und der Löwe oder (meist) mehrere Löwen, die entweder ihren Thron flankieren (Sitzstatuette der K., 2. Jh. n. Chr.; Madrid, Prado, Inv. 220 E) oder den Wagen der Göttin ziehen, wie wir es an der Bronzegruppe des 2. Jh. n. Chr. sehen (New York, Metropolitan Museum, Inv. 1897. 22. 24).

Als Löwenreiterin (zuerst in der Gigantomachie am Zeus-Altar von Pergamon, gegen 190 / 180 v. Chr.; Berlin, Staatl. Museen) sehen wir sie in einer (restaurierten) Marmorgruppe des 2. Jh. n. Chr. (Rom, Villa Doria Pamphilij), die K. auf einem springenden Löwen zeigt. – Weitere Attribute sind das Steuerruder und das Füllhorn.

D 1. *K. und Attis.* In der Antike tritt die Göttin häufig mit ihrem Geliebten Attis auf, der seine Herkunft durch eine phrygische Mütze verrät (dessen charakteristische Kleidung: ein eng anliegendes Hosengewand, das Bauch und Genitalien freilegt; die Hosenbeine sind vorn geknöpft). In einem Tempel sehen wir beide (K. mit riesigem Tympanon) auf einem Marmorrelief des 3. / 2. Jh. (Venedig, Museo Archeologico, Inv. 118). Auf einer vergoldeten Silberschale vom Ende des 4. Jh. (aus Parabiago; Mailand, Sopraintendenza Archeologica della Lombardia) fährt das Paar in einer Löwenquadriga.

2. *Cybele und Marsyas* (Diodor 3,58,1 ff). Nach dem Tod ihres Geliebten (s. o.) zog K. mit aufgelöstem Haar in Begleitung des –> Marsyas trauernd umher. Erika Simon (1973, S. 117 f) hat den Gegenstand des Gemäldes von Nicolas Poussin *Nymphe, Satyr, Faun und Putten* (so betitelt von A. Blunt) als *K. und Marsyas* identifiziert. Angeregt durch einen Stich von A. Mantegna, läßt Poussin die Göttin (in ungewohnter Nacktheit, mit offenem Haar) huckepack auf einem Satyrn reiten (um 1635; Kassel, Staatl. Kunstsammlungen).

3. *Cybele und Ceres als Allegorie der Erde.* Die Nähe der Ceres, seit uralten Zeiten auch als Erdmutter verstanden, zur Erdgöttin K. veranschaulicht ein Teppich nach dem Entwurf von Charles Lebrun (*La Terre*, Anf. 18. Jh.; Paris, Galerie Chevalier, Inv. 3535). Die Göttinnen sitzen nebeneinander auf einem Wagen. Auf dem Boden zu seiten der Ceres (mit Ährenkranz im Haar und Ähren in der Rechten) liegen Pflug, Rechen und Feldfrüchte, vor dem Wagen drei Löwen, wie sie sonst den Wagen der K. ziehen. Beide Göttinnen halten einen großen Spiegel (ein Hinweis auf die Identifizierung der einen mit der anderen!). K. setzt ihren Fuß auf ein Füllhorn, Ceres auf eine Korngarbe.

Eine monumentale Marmorgruppe von Charles Lebrun *(Saturn entführt K.)* greift auf ein rares Thema der Bildkunst zurück (eine von vier für den Garten von Versailles konzipierten Raptusgruppen, die vier Elemente darstellend, um 1680; Entwurf von Lebrun; Paris, Louvre). Der ausführende Bildhauer, Thomas Regnaudin, fügte zu Füßen der Gruppe die Figur der Ceres hinzu, die wie K. selbst, Ops und Rea eine Verkörperung der Erde darstellt (Saturn / –> Kronos).

4. *K. als Personifikation einer Stadt.* So wird K. in der neuzeitlichen Kunst v. a. verstanden, so auf der *Stele Giustiniani* Antonio Canovas (1797; Padua, Museo Civico; für den Governatore von Padua, Gerolamo Giustiniani): K. (Personifikation der Stadt Padua, im Profil) thronend, langgewandet, mit Mauerkrone auf dem Kopf, hält eine Urkunde.

5. *Das mythologische Porträt im Bild der K.* Im Vergleich mit anderen Göttinnen (Minerva, Juno u. a.) leiht K. selten ihr Bild einer Sterblichen, wie im Fall der thronenden Cybele im Getty Museum (Inv. 57.AA.19), deren Kopf M. Bieber (1968, S. 7 ff) einleuchtend für ein Porträt der römischen Kaiserin Livia hält.

Lit.: Beutler, Christian: Magna Mater oder Christus. Die Entstehung der Kreuzigungsdarstellung. In: Idea. Jahrbuch der Hamburger Kunsthalle 4, 1985, S. 19–41. Bieber, Margarete: The Statue of Cybele in the J. Paul Getty Museum. 1968 (J. Paul Getty Museum Publications 3). Simon, Erika: Poussins Gemälde «Bacchus und Midas» in München. In: Jahrbuch der Hamburger Kunstsammlungen 18, 1973, S. 109–118. Dies. in: LIMC 1997, 8,1, S. 744–766; 8,2, S. 506–519, s.v. Kybele.

Kyklopen –> Hephaistos
Kyparissos –> Apoll
Latona –> Leto

Leda, griech., Tochter von Thestios und Erythemis (Apollodor, Bibl. 1,7,10) oder anderen Eltern. Gemahlin des Tyndareos, Geliebte des –> Zeus, Mutter der Dioskuren Kastor und Pollux, von Helene, Klytaimnestra und Timandra. Bei Homer (Od. 2,298 ff) sind Kastor und Pollux Söhne des Tyndareos, Helene gilt als Tochter des Zeus (Homer, Il. 3, 426; ders. Od. 4,184). In den Homerischen Hymnen (17 und 33, an die Dioskuren) sind auch die Dioskuren Kinder des –> Zeus.

A Die frühe Tradition der L.-Sage ist kompliziert, und über die Herkunft der Kinder der L. herrschen vielerlei Auffassungen. Jene für die Bildkunst so fruchtbare Version, der zufolge Zeus L. in Gestalt eines Schwans heimsucht, stammt vielleicht von Euripides (Hel. 16 ff; Iph. aul. 794 ff). Von der Liebesaffäre mit Zeus wissen auch Isokrates (10,59) und Antiphilos (Anth. Pal. 5,307), der die Begegnung am Ufer des Eurotas (s. Hygin, Fab. 77) stattfinden läßt. Helene und die Dioskuren sollen aus einem Ei geschlüpft sein (Servius, Aen. 3,328; Horaz, Ars 147) oder nur Pollux mit Helene (Hygin, Fab. 77), oder L. hat zweimal ein Ei ausgebrütet (Myth. Vat. I 20). In den Kyprien ist nicht L., sondern Nemesis die Mutter der Helene (Athenaios 8,334b). Kompliziert hierzu Hygin (Astron. 2,8). Der abgewiesene Liebhaber Juppiter verwandelt sich in einen Schwan, der sich vor einem eigens von Venus gespielten Adler in den Schoß der Nemesis flüchtet. Die ahnungslose Frau fällt in Schlaf, und der Gott kommt zum Ziel. Nemesis gebiert ein Ei, das schließlich Merkur der Leda in den Schoß wirft, und Helena kommt zur Welt.

B Fulgentius (Myth. 2,13, 694–696, Helm 1970, S. 54 f) erkennt in der Geschichte geheimnisvollen Sinn, den er offenbar den Folgen der Vereinigung des Gottes mit Leda, v.a. der Helena, abzwingt. Der Name «Leda» («quasi lida» von lat. «lis, litis») heiße soviel wie «Streit» («convicium»). Wenn Macht sich der Gewalttätigkeit hingebe, dann verändere sie dabei ihre ursprüngliche Erscheinung der Großmut. Nun sei der Schwan ein streitsüchtiges Tier, und ebendarum nehme Juppiter dessen Gestalt an. Wann immer Edelsinn («nobilitas») gewalttätig wird, muß er notwendig sich auf Streit einlassen. Wie nun ein Ei mit (schmierigem) Schmutz («sordities») angefüllt sei, so sei die Frucht der Gewalttätigkeit gleichermaßen schmutzig: Castor, Pollux, Helena (vgl. Myth. Vat. III 3,6, mit einigen kleinen Verdeutlichungen). Hierzu kontrastiert das pathetische Bild bei K. Ph. Moritz (1795 / 1966, S. 64): «Mit dem majestätischen Schwanenhalse schmiegte er sich an Ledas Busen.»

D *Leda mit dem Schwan* (s. **A**). Diese Begegnung, die in Literatur wie Bildkunst erst relativ spät in Erscheinung tritt, ist die bekannteste unter den Liebschaften des Zeus. In der Spätantike erobert das Thema alle Bereiche der bildenden Kunst (römische Wandmalerei, Mosaiken, Baureliefs, Grabkunst, Schmuck und Gebrauchsgegenstände). Von den drei ikonographischen Haupttypen, in denen sich das Thema in der antiken Bildkunst manifestiert, überlebt nur einer bis in die Neuzeit: der der im Liegen mit dem Schwan kopulierenden Leda. Das Motiv erscheint auf zahlreichen römischen Tonlampen (z. B. einem Stück des 3. Jh. n. Chr.; Athen, Agora, Inv. L 519) und Sarkophagreliefs (z. B. Rom, Palazzo Corsetti, 3. Jh. n. Chr., gefunden im Columbarium der Livia, Rom). – Der

Einfall eines Künstlers (auf literarischer Quelle fußend?), den Schwan an einem Gewandzipfel des Mädchens zupfen zu lassen, hat ebenfalls Schule gemacht (Mosaik aus Kouklia, um 200 n. Chr.; Nikosia, Cyprus Museum). – Deftiger die Schilderung auf einem koptischen Kalksteinrelief (aus Ägypten; um 400 n. Chr.; Oxford, Ashmolean Museum, Inv. 1970,403): Der Vogel zwickt das Mädchen in das pralle Hinterteil, worauf L. ihn am Hals packt. Es fällt schwer, hier an ein symbolisches Verständnis der Vereinigung L. mit dem Schwan als Bild der unbefleckten Empfängnis Mariens zu glauben (s. Lilly Kahil in LIMC 1992, 6,1, S. 246. Vgl. eher den Biß des Klapperstorchs als Bild für die Schwängerung).

Zärtlich zeigt sich Leda auf einem apulischen Gefäß (320/300 v. Chr.; Malibu, Paul Getty Museum, Inv. 86.AE.680): Sie wendet sich lebhaft dem Schwan zu und küßt seinen Schnabel, den Kopf mit beiden Händen fassend.

Die zahllosen Beispiele der neuzeitlichen Kunst, in der das Thema seit etwa 1500 populär ist, bewegen sich ikonographisch innerhalb eines begrenzten Spektrums. Sie schildern stets die sodomistisch anmutende Szene der Vereinigung des schwanengestaltigen Juppiter mit der Nymphe, die zunächst wohl von der Zutraulichkeit des Tiers entzückt ist (Stich von Bernard Picard nach Nicolas Bertin, 1693; Paris, Bibliothèque Nationale, Cabinet des Estampes), aber auch ihre Verwunderung oder gar Erschrecken kundtut (Gemälde von François Boucher, 1742, Slg. Mr. and Mrs. Stewart Resnick), dem Anliegen des Schwans schließlich jedoch nicht ungern nachzukommen scheint, wie man etwa der Leda des Antonio Correggio ansieht (Gemälde, um 1531/32; Berlin, Staatl. Museen). Auch ihre Gefährtinnen scheinen hier von dem Geschehen weniger beunruhigt als verzaubert. Angesichts der *Leda* von Michelangelo, deren Komposition durch antike Beispiele angeregt ist, möchte man von einer mentalen Versenkung der Leda sprechen, die der physischen des Juppiter antwortet. Das Gemälde (1529) ist verloren, jedoch vermitteln mehrere Kopien eine Vorstellung vom Original, so die dem Rosso Fiorentino zugeschriebene (frühe 1530er Jahre; London, National Gallery) oder jene des P. P. Rubens in Dresden (Gemäldegalerie Alte Meister; um 1601, Jaffé Nr. 10).

Auf einem verlorenen Gemälde Leonardo da Vincis (überliefert durch eine Kopie, früher Rom, Slg. Spiridon, sowie durch eine Vorzeichnung Leonardos, Paris, Louvre, Cabinet des dessins) stehen Schwan und Leda nebeneinander, in gegenseitiger Umarmung, Leda in Betrachtung der zwei aus den Eiern geschlüpften Zwillingspaare (Kastor und Polydeikes,

Helena und Klytaimnestra; s. **A**). Der Lilienzweig in L.s Hand symbolisiert die Reinheit dieser Beziehung wie jeglicher Vereinigung zwischen Sterblichen und Göttern.

Eine geistige Überhöhung des Themas zeigt auch der Symbolismus, etwa die beiden Darstellungen Gustave Moreaus, die nicht den Moment der Kopulation festhalten, sondern einen Zustand der mentalen Vereinigung beider beschreiben (Grisaille, 1860er Jahre; Gemälde um 1865–1895; beide Paris, Musée Gustave Moreau). – Ganz anders Lovis Corinth: Seine beiden (verschollenen) Kompositionen mit einem Coitus a tergo (1902 und 1911) dürften kaum im Gedanken an eine Entrückung der Seele zu Gott entstanden sein.

Lit.: Hochstetler Meyer, Barbara: Leonardo's hypothetical painting of Leda and the swan. In: Mitteilungen des Kunsthistorischen Institutes in Florenz 34, 1990, S. 279–294. Kahil, Lilly u. a. in: LIMC 1992, 6,21, S. 231–246; 6,2, S. 107–126. Lise, Giorgio / Moro, Franco: Prima indagine per l'iconografia di ‹Leda e il cigno› nelle stampe. In: Rassegna di studi e di notizie 8, 1980, S. 179–229.

Leto, griech., lat. Latona. Titanin, Tochter des Koios und der Phoibe, Enkel von Uranos und Ge, Schwester der Asteria (Hesiod, Theog. 134 u. 409 f). Von Zeus Mutter des –> Apoll und der –> Artemis.

A Die Geschichte der L. ist mit der ihrer Kinder verwoben. Eigene Gestalt zeigt sie selten. Hesiod (Theog. 409 ff) sagt, sie sei allzeit mild, freundlich zu Menschen und Unsterblichen, die Sanfteste auf dem Olymp. Dunkel gekleidet sei sie gewesen.

Ovid (Met. 6,313 ff) erzählt, sie sei auf der Flucht vor der Juno / –> Hera nach Lykien gekommen (ebd. 6,337 ff). In unbarmherziger Hitze habe sie an einem Weiher sich durstig zum Wasser gebückt, als Bauern beim Schilfschneiden ihr den Trunk verweigerten. Langmütig, aber vergeblich bat sie, und selbst die Kinder hoben die Ärmchen. Zornig verwandelte sie schließlich die Männer zu Fröschen: «Ewig möget ihr in diesem Pfuhl leben!» (ebd. 369: «aeternum stagno» dixit «vivatis in isto»; die Geschichte wird auch der Ceres / –> Demeter zugeschrieben: Myth. Vat. II 95).

Milde zeigt sie gegen (vielleicht sogar zwei) Töchter der –> Niobe, die sich im Gebet an sie wenden. Der Tod der anderen durch Apoll und Artemis war Strafe für eine Verhöhnung der L., aber wohl nicht ihr Auftrag (Homer, Il. 24,602 ff). Fürsorge zeigt sie, als sie vor Troia (vgl. Homer, Il. 20,40) gemeinsam mit der Tochter den Aeneas heilt (Homer, Il. 5,447 f).

B Weitere Ausdeutungen und Beobachtungen zu L. haben zumeist die Geburt ihrer Kinder und die Umstände im Blick. Aelian (Hist. var. 5,4) erzählt, auf Delos gebe es Ölbaum und Dattelpalme, deren bloße Berührung nach Meinung der Deler der Frau half, sofort niederzukommen. Daß Sohn Apoll den Wolf mag, liege daran, daß L. sich für seine Geburt erst in eine Wölfin verwandeln mußte. Das folgt sicher Homer (Il. 4,101), wo man das «lykegenós» statt mit «licht-» mit «wolfgeboren» übersetzt hat (Aelian, De anim. 10,26). Hieran schließt wohl, daß nach Meinung der Deler L. zwölf Tage und Nächte brauchte für ihren Weg von den Hyperboräern nach Delos, denn eine Wölfin brauche genausoviel Zeit für ihren Wurf (ders., ebd. 4,4). Der Hahn sei der Lieblingsvogel der L. Grund dafür sei, daß ein solcher bei ihr war, als sie so glücklich mit Zwillingen niederkam. Darum sei bis zum heutigen Tag ein Hahn dabei, wenn eine Frau gebiert, denn man glaube, daß er die Entbindung erleichtert (ders., ebd. 4,29). Unerklärt bleibt, warum das («zweigeschlechtliche») Ichneumon, die Pharaomaus (oder -ratte), der L. und den Geburtsgöttinnen heilig sein soll (ders., ebd. 10,47; vgl. Physiologus 26; vgl. v.a. Antoninus Liberalis [29] u. Ovid, Met. 9,316 ff, wo ein Wiesel / Marder die Geburtsgöttin überlistet: –> Artemis, –> Hera).

Auf die flüchtige L., die sich überall versteckt, mag sich die Etymologie über das lateinische Verb «latere» (verbergen) bei Fulgentius (Virgil. 163) beziehen: L. nenne man Luna (Mond), weil der / die (!) sich ebenfalls wechselnd verbirgt: mal oben, mal unten, mal ganz. Hierher gehört ihre Nähe zur Tochter Artemis / Diana, der Mond- und Geburtsgöttin. Die flüchtige L. meint sicher auch das Epitheton «nächtig» («nocturna»; Eusebius, Praep. evang. 3,1).

Kühn konstruiert ist die Gleichsetzung von Hera / Juno und L. mit Erde bzw. Nacht und die abschließende Behauptung, daß beide dasselbe seien (Eusebius, Praep. evang. 3,1; 84 d). An die Grenzen der Plausibilität kommt die physikalische Deutung der L. als Bild für die untere Lufthülle, wie sie die Effekte von Sonne und Mond sichtbar macht und also mütterlich hervorbringt (ders., ebd. 3,11; 108d). Dazu kommt die Deutung des Wortes «letò» als «Vergeßlichkeit» (ebd.), welche Eusebius sich dann doch nur schwer vorstellen kann als die Mutter der in die beiden Gestirne übersetzten Apoll und Artemis / Diana (ebd. 3,13, 119d).

In Teilen nicht nachvollziehbar ist die Allegorese des «Ovide moralisé en prose» (6,7, de Boer S. 192). L. ist die Religion, die zwei gleichaltrige Kinder hat: Keuschheit und frommes Bekenntnis («saincte predicacion»). Diese bedeuten, daß der Sünder sich in Reue und «sacramentaler» Buße an Gott wendet und seine Sünden bedauert wie (die Heilige) Magdalena. In diesem Szenario ist Niobe ein Bild für den Hochmut der Welt, mit sieben Söhnen, welche die sieben Todsünden darstellen, und sieben Töchtern, die gleicherweise Übles bedeuten («mauvaise cogitation, delectation inique, entention, loquucion, mauvaise operacion, omission et obstinacion»). Als Kämpferin gegen alle Laster und menschliche Versuchungen erscheint sie in ihrem Umgang mit den lykischen Bauern (ebd. 6,8, de Boer S. 193).

In der Emblematik hat L. wohl keine besondere Aufmerksamkeit gefunden.

D 1. *L. mit den Zwillingen auf der Flucht vor Python* (Hygin, Fab. 140,2). L. wird entweder mit einem ihrer Kinder dargestellt (–> Apoll) oder mit Apoll und –> Artemis. Von der Schlange bedroht, wendet sie sich zur Flucht (röm. Kopie einer griech. Statue des 4. Jh. v. Chr.; Rom, Museo Torlonia, Inv. 68). – L. mit ihren Kindern stellt auch die traditionell fälschlich als *Medea* mit ihren Kindern bezeichnete Marmorgruppe von Domenico Pieratti dar (1634; Rom, Palazzo Barberini): Die beiden Kleinkinder haben sich vor der (zu ergänzenden) Schlange zu ihrer Mutter geflüchtet. Der kleine Bogen auf dem Boden weist eindeutig auf Apoll hin.

2. *Die Verwandlung der lykischen Bauern* (Ovid, Met. 6,317 ff). Auf einer großfigurigen Komposition von P. P. Rubens (Gemälde um 1627, Jaffé Nr. 895; München, Alte Pinakothek) sieht man L., die beiden Kinder auf dem Arm, am Rand des Teiches knien, den Blick hilfesuchend nach oben gerichtet. Während einer der Bauern sie mit einem Spaten bedroht, vollzieht sich an einem zweiten schon die Verwandlung. Der froschköpfige Mann mit Schlapphut entbehrt nicht einer gewissen Komik. – Im Park von Versailles hat Balthazar Marsy 1670 dieses Thema im Latona-Brunnen (Parterre de Latone) an prominenter Stelle in Szene gesetzt: In der Mitte eines ovalen Brunnenbeckens befindet sich die (einst vergoldete) Bronzegruppe der L. mit Apoll und Diana. Ursprünglich waren die den Juppiter um Hilfe Anflehenden dem Schloß (also dem König) zugekehrt (eine politische Anspielung auf das über die niederländischen bürgerlichen Provinzen triumphierende Königtum; Chr. Beutler 1979, S. 512). Seit 1689 wenden sich die Figuren dem Wagen des Apoll am unteren Ende der Allée Royale zu. – Eine Teppichserie nach Kartons von Toussaint Dubreuil eröffnet mit diesem Thema eine Reihe von sechs Episoden aus der Geschichte der –> Artemis / Diana: Latona wird von ei-

nem der Bauern rüde attackiert; aufmerksam verfolgen die beiden Kinder die Szene. In den Wolken erscheint, von Python getragen, Juno, die Urheberin des Übels.

Lit.: Beutler, Christian: Reclams Kunstführer Frankreich, Bd. I. Stuttgart, 2. Aufl. 1979.

Leukothoe –> Apoll
Liber –> Dionysos
Linos –> Apoll, –> Herakles
Lucina –> Artemis
Luna –> Artemis
Lykurgos –> Dionysos
Magna Mater –> Kybele, –> Demeter
Mainaden –> Dionysos
Mars –> Ares

Marsyas, griech., lat. auch Marsya. Sohn des phrygischen Musikers Hyagnis oder des Thrakers Oiagros (Hygin, Fab. 165,3), zumeist aber des Olympos (Apollodor, Bibl. 1,4,2), der jedoch seinerseits auch als Sohn und Schüler des M. (z. B. Ovid, Met. 6,393) genannt wird. Ein phrygischer Satyr (oder Silen, ein Mischwesen auf Bocksbeinen; vgl. Myth. Vat. I 127; vgl. Kentauren, Chiron). Vielleicht war er ein Hirte (Hygin, ebd.; Philostrat, Imag. 1,20; Palaiphat 48). – M. gehört in den Mythos des –> Apoll und dort in den Kreis der Musiker.

A Es heißt, –> Athena / Minerva habe aus einem Hirschknochen (oder überhaupt einem Knochen) die erste Flöte, den Aulos (Doppelflöte; eigentlich eine Pfeife: Kl. Pauly, Bd. 1, Sp. 755,51 ff), geschaffen und sie dann an der Göttertafel auch gespielt. Dabei soll sie mit ihren aufgeblasenen Backen Gelächter und Spott von Juno und Venus (oder von den Göttern überhaupt: Fulgentius, Myth. 3,9, 726, Helm 1970, S. 34; Myth. Vat. III 10,7) geerntet haben. Im Spiegel einer Quelle auf dem Berge Ida (Hygin, Fab. 165) oder des tritonischen Sees («palus»; Fulgentius, ebd.) fand sie, daß ihr recht geschah (aber sie habe auch den armseligen Klang des Instruments erkannt). Da warf sie die Flöte fort (vgl. Athenaios 14,616) und verfluchte sie: Schwere Strafe solle erleiden, wer immer sie aufhebt.

Das wird M. zum Verhängnis. Er findet das Gerät, nimmt es (nach Pausanias, 1,24,1, setzt es da gleich Hiebe von Athena), lernt eifrig und findet sich schließlich so gut, daß er den Kitharöden –> Apoll zum Wettstreit herausfordert.

Am ausführlichsten berichtet Diodor (3,59,2 f.) Man einigt sich, daß der Sieger nach Gutdünken mit dem Verlierer verfahren dürfe (Apollodor, Bibl. 1,4,2). Schiedsrichter sind die Nymphen vom Berge Nysa (die den –> Dionysos aufgezogen haben sollen!) oder die –> Musen (Hygin, Fab. 165).

Zuerst spielt Apoll auf seiner Lyra, dann bläst M. auf der Flöte (die wohl eine «Panflöte» ist!) eine Melodie, mit der er das Gefallen der Richter gewinnt. Nun darf Apoll noch einmal seine Kunst zeigen. Diesmal singt er zur Lyra, und diesmal hat er die Richter auf seiner Seite. M. klagt, hier werde Geschicklichkeit gemessen und nicht Musik, denn es gehe doch darum, die Harmonie der beiden Instrumente zu beurteilen. Überdies sei es nicht recht, zwei Techniken gegen nur eine zu halten. Apoll hält dagegen, daß zwischen dem Blasen einer Flöte und dem Singen kaum ein Unterschied bestehe. Das überzeugt die Richter. Ein letzter Vortrag fällt zugunsten der Lyra aus. Verärgert habe jetzt Apoll den M. geschunden (Diodor 3,59,5).

In der üblichen Version der Geschichte bezwingt der Gott den Kontrahenten damit, daß er die Lyra auf den Kopf stellt, darauf spielt und den M. auffordert, mit seiner Flöte ein gleiches zu tun (vgl. Apollodor, Bibl. 1,4,2; Hygin, Fab. 165; Myth. Vat. I 125; Myth. Vat. II 115; vgl. Ovid, Met. 6,382f f.; ders. Fasti 6,703ff.). Damit ist das Schicksal des M. besiegelt. Apoll hängt ihn an eine große Kiefer (Fichte?; nach Plinius, Nat. 16,240, war das eine Platane) und zieht ihm bei lebendigem Leibe die Haut ab (grausige Einzelheiten sieht Ovid, Met. 6,386 ff.) Hygin sagt (Fab. 165,5), er habe das einen Skythen tun lassen (vgl. Philostrat d. J., Imag. 2), der ein Glied nach dem anderen enthäutete, und den Leib habe er Olympos, dem Schüler des M., zum Bestatten übergeben.

Das soll in Kelainai (Celaenae) geschehen sein (z. B. Xenophon, Anab. 1,28). Aus dem Blut oder den Tränen der Satyrn und Nymphen sei der Fluß entstanden, der den Namen des M. trägt (Ovid, Met. 6,391 ff; Myth. Vat. I 125). Die Haut aber hängte man in einer Grotte bei Kelainai auf. Wenn man neben ihr eine phrygische Weise spielte, habe sie sich bewegt; spielte man aber eine Weise zur Ehre Apolls, dann sei sie unbewegt geblieben und wie taub gewesen (Aelian, Hist. var. 13,21). Die Flöte soll den Fluß hinunter und in den Maiandros (Maeander) geschwommen sein. In einem Tempel in Korinth habe man sie aufbewahrt (Pausanias 2,7,8). Der Wettstreit des –> Pan mit Apoll, bei dem Midas seine unrühmliche Rolle spielt, wurde von einigen auch dem M. zugeschrieben (Hygin, Fab. 191; Fulgentius, Myth. 3,9,726–731, Helm 1970, S. 73 ff; vgl. Myth. Vat. I 90). Zu –> Apolls Reue und Sinneswandel s. u.

Wenig bekannt ist, was Diodor (3,58,3) über M. berichtet. Demnach war der Phryger ein Verehrer der –> Kybele und v.a. ein Mann von geachteter Intelligenz und Keuschheit. Erstere habe er bewiesen damit, daß er die vielerlei Laute von Schilfrohr nachahmte und sie auf die Flöte übertrug. Letztere habe er mit seiner sexuellen Enthaltsamkeit bis zum Tod gezeigt (vgl. Pausanias 10,30,2).

B In den schriftlichen Quellen zeigt der Satyr keine individuellen Züge. Sein Gesicht sei grob und häßlich gewesen, und einen großen, starken Bart habe er gehabt (Apuleius, Flor., R. Helm, Bd. 2, Fasc. 2, 1993). Es kennzeichnet sicher auch die Erscheinung des M., wenn er gerade das Gerät spielt, das Athena fortwirft, weil es beim Spiel ihre Züge verzerrt. Betriebsamer Eifer und Geltungssucht, aber auch Hingabe an eine besondere Art von Musik führen ihn zum Untergang. Er steht im Spannungsfeld dreier Götter, die sein Wesen und sein Schicksal auf je eigne Weise sichtbar machen. Der Aulos als Windinstrument, dessen Abhängigkeit vom ungemessenen Rhythmus des lebendigen Atems sich mit der Vorstellung von ungezügelter Subjektivität verbindet, stellt ihn sogleich in die Nähe des –> Dionysos, wie es denn später auch heißt, er sei dem Bacchus in die Obhut gegeben worden (Boccaccio, Gen. 5,25; zur Beziehung des M. zu Liber s. u.).

Für den Charakter der Musik ist kennzeichnend auch, daß Athena die Flötenmusik in Nachahmung des Klagegesangs der Gorgonen über ihrer toten Schwester (–> Medusa) erfand (Pindar, Pyth. 12,18 ff), was wiederum anschaulich wird in M., der wie die Gorgonen ein Mischwesen ist. Sein Ende durch –> Apoll zeigt die Überlegenheit des Saiteninstruments, das in der wohlbemessenen Ordnung seiner Teile zum Organ umfassender (objektiver) Ordnung wird (hier ist interessant, daß Athen im 5. Jh. das Flötenspiel zugunsten der Kithara aufgibt; vgl. Kl. Pauly, Bd. 3, Sp. 1050). Die Art der Strafe macht in grausamer Ironie aus dem (bocksgestaltigen!) Mann einen «Schlauch», der sich – wie gewöhnlich eine Ziegenhaut (z. B. Homer, Od. 14,518; Horaz, Serm. 1,4,9) – mit Wein füllen ließe (vgl. Philostrat d. J., Imag. 2,2) oder auch zum Dienst als Dudelsack mit Luft. Daß er den Gott herausfordert, macht ihn zum warnenden Beispiel der subjektiven Hybris (–> Apoll); daß er die Flötenmusik über die der Kithara stellen wollte, zeigt ihn als Dummkopf («stultus»; so in der Gegenüberstellung von Athena = «sapientia» und M. bei Fulgentius, Myth. 3,9, 730, Helm 1970, S. 76; Myth. Vat. III 10,7; Bode S. 226,1 ff). Fulgentius (Myth., ebd. 3,9, 727, S. 74; s. auch Myth. Vat. III 10,7) sieht (mit Hinweis auf die «Theogonie» des –> Orpheus) in der Fabel eine Erfindung von Musikern und nimmt sie zum Anlaß für eine sehr interessante musiktheoretische Darlegung, die schließlich auch die Dummheit des M. zeigen und erklären soll, warum man ihn mit einem Schweineschwanz darstelle (vgl. Myth. Vat. II 115, wonach man das «turpitudinis memoria», in Anspielung auf seine Schmutzigkeit, tut; vgl. auch die Eselsohren des Midas).

Der «Ovide moralisé en prose» (6,9, de Boer S. 194) wird dem M. eitle Ruhmsucht und Prahlerei vor Gott und heuchlerisches Buhlen um irdisches Lob vorwerfen. – Merkwürdig Dante (Par. 1,20f), der zu sagen scheint, daß der Gott nicht die Haut vom Körper nahm, sondern vielmehr den Leib aus der Hülle barg: die Befreiung des mystischen Leibes. – K.Ph. Moritz (1795/1966, S. 224) meint wohl, daß M. einer griechischen Abneigung gegen künstlerisches Mittelmaß zum Opfer fiel.

Dagegen macht Platon den M. am Wesen des Sokrates, dessen Gesicht schon dem des Satyrn gleiche, zum Bild der hinreißenden, unwiderstehlichen Macht der Persönlichkeit («persona»!), die sich in der Rede ebenso äußert wie im Flötenspiel: ein tiefer Gedanke zur Beziehung von Musik und Stimme zueinander (Symp., speziell 215d-e).

Pausanias (10,30,2) berichtet, in Kelainai behaupte man, M. habe die Flöte erfunden, und zwar für –> Kybele (vgl. Diodor 3,58,3). Außerdem rühmte man, daß er bei der Verteidigung der Stadt gegen die Gallier mit den Wassern des Flusses und mit der Flöte geholfen habe, den Feind zu vertreiben (zum Aulos für die Kriegsmusik: Plutarch, Mus. 26). Nach Remigius war der Erfinder M. König von Lydien (9,491.7, Bd. 2, S. 324).

Das Bild eines Silen mit einem Schlauch, der einen Dudelsack (einen Windsack) dargestellt haben mag, stand unter dem Namen «Marsya» unweit des prätorischen Tribunals in Rom (Horaz, Serm. 1,6,120). Kopien davon stellte man in Städten auf, denen das «ius italicum» verliehen war. Es hieß, man habe sie als Zeichen der Freiheit verstanden, was zugleich die Beziehung des M. zu Liber (–> Dionysos) veranschaulichte (Servius, Aen. 3,20 u. 4,58; Myth. Vat. III 9,13 u. 12,1).

Ein Emblem IN ATTALUM («auf einen Reichen») bei Nicolas Reusner (1581, III, Nr. 27; H./S. Sp. 1744) macht unter dem Lemma TECUM HABITA («Geh in dich!») und mit dem Bild der Schindung den M. zum warnenden Beispiel für töricht vermessene Überheblichkeit. «Wenn du weise bist, sei mit deinem Los zufrieden und lerne, innerhalb (der Grenzen) deines Geschickes zu bleiben! Begnüge dich mit dem Platz, den die Natur dir zugeteilt hat! Wenn du nicht willst, was du hast, bist du schon elend. Denn was hast du, das du nicht als Geschenk der Götter hättest? Und je mehr du dir versagst, desto mehr erhältst du.» CUM DIIS NON CONTENDENDVM («Mit Göttern soll man nicht wetteifern» = unkluger Streit mit Mächtigen) lautet das Lemma eines anderen Emblems (Sebastián de Covarrubias Horozco 1610, II, Nr. 42; H./S. Sp. 1745). Auch jetzt zeigt das Bild die Schindung. Auffällig, daß hier, wie bei Reusner, der Baum eine Platane ist (vgl. **A** und Plinius, Nat. 5,106).

C *Typus*. M. wird in der Bildkunst unter zweierlei Gestalt vorgeführt: zum einen als *Satyr*, zum anderen in rein *menschlicher Gestalt*. Mit der für den Satyrn typischen Physiognomie (stumpfe Nase, niedrige Stirn, spitz zulaufende Ohren) ist M. in der klassischen Kunst Griechenlands ausgestattet. Der M. in der Athena-M.-Gruppe des Myron (s. u.) hat eine kurze stumpfe Nase, wulstige Lippen, schrägstehende Augen, Falten über der Nasenwurzel, gelängte Ohren (aber keine Spitzohren), kurzes, dem Kopf anliegendes Haar und einen strähnigen Kinn-, Bakken- und Oberlippenbart. Über dem Steißbein setzt ein Pferdeschweif an. – Der mit Hand- und Fußgelenken an einen Baumstamm gefesselte M. einer Gruppe mit messerschleifendem Skythen dagegen (um 200 v. Chr., überliefert durch mehrere römische Kopien, deren beste in Rom, Musei Capitolini; s. u.) ist ganz Mensch, wenn man von den zugespitzten Ohren absieht. Das kurze struppige Haar verleiht der Gestalt etwas bäuerlich Derbes. Der Ausdruck des alten Mannes ist gequält, so wie seit dem Hellenismus M. überhaupt stets als Leidender gezeigt wird – ein Bild der «still leidenden Kreatur» und Prototyp des Gekreuzigten E. Winternitz 1969, S. 187).

Ganz als Mensch faßt ihn auch die römische Kunst auf. Die Bildkunst der Neuzeit kennt beide Möglichkeiten: M. in Gestalt eines Satyrn und M. in Menschengestalt. Das späte Mittelalter und die Renaissance stellen ihn häufig als Hirten (Hygin, Fab. 165,3, Philostrat, Imag. 1,20, Palaiphat 48) oder Bauern dar und verleihen ihm ein entsprechendes Äußeres, wie Andrea Schiavone (gest. 1563) auf seinem Bild *Das Urteil des Midas*, das M., die Doppelflöte blasend, barfuß und mit grobem Hemd und Strohhut zeigt (Venedig, Accademia). Den Hirten M. meint wohl auch Pietro Perugino (vor 1450–1523; Gemälde *Der Wettstreit von Apoll und M.*, Paris, Louvre: Der hier jugendliche, bartlose M. hat kurzgeschorenes Haar).

Alternativ tritt M. als satyrgestaltiger Alter auf, nun auch wie –> Pan mit Bocksfüßen und Hörnern, wie auf Tizians *Schindung des M.* (–> Apoll) oder auf dem Bildteppich nach einem Entwurf von Nicolas Poussin (um 1636 / 1644; Minneapolis, Institute of Art).

Attribute sind Blasinstrumente, v.a. die Syrinx («Panflöte»; eines von zahlreichen Beispielen: die *Schindung des M.* von Tizian, s. u.; hier hängt die Syrinx an einem Ast des Baums, an den M. kopfunter gebunden ist). Ferner die Flöte (vgl. das Gemälde von Pietro Perugino, *Der Wettstreit zwischen Apoll und M.*, s. o.) und der Aulos (M. bläst ihn aus Leibeskräften auf dem Relief einer römischen Feldflasche aus Ton; Saint-Germainen-Laye, Musée des Antiquités Nationales). Auf mittelalterlichen Darstellungen und solchen der Renaissance kann man M. auch mit dem Dudelsack sehen, der klanglich dem Aulos entsprechen soll (Gemälde eines anonymen Florentiner Meisters des 16. Jh.; Washington, National Gallery of Art; ferner ein Holzschnitt aus «Ovidio metamorphosios volgare», Venedig 1497 u. 1501, Bl. 94ᵛ).

D 1. *Athena und M.* (Pausanias 1,24,1 u. a.). Nachdem Athena den Aulos fortgeworfen hat, erweckt dieser das Interesse des M. Diese Szene ist manifest in einer Gruppe des Myron (Bronzeoriginal, um 450 v. Chr., verloren, durch römische Marmorkopien überliefert; eine Kopie der Athena allein im Liebighaus in Frankfurt/M.; die Abbildung einer modernen Rekonstruktion bei E. Simon 1985, S. 201). Beider Aufmerksamkeit gilt dem auf dem Boden liegenden Aulos. Athena, halb im Weggehen, streckt die Linke mit abweisender Geste gegen den Satyr aus, während dieser wie gebannt mit erhobener Rechter zurückweicht.

2. *M. und Olympus* (Ovid, Met. 6,393). Beim Flötenunterricht sieht man Olympus auf einem Gemälde des N. Poussin (Paris, Louvre). Versonnen lauscht er dem Spiel des Lehrers. Auf dem Boden liegen zwei Syringen, deren Spiel Olympus ebenfalls von M. gelernt haben soll (vgl. **A**). – Olympus wird sich dann vermittelnd (erfolglos) zwischen Apoll und M. nach dessen Niederlage stellen.

3. *Der Wettstreit zwischen Apoll und M.* (Diodor 3,58,2 f; Apollodor, Bibl. 1,4,2; Hygin, Fab. 165). Der Wettstreit mit Apoll gehört in der römischen wie der neuzeitlichen Kunst zu den am häufigsten behandelten Themen, in römischer Zeit v.a. als Sarkophagschmuck – wohl aus neuplatonischem Geist, der in der Sage von M. eine Metapher für die Befreiung der Seele vom Stofflichen sieht (vgl. **B**).

Auffallend, daß die antiken Darstellungen häufig den schon entschiedenen Ausgang festhalten. Auf einem Vasenbild (um 400 v. Chr.; Neapel, Museo Nazionale, Inv. 81392 [H 3231]) sitzt M. in der Haltung des Geschlagenen, den Kopf in die Hand gestützt, während Apoll über ihm die Kithara spielt.

Auf Pietro Peruginos Gemälde (nach 1475; Paris, Louvre; s. o.) sieht man Apoll, der seine Leier abgestellt hat, in göttlichem Hochmut siegessicher auf Marsyas herabblicken, der auf einem Stein sitzend die Flöte bläst.

4. *M. von den Musen gefesselt.* Dieses Thema (vermutlich eine reine Allegorie auf den Sieg des Apollinischen über das Dionysische) ist Ge-

genstand eines Gemäldes von Jacob Jordaens (Amsterdam, Rijksmuseum). Der siegreiche Apoll überragt den Schauplatz der Niederlage des M. Der ist umringt von den Musen, die hier als Handlangerinnen des Gottes fungieren und den Unglücklichen bereits gefesselt haben.

5. *Die Schindung des M.* (Diodor 3,58,2; Ovid, Met. 6,386 ff). In der Antike tritt der Akt der Schindung selbst in der Bildkunst nicht auf, vielmehr die vorausgehende Phase: M. ist, an beiden Händen gefesselt, an einen Baum gebunden. Eindrucksvollstes Beispiel ist eine hellenistische Marmorgruppe, die in mehreren Kopien erhalten ist (u. a. in Karlsruhe, Badisches Landesmuseum; eine Kopie des M. allein in Rom, Musei Vaticani, Museo Profano Gregoriano, Inv. 9974). Zur Gruppe gehören ein messerschleifender Skythe, der (nach Hygin, Fab. 165,5; vgl. Philostrat d. J., Imag. 2) die Schindung vornehmen wird, und ursprünglich vielleicht auch Apoll.

Das (wohl endgültig) dem Tizian zugeschriebene Bild *Die Schindung des Marsyas* (um 1570/75, Kremsier/Mähren, Erzbischöfl. Residenz) zeigt M. mit dem Kopf nach unten (vgl. die Kreuzigung Petri!) an einen Baum gebunden wie ein Stück Schlachtvieh. J. Rapp (1987, S. 86) sieht im Sinne neuplatonischer Auslegung des mythischen Geschehens den Glauben an die Göttlichkeit und die Befreiung der Seele als Quintessenz des Bildes an. Eine Zusammenfassung älterer Deutungsversuche bei H. E. Wethey 1975 (–> Allgem. Bibl., III, S. 153). – Während sich bei Tizian Apoll fast hingebungsvoll in seine Arbeit vertieft, legt der Gott bei Guido Reni (Gemälde um 1633; München, Alte Pinakothek) mit der Sachlichkeit eines Chirurgen Hand an den an einen Baum gebundenen M. – Ungerührt begibt sich A. auch auf Jusepe Riberas beiden Gemälden ans Werk (1637; Neapel, Museo Nazionale di San Martino; 1637; Brüssel, Musées Royaux des Beaux-Arts). – Das Gemälde von Jacob Jordaens (*Die Schindung des M.*, gegen 1625, Privatslg.) – eine der seltenen flämischen Darstellungen des Themas – interpretiert Carel van Mander (1604, Bl. 53ᵛ) als Sinnbild bestraften Hochmuts.

Auf einem Holzschnitt zum «Ovidio volgare» (1501, Bl. 49ᵛ) sieht man Apoll vor seinem Tempel, an dem die Haut des M. aufgehängt ist, im Hintergrund Athena, die beim Gelage der Götter die Flöte bläst (Abb. bei E. Winternitz 1959, S. 194). Die auf Wettstreit und Tod des M. bezogene «Alegoria» kommentiert: Die beiden Kontrahenten stellten die Bilder des wahren und des falschen Philosophen dar; die Resonanz der Kithara (des Apoll) sei die wahrhaftige Resonanz der Argumente.

In der Stanza della Segnatura (Vatikan, 1509/17) stellt Raffael den siegreichen Apoll in dem Moment dar, da er dem Skythen die Anweisung gibt, den an den Baum gebundenen M. zu schinden. Zusammen mit einer Darstellung des *Urteils des Salomon* als Gegenstück offenbart es seinen Sinn als Allegorie auf das gerechte (weise) Urteil.

Das Thema hat auch in der Kleinkunst seinen Niederschlag gefunden, z. B. einer Elfenbeingruppe von Adam Leuchkardt (1644; München, Bayerisches Nationalmuseum, Inv. 92 / 145). M. ist an einen Baum gebunden (fast wie der Gekreuzigte!), Apoll, in gemäßigtem Zorn, hat eine Körperhälfte bereits freigelegt.

Die an der Rückseite der Gruppe liegende nackte Frauengestalt über einem Erdspalt stellt die Quellnymphe des Flusses dar, in den sich Blut und Tränen verwandeln werden.

Lit.: «Apoll schindet Marsyas». Über das Schreckliche in der Kunst. Ausst.-Kat. München, Bayerisches Nationalmuseum, 15. 3.-18. 6. 1995. München 1995. Hofmann, Werner: Marsyas und Apoll. München 1973. Holman, Beth: Verrocchio's Marsyas and Renaissance Anatomy. In: Marsyas 19, 1977/78, S. 1–9. d'Hulst, Roger-A.: Enkele onbekende schilderijen van Jakob Jordaens. In: Gentse Bijdragen tot de kunstgeschiedenis en de oudheidkunde 19, 1961/66, S. 81–94. Rapp, Jürgen: Tizians Marsyas in Kremsier. Ein neuplatonisch-orphisches Mysterium vom Leiden des Menschen und seiner Erlösung. In: Pantheon 45, 1987, S. 70–89. Weis, Anne, in: LIMC 1992, 6,1, S. 366–378; 6,2, S. 183–193, s.v. Marsyas I. Winternitz, Emanuel: The Curse of Pallas Athena. In: Studies in the History of Art, dedicated to William Suida on his 80th Birthday. London 1959, S. 186–195.

Medusa, auch Gorgo M., griech. Eine der drei Gorgonen, Töchter der Ge oder des Meergottes Phorkys und der Keto, seiner Schwester, somit Enkel des Pontos und der Ge; bei Euripides (Ion 989) ist sie ein Kind der Ge. Geschwister der Graien, der Echidna und des Ladon. Gewöhnlich wird M. als dritte genannt nach den Schwestern Stheno und Euryale. Anders als diese ist M. sterblich.

A Auch wenn es so gewesen sein muß, daß man allenthalben von ihr wußte, bekannt wurde M. eigentlich erst durch –> Perseus, der ihr das Haupt abschlug. Ihre Schwestern erscheinen zumeist nur als beigeordnete Akteure der Geschichte. Ihr Aufenthaltsort bleibt ungeklärt, er lag für die meisten in Afrika, auf Inseln im äußersten Westen (Kl. Pauly, 2, Sp. 852) auf den Gorgaden (vgl. Plinius, Nat. 6,200; Isidor, Etym. 14,5,9: «Gorgades insulae Oceani obversae promontorio, quod vocatur Hesperu Ceras, quas incoluerunt Gorgones feminae ...; et ex his insulae cognominatae») oder an der Westküste Libyens, wo Pomponius Mela (3,99) sie auf den «insulae Dorcades» angibt (vgl. Hesiod, Theog. 274 ff; Boccaccio, Gen. 10,10). Die Kyprien nennen die Insel Sarpedon im Okeanos (H.G. Evelyn-White, Hesiod 1977, S. 504, Nr. 21, nach Herodian). Auch der See Tritonis wird genannt, der vermutlich in Libyen liegt (Pausanias 2,21,6). Servius (Aen. 6,289) ortet sie im «äußersten Afrika beim Atlasgebirge». Der Liber Monstrorum (38) wird sie am Atlasgebirge und im äußersten Libyen sehen. Schlechthin im äußersten Westen der Welt wohnen sie nach Quintus Smyrnaeus (10,195 ff). Den äußersten Osten dagegen meint wohl Aischylos (Prom. 786–814).

Wo immer sie zu Hause waren (jedenfalls ganz weit weg): Man scheint sie weltweit gekannt zu haben. So kommt es, daß Perseus von ihnen weiß und daß Polydektes gern einwilligt (oder anordnet: Apollodor, Bibl. 2,4,2), sich das Haupt der Medusa bringen zu lassen, denn noch kein Mensch hatte je die Begegnung mit den Gorgonen überlebt. Dabei waren die eigentlich ganz untätige Wesen. Die tödliche Gefahr, die von ihnen ausging, lag in ihrem bloßen Aussehen: Sie waren schockierend häßlich («furchtbar und entsetzlich»: Homer, Il. 5,742; «schreckliches Antlitz der Gorgo»: ebd. 9,36; vgl. Quintus Smyrnaeus 14,454 f). Ihr Kopf war von Schlangen umwunden (z. B. Apollodor, Bibl. 2,4,2; Isidor, Etym. 11,3,29), andere sagen genauer, ihr Haar habe aus einem Geflecht von Schlangen bestanden (z. B. Gyraldi, Synt. 5, S. 239B f); nach Lucan (9,633 ff) hingen die frei über den Nacken, über der Stirn aber stellten sie sich auf, ganz in der Art, in der Frauen ihr Haar zu legen pflegen, und beim Kämmen dieses Haars sei den Schlangen das Gift entströmt. Auch habe der M. das Gefühl der Vipern um ihren Hals behagt (ebd.). Valerius Flaccus (6,397) wird 300 Wasserschlangen («hydrae») zählen, was sich sicher auf ihre Abkunft von einem Meeresgott bezieht. Aus dem (offenen) Munde starrten riesige Eberhauer, die Hände waren aus Erz, und goldene Flügel hatten sie, mit denen sie fliegen konnten. Hesiod (Aspis 229 ff) bemerkt Schlangen einzig um ihre Lenden, die dort zu zweit mit schrecklichem Gehabe, mit züngelnder Zunge, wutknirschenden Zähnen und glühenden Augen, einen Gürtel bilden. Isidor (Etym. 11,3,29) behauptet, sie hätten sich in ein einziges Auge geteilt: Das ist, vielleicht nach Ovid (Met. 4,774) oder schon nach Palaiphat (1,32, «De Phorcynis filiabus»), eine Vermischung mit dem Bild der Graien, die sich später immer wieder findet (z. B. Remigius 2,50.16, Bd. 1, S. 161; Boccaccio, Gen. 10,10). Isidor (Etym. 14,9) meldet auch, die mit ihren Flügeln flinken Flieger seien struppig und wild anzuschauen gewesen («hirsuto et aspero corpore»). Im Liber Monstrorum (38) sind sie Frauen «monströser» Gestalt («monstruosa mulierum natura»).

Nach Ovid (Met. 4,793 ff) hatte einzig M. ein Schlangenhaupt. Euripides sagt (Ion 993), sie habe ausgesehen ganz wie ein (Brust-)Panzer aus einem Schlangengeflecht.

Andere behaupteten, die M. sei wunderschön gewesen. Es wurde auch gesagt, daß alle drei Geschwister schön waren (Isid. Etym. 11,29; Remigius 2,50.16, Bd. 1, S. 161; Gyraldi, Synt. 5, S. 239B). Hesiod (Theog. 274 ff) berichtet, Poseidon («der Dunkelhaarige») habe bei ihr gelegen, «in einer weichen Wiese unter Frühlingsblumen». Daraus läßt sich vermuten, daß das Mädchen zu der Zeit hinreichend attraktiv war (oder war das eine seiner Hochzeiten in Hengstgestalt? Dann hätte sie damals den Leib einer Stute. Nach Ovid, Met. 6,119 f, hätte er ihr als Vogel beigewohnt!). Pindar (Pyth. 12,6 ff) spricht von der «schönwangigen M. Haupt», wobei unklar bleibt, ob das nicht dennoch auch ein Schlangenhaupt war.

Gleichgültig, ob sie nun häßlich war oder schön: Ihr bloßer Anblick (wie auch der ihrer Schwestern) verwandelte zu Stein, wer immer sie ansah (auch Tier und Pflanze; s. u.). Das geschah offenbar auf der Stelle, und die Leute erstarrten in der Haltung, die sie gerade einnahmen (Apollodor, Bibl. 3,4,2). Himmel und Meer bedrohte sie mit seltsamer Lähmung und bedeckte die Welt mit Steinen: Vögel wurden im Fluge schwer und fielen herab, wildes Getier verharrte regungslos auf seinem felsigen Standplatz, zu marmornen Statuen wandelten sich ganze Völkerschaften im nahe gelegenen Äthiopien. Das berichtet Lucan (9,650 ff), von dem man auch erfährt, daß selbst Eltern und Geschwister der M. sich vor ihr fürchteten (ebd. 9,646 ff), sogar die Schlangen auf ihrem Haupt wandten sich ab und vermieden ihren Anblick (ebd. 9,653; womöglich meinte schon Hesiod, Aspis 236 f, daß selbst die Furcht sich zitternd vor den Gorgonen fürchtete).

Anderseits sei der Anblick allein ihres Schlangenhaars dem Betrachter nicht schädlich gewesen (Lucan 9,636 f). Lucan (9,640 ff) weiß auch genauer, wie den Opfern (denen der Schreck in die Knochen gefahren war) geschah: Zuerst erstarrten ihnen die Glieder, aber noch atmeten sie, und der Geist erstarb ihnen langsam, ehe er sie verließ. Reichlich Gelegenheit also, den Schrecken auch am eignen Leib zu erfahren (vgl. Claudian, Gigant. 97 f, wo einer verwundert bemerkt, wie er sich allmählich verwandelt).

Vielleicht von Anbeginn verbindet der Mythos das Schicksal der M. mit Athena, die in der vermutlich älteren Version der Geschichte die Tochter der Ge beim Kampf gegen die Giganten tötet (vgl. Hygin, Astron. 2,12,1 f, mit Hinweis auf «Euhemeros»). Später heißt es, die Göttin habe die schöne M. häßlich gemacht, weil sie anmaßend sich mit ihr und besonders ihrer Schönheit gemessen hatte (Apollodor, Bibl. 2,4,3). Boccaccio (Gen. 10,11) verwebt in weiterer Ausschmückung des Berichts bei Ovid (Met. 4,793 ff) die verschiedenen Geschichten schließlich miteinander: M. sei die schönste («speciosissima») der Frauen gewesen. Besonders ihr Haar war aufregend, denn es war nicht nur blond, sondern gar golden. Davon betört kam Neptun / Poseidon und schlief mit ihr, im Tempel der Minerva / Athene, was der Göttin nicht gefiel. Zur Sühne für den Frevel bestrafte sie das Mädchen, indem sie das Haar, das doch der Anlaß zur Tat gewesen war und das sie überdies für schöner als das der Göttin gehalten haben soll (Servius, Aen. 6,289), in Schlangen verwandelte und so aus der Schönen ein Monstrum machte.

Eine andere Geschichte, in der M. schön ist und auch bleibt, hat Pausanias (2,21,6): M. sei nach dem Tod des Vaters Königin der Leute um den See Tritonis geworden. Sie war eine Jägerin und Anführerin der «Libyer» im Krieg, so auch im Kampf gegen Perseus (das erinnert daran, daß die Gegend auch die Heimat der Amazonen ist! Vgl. Diodor 3,52,4, s. **B**).

541

Nur durch Verrat kam sie ums Leben. Perseus war von der Schönheit noch der Toten so beeindruckt, daß er ihr Haupt abschlug, um es daheim in Griechenland den Leuten zu zeigen (vgl. die Geschichte bei Palaiphat 32). Bei Diodor war die Rede von einem furchterregend tüchtigen Frauenvolk in Libyen, das zu unterwerfen es keinen Geringeren als Perseus brauchte (2,52,4). Zu anderer Zeit habe dieses Volk die Nachbarn so sehr belästigt, daß es von den Amazonen in einem blutigen Feldzug energisch zur Ordnung gerufen wurde (Diodor, 3,54,6 u. 3,55,2). Noch später sei dann M. Königin des Volks gewesen, und damals habe Perseus noch einmal zugeschlagen, schließlich habe –> Herakles das Volk vernichtet (Diodor 3,52,4 u. 55,3). Das ist eine ungewöhnliche Geschichte.

Gewöhnlich wird darüber berichtet, wie Perseus es anstellte, die auf so eigentümliche Art gefährliche Gegnerin zu überwinden. Er obsiegt mit göttlichem Beistand und der Hilfe verschiedener Werkzeuge, die er verständig einzusetzen weiß. Hermes und Athena (Apollodor, Bibl. 2,4,2) geleiten ihn zu den drei Graien (bei Ovid, Met. 4,774, sind es nur zwei), die gemeinsam nur ein einziges Auge und einen einzigen Zahn besaßen, deren Gebrauch sie sich teilten. Perseus entwand ihnen das Gerät und zwang sie so, ihm den Weg zu den Nymphen zu weisen, die jene Dinge hüteten, die er für sein Vorhaben brauchte. Ovid erzählt (ebd. 774), er habe den beiden (!) das Auge listig entwunden just im Moment der Übergabe. Von den Graien (Apollodor, Bibl. 2,4,2) nahm er deren Flügelsandalen und einen Beutel («kibisis»), den man für Kleidung und Nahrung zu benutzen pflegte, sowie die Haube des Hades, die ihn unsichtbar machen sollte. Lukian sagt, die Sandalen habe er von Athena (Dial. mar. 14). Schließlich gab Hermes ihm noch eine diamantene Sichel (nach Hygin, Astron. 2,12,1, hat er die «falx» von Vulcan, andere sagen, von Zeus; eigentlich handelt es sich um ein Sichelschwert: vgl. die Definition bei Servius, Aen. 7,732; Perseus als Erfinder dieses Schwerts, ebd. 9,505). Nach anderer Überlieferung hatte er die Ausrüstung schon vorher von den Nereiden in Seriphos erhalten (Kl. Pauly, Bd. 3, Sp. 651).

Derart ausgerüstet, macht er sich auf den Weg. Die Gefahr, der er entgegenfliegt, wird anschaulich an dem rauhen und abgelegnen Geklüft, an den schaurigen Wäldern, an Mensch und Getier auf Wegen und Feldern, zu Stein geworden beim Anblick der Gorgo, Zeugnisse ihrer Gewalt (Ovid, Met. 4,777 ff). Daß er die drei schlafend vorfindet, mindert nicht die Gefahr: Indem er die M. im Spiegel seines blanken Schildes betrachtet, meidet er den direkten Anblick, während seine Rechte (vgl. Ovid, Met. 4,783) ihr das Haupt vom Leibe trennt, wobei Athena ihm die Hand gelenkt haben soll (Apollodor, Bibl. 2,4,2). Nach Lukian (Dial. mar. 14) zeigte Athena ihm das Abbild im Spiegel ihres eigenen Schildes, und er habe die M. bei den Haaren gepackt, ehe er zuschlug. Augenblicklich entsprangen dem Leib der Toten die Kinder des Poseidon: das Flügelroß –> Pegasus und Chrysaor, der Vater des Geryon (vgl. Hesiod, Theog. 280 ff; Ovid, Met. 4,784 ff; Hygin, Fab. 151). Perseus aber tat das Haupt der M. in den Beutel und eilte davon. Die aufgeschreckten Geschwister der M. machten sich sogleich an seine Verfolgung, doch vergeblich, denn er war unter seiner Kappe unsichtbar.

Es zeigt sich, daß die eigentümliche Macht der M. ihren Tod überdauert (Ovid,

Met. 5,177 ff): Noch immer wird zu Stein, wer ihr Haupt sieht. Damit hat Perseus eine furchtbare Waffe in Händen, mit der er jetzt Phineus und seine Mitverschwörer versteinert (vgl. Apollodor 2,4,3), aber das tut er erst nach blutigem Kampf, und nicht, ohne v. a. die Freunde zu warnen. 200 Männer (Ovid, Met. 5,208) erstarren, wie sie da gerade sich halten, und auch mitten in der Rede (ebd. 193). Phineus bittet um Gnade und wendet ängstlich den Blick: Vergeblich, denn auch in diese Richtung weiß Perseus das Gorgonenhaupt zu halten (Met. 230 ff). Dann bannt der Anblick des «schlangenhaarigen Grauens» den Proetus (Met. 5,236 ff).

Polydektes hält den Tod der M. für erfunden (Met. 5,246 ff) und wird in seinem Palast samt seinen Freunden zu Stein (vgl. Apollodor, Bibl. 2,4,3). Ovid erzählt (Met. 4,617 ff u. 631 ff), wie der flüchtige Perseus zum Spielball der Winde wird, die ihn um die Erde wirbeln, bis er endlich erschöpft sich niederläßt, wo er dem Atlas begegnet, der mißtrauisch feindselig ihn von sich weist. Da hält Perseus verärgert, sich selbst nach rückwärts wendend, von links dem Mann «der Gorgo starrend Gesicht vor», und Atlas wandelt sich zum Gebirge.

Noch eine andere Geschichte bezeugt die Macht des Medusenhauptes (Ovid, Met. 4,740 ff): Am Meeresstrand läßt Perseus sich nieder und wäscht sich die Hände. Dazu legt er das Haupt ab, und damit es vom groben Sand nicht Schaden nehme, legt er es mit dem Gesicht auf eine frische Meerespflanze mit Blättern und Stengeln: Wie durch den Anblick der Gorgo wandelt die Pflanze sich da zu Stein und wird so, was wir «Koralle» nennen (lat. «gorgonia», weil sie an der Luft sogleich erhärtet: Plinius, Nat. 37,164).

Vielleicht bald nach dem Ende des Polydektes gibt Perseus Sandalen, Beutel und Tarnkappe dem Hermes, der alles den Nymphen zurückbringt (Apollodor, Bibl. 2,43). Das Haupt der Medusa aber gibt er Athena, die es auf der Mitte ihres Schildes anbringt: das Gorgoneion. Viel später wird F. Pomey (1694, S. 374) behaupten, Perseus habe das Haupt an seinem eigenen Schild befestigt. Offenbar ihr Bild sah man auf dem Schild des Agamemnon (Homer, Il. 11,36). Der Klagegesang der Gorgonen über den Tod ihrer Schwester habe Athena zu Erfindung einer Pfeife veranlaßt (Pindar, Pyth. 12,6 ff; vgl. Ausschmückung der Geschichte bei K. Ph. Moritz 1795 / 1966, S. 153).

Die ältere und seltene Version der Geschichte besagt, daß die Göttin im Kampf gegen die Giganten selber der M. das Haupt abschlug (Euripides, Ion 991). Jedenfalls war Athena auf diese Weise im Besitz einer mächtigen Waffe. Wie sie diese im Kampf gegen die Giganten einsetzt, erzählt Claudian (Gigant. 91 ff). Pausanias (9,34,1) berichtet, man erzähle von Iodama, einer Priesterin, die nächtens den heiligen Bezirk der Itonischen Athene betrat. Da sei ihr die Göttin erschienen, die über ihrer Tunika das Medusenhaupt trug, und deren Anblick habe das Mädchen zu Stein erstarren lassen.

Noch in der Unterwelt sorgt das Haupt der M. für Unruhe, wenngleich offenbar nur durch seinen Ruf, denn hier hat es seine Macht verloren. Odysseus flieht den Hades aus Furcht, Persephone könne ihm das Haupt schicken (Homer, Od. 11,634; vgl. Vergil, Aen. 6,289 ff). Als die Seelen Herakles erkannten, flohen sie, außer Meleager und Gorgo M.: Herakles zog das Schwert gegen die Gorgo, als ob sie lebendig wäre, aber Hermes erklärte ihm, sie sei nur ein leeres Phantom (Apollodor, Bibl. 2,5,12; vgl. Dante, s. **B**; der Versuch, mit Hinweis auf diese Stelle eine eigene «Hadesgorgo» von der «Perseusgorgo» zu unterscheiden, s. **C**, kann nicht überzeugen: E. Buschor 1958, S. 32, mit Hinweis auf A. Furtwängler).

In Argos soll das Haupt der Gorgo M. unter einem Erdhügel begraben liegen (Pausanias 2,2,6). Eine Haarlocke (eine Schlange?) der M., verwahrt in einem bronzenen Gefäß, soll Athena dem Herakles geschenkt haben, der sie der Sterope gegeben habe mit der Anweisung, diese – ohne sie anzuschauen – dreimal über die Stadtmauer zu halten, und jeder Feind werde sich zur Flucht wenden (Apollodor, Bibl. 2,7,3; vgl. Pausanias 8,47,5; «das Haar der M.» war sprichwörtlich).

Eine eigene Bewandtnis hat es mit dem Blut der M. Als Perseus über die Libysche Wüste hinwegflog, soll einiges davon hinabgetropft sein und sich am Boden zu mancherlei Schlangen verwandelt haben, die seither das Land dort reichlich bevölkern (Ovid, Met. 4,617 ff; Lucan 9,696 ff). Eine solche soll später den Mopsos (Sohn des Ampyx / Ampykos) getötet haben (Apollonios Rhodios 4,1502 ff; Hygin, Fab. 14,29). Bei Euripides (Ion 999 ff) steht, daß Pallas Athene dem Erichthonios gleich nach seiner Geburt in einem Armband zwei Tropfen von dem Blut gab, deren einer den Tod bringe, deren anderer den Menschen heilsam sei. Auch dem Asklepios soll die Göttin zwei Tropfen dieses Bluts gegeben haben: Solches aus den Adern der rechten Seite soll gut, das aus Adern der linken Seite verderblich für die Menschen gewesen sein (Apollodor, Bibl. 3,10,3). Medea habe die Galle der M. als Zaubermittel verwendet (Seneca, Medea 831). Schließlich sagte man auch, Minerva / Athena habe dafür gesorgt, daß Vulkan / Hephaistos die Augen der M. gleich Edelsteinen in das unheilbringende Halsband für Harmonia / Hermione einsetzte (Myth. Vat. II 78).

B Zwar heißt «gorgós» soviel wie «schrecklich für Blick und Anblick» (vgl. Kl. Pauly, 2, Sp. 852), aber es scheint, daß die Gorgonen und mit ihnen M. schrecklich gewesen sind einzig durch den Anblick, den sie boten: «quarum aspectus intuentes vertebat in lapides», sagt Servius (Aen. 2,616; vgl. Euripides, Alc. 1116, wo Admet den Anblick der Frau meidet, wie wenn er ein Gorgonenhaupt abschlüge). Das beweist schon die Macht auch des toten Haupts (zudem ist in dieser Hinsicht wesentlich, daß Perseus auch die schlafende M. fürchtet; Palaiphat, 32, wird es für lächerlich halten, daß ein totes Haupt einen Lebendigen zu Stein verwandeln solle). Bei Homer (Il. 8,349) ist aber ganz deutlich auch die Rede von ihrem Blick: (von Hektor) «blickend wie Gorgo oder der männermordende Ares». Das muß freilich keineswegs heißen, daß der Blick hier mehr meint als «schrecklich» oder «bedrohlich», zumal auch Ares nie durch seinen bloßen Blick getötet hat.

Man wird hier auch an die apotropäische Kraft des bloßen Auges denken müssen. Wir lesen, daß die Griechen in früher Zeit das Blicken der M. mit dem Verb «dérkesthai» bezeichneten, was nicht den wahrnehmenden Blick meint, den wir unversehens annehmen, sondern eher den Ausdruck, eine «Geste», der Augen. In diesem Sinn bezeichne man die Schlange mit dem Wort «draco» (= «die Sehende»), einer Ableitung von «dérkesthai», nicht etwa, weil sie besonders gut sieht, sondern weil der unheimliche Glanz ihres Auges in seiner Erscheinung Aufmerksamkeit heischt (B. Snell 1982, S. 2). Hieraus ließe sich der Schlangenputz der M. verstehen und folgern, daß im ursprünglichen Verständnis ihr Blick ein «Schlangenblick» ist.

Auch nach dieser Deutung bezieht selbst der «Blick» der M. also seine Macht wesentlich aus dem Anblick. Nicht vom Sehen ist dann die Rede, sondern vom Auge. Später und v. a. in psychologischer Deutung der Neuzeit hat man eher vom bannenden Blick der M. gesprochen. Lucan (9,680 ff) redet eindeutig von ihren Augen und ihrem Blick, der auch den abgewandten Perseus gebannt hätte ohne die Umsicht der Pallas, das Gesicht (die Augen) der M. mit Schlangen zu verhängen. Wichtig vor diesem Hintergrund der (karolingische?) «Liber monstrorum» (38): Das Haupt habe mit den Augen gerollt wie lebendig (der so wesentliche Unterschied zwischen Blick und Anblick scheint in der einschlägigen Literatur nicht die gebührende Beachtung zu finden).

Nonnos (47,559 ff) kommt der verspielte Gedanke, das Medusenhaupt lasse sich auch als Werkzeug zum Herstellen von steinernen Bildwerken verwenden (–> Perseus). Der «Roman de la Rose» stellt (in zwei Handschriften) den tödlichen Anblick der M. dem belebenden jenes Bildwerks gegenüber, das den Pygmalion in Liebe entflammte (E. Langlois 1914–1924, Interpolation zu den Zeilen 20810–11).

Daß recht eigentlich der Anblick der M. gemeint ist, beweist auch die (historische) Austauschbarkeit der bannenden Macht von Häßlich und Schön, in der sich zugleich eine ästhetische Urerfahrung zeigt: Häßlich und Schön sind gleichsam zwei Seiten eines und desselben je zu Unheil und Heil des Menschen, wie die Blutstropfen aus den verschiedenen Körperseiten der Gorgo. Daß es sich hier um ein ästhetisches Phänomen handelt, zeigt der Umstand, daß das Spiegelbild die Macht des Urbildes bricht.

Bedeutsam ist die historische Neigung, zunehmend eher die schöne als die häßliche M. zu sehen. Das gilt besonders für die italienische Renaissance mit ihrem wachen Sinn für die positive Macht des Schönen (–> Athena, Gorgoneion). Schließlich mag man an M. den Ausdruck einer Erfahrung erkennen, die Rilke so beschreibt: «Denn das Schöne ist nur des Schrecklichen Anfang, den wir noch grade ertragen, und wir verehren es so, weil es gelassen verschmäht, uns zu zerstören» (Duineser Elegie 1). Etwas von dieser Faszination bezeugt auch ein Gedicht Shelleys (1819), das aber die Erfahrung eines Bildes spiegelt, Leonardos «M.» in Florenz (vgl. **D**): «'Tis the tempestuous loveliness of terror» («Das ist die ungestüme Schönheit des Schreckens»), sagt der Dichter.

In Anknüpfung an Vergil (Aen. 6,289 ff; vgl. Homer, Od. 11,634) begegnet Dante der Gorgo M. im Inferno (9,52), wo ihr versteinernder Anblick offenbar ein Akt der Strafe ist: «Kehr dich nach hinten und verhüll dein Antlitz, / Denn wenn sich Gorgo zeigt und du sie sähest, / Gäb es für dich nach oben keine Heimkehr» (ebd. 55 ff; Übersetzg. v. Hermann Gmelin).

Die Allegorese hat der M. nichts sonderlich Interessantes abgelesen. Natürlich erkennt man das erotische Potential des Phänomens. So ist M. erst einmal die Frau, deren Reiz die Männer bannt (z. B. Boccaccio, Gen. 10,10), was ihnen zum Guten oder Bösen gedeihen mag (vgl. Petrarca, Canz. CLXXIX,10; CXCVII,6; CCCLXVI,111: «Medusa et l'error mio màn fatto un sasso»).

Als unvorstellbar schönes Mädchen sieht Christine de Pizan die Königstochter: Goldblondes langes Lockenhaar habe sie gehabt und v.a. einen anziehenden Blick, «der jedes sterbliche Wesen, das sie anblickte, in ihren Bann schlug; aus diesem Grunde heißt es in der Sage, sie seien versteinert worden» (Zimmermann 1990, S. 234 f). Isidor (Etym. 11,3,29) sprach von den Dirnen («meretrices»), deren unheilvolles Wesen man an ihrem Schlangenhaar erkennt, womit er sich grundsätzlich schon auf Aristophanes (Ranae 475 f) berufen könnte, der von den «Gorgonen aus der Hafengasse» spricht (Übersetzung von H. Heubner 1988). Picinello (3,30, S. 161): «Wenn es heißt, Medusa sei die schönste aller Frauen, was hindert uns, in ihr die Wollust oder die Begierde zu sehen?»

In einer späten Ausgabe des Physiologus wird sie als schöne Dirne beschrieben. Bemerkenswert hier, daß sie auch eine Stimme hat: Wenn sie brünstig ist, dann brüllt sie wie ein Löwe und kann überhaupt mit den Stimmen von Mensch und Tier, von Rind, Vogel oder Schlange, die Lust des Fleisches wecken (vgl. A. A. Barb 1953, S. 211).

Fulgentius (Myth. 1,21, 655–58, Helm 1970, S. 32 f) erklärt die drei Gorgonen über ihren Namen als drei verschiedene Arten von Schrecken («terror») in aufsteigender Ordnung: St(h)enno schwäche den Geist («mens»), Euriale zerstöre ihn («spargit»), Medusa («quasi meidusa») mache Geist und Augen blind. Sie alle drei habe Perseus mit Hilfe der Minerva, d. h. der Weisheit, getötet (vgl. Remigius 2, 50.16, Bd. 1, S. 161; Boccaccio, Gen. 10,10). Hier wird M. eigentlich zum Attribut der Minerva / –> Athena. In diesem Sinn kann man die Macht des Gorgoneions gleichsetzen mit der Macht der Klugheit («prudentia»), wie sie die anderen («alios») verwirrt, sie unkundig macht und versteinert (Rabanus Maurus Sp. 431). Demgemäß stehe für Weisheit und Tugend das Gorgoneion, das wir auf dem Brustpanzer antiker Feldherrn («imperatores») sehen (ebd.).

Der «Ovide moralisé en prose» (4,26, de Boer S. 162) erklärt die drei zu Töchtern des Teufels, Herrscherinnen über diese Welt vor der Ankunft von «Perseüs-Jhesucrist», der sie durch seine Passion und Tod entmachtet. Er nennt sie Eitlen Ruhm («vaine gloire»), Begehrlichkeit («convoitise») und Fleischeslust («delectation charnelle»). Die Schlangen um ihr Haupt sind Bilder für böse Gedanken.

Kurios die rationalistische Deutung der Gorgonen und vornehmlich der M. auf wohlhabende Mädchen, die den vom Vater ererbten Reichtum durch kundige Landwirtschaft mehrten, denn griechisch nenne man Landwirte «georgi» (Fulgentius, Myth. 1,21, ebd.; vgl. Remigius 2,50.16, Bd. 1, S. 161; Boccaccio, Gen. 10,10). Dieser Reichtum sei anschaulich gewesen im goldenen Haar der M. und habe die Gier des Neptun geweckt (Boccaccio, Gen. 10,11). Daß das Haar zu Schlangen wurde, zeige an, daß Gewalttätigkeit aus Habgier das begehrte Gut zerstöre («Unrecht Gut gedeihet nicht»). Skurril, was Boccaccio weiter berichtet (ebd.): Die Töchter des (Meergottes) Phorcys zogen mit ihrer staunenswerten Schönheit die Blicke aller Männer auf sich wie ein Wal, der öffne nämlich das Maul und verbreite ringsum einen (offenbar appetitlichen) Geruch; dann kämen angelockt davon alle Fische aus der Umgebung bei ihm zusammen, und er fresse sich nun satt an ihnen. Wegen dieser Ähnlichkeit habe man die Mädchen Töchter eines Meerungeheuers genannt. Das folgt deutlich dem Physiologus (17), der aber nur die «kleinen Fische» dem Untier zum Opfer werden sieht: «Desgleichen verlockt auch der Teufel und die Ketzer mit ihrer Wohlredenheit und Betrügerei, die wie ein lieblicher Duft ist, die Unmündigen und Unfertigen nach ihrer Einsicht (vgl. Apostel Paulus, Römerbrief 16,18). Die aber ausgewachsen sind an Verstand, können sie nicht fassen.»

Natale Conti (1567, 10, S. 301ᵛ) deutet die Erscheinung der M., der allerschönsten unter den Frauen, als Bild für die zerstörerische, lähmende Macht der Wollust. So sei die Geschichte ein Aufruf zur Standhaftigkeit gegen deren Versuchungen. Daß M. den Tempel der Minerva entweihte, zeige an, daß alle Wollüstigen die Götter geringachten, die Vorschriften der Menschlichkeit und einer pflichtgemäßen Handlungsweise mit Füßen treten und für alle ehrenhaften Dinge nutzlos sind. Weil M. sich gegen Minerva ihres schönen Haares rühmte, sei die Geschichte auch als Warnung gegen Hochmut und Anmaßung verstanden worden («superbiam et arrogantiam … deprimendam»).

Eine bemerkenswerte Vielfalt von Deutungen kennt Picinello (3,30,86, S. 161 f): Ein militärischer Sieg lasse sich durch Waffen erringen oder auch durch den bloßen Ruf («fama») des Schreckens («terror»). Das besage das Haupt der M. auf dem Schild. So herrschten Könige, so herrsche Gott, der König der Könige (mit Hinweis auf Augustin, In psalmos 75). Zum Bild des unerschrockenen und unbesiegten Sinnes («animus») wird das Haupt der M. mit dem Epigramm TELA OMNIA CONTRA (ebd. 30,87; mit Hinweis auf Apostel Paulus, Römerbrief 8,35, und Seneca, Epist. 65). Die betörend lähmende Macht weiblicher Schönheit meint das Bild der M. mit dem Epigramm EXANIMAT VISA (Ihr Anblick entseelt; ebd. 30,88; Hinweis auf Lucan, 9,619–699, und Natale Conti). EFFUGERE EST TRIUMPHUS (Flucht ist hier Triumph) lautete das Epigramm zu einem Emblem mit dem Medusenhaupt. Gemeint ist die Flucht vor dem Angriff sündig-teuflischer Lüste (ebd. 30,89; mit Hinweis auf Horaz, Carm. 4,3, auf Joh. Chrysosthomos usw.). VERTUNTUR IN ANGUES (Sie werden zu Schlangen) mahnt das schlangenhaarige Medusenhaupt die Putzsüchtigen (ebd. 30,90; mit Hinweis auf Hieronymus, Epist. ad Latam).

Seit der Romantik scheint die M. wieder besonderes Interesse zu erfahren. Neben S. B. Shelley (s. o.) ist noch W. Morris zu nennen mit dem epischen Gedicht «The Doom of King Acrisius» (Earthly Paradise I, London 1868).

C *M. in ganzer Gestalt.* In der archaischen Bildkunst Griechenlands erscheint die geflügelte M. (mit zwei oder vier Flügeln) in einem kurzen gegürteten Chiton (manchmal bilden zwei vorn geknotete Schlangen den Gürtel), im sog. Knielauf (ein Bein scheint auf dem Boden zu knien: Giebelfigur vom Artemistempel in Korfu; um 590 v. Chr.; Korfu, Museum). Manchmal trägt sie Flügelschuhe (Amphora, 4. Jh. v. Chr.; Berlin, Staatl. Museen, Inv. F 3022). Seiner apotropäischen Bedeutung entsprechend, ist das (maskenhafte) Gesicht stets frontal dem Betrachter zugekehrt.

Vereinzelt erscheint M. in der archaischen Kunst als Mischwesen in der Art der Kentauren mit Pferdekörper (Amethyst-Skarabäus des 6. Jh. v. Chr.; London, British Museum, Inv. WA 103307), entsprechend der Überlieferung, M. sei eine Stute und Braut des –> Poseidon gewesen, der bisweilen Hengstgestalt annahm (Pausanias 10,13,8).

Wie sich das Gesicht der M. in der klassischen Zeit zum Schönen wandelt (s. u.), so wird auch ihr Körper zum wohlgeformten Frauenkörper. Schließlich erinnern nicht einmal mehr Flügel daran, daß es sich um ein dämonisches Wesen handelt.

Daß man in M. einfach eine schöne Frau sehen kann, macht besonders die etruskische Kunst deutlich (Bronzegriffspiegel, 4. Jh. v. Chr.; Boston, Museum of Fine Arts, Inv. 61 1257).

Weit mehr Gewicht als die ganzfigurige M. hat deren Haupt – das *Gorgoneion* – allein. Dessen Entwicklung verläuft in der griechischen Bildkunst vom tier- zum menschenähnlichen, zunächst abstoßend häßlichen Dämonengesicht, welches sich im 5. Jh. v. Chr. zum schönen, menschlichen Antlitz wandelt, das schließlich mit einem Ausdruck des Leidens eher Mitleid als Schrecken weckt.

Die Klassik bringt den sog. *schönen Typus* hervor (seit etwa 450 v. Chr.), der auch in hellenistischer und römischer Zeit dominiert. Ihn charakterisieren menschliche Züge; das Fratzenhafte verliert sich, die Augen werden kleiner, die Mundwinkel senken sich. Das prominenteste Beispiel dieses Typus haben wir in der sog. *M. Rondanini* vor uns (München, Glyptothek, Inv. 252; Datierung umstritten). Das ebenmäßige Gesicht wird von gelocktem Haar gerahmt, zwei kleine Flügel wachsen aus dem Kopf; die Köpfe zweier unter dem Kinn geknoteter Schlangen begegnen sich über dem Scheitel. Ernst Buschor (1958) sieht in der Skulptur eine Nachbildung des Schildgorgoneions der (verlorenen) Athena Parthenos von Phidias (um 460 v. Chr.). Das Motiv der Kopfflügel, deren Herkunft ungeklärt ist, taucht im späten 4. Jh. v. Chr. zuerst an großgriechischen und ägyptischen Werken auf und ist dann der etruskischen und römischen Bildkunst ganz geläufig (etruskische Travertinurne, 2. Jh. v. Chr.; Perugia, Museo Nazionale; Marmorrelief am Apollo-Tempel in Didyma, 2. Jh. n. Chr.). – Schließlich runzelt sich die Stirn über der Nasenwurzel, der Blick ist häufig nach oben gerichtet *(pathethischer Typus)*, gleichzeitig geht die strenge Frontalansicht verloren.

Der Hellenismus faßt das Gorgoneion zum ersten Mal nicht als körperlose Maske auf, sondern zeigt auch den Hals. Es handelt sich jedoch nicht um den Kopf einer Toten. Vielmehr scheint das Gesicht die Züge einer Leidenden zu tragen (Tonmedaillon, 3. Jh. v. Chr.; Basel, Antiken-museum, Inv. Lu 151). Erst die Neuzeit wird diesen Typus eindeutig als das abgeschlagene Haupt der M. interpretieren.

Das Mittelalter sieht in M. eine Verkörperung des Bösen, das sein bildliches Äquivalent in der Häßlichkeit findet. So erscheint M. meist als Monstrum: Die Illustration zu einem Bestiarium des 13. Jh. (engl.; Cam-bridge, University Library, Ms. KK.IV, 25, Bl. K 6b) gibt M. schielend wieder, einäugig ist das Gorgoneion auf dem Schild des –> Perseus auf einem spätmittelalterlichen Wirkteppich (Ende des 15. Jh. *Perseus und die Naiaden*, Manufaktur unbekannt; Privatslg.). Künstler der Neuzeit greifen den schönen oder den pathetischen Typus der Spätantike auf, konfrontieren jedoch den Betrachter – anders als die Antike – mit dem abgeschlagenen Haupt der M., das nun wiederum einen grauenerregen-den Anblick bietet.

Das abgeschlagene Haupt der M. mit dem aus dem Hals strömenden Blut, wie die neuzeitlichen Künstler es darstellen, hat Ovid so anschau-lich beschrieben, daß man es sozusagen nur «abzumalen» brauchte. Her-vorzuheben ist Caravaggios Rundbild (Leinwand auf Holzschild mon-tiert, 1596/97; Florenz, Uffizien) – ein Turnierschild, das der Kardinal del Monte 1608 dem Großherzog von Toscana schenkte. Das schmerz-verzerrte Gesicht scheint das Entsetzen angesichts des eigenen Todes auszudrücken. – Daß nun das Motiv des Gorgonenhaupts nicht mehr apotropäisch gemeint ist, verrät die Perspektive, aus der es gezeigt wird; vgl. die Darstellung eines flämischen Meisters des 17. Jh. (Florenz, Uffi-zien; Kopie nach Leonardo da Vinci): Das auf dem Boden liegende, von Schlangen bedeckte Haupt kehrt dem Betrachter den Scheitel zu.

Die Schlangen, die das abgeschlagene Haupt auf dem Gemälde von Rubens umgeben (1617/18, Jaffé Nr. 448; Wien, Kunsthist. Museum), entstehen zum Teil aus dem Blut der M. Der Sinn des Barock für das im Wandel Begriffene, Transitorische, kommt in der Gestaltung des Haars zum Ausdruck, wo Schlangenleiber und Haarsträhnen kaum voneinan-der zu unterscheiden sind, so wie die Rinnsale kaum merklich zu Schlan-gen werden: Unter unseren Augen verwandeln sie sich an der Schnitt-stelle des Halses in kleine Schlangen; die ausgewachsenen Tiere suchen das Weite. – Ob das Motiv des auf dem Boden liegenden Kopfes, wie es vielleicht bei Leonardo zum ersten Mal auftritt, auf eine schriftliche Quelle zurückgeht, muß vorerst offenbleiben. Ovid sagt nur, das Blut der M. sei auf Libyens Sand gefallen und habe sich dort in Schlangen verwandelt (Met. 4,617 ff) Es bleibt also auch offen, wo sich das abgeschlagene Haupt befindet. Das Dunkel, welches es bei Leonardo umgibt, könnte auf die Unterwelt hinweisen, der felsige Boden bei Rubens läßt M. Boeckl (1987, S. 152) an das Atlasgebirge denken (s. Ovid, Met. 4,649 ff). – Am *pathetischen Typus* der Spätantike (s. o.) orientiert sich offensichtlich Berninis Marmorbüste der M. mit ihren schmerzverzerrten Zügen (um 1635; Rom, Musei Capitolini).

Daß die Künstler des 19. Jh., v.a. die des Symbolismus, von der Gestalt der M. fasziniert waren, überrascht nicht. Arnold Böcklin hat sich ihrer mehrmals angenommen, u. a. auf einem Wandbild im Treppenhaus des Museums an der Augustinergasse in Basel (1870; heute Museum für Natur- und Völkerkunde). Eines von drei Medaillons zeigt das Gorgoneion (mit unter dem Kinn geknoteten Schlangen). – Böcklins (verschollenes) «schönes» M.-Haupt von etwa 1878 (Gemälde auf Holz) verrät wohl die Kenntnis der *Medusa Rondanini*, erinnert mit seinen halb geschlossenen Lidern, dem leicht geöffneten Mund aber eher an einen sterbenden Vamp. Schließlich ruft Böcklins runder Medusenschild (1887; Zürich, Kunsthaus) die Erinnerung an Caravaggios Rundschild wach (s. o.).

Wesentlich unabhängiger gehen Edward Burne-Jones (*Das Schrekkenshaupt*, –> Perseus) und Ferdinand Khnopff mit dem M.-Thema um. Die *Schlafende M.* des letzteren (1896; Pastell, London, Privatslg.) charakterisiert W. Hofmann (1987, S. 485) als «eine Somnambule, die ein rätselhaftes Wächteramt wahrnimmt», einen «Todesvogel», «eine Schwester der Eule Minervas». Tatsächlich erscheint dieses unheimliche Wesen, das, auf einem Felsen sitzend, uns den von mächtigen geschlossenen Schwingen bedeckten Rücken (hier kehren die Flügel der archaischen Gorgonen wieder) und ihr Gesicht im Profil zuwendet, wie ein Vampir – ähnlich wie E. Munch auf seinem Blatt von 1894 den Vamp darstellt: Wie ein Todesengel kniet eine geflügelte Frau über ihren Opfern (Hamburg, Kunsthalle, Kupferstichkabinett). Die zeitgenössischen Künstler Anne und Patrick Poirier reduzieren das Gorgoneion, an die ursprüngliche Bedeutung anknüpfend, zu einer Art Augenmaske und machen den bannenden Blick der M. zum Thema (*Der Schild des Perseus*, 1984; Paris, Banque Paribas).

D 1. *Perseus und M.* –> Perseus

2. *M. mit Pegasus und Chrysaor.* Die Geburt von Pegasos und Chrysaor, den Kindern der M. und des –> Poseidon, schildern einige etruskische Vasenbilder. Das Flügelroß und Chrysaor in Menschengestalt ent-

springen dem Hals der enthaupteten M. (Amphora des 5. Jh. v. Chr.; München, Staatl. Antikensammlungen, Inv. 3172).

Die griechische Kunst bevorzugt einen statuarischen Typus der M., die ihre Kinder auf dem Arm trägt oder von diesen flankiert wird, so im Giebel des Artemistempels in Korfu (Rekonstruktion s. o.): Zu ihrer Linken sieht man Chrysaor, zu ihrer Rechten ist Pegasos zu ergänzen.

Lit.: Barb, Alphons A.: Diva Matrix. In: Journal of the Warburg and Courtauld Institutes 16, 1953, 3–4, S. 193–238. Buschor, Ernst: Medusa Rondanini. Stuttgart 1958. Snell, Bruno: The Discovery of the Mind in Greek Philosophy and Literature. New York 1982. «Zauber der Medusa». Ausst.-Kat. Wiener Künstlerhaus, 3. 4.-12. 7. 1987. Wien 1987 (bes. Hofmann, Werner: Einträchtige Zwietracht, S. 13–21).

Melantho –> Poseidon
Melpomene –> Musen
Merkur –> Hermes
Midas –> Apoll
Minerva –> Athena

Moiren, Moirai, griech., lat. Parcae, dt. Parzen, Schicksalsgöttinnen. Kinder des Zeus und der Themis, jüngere Geschwister der –> Horen, von Eunomia, Dike und Eirene (Hesiod, Theog. 901 ff; Apollodor, Bibl. 1,3,1). Auch andere Eltern werden genannt: Nyx (die Nacht: Hesiod, ebd. 217; Orph. Hymnos 58,1 f). Nach Platon (Rep. 10,14) sind sie von Ananke (die Notwendigkeit). Hygin (Fab., Praef. 1) nennt Nacht und Erebus (die Finsternis) als Eltern allgemein des «Fatums», Lykophron nennt das Meer (144).

Die Ilias spricht gewöhnlich einzig von «Moira» und nur einmal von ihrer Mehrzahl (24,49).

Gewöhnlich sind sie zu dritt und heißen (in dieser Abfolge): Klotho, Lachesis und Atropos (Hesiod, Theog. 901; Apollodor, Bibl. 1,3,1; Orph. Hymnos, ebd. 27; Hygin, Fab. 171). Auch anderes wurde gesagt. Nach Pausanias (1,19,2) hielt man die «Himmlische Aphrodite» für die älteste der M. Die stärkste sei Tyche (lat. Fortuna) gewesen (ders. 7,26,3, mit

Hinweis auf Pindar, Frg. 19–21). Olen könnte Eileithyia (die Geburtsgöttin) für eine M. gehalten haben: Sie sei eine gute Spinnerin gewesen und zudem älter als Kronos (Pausanias 8,21,3).

A Gemäß ihrem Auftrag sind die M. im Mythos gleichsam allgegenwärtig: Sie lenken das Schicksal der Sterblichen (Homer, Il. 24,209; Theog. 904 f) und geben ihnen bei ihrer Geburt gleichermaßen Gutes und Böses, offenbar zur verantwortlichen Verwaltung. So werden sie zugleich zu sorgfältigen Beobachtern und gnadenlosen Richtern, auch über die Vergehen der Götter, und sie lassen nicht ab von ihrem Zorn, bis daß der Sünder seine harte Strafe hat (Hesiod, Theog. 217 ff). Ihre Macht scheint unbegrenzt, das Urteil (der Töchter der Notwendigkeit!) unabänderlich zu sein.

Zeus sei ihr Vater und erweise ihnen «größte Ehre», sagt Hesiod (Theog. 904). Die Ilias (19,87) stellt ihm die «Moira» offenbar gleich und zeigt, daß er ein Geschick allenfalls aufschieben kann (vgl. Aischylos, Prom. 515 ff, Hederich, Sp. 1407). «Auch mich beherrscht das Geschick», wird Ovid ihn sagen lassen (Met. 9,434; vgl. «fato stat Iupiter ipse», zitiert Tertullian, Apol. 25,8; in diesem Sinn auch Lactantius Firm., Div. inst. 1,11,14). Fulgentius (Myth. 1,8, 634, Helm 1970, S. 21) scheint zu sagen, daß sie selbst dem Pluto / –> Hades die Geschicke vorschrieben («destinant»; ihm also nicht dienten: Hederich Sp. 1881).

Andere haben sie in einem Dienstverhältnis zu Zeus sehen können. In diesem Sinn spricht Pausanias (5,15,5) von Zeus als dem Moirenführer.

Ihre Dreizahl signalisiert Spezialisierung, über die man sich viele Gedanken gemacht hat. Schon ihre Namen sind ein Programm: Klotho («die Spinnerin») spinnt den Lebensfaden, Lachesis (zu griech. «láchos» = Los) teilt einem jeden sein Geschick zu, Atropos («die nicht umgekehrt werden kann») ist die Unbeugsame, ihr Wirken ist unwiderruflich. Grundlegend ist hier die Metapher vom Lebensfaden, den die Mythographen weiterspinnen. Bis heute gilt, daß Klotho einen Rocken hat, Lachesis einen Faden spinnt, den schließlich Atropos abschneidet, wenn er lang genug ist (vgl. Wilhelm Busch, Julchen, gegen Ende: «und sie zwickt und schneidet, schnapp!! / Knopp sein Lebensbündel ab»).

Ohne die Metapher – mit teilweise eigenwilliger Etymologie der Namen – kommt Remigius aus: Chloto = lat. «evocatio» = «Aufruf des menschlichen Lebens; es werden nämlich die Menschen vom Nichtsein in das Sein hervorgerufen». Lachesis = lat. «sors» = das Schicksal, das jedem zu leben gegeben sei. Atropos = lat. «sine ordine» = «ohne Ordnung», der Tod, denn der kennt keine Ordnung, er achtet keine Würde, schont kein Alter, sondern nimmt ohne Unterschied alle mit sich.

Andere bemerken eher das Wächter- und Richteramt der M. und interessieren sich auch für ihren Amtssitz. Der Orphische Hymnos (58) sieht sie in einer düsteren und doch schimmernden, steinbesetzten Höhle sitzen, von wo aus sie die Menschen beobachten und im Flug rasch aufsuchen (Hederich verwechselt diese M. mit den Thriai des Hermes in Homer. Hymnos 4, an Hermes, 552 ff). Nach Ovid (Met. 807 ff) arbeiten die «Parcae» in einer Halle wie Beamte in einem Archiv, in dem man riesige Tafeln aus Erz und gehärtetem Eisen sieht, auf die eines jeden Schicksal eingeschrieben ist, auch das der Geschlechter. Remigius (1,5.16, Bd. 1, S. 72; Myth. Vat. III 6,23) versetzt sie als Protokollführerinnen («exceptrices») und Buchhalterinnen («librariae») des Juppiter gleichsam in eine Amtsstube. Auch von den «Schatzmeisterinnen» («arcariae») und Schreiberinnen («scribae») des Juppiter spricht er (1,26.3, Bd. 1, S. 114 f). Hierzu passend sagt Servius (Aen. 1,22), eine rede oder diktiere, die andere schreibe, die dritte (nimmt den Faden auf und) führe aus («fila deducit»). Caesellius Vindex (Gellius 3,16,9 f) leitet «Parca» von «partus» ab und verkürzt damit die Zuständigkeit der Parzen / M. auf die Geburt und die Zeit der Schwangerschaft: Die beiden ersten habe man «Nona» und «Decuma» (von «decem» = zehn) genannt nach der Anzahl der Monate vor einer zeitigen Geburt, die dritte habe «Morta» geheißen, denn im 11. Monat sei eine Geburt nicht möglich (ebd.).

Nach dem Orphischen Hymnos (58) könnten sie geflügelt sein. Lykophron (585) spricht von den alten Maiden mit raschem Faden von ehernen Spindeln. In Zeile 144 redet er von lahmen Töchtern der alten See (des Meers) mit dreifachem Faden. Ausführlich Catull (64, 303–322: Die Hochzeit von Peleus und Thetis): Ihr gebrechlicher Leib («infirmum») ist in ein weites Gewand gehüllt, das weiß ist mit purpurnem Saum, der die Knöchel bedeckt. Ihr «schneeweißes» Haar fassen rosige Binden. Man sieht sie vor weidengeflochtenen Körben sitzen und gemeinsam ein Wollvlies spinnen, wobei sie den Faden mit den Zähnen rupfen und glätten, während das Fasergespinst an den trockenen Lippen hängenbleibt. Hier erfährt man, daß sie ihren Wahrspruch im Gesang verkünden.

Platon (Rep. 10,14, 617b-d) sieht die drei im Kontext einer philosophischen Vision des Himmelsgebäudes, das sich um eine Achse dreht wie eine Spindel, deren Enden den Himmel zusammenhalten. Sie ruht im Schoße der Notwendigkeit (Ananke). Um sie herum sitzen auf Thronen in gleichem Abstand ihre Töchter, weißgekleidet und bekränzt, und schwingen je ihren eigenen Wirtel. Dazu begleiten sie im Gesang die Sirenen, die auf je einem der acht Himmelskreise sitzen und mit je ihrem eigenen Ton gemeinsam eine Harmonie singen. So wirken die M. mit am unabänderlichen geordneten Lauf der Welt, der sich fügt aus der Dreiheit von Vergangenheit (für die Lachesis zuständig sei), Gegenwart (der Klotho angelegen) und Zukunft (welche Atropos verkünde). Es fällt auf, daß Platon hier die kanonische Abfolge ändert. Klotho streife dann und wann mit der Rechten den äußeren Rand der Spindel, in das innere Werk greife Atropos mit der Linken, und mit wechselnder Hand streife Lachesis mal diesen, mal jenen Bereich.

Mythographie und Dichtung betonen gewöhnlich das Unabänderliche ihres Spruchs (Homer, Il. 6,488 f). Auch Götter vermögen gegen sie nichts (vgl. Ovid, Met. 5,779 ff, zum Tode Caesars; vgl. Seneca, Apocol. 3 f, zum Tod des Claudius). Anderseits hat Hygin (Fab. 251) eine lange Liste zu jenen, die «mit Erlaubnis der Parzen» aus der Unterwelt zurückkehrten. Daß sie flexibel sind, zeigen sie auch damit, daß sie den Lebensfaden des zuvor unsterblichen Chiron (–> Prometheus) lösen (Ovid, Met. 2,456). Interessant auch, daß Zeus sie als Unterhändler (oder Boten?) schickt, die –> Demeter umzustimmen (Pausanias 8,42,3).

Hier muß auch erwähnt werden die satirische Apocolocyntesis des Seneca, in der die Parzen / M. eine tragende Rolle spielen.

Merkwürdig ist ihr tätiges Eingreifen in laufende Ereignisse. Im Kampf gegen die Giganten stehen sie auf der Seite der Götter und erschlagen den Thoos mit eisernen Knüppeln (Apollodor, Bibl. 1,6,2). Vollends verwirrend ihre Fähigkeit zum Trug, wenn sie (ebd. 1,6,3) dem Typhon zur größeren Schnelligkeit Früchte vorsetzen, die ihn ihn aber verlangsamen und so dem Zeus ermöglichen, ihn einzuholen und zu erledigen.

Merkwürdig auch, daß sie die sieben griechischen Buchstaben A B H T I Y erfunden haben sollen (Hygin, Fab. 277).

In der Emblematik scheinen die M. / Parzen keine Rolle zu spielen.

C Neuzeitliche Darstellungen zeigen die M. in lange Gewänder gehüllt und nebeneinandersitzend: Die eine der beiden äußeren hält den Spinnrocken, die mittlere den Faden, die dritte schneidet ihn ab. Bei V. Cartari (Venedig 1571, S. 300, Stich von Bolognino Zaltieri; Abb. bei E. Panofsky 1961, Fig. 43) sind sie alt und geflügelt und tragen Turbane. Die Darstellung greift (variierend und seitenverkehrt) die Darstellung Correggios auf seinem Fresko im Camerino di San Paolo auf (Parma, nach 1523).

Geflügelt sind vielleicht die M. im Orphischen Hymnos (58) zu denken (vgl. **A**). Flügel gehören auch in die Ikonographie der *Nemesis*, der Göttin der strafenden Vergeltung (eigentlich des «Übelnehmens»; vgl. die zwei hadrianischen Marmorstatuetten, Thasos, Museum, Inv. 58 u. 2106).

Wiederum bei Cartari (1647, S. 317) sieht man die drei Frauen (nach einem Motiv auf einer Goldmedaille des Diokletian, «Fatis Victricibus») im Gleichklang, alle langgewandet, in der Linken ein Füllhorn mit Früchten, in der Rechten ein Steuerruder, womit sie in die Ikonographie der *Fortuna* – Personifikation des Glücks – eindringen.

Musen, Mousai, griech., lat. Musae. Gelten heute allgemein als Töchter des –> Zeus (Homer, Il. 2,491 f) und der Mnemosyne (lat. «memoria», Erinnerung; Hesiod, Theog. 53 ff; Pindar, Paean 6,54 ff; Apollodor, Bibl. 1,3,1). Spätere Autoren nennen – häufig allegorisierend – andere Eltern, unter ihnen Uranos und Ge (Diodor 4,7,2), auch –> Apoll. Cicero (Nat. 3,54) unterscheidet drei Generationen von M., deren erste vier, die beiden anderen je neun zählten.

Gewöhnlich beobachtet man ihre Verwandtschaft mit den erstgeborenen –> Chariten (Hesiod, Theog. 64; Euripides, Hel. 1345), die eigentlich eine Gemeinschaft von Geschwistern ist.

Vielleicht gab es ursprünglich zwei oder drei M. (Kl. Pauly, Bd. 3, Sp. 1478). Durch die Zeiten hat man immer wieder eine andere Anzahl gesehen (vgl. z. B. Arnobius 3,37 und Gyraldi, Synt. 7, S. 356B f).

Die Neunzahl (vgl. –> Apoll) ist seit Hesiod (Theog. 60; vgl. Apollodor 1,31; Diodor 4,7,1) bis heute bestimmend geblieben (vgl. Euripides, Med. 831; Aristophanes, Ranae 875 f), ebenso kennt man seither ihre Namen (ebd. 76): Kleio (lat. Clio), Euterpe, Thaleia, Melpomene, Terpsichore, Erato, Polyhymnia, Urania und Kalliope (vgl. die sieben Töchter des Pierus von der Nymphe Pypmpleido: Gyraldi, Synt. 7, S. 356B f; vgl. Kl. Pauly, Bd. 3, Sp. 1475–1479).

A Die M. sind auf dem Olymp geboren (Hesiod, Theog. 53 f: Neun Nächte hatte Zeus mit Mnemosyne gelegen), und dort wohnen sie (Homer, Il. 11,218; 14,508; Hesiod, Theog. 114). Sie sind sich alle einig, ihr Herz liebt den Gesang, ihr Sinn kennt keinen Zwang. Sie singen die Gesetze («nómoi») aller Dinge und die sicheren Wege der Unsterblichen (Hesiod, ebd.). Auf dem Olymp ist ihr Tun die Unterhaltung der Götter (Homer, Il. 1,604: im Wechselgesang). Sie erfreuen Vater Zeus in «liliengleicher» Stimme mit Gesängen von Dingen, die da sind, die sein werden und die da waren. Sie singen von Göttern und Menschen (Hesiod, Theog. 36 ff).

Auch unter den Sterblichen haben sie Plätze, auf dem Berg Pierios (nach dem man sie «Pierides» nannte; Hesiod, Erga 1), auf dem Helikon mit der Quelle der Hippokrene («Helikoniades»; ders., Theog. 1) und auf dem Parnaß, am kastalischen Quell (Theokrit 7,148,; Vergil, Georg. 3,293; –> Pegasus). Es scheint, daß sie sich gern an Quellen, überhaupt am (fließenden?) Wasser, aufhalten und sich darin sogar baden (Hesiod, Theog. 6 ff; Gyraldi, Synt. 7, S. 361B ff, nennt eine Reihe solcher Gewässer). Auch bei den Hyperboräern, am Ende der Welt, gebe es sie, sagt Pindar (Pyth. 10,37).

Bei den Menschen zeigen die gesetzeskundigen (Gefährtinnen des Apoll!) sich als Ordner (Hesiod, Theog. 80 ff): Dem gottgefälligen Fürsten (dem Herrscher) tun sie bei seiner Geburt süßen Tau auf die Zunge, und huldvolle Worte fließen von seinen Lippen. So wird er ein weiser Richter in Streitfällen, der die Leute in der Versammlung mit sanften Worten zurückbringt auf den rechten Weg. Mit Achtung – wie einem Gott – begegnet man ihm, und er fällt auf in der Menge. Seine Macht zeigt sich in seiner Rede, die sanft / «süß» (nicht etwa harsch) über seine Lippen kommt (Theog. 97). Das ist im Sinne des Zeus eine heilige Gabe der Musen an den Herrscher (die Fürsten seien besonders der Kalliope angelegen: Theog. 79 f). «Glücklich, wen die Musen lieben: Süß fließt die Rede von seinen Lippen», sagt der Homerische Hymnos (25, an die M. und Apoll, 4 f). Als die Eltern des kleinen Platon den Musen (oder den Nymphen) opferten, sollen Bienen

dem Kind Honig vom Hymettos auf die Lippen getan haben als Zeichen künftiger Beredsamkeit (Aelian, Hist. var. 10,21).

Es entspricht apollinischem Geist, wenn die M. als Schiedsrichter auftreten
(Aristophanes, Ranae 875 ff; Hygin, Fab. 165) und auch dem Wettstreit zwischen
Apoll und –> Marsyas beiwohnen.

Auch sie selbst messen sich mit anderen. Der schöne Sänger Thamyris fordert
sie heraus unter der Bedingung, daß sie alle ihm gehören würden, gewänne er;
umgekehrt könnten sie mit ihm nach Belieben verfahren: Sie nahmen ihm das
Augenlicht und seine Sangeskunst (Homer, Il. 2,594 ff; Euripides, Rhesus 915 ff;
Apollodor, Bibl. 1,3,3; Diodor 3,67,3; vgl. Plutarch, Mus. 3, 1132B; Myth. Vat. I
197). Von –> Hera veranlaßt, sollen die Sirenen sie herausgefordert haben: Die
M. rupften ihnen die Federn aus und machten sich Kopfschmuck daraus (Pausanias 9,34,2). Die neun Töchter des Pierus und der Euhippe halten sich für besser
als die M.: Die verwandeln sie – auf dem Helikon – zu Elstern (Ovid, Met.
5,294 ff; vgl. Antoninus Liberalis 9,1 ff; –> Pegasus). Übrigens soll die Sphinx das
berühmte Rätsel von den M. haben (Oedipus; vgl. Apollodor, Bibl. 3,5,8).

Wie sie die Macht des gesprochenen (gesungenen) Wortes üben und fördern,
so gibt es von ihnen (und durch sie) und Apoll (und Zeus) auch die Sänger und
Kitharaspieler (Hesiod, Theog. 95; vgl. Homer. Hymnos 25, an die M. und Apoll).
Wenn nun ein Mann Trauer und Kummer leidet, wenn er voller Furcht und sein
Herz geplagt ist von Sorgen, dann wird er all das sogleich vergessen, wenn ein
Sänger, der Musendiener, ihm Lieder singt von rühmlichen Taten der Männer
vergangener Zeiten und von den heiligen Göttern auf dem Olymp. Hier erweist
«Unterhaltung» sich sicher nicht als Zerstreuung, sondern als ein Wieder-Ein-
ordnen in Wesentliches, Heldentaten (Taten!) als Beispiel und Ermunterung, die
Götter vielleicht als gerechte Richter und Wächter. Auch hier also zeigen die M.
sich als Ordner.

Darum sind Dichter (= «Sänger») ihnen besonders angelegen, wie schon Homer für sich selbst bezeugt, wenn er für sein Werk ihren Beistand erbittet: «sage
mir» (Il. 2,761 u. 484); «singe mir» (1,1); «kündet mir» (4, 484; 16,112). Ähnlich
Vergil (Aen. 9,77: «kündet mir»; «zeige mir»: 1,8; Bitte um Belehrung: 7,41). Interessant das «Muse, ich künde» (737), das den Dichter als Mittler zeigt. Stets bittet der Dichter die M. um Unterrichtung und Inspiration.

Das eigentliche Wesen ihres Tuns ist «Kunde», die aus Kenntnis kommt. Die
Zuständigkeit der «Allgegenwärtigen» kommt aus dem Wissen um die Dinge in
der Zeit (Il. 2,484 ff), dem, was ist, dem, das sein wird, dem, das war (immer wieder in der Ilias, ebd.; Hesiod, Theog. 36 ff). Ihre Allgegenwärtigkeit durch die Zeiten macht sie zu Augenzeugen. In diesem Sinn erkundigt Homer sich bei ihnen
nach Namen, Zahlen und Umständen, denn wir Menschen wissen nur ein «bloßes Gerücht» («oion akóumen»; gleichsam vom Hörensagen; Il. 2,484 ff). Die M.
wissen, wie es «wirklich» war.

Macrobius (Sat. 1,18,7) sagt, Apoll stehe den Musen vor, Merkur aber der
Rede, die eine Gabe der Musen sei.

Man hat die M. auch in Gesellschaft des –> Dionysos und diesen als Musagetes gesehen (Diodor 4,4,3 u. 4,5,3; Pausanias 1,2,4: Diesen Dionysos habe man den Sänger zur Lyra genannt aus dem gleichen Grund, aus dem man Apoll den Tanzmeister der Musen nennt; vgl. Plutarch, Quaest. conv. 8,716F: Dionysos sucht Zuflucht bei den M.; vgl. Eusebius, Praep. evang. 2,2, 53c f: die M. als Unterhalterinnen des Gottes).

Schließlich sagt man, Zeus habe die M. die Buchstaben und das Zusammenstellen der Wörter zur Dichtung finden lassen (Diodor 5,74,1).

B Die M. werden durchweg als singender Chor beschrieben, und man sieht sie tanzen, auf sanften Füßen mit kraftvollem Schritt (Hesiod, Theog. 1–8; –> Apoll; vgl. den schwebenden Schritt der –> Horen). Der Schritt hört auf den Klang der goldenen Phorminx und beginnt den fröhlichen Tanz (Pindar, Pyth. 1,1 ff). Artemis geht nach Delphi, dort den lieblichen Tanz der M. und Chariten anzuordnen (Homer. Hymnos 27, an Artemis, 14 f).

Die leibliche Erscheinung der einzelnen M. in der Gruppe lassen die schriftlichen Quellen unbestimmt. Man stellt sie sich wohl vor als Mädchen oder junge Frauen. Sie haben «schönes» Haar (Pindar, Pyth. 3,99) und sind «veilchengelockt» (ders. Pyth. 1 f). Gekleidet sind sie altersgemäß oder nach Nymphenart (Gyraldi, Synt. 7, S. 357B f). «Tiefgegürtet» («bathýzonos») seien sie (Pindar, Isthm. 6,74; Pyth. 1,12). Man sieht viel strahlendes Gold um sie (ders., Isthm. 8,5: die «goldene» M.). Sie sind «goldgekleidet» (Pindar, Frg. 104[d] [Schröder] 21) und tragen ein goldenes Haarnetz (ders., Pyth. 3,90). Auf dem Haupt hat man Kränze aus mancherlei Blumen und Blättern gesehen, darunter gelegentlich Palmblätter, auch Federn der Sirenen (Gyraldi, Synt. 7, S. 357B f). Pindar sieht sie «goldbekränzt» (Isthm. 2,1). Nach Ovid können sie offenbar Flügel anlegen und damit einem Gefängnis entfliehen (Met. 5,287; als Pyreneus sie zu vergewaltigen droht). Auch einen Wagen haben die M. (Pindar, Ol. 9,81; Isthm. 2,2: ebd. 8,62).

Man halte sie für Jungfrauen (Diodor 4,7,3; Lukian, Dial. deor. 19, –> Eros). Gyraldi fragt, wie es dann um die Mutterschaft vieler M. bestellt sei (Synt. 7, S. 261A).

Vorab sind die M. zu hören. Sie haben Stimmen wie Honig (Pindar, Ol. 6,21; ders. Isthm. 2,2: «honigsüße Gesänge»). Sie singen zur Lyra (Phorminx; ebd. 2,1), auf «goldener» Lyra, die ihnen gemeinsam mit Apoll gehört (ders., Pyth. 1,1 ff). Auf dem Pelion scheinen sie zum Spiel des Gottes einzig zu singen (ders. 5,23 ff). Jedenfalls folgt ihr Gesang den Noten des Instruments (ders. Pyth. 1,1 ff; –> Apoll und –> Marsyas).

Instrument und Stimme wirken zusammen zu einem Ganzen, doch bemerkt man, daß beide je ihre eigene Rolle spielen, je ihre eigene Wirkung auf den Hörer haben. Da ist zunächst der bloße Klang von Instrument und Stimme, worin ein Urgegensatz im griechischen Verständnis von Musik zur Einheit kommt: der Klang der schwingenden Saite und der modulierte Wind des Atems (Diodor 3,59,6: Nach dem Schinden des –> Marsyas legt Apoll Lyra und Flöte als Votivgaben in der Höhle des –> Dionysos nieder, worin sich sicher ein historischer Wandel in der Auffassung von «Musik» zeigt). Während es einerseits wichtig ist, daß die Stimme der Lyra den «Ton angibt» (Klang = «melos»), so trägt der Ton anderseits das gesungene Wort («logos»), das erzählt, das «sagt». Aber schon der bloße Klang ist dienlich und scheint sich dem Gegenstand anzupassen: Bei Pindar (Isthm. 8,62) «singt» der Wagen der M. laut den Lobpreis eines – Boxers.

Die Gesänge der M. seien ein Schauer von Pfeilen vom Bogen der fernschießenden M., sagt Pindar (Ol. 9,9; vgl. Ol. 1,112; vgl. Pyth. 1,10 ff). Das Bild veranschaulicht das apollinische Wesen dieser Musik. Ihre ordnende Macht beschreibt später Antoninus Liberalis (Met. 9,1–3): Die M. singen, der Himmel, die Sterne, das Meer, die Flüsse bleiben stehn; der Helikon beginnt sich gegen den Himmel zu heben, –> Pegasus hält ihn auf (vgl. Pindar, Pyth. 1,10 ff). Die «Pfeile» solcher Musik sänftigen selbst –> Ares (ebd.; vgl. Diodor 5,31,5: Auch bei den Galliern räumt Ares den Musen, räumt Leidenschaft der Weisheit [«sophía»] den Platz).

Eine solche Musik scheint zutiefst der Hochzeit als Gründung einer Ordnung angemessen zu sein: Kadmos und Harmonia (Diodor 5,49,1: Hier begleiten sie – ganz gegen ihre eigentliche Berufung – die Lyra mit Flötenmusik), Peleus und Thetis (Pindar, Pyth. 3,84 ff).

Bei der Leichenfeier für Achill singen sie den Trauergesang (Homer, Od. 24,60 ff; ebenso für Hymen, Linos u. a.). Vielleicht begründen sie hier den Ruhm, der den Toten unsterblich macht.

Mit und auf dem Klang kommt das erzählende Wort, und das macht das Ureigene der M. aus. Sie erzählen wohl vorzüglich von Vergangenem, denn das entspricht ihrer von Mutter Mnemosyne ererbten Natur, doch auch vom Künftigen (Hesiod, Theog. 31 f). Eine direkte Beziehung zwischen Wasser und der Vision des Künftigen, dessen man sich auf dem Thron der Mnemosyne erinnert und das man aufschreiben mußte, veranschaulicht das Orakel des Trophonios in Böotien (Pausanias 9,39,4 ff). Zuvor mußte man vom «Wasser des Vergessens» trinken.

Wie der Klang sich im Raum ausbreitet und ihn im Schritt und in der Stellung der Dinge ordnet (–> Amphion), so ordnet, was die Musen verkünden, für uns das in der Zeit Geschehene nach seiner Abfolge und verfertigt so eigentlich «Geschichte», vorzüglich, wie sie sich zeigt in den Taten von Göttern und Menschen. Was sie erzählen, ist wahr und kein bloßes «Gerücht» (s. o.). In diesem Sinn ist bei Pindar die Muse gleich Wahrheit («alétheia»), deren Hand alles «an den richtigen Platz stellt» (Ol. 10,3 f). Hier liegt die Autorität des Dichters.

Die Weise der Mitteilung nennt Pindar ein «sanftes Anhauchen» («adýpnoos»: Ol. 13,22), ein Beatmen, das wir «Inspiration» nennen. Es scheint, daß am Erfolg dieses Unterfangens wesentlich die –> Chariten teilhaben («Weckerinnen der Wonne»: Orph. Hymnos 59,6; vgl. ebd. 75).

Merkwürdig, daß es für ein solches Werk eines «Chores» bedarf, worin aber vielleicht schon von Anbeginn sich Spezialisierungen verbergen. Platon spricht davon, daß man sich jeweils die für die Darstellung «richtige» Muse aussuchen müsse (Nomoi 668 B).

Historisch erweisen die M. sich schließlich als eine Gruppe von Individuen mit je eigner Zuständigkeit, wie schon Homer (Il. 1,1) «die Göttin» anruft und bei Hesiod (Theog. 79 f) die Kalliope sich speziell um die Fürsten kümmert. Diodor (4,7,3) zählt ohne Zuschreibung auf: Dichtung, Gesang, pantomimischen Tanz, Rundtanz zu Musik, das Studium der Sterne. Dann (4,7,4) qualifiziert er die einzelnen über ihren Namen als Weisen und Wirkungen des geschriebenen oder «gesungenen» Worts.

Spätere haben sich die Natur der M. wieder auf ihre Weise erklärt, wie Gyraldi berichtet (Synt. 7, S. 356B f), wobei man jeweils von der Anzahl ausgeht. Es fällt auf, daß man ihnen je eigene Zuständigkeiten zuschreibt.

Drei seien es gewesen in bezug auf jeweils ebendiese Anzahl von Tönen, Akzenten, Zeiten und Personen (der griech. Sprache), schließlich auch die drei Zahlen der Griechen (nach Tzetzes). Vier M. habe es nach der Anzahl griechischer «Sprachen» gegeben: Ionisch, Attisch, Dorisch, Aiolisch, fünf in bezug auf die fünf Sinne. Die Anzahl Sieben beziehe sich auf die siebenseitige Lyra oder auf die sieben Zonen (bioklimatische Zonen der Erdkugel nach Poseidonios?; vgl. Kl. Pauly, Bd. 5, Sp. 1554), auf die sieben Sterne (Planeten), auch auf die sieben Vokale; Diodor (4,7,3) nennt auch die sieben Freien Künste. Neun gebe es wegen der Anzahl ihrer Erfindungen: Clio erfand die Geschichte, Thalia die Pflanzenkunde, Euterpe die Flöten, Melpomene den Gesang («ode, cantilena»), Terpsichore den Dreischritt («tripudium»), Erato die «nuptialia» und den Tanz, Polymnia die Landwirtschaft, Urania die Astrologie (Astronomie), Calliope die Dichtung («poesin»). Tzetzes soll wieder andere genannt haben (Gyraldi, ebd. S. 357B): Callichore, Helice, Eunice, Thelxinoe, Terpsichore, Euterpe, Encelade, Dian und Enope. Plutarch (Quaest. conv. 9,2, 744B) fragt, wie es komme, daß es keine neun Demeter, Athenen und Artemis, aber eben neun Musen gibt: Ihre Anzahl entspreche der der Buchstaben des Namens der Mutter Mnemosyne (buchstabiert ihn also gleichsam).

Cornutus (Nat. deor. 14) allegorisiert in andere Richtung: Zwei M. bezeichnen den Unterschied von Theorie und Praxis, sofern man in den Wissenschaften Spekulation und Handlung unterscheide. Drei M. veranschaulichen die Vollkommenheit dieser Zahl (s. u.) oder auch die dreierlei Arten philosophischer Spekulation. Vier oder sieben M. meinen die Anzahl der Töne auf Musikinstrumenten. Anders wieder die Neunzahl. Diese ergebe sich daraus, daß die Musen den, der mit ihnen umgeht, «tetrágonos», d. h. vollkommen machen. Auch die Neun ist vollkommen, sofern sie «aus sich selbst» besteht (= ein Kriterium der «vollkommenen» Zahl: wie 1+2+3=6, so die Summe der ersten drei Ungeraden: 1+3+5=9), und man meine, daß gleicherweise der Vorzüglichste («primus») wegen und zu seiner Vollkommenheit eines anderen nicht bedarf.

Fulgentius (Myth. 1,15, 640–44, hier nach der Zusammenfassung am Ende, Helm 1970, S. 27) sieht in den M. (in der Abfolge Hesiods) neun verschiedene Arten von Erkenntnis und Wissenschaft («doctrinae et scientiae modi») im Zusammenwirken beim Verfassen einer Rede. Über ihre jeweilige Bedeutung und eine sinnvolle Abfolge faßt er zusammen: Zu Anfang heiße es, Erkenntnis («doctrina») zu wollen (Clio, die dem Ruhm dient!), dann 2., das Gewollte zu mögen («delectare»; Euterpe); 3. das Gemochte zu verfolgen (Melpomene); 4. das Verfolgte zu packen (Talia); 5. das Gepackte zu bedenken (Polymnia); 6. etwas dem Bedachten Ähnliches zu finden (Erato); 7. das Gefundene zu beurteilen (Terpsichore); 8. aus dem Beurteilten zu wählen (Urania), das man 9. gut vorträgt (Calliope; vgl. Myth. Vat. II I8,18).

Eine andere Allegorese (in anderer Reihenfolge und ohne Melpomene), auf das Verfassen der Rede bezogen, gibt Remigius (1,19.11, Bd. 1, S. 101 f). Auch hier ist vom Dienst die Rede. 1. Urania steht für den Adel («sublimitas») der Einsicht; 2. Polymnia ist die Merkfähigkeit («capacitas memoriae»); 3. Euterpe ist das Vergnügen am Vorhaben («voluntas»), der die beiden ersten zu Diensten sind; 4. Eratho ist das Auffinden von Ähnlichem, denn das Vorhaben mag nichts mehr als das Zusammenbringen von Ähnlichem (daß die Dinge zusammenpassen!); 5. Terpsicore ist «gleichsam» das Vergnügen an den Künsten («artes»), denn ohne Kenntnis («exercitatio») der verschiednen (sieben!) Künste läßt kein Unternehmen sich erfolgreich vollenden; 6. Calliope bezeichnet die Würde / Tugend der Rede, welche sich aus dem Vorangehenden ergibt; daraus ensteht 7. Clio, der gute Ruf («bona fama»); Thalia schließlich ist das Setzen oder die «germinatio» (Gedeihen?) von Tugend, «denn jegliche Tugend strebt beim Volk nach einem guten Ruf».

Die physikalische Deutung bei Fulgentius (Myth. 1,15, ebd.; vgl. Myth. Vat. III 8,18) geht offenbar auf die Intonierung von Rede und Gesang. Hier sind die M. ein Bild für die «modulamina» der menschlichen Stimme (oder Rede), deren es aber zehn gebe. So habe man den neun M. den Apoll als Anführer zugesellt. Ebendarum stelle man ihn sich mit der zehnsaitigen Kithara vor (vgl. Remigius 1,19.11, Bd. 1, S. 101). Die Stimme brauche zwei Lippen, vier Zähne (Frontzähne), welche die Zunge berührt, die Gaumenwölbung, den Kehlkopf, den Atem der Lunge (vgl. Remigius 1,19.11, Bd. 1, S. 101 f; Myth. Vat. III 8,18).

Ein festes Bezugssystem zwischen überlieferten Namen und Funktionen der M., die sich in den Attributen zu erkennen geben, etabliert sich erst in spätrömischer Zeit. Roscher (2,2, Sp. 3295; vgl. Diodor 4,7,4) gibt folgenden Überblick: Klio = Geschichte (Schriftrolle); Kalliope = heroischer Gesang (Diptychon oder Schriftrolle); Polyhymnia = Pantomime (attributlos; tief in den Mantel gehüllt); Euterpe (Flöten); Terpsichore = kleinere Lyrik (Lyra); Erato = größere Lyrik (Kithara); Melpomene = Tragödie (tragische Maske); Thalia = Komödie (komische Maske); Urania = Astronomie (Globus).

In der euhemeristischen Deutung des Clemens v. Alexandrien (Exhort. ad Graec. 2,27 P.; G.W. Butterworth 1982, S. 64) waren die M. nichts anderes als mysische Dienerinnen der Megaklo auf Lesbos, die ihrer Herrin zur Lyra Lieder über Taten in alter Zeit vorsingen mußten: Unterhalterinnen. Ähnlich rationalisiert schon Diodor (1,18,4f): Die man bei den Griechen M. nenne, seien neun junge Mädchen, die mit Gesang und anderen Künsten den Osiris unterhalten. Ihr Anführer sei Apoll gewesen, den man auch «Musagetes» geheißen habe.

Humanistische Spekulation bringt die neun M. je mit den neun Erscheinungsformen des –> Dionysos (Bacchus) in den Orphischen Hymnen zusammen (Marsilio Ficino, Theologia Platonica 4,1, conclusio).

Die Allegorese deutet die M. gern auf Bildung und Geistesarbeit. Cornutus (Nat. deor. 14, am Schluß) nennt sie Nachtarbeiter und zitiert, alles, was mit Bildung («literae») zu tun hat, werde eher nächtens bedacht, weil wir dann genauer sind. Nach einer uralten Vorstellung seien die M. Kinder von Tag und Nacht. Die Palmenkrone weist auf ihre Schriftkunde (denn die Phöniker waren die Erfinder der Buchstaben). Überzeugender sei die Beobachtung, daß M. und die Palme gleichermaßen fein, schön und immergrün seien, schwer zu erklimmen und voller süßer Früchte. Ähnlich wird Picinello (3,37,108, S. 164) von der Mühsal geistiger Arbeit reden: Die M. sitzen hoch auf Parnaß und Helikon als Bild dafür, daß es ein schwieriger Weg ist hinauf zur Bildung («eruditio»), darum nehmen auch viele Faule davon Abstand.

Der Tod des gegen die M. gewalttätigen Pyreneus (Ovid, Met. 5,274ff) ist Gegenstand eines Emblems bei Nicolas Reusner (1581, Embl. I, Nr. 22; H./S. Sp. 1781) mit der Folgerung, «es gehe zugrunde, wer die Musen ... haßt und den schönen Künsten keinen Platz gönnt». Den wechselseitigen Nutzen von «Sänger und Held» (Auszeichnung für Lobpreis) ist Lemma eines anderen Emblems (ebd., Nr. 3): «So fordert das eine den Dienst des anderen: glücklich der Staat, in dem beider Ruhm leuchtet.» Dionysius Lebeus-Batillius (1596, Nr. 46; H./S. Sp. 1651; vgl. Servius, Aen. 1,8: Tempel des «H. Musarum»; Ovid, Fasti 6,812; Macrobius, Sat. 1,12,16) folgt dem gleichen Gedanken und zeigt den Herkules/–> Herakles als Musenführer: «Sie sind sicher unter seinem Schutz, er ist berühmt durch ihren Gesang und ihr Saitenspiel.» Die Verbindung von Witz und Wein im Bilde der Grazien und der Musen in Gemeinschaft mit je ihrem Anführer, Merkur/–> Hermes und Bacchus/–> Dionysos, feiert ein Emblem bei Reusner (ebd. Nr. 25; H./S. Sp. 1773f). Es scheint übrigens, daß ihre Beziehung zu Hermes/Merkur grundsätzlich über die Chariten/Grazien geht (vgl. Homer. Hymnos 4, an Hermes, 429f: Hermes besingt die Ahnherrin Mnemosyne).

C *Typus.* Von dem bedeutenden M.-Monument der Antike, einer Gruppe von neun Statuen der Bildhauer Kephisodot, Strongylion und Olympiosthenes (um 400 v. Chr.), die je drei Figuren gefertigt hatten, blieb nur die Nachricht des Pausanias (9,30,1).

Sichere Mittel zur Identifikation der M. als Gruppe (nicht einzelner M.) sind Beischriften der Namen, eine felsige Szenerie (Helikon) und die Neunzahl. Musikinstrumente allein sind als Erkennungsmerkmale unzureichend. Auf den griechischen Vasenbildern sind die M. häufig mit der Lyra zu sehen (Hydria, Paris, um 450 v. Chr.; Cabinet des Médailles, Inv. 448), oft in Gesellschaft des –> Apoll, der selbst die Kithara spielt (Kelchkrater, 5. Jh. v. Chr.; Schwerin, Staatl. Museen, Inv. KG 706). Auf den Vasenbildern sind die M. selten vollzählig. Das anscheinend einzig gesicherte Beispiel mit den neun M. und Namensbeischriften war eine (verlorene) Hydria (ehem. Berlin, Wilhelm Zahn).

Einen ersten Schritt zur Individualisierung der M. vollziehen die attischen Vasenmaler in der 2. H. des 5. Jh. v. Chr.

Wesentlich mehr Zeugnisse der bildenden Kunst sind aus hellenistischer und römischer Zeit erhalten. Seit dem 4. Jh. v. Chr. ist nun auch eine zunehmende Differenzierung zu beobachten. Durch individuelle Attribute und Namensbeischriften auf den (ebenfalls zahlreichen) Mosaiken treten die M. aus ihrer Anonymität heraus.

Auf den griechischen Vasenbildern sind die M. fast durchweg bekleidet. Merkwürdigerweise sieht man sie selten tanzen, obwohl das doch wesentlich zu ihrem Tun gehört. Auch die zahlreichen römischen Skulpturen haben eher statuarischen Charakter (vgl. die Statue der *Melpomene*, Anf. 3. Jh. v. Chr.; München, Residenzmuseum, Antiquarium).

Ein hervorragendes Beispiel römischer M.-Darstellungen sind die acht sitzenden M. (die neunte – Melpomene – ist verloren), die zusammen mit Apoll die scenae frons des Odeons der Villa Adriana in Tivoli schmückten (hadrianische Skulpturen; heute Madrid, Prado). Bis auf Calliope tragen alle Blumen- oder Laubkränze und Attribute: Euterpe die Doppelflöte, Thalia eine komische Maske, Erato die Lyra, Clio zwei Schriftrollen (der Rest ist ergänzt), Terpsichore mit Kithara, Urania mit Globus und Radius, Polahymnia ist ohne Attribut.

Für die Ikonographie der M. in der Neuzeit ist die Stichserie des H. Goltzius aufschlußreich (Die neun Musen, 1592 [SG.299–307]). Die Reihe der neun gewandeten, mädchenhaft anmutigen Sitzfiguren in felsiger Umgebung (als Anspielung auf den Helikon; s. o.) wird von *Calliope* angeführt, die ein aufgeschlagenes Buch in der Rechten auf dem Schoß hält. Dann folgen: *Thalia* (in der Rechten ein Narrenzepter), *Melpomene* (in der Linken eine Schriftrolle, in der Rechten eine Streusandbüchse), *Clio* (mit Schreibtafel, Tintenfaß und Schreibgerät), *Terpsichore* (die Laute spielend, eine Harfe und ein aufgeschlagenes Notenbuch zu ihren Füßen), *Euterpe* (Querflöte spielend, eine Schalmei zu ihren Füßen), *Erato* (in der Linken einen Globus, in der Rechten einen Zirkel, auf dem Boden Winkelmaß und Elle), *Polyhymnia* (in der Rechten den Heroldsstab des Merkur, links: eine Schriftrolle), *Urania* (auf dem Schoß einen Globus, rechts den Zirkel, auf dem Boden eine Sphäre). Jeder sind ein oder mehrere Folianten als Attribut beigegeben. – Eustache Le Sueur hat für die «Chambre des Muses» im Louvre die neun Musen gemalt (1647–1650): in Dreiergruppierungen *Clio* (mit Fanfare und Folianten), *Euterpe* (die Querflöte spielend) und *Thalia* (mit Maske); *Melpomene* (aus einem Notenbuch singend), *Erato* (mit Folianten), *Polyhymnia* (das Cello spielend), ferner jeweils einzeln: *Urania* (zum Himmel zeigend, mit Globus und Stechzirkel, das Haupt von einem Sternenkranz umgeben), *Terpsichore* (mit Triangel) und *Kalliope*, die Harfe spielend.

D Im erzählerischen Zusammenhang treten die M. im allgemeinen nur als Begleitfiguren auf (–> Apoll, –> Athena / Minerva).

Selbst auf den Reliefs der römischen *Musensarkophage*, die nach ihnen benannt sind, weil die M. die Komposition beherrschen, entfalten sie keine eigenständige Thematik. So sehen wir sie in der Regel in Gesellschaft des Apoll (220 / 230 n. Chr.; Rom, Villa Borghese; Apoll nimmt die Mitte der Frontseite ein, flankiert von den M.), der Minerva (Sarkophag, 175 / 200 n. Chr.; Rom, S. Crisogono) oder beider (auf dem Fries eines Sarkophags, 230–240 n. Chr.; Castellammare di Stabia, Antiquarium), oder sie rahmen das zentrale Bild eines Verstorbenen (Sarkophag, 180 / 200 n. Chr.; Pisa, Camposanto monumentale).

Wie das Mittelalter die M. in sein kosmisches Weltbild eingliedert, illustriert eine Federzeichnung mit der Darstellung der *Luft* als Element kosmischer Harmonie (um 1200, Reims, Bibliothèque, Ms. 672): «Aer» (lat. Luft) in Gestalt eines bärtigen Alten im Mittelpunkt zweier konzentrischer Kreise, umgeben von den vier Winden; links Arion, rechts «Pitagoras», unten Orpheus; den äußeren Kreis begleitend: die neun M.

In der neuzeitlichen Kunst treten die M. v. a. im von –> Apoll angeführten Chor auf oder in Erzählungen um andere mythische Figuren. So sind sie z. B. Zeugen beim Wettstreit zwischen Apoll und –> Pan, in dem Midas seine unglückliche Rolle als Schiedsrichter spielt. Hendrick Goltzius sieht sie bei dieser Gelegenheit in zeitgenössischer, eleganter Robe, eher unbeteiligt an der Haupthandlung; ihre Attribute sind Musikinstrumente (Zupf- und Blasinstrumente), Globus, Sphäre, Schriftrolle; eine von ihnen schreitet neben Athene daher (*Das Midasurteil*, Stich 1590 [SG. 285]).

Ein eigenständiges Thema ist das *Konzert der Musen*, das besonders die Maler zwischen 1550 und 1650 beschäftigt. Als Quellen können gelten: Hesiod, Diodor und Jan van der Noot (Olympias, 1579). Das Motiv ist häufig in ein übergeordnetes Thema eingebunden, z. B. den *Besuch der Minerva bei den Musen* (–> Athena), die *Hochzeit von Peleus und Thetis* (Gemälde von Joachim Anthonisz Utewael, 1602; Braunschweig, Anton Ulrich Museum) oder das *Götterfest* (z. B. Hendrick van Balen, Gemälde in Antwerpen, Koninklijk Museum voor Schone Kunsten).

Bis heute galt in der Kunstgeschichte als ungeklärt, wen die Tanzenden in Ambrogio Lorenzettis Fresko der «*Effetti del Buon Governo in città e in campagna*» in der Sala dei Nove im Palazzo Pubblico in Siena (1338–1340) darstellen. Es besteht jedoch kein Zweifel, daß mit den neun den Reigen tanzenden Mädchen die neun M. gemeint sind. Daß dies angesichts ihrer Größe (sie sind in einem größeren Maßstab wiedergegeben) und ihrer Stellung gleichsam im Brennpunkt der Komposition keine unbedeutenden Nebenfiguren sein können, ist augenfällig. Das zehnte Mädchen, das seinen Gesang mit der Schellentrommel begleitet und den Tänzerinnen den Rhythmus vorgibt, also Ton und Rhythmus angibt, harrt noch der Deutung. In den *Musenreigen* des 15. und 16. Jh. wird es den Platz dann wieder dem *Musagetes* Apoll räumen (Baldassare Peruzzis Gemälde; Florenz, Palazzo Pitti, Sala di Prometeo).

–> Apoll, –> Athena

Lit.: Bonamici, Marisa in: LIMC 1992, 6,1, S. 681–685; 6,2, S. 406–407, s.v. Mousa, Mousai (in Etruria). Cumont, Franz: Recherches sur le symbolisme funéraire des Romains. Paris 1942. Ettlinger, Leopold, D.: Muses and Liberal Arts. In: Essays presented to Rudolf Wittkower. London 1967, S. 29–35. Mirimonde, Albert Pomme de: L'Hélicon ou la visite de Minerve aux Muses. In: Jaarboek Koninklijk Museum voor schone kunsten te Antwerpen 1961, S. 141–150. Ders.: Les concerts des muses chez les maîtres du nord. In: Gazette des Beaux-Arts 106, 63, 1964, S. 129–158. Queyrel, Anne in: LIMC 1992, 6,1, S. 657–681; 6,2, S. 383–406, s.v. Mousa, Mousai. Schröter, Elisabeth: Die Ikonographie des Parnaß vor Raffael. Hildesheim / New York 1977.

Myrrha –> Adonis
Neptun –> Poseidon

Niobe, griech., lat. Nioba. Tochter der Tantalos und der Euryanassa oder der Dione (Hygin, Fab. 9,2). Gemahlin des Amphion (Apollodor, Bibl. 3,5,6, nach Hesiod).

A N. hat viele Kinder, über deren Anzahl die Berichte sich aber nicht einig sind (bei Homer, Il. 24,602 ff: zwölf, je sechs aus den beiden Geschlechtern; bei den meisten Autoren je sieben: z. B. Apollodor, Bibl. 3,5,6; Hygin, Fab. 9 u. 11, nennt die Namen; so auch Boccaccio, Gen. 5,31; Hesiod soll je zehn erwähnt haben, sagt Apollodor, ebd.; nach Aelian, Var. hist. 12,36, nannte Hesiod neun Knaben, zehn Mädchen; vgl. zum Thema die Aufzählung auch anderer Zahlen bei Gellius 20,7).

Auf diesen Reichtum soll N. so stolz gewesen sein, daß sie häufig sich brüstete, gesegneter zu sein als sogar Leto / Latona, Mutter von –> Apoll und –> Artemis / Diana (vgl. Diodor 4,74,3 f): Ovid (Met. 6,170–203) läßt sie im Herrschergestus eine Vielzahl von Gründen für ihren Anspruch vortragen, wobei sie sich vor Beleidigungen nicht hütet. Der Mythograph (I 156; vgl. Boccaccio, Clar. mul. 15) meldet dieses: Wenn jene mit nur zwei Kindern schon so viel Ehren erfahre, um wie viel mehr habe sie einen Anspruch darauf mit ihren 14 Kindern. Bei Hygin hat sie auch Diana und Apoll beleidigt, erstere, weil sie sich von den Männern fernhielt, letzteren seiner Kleidung und seines langen Haars («crinitus») wegen.

Die Mutter (und sich selbst) zu rächen und vielleicht auch von der Mutter veranlaßt (Apollodor, Bibl. 3,5,6), nehmen Apoll und Artemis / Diana der Frau die Kinder: Sie erschießen sie. Die Knaben habe Apoll bei der Jagd erlegt, Diana die Mädchen im Palast, bis auf die Chloris und Amyklas, die sich im Gebet an Leto gewandt haben sollen (Pausanias 2,21,10; damit blieben ihr nicht mehr Kinder als Leto hat). Nach Homer (Il. 24,609) sterben alle. Ovid (6,300 ff) schildert, wie N. verzweifelt die jüngste Tochter zu schützen sucht.

Auch über den Schauplatz gibt es keine Einigkeit (LIMC, 6,1, S. 109, vermutet Theben). Jedenfalls wird die trauernde N. in Stein verwandelt und als Felsbild an den Berg Sipylos in Lydien, das ihre Heimat ist, versetzt, vielleicht aus Mitleid von –> Zeus (Apollodor 3,5,6: Hier geht sie in Sipylos zum Vater und wird beim Gebet an Zeus zu Stein, aus dem seither bei Tag und Nacht Tränen fließen; vgl. Pausanias 1,21,5 u. Hygin, Fab. 9).

B Für die Allegorese hat die N. vorzüglich als Bild für Hochmut und Vermessenheit gedient (Horaz, Carm. 4,6,1 ff). Für Arnulph von Orléans (12. Jh.) ist sie die Verkörperung der «superbia» (Stolz, Hochmut; «Allegoriae super Ovidii Metamorphosin»; ed. Ghilsalberti 1917–1939, Buch 6,14; vgl. Boccaccio, Gen. 5,31).

Der «Ovide moralisé en prose» (5,7, de Boer S. 192) sieht in Latona ein Bild der Religion. Ihre beiden Kinder sind Keuschheit und frommer Lobpreis («saincte predicacion»). N. aber steht für den Hochmut («orgueil») der Welt. Ihre sieben Söhne sind die sieben Todsünden, die sieben Töchter stellen eine Versammlung gleichermaßen schimpflicher Handlungen dar, während Amphion ein Bild der Verzweiflung ist. Der Tod der Kinder durch die Religion soll zeigen, wie die Sünder durch sakramentale Reue und Buße im Beweinen ihrer Untaten zur wahren Selbsterkenntnis kommen und sich der Barmherzigkeit und Gnade Gottes unterwerfen. Im Gegensinn erkennt Petrus Berchorius in sieben ihrer Kinder ein Bild für die sieben Gaben des Heiligen Geistes, in den anderen eines für die Sieben Tugenden (die drei theologischen und vier Kardinaltugenden), während Mutter N. den Hochmut verkörpert (Reductorium morale, 1340; Engels 1962, 6. Bl. L, Fa XII-XIII).

Pausanias (9,59) berichtet, die Niobiden seien an der Pest gestorben, und sieht in –> Apoll den Verursacher (Boccaccio, Gen. 5,31; ders., Clar. mul. 15).

Ein eigenes Thema ist die Versteinerung der N. angesichts der toten Kinder. Cicero (Tusc. 3,26) hält den Stein für eine Metapher für die Frau, die vor Schmerz und Kummer in Schweigen verfiel (vgl. Boccaccio, Clar. mul. 15; um 1360). N. ist für ihn Verkörperung von Dummheit und Stolz.

Für «Superbia» (Hoffart) wird die versteinerte N. in der Emblematik des 16. Jh. stehen (Alciat 1550, S. 75, Held Nr. 140; H. / S. Sp. 1656). Fühllosigkeit gegen die Götter wird anschaulich in der Fühllosigkeit der zur Strafe versteinerten N. in einem Emblem des Juan de Horozco y Covarrubias (1589, III, Nr. 16; H. / S. Sp. 1656 f).

D 1. *Die Bestrafung der N.* (*Die Tötung der Niobiden;* s. **A**). Darstellungen der Bestrafung der N. erscheinen auf attischen Vasen um 560 v. Chr. und reichen bis ins 5. Jh. v. Chr. Das Bild auf einem Kelchkrater des Niobidenmalers (um 460/450 v. Chr.; Paris, Louvre, Inv. MNC 511 [G 341]) zeigt in der Bildmitte Apoll (nackt mit Lorbeerkranz, das gefaltete Himation über dem Arm) und Artemis. Apoll zielt auf einen Niobiden, zwei liegen tot auf dem Boden, ein dritter versucht zu entkommen.

Unter den Skulpturen ist eine Gruppe (*Niobiden-Gruppe*, Ende 4. Jh. v. Chr. oder späthellenistisch; Florenz, Uffizien, Inv. 294) hervorzuheben. Die wohl bekannteste der zwölf (1583 in Rom gefundenen) Statuen ist die der Niobe, die das jüngste der Mädchen zu retten und mit ihrem Mantel zu schützen sucht (Ovid, Met. 6,298 f, wird später sagen: «die deckt die Mutter ganz mit dem Leibe, deckt sie ganz mit dem Kleid»).

Die nachantike Malerei befaßt sich häufig mit dem Thema der Tötung der (fast immer erwachsenen) Kinder, bei der die Mutter anwesend ist, ihre Kinder zu schützen versucht oder angesichts der Getöteten in Verzweiflung fällt. Unter den mittelalterlichen Darstellungen sind die Illustrationen der verschiedenen Handschriften des «Ovide moralisé» und von Boccaccios «De claris mulieribus» hervorzuheben (Materialsammlung bei E. Wiemann 1986).

Unter den Beispielen der neuzeitlichen Tafelmalerei ist ein Gemälde Jacopo Tintorettos besonders eindrucksvoll (Tondo, 1543/44; Venedig, Slg. Rocca: Apoll und Diana schießen ihre Pfeile auf die erwachsenen Kinder der – durch eine Krone als Königstochter gekennzeichneten – N., die selbst von zwei Pfeilen getroffen ist).

Die Reichweite Ovids illustrieren die Gemälde von Andrea Camassei (1630/1644; Rom, Palazzo Barberini, Gegenstück zu einer *Jagd der Diana*) und von Gabriel Lemonnier (*Apoll und Diana töten die Kinder der N.*, 1772; Paris, École Supérieure des Beaux-Arts). Ersteres zeigt die göttlichen Zwillinge Apoll und Diana in den Wolken. Sie richten ihre Pfeile auf die Gruppe der N. (mit Zackenkrone), zu der sich das kleinste Mädchen geflüchtet hat (vgl. Ovid, s. o.), die Mehrzahl der (schon erwachsenen) Kinder liegt leblos auf dem Boden.

Abraham Bloemaert macht die Verzweiflung der Mutter zum Hauptgegenstand seines Gemäldes (*Der Tod des Niobiden*, 1591; Kopenhagen, Statensmuseum for Kunst).

2. *Die trauernde N.* erscheint auf mehreren griechischen Vasenbildern. Das Motiv der über einem Grabbau sitzenden trauernden N. (auf den Vasenbildern in einer von Säulen getragenen Aedicula) geht vermutlich auf die weitgehend verlorene Tragödie des Aischylos zurück (apulische Amphora, um 340 v. Chr.; Bonn, Akademisches Kunstmuseum, Inv. 99).

3. *Die Verwandlung der N. in Stein* ist häufiges Thema der griechischen Vasenmaler (z. B. auf einer campanischen Hydria, um 340/330 v. Chr.; Sydney, Nicholson Museum, Inv. 7101: N. ist schon bis zur Hüfte versteinert). In der neuzeitlichen Kunst gehört das Gemälde Tintorettos (s. o.) zu den seltenen Beispielen. – Zu den vergleichsweise seltenen neuzeitlichen Darstellungen gehört wiederum ein Gemälde Jacopo Tintorettos (1541/42; Modena, Galleria e Museo Estense), das sie (aus extremer Untersicht) in beginnender Verwandlung zeigt, während Apoll und Diana (in den Wolken) ihre Pfeile auf die Niobiden abschießen.

4. *Die Geschichte der N.* schildern mehrere reliefierte römische Sarkophage (z. B. Marmorsarkophag, Ende 2. Jh. n. Chr.; Salisbury, Earl of Pembroke, Wilton House).

Lit.: Geominy, Wilfred in: LIMC 1992, 6,1, S. 914–929; 6,2, S. 612–618, s.v. Niobidai. Schmidt, Margot in: LIMC 1992, 6,1, S. 908–914; 6,2, 609–612, s.v. Niobe. Wiemann, Elsbeth: Der Mythos von Niobe und ihren Kindern. Studien zur Darstellung und Rezeption. Worms 1986 (Manuskripte zur Kunstwissenschaft in der Wernerschen Verlagsgesellschaft 8).

Oineus –> Dionysos
Ops –> Kybele, –> Ceres
Orion –> Artemis

Orpheus, griech. Thrakischer Sänger. Sohn des Oiagros von Thrakien oder des –> Apoll (Pindar, Pyth. 4,176 f; Ovid, Met. 10,167; Boccaccio, Gen. 2,12, unter Hinweis auf Lactantius) und der Muse Kalliope (–> Musen; vgl. Apollonios Rhodios 1,23 ff; Konon, Narrat. 45; Hygin, Fab. 14; Myth. Vat. I 76; Myth. Vat. II 44; Pausanias 9,30,4 lehnt die Mutterschaft der Kalliope rundweg ab; Seneca, Med. 625, nennt sie «stimmbegabte Camena»).

A Sein Auftrag in dieser Welt ist Musik. Sie bestimmt sein Leben, aus dem eigentlich nur zwei markante Ereignisse bekannt geworden sind: seine Teilnahme am Zug der Argonauten und sein Abstieg in den Hades. Beide sind durch die Zeiten vielfach erzählt, variiert und ausgeschmückt worden. Auch sein Ende hat viel Aufmerksamkeit gefunden.

O. ist Kitharöde, ein Sänger also zur Kithara oder der Lyra (Leier) oder der Phorminx, welche alle Saiteninstrumente sind. «Der Vater der Gesänge» soll seine Kunst von Apoll haben (Pindar, Pyth. 4,176 f). Es wird auch berichtet, Apoll habe ihn zuerst auf der Lyra unterrichtet, dann, nach der Erfindung der Kithara, habe er ihm die Lyra überlassen (Myth. Vat. II 44; vgl. Hygin, Fab. 273,11). Nach Diodor (3,67,2 u. 4 f) war er ein Schüler des Linos. Mit Hinweis auf «Rabanus» erzählt Boccaccio (Gen. 5,12; vgl. Rabanus Maurus Sp. 40; vgl. Remigius 9,492.8, Bd. 2, S. 326), –> Merkur habe die Lyra erfunden und sie bald darauf dem O. gegeben. – Diodor (3,59,6) berichtet auch, O. habe einst der Leier die unterste der sieben Saiten gegeben, Thamyras die darauffolgende sechste. Aber der Ruhm preist nicht nur seine musikalische Kunstfertigkeit, sondern zugleich auch seine Weisheit und seine Dichtung. Diodor (4,25,2 f) sagt, O. übertreffe mit seinen Fähigkeiten alle anderen. Dazu sei gekommen seine gründliche Kenntnis der Mythen, der Götter und ihres Kultus, worin er in seinen Tagen unter den Griechen der erste gewesen sei (vgl. auch Diodor 5,64,4 u. 6,1,11; vgl. auch Gyraldi, Synt. 7, 1548, S. 362A: «primus apud Graecos et sapiens et poeta et theologus O.»).

Die Macht seiner Musik ist wahrhaft erstaunlich: Totes vermag er mit ihr zu rühren, und Lebendiges, Felsen (oder Steine; –> Amphion) und Flüsse lauschten; und einst habe er wilde Eichen von Pieria hinabgeführt zur thrakischen Küste bei Zone, wo sie dann in ordentlicher Reihe (oder im Reigen) wieder Platz nahmen (auch Fische folgen dem Gesang: Apollonios Rhodios 1,569 ff). So stellt der Dichter ihn uns vor und räumt ihm dabei den ersten Platz ein in der Reihe der Helden auf der Argo (Apollonios Rhodios 1,23 ff; vgl. Diodor 4,40,2; vgl. Ovid, Met. 9,86 ff). Seine Autorität ruht da deutlich auf der Zuständigkeit im Umgang mit der Welt und den Göttern (s. u.), was einer solchen Expedition doch sicher ebenso nützlich sein muß wie die Anwesenheit der Mutter Kalliope für das gegenwärtige Unterfangen des Dichters. Expedition und Dichter geben dem Sänger keine Gelegenheit zu besonders spektakulären Taten. Auch so bleibt seine Rolle wichtig für das Unternehmen: Vor dem Aufbruch gibt man sich einem Gelage hin, Streit entbrennt und wird geschlichtet. Da nimmt O. seine Leier und singt ein Lied vom Anfang der Welt und dem Ursprung der Götter (Apollonios Rhodios 1,494 ff: «Orphische Theogonie»). Als er geendigt hat, finden sich alle noch gefangen vom Zauber der Musik. In dieser Stimmung bereitet man dem –> Zeus ein Opfer. O. fromme Umsicht führt die Männer dann erst einmal nach Samothrake, wo sie sich für ihr künftiges Heil in die Mysterien einweihen lassen (vgl. Diodor 4,34,1 f u. 4,48,6 ff).

Überhaupt ist das rechte Verhältnis zu den Göttern sein Anliegen. Hier spielt «Vater» Apoll eine besondere Rolle. Diodor wird berichten, O. habe Geschichten von den Göttern erzählt und überliefert (Diodor 1,23,6 ff; –> Musen). Als Apoll auf der Insel Thynias vor den Männern erscheint (Apollonios Rhodios 2,674 ff), mahnt O. die Gefährten zu frommem Opfer (ebd. 2,685 ff). So errichtet man dem Gott einen Altar. O. weiht ihm seine Leier. Viel später, als Triton ihnen glücklich den Weg zurück in das Meer gewiesen hat, rät O., den schweren Dreifuß Apolls vom Schiff zu holen und den Göttern zu weihen (ebd. 4,547 ff). Nicht lange zuvor hatte er in einem Gebet die Hesperiden um Hilfe bei der Suche nach einer Quelle für die Durstigen angerufen (ebd. 4,1409 ff). Nicht weniger wichtig als diese Fürsorge für die Gefährten gegen die Götter ist die praktische Fürsorge des Musikanten, der den Takt für die Ruderer schlägt (ebd. 1,540) und so der Bewegung des Schiffes ihre rechte Ordnung gibt, ebenso wie seine Musik die Füße der Tanzenden lenkt (ebd. 1,1134). Nach dem Sieg über die Bebryker leitet in süßer Harmonie sein Spiel den Gesang der Männer (ebd. 2,161). Vor der Brautkammer spielt er das Hochzeitslied für Jason und Medea (ebd. 4,1159).

Als die Argo die Insel der Sirenen passiert, rettet sein Spiel die Männer vor dem Untergang: Er spielt eine hastig dahinplätschernde Melodie, die sich eilig vor das Ohr des Hörers legt und es mit ihrem Schwirren erfüllt. So verhallt der betörende Gesang der Sirenen ungehört.

Als eine Mischung aus Zauberer und Priester stellt O. sich in den orphischen «Argonautica» vor. Es ist ein Gesang, der das störrische Schiff schließlich leicht in das Wasser gleiten läßt (Orph. Argon. 245 ff), seine Musik (Kithara und Gesang) hält für die Passage der Argo die symplegadischen Felsen fest (ebd. 704 ff; vgl. Philostrat, Imag. 15), seine Macht vermag Hekate aus dem –> Hades zu holen, damit sie den Männern das Tor zum Goldenen Vlies öffne (Orph. Argon. 940). Auch über die Männer übt er seine ordnende Gewalt aus, wenn er sie z. B. in feierlichem Opfer zur Eintracht und zur Treue gegenüber Jason verpflichtet (ebd. 306 ff) oder wenn er dafür sorgt, daß sie in Lemnos über dem Reiz der Frauen nicht die Weiterfahrt vergessen (ebd. 470 ff). Mit Opfern und Gesang versöhnt er die Seele des Cyzikus (ebd. 568 ff), beschwichtigt die Rea (ebd. 614 ff) und versöhnt schließlich die Götter wegen des Mordes an Absyrtos (ebd. 1363).

Besonders anschaulich der Sangesstreit mit Chiron (ebd. 406 ff): O. singt seine Kosmogonie und zieht dabei die Welt ringsum in seinen Bann. Die Berge und Täler erzittern, die Felsen klingen mit, mächtige Eichen reißen sich von ihren tiefen Wurzeln und wandeln zur Grotte, die wilden Tiere kommen herbei, die Vögel vergessen ihr Nest und versammeln sich um die Ställe des Kentauren.

Später verliebt sich O. in die Nymphe Eurydike, von der es auch heißt, sie sei eine Baumnymphe (Dryade) gewesen (Myth. Vat. I 76). Boccaccio (Gen. 4,12) wird sagen, er habe das Mädchen mit seinem Gesang verzaubert. Auf der Flucht vor dem liebeshungrigen Aristaios (der ein Gott gewesen sein soll, Sohn des Apoll und einer Nymphe: Vergil, Georg. 4,315 ff) wird die Frau von einer Schlange gebissen und stirbt, vielleicht noch ehe das Paar sich seiner Gemeinsamkeit so recht erfreuen konnte. Da nimmt O. die Leier und steigt («stöhnend», sagt Boccaccio, Gen. 5,12) hinab in den Hades. Dort singt er von seinem Wunsch, die geliebte Frau, die zu früh gestorbene, wieder hinauszuführen. Freilich, nur «leihen» will er sie für eine bemessene Zeit, oder auch er will nicht mehr zurück zu den Lebenden. Sein Gesang rührt die Schatten zu Tränen, die Musik läßt sie ihre Strafe vergessen (vgl. Boccaccio, Gen. 5,12). Gebannt sind die Qualen des Tantalos, des Ixion und des Sisyphos. Zum ersten Mal – heißt es – weinen die Furien! Vor allem aber wollen Hades und –> Persephone sich dem Bitten nicht widersetzen: O. darf die geliebte Frau mit sich nehmen (vgl. Euripides, Alc. 357). Sie werde ihm folgen, aber nicht wenden dürfe er sich zu ihr, ehe sie die Averner Schlucht verließen. O. wendet sich um vor der Zeit, und er hat Eurydike für immer verloren. Den Versuch, noch einmal hinabzusteigen, verwehrt ihm Charon. So erzählt Ovid die Geschichte (Met. 10,1 ff), die er bei Vergil (Culex 268 ff und Georg. 4,454 ff) vorgefunden haben wird. John Ridewall (Fulgentius Metaforalis) wird übrigens erzählen, O. sei der erste Ehemann der musikbeflissenen Proserpina / –> Persephone gewesen (Liebeschütz 1926, S. 197 f).

Darüber, was O. bewegt haben mag, sich umzuschauen, gibt es unterschiedliche Mutmaßungen. Ovid meint, er sei besorgt gewesen, daß sie auf dem steilen Weg ermüde, und auch ungeduldig sei er gewesen (Met. 10,56). Andere sagen einfach, Liebe habe ihn bewegt (z. B. Seneca, Herc. fur. 569 ff; Myth. Vat. II 44) oder aber Mißtrauen gegen Hades (Myth. Vat. I 76). – Pausanias (9,30,3 ff) berichtet von einer ihm glaubwürdigen Erklärung der Geschichte. Demnach starb Eurydike, und O. sei in seinem Kummer nach Aonos in Thespiolien gegangen, wo es in alten Zeiten ein Todes-Orakel gegeben habe. Im Glauben, die Frau folge seinen Schritten, habe er sich umgewandt, sie zu sehen, und sogleich erkannt, sie für immer verloren zu haben. Darüber habe er sich das Leben genommen.

Die übliche Geschichte berichtet anderes über seinen Tod: Von (thrakischen) Mainaden (–> Dionysos) sei er blutig in Stücke gerissen worden. Ausführlich hierzu Ovid (Met. 11,1 ff): Die Frauen beobachten den O. beim Spiel, sehen, wie er Wild, Wald und Fels in Bann hält, und meinen sich von ihm verachtet. Sein Spiel sänftigt sogar den Ansturm ihrer Wurfgeschosse, bis der Lärm der Schreie, der Klang der Flöten und Becken, Händeklatschen und Heulen der Bacchanten den Klang der Leier übertönen. Jetzt lassen die Frauen ihrer Wut freien Lauf. Zuerst fallen sie über die Gemeinde der Zuhörer her, über die Vögel, die Schlangen, das Wild, dann wenden sie sich gegen den Mann und zerstückeln ihn. Schmerz erfaßt da die Schar seiner Freunde, die Vögel, das Wild, den Fels, den Wald. Der Baum legt seine Blätter ab, die Flüsse schwellen an von der Menge der eigenen Tränen. Dryaden und Nymphen tragen Trauer. Weit verstreut sind seine Glieder (vgl. Vergil, Georg. 4,520 ff). Übrigens soll –> Aphrodite / Venus seinen Tod veranlaßt haben, weil Mutter Kalliope als Richterin im Streit der Göttin mit Persephone um –> Adonis ein ihr unpassendes Urteil gefällt hatte (Hygin, Astron. 2,6: «Lyra»). Das Haupt und die Leier treiben durch Fluß und Meer an den Strand von Lesbos, wo eine Schlange das Haupt zu verschlingen sucht, aber Apoll soll sie sogleich in einen Fels verwandelt haben (Ovid, Met. 11,55 ff; vgl. Boccaccio, Gen. 5,12). Es wird erzählt, das Haupt habe damals noch gesprochen, gesungen (Ovid, Met. 11,50 ff) und Orakel gegeben. Den Fluß hinuntertreibend ruft es den Namen der Eurydike (Vergil, Georg. 4,523 ff). Die verstreuten Glieder seien von den Musen gesammelt und in Leibethra in Pierien beigesetzt worden, steht bei Eratosthenes (Kat. 24; vgl. Apollodor, Bibl. 1,3,2; vgl. Gyraldi, Synt. 7, S. 362A). Der Schatten geht hinab in den Hades (vgl. Platon, Apol. 41a; Pausanias 10,28 ff).

In den Gefilden der Seligen sehen wir ihn bei Vergil (Aen. 6,637 ff) und bei Ovid (Met. 11,61 ff). Seit hellenistischer Zeit spricht man davon, daß O. mit seiner Leier von Zeus als Sternbild an den Himmel versetzt worden sei. Man erkannte ihn im Bilde des «Engonasin», des in die Knie Gesunkenen, einer Konstellation, die neben anderen vor allem für Hercules stand (vgl. Hygin, Astron. 2,6; u. 7 = «Lyra»).

Ovid referiert (Met. 10,78 ff), O. habe nach dem Verlust der Eurydike sich der Frauenliebe enthalten, und das habe viele, die ihn begehrten, verletzt. Mehr noch: Er habe nun der Knabenliebe den Vorzug gegeben, die bis dahin den Thrakern fremd gewesen sei. Pausanias (9,30,3 ff) schreibt, die thrakischen Männer hätten den O. so anziehend gefunden, daß sie seinen Schritten folgten. Boccaccio sieht den O. erst lange weinen und dann beschließen, künftig im Zölibat zu leben. Platon (Rep. 10,62a) bemerkt seine Seele in der Unterwelt, wo sie sich ein künftiges Schwanenleben wünscht, «weil sie aus Haß gegen das weibliche Geschlecht wegen der Ermordung durch Weiber nicht von einem Weibe habe geboren werden wollen».

Auf O. als Kultgründer richtet sich auch die Nachricht, er sei von Zeus mit einem Blitz vernichtet worden, weil er in seinen Mysterien den Menschen göttliche Weisheit verraten habe (s. Asklepios, –> Prometheus; s. Kl. Pauly, Bd. 4, Sp. 351 ff).

Sein Tod von der Hand thrakischer Mainaden auf dem Kithairon zeigt eine tiefe Bindung des O. an Dionysos und zugleich eine Stellung im Spannungsfeld zwischen diesem und Apoll. Bei Aischylos (Bassariden) soll gestanden haben, daß O. nach seinem Aufstieg aus dem Hades nicht mehr den Dionysos, sondern Helios-Apoll verehrt, und darum habe der beleidigte Gott die Mainaden veranlaßt, den Abtrünnigen zu zerreißen (Eratosthenes, Kat. 24). Es wird berichtet, O. habe den Kult des Dionysos nach Griechenland gebracht (vgl. Lactantius Firm., Div. inst. 1,22,15), und sicher ist, daß der thrakische Gott im orphischen Mysterienkult eine zentrale Rolle spielte, die im Sinne der Jenseits- und Seelenlehre wohl wesentlich bestimmt war durch den «Zweimal Geborenen» (s. o.). So hat die orphische Dichtung, die seit dem 6./5. Jh. im Umkreis kultischer Verehrung als «heiliges Schrifttum» entsteht, einen nicht geringen Anteil am Bilde des O., speziell in der Renaissance. Als Werke des O. galten (ihrem Anspruch gemäß) lange die uns erhaltenen Hymnen (2. Jh. n. Chr.), das Epos «Argonautica» (4./5. Jh.) und die «Lithica». Verloren sind die Theogonie (oder mehrere) und eine Kosmogonie (zur orph. Dichtung vgl. Kl. Pauly, Bd. 4, Sp. 357 ff).

B O. ist eine Verkörperung von Wesen und Macht der Musik in griechischer Auffassung, sofern sich in ihr eine allumfassende Ordnung manifestiert, die die Welt, d. h. alles, was da ist, zur Vollkommenheit zusammenhält, die dem Menschen zum Heil gereicht, den Kranken heilt, den Gesunden stärkt. Allein dieser Gedanke gibt seinem Gesang vom Ursprung der Welt und der Götter wie der Reaktion der lauschenden Dinge und Lebewesen um ihn den eigentlichen Sinn.

Das Instrument des O. ist ursprünglich die Lyra, jedenfalls ein Saiteninstrument, das ihm Apoll gab oder aber –> Hermes, der Erfinder. Apoll ist auch sein Lehrer. Die Macht dieser Musik liegt darin, daß sie zu bannen vermag, festzuhalten, was sich bewegt, ihm seinen Ort anzuweisen, ihm seine Ordnung zu geben. Dazu gehört auch die Fähigkeit, die Vielzahl von Verschiedenem, die Vielzahl von einzelnem nebeneinander, zu einer Einheit zu bringen, wie das im harmonischen Klang der sieben Saiten in einer wohlgestimmten Lyra geschieht. Besonders sinnfällig wird diese Macht im Taktschlag für die Ruderer, der der Bewegung der einzelnen Ruder gleichsam die Gestalt einer einzigen Bewegung gibt. Auf gleiche Weise bestimmt solche Musik den Schritt der Tanzenden. In diesem Sinn unterscheidet sie sich fundamental von der Musik des Dionysos, dessen ureigenes Instrument der Aulos ist, ein Instrument, das der Atem des Spielenden zum Klingen bringt, das im lebendigen Rhythmus von Ein- und Ausatmen wie von selbst die wechselnden Stimmungen des Musikanten aufnimmt und äußert. So kann die Aulosflöte leicht als das Instrument zum Ausdruck subjektiver Affekte gelten. Die Macht dionysischer Musik liegt dann auch nicht im Bannen des Bewegten, Ordnen des Ungeordneten, sondern – ganz im Gegensinn – im Lösen, Auflösen von Starrem, Geformtem: Ihr Wesen ist der Wandel (–> Dionysos). Wenn es stimmt, daß die abendländische Musik schlechthin auf dem Gegensatz dieser zwei musikalischen Grundauffassungen ruht (Th. Georgiades 1958, S. 23), dann könnte der Mythos vom Tode des O. durch thrakische Mainaden auch einen Wandel in der Geschichte der griechischen Musik anzeigen. Die Überlieferung aber, wonach er den Kult des Dionysos eingesetzt habe, würde zeigen, daß O. die Gegensätze der (objektiven) apollinischen und der (subjektiven) dionysischen Musik in sich zu vereinigen vermochte.

Als jungen Mann beschreiben den O. der jüngere Philostrat (Imag. 6) und Kallistratos (7; vgl. Pausanias 9,30,4). Ein erster Bart spießt auf seinen Wangen (Philostrat, ebd.), in der Schönheit seines Leibes zeige sich die musikalische Natur seiner Seele, sagt Kallistratos. Üppiges Haar (–> Dionysos), wie vom Winde bewegt, liegt über der Stirn, darunter trifft uns der klare Blick seiner Augen (Kallistratos, ebd.). Sanft, aber wach ist sein Blick und voller göttlicher Inspiration, wie Philostrat ihn sieht. Auf dem Haupt trägt er eine phrygische Mütze (Tiara), goldgeschmückt. Das von Kallistratos beschriebene Bild zeigt ihn in einem langen, über der Brust mit einem goldenen Gürtel geschürzten Chiton (Tunika).

Es ist bedeutsam, daß O. die Lyra und ihren Gebrauch von Apoll haben soll, dem Gott der Dichtung, der Musik und der Heilkunst. Damit rückt er als Künstler in den Mittelpunkt griechischen Weltverständnisses: Musik und Weisheit, Dichtung und Religion sind alle einander wesenhaft verbunden. So überrascht es nicht, O. in der Überlieferung als Kulturbringer zu sehen, als den «ersten und größten» in seinen Künsten, als Vater der Dichtung, als Verkörperung esoterischer Weisheit, als Erfinder des Hexameters (Damagetos, Anth. Pal. 7,9), sogar als Erfinder der Schrift (Alkidamas, Odyss. 6). Dennoch zeigt sich seine eigentliche Kompetenz fortwährend in der Musik. Aus dem Geiste der dem Griechen unmittelbar anschaulichen Einheit von Sprache und Musik kann man ihn (wie –> Amphion) oder seine Kunst dann zum Bild der machtvoll ordnenden Rede machen (vgl. Horaz, Ars 391; Martian 9,926, Dick S. 492, berichtet, daß man in griechischen Städten Gesetze und Dekrete zum Klang der Lyra vortrug). Das ist sicher auch in der Überlieferung ausgedrückt, wonach O. seine Lyra Hermes/Merkur verdanke, dem Götterboten und Patron der Rede. Schließlich verbinden sich ja in seiner Kunst Musik und Sprache, und es heißt auch von ihm, er sei der erste gewesen, der zum Spiel der Leier sang. Remigius stellt ihn neben den Philosophen und Musiktheoretiker Aristoxenos (4. Jh. v. Chr.) und sagt, die beiden seien die besten lyrischen Dichter und Kitharaspieler gewesen (1,78.12, Bd. 1, S. 207).

Als Zauberer und in wunderbarer Weise Heilkundigem begegnen wir O. schon bei Euripides (Alc. 962 ff u. Cycl. 646; vgl. Martian, 9,926, Dick S. 492: Heilung von Krankheiten von Seele und Leib durch Musik). Später häufen sich die Hinweise auf den Seher und Mysterienstifter (zuerst Aristophanes, Ranae 1032; Platon, Prot. 316d). Bei Lukian (Astr. 10) steht über O.: «Er baute eine Harfe und verbreitete seine mystischen Riten in der Dichtung, seine Theologie im Gesang». Daß er die Sterndeuterkunst den Griechen gebracht habe, daß sein Instrument sieben Saiten hatte, in denen sich die Sphärenharmonie abbildete, fügt sich gut in das Bild des Mannes, dessen Kunst ihn zum Sachwalter kosmischer Ordnung macht (vgl. Lukian, Astr. 10; s. auch Servius, Aen. 4,645). Hierzu paßt, daß Lukian ihn (gemeinsam mit Musaios) den besten Tänzer seiner Zeit nennt, der den Tanz in den Mysterienkult einführte (Astr. 10). – Als Kräuterkundigen, dessen Werk doch wiederum dem Heil der Menschen dient, trifft man O. bei Plinius (Nat. 25,2).

Es kann nicht überraschen, daß der «Heiland» O. das besondere Interesse der Christen auf sich zog. Ein frühchristliches Diktum mit einer aufschlußreichen Wendung in das Biblische findet sich bei Clemens v. Alexandrien (Exhort. ad Graec. 1,4 P.; G.W. Butterworth 1982, S. 8), der O., gemeinsam mit Arion und Amphion, als Betrüger anklagt (3 P. f). Nicht würdig seien jene der Bezeichnung «Mensch». Von Dämonen besessen, hätten sie das Leben der Menschen unter dem Deckmantel der Musik durch allerlei Zauberkunststücke verwirrt, im Gedächtnis an Gewalttaten, im Kult traurigen Geschehens (–> Dionysos) leisteten sie dem Götzendienst Vorschub. Damals habe das dumme Unwesen der Götzenbilder seinen Anfang genommen, und ihr Gesang und Blendwerk hätten die edle Freiheit des Menschen unter dem Himmel in Sklaverei gehalten. Dem gegenüber stehe der Gesang des wahren, himmlischen

Sängers, der das wildeste aller Tiere, den Menschen, zu zähmen vermöge. Vögel zähmte er: d.h. flatterhafte Menschen, Reptilien: d.h. verschlagene, Löwen: d.h. leidenschaftliche, Schweine: d.h. sinnenfreudige, Wölfe: d.h. gierige Menschen. Menschen ohne Verstand seien nicht mehr als ein Stock von Stein, unwissende Menschen blöder noch als Stein, aber: «Gott vermag dem Abraham aus diesen Steinen Kinder zu erwecken» (vgl. die Evangelisten Matthäus 3,9 u. Lukas 3,8). Aus solchem Geist kann in mittelalterlicher Kunst Christus die Gestalt des O. annehmen (vgl. J. Seznec, S. 213). So erkennt der «Ovide moralisé en prose» in O. den «süßen Ihesucrist», der mit seinem göttlichen Wort die Juden in die Melodie des Lobpreises («gloire») einstimmen wollte, ihnen ihre schrecklichen Sünden vor Augen hielt und sie ermahnte, an ihn zu glauben, der gekommen war, sie zu erlösen (de Boer S. 268). – Eusebius (Praep. evang. 342a) hatte O. einen Schüler des Moses genannt (vgl. Tertullian, Apol. 28 f; vgl. Hederich Sp. 1820).

Fulgentius (Myth. 3,10, 732 f) sieht in der Geschichte von O. und Euridike das Bild eines musiktheoretischen Sachverhalts. O. habe die Frau mit dem Klang seiner «cithara» bezaubert («mulcens»). Die beiden verhielten sich nun zueinander wie die vollkommene Stimme (griech. «oreafone» = lat. «optima vox») zu profundem Urteil darüber («profunda diiudicatio»), welche Unterscheidung einer allgemeingültigen Gliederung der Künste überhaupt entspreche. Nun sei es der Stimme (bzw. ihrem Klang) verwehrt, sich ein einsichtiges Urteil über ihre Wirkung zu verschaffen. Wir können zwar sagen, daß die Dorische oder auch die Phrygische Tonart im Zeichen des Saturn («Saturno coiens») die wilden Tiere besänftige, im Zeichen Juppiters aber den Vögeln gefalle. Doch die Einsicht darin, warum das geschieht, sei uns verwehrt. Wenn die Stimme entgegen dem Verbot, um sich zu vergewissern, sich nach dem Gesetz ihrer Wirkung zurückwendet, dann wendet sich jenes ab und verschwindet. Selbst der große Pythagoras habe zwar die musikalischen Gesetzmäßigkeiten mathematisch zu verstehen gewußt, aber das Gesetz musikalischer Wirkung konnte er nicht angeben.

Bei Boccaccio (Gen. 4,12) findet sich eine Allegorese, die den O. besonders ausführlich und moralisierend auf die Beredsamkeit hin deutet. Sein Name (= «aurea phogni»; vgl. Remigius 9,480.15, Bd. 2, S. 310) besage nichts anderes, als daß O. die gute Stimme der Beredsamkeit sei, d.h. die des Apoll und mit ihm die der Weisheit. Die Mutter Kalliope versinnbildliche den guten Klang. Die Lyra sei ein Sinnbild der Fähigkeit des Redners, sein Anliegen in verschiedenen Stimmlagen vorzutragen.

Dieses sei nur dem Weisen gegeben und dem Beredten, der eine gute Stimme habe wie O. Darum habe Merkur, der «mensurator temporum», der, «der die Zeit mißt», ihm die Lyra gegeben. Daß O. mit seiner Musik Bäume bewegte, die doch mit ihren Wurzeln im Boden haften, sei ein Bild dafür, daß Beredsamkeit Menschen von ihren festen Meinungen, denen sie halsstarrig anhängen, abzubringen vermag. Daß O. mit seiner Musik Flüsse anhielt, besage, daß seine kraftvolle Rede haltlose und übermütige («lascivos») Menschen mit männlicher Härte davor bewahren könne, in das Meer ewiger Bitternis zu treiben. Daß die Beredsamkeit des Weisen rohe, blutdürstige Menschen zu milder Menschlichkeit zu rufen versteht, besage die Nachricht, wonach O. mit seiner Musik wilde Tiere besänftige.

Auch in der Emblematik des 16./17. Jh. hat O. seinen Platz gefunden. Bei Petrus Costalius (1555, S. 53) ist er das Bild der Kultur und Ordnung stiftenden Macht der Beredsamkeit, wobei er deutlich in die Nähe Amphions rückt (H./S. Sp. 1609). Nicolas Reusner (1581, III, Nr. 21; H./S. Sp. 1610) preist in seinem Bild die Recht und Gerechtigkeit stiftende Macht von Musik und Dichtung. Dann heißt es auch: «Durch Gedichte wird das Gemüt ergötzt, durch Lieder das Ohr.»

Merkwürdig ist die Zusammenstellung von O. und Homer, denen je Schwan und Elster einerseits, Nachtigall und Papagei anderseits bedeutungsvoll beigesellt sind. Homer gebühre eigentlich der erste Platz vor O. (Johannes Sambucus 1566, S. 50; H./S. Sp. 1610). – «Liebe über den Tod hinaus» ist das Lemma eines Emblems, das sich offenbar auf den Abstieg des O. in den Hades bezieht (Crispyn de Passe II 1620, Nr. 25; H./S. Sp. 1610). – Bei Stephen Bateman steht, daß O. mit dem verbotenen Blick zurück seine Frau verloren habe, sei ein Bild dafür, daß Musik das Gemüt («mynde») ergötze, aber ihr (bloßer) sinnlicher Genuß schade der Seele («soul»; The Golden Booke of the Leaden Gods, London 1577, Bl. 18 f; vgl. Picinello 1691, 3,39,110). – Andere Deutungen und Bezüge finden sich bei Hederich (Sp. 1818 ff).

Schließlich überrascht es nicht, O. in Literatur und Kunst häufiger mit Amphion und Arion, auch mit Linos und Musaios zusammengestellt zu sehen, wobei es gelegentlich zur Übernahme von Motiven besonders aus der Amphionsage kommt. Dante (Inf. 2,140) sieht O. im Limbo als einen der guten Geister mit dem falschen Glauben in unmittelbarer Gesellschaft von Cicero, Linus und Seneca. In der dem Maso Finiguerra zugeschriebenen Florentiner Weltchronik (1455/65, London, Brit. Mus., ed. London 1898) zeigt O. in Gesellschaft von Apoll, Zoroaster, Hermes Trismegistos, Linos und Musaios als Vertreter der esoterischen Weisheit Persiens, Ägyptens und Griechenlands (vgl. Jean Seznec, S. 28 f).

Nach Goropius Becanus, Origines Antwerpianae (Antwerpen 1569, lib. 7) sind die Flamen Söhne des Japheth, aber ihre Weisheit stamme vom thrakischen O. (vgl. Seznec, S. 24, Anm. 34).

C *Typus*. In der Bildkunst wird O. meist als junger Mann dargestellt. Im übrigen weist er – abgesehen von den Attributen (s. u.) – keine besonderen Merkmale auf.

In der griechischen Kunst sind uns Darstellungen des O. seit etwa der Mitte des 6. Jh. v. Chr. überliefert. Das früheste uns bekannte Bildzeugnis, das Relief einer Metope in Delphi (Schatzhaus der Sikyonier, 570/560 v. Chr.), zeigt O. (wie in der archaischen Kunst üblich) bärtig, die Lyra im Arm. Auf archaischen Vasenbildern erscheint er im langen gegürteten Kitharödengewand.

Das klassische Bild des O. zeigt ihn nackt bis auf einen Mantel, der Unterkörper und Beine verhüllt, auf einem Felsen sitzend, die Lyra mit dem Plektron schlagend. Besonders eindrucksvoll stellt ihn ein griechischer Vasenmaler gegen 440 v. Chr. dar (Kolonettenkrater; Berlin, Staatl. Museen, Inv. V.I. 3172). Der junge efeubekränzte Sänger trägt den lauschenden Thrakern sein Lied zur Lyra vor, den Kopf in den Nachen gelegt. – Einen Lorbeerkranz trägt O. auf einem anderen Kolonettenkrater (gegen 450 v. Chr.; Hamburg, Museum für Kunst und Gewerbe, Inv. 1968,79).

In der griechischen Vasenmalerei wird O. bis ins 4. Jh. v. Chr. oft in seiner heimatlichen thrakischen Tracht dargestellt, für die Stiefel und ein quergestreifter Mantel charakteristisch sind. Seit der Mitte des 5. Jh. trägt er dann auch die thrakische Fuchspelzmütze (die Alopekis) mit dem im Nacken hinabhängenden Fuchsschwanz (Krater, 460/450 v. Chr.; Ferrara, Museo Nazionale, Inv. 2795). – Seit dem 4. Jh. v. Chr. setzt sich die phrygische Tracht als Kleidung des O. allgemein durch: die spitz zulaufende Mütze («phrygische Mütze»; –> Ganymed), deren nach vorn hängender Zipfel auch eingerollt sein kann wie auf dem *O.-Relief (sog. Dreifiguren-Relief)* in Neapel (römische Kopie nach verlorenem griechischen Original; Neapel, Museo Nazionale, Inv. G 138; –> Hermes). Hier trägt O. ferner eine kurze Tunika, Mantel und halbhohe Stiefel. – In langem Gewand mit phrygischer Mütze erscheint O. in der Regel (als Kitharöde) in der römischen Kunst, besonders auf den zahlreichen «O.-Mosaiken» (z. B. jenem vom Ende des 2. Jh. n. Chr. in Saint-Romain-en-Gale, Musée Archéologique, Inv. 282; vgl. *O. bezaubert die Tiere durch sein Spiel*).

In phrygischer Tracht zeigen ihn auch frühchristliche Darstellungen, wie etwa ein Wandgemälde in der Domitilla-Katakombe (Rom, 4. Jh.).

Das Mittelalter begreift O. als Minnesänger oder Edelmann und zeigt ihn im Kostüm der Zeit, so auf einer Illustration zum «Ovide moralisé» (Paris 1493, Bl. 131: O. in modischem halblangen Mantel und federgeschmücktem Hut; in langem Gewand und Mantel mit einer Harfe auf einer Bibelillumination des 12. Jh., New York, Pierpont Morgan Library, ms. 619; s. auch das Relief von Luca della Robbia am Campanile des Doms in Florenz, 1438).

Die Hochrenaissance orientiert sich dann an der antiken, klassischen Bildüberlieferung: so Baccio Bandinelli mit seiner Marmorstatue des O. (vor 1521; Florenz, Hof des Palazzo Medici-Riccardi), Agostino Veneziano mit einem Stich von 1528 (B. 14,259), der den lyraspielenden O. zeigt, oder Baldassare Peruzzi mit seinem Fresko in der Villa Farnesina in Rom (um 1509 / 10; Sala del fregio).

Wenn Bandinelli mit seiner Marmorstatue O. in einer dem Apoll vom Belvedere ähnlichen Haltung wiedergibt, so ist das mehr als eine formale Annäherung, steht der Kitharöde O. dem Apoll doch wesensmäßig nahe. Der zu seinen Füßen sitzende dreiköpfige Höllenhund Cerberus (als Hinweis auf den Abstieg des O. in den Hades) schließt eine Verwechslung jedoch aus.

In der Barockzeit begegnet uns O. im Habitus eines musizierenden Höflings, wie auf einem Gemälde Giorgiones (Original verloren; Kopie von David Teniers; New York, ehem. Slg. Suida).

Der Klassizismus und das spätere 19. Jh. besinnen sich wieder auf den langgewandeten Kitharöden, wie z. B. Anselm Feuerbach auf seinem Gemälde *O. und Eurydike* (1869; Wien, Kunsthist. Museum).

Attribute. Das wichtigste Attribut des O., sein Musikinstrument, ist in der Antike Lyra («Leier»; s. das obenerwähnte O.-Relief in Neapel) oder Kithara. In Mittelalter und Renaissance spielt O. häufig ein Instrument (immer ein Saiteninstrument) der Zeit. Das kann ebenso die Viola da Braccio sein (*O. spielt den Tieren*, Zeichnung von Cima da Conegliano, Florenz, Uffizien, Gabinetto dei disegni) wie eine Laute (Luca della Robbia, das Relief am Campanile in Florenz, s. o.). Auch die Harfe (s. o. die Bibelillustration des 12. Jh., New York, Pierpont Morgan Library, ms.

619) und sogar die Viola da Gamba bzw. das Cello kommen vor (Gemälde von Lucas Jordán, Madrid, Prado: *O. spielt vor den Tieren*). Über zwei Instrumente verfügt O. auf einem Hans Leu d.J. zugeschriebenen Gemälde (*O. unter den Tieren*, 1519; Basel, Kunstmuseum): Die Harfe hat er abgelegt, während er die Laute schlägt –> Apoll).

Häufig und durch alle Zeiten ist O. mit dem Lorbeerkranz des Sängers gekrönt: auf einem Wandgemälde in Pompeji (Casa d'Orfeo, letztes Drittel des 1. Jh. n. Chr., vermutlich nach Original des 3. Jh. v. Chr.) gleichermaßen wie auf Eugène Delacroix' Deckengemälde im Senatsgebäude in Paris (Plafond d'Homère, 1840/46).

Ausnahmsweise trägt O. eine Krone – als «König O.», der in den höfischen Romanen des Mittelalters Eurydike als seine Gemahlin heimführt (z. B. «Sir Orfeo» von unbekanntem Autor, um 1325; ed. A. J. Bliss, Oxford 1966). – Die Ciste mit Schriftrollen, die auf einem etruskischen Bronzespiegel neben dem zur Lyra singenden O. zu sehen ist (4. Jh. v. Chr., Boston, Museum of Fine Art), gibt einen Hinweis auf O. als Erfinder der Buchstaben und der Dichtkunst (vgl. **B**).

D 1. *O. auf der Argo* (s. **A**). Das vielleicht einzige erhaltene Bildzeugnis ist die Darstellung auf jener Metope am Schatzhaus der Sikyonier in Delphi (s. o.). Man sieht O., durch Beischrift namentlich bezeichnet, mit seiner Lyra im Arm im Schiff der Argonauten stehen.

2. *O. bezaubert die Tiere durch sein Spiel* (im Rückblick bei Ovid, Met. 11,22 ff). Seit der römischen Antike gehört dieses zu den am häufigsten in der Bildkunst behandelten Themen des O.-Mythos. Zu einer auffallenden Häufung kommt es unter den spätantiken bzw. frühchristlichen Mosaiken. Auf einem Bodenmosaik des 4./5. Jh. aus Jerusalem (heute Istanbul, Archäol. Museum, Inv. 1642) spielt O. sitzend die Kithara, umgeben von Tieren, zu denen sich auch ein Kentaur und ein bocksfüßiger Satyr gesellt haben, die als primitive Wesen für die heidnische Welt stehen (s. auch den Katalog der O.- Mosaiken bei F.M. Schoeller 1969, S. 35 ff). – Von einer Schar exotischer und wilder Tiere (Hinweis auf die Macht der Musik) ist der Sänger auf einem Bodenmosaik des 2. Jh. n. Chr. aus S. Anselmo umgeben (Rom, Museo Nazionale).

Das mittelalterliche O.-Kapitell in der Johannes-Kapelle der Kathedrale St. Pierre in Genf (letztes Viertel 12. Jh.) zeigt den in das Spiel seiner Fiedel versunkenen O. wie einen Minnesänger mit übergeschlagenem Bein, auf jeder Schulter einen Vogel, die seinem Spiel zu lauschen scheinen (das Wort Christi ins Ohr der Heiden!; vgl. **B**).

Eine neue Häufung des Themas ist in der Kunst des 16. und 17. Jh. zu beobachten, wobei der Akzent sich häufig auf die den Musikanten umgebende Tierwelt verlagert. So wird das O.- Thema oft zum bloßen Vorwand, eine möglichst große Vielfalt an – häufig exotischem – Getier vorzuführen. Die Statue des musizierenden O. aus dem 2./1. Jh. v. Chr. in Rom (Musei Capitolini, Inv. 1699) wird von Löwe und Kauz begleitet (Ovid, Met. 11,24 f, sieht den «Vogel der Nacht am Tage schweifen», bezaubert vom Spiel des O.; Übersetzung von E. Rösch, –> Allg. Bibl.). – Seit dem 14. Jh. taucht in den Illustrationen zum «Ovide moralisé» auch das Einhorn im Tiergarten des O. auf, meist in Begleitung eines Löwen.

3. *Prinz (König) O. und Eurydike*. Dieses Motiv hat seinen Ursprung im höfischen Roman des Mittelalters, z. B. «Sir Orfeo» (s. o.) oder Lydgate's «Fall of Princes» (um 1450; Handschrift in London, British Museum, B.M. Harley 1766). Eine Illumination aus letzterem (Bl. 76 r) schildert höfisches Ambiente; O., in Hoftracht, spielt die Harfe für Eurydike, die (ebenfalls im Kostüm der Zeit) auf einer Bank im Freien dem Spiel des Geliebten oder Gemahls lauscht. – Die Hochzeit der beiden – bei Ovid (Met. 10,3) nur flüchtig erwähnt – wird von den Illustratoren der verschiedenen Ovid-Ausgaben detailreich geschildert. Auf einem Holzschnitt der Ausgabe Venedig 1509 wird Eurydike von Hofdamen dem gekrönten O. zugeführt, der sie unter Fanfarenklängen auf der Treppe zu seinem Palast erwartet.

4. *Der Abstieg in die Unterwelt/Des O. Spiel vor den Mächten der Unterwelt* (Ovid, Met. 10,11 ff; vgl. a. **A**). Das Bild auf einer Vase (gegen 320 v. Chr.; Taranto, Museo Nazionale, Inv. 76010) zeigt –> Hades, den Gott der Unterwelt, und –> Persephone. Vor ihnen steht O. und spielt die Kithara; hinter ihm stehen Hekate, –> Herakles mit Kerberos und –> Hermes als Psychopompos.

In mittelalterlichen Handschriften findet sich das Thema in der Bildsprache der Zeit wieder, etwa im «Ovide moralisé» (Handschrift um 1400; Paris, Bibliothèque Nationale, ms. fr. 871, Bl. 196 r): O. schlägt die Leier vor dem thronenden Herrscherpaar (rechte Blatthälfte). In der linken Bildhälfte sieht man O. die Unterwelt verlassen, gefolgt von Eurydike. –

Gelegentlich sieht man O. am Ufer des Unterweltflusses Acheron stehen und sein Instrument spielen, um den Totenfährmann Charon milde zu stimmen (Ovid, Met., Venedig 1509: Die Gondel, in der Charon über den Fluß setzt, verrät die Herkunft des Künstlers).

In Renaissance und Barock fallen die Darstellungen des musizierenden O. mit dem dreiköpfigen Höllenhund Cerberus ins Auge (Statue von B. Bandinelli, s. o.). Auch die monumentale Marmorstatue von Pietro Francavilla (1598; Paris, Louvre) meint mit dem die Viola da Braccio spielenden O. nicht den, der die Tiere verzaubert: Zwischen seinen Beinen sitzt der dreiköpfige Höllenhund. Die über lebensgroße Statue von Ferdinand Dietz (O. singt zur Diskantviola) aus dem Schloßpark von Seehof (um 1750; heute in Cleveland/Ohio, Museum of Art) ist ebenfalls als Bezwinger des dreiköpfigen Höllenhundes (zu Füßen des O.) zu verstehen.

Auf einem Stich von Agostino Veneziano von 1528 (B. 14, 259) schlägt der jugendlich schöne O., in klassischer Nacktheit, mit seinem Lyraspiel das Ungeheuer in Bann, das den Eingang zur Unterwelt bewacht. – Corrado Giaquintos einem Zyklus von 12 Gemälden mit mythologischen Themen angehörendes Bild (1733/39; Molfetta, Slg. Marchese de Luca di Melpignano) variiert das Thema insofern, als O. die Lyra nicht spielt, sondern sie in der Hand trägt und im Gehen die Rechte gebietend gegen Cerberus ausstreckt, der sich nach Hundeart duckt. Ungewöhnlich der Köcher mit Pfeilen, den O. umgehängt hat.

5. *Die Rückkehr des O. mit Eurydike* (Ovid, Met. 10,40 ff). Auf mittelalterlichen Illustrationen gesellt sich das Thema meist als Teilepisode zu den beiden vorhergehenden (3. und 4.). – Im Libellus (s. o.) sehen wir Eurydike, die von zwei Teufeln aus dem Höllentor geleitet wird. – Auf der Illustration in einer Handschrift zu Christine de Pizan (1461; Brüssel, MS Bibliothèque Royale 9392, Bl. 73 ᵛ) sieht man O., die Harfe spielend, vor dem Höllenrachen, dem soeben Eurydike entsteigt. Simultan wird der weitere Fortgang der Geschichte geschildert: Eurydike folgt dem musizierenden O.

Ein Stich von Marcanton Raimondi (vor 1506; B. 14,[282]) zeigt uns einen die Viola spielenden O., gefolgt von Eurydike, die sich nach dem Eingang der Unterwelt umdreht. Auf verschiedenen Vorbildern des 18. und 19. Jh. fußend – u. a. einem Gemälde von Angelica Kauffmann (dieses verloren, aber durch einen Farbstich von Thomas Burke, 1782, überliefert) –, schildert A. Feuerbach auf seinem Gemälde von 1869 (Wien, Kunsthist. Museum) die Heimkehr der Eurydike. O., die Lyra in der Rechten, umfaßt mit der Linken den Körper der Geliebten, die gesenkten Haupts zu zögern scheint wie eine, die diesem Glück nicht traut.

6. *Der endgültige Verlust der Eurydike* (Ovid, Met. 10,53). Eines der anrührendsten Zeugnisse der bildenden Kunst ist das sog. *Drei-Figuren-Relief*, das man auch als Abschied der Eurydike gedeutet hat (Paris, Louvre, Inv. MA 854). Die Frau wird flankiert von O. (rechts) und –>

Hermes (links). O., die Lyra in der gesenkten Linken, hebt mit der Rechten den Schleier von Eurydikes Gesicht. Diese legt die Hand zum endgültigen Abschied auf die Schulter des O., Hermes (als Psychopompos) faßt, zum Aufbruch mahnend, ihre herabhängende Hand. Drei Phasen der Geschichte (die Entschleierung = Entsprechung zum verbotenen Umschauen des O., der Abschied der Eurydike und ihre von Hermes geleitete Rückkehr in die Unterwelt) scheinen in einem mythischen Augenblick zu verschmelzen. – Spricht aus diesem (antiken) Beispiel die Ergebenheit in das von den Göttern verhängte Schicksal, bringt das Mittelalter gern die Härte der Strafe für den Ungehorsam zum Ausdruck. Auf der sog. Skylla-Schale (wohl 12. Jh.; London, British Museum, Inv. 1925; 10–8,1) wird Eurydike erbarmungslos von einem Teufel mit dem Feuerhaken festgehalten, als sich O. im Weggehen nach ihr umdreht.

Die Künstler der Neuzeit vergegenwärtigen das Geschehen in seiner ganzen Dramatik, z. B. Baldassare Peruzzi auf seinem Fresko in der Villa Farnese in Rom (um 1509/10; s. o.). Vor den Augen des die Viola spielenden O. wird Eurydike von Hades in einen Erdspalt gezerrt. – Eine vergleichbare Vorstellung hat Antonio Canova, der 1776 seine aus zwei Einzelfiguren bestehende Gruppe skulpiert, die den Moment in Szene setzt, nachdem sich O. umgewandt hat (Venedig, Museo Correr): O., in einigem Abstand gefolgt von Eurydike, schlägt sich mit schmerzvoller Miene die Hand vor die Stirn, Eurydike verhält in gequälter Pose: aus einer der Felsspalten zu ihren Füßen, aus denen Höllenqualm steigt, greift eine Hand (des Hades) nach ihrer herabhängenden Rechten.

Puvis de Chavanne schließlich zeigt uns einen O., der sich in Verzweiflung ob des Verlustes auf den Boden geworfen hat, die Linke auf die Lyra gestützt, mit der Rechten des Gesicht bedeckend (Gemälde 1883; Paris, Privatslg.).

7. *Der Tod des O.* (Ovid Met. 10,86 ff; Vergil, Georg. u. a.). Die Geschichte, der zufolge O. von den Thrakerinnen ermordet wurde, hat ihren Niederschlag auf zahlreichen attischen Vasen vom 2. Jahrzehnt des 5. Jh. v. Chr. an gefunden. Drastisch sind die Mordgierigen auf dem Bild einer Hydria geschildert (gegen. 450 v. Chr.; Würzburg, Martin von Wagner-Museum, Inv. L 534): Sie rennen in wildem Lauf, in den Händen die Waffen, die ihnen gerade zur Hand waren: Sichel, Bratspieß, ein Holzprügel. – Vasenbilder zeigen O. in Todesnot, wie er, von den entfesselten Frauen eingeholt, zu Boden gestürzt ist und sich verzweifelt mit seinem Instrument zu schützen sucht (rotfigurige Lekythos, 450/440 v. Chr.; Boston, Museum of Fine Arts, Museum, Inv. 1913.202).

Das Thema begegnet uns wieder seit dem Mittelalter: Auf der Illustration zu Lydgates «Fall of Princes» (um 1450, s. o. Bl. 76ᵛ) sieht man den auf dem Boden liegenden O., der mit den Armen die Angriffe der Thrakerinnen (in der Tracht der Zeit und mit Schürze) abwehrt, die mit Thyrsosstäben auf ihn einschlagen.

Hinweise auf den Grund der todbringenden Verfolgung gibt es u. a. bei Colard Mansions (Holzschnitt von 1484 zum «Ovide moralisé»): Man sieht O. einen jungen Mann umarmen und – simultan – die Frauen den O. steinigen. Die Harfe des O. schwimmt auf dem Fluß (Hebrus) davon. – Albrecht Dürer (Zeichnung 1491; Hamburg, Kunsthalle, Inv. 23006) wird noch deutlicher: Im Baum, unter dem der Todgeweihte kniet, hängt eine Tafel mit der Aufschrift: «Orfeus der erst puseran» (= Knabenschänder; vgl. Ovid, Met. 11,1 ff). Angesichts der beiden mit Ästen auf O. einschlagenden Frauen flieht Cupido (weiterer Hinweis auf die Knabenliebe) voll Entsetzen.

8. *Das weissagende Haupt des O.* (Ovid, Met. 11,50 ff). Die Bildkunst nimmt nur selten auf diese Episode Bezug. Auf einer attischen Schale des 5. Jh. v. Chr. (Abb. bei Roscher, –> Allgem. Bibl., Bd. 3, SP. 1178) steht das Haupt auf dem Boden, vor ihm sitzt ein Jüngling, der die Weissagungen in ein Diptychon schreibt – angewiesen von –> Apoll, dem Gott der Weissagung. Die Rückseite der Schale zeigt eine von zwei Frauen mit der angeschwemmten Lyra des O. (vgl. eine Hydria, 440/430 v. Chr.; Basel, Antikenmuseum, Inv. BS 481).

Daß sich dann im 19. Jh. vor allem die Symbolisten des Themas wieder annehmen, überrascht nicht. Bemerkenswert Gustave Moreaus Gemälde *Jeune fille thrace portant la tête d'Orphée* (Paris, Salon 1866) mit seiner traumgleichen Atmosphäre: Gedankenvoll trägt das Mädchen das Haupt des O. auf der Lyra, am Meeresufer unter steilem Felsabfall dahinschreitend. – Odilon Redons Pastell (um 1905; Cleveland/Ohio, Museum of Art, J. H. Wade Collection) stellt das auf einer Lyra liegende Haupt auf einer mächtigen Woge dahintreibend dar. Das maskenhaft fahle Gesicht mit geschlossenen Augen und fest verschlossenem Mund erscheint wie eine Metapher des Verstummens.

Lit.: Barksdale, A. Beverly: Some Musical Sidelights of Tietz's Orpheus. In: The Art Bulletin of the Cleveland Museum of Art 59, 1972/73, S. 212–214. Block-Friedman, John: Orpheus in the Middle Ages. Cambridge/Mass. 1970. Buck, August: Der Orpheus-Mythos in der italienischen Renaissance. Krefeld 1961. Einem, Herbert von: Anselm Feuerbachs «Orpheus und Eurydike» In: Wallraf-

Richartz-Jahrbuch 36, 1974, S. 295–310. Garezou, Maria-Xeni, in: LIMC 1994, 7,1, S. 81–105; 7,2, S. 57–77, s. v. Orpheus. Heckscher, Wilhelm S.: Ancient art and its echoes in post-classical times. IMAGO. A pictorial calender, for 1963. Jahnson, J. Theodore: Orpheus and the orphic mode in literature and the arts. In: Register of the Spencer Mus. of Art 5,9, 1981, S. 66-87. Kauffmann, Carl Michael: Orpheus: The Lion and the Unicorn. In: Apollo 98, 1973, S. 192–196. Kerényi, Karl: Orfeo Simbolo Dionisiaco. In: Umanesimo e simbolismo. Atti del IV Convegno Internazionale di Studi Umanistici, Venezia, 19–21 sett. 1958. Padova 1958, S. 183–192. Langedijk, Karla: Baccio Bandinelli's Orpheus. In: Mitteilungen des Kunsthistorischen Institutes in Florenz 20, 1976, S. 33–52. Murray, Charles: The Christian Orpheus. In: Cahiers archéologiques 26, 1977, S. 19–27. Panofsky, Erwin: Das Leben und die Kunst Albrecht Dürers. Princeton 1943, 1955. München 1977. Provoost, Arnold (Red.): Orpheus. Outstaan, groei en nawerking van een antieke mythe in de literatuur, beeldende kunsten, muziek en film. Leuven 1974. Rosasco, Betsy: Albrecht Dürer's «Death of Orpheus». Its critical fortunes and a new interpretation of its meaning. In: Idea, Jahrbuch der Hamburger Kunsthalle 4, 1985, S. 19–41. Rupprecht, Bernhard: Orpheus als Pädagoge. Nachträge zur Ikonographie von Rubens' «Die Erziehung der Maria Medici». In: Festschrift für Hartmut Biermann. Weinheim 1990, S. 161–169. Sandström, Sven: Le monde imaginaire d'Odilon Redon. Étude iconologique. Lund 1955. S. 47 f. Schoeller, Felix M.: Darstellungen des Orpheus in der Antike. Diss. Freiburg 1969. Simon, Erika: Die Rezeption der Antike. In: Albrecht Dürer 1471–1971. Ausst.-Kat. Nürnberg, Germanisches Nationalmuseum 1971, S. 267. Simon, Robert B.: Bronzino's Cosimo I de' Medici as Orpheus. In: Philadelphia Museum of Art Bulletin 81, 1985, 348, S. 17–27. Starzynski, Juliusz: La pensée orphique du plafond d'Homère de Delacroix. In: La Revue du Louvre 13, 1963, S. 75–82. Walker, D.P.: Orpheus the theologian and Renaissance platonists. In: Journal of the Warburg and Courtauld Institutes 16, 1953, S. 100–120. Ders.: Spiritual and demonic magic. From Ficino to Campanella. London 1958. Ziegler, Konrad: Orpheus in Renaissance und Neuzeit. In: Form und Inhalt. Kunstgeschichtliche Studien, Otto Schmitt zum 60. Geburtstag. Stuttgart 1951, S. 239–256.

Pan, griech., lat. auch Pana, Faunus; arkadischer Gott der Berge (Homer. Hymnos 19, an P., 6), der Schafe und Schafhirten (Vergil, Buc. 2,33; ders., Georg. 1,17), vielleicht überhaupt der Hirten und der Jäger (Ovid, Her. 4,171; Theokrit 1,15 ff). Sohn des –> Zeus und der Hybris (Appollodor, Bibl. 1,5,1) oder des –> Hermes von der Dryope (Homer. Hymnos 19, an P., 33) oder der Penelope (Herodot 2,145; Cicero, Nat. 3,56; Lukian, Dial. deor. 22,269 f), der er sich in Bocksgestalt genähert haben soll

(Apollodor, Epit. 7,38 f; Hygin, Fab. 224,5; Servius, Aen. 2,44; Myth. Vat. I 89); andere nennen andere Eltern (vgl. Hederich, Sp. 1857 f: die Freier der Penelope, Odysseus und Gemahlin, Juppiter und Kallisto oder die Nymphe Oeneus, Coelus und Terra). Bei Boccaccio (Gen. 1,4) wird er ein Sohn der Demogorgo genannt.

P. ist wohl ursprünglich ein Fruchtbarkeitsgott, der in stoischer Ausdeutung schließlich kosmische Autorität beansprucht (s. **B**).

Häufig wird er mit Aigipan (z. B. Remigius 9,480.9, Bd. 2, S. 409), gelegentlich mit dem italisch/römischen Silvanus gleichgesetzt (Isidor, Etym. 8,11,81: «Pan dicunt Graeci, Latini Silvanum»; Rabanus Maurus Sp. 432c; vgl. **B**) oder mit dem Herdengott Inuus. Deutlich zeigt er Verwandtschaft mit Faunus (Kl. Pauly, Bd. 4, Sp. 446; vgl. Bd. 5, Sp. 197 f; Bd. 2, Sp. 1426). Wo von verschiedenen P. die Rede ist, meint man wohl Satyrn (vgl. Philostrat, Imag. 1,19). P. findet sich weder in Ilias und Odyssee noch bei Hesiod. Ursprünglich wohl in Arkadien verehrt, breitet sich sein Kult später nach Sizilien aus.

A Als die Amme das Kind der Dryope betrachtete und sah, daß es Ziegenbeine und -hörner hatte, dazu ein lüsternes Gesicht und Bart, dabei aber vergnügt war und lustig lachte, da sprang sie auf und lief davon (Homer. Hymnos 19, an P., 32 ff). Vater Hermes aber war glücklich, nahm das Kind auf, packte es in das warme Fell von Berghasen und brachte es hinauf zu Zeus und den anderen Göttern, die alle sich daran erfreuten, v.a. der bacchische –> Dionysos. Weil es alle («pántes») entzückte, gaben sie ihm den Namen «Pan» (ebd. 47). Über das Verhältnis von Vater und Sohn zueinander belustigt sich Lukian (Dial. deor. 22). Pausanias (8,30,2) erwähnt als Amme eine Nymphe Sinoe.

Als später Typhon (Typhóeus) die Götter bedrohte, soll P. ihnen den Rat gegeben haben, sich für ihr Entkommen in Tiergestalt zu verwandeln, was offenbar gelang. Er selbst machte sich zum Ziegenbock. Aus Dankbarkeit, heißt es, setzten die Götter sein Bild unter dem Namen «Steinbock» an den Himmel (Hygin, Fab. 196). Hygin erzählt auch, P. habe sich halb in einen Ziegenbock, halb in einen Fisch verwandelt und sich zu seiner Rettung in das Wasser gestürzt (Astron. 2,28; der erste Teil der Geschichte wird hier dem Aigipan zugeschrieben).

P. soll der Erfinder der mehrteiligen (siebenteiligen) wachsgefügten Flöte sein, der «Syrinx», die heute gewöhnlich seinen Namen trägt (Vergil, Buc. 2,32 f u. 8,24; Wachs: Hygin, Fab. 274,18). Das Spiel gelang ihm erstmals in den nomischen Bergen in Arkadien an einem Platz, den man dann Melpeia nannte (Pausanias 8,38,11). Den Ursprung des Instruments erzählt eine Geschichte, wonach P. sich auf einen Wettkampf, wohl im Ringen, mit Cupido (–> Eros) einließ und unterlag. Zur Strafe habe er sich in die Nymphe Syrinx verlieben müssen, die ihn aber zurückwies. Auf der Flucht vor ihm sollen am Fluß Ladon die Nymphen (oder die Erde: Myth. Vat. I 127) das Mädchen hilfreich in Schilfrohr verwandelt

587

haben. Der Klang der aneinander sich reibenden Halme habe den Verliebten so bewegt, daß er sie nahm und aus sieben ungleich langen («dispares») Rohren eine Flöte zusammenfügte, die «Syrinx» eben (nach Boccaccio, Gen. 1,4; s. Ovid, Met. 689–710; vgl. Servius, Ecl. 2,31; vgl. bei Hederich, Sp. 1860 f, die Beschreibung einiger Bildwerke zu diesem Thema; vom «musikalischen Schilfrohr» spricht ein Fragment in: Pindar, Sir J. Sandys 1989, S. 614 f). Der Libellus (9, H. Liebeschütz 1926, S. 120) wird behaupten, daß P. den –> Amor besiegte (s. u.). Nach anderen unterlag er ihm, denn «amor vincit omnia» (Die Liebe überwindet alles; Myth. Vat. I 127; II 48). Seine Liebe zu Pithys endet traurig, denn sie hat für ihn den Boreas zurückgewiesen: Der bringt sie zu Fall, sie stirbt, und die Erde verwandelt sie in eine Fichte (griech. «pithys»; Geoponica 11,10; Properz 1,18,20; Longos 1,27,2). Die Hirten Daphnis und Chloe (Longos 4,39,1) verehren nächst den Nymphen Eros und Pan als ihre Götter (vgl. ebd. 2,24,2: Bild des P. unter einer Fichte).

Sicher unterliegen wird P. in einem anderen Vergleich: So überzeugt von seinem Spiel ist er, daß er töricht sich auf einen Wettkampf mit –> Apoll einläßt (was dem Midas zum Unheil gerät; Ovid, Met. 11,153 ff; Lykophron 1401; vgl. –> Marsyas). Nach Lukian (Dial. deor. 22,2) musiziert er mit Dionysos und führt als Tänzer seinen Chor (zu P. als Gott der Hirtenmusik, vgl. G. Wille, Musica Romana, Amsterdam 1967, S. 525 f).

Musik und Nymphen und die Jagd sind sein Zeitvertreib. Im Homerischen Hymnos 19 (an P., 2 ff) sind die Nymphen seine ständigen Begleiter. Am liebsten musiziert er des Abends nach der Jagd, und die Nymphen versammeln sich dann um ihn, tanzen und singen und berichten dabei von den Göttern, v.a. von Hermes. Gesang in hoher Tonlage gefällt P. besonders gut (Homer. Hymnos 19, an P., 14–30). Man hört ihn häufig. Lucretius (De rer. nat. 4,586 ff) erzählt, daß die Bauern überall auf dem Land lauschen, wenn sie die Panflöte hören. Vergil hat ihn sogar selbst gesehen (Buc. 10,26; vgl. Nonnos 14,67 ff). In Arkadien meinen die Leute, vom Berg Mainalos, der ihm heilig sein soll, sein Flötenspiel zu hören (Pausanias 8,36,8). In der Mittagszeit soll er übrigens müde von der Jagd eine Pause machen und schlafen (vgl. Theokrit 1,15–18). Dann kommen die Nymphen und treiben Schabernack mit ihm, binden ihm die Hände auf den Rücken (Philostrat, Imag. 2,11,10 ff).

P. ist der Urheber dessen, was wir heute «Panik» nennen, der blinde Schrekken, den Cornutus (Nat. deor. 27) einen plötzlichen Aufruhr ohne jeglichen vernünftigen Grund («ratio») nennt (vgl. Polizian, Liber Miscellaneorum, in Opera, Bd. 1, Lyon 1536, S. 564; Erasmus v. Rotterdam, Adagiorum chiliades, Basel 1559, S. 780). Anlaß war entweder sein bloßer Anblick (vielleicht bei plötzlichem Erscheinen) oder auch plötzlicher unerhörter Lärm. Jedenfalls ist sicher, daß es der bloße Anblick des Säuglings gewesen sein muß, der die Amme entsetzt in die Flucht treibt. Dieser Schrecken ist eine mächtige und willkommene Waffe im Krieg, die den Gegner packt nicht am Leib, sondern am Gemüt. So soll P. dem Zeus gegen die Titanen geholfen haben, indem er Leute unvermittelt und mächtig auf Meermuscheln blasen ließ, was die Titanen in die Flucht trieb, wohl auch weil sie dergleichen zuvor noch nie gehört hatten (Eratosthenes, Katast. 27). Ähnlich ging er des Nachts im Heere des Dionysos auf dem Indienzug zu Werke mit Trompeten, anderem Gerät und Geschrei, wobei der Lärm durch das Echo in den Bergen noch verstärkt wurde (Anonymus, De incredibilibus 11, in Vaticanus 305 a [A.D. 1314 = Excerpta Vaticana]; vgl. Hederich, Sp. 1859). Dann steht er auf seiten der Phoker gegen die Gallier vor Delphi: Die packt er des Nachts, und sie beginnen in völliger Verwirrung blind aufeinander einzuschlagen (Pausanias 10,23,5). Den Athenern soll er gegen die Perser seine Hilfe versprochen haben (ders. 1,28,4; ebd. 8,54,6: P. erscheint dem Philippides; s. Herodot 6,105). Im Punischen Krieg hat er den Römern geholfen (Silius Italicus 13,326 f). Merkwürdig aber, daß seine Rolle dort gewesen sein soll, die Kampfeswut der Soldaten zu mildern, ihr Herz zu sänftigen (ebd. 344). Diodor meldet (1,18,1 f), er sei im Heer des Osiris gewesen (vgl. Herodot 2,42 u. 46, zur Gleichsetzung von P. und Mendes / Osiris). Eine «Panik» eigener Art beschreibt Longos (2,25 ff; vgl. Cartari, Venedig 1647, S. 7).

Der geile Liebhaber P. hat es besonders auf Nymphen abgesehen (vgl. Cornutus, Nat. deor. 27), wozu auch die Syrinx (s. o.) gehört. Daß er sich in Echo verliebte, soll Venus verursacht haben, weil er den Achill zum Schönsten erklärt hatte (Hederich Sp. 971), mit einem schneeweißen wollenen Vlies habe er die Luna verführt (Vergil, Georg. 3,391–393; Macrobius, Sat. 5,22,9; zum Vlies –> Artemis). Als gefragten Liebhaber zeigt ihn Lukian (Dial. deor. 22,4). Anderseits sollen die Mainaden im Gefolge des Dionysos ihn gefürchtet haben (ders., Dion. 2).

Beachtliche Fruchtbarkeit meldet Nonnos (14,67 ff): Er nennt zwölf Söhne, die aussahen wie der Vater, die Mutter bleibt ungenannt. Seine Schüler nenne man Panes (Remigius 2, 89.6, Bd. 1, S. 189).

Pindar sagt, P. sei ein Gefährte der Magna Mater (Frg. 95, 63, Sir John Handys 1989, S. 564 f; vgl. ders., Pyth. 3,76–79).

Der Jäger kommt in entlegenste Gegenden: Als –> Demeter sich zornig vor den Göttern versteckt hat, findet P. sie auf einem seiner Streifzüge und meldet sie dem Zeus.

In seinen Mythos gehört auch die Geschichte von seinem Tod zu Zeiten des Tiberius, die Plutarch erzählt (De def. or. 17, 419B f): Den Thamos, einen ägyptischen Seefahrer auf dem Weg nach Rom, ruft – bei einer Windstille – von Land aus eine Stimme an, er möge, wenn er nach Palodes komme, verkünden, der große Pan sei tot. Seltsam, daß das Schiff da zittert und bebt, und es ist, als ob es nun gegen den Willen des Kapitäns nach Palodes gelenkt wird und dort in Windstille zum Halten kommt. Vom Bug aus ruft Thamos seine Botschaft zum Land hinüber: Da hört man ein großes Seufzen und Wehklagen, wie von einer großen Menge Menschen.

B Lukian (Dion. 2) nennt P. cholerisch und hitzköpfig, was sicher im Einklang steht mit seinem Auftreten und dessen «panischer» Wirkung. Es kennzeichnet aber P. wohl auch, daß sein Wesen sich am besten in seiner leiblichen Erscheinung veranschaulicht. Hederich (Sp. 1862 f) gibt eine ausführliche Beschreibung nach dem mythographischen Stand seiner Zeit, besonders nach Silius Italicus, der wohl ein Bild vor Augen hat (13,326–347; ausführliches Zitat bei Gyraldi, Synt. 15, S. 620; vgl. den ägyptischen P. bei Herodot 2,46). Dem uns Bekannten ist hinzuzufügen das rote Gesicht (rot gefärbt von «Mennig» und Beeren: Vergil, Buc. 10,27; Silius Italicus 13,332), die Hörner auf kahler Stirn sind klein (ebd.), die Ohren spitzig («stehend», ebd. 333), einen Ziegenschwanz hat er (ebd. 340; vgl. Lukian, Dial. deor. 20,269). Die Bocksbeine sind natürlich rauh behaart (Servius, Ecl. 2,31). Lang und struppig ist sein Haupthaar (Homer. Hymnos 19, an P., 5 f), lang ist der Bart (Lukian, Dion. 2). Um die Schläfen liegt ein Kranz aus Fichtenzweigen (Silius Italicus 13,331).

Der Homerische Hymnos (19, an P., 23 f) sieht die gefleckte Haut eines Luchses über seinen Schultern. Nach Cornutus (Nat. deor. 27) ist er in ein Pardelfell und das gefleckte («gestirnte») Fell eines Hirschkalbs (Silius Italicus 13,335; Myth. Vat. II 48) gekleidet («nebris»; Umwurf der Bacchantinnen beim –> Dionysos-Dienst und der Ceres-Priester in den eleusinischen Mysterien: z. B. Statius, Theb. 6,664). Er hält in der Rechten eine Peitsche aus Ziegenleder, in der Linken einen Hirtenstab (Silius Italicus 13,329 und 334) oder eine Peitsche in der einen, in der anderen eine siebenteilige Rohrflöte (Servius, Ecl. 2,31) oder eine Hirtenflöte in der Linken, einen gekrümmten Stab in der Rechten (Lukian, Dion. 2). Auch soll er in der Rechten eine Sichel («falx») halten (Cornutus, Nat. deor. 27).

P. hat nicht nur die Beine einer Ziege, er nutzt sie auch mit der Geschicklichkeit des Tiers: Kein Fels sei so steil und gefährlich, daß er ihn nicht wie geflügelt sicher zu bewältigen wüßte (Silius Italicus 1,326 ff).

Anders als ein Kentaur (vgl. Chiron), dessen Leib sich klar aus zwei wohlunterscheidbaren Teilen aus Mensch und Tier – oben und unten, vorn und hinten – aufbaut, sind Mensch und Tier in Pan so ineinander- (nicht zueinander-) gefügt, daß eine klare Trennung der Anteile nicht möglich ist (vgl. aber Platon, Krat. 408b-d, und Cornutus, Nat. deor. 27: s. u.; vgl. u. Alciat). Sicher, er steht und geht auf Hufen, doch nur auf zweien, wie ein Mensch, und er hat einen gehörnten Bockskopf; den weiß er aber so zu nutzen, daß seine zwei Arme und Hände ein Instrument zusammenfügen und es bedienen können. Auffällig der scheinbare Gegensatz von Musizieren und geilem Zeitvertreib: Sie gehören zueinander. Seine Musik ist recht eigentlich ein Lockmittel, denn P. umwirbt nicht, sondern er jagt. Diese Musik ist aus dionysischem Geist, Musik, die anders als die ordnende und bindende Musik des Apoll enthemmt und löst. In genau diesem Sinn hat der kleine P. die besondere Aufmerksamkeit des bacchischen Dionysos (s. o.). Das Windinstrument verbindet sich in griechischem Verständnis mit der Vorstellung von ungezügelter Subjektivität. Der «plötzliche Aufruhr ohne jeglichen vernünftigen Grund» (Cornutus, s. o.), den P. an uns verursachen soll, ist vielleicht die Beschreibung einer Urerfahrung der Sexualität, die uns unvermittelt packen und buchstäblich besinnungslos machen mag. Daß er dem Cupido unterlegen war, ist unter solchen Umständen ebenso plausibel wie sein Triumph über ihn.

Platon (Krat. 408b-d) setzt den P. als Sohn des –> Hermes (der sich der Mutter ja in Bocksgestalt genähert hat) mit der Rede gleich, und als solche, die doch alles («pan») andeute, sei er zwitterhaft, nämlich wahr und falsch. Das Wahre aber, «glatt und göttlich», lebe oben unter den Göttern, das Falsche unterhalb unter den Menschen, es sei «rauh und böckisch». Hieraus leitet sich die Vorstellung ab von einem P. Aipolos, dessen Erscheinung oben «glatt», unten rauh und bocksähnlich ist (vgl. Gyraldi, Synt. 15, S. 623).

Es scheint, daß P. später vorwiegend physikalischer Rationalisierung gedient hat. Als «Inuus» (P., den Befruchter der Herden) hätten einige ihn für ein Bild der Sonne gehalten (Macrobius, Sat. 1,22,2). Diesen Inuus habe man in Arkadien nicht für einen bloßen Herrn der Wälder gehalten, sondern für den Herrscher über alle Substanz des Stofflichen, dessen Macht das Wesen aller Körper, ob göttlich oder irdisch, zusammenfüge (ebd.). Phantasievoll liest man (mit Blick auch auf Homer, Il. 11,2) Hörner und Bart – in ihrer jeweiligen Ausrichtung – als Hinweis auf die Sonne, welche bei ihrem Lauf das Obere erhelle («illuminat»), das Untere beleuchte («conlustrat»). Daß der Körper (des P.) in Ziegenfüßen endigt («desinit»), zeige an, daß der Stoff («materia»), der mit Hilfe der Sonne jederlei Körpergestalt annimmt, nach der Bildung himmlischer Leiber schließlich zum Element Erde wird. Daß der Lauf der Sonne Unten und Oben verbindet, werde anschaulich auch an der Bocksgestalt des Inuus / P., denn dieses Tier sei zwar erdverbunden, aber beim Weiden strebe es immer nach oben usw.

Spätere Mythographie findet weniger umständliche, wenngleich immer noch kühne Lesarten. Gegen unsre eigene Beobachtung unterscheidet Cornutus (Nat. deor. 27; vgl. o. Platon) einen bocksgestaltigen Unterkörper (der die Rauhheit der Natur abbilde) von einem Oberkörper in

Menschengestalt; denn der Herrscher («imperium») der Welt, der ganz aus Vernunft («ratio») besteht, residiert im Äther (–> Zeus). Man halte P. für lasziv und der Venus geneigt, weil bei ihm die natürliche Fülle des Samens sei und alles dessen, was aus dessen Vereinigung entsteht. Das Hirsch- und Pardelfell, in das man ihn kleidet, veranschauliche die Vielfältigkeit der Farben, die man an ihm beobachtet. Der Kranz aus Fichtenzweigen kennzeichne seinen gebirgigen Aufenthalt. Auch das, was P. tut oder verursacht, findet Erklärung. Den dreischrittigen Waffentanz («tripudium») tanze er, weil jegliches Geschlecht von den Verhältnissen («ventis») verstreut wird oder weil seine Tätigkeit streng ist und derb, fern jeder Prahlerei, weshalb man meint, er lebe in den Bergen und in Höhlen. Die «Panik» sei eigentlich der Aufruhr von Vieh und Ziegenherden beim Hören eines Geräuschs aus Bergen, Höhlen und zerklüftetem Gelände (vgl. das Echo des Lärms, s. o.). Hörner und Hufe und lange Ohren habe man ihm gegeben vielleicht, um ihn als Hirten zu kennzeichnen. Der Bart steht für Mannesstärke («virilitas»: Boccaccio, Gen. 1,4; vgl. Myth. Vat. I 176,2, –> Zeus, –> Athena). In einem Wortspiel liest man seine Liebe («sinu gestat») für die Vielfalt der Früchte als Zeichen für die Fruchtfülle, die im Schoß («in sinu») der Erde entsteht und aus ihm erwächst.

In solchem Sinn mache man ihn auch zum Wächter der Gärten und Weinberge («vitia»), sofern er sich um das Hervorbringen kümmert und das Hervorgebrachte schützt. Darum nenne man ihn auch den Erhalter («servator») Juppiter. Sein farbiges Gewand (das Fell, s. o.) zeigt ihn wieder als auf verschiedene Weise dem Garten zugetan. Die Sichel in der Rechten brauche er entweder zum Beschneiden der Reben, als Waffe des Wächters oder zum Zeichen, daß die Macht, welche die Dinge in die Welt bringt, diese auch wieder ausscheidet und vernichtet.

Das Horn der Amalthaea wird hier zum Zeichen für die Klugheit, «prudentia», des P., mit der er alles antreibt (stößt!), zur rechten Zeit zu entstehen.

Wieder anders die vatikanischen Mythographen (II 48; ebd. III 8,2), die im wesentlichen an Isidor (Etym. 8,11,81–83) anschließen: Als Bauerngott («deus rusticus») sei er zum Bild der Natur gestaltet (die Lateiner nennen ihn Silvanus: Isidor, Etym. 8,11,81). Wohl über seinen Namen «Pan» erklärt man ihn hier zum Allgott. Seine Hörner sollen zugleich die Sonnenstrahlen und die Hörner des Mondes veranschaulichen, die Röte seines Gesichts die Farbe des Äthers anzeigen. Die gefleckte Hirschhaut sei ein Bild des gestirnten Himmels (vgl. Boccaccio,

Gen. 1,4). Sein struppiges Unterteil (s. o., Cornutus; Isidor, ebd. 8,11,83, sagt «foedus» = häßlich) soll an Bäume, Busch und wildes Getier (Isidor, ebd.: «pecudes» = Vieh) erinnern, während die Bocksfüße die Festigkeit des Bodens («terrae») melden. Die siebenteilige Flöte ist ein Bild der Himmelsharmonie mit ihren sieben Planeten (vgl. zum vorausgehenden Rabanus Maurus, Sp. 432d), und der gekrümmte Hirtenstab (lat. «pedum») bildet das in sich selbst zurückkehrende Jahr ab (vgl. Boccaccio, ebd.). Weil er ein Gott der ganzen Natur sei, stelle man sich vor, daß er mit Amor kämpfte und unterlag, denn «omnia vincit amor». Poetisch der Gedanke, daß P. die Flöte zum Trost der Liebenden erfand («solatium amoris»).

Gyraldi (Synt. 15, S. 621B) hat gelesen, daß man den Gott P. «agrestis» (ländlich, grob) genannt habe, weil man ihn für einen Knabenliebhaber hielt, und darum habe man ihn dargestellt mit erigiertem Phallus, mit Hörnern und vom Gemächte abwärts als struppigen Bock.

Es ist möglich, daß struppiges Aussehen und laszives Wesen dazu geführt haben, daß man P. häufig mit Ephialtes («der auf die Brust des Feindes oder des Schlafenden springt», s. Kl. Pauly, Bd. 2, Sp. 297) gleichsetzte, was ihm die Rolle des Alptraums (lat. «incubus») eintrug (s. Artemidor, dem er als sinnlich wahrnehmbare Gottheit gilt, 2,37: «Wenn er drückt oder auf einem lastet und nichts spricht, bedeutet er Bedrängnis und Beklemmungen; was er aber auf eine Frage antwortet, das ist wahr. Wenn er aber etwas gibt oder Geschlechtsverkehr treibt, verkündet er großen Gewinn, vor allem wenn er dann nicht als Last zu empfinden ist. Kranke richtet er wieder auf..., denn niemals sucht er einen Sterbenden auf.» Übersetzung von F.S. Krauss). Bei Isidor (Etym. 8,11,103 f) nenne man «incubi» auch «haarige Leute» («pilosi»: Luther übersetzt, Isaias 34,14, «Feldteufel»), die darauf aus sind, Frauen Gewalt anzutun und mit ihnen zu liegen («incumbere»; vgl. Servius, Aen. 6,776, mit der Gleichung P. = «Inuus» = «inire»/hineingehen = «incubus»; vgl. Augustin, Civ. 15,23: «incubus» = Silvanus oder Faunus, welche die Frauen bedrängen). P. als Traumerscheinung soll zwar den Hirten Gutes bedeuten, anderen wegen seiner unsicher auftretenden Füße(!) aber ein Hinweis darauf sein, daß nichts Erworbenes sicheren Bestand hat. Nach einigen bringe er aber den Theaterleuten Glück (Artemidor 2,37).

Moralisierende christliche Allegorese kann in dem der Syrinx nachjagenden P. ein Bild für das Streben nach weltlichem Vergnügen sehen: Statt das Begehrte zu fangen und zu halten, hat man am Ende nicht mehr in Händen als Schilfhalme. Auf dergleichen soll man die Hoffnung nicht setzen, oder man wird die wahrhaft dauernden Güter verlieren («Ovide moralisé en prose» 1,56, de Boer S. 74). Lächerlich findet Minucius Felix, wenn zu Ehren des lykäischen P. bei den Lupercalia mitten im Winter Männer nackt herumlaufen (Oct. 12,8; s.a. Boccaccio, Gen. 1,4).

Der Libellus beschreibt sein Bild als Gott der Allnatur. Man habe ihn gezeigt als Mann mit Hörnern und mit rotem Gesicht, auf seiner Brust das Bild zahlreicher Sterne, auch sein Fellumhang war gestirnt. Er zeigte einen unverhüllten Phallus («femora»), aus dem Pflanzen («herbae») und Bäume hervorgingen, und mit dem Mund hielt er eine siebenteilige Flöte, die er mit den Fingern zu spielen schien. Füße und Beine waren die einer Ziege. Man zeigte, daß er mit Amor einen siegreichen Kampf gehabt hatte, denn Amor lag wie niedergestreckt neben ihm auf dem Boden.

Ein Emblem des Alciat (1621, Nr. 123) zeigt ihn zum Thema des «plötzlichen» und unbegründeten (panischen) Schreckens («In subitum terrorem»), ein anderes (ebd., Nr. 98) behandelt unter dem Lemma «Natura» den Gegensatz von Weisheit («sophia») und Vernunft («ratio») und Wollust («luxuria»), welche in dem Gott als Bild der Natur einander verbunden sind und in seiner Erscheinung anschaulich werden (Alciatus 1985, Bd. 1. Vgl. P. als Bild der menschlichen Natur, VIS NATURAE, bei Alciat 1550, S. 106, Held Nr. 57; H./S. Sp. 1832; vgl. Emblem bei Barptolomaeus Anulus 1552, S. 91, zum Midasurteil, das unter dem Lemma PERVERSA IUDICIA ein Fehlurteil darstellt; H./S. Sp. 1605 f).

C *Typus.* In der bildenden Kunst wird P. fast durchweg mit dem Gesicht eines bärtigen älteren Mannes dargestellt, jedoch meist mit Ziegennase, spitzen Ohren, Bocksbeinen und kurzem buschigen Schwanz. Manchmal hat er in der griechischen Kunst auch ein Tiergesicht (einen Ziegenkopf z. B. bei der Kleinbronze aus Lusoi / Arkadien; Berlin, Staatl. Museen, Inv. 8624), der Gang ist aber auch dann aufrecht. – Darstellungen des P. in jugendlichem Alter bilden eher eine Ausnahme, sieht man von Beispielen in der klassischen griechischen Kunst ab: ein P. als jugendlicher Jäger (verlorenes Original vielleicht von Polyklet, in vielen röm. Kopien erhalten, z. B. jener in Leiden; Rijksmuseum, Inv. PB 98). P. ist nackt, bartlos, mit Andeutungen eines Gehörns.

Der P. auf L. Signorellis Gemälde (um 1490; ehemals Berlin, Kaiser-Friedrich-Museum) – ein schöner Jüngling mit vollem Haupthaar – ist eines der seltenen Beispiele der Neuzeit, wo P. jugendlich erscheint. – Im

Mittelalter (Rabanus-Maurus-Handschrift von 1023; Montecassino, Codex 132) erscheint er wie verkleidet, mit Paarhuferschuhen, kurzem Rock, Mütze mit Katzenbarthaaren, die Hirtenflöte spielend. – Eine auffallende Ähnlichkeit hat der auf der Brust der schlafenden Frau hockende Alb in Füßlis *The Nightmare* (2. Version, Gemälde 1790/91; Frankfurt/M., Goethe Museum; vgl. hierzu **B**) mit jenem hockenden, bocksköpfigen P., der auf einem griechischen Klappspiegel mit Aphrodite beim Würfelspiel zu sehen ist (5. Jh. v. Chr.; London, British Museum, Inv. 289).

Attribute. Das Hauptattribut des P. ist die Syrinx – die Hirten- oder Panflöte (vgl. **A**). Ferner trägt er einen knotigen Hirtenstab mit Krümme (lat. «pedum») oder auch das Hasenwurfholz (einen kurzen gekrümmten Knüppel: griech. lagóbolon; vgl. R. Herbig 1949, S. 23), denn wie alle griechischen Jäger ist P. auch Jäger auf Kleinwild, v.a. Hasen (Herbig, S. 23).

Gelegentlich sieht man P. mit einer Muscheltrompete, so auf dem Gemälde von Botticelli (*Venus und Mars*, –> Aphrodite), wo die kleine Gestalt des P. dem schlafenden Mars mit einem Muschelhorn ins Ohr bläst.

Häufig trägt P. als dem dionysischen Kreis zugehörig einen Efeukranz im Haar (–> Dionysos). Efeukränze um Kopf und Leibesmitte trägt der P. Jacob Jordaens', als er die Syrinx verfolgt (Gemälde gegen 1620; Brüssel, Musées Royaux des Beaux-Arts).

D 1. *Einzeldarstellungen.* Die überzeugendsten Bilder des Gottes, der sich in völliger Harmonie mit der Natur befindet, schufen die sentimentalische Zeit und die Romantik. Der *Große P.* im Park von Schwetzingen (Skulptur von Peter Simon Lamine, 1774), der, die Panflöte spielend, auf einem Tuffsteinfelsen in einem dunklen Hain sitzt, im angewinkelten Arm den Hirtenstab, «im Einklang mit seiner eigenen wie der Natur, die ihn umgibt» (J. Werner 1979, S. 368). Ein ähnliches Stimmungsbild gelingt Arnold Böcklin mit seinen P.-Darstellungen, etwa dem *P. im Schilf* (1859; München, Neue Pinakothek).

Unter den Themen aus dem Mythos des P. nimmt seine Verfolgung der Syrinx in der Bildkunst den breitesten Raum ein.

2. *P. und Syrinx* (Ovid, Met. 1,689 ff). Wir sehen den bocksfüßigen Gott hinter der fliehenden Nymphe hereilen, meist im Dickicht des Schilfs, etwa auf den Gemälden von P. P. Rubens (um 1617, Jaffé Nr. 442; London, National Gallery; Jaffé Nr. 444, London, Buckingham Palace).

Auf einem dritten (1636, Jaffé Nr. 1308; Bayonne, Musée Bonnat) eilt der Gott in wahren Bocksprüngen hinter der Nymphe her; schon hat er einen Zipfel ihres Gewandes gefaßt. – In die Arme des Flußgottes flüchtet Syrinx auf dem Gemälde von Pierre Mignard (vor 1690; Paris, Louvre); Schilf schützt die Fliehende vor dem Zugriff des P. – Die Fabel Ovids, auf die sich auch J. Jordaen's Gemälde bezieht (s. o.), auf dem Cupido mit einer nach unten gekehrten Fackel auffällt, erhält durch einen Zeitgenossen Jordaens' eine spezifische Deutung: Diese Fabel des P. veranschauliche, daß keiner der Liebe entrinnen kann (zitiert bei R.-A. D'Hulst usw. 1993, S. 90).

3. *Der Wettstreit zwischen P. und Apoll* –> Apoll

4. *«Die Erziehung des P.»* Dieser Titel eines (im Krieg zerstörten) Meisterwerks von Luca Signorelli (s. o.) ist ein sicher unangemessener Nottitel. Auch der von Luba Freedman (1985) vorgeschlagene Titel *Pan Deus Arcadiae* erfaßt wohl nicht die Bedeutung in vollem Umfang. Das Bild zeigt P. in Gestalt eines schönen, bartlosen jungen Mannes mit vollem Haupthaar, jedoch mit Bocksfüßen, der im Kreise von vier männlichen und einer weiblichen Figur thront. In der Linken hält er eine Schalmei, in der Rechten den Hirtenstab. Anstatt der gewohnten Hörner erscheint die Mondsichel – nun ihrerseits wie ein zartes Gehörn – über seinem von einem Lichtkranz umgebenen Haupt. Sein Halstuch ist mit Sternen besetzt. Mondsichel, Lichtkranz und Sterne sind Hinweise genug, daß es sich hier nicht nur um den Gott der Herden handelt, sondern um den großen kosmischen P., wie ihn etwa Macrobius beschreibt. Vermutlich ist der aber nicht die einzige Quelle, aus der Signorelli geschöpft hat.

5. *P. von Nymphen mißhandelt* (Philostrat, Imag. 2,11). Weil P. sich nicht dem gemessenen Tanz der Nymphen anpassen will und zu deren Verärgerung arhythmische (Bock-)Sprünge macht, fallen die Nymphen eines Tages über ihn her, als er, wie gewohnt, seinen Mittagsschlaf halten will (s. u.). Ein Gemälde von Jacob Jordaens (gegen 1640; Den Haag, Het Mauritshuis) behandelt das selten dargestellte Thema. Drei der neun Nymphen traktieren P. unter der Oberaufsicht des Apoll: Eine fesselt ihm die Hände hinter dem Rücken, eine hält seinen Kopf fest, eine stutzt ihm den Bart, auf den er so großen Wert legt (vgl. Blaise de Vigenère 1629, S. 371, und E. Wyss 1987, S. 31). Das Vorgehen der Nymphen entbehrt allerdings jeder Grausamkeit und hat eher etwas von einem Schabernack an sich, wie ja auch Apoll als Sieger im Wettstreit mit P. den Unterlegenen nicht so grausam bestraft wie –> Marsyas.

6. *Schlafender P.* Der Schlaf nach anstrengender Jagd gehört zum festen Tagesablauf des P. (Theokrit 1,17; vgl. **A**). – Im Schatten hoher Bäume auf dem Rücken liegend, hält P. seinen Mittagsschlaf auf Arnold Böcklins Gemälde (um 1855; Privatbesitz).

Lit.: Blume, Dieter: Im Reich des Pan. Animistische Naturdeutung in der italienischen Renaissance. In: Die Kunst und das Studium der Natur vom 14. bis 16. Jahrhundert. Internationales Symposium 16. Juli 1984 im Natur-Museum Senckenberg. Weinheim 1987, S. 253–276. Brommer, Frank: Pan im 5. und 4. Jahrhundert v. Chr. In: Marburger Jahrbuch für Kunstwissenschaft 15, 1949/50, S. 5–42. Freedman, Luba: Once more Luca Signorelli's *Pan Deus Arcadiae*. In: Konsthistorisk tidskrift, 1985, 4, S. 152–159. Herbig, Reinhard: Pan. Der griechische Bocksgott. Versuch einer Monographie. Frankfurt/M. 1949. d'Hulst, R.-A./de Poorter, Nora/Vandenven, Marc: Jacob Jordaens 1593–1678. Anvers 1993. Juren, Vladimir: «Pan terrificus» de Politien. In: Bibiliothèque d'Humanisme e Renaissance 33, 1971, S. 641–645. Mirimonde, Albert P.: A propos de l'iconographie de «Duel musical d'Apollon et de Pan» de P.-P. Rubens. In: Bulletin des Musées royaux des Beaux-Arts de Belgique 20, 1971, S. 55–65. Sandys, Sir John (Edition u. Übersetzung): The Odes of Pindar. Cambridge (Mass.)/London 1989. Werner, Johannes: Der große Pan von Schwetzingen oder Die Versöhnung mit der Natur. In: Badische Heimat 59, 1979,2, S. 365 ff. Wind, Edgar, 1968 (–> Allgem. Bibl.), S. 191–217 (Pan und Proteus). Wyss, Edith: An Unexpected Classical Source for Jacob Jordaens. In: Mercury 1987, 5, S. 29–35.

Pandora, griech. – Die erste Frau, ein Werk des –> Hephaistos oder des –> Prometheus (vgl. Fulgentius, Myth. 2,6, 679–682, Helm 1970, S. 45 f; Boccaccio, Gen. 4,45; vgl. Hesiod, Theog. 571 ff und Erga 60 ff) oder ein Gemeinschaftswerk der Götter (Apollodor, Bibl. 1,7,2). Gemahlin des Epimetheus, von diesem Mutter der Pyrrha. Es wurde auch behauptet, P. sei von Prometheus die Mutter des Deukalion (Hellanonikos, Schol. zu Apollonios Rhodios bei D. und E. Panofsky 1956, S. 7, Anm. 8). Ihren sprechenden Namen P., «Die alles Gebende» oder «Die mit allem Ausgestattete», hat sie von –> Hermes (s. u.). Heute hält man die P. für ursprünglich eine Göttin, in deren Wesen sich bedrohliche Aspekte der Erde (–> Kybele) manifestieren (vgl. Kl. Pauly, Bd. 4, Sp. 453 f). Sie gehört in den Kreis der Hekate.

A Es muß eine Zeit gewesen sein, da es auf dieser Welt nur Männer gab, denn die Frau sei erst später geschaffen worden (vgl. Pausanias 1,24,7), und das auch noch zur Mühsal des Mannes. So erzählt Hesiod (Theog. 570–612) die Geschichte der P.: Prometheus hat zum Heil der Menschen den Göttern das Feuer gestohlen, und Zeus sinnt erzürnt auf einen angemessenen Preis für dieses Gut, den er den Menschen abverlangen würde. Er erschafft die Frau und gesellt sie dem Mann zu, als leidiges Übel: Er läßt Hephaistos ein schönes Mädchen formen. –> Athena wird es gürten und kleiden in ein silbernes Gewand und von seinem Haupt eigenhändig einen bestickten Schleier breiten. Auf das Haupt tut sie liebliche Girlanden aus Blüten frischer Pflanzen. Darüber setzt sie eine goldene Krone, ein Werk des Hephaistos, geschaffen eigens für P. Darauf findet sich erstaunlicher Schmuck. Schließlich bringt er dieses «schöne Übel», den Preis für den Segen des Feuers, hinaus an einen Platz, wo die anderen Götter und Menschen sind, und großes Staunen erfaßt da Unsterbliche und Sterbliche vor einem bloßen Trugbild, geschaffen, dem Mann unwiderstehlich zu sein. Von diesem Wesen stamme die Rasse der Frauen, sagt Hesiod ebd., von ihm jene tödliche Art, die bei den Männern lebt als bloße Bürde, kein Beistand ist in verhaßter Armut, sondern nur im Reichtum. Wie die Drohnen im Bienenstock seien diese Frauen: Selbst untätig, stopften sie sich den Bauch mit der Frucht mühseliger Arbeit anderer. Solch ein Übel schuf Zeus dem sterblichen Mann, ein Wesen, dessen Bestimmung es sei, Böses zu tun. Ein anderes Übel tat er dazu, indem er dem Mann keine Wahl ließ: Wer Ehe und Sorgen, die eine Frau verursache, meide und nicht heirate, stehe im Alter allein, ohne jemanden, der nach ihm schaut. Zwar fehlt es ihm dann nicht an Lebensmitteln, doch wenn er tot ist, dann werde die Verwandtschaft seine Besitztümer unter sich teilen. Bei dem Mann aber, der die Ehe wählt, sich ein gutes Weib nimmt, das ihm gefällt, werden Böses und Gutes ständig im Streit miteinander liegen; und wer mißratene Kinder hat, der wird immer bekümmert sein in Herz und Gemüt, denn für dieses Übel gibt es keine Heilung.

Noch genauer, aber auch anders, zeichnet Hesiod Ursprung, Wesen und Erscheinung des Mädchens in den Erga (47–105), wo wir auch endlich ihren Namen erfahren: Zeus beschließt, dem Mann ein Übel zu geben, dessen er sich erfreuen soll, während er doch in Wirklichkeit sein eigenes Verderben umarmt. Er läßt Hephaistos aus Erde und Wasser ein Wesen schaffen, ausgestattet mit menschlicher Stimme und Kraft, in süßer, lieblicher Mädchengestalt mit dem Antlitz einer unsterblichen Göttin. Athena soll es die Nadelarbeit lehren und das Weben, –> Aphrodite soll Zauber über ihr Haupt legen und sie mit dem die Glieder auszehrenden Verlangen und mit Zärtlichkeit ausstatten. Hermes, der Argustöter, soll ihr schändlichen Sinn und trügerisches Wesen geben. So geschieht es. Dazu kommen die –> Chariten und die fürstliche Verführung, die dem Mädchen goldene Halsbänder anlegen, und die Horen krönen es mit Frühlingsblumen, während Pallas Athene es mit allerlei Putz ausstattet. Hermes versieht es mit Lügen und verschlagener Rede, wozu er ihm noch die Sprache gibt. Schließlich nennt er das Wesen «Pandora», die «Wohlausgestattete», denn jeder der Olympier hat ihr ein Geschenk gemacht, jedes ein Übel freilich für die Sterblichen! Die sind in ein Gefäß gesperrt, einen großen Krug («pithos»: Hesiod, Erga 94).

Dann bringt Hermes auf Geheiß des Göttervaters das Mädchen zu Epimetheus, der töricht genug ist, gegen die Warnung des Bruders das Geschenk anzunehmen. Jetzt öffnet P. das Gefäß, und seither ist die Welt voll zahlloser Krankheiten, voller Elend und Not, die bei Tag und Nacht schweigend unversehens über die Menschen kommen, denn Zeus versagte ihnen die Stimme (Erga 104). Einzig die Hoffnung, die wohl unter all den Übeln gelegen hatte, bleibt eingesperrt, denn P. schloß den Deckel des Gefäßes, ehe sie entweichen konnte (vgl. Apollodor, Bibl. 1,72; Pausanias 1,24,7). Es heißt auch, die Hoffnung sei am Rande des Gefäßes hängengeblieben (vgl. Hederich Sp. 1873).

Eine erste «moderne» Fassung der Geschichte steht bei Erasmus von Rotterdam («Adagiorum chiliades tres» 1,233, ed. princ. Venedig, 1520, S. 31–33; vgl. D. und E. Panofsky 1956, S. 15 ff). Eine wesentliche Abweichung von Hesiods Bericht ist dort – vielleicht durch eine Vermischung der P.- mit der Erichthonios-Geschichte bei Fulgentius (Myth. 2,11, 688–691, Helm 1970, S. 51 f), wo von P. (= Pandrosos) und von einer «cista» als Verwahrgefäß die Rede ist – die Behauptung, daß die Übel statt in einem großen Vorratsgefäß («pithos») in einer wunderschönen («pulcherrima») Büchse («pyxis») verwahrt waren, mit der Zeus die P. zu Prometheus schickte. Nachdem dieser die Annahme argwöhnisch verweigert hatte, habe die Frau den Epimetheus beredet, und dieser habe das Gefäß geöffnet (vgl. Philodemus von Gadara, Peri Eusebeias; s. Panofsky, ebd., S. 17). Angesichts des entwichenen Unheils habe er den Unwert der «Gaben» erkannt, und so sei er klug geworden, aber (wie schon sein Name erwarten läßt) zu spät. Eine Nacherzählung dieser Version (also keineswegs wörtliche Übernahme: vgl. dagegen Panofsky ebd., S. 16) liefert Gyraldi (Synt. 13, S. 170A), der aber – anders als Erasmus – am Schluß auch die im Gefäß verbleibende Hoffnung erwähnt («spes in pyxidis fundo remansit»).

B Das Schicksal der «P.» durch die Zeiten wird zunächst – und wesentlich – auch dadurch bestimmt, daß die klassische lateinische Literatur sie nicht kennt. Erst ein paar spätere Autoren geben einige spärliche Auskunft (Plinius, Nat. 36,5,4; Hygin, Fab. 142; Fulgentius, Myth. 2,6, s. o.; Pomponius Porphyrio 1,3,29). Eine lateinische Übersetzung Hesiods gibt es erst seit 1471 (Florenz). Ähnlich konnten andere Quellen griechischer Sprache im lateinischen Westen vor der Renaissance nur ausnahmsweise mit Einfluß rechnen. Die wichtigste Quelle dieser Art ist Origines (Contra Celsum 5, PG, Bd. 11, Sp. 1086 ff), dessen einschlägige Zitate nach Hesiod (Erga 53–82 u. 90–97) samt Kommentar erst seit 1481 lateinisch verfügbar sind (vgl. D. und E. Panofsky 1956, S. 14).

Wohl auch aus solchen philologischen Umständen erklärt sich, daß Italien für lange Zeit weit weniger an P. interessiert ist als der Norden. Im 16. Jh. ist sie fast ausschließlich in Frankreich zu Hause, was sie sicher auch dem humanistischen Interesse besonders am Griechischen verdankt. Im 17. Jh. geht sie in die Niederlande und wird im 18. Jh. in England ansässig. Zu vermerken ist auch, daß sich in neuerer Zeit ihre Geschichte mit zwei Überlieferungssträngen verbindet, die zwar die P. nicht erwähnen, mit denen sie aber vielleicht sogar den Ursprung teilt (Homer, II. 24,525 ff; Babrius, Fab. 58; B.E. Perry, Babrius and Phaedrus 1984, S. 74). Bindeglied ist das Thema der göttlichen Verwaltung von Gut und Böse für den Menschen, das bei Hesiod mit dem Gefäß voller böser Gaben für den Menschen ja erst zum Schluß zur Sprache kommt. Homer (ebd.):

«Zugesponnen haben die Götter den elenden Menschen, / Immer in Sorge zu leben, sie selber aber sind sorglos. / Auf der Schwelle des, da stehn zwei Vorratsgefäße / Voller Gaben: das eine voll guter, das andre voll schlechter. / Wem sie zusammengemischt der donnerfreudige gibt, / Der trifft bald mit Bösem zusammen und bald mit Gutem. / Wem er aber vom Schlechten gibt, den macht er zuschanden, / Und die bittere Not treibt ihn auf der göttlichen Erde / Hin und her, geachtet weder bei Göttern noch Menschen.» (Übersetzung von Roland Hampe 1979.)

Aus dieser Sicht erscheint die P. Hesiods eher als bloße Botin des Bösen. Hier fällt auf, daß seit dem 16. Jh. sehr häufig das Interesse eigentlich dem Gefäß und dessen Inhalt, weniger der Frau gilt. Die heute geläufige Vorstellung von der P. macht sie fast zu einem bloßen Attribut ihrer «Büchse» (vgl. D. und E. Panofsky, ebd.).

Anderseits ist die Vorstellung von der P. als Männerqual durchaus lebendig geblieben, wenn auch nicht immer von gleichem Interesse. Solch Bezug betont gern die verführerische Schönheit der Frau, wozu man nicht selten auch noch –> Aphrodite / Venus und Amor / –> Eros bemüht. Entschiedene Frauenfeindlichkeit dokumentiert schon Boccaccio (Gen. 4,44), wenn er, ohne P. beim Namen zu nennen, wie in einer Paraphrase zu Hesiod (im Anschluß an Cornutus, Nat. deor. 18) von der Urmutter des weiblichen Geschlechts spricht. Das Weib sei dem Mann zwar zum Trost gegeben, aber der Ungehorsam habe es ihm zum Ärgernis werden lassen.

Im übrigen läßt Boccaccio hier Petrarca für sich sprechen («De vita solitaria»), den Mann, der sein Leben dem Geistigen gewidmet hat, den Dichter und Denker. Aber eigentlich ist da immer noch die Rede von Xanthippe, der Frau des Philosophen Sokrates, dem Urbild weiblicher Unverträglichkeit und Zanklust: Je lieblicher das Weib, desto unheilvoller sei es, ganz zu schweigen von seinem Wesen: Nichts sei flatterhafter, nichts der Ruhe abträglicher. Du willst Ruhe, halte dich fern vom ständigen Streit und der Mühsal weiblicher Gesellschaft. Selten weilten Ruhe und Weib gemeinsam unter einem Dach. So sei auch das Ehebett ein Ort ewigen Streits und Zanks, und dazu gebe es wenig Schlaf. Keineswegs leichter werde das Leben mit der Geliebten. Minder sei ihre Treue, größer der schlechte Ruf, und im Zanken gebe es keinen Unterschied. «Wie sagt doch jener berühmte Redner: Wer nicht zankt, ist Junggeselle. Wenn du Streit meiden willst, meide die Frau. Selten wirst du dem einen entgehen, ohne die andere zu fliehen.» Aber selbst das lieblichste Weib – das es selten genug gebe – sei der besinnlichen Ruhe («umbra») abträglich. Cornutus (Nat. deor. 18) hatte die Geschlechter relativ gesehen: Bösartiger («vecordior») sei das weibliche Geschlecht und nach seinem Wesen eher geneigt, erst aus Schaden klug zu werden.

Auch das frühe Christentum nimmt die P. zur Kenntnis. Nach Tertullian (Adv. Valentinianos 12, PL, Bd. 2, Sp. 562) steht ihr Name für eine vollkommene Mischung verschiedener Dinge und sei anwendbar auch auf die Vollkommenheit Christi (vgl. Boccaccio, Gen. 4,45: P. = lat. «omnium munus», = «sapiens» = «deus»; vgl. hierzu Fulgentius, Myth. 2,6, 679–682, Helm 1970, S. 45 f: Deutung der P. auf die Seele, «quod anima munus sit omnium generale»). Von anhaltender Bedeutung ist die Gleichsetzung der P. mit der biblischen Eva (Tertullian, De corona milit. 7: PL, Bd. 2, Sp. 84). Origines (Contra Cels. 4: PG, Bd. 11, Sp. 1086) vergleicht ausführlich die Geschichte vom «verbotenen» Pithos mit der von der verbotenen Frucht. Große Aufmerksamkeit findet dieser Gedanke wieder seit der Renaissance, etwa bei Henri Estienne («Conformité des merveilles anciennes avec les modernes», Paris 1566, S. 5 ff): Prometheus erschafft den ersten Menschen, d. h. Adam, und dazu P., d. h. Eva, welche dem Adam zum Unheil wird. Das Himmelsfeuer als das Mittel, mit dem die Menschen zur Kenntnis der mechanischen Künste gelangen, wird zum Bild für die Frucht («fruict»), welche Adam und Eva die Kenntnis von Gut und Böse gibt (Gen. 1,3,2). Die Gleichung P. = Eva = Sündenfall ist sicher oft auch mitgedacht, wenn das Thema selbst eine andere Richtung hat, so bei dem Emblem unter dem Lemma NON EX ASPECTU, SED EX EFFECTU («Es ligt nit allein am aussern ansehnn»), das das verführerisch gefällige Weib meint («Außen hui, innen pfui»). Auf dem Bild veranschaulicht vielfältiges Getier das Unheil, wie es der Büchse entweicht, während ein Apfel im Vordergrund sicher ein Hinweis auf den Sündenfall ist (Mathias Holtzwart, Emblemata Tyrocinia, Straßb. 1581, Nr. 25: Stuttgart 1968; vgl. Nicolas Reusner 1581, CiiiJ b; H. / S. Sp.

1789, ohne Bild und Text). Mit dem «Sündenfall» verbindet sich die Frage nach dem Motiv für das Öffnen des Gefäßes. Sofern P. selbst das tut, ist das – mindestens im Sinne Hesiods – Teil ihrer Bosheit. Erst mit dem Täter Epimetheus wird die Analogie zu Adam und dem Sündenfall überzeugend. Cornutus (Nat. deor. 18) sah in dem Verhältnis von P. (= «prima mulier») zu Epimetheus die Konstellation Torheit (Epim. = «stultus») zu Tücke (P. = «vecors»). Der Gedanke, daß der Törichte durch Schaden klug wurde («stultus cognovit patiens»; in diesem Sinn gesellt Epimetheus sich seinesgleichen zu), findet Ausdruck in dem Sprichwort «Malo accepto stultus sapit» (etwa: «Wenn man den Apfel in der Hand hat, weiß man um seine Dummheit»), das Erasmus Anlaß geben wird, zur Erklärung seine eigene Version der P.-Geschichte zu erzählen. Übrigens sollte man hier mit dem Blick auf den Sündenfall des Doppelsinns von «malum» als «Böses» und als «Apfel» gewärtig sein (vgl. das Emblem bei Math. Holtzwart; s.o.). Deutlich an Babrius und Homer schließt ein Emblem bei Juan Horozco y Covarrubias zum Thema Furcht und Hoffnung an. Juppiter habe der P. ein Gefäß, angefüllt mit Gutem und Bösem, anvertraut und sie vor dem Öffnen gewarnt. Die Frau konnte keine Stunde warten: Als sie das Gefäß aufmachte, entwich der Inhalt: das Gute himmelwärts, das Böse in die Unterwelt. Nur Furcht und Hoffnung blieben zurück (1589, Nr. 38; H./S. Sp. 1789).

Während man demnach hier – im biblischen wie im Sinne Hesiods – töricht unheilvolle Neugier am Werke sieht, vermag man anderseits in dem Öffnen des Gefäßes eine Befreiungstat im Sinne des Aufklärers Prometheus zu sehen, eine Befreiung von blinder Unwissenheit («ignorantia»), die zwischen Gut und Böse nicht zu unterscheiden weiß (vgl. Henri Estienne, Conformité, s.o.). Auch dazu gehört, daß man die P.-Geschichte an Homer (Il. 24,527 ff) heranrückt, bei dem ja von Gut und Böse die Rede ist (vgl. «Ludovici Caelii Rhodigini lectionum antiquarum libri 16», Basel 1517, 20, S. 182; s. D. und E. Panofsky 1956, ebd. S. 52 u. Anm. 27).

Dann ist es auch möglich, ganz positiv Rom, die Hauptstadt antiker Kultur und Prachtentfaltung, «P.» zu nennen (vgl. Joachim Du Bellay, Les Antiquitez de Rome, 19, ed. princ. 1558; vgl. Panofsky, ebd. S. 58 ff) und dieser Paris – die Vielbegabte und Vielgebende, die unwiderstehlich Schöne – als «Lutetia nova P.» gegenüberzustellen. In diesem Sinn stellt ein Bild der P. die Stadt dar, schon 1549, als Heinrich III. in Paris einzieht (s. D. und E. Panofsky 1956, ebd. S. 60). Am 6. 3. 1571 beim Einzug Karls IX. steht die Büchse («boite») der P., halbgeöffnet und also ledig ihrer

Gaben, neben einem Bild der Mutter Erde und veranschaulicht deren Früchte (vgl. Victor E. Graham/W. McAllister Johnson 1974, S. 115; vgl. Diodor 3,57,2: P. = Rea [röm. Ops]).

Seit etwa 1580 wird «P.» (als Vorbild für eine Mischung aus Verschiedenem zur Einheit in Vollkommenheit aus göttlicher Autorität) zum preisenden Epitheton für Dinge und Personen (vgl. Boccaccio, Gen. 4,44). So nennt Jan Six sein Liber amicorum mit Eintragungen auch vieler seiner Freunde «P. 1651» (s. Panofsky ebd., S. 68), und Edmund Spenser («Teares of the Muses» 577 ff; vgl. D. und E. Panofsky 1956, ebd. S. 69) nennt Queen Elizabeth «the true P. of all heavenly graces».

Anderseits kann die «Büchse» der P. auch zum Bild für höfische Unbill werden. Achille Bocchi beschreibt in einem Emblem unter dem Lemma MISERIAM HONORATAM ESSE CVRIALIVM, NEC EXPETENDAM VLLATENVS (Das Elend des Hoflebens ist ehrenvoll, aber in keiner Hinsicht erstrebenswert) den Fürstenhof als ein Gefäß einzig voller Übel. Das Bild zeigt übrigens unterhalb der P. und ihrem Gefäß das Bild der thronenden Roma (vgl. Symbol. quaest. 1555, 4; H./S. Sp. 1787).

Die Deutung der P. als bloße Allegorie (die sie eigentlich schon ist) ist wohl selten. Carel van Mander wird ganz im Sinne der Gegenreformation die Gleichsetzung von P. und Eva als Vermischung von Heiligem und Profanem ablehnen (Het Schilder-Boeck, Haarlem und Alkmaar 1604, Bl. 3; vgl. Panofsky ebd. S. 64, Anm. 18).

Der Kuriosität halber sei hier noch eine frühe euhemeristisch-rationalistische Erklärung bei Palaiphat (36) notiert: Die erdgeschaffene P. sei in Wirklichkeit eine reiche Griechin gewesen, die für ihre häufigen Ausflüge in die Öffentlichkeit sich mit einer aus Erde gefertigten Schminke aufmachte.

C *Typus*. Die griechische Kunst zeigt die Göttin P. stets bekleidet. Auf dem Bild eines Volutenkraters (um 460 v. Chr.; Oxford, Ashmolean Museum, Inv. 525) steigt sie bereits bekrönt aus der Erde, von Hephaistos in Empfang genommen. In der Neuzeit ist der bekleidete Typus die Ausnahme (Stich von Pieter Serwouters, wo wir P. im Kostüm des 17. Jh. und mit einer Zackenkrone sehen: Panofsky 1956, S. 81). – Die reiche Ausstattung der P., ein Werk aller Götter (vgl. **A** und **D**), ist für sich Thema der Bildkunst.

Die ungewöhnliche Schönheit der P. kommt auch in der bildenden Kunst zum Ausdruck. Manche Darstellungen lassen sie geradezu wie eine Schwester der –> Aphrodite/Venus erscheinen, etwa die Marmorstatue von Jean-Pierre Cortot (Paris, Salon 1819; Lyon, Musée des Beaux-Arts), die dem Typus der halbbekleideten Liebesgöttin abgesehen ist, unterschieden nur durch das Attribut (ein vor die Brust gehobenes Kästchen; s. u.) und den auffallenden Halsschmuck.

Der Typus einer femme fatale begegnet uns auf sechs Darstellungen (zwei Gemälde, vier Zeichnungen) des Dante Gabriel Rossetti (vgl. E. Panofsky 1956, S. 108).

Attribute. Hauptattribut der P. ist das Gefäß, aus dem sie die Plagen in die Welt entläßt (vgl. **A**). Die Gefäßform differiert zeitlich wie kunstgeographisch erheblich. Das an P.-Darstellungen rare Italien gibt das Gefäß überwiegend als klassische Vase (mit Stiel) wieder. In der Kunst nördlich der Alpen dominieren seit dem 16. Jh. die Form des gestielten Pokals und der Dose. Im Klassizismus kehrt man zur klassischen Form der Vase zurück, die im 19. Jh. – v.a. in England – von der Kästchenform abgelöst wird.

D 1. *Die Erschaffung der P.* (s. **A**). In der Bildkunst ist kein Beispiel bekannt, das den Akt der Erschaffung selbst wiedergibt. P. ist immer bereits vollendet. In fertiger Gestalt entsteigt sie der Erde, wird sie den Göttern vorgeführt und von diesen gekleidet und geschmückt (s. u.). So stellt auch das Gemälde des James Barry in Manchester (City Art Gallery; 1791 in der Royal Academy ausgestellt) nicht (wie der Titel sagt) die Erschaffung, sondern die Ausstattung der P. dar. Bildbeherrschend – und wie Juno hinter ihm größer als die anderen Götter – thront Juppiter, ohne P. Beachtung zu schenken, die in ihrem Stuhl zurückgelehnt sitzt, während ihr eine Frau die Sandale anlegt.

2. *P. entsteigt der Erde*. Als Quelle für dieses Motiv, das auf griechischen Vasenbildern zu sehen ist, nimmt man ein Satyrspiel des Sophokles an («P. oder die Hämmerer»; M. Oppermann 1994, S. 165).

3. *Hephaistos führt P. den Göttern vor* (s. **A**). John Flaxman (im Stich von W. Blake) illustriert die von Hesiod (Theog. 585 ff) geschilderte Szene in seinem P.-Zyklus (s. *Zyklen*): «Der hinkende Gott» und P. treten vor die Versammlung der Götter, die in Juppiter und Juno gipfelt.

4. *P. im Kreis der Götter*. Bedeutendstes Beispiel der Antike ist die – im Original nicht erhaltene – Reliefbasis der Athena Parthenos des Phidias (438 v. Chr.; überliefert durch zwei Kopien, eine in Berlin, Staatl. Museen, Inv. 24). Die mit Peplos und Mantel bekleidete P. (im Verhältnis zu den Göttern kleiner wiedergegeben) ruft die Erinnerung an die schaum-

geborene Aphrodite wach. – Jacques Callots Radierung *La création de Pandore* (1625, erste bildliche Darstellung des Themas seit Phidias) zeigt in ihrem oberen Teil P. im Kreis der Olympier, dominierend Juppiter auf seinem Adler; Hephaistos, neben P., weist stolz auf sein Meisterwerk hin. Im unteren Teil, den eine weiträumige Landschaft einnimmt, sehen wir P. wie in einer Epiphanie der Aphrodite. Panofsky (1992, S. 84) vermutet eine Anspielung auf Nicole, Herzogin von Bar, die 1625 Herzog Karl IV. von Lothringen heiratete.

Wie eine nackte Venus (vgl. **C**) in den Wolken, wiederum umringt von den Göttern, erscheint P. auf einer Zeichnung von Abraham Diepenbeeck (1638; Frankfurt / M., Staedelsches Kunstinstitut; hiernach eine Radierung von Cornelis Bloemaert).

5. *Die Schmückung der P.* (s. **A**). Die Darstellung im Zyklus des J. Flaxman (s. *Zyklen*) zeigt P., mit einem Peplos bekleidet, umgeben von den drei Grazien (–> Chariten) und in Gegenwart einer Gestalt mit Mantel und Schleier über dem Hinterkopf (Personifizierung der «Überredung»); die drei Horen schweben mit Blumen herbei (–> Aphrodite). – Auf einem Deckengemälde von Henry Howard (1834; London, Sir John Soane's Museum) nehmen P. und Athena beherrschend die Mitte der Komposition ein. Athena hält ein Gewand bereit, während drei Frauen (vielleicht die Horen) dabei sind, P. zu kleiden und zu schmücken. Der hinter Athena kniende Merkur legt sich die Flügelschuhe an, denn er wird P. sogleich auf die Erde geleiten (s. u.).

6. *Merkur führt P. dem Epimetheus zu* (Hesiod, Erga 82 ff). Die obengenannte Radierung von Pieter Serwouters verlegt die Szene in das Holland des 17. Jh.: Epimetheus tritt aus der Haustür, um die prächtig gekleidete P., von Merkur geleitet, willkommen zu heißen. Aus einer flachen Schale in ihrer Rechten entweichen die Tugenden in Gestalt kleiner geflügelter Wesen. Merkur kniet, in Haltung und Geste dem Verkündigungsengel ähnlich, vor Epimetheus. – Das Deckenfresko von Henry Howard (s. o.) zeigt Merkurs Reise mit P. durch die Lüfte, von Epimetheus schon erwartet, der P. mit offenen Armen empfängt. – Wieder anders stellt sich John Flaxman die Szene vor: Merkur führt die vor ihm stehende P. behutsam dem (sitzenden) Epimetheus zu, der seine Rechte ausstreckt, deren Fingerspitzen die der Linken Pandoras berühren – eine Darstellung, die viel Einfühlung in griechische Bildwerke verrät.

7. *Die «Büchse» der P. (P. öffnet die «Büchse»).* In der neuzeitlichen Bildkunst hat dieses Thema vor allen anderen des P.-Mythos wegen seiner allegorischen Ausdeutungsmöglichkeit besonderes Gewicht, wäh-

rend es in der antiken Kunst eher marginale Bedeutung zu haben scheint. Eine interessante, einleuchtende Interpretation wird für den Vorratskrug, aus dem ein Frauenkopf herausschaut, auf jener Halshenkelamphora in London vorgeschlagen: In dem Kopf sei die im Krug verbliebene Hoffnung zu sehen und nicht etwa ein mißlungenes Werk des Prometheus (Oppermann 1994, S. 164). – Die Büchse, von der Erasmus von Rotterdam spricht (vgl. **A**), findet in der Bildkunst ihren ersten Niederschlag in einer Federzeichnung von Giovanni Battista de' Rossi (gen. Rosso Fiorentino; um 1530/40; Paris, École des Beaux-Arts, Abb. bei Panofsky 1956, S. 35): Die spärlich bekleidete P. hält in der Linken eine flache Dose, deren Deckel sie mit der Rechten öffnet. Die Plagen, in denen Panofsky (1956) die Sieben Todsünden erkennt, entweichen (Trägheit, Verschwendung, Hoffahrt, Zorn oder Grausamkeit, Verzweiflung, Neid und Habgier). – Eine vielschichtige Darstellung von Tobias Stimmer (Federzeichnung, Basel, Kupferstichkabinett) beschreibt P. als die große venusgleiche Verführerin, die alles erdenkliche Übel über die Menschheit bringe, der als einzige Hoffnung der Glaube an Christi Opfertod bleibe (Deutungsvorschlag von G. Bucher-Schmidt 1985). In der Haltung der P., die die Linke in die Seite stützt, und ihrer finsteren Miene drücken sich Macht und Unerbittlichkeit aus. Aus einem Doppelhenkelbecher, den sie in der Rechten hält, entweichen Hexen und Dämonen (die Todsünden?).

8. «*Eva prima Pandora*». Das Gemälde von Jean Cousin (vor 1538; Paris, Louvre), das diesen Titel trägt, nimmt Bezug auf die geläufige Gleichsetzung der mythischen P. mit der biblischen Eva (vgl. **B**). Der Akt der P., der seitenverkehrt die Haltung der *Nymphe von Fontainebleau* von Benvenuto Cellini im Louvre wiederholt, ist in einer Landschaft gelagert, in deren Hintergrund eine Stadt erscheint. Mit dem rechten Arm lehnt sie auf einem Totenkopf, um ihren linken Arm windet sich eine Schlange (das Attribut der Eva), P. schickt sich an, mit der Linken ein Gefäß zu öffnen. Ein zweites Gefäß – in Vasenform – steht hinter P., sich klar gegen den hellen Hintergrund abhebend (zur Deutung s. Panofsky 1956, S. 62).

9. *Epimetheus und P.* Die anschaulichste Gleichsetzung von Epimetheus und P. mit dem biblischen ersten Menschenpaar Adam und Eva sind zwei spanische Holzstatuetten, offenkundig an A. Dürers Stich (1504) orientiert (Slg. Conde de las Infantas, Granada; Abb. bei Panofsky 1992, S. 162). Die Gesichter sind einander zugekehrt, die Körper in völliger Nacktheit. Die Figuren wurden zunächst auch als Adam und Eva gedeutet, obwohl die Büchse in der rechten Hand des Epimetheus und

dessen Kopfbedeckung (eine Art phrygische Mütze) keinen Zweifel daran lassen, daß Epimetheus und P. gemeint sind.

10. *Epimetheus öffnet das Gefäß* (vgl. **A**). Diese weniger bekannte Version illustriert eine Radierung von Sébastien Le Clerc zu Isaac de Benserades «Ovide en rondeaux» (1676). Das Paar sitzt in einem Salon, der im Zeitstil möbliert ist; Epimetheus hat den Deckel des Gefäßes geöffnet, dem nun gewaltige Dämpfe entweichen. – Das Deckengemälde von H. Howard (s. *Zyklen*) schildert theatralisch den nämlichen Vorgang: Epimetheus öffnet das Gefäß in Vasenform, P. (kniend) wendet sich bewegt ab.

11. *Zyklen.* Drei Episoden aus dem Mythos der P. umfaßt das Deckengemälde von Henry Howard in London (1834; Sir John Soane's Museum): Das Hauptfeld behandelt *Die Schmückung der P.*, das westliche Feld *Die Mission des Merkur,* der P. dem Epimetheus zuführt, und das östliche *Die Öffnung des Gefäßes durch Epimetheus.* – John Flaxmans *Compositions from the Works, Days and Theogony of Hesiod* zu Ch. A. Elton (1817; gestochen von William Blake) enthalten einen Zyklus von sechs Themen des P.-Mythos: *P., von Athena bekränzt; P. wird gekleidet; P. wird den Göttern vorgeführt; Merkur bringt P. zur Erde; Merkur führt P. dem Epimetheus zu; P. öffnet das Gefäß.*

Lit.: Barrell, John: The birth of Pandora and the division of knowledge. Basingstoke 1994, 17, Kap. 7. Bucher-Schmidt, Gisela: Stimmers Pandora-Zeichnung – Versuch einer Deutung. In: Zeitschrift für Schweizerische Archäologie und Kunstgeschichte 42, 1985, S. 104–108. Elton, Charles Abraham: The Remains of Hesiod Translated from the Greek into English Verses. 1817. Graham, Victor E. / McAllister Johnson, William: The Paris Entries of Charles IX and Elizabeth of Austria 1571. Toronto 1974. Oppermann, Manfred, in: LIMC 1994, 7,1, S. 163–166; 7,2, S. 100–101, s.v. Pandora. Panofsky, Dora und Erwin: Pandora's Box. London 1956 (deutsch: Die Büchse der Pandora. Bedeutungswandel eines mythischen Symbols. Frankfurt / New York 1992). Wuttke, Dieter: Erasmus und die Büchse der Pandora. In: Zeitschrift für Kunstgeschichte 37, 1974, S. 157–159.

Paris, Alexandros, griech., lat. Alexander. In der Ilias meist «Alexandros»; häufig «Alexander Paris» (z. B. Hygin, Fab. 91, und Apollodor, Bibl. 3,12,5). Homer nennt ihn auch «Dysparis» (= «Unglücks P.»: Il. 3,39; 13,769). Sohn des Königs Priamos von Troia und der Hekabe (Hecuba; auch Kisseis, Vergil, Aen. 7,320), Bruder von Hektor, Deiphobos,

Helenos, Aisakos, Kassandra u.a. Für einige Zeit Gemahl (oder Gefährte: Boccaccio, Gen. 6,22) der Nymphe Oinone (Oenone/a; Apollodor, Bibl. 3,12,6; Konon 23; Parthenios 4; Ovid, Her. 5, Oenone an P.; 17,197 f; Dictys Cretensis 3,26 u. 4,21), dann der Helene. Als erste Frau des P. wurde auch Arisbe/a genannt (Servius, Aen. 9,264).

Mit Oinone soll er den schönen Korythos gezeugt haben (Konon 23; Parthenios 25). Boccaccio (Gen. 6,22) spricht von zwei Kindern mit Oenone. Von Helena soll er den Aganos haben (Kyprien in Schol. zu Euripides, Androm. 898; H.G. Evelyn-White, Hesiod, 1977, S. 500, Nr. 9). Dictys Cretensis (5,5) nennt Bunomus, Orythus und Idaeus als seine Kinder von Helena. Dann wird noch eine Tochter Helena erwähnt (Hederich, Sp. 1893, mit Hinweis auf Ptolemaios Hephaistionis 4). Auch einen Mann, Anthéos, soll P. geliebt haben (Lykophron 134).

P. hat die Gemüter durch die Zeiten anhaltend beschäftigt, was u.a. an der Vielzahl von Varianten und Ausarbeitungen bestimmter Aspekte seiner Geschichte sichtbar wird. Wichtige Quellen für die Geschichte in Einzelheiten sind die Dramen vor allem des Euripides geworden (Alexandros, Hekabe, Helena, Troerinnen).

A Als Hekabe/Hecuba mit P. schwanger ist, träumt sie, sie werde einen hundertarmigen feuertragenden Riesen (Pindar, Paean 8) oder ein Feuer oder eine brennende Fackel (Ovid, Her. 239 f; Apollodor, Bibl. 3,12,5; Myth. Vat. II 197) zur Welt bringen, die Troia in Brand stecken und vernichten werde. Um dieses Übel abzuwenden, rät der Traumdeuter Aisakos, das Kind auszusetzen, und so übergibt Priamos es einem Diener, der es zum Berg Ida bringt, wo es zunächst fünf Tage lang von einer Bärin gesäugt wird (Lykophron 138). Dann nimmt der Mann den Knaben zu sich auf seinen Bauernhof und zieht ihn auf wie einen Sohn, der zu einem außerordentlich schönen und starken Jüngling namens P. heranwächst. Den Beinamen «Alexander» habe man ihm damals gegeben zum Zeichen, damit er sich in der Abwehr von Räubern und als Schützer der Herden bewährte (Apollodor, Bibl. 3,12,5; vgl. Varro, Lingua lat. 7,82). Vielleicht wollte Priamos von Anbeginn den Knaben zum Aufseher seiner Herden machen (Kollouthos 104, S. 504). Es heißt auch (Myth. Vat. II 197), Hecuba selbst habe das Kind heimlich Hirten anvertraut, weil der Vater ihm nach dem Leben trachtete (vgl. Hygin, Fab. 91). Irgendwann soll Priamus Totenfeier und -spiel für den Sohn vorbereitet und dazu Leute ausgeschickt haben, einen Opferstier zu holen. Unversehens habe man dazu den Lieblingsstier des P. entführt. Während der dem Tier folgt, gerät er ebenso unversehens an den Hof des Vaters und in die Festlichkeiten, bei denen er sich als Kämpfer so bewährt, daß er alle Gegner besiegt, auch die Brüder. Nach dem Mythographen (II 197; vgl. III 11,24) weiß P. um seine wahre Identität, als er sich dem Hektor, der verärgert das Schwert gegen ihn gezogen hat, als Bruder zu erkennen gibt, aber erst ein Vergleich der Kinderklappern habe Klarheit verschafft. Nach Hygin (Fab. 91,6) hat Cassandra damals den P. erkannt – wohl nachdem Deiphobos zum Schwert gegriffen hatte –, als er am Altar des Iovis Herceus Zuflucht suchte (vgl. die Fragmente aus Ennius, «Alexander», Warmington 1979, Bd. 1, S. 234 ff). Am Ende wird Priamus den Sohn aufnehmen (Hygin, Fab. 91; s. auch Ovid, Her. 16,359; s. auch Apollodor, Bibl. 3,12,5).

Irgendwann, jedenfalls aus Anlaß der Hochzeit von Peleus und Thetis, kommt es auf dem Berg Ida zu der denkwürdigen Schönheitskonkurrenz, die man als «Urteil des Paris» kennt: Drei Göttinnen, –> Hera, –> Athena und –> Aphrodite bewerben sich um den Rang der Schönsten, und weil er es sich mit keiner verderben will, schickt Zeus / Juppiter die Damen zu P., den Euripides (Iph. aul. 180 f) als syrinxblasenden Hirten schildert, der auf dem Ida seine Rinder hütet, als die drei von Hermes geleitet nahen. Sie alle versuchen, den Richter zu bestechen: Hera verspricht ihm die Herrschaft über alle Menschen, Athene verspricht den Sieg im Krieg, Aphrodite aber verspricht ihm schlicht eine schöne Frau, die Helene (Apollodor, Epit. 3,1 ff; Hygin, Fab. 92: Juno / H. verspricht Herrschaft über die ganze Welt und Reichtum; Minerva, er werde der Stärkste der Sterblichen und in allen Künsten kundig, Venus verspricht ihm die Ehe mit Helena; Myth. Vat. I 208: Juno / Hera lockt mit Herrschaft über Asien, Minerva mit Kenntnis der Künste, Venus bietet jede Frau, die er will; beim Myth. Vat. II 205 entscheidet Paris einzig nach der Erscheinung). Bei Ovid zeigen sich die drei dem Mann nackt (Her. 17,118; Lukian, Dear. iud. 9; vgl. Boccaccio, Gen. 6,22: «remotis vestibus sese ... monstravere»: Sie legten die Kleider ab und ... zeigten sich; vgl. Properz 1,2,8: «nudus Amor formam non amat artificem»: Der nackte Amor mag keine künstliche Gestalt). P. entscheidet für Aphrodite / Venus, der er zum Zeichen einen Apfel zuwirft (Apollodor, Epit. 3,2; vgl. Theokrit 5,88, S. 72; in der Bildkunst schon in der 1. Hälfte des 5. Jh. v. Chr.). Daß der Siegespreis mit dem (goldenen) Apfel der Eris / Discordia identisch ist, geht aus Lukian hervor (Dial. marit. 7; Dear. iud. 7; s. Myth. Vat. II 105; III 11,20; vgl. Dictys Cretensis 3,26). Übrigens wurde auch berichtet, daß dieses der erste Schiedsspruch des Hirten war (Myth. Vat. I 208: P. habe noch nie jemanden «in iudicio accepisse»). Das hat andere nicht überzeugt. Der «Ovide moralisée en prose» (11,9, de Boer S. 276 f) wird berichten, P. habe sich, als der gescheiteste unter den Hirten, als gerechter und strenger Richter über einen Mörder bewährt, was weithin bekannt wurde und schließlich den Vater und danach auch Jupiter beeindruckte. Boccaccio (Gen. 6,22) wird erzählen, der Mann habe sich, als er noch auf dem Ida der Gefährte der Oinone war, als Streitschlichter zwischen den beiden Kindern den Ruf großer Gerechtigkeit erworben.

P. stellt, ungeachtet der Warnung der Seherin Kassandra und des Helenos zum künftigen Schicksal der Stadt (Kypria 1 bei Proklos, Chrest. 1; H.G. Evelyn-White, Hesiod, 1977, S. 490; Dares Phrygius 1), sogleich eine Flotte zusammen, entweder auf Weisung der Göttin (die ihn erst die Schiffe bauen läßt: Proklos, H.G. Evelyn-White, Hesiod 1977, S. 490; Hygin, Fab. 92,5; vgl. Kolluthos 196 ff, S. 556) oder des Priamos, der ihm in Vergeltung der Entführung seiner Schwester Hesione (durch Herakles oder Telamon) ebendiese oder die Königstochter wiederzubringen aufträgt (Myth. Vat. II 199; III 3,8; vgl. Servius, Aen. 10,91, s. u.). Auch die seherische Gemahlin Oinone soll ihn gewarnt haben, die Helene zu holen, und nur sie selbst werde ihn heilen können, sollte er verwundet werden (Apollodor, Bibl. 3,12,6). Auch Nereus soll ihm die schlimmen Folgen der Entführung vorausgesagt haben (Horaz, Carm. 1,15,5).

Die Schiffe baut Pheréklos (Il. 5,62) aus Eichen vom Ida und an einem Tag, doch ohne Zutun der –> Athena (Kolluthos, ebd.). Mit ihm segeln Deiphobus, Aeneas und Polydamas (Dares Phrygius 1,9; vgl. Dictys Cretensis 1,3). So macht P. sich auf den Weg nach Griechenland. Auf der Reise soll er der Flotte des Menelaos, unterwegs nach Pylos, begegnet sein, und die beiden wunderten sich wechselseitig über das Wohin des anderen. Dann habe P. auf Cythera (im Heiligtum der Venus!) der Diana geopfert. Neugierig soll Helena des Mannes wegen auf die Insel gekommen sein, wo die Männer des P. sie und einige Frauen (Aethras und Clymene: Dictys Cretensis 1,3) gewaltsam, aber unversehrt aus dem Tempel der Diana entführten. Deswegen sei es auch zu Kämpfen mit den Einwohnern gekommen. Schließlich habe P. mit Beute aus dem Tempelschatz und mit vielen Gefangenen die Heimreise angetreten. Auf Tenedos (unweit Troia) soll er die offenbar widerspenstige Frau mit guten Worten beschwichtigt haben. Das ist eine späte Geschichte (Dares Phrygius 10).

Gewöhnlich heißt es, P. sei in Sparta gelandet, wo er am Hof des Menelaos freundlich empfangen wird (Homer, Il 13,625). Der König habe ihn neun Tage lang gastlich bewirtet, ehe er selbst zum Begräbnis des Großvaters nach Kreta aufbricht (Apollodor, Epit. 3,3,3; vgl. Proklos, Chrest. 1: Menelaos beauftragt Helena, sich um die Gäste zu kümmern; Tzetzes, Antehomer. 96–134). Nach anderen hat Menelaos bei Ankunft des P. schon die Stadt verlassen, und Helene sei eine freundliche Gastgeberin gewesen (vgl. Homer, Il. 13,627; Dictys Cretensis 1,3; vgl. Ovid, Her. 17,155 ff). Ganz nach dem Plan der Venus / Aphrodite begehrt P. die Helena (nach Properz 2,15,13 f sieht er die Frau nackt dem Bett des Menelaos entsteigen). Er überredet sie, mit ihm zu gehen. Sie verläßt die kleine Tochter Hermione, nimmt den Großteil ihrer Güter, und nächtens (heimlich) machen die beiden sich auf den Weg (Homer, Il.3,70 u. 282; 6,292; 7,350 u. 363 u. 389; 13,626; 22,114; Kolluthos 318 ff, S. 564). –> Hera, Schutzherrin der Ehe, schickt verärgert einen Sturm, der das Schiff nach Sidon treibt (vgl. Homer, Il. 6,289 ff), und P. verbirgt sich einige Zeit in Phönizien wie auf Zypern, ehe er mit der Frau nach Troia geht (Apollodor, Epit. 3,3,3 ff). Der Mythograph (III 3,8; vgl. auch Dares Phrygius 10; Vergil, Aen. 10,92) weiß anderes: Zunächst sei es zum Ehebruch gekommen, dann aber habe Helena sich besorgt geweigert, mit dem Mann zu gehen, worauf der die Stadt belagert, zerstört und dann die Frau gewaltsam mit sich genommen habe (welch Umstand Menelaos veranlassen wird, die Frau in Gefangenschaft zu wähnen, was ihn zu ihrer Befreiung nach Troia bringen wird; vgl. auch Boccaccio, Gen. 6,22).

Eine andere Überlieferung besagt, daß Hera (verärgert über den Schiedsspruch) oder Zeus den Hermes geschickt habe, Helena heimlich nach Ägypten in die Obhut des Proteus zu bringen: Was P. heiratete und nach Troia brachte, sei demnach nichts als ein Phantom aus Wolken (vgl. Ixion) gewesen (nach Stesichoros Euripides, Hel. 31 ff; ebd. 582 ff u. 669 ff; Apollodor, Epit. 3,3,5; Euripides, El. 1280 ff: Zeus schickt das Phantom nach Troia, um dort damit Streit zu stiften). Wieder anders Herodot (2,112–120), bei dem P. selbst zunächst nach Ägypten geht und dort die Helena an den empörten Proteus verliert, der ihn allein oder mit einem Trugbild der Frau (Servius, Aen. 1,651; 2,592) aus dem Land verweist und nach Troia gehen läßt. Darum sei die Stadt unnötig zerstört worden (ebd.; vgl. auch ebd. 11,262).

In den Kyprien soll auch gestanden haben, daß das Paar bei günstigem Wind in drei Tagen von Sparta direkt nach Troia segelte (s. Herodot 2,117). Dem steht entgegen, was Proklos (Chrest. 1; H.G. Evelyn-White, Hesiod, 1977, S. 490) aus den Kyprien berichtet: P. habe auf der Rückreise die Stadt eingenommen. Dictys Cretensis (1,5) wird ausführen, daß P. dem König die Gastfreundschaft mit Mord und Plünderung des Palastes vergalt. Aus Sidon habe er prächtige Peploi mitgebracht (Homer, Il. 6,289 ff).

Auf der Insel Kranaë (heute Marathonisi) lagen die beiden erstmals miteinander (Il. 3,454; Pausanias 3,22,1).

So wird P. zum Verursacher des Krieges um Troia (Homer, Il. 3,100; vgl. ebd., 6,328) und wohl darum den Troern und ihren Bundesgenossen verhaßt «wie das schwarze Verhängnis» (Il. 3,454). Es hatte bis dahin ein Vertrag zwischen Griechen und Troern bestanden, der nun gebrochen ist. Nach einigen kam es zum Krieg auch ohne Parisurteil (z. B. Servius, Aen. 10,91): Der Vertrag sei durch Herakles gebrochen worden, der nach Einnahme der Stadt Hesione, die Schwester des Priamos, mitgenommen und dem Telamon zur Frau gegeben hatte. Als man dem Priamos und einer Gesandtschaft die Rückgabe verweigert hatte, schickte der König den P. mit einem Heer nach Sparta, die Frau des Königs oder seine Tochter zu holen: P. eroberte die Stadt und raubte Helena. So sei die Geschichte vom Parisurteil einzig eine Erfindung der Dichter (s. u.). Dion Chrysostomos (11) erzählt sogar, P. habe sich bei ihren Eltern (Tyndareus und Leda) erfolgreich um die unverheiratete Helena beworben.

P. ist ein fähiger Kämpfer. Athena soll ihm versprochen haben, aus ihm einen siegreichen Kriegsmann zu machen (so sagt Lukian, Dial. deor. 20; vgl. Apollodor, Epit. 3,2). Hektor nennt ihn «tapfer und wehrhaft» (Il. 6,522; seine Selbstbewertung: ebd. 13,777). Sehr bald kommt es zum Zweikampf mit Menelaos (Il. 3,344 ff), den er verliert und nur überlebt, weil –> Aphrodite ihn entrückt (ebd. 3,383 ff). Auch Athene hilft ihm bei dieser Gelegenheit, indem sie ihm den Helmriemen zerreißt und damit aus der Gewalt des Gegners befreit (ebd. 3,369 ff; ganz anders Dictys Cretensis 2,40). Mit Alkáthoos und Agenor führt er beim Sturm auf die Mauer (Homer, Il. 12,93). Auf dem linken Flügel ermutigt er die Gefährten beim Kampf und treibt sie an (Il. 13,765 ff). Mit Bogen, Schwert und zwei Speeren (Il. 3,17 ff) sieht man ihn für den Kampf aus jeglicher Distanz gerüstet, aber es scheint, daß Homer ihn häufiger als Bogenschützen beobachtet (Il. 11,369 ff; ebd. 505 ff; ebd. 581 ff; zum Bogen –> Apoll). Mit dem Pfeil verwundet er den Diomedes am Fuß (Il. 11,377). Sein «dreischneidiger» Pfeil trifft den Machaon in die rechte Schulter (Il. 11,506). In den rechten Schenkel schießt er den Eurypylos (Il. 11,581 ff). Von Apollon gelenkt, wird sein Pfeil den Achill töten (Aithiopis bei Proklos, Chrest. 2; H.G. Evelyn-White, Hesiod 1977, S. 506 ff, Nr. 1; vgl. Homer, Il. 22,359 f; s. Ovid, Met. 12,600–606).

Durch einen Bogen kommt P. selbst zu Tode. Zu den Umständen sind die Quellen sich nicht ganz einig. Hygin (Fab, 112; Lykophron 917) berichtet, Philoktet habe ihn mit Bogen und Pfeilen des Herakles umgebracht (vgl. Apollodor, Bibl. 3,12,6). Diese Pfeile, die ihn in den linken Arm, das rechte Auge und in einen Fußknöchel trafen, waren sicher tödlich, denn sie waren in das Blut der lernäischen Schlange getaucht. Dictys Cretensis (4,19) beschreibt einen regelrechten Zweikampf, der von Deiphobus und Ulysses geordnet wird. Ein erster Schuß des P. verfehlt sein Ziel, dann trifft ihn selbst ein Pfeil in die linke Hand, ein nächster in das rechte Auge, und als er sich zur Flucht wendet, durchschlägt ein drittes Geschoß ihm beide Füße. Nachdem Oinone auf dem Ida ihm ihrer Warnung gemäß die Hilfe versagt hat, bringt man ihn nach Troia, wo er stirbt. Die reumütige Frau erhängt sich über seinem Leichnam (Apollodor, Bibl. 3,12,6), den Menelaos erst geschändet haben soll, ehe er ihn den Troern zum Begräbnis übergab (Kl. Ilias; H.G. Evelyn-White, Hesiod, 1977, S. 510, Nr. 1). Nach anderen wird Menelaos die Frau zu den Schiffen bringen (Iliu Persis, ebd. S. 520, Nr. 1; s. Helena).

B P., ein Günstling der –> Aphrodite, veranschaulicht in weltgeschichtlicher Dimension das Prinzip Wollust als Macht, die nur besitzen will, die sich verhängnisvoll bedenkenlos auch über gesetzte Ordnung und Konvention hinwegsetzt und dabei mit der Verbindung zugleich Zwietracht schafft. Auch darum erregt sein Tun den Unwillen der –> Hera. Ein stetes Ärgernis ist P. zumindest den Rechtschaffenen (man kann ihn geradezu das Gegenbild zum «Tugendhelden» Herakles nennen).

Seine beiden eigentlich charakteristischen Taten, das Urteil auf dem Ida und der «Raub der Helena», zeigen den P. zugleich in zwei sehr unterschiedlichen Eigenschaften: als schlichten Hirten und als mächtigen Königssohn, die doch beide ein und derselbe Mann sind (so bei Kolluthos 284, S. 562; vgl. Kl. Pauly, Bd. 4, Sp. 514, wonach in P. historisch vielleicht zwei verschiedene Gestalten zusammenflossen).

Dem Hirten kommt die Richterrolle wohl zu wegen einer besonderen Kompetenz in fundamentaler Sache: Sein Handwerk beschäftigt ihn mit Animalischem, dem Bewahren und Mehren von Leben: «Endlich ist das Hirtentum an Natur und Liebe gebunden.» Noch heute sagt man den Hirten gelegentlich besondere sexuelle Potenz und Zuständigkeit nach. Der Unterschied zwischen dem Hirten und dem Fürsten ist wohl nur kosmetisch und veranschaulicht die allgemein umfassende Gültigkeit des Prinzips.

Wie er Aphrodite / Venus zur Schönsten erklärt, so zeigt er sich selbst als ihr Opfer und zugleich als ihr Agent und als Nutznießer: Sein Urteil erwirbt ihm die Helena.

Sein Tun und Lassen wird bestimmt durch einen Widerspruch in seinem Wesen: außerordentlicher Schönheit seiner leiblichen Erscheinung (auch überhaupt Leibestüchtigkeit) einerseits, Charakterschwäche anderseits, wohl zu verstehen als Unterschied von Leib und Seele. Es fällt auf, daß nirgendwo gesagt wird, er selbst sei ein Opfer des —> Eros geworden. Überzeugend bemerkt statt dessen Lukian (Dear. iud. 15), die Göttin habe ihm den Eros zu Diensten gegeben, der ihm die Frau zur Liebe zwingen soll, während Himeros (Liebesverlangen; —> Eros) den Mann lenken und zu dem machen soll, was er (Himeros) selbst ist: begehrenswert und bezaubernd (vgl. auch die «cupidi» in der Pantomime bei Apuleius, Met. 10,32; Kolluthos 85 u. 101, S. 548: Eroten). So geht es um bloße Eroberung und Besitz, nicht um Gemeinsamkeit. P. gewinnt die Frau, aber die zeigt sich (schließlich) offenbar als enttäuschtes Opfer (Il. 6,350 ff; 3, 428 ff). Hierher gehört auch, daß er sie nach Meinung einiger gewaltsam entführt, was letztlich nur ein Unterschied in den Mitteln ist. Seine Macht liegt wesentlich in seiner leiblichen Schönheit (Homer, Il. 3,39 u.ö.), die ihn glänzend und kostbar erscheinen läßt wie der goldene Apfel, den er vergibt und der (nach einem späten passenden Urteil) doch nur zum Anschauen, nicht zum Essen da ist (Myth. Vat. II 206; Gold gehört zum Inbegriff der Schönheit und damit zu Aphrodite: Kolluthos 82 ff; Ps.-Lukian, Charid. 11; —> Eros). Bei Kolluthos kommt der bloße Anblick seiner an Eros erinnernden Schönheit (259 ff, S. 560) einem Befehl der Aphrodite an Helena gleich, dem Mann zu folgen (315, S. 564), und der Leser spürt die Tragik in dem Geschehen.

Merkwürdig, daß man diese leibliche Erscheinung in den schriftlichen Quellen lange nicht zu sehen bekommt, wie wenn sie sich der Beobachtung entzieht. Homer (Il. 3,54 f u. 11,385) erwähnt allgemein Haar und Wuchs als Gaben der Aphrodite. Die Rede vom Haarschopf (in Il. 11,385: «kéra aglaé») meint wohl nur eine bemerkenswerte Haartracht.

Die Kleidung des Hirten scheint nicht der Rede wert. Hederich (Sp. 1886) bemerkt auf Bildwerken phrygische Kleidung und v.a. die phrygische Mütze. Von der Kleidung des Fürsten erfahren wir zunächst nur, daß sie «strahlend» schön sei wie er selbst (sagt Aphrodite in Homer, Il. 3,392). Euripides zeigt ihn in einem üppig mit Blumenmotiven verzierten, goldleuchtenden (orientalischen) Gewand (Iphig. aul. 73 f). Deutlicher erscheint er dagegen als Krieger, doch auch dabei sieht man eigentlich nur die Rüstung, das Äußere: Über die Schultern hängen ein Pardelfell, ein Bogen und ein Schwert, in den Händen hat er zwei «erzbeschlagene» Lanzen (Homer, Il. 3,17 ff). Viel genauer (und beim Anziehen von unten nach oben) beobachtet der Dichter ihn vor dem Zweikampf mit Menelaos (Il. 3,330 ff): Schöne Beinschienen mit silbernen Knöchelspangen legt der Mann an, taucht in den Brustpanzer des Bruders Lykáon, über die Schultern wirft er das erzene, silberbeschlagene Schwert und einen großen, festen Schild, einen «gutgefertigten» Helm mit Roßschweif darüber setzt er sich auf das Haupt, dann nimmt er schließlich einen Speer, der ihm gut in die Hand paßt. Seine Vorliebe für den Bogen verbindet ihn mit Eros / Amor sowie mit dem (Lyraspieler) Apoll.

Es scheint, daß erst Dares Phrygius (12) eine genauere Personenbeschreibung gibt, bei der eher mädchenhafte Züge auffallen (Ovid, Met. 12,610, nennt ihn «femineus»), die kriegerischen eigentlich fehlen: Er sei strahlend schön («candidus» = hellhäutig, von sanfter Komplexion?), hoch aufgeschossen («longus»), kräftig («fortis»), mit wunderschönen Augen («oculis pulcherrimis»), mit weichem Blondhaar, schönem Mund und sanfter Stimme («voce suavi»), dazu flink («velox»; vgl. Homer, Il. 11,514), und herrschsüchtig sei er («cupidus imperii»).

Schmuck ist der Schönheit förderlich (vgl. Longos 4,32,1). Nach Homer (Il. 3,392) scheint er sich zu salben, wie Athenaios (1,18e) das «kállei stílbon» im Sinne von «glänzen» liest, das man gewöhnlich mit etwa «strahlend an Schönheit» übersetzt. Nach Il. 3,382 umgibt er sich mit Wohlgeruch.

Vom Hirten P. heißt es, daß er die Panflöte (Syrinx) spielt (Euripides, Iph. aul. 180 f) und damit «schrille» Musik macht (Kolluthos 108 ff, S. 550). Auch hat man ihn singen hören (ebd.). Dem Verführer wird nützlich sein, daß er die Lyra spielt (Il. 3,54; vgl. Aelian, Hist. var. 9,38: «was aber hat Paris' Lyra gespielt außer verführerischen Liedern, mit denen er die Frauen eroberte und betörte?», im Gegensatz zur Lyra des Achill). Auffällig, daß er da ein Saiteninstrument spielt, wo man doch noch immer ein Windinstrument erwarten möchte. Es mag die bannende Macht dieser Musik sein, die seinem Wesen entspricht (–> Apoll lenkt den Pfeil des P. auf Achill; –> Orpheus; –> Dionysos). Vermutlich aber paßt das Instrument gut zur vornehmen Kleidung, ist Kosmetik. Auch daß er zu tanzen weiß (Il. 3,393 f), ist seiner Neigung dienlich. Schon der Hirte soll sich «tänzelnd», geziert bewegt haben (Kolluthos 109 ff, S. 550).

Als kultivierter Mann von Geschmack scheint er sich auszuweisen als Bauherr schöner Häuser, die ihm die besten Handwerker der Stadt errichtet haben (Homer, Il. 6,313 ff).

Prägnanter werden wir über seinen Charakter unterrichtet. Die Ilias zeigt ihn als den klassischen Verführer (3,39), als den auch Ovid ihn vorstellen wird (Her. 17, Helena an P.): Noch in den Armen der einen, stehe ihm der Sinn schon nach der nächsten (Ovid, ebd. 205 f). So ist er «treulos» (ebd. 197, «infide»; 215 f), unfähig zur Beständigkeit in der Liebe (201 f: «Adde quod, ut cupias constans in amore manere, / Non potes»). In diesem Sinn redet Helena bei Homer (Il. 6,352) von seinem hoffnungslos unsteten Sinn. Dabei handle er weniger einsichtig als unbedacht («temerarius»: Ovid, ebd. 103). Weniger für die Geschäfte des Mars sei sein Leib gemacht als für die der Venus (ebd. 255 ff): «Bella gerant fortes; tu Pari, semper ama.» (Mögen den Krieg die Tapferen führen: du, Paris, üb' immer die Liebe.) In der Feldschlacht soll er den Hektor für sich kämpfen lassen, seiner eigenen Mühen wert sei ein anderer Kriegsdienst («militia»; diesen Gedanken führt auch Properz aus, 3,9,32: Während Hector im Kampf steht, «führt jener einen heftigen Krieg im Schoße der Helena»: «ille Helenae in gremio maxima bella gerit»). Beziehungsvoll versetzt Aphrodite ihn vom Schlachtfeld direkt in seine «von Wohlgeruch duftende Kammer» und sogleich in das Bett, das ihm gemäße Schlachtfeld.

Versteht sich, daß das Urteil der Troer über ihn bestimmt wird vom Zorn über den Kriegsstifter. Bemerkenswert die gelassene Selbstkritik gegen Vorwürfe Hektors (Il. 3,59; 6,333; s.a. ebd. 13,777). Den Krieger nennt Ovid (Met. 12,609) «timidus» (furchtsam) und «weibisch» («femineus»: ibid. 610). Kennzeichnend mag auch die Beobachtung sein, daß der Bogenschütze, der doch dem Menelaos im Kampf Mann gegen Mann unterlegen ist, den Diomedes (Il. 11,380) und den Achill aus dem Hinterhalt («insidiis») trifft (vgl. Myth. Vat. II 205; ebd. 3 11,24).

Schließlich ist anzumerken, daß die Erfolgsbilanz dieses «weibertollen Frauenverführers» (Il. 3,39) in der schriftlichen Überlieferung sich augenscheinlich auf Helena beschränkt, was angesichts der Anzahl üblicher Affären von Göttern und Menschen erstaunt.

Schon die «heidnische» Bewertung macht ihn uninteressant für christliches Denunzieren. Augustin (Civ. dei 3,3) beobachtet aber, daß, wenn die Götter meinten, den Ehebruch des Paris ahnden zu müssen, sie das doch auch auf die Römer hätten anwenden müssen, denn die Mutter des Aenaeas habe mit Anchises doch auch Ehebruch begangen. Könnte auch sein, daß Menelaos böse wurde, den Vulcan dagegen der Fehltritt seiner Frau nicht störte: Götter!

Die Allegorese hat wohl ausschließlich am Urteil des P. Interesse gefunden. Schon in der Antike faßte man die Geschichte als Parabel auf. In der nur in Bruchstücken erhaltenen «Krisis» des Sophokles erscheint Aphrodite als Daimon «hedoné» (= Vergnügen), Athena als Verkörperung von «phrónesis» (= Denken, Verstand), «nous» (= Verstand) und «areté» (= Tugend; LIMC 7,1, S. 177), bei Proklos steht Hera für das herrscherliche Leben («bios basilikos»), Athena für das tapfere und kriegerische («andreios kai polemikos»), Aphrodite für das Liebesleben («erotikos»), und das Urteil bedeutet eine Entscheidung über die Lebensweise einer «vita activa», einer «vita contemplativa» oder «voluptaria» (Komm. zu Platon, Rep. 2,108; 2,263). Diese Auffassung überlebt in Varianten bis in die Neuzeit, wobei der beziehungsreichen Ausarbeitung des Fulgentius (Myth. 2,1, 663–671, Helm 1970, S. 36–40) eine maßgebliche Rolle zukommt. Demnach konnte Juppiter das Urteil nicht fällen, weil seine Entscheidung zwangsläufig zwei der drei Lebensweisen, die zur Wahl stehen, verwerfen und damit den Menschen vorenthalten würde, denen doch die Willensfreiheit («libertas arbitrii» = «liberum arbitrium») verliehen sei (Myth. Vat. II 206). Anderseits sei P. ein Hirte und also unsicher mit dem Bogen, nicht gut mit dem Wurfspieß, gar nicht hübsch im Gesicht noch besonders scharfsinnig. So habe er nach Art wilder Tiere und des Viehs seine buhlerischen («limaces») Blicke auf die Wollust verrenkt, statt auf Tugend und Reichtümer zu achten. Da die menschliche Tugend den Angriffen der Wollust frei ausgesetzt sei, urteilt P. nach seiner persönlichen Neigung, nach Hirtenart eben (Fulgentius, ebd., und Myth. Vat. II 206).

Besonders ausführlich (speziell im Selbstanpreisen der Göttinnen) behandelt der Ovide moralisé (11,19 f, de Boer S. 286 f) die Geschichte und findet Anlaß, sie an den biblischen Sündenfall anzuknüpfen (Eris = Teufel, Apfel). Sodann wird neben der «vie voluptueuse» der Venus auch die «vita activa» der Juno verworfen, sofern sie häufig der Gesundheit schade und Grund zur Verdammnis sei. Am bekömmlichsten sei die «vita contemplativa», denn sie bemühe sich, Gott zu dienen und die Erlösung zu erreichen, ohne sich zu amüsieren, noch bei den vergnüglichen, aber vergänglichen Dingen zu verweilen noch beim leeren Ruhm der Welt. Gott hat den in dieser jämmerlichen Welt lebenden Menschen das freie Urteil gegeben, zu entscheiden und das Leben zu erwählen, das ihnen am meisten gefällt. Dazu hat er ihnen heilige Instruktionen gegeben und den guten Rat, die Gebote zu achten, das Böse zu lassen, das Gute zu tun um den Lohn der Erlösung am Ende der Tage. So steht P., der der Venus den Apfel gibt, für einen Mann, der sein Leben in dieser Welt auf Vergnügen gerichtet hat und alles tut, seine fleischlichen Lüste zu bedienen (ders. 12,4, de Boer, S. 303).

Eine Erklärung des Parisurteils gibt Hederich (Sp. 1889 f). Demnach verkündete das Orakel, das Kind P. werde der Stadt zwar zum Schaden gereichen, doch nur bis zu seinem 30. Lebensjahr. So schickte der Vater den Knaben für die Zeit in ein Exil, wo er «zur Übung seines Witzes» einen Lobgesang auf die Venus geschrieben habe, in dem er der Göttin den Vorzug vor Juno und Pallas gab, welch Dichtung dann Anlaß zur «Fabel» von seinem «Urteil» gegeben habe (vgl. Servius, Aen. 10,91).

Ein Emblem bei Barptolomaeus Anulus macht das Parisurteil unter dem Lemma «QVAE IVDICIVM PERVERTANT» zum Beispiel für ein Fehlurteil aus «Überfluß, Unkenntnis und törichter Jugend» (1552, S. 65; H./S. Sp. 1677). Ähnlich ein Emblem bei Joannes Sambucus 1566, S. 131 f; H.S. Sp. 1677 f). Unter dem Lemma IUDICUM LASCIUIA VICTRIX und mit Blick auf Vergil (Ecl. 10,69: «amor vincit omnia») bemerkt Hernando de Soto, daß die Liebe sogar die Richter besiegt (1599, S. 36b; H./S. Sp. 1678).

Bei Picinello (3,42,116, S. 166) wird P., mit biblischer Hilfe, schließlich vom Täter zum Opfer erklärt: INJECIT LASCIVIA FLAMMAS (Unzucht hat Feuer gelegt) lautet das Lemma, wonach der bloße Blick («aspectus») einer Frau verderblich ist. Ein einziger Funke aus ihrem Auge dringe dem Mann unvermutet ins Gemüt und entzünde dort das Feuer der Wollust («libido»): «Non concupiscat pulchritudinem eius cor tuum, nec capiaris nutibus illius.» (Proverbia 6,25; Luther: «Laß dich ihre Schöne nicht gelüsten in deinem Herzen und verfange dich nicht an ihren Augenlidern».) Die Augen schleuderten Blicke wie Pfeile, Geschosse der Liebe: Nicken und Augenaufschlag sind wie Blitze, die den Betrachter durchdringen und bestürzen («attonant»). Die mythische Geschichte wird zum warnenden Beispiel für die biblische Mahnung: «Averte faciem tuam a muliere compta,/ et ne circumspicias speciem alienam.» (Ecclesiast. [Jesus Sirach] 9,8): «Wende deinen Blick ab vom schmucken («compta») Weib (wie Helena eines war), und schau nicht nach einem anderen Gesicht» (wie P. das tat): Wegen der Schönheit («species») einer Frau seien viele umgekommen, Griechen wie Troer. Auch Augustin wird bemüht (in Psalm. 57), schließlich Ovid als Zeuge für Frauen als Kriegsstifterinnen.

C *Typus.* In der Bildkunst der Antike wird P. zunächst als Prinz gekenn-zeichnet (s. unter *Attribute*). Seine Schönheit und Jugend kommen be-sonders seit der klassischen Zeit (seit etwa 480 v. Chr.) zum Ausdruck. Der in der archaischen Kunst zur Regel gehörende Bart verschwindet, ebenso das (oft reich ornamentierte) Gewand.

Seit dem späteren 5. Jh. v. Chr. erscheint P. bartlos, nackt oder nur mit um die Schultern gelegter Chlamis, seltener in orientalischer Tracht (mit reich ornamentiertem, langärmeligem Chiton und Hosen; s. eine Hydria aus Ruvo, um 420/410 v. Chr.; Karlsruhe, Badisches Landesmuseum, Inv. 259 [B 36]). Seine orientalische Abstammung verrät v.a. die phrygi-sche Mütze (z. B. die Statue des 2. Jh. n. Chr. in Kassel, Staatl. Kunst-sammlungen, Inv. SK 8; Statue im Vatikan, Galleria dei Candelabri, Inv. 2807, Kopie oder Nachbildung eines Originals um 330/320 v. Chr.). Ein sicheres Identifizierungsmerkmal ist diese allein nicht, denn sie kenn-zeichnet auch andere Figuren kleinasiatischen Ursprungs wie etwa –> Ganymed. Diese Kopfbedeckung trägt P. in der Kunst durch die Zeiten und selbst im Schlafgemach mit Helena (Gemälde von Jacques-Louis David, *P. und Helena*, s. u.). – Als Hirte wird P. in der griechischen Va-senmalerei auf dem Berg Ida (als stilisierter Fels wiedergegeben) sitzend dargestellt (Amphora aus Vulci, um 510 v. Chr.; München, Staatl. Anti-kensammlung, Inv. 1392). Spätere Beispiele zeigen ihn in Begleitung von Hund und Herdentier (Deckel einer Pyxis, um 430 v. Chr.; Kopenhagen, Nationalmuseum, Inv. 731: P. mit Keule, Hund und Widder).

Die Neuzeit scheint weniger interessiert am Königssohn P. als am Hirten (besonders im Zusammenhang mit dem *P.-Urteil*, s. u.). Als ex-emplarisch möchten wir das Jean-Germain Drouais zugeschriebene Ge-mälde *Le berger Paris* (1784/85; Ottawa, National Gallery of Canada) herausstellen, das einen stehenden schönen, jugendlichen, nachdenk-lichen P. in «klassischer» Nacktheit (bis auf einen über den Rücken fal-lenden Mantel), mit weichen Gesichtszügen und gelocktem hellen Haar vorstellt; die phrygische Mütze auf dem Kopf, begleitet von einem Hund, dessen Kopfwendung verdeutlicht, daß man sich außerhalb des Bildes die drei Göttinnen zu denken hat. In der erhobenen Rechten hält P. den Apfel, der lange Hirtenstab lehnt neben ihm.

Am weitesten entfernt von der Darstellung eines würdevollen Kö-nigssohns ist die Auffassung Lovis Corinths (*Urteil des Paris*, Gemälde 1907; Dresden, Gemäldegalerie Neue Meister), der in ihm nur mehr einen pubertären Jungen sieht, der sich so den heimlichen Blick in die Damenumkleidekabine sparen kann.

Attribute. Auf den griechischen Vasenbildern trägt P. als Zeichen seiner königlichen Abstammung ein Zepter (Halsamphora des späten 6. Jh. v. Chr.; München, Staatl. Antikensammlungen, Inv. 1545).

Zwei Speere trägt P. auf einer Pelike (spätes 5. Jh. v. Chr.; Cambridge / Mass., Fogg Art Museum, Inv. 1925.30.46). In phrygischer Tracht (Hinweis auf seine kleinasiatische Herkunft) mit langen gemusterten Ärmeln und Beinkleidern und phrygischer Mütze sitzt er auf einem Felsen (vor ihm Helena).

In homerischer Tradition (Il. 3,17 f) sieht man P. (immerhin einer der Haupthelden im troischen Krieg!) auch mit Pfeil und Bogen (nicht zufällig den Waffen des Amor; vgl. **B**). Bogenspannend sehen wir ihn auf griechischen Vasenbildern und (als Skulptur) im Westgiebel des Aphaiatempels von Aigina (um 510 / 500 v. Chr.; München, Glyptothek).

Die musische Seite des P. kommt in der Lyra zum Ausdruck (rotfigurige Schale mit Darstellung des P.-Urteils; um 490 / 480 v. Chr.; Berlin, Staatl. Museen, Inv. 2291).

Seit der Spätantike ist der Apfel – Hinweis auf das P.-Urteil – das gängige Attribut.

D 1. *Die Auffindung des P.* Das selten dargestellte Thema behandelt z. B. ein Gemälde von Vincenzo Camuccini (Ölskizze hierzu um 1800; London, Sir A. Blunt, Courtauld Institute of Art). Die Deckenmalerei in der Camera di Elena e Paride, Rom, Villa Borghese (unter Marc Antonio Borghese; Zyklus mit Themen aus der Jugend des P.) zeigt zwei Hirten, die den Säugling zu der Nymphe bringen, die seine Amme sein wird. – Den auf dem Berg Ida ausgesetzten Säugling sieht man auf einer Tafel aus dem Umkreis des Giorgione (Princeton, Princeton University, The Art Museum). Die Auffindung des Kindes ist auch Thema eines weiteren Gemäldes aus dem Umkreis des Giorgione (Mailand, Slg. Cone Paolo Gerli). In bergiger Landschaft finden vornehm gekleidete Herren den ausgesetzten Säugling.

2. *Die Entführung der Helena* ist das älteste in der bildenden Kunst dargestellte Thema der P.-Geschichte. Schon auf geometrischen griechischen Vasenbildern erkennt man P. aus dem erzählerischen Zusammenhang: Er faßt Helena bei der Hand, um mit ihr das Schiff zu besteigen (attischer Krater, um 730 v. Chr.; London, British Museum, Inv. 1899.2 – 19.1). – Unter Gewaltanwendung wird Helena von zwei Männern auf das Schiff geschleppt, auf dem der Steuermann und P. stehen, dieser mit Befehlsgestus (er läßt entführen!).

In der nachantiken Kunst sind Darstellungen eher selten, sieht man von den Illustrationen zu den von den «Ephemeris de bello Troiano» des von Dictys Cretensis beeinflußten mittelalterlichen Handschriften ab (vgl. die kolorierte Federzeichnung zu einem englischen Manuskript des späten 13. Jh., Rotulus Monasterii Beate Marie Ebor(acensis); Oxford, Bodlean Library, Bodl. Rolls 3 [S.C. 2983], Nr. 13).

3. *Das Urteil des P.* war zu allen Zeiten das populärste und am häufigsten behandelte Thema der P.-Geschichte. Die frühesten Beispiele, schwarzfigurige Vasen seit 570 v. Chr., zeigen P. auf dem Berg Ida, wo er, zunächst auf einem Felsen, später auf einem Klappstuhl, in seiner Funktion als Schiedsrichter auch auf einem Thron sitzend, den von –> Hermes angeführten Zug der Göttinnen erwartet, z. B. auf einer Schale aus Nola (um 440 v. Chr.; Berlin, Staatl. Museen, Inv. F 2536: P. sitzt auf einem Klappstuhl, in der gesenkten Linken die Lyra, in der Rechten ein Zepter).

Das Darstellungsschema der neuzeitlichen Kunst besteht in einer Gegenüberstellung der beiden Gruppen Hermes / P. und jener der Göttinnen, die sich am Vorbild der drei Grazien (–> Chariten) orientiert. P. ist in der Regel als Hirte gekennzeichnet, etwa auf einem Gemälde von Donato Creti (1671–1749): *Merkur übergibt Paris den Apfel* (Bologna, Collezioni Comunali d'Arte). – Der Apfel als Siegespreis ist in der Bildkunst ein relativ junges Motiv, in der römischen Kunst häufiger anzutreffen als in der griechischen (Relief einer pergamenischen Kanne, 2. Jh. n. Chr.; Mainz, Römisch-Germanisches Zentralmuseum, Inv. 039469), in der neuzeitlichen Malerei die Regel (–> Aphrodite).

Trotz der Bestechung des Richters durch Aphrodite zeigt die Bildkunst P. mitunter als einen, dem die Entscheidung schwerfällt (koloriertes römisches Stuckrelief, 160 / 170 n. Chr.; Rom, Pankratiergrab: P. stützt nackdenklich die Wange in die Hand). – Auch der P. des P.P. Rubens auf dessen Gemälde in Madrid (Prado, 1638 / 39, Jaffé Nr. 1371) scheint noch unentschlossen; sinnend legt er die Rechte ans Kinn. Daß der Ausgang jedoch vorbestimmt ist, sagt die Geste Cupidos / –> Eros aus, welcher über der von Minerva (–> Athena) und Juno (–> Hera) flankierten Venus, deren Haupt von Strahlen umgeben ist, den Siegeskranz hält.

4. *Aphrodite entrückt P.* Die Entrückungsszene aus der Ilias (3,380 f) illustriert u. a. eine aquarellierte Federzeichnung von Johann Heinrich Füßli (1766 / 70; Auckland, New Zealand, City of Auckland Art Gallery): P. folgt Venus, ihre Mitte umfassend, wie in Trance.

5. *P. und Helena als Liebespaar.* Die bekannteste Darstellung ist das Gemälde des Jacques-Louis David (1788; Paris, Louvre). Auf einer vorbereitenden Skizze hierzu (Stockholm, Nationalmuseum, Inv. NM 43 / 1969) klammert sich Helena an P., als fürchte sie, ihn zu verlieren. Das ausgeführte Gemälde hat dagegen einen fast genrehaften Charakter. Wir sehen das Paar vor dem Bett, den blondgelockten P. sitzend, in der Hand die Lyra und zu Helena aufblickend, diese stehend an den Geliebten gelehnt.

Lit.: Buchthal, Hugo: Historia Troiana. Studies in the History of Mediaeval Secular Illustration. London 1971. Curtius, Ernst Robert: Europäische Literatur und lateinisches Mittelalter, Bern u. München 1967, S. 195). Hampe, Roland / Krauskopf, Ingrid, in: LIMC 1981, 1,1, S. 494 – 529; 1,2, S. 374 – 396, s.v. Alexandros. Kossatz-Deissmann, Anneliese, in: LIMC 1994, 7,1, S. 176 – 188; 7,2, S. 105 – 127, s.v. Paridis iudicium.

Pegasus, Pegasos, griech., lat. Pegasus; gr. Myth. – Geflügeltes Ross, Kind des –> Poseidon und der Gorgo –> Medusa (Hesiod, Theog. 276).

A Auf weicher Wiese inmitten von Frühlingsblumen liegt Poseidon mit Medusa, berichtet Hesiod (Theog. 277 ff). Ovid (Met. 4,798 ff) wird behaupten, Neptun / Poseidon habe im Tempel der Minerva / Athene, der das Mädchen lieb war (Servius, Aen. 2,616), die Keusche mißbraucht, was ihr mit der Feindschaft der Göttin zunächst die berüchtigte Häßlichkeit und schließlich auch den Tod einbrachte. Gleich, wo und wie es geschah: Die Frucht der Begegnung mit dem Gott werden zwei Kinder sein, Chrysaor und P. Sie beide treten – wie Zwillinge – gemeinsam in diese Welt: durch einen Gewaltakt, der den Tod der Mutter will und dabei zugleich unversehens Geburtshilfe (vgl. Nonnos 25,40 f) leistet und Leben gibt. Mit einem einzigen Streich trennt –> Perseus ihr Haupt vom Leib, und aus dem Rumpf (oder auch dem Blut: Ovid, Met. 4,786; ders. Fasti, 3,451 f; aus dem Blut des Haupts: Boccaccio, Gen. 10,27) springt zuerst der Bruder hervor, dann P. (Hesiod, Theog. 280 ff). Die Geschwister gehen ihre eigenen Wege.

Berühmt wurde eigentlich nur P. Dieser Ruhm gründet sich ganz wesentlich auf seine Fähigkeit zu fliegen, womit er sogleich auch seine göttliche Abkunft zeigt: Das Pferd war eine der bevorzugten Verwandlungsformen des Vaters Poseidon, bei Ovid steht sogar, daß er der Medusa als Vogel beiwohnte (Met. 6,119 f: «te ... sensit volucrem crinita colubris / mater equi volucris»), und diese wird gelegentlich ebenfalls als geflügelt beschrieben. P. ist geflügelt, und sein Element ist die Luft: Über den Wolken und unter den Sternen ist ihm der Himmel Erde, sind ihm die Flügel die Füße (Ovid, Fasti 3,453 f). Mag sein, daß er sich so zum eigenen

Vergnügen tummelte, doch ist ihm sein Leben zu Dienst geworden, wie es sich für ein Pferd sicher schon damals gehört. Jedenfalls untersteht er väterlicher Autorität (Nikander bei Antoninus Liberalis 9,2; vgl. Myth. Vat. III 14,4: P. «equus Neptuni»).

Als der Helikon entzückt vom Gesang der Musen sich hebt und anschickt, den Himmel zu berühren, da läßt – im letzten Moment – Poseidon den P. kommen und macht ihn zum Werkzeug seiner göttlichen Vorsicht: P. bewirkt, daß der Berg auf der Erde bleibt: Er schlägt ihn mit dem Huf gegen den Gipfel, und der Berg bleibt, wo er ist. An der Stelle, wo der Huf den Boden berührt oder sich in ihn gräbt, entspringt, wo es zuvor kein Wasser gab, sogleich ein Quell. Arat (Phain. 216 ff) wird wissen, daß P. mit dem Vorderfuß aufstampfte, und Schäfer seien es gewesen, die das Wasser sogleich den «Pferdequell» (Hippokréne) nannten (Pausanias 9,31,3). Gleicherweise soll P. in Korinth den Peirene-Quell aus dem Boden gestampft haben (Euripides, El. 475; Strabo 8,379). Dort auch gerät P., vielleicht als er an der Quelle trinken wollte (Strabo 8; Hederich Sp. 1911), unter den Zügel des –> Bellerophon. Man ist sich nicht ganz einig über die Umstände. Sicher scheint (Pindar, Ol. 63 ff), daß der Held, der sich das Flügelroß sehnlichst wünschte, dazu göttlicher Hilfe bedurfte, denn P. muß sich dem Zugriff des Burschen heftig widersetzt haben. Pindar (ebd.) erzählt, daß –> Athena sich der Wünsche des Bellerophon annahm. Sie schenkte ihm goldbeschlagenes zauberisches Zaumzeug und gab ihm nützlichen Rat. Andere sagen, sie selbst habe den P. gebändigt und ihm den Zaum angelegt (Pausanias 2,4,1). Kaum daß ihm das Roß gehorcht, beginnt Bellerophon «sogleich das Waffenspiel» (Pindar, Ol. 13,84 ff). Athene hatte ihm auch geraten, dem Poseidon ein Dankopfer zu bereiten.

Das erinnert uns an eine wohl ältere Geschichte (Hesiod, Ehoien 7; H.G. Evelyn-White 1977, S. 158; Hygin, Fab. 157), in der auch Bellerophon ein Sohn des Poseidon ist, der eines Tages die beiden Söhne von so ungleicher Erscheinung und Art zusammenbringt: Als Bellerophon in das unruhige Alter gekommen ist, schenkt der Vater ihm den P., der ihn nun in Windeseile weit über die Erde trägt. Viel wichtiger ist, daß er dem Helden auch als Streitroß dient gegen die gefährliche Chimaira (Hesiod, Theog. 325; Homer, Il. 6,183, kennt P. entweder gar nicht oder deutet ihn sehr indirekt nur an), dann gegen die Amazonen und die Solymer (Pindar, Ol. 87 ff). Auch dient er seinem Herrn als willkommenes Mittel, an der Stheneboia Rache zu üben: Der lädt die Frau nämlich zu sich auf das Roß und stürzt sie dann in die Tiefe (Hygin, Fab. 57). Als Bellerophon schließlich eines Tages ihn gar himmelwärts lenkt, wirft P. ihn ab. Nach Pindar (Isthm. 7,43 ff) zu urteilen, wird P. so zum Instrument göttlichen Unwillens gegen den Vermessenen. Nach Tzetzes (zu Lykophron 17) bediente Zeus sich dazu einer Bremse, die den P. stach und ihn offenbar scheuen ließ. Der Mann stürzt («kopfüber»: Nonnos 11,145) auf die Erde und wird sterben, P. aber fliegt nun, «mal hoch, mal tief», anscheinend ziellos weiter, bis er Aurora / Eos auffällt: Sie bittet Zeus, und seither dient P. auf ihrem täglichen Wege ihr (ebd.; vgl. Lykophron 17; Natale Conti 9,4, Bl. 271ʳ, 13 ff). Älter ist die Nachricht, wonach P. zu den «altehrwürdigen Krippen des Zeus» findet (Pindar, Ol. 13,92). Hesiod (Theog. 284 ff) berichtete kurz, P. sei hinaufgeflogen zu den Unsterblichen, dort lebe er und trage dem weisen Zeus nun Donner und Blitz. Da oben am Himmel des Zeus kreist das «Roß» Hippos/equus) und ist dort, damit wir es betrachten können, sagt Arat (223 f). Jetzt freue er sich des Himmels, den er zuvor auf Flügeln erstrebte, sagt Boccaccio (Gen. 10,27), und mit 15 strahlenden Sternen zeige er sich.

Mittelalterliche Autoren bringen P. sogar in den Dienst des –> Perseus: Boccaccio (Gen. 10,27) behauptet, P. sei dem Helden (der ihn ja unversehens an das Licht gebracht hatte) sogleich zu Diensten gewesen. Der «Ovide moralisé en prose» (4,31, de Boer, S. 167) sieht den P. sogar als Reise- und Streitroß des Perseus schon gegen die –> Medusa, also eigentlich noch vor seiner Geburt (vgl. Boccaccio, ebd.: «Sic et Perseum [sc. tulisse] dum ad gorgones iuit»). Auch wird gesagt, das Roß habe dem (Vater) Neptun gehört (als Reittier?: Remigius 9,482.4, Bd. 2, S. 312). Schließlich soll Juppiter ihn an den Himmel versetzt haben (Eratosthenes, Kat. 18; Hygin, Astron. 2,18).

B Nach Auskunft des erhaltenen Mythos ist das Zauberroß P. zunächst nur ein Pferd: Den Zauber mag man schon in seinem Ursprung sehen, v.a. aber kann es fliegen und mit dem Huf Wasser aus dem Boden schlagen. Vorzüglich hieran hat man sein göttliches Wesen erkannt. Aus dieser Sicht kann man in P. das Wunsch- und Traumbild von Leuten sehen, für die das Pferd in Frieden und Krieg das vielseitigste und effiziente Arbeits- und Kriegsgerät ist und sicher das schnellste Transportmittel zu Lande. Die ungemein feine natürliche Witterung des Tiers für Wasser mag man alltäglich als Manifestation eines numinosen Wesens erfahren haben: Vater Poseidon ist eine Pferde-Gottheit und Schöpfer des Urpferdes (s. Kl. Pauly, Bd. 4, Sp. 684). Das Interesse –> Athenas in der Geschichte gilt dem Bellerophon, dem sie, die doch immer weiß, wie man etwas ins Werk setzt, mit P. ein «Gerät» an die Hand gibt. In der Tat ist P. durchwegs anderen zu Diensten, einzig das Öffnen der Wasserquellen mag ohne Auftrag sein. P. hat einen Pferdecharakter: Einmal gebändigt, scheint er gehorsam seinen Dienst zu tun. Von Temperament ist er wohl feurig (wenn man bedenkt, wie heftig er sich dem Zaum widersetzte: Pindar, Ol. 13,63 ff) und er fliegt schnell wie der stürmische Wind (Hesiod, Ehoien 7).

Besonderheiten an seinem Aussehen lassen sich den erhaltenen schriftlichen Quellen nicht entnehmen: P. sieht eben aus wie ein Pferd, an dem nichts Ungewöhnliches ist – außer den Flügeln. Wie die sich zum Körper fügten, scheinen die Autoren leicht der Vorstellung des Lesers überlassen zu können oder der bildenden Kunst (s. **C**). Gelegentlich ist zu lesen, sie seien «lang» gewesen (Nonnos 37,266 f). Boccaccio (Gen.

10,27) findet bei «Anselmus» ein wunderliches Wesen, fast ein Ungeheuer, beschrieben: Demnach hatte das Pferd Hörner, sein Atem war feurig, und es hatte eherne (eiserne) Beine.

Es könnte sein, daß P. ein Schimmel war, was man aus der Ableitung des Namens von «pegós» in der Bedeutung von «fest, stark» oder eben «weiß» schließen möchte (s. **C**).

Eine andere Etymologie leitet den Namen ab von «pegé» in der Bedeutung von «Quelle», denn P. war an den Quellen des Okeanos geboren (Hesiod, Theog. 282 f) und hat selbst Quellen aus dem Boden gestampft (s. o.), später wird ihm sogar die kastalische Quelle zugeschrieben (Remigius 2,50.16, Bd. 1, S. 161 f; Myth. Vat. II 112; Boccaccio, Gen. 10,27). Sein historisches Schicksal erkennt ihn v.a. an dieser Tat: Seit dem Hellenismus und noch heute stürmt P. als Musenroß durch den Himmel der Dichtkunst und überhaupt der Kunst, denn den Musen sind diese «redenden» Wasser heilig, und deshalb nenne man sie auch bei seinem Namen «Musae pegasidae» (Festus 263, Lindsay 1997, S. 235: «pegnides»; vgl. Gyraldi, Synt. 7, S. 162B; vgl. die Anrufung bei Dante, Par. 18,82 ff: «O diva Pegasea che li 'ngegni / fai gloriosi e rendili longevi …»). An diesem Quell trinken die Dichter (s. Persius, Prol. 1 f; vgl. Myth. Vat. I 130 u. II 112), und wie P. die Wasser aus dem Boden schlug, so trägt er den Dichter im Flug hinauf durch die Räume seiner Inspiration. In diesem Sinn spricht etwa Catull von ihm (55: «non si Pegaseo ferar volatu»: Nicht, wenn Pegasus' Schwingen mich auch trügen).

Die wenigen physikalischen Deutungen sehen P. primär von –> Bellerophon her (vgl. Nat. Conti, 10, Bl. 305ʳ). Das gilt auch für die rationalistische Deutung als «Schiff» oder als «Rennpferd» («celes»; zur Gleichung Pferd – Schiff vgl. Homer, Od. 4,708, und Artemidor 56, mit Hinweis auf Poseidon), einer «Erfindung» des Bellerophon (z. B. Palaiphat, der nüchtern auch behauptet, es sei absurd anzunehmen, das Pferd habe fliegen können: dazu hätten nicht einmal alle Vogelfedern der Welt gereicht). Eine Ausnahme hiervon ist die Meldung bei Remigius (2,50.16, Bd. 1, S. 162), wonach P. (auf Grundlage der Etymologie des Namens auf «Quell») wegen seines schnellen Laufs das Bild für einen Fluß ist.

Die moralisierende Allegorese kehrt das Verhältnis gern wieder zugunsten des P. um, wobei er vorzüglich für «Ruhm» («fama»: Myth. Vat. I 130 u. II 113) und «Ehre» steht (oder ihnen dienlich ist), aber auch für «Weisheit» (–> Athena). Beide Bedeutungen beziehen ihre Autorität letztlich aus dem «Musenquell», dem Ursprungsort dichterischer Inspiration und Weisheit: Der kastalische Quell sei –> Apoll und den Musen geweiht, und man sage, daß Philosophen und Dichter von ihm trinken, denn die Dichter seien gleichsam die Priester der Musen (Myth. Vat. II 112). Die grundlegende Beziehung auf «Ruhm» steht schon bei Fulgentius (1,21, 658, Helm 1970, S. 33), und zwar in wechselnder Hinsicht: Die Bedeutung «Ruhm» ergibt sich hier aus dem (allegorischen) Sinn der Tat des –> Perseus, die zu seiner Geburt führte; denn Tugend (–> Perseus) überwältigte Schrecken (–> Medusa), und das macht berühmt. Auf sein Aussehen geht, daß er geflügelt sei, weil Ruhm eben geflügelt ist. Auf sein «Werk», den Musenquell, geht die Beobachtung, daß es das Anliegen der Musen sei, den Ruhm der Helden und der Alten aufzuschreiben.

Aus der Etymologie (ebd. 3,1, 705, Helm 1970, S. 60; s.a. Myth. Vat. III 14,2 f) «pegaseon» = ewiger Quell («fons aeternus») leitet sich eine Deutung auf «Weisheit» ab mit Hinblick auf «Bellerofons», der gelesen wird als «Quell guten Rates», welcher seinerseits sich aus dem Quell der Weisheit speist. Geflügelt ist P. hier aus der Vorstellung, daß «Weisheit» überall in der Welt Einsicht gibt für jegliches Vorhaben. Den Musen verschafft er den Quell, weil sie der Weisheit bedürfen. P. selbst lasse sich als Bild der Weisheit verstehen auch mit dem Blick auf den Tod der Mutter Gorgo, welche «Schrecken» («terror») bedeute: Weisheit aber entstehe dort, wo der Schrecken aufhört, etc.

Boccaccio (Gen. 10,27) schließt im wesentlichen an Fulgentius an. Allgemein ist auch bei ihm P. ein Bild für den «Ruhm aus großen Taten» (vgl. Myth. Vat. I 130, wo es die Tugend ist, die sich Ruhm erwirbt; s.a. Myth. Vat. II 113). Weit hergeholt wieder eine Begründung des Sinnes «Ruhm» aus den Eltern Neptun und Gorgo, sofern nämlich aus den Taten zu Wasser und zu Lande Ruhm entstehe. Man sage, er sei im Tempel der Minerva /–> Athena empfangen, weil Ruhm nur aus weiser und bedachter Tat entstehe: So rücken «Weisheit» und «Ruhm» wieder zusammen. Auch für den P. bei «Anselmus» hat Boccaccio Verständnis: Dem Roß seien eherne Füße gegeben, weil dem Ruhm auf seinem Weg nie die Kräfte ausgehen. Die Hörner zeigten an, daß der Berühmte sich heraushebe («elatio»), der feurige Atem bedeute das glühende Verlangen des Redners / Schwätzers, etwas zu sagen («garulonum fervens dicendi desiderium»). Man sage, er habe den kastalischen Quell ausgegraben, zum Zeichen, daß es Menschen gibt, die all ihren Sinn auf das Streben nach Ruhm und weltlicher Ehre stellen.

Der «Ovide moralisé en prose» (4,26, de Boer, S. 162) berichtet, unter P., der mit dem Fuß die Quelle fand, verstehe man jeden Mann , der sich müht, durch Studium Wissenschaft und guten Ruf zu erwerben.

Platz und Rolle des Heiligen Geistes nimmt P. im Bild einer heidnischen Trinität ein, das Conrad Celtes den «Melopoiae» des Petrus Tritonius (1507) beifügt. Das Flügelroß, zu Füßen von Phebus/Christus, schlägt mit dem linken Vorderhuf den Quell aus dem Boden (s. Edgar Wind, Pagan Mysteries in the Renaissance, New York 1968, S. 252 f, Abb. 94).

Bei Picinello (3,43,117) ist P. mit dem Öffnen des hippokrenischen Quells eigentlich der fürsorglich-absichtsvolle Gründer der Schule als Quell der Weisheit, von deren Wassern die Schüler trinken gleich Schwänen: UT BIBANT OLORES (etwa: Den Schwänen zum Trunk), lautet das Lemma. Letztlich bringt dieses Emblem die Musen, –> Athena (Weisheit) und nun auch – den Musenführer – Apoll (Schwäne) aus Anlaß des P. zusammen. Dazu kommt die Umdeutung in das Christliche nach Johannes (4,13 f: «qui autem biberit ex aqua quam ego dabo ei, non sitiet in aeternum; sed aqua quam ego dabo ei, fiet in eo fons aquae salientis in vitam aeternam»). COELO MVSA BEAT (etwa: Die Muse versetzt [dich] unter die Götter) lautet das Lemma eines Emblems, dem der Ruhm, diesmal durch die Dichtkunst, angelegen ist (Leb. Nr. 49; H./S. Sp. 1668; vgl. Myth. Vat. II 113: P. «enim fama dicitur; quia omnia virtus superans, famam sibi quaerit. De Pegasëo fonte potant poëtae, quia in laudem virtutis, videntes eam victricem, prosiliunt»). Auf P. als («wie gewöhnlich») Bild der Weisheit baut ein anderes Emblem bei Picinello (ebd., 118), das unter dem Lemma TOLLIT IN ALTUM (Er hebt hinauf in die Höhen) davon spricht, daß die Weisheit ihre Klienten zu den Gipfeln der Würde schickt, sie gar an den Himmel und unter die Götter versetzt (Horaz). Der Hinweis auf die Unsterblichkeit durch das Wort der Dichter (nach Ennius: «volitare se per ora virum tanquam inextinctum») schließt wieder an das Thema «Ruhm» an.

C Von der Antike bis in die Gegenwart ist P. ganz Pferd, einzige Besonderheit sind die mächtigen – meistens gebreiteten oder hochgestellten – Schwingen, was der schriftlichen Überlieferung entspricht (vgl. **A**). Wenn Odilon Redon P. einmal mit kleinen Flügeln wiedergibt, wie auf dem Blatt *Der gefangene P.*, so hat dies ebenso symbolische Bedeutung wie das gesenkte Haupt des P., der von einer männlichen Gestalt am Halfter geführt wird (Lithographie 1889; Chicago, The Art Institute of Chicago; s.a. **D**).

Das Mittelalter stellt sich P. als Schlachtroß vor: Beim Kampf des –> Perseus gegen das Seeungeheuer trägt P. Kopfschutz und Kettendecke auf einer Illumination zu Christine de Pizans «Oeuvre poètique» (Handschrift 1410–1415; London, British Museum Harley Ms. 443, Bl. 98ᵛ).

Die künstlerische Herausforderung bestand durch alle Zeiten darin, die naturgegebene Gestalt des Pferds mit Flügeln auszustatten. Der kritische Punkt ist dabei der Flügelansatz. Die griechischen Vasenmaler finden eine überzeugende Lösung, indem sie die Flügel in einem ornamentalen (nicht anatomischen) Sinn organisch mit der Schulter verbinden. Die Flügel wachsen entweder aus der Schulter oder an einer Stelle oberhalb des Knies, die Schulter (manchmal auch den Rücken) bedeckend – eine uralte Formel, die schon in der assyrischen Kunst nachweisbar ist und dann die gesamte archaische und klassische griechische Bildkunst beherrscht (vgl. eine attische Amphora, Karlsruhe, Badisches Landesmuseum, Inv. B 146).

Ganz anders die nachantiken Darstellungen, auf denen die Flügel fast durchweg aus dem Rücken des Pferdes wachsen – entweder aus dem Rückgrat, wie auf einer Miniatur aus der illuminierten Handschrift nach Arat in der Universitätsbibliothek in Leiden (8./9. Jh.) oder einem Stich von Jacopo dei Barbari 1440–1515, der P. allein, im Sprung den Kopf zurückwendend, darstellt; (London, British Museum, Print Room), oder aus zwei Stellen beiderseits des Rückgrats, wie das der P. auf dem Bild *Befreiung der Andromeda* von P.P. Rubens zeigt (um 1622, Jaffé Nr. 757; Berlin, Staatl. Museen). – Die Lösung Nicolas Poussins auf seinem Gemälde *Kephalos und Eos* (London, National Gallery), wo die Flügel an den Schultern des P. angewachsen sind, ist eine Seltenheit in der neuzeitlichen Kunst.

Insgesamt gilt, daß die Maler seit der Renaissance um eine anatomisch befriedigende Lösung bemüht sind. Dem entspricht auch die Beobachtung, daß die Flügel farblich an das Fell des Tiers angepaßt sind, wie auf den obengenannten Bildern von Rubens und Poussin, aber auch auf A. Mantegnas Gemälde *Der Parnaß* (1495/97; Paris, Louvre). Damit ist eine klare Abgrenzung gegenüber der mittelalterlichen Auffassung gegeben, die den Charakter des P. als Fabelwesen nicht zuletzt durch eine auffallende Farbgebung der Flügel zum Ausdruck brachte. So wachsen z. B. rote Flügel aus dem Rücken des P. auf der schon erwähnten Miniatur (Befreiung der Andromeda) zu Christine de Pizans «Œuvre poétique» (s. o. Bl. 98ᵛ). Weiße Flügel mit grauen und blauen Enden hat jener P. auf der Illustration zu einem dem Convenevole de Prato zugeschriebenen Gedicht (um 1340; London, British Museum, Royal Ms. 6.E.IX., Bl. 28ᵛ).

Zusammenfassend läßt sich sagen, daß das Mittelalter an die Phantasie des Künstlers appelliert, sich das Flügelroß als Fabelwesen auszumalen, welches als Säugetier sich mit dem bunten Gefieder der Vögel schmückt, während die Maler seit der Renaissance offensichtlich bemüht sind, die gattungsfremden Flügel, farblich dem Fell angepaßt, in einen plausiblen anatomischen Kontext zu bringen und der Gestalt des P. einen eher «natürlichen» Anschein zu geben. Einen eigenwilligen Weg schlägt Mantegna (s. o.) insofern ein, als er P., der in der Gesellschaft des -> Merkur auftritt, durch eine unnatürliche Wiedergabe des Fells verfremdet.

In der Regel ist P. als Schimmel oder Apfelschimmel dargestellt. Als Schimmel (mit weißen Flügeln) sehen wir ihn auf einem den musizierenden -> Apoll darstellenden Gemälde des Giovanni di Spagna (1450–1528; Rom, Musei Capitolini). Als Apfelschimmel erscheint P. unter anderem bei Mantegna (s. o.) oder bei Rubens (*Befreiung der Andromeda*, s. o.). – Besondere Erwähnung verdient der P. auf Rubens' Bild *Perseus befreit Andromeda* (um 1622, s. o.): Der weiß-bräunlich gescheckte Apfelschimmel mit den weißen Flügeln und der hellen Mähne fällt durch einen bis auf den Boden reichenden dunklen Schweif auf.

D 1. *Die Geburt des P.* (s. **A**). Die Geburt des P., der zusammen mit Chrysaor dem Blut der enthaupteten -> Medusa entspringt, ist in der Kunst stets mit der Szene der Enthauptung der Medusa durch -> Perseus verbunden. Die griechischen Vasenmaler illustrieren sie getreu der Überlieferung des Mythos (s. **A**). Neuzeitliche Darstellungen der Enthauptung der Medusa verzichten jedoch meist auf eine Schilderung der Geburt der beiden Kinder. Um so mehr Gewicht hat das obenerwähnte Gemälde von Giovanni di Spagna, wiewohl der Hauptgegenstand ein musizierender Apoll ist. Dennoch steht die Geburt des P., die im Mittelgrund rechts geschildert wird (Perseus hat Medusa geköpft, und einem Schwall von Blut entspringt das Flügelpferd), am Beginn einer auf die wesentlichen Etappen reduzierten Geschichte des P., der (im Hintergrund links) den Quell aus dem Felsen schlägt und auf diese Weise dem Musenführer Apoll verbunden ist.

2. *P. schlägt Wasser aus dem Felsen* (Ovid, Met. 4,786 ff). Mit großer Erzählfreude widmen sich mittelalterliche Illuminatoren dem Thema, so jener, der um 1380 den «Ovide moralisé» bebilderte (Handschrift Paris, Bibliothèque Nationale, ms. Fr. 871, Bl. 116ᵛ). Apoll sitzt musizierend auf dem hohen Helikon (laut Beischrift), P., der mit dem Hinterhuf die

Quelle aus dem Fels geschlagen hat, erhebt sich in die Luft. Das Quellwasser fließt hinab und bildet im Tal einen See, in dem die Musen baden.

Das Thema wird v.a. von den barocken Künstlern aufgegriffen, etwa von Jacob Jordaens (1593–1678) auf seinem Gemälde *Pegasus* (Antwerpen, Koninklijk Museum voor Schone Kunsten). Unter den Hinterhufen des Pferdes, der Hauptfigur, quillt das Wasser aus dem Boden, das einer der sich tummelnden Putti in einer Schale auffängt.

Räumlich in Szene gesetzt ist das Thema im Park der Villa d'Este in Tivoli, wo sich das Programm von P. her aufschlüsselt, der sich hoch auf dem Felsen (des Helikon) bäumt, aus dem das Quellwasser zu Tal fließt, sowie in der Gruppe des *Parnaß* im Schloßgarten von Veitshöchheim von Ferdinand Dietz (1765/66): Auf dem Gipfel des Berges, der von Apoll und den Musen umgeben ist, bäumt sich das Flügelroß, unter dessen Hufen das Wasser hervorquillt und sich allseitig in Kaskaden über den Felsen in ein Bassin ergießt. Anregung war vielleicht eine Skulptur des P. von Kaspar Graf (1661; ursprünglich auf dem Kapitelplatz in Salzburg, heute im Lustgarten von Schloß Mirabell, Salzburg).

3. *P. und die Nymphen* (s. **A**). Gemeint sind die Nymphen der Quelle auf dem Helikon, die P. mit seinem Huf geschlagen hatte. Auf dem Fragment eines Mosaiks in Antiochia (House of the Boats of Psyches) wird P. von zwei Nymphen gerahmt, von denen eine Blumen bereithält, ihn zu schmücken. – Das in der Antike populäre Thema behandelt auch ein Mosaik aus Leptis Magna (in der Villa del Nilo in Tripolis, Libyen), wo P., im Quellwasser stehend, von Nymphen umringt ist, die ihn mit Blumen schmücken. – In der Nachantike tritt P. nicht mehr in Gesellschaft von Nymphen auf: An deren Stelle treten nun die Musen (s. u.).

4. *P. und Merkur.* Antoine Coyzevox schuf 1702 eine Marmorgruppe (am Eingang zum Tuilleriengarten in Paris, als Pendant zu einer reitenden Fama; ursprünglich an der Schwemme im Schloßgarten von Marly. In älteren Quellen wird Merkur als «Bellerophon» bezeichnet). Dieses ungewöhnliche Zusammentreffen der beiden, das man auch bei Mantegnas *Parnaß* (s. o.) beobachtet, ist im Mythos nicht belegt (vgl. Merkur /–> Hermes).

5. *P., von Fama geritten.* Diese Marmorgruppe von Coyzevox bildet das Pendant zur eben beschriebenen Gruppe am Eingang des Tuilleriengartens: das Flügelpferd als Vehikel des Ruhms.

6. *Das Flügelroß des Dichters.* Das heute allgemeine allegorische Verständnis des P. als «Musenroß» oder Flügelroß des Dichters, das den Flug der Gedanken versinnbildlicht, ist erst in der Renaissance aufgekom-

men, wohl durch einen Rückgriff auf Catull (vgl. **B**). Albert P. Ryder (1847–1917) illustriert diese Auffassung mit seinem Gemälde *Der Dichter betritt auf P. das Reich der Musen* (Worcester, Art Museum): Der Poet reitet auf P., einem Schimmel, vor den Flügeln sitzend (nicht zwischen ihnen, wie auf antiken Darstellungen üblich), drei Musen erwarten ihn. – Der *Gefesselte P.* von Max Slevogt aus der Serie *Gesichte* (21 Stein- und Zinkdrucke, vor 1917; Hannover, Kestner-Museum) bedarf keiner Erläuterung eingedenk der Tatsache, daß das Blatt im Ersten Weltkrieg entstanden ist: P. zieht gesenkten Kopfes einen Geschützwagen und wird von dem auf einem Rappen reitenden Tod angetrieben (vgl. die obenerwähnte Lithographie *Der gefangene P.* von Odilon Redon).

–> Apoll, –> Athena, –> Musen

Lit.: Lochin, Catherine, in: LIMC 1994, 7,1, S. 214–230; 7,2, S. 142–171, s.v. Pegasos. Yalures, Nikolaos: Pegasus: ein Mythos in der Kunst. Mainz 1987. «Pegasus und die Künste». Ausst.-Kat. Hamburg, Museum für Kunst und Gewerbe, 8.4.-31. 5. 1993. München 1994.

Pentheus –> Dionysos

Persephone, griech., lat. Proserpina, etr. Phersipna. Göttin der Unterwelt. Seit Homer (Od. 11,217) und Hesiod (Theog. 912) gilt sie als Tochter des –> Zeus und als einziges Kind («monogéneia») der –> Demeter (Apollonios Rhodios 3,847; vgl. Proklos lk., Tim. 31b, Kern 190). Gemahlin des –> Hades. Nach dem Orphischen Hymnos (55) ist sie die Mutter des –> Adonis, nach Hymnos 30 ist sie Mutter der Eumeniden und des Eubulos (Besonnenheit, Klugheit). Diodor (3,64,1 ff) nennt Sabazios, eine Manifestation des –> Dionysos, als Sohn der P. von Zeus, den wir als phrygisch-thrakischen Gott der vegetativen Fruchtbarkeit kennen (vgl. Macrobius, Sat. 1,18,11). Anders Nonnos (6,169 ff; vgl. 5,562 ff). Demnach nähert Zeus sich in Schlangengestalt der P. (Gattin des Hades) und zeugt mit ihr den Zagreus, der auf des Vaters Thron sitzen wird. Aber die Eifersucht der Hera stiftet die Titanen zum Mord an (ebd. 6,169 ff; Nonnos 6,48,962; vgl. Hygin, Fab. 155: «Liber ex P., quem Titanes carpserunt»).

Aus dieser Beziehung erklärt sich, daß man sie wie den Zagreus / Dionysos «gehörnt» sieht (Eusebius, Praep. evang. 3,11, 109c: «Proserpina cornua»; vgl. Orph. Hymnos 56; vgl. Gyraldi, Synt. 6, S. 280).

A Der Mythos der P. ist arm an Ereignissen, unter denen ihre Entführung durch Hades die meiste Aufmerksamkeit gefunden hat (vgl. Claudian, Proserp.). Da Geschichte und Person der P. der Mutter Demeter / Ceres und dem Gemahl Hades / Pluto wesentlich verbunden sind, rechtfertigt sich hier ein eigenes Stichwort nur im Hinblick auf einige Ereignisse am Rande, welche die Herrscherin und Frau kennzeichnen.

Vielleicht hatte Peirithoos wirklich nur die vermessene Absicht, sich (mit Hilfe des Theseus) just die Zeustochter zum Weib zu holen (sein Vater ist immerhin der Erzfrevler Ixion). Hades weiß das zu verhindern. Es scheint, daß P. in der Unterwelt beträchtliche Gewalt besaß. Diodor (4,26,1) sagt, sie habe dem –> Herakles freundlich gewährt, die beiden Sünder wieder hinaufzuführen. Auch die Alkestis soll sie dem Admet zurückgegeben haben (Apollodor, Bibl. 1,9,15). Vielleicht Fürsorge zeigt sie, als sie den Herakles veranlaßt, von Menoites, dem Hirten des Hades, abzulassen (Apollodor, ebd. 2,5,12). Dem Helden soll sie wie einem Bruder (der er ja war) begegnet sein (Diodor 4,26,1). Merkwürdig ihr Streit mit –> Aphrodite um den schönen –> Adonis, noch ein Kind, den sie nicht herausgeben will (vgl. Apollodor, Bibl. 3,14,4).

B Man kann die Tochter der Demeter gleichsam als Wiederholung, eine verjüngte Inkarnation der Mutter betrachten, was in dem Namen «Kore» (= Mädchen) zum Ausdruck kommt. «Weberin» habe man die Kore genannt (Porphyrios, Nymphengrotte 14, Nauck 1963, S. 66). In philosophischem Kontext findet sich eine Beziehung der P. zur Weisheit (Platon, Krat. 404d).

Nach Artemidor (2,39) bringt das Erscheinen von Pluton und P. den Ängstlichen Glück, denn die beiden herrschen im Hades über Leute, die sich nicht mehr fürchten. Aus ähnlichem Grund bedeuten sie den Armen Reichtum usw.

Die Emblematik interessiert sich nicht für P. Sebastián de Covarrubias Orozco (1610, II, Nr. 39; H. / S. Sp. 1794) redet eigentlich von Hades / Pluto unter dem Lemma: ROGANDA NON RAPIENDA FVIT (= Erzwungene Liebe) und meint, der Gott hätte in wirklicher Liebe für P. wohl besser bei der Frau Mutter um ihre Hand angehalten (–> Ovid, Met. 5,391 ff).

C Ikonographische Besonderheiten ihrer Erscheinung sind nicht erkennbar, abgesehen davon, daß P. im allgemeinen als Mädchen oder junge Frau dargestellt wird. Ihr Attribut ist der *Hahn*. Bezeichnenderweise erscheint P. in der griechischen Kunst im Bild ihrer Mutter –> Demeter (Statuette, Florenz, Uffizien, Inv. 120; eine thronende P.).

Das Mittelalter zeigt P. meist als Herrscherin der Unterwelt neben –> Hades thronend.

D *Die Entführung der P. / Proserpina* (Ovid, Met. 5,385 ff; Claudian, Proserp.). Das berühmteste antike Beispiel war eine (verlorene) erzene Gruppe des Praxiteles (Plinius, Nat. 34,69). Im übrigen erscheint das Thema auf griechischen Vasenbildern, auf Grabstelen und römischen Sarkophagen. – Auf einer apulischen Amphora (330 v. Chr.; Genf, Museum, Inv. 15043) sieht man eine von der Titanin Hekate, Göttin der Unterwelt, angeführte Quadriga; im Wagen sitzen Hades und Kore, gefolgt von –> Demeter mit einer Fackel. – Das Relief eines römischen Marmorsarkophags (Anf. 3. Jh. n. Chr.; Rom, Palazzo Mattei) zeigt (im von zwei Pferden gezogenen Wagen) den grimmigen Gott mit dem verzweifelt sich wehrenden Mädchen im Arm. In einigem Abstand folgt Ceres / Demeter in ihrem von zwei Pferden gezogenen niedrigen Wagen.

Unter den neuzeitlichen Darstellungen ist die überlebensgroße Marmorgruppe von Gianlorenzo Bernini hervorzuheben (1621/22; Rom, Galleria Borghese). Im Rückgriff auf die manieristische Komposition einer «Raptusgruppe» gestaltet Bernini die Entführung: Der wilde, bärtige Pluto (mit bewegtem Haupt- und Barthaar, eine Zackenkrone auf dem Kopf, neben sich den Höllenhund Cerberus; die zweizinkige Forke hat er abgelegt) trägt, davoneilend, das heftig sich wehrende (nackte) Mädchen, das er an seinen Körper preßt.

Rembrandts Gemälde *Die Entführung der P.* (um 1632; Berlin, Staatl. Museen) zeigt das (reichgewandete) sich sträubende Mädchen in den Armen des wilden Pluto, der sie auf seinem von Löwen gezogenen Wagen entführt. Vergebens hängen sich die beiden Gefährtinnen der P. an deren Mantelsaum, um sie zu retten (mit der Mondsichel über der Stirn: Diana; mit Helm und Schild: Athena). Nachtschwarz liegt der Bereich der Landschaft, dem das Gefährt zusteuert. Die Wahl der Ketten als Geschirr des Gespanns ist ein angemessenes – chthonisches – Motiv (vgl. die Leine des Cerberus und Ketten als Attribut des –> Hercules Gallicus).

Eine allegorisierende, moralisierende Deutung der Episode gibt Karel van Mander in seinen Erläuterungen zu Ovid (1604, Bl. 46b). Dort steht P. für den Segen der Erde, Pluto für unersättliche Habgier bis zu Unredlichkeit, Betrug und gnadenloser Grausamkeit, in der Überzeugung, daß es keinen anderen Weg gibt, schnell reich zu werden.

Lit.: Anton, Herbert: Hermeneutische Strukturen des Persephone-Mythos. In: Symbolon, N.F. 2, 1974, S. 9-19. Güntner, Gudrun in LIMC 1997, Bd. 8,1, S. 956–978; 8,2, S. 640–653. Karel van Mander, Het schilder-boek ... Haarlem 1604. Neudruck Utrecht 1969. Schwartz, Gary: Rembrandt, his life, his paintings. New York 1985.

Perseus, griech.- Argivischer Heros, König von Mykene und Tiryns. Sohn des Zeus und der –> Danaë, Enkel des Akrisios, dessen Zwillingsbruder Proitos (Proetus) gelegentlich als Vater des P. genannt wurde (Apollodor, Bibl. 2,4,1). Von Andromeda ist er Vater von sechs Söhnen: Perses (ehe er nach Griechenland kam), Alkaios, Sthenelos, Heleios, Mestor und Elektryon, sowie der Tochter Gorgophone (Apollodor, Bibl. 2,4,5). Der Beiname «aurigena», der Goldgeborene, weist auf den Goldregen, in dessen Gestalt Zeus sich der Danaë näherte (Ovid, Met. 5,250; Sidonius, Carm. 6,14).

A Rang und Ruhm des Helden ruhen auf vergleichsweise wenigen, aber besonders spektakulären Ereignissen. Sein Schicksal wird vom Schicksal der Mutter (–> Danaë) bestimmt, die der Vater Akrisios wegschließt, weil ein Orakel ihm den Tod durch einen Enkel angesagt hat, die dennoch von Zeus in einem Goldregen geschwängert wird, die schließlich der mißtrauische Akrisios dann mitsamt dem Knaben in einen Kasten sperrt und in das Meer wirft. Der Kasten treibt («voluntate Iovis»: Hygin, Fab. 63,3) an den Strand der Insel Seriphos, wo der Fischer Diktys ihn findet und sich des Kindes fürsorglich annimmt. Dann bemächtigt Polydektes, der Bruder des Fischers und König der Insel, sich der Mutter (zu einer lateinischen Version z. B. Myth. Vat. II 110). Gleichgültig nun, ob der gewalttätige Mann die Frau drangsaliert oder um sie wirbt: P., der inzwischen zum jungen Mann herangewachsen ist, steht ihm im Weg. Mit dem Vorwand, sich um die Hippodameia zu bewerben, fordert Polydektes von seinen Freunden und wie beiläufig auch von P. Beiträge zu einem Hochzeitsgeschenk. P. hatte sich leichtfertig gebrüstet, gar das Haupt der Gorgo –> Medusa holen zu wollen, und der König nahm ihn beim Wort. Der Myth. Vat. I (157) meldet, die mißgünstige Juno habe dem König die böse Absicht eingegeben.

P. macht sich an eine Aufgabe, die ebenso ungewöhnlich ist wie schwierig: Medusa, deren Haupt er abzuschneiden gedenkt, ist ein Gegner, dessen Besonderheit schon darin liegt, daß noch niemand, der ihn je sah, über ihn berichten können, denn ihr bloßer Anblick ist tödlich. So wird einzig der Anblick ihrer Opfer zum Zeugnis ihrer Macht und zu Anlaß und Beleg für den Ruf, den P. als

Herausforderung nimmt. Zum Unheimlichen und Bedrohlichen gehört wohl auch, daß sie weit weg am Rande der Welt lebt und daß man nicht einmal den genauen Ort kennt. Jedenfalls weiß P. genug über sie, um sich angemessen auszurüsten. Für den weiten und beschwerlichen Weg sind die Flügelschuhe sicher nützlich; auch machen sie ihn beweglich. Die Tarnkappe ist bestimmt von Vorteil schon für das Überraschungsmoment bei der Annäherung (nach Apollodor, Bibl. 2,4,2, setzt er sie gleich auf) und dann – wie sich herausstellt – bei der Flucht. Das diamantene Sichelschwert verspricht einen leichten und raschen Streich. Der Beutel dient dem leichten Transport des Haupts und hält es zugleich unschädlich. All dies Gerät verschafft der Held sich – gemäß dem üblichen Bericht – bei den Graien (wie kommt er zu ihnen ohne Flügelschuh?, vgl. Apollodor, Bibl. 2,4,2; Hygin, Fab. 64, sagt, die Schuhe seien von –> Hermes) oder schon auf Seriphos. Den Graien entreißt er fingerfertig das gemeinsame Auge just in dem Moment, als die eine es der anderen reicht (vielleicht auch noch den Zahn), und erpreßt sie so, ihm den Weg zu den Gorgonen zu verraten. Hygin erzählt (Astron. 2,12), er habe das Auge in die tritonischen Sümpfe geworfen. Bei der Tat selbst zeigt er sich offenbar flink und umsichtig: vorteilhaft, daß die Gorgonen schlafen, damit gewinnt die Operation um so mehr etwas von einem chirurgischen Eingriff. Zwar schlafen die Frauen, aber ihr tödlicher Anblick schläft nicht. Völlig schlafumfangen sei Gorgo nicht gewesen, sagt Lucan (9,671 ff): Wachsam schützten Schlangen das Haupt, während andere sich wie ein Vorhang vor die geschlossenen Augen hängten. Das angesichts der Gorgo wichtigste Gerät, die dem Kampf mit ihr eigentlich gemäße Wehr, ist der Schild, der nun aber statt Stahl oder Stein den bloßen Anblick des Gegners abfängt, als *Spiegel*. Im Liber monstrorum ist der Schild sogar aus Glas, also ein echter Spiegel (vgl. Myth. Vat. II 112: «vitreo clypeo»; aus «Kristall» ist er nach Remigius 2,50.16, Bd. 2, S. 161; s.a. Boccaccio, Gen. 10,11). In dessen Schutz allein kann P. seinen Angriff erfolgreich vortragen, denn das Spiegelbild bricht die Macht des Urbildes: Am Abbild kann der Angreifer Maß nehmen für den einen tödlichen Hieb, den er braucht, ihr das Haupt abzuschlagen. Apollodor (Bibl. 2,4,2) berichtet, Athene habe ihm dabei die Hand geführt. Noch genauer sieht Lucan hin (9,675 f): Mit der Rechten habe die Göttin die zitternde («trementem») Sichel gelenkt. Das steht der scharfsinnigen Göttin und ihrem praktischen Naturell wohl an: Schließlich zeigt das Spiegelbild die Gorgo seitenverkehrt. Nach Lukian (Dial. mar. 14,2; s.a. Boccaccio, Gen. 10,11) benutzt Athene dabei sogar ihren eigenen Schild. Gewöhnlich aber wird berichtet, P. habe seinen Schild benutzt, der damit das einzige für das Unternehmen nötige Instrument ist, das der Held nicht erst beschaffen muß. Aber es heißt auch, er habe den (Bronze-)Schild von Athena, den sie ihm gab mit dem Rat, ihn als Spiegel zu benutzen (Lucan 9,669 f). Daß sein Unterfangen auch sonst göttlichen Beistand hat, wird sichtbar an der Vermittlerrolle des –> Hermes, der ihn geliebt haben soll (Hygin, Astron. 2,12), und an dessen Reisetechnik mit Hilfe von Flügelschuhen, die der Gott ihm samt dem (geflügelten?) Reisehut und der Tarnkappe auch gegeben haben soll (Hygin, Astron. 2,12,1). Lucan (9,662 ff) weiß, daß P. die Sichel («harpe») von Hermes hatte, und sie sei noch rot vom Blut des Argus gewesen. Außerdem sagte man, die Tarnkappe sei ein Werk des Hephaistos, der schon das diamantene Sichelschwert («falx») hergestellt hat (Hygin, ebd.). Es ist sicher charakteristisch für Athene, daß ihr Beistand nicht eigentlich ein Gerät ist, sondern Rat, dessen Wesen durch nichts anschaulicher werden kann als durch einen Spiegel. Übrigens soll Athena dem P. auch geraten haben, über Libyen mit dem Gesicht gegen die Sonne und also über dem Gorgonenland rückwärts zu fliegen (Lucan 9,666 ff; –> Pegasus, Chrysaor). Was Boccaccio in dieser Sache schließlich berichtet, nimmt der alten Geschichte Ordnung und tieferen Sinn: P. erscheint dort ausgerüstet mit der Aegis der Pallas, Schuhen und Schwert des Merkur, eine Tarnkappe wird nicht erwähnt, und er sitzt offenbar hoch zu Roß auf –> Pegasus, dem Flügelpferd (Gen. 12,25), das nach dem ursprünglichen Ablauf der Geschichte doch erst dem abgeschlagenen Haupt der Medusa entspringen soll.

Auch der «Ovide moralisé en prose» (4,25, de Boer S. 161) wird die Geschichte in wesentlicher Hinsicht anders sehen: Die Schwestern besaßen ein einziges Auge, in dessen Gebrauch sie sich teilten, und es sei der Anblick dieses Auges gewesen, der das Unheil verursachte. P. habe ihnen das Auge entrissen und so sie geblendet. Somit konnten die beiden Überlebenden ihn nicht einmal verfolgen, und P. ist für die Flucht gar nicht auf eine Tarnkappe angewiesen, die denn der Bericht auch nicht erwähnt. Übrigens hat er sogleich nach der Tat den Pegasus bestiegen, der ihn dann über Land und Meer führen wird (4,25, S. 162). Dem Anblick der Gorgo weiß er auch hier, wie im üblichen Bericht, mit Hilfe des Spiegelbildes im Schild zu wehren (zum Motiv des einen Auges vgl. Palaiphat 33; Isidor, Etym. u. a. 11,3,29; –> Medusa). Es ist wohl charakteristisch für das primär allegorische Interesse des Autors (s. **B**), wenn es der Geschichte an Logik gebricht: Schließlich geht es dem P. auch hier um das Haupt der Gorgo, und so erfahren wir, daß das schreckliche Auge sich ebendort befinde, aber sie ist demnach offenbar einäugig (4,26, S. 162).

Mit dem Haupt, wohlverwahrt im Beutel über dem Rücken, sieht man den Helden jetzt auf der hastigen Flucht vor den Geschwistern der M. (Apollodor, Bibl. 2,4,3; eigentlich sieht man ihn eben nicht, denn er trägt ja die Tarnkappe, die ihn schon für die G. unsichtbar machte), dann auf der Reise – für eine Weile ein Spielball der Winde, wie Ovid ihn beobachtet (Met. 4,617 ff) –, über der libyschen Wüste Schlangen säend mit Tropfen vom Blut aus dem Haupt der M.: Da zeigt sich, welch unheimliche, welch gefährliche Beute er bei sich hat. Eigentlich habe er vorgehabt, sagt Lucan (9,685 ff), den Weg abzukürzen und direkt über die Städte Europas zu fliegen, aber Pallas habe ihn gebeten, davon abzulassen und die Völker zu schonen und das fruchtbare Land; denn wer würde nicht aufblicken, wenn da so ein mächtiges Ding vorüberfliegt! So also sei er über Libyen geflogen, wo der unfruchtbare Boden gierig das Blut der Gorgo in sich aufnahm und als erste die Aspisnatter entließ, die «giftigste aller Schlangen».

Das Gorgonenhaupt erweist sich als mächtige Waffe, die P. zuerst – vielleicht ohne wirklich ernsthaft bedroht zu sein – gegen Atlas einsetzt, der dem müden Reisenden die Gastfreundschaft versagt und ihn gar mißtrauisch feindselig behandelt (Ovid, Met. 4,631 ff), weil er ihn für jenen Sohn des Zeus hält (–> Herakles), von dem ihm geweissagt wurde, er werde die Äpfel der Hesperiden stehlen (vgl. Servius, Aen. 4,246). Das vergilt P. ihm mit einem «Geschenk»: Er hält ihm das Medusenhaupt vor das Gesicht, und schon beginnt der Mann sich in das Gebirge zu verwandeln, das man seither unter seinem Namen kennt (vgl. Myth. Vat. II 114). Daß der Anblick dieses Haupts nicht nur Menschen versteinert, beobachtet Ovid (ebd. 4,740 ff) an der Entstehung der Koralle (–> Medusa).

Noch immer unterwegs nach Seriphos, kommt P. nach Äthiopien, wo ihn ein anderes und folgenschweres Abenteuer erwartet: Er entdeckt ein Mädchen, das man an einen Felsen im Meer gefesselt hat. Das ist Andromeda, die Tochter des Königs Kepheus. Was war geschehen? Königin Kassíepeia (Cassiope: Hygin, Fab. 64; Kassiopeia) hatte die Nereiden verärgert und mit ihnen Poseidon, weil sie – eitel und töricht – sich für schöner und überhaupt besser als die Nymphen erklärt hatte. Andere behaupten, sie habe die Schönheit der Tochter gepriesen (Hygin, Fab. 64,1; Myth. Vat. I 73: «superbia matris»). Poseidon hatte darauf eine Flut und ein Meeresungeheuer über das Land geschickt. Das Unglück lasse sich nur wenden, wenn er die Tochter dem Ungeheuer zum Fraß vorsetze, wurde dem König beschieden, und das Volk drängte. P. sieht Andromeda und verliebt sich und verspricht, das Untier zu erschlagen, wenn man ihm dann das Mädchen zur Frau gebe. Man einigt sich, P. erlegt das Tier. Der «Ovide moralisé en prose» (4,31, de Boer S. 167) wird behaupten, er sei dabei auf dem Pegasus dahergestürmt. Daß er bei diesem Kampf nicht die Medusa einsetzt, könnte daran liegen, daß sie (nach der üblichen Überlieferung) die Tochter eines Meergottes ist. Wichtiger vielleicht, daß Poseidon sogar mit ihr gelegen haben soll. Als aber Phineus, der Bruder des Königs, dem die Andromeda versprochen war, sich gegen P. verschwört, verwandelt der ihn und seine Komplizen kurzerhand zu Stein (Apollodor, Bibl. 2,4,3). Ovid (Met. 5,1–235) berichtet von einem blutigen Kampf, der dem Einsatz der Gorgo vorausgeht. Auch habe P. umsichtig erst einmal v.a. die Freunde gewarnt, ehe er 200 Mann (ebd. 208) des Phineus versteinert, die der Anblick wie ein Blitz zu treffen scheint, denn sie erstarren in der Haltung, die sie gerade einnehmen. Phineus versucht vergebens, die Augen abzuwenden; denn P. handhabt den Anblick der Medusa wie eine Waffe, deren Angriff der Gegner nicht ausweichen kann (ebd. 230 ff). Wohl zur Erklärung des blutigen Kampfs zu Beginn (nach Ovid) wurde behauptet, P. habe zum Gorgonenhaupt gegriffen, um der Übermacht zu wehren (Myth. Vat. I 73). Nach Hygin (Fab. 64) plante Kepheus, gemeinsam mit dem Verlobten Agenor (so nur bei Hygin) den P. heimlich zu töten. Wohl jetzt verwandelt er mit dem «schlangenhaarigen Grauen» den Usurpator Proetus, den Bruder des Acrisius, zu Stein (Ovid, Met. 5,236 ff), der den Großvater vertrieben hatte, und setzt ihn wieder in seine Rechte ein (Boccaccio, Gen. 12,25). Apollodor (Bibl. 2,4,3) erzählt, daß P. nun nach Seriphos kommt, wo die Mutter und Diktys vor den Angriffen des Polydektes Zuflucht an den Altären gesucht haben. Der König scheint die Nachricht von dem Medusenhaupt in den Händen des P. nicht ernst zu nehmen: Da hält P. es ihm vor die Augen, und Polydektes wird mitsamt seinen Gefährten, wie sie ihn in seinem Palast umgeben, zu Stein, «ein jeder in der Haltung, die er gerade zufällig einnahm» (vgl. Ovid, Met. s. o.). Es wurde auch erzählt, daß Polydektes die Macht («virtutem») in den Händen des P. fürchtete und ihn zu töten plante, und das sei der Grund dafür, daß P. ihn zu Stein machte (Hygin, Fab. 64,4). Erst jetzt gibt P. das Haupt der Medusa aus der Hand: Athena wird es in die Mitte ihres Schildes setzen (Apollodor, Bibl. 2,4,3; nach Lucan 9,666 hat Pallas sich das Haupt schon im voraus ausbedungen). Bei gleicher Gelegenheit habe er Schuhe, Kappe und Beutel dem Hermes «zurückgegeben», und der habe sie wieder den Nymphen gebracht. Später wird man auch behaupten, P. habe das Gorgonenhaupt an seinem eigenen Schild befestigt (Fr. Pomey 1694, S. 374).

Jetzt eilt P. mit der Mutter und Andromeda nach Argos, denn er will Akrisios sehen. Der aber ist auf die Nachricht hin nach Larissa geflohen, denn noch immer fürchtet er die Erfüllung des Orakels und erleidet nun doch, was er durch seine Flucht zu vermeiden suchte. P. folgt der Einladung des Teutamides, Königs von Larissa, zu Leichenspielen, seinen toten Vater zu ehren. Im Fünfkampf wirft er die Scheibe und erschlägt – unversehens – damit den Akrisios, den er am Fuß trifft (Apollodor, Bibl. 2,4,4). Pausanias (2,16,2) wird berichten, daß P. den Großvater in Larissa mit den freundlichsten Absichten sehen wollte. Der Knabe habe in jugendlichem Stolz jedermann gerne die neuerworbene Geschicklichkeit im Diskuswerfen gezeigt, dabei sei Akrisios durch einen verhängnisvollen Unfall zu Tode gekommen. Übrigens wurde erzählt, P. habe auch den Großvater durch den Anblick des Gorgonenhauptes zu Stein verwandelt (Myth. Vat. I 111).

Eine ganz andere Version der Geschichte steht bei Hygin (Fab. 63). Hier ist Polydektes ein netter Mann, der die Danaë heiratet und den Buben im Tempel der Minerva erziehen läßt. Akrisios (Acrisius) habe dann vom Aufenthalt der beiden gehört und versucht, sie zurückzuholen. Mit der Absicht sei er nach Seriphos gekommen, aber Polydektes habe sich schützend vor sie gestellt («pro eis deprecatus est»). Am Ende glaubte der Großvater dem P., daß er ihn nie töten werde. Ein Sturm verzögerte die Abreise des Akrisios, da ergab es sich, daß Polydektes starb. Man richtete Leichenspiele für ihn aus. Der Wind lenkte die Wurfscheibe des P. gegen den Akrisios und traf ihn tödlich am Kopf. P. begräbt den Großvater außerhalb der Stadt. Aus Scham will er das Erbe dessen, der von seiner Hand gestorben ist, nicht antreten. Darum tauscht er mit Megapenthes (vgl. Pausanias 2,16,3), dem Sohn des Proteus, Argos gegen Tyrins, nachdem er zuvor schon Midea und Mykene befestigt hatte (vgl. Pausanias 2,16,3 zur Gründung entweder, weil P. dort der Schwertknauf [= «mýkes»] zu Boden fiel, oder weil der Durstige dort einen Pilz [= «mýkes»]aus dem Boden zog, worauf Wasser dem Boden entströmte). Über die Kinder, die er mit Andromeda hatte, s. o. Pausanias (2,22,1) berichtet von einem Krieg, den P. gegen die Haliai führte, die man die Meerfrauen nannte, die im Gefolge des Dionysos nach Argos gekommen waren.

Eine lateinische Version der P.-Geschichte erzählt, daß die mitleidigen Götter den Kasten mit Danaë in Italien anlanden ließen, daß dort sie ein Fischer fand, daß sie dann das Kind gebar, dem sie den Namen des Fischers gab, daß der König sie zur Frau nahm und mit ihr Ardea gründete und daß man die beiden für die

Stammeltern des Turnus halte (Myth. Vat. II 110), womit die griechische Ahnen-
reihe Italiens noch über Aeneas hinaus zurückreicht.

Vom Ende des P. erfahren wir erst von Hygin (Fab. 244,3), der erzählt, Megapenthes, der Sohn des Proitos, habe ihn aus Rache für den Tod des Vaters getötet.
Athena soll ihn und Andromeda an den Himmel versetzt haben (Hygin, Fab.
224,2; vgl. Boccaccio, Gen. 12,25). Andere sagen, sie seien im Himmel aufgenommen und von den Menschen an den Sternenhimmel versetzt worden (Hygin,
Astron. 2,9; vgl. Isidor, Etym. 3,71,33).

B Seine Taten zeigen einen Mann, der beweglich und rasch ist mit Kopf
und Leib. Daß er nicht immer bedachtsam ist, zeigt etwa der Vorschlag,
die Gorgo zu holen: Er ist einer, der etwas wagt. Dabei erweist er sich als
bemerkenswert umsichtig in der Vorbereitung und in der Durchfüh-
rung. Er scheint von lauterem Wesen, rechtlich denkend und loyal, wie
er sich um die Mutter kümmert. Großmut oder Verständnis zeigt er gegen den Großvater. Gewissenhaft ist er gegen die, die ihm vertrauten,
wenn er z. B. Geliehenes zurückgibt. Mag sein, daß seine Reaktion auf
die Unfreundlichkeit des Atlas eher kleinlich ist, denn der Mann sitzt ja
einem Irrtum auf. Daß er die Graien erpreßte, indem er ihnen das Auge
stahl, folgt sicher den Regeln des Kampfs; daß er es in den Sumpf warf,
wie z. B. Hygin erzählt, mag man für übermütig halten. In allem, was er
tut, erkennt man auch Züge der Götter, die ihm zur Seite stehen: v.a. den
einfallsreichen, wendigen und flinken Hermes (wenn P. z. B. den Graien
oder Gorgonen das Auge entwendet), den Unternehmer und kühnen
Kombinierer, der das eine mit dem anderen zusammenbringt, und die
umsichtige, sachliche Athene, die weiß, wie man etwas ins Werk setzt.

Seine leibliche Erscheinung bleibt in den alten Quellen vage. Am
deutlichsten wird er in zwei Bildbeschreibungen, die ihn in je einem charakteristischen Moment zeigen: als den Helden nach der erfolgreichen
Tat. Auf dem Schild des Herakles nach Hesiod (Aspis 216 ff) sieht man
ihn auf der Flucht mit dem Haupt der Medusa. Abgehoben vom Grund
des Schildes, erscheint er da im Flug, «gedankenschnell». Die Beschreibung beginnt bei den Flügelsandalen, den Instrumenten des Flugs, und
bemerkt dann, in schwarzer Scheide, das Schwert, das Instrument der
Tat, an Kreuzriemen über der Schulter. Über die Breite des Rückens
hängt der Beutel mit dem Haupt, der Beute. Er ist silbern mit goldenen
Quasten. Auf dem Kopf – in düster nächtlichem Glanz – die Tarnkappe.
Der Mann selbst zeigt sich gestreckt wie einer, der es eilig hat und den es
vor Grauen schaudert. Philostrat (Imag. 29) stellt uns das Bild des P. nach
dem Kampf mit dem Meeresungeheuer vor. Hier liegt der Held im Gras,

auf den linken Ellenbogen gestützt, noch keuchend von der Anstrengung. Er trägt einen Purpurmantel, der die Schultern frei läßt, und diese seien das Schönste an ihm, schöner als die schönen Schultern der Pelopiden. Das seien sie schon sonst und sind es jetzt erst recht, aufgeblüht durch den Kampf und mit schwellenden Adern. Als sehr schön («très beau»), stark, klug und tapfer beschreibt ihn der «Ovide moralisé en prose» (4,24, de Boer, S. 159 f).

In euhemeristischem Licht gibt P. sich leicht als außerordentlicher Herrscher und König zu erkennen (Pausanias, Diodor), den man historisiert und der so auch Anschluß an die Geschichte findet. Nach Boccaccio (Gen. 12,25) hielt man ihn für den Stammvater des griechischen Adels. Die Ereignisse um Medusa, deren Überwindung das «Genie» des Helden herausfordert und die v.a. seinen eigentlichen Ruhm ausmachen, bleiben als exotisches oder auch märchenhaftes Motiv vielleicht am längsten intakt, ehe sie sich für vielfältige Deutung als Metapher und Allegorie hergeben. Es fällt auf, daß von der Andromeda-Geschichte weitaus seltener die Rede ist: Das Besondere an P. wird anschaulich an Medusa. Die historische Deutung entdeckt die gefesselte Andromeda in Ioppe (Iope) in Judaea. Das Skelett des Untiers habe man in Rom bestaunen können. Es sei 40 Fuß lang und höher als ein Elephant gewesen, die Wirbelsäule habe 1 1/2 Fuß gemessen (Boccaccio, Gen. 12,25, mit Hinweis auf Plinius).

Charakteristisch die Weise, in der Boccaccio hier «Geschichte» mit Mythos mischt. Nachdem P. Phineus und die Seinen versteinert, den Großvater gegen Proetus («Pritus») wieder in seine Rechte eingesetzt hatte (s. o.), zog er nach Persien, besiegte im Kampf Liber pater (vgl. Augustin, Civ. 18,13; nach Pausanias 2,22,1 hat er offenbar einen Konflikt mit Dionysos, aber in Argos), benannte das Land nach sich selbst und gründete die Hauptstadt Persepolis, die Alexander der Große später habe vernichten lassen. Ein mächtiger König in Asien war P., den man sich wegen seiner vielen Schiffe geflügelt vorstellte (Myth. Vat. III 14,1). «Pegasus» habe das Segelschiff geheißen, mit dem er reiste, sagt Boccaccio (Gen. 12,25), der den Helden ja auch auf dem Flügelroß gegen die Gorgo ziehen sieht. Nach anderen sei P. auf dem Roß ein Bild für den Mann, den das Verlangen nach Ruhm davonträgt (ebd.). Die Gorgonen seien die schönen Töchter des reichen Königs Phorcys, den die gescheiteste («astutior») der Schwestern als Herrscherin beerbte (–> Medusa). Der Spiegelschild, dessen P. sich gegen die Gorgo bediente, wird dann ein Bild dafür, daß er seine Flucht mit Hilfe von Spionen («speculatores») gegen unvermutete Ereignisse abgesichert hatte (der Spiegel als Spion: Myth. Vat. III 14,1). Boccaccio (ebd.) meint, der Spiegel der Pallas stehe für die Klugheit («prudentia»), mit der wir zu unserem Schutz die Handlungen des Feindes kalkulieren, die Flügelschuhe Merkurs zeigten an die für jegliches Unterfangen nötige Schnelligkeit und Sorgfalt in allen Dingen. Besonders umsichtig (ebd.) will uns die Deutung des Sichelschwerts scheinen, dessen Krümme (wie ein Krummsäbel) nach innen stumpf ist, denn so lasse sich die Beute heranziehen, und nach außen scharf, um den Feind mit unseren Hieben abzuwehren (vgl. die Form des Schwerts in der bildenden Kunst).

Bemerkenswert die Beobachtung, daß der Held der Gorgo auf der Flucht den Rücken zukehrte, denn nach dem Schrecken schaue man sich nimmer um! Das Haupt der Medusa sei ein Bild für den neuerworbenen Reichtum; die Geschichte zu Atlas bedeute, daß P. diesen mit Hilfe der Kräfte der Medusa zwang, sich in die Berge zurückzuziehen (Myth. Vat. III 14,1 f; vgl. die Variante in Myth. Vat. II 112).

Die moralisierende Allegorese sieht in P. leicht ein Bild der Tugend («figura virtutis»), die mit Hilfe der Weisheit (= Minerva) den Schrecken besiegt (Myth. Vat. I, 130, wohl nach Fulgentius, Myth. 1,21, 655–658, Helm 1970, S. 32 f). Einen Spiegelschild trage er, weil ein Schrecken nicht nur das Herz, sondern auch den Leib («figura») packe.

Die christliche Allegorese und Moralisierung des «Ovide moralisé en prose» ist entsprechend dem Interesse Ovids an P. beträchtlich in Umfang und Gehalt. Hier (4,26, de Boer S. 162) ist P. das Bild für Christus, der herabkommt zur Menschwerdung in den verschlossenen Turm der Jungfräulichkeit (–> Danaë), um uns aus dem Gefängnis der Hölle zu befreien. Mit den drei Gorgonen entmachtet er die Töchter des Teufels. Der Stein, in den ihr Auge uns verwandelt, ist ein Bild für die Schwere des Irdischen, das uns in die Hölle hinunterzieht. Mit seinem Leidensweg und seinem Tod schlug «Perseüs-Jhesucrist» der Medusa das Haupt ab. Kühn auch die Konstruktion zu Atlas (4, 29, ebd. S. 165) und zur Andromeda, in der wir die verführerische Rede von Urmutter Eva sehen sollen, die dann von P.-Christus aus der Verdammnis gerettet wird usw. (4,31, ebd. S. 168). Ausführliche Auslegungen gibt es auch zu anderen Szenen (5,4, ebd. S. 173 f).

Speziell die Emblematik des 16. / 17. Jh. hat eine bemerkenswerte Neigung, den Helden und seinen Ruhm zum Patron musisch-geistiger Taten und Tugenden zu machen, was leicht an die alte Beziehung zur Weisheit (Pallas / Athena) anknüpft. Dazu engagiert man gern (wie schon

Boccaccio, Gen. 12,25; vgl. o.) das Musenroß –> Pegasus, das im Mythos ursprünglich nur eine Rolle spielt, sofern P. unversehens zu seinem «Geburtshelfer» geworden war. So vermischt das Bild des Gorgotöters sich mit dem des Rossebändigers –> Bellerophon. So präsentiert ein Emblem des Barptolomaeus Anulus (1552, S. 10; H./S. Sp. 1665 f) den fliegenden P. (ohne Roß) mit Schwert und Medusa hoch über der Erde mit versteinerten Menschen und Gewürm unter den Blutstropfen der Gorgo. «Aus Mühe Ruhm» lautet das Lemma, und im Epigramm heißt es: «Wenn die Weisheit mit scharfsinniger Beredsamkeit ein schönes Werk vollbracht hat, so trägt der durch Mühen erworbene Ruhm hoch empor, so (hoch), daß das Menschengeschlecht staunend erstarrt.» Ein Bild der Klugheit («prudentia») ist P. in einem Emblem des Achilles Bocchius (1555, Nr. 137; H./S. Sp. 1666), das ihn im Kampf mit der Chimaera (!) zeigt, dazu das Epigramm: «Ars rhetor(um) triplex movet, ivvat, docet,/ Sed praepotens est veritas divinitus./ Sic monstra vitior(um) domat prvdentia» (Dreifach bewegt, hilft, belehrt die Kunst des Redners/ Doch stärker ist die Wahrheit, aus göttlicher Fügung./ So bändigt die Klugheit die Ungeheuer des Lasters). Unter dem Lemma PERSEI FABULA zeigt ein Emblem des Joannes Sambucus (1566, S. 127; H./S. Sp. 1666 f) den stehenden Helden, das Schwert in der Rechten, das Haupt der Gorgo in der Linken vor einem Tempel der Minerva, im Hintergrund Fama auf dem Pegasus. Das Epigramm spricht von der Verbindung von Tapferkeit und Klugheit und schließt mit der Feststellung, daß gute und tapfere Taten gute Dichter machen und nähren. Der Held also als Sujet dichterischer Tat. Vom unsterblichen Ruhm des Dichters (COELO MUSA BEAT) meldet ein Emblem bei Nicolas Reusner (1581, I, Nr. 17; H./S. Sp. 1667) zum Bild des P. mit dem Haupt der Medusa und dem Pegasus. Zur Warnung gegen die Begierden (SPERNE VOLUPTATES) dient das Bild mit P., der Medusa und Pegasus in einem anderen Emblem bei Nicolas Reusner (1581, III, Nr. 6; ebd.). Vollends verfremdet erscheint der Mythos in einem Emblem des Dionysius Lebeus-Batillius (1596, Nr. 20; H./S., Sp. 1667 f), in dem das Medusenhaupt zum gefährlichen Spiegel für eine selbstgefällige Betrachtung eigener Macht und Kraft wird: PERICULOSVM POTENTIAM ET VIRES SVAS ADMIRARI (Gefährlich ist es, seine eigene Macht und Kraft zu bewundern). Im Epigramm heißt es: «Er, der eben noch den Preis eines unzweifelhaften Sieges heimbrachte, als er das versteinernde Haupt der Medusa vor sich her trug, wird zu Stein erstarren, sobald er das Ungeheuer anzublicken wagt und dessen Blick (‹lumina›) nicht ertragen kann.»

Mindestens seit dem 17. Jh. scheint die Befreiung der Andromeda die eigentlich interessante Tat des P. zu sein, was sich an der bemerkenswerten Anzahl von dramatischen Bearbeitungen des Themas (H. Hunger 1981, S. 323) und wohl auch daran ablesen läßt, daß F. Pomey (1694, S. 374) die Episode um das Mädchen ausdrücklich als erste der Taten des Helden nennt.

C *Typus und Attribute.* Das jugendlich draufgängerische Wesen des P. der Mythographen, kommt in der Bildkunst in seiner durchweg jugendlichen, manchmal knabenhaften Erscheinung zum Ausdruck. Soweit die Künstler der klassischen Überlieferung folgen, stellen sie P. mit Flügelhelm und Flügelschuhen, aber im übrigen nackt dar oder nur mit einem Mantel (getreu schriftlicher Überlieferung purpurfarben in einer karolingischen Handschrift des 9. Jh.; Leiden, Rijksuniversiteit, Ms. Voss. Lat. Qu. 79, Bl. 40^v). Außer Flügelhelm und -schuhen gehören Beutel, Schild und Schwert zu seiner Ausrüstung (vgl. **A**).

Mittelalter und Renaissance stellen P. auch im Zeitkostüm dar. Auf einem Wirkteppich vom Ende des 15. Jh. (*P. und die Naiaden*, Manufaktur unbekannt; Privatslg.) sieht P. dem Ritter Georg zum Verwechseln ähnlich. Dem knabenhaften, zierlichen P. mit blondem Lockenhaar scheinen die eiserne Rüstung (ohne Helm) und das mächtige Schwert, mit dem er zum Schlag ausholt, fast unangemessen. Dennoch ist er in seiner entschlossenen Haltung und getragen vom feuerschnaubenden –> Pegasus mit Cherubflügeln eine glaubwürdige Gestalt. – In einer Handschrift des 12. Jh. sieht man ihn in wadenlangem, gegürtetem Rock und Mantel. Flügelschuhe und Flügel, die sich wie eine Mütze um den Kopf legen, geben ihn als P. zu erkennen (Illustration in «De signis coeli», Oxford, Bodl. Ms. 614, Bl. 26^v). Ein Brüsseler Wirkteppich (*Das Opfer des P.*, nach 1528; 1963 im Kunsthandel) stellt den Helden in langem Mantel, ohne Kopfbedeckung, vor dem Opferaltar kniend dar. Die Flügelschuhe sind im Mittelalter oft auf die Flügel reduziert, die unmittelbar aus den Fußgelenken wachsen (z. B. auf der Illustration zu Hygins «Fabularum liber»; Leyden, Rijksuniversiteit, Bibliothek, Ms. Voss. lat., oct. 15, Bl. 175^V). Auf derselben Illustration trägt P. (atypisch) eine phrygische Mütze. Die Flügelhaube hingegen wird mitunter insofern modifiziert, als sie sich auf Kopfflügel beschränkt, wie sie oft dem –> Hermes oder dem spätantiken Medusa-Typus eigen sind (–> Medusa), so in einer französischen Handschrift des 9. Jh., Scholia in Ciceronis Aratea (London, British Museum, Ms. Harley 647, Bl. 4^r).

Der Schild des P. ist in der Regel ein Rundschild wie der, den Phidias seinem berühmten Kultbild der Athene (mit dem Gorgoneion in der Mitte) beigegeben hatte. Die Form des Schwerts dagegen variiert durch die Zeiten und oft von Meister zu Meister. Sie reicht vom Sichelschwert, von dem die Quellen sprechen (Lekythos, 5. Jh.; Leiden, Rijksmuseum, Inv. ROI C 17) über das mächtige gerade Kampfschwert im Mittelalter (Wirkteppich *P. und die Naiaden*, 15. Jh.; s. u.), das gerade Schwert mit gekrümmtem Ende (wohl das Sichelschwert) bei Cellinis Perseus (1554; Florenz, Loggia dei Lanzi, s. u.) und die Lanze (Giambatt. Tiepolo, Decke im Palazzo Sandi in Venedig, s. u.) bis zum Stock bzw. Ast (z. B. auf Tiepolos Entwurf für die genannte Deckenmalerei).

D 1. *Die Kindheitsgeschichte des P.* ist eng mit dem Schicksal der –> Danaë verbunden. Sie erscheint in der Bildkunst jedoch meist als Episode der P.-Geschichte, etwa auf dem Stück einer Brüsseler Teppichserie mit der Geschichte des P. (gegen 1515 / 20; verteilt auf Krakau, Nationalmuseum; New York, Metropolitan Museum, und Slg. Raoul Heilbronner), das P. als Sieger über Medusa darstellt (Slg. Raoul Heilbronner). Im Hintergrund sieht man als Nebenszene die Aussetzung der Danaë, die mit dem Kind auf dem Arm in einem Boot steht; König Akrisios und zwei Frauen stehen am Ufer. – Bei Pierino del Vaga ist die Kindheitsgeschichte Teil seines Zyklus in der Engelsburg (s. *Zyklen*).

2. *P. und die Naiaden* (s. **A**). Das Bild einer griechischen Vase regte E. Burne-Jones thematisch zu seiner Darstellung des P. mit den Naiaden an (s. K. Löcher 1973). Die Komposition dagegen ist unabhängig: Die Nymphen (Naiaden) stehen (in Anordnung und Haltung an die drei Grazien / –> Chariten erinnernd) auf einer spiegelnden Fläche, die das Wasser symbolisiert. Eine hält die Flügelhaube, die andere den Beutel, die dritte gibt P. einen Helm. P. legt sich sitzend die Flügelschuhe an. – Im übrigen wird das Thema in der Bildkunst kaum behandelt.

3. *P. tötet Medusa.* Diese nächst der Befreiung der Andromeda (s. u.) populärste Episode der P.-Geschichte ist schon im 7. Jh. v. Chr. in der griechischen Kunst faßbar. – Eine der Metopen vom Artemistempel in Selinunt, Tempel C (um 550 v. Chr.; Palermo, Museo Regionale) zeigt P. im Schutz der Athene (links) die Medusa am Haar packend und das Sichelschwert an ihren Hals setzend (Medusa im typischen archaischen Knielauf). Später (z. B. auf einer Olpe des Amasis-Malers, 550 / 540 v. Chr.; London, British Museum, Inv. B 471) legt P. im Lauf Hand an Medusa, wobei er den Kopf abwendet.

Auf das Bildschema der Antike greifen die Meister der Neuzeit zurück, z. B. Annibale Carracci im Palazzo Farnese in Rom (1597, in einer der Lünetten des Camerino Farnese). P. (nackt, nur mit Flügelschuhen und Helm) hat Medusa am Schlangenhaar gepackt und setzt ihr, sich abwendend, das Schwert an die Kehle. Das Gesicht der Medusa ist von Entsetzen gezeichnet. Die Szene wird flankiert von Athene (links) und Merkur mit den schlafenden Gorgonen (rechts), den Schwestern der Medusa.

5. *P. als Sieger über Medusa*, am prägnantesten veranschaulicht in einem statuarischen Typus des triumphiernden P. mit dem abgeschlagenen Haupt der Medusa, das er in die Höhe hält. Dieser begegnet uns durch alle Zeiten von der Antike bis ins 19. Jh. – Den schon in der Antike etablierten Typus des triumphierenden P. greift Benvenuto Cellini wieder auf (Bronze; 1545 in Auftrag gegeben, 1554 in der Loggia dei Lanzi in Florenz aufgestellt): P. hält (offenbar kurz nach der Tat) das abgeschlagene Haupt der Medusa, dessen Anblick versteinert, dem Betrachter entgegen (eine unmißverständliche politische Drohgebärde).

Eine Marmorstatue von Antonio Canova (1799 / 1800; New York, Metropolitan Museum; eine zweite, größere Version in Rom, Vatikan, Cortile Ottagono) folgt demselben Schema, das Bewegungsmotiv ist jedoch dem Apoll vom Belvedere (–> Apoll) entlehnt. Das 19. Jh. hat diese Statue sogar dem letzteren als ebenbürtig an die Seite gestellt (s. Meyers Konversations-Lexikon, Leipzig 1875, Bd. 4, S. 136 f). Befremdlich ist für den in der antiken Mythologie so bewanderten Canova, daß P. Medusa anzuschauen scheint, jedenfalls seinen Blick nicht abwendet. Da die Arbeit kurz nach dem zwischen Papst Pius VI. und Frankreich geschlossenen Frieden von Tolentino entstand, darf man darin wohl eine politische Anspielung vermuten.

6. *P. und Andromeda* (s. **A**), die am häufigsten dargestellte Episode des P.-Mythos. Zwei Phasen sind zu unterscheiden: der *Kampf mit dem Seeungeheuer* und die *Befreiung der Andromeda*, oft simultan dargestellt.

Der Kampf des P. mit dem Seeungeheuer (Drachen) wird wiederum in verschiedenen Phasen gezeigt: Zunächst sieht man P., durch die Luft fliegend, sich nähern, dann folgt der eigentliche Kampf. Piero di Cosimo hält sich bei seiner Darstellung (Florenz, Uffizien) an die klassischen Mythographen, wenn er P. kraft seiner Flügelschuhe sich fortbewegen läßt, ebenso der sog. Perseus-Meister auf seinem Bild (um 1515; Florenz, Uffizien) oder B. Cellini auf dem Relief des Sockels der Gruppe (Florenz, Original im Bargello; s. o.), dessen P. im Sturzflug zum Schwertstreich gegen das Ungeheuer ausholt. – Reitend begegnet P. dem Drachen bei Annibale Carracci (Fresko nach 1604; Rom, Palazzo Farnese, Galleria), ebenso bei Giambattista Tiepolo auf dem Deckenfresko im Palazzo Sandi in Venedig (nach 1725). P. bekämpft den Drachen entweder aus der Luft oder auf ihm stehend, wie ihn der obengenannte Perseus-Meister zeigt. Meist schauen König Kepheus und Kassiopeia, die Eltern der Andromeda, mit ihrem Gefolge vom Ufer aus zu.

Jean A. D. Ingres' Bild *Roger und Angelika* (1841, Montauban, Musée; nach Ludovico Ariosto, «Orlando furioso», 1516–1521) deckt sich mit der Ikonographie des Kampfs des P. mit dem Drachen. Bezeichnenderweise läuft eine andere Version dieses Bildes (Edinburgh, Privatslg.) in der Literatur alternativ unter beiden Titeln.

Félix Valloton gewinnt dem Thema auf seinem Bild von 1910 (Lausanne, Slg. Paul Valloton) wiederum eine andere Seite ab: P. rammt in der Haltung eines Industriearbeiters dem eher schüchternen, zierlichen Drachen eine Stange in den Leib, während die am Strand auf dem Boden hockende derb-biedere Andromeda mit einem Anflug von Gereiztheit die Szene über ihre Schulter hinweg verfolgt.

Der eigentliche Akt der Befreiung wird in der Antike häufiger gezeigt als in der Neuzeit. Den römischen Typus soll hier ein (wohl hadrianisches) Relief vertreten (Rom, Musei Capitolini, Inv. 501). Die Darstellung entbehrt jeder Dramatik: P. reicht gelassen Andromeda die Hand, um ihr an Land zu helfen (unter dem Mädchen das erlegte Ungeheuer). So sieht man das Paar in der Neuzeit selten, etwa auf einer Zeichnung von J. H. Füßli (um 1778; London, British Museum): P. umfängt Andromeda, die vom Felsen herabsteigt (links das tote Ungeheuer, rechts Pegasus).

7. Das Opfer des P. (Ovid, Met. 4,753 ff) scheint erst in der Renaissance für die bildende Kunst zum Thema zu werden. In enger Anlehnung an den Text bei Ovid schilderten die Malereien des Polidoro da Caravaggio am Gartenhaus im Giardino del Bufalo in Rom (gegen 1525; das Gebäude wurde abgerissen) das Opfer des P., der drei Altäre errichtet (für Juppiter, Athene und Merkur) und seinen Schutzgöttern opfert. Hinter den Altären stehen P. und Andromeda (weshalb man die Szene auch als Hochzeit der beiden interpretiert hat). – Auf dem oben angesprochenen Teppich (nach 1528; 1963 im Kunsthandel) kniet P. allein vor einem Opferaltar, oben in den Wolken thronen Athene, Juppiter und Merkur.

8. Die Versteinerung des Phineus (auch: *Die Hochzeit von P. und Andromeda*; s. **A**). Ein seit der Renaissance häufig behandeltes Thema vornehmlich im Barock, der das theatralische Potential des Stoffs gern nutzt. – Der Meister von Serumido wählt es als Gegenstück zum Opfer des P. (s.o; auch dieses Bild wie eine prunkvolle Bühnenkulisse mit Säulenarchitektur). – Annibale Carracci behandelt es auf seinen P.-Fresken in der Galleria des Palazzo Farnese in Rom (ab 1604): Phineus, dem Andromeda versprochen war und der jetzt mit seinen Gefolgsleuten das Hochzeitsbankett stört, ist in der Bewegung halb erstarrt.

Luca Giordano nimmt sich des Themas viermal an (Gemälde in London, National Gallery, um 1680; in South Hadley / Mass., Mount Holyoke College Art Museum, um 1680; Genua, Palazzo Reale, um 1680; Madrid, Prado, 1690er Jahre). Wir greifen hier nur das Londoner Bild heraus, da es den Moment der Metamorphose am eindringlichsten festhält. Dramatisch schildert es den Tumult während des Banketts. Inmitten des Chaos (einige, darunter König Kepheus, versuchen noch zu fliehen, die Tafel ist umgestürzt, zu Stein gewordene Gefolgsleute des Phineus liegen auf dem Boden) sieht man P. mit dem Haupt der Medusa, das er als Waffe einsetzt. Zwei seiner Gegner setzen an, den Speer zu schleudern, ein dritter hebt schützend den Schild vor sich, aber sie erstarren in der Bewegung, der Oberkörper hat schon die Farbe des Steins (vgl. M. Helston 1985). Unter Giordanos Einfluß steht Francesco Solimenas Gemälde (um 1695; Privatslg.).

9. *P. im Garten der Hesperiden* (*P. und Atlas*; Ovid, Met. 4,631 ff). Das selten dargestellte Thema illustriert ein Teppich von 1559 (Rom, Palazzo del Quirinale): Die Bildmitte der bühnenmäßigen Komposition nimmt ein riesiger Drache unter einer Pergola ein (gemeint ist Ladon, der die goldenen Äpfel im Garten der Hesperiden bewacht; –> Herakles), flankiert von P. (hier bärtig; vgl. **C**) und Atlas (mit Turban und Krone).

10. *Zyklen*. Die Geschichte des P. ist in der Bildkunst der Neuzeit wie wenige andere Gegenstand zyklischer Gestaltung. Mit 14 Episoden schmückt Pierino del Vaga 1545 / 46 die Sala di Perseo in der Engelsburg in Rom (jeweils in einer Lünette): 1. *Juppiter und Danaë*, 2. *die Aussetzung von Danaë und P.*, 3. *Polydektes nimmt Danaë und P. auf*, 4. *Polydektes schickt P., die Medusa zu töten*, 5. *P. tötet das Ungeheuer*, 6. *die Entstehung der Schlangen Libyens aus dem Blut der Medusa*, 7. *P. im Flug*, 8. *P. auf dem Weg zum Schloß des Atlas*, 9. *Kampf zwischen Kepheus (Cifeo) und Amor*, 10. *Kampfszenen*, 11. *P. versteinert Phineus*, 12. *P. erblickt Andromeda*, 13. *P. und Andromeda* (14. verlorene Szene). An der Decke des Raums der hl. Michael in der Art des fliegenden P. (vgl. **B**).

Annibale Carraccis Fresken in der Galleria des Palazzo Farnese in Rom (ab 1604) behandeln *die Befreiung der Andromeda* und *den Kampf zwischen P. und Phineus.*

Der Barock zeigt, in Anknüpfung an Ovid, eine besondere Vorliebe für die Geschichte von P. und Andromeda. Die Teppichserie nach Kartons von Louis van Schoor (Ende 17. Jh.; die vollständige Serie in Wien, Kunsthist. Museum) breitet sechs Szenen aus: 1. *die Befreiung der Andromeda*, 2. *die Meernymphen wiederholen das Wunder der Verwandlung von Zweigen, die das Haupt der Medusa berührt hat, in Korallen*, 3. *P. und Andromeda opfern Merkur, Juppiter und Minerva*, 4. *Andromeda wird für die Hochzeit geschmückt*, 5. *die Verwandlung des Phineus* (hier greift Athena, in den Wolken, selbst in den Kampf ein und holt mit dem Schwert aus), 6. *P. und Andromeda auf dem Triumphwagen* (in der Idee zurückgehend auf Petrarcas «Trionfi»).

Der umfangreichste Zyklus ist mit (ursprünglich 28 geplanten) Einzelthemen der des Edward Burne-Jones (nach William Morris, «Earthly Paradise», London 1868). Die von Arthur James Balfour für den Empfangsraum seines Hauses in London 1875 in Auftrag gegebene Bilderserie war beim Tod Burne-Jones' 1898 unvollendet (heute Stuttgart, Staatsgalerie): 1. *die Berufung des P.*, 2. *P. und die Graien*, 3. *P. und die Meeresnymphen*, 4. *die Auffindung der Medusa* (Karton für ein nicht ausgeführtes Gemälde), 5. *der Tod der Medusa I* (Karton für nicht ausgeführtes Gemälde), 6. *der Tod der Medusa II* (Karton für nicht ausgeführtes Gemälde), 7. *Atlas in Stein verwandelt* (schließlich nicht in den Zyklus übernommen), 8. *der Schicksalsfelsen* (Andromeda an den Felsen gekettet), 9. *die Erfüllung des Schicksals* (P. mit dem Drachen), 10. *der Hof des Phineus* (nicht in den Zyklus übernommen), 11. *das Schreckenshaupt* (zur literarischen Quelle vgl. K. Löcher 1973).

Lit.: Diez, Erna: Perseus und Andromeda. In: Beiträge zur älteren europäischen Kulturgeschichte 3. Festschrift für Rudolf Egger. Klagenfurt 1954, S. 156–164. Helston, Michael: Luca Giordano. Perseus turning Phineas and his followers to stone. Textheft zur Ausstellung London, National Gallery 1985. Hirthe, Thomas: Die Perseus-und-Medusa-Gruppe des Benvenuto Cellini in Florenz. In: Jahrbuch der Berliner Museen 29/30, 1987/88, S. 197–216. Jones Roccos, Linda, in: LIMC 1994, 7,1, S. 332–348; 7,2, S. 272–309, s.v. Perseus. Löcher, Kurt: Der Perseus-Zyklus von Edward Burne-Jones. Stuttgart 1973. Scott, John Beldon: The meaning of Perseus and Andromache in the Farnese Gallery and on the Rubens house. In: Journal of the Warburg and Courtauld Institutes 51, 1988, S. 250–260.

Phaëton –> Apoll
Philemon –> Hermes
Phoibos–> Apoll
Pluto / PLUTOS –> Hades
Pollux –> Leda
Polyhymnia / Polymnia –> Musen

Poseidon, griech., lat. Neptunus, etrusk. Nethuns. Olympischer Gott des Meeres, der Erdbeben und der Pferde. Sohn des –> Kronos und der Rea. Bruder der Hestia, –> Demeter und –> Hera, des –> Hades und –> Zeus (Hesiod, Theog. 453 ff). Nach Homer (Il. 15,197 ff) ist Zeus älter als P., bei Hesiod (Theog. 478) jünger. Heiratet Amphitrite, Tochter des Okeanos, und hat von ihr die Kinder Triton und Rhode (Apollodor, Bibl. 1,5,4). Von vielen Frauen ist P. Vater zahlreicher Kinder, die, im Unterschied zu denen des Zeus, aber nicht göttlicher Natur sind (eine Liste bei Hygin, Fab. 157; s. **A**). Seine häufigsten Beinamen erklären ihn zum «Erdenerhalter» und zum «Erdenerschütterer» (z. B. Homer, Il. 13,34 u. 38; ebd. 15,174 u. 184; vgl. Macrobius, Sat. 1,17,22).

A Nach Hesiod teilt der Neugeborene das Schicksal der Geschwister, außer Zeus: Vater Kronos verschlingt auch ihn und speit ihn später wieder aus (Hesiod, Theog. 459 ff u. 501 f).

Pausanias berichtet, Rea habe das Kind in eine Schafshaut getan und zu den Lämmern gesteckt. Den Vater läßt sie glauben, sie habe ein Roß geboren, und gibt ihm ein Fohlen, das er statt des Kindes verschlingt. Ganz ähnlich habe sie später (!) mit einem Stein den Zeus bewahrt. Nach Hygin (Fab. 139,1) verbannte Saturn / Kronos den kleinen P. in das Wasser, wie er den Orcus (Pluto) in den Tartarus getan hatte. Das ist wohl eine Ausdeutung von Homer (Il. 15,189–192; s. u.). Über seine Kindheit verlautet nichts. Tzetzes (zu Lykophron 644) erwähnt «Arno», eine Amme.

P. bewegt Erde und Meer, ist Herr der unterseeischen Tiefe und zugleich des «weiten Aigai» (Homer. Hymnos 22) und des «fruchtbaren Helikon» auf dem Festland (Homer. Epigr. 6). So sieht man ihn hier wie dort. Eine richtige Residenz scheint er aber nur in den Abgründen des Wassers zu haben: In Aigai steht tief in einem Salzsee sein «berühmter» Palast, strahlend golden und unvergänglich (Homer, Il. 13,21 f). In der Tiefe der See (zwischen Tenedos und Imbros) ist eine Grotte, wo er auf dem Weg nach Troia seine Pferde verwahrt (ebd. 13,32–38). Anders als Zeus steigt der Gott herauf zu den Menschen, taucht auf aus Wasser und Meer (ebd. 13,15 u. 44 u. 353; Euripides, Troad. 1 ff: aus der Aegeis, wo die

648

Nereiden tanzen) und taucht wieder hinab (Homer, Il. 15,219). Doch auch auf dem Olymp sieht man ihn gelegentlich (ebd. 7,445 u. 8,439–441; vgl. ebd. 15,161).

Die aus dem Tartaros befreiten Kyklopen schenken dem Zeus Donner, Blitz und Donnerkeil, dem Hades eine Kappe und dem P. einen Dreizack (Hesiod, Theog. 501–506; Apollodor, Bibl. 1,2,1). Mit solchen «Waffen» besiegen die drei die Titanen (Apollodor, ebd.). Zeus sperrt die Kerle am Ende der Welt ein in einen finsteren Kerker, und Poseidon setzt bronzene Tore in die Mauer ringsum (Hesiod, Theog. 729–733). Beim Kampf gegen die Giganten jagt P. den Polybotes durch das Meer nach Kos, bricht ein Stück der Insel ab, das man Nisyron nennt, wirft damit und begräbt den Kerl darunter (Apollodor, Bibl. 1,6,2; vgl. Strabo 10,5,16).

Schließlich teilen die Söhne des Kronos das Reich des Vaters unter sich. Durch Los (Homer, Il. 15,187 ff; Apollodor, Bibl. 1,2,1) fällt dem P. das Meer zu, dem Zeus der Himmel, Hades die Unterwelt (zu Varianten –> Hades). Erde und Olymp (wo Menschen und Götter gemeinsam leben und wirken, meinen wir) seien den dreien gemeinsam (Homer, Il. 15,192).

Irgendwann bauen P. und –> Apoll (Homer, Il. 7,452 f) oder P. allein (während Apoll die Herden hütet; ebd. 21,441–457; vgl. Pindar, Ol. 30 [40] ff) dem Laomédon, König von Troia, eine Mauer um die Stadt (oder um Pergamon: Apollodor, Bibl. 2,5,9; vgl. Pindar, Ol. 8,30 [40] ff, wo auch der sterbliche Aiakos hilft, ohne den das Götterwerk unzerstörbar geworden und also Troia nie gefallen wäre), wozu sie Menschengestalt annehmen. Vielleicht hat Zeus sie dazu verurteilt als Strafe für eine Verschwörung gegen sich (Schol. zu Il. 21,444; Tzetzes, Schol. zu Lykophron 34; Homer, Il. 1,399 ff, nennt nur P., –> Hera und –> Athena; vgl. Apollodor, Bd. 1, S. 207). Als Laomédon ihnen gröblich den Lohn schuldig bleibt (der Spötter Lukian, De sacrif. 4, berichtet, er schuldete ihnen mehr als 30 troische Drachmen) und die beiden auch noch bedroht (Hände und Füße werde er ihnen fesseln, ihnen die Ohren abschneiden und sie als Sklaven verkaufen: Homer, Il. 21,451 ff), da schickt Apoll eine Pest in die Stadt, P. aber schickt mit einer Flut ein Meerungeheuer, das die Leute aus der Ebene fortträgt (Apollodor, Bibl. 2,5,9). Vielleicht mußte Troia deshalb untergehen, weil an Priamos die Eidbrüche des Vaters gesühnt werden sollten (Augustin, Civ. 3,3; zum Betrug des Laomédon vgl. Vergil, Georg. 1,502, und Horaz, Carm. 3,3,21 f; zur ganzen Geschichte vgl. Hygin, Fab. 89,1 f; Ovid, Met. 11,199 ff; Servius, Aen. 8,157; Myth. Vat. I 136 u. II 193).

Vor Troia ist P. anfangs eher neutral. Vergeblich versucht –> Hera, listig ihn gegen Zeus zu engagieren und zu dem Ende für die Danaer einzunehmen, die doch so litten und ihm dabei doch auch opferten (Homer, Il. 8,201–209). P. will sich nicht gegen den Bruder stellen (Il. 210 ff), denn der sei der «bei weitem Stärkste», und (Il. 8,440 ff) dienstfertig nimmt er die Pferde des Zeus aus dem Geschirr, setzt den Wagen auf das Gestell und deckt ihn mit einem Leintuch ab. Dann findet er (Il. 8,446–450) sogar Grund zur Beschwerde über die Achaier, denn die haben eine Mauer um die Schiffe gebaut, ohne dazu göttlichen Ratschluß eingeholt zu haben und das Hundertopfer zu bereiten (vgl. Il. 12,3–9).

Das stört den P. (Il. 8,451–453), denn die Mauer, die er einst gemeinsam mit Apoll für Laomédon erbaute, werde man darüber vergessen. Zeus beschwichtigt (Il. 8,455–462) und läßt wissen, er könne die Mauer ja nach dem Abzug der Achaier wieder fortspülen. Das wird geschehen im zehnten Jahr des Kriegs (Il.12,15–29). Wie er gemeinsam mit Apoll eine Mauer bauen kann, so kann er eine Mauer nun auch abräumen. Das geschieht mit Wasser, seinem Element, das Zeus vom Himmel regnen läßt und dessen Fluß der Ordner Apoll lenkt. P. geht voraus, den Dreizack in Händen, und stößt von Grund auf heraus mit den Wogen (Il. 12,29) «alles an Stämmen und Steinen, was mühsam gefügt die Achaier». Diomedes soll Steine aus dieser Mauer als Ballast für sein Schiff genommen haben (Lykophron 617 ff).

Schließlich aber hält P. es mit den Achaiern, vielleicht aus altem Groll gegen Laomédon, den Troer, vielleicht auch sind sie ihm angelegen, weil sie zur See fahren. Bei Euripides (Troad. 4 ff) gereicht ihm der eigene Mauerbau in Troia zur sentimentalen Erinnerung.

Als er hoch oben vom Gipfel der «waldigen Samos» Ausschau hält weithin über das Land, da fällt sein Blick auf die Stadt und zugleich auf die griechischen Schiffe (Homer, Il. 13,12–14), um die gerade der Kampf entbrennt. Zu den Schiffen geht er zuerst (Il. 13,31), dann zum Heer der Achaier (Il. 13,38), um das es nicht gut steht. Zeus hat Hektor und die Troer zu den Schiffen geführt (Il. 13,1 f), und P. verargt ihm die Not seiner Schützlinge (Il. 13,352 f). Da ist der Krieg eine Auseinandersetzung zwischen den Brüdern, wobei Zeus die Autorität des Älteren und größere Einsicht (Wissen) für sich beansprucht (Il. 13,355). Darum vermeidet P. das offene Eintreten für die Achaier (Il. 13,356): Heimlich taucht er aus dem Wasser (Il. 13,352), heimlich hilft er den Griechen (Il. 13,357). P. trägt vor Troia – anders als etwa –> Athena – augenscheinlich keine Waffe. Seine Hilfe trägt sich vor zunächst als anfeuernder Zuspruch, wozu er – sich selbst verbergend – die Gestalt eines anderen annimmt. Als Kalchas, der Seher, ruft er «mit unverwüstlicher Stimme» zuerst die beiden Aias an mit Mahnung und Ermunterung (Il. 13,45–56). Dann berührt (Il. 13,59 f) er die Männer mit dem Stab und erfüllt sie so «mit Kraft und Kühnheit, macht ihnen die Glieder leicht, die Füße und Arme». So packt er sie beim Gemüt und beim Leib (s.a. Il. 13,73–81). Dann spricht er eine Reihe anderer Krieger und Schlachtenrufer an (Il. 13,88–94). Diese Ansprache (Il. 95–124) ist ein gutes Stück Rhetorik in Kriegsdiensten. Später (Il. 14,134–137) tritt er in der Erscheinung eines alternden Mannes zu Agamemnon, packt ihn bei der Rechten und spricht ihn an (Il. 14,139–146), redet verächtlich und bitter über den grollenden Achill und ermuntert zum Kampf. Dann (Il. 14,147) schreit er laut auf und stürmt davon. So laut schreit er, wie «neuntausend aufschrein oder zehntausend Männer im Kampf» (Il. 14, 148 f; vgl. –> Ares: ebd. 5,860 ff). Allein seine Stimme gab den Achaiern (ebd. 14,151 f) große Kraft für den Kampf.

Beim Gegenangriff bei den Schiffen sieht Zeus den P. unter den vorandrängenden Argeiern (Il. 15,8). Er schickt die –> Iris zu ihm (Il. 15,158–167) mit der Aufforderung, sich aus dem Krieg zurückzuziehen. P. setzt sich zur Wehr (Il.

15,184–199). Überheblich sei Zeus im Umgang mit einem Gleichgestellten. Der solle in seinem Drittel bleiben und ihn nicht als Schwächling schrecken. Die Botin (Il. 15,201 ff) bringt den P. zum Einlenken. Für «diesmal» gebe er nach (ebd. 15,211), aber er droht (Il. 15,215 ff) mit «heillosem» Zorn, sollte Zeus die Stadt nicht zerstören und die Argeier fördern. Dann (Il. 15,215) taucht er ins Meer, «vermißt von den Helden Achaias».

Dennoch hat er das Geschehen im Auge und greift sogar ein, zum Nutzen beider Seiten. Einmal (Il. 20,290–339) rettet er gegen die Meinung (ebd. 20,310) von Hera und Athena und im Sinne des Zeus dem Aeneas das Leben, als er dem Achill zu unterliegen droht. Hier wird der Gott handgreiflich im Kampf. Man sieht ihn (ebd. 20,318 ff) durch Schlacht und Lanzengetümmel zu den beiden schreiten. Dem Achill umdunkelt er die Augen, reißt seine Lanze aus dem Schild des Gegners und legt sie ihm vor die Füße. Dann hebt er den Aeneas auf und schleudert ihn «über viele Reihen von Kriegern und Pferden» an das äußerste Ende des Schlachtfelds zu den Kaukonen, tritt schließlich vor den Mann und macht ihm Vorhaltungen, sich dem Achill gestellt zu haben (P. weiß wohl Maß zu halten; vgl. –> Iris in Homer, Il. 15,158 ff). Hier scheint P. einmal unverhüllt aufzutreten (sein Tun sollte dem Zeus gefällig sein). Anders als Nothelfer für Achill (ebd. 21,273–283), wo er gemeinsam mit Athena in Gestalt sterblicher Männer dem Helden im Kampf gegen Skamandros, den gestaltenreichen Flußgott, beisteht. Sie fassen den Mann bei der Hand, ermuntern ihn und versichern ihn der Fürsprache bei den Göttern und bei Zeus.

Am Ende ist Athena böse auf die Achaier, denn Aias hat ihren Schrein entehrt, und die Achaier haben ihn nicht bestraft. Jetzt sollen alle bestraft werden, auf der Heimfahrt. Zeus ist bereit mit Regen, Hagel, finsterem Sturm und Blitz. P. will die Aegaeis aufrühren, und Küsten, Riffs und Klippen sollen übersät sein mit Leichen (Euripides, Troad. 69–91). Bei Homer (Od. 4,499) rettet P. den Aias sogar aus dem Meer und exekutiert ihn erst, als der prahlt, die Rettung sei sein eigenes Verdienst: P. spaltet mit dem Dreizack den Felsen. Aias geht unter.

Mit anhaltendem Groll verfolgt P. den Odysseus bis zu dessen Heimkehr (Homer, Od. 1,20 f), denn der hat (Od. 1,68–75) den Kyklopen Polyphem geblendet, einen Sohn des Gottes von der Nymphe Thoösa, die eine Tochter des Meeresgottes Phorkys war. P. trachtet dem Odysseus nicht nach dem Leben, aber er macht ihm die Heimreise schwer. Auf hoher See zerbricht sein Zorn das Floß des Odysseus in Stücke (Apollodor, Epit. 7,24: Odysseus gerät nackt zu den Phaiaken!). Alkinoos schickt den Schiffbrüchigen mit einem Konvoi heim. P. ist böse, wandelt das Schiff in Stein und umschließt die Stadt mit einem Berg (Homer, Od. 13,139–164; Apollodor, Epit. 7,25). P. will die Stadt nicht begraben, sondern von seinen zwei Häfen trennen (vgl. Od. 6,263).

Vor Troia teilt P. die Parteinahme für die Griechen mit Athena, wenn auch die beiden nicht immer einig sind (s. o.). Zu Rivalen werden sie im Streit um den Besitz von Attika (Apollodor, Bibl. 3,14,1; vgl. Pausanias 1,24,5; Ovid, Met. 6,75 ff; Hygin, Fab. 164; Servius, Georg. 1,12, usw.), der eigentlich ein Wettbewerb in Fertigkeiten ist (–> Athena). Mit dem Dreizack schlägt P. auf der Akropolis einen

Quell oder Brunnen aus dem Boden (Apollodor, ebd.; Pausanias 1,26,6: Der Brunnen berge Meerwasser und gebe bei Südwind ein Wellengeräusch von sich). Athena pflanzte einen Ölbaum (Apollodor, Bibl. 3,14,1). Die (lateinischen) Vatikanischen Mythographen (I 2 u. II 119) melden, P. habe damals mit einem Stoß des Dreizacks in das Ufer («percusso litore») das Pferd geschaffen, Athena mit einem Speerwurf den Ölbaum (vgl. Vergil, Georg. 1,12 ff). Den Streit ließ Zeus von den zwölf Göttern schlichten, zugunsten der Athena, die dann der Stadt ihren Namen gab. Es heißt auch, es habe einen Bürgerentscheid gegeben, bei dem in getrennter Abstimmung die Frauen mit einer Stimme Mehrheit gewannen (Augustin, Civ. 18,9). Zudem habe Minerva / Athena mit dem Ölbaum den Sterblichen Nützlicheres gegeben als Neptun / P. mit dem nur dem Kriege dienlichen Pferd (Remigius 6,286.5, Bd. 2, S. 123; nach Myth. Vat. I 2 erkannte man den Ölbaum als Friedenszeichen). Poseidon schickte verärgert eine Flut über das Land (so Apollodor, Bibl. 3,14,1). Hygin (Fab. 164) sagt, daß Zeus der Richter war und daß er den Merkur anwies, Neptun die Flut zu untersagen. Apoll habe den Streit nicht schlichten können, heißt es bei anderen (–> Athena). Hierher gehört wohl, daß der verärgerte P. den Hephaistos anstiftet, sich um Athena zu bemühen (Hygin, Fab. 166,3).

P. ist ein fleißiger Liebhaber, wenngleich nicht immer erfolgreich. Als Rivale des Zeus bewirbt er sich um die Thetis. Beide ziehen sich zurück auf die Kunde der Frau, daß ihr Sohn stärker sein werde als sein Vater (Apollodor, Bibl. 3,13,5; s.a. Pindar, Isthm. 8,58 ff; Apollonios Rhodios 4,790 ff; Tzetzes, Schol. zu Lykophron 178). Neben Apoll wirbt er vergeblich um die entschlossene Jungfrau –> Hestia (Homer. Hymnos 5, an Aphrodite, 22–24). Von Venus / Aphrodite soll er die Kinder Rhodos und Eryx haben (Myth. Vat. I 94). Daß er mit Amphitrite eine Tochter des Okeanos heiratet, ist dem P. wohl angemessen. Von ihr hat er die Kinder Triton, der dem Wasser, und Rhode, die dem Land verbunden ist, welchen Gegensatz er ja in sich selbst vereinigt. Auch Benthesikyme soll er von Amphitrite haben (Apollodor, Bibl. 3,15,4). In Widdergestalt schwängert er die eigens dazu passend gestaltete Theophane, die den berühmten Widder gebären wird, dessen goldenes Vlies schließlich in Kolchos aufbewahrt sein wird (Hygin, Fab. 188; hieran schließt die Geschichte von Phineus, seinem Sohn: Apollodor, Bibl. 1,9,21).

–> Bellerophon ist sein Sohn von Eurynome (Hesiod, Ehoien 7,14 ff). P. schläft mit Aithra in derselben Nacht wie Aigeus (Apollodor, Bibl. 3,15,7; vgl. Hygin, Fab. 36, Pausanias 1,27,8 u. 3,27,8: zum Geburtsplatz): Theseus, die Frucht dieser Nacht, wird die Vaterschaft des P. beanspruchen. Minos zweifelt, wirft seinen Ring in das Meer, und Theseus bringt ihn herauf zusammen mit einem goldenen Kranz von Amphitrite (Pausanias 1,17,3; Hygin, Astron. 2,5). Ist seine Zuneigung zu Pelops (s. u.) homophiler Art?

Manche seiner Kinder sind nach Erscheinung und Wesen ungewöhnlich, worin sie wohl immer auch etwas vom Wesen des Vaters zeigen. So wird er auch Vater von Pferden: Das Roß Areion hat er von –> Demeter, den –> Pegasus von –> Medusa. Demeter hat er sich in Roßgestalt genommen, vermutlich auch Medusa. Der Sohn Pelias, den er von Tyro hat (Apollodor, Bibl. 1,9,8), soll zuerst von einer Stute in das Gesicht geschlagen (er habe dabei ein blaues Muttermal davongetragen) und später von einer Stute gesäugt worden sein (Aelian, Var. hist. 12,42), der Zwillingsbruder Neleus von einer Hündin (Eusthatius zu Homer, Od. 12,253). Chrysaor, der Bruder des Pegasos, den P. von Eurynome hat (Hesiod, Theog. 278–281), muß zumindest ein Riese gewesen sein. Iphimedeia verliebt sich in den Gott, geht oft zum Meer und gießt sich mit den Händen Wasser in den Schoß: P. kommt und zeugt mit ihr die Aloaden, riesige gewalttätige Kerle, die einmal den –> Ares einsperren werden (Apollodor, Bibl. 1,7,4). Den gewalttätigen Antaios, den Herakles im Ringkampf überwinden wird, hat er wohl von der Erde (Apollodor, Bibl. 2,5,11). Die Nymphe Thoösa gebiert ihm den riesigen kannibalischen Polyphem, der nur ein Auge haben soll, und das auf der Stirn (Apollodor, Epit. 7,4 u. 7,9). Odysseus wird ihn blenden (s. o.). Wie Neptun der Vater der meisten Ungeheuer («prodigia») sein soll, so habe er auch die Harpyen geschaffen, wird es heißen (Myth. Vat. III 5,5). Es fällt auf, daß die meisten Gegner des –> Herakles Söhne oder auch Enkel des P. / Neptun sind. Immerhin ist sein wandelbarer Sohn Proteus ein Inbegriff der Wahrhaftigkeit (Homer, Od. 401), doch sind seine Söhne Polýgonos und Telégonos wohl gewalttätig (Apollodor, Bibl. 2,5,9; vgl. Tzetzes, Chil. 2,320 f: –> Herakles).

Ovid (Met. 2,599 ff) erzählt die Geschichte von Coronis, die sich ihm – von Minerva in eine Krähe verwandelt – entzieht (ein Emblem bei Barptolomaeus Anulus 1552, S. 37, macht das Mädchen zum Bild der Gefahren auf Land und See; H. / S. Sp. 1599 f).

P. versteht etwas von Pferden. Im späten Mythos ist er sogar «Erfinder» des Tiers (s. o.). Er hat zwei «schnellhinfliegende» Rösser, die er mit goldener Geißel antreibt (Homer, Il. 13,25 f). Sie haben ein goldenes Fell und eherne Hufe und ziehen seinen Wagen mit eherner Achse (Il. 13,23 f) Er selbst schirrt sie an (Il. 13,23) und ab, gibt ihnen «ambrosisches» Futter und legt ihre Füße in goldene Fesseln (ebd. 13,35–38). Einen steinernen Pferdetrog haben ihm die Kyklopen gebaut (Kallimachos, Hymnos 3, an Artemis, 50). Wie dafür zuständig, nimmt er auch die Pferde des Zeus aus dem Geschirr und kümmert sich um den Wagen (Il. 8,440 f). Dem Peleus schenkt er zwei unsterbliche Rösser, die Achill übernimmt (Il. 23,277; ebd. 16,148 ff; Apollodor, Bibl. 3,13,5: «Balios» und «Xanthos»). Dem Bellerophon gibt er den geflügelten Pegasos (Hesiod, Ehoien 7,14 ff). Dem wunderschön wiederhergestellten Pelops schenkt der verliebte P. (Pindar, Ol. 1,37 [60] ff) einen «geflügelten Wagen» (Apollodor, Epit. 2,3). Nach Pindar (Ol. 1,71 [114] bis 87 [140]) tritt Pelops an das Meer und bittet um einen schnellen Wagen, der dann noch golden sein wird und von zwei geflügelten Pferden gezogen. Den Antilochos haben Zeus und P. das Wagenfahren gelehrt (Il. 23,307; vgl. Pausanias 5,17,7). Auffällig, daß P. den roßgestaltigen Kentauren Schutz gewährt (Apollodor, Bibl. 2,5,4).

Wenn P. reist, dann teilen die Wogen sich unter dem Wagen und netzen nicht einmal die Achsen (so reist dann auch Pelops), und die Ungeheuer des Meeres umspringen freudig ihren Herrn (Homer, Il. 13,27–30).

P. mag auch den Stier. Babrius (Fab. 59, B.E. Perry 1984, S. 74) erzählt, er habe den Stier erfunden (-> Athena). Stieropfer bringt man ihm am Helikon (Homer, Il. 20,403–405; vgl. Homer, Od. 3,5–8: in Pylos). Dem Minos schickte er auf dessen Bitte einen Stier hinauf, den er dann wild machte, verärgert, weil der König sich nicht an das Versprechen gehalten hatte, dem Gotte alle Gaben des Meeres zu opfern (Apollodor, Bibl. 2,5,7). Das sei der kretische Stier gewesen, dem Herakles in seiner 7. Aufgabe gegenüberstand. Es heißt auch (ebd. 3,1,3 f), Minos habe (damals) als erster die Seeherrschaft erlangt. Anderseits machte P. offenbar, daß seine Frau Pasiphaë sich in den Bullen verliebte. Dem Theseus schickt er einen Stier aus der Brandung, der die Rösser des Hippolytos durchgehen läßt (Apollodor, Epit. 1,19; Hygin, Fab. 47,2). Kinder des Gottes sollen von Kühen gesäugt worden sein (Hygin, Fab. 252).

P. straft gern mit einer Flut und (was wohl dasselbe ist) einem Meeresungeheuer, das auch ein riesiger Fisch («cetus») sein kann (Myth. Vat. I 136). Auf diese Weise straft er den Laomédon (s. o.), ein andermal Kassiépeis (Andromeda), die Frau des Kepheus, die sich für schöner hält als die Nereiden. Das ärgert auch den P. (Apollodor, Bibl. 2,4,3; Hygin, Fab. 64: Andromeda wird einem Meeresungeheuer ausgesetzt). Nach seiner Niederlage gegen Athena (Apollodor, Bibl. 3,14,1) schickt er eine Flut über Attika (vgl. Augustin, Civ. 18,9; Hygin, Fab. 164; Strabo 9,1,6 u. 9,1,13). Eine Flut soll er auch nach Korinth geschickt haben (Pausanias 2,32,7).

Wohlverhalten kann er mit der Gabe vergelten, sich in andere Gestalten zu verwandeln (Perklyménos, s. u.). Eine wunderschöne Geliebte hat er auf deren Wunsch in einen unsterblichen Mann verwandelt, den Kaineus (Apollodor, Epit. 22,1; zu Geschlecht und Unverletzlichkeit des / der Kaineus – lat. Caeneus – vgl. Apollonios Rhodios 1,57–64; Schol. zu Homer, Il. 1,264; Plutarch, Compend. argum. Stoic. 1; ders. Profectus in virtute, 1; Lukian, Gallus 19; ders., Saltatio 57; Apostolius, Cent. 4,19; Palaiphat 11; Antoninus Liberalis 17; Vergil, Aen. 6,448 f; Ovid, Met. 12,459–532; Hygin, Fab. 14; Servius, Aen. 6,448; Lactantius Placidus zu Statius, Achill. 264; Myth. Vat. I 154, II 108, III 6,25). Seltsam auch, daß er dem Pterelaos (einem seiner Enkel) Unsterblichkeit verleiht, indem er ihm ein goldenes Haar einpflanzt (Apollodor, Bibl. 2,4,5).

B Das In- und Miteinander von Land und Meer in dieser Welt ist eine griechische Urerfahrung, sicher in der Aegäis. Es ist die Erfahrung unseres Lebensraums, dessen Fundament die Erde ist, ihre Oberfläche aus Land und Wasser, auf der wir Halt finden und auf der wir uns bewegen. Die Verteilung der Welt an die drei Söhne des Kronos ist keine Verteilung von Elementen, sondern von Örtern: Nicht das Wasser erhält Poseidon, sondern eben das Meer, darüber der Himmel, darunter die Tiefe der Unter-Welt. Dazu kommt wohl die Urerfahrung von Erd- und Seebeben, die uns zeigen – allemal in der Ägäis –, daß der Boden unter unseren Füßen sowenig fest steht wie das Meer unter dem Kiel. Die Uranschauung der Griechen, daß die Erde auf dem Urmeer schwimme und (wie ein Schiff) ins Schwanken gerate, ist wohl die Anschauung von Seefahrern, die oft genug auf meerumschlungenen Inseln lebten wie auf Booten (vgl. Myth. Vat. III 5,1: Man meine, daß Erdbeben durch Erschütterungen des Wassers zustande kommen). Eine andere Erfahrung muß der Wandel der Grenzen zwischen Land und Meer sein, der sich mit oder ohne ein Beben einstellt, etwa durch eine Flut.

Aus all diesen Erfahrungen erwächst den Griechen die Vorstellung einer fundamentalen göttlichen Kraft, die sich in Poseidon veranschaulicht, der z. B. zum Schutz der Latona (–> Leto, –> Apoll) eine Insel überflutet und dann wieder freigibt (= Delos; Hygin, Fab. 140,3 f).

P. ist ein Meeresgott, weil er ein Gott des Gestaltwandels unserer Welt unter dem Himmel ist. Ebendarum sehen wir ihn gelegentlich in Gemeinschaft mit –> Apoll, dem Ordner. Es scheint zutiefst sinnvoll, daß die beiden eine Mauer bauen und damit eine Grenze setzen, was ihnen beiden angelegen ist; aber es ist dann P., der diese Grenze wieder zerstört, die Mauer einreißt, wobei ihm der Ordner Apoll nur zur Hand geht, indem er die Flüsse lenkt, während P. die so vorhandene Kraft ansetzt und Stein und Holz von ihrem Ort rückt. Es ist Wasser, das er hier bewegt, wie er es auch schiebt, wenn er eine Flut über das Land schickt. An der Mauer bedient er sich dazu des Dreizacks, ein andermal spaltet er damit den Boden, einen Felsen, mit einem Schlag, und läßt einen Teil im Meer versinken (Aias). In Athen schlägt er einen Brunnen (oder Teich) aus dem Fels.

Es ist dieser Gott, den Lykophron den «amöbischen» («amoibeos») nennt, den, der offenbar selbst seine Gestalt wandelt nach Bedarf und der dem Periklyménos dieselbe Gabe verleiht (Hesiod, Ehoien 10; Apollodor, Bibl. 1,9,9 u. 3,6,8), der Gott, der die Gestalt von Land und Meer verändert, indem er ihre Grenzen verschiebt, der Gott, der Vater der meisten Ungeheuer sein soll (s. o.). Wenn man Fremde, deren Heimat und Herkunft («parentela») wir nicht kennen, «Kinder des Neptun» nannte (Myth. Vat. III 5,5), dann hat man damit sicher das Befremdliche an ihnen gemeint, wie das «Ungeheuer» auf seine Weise uns eben «nicht geheuer», also unheimlich ist.

Augenscheinlich entwickelt der Meeresgott historisch auch eine Beziehung zum Süßwasser, wenn er z. B. Vater eines Flußgottes wird (Asopos, s. o.), wenn er Quellen schafft (in Lerna: Euripides, Phoen. 187 ff; Apollodor, Bibl. 2,1,4; Hygin, Fab. 169; aus dem Leib der Alope: Hygin, Fab. 187) oder wenn er die Quellen von Argos austrocknet (Apollodor,

Bibl. 2,1,4; ein ungewöhnlicher Akt, denn gewöhnlich schickt er Wasser).

Der Homerische Hymnos (22, an P.) sagt, die göttliche Aufgabe des P. seien das Zähmen der Pferde und das Retten von Schiffen. Diese Zuständigkeit zeigt ihn als Patron von Verkehrsmitteln über Land und Meer. Auch dieses ist eine Sache der Bewegung und des Wechselns. Man bemerkt, daß da von Zähmen die Rede ist, nicht von Nutzen. Schnelligkeit in der Bewegung ist eine wesentliche Fähigkeit des Gottes. Das wird anschaulich auch in den geflügelten Rössern (s. o.) und der Assoziation mit Vögeln. Wie einen Falken sieht Homer ihn davonstürmen (Il. 13,62). Dem Periclymenus verleiht er Adlergestalt, um ihn vor Herakles zu retten (Hygin, Fab. 10,2). Seine eigenen und die Rösser des Pelops fliegen so schnell dahin, daß der Wagen bei der Fahrt über das Meer nicht einmal das Wasser zu berühren scheint (s. o.). Taenarius, sein Sohn von Europa, soll trockenen Fußes über das Wasser gegangen sein (Hygin, Fab. 14,15). Hierher gehört auch die Zuständigkeit des Gottes für den Fahrtwind (Il. 9,362). Weil man meinte, daß der Wind durch die Bewegung des Wassers zustande kommt, habe man in Neptun den Vorsteher der Winde gesehen (Myth. Vat. III 5,3).

Die Person des P. wird aus den schriftlichen Quellen kaum anschaulich. Das entspricht schon seinen verschiedenen Wandlungsformen. «Dunkelhaarig» ist er (Homer. Hymnos 22; Hesiod, Theog. 278, und Lukian, Sacrif. 11: «kyanochaites» = blauschwarz; «blauhaarig» (lat. «caeruleis crinibus»: Cornutus, Nat. deor. 22) und offenbar von riesiger Statur (vgl. –> Ares). Vom höchsten Bergesgipfel steigt er (Il. 13,17–21) in nur vier Schritten hinab zu seinem Palast, und Berge und Täler beben (!) unter seinen Tritten. An das Schiff des Odysseus tritt er heran und versenkt es mit einem Schlag der flachen Hand (er verwandelt es zu Stein), und geht von dannen (Homer, Od. 13,162–164). Einer, der den Aeneas weit über das Schlachtfeld wirft, muß zumindest von ungeheurer Kraft sein (s. o.). Der Mangel an Maßstab läßt ihn uns auch jeder sinnlichen Gegenwart entgleiten, wobei sich zugleich der Eindruck von Macht und Gewalt verstärkt.

Ebenso fehlt uns die Anschauung von Kleidung. Jedenfalls ist Goldglanz um ihn. Er «hüllt sich in Gold» (Il. 13,25), golden leuchten Palast, Pferd und Wagen, golden ist die Peitsche (vgl. o.). Späte Autoren sehen – wie gewöhnlich – etwas mehr. Cornutus (Nat. deor. 22) sieht ihn blau gekleidet.

Auch sein Wesen zeigt sich nur in groben Zügen. Auffällig ist sein

Groll einerseits (z. B. gegen Odysseus), die sorgfältige Kontrolle gegenüber dem Zeus anderseits. Vielleicht ist der Respekt vor dem Stärkeren nichts als die Anpassung des Wandelbaren, wie das Wasser sich einmal der Gestalt des Felsens anpaßt. In der Fürsorge für Aeneas und Achill in gegnerischen Lagern mag sich ein Streben nach Ausgleich zeigen. Ebenso, als er der einzige der Götter ist, der sich über die im Netz des Hephaistos gefangenen Liebesleute –> Aphrodite und –> Ares nicht belustigt, sondern bittet, den Ares doch zu befreien (Homer, Od. 8,344 ff). Überhaupt fällt auf, daß seine Neigung zum Groll kontrastiert mit seiner Abneigung gegen Konflikte, mit seinem Streben nach Ausgleich. Dazu gehört auch der Anspruch, mit Zeus gleichgestellt zu sein, auch wenn der stärker ist. Aufschlußreich, wie er die Iris lobt für ihr mäßigendes Auftreten. Interessant ist auch sein Verhältnis zu –> Athena, die wir gelegentlich in seiner Gesellschaft sehen. Sie teilt mit ihm die reiche Verwandlungsfähigkeit, womit sie freilich ein Wesen des Gedanklichen veranschaulicht. Es fällt auf, daß sie im Streit über ihn obsiegt (in Attika) und, wenn sie will, ihn ihren Plänen gefügig macht (gegen Aias und die Achaier, s. o.). Im Zusammenwirken mit Apoll erhebt P. den Anspruch auf die Autorität des Älteren und Kenntnisreicheren (Homer, Il. 21,439 ff; wie Zeus gegen ihn selbst). Es scheint, daß er sich zu Apoll verhält wie Stoff zu Form, wie Ordnung immer ein zu Ordnendes braucht (vgl. hiermit das Verhältnis von –> Artemis zum nachgeborenen Bruder Apoll).

Die sinngebende Ausdeutung des P. durch die Zeiten nimmt sich v.a. seiner Erscheinung, seines Wesens und seiner Attribute, weniger seiner Taten, an, wobei man sich wie gewöhnlich auch reichlich der Etymologie bedient. Zumeist sieht man in ihm eine Verkörperung von Meer und – häufiger – Wasser.

Die Rationalisierung ist gewöhnlich sehr direkt: Breitbrüstig zeige P. sich als das weite und breitrückige Meer, und er ist auch weithin zu hören (lat.«latesonans») wie das Meer (vgl. Il. 14,147 ff; Cornutus, Nat. deor. 22). Blau und grün sei P. / Neptun nach der Farbe des Meeres (Remigius 1,35.15, Bd. 1, S. 132), die abhängig sei von der Luft (= Hera / Juno). Mit Hörnern zeige man ihn entweder, weil das Brüllen der Wogen an das Brüllen der Rinder erinnert, oder wegen der hornähnlichen Krümmung von Ufern oder wegen der Ähnlichkeit des Anpralls von Woge und Stier (Myth. Vat. III 5,7). Das Pferd habe er erfunden, weil er in seinem Wesen schnell sei und beweglich wie das Wasser (Myth. Vat. II 119; ebd. III 5,4: griech. «oceanus von okys» = «schnell»).

«Equestris», beritten (griech. «hippios»), nenne man ihn, weil er schnell über das Meer eile und weil man sich der Schiffe bediene wie der Pferde (Cornutus, Nat. deor 22; s.a. –> Pegasus). In Erweiterung der ursprünglichen Konstellation von Himmel, Meer und Erde (Zeus, P. und Hades) konstruiert man unter Hinzunahme der –> Hera / Juno die Konstellation der Elemente und macht damit P. / Neptun zum Wasser (Myth. Vat. II 1). Den Dreizack trage er zum Zeichen der dreifachen Natur des Wassers, sofern es flüssig ist, trinkbar und fruchtbar (Remigius 5,211.5, Bd. 2, S. 64; Myth. Vat. I 107; Myth. Vat. III 5,1, Bode S. 171; Remigius 1,31.3, Bd. 1, S. 123, deutet den Dreizack auf das Meer, welches schnell sei, d. h. «beweglich», trinkbar und flüssig; vgl. die «fruchtlose See» im Homer. Hymnos 22, an P.). In kühner Etymologie wird das griechische «Poseidona» auf die im Vergleich mit den anderen Elementen einzigartige Spiegelfähigkeit des Wassers gelesen (Myth. Vat. III 5,1, Bode S. 171). Die Tritonen heißen so, weil die Wasser die Erde «abreiben» (lat. «terunt»; ebd.). Die «nymphae» seien nach Cicero eigentlich «lymphae», d. h. Wasser (ebd. III 5,3). «Amphitrite» heiße lateinisch «circumcirca», «drumherum», denn das Wasser sei von den anderen Elementen umschlossen, oder auch umgekehrt usw. (Myth. Vat. I 107 u. III 5,1).

Die frühen Christen finden einigen Anstoß an P. / Neptun. Tertullian (Apolog. 14,4) und andere finden, es entehre den Gott, dem Laomédon zu dienen. Offenbar entehrt es ihn auch, wenn man ihm «meergrüne» Augen gibt (Minucius Felix, Oct. 23,5). Augustin (Civ. 4,34) erinnert daran, daß Moses für das Durchschreiten des Meeres keinen Neptun anzurufen brauchte.

Clemens v. Alexandrien (Exhort. ad Graec. 2,27 P.; G.W. Butterworth 1982, S. 64) denunziert den «Gott» als unersättlichen Liebhaber, wozu er «die Schar der von ihm verdorbenen» Mädchen aufzählt: Amphitrite, Amymome, Alope, Melanippe, Alkyone, Hippothoe, Chione und «Tausende anderer». Das Bild des «Dämons» erkenne man an dem Dreizack (ebd. 4, 50 P.).

Die christlich moralisierende Allegorese des P. / Neptun ist wohl vergleichsweise selten und im Fall des ausführlichen Fulgentius Metaforalis (John Ridewall) besonders obskur (H. Liebeschütz 1926, S. 93 ff; vgl. Juppiter / –> Zeus, –> Juno, –> Hades / Pluto). Hier steht Neptun als zweiter Teil der «prudencia» für die Tugend «intelligencia», die «Einsicht», den «Verstand». Als poetisches Bild dieser Tugend sieht Neptun – ganz wesentlich mit Blick auf Martian 1,73 (vgl. Remigius 1,36.2, Bd. 1, S. 133) – so aus: Er ist «gehörnt, entblößt allen Besitzes (nackt), Harpyen sind um ihn, von hoher Gestalt ist er, von massiger Statur, grauhaarig bleich, salzbekrönt, mit dem Dreizack als Zepter, vermählt der Styx».

Das sind neun Aspekte der Tugend. Ihre Erklärung hat mit dem Wesen des antiken Gottes nichts zu tun: 1. Das eine Horn stelle die Fähigkeit, zwischen Gut und Böse zu unterscheiden, das andere die Entscheidungsfreiheit dar. Mit dieser moralischen Ausrüstung sei die Tugend gegen die Laster gefeit. 2. Es stehe der «prudencia» wohl an, ihre eigne Nacktheit zu betrachten. Der eigentliche Akt der «Einsicht» sei Selbstbetrachtung. 3. Mit Hinweis auf das Schicksal des Phineus werden die Harpyen zum Bild jener Tugendhaften, die wahrhaftig, aufrichtig, tatkräftig und streng die irdische Gegenwart verstehn und bewerten. 4. Die leibliche Größe des P. zeige an, daß diese Tugend aufreicht zum Himmel und dabei den Menschen zur Selbstbetrachtung wendet. 5. Der mächtige Leib des P. ist ein Zeichen für die Größe von Güte und moralischer Vollkommenheit aus der Tugend der Einsicht, die folgt aus Wahrnehmung oder Kenntnis ihrer selbst. 6. Grauhaarig sei P. zum Zeichen von Ehre und Ehrerbietung, die der Tugend der Einsicht wohl ansteht. Die sich selbst erkennen, seien zu den Sehern und Propheten zu zählen. 7. Die Steinkrone, die aussieht wie Salz, soll wohl die Tugend, die den Menschen zur Selbsterkenntnis anhält, krönen. Nach altem Gesetz sei vorgeschrieben gewesen, jedem Opfer ein wenig Salz hinzuzufügen. 8. Der Dreizack zeigt die dreifache Gewalt dieser Tugend, welche die Affektionen des Willens, die Überfälle der Sinnlichkeit und die Dienste der leiblichen Gliedmaßen zu kennen und zu lenken vermag. Dieses sei also der Dreizack der Einsicht, die den Geist tagtäglich in seinen drei Teilen, Anfang, Mitte und Ende, beherrscht. 9. Styx sei die Gemahlin des P. als Amme («nutrix») und Gastgeberin der Götter. Sie stehe für die Selbsterkenntnis, welche allen anderen Tugenden Nahrung gibt. Tatsächlich sei diese Tugend die Demut («humilitas»), deren erster Schritt nach Bernhard v. Clairvaux die Selbsterkenntnis ist.

Das eigentliche Attribut des P. / Neptun ist der Dreizack. Dazu kommt wohl der Delphin (Tertullian, Spect. 8, 94). Besonders angelegen sind ihm die Pferde und Schiffe sowie Mauern und Fundamente (die er nach Gutdünken «bewegen» kann, der Juno Tore, Pallas Burgen: Myth. Vat. III 10,2). Von unseren Körperteilen ist ihm die Brust ein Anliegen (dazu ist er bei der Hochzeit zugegen. Juppiter sei zuständig für den Kopf, Minerva für die Augen, Juno für die Arme, Mars für das Herz, für Nieren und Eingeweide Venus, Merkur für die Füße (Myth. Vat. II 206).

Der Libellus (16, H. Liebeschütz 1926, S. 122): Neptun, Gott des Was-

sers und besonders des Meeres, wurde nach Art eines Seefahrers dargestellt. Man zeigte ihn im Bild eines nackten im Meere schwimmenden
Mannes, bis zum Nabel im Wasser, in der Hand einen Dreizack als herrscherliches Zepter. Mit dem Dreizack schlug er auf einen Felsen und
brachte damit ein feuriges Pferd hervor. Man sah, wie dem Meer viele
Flüsse entströmen. Scharen von Tritonen schwammen heran und gaben
dem König der Pferde («equoris») die Ehre. Tritonen sind aber Fische,
die Trompeten an den Mund halten und augenscheinlich darauf blasen.
Einige Heiden haben sie für Meeresungeheuer gehalten.

Die Emblematik des 16./17. Jh. hat an P./Neptun offenbar kein
besonderes Interesse gefunden (H./S. Sp. 1599, zu Coronis). Picinello
(3,38,109) macht den Beschwichtiger der Meeresfluten zum Bild des
Staatenlenkers oder eines Prälaten, eines geistlichen Herrn, eines rechtschaffenen («justus») Mannes, der seine Affekte und stürmischen An-
wandlungen beherrscht, v.a. aber zum Bilde Gottes.

C *Typus.* In der Bildkunst ähnelt der Typus des P./Neptun dem anderer
Vatergottheiten wie –> Zeus oder –> Hephaistos. Der Körper ist muskulös; volles, zerzaustes, oft naß erscheinendes Haupt- und Barthaar rahmen das Gesicht eines reifen, auch betagten Mannes, den Wind und
Wasser gezeichnet haben. Paolo Veronese stellt ihn sich als alten Mann
mit hoher Stirnglatze und zottigem nassen Bart vor (Deckenfresko in
der Villa Giacomelli in Maser, Stanza dell' Olimpo; 1561/62). Selten ist
P. unbärtig (Hydria, 360/350 v. Chr.; Berlin, Staatl. Museen) oder jugendlich, so auf dem Monumentalbildnis des P. mit Amphitrite von Jan
Gossaert (1516; Berlin, Staatl. Museen; s. u.).

In der Gewandung gleicht P. ganz seinem Bruder Zeus: Ein Mantel bedeckt Beine, Lenden und linken Arm, während rechte Brust, Schulter
und Arm freibleiben. Im Unterschied zu seinem Bruder ist er gelegentlich völlig unbekleidet oder hat, in der Spätantike, lediglich den Mantel
in einem Bausch auf die (linke) Schulter gelegt («Schulterbausch»; hadrianische Marmorstatue nach hellenistischem Vorbild; Madrid, Prado,
Inv. 13).

Selten sieht man H. in Rüstung: Mit Helm, Panzer und Beinschienen
zieht er zu Pferd an der Seite seines Sohns Eumolpos in den Kampf (Pelike, 420/410 v. Chr.; Policoro/Matera, Museo Nazionale della Siritide,
Inv. 35304).

Den Charakter des H., wie er sich in der Bildkunst ausdrückt, möchte
man, ganz der literarischen Überlieferung entsprechend, verschlossen

bis wild nennen. Isoliert, vielleicht bedrückt (in Gedanken um den verlorenen Kampf um Attika?) wirkt P. im Ostfries des Parthenon, wo er in der Reihe der olympischen Götter hinter Apoll sitzt, der sich (wie besorgt) zu ihm umdreht (gegen 438 v. Chr.; Athen, Akropolis-Museum). – Von seiner wilden Seite zeigt sich der Gott auf dem Fresko von Giulio Romano und Rinaldo Mantovano im Palazzo del Te (Mantua, Sala di Psiche, 1528): Mit zerzaustem Haar und Bart lenkt er (in extremer Untersicht) seine beiden ungezügelten Rosse, indem er in ihre Mähnen greift.

Attribute. Häufigstes Attribut des P. ist der Dreizack – eine dreizinkige Harpune, die P. benutzt, um große Fische zu erlegen. Die große Bronzestatue, der sog. *P. Loeb*, der einen mächtigen Dreizack in der Linken hält, soll hier für ungezählte Beispiele stehen (2. Jh. v. Chr.; München, Glyptothek, Slg. Loeb, Inv. 15). Der Harpunencharakter wird deutlich an der Statue des Neptun von Adriaen de Vries (Schloß Frederiksborg/Dänemark), an dessen Dreizack ein Seil befestigt ist. – Eine Harpune hält Neptun auch auf dem obenerwähnten Deckenfresko Veroneses (Villa Giacomelli, Maser) in der Linken, eine Harpunenspitze in der Rechten.

Den Dreizack setzt P. auch als Waffe ein, vor allem im Kampf gegen die Giganten (Schale des Brygos-Malers mit der Darstellung der Gigantomachie, um 490 v. Chr.; Berlin, Staatl. Museen; Relief vom Westfries des Hekatetempels von Lagina (1. Jh. v. Chr.; Istanbul, Archäolog. Museum).

Der den Dreizack schwingende P. ist ebenso zu einem Typus geworden wie der Blitze schleudernde Zeus. Der berühmte *Gott aus dem Meer* (470/60 v. Chr.; Athen, Nationalmuseum, Inv. 15161, früher als blitzeschleudernder Zeus gedeutet), der (nackt) in Ausfallstellung weit mit dem rechten Arm ausholt und die Bewegung mit dem ausgestreckten linken Arm ausbalanciert, hielt vermutlich den Dreizack in der Rechten. Dieser ist einerseits Gebrauchsgegenstand, anderseits Würdezeichen, so auf einem Kelchkrater (um 450 v. Chr.; Paris, Cabinet des Médailles, Inv. 418: O. mit Amphitrite und Theseus), wo wir den bekränzten Gott sehen, bekleidet mit langem Chiton und Mantel, in der Linken wie ein Zepter den Dreizack.

Weitere Attribute in der griechischen Kunst sind der Fisch (in der archaischen Vasenmalerei), meist aber der Delphin. Bronzestatuetten zeigen den Gott mit einem Delphin auf Unterarm oder Hand (z. B. jene des 1./2. Jh. n. Chr. in Wien, Kunsthist. Museum, Inv. VI 270; vgl. den *P. Loeb*, s. o.) – ein markantes, häufig beobachtetes Motiv. Andrea Mantegna bildet eine solche Statue auf seinem Stich mit dem *Kampf der Meergötter* ab (klein im Hintergrund; vor 1490; u. a. New York, Metropolitan Museum). – Auf zwei Delphinen steht die Statue des Andrea Doria im Bild des Neptun von Giambologna in Bologna (Museo Civico; s. u.), einen Delphin sehen wir zu Füßen der Neptun-Statue des Ferdinand Dietz (1756/66; Würzburg, Main-Fränkisches-Museum; ursprünglich im Park zu Veitshöchheim, Westseite des Bassins).

Ein weitverbreiteter Typus stellt wohl den auf das Meer hinausschauenden Gott dar: Der Gott (betagt, nackt, bärtig) setzt das rechte, angewinkelte Bein auf einen Schiffssteven und stützt sich mit dem rechten Unterarm auf den rechten Oberschenkel, dem ein großer Delphin wiederum als Stütze dient (vgl. z. B. die Kolossalstatue des P., den sog. *Typus Lateran*, antoninische Kopie nach griechischem Original, das früher Lysipp zugeschrieben wurde; Vatikan, Museo Gregoriano Profano, Inv. 10315).

In der römischen Kunst wird der Schiffssteven auch durch einen Felsen ersetzt (neuattisches Marmorrelief, 2. Jh. n. Chr.; Rom, Museo Nazionale, Inv. 381002).

Die Zugtiere des Gottes sind entweder Pferde (z. B. auf einem Ringstein aus Karneol, 1. Jh. v. Chr.; Hannover, Kestner-Museum, Inv. K. 65) oder Hippokampen – eine Erfindung der bildenden Künstler: Phantasiewesen, deren Vorderteil Pferd und deren Hinterteil aus Schlangen- oder Delphinschwänzen gebildet ist (Ringstein aus Sardonyx des 1. Jh. v. Chr.; Boston, Museum of Fine Arts, MFA 27.733). In archaischer Zeit sind die Hippokampen oft geflügelt (weißgrundige Lekythos des frühen 5. Jh. v. Chr.; Oxford, Ashmolean Museum).

Die Künstler der Neuzeit greifen das Motiv des Hippokampen auf, wobei sie sich meist an römischen Sarkophagreliefs orientieren, etwa Giulio Romano auf einer Zeichnung, die den Gott in einer von Hippokampen gezogenen Muschel darstellt (um 1537; Dijon, Musée des Beaux-Arts), oder Nicolas Poussin auf dem Gemälde *Triumph des Neptun und der Amphitrite* (Philadelphia, Phil. Museum of Art; s. u.).

Hippokampen können auch attributiv auftreten, so bei dem Bronzemodell Benvenuto Cellinis für den Brunnen auf der Piazza della Signoria in Florenz (um 1560; Dauerleihgabe A.W. Levy in Raleigh, North Carolina Museum of Art; ausgeführt wurde der Brunnen nach einem Entwurf von B. Ammanati, 1571–1575; s. *Das mythologische Porträt in Gestalt Neptuns*). Neptun steht auf zwei Hippokampen (in kleinerem Maßstab).

Der für die Flußgötter kanonische Schilfkranz im Haar ist bei P. höchst selten. Auch Wasserurne oder Kanne gehören nicht in die Ikonographie des P., sondern stets die der personifizierten Flußgötter, die in der Regel liegend, mit aufgerichtetem Oberkörper dargestellt werden, einen Arm auf die Urne gestützt, aus der Wasser fließt, oder auch des Okeanos. Letzterer ist häufig durch ein Stierhorn oder (in der römischen Kunst) Hummerscheren an der Stirn gekennzeichnet.

Aus ungeklärter Quelle schöpft Adriaen de Vries, wenn er seiner Statue des Neptun (1624/26; aus Schloß Frederiksborg; heute Drottningholm/Schweden) einen Hund zugesellt (zu Füßen des Gottes).

D 1. *Der Streit des P. mit Athena* (Apollodor, Bibl. 3,14,1; Ovid, Met. 6,75 ff; Hygin, Fab. 164; Servius, Georg. 1,12 u. a.). Der Streit um das attische Land hat in der griechischen Bildkunst seinen bedeutendsten Niederschlag in den Skulpturen des Westgiebels des Parthenon in Athen gefunden (438/432 v. Chr.; heute verteilt auf das Akropolismuseum in Athen und das British Museum in London). Die Mittelgruppe besteht aus –> Athena (links), die ihre Lanze in den Boden stößt, und P. (rechts), der dabei ist, Attika zu überschwemmen.

In der griechischen und römischen Kunst sehen wir P. und Athena im Disput (Miniaturamphora um 400 v. Chr.; Baltimore, Walters Art Gallery, Inv. 48.59). Auf korinthischen Münzen des Commodus (177–192) erscheint P. in der charakteristischen Haltung mit aufgestelltem Bein, Athena (die Überlegene) steht aufrecht. – Benvenuto Tisi (gen. Garofalo; 1481?–1559) zeigt auf seinem Gemälde in Dresden (Gemäldegalerie Alte Meister) beide großfigurig – den sitzenden Gott und (wieder stehend) Athena, die argumentierend die Linke hebt. Ursprünglich hielt Athena statt der Lanze einen Kreuzstab aus Rohr, der die Religion symbolisieren sollte. In den Gesichtszügen des Neptun vermutet man ein Porträt des Dogen Andrea Doria (Katalog «Gemäldegalerie Dresden» 1992, S. 207). – Die beiden Gottheiten mit ihren Schöpfungen – Athena mit dem Ölbaum, P. mit dem Pferd – sind einander auf einem Gemälde von Charles-François Poërson konfrontiert (in Schloß Fontainebleau, Petits Appartements, 1711: mit Merkur, der sich an Athena wendet, und anderen Göttern). – Ähnlich das Deckengemälde von Merry-Joseph Blondel in der Salle Henri II im Louvre, erweitert durch die Versammlung der olympischen Götter darüber in den Wolken, in deren Mitte Juno und Juppiter thronen. Das von Neptun erschaffene Pferd stehe für den Krieg, der Ölbaum der Athena für den Frieden (Chr. Aulanier 1974, S. 113).

2. *P. erschafft das Pferd* (Myth. Vat. I 2; Myth. Vat. II 119; vgl. Vergil, Georg. 1,12 ff). Figurenreich schildert die Szene ein Gemälde von Jacob Jordaens (um 1644; Florenz, Palazzo Pitti). Mit beiden Händen stößt der Gott (in Anwesenheit der Amphitrite und mehrerer Cupidi) seinen Dreizack in den Felsen, dem das Pferd entspringt. – Eine der seltenen Darstellungen findet sich im Arachne-Raum der Landshuter Stadtresidenz (Fresko von Hermann Postumus, 1540/43; Gegenstück ist Athena mit dem Ölbaum).

3. *Neptun und Triton*. Auf eine Stelle bei Ovid (Met. 1,274 ff) – so der Vorschlag W. Colliers (1968) – bezieht sich die monumentale Marmorgruppe von Gianlorenzo Bernini (um 1620; London, Victoria and Albert-Museum), ursprünglich zu einem Brunnen im Garten der Villa Montalto gehörig. Neptun holt kraftvoll aus, um den Dreizack in den Grund zu stoßen (Met. 1,283), Triton, zwischen seinen Füßen, bläst ein Muschelhorn, aus dem in der ursprünglichen Aufstellung eine Fontäne aufstieg. Über mögliche politische Hintergründe s. W. Collier (1968), S. 440).

4. *Neptun gebietet den Winden* («*Quos ego!*», Vergil, Aeneis 1,135; auch *Der Zorn des Neptun*). Ein besonders in der Barockzeit populäres Thema, das in das Muster allegorischer Drohgebärden fällt (–> Juppiter). Die zahllosen, mehr oder weniger figurenreichen Darstellungen verwenden in der Regel das Schema, das wir auf einem Deckenfresko des Pietro da Cortona in der Galleria des Palazzo Doria Pamphilij in Rom sehen (1651–1654): Der von Tritonen und Nereiden umgebene Gott fährt in seinem von Pferden (oder Hippokampen) gezogenen Wagen über das bewegte Meer und streckt seinen Arm gebieterisch gegen die blasenden (personifizierten) Winde aus. – Dieselben Personen und Requisiten, wenn auch in veränderter Komposition, benutzt Joh. Michael Rottmayr auf seinem Deckenfresko im Karabinersaal der Salzburger Residenz (1689).

5. *Der Triumph des P. / Neptun*. Dieser in der kunsthistorischen Literatur zur Konvention gewordene Titel meint im allgemeinen den auf seinem von Pferden oder Hippokampen gezogenen Wagen (Muschel) über das Meer fahrenden Gott mit seinem Gefolge. Das häufig an andere Themen gebundene Motiv ist schon in der antiken Kunst und in der Neuzeit v.a. in Renaissance und Barock populär, wo der Triumphgedanke an sich eine zentrale Stellung einnimmt (vgl. F. Petrarcas «Trionfi»; s. o. den Stich des Cornelis Bos von 1548).

Außer –> Dionysos ist P. der einzige Gott, der über ein großes Gefolge verfügt. Setzt sich das des Weingottes aus Mänaden und Satyrn («Bacchanten») zusammen, so folgen dem Herrn der Meeresungeheuer (Homer, Il. 13,27 f) Tritonen (häufig das Muschelhorn blasend), Nereiden (Meeresnymphen, die im Wasser schwimmen oder Delphine reiten) und Delphine. Hippokampen sind meist die Zugtiere des Gefährts (Wagen oder Muschel) des Gottes.

Das Motiv des *Meeresthiasos* wurzelt in der spätklassischen griechischen Kunst. Die unmittelbaren Vorbilder für die zahlreichen Darstellungen in Renaissance und Barock finden sich auf römischen Wandmalereien (4. Stil; aus Pompeji IX, 5,14, heute Neapel, Museo Nazionale, Inv. 111442), Mosaiken (polychromes Mosaik, um 40 v. Chr., aus Pompeji, Triclinium der Casa del Granduca di Toscana; Neapel, Museo Nazionale, Inv. 10007) und insbesondere auf Sarkophagreliefs (Sarkophag des 3. Jh. n. Chr. im Vatikan, Giardino della Pigna), die die Künstler vor allem des 16. Jh. eifrig kopierten (Ph. P. Bober 1964). An dergleichen Darstellungen orientiert sich z. B. Giuliano da Sangallo mit seinem Relief an einem bemerkenswerten Kamin im Palazzo Gondi in Florenz (Saal im piano nobile, nach 1490) oder Giovanni Maria Falconetto mit seinem Fries von Tritonen und Nereiden in der Cappella di S. Biagio in S. Nazaro (Verona; vor 1517) und seiner Darstellung des Aquarius (Sternzeichen des Wassermanns) im Palazzo d'Arco in Mantua (Salone del Zodiaco, nach 1517). – Phantastische Wesen tummeln sich auf dem (dreiteiligen) *Triumph des Neptun* von Cornelis Bos (Stich 1548, mit Motiven von Andrea Mantegna und Giulio Romano): Drachen, eine Wasserschildkröte, Phantasiefische u. a., die einander bekämpfen und verschlingen.

6. *Die Verfolgung (Entführung) der Amphitrite* (Eustathios, Schol. zu Homer, Od. 3,91). Das der Hochzeit vorausgehende Ritual illustrieren griechische Vasenmaler in der gewohnten Art (das Verfolgungsmotiv entstand Anfang des 5. Jh. v. Chr.). Der Gott eilt, den Dreizack in der Hand, hinter der fliehenden Nereide her (z. B. auf einer rotfigurigen Pyxis, um 460 v. Chr.; Athen, Nationalmuseum). – In der neuzeitlichen Kunst wird das Verfolgungsmotiv durch das des «Frauenraubs» (–> Persephone) abgelöst. Niccolò da Corte z. B. verwendet es in einem Relief am Palast Karls V. auf der Alhambra in Granada (Südportal, rechter Sokkel der Doppelsäulen; 1548/50). Neptun, in seinem von zwei Hippokampen gezogenen Gefährt, hält das sich wehrende Mädchen im Arm.

7. *P. / Neptun und Amphitrite.* Am eindrucksvollsten ist wohl das monumentale Gemälde des Jan Gossaert, gen. Mabuse (*Neptun und Amphitrite*, 1516; Berlin, Staatl. Museen). In einem von Säulen flankierten

kleinen Raum sehen wir die beiden Aktfiguren nebeneinanderstehen und einander umfangen. Neptun, hier jugendlich und bartlos, hält den Dreizack in der hochgreifenden Rechten; Haarlocken und Phallus sind in Form von Meeresschnecken stilisiert (s.a. *Das allegorische Porträt im Bild des Neptun*).

Eines der für die bildende Kunst fruchtbarsten Themen aus dem Mythos des P. / Neptun ist die Eroberung der Nereide Amphitrite, die sich in der Bildkunst im folgenden Thema manifestiert:

8. *Der Triumph des P. / Neptun und der Amphitrite.* Die Griechen verstanden darunter das Symbol für die Seetüchtigkeit der Athener (E. Simon 1994, 7,1, S. 479). Auf korinthischen Tontäfelchen (Fragment in Berlin, Staatl. Museen; 6. Jh. v. Chr., Inv. F 495) und attischen Vasenbildern (Halsamphora in Minneapolis, Art Institute) sehen wir das Paar stehend in einem (meist von vier Pferden gezogenen) Wagen – wohl dem Hochzeitswagen.

Dieses langlebige Motiv (vgl. V. Cartari, Padua 1626, S. 211) wird in Renaissance- und Barockkunst den Kern figurenreicher Kompositionen bilden. – Die Tafelmalerei schildert facettenreich die Reaktionen der Nereide. Unentschlossen wirkt Amphitrite auf dem Gemälde von Jan Soens, (1547 / 48 – 1611; *P. und Amphitrite*, ehem. Neapel, Museo Nazionale). – Dem betagten, kahlköpfigen P. nicht abgeneigt dagegen scheint Amphitrite auf dem Bild des Jacob Jordaens (1644; Antwerpen, Rubenshuis). – Sebastiano Riccis Amphitrite (Gemälde in London, Slg. Charles F. Jerdein) wehrt sich nicht gegen den derben Zugriff des alten Gottes. Spielerisch hält sie den Dreizack Neptuns. – Lambert-Sigesbert Adam schuf 1740 für Louis XV. die Skulpturengruppe (das Paar mit seinem Gefolge) für das Bassin des Neptun im Park von Versailles. – Nicolas Poussins sog. *Triumph des Neptun und der Amphitrite* (Philadalphia Museum of Art) stellt nach Frank H. Sommer (1968) Neptun dar und Venus, wie sie Lucretius (als «Venus physica») beschreibt. Die Göttin wird, begleitet von Nereiden, Tritonen und Rosen streuenden Cupidi, von Delphinen getragen. Neptun, der auf dem Rücken zweier Hippokampen seines Gespanns steht, blickt sich nach ihr um. – Als ungleiches Liebespaar präsentieren sich der greise Gott und die jugendliche Schöne, die sich mit einem Schirm gegen die Sonne schützt, auf einem Gemälde von David Teniers d.J. (1610 – 1690; Berlin, Staatl. Museen).

Von den vielen anderen Liebschaften des P. haben v.a. folgende in der Bildkunst ihren Niederschlag gefunden:

9. *P. und Amymone* (Apollodor, Bibl. 2,14; Hygin, Fab. 169A). Wäh-

rend einer Dürre schickt Danaos seine Töchter (die Danaiden) Wasser holen. Amymone wird von einem Satyrn belästigt, den P. in die Flucht schlägt und seinerseits das Mädchen zur Geliebten macht. Ihr gemeinsamer Sohn ist Nauplios. – P. stößt seinen Dreizack in den Grund und läßt eine Quelle entspringen, die den Namen der Amymone tragen wird.

Die zahlreichen Darstellungen auf griechischen Vasen folgen dem üblichen Schema der Verfolgungsszenen, wobei die Verfolgte durch ihren Wasserkrug, der auch ihr Attribut ist, zu identifizieren ist. – Dem in der Neuzeit selten behandelten Thema widmete Carle Vanloo ein Gemälde von gigantischen Ausmaßen (3,20 mal 3,20 m; 1757; Nizza, Musée Cheret; ursprünglich für die vierteilige Teppichserie *Amours des Dieux* für Louis XV. bestimmt; Teppich nicht ausgeführt). Es zeigt den Meeresgott und Amymone als Liebespaar (mit Amor). Eine Ölskizze hierfür (Paris, Privatslg.) schildert die Vertreibung des Satyrn durch den mächtigen P.

10. *Neptun und Coronis* (Ovid, Met. 2,571 ff). Das selten behandelte Thema der Verfolgung der phocaeischen Königstochter durch Neptun und deren Verwandlung in eine Krähe machte Giulio Carpioni (1613 bis 1679) zum Gegenstand zweier Gemälde (*Neptun verfolgt Koronis*; Dresden, Gemäldegalerie Alte Meister, und Florenz, Uffizien).

11. *Neptun und Melantho*. Diese und die folgende Episode (nach Ovid, Met. 6,5 ff), die –> Arachne u. a. auf ihrem Gewebe illustriert, schildert Hermann Postumus im Arachne-Raum der Landshuter Stadtresidenz (um 1540, s. u.). Neptun in Gestalt eines Delphins umfängt das Mädchen. (Vgl. auch Giulio Romanos gemalte Nischenfigur in der Sala dei Cavalli im Palazzo del Te in Mantua, 1525–1536.)

12. *Neptun und Iphimedia* (Ovid, Met. 6,115 f). Eine der seltenen Darstellungen findet sich im Arachne-Raum der Stadtresidenz in Landshut (um 1540; s. E. Verheyen 1966). Beide sitzen nebeneinander, Neptun hier in menschlicher Gestalt (er hat sich als Enipeus ausgegeben), nur der an einen Baumstamm gelehnte Dreizack verrät seine Identität.

13. *P. / Neptun als Allegorie des Elements Wasser.* In diesem Verständnis sehen wir Neptun mit seinen Hippokampen auf Giorgio Vasaris Deckenfresko in der Sala degli Elementi im Palazzo Vecchio in Florenz, wenn auch als Randfigur (Hauptfigur ist die aus dem Meer geborene Venus). – Wir erinnern hier an das Gemälde Poussins (s. o. unter *Triumph des Neptun und der Amphitrite*), auf dem ebenfalls Venus und Neptun zusammengeführt sind. – Ein Gemälde von Jeronimo Antonio de Ezquerra (tätig um 1700), *El agua*, weist sich durch seinen Titel als Allegorie des Wassers aus (Madrid, Prado). Es zeigt den Meeresgott in Begleitung von

Tritonen und Nereiden. – Als Krönung zahlreicher Brunnen verkörpert der Meeresgott das Element Wasser: des Brunnens von Bartolomeo Ammanati auf der Piazza della Signoria in Florenz, des Neptun-Brunnens von Angelo da Montorsoli in Messina (Piazza del Governo, 1557/64) oder jenes von Giambologna in Bologna (1564; Modell hierfür in Bologna, Museo Civico). Die gebieterische Geste des Gottes läßt an das *Quos ego* (s. o.) denken, zumal der volle Bart des Modells heftig vom Wind bewegt ist. Weitere Beispiele: Berninis obenerwähnte Marmorstatue, Taddeo Carlones Wandbrunnen (ehem. Genua, Palazzo Doria, 1585; 1970 im Hause der Fotofirma Cresta), der Neptun-Brunnen im Park des Palazzo Doria von Taddeo und Battista Carlone, wobei beide Figuren des Neptun den Andrea Doria darstellen (s. unter *Das allegorische Porträt im Bild des Neptun*), sowie den (zerstörten) Neptunbrunnen von L. Mattielli auf dem Marcoliniplatz in Dresden (1745/46).

Mit der Allegorie *Verbindung des Wassers mit der Erde* (um 1615, Jaffé Nr. 304; St. Petersburg, Eremitage) greift P.P. Rubens einen uralten Gedanken auf (–> Dionysos). Seine Personifikation des Wassers stellt einen Mischtypus zwischen Neptun und einem Flußgott dar (den Attributen zufolge: Dreizack des Neptun einerseits, die liegende Wasserurne und Blattkranz im Haar als Attribute der personifizierten Flüsse andererseits). – An die Verbindung von Wasser und Erde erinnert auch ein Gemälde von Johann Heiss (*Kybele empfängt Neptun und Amphitrite*, um 1670/80; Wien, Kunsthist. Museum). Am Ufer thront die Erdgöttin Kybele, von viel Gefolge umgeben, die beiden Löwen, die gewöhnlich ihren Wagen ziehen, zu ihren Füßen. Auf dem Meer nähern sich Neptun und Amphitrite in ihrem Wagen, von Tritonen und Nereiden begleitet.

14. *P./Neptun als Allegorie des Monats Februar*. In dem Zyklus der Monatsbilder von einem unbekannten flämischen Maler (Ende des 16. Jh.; Madrid, Prado) steht Neptun für den Monat Februar. Neptun (mit Gefolge) fährt in seinem Wagen, über ihm das Tierkreiszeichen der Fische.

15. *Das mythologische Porträt im Bild des Neptun*. In diesem Zusammenhang muß noch einmal auf das Doppelbildnis *Neptun und Amphitrite* von Jan Gossaert hingewiesen werden, da es sich bei Neptun, wie S. Herzog (1968) darlegt, um ein allegorisches Porträt des Auftraggebers Philipp von Burgund handelt, der lange das Amt eines Admirals bekleidete. – Andrea Doria, Admiral von Genua, ließ sich mehrmals im Bild des Neptun porträtieren, um seinen Seesiegen ein Denkmal zu setzen und sich als Herrn der Meere zu verewigen (E. Parma Armani 1970,

S. 33 ff). Für die Piazzetta di San Matteo in Genua plante er eine Bronzestatue, mit deren Ausführung er Baccio Bandinelli beauftragte (wohl 1529; nicht ausgeführt). Eine Vorzeichnung hierfür von Bandinelli (London, British Museum) stellt ihn betagt, mit gelocktem Bart- und Haupthaar, dar, nackt bis auf einen den Rücken bedeckenden Mantel, in der Rechten wie ein Zepter den Dreizack, in der angehobenen Linken einen Delphin haltend. Unkanonisch für Neptun ist das gegürtete Schwert, das hier nicht als dessen Attribut, sondern das des Andrea Doria zu verstehen ist, ähnlich wie der Admiralstab des Neptun am Brunnen in Florenz nicht Neptun, sondern Cosimo zuzuordnen ist (s. u.). – Bescheidener ist eine 1537 in Marmor gehauene Figur des Andrea Doria als Neptun, der auf zwei Delphinen steht (ebenfalls von Bandinelli; unvollendet, Carrara, Domplatz). Angeregt wurde diese durch ein Gemälde von Angelo Bronzino, das Andrea Doria als Neptun (Mailand, Brera) in Dreiviertelfigur darstellt. – Da Ammanatis Neptun-Brunnen in Florenz in den Jahren in Auftrag gegeben wurde, als Cosimo I. seine Flotte aufbaute und er selbst ein leidenschaftlicher Seemann war, darf es als sicher gelten, daß er sich in der Gestalt des Neptun darstellen ließ, worauf auch das ungewöhnliche Attribut in der Rechten des Gottes – der Admiralstab – hinweist.

Lit.: Aulanier, Christiane: La double origine du plafond de la salle Henri II. au Louvre. In: La revue des arts 1954, 1, S. 109–114. Bober, Phyllis Pray: An Antique Sea-Thiasos in the Renaissance. In: Essays in Memory of Karl Lehmann. New York 1964, S. 43–48. Collier, William: New Light on Bernini's Neptune and Triton. In: Journal of the Warburg and Courtauld Institutes 31, 1968, S. 438–448. Herzog, Sadja: Tradition and Innovation in Gossart's Neptune and Amphitrite and Danae. In: Bulletin Museum Boymans-van Beuningen 19, 1–3, 1968, S. 25–41. «Gemäldegalerie Dresden. Alte Meister», Kat. Leipzig 1992, S. 207, Nr. 132. Krauskopf, Ingrid, in: LIMC 1994, 7,1, S. 479–483; 7,2, S. 378, s.v. Nethuns. Parma Armani, Elena: Il palazzo del principe Andrea Doria a Fassolo in Genova. In: L'Arte 73, 10, 1970, S. 12–64. Simon, Erika: Die Götter der Griechen, München 1985, S. 66–90. Dies. in: LIMC 1994, 7,1, S. 446–479; 7,2, S. 352–378, s.v. Poseidon. Dies./Bauchhenns, Gerhard, ebd., 7,1, S. 483–500; 7,2, S. 379–393, s.v. Neptunus. Sommer, Frank H.: Quaestiones disputatae: Poussin's *Venus* at Philadelphia. In: Journal of the Warburg and Courtauld Institutes 31, 1968, S. 440–444. Strauss, Walter S.: The complete engravings, etchings and drypoints of Albrecht Dürer. New York 1972, S. 46. Verheyen, Egon: Athena und Arachne. Ein kaum bekannter Zyklus in der Stadtresidenz zu Landshut. In: Zeitschrift des Deutschen Vereins für Kunstwissenschaft 20, 1966, S. 85–96. ·

Priapus, Priapos, griech., lat. Priapus; er soll auch Ityphallos oder Tychon geheißen haben (Diodor 4,6,4). Gott der Fruchtbarkeit, besonders der Ziegen, Schafe und Bienen (Pausanias 9,31,2), in Rom vorzüglich Gott der Gärten und Weinberge (Cornutus, Nat. deor. 27; Myth. Vat. II 38). In Griechenland Patron auch der Schiffer und Fischer (Kl. Pauly, Bd. 4, Sp. 1131). Sohn des Dionysos (Diodor 4,6,1) und der Aphrodite (oder der Nymphe Naias: Strabo 13). Hederich (Sp. 2079, nach Suda) erwähnt die Vaterschaft des Zeus und die unheilvolle Eifersucht der Hera, die der schwangeren Venus an den Leib gegriffen und damit die besondere Gestalt des P. verursacht haben soll. Auch (der auch ityphallische) Mercur / Hermes wird als Vater genannt (Hygin, Fab. 160). Ein Kult ist für Lampsakos in der Troas (auf der asiatischen Seite des Hellespont) belegt. Man hat in ihm auch eine Manifestation des Dionysos gesehen (Athenaios 1,30b; vgl. ders. 5,201c). Ihm nahe stehe Konisalos (ders. 10,441 f). Später (Myth. Vat. II 38) heißt es, der Mann sei wegen seines riesigen Gliedes aus Lampsacus vertrieben worden. Er sei ein Priester des Liber Pater und Gott der Wollust gewesen. Man habe in ihm auch den –> Adonis gesehen.

A Im Mythos gibt es den P. kaum und erst seit dem Hellenismus (Kl. Pauly, Bd. 4, Sp. 1130 f). Dafür hat sein Kultbild den Mythographen leicht die Anschauung seines Wesens vermittelt. Von dominanter Präsenz ist dabei das Instrument fortzeugender Fruchtbarkeit, der Phallus, zumeist erigiert und groß bis riesig. P. ist häßlich.

Hieran schließen sich ein paar seinen Ursprung erklärende (aitiologische) Geschichten. So zeige sich in ihm das Wesen der Eltern: Unter dem Einfluß von Wein spannten sich einem Mann die Glieder (sic), und der Sinn stehe ihm dann nach den Vergnügungen der Liebe (Diodor 4,6,1 f). Der Kult findet Erklärung aus der fundamentalen generativen Bedeutung des Phallus für die fortwährende Existenz der Gattung. Auch habe man das Glied beim Namen des P. genannt (Diodor ebd.). Eine historisierende Erklärung findet Diodor (ebd.) in Ägypten. Dort habe es geheißen, daß die Titanen einst den Osiris zerstückelten und die Teile davonschleppten, außer dem Phallus, den keiner haben wollte und den sie in einen Fluß warfen. Als Isis dann die Teile zu Menschengestalt wieder zusammensetzen ließ, da fehlte das Glied: Sie ordnete an, man solle ein Bild davon in erigiertem Zustand im Tempel ausstellen und ihm Ehren erweisen.

In Lampsakos opferte man ihm Esel (Ovid, Fasti 1,391). Diese Verbindung mit einem Inbegriff von Geilheit und Ausgelassenheit ist Gegenstand einiger Geschichten: Beim Fest der Cybele (–> Kybele) will P. die schlafende keusche Vesta / –> Hestia haben (vgl. Boccaccio, Gen. 8,3), aber der Esel des Silen warnt die Frau. P. erschlägt das Tier (Ovid, Fasti 6,319 ff; Lactantius Firm., Div. inst.

1,21,25). Beim Fest des Liber will er die Nymphe Lotis (Ovid, Fasti 1, 415 ff). Wieder stört ihn der Esel Silens. Dazu kommt das Gelächter der Götter, die dem geilen Treiben zuschauen. Auch hier muß das Tier sterben (ebd. 437 ff).

Ein andermal streitet er mit einem Esel um die Größe des Phallus und verliert. Verärgert erschlägt er den Konkurrenten (Hygin, Astron. 2,23,2; Lactantius Firm., Div. inst. 1,21,28; Ps. Eratosthenes, Kat. 11). Nach Hygin (ebd.) versetzte Liber / Dionysos das Tier aus Mitleid und Dankbarkeit für einen Dienst mit seinem Gefährten an den Himmel.

Lukian (Saltatio) meldet, P. habe den jungen –> Ares im Tanz unterwiesen.

B Der Fruchtbarkeitsgott hat augenscheinlich wenig Anlaß für weitere Deutungen gegeben. Nach Eusebius (Praep. evang. 3,11,110c) symbolisiert er den flüssigen Samen, der sich in den Schoß ergießt, für die trockene Frucht stehe dann Proserpina usw. Nach Remigius (7,363.22; Bd. 2, S. 175) opferten die Frauen («nuptae») dem Fruchtbarkeitsgott.

Im «Ovide moralisé en prose» (14,21, de Boer S. 369) steht er für Zügellosigkeit («luxure»), welche die Seele beschmutzt und verdirbt (Silvanus stehe für Götzendienst = «ydolatrie», Silen für Gefräßigkeit = «glotonnie»).

Den kultischen Rang des P. bei den Römern illustriert die – zumeist wohl primitive – Gartenfigur (Tibull 4,1), die zugleich als Diebs- und Vogelscheuche dienen muß (vgl. Cornutus, Nat. deor. 27; das paßt sicher zu einer alten apotropäischen Rolle). Sie ist wohl oft aus Feigenholz gefertigt, das sonst «nutzlos» sei (Horaz, Serm. 1,8; –> Dionysos und das phallische Bild für Prosymnos). Die Vögel scheißen drauf (ebd. 37; vgl. K. Ph. Moritz S. 239). In der Rechten halte er ein Sichelmesser zum Beschneiden der Reben (Cornutus ebd.). Auf den Kopf legte man ihm Weinlaub und Blumen (Tibull, El. 1,21), auch ein Kopftuch. Früchte erwähnt Cartari (1647, S. 231), der den P. in enger Gemeinschaft mit Bacchus abhandelt. Das (hölzerne?) Bild wurde wohl häufig rot angestrichen (mit Mennige? – vgl. Ovid, Fasti 1,415 u. 6,319: «ruber» und «rubicundus»). Auch steinerne Figuren gab es (Martial 6, Ep. 72). Oft scheint das Bild die Gestalt einer Herme gehabt zu haben (–> Hermes; vgl. Kl. Pauly, Bd. 4, Sp. 1130, auch zur Vollfigur).

Auf dem Land habe man ihn nackt, in der Stadt bedeckt gezeigt (Anth. Pal. 4,12). Der Bekleidete soll dann das unter einem Gewandbausch verdeckte erigierte Glied gehalten haben. Cornutus (ebd. 27) berichtet von bunter Kleidung. Gelegentlich hat man ihn mit Ziegenohren und Bockshörnern gezeigt.

C Vom Typus eines Satyrn ist Pietro und Gianlorenzo Berninis Herme *P.* (New York, Metropolitan Museum: mit vollem Haupthaar, niedriger Stirn, gedrungener Nase; Kinn- und Oberlippenbart). Das charakteristische Merkmal des P. bleibt unberücksichtigt. Mit einem üppigen Früchtekranz und einem Korb mit Früchten gibt er sich als Allegorie des Herbstes zu erkennen (als Gegenstück zu einer *Flora,* die den Frühling allegorisiert; New York ebd.)

E. Simon interpretiert mit einleuchtenden Argumenten den sog. *Atys-Amorino* von Donatello (Florenz, Bargello) als P. in vielschichtigem Verständnis.

Die Gestalt des P. regt Johan T. Sergel zu einer Karikatur an (Abb. bei R. Josephson 1956, Bd. 1, Abb. 218).

D 1. *Die Geburt des P.* Nicolas Poussin schildert dieses Ereignis amüsant (lavierte Zeichnung; Windsor Castle, Royal Library, Inv. 11938): Das Kind erregt mit seiner anatomischen Anomalie Aufsehen bei den Nymphen – einige wenden sich ab. Eine Schar von Silenen und Satyrn dagegen heißt das Kind mit Musik willkommen und prostet ihm zu.

2. *P. und Lotis* (Ovid, Fasti 1,415 ff). Auf Giovanni Bellinis Gemälde *Das Fest der Götter* (Washington, National Gallery of Art) sieht man (ganz rechts) P., der sich der schlafenden Nymphe nähert. Motiv und Komposition greift Giovanni Battista Palumba auf (Anfang 16. Jh., Zuschreibung; Stich, Abb. bei Ph. Morel 1985, S. 16).

3. *Das Opfer an P.* Der Holzschnitt eines anonymen Meister stellt ein Eselsopfer (vgl. **A**) an P. dar, der als ityphallische Herme (mit Sense und Spendenschale) unter einem Baldachin aus Laub wie in einer Epiphanie erscheint (F. Colonna, Hypnerotomachia Polifili, Abb. bei Ph. Morel 1985, S. 15)

Lit.: Josephson, Ragnar, 1956 (–> Allgem. Bibl.). Morel, Philippe: Priape à la Renaissance. In: Revue de l'art 1985, 69, S. 13–28. Simon, Erika: Der sogenannte Atys-Amorino des Donatello. In: Donatello e il suo tempo. Atti del' VIII Convegno internazionale di studi sul rinascimento, 1966. Firenze 1968, S. 331–351.

Prometheus, griech., a. Promethos. Titan; Sohn des Iapetos und der Klymene (Hesiod, Theog. 507 ff) oder der Themis / Gaia (Aischylos, Prom. 209 f und 18) oder der Asia (Apollodor, Bibl. 1,2,3; vgl. Boccaccio, Gen. 4,44). In ganz späten Quellen ist er ein Sohn der –> Juno / –> Hera von Eurymedon (s. Hederich Sp. 1396). Von der Pronoia oder von der –> Pandora Vater des Deukalion (Hellanikos, Schol. zu Apollonios Rhodios; vgl. D. und E. Panofsky 1956, S. 7, Anm. 8); letzterer (vgl. Cornutus, Nat. deor. 17) Bruder des Epimetheus, Bruder des Atlas und des Menoithios. – Als Gemahlin werden auch genannt Asia, Hesione und Axithea (Tzetzes zu Lykophron 1283; vgl. Hederich Sp. 1295). Boccaccio (Gen. 4,46) nennt Isis seine Tochter. Von der Kelaino soll der Vater des Lykos, von Pyrrha Vater des Hellenos sein (vgl. Natale Conti 1567, 4,6, Bl. 98ʳ, Zeile 18; Hederich Sp. 1295 f). Behauptet wurde ebenfalls, er sei von Klymene (s. o.) Vater des Hellenos oder des Deukalion (Schol. zu Pindar, Ol. 9,55).

P. hat einen sprechenden Namen: «Vorbedacht» oder «Der Vorausdenkende» (lat. «providentia» / «praevidentia»; s. u.) im Gegensatz zum Bruder Epimetheus: «Nachbedacht», «Der nachträglich Erkennende».

Die Wissenschaft neigt heute meist zu der Annahme, daß P. ursprünglich ein Handwerkergott war, dessen Kult man v. a. in Athen pflegte, als Patron wohl besonders der Töpfer und Schmiede und vielleicht auch anderer Handwerker, bei deren Arbeit das Feuer eine wichtige Rolle spielt. Rang und Zuständigkeit zeigen sich auch in seiner fachlichen und persönlichen Nähe zu –> Hephaistos und zu –> Athena. P. ist der mythische Gründer der Promethien (vgl. Hygin, Astron. 2,15,2), eines attischen Festes, zu dem ein Fackellauf gehörte, den man 421 / 20 auf die Hephaistien übertrug (vgl. Pausanias 1,30,2). Inhalt des Festes war der Wiedervollzug der Kulteinsetzung durch den mythischen Feuerraub und die Feuerspende an die Menschen.

A Es zeugt von einem besonderen und wiederholten Interesse an P., wenn seine – im Kern sehr alte – Geschichte uns in wichtigen Teilen nach Inhalt und Chronologie widersprüchlich überliefert ist. Hesiod, Aischylos und Platon sind die weithin bestimmenden Hauptquellen.

Wir unterscheiden vier Tat- bzw. Ereigniskreise, die den P. charakterisieren, in dieser Abfolge: 1. Das Erschaffen des Menschen; 2. Der Feuerdiebstahl; 3. Der Opfertrug bei Mekone; 4. Bestrafung und Tod. In diesem Ablauf des Geschehens – der aber nicht der Chronologie entspricht, in der der Mythos sich vermutlich bildet und den Titanen beschreibt – läßt sich seine Geschichte in Übereinstimmung mit späteren Quellen (vgl. Myth. Vat. II 63–65) wie folgt darstellen.

Einige sagen, P. sei es gewesen (also nicht –> Hephaistos oder andere), der

Zeus den Schädel spaltete und damit der –> Athena zur Geburt verhalf (vgl. Euripides, Ion. 454 ff; Apollodor, Bibl. 1,3,6). Die Verbindung mit der Göttin des Handwerks und der Künste erweist sich jedenfalls als wichtig und bedeutsam für den Titanen. Den Göttern zu Diensten ist er auch als Menschenbildner im Auftrag des Zeus (Etymol. Magn. S. 471). Schon Aristophanes (5.- 4. Jh v. Chr.) scheint davon zu wissen (Aves 686). Philemon (4. / 3. Jh. v. Chr.) soll gesagt haben, P. habe Bilder aller Lebewesen verfertigt, und zwar aus Ton (vgl. Stobaios 2,27); nach Menander (4. / 3. Jh. v. Chr.) formte er nur Frauen aus Ton (Frg. 718). Bei dem gleichzeitigen Kallimachos (Iamblichos 2, Frg. 192, C. Trypanis 1978, S. 112 ff) steht der «Ton des P.» metaphorisch für «Mensch» (vgl. ders., Frg. 493, ebd., S. 256). Hygin (2. Jh. n. Chr.) erzählt die Geschichte (Astron. 2,42,1), wonach P. eines Tages den Phaënon (oder Phaëton) schuf, der ihm so überaus schön gelang, schöner als alle anderen Jünglinge, daß er dieses besonders attraktive Geschöpf dem Knabenliebhaber Zeus vorzuenthalten beschloß: vergeblich, denn Cupido petzte, und Zeus ließ sich den Jungen bringen. Merkur war der Bote.

Bei Ovid steht, daß P. den Menschen aus Erde und Wasser schuf nach dem Bilde der Götter. Das gilt freilich nur für die Gestalt. Aesop schon berichtet (B.E. Perry, Babrius and Phaedrus 1984, S. 469, Nr. 240), P. habe unversehens zu viele Tiere geformt, und schließlich sei nicht mehr genug Stoff für die Menschen dagewesen. Zeus habe ihn aufgefordert, dann eben Tiere in Menschen umzuformen, und so sei es geschehen, daß der Mensch zwar seine eigene Gestalt habe, darinnen aber sei die Seele eines Tiers (vgl. Kentauren, Chiron). Wohl erst Spätere spinnen den Gedanken weiter aus. P. habe auf Befehl der Götter seinem menschlichen Geschöpf Eigenschaften von Tieren beigegeben: die Reizbarkeit vom Löwen (vgl. Horaz, Carm. 1,16,13 ff), die Furchtsamkeit vom Hasen, den Scharfsinn («astutia») vom Fuchs, die Klugheit von der Schlange, die Einfalt von der Taube (vgl. Myth. Vat. II 63). Angesichts solcher Autorität in allerhöchsten Diensten fiel es nicht schwer, P. auch manche Eigentümlichkeiten des Menschen, vorzüglich die lästigen und gar die befremdlichen, anzulasten. So seien die Homophilen beiderlei Geschlechts («tribadae et molles mares») sein Werk, als er nämlich nach einem Gelage mit Bacchus («Liber») sich trunken wieder an die Arbeit machte und dabei die Genitalien falsch auf die Geschlechter verteilte: «ita nunc libido pravo fruitur gaudio» (Phaedrus, B.E. Perry, Babrius and Phaedrus 1984, S. 326, Nr. 4,16). Daß wir Menschen Tränen vergießen, sei unserem von P. geschaffenen Wesen eigen, denn er mischte den Lehm mit Tränen, nicht mit Wasser (Themistios, Orat. 32, W. Dindorf 1832 / 1961, S. 434; B.E. Perry, Babrius und Phaedrus 1984, S. 505, Nr. 430). Daß wir dazu neigen, eher die Fehler der anderen als unsere eigenen zu sehen, sei auch ein Werk des P., der hier ein Gott der ersten Dynastie ist (Babrius, B.E. Perry, ebd., S. 82 f, Nr. 66). Ebenso verdanken die Menschen dem P. (aber auf Anweisung des Göttervaters) die Freiheit, sich zu entscheiden, ob sie den schweren Weg zur Freiheit oder den leichten Weg zur Sklaverei gehen wollen (Xenophon, Mem. 2,1,21 ff, Herkules am Scheideweg: B.E. Perry, Babrius and Phaedrus 1984, S. 490, Nr. 383). Nicht alles, was aus seiner Werkstatt kommt, ist auch ein Werk von P.s Hand: Das Bild der Falschheit hat – als der Meister bei Juppiter war – sein Lehrling «Trug» («Dolus») geschaffen, ein täuschend ähnliches und doch ein mangelhaftes Ebenbild (ein Trugbild eben) der Wahrheit, die ein Leitbild sei für den Menschen (N. Perotti, Index Perottina, B.E. Perry, Babrius and Phaedrus 1984, S. 377, Nr. 5-6).

Während dieser P. nicht nur der Bildner, sondern zugleich auch in göttlichem Auftrag der Schöpfer des lebendigen, beseelten Menschen ist, verknüpfen andere Autoren seine Geschichte mit der berühmtesten seiner Leistungen: der Eroberung des Feuers. So heißt es (Fulgentius, Myth. 2,6, 679, Helm 1970, S. 45; Myth. Vat. II 63; vgl. Myth. Vat. III 10,9), daß P. den Menschen aus Ton bildete, aber diese Gestalt sei unbeseelt und leblos gewesen. Der Minerva / Athene habe das Werk auch so schon gefallen, und sie habe den Künstler gefragt, ob ihm womöglich noch einige himmlische Gaben zur Vervollkommnung seines Werks willkommen wären. P. antwortete (bemerkenswert selbstbewußt), er wisse nicht, was es da Gutes bei den Himmlischen gebe; aber wenn es sich machen ließe und sie ihn hinaufbringe, dann möchte er gern dort das, was seinem Bildwerk nützlich sei, selbst bestimmen und aussuchen dürfen. Von der Göttin auf deren Schild hinaufgetragen, beobachtet er, daß die Leiber da droben von feurigen Dämpfen beseelt lebendig sind. Heimlich entzündet er am himmlischen Feuer (vgl. u.) einen Narthexstengel (ein trockenes Doldenkraut, dessen Dolde – von der Blüte umhüllt – brennt wie eine Fackel) und stiehlt so das Feuer, das er in die Brust seines Menschenbildes tut und ihm damit Seele und Leben verleiht. Offenbar zeigt diese Geschichte uns nun einen P., der sich weit weg von den Höhen des Olymp ohne göttlichen Auftrag an das Werk gemacht hat und den Menschen erschafft. Im Unterschied zu dem Geschöpf aus der Autorität des Zeus ist die belebende Seele des Menschen aus jenem feurigen Stoff, der auch die Himmlischen beseelt, und so entsteht ein Wesen, das den Göttern ähnlicher sein sollte als das andere zuvor. Aber auch wenn eine Göttin – die kunstverständige Athene – dem Künstler dabei zur Hand gegangen war: Dieses Werk verdankt seine Natur einem Diebstahl, der den Unwillen des Göttervaters weckt.

Wieder anders sah Apollodor (Bibl. 1,7,1) das Geschehen: P. habe die Menschen aus Wasser und Erde geformt und ihnen dann das heimlich dem Zeus entwendete Feuer gegeben. Das ist ein P., der die Menschen nicht nur erschafft, sondern ihnen mit dem Feuer auch ein Lebensmittel gibt – gegen den Willen der Götter freilich, von denen schon Hesiod sagt, sie enthielten dem Menschen vor, was er zum guten Leben braucht. Sonst nämlich würden wir mit den Früchten der Arbeit eines einzigen Tages ein ganzes Jahr sorglos zu leben verstehn (Erga 42 ff). Allerdings scheint Hesiod auch die Mißgunst der Götter dem P. anzulasten (ebd.). Hier aber begegnet P. uns als der Anwalt und Wohltäter der Menschheit (vgl. Kallimachos, C.A. Trypanis 1978, S. 264, Frg. 551; vgl. auch Diodor 4,15,2), als welchen schon Aischylos (Prom.) ihn uns vorstellt, als Erfinder und Förderer, dessen Anliegen nicht das Erschaffen des natürlichen Menschen ist, sondern vielmehr das Erwecken und Bilden des zivilisierten Menschen. Gewiß, er bringt den Menschen das Feuer in den Herd, aber – wichtiger noch – er bringt es auch in ihre Köpfe: Das Licht seiner Fackel dient der geistigen Erleuchtung (ebd. 447 ff):

«Vordem ja, wenn sie sahen, sahn sie ganz umsonst; / Vernahmen, wenn sie hörten, nichts, nein: nächtgen Traums / Wahnbildern gleich, vermengten all ihr Leben lang / Sie blindlings alles …» Nun aber steht ihrer Einsicht die Vielzahl der Erfindungen P.s zu Gebote: «Es kommt / Jedwede Kunst dem Erdvolk von Prometheus her», läßt der Dichter den P. sagen (ebd. 505 f). Die Liste seiner Erfindungen ist in der Tat eindrucksvoll (ebd. 445–507). Die Baukunst erfindet er: Denen, die wie Ameisen in Höhlen wohnen, gibt er Häuser aus Backstein und solche aus Holz; die Astronomie führt er ein: Die Menschen, die sich blind dem Wechsel der Jahreszeiten wie dem Zufall überlassen, lehrt er, in Kenntnis des künftigen Himmels richtig zu handeln, lehrt sie auch, den Auf- und Untergang der Sterne zu verstehen; er erfindet die Zahl als Werkzeug des Geistes und die Schriftzeichen (s. Kadmos), die «Erinnerung während Mutter allen Musenwerks». Dann bringt er den Menschen auch bei, wie mit Joch und Kummet das Rind ihnen Lasten und Arbeit abnimmt; das Pferdegespann vor dem Wagen führt er ein, und das Segelschiff erfindet er. Seine größte Tat sei, läßt der Dichter den P. von sich sagen, daß er den bis dahin gegen jegliche Krankheit hilflosen Menschen Heilmittel gab. Auch bringt er Ordnung in die Wahrsagekünste und lehrt die Menschen die Traumdeutung, die Deutung sonst unverständlicher Geräusche, die Kunst, den Vogelflug zu deuten, die Eingeweideschau und die Feuerschau. Schließlich bewährt P. sich als Lehrer der «Metallurgie», der Kunst, Erz zu finden und edle Metalle.

In philosophischem Kontext finden wir P. bei Platon (Prot. 321c ff) zu Beginn des Mythos, mit dem der Sophist seine Theorie vom Ursprung der menschlichen Gesellschaft und der Moralgesetze vorstellt: Als die Zeit gekommen ist, schaffen die Götter die sterblichen Wesen. Sie schaffen sie aus Erde und Feuer und aus allen Stoffen, die sich mit diesen Elementen vertragen. Dann beauftragen sie P. und Epimetheus, jedem einzelnen dieser Wesen die ihm gemäßen Eigenschaften zu geben. Epimetheus beredet den Bruder, die Arbeit allein machen zu dürfen: Er könne ja schließlich alles begutachten. Dann geht er ans Werk. Dabei ist er sehr umsichtig, den Tieren all das zu geben, was sie zum Leben und Überleben brauchen. Dennoch erweist er sich als unbedacht, denn er geht so unbekümmert mit seinem Vorrat an Gaben um, daß er schließlich nichts mehr hat, den Menschen genügend auszustatten. So findet am Ende P. den Menschen nackt und wehrlos vor. Dann naht der Tag, da dieses Geschöpf wie alle sterblichen Wesen in das Licht der Welt treten soll. In seiner Not, ihn noch rasch lebenstüchtig zu machen, stiehlt P. von Hephaistos und Athene die Kunstfertigkeit und das dazugehörige Feuer. Beides gibt er dem Menschen, der damit nun das tägliche Leben zu bewältigen weiß. Aber noch fehlt ihm die Weisheit zum gesellschaftlichen Gemeinwesen. Die steht in der Obhut des Zeus, bewacht von grimmigen Wächtern. Also dringt P. heimlich in das Haus ein, das Hephaistos und Athene sich für die Ausübung ihrer Künste teilen. Dort stiehlt er ebendiese Künste, die feurige Kunst des Hephaistos und all die vielen Künste der Athene (die Kriegskunst ausgenommen). Auch diese gibt er dem Menschen, der es nunmehr versteht, sich mit all dem zu versehen, was zum Leben nötig ist. Kraft seiner Gaben den Göttern verwandt, errichtet der Mensch jetzt als einziges Lebewesen den Göttern Altäre und verfertigt deren Bilder, dann entwickelt er die Sprache, errichtet Wohnungen, verfertigt Kleidung und Schuhe, baut sich ein Bett und verschafft sich Nahrung.

Wir unterscheiden in dieser Anthropogonie mehrere Stufen, deren zweite und dritte in der Verantwortung des P. stehen, der aber keineswegs den Menschen schon so hinterläßt, wie er schließlich sein wird. Zunächst verleiht er ihm die bloße Fähigkeit, sich in den Künsten überhaupt zu üben. Dazu gibt er ihm das Feuer. Dann stattet er ihn mit den Künsten selbst aus. Zwar fehlt es dem Menschen jetzt noch an der Kunst zum gesellschaftlichen Leben, aber der zweite Schritt bringt augenscheinlich schon gesellschaftliche Arbeitsteilung mit sich: die Künste, welche die Menschen zum gemeinsamen Leben in Ordnung zusammenführen, was sich aber in einem ersten Versuch als unmöglich erweist, weil dem Menschen noch der Sinn für gegenseitige Achtung und Recht, weil ihm noch die gesellschaftlichen Künste fehlen. Diesen Mangel zu beheben, wird nicht mehr P., sondern –> Hermes bemüht. Es gibt auch Berichte, wonach P. die Geschöpfe des Deukalion belebte (Myth. Vat. I 189).

Anwalt des Menschengeschlechts gegen die Götter ist P. auch in einer anderen alten und bekannten Geschichte, in der er durch eine List das Verhältnis der Menschen zu den Göttern neu und endgültig ordnet: zum Vorteil der Sterblichen, wie es heißen wird – zu ihrem Verderben, wie wohl Hesiod meinte. Hesiod erzählt (Theog. 535 ff), daß Götter und Menschen einst in Mekone eine Auseinandersetzung hatten. Damals habe P. den Opferbrauch (die Abgaben) der Menschen für die Götter auf eine Weise eingerichtet, welche den Zorn der Götter erregte. Er habe einen großen Ochsen geschlachtet und das Fleisch sowie die nahrhaften fetten Innereien auf der Haut ausgebreitet, darüber den Pansen getan (der vermutlich weniger appetitlich wirkte) und das alles den Menschen vorgesetzt. Zeus habe er die weißen Knochen vorgelegt, diese aber listig kunstvoll verpackt und glänzend von weißem Fett. Der Gott bemerkte die ungleiche Verteilung und ließ das auch den P. wissen, der meinte jedoch «sanft lächelnd», der Göttervater könne ja wählen. Zeus nahm – gewahr also des Betrugs – entschlossen den wertlosen Teil, während er bei sich an eine angemessene Strafe für die Sterblichen dachte (Theog. 550 ff). Er beschloß, den Menschen das Feuer vorzuenthalten. Freilich, seither ist es möglich, daß die Menschen das Fleisch der Opfergaben selbst genießen (vgl. Hygin, Astron. 2,15,1) und den Unsterblichen nur weiße Knochen verbrennen, auf duftenden Altären – seit sie das Feuer wiederhaben, daß P. ihnen verschaffte.

Der Vatikanische Mythograph II (64) wird im Anschluß an Hygin (Astron. 2,15) die Geschichte etwas anders erzählen: In jenen Zeiten, da man bei den Alten noch alle heiligen Opfer verbrannte, habe P. von Zeus erwirkt, daß man nur noch einen Teil des Opfers in das Feuer gebe, den anderen aber verzehrt. Er habe zwei Stiere geschlachtet, deren Leber auf den Altar getan, dann das Fleisch der Tiere zusammengelegt und unter der Haut versteckt. Die übriggebliebenen Knochen habe er mit dem Rest der Haut zugedeckt, in die Mitte gestellt und dem Gott die Wahl gelassen. Der habe sich täuschen lassen (was Hygin, ebd., nicht so ganz zu glauben vermag), und er habe die Knochen genommen. So sei es geschehen, daß der erzürnte Zeus den Menschen das Feuer fortnahm, damit ihnen künftig das Fleisch nutzlos sei, da sie es künftig nicht mehr bereiten konnten (vgl. auch Gyraldi, Synt. 17, S. 668B f).

Es ist offenbar, daß bei den Werken des P. zum Wohl der Menschen das Feuer eine zentrale Rolle spielt. Damit geht überein, daß wir über die genaueren Umstände des Erwerbs wie auch über das Wesen des erworbenen Guts sehr unterschiedlich unterrichtet werden. Die einen sagen, P. habe sich eines Narthexstengels (lat. «ferula», vgl. o.) bedient (Aischylos, Prom. 107 ff; Hesiod, Theog. 565 ff, Apollodor, Bibl. 1,7,1; Hesiod, Erga 42 ff; Hygin, Astron. 2,15,2; Myth. Vat. II 63 u. 64; Myth. Vat. I 1). Aischylos (Prom. 7 f) deutet an, daß P. sich das Feuer aus der Schmiede des Hephaistos holte. Andere sprechen vom Blitz des Zeus (vgl. Platon, Prot. 321; Cicero, Tusc. 2,23). Hygin (Astron. 2,15,2) spricht nur vom «Feuer des Jupiter» (also dem Blitz), während beim Mythographus Vaticanus (I 1) P. das Feuer des Blitzes («ratio fulminum») dem Sonnenrad entnimmt (vgl. Vergil, Ecl. 6,42; vgl. Servius, Ecl. 6,42). Auch vom Sonnen- oder Phoebuswagen ist die Rede (Myth. Vat. II 63 u. III 10,9), während der Vatikanische Mythograph (II 64) von Sonnenstrahlen spricht. Diodor (5,67,2) sieht alles wieder ganz anders: P. habe das Feuer durch Reiben zweier Hölzer aneinander gefunden, was auch dem –> Hermes zugeschrieben wurde (vgl. Homer. Hymnos 4, an H., 111 ff), während man in Argos behauptete, nicht P., sondern Phoroneus sei der Bringer des Feuers (Pausanias 2,19,5). Boccaccio (Gen. 4,44) sagt mit Hinweis auf Plinius, P. habe das Feuer aus dem Stein geschlagen. Nach Hygin (Fab. 144,1) bestand ein wesentlicher Teil der Leistung des P. darin, daß er die Menschen lehrte, das Feuer in der Asche verborgen zu bewahren.

All dies tat P. zum Vorteil der Menschen, aber zum Unwillen der Götter, und so sollten weder er noch die Menschen sich der erworbenen Güter erfreuen, ohne einen Preis dafür zu zahlen. Vielleicht weil er angesichts des listenreichen P. voraussah, daß er den Menschen auf die Dauer das Feuer nicht vorenthalten könne, läßt Zeus nach den Ereignissen in Mekone P. wissen, daß das gestohlene Gut ihm und den Menschen zur großen Mühsal gedeihen werde. Dessen eingedenk wird man später bemerken, daß schlechter Gebrauch das Feuer zu einer Gefahr mache, wie man bei Livius z. B. über das Schicksal des Tullus Hostilius erfahre, dessen ganze Familie ein Raub der Flammen geworden sei (Myth. Vat. I 1).

Nicht genug damit. Zeus beschließt, den Menschen – und das sind zu diesem Zeitpunkt augenscheinlich nur Männer – noch eine besondere Strafe aufzuerlegen als Preis für das gestohlene Gut (Hesiod, Theog. 570 ff): Er gibt ihnen die Frau. Das ist eine trügerische Gabe, deren sie sich zu erfreuen meinen, während sie doch in Wahrheit ihr eigenes Verderben umarmen. Trügerisch ist schon ihr Name: –> Pandora (Hesiod, Erga 47 – 105), was soviel heißt wie «Die alles Gebende» oder «Die mit allem Begabte». Das klingt verheißungsvoll, während doch in Wirklichkeit durch Pandora alle Übel in diese Welt gekommen sein sollen.

Schreckliche Strafe trifft P. selbst. Auf Geheiß des Zeus oder der Götter wird er von –> Hephaistos oder von –> Hermes / Merkur (vgl. Hygin, Fab. 144; Boccaccio, Gen. 4,44) an die Felsen des Kaukasus gebunden: in Eisen gelegt, sagen die einen (Aischylos, Prom. 5 f; vgl. Hygin, Astron. 2,15,3: mit eiserner Kette; vgl. Diodor 4,15: ohne Ortsangabe), genagelt, sagt Apollodor (Bibl. 1,71; vgl. Hygin, Fab. 144). Von bronzenen Fesseln spricht Apollonios Rhodios (2,1247). Ein Adler oder Geier (Vergil, Ecl. 6,42; Fulgentius, Myth. 2,6, 682, ebd. S. 46; Myth. Vat. III 10,9; Boccaccio, Gen. 4,44;; Lukian, Dial. deor. 1, nennt Geier und Adler) habe tagtäglich von seiner Leber gefressen, die sich über Nacht immer wieder erneuerte (Apollodor, Bibl. 1,7,1 u. 2,5,11; Hygin, Astron. 2,15). Nach anderen fraß der Vogel am Herzen des P. (Hygin, Fab. 144; ders., Fab. 31,5 u. 54,3; vgl. hierzu Fulgentius, Myth. 2,6, ebd.; s. **B**; Myth. Vat. I 1 u. II 65). Nach Auskunft einiger scheint der Vogel ständig neben dem Mann gesessen zu haben (Diodor 4,15,2; Hygin, Fab. 144). Hygin (Astron. 2,15,3; vgl. Apollodor, Bibl. 2,5,11) referiert, daß der Adler entweder ein Kind von Typhon und Echidna oder von Terra (Erde) und Tartarus war. Auch sei berichtet worden, daß der Vogel ein von Zeus beseeltes Werk des –> Hephaistos / Vulcan war. Einen gigantischen Vogel sehen die Argonauten hoch über sich in den Wolken. Sein Flügelschlag macht die Segel zittern. Dann hören sie den gequälten Schrei des P. (Apollonios Rhodios 2,1247 ff). Nach Flavius Philostrat (Apollon. 2,3) wurde behauptet, P. sei im Kaukasus in einer Höhle gefesselt gewesen, und diese werde am Fuße des Gebirges immer noch gezeigt. Damis habe am Felsen auch noch die Fesseln gesehen, allerdings nicht erkennen können, aus welchem Stoff sie waren. Dann gebe es noch welche, die behaupteten, P. sei auf dem Gipfel des Berges an zwei etwa ein Stadium (ca. 200 m) weit voneinander entfernt stehende Felsspitzen gebunden worden: So riesig war der Mann (vgl. den gigantischen Adler bei Apollonios Rhodios, s. o.). Bei Hesiod stand (Theog. 521), Zeus habe den P. mit besonderen Fesseln gebunden und eine Säule wie einen Pfahl durch ihn getrieben (vgl. Hederich Sp. 1293).

30000 Jahre habe P. so gelitten (vgl. Hygin, Astron. 2,15,3). Hygin (Fab. 144,2) spricht aber auch von nur 30 Jahren. Eigentlich war die Strafe dem P. für alle Zeiten bestimmt.

Über seine Befreiung gibt es ebenfalls widersprüchliche Nachrichten. Die bekannteste Geschichte erzählt, –> Herakles sei – unterwegs zu den Gärten der Hesperiden – zufällig bei P. vorbeigekommen und habe sich entweder nur den Weg weisen lassen (Hygin, Astron. 2,15,5; Myth. Vat. II 64), oder aber P. habe ihm noch genauen Rat dazugegeben, wie er bei Atlas (der ja ein Bruder des P. ist) vorzugehen habe, um an die Äpfel zu kommen. Er solle nicht versuchen, die Früchte selbst zu pflücken, sondern das den andern tun lassen. Als dann Atlas dem Herakles das Himmelsgewölbe nicht wieder abnehmen will, hilft wieder eine von P. angeratene List. Jedenfalls wird Herakles zum Dank den P. befreien: Er erschießt mit einem Pfeil den Adler, setzt sich selbst einen Olivenkranz auf das Haupt (als Zeichen des Sieges, –> Athena) und bietet Zeus das Leben des Chiron, der bereit ist, für den P. zu sterben.

Diodor (4,15,2) weiß anderes: Als Herakles den Wohltäter der Menschen leiden sieht, erlegt er den Adler und überredet Zeus, von seinem Zorn abzulassen (vgl. Philostrat, Apollon. 2,3). – Hygin erzählt uns eine Geschichte, die letztlich auf Aischylos (Prom. 40) zurückgeht. Danach warnt der an den Kaukasus gefesselte P. Zeus vor einer Verbindung mit Thetis, denn es sei bestimmt, daß ein Kind aus solcher Verbindung den Olympier entmachten werde. Dieses Wissen war dem beständig Wachenden nicht verborgen geblieben (Lukian, Dial. deor. 1; Hygin, Astron. 2,15,4; vgl. ders., Fab. 54,3; Myth. Vat. II 65). Dankbar befreit Zeus P. von seinen Fesseln und spricht ihn frei von aller Schuld, aber er erlegt ihm auf, künftig einen Fingerring aus Eisen zu tragen, mit einem Stein versehen (vgl. Servius, Ecl. 6,42; Myth. Vat. II 65). Außerdem sei berichtet worden, daß P. jetzt einen Kranz trug zum Zeichen, daß er als Sieger ungestraft Böses getan habe (vgl. Athenaios 15,672 u. 674).

Maßloser Wissensdrang und Ungebühr sind Grund für die Strafe nach anderer Auffassung: P. habe aus den Eingeweiden eines Hirten namens Kaukasus das Kommen des Zeus geweissagt, der ihn dafür an das Gebirge schmieden ließ, das seitdem den Namen des Hirten trägt (Kleanthes bei Ps.-Plutarch, de Fluv. 5,3; Roscher Sp. 3080). Übrigens wurde auch behauptet, P. sei bestraft worden, weil er der Athena nachstellte (Duris v. Samos, FGrH, F. 47). Schließlich gab er sich verdient, weil er die Frau, das bösartigste Wesen der Welt, geschaffen habe (Fr. Pomey 1694, S. 381 f, mit Hinweis auf Menander; s. auch Lukian, Dial. deor. 1). Zum Opfer menschlicher Undankbarkeit wird P. in einer merkwürdigen Geschichte, die Fr. Pomey unter Berufung auf Nikander (Theriaka) erzählt, die sich aber auch bei Aelian (De anim. 6,51) findet. Danach haben die Menschen das Feuergeschenk zwar gern entgegengenommen, dann aber den Dieb an Zeus verraten. Der habe ihnen zum Dank die ewige Jugend geschenkt. Das Geschenk muß aber recht schwer gewesen sein, denn sie legten es auf einen Packesel. Unterwegs dürstete es das Tier, und es wollte sich an einer Quelle erfrischen. Da habe aber eine Schlange ihm das Trinken verwehrt, es sei denn, es überlasse ihr seine Last. So sei es geschehen, daß die Schlange seither mit der Haut das Alter ablegt und ewig jung zu sein scheint (ebd. Babrius and Phaedrus, ebd. S. 515 f, Nr. 458). – Die Argiver behaupteten, das Grab des P. zu beherbergen (Pausanias 2,19,7).

An der Stelle, wo der «ichor» (das Götterblut) des P. auf den Boden getropft war, soll eine Pflanze entsprungen sein. Ihre Blüte über Zwillingsstengeln und etwa eine Elle über dem Boden habe die Farbe des Korykischen Krokus gehabt. Die Wurzel sei wie frisches Fleisch gewesen. Von dieser Pflanze stamme das Zaubermittel der Medea (Jason), jene Salbe, die den damit Versehenen vor dem Angriff kühn machte (Apollonios Rhodios 3,844 ff).

Bei Pausanias steht auch dieses (10,4,3; zu Panopeus in der Phokis): «Neben dem Fluß liegen zwei Steine, jeder etwa eine Wagenladung groß, lehmfarben, nicht wie Erde, sondern wie Lehm aus tiefer Schicht oder aus einem sandigen Gießbach, und sie riechen ganz so wie menschliches Fleisch. Man sagt, daß diese Steine übrigblieben von dem Lehm, aus dem P. die Menschen schuf.»

B Abschnitt A stellt die Chronologie der Ereignisse bei Hesiod auf den Kopf, sofern für diesen die Geschichte augenscheinlich mit dem Opfertrug beginnt, dem dann erst – nach dem Feuerentzug durch Zeus – der

Feuerdiebstahl folgt. (Aber: Geht den Ereignissen in Mekone womöglich ein erster Feuerraub voraus?; vgl. Hesiod, Erga 50 f.) Vom Menschenschöpfer P. ist wohl erst seit dem 6. Jh. die Rede (s. o.). Dieser Gegensatz der Vorstellungen vom Verhältnis von Göttern und Menschen zueinander bestimmt das Schicksal des Mythos. Hesiod nimmt letztlich fromm Partei für die Götter gegen den verderbenbringenden Aufrührer P. – Das ist eine Haltung, die – unter den Alten – noch Vergil (Georg. Ecl. 6,42), Horaz (Carm. 1,3), Properz (4,4,7) und andere teilen werden. Die Vorstellung vom Menschenschöpfer und -förderer nimmt Partei für die Sterblichen, zunächst (wie es scheint) mit den Göttern, später gegen sie. Hesiod sieht in P. wohl einen Verantwortlichen für den Untergang des Goldenen Zeitalters, für Verlust und Niedergang also, während etwa Aischylos von der Vorstellung einer aufsteigenden Menschheitsentwicklung vom primitiven Urzustand zur Zivilisation ausgeht und dabei den P. als Gründer und Förderer schätzt. Beide Positionen vermochten leicht neben- und miteinander zu bestehen, wobei Kultur- und Fortschrittspessimismus sich später mit biblischen Vorstellungen vom Sündenfall verbinden und in Hesiod wiedererkennen können.

Es scheint, daß zumindest die Autoren der Alten sich kein Bild von P., dem Mann, gemacht haben. Seine Auseinandersetzung mit Zeus zeigt ihn verschlagen und hinterlistig (vgl. [den frommen] Hesiod, Theog. 559 f; Erga 54 f), was dem Erfinder P. wohl kaum hinderlich sein wird. Sein Name allein schon weist ihn eher aus als eine Personifikation denn als Person, welcher Eindruck noch verstärkt wird durch den Namen des Bruders Epimetheus, der sich wie ein «Kontrastprogramm» anhört (s. o.). Aus solch abstraktem Gedankenstoff ist auch Mutter Themis (vgl. Aischylos, Prom. 209), «die fest Stehende», welche die Gültigkeit des altüberkommenen Rechts unter den Menschen verbürgt (vgl. Natale Conti 1567, 4,6, Bl. 97 v, Zeile 29), auch gegen die Götter, und wenn sie eine Erdgöttin ist und vielleicht nur eine Erscheinungsform der Gaia (–> Kybele; vgl. Aischylos, Prom. 209), dann fällt es um so leichter, den P. – aus mütterlichem Erbe – als Veranschaulichung einer tätigen Anwaltschaft irdisch-menschlicher Anliegen mit den Himmlischen und auch gegen sie zu verstehen (vgl. seine Vaterschaft des Deukalion von Pronoia). So hat es die weiterführende Allegorese nicht schwer mit P.: Der Name erklärt ihn zum Vorausschauenden, Fürsorglichen (s. o.). Er mag als Epitheton verstanden werden von einem, der eigentlich anders heißt (vgl. Hederich Sp. 2090 f), oder er zeigt das Prinzip selbst an. Julian (Orat. 6) setzt P. mit «pronoia» gleich und gibt ihm damit einen anderen Namen, doch wesentlich mit demselben Sinn: Vorbedacht, Fürsorge. Bei lateinischen Autoren verkörpert P. – sinngemäß übersetzt – «providentia» (= Fürsorge; auch «praevidentia» = Voraussicht). Fulgentius (Myth. 2,6, 681, Helm 1970, S. 46) sagt: «nos uero Prometheum dictum quasi pronianteu quod nos Latine praevidentiam dei dicimus» (vgl. hierzu Cicero, Nat. 2,58: «prudentia» oder «providentia» = «graece pronoia»; vgl. Servius, Ecl. 6,42: «P. dictus est apotes prometheias i. e. a providentia»; vgl. Gyraldi, Synt. 1, S. 37B). Dem Komödiendichter Platon (Sophistai, CAF, Frg. 1,136) ist P. Sinnbild des Verstandes («nous»), bei Plutarch (De fort. 98C; vgl. Roscher, Sp. 3080) verkörpert er die Überlegung («logismós»).

Bei Tzetzes steht P. für den vorausschauenden Geist («mens, quae res futuras multo ante praevidet»). Ein Sinnbild der Zeit («tempus») sei er, weil diese aller Dinge und Künste Lehrerin und Erfinderin sei, was man ja von P. berichte (vgl. Natale Conti 1567, 4,6, Bl. 100ᵛ f, mit Hinweis auf den Orph. Hymnos 14). Der Erwerb des Feuers ist grundlegend für alle anderen Taten oder Erfindungen des fürsorglichen, vorausschauenden P., außer dem Opfertrug, der den Besitz aufs Spiel setzt. Die Künste seien «gleich den überallhin verbreiteten Feuerfunken des P.» (vgl. Platon, Prot. 30). Sofern es leuchtet, wird es zum Bild der geistigen Erleuchtung und damit zur Voraussetzung geistiger Künste, aber auch – indem es so Einsicht verschafft und Richtung weist – für alles Handwerk. Daß P. der Erfinder der Athletik sei (Philostrat, Gymnast. 16), leitet sich wohl vom Stifter des Fackellaufs bei den Promethien ab. Das Bild geistiger Erleuchtung schlechthin ist P. für Theophrast, der den Titanen in diesem Sinn für den Gründer der Philosophie gehalten haben soll (Schol. zu Apollonios Rhodios 2,1250). Als Erfinder von Weisheit («sapientia») und Fürsorge («providentia») meldet ihn Gyraldi (Synt. 12, S. 328). Die Wahrsagekünste allgemein, die Feuerschau im besonderen müssen dem «Vorausschauenden» angelegen sein und kleiden ihn gut. Die Astrologie aber (Aischylos, Prom. 458; vgl. Cicero, Tusc. 5,3) als Kunst der Vorausschau aus der Beobachtung der Sterne verbindet darüber hinaus sinnfällig das Schicksal des Menschen mit dem himmlischen Ursprung des feurig leuchtenden Elements.

Letztlich aus dem Feuerbringer entwickelt sich – über den Aufklärer und Lehrer – auch die Vorstellung vom Menschenschöpfer als Bildner, der sein Geschöpf aus Erde und Wasser schafft und ihm eine Seele feurig-himmlischen Ursprungs gibt (vgl. Fulgentius, Myth. 2,6, 679 f, ebd. S. 45). Das Geschöpf zeigt seines Meisters Sinn. Er hat es geschaffen, daß es – anders als das Tier – von der Erde aufragt gegen den Himmel und daß sein Gesicht den Sternen zugewandt ist. Dieses Bild zeigt uns Ovid (Met. 1,82 ff). Derselbe Gedanke – ohne Berufung auf P. – findet sich schon bei Cicero, bei dem der Mensch ein Werk der (göttlichen) «providentia» ist (Nat. 2,10).

Ausdruck für eine naturphilosophische Spekulation der Griechen zum Ursprung des Lebens aus feuchter Erde, die sich nach der Trennung der Elemente voneinander gebildet habe, ist P. nach dem Bericht Natale Contis (1567, 4,5, Bl. 101ʳ, Zeile 12 ff).

Augustin (Civ. 18,8) erkennt in diesem P. den geistigen Schöpfer: Man sage, P. habe den Menschen aus Lehm geschaffen, eben weil man ihn für einen außerordentlich klugen Gelehrten («optimus sapientiae doctor») hielt (vgl. Cornutus, Nat. deor. 17; Gyraldi, Synt. 1, S. 37B). Überhaupt haben die Christen keine großen Schwierigkeiten mit dem Menschenbildner P.

Bei Picinello (3,46,126 u. 127; S. 168) sind Ovid (Met. 1,82 ff), Vergil und Cicero (Nat. 2,140) neben Biblischem (Gen. 1,26) mit Gregor v. Nazianz, Origenes und Lactantius Firmianus vereint, Autorität für Lemmata, deren Thema der Adel («nobilitas») des aus Erde und Feuer geschaffenen Menschen ist: LUTO COMPONIT ET IGNE (Erde vereint er mit Feuer) und IGNEUS EST ILLIS VIGOR (Feuer ist ihre Lebenskraft). – An den Pessimismus Hesiods erinnert die moralische Wertung bei dem Kyniker Diogenes, für den der Erwerb des Feuers der Beginn von Verweichlichung und Genußsucht des Menschen ist (Dio Chrysostomos, Or. 6; vgl. Roscher Sp. 3080).

Seltener als der Feuerdieb und Bildner P. scheint (wenigstens bis in das Mittelalter) der bestrafte P. Beachtung gefunden zu haben. Wenn man sage, Merkur, der Gott der Weisheit («sapientia») und Vernunft («ratio»), habe den P. an den Berg gefesselt, dann meine man damit, daß es (das Streben nach) Weisheit war, die ihn an jenen Ort brachte (den Weg der Sterne zu erkunden und zu wissen). Mit der Leber («iecor») sei das Herz («cor») gemeint, der Sitz der Weisheit, nach Meinung einiger Philosophen. Der Geier sei ein Bild für die Welt («mundus»), die sich in raschem Flug dreht und sich fortwährend vom Aas des Vergänglichen ernährt. Die Weisheit («sapientia») aber werde ernährt und erhalten von der göttlichen Fürsorge («providentia», die man ja in der Bewegung der Sterne anschaut), und sie könne sich ebensowenig selbst bestimmen, wie die Welt ohne ihre Nahrung auch nur einigermaßen auszukommen vermag (Myth. Vat. III 10,10). Häufiger findet sich die Vorstellung vom Adler, der dem P. das Herz ausfrißt, als Bild für die Mühsal des astrologi-

schen Studiums (vgl. Hygin, Fab. 144; Myth. Vat. I 1 u. II 65 u. III 10,10).
Statt des Astrologen hat man in dem gefesselten P. auch ein Bild des
Bildners gesehen: Er habe als erster ein Bildwerk («idolum») verfertigt,
und der gefräßige Geier bezeichne die schmerzhaft nagende Verleum-
dung des Neides (Myth. Vat. III 10,9, mit Hinweis auf Nicagoras und Petronius Arbiter). Als Beispiel für bestrafte Vermessenheit zeigt den gefesselten P. ein Emblem unter dem Lemma QUAE SVPRA NOS NIHIL
AD NOS («Was vber vns ist geht vns nicht an»). Das Bild zeigt den Adler
über dem Herzen des am Boden liegenden P. Das Epigramm spricht vom
Bildner und Feuerdieb, dem es an Klugheit mangelte, denn «Der klugen
Hertzen so da wölln / Ins Himmels lauff seyn Gotts Geselln / Werden
mit vil angst sorg und müh / Teglich on vnderlaß gplagt hie» (Alciat
1531, Held Nr. 106; H. / S. Sp. 1657). – Als Beispiel für aktuelle (lutheri-
sche) Häresie erscheint P. bei Natale Conti (1567, 4,6, Sp. 101 ᵛ, Zeile
34 ff).

Rationalistische Deutung erkennt in P. leicht einen Sterblichen und
lokalisiert ihn sogar, zunächst – wie es scheint – nur geographisch, später
auch historisch. Anfangs gilt das Interesse dabei offenbar einem geschei-
terten P.: Er war König der Skythen, dem es nicht gelang, die Über-
schwemmung eines Flusses zu verhindern; da habe man ihn zur Strafe
gefesselt. –> Herakles löste das Problem, leitete den Fluß in das Meer
und befreite den König (Herodian, Frg. 23, und Agroitos, Frg. 6; s. Schol.
zu Apollonios Rhodios 2,1248). Diodor (1,19 f) erzählt sinngemäß dieselbe Geschichte als ägyptische Überlieferung. Hier ist vom Nil die
Rede. Den sternkundigen P., der den Menschen aus Kenntnis des Künftigen den Weg zu weisen weiß, meint die Überlieferung, die ihn in Assyrien antrifft und ihn so mit der Autorität der alten babylonischen
Wissenschaft verbindet. Dazu fügt es sich, daß «der Berg» (Myth. Vat. II
65), der Kaukasus (Myth. Vat. I 1) ganz in der Nähe liegt. Auf seinem
Gipfel, der hinaufreicht hoch gegen die Sterne, kann P. deren Wege studieren und dann seine Kenntnisse (aus der «Astrologie») den Assyrern
bringen (vgl. Myth. Vat. III 10,9).

Das christliche Mittelalter weiß grundsätzlich den P. als den großen
Kulturbringer zu verstehen und ihn in die (Heils-) Geschichte einzu-
gliedern. Das tut schon Augustin (Civ. 18,8), der ihn einen «doctor sapientiae» nennt. Nach Ado von Vienne (9. Jh.) war P. ein Zeitgenosse des
Moses zur Zeit des Exodus (De sex aetatibus mundi, PL, Bd. 123, Sp. 35).
Als seine wesentliche Leistung gilt zumeist, daß er als erster ein Bildwerk vom Menschen geschaffen habe, aus «griffiger feuchter Erde»

(«pinguis et mollis lutus»), wie schon Lactantius Firmianus sagt (Div. Inst. 2,10,12), woraus die Kunst des Statuen- und Bildermachens entstanden sei (vgl. Fulgentius, Myth. 2,6, 679, ebd. S. 45). Isidor (Etym. 8,11,8) fügt hinzu, daß die Juden Ismael für den ersten Bildner aus Lehm («lutus») hielten, während die Heiden diese Leistung dem P. zuschrieben (Rabanus Maurus Sp. 426). Diese Erfindung habe die Dichter dazu gebracht, in P. den Schöpfer des Menschen zu sehen (vgl. Lactantius Firm. ebd.). Petrus Comestor (12. Jh.) schreibt, P. sei berühmt gewesen für seine Weisheit, weil er ein Lehrer der Unwissenden war oder weil er Automaten (–> Hephaistos) schuf (Histor. Schol., PL, Bd. 198, Sp. 103 ff). Boccaccio (Gen. 2,45), der sich nach eigenen Worten zu P. einem Bündel dichterischer Erfindungen gegenübersieht, das zu öffnen ihm schwerfalle, macht einen interessanten Versuch, die überlieferten Geschichten aus gleichermaßen biblischem wie platonischem Geist zu harmonisieren. Der Menschenschöpfer P., von dem man redet, sei eigentlich ein Kompositum aus zwei verschiedenen P., die mit ihrem Werk einander folgten. Der erste sei der wahre und allmächtige Gott (vgl. Tertullian, Adv. Marcion. 1,1: «verus P. deus omnipotens»; vgl. ders. Apol. 18,2: «qui [sc. deus unicus] hominem de humo struxerit»; «hic enim est verus P.»), der zu Beginn den Menschen aus Erde machte. Erst dann sei der eigentliche P. gekommen, den man fälschlich mit dem ersten gleichsetze. Dieser habe dem gottgeschaffenen Menschen die Zivilisation gegeben (vgl. Platon, Prot. 321d). Der natürliche Mensch sei durchaus zum irdischen Leben geschickt gewesen und wäre immerdar «vernünftig» und von göttlichem Wesen geblieben, hätte er nicht gesündigt und wäre so dieser paradiesischen Zustände verlustig gegangen, fügt Boccaccio sinngemäß hinzu. Dem derart Bedürftigen wendet P. sich zu, ein gelehrter Mann, der die Menschen «gleichsam wie aus Stein» erneut schafft. Mit Berufung auf Theodontius weiß Boccaccio, wer dieser P. wirklich («secundum simplicem sensum») gewesen sei: ein Mann, der das Studium der Wissenschaft so hoch schätzte, daß er den ererbten Thron (schon Hesiod, Theog. 534, spricht vom «König» P.) dem Bruder Epimetheus überläßt, die Kinder Deukalion und Isis verläßt und nach Assyrien geht, wo er den berühmten Chaldäern lauscht, ehe er sich auf den Gipfel des Kaukasus zurückzieht, um seine Kenntnisse später den Menschen zu vermitteln. Jener Mann sei schließlich zum Kulturbringer schlechthin geworden. – Im 17. und 18. Jh. wird P. gern in die biblische Geschichte integriert. Man behauptet z. B., er sei in Wirklichkeit Noah gewesen oder Moses oder auch (1. Mos. 10,2; Ezech. 38,2) Magog (vgl. Hederich Sp. 2096).

Es scheint, daß P. als Meister der technischen Künste verstanden werden kann im Unterschied zu Chiron als Meister der biologischen Künste.

C In der bildenden Kunst erscheint P. im allgemeinen als reifer, wenn nicht alter Mann von athletischem Körperbau, meist bärtig und mit struppigem oder gelocktem Haupthaar, so wie gemeinhin auch die übrigen Titanen dargestellt werden. Die Beispiele reichen von den ältesten bekannten (griechischen) Darstellungen (mit dem gefesselten P.; s. u.) über die römischen Sarkophage, die P. als Menschenbildner zum Thema haben (z. B. dem des 3. Jh. n. Chr.; Paris, Louvre, Inv. MA 445; s. **D**), bis in die Neuzeit (vgl. den gefesselten P. von P. P. Rubens oder den von Jacob Jordaens, s. **D**). – Als strahlenden jungen Helden dagegen, bartlos, mit kurzem wehenden Haar stellt ihn sich Valerian (s. u.) vor, bartlos ist P. auch bei Alciat (1531, Held Nr. 106). – Zwei Extreme stellen die Gestalten des P. auf einem Stich des Sebastiano de Valentiis (1558; Wien, Albertina) und auf dem Gemälde des Gustave Moreau (1868; Paris, Musée Moreau) dar. Der erstere überzeichnet den traditionellen Typus im Hinblick auf den des «Wilden Mannes», der letztere gibt seinem P. den zarten Körper eines Jünglings, der keine Merkmale körperlicher Ertüchtigung aufweist. Auf dem ein Jahr später entstandenen Gemälde Moreaus (ebenfalls im Musée Moreau) ist P. geschlechtslos bzw. zwittrig – so wie vieles auf diesem Bild in der Schwebe bleibt.

Je nach erzählerischem Kontext sieht man P. entweder nackt, wie in der Regel bei seiner Bestrafung (s. **D**, *der gefesselte P.*), oder (in der Antike) im kurzen Kittel des Handwerkers (Exomis), wie bei der Erschaffung des Menschen. Auf Piero di Cosimos Gemälden (s. **D**) trägt P. über der Exomis ein Fell. Im selben Zusammenhang erscheint P. (sitzend) häufig mit nacktem Oberkörper und einem Hüften und Beine verhüllenden Mantel, wie auf verschiedenen römischen Sarkophagen. – Mittelalter und Neuzeit zeigen den Schöpfer P. auch mit langem Mantel und Mütze der Tracht des Gelehrten, so auf einer Illustration zu den «Imagines pictae virorum illustrium» des Leonardo da Besozzo (um 1400; Mailand, Slg. Crespi: P., alt und bärtig, hält eine kleine nackte Figur auf der linken Hand).

In seltenen Fällen – offenkundig im Zusammenhang mit dem Feuerdiebstahl – ist P. geflügelt, so auf einem Deckengemälde des G. B. Zelotti im Palazzo Valmarana in Vicenza (s. **D**): P., mit mächtigen gebreiteten Flügeln, bekleidet mit kurzer Exomis, berührt den Körper des von ihm geschaffenen Menschen mit einer Fackel. Ein Deckengemälde des Luca

Giordano (1680; Florenz, Palazzo Medici-Riccardi) verdeutlicht, daß die Flügel P. bei seinem Besuch im Himmel dienen, wo er das Feuer stiehlt.

Attribute. Eine brennende Fackel kennzeichnet P. als Lichtbringer, z. B. auf einem Fresko von Jacopo Zucchi im Palazzo Rucellai-Ruspoli in Rom (um 1600), wo Minerva/–> Athena von P. und Vulkan/–> Hephaistos flankiert wird (beide haben ihren Platz im Mythos des P.; vgl. **A**), auf dem Deckenbild des Giorgio Vasari im Studiolo Francescos de' Medici (Florenz, Palazzo Vecchio), bei Luca Giordano auf dessen Deckenbild im Palazzo Medici in Florenz (1680) oder auf einem der beiden Gemälde Gustave Moreaus (1869; Paris, Musée Moreau). An die Stelle der Fackel kann auch mit derselben Bedeutung ein Strahlenbündel treten, wie wir es bei P. Valerian sehen (1556; P. hat der Sonne das Feuer entrissen).

Eine menschliche Figur, die P. im Arm trägt (etwa auf dem obengenannten Bild des J. Zucchi), erinnert an P. als Schöpfer des ersten Menschen.

Wenig bekannt ist der Ring als Attribut des P., dem dessen Erfindung zugeschrieben wird (s. **B**: Polydoro Vergilio von Urbino, «De Inventoribus Libri», Venedig 1499, Cap. 21). Ein Holzschnitt in Hartmann Schedels «Liber Chronicorum» (Nürnberg 1493, Bl. 28) zeigt P. (in Halbfigur) mit einem Ring mit großem Stein in der erhobenen Linken.

Eines des wenigen Beispiele, die P. mit einer Krone zeigen, ist Bernard Salomons Illustration zu Ovids «Metamorphosen» (Lyon 1557; P. erschafft den Menschen).

D 1. *P. erschafft den Menschen* (s. **A**). Die griechischen Künstler der archaischen und klassischen Zeit schenken dem Thema kaum Beachtung, sehr wohl aber die etruskischen und römischen Gemmenschneider und Bildhauer. – Eine Gemme des 1. Jh. v. Chr. z. B. (Malibu, Getty Museum, Inv. 82.AN.162.69) zeigt P., der mit Hammer und Meißel ein stehendes Skelett bearbeitet – eine atypische Variante, denn die bildenden Künstler halten sich in der Regel an die Vorstellung des P. als Bildner, der sein Werk aus Ton formt.

Besonderes Gewicht hat das Thema auf einigen römischen Sarkophagen des 2. und 3. Jh. n. Chr. P. arbeitet im Sitzen; vor ihm steht auf hohem Sockel eine kleine männliche Figur, die er an der Schulter hält (Sarkophag 3. Jh. n. Chr.; Paris, Louvre, Inv. MA 445; s. o.). Eine andere Version zeigt ein weiterer Sarkophag (Rom, Musei Capitolini, Inv. 329):

Hier ruht die Statuette eines Mannes auf dem Oberschenkel des P., der sein Werk mit dem Modellierholz bearbeitet.

Die von P. geschaffenen Menschen werden in der Antike gewöhnlich kleinfigurig wiedergegeben. In der Neuzeit dagegen ist die Wiedergabe in Lebensgröße die Regel, wie es z. B. die beiden Gemälde des Piero di Cosimo (s. **C**) oder das Gemälde des Domenichino (1602; Rom, Palazzo Farnese) illustrieren.

Der Akt der Belebung wird auf vielfältige Weise veranschaulicht. Auf einigen antiken Darstellungen erscheint die personifizierte Seele (anima) als junges Mädchen, von –> Hermes als Seelenführer («Psychopompos») geleitet, z. B. auf einem Relief des 2. / 3. Jh. n. Chr. (Rom, Musei Vaticani). Im Hintergrund sieht man weitere Geschöpfe des P. – Männer, Frauen, Tiere –, ganz links die drei Parzen / –> Moiren. – Seit dem Hellenismus steht das Tun des P. in der Bildkunst meist unter dem Schutz der –> Athena / Minerva, wenn es darum geht, seine Schöpfungen zum Leben zu erwecken, wie auf dem Sarkophag in Rom (Musei Capitolini, Inv. 329), wo die Göttin einen die Seele verkörpernden Schmetterling über das Haupt der Figur hält, an der P. noch arbeitet. – Minerva ist passive Zeugin der Schöpfungsszene auf einem hellenistischen Relief im Louvre, wo P. eine von vier Figuren, die vor ihm auf einem Schemel steht, gerade zum Leben erweckt. – Dieses Motiv greift Domenichino auf seinem obenerwähnten Gemälde auf und weitet es zu einem beredten Dialog aus: P. wendet sich, mit der Hand auf sein Werk deutend, fragend und hilfesuchend an die Göttin, die zum Himmel weist (denn dort soll P. das Feuer holen, das sein Geschöpf mit Leben erfüllen wird).

Eine völlig andere, im Gegensatz zu den bisher behandelten antiken Beispielen rein spirituelle Auffassung der Belebung zeichnet sich anscheinend zuerst im Hellenismus ab. Diese vollzieht sich – dies ist die eine Version – in einem Akt der Berührung der Hand des P. mit ausgestrecktem Mittel- und Zeigefinger, wie wir es z. B. auf dem erwähnten hellenistischen Relief im Louvre sehen. Dieser markante Gestus hat rasch in die Ikonographie der biblischen Schöpfungsgeschichte Eingang gefunden, wie ein frühchristlicher Sarkophag aus Ciriaca im Museo Nazionale in Neapel belegt (Gottvater berührt das Gesicht der Eva mit zwei Fingern), und noch Michelangelo steht mit seiner Erschaffung Adams in der Sixtinischen Kapelle im Vatikan (Decke, 1508–1512) in dieser Tradition, wenn er den Berührungsgestus auch modifiziert, und wirkt seinerseits befruchtend fort.

Eine andere Version der Belebung ist die Übertragung des eigenen Atems des P. auf sein Geschöpf, wie es der Sarkophag in Neapel zeigt (Museo Nazionale, Abb. in LIMC, 1994, 7, 2, S. 430, Nr. 110), wo P. die Finger an den Mund legt, um dann den von ihm geschaffenen Menschen zu berühren.

Die Belebung durch das himmlische Feuer in Gestalt eines Feuerspans oder einer Fackel findet als Motiv anscheinend erst im Mittelalter Eingang in die Bildkunst (vgl. **A**). Wir finden es auf einer Illustration zum «Ovide moralisé» (franz. Handschrift um 1375 / 1400; Paris, Bibliothèque Nationale, Ms. fr. 871, Bl. 31), wo P. den Adam mit einem Feuerspan berührt (in den vier die Schöpfung darstellenden Szenen sieht man P. in typologischer Entsprechung zu Gottvater gemeinsam mit diesem am Werk). – Auch auf G. B. Zelottis Deckengemälde im Palazzo Valmarana in Vicenza berührt der (hier geflügelte) P. sein Werk – den auf dem Boden liegenden Körper eines Jünglings – mit einer Fackel.

2. *P. stiehlt das Feuer / P. als Lichtbringer* (s. **A**). Anscheinend erst in römischer Zeit findet dieses Thema Eingang in die bildende Kunst. Der Bildhauer, dem wir den Sarkophag in dem Musei Capitolini verdanken (s. o.), folgt offenbar Aischylos (Prom. 7 f), wenn er P. das Feuer aus der Schmiede des Hephaistos holen läßt (an der linken Schmalseite). Die Künstler der Neuzeit scheinen jene Version zu bevorzugen, der zufolge P. von Athene / Minerva zum Himmel getragen wird, wie es Piero di Cosimo auf seinem Bild in München (Alte Pinakothek; um 1510 / 1520) schildert. Mit der Fackel, die P. in der Hand hält, dürfte der Narthexstengel gemeint sein (vgl. Aischylos, Prom. 107 ff; zur Deutung der einzelnen auf dem Bild dargestellten Szenen s. R. Oertel 1960, S. 52).

Luca Giordano (Deckengemälde im Palazzo Medici-Riccardi) stellt den feuerbringenden P. (mit brennender Fackel) als vom Himmel schwebenden geflügelten Jüngling dar (vgl. **C**). – Wieder einer anderen Version folgend (Myth. Vat. I 1), zeigt uns P. Valerian (1556) den Feuerbringer (als strahlenden jungen Heros) mit dem Strahlenbündel, das er der Sonne entrissen hat.

3. *Die Bestrafung des P.* (s. **A**). Der eigentliche Akt der Bestrafung – die Fesselung des P. – scheint erst in der Neuzeit Thema der bildenden Kunst zu sein, wobei sich die Künstler wohl überwiegend an jener Version orientieren, der zufolge P. von –> Hermes / Merkur gefesselt wird. So schildert Piero di Cosimo das Geschehen (Gemälde in Straßburg, Musée des Beaux-Arts): Merkur bindet den erhobenen rechten Arm des P. an einen abgestorbenen Baum. Hierfür mag das übliche Darstellungs-

schema des Martyriums des hl. Sebastian anregend gewesen sein. – Auf J. Jordaens' Bild *Der gefesselte Prometheus* (1630er Jahre; Köln, Wallraf-Richartz-Museum) hat Merkur, der sich mit einer Hand am Ast eines Baums festhält, sein Werk schon beendet und betrachtet nun gleichgültig den vor Schmerzen schreienden P. – Theodor van Baburen (um 1625; Gemälde in Amsterdam, Rijksmuseum) zeigt uns Vulkan als Vollstrecker, der den Titanen in Ketten legt und an den Felsen schmiedet. Während Merkur P. mit einem Strick bindet, arbeitet der Schmiedegott mit dem ihm gemäßen Material. Auch Merkur ist anwesend, legt aber eben nicht selbst Hand an, sondern scheint dem Vulkan lediglich Anweisungen zu geben.

4. *Der gefesselte P.* (s. **A**). Der gefesselte P. und dessen Befreiung sind die bevorzugten Bildthemen aus dem P.-Mythos in der griechischen Kunst. Die ersten Darstellungen des gefesselten P. (ältestes Thema der griechischen Bildkunst) tauchen bereits im 7. Jh. v. Chr. auf einigen Gemmen auf, sind dann auf attischen Vasen anzutreffen und verschwinden am Ende der schwarzfigurigen Vasenmalerei (um 510 v. Chr.; vgl. Enciclopedia dell'Arte antica classica 1965, 6, S. 485 ff). – Im 4. Jh. v. Chr. entsteht – vielleicht unter dem Einfluß szenischer Aufführungen der Trilogie des Aischylos – folgender Bildtypus: P. ist stehend an einen hohen Felsen (= Kaukasus) gefesselt, auf dem Oberschenkel des einen, angewinkelten und auf einen Felsabsatz gesetzten Beins sitzt der Adler. In der Monumentalplastik manifestiert sich dieser Typus am Zeus-Altar von Pergamon (2. Jh. v. Chr.; Berlin, Staatl. Museen). – Häufig ist die Szene um den herannahenden –> Herakles / Herkules, der P. befreien wird, erweitert. Dieses Schema übernimmt dann auch die pompejanische Wandmalerei (Fresko im House of the coloured capitals, Pompeji): P. steht vor hohem Felsen, die Handgelenke der erhobenen Arme an die Felswand geschmiedet, ein Vogel pickt an seiner Leber, ein anderer fliegt herbei. Ein Knabe (anstelle des Herkules?) kommt eilig mit Pfeil und Bogen herbei, auf den Vogel zielend, der P. quält.

Lit.: Enciclopedia dell'Arte antica classica (–> Allgem. Bibl.), 1965, 6, s.v. Prometeo. Gisler, Jean-Robert, in: LIMC, 1994, 7,1, S. 531–553; 7,2, S. 420–430, s.v. Prometheus. Held, Julius S.: Prometheus Bound. In: Philadelphia Museum of Art Bulletin 59, 1963, S. 16–32. Oertel, Robert: Italienische Malerei bis zum Ausgang der Renaissance. München 1960. Schauder, Michael: «Der gefesselte Prometheus» des Jacob Jordaens und seine Vorbilder im Werk des Peter Paul Rubens. In: Augen-Blicke. Göttingen 1986, S. 47–61. Steiner, Reinhard: Ikonologische und

anthropologische Aspekte der bildenden Kunst vom 14. bis 17. Jh. München 1991.
Zuccaro, Federico: Origine et progresso dell'Accademia del Disegno de Pittori …
di Roma. Pavia 1604, ed. D. Heikamp. Florenz 1961, S. 7, 9, 11 (Scritti d'Arte di Federico Zuccaro).

Satyrn –> Dionysos

Selene –> Artemis

Semele –> Zeus, Dionysos

Silen –> Dionysos, Hermes

Sirenen –> Musen

Sol –> Apoll

Syrinx –> Pan

Thalia –> Musen

Teiresias –> Hera

Terpsichore –> Musen

Themis –> Zeus

Thetis –> Zeus

Titanen –> Kronos, –> Zeus

Triptolemos –> Demeter

Triton –> Poseidon

Urania –> Musen

Urania –> Aphrodite

Uranos –> Kronos, –> Zeus

Venus –> Aphrodite

Vesta –> Hestia

Vulcanus –> Hephaistos

Zagreus –> Dionysos

Zethos –> Amphion und Z.

Zeus, griech., lat. Jup(p)iter, Di(e)spiter, a. Jovis. Oberster olympischer
Gott der Griechen, Herrscher über Götter und Menschen. Ältester (Homer, Il. 15,197 ff; Myth. Vat. I 102) oder jüngster (Hesiod, Theog. 478;
Myth. Vat. III 15,10) Sohn von –> Kronos und Rea. Gemahl zuerst der
Metis (Hesiod, Theog. 886 ff), dann der Themis (ebd. 901 ff), schließlich
der Schwester Hera / Juno (Hesiod, Theog. 886–923), mit denen allen er

Kinder zeugt (–> Athena, –> Apoll, –> Artemis, –> Ares, Hebe, –> Hephaistos, –> Persephone (Kore), –> Pan (von Hybris). Vater unzähliger Kinder aus unzähligen Liebschaften mit Göttinnen und Sterblichen (–> Dionysos, –> Herakles). –> Niobe soll die erste Sterbliche unter seinen Geliebten gewesen sein (Apollodor, Bibl. 2,1,1).

Historisch ist «Z.» kraft seiner Herrscherstellung ein in Mythos und Geschichte fast allgegenwärtiges Phänomen mit seiner eigenen Entwicklung. Er ist indogermanischen Ursprungs und manifestiert sich in seinen wesentlichen Zügen gleicherweise als «Z.» und (italisch / römisch) als «Juppiter» (oder «Jupiter»), welcher schließlich besonders in Rom spezifische (staats-)kultische Zuständigkeiten erwirbt (Kl. Pauly, Bd. 5, Sp. 1616 ff, Bd. 3, Sp. 1 ff).

Das folgende ist der Versuch einer Zusammenfassung des Wesentlichen, wie es sich seit dem Anfang der griechischen Literatur darstellt zu einem Zeitpunkt, als die Vorstellung von Z. die Gestalt erworben hat, die fortan in ihren wesentlichen Zügen – vor aller Bewertung – bis in unsere Tage gültig sein wird.

A Für das «Leben» des Z. läßt sich ein Kern von Ereignissen und Umständen erkennen, die allein ihm gehören und die sich dem Mythos in hinlänglich klarer chronologischer Abfolge ablesen lassen (was zu allen Zeiten eine andere Ordnung nicht ausschließt): 1. Geburt und Kindheit; 2. der Kampf gegen die Titanen, Erwerb der Herrschaft; 3. das Werben um Hera und die Ehe mit ihr; 4. der Kampf gegen die Giganten; 5. die Rolle im Kriege um Troia. 6. Für zahlreiche andere Ereignisse gibt es keine überzeugende zeitliche Ordnung.

1. Kronos (Hesiod, Theog. 453–491) verschlingt aus Furcht vor einem Usurpator unter ihnen seine eigenen Kinder, gleich nach der Geburt. Als dann Zeus geboren werden soll, beschließt Rea aus Gram und Zorn und beraten von Erde und Himmel (Gaia und Uranos), dieses Kind zu retten und es die Taten des Kronos an seinem Vater und seinen Kindern vergelten zu lassen. Bereitwillig schicken die Eltern sie nach Lyktos auf Kreta, wo Mutter Erde das Kind in Empfang nimmt und flink durch dunkle Nacht auf dem Berg Aigaion an einem versteckten Ort verbirgt. Dann windelt Rea einen Stein, den Kronos arglos statt des Kindes verschlingt, während sie auf die Erfüllung der Weissagung wartet (zum Stein vgl. Pausanias 8,36,3 u. 10,24,5; Ovid, Fasti 4,199–206; Hygin, Fab. 139; Servius, Aen. 3,104; Lactantius Placidus zu Statius, Theb. 4,784; Myth. Vat. I 104 u. II 16; vgl. –> Poseidon). Der Vatikanische Mythograph (III 15,10) wird melden, Saturn habe den Stein pulverisiert zu sich genommen. Später wird es heißen, es sei die Schönheit des (dritten) Kindes gewesen, die Rea zu ihrer Tat veranlaßt (Myth. Vat. II 16 u. III 15,10).

Nach Apollodor (Bibl. 1,1,6; s.a. Vergil, Georg. 4,153; Servius, Aen. 3,104; Myth. Vat. I 104 u. II 16) wurde Z. in einer Höhle am Berg Dikte, nach Diodor

(5,70; Kallimachos, Hymnos 1, an Z., 15; Ovid, Fasti 4,207; Lanctantius Placidus zu Statius, Theb. 4,784) am Berg Ida geboren. Hier oder dort: Rea gab das Kind den Kureten zum Schutz und in die Obhut von Nymphen (Adrasteia und Ida), die es mit der Milch der Ziege Amaltheia nährten). Der Vatikanische Mythograph (III 15,10) sagt, Rea habe das Kind zunächst einer Wölfin gegeben, die aber nicht genug Milch hatte (Romulus und Remus). Antoninus Liberalis (19,2) erzählt von Bienen, die das Kind mit Honig nährten (wofür der Gott ihnen später verlieh, Kinder zu haben ohne Beischlaf: Myth. Vat. II 16; vgl. Vergil, Georg. 4,149 ff), und Natale Conti (1567 2,1, Bl. 27 ^{r}, 26 f u. 46) hat gelesen, daß Bärinnen das Kind versorgten. Martian (1,72; vgl. Remigius 1,33.18, Bd. 1, S. 128) sagt, Vesta / –> Hestia habe sich als Amme des Kindes angenommen (vgl. Myth. Vat. III 2,5; Boccaccio, Gen. 8,3; Natale Conti, ebd. 2,1, Bl. 34 ^{r}). Auch dieses wird überliefert: Gleich nach der Geburt soll das Kind sieben Tage lang gelacht haben, weshalb man die Sieben eine vollkommene Zahl nannte (Hederich Sp. 1403, nach Ptolemaios Hephaistons).

Das Kind (Hesiod, Theog. 491–506) wächst rasch an Leib und Stärke heran und veranlaßt nach Jahren – augenscheinlich im Verein mit Gaia (Ge, Erde) – den Kronos, den Stein und die Geschwister wieder auszuspeien. Etwas anders Apollodor (Bibl. 1,2,1): Z. wendet sich an Metis (= Klugheit) um Hilfe, und die verabreicht dem Kronos eine Droge, die ihn zum Speien bringt. Übrigens sagte man auch (Myth. Vat. III 15,10), der Stein, den Kronos statt Z. verschlang, sei, nachdem er ihn wieder ausgespien hatte, zu Menschengestalt geformt und belebt worden.

2. Offenbar hatten Kronos und seine Kinder von Rea (auf dem Olymp) lange mit den Titanen (auf dem Othrys) in einem Kampf gelegen, der noch nach zehn Jahren unentschieden war, als Ge in Sorge um ihre Kinder sich den Z. zu ihrem Verbündeten (oder Instrument) macht, indem sie seinen Konflikt mit Vater Kronos nutzt: Er werde einen Krieg gegen Kronos und die Titanen gewinnen mit Hilfe der Kinder, die Uranos in den Tartaros geworfen hatte (die Hekatoncheiren und die Kyklopen: Hesiod, Theog. 139–159 u. 617–628; vgl. Apollodor, Bibl. 1,2,1). So erschlägt Z. zuerst die Aufseherin Kampe (Apollodor, ebd.) und befreit die Kinder der Ge, die «Brüder des Vaters» (Hesiod, Theog. 501–506). Hesiod erwähnt nur die Hekatoncheiren, die Hundertarmigen, Apollodor auch die Kyklopen (ebd.). Nach Hesiod (ebd. 639–643) haben die ersteren die besondere Fürsorge des Z.: Er stattet sie mit dem Passenden aus und füttert sie v.a. mit der Götterspeise Nektar und Ambrosia. Dann fordert er mit guten Worten die Dankbarkeit der Befreiten an. So verleihen die Kyklopen ihm «Donner, Donnerkeil und Blitz», die bis dahin Ge verborgen gehalten hatte (Hesiod, ebd. 503–505). Apollodor (ebd.) erzählt, bei der Gelegenheit habe Pluton (–> Hades) einen Helm (Kappe), Poseidon einen Dreizack erhalten. Mit diesen Waffen überwinden die Götter und ihre Verbündeten die Titanen, stecken sie (samt Kronos: Hesiod, Theog. 851) in den Tartaros und machen die Hekatoncheiren (Hesiod, Theog. 147 ff: Kottos, Briáreus, Gyes) zu ihren Wächtern. Im Kampf setzt Zeus zum ersten Mal die neuerworbene Waffe ein (Hesiod, Theog. 687 ff; vgl. 706–710): Wü-

tend schleudert er seine Blitze vom Himmel und Olymp; dick kommen sie herab und rasch und feurig und blenden die Titanen, umschließen sie mit Feuer.

Es gibt auch (Diodor 3,61,4) eine historisierende Version, die Sizilien zum Schauplatz macht. Dort ist Kronos König (auch von Libyen und Italien), der das Regiment entweder freiwillig abgab oder dazu in einer Schlacht gezwungen wurde, als die Leute den «ehrenhaften und freundlichen» Sohn zum König erwählt hatten. Ob seiner körperlichen und moralischen Kraft sei er bald Herr der Welt geworden.

Zehn Jahre hatte der Krieg gedauert, als die drei Brüder sich zusammentaten und das Reich des Vaters unter sich aufteilten: Z. erhielt den Himmel, –> Poseidon die Herrschaft über das Meer, Pluton / –> Hades die Unterwelt.

Übrigens wurde später behauptet, daß Juppiter/Z. dem Saturn/Kronos das Gemächte abschnitt mit derselben Sichel, mit der jener den Uranos entmannt hatte; somit wäre Venus / –> Aphrodite eine Generation später erstanden (Fulgentius, Myth. 1,2; Myth. Vat. I 102 u. III 1,7).

Am Ende veranlaßt Ge die gegen die Titanen siegreichen Götter, dem «weithin schauenden» (oder dröhnenden?) Z. die Herrschaft anzutragen. So verteilt er die Ämter (Zuständigkeiten) unter ihnen (Hesiod, Theog. 881–885). Als Herrscher über die anderen Götter zeigt ihn die Götterversammlung bei Homer (Il. 8,5 ff).

3. Vielleicht erst jetzt ordnet der «Götterkönig» (nach Hesiod, Theog. 886 ff) Familiendinge. Er heiratet nacheinander drei Frauen, deren Wahl ein herrscherliches Programm verrät. Die erste ist Metis, deren Name sie als «Klugheit» ausweist. Mit ihr zeugt er die –> Athena, die aber seinem eigenen Haupt entspringen wird. Die andere ist Themis (ebd. 901 ff), die sich lexikalisch als «Satzung, Sitte, Brauch» ausweist (zu den Kindern von Themis s. u.). Dritte ist schließlich die Schwester –> Hera / Juno (ebd. 921 ff) – mit der er Hebe, –> Ares und Eileithya, die Geburtsgöttin, zeugt (ebd. 886–923). Dazu kommt – noch vor Hera – eine Anzahl von Verbindungen zur Seite, denen unter anderem die Persephone (von –> Demeter), –> Apoll und –> Artemis (von –> Leto) entstammen.

Einmal gibt es auch eine Familienverschwörung (Palastrevolution) gegen den Götterkönig: Hera, Poseidon und Athene (vielleicht auch –> Apoll) wollen ihn entmachten («fesseln mit Banden»), aber Thetis hilft ihm. Der hundertarmige, riesenstarke Briários / Aigaion setzt sich ihm zur Seite und schreckt die Verschwörer (Homer, Il. 1,396 ff). Ein andermal soll die verärgerte Juno / Hera die Titanen aufgefordert haben, den Juppiter zu stürzen und den Saturn wiedereinzusetzen. Als die sich daranmachten, in den Himmel aufzusteigen, habe Juppiter gemeinsam mit Minerva, Apoll und Diana sie in den Tartarus geworfen (Hygin, Fab. 150; das Motiv des Aufsteigens stammt wohl aus der Gigantengeschichte; s. unten).

4. Der Untergang der Titanen soll Mutter Ge veranlaßt haben, die Giganten hervorzubringen (Apollodor, Bibl. 1,6,1; nach Hesiod, Theog. 183 ff, wurde sie vom Blut des Uranos geschwängert, als Kronos ihm das Gemächte abschnitt). Sie waren riesig von Gestalt, ungeheuer stark und schrecklich anzuschaun. Irgendwann, jedenfalls zu Zeiten des Götterkönigs Zeus, griffen sie den Himmel an mit

Felsen und brennenden Eichenbäumen. Den Göttern war aber geweissagt, daß sie diese Kerle nur mit Hilfe eines Sterblichen würden überwinden können. Dieser Sterbliche ist nach der Wahl des Z. Sohn –> Herakles, von Athene herbeigebracht. Wieder ist der Blitz des Z. erste Waffe, mit der er den Porphyrion trifft, dem er dazu eigens Lust auf die –> Hera eingibt (will er sie strafen?). Herakles tötet den Kerl. Am Ende erlegt Z. alle die Giganten, die den Kampf noch überlebt haben. Es heißt, Herakles habe auf die Sterbenden mit dem Pfeil geschossen. Nach Euripides (Ion 215 f) hat sein Blitz den Mimas erschlagen (vgl. zur Gigantomachie Horaz, Carm. 3,4,49 ff; Ovid, Met. 1,151 ff; Claudian, Gigantom.; Myth. Vat. I 11 u. II 53). Gemäß Apollodor (Bibl. 1,6,3) ist die nächste Herausforderung der Olympier der ungeheure, gräßliche («halb Mensch, halb Tier») Typhóeus (Typhon / Typhos; ausführliche Beschreibung bei Apollodor, ebd.), jüngster Sohn der durch den Untergang der Giganten erzürnten Ge und des Tartaros, der nach der Herrschaft über Unsterbliche und Sterbliche strebt. Z. erlegt ihn in einem gewaltigen Kampf mit seinen Blitzen, deren Feuer stärker ist als das des Gegners, das dem aus den Augen sprüht. Schließlich scheint er ihn zu peitschen (mit Blitzen?; Hesiod, Theog. 857 f). Auch der endet im Tartaros (Hesiod, ebd. 853–857; vgl. aber Homer, Il. 781 ff; Pindar, Ol. 4,7; ebd. Pyth. 1,16 u. 8,16). Apollodor (Bibl. 1,6,3) erzählt eine im Kern wohl ältere Version der Geschichte, wonach Typhon den Himmel angriff, worauf die Götter Tiergestalt annahmen und nach Ägypten flohen (vgl. Ovid, Met. 5,319 ff; Hygin, Fab. 152; Myth. Vat. I 86; vgl. Lukian, De sacrif. 14). Allein Z. (nach Antoninus Liberalis, 28,2, bleibt Athene bei ihm) stellte sich mit seinen Blitzen dem Gegner und streckte ihn endlich mit einer diamantenen Sichel nieder. Bis nach Syrien folgte er dem Fliehenden, wo er sich leichtfertig auf einen Ringkampf einließ und die Sichel an Typhon verlor, der ihm damit die Sehnen aus Händen und Füßen schnitt, ihn schulterte und nach einem Marsch durch das Meer in der korykischen Höhle versteckte. Die Sehnen verpackte er in einer Bärenhaut, die er von einem Drachenmädchen bewachen ließ, aber –> Hermes und Aigipan oder Kadmos (Nonnos 1,489 ff) stahlen sie und setzten sie dem Z. wieder ein. Wieder erstarkt, nimmt Z. einen Wagen mit geflügelten Rössern (–> Poseidon) und verfolgt den Typhon mit Blitzen, jagt ihn zum Berg Nysa (wo das Ungetüm vergeblich Hilfe der Nymphen erwartet), dann weiter nach Thrakien. Dort wirft Typhon mit ganzen Bergen, doch die Blitze des Z. schmettern sie zurück. Damals soll sich ein Blutstrom auf den Berg ergossen haben, der seither nach jenem Blut (griech. «haima») «Haimos» heißt. Als Typhon schließlich durch das sizilische Meer flieht, wirft Z. den Ätna auf ihn, dessen Feuer bis heute eigentlich das Feuer der Blitze sein soll, die den Typhon trafen.

Es kennzeichnet das historische Schicksal des Mythos, wenn der Vatikanische Mythograph (I 11) Titanen, Giganten und Typhóeus in eine einzige Geschichte zusammenschmilzt: Die Erde («terra», die hier «Ceres» heißt) fühlt sich und «Tantalus» (Uranus?) von Saturn / Kronos und später auch von Juppiter / Zeus verlacht. Verärgert gebiert sie zur Strafe die Titanen und Giganten, damit die ihr die Götter fortjagen, und zwar gleich alle. Zur Abwehr ruft Juppiter die Götter sogleich zusammen. Unter anderen seien Liber und Vulcan gekommen, dazu auch Satyrn und Silene, letztere auf Eseln, deren nie gehörtes lautes Geschrei habe die Giganten und Titanen in die Flucht gejagt. Nun waren aber auch die Götter schon geflohen im Entsetzen vor dem Typhóeus, der offenbar zu den Giganten gehörte (vgl. Ovid, Met. 5,325 ff, und Myth. Vat. I 86: Juppiter verwandelt sich in einen Widder). Sie hatten sich in allerlei Monströses («monstra») und in Tiere verwandelt. Nur Juppiter blieb, besiegte die Kerle mit Hilfe eines Adlers, der ihm die Blitze trug, und sperrte sie, außer dem Titanen Sol, im Ätna ein. Ovid (Met. 1,151 ff) vermischt die Gigantengeschichte mit der von Otos und Ephialtes (Aloaden), die für den Aufstieg in den Himmel Berge aufeinander-türmten (Apollodor, Bibl. 1,7,4).

Herausforderung kommt auch von den Menschen: Irgendwann macht –> Prometheus, der Titan und Sohn des Iapetos, sich zum Anwalt der Sterblichen und tritt gegen die Herrschaft des Z. auf. Verärgert nimmt Z. den Menschen die Lebensmittel und verbirgt ihnen das Feuer, welches der Titan ihm dann stiehlt, was Zeus den Sterblichen mit der –> Pandora, dem Prometheus mit Gefängnis vergilt (Hesiod, Erga 47 ff).

Das autoritative Porträt des Herrschers liefert v.a. Homer (weiter ausgeführt von Hesiod), der den Gott als oberste Autorität gleicherweise über Naturgewalten gesetzt sieht wie über Götter und Menschen.

Die Herrschaft ist ererbt (s. o.), und Z. ist Herr des Himmels (durch Los, Il. 15,192, oder Selbstbedienung, Hesiod, Theog. 885) und wohnt droben «im Äther» (Il. 2,412; Hesiod, Erga 18). Er regiert das Wetter, wozu paßt, daß seine Residenz auf dem Olymp liegt, wo –> Hephaistos ihm einen Palast gebaut hat (Il. 1,606 ff), wie er überhaupt gern sich auf Berggipfeln aufhält (Il. 4,166; s. u.: Ida, Gargaron). Der hoch oben im Äther wohnende Wettergott herrscht über die Vielzahl meteorologischer Phänomene, vorab über das Gewitter und damit den Blitz, den er mit der Hand regiert (Il. 11,184; ebd. 8,75 u. 133 ff; ebd. 14,417). Dazu gebietet er über die Wolken («Wolkenversammler»: Il. 1,511 u. 560; 5,764 u.ö.; «Schwarzwolkiger»: ebd. 1,397), auch über den Regen, den er gern im Herbst schickt (Il. 16,385 ff; Hesiod, Erga 415 ff; vgl. 12,25 ff; Euripides, Troad. 78 ff; die deukalionische Flut: Apollodor, Bibl. 1,7,2), und über Schnee (Il. 12,289 ff) und Hagel (Il. 10,6 f: Regen, Schnee und Hagel; vgl. Ovid, Met. 2,304–313; 12,51; 13,857; 15,70 u. 871). Dazu kann er den Regenbogen spannen (Il. 17,547 ff). Dann herrscht er über den Wind, wichtig für die Schiffahrt (Homer, Od. 3,288 ff; ebd. 9,67 ff; Hesiod, Erga 668; günstiger Fahrtwind: Homer, Od. 15,475). Wie er Wind schickt, so kann er Windstille senden (Il. 5,522 ff) und aufgeklarten, heiteren Himmel (Il. 16,297 ff; vgl. ebd. 13,837). Als (Himmels-)Zeichen für Seefahrer und Kriegsvolk schickt er auch mal einen Meteor (Homer, Il. 4,75 ff).

Wie Z. auf diese Weise den Lebensraum von Göttern und Menschen regiert, so beherrscht er auch die Zeit: Er macht die Jahre (Il. 2,134), die Jahreszeiten («Horen»: Od. 24,344; Hesiod, Theog. 901; vgl. Ovid, Met. 1,116 ff), «Nächte und Tage» (Od. 14,93; Hesiod, Erga 564 ff u. 765: Tage, die von Z. kommen; vgl. Apollodor, Bibl. 2,4,8 u.ö., wo er aus einer Nacht drei macht).

Die Sterblichen sind Geschöpfe der Unsterblichen. Auch diese Macht erbt Z.

und übt sie im Zerstören und Erschaffen von immer neuen Geschlechtern, womit er zugleich zum Schöpfer und Ordner von Weltzeitaltern wird. Hesiod (Erga 109 ff) zählt fünf Generationen, die (mit Ausnahme der 4., die eine Generation von Halbgöttern sei) je durch ein Metall charakterisiert sind und in der Abfolge von Gold (unter Saturn) über Silber (unter Z.) und Bronze zu Eisen Stufen einer Entwicklung bezeichnen, die für die Sterblichen einerseits ein Abstieg zu sein scheint, sofern sie – aus der paradiesischen Sorglosigkeit des «goldenen» Zeitalters schrittweise entlassen – schließlich sich um sich selbst sorgen müssen, anderseits aber deutlich Schritte einer Emanzipation der Menschen von den Göttern sind. Mangelnder Gehorsam gegen die Unsterblichen veranlaßt Z. zur Vernichtung der silbernen Generation, während die bronzene sich selbst auslöscht (Hesiod, ebd. 150 ff) oder in einer großen Flut untergeht, die Z. mit unaufhörlichem Regen schickt (Apollodor, Bibl. 1,7,2; Deukalion und Pyrrha werden überleben und aus Steinen, die sie über die Schulter hinter sich werfen, eine neue Generation gründen). Auch die eiserne, die «sich müht und sorgt, und in der sich Gutes mit Bösem mischt», wird Z. auslöschen, wenn die Menschen schon bei der Geburt graue Schläfen haben werden.

Ovid (Met. 1,113 ff) Kennt nur drei Generationen. In ihrer Abfolge zeigt sich bei ihm auch ein Prozeß stetiger Trennung von Göttern und Menschen voneinander und, mit dem Verschwinden von Scham, Treue und Wahrheit aus der Welt, mit dem Einzug von Betrug, List, roher Gewalt und Tücke (Ovid, ebd. 1,129 ff), zugleich ein Sittenverfall. Astraea, Tochter von Juppiter und Themis, habe als letzte der Himmlischen die Erde verlassen. Beim Vatikanischen Mythographen (II 16; wohl im Anschluß an Juvenal, Sat. 6,19 f) ist die Titanin Astraea eigentlich die Gerechtigkeit («Justitia»), die sich mit Schwester Sittsamkeit («Pudicitia») zurückzieht in den Himmel, aber offenbar nicht der Menschen, sondern der «blutschänderischen» Untaten des Juppiter wegen («ob incestus crimina»).

Es sind die Menschen dieser Generation, mit denen Z. bei Homer umgeht. Sein «allsehendes und allverstehendes» Auge ruht auf den Menschen und achtet besonders auf Gerechtigkeit (Hesiod, Erga 267 ff). Er schickt Glück und Unglück (Homer, Od. 15,488; Il. 16,250), Ruhm und Schwäche (Homer, Il. 15,491 f). Aus zwei Krügen, die vor seinem Tempel stehen, verteilt er Gutes und Schlechtes (Il. 24,527 ff). Die –> Moiren (Moirai; lat. Fata, Schicksalsgöttinnen), die den Menschen Gutes und Schlechtes bringen, sind seine Kinder von Themis (Hesiod, Theog. 904 f; s. u.). Er ist Helfer (Homer, Il. 15,610 f; Od. 14,310) und Schutzgott des Hauses (Homer, Od. 22,334 f), Gott der Schutzflehenden (Od. 13,213) und der Flucht («phýxis», des Entkommens: Apollodor, Bibl. 1,7,2), des Gastrechts (Homer, Il. 13,624 f) und der Herolde. Z. ist Schwurgott (Il. 3,107), und als Vater der Litai (Bitte, Gebet) ist er Sühnegott (Il. 9,502) und Gott der (strafenden) Gerechtigkeit («Dike»; Il. 16,384 ff; Hesiod, Erga 238 ff). Dike («Gerechtigkeit») ist seine Tochter von Themis (Hesiod, Erga 256 ff; ders. Theog. 901; s. u.). Von Themis («Satzung, Sitte, Brauch») hat er auch noch Ordnung («Eunomia») und Frieden («Eirene»; Hesiod, Theog. 901 ff). Eurynome soll ihm die Chariten (Grazien = Schönheit und Anmut) geboren haben, Mnemosyne die neun –> Musen.

Dabei ist der Gott grausam (Homer, Il. 3,365; Od. 20,201) und bösartig («schét-lios»: Homer, Il. 2,112; ebd. 9,19; ders. Od. 3,161), ein Lügenfreund ist er (Il. 12,164) und der Gott der täuschenden Träume (ebd. Il. 1,63; ebd. 2,6 f). Die Ver-blendung («Ate») ist seine Tochter, die den Menschen Schaden stiftet (Il. 9,504 ff) und der er selbst zum Opfer fällt und die er aus dem Olymp verbannt (Il. 19,91 ff).

Das sind die wichtigsten Mittel seiner Herrschaft. Gehorsam bringt Frieden und Wohlstand (Hesiod, Erga 225 ff). Dreißigmal tausend Wächter streifen un-erkannt («in Nebel gehüllt») über die Erde und achten auf böses Urteil und böse Tat (eine Art «Staatssicherheit»: ebd. 252 ff; vgl. ebd. 122 ff). Jungfrau Dike sitzt bei ihm und meldet dem Vater zur Bestrafung, wer immer sie verletzt hat: Gebt acht, ihr Fürsten! (Erga 248 ff). Auch Gewalttätige und Grausame bestraft er. Oft leidet eine ganze Stadt unter den Sünden eines Mannes und seinen anmaßenden Taten. Dann legt Z. große Not über die Leute, Hunger und Pest zusammen, so daß die Leute sterben, ihre Frauen gebären keine Kinder, und es gibt immer we-niger Häuser. Ein andermal zerstört er ihr Heer oder ihre Mauern oder ihre Schiffe auf dem Meer (Erga 240–247). Fische, Wild und Geflügel mögen einan-der verschlingen, dem Menschen aber gab Z. das Recht, welches das bei weitem beste ist. Denn wer immer es befolgt, dem gibt der weitsehende Zeus Wohlstand; aber wer vorsätzlich lügt als Zeuge und Meineid schwört und so Gerechtigkeit verletzt und unheilbar sündigt, dessen Geschlecht wird in Finsternis fallen. Das Geschlecht des Mannes, der die Wahrheit beschwört, wird fortan besser sein (Erga 276 ff).

Es möchte scheinen, daß der Vater der Moiren auch Herr des Geschicks ist, doch hat man beobachtet (vgl. Aischylos, Prom. 515 ff; Hederich Sp. 1407), daß er Schicksale allenfalls aufschieben kann (wofür die Ilias reichlich Belege zu geben vermag). «Auch mich beherrscht das Geschick», läßt Ovid ihn sagen (Met. 9,434; vgl. «fato stat Iupiter ipse», zitiert Tertullian, Apol. 25,8).

5. Der Krieg um Troia ist vielleicht ein mitleidiges Werk des Z., die «allnäh-rende Mutter Erde» von der Last allzu vieler Menschen zu befreien (der Krieg als Purgativ; Kyprien bei Schol. zu Homer, Il. 1,5; H.G. Evelyn-White, Hesiod 1977, S. 496, Nr. 3). Dazu verabredet er sich mit Thetis (Kyprien bei Proklos, Chrest. 1; ebd. S. 488 ff, Nr. 1), die seine persönliche Zuneigung hat und die sich, um der Hera zu gefallen, seiner Umarmung entzogen habe, wofür er sie damit bestrafte, einen Sterblichen heiraten zu sollen (Kyprien in Volumina Herculanea 2,8,105; ebd. S. 496, Nr. 4). Später heißt es, Proteus (Myth. Vat. III 11,20) oder die Fata (ebd. II 205) oder auch Prometheus (ebd. II 65) hätten ihn vor einer Vereinigung mit dem Mädchen gewarnt, denn ein Kind werde den Vater entthronen. Von hierher führt über die Hochzeit der Frau mit Peleus («Urteil des Paris») ein ge-rader Weg in den Krieg, in dem überdies beider Sohn Achill eine entscheidende Rolle spielt. Der Feldherr Z. zeigt sich als der Herrscher, der «über den Dingen» steht und den Überblick hat: Sein Platz ist hoch oben auf dem Olymp (Homer, Il. 8,3) oder dem Gargaron (Il. 8,48 ff) oder dem Ida (Il. 14,157). Er hat – gewöhnlich (s. u.) – alles im Blick und greift nach Gutdünken ein. Den Krieg führen die

Sterblichen, und die Götter nehmen nach Neigung Partei. Auch Z. ist parteiisch, denn er hat (Il. 1,495 ff) sich (mit seinem bedeutsamen Nicken) der Thetis verpflichtet, die Troer zu stützen bis zur Rehabilitierung des Achill, d. h. bis zu seiner Rückkehr auf das Schlachtfeld. Demgemäß lenkt er den Ablauf der Ereignisse bis zur Erfüllung des Versprechens.

Auffällig, daß Frau Hera im Lager der Griechen auf der Gegenseite steht, womit der Krieg um Troia gelegentlich wie ein Krieg zwischen den Eheleuten aussieht. So hat der Feldherr es gleichermaßen mit Unsterblichen wie Sterblichen zu tun. Er nimmt Einfluß auf verschiedene Weise. Die Götter lenkt er mit Worten, mit Zuspruch (z. B. Athene: Homer, Il. 8,39 f) oder mit Drohungen (ebd. 8,12 ff: Sie alle sollen die Sterblichen sich allein überlassen). Sie dienen als Boten und Vollzieher seines Willens, v. a. die kriegskundige –> Athena (z. B. Il. 4,64 ff: Sie soll den Pandaros zum Schuß auf den Menelaos verleiten; ebd. 17,545: Sie soll die Danaer zum Kampf treiben). –> Hermes soll den Priamos zu Achill bringen (Il. 24,333 ff). Eris soll bei den Schiffen der Achaier Streitlust aufbringen (Il. 11,3 ff).

Die Sterblichen spricht er im Gemüt an (dem Agamemnon schickt er einen Traum: Il. 2,1 ff) oder lenkt sie mit Zeichen. Ein Adler wirft ein Hirschkalb auf den Altar, auf dem die Achaier ihm zu opfern pflegen, zum Zeichen, daß er dem Agamemnon und seinem Kriegsvolk Rettung vor dem Verderben gewährt (Il. 8,242–250). Mit einem Adler zur Rechten gibt er dem Priamos ein günstiges Zeichen für den Besuch des Achill (Il. 12,201–209). Ein schlechtes Zeichen ist die Schlange, die ein Adler zur Linken der troischen Krieger fallen läßt (Il. 24,308 ff; zur Relation Rechts-Links vgl. **B**).

Handgemein wird Z. hier nicht, anders als in seinem Kampf gegen Typhóeus (s. o.) und anders als etwa Bruder –> Poseidon, als er den Aeneas rettet. Aber auch er setzt physische Gewalt gegen die Sterblichen ein, mit einem Wurfgeschoß: Als die Schicksalwaage ihm einen Vorteil der Achaier zeigt (Homer, Il. 8,68 ff), schickt er denen (ebd. 75 f) einen Blitz, und die Schlacht wird unterbrochen. Wenig später (ebd. 8,131 ff) bringt er mit einem Blitz vor das Gespann den Diomedes zum Halten. Irgendwann eröffnet Asopos, der Flußgott und Vater der Aigina, den Krieg gegen Juppiter, der den Gegner einfach mit einem Blitz erschlägt (der Fluß soll damals glühende Kohlen geführt haben: Myth. Vat. II 205).

Daß Z. die Schlacht aufmerksam verfolgt, zeigt auch sein hilfreiches Eingreifen in Not, als er den Glaukos vor dem Tod rettet (Homer, Il. 12,402), ein andermal dem Hektor hilft (ebd. 15,611 ff), für den er später Mitleid fühlen wird (ebd. 22,68 ff) wie auch mit Sarpedon (dem Sohn von Europa: Hygin, Fab. 155,2) im Kampf gegen Patroklos (Homer, Il. 16,433 ff) und schließlich mit den Pferden des Achill (ebd. 17,441 ff).

6. Widerstand bricht Z. gern mit dem Blitz, der den töricht anmaßenden Salmoneus, seine Stadt und deren Bürger ebenso trifft (Apollodor, Bibl. 1,9,7) wie die Kureten, die den Epaphos, seinen Sohn von Io, versteckt haben (ebd. 2,1,3). Idas stirbt, weil er den Kastor ermordet hat (ebd. 3,11,2). Den Kapaneus erschlägt er in Verteidigung Thebens (ebd. 3,6,7; Sieben gegen Theben), ebendort machen Blitze, daß Amphiaraos in die Erde hinabfährt (vgl. Pindar, Nem. 10,12), Askle-

pios wird erschlagen, weil seine Heilkunst die Macht des Zeus bedroht (Apollodor, Bibl. 3,10,4). Mit einem Blitz vereitelt er Schlimmeres, als er die streitenden –> Apoll und –> Herakles damit trennt (ebd. 2,6,2; vgl. den Blitz, der Herakles und Kyknos trennt, in ebd. 2,5,11).

Zahlreich sind seine Liebschaften. Der Liebhaber Z. neigt dazu, sich der Auserwählten heimlich in gewandelter Gestalt mindestens zu nähern, wofür er ebenso Menschen- wie Tiergestalt annimmt oder gar bloß zu Stofflichem wird (tut er das auch aus Furcht vor Hera?, vgl. Aischylos, Hik. 299; beim Myth. Vat. II 89 verwandelt er anscheinend nur das Opfer; selbst der –> Hera kommt er erst als Kuckuck nahe). Ovid listet auf (Met. 6,103–114): Europa entführt er als Stier (vgl. Apollodor, Bibl. 3,1,1), Leda nahm er sich als Schwan (ebd. 3,10,7), Antiope als Satyr oder Stier (Myth. Vat. II 74), als Hirte die Mnemosyne, die –> Persephone / Proserpina als Schlange (oder Drache; vgl. Nonnos 5,565 ff u. 6,155 ff), als ihr Gemahl Amphitryon gesellt er sich zu Alkmene (vgl. Hesiod, Aspis 35 ff; Diodor 4,9; Apollodor, Bibl. 2,4,8; Hygin, Fab. 29), als Goldregen empfängt ihn –> Danaë. Daß er zu Semele als tödlicher Blitz (oder Feuer) kommt, hat freilich Hera veranlaßt (vgl. Apollodor, Bibl. 3,4,3). Aegina (Aigina) nimmt er in Flammengestalt (Ovid, Met. 6,113) oder als Adler (Nonnos 7,122 u. 210 ff; ders. 13,201 ff u. 24,77 ff). Für die Kallisto gestaltet er sich lüstern sogar als (die keusche!) Diana / –> Artemis (Ovid, Met. 2,422 ff; Myth. Vat. II 58). Der Klytoris zu gefallen, soll er sich gar in eine Ameise verwandelt haben (Hederich Sp. 1410, mit Hinweis auf Ausonius; vgl. auch ders. Sp. 1680: Jupiter verwandelt sich in eine Ameise, der Eurymedusa zu gefallen, und zeugt den Myrmidon).

Auch Knaben mag Z. / Juppiter, was der schöne –> Ganymed erfahren muß, den er durch einen Adler entführen läßt (Apollodor, Bibl. 3,12,2) oder in Adlergestalt selbst abholt (Lukian, Dial. deor. 5,2 usw.). Er wird anstelle der Hebe als olympischer Mundschenk dienen. Den Kureten Celmis verwandelt er gegen seine Sterblichkeit in Stahl oder in einen Diamanten (Ovid, Met. 4,282 f).

Dem Sohn Aiakos (von Europa) hilft er gegen die Verfolgung durch Hera und schafft ihm ein neues Volk damit, daß er Ameisen in Menschen verwandelt, die Myrmidonen, die auch in dieser Gestalt die Arbeitsamkeit des Insekts bewahren (Ovid, Met. 7,634 ff; Hygin, Fab. 52; vgl. Servius, Aen. 4,402).

B Der (o. skizzierte) Z. Homers läßt sich verstehen als Herrscherporträt. Bemerkenswert, daß er keineswegs von unbeschränkter göttlicher Allmacht ist. Statt dessen erscheint er als einer, dessen Macht sich – logisch – nicht nur an Achtlosigkeit oder gar Widerstand anderer – Göttern und Menschen – manifestiert, sondern dem Widerstand gelegentlich sogar selbst unterliegt: Das gilt für Gemahlin –> Hera, die ihn zu lenken weiß, indem sie ihn z. B. listig in das Bett und damit von der Aufsicht über das Schlachtfeld fortlockt (Homer, Il. 14,233 -237; vgl. ebd. 354 ff: der Schlaf ruft Poseidon in den Kampf) oder ihn der Verblendung (Ate) zuführt, was seine Pläne mit Sohn Herakles durchkreuzt (Il. 19,91 ff), oder wenn sie den Eidgott veranlaßt, (wie es scheint) andere zum Eidbruch zu ermuntern (Il. 4,64ff). Genau betrachtet tut er das aber doch wohl in Erfüllung seines eigenen Eides der Thetis gegenüber! Es ist gerade der fast stetige Konflikt mit seiner Frau und überhaupt ihr Verhältnis zueinander, der diesem höchsten Gott ungemein menschliche Züge verleiht. Auch wenn er sie drastisch zu strafen weiß (vgl. Il. 15,16ff, wo er sie mit Ambossen an den Füßen in den Äther hängt), bleibt, daß er sie in der Tat wohl gewöhnlich einzig mit Worten zu bezwingen sucht, «mühsam», sagt er (Il. 5,893). Unter den anderen Göttern ist augenscheinlich –> Poseidon am widerspenstigsten, aber er unterwirft sich letztlich gehorsam dem Bruder, der als Herr des Himmels eben über ihm sitzt.

Z. kann lächeln und freundlich sein (Homer, Il. 8,38), wie der Geber von Glück und Unglück ja auch Mitleid zeigt, aber deutlicher sieht man an ihm die Züge des Grausamen, Bösartigen, Verschlagenen usw. (s. o.). Jedenfalls ist er lebefreudig, liebt die Gelage und die Frauen, was Gemahlin Hera verdrießt. Eine bevorzugte Waffe der Hera (z. B. –> Herakles) hätte er eingesetzt, wenn es stimmt, daß er Athamas mit Wahn belegte und ihn so den eigenen Sohn Learchus umbringen ließ (Hygin, Fab. 2,4).

Die Spannweite seines herrscherlichen Wesens zwischen überlegenem Verstand und unermüdlich vitalem Gemächte wird leicht anschaulich an dem Gegensatz zwischen der aus dem Kopf geborenen Athene und dem Dionysos, den er (nach dem Tod der Mutter Semele) in seinem Schenkel birgt und daraus gebiert (zur sexuellen Bedeutung des Schenkels –> Adonis). Das erklärt zugleich die beiden Extreme seiner Präsenz in Ferne und Nähe (seine Allgegenwärtigkeit).

Es ist schwer, sich aus den schriftlichen Quellen eine Vorstellung von seiner leiblichen Erscheinung zu machen: Der Blitzeschleuderer hält weiten Abstand, keine andere Waffe könnte ihn besser kennzeichnen (vgl. den Bogenschützen –> Apoll), der Liebhaber (Sterblicher) – der einem ja näher nicht kommen kann – nimmt wohl immer besondere Gestalt an, auch menschliche (vgl. Ovid, Met. 1,213; s. o.). Die Semelegeschichte zeigt, daß die Sterbliche an seiner göttlichen Erscheinung zugrunde geht, ein Umstand, den Hera tückisch nutzt. Eigentlich sehen wir von ihm nur Haupt und Gesicht, den Sitz geistiger Fähigkeiten (dem ja auch Athene entspringt!, s. o.), sowie Hände (oder Arme), mit denen er die Blitze hält und schleudert, in der Linken auch ein Zepter (elfenbeinern: Ovid, Met. 1,178). Phidias soll sich ein Bild vom Olympischen Z. gemacht haben allein unter dem Eindruck von Homer: «Sprach's und nickte gewährend mit schwarzen Brauen Kronion,/Und die ambrosischen Haare des Herrschers wallten nach vorne/Von dem unsterblichen Haupt» (Homer, Il. 1,497 ff; s. Macrobius, Sat. 5,13,23), und einen Bart hat er (Kallimachos, Hymnos 3, an A., 269), aus dem (der für «Mannesstärke» steht: –> Athena; –> Pan) er nach den Mythographen (I 176,2 u. II 37) sogar die Minerva/Athena geboren haben soll.

Auch seine Kleidung kennen wir nicht. Jedenfalls hat er ein Panzerhemd, das er einmal der Athene leiht (Homer, Il. 8,387). Damit verbunden ist wohl die Aigis (Aegis), vielleicht das schützende Fell der Amaltheia. In der Ilias «taucht» er sich mal ganz in Gold (ist das bloßer Glanz?), ehe er sich auf die Reise macht (Il. 8,43). Hieran knüpfen wohl Ovid (Ars 1,214) und die Vorstellung von einer goldenen Tunica, die den Juppiter kleidet und – wie ihn – dann den römischen Triumphator (Fulgentius Metaforalis 3, H. Liebeschütz 1926, S. 82; vgl. Livius 20,7: «Iovis optimi maximi ornatus»; vgl. Juvenal, Sat. 10,38 f). Einen Wagen hat er, von Rössern mit goldener Mähne und ehernen Hufen gezogen, die er mit goldener Peitsche lenkt (Homer, Il. 8,41 ff; vgl. –> Poseidon).

Die kosmische Macht dieses Mannes, dessen physische Größe sich unsrer Anschauung entzieht, veranschaulicht Ovid, wenn er sieht, wie Juppiter mit dem bloßen Schütteln des «furchterregenden» Lockenhauptes Erde, Meer und Sternenhimmel erschüttert (Ovid, Met. 1,178 ff). Das ist der Gott, von dem Vergil sagt, er schreite «durch alle Länder und durch alle Räume des Meeres/Und durch die Tiefe des Himmels» (Georg. 4,221 f).

In stoischer Deutung verliert Juppiter/Z. alle Individualität seiner homerischen Erscheinung und wird zum Allgott, der sich in «Welt» oder «Natur» in allen ihren Teilen manifestiert (vgl. z. B. Seneca, Nat. quaest. 2,45; vgl. Myth. Vat. III Prooemium u. ebd. 3,9). Demnach gibt es nur «einen Gott, Schöpfer von Himmel und Erde und aller Dinge», den man nur unter verschiedenen Namen anruft ganz nach der Vielfalt, in der er die Welt verwaltet: unter «Juppiter» (oder «Jovis») den Äther, unter «Juno» die Luft, unter «Diana» die Erde (!). Genauer (ebd.): Die Götter sind nur die den einzelnen Aufgaben angepaßten Gliedmaßen («membra») des Juppiter.

Aus solcher Vorstellung entwickelt sich die Tradition der physikalischen Deutung, die auf den ersten Blick an den Z. Homers anschließt (s. die Teilung der Welt unter die drei Brüder; vgl. Myth. Vat. II 1; Fulgentius, Myth. 1,2, 626–629, Helm 1970, S. 17 f). Indem man den dreien die Juno hinzufügt, macht man Saturn zum Vater der vier Elemente (ebd.): Juppiter = Aether (Feuer), Juno = Luft, Neptun = Wasser, Pluto = Erde (s. Myth. Vat. III 2,6, Bode S. 160; vgl. ebd. II 1). Von hier aus kommt man zu eingehenderen Deutungen des Mythos. Macrobius (Sat. 1,23,1 ff) meldet, man habe entdeckt, daß Juppiter und die Sonne dasselbe seien (vgl. den «goldstrahlenden» Z. bei Homer, Il. 8,43; ebd. 1,423 ff). «Geschwister», sagt der Mythograph (III 3,1), nenne man Jovis und Juno, sofern sie als Feuer und Luft gleichermaßen feinstrukturiert sind; die Juno nenne man «Gemahlin» des Juppiter, weil die Luft unter dem Feuer liegt. Beider Name besage, daß sie hilfreich sind, sofern er sich ableitet von dem Wort «iuvare» (= helfen; s. Isidor, Etym. 8,11,34), und Wärme (vom Feuer) allen Dingen förderlich sei und alle Lebewesen Luft brauchen. Das griechische Wort «Zeùs» besage soviel wie Wärme oder Leben («vita»): Das ist nach Heraklit das beseelende Lebensfeuer alles Lebendigen (Fulgentius, Myth. 1,3, 629 f, Helm 1970, S. 18 f; Myth. Vat. III 3,1). Mit dem Blick auf die Feldfrüchte in den Jahreszeiten wird Juno gar zur Mittlerin, wenn sie die Wärme des himmlischen Feuers aufnimmt und der Erde zu deren Fruchtbarkeit weitergibt (Myth. Vat. III 3,3). Boccaccio (Gen. 12,70) rationalisiert umständlich, aber logisch auf diese Weise: Juppiters Feuer an sich können wir nicht sehen, aber wir erfahren es als Element auf zweierlei Weise, wenn es nämlich die Luft entzündet und als Blitz herniedergeht oder wenn wir es – aus Stein geschlagen oder woanders hergenommen – zum Verbrennen von Holz und anderem geeigneten Material nutzen. Der Ursprung des Feuers sei Juppiter, unter der Luft aber und dem festen irdischen Brennstoff verstehe man Juno, an den beiden Arten von Feuer aber erkenne man – den vom Vater aus dem Himmel geworfenen – Vulkan, was daran sichtbar werde, daß sie beide – Blitz wie Flamme – «hinken»! Auch entdeckt man einen Unterschied zwischen dem den Menschen nützlichen Feuer des Juppiter («fulgor»: –> Prometheus) und dem zerstörerischen Feuer des Mars / –> Ares (Macrobius, Comm. 1,19,19; vgl. –> Hestia). Die Geschichte von der Juno, die Juppiter mit Ambossen an den Füßen in den Himmel hängte, soll besagen, daß die beiden oberen Elemente miteinander so zusammenhängen wie die beiden unteren (Fulgentius, Myth. 1,3, 629 f, Helm 1970, S. 18 f). Hinreichend interessant auf dieser Ebene ist auch die Deutung der Beziehung des Juppiter / Z. zu Thetis (Myth. Vat. III 11,20 f; vgl. ebd. II 206). Hier gilt die Gleichung Thetis = Wasser, Juppiter = Feuer. Da ersteres das letztere löscht, darf (kann) Juppiter / Z. sich nicht mit Thetis vereinigen. Dafür bringt er sie mit Peleus zusammen, der für «Erde» (griech. «pelòs» = lat. «lutum» = Lehm) stehe, während die Frau als Wasser den Lebenssaft bedeute. Aus der Vereinigung der beiden entsteht der Mensch, der vom Feuer des Juppiter, der die beiden zusammenführt, beseelt ist. Die Zwietracht habe man zur Hochzeit nicht eingeladen, weil es zu dieser Vereinigung der Eintracht der Elemente bedarf.

Viele Eigenschaften gehen in den Planetengott ein. Von den sieben Planeten ist Juppiter neben Venus ein wohlwollender («benignus») Stern, er ist heilsam («salutaris») und außerordentlich maßvoll («moderatus»; s. auch Macrobius, Comm. 1,19). Zwischen Mars und Saturn stehend, empfängt er von ihnen wechselweise eine rechte Mischung von Wärme und Feuchtigkeit. Wen die Strahlen des Gestirns berühren, der kennt keinen Zweifel («dubium»; Myth. Vat. III 3,3; ebd. 9,5). Mit den andern Göttern ist er beim Beischlaf (der Hochzeit: «nuptiae») zugegen und zuständig für das Haupt (wie Minerva / Athene für die Augen usw.; Myth. Vat. II 206). Wenn die Seelen herabsteigen, dann bringen sie von den Planeten besondere Eigenschaften und Neigungen für Körper und Seele mit sich, von Juppiter das Machtstreben (Servius, Aen. 6,714; Myth. Vat. III 6,8; vgl. –> Ares / Mars; –> Aphrodite). Mit Jovis (Juppiter) verbinde sich die Tatkraft («vis agendi»), mit Saturn das Denken («ratiocinatio») und die Intelligenz («intelligentia»; Macrobius, Comm. 1,12,14). Schließlich sei er Patron des Bluts, und darum seien seine Kinder (Planetenkinder) Sanguiniker (Fulgentius Metaforalis 3, H. Liebeschütz 1926, S. 83). In Konjunktion mit Mars mäßigt er (wie auch Venus) dessen Gewaltsamkeit oder hebt sie gar auf (Myth. Vat. III 11,10).

Die frühen Christen finden reichlich Anstoß an Göttervater und Allgott. Zunächst dient der Abwehr auch hier der Euhemerismus, der Juppiter und seine Familie zu Sterblichen erklärt (z. B. Tertullian, Apol. 9,16; Minucius Felix, Oct. 21,2 f: Euhemeros und die Gräber (!) der also sterblichen Götter; ders. 21,11: Wenn Götter geboren werden konnten, warum denn nicht auch heute?; vgl. Clemens v. Alexandrien, Exhort. ad Graec. 2,13 P. f; G.W. Butterworth 1982, S. 34). Widersprüchlich sei, daß die Kyklopen schon Blitze machten, als Juppiter noch gar nicht geboren war (ebd. 24,6). Bemerkenswert auch, daß der Riese Briareus ihn vor den aufständischen Göttern retten mußte (Minucius Felix, Oct. 24,4). Dazu kommen moralische Bedenken: Wenn der Blitz, der Aeskulap tötete, wirklich von Juppiter kam, dann zeugt das von mangelnder Zuneigung für den Enkel und von Eifersucht auf seine Kunst (Tertullian, Apol. 14,4). Anstößig ist natürlich der verbreitete Inzest der Olympier (ebd. 9,16; vgl. Clemens v. Alexandrien, ebd. 2,31 P. f; G.W. Butterworth 1982, S. 84: zu «Mutter» Demeter und Persephone). Wie macht sich Gottessohn Christus neben den Olympiern? Sein Vater treibt keinen Inzest mit der Schwester und vergewaltigt nicht die Tochter eines anderen. Christus muß nicht einen Vater ertragen, der sich hinter Schuppen (= Schlange, Drachen), Hörnern oder Federn (= Adler) verbirgt und sich als Liebhaber in Gold verwandelt für Danaë (Tertullian, Apol. 21,7 f). Lächerlich ist augenscheinlich, daß der Gott als Säugling von einer Ziege genährt wurde, und der Lärm der Korybanten usw. (Minucius Felix, Oct. 23,3). Clemens (ebd. 2,31 P.; G.W. Butterworth 1982, S. 76–78) meint, man solle Z. besser ungerecht nennen, unkontrolliert, gesetzlos, unheilig, unmenschlich, gewaltsam, den Verführer, den Ehebrecher, den kriminellen Liebhaber.

Besonders aufwendig ist die Verteidigung gegen den Allgott. Ausführlich argumentiert Augustin (Civ. 4,11 ff), z. B. so: «Wenn Gott die Seele der Welt ist und die Welt der Leib zu dieser Seele … Ist da nicht jedwedes Ding, das der Mensch mit Füßen tritt, ein Teil von Gott, wird da nicht mit jedem Lebewesen, das man tötet, ein Teil Gottes geschlachtet?» (ebd. 4,12; vgl. Tertullian, Apol. 21,10 ff).

Auch das Bild des Gottes ist der Kritik dienlich, sofern es ihn mal mit Bart, mal ohne zeige, als «Hammon» mit Hörnern, als «Capitolinus» mit Blitzen, als «Latiaris» blutgetränkt, als «Feretrius» mit einem Kranz (Minucius Felix, Oct. 23,6).

Die negative moralische Bewertung des Gottes geht in die mittelalterliche Mythographie ein. Isidor (Etym. 8,11,34) formuliert, man habe ihm den Titel «Optimus» gegeben, während er doch mit den Seinen blutschänderisch, mit anderen unzüchtig («impudicus») umgegangen sei (Etym. 8,11,34), und fügt eine Reihe der bekannten Affären hinzu: Europa, Danaë, Ganymed – die Schlangengestalt, der Schwan: Das seien keine bloßen Bilder («figurae»), sondern echte Schurkereien gewesen («plane de veritate scelera»). Der Mythograph (III 3,6) bemerkt, der Gott sei von der ursprünglichen Würde seiner Person zu viehischen Sitten entartet.

In diesem Sinn habe er sich in Leda mit «Neid» oder «gewalttätigem Unrecht» vereinigt, und Helena sei Frucht einer schmutzigen Beziehung des Gottes (Myth. Vat. III 3,6 u. 7). Ebendarum sei sie ein Ursprung von Gewalttat und Zwietracht geworden (Troia; vgl. ebd. eine umständliche Deutung des Eis und der Kinder Helena, Castor und Pollux).

Ganz anders dann der Fulgentius Metaforalis (3, H. Liebeschütz 1926, S. 78 ff), der den Juppiter zum poetischen Bild der «Benivolencia», des Wohlwollens, moralisiert, den Juppiter, den der Vatikanische Mythograph «benignus» nennt (III 3,3), was sich auch verträgt mit der Gleichung: Juppiter = Feuer = Liebe («amor»/«caritas») = Leben. Hier wird Juppiter – mit Hilfe zahlreicher Verweise auf christliche Autoritäten – geradezu zum christlichen Tugendhelden. Das poetische Bild der «caritas» in der Erscheinung («sub ymagine») des Iovis zeigt ihn so: Er hat 1. ein gewölbtes («curvatus») Haupt, steht 2. auf Sand («arena»), ist 3. von Adlern umgeben, trägt 4. eine Palme als Zepter, ist 5. gehüllt in Gold («velatus»), 6. sein Antlitz ist heiter, 7. seine Farbe hell («serenus»); 8. er schleudert einen Blitz und wird 9. aus einem Horn gespeist. – Das sind neun Aspekte Juppiters, die (aus christlicher Sicht) je neun Eigenschaften von «benivolencia» und «amor» (Wohlwollen und Liebe) entsprechen sollen.

1. Das «gewölbte» Haupt sei das Widderhaupt des Gottes in der Gestalt des Ammon. Über die (falsche) etymologische Gleichung von «aries» (lat. Widder) und «areté» (griech. Tugend; hier steht «Ares»; vgl. Isidor, Etym. 12,1,11) zeigt dieses Haupt an, daß die «caritas» das Haupt aller Tugenden ist (vgl. Apostel Paulus, Korinth. 1,13,13). 2. Der Juppiter im Sande (= «(h)arena») ist Juppiter Ammon in Libyen, dessen Tempel im Wüstensand Armut auszeichnet (vgl. Lucan 9,511 ff). Armut aber sei der Ort wahrer Freundschaft, welche sich in der Auffassung der Dichter besonders in der Arena, dem Kampfplatz der Gladiatoren, bewährt. Freundschaft also als Bewährung der Tugend der «benivolencia» (Proverbia 14,20: «Etiam proximo suo pauper odiosus erit, amici vero divitum multi»; vgl. ebd. 19,4 u. 6, usw.). 3. Anblick und Schrei des Adlers erschrecken alle anderen Vögel, und die Raubvögel lassen aus Furcht vom Raub ab, sage Plinius (Nat. 10,6; vgl. H. Liebeschütz 1926, S. 80, Anm. 8). Nun sollen die Dämonen alle Vögel sein oder geflügelt: Nichts sollen sie so sehr fürchten am Menschen als «caritas». Darum wird die Tugend der «caritas» im Bilde Juppiters von Adlern umgeben gezeigt, weil sie die Dämonen und bösen Geister in Schrecken versetzt. 4. Die Palme sei dem Gott zum Zepter gegeben, weil er vor allen anderen mächtig ist und siegreich über Götter und Menschen. Der Baum sei derart, daß er jedes Gewicht trägt und nicht darunter zerbricht. Genau das gelte auch für die «caritas» und die Liebe, die doch alles überwindet (amor vincit omnia: Vergil, Buc. 10,69). 5. Die Dichter kleiden Juppiter in eine goldene Tunika, weswegen in Rom der Triumphator derart goldgewandet war. Wie nun das Gold die Vollendung aller Metalle ist, so ist die «caritas» die Vollendung aller Tugenden: Eine Tugend ohne «caritas» ist unansehnlich. Das Gold sei lieblicher als die anderen Metalle und bezeichne so die

Weitherzigkeit («latitudo») der «caritas», die zu Gott ebenso reicht wie zu sich selbst, wie zu Freund und Feind, und darum sage man, sie trage ein weites Gewand (Kleid). 6. Ein heiteres und schönes («amenus») Antlitz geben die Dichter dem Juppiter (vgl. Myth. Vat. III 3,3), denn die Astrologen sagen, er sei der Patron des Bluts, und die Sanguiniker haben ein fröhliches Naturell, das der «caritas» wohl konveniert, denn sie ist gütig zu allen und niemandem eine Last. Sie ist sanft, wenn sie rügt («arguit»), sie ist ehrlich («simplex»), wenn sie schmeichelt; sie pflegt gottgefällig («pie») zu wüten, mitleidig zu strafen, weiß geduldig zu zürnen, sich bescheiden zu entrüsten. 7. Heiter (oder strahlend: «relucens») zeigen die Dichter das Gesicht des Gottes. Sie nennen ihn «Lucecius» (von «lux» = Licht) oder «Diespiter», was soviel heiße wie «Vater der Tageshelligkeit» (vgl. Myth. Vat. II 3,1). Das passe schließlich gut zu Liebe («amor») und «caritas» («claritas»?), die sich nicht zu verbergen wissen. Hieran schließt der Gedanke, daß echte Freundschaft sich unvermittelt zeige und offenbar macht. 8. «Donnern» und «Blitzen» seien Wörter, die den Dichtern angesichts seiner Taten einzig bei Juppiter einfallen. Es folgt eine ausführliche Deutung der Dreifältigkeit des Blitzes (vgl. Plinius, Nat. 2,137) im Hinblick auf drei Arten (oder Aspekte) von Liebe («dileccio») und Freundschaft. Aristoteles (Eth. Nic. 8,2,1) unterscheide da ein Nützliches, ein Ehrbares («honestum») und ein Ergötzliches («delectabilis») in der wahren Liebe, in «caritas» und Freundschaft, der wahren Tugend (Hinweis auch auf Augustin, Ep. 155, CSEL, 44,30 f). Der Gedanke wird im folgenden umständlich weiter vertieft mit wiederholtem Hinweis auf Cicero. 9. Das Horn, aus dem der Gott gespeist wird, zeige «pars pro toto» die Ziegen-Amme Amalthea: Es wird hier (statt des Horns des Acheloos; vgl. Myth. Vat. III 13,4) mit dem «cornu copiae», dem Gefäß des Überflusses, identifiziert. Diese Nahrung des Juppiter lasse sich leicht auf die Tugend der Freundschaft beziehen, die voll sei jeglichen Überflusses, denn die «Fülle des Gesetzes» («plenitudo legis») sei Fürsorge («dileccio») usw.

Der Libellus (2, H. Liebeschütz 1926, S. 117) beschreibt das Bild des Juppiter – im Vergleich bemerkenswert knapp – so: Er sitze auf einem elfenbeinernen Thron und halte in der Linken sein herrscherliches Zepter. Mit der Rechten schleudere er Blitze hinab. Mit den Füßen trete er auf die vom Blitz beherrschten Giganten. Ein Adler sei bei ihm, der im Flug einen wunderschönen Knaben trägt, den Ganymed, welcher in der Hand einen Kratér hält, dem Jovis seinen Trunk zu reichen.

Die Emblematik seit der Renaissance schließt thematisch im wesentlichen an die mittelalterliche Tradition an. Häufiger findet sich dort der Gott als Verteiler von Gutem und Schlechtem (vgl. Homer, Il. 24,527 ff; z. B. Guillaume de la Perrière 1539, Nr. 57; H./S. Sp. 1719 f). Picinello (3,16,76) stellt unter dem Lemma NEC SUIS ABSTINET den Juppiter vor, der auch die Seinen nicht schont. Unter dem Lemma (ebd. 77) SUIS ABSTINET wird das Gegenteil vorgestellt: der parteiische Richter («Judex partialis»). Als wohltätigen Fürsten versteht ihn das Emblem (ebd. 78), das mit dem Lemma DULCESCUNT LABIA MELLE («Honig macht die Lippen mild») auf die Bienen-Ammen seiner Kindheit anspielt. Die Wollust wandle den Menschen in ein Tier (Lemma: IN BRUTUM LASCIVIA VERTIT), lehrt der Gott ein anderes Emblem (ebd. 79) und das folgende (ebd. 80) mit dem Lemma INDUITUR FACIEM TAURI (Er nimmt die Gestalt eines Stiers an). Bemerkenswert das Emblem (ebd. 81), das die Geschichte von Philemon und Baucis auf die Geburt Christi bezieht: Hier ist Juppiter der menschgewordene Gott, der (gemeinsam mit Merkur) unerkannt über die Erde wandert und Aufnahme findet schließlich allein bei den Armen (TAMEN UNA RECEPIT – Dennoch nahm er sie gemeinsam auf; eine Fülle von Emblemata präsentieren H./S. Sp. 1718–1726).

Z./Juppiter hat nicht viele Attribute um sich versammelt. Am häufigsten scheint der Blitz zu sein, sodann ein Zepter, das auch eine Palme sein kann (vgl. die «tunica palmata»). Häufig ist der Adler (Allegorese: Myth. Vat. II 198, III 3,4; II 203).

Die Götter sind Patrone des Hauses: Die Schwelle ist der Vesta heilig, die Küche den Penaten, die Umzäunung des Hauses dem Juppiter (Juppiter Herceus; Myth. Vat. III 4,4). Unter dem Schutz des Juppiter steht die Hochzeit, damit zusammen auch die Nüsse, die man bei der Gelegenheit ausstreut (ebd.). Heilig ist ihm die Eiche (Ovid, Met. 7,622 f), auch die Buche.

C Typus. Die Vorstellung vom «Göttervater» hat das Bild des Z. durch alle Zeiten geprägt. Würdevoll, in reiferen Jahren, mit vollem gelockten Haupt- und Barthaar tritt er uns entgegen. Spätestens vom Kultbild des Z. in dessen Heiligtum in Olympia, geschaffen von Phidias (s. u.), über den (gottvaterähnlichen) Juppiter mit dem Donnerkeil von J. Jordaens (um 1614; London, Slg. Mr. and Mrs. Michael Jaffé) bis zu Ingres' Darstellung der den Z. anflehenden Thetis (Gemälde 1811; Aix-en-Provence, Musée Granet) sehen wir ihn in dieser Gestalt.

Der Frühtypus des Z. ist uns durch mehrere Bronzestatuetten aus

Olympia überliefert. Er zeigt den bärtigen, nackten Gott fortwärtsstürmend, Blitzbündel oder Donnerkeil (s. u.) in der weit ausholenden Rechten (Bronzestatuette aus Dodona, um 470 v. Chr.; Berlin-Charlottenburg, Staatl. Museen, Inv. 10561).

Schon früh begegnen wir auch dem Typus des thronenden Z., der im Gegensatz zum kämpfenden Z. zunächst bekleidet ist. Wir sehen den bärtigen Gott zusammen mit seinem Adler auf einer schwarzfigurigen Schale (Zeus-Schale) des 6. Jh. v. Chr. (Paris, Louvre, Inv. E 668) in ein langes, enganliegendes und reich ornamentiertes Gewand gehüllt, das auch die Arme umschließt. In klassischer Zeit trägt Z. dann die fortan charakteristische Gewandung, die nur Hüften und Beine, Schulter und/oder Oberarm bedeckt, während der Oberkörper frei bleibt. Die Metope vom Heraion in Selinunt mit der Entschleierung der –> Hera durch Z. illustriert diesen Typus (Relief einer Metope vom Tempel E; um 460 v. Chr.; Palermo, Museo Nazionale).

Häufig ist der Mantel in einem Bausch über eine Schulter gelegt, wobei der Oberkörper wiederum unbedeckt ist. Bei dem berühmten (verlorenen, u. a. durch Münzbilder überlieferten) Sitzbild des Z. von Phidias in Gold und Elfenbein bedeckte der goldene Mantel die linke Schulter und den linken Oberarm. – Der stehende Z. vom Ostgiebel des Zeustempels in Olympia (470/456 v. Chr.; Kopf verloren) ist schon aufgrund der charakteristischen Draperie als dieser zu erkennen (hier hüllt der Mantel den linken Unterarm ein; die gesenkte Linke hielt vermutlich den Blitz). – Schließlich dominiert in den Darstellungen auch des Juppiter, der keine eigene Ikonographie entwickelt, der Typus mit nacktem Oberkörper, verhüllten Beinen und dem in einem «Schulterbausch» auf die linke Schulter gelegten Mantel (marmorne Sitzstatue, 1. Jh. n. Chr.; Malibu, Getty Museum, Inv. 73.AA.32).

Selbst im Kampf trägt Z. meist keine Rüstung, sondern den (den Oberkörper frei lassenden) Mantel («Hüftmantel»), etwa wenn er gegen die Giganten anstürmt wie auf dem Fries des Pergamon-Altars (2. H. 1. Jh. v. Chr.; Berlin, Staatl. Museen).

Das Kultbild des Phidias ist durch Darstellungen auf Münzen überliefert (z. B. auf Münzen aus Elis des 2./3. Jh. n. Chr.; Abb. in LIMC 1997, 8,2, S. 240, Nr. 497). Der thronende Gott hält in der Linken ein Zepter (s. Attribute), auf der ausgestreckten rechten Hand die kleine Figur der geflügelten Siegesgöttin (Nike). Auch in einem römischen Fresko aus Eleusis lebt das Bild des Phidiasischen Z. mit seinen Charakteristika fort (Abb. bei G. Richter 1930, fig. 607). – Verschiedene Münzen vermitteln auch eine Vorstellung vom Kopf des Kultbildes von Phidias (z. B. Silbermünzen des Hadrian und des Septimius Severus; Abb. in LIMC 1997, 8,2, S. 241, Nr. 547: Z. mit schulterlangem gewellten Haupthaar und gelocktem Vollbart; im Haar trägt er einen Kranz).

Ein Thronender war auch der römische Juppiter vom Capitol in Rom *(Juppiter Optimus Maximus Capitolinus)*, dessen Typus vermutlich auf das 4. Jh. v. Chr. zurückgeht (griechische Bildhauer wie Bryaxis und Lysipp) und der eine außerordentliche Verbreitung erfuhr. Eine Vorstellung von diesem (ebenfalls verlorenen) Kultbild des Juppiter Capitolinus vermittelt u. a. eine Statuengruppe in Bronze aus Pompeji, die sog. *Capitolinische Trias* darstellend (Minerva, Juppiter, Juno; 1. Jh. n. Chr.; Neapel, Museo Nazionale, Inv. 133324). Der Gott ist mit einem Mantel bekleidet, der Hüften, Beine, linke Schulter und linken Oberarm einhüllt, die hochgreifende Linke stützte sich auf ein langes Zepter, die gesenkte Rechte hielt den Blitz.

Bis in den Klassizismus der Neuzeit hinein hat das antike Bild des thronenden Z. / Juppiter Maler und Bildhauer inspiriert. Noch der eindrucksvolle Z., wie ihn Dominique Ingres gemalt hat *(Jupiter et Thétis,* s. o.), ist eine Erinnerung an den griechisch-römischen thronenden Z. / Juppiter, wie wenig der Körpertypus des derbgebauten Mannes auch der klassischen Vorstellung entsprechen mag.

Das Mittelalter geht auf uns vertraute Weise seine eigenen Wege. Durchweg faßt es den obersten der Götter als König auf. Unter einem gotischen Baldachin mit goldener Kuppel steht die Figur des Juppiter auf hohem Sockel, in einen pelzbesetzten goldenen langen Mantel gekleidet, ein Blitzbündel in der Linken, ein Zepter in der Rechten, eine Krone auf dem Haupt. Darüber sitzt wie eine Helmzier der Adler, der mit dem Schnabel einen kleinen Knaben (–> Ganymed) am Arm gefaßt hat (Illumination zu Jacques de Guise, Annales Hannoniae, Teil I, Bergen 1448, Bl. 174ʳ; Brüssel, Bibliothèque Royale, Hs. 9242 – vielleicht von Bersuire, De formis figurisque deorum, beeinflußt). – Taddeo di Bartolo malte in der Antecappella des Palazzo Pubblico in Siena (1413 / 14) einen über seinem Adler schwebenden «Jupiter» in langem Gewand und Mantel, mit mächtiger, von Flammen umgebener Zackenkrone, ein Flammenbündel in der Rechten, das Zepter in der Linken.

Die Vorstellung vom königlichen Juppiter ist auch in der Barockzeit lebendig, wie etwa eine Elfenbeinstatuette des 17. Jh. beweist (Musée de Cluny; der bärtige muskulöse Mann, der mit Brustpanzer, knielanger Tunika und wadenhohen Stiefeln gekleidet ist und Blitzbündel und Zepter in den Händen hält, trägt eine Krone; zu seinen Füßen der Adler). – In langem Gewand mit Mantel, Krone, Zepter und Reichsapfel, den Insignien herrscherlicher Gewalt, sieht man Juppiter in einer humanistischen Handschrift des 16. Jh. (Parma, Biblioteca Palatina, Palat. 71, Bl. 3ᵛ).

Die Künstler der Renaissance zeichnen den Gott dann nach antikem Vorbild, ohne jedoch auf die Freiheit individueller Gestaltung zu verzichten. So sehen wir den thronenden Juppiter auf einem Fresko des Giulio Romano in einer gemalten Nische im Hause des Künstlers in Mantua in antiker Gewandung und im klassischen Kopftypus, jedoch mit – an klassischen Beispielen gemessen – unkanonischer Haltung und Geste. Er scheint im Begriff aufzustehen, die Rechte, in der er den Donnerkeil in Gestalt einer spindelförmigen Wolke hält, auf ein Gefäß gestützt, das die Armlehne ziert. Die linke Hand ist mit gebender, gewährender Geste geöffnet.

Einen eigenen Typus bildet der hörnertragende Z./Juppiter-Ammon. Er entstand im 6. Jh. v. Chr. in Griechenland unter dem Einfluß des Z.-Bildes und hat wie dieses volles gewelltes Kopf- und Barthaar, jedoch auch die für Z.-Ammon charakteristischen Widderhörner und manchmal -ohren (seit 520 v. Chr. nachweisbar).

Zur Erscheinungsweise des Juppiter s. auch *Juppiter als Mönch* und *Juppiter als Gelehrter*.

Attribute. Die dem Z. eigene, wirksame Waffe ist auch sein wichtigstes Attribut: der Blitz oder ein Blitzbündel. Die Phantasie der Künstler gibt ihnen die verschiedensten Formen. Streng stilisiert ist er in der griechischen Kunst (Bild eines Kelchkraters, um 470 v. Chr.; Bonn, Akademisches Kunstmuseum, Inv. 71). Eine aus einer Reihe Bronzestatuetten vom gleichen Typus (aus Dodona, 480/470 v. Chr.; Athen, Nationalmuseum, Inv. Kar 31) schleudert eine Waffe in Form eines an beiden Enden zugespitzten Keils («Donnerkeil»). – Die spätmittelalterliche Illumination aus den «Annales Hannoniae» des Jacques de Guise (s. o.) gibt der königlichen Erscheinung ein rotflammendes Blitzbündel in die Hand.

Giulio Romano (in seinem Haus in Mantua) legt seinem thronenden Juppiter ein spindelförmiges Gebilde in die Rechte, ebenso Polidoro da Caravaggio in seiner Serie antiker Götter (verlorene Fresken, überliefert durch Stiche nach Hendrick Goltzius; der thronende Juppiter, 1591; SG.294) oder in dessen Serie der Planetengottheiten, wo Juppiter den Donnerkeil in der Rechten hält (s.a. *Juppiter als Planetengottheit*). –

J. Jordaens (um 1614; London, Slg. Mr. and Mrs. Michael Jaffé) beläßt die Form des Donnerkeils im Amorphen, mit dem man allenfalls Wolken assoziieren mag.

In römischer Zeit bildet der Blitze schleudernde Juppiter einen eigenen Typus, den des *Juppiter fulgur* (auch *Juppiter tonans* = der donnernde J.), dem auf dem Campus Martius ein Tempel geweiht war. Die Rückseite einer Münze des römischen Kaisers Licinius (vor 250–325) zeigt ihn auf dem Adler reitend, in der Rechten das Blitzbündel schwingend.

Auf römischen Öllampen war der Juppiter fulgur – nun im Verständnis nicht des strafenden, sondern des Lichtgottes – ein angemessener Schmuck. Kurioserweise, jedoch wiederum angemessen, lebt dieser Typus des Juppiter in der nordischen Barockkunst als Bekrönung von Bronzelüstern in Kirchenräumen fort (z. B. in der Kirche von Stellau / Schleswig-Holstein, 1700), vielleicht nicht nur im Verständnis des Lichtbringers, sondern auch ein Memento des Jüngsten Gerichts.

Die Auffassung des Z. als Lichtgott drückt auch der Lichtkranz aus. Von einem Flammenkranz umgeben ist die Gestalt des Juppiter in einem englischen Manuskript (um 1450; s. *Z. und Europa*). Aus dem erzählerischen Zusammenhang erklärt sich dieser in der Geschichte von Z. und Aegina, wie sie u. a. Cornelis Bos in seinem Zyklus wiedergibt).

Außer dem Blitzbündel ist das Zepter, Zeichen der Herrscherwürde (vgl. Ovid, Met. 2,846 f), das häufigste Attribut des Z. Das gilt auch für mittelalterliche Darstellungen, die allgemein den obersten der Götter als König verstehen. – Was V. Cartari (1647, S. 88) als «hasta» (Lanze) bezeichnet, ist vielleicht das mißverstandene lange Zepter des Z. auf antiken Darstellungen.

Zum Bild des Herrschergottes Z. gehört der Thron, der für sich – neben Zepter und Krone – im Altertum Symbol herrscherlicher Macht war. Wenn wir auf römischen Münzen bisweilen nur einen Thron und den Adler sehen, so stehen beide unmißverständlich für den Herrschergott Juppiter. Giulio Romano übernimmt das Motiv des leeren Throns in seinem Deckenfresko im Palazzo del Te (Sala dei Giganti, 1532 / 34).

Ständiger Begleiter des Z. ist schon in archaischer Zeit der Adler, der aber auch als Verwandlungsform des Gottes zu verstehen ist. Wir erinnern z. B. an die schwarzfigurige Schale im Louvre (um 560 v. Chr.; Inv. E 668), wo der Vogel mit gebreiteten Schwingen vor Z. in der Luft zu stehen scheint. – Häufig sitzt Z. auf oder über dem Tier – ein in der Antike wurzelndes, langlebiges Motiv. Auf mächtigem Adler mit gebreiteten

Schwingen sitzt der bärtige Gott, den Mantel auf klassische Weise um Beine und linke Schulter geschlungen (Abb. bei F. Saxl 1915, S. XIII, Abb. VIII). – Auch Agostino Carraccis Grisaille in der Sala di Giasone im Palazzo Fava in Bologna zeigt Juppiter auf dem Adler (1584; Juppiter nackt, mit Krone, das Zepter in der Linken, das Blitzbündel in der Rechten). – Adler ziehen auch den Wagen des Z., so auf einem Kupferstich aus einer Folge von *Planeten und Planetenkinder*n (Florenz, um 1460). Mitunter sind Pfauen als Zugtiere eingesetzt, z. B. auf einem Holzschnitt von Georg Pencz von 1531 *(Der Planet Jupiter und seine Kinder)*. Der Pfau ist gemeinhin der –> Hera / Juno heilig, jedoch als Symbol von Reinheit, Gerechtigkeit und weltlicher Macht auch dem Juppiter beigegeben (vgl. K.-A. Wirth 1963, S. 195 f).

Zwei Gefäße symbolisieren das Gute und das Böse, die Z. gleichermaßen unter die Menschen verteilt (vgl. den thronenden Juppiter von Giulio Romano in dessen Haus und unter *Juppiter als Spender von Gut und Böse*; s. **D**).

Den Phallus, den Juppiter in der Kosmographie des Kazwînî in der Hand hält (orientalischer Codex des Mittelalters, F. Saxl 1915, S. XI f), führt F. Saxl auf ein Mißverständnis zurück (S. XIII). Im Hinblick auf die Entmannung des Kronos durch Z. wäre er jedoch ein erklärbares Attribut.

D 1. *Die Geburt des Z. / Die Täuschung des Kronos* (Hesiod, Theog. 453 ff). Das aufregende Geschehen um die Geburt des Z. / Juppiter wird in der mehrteiligen Darstellung auf einem reliefierten römischen Marmoraltar aus Albano geschildert («Ara Capitolina»; Rom, Musei Capitolini). Auf der einen Seite sieht man Rea im Wochenbett, auf der nächsten jene Szene, da Rea dem Kronos den in Windeln gewickelten Stein reicht, und auf der dritten zwei einander im Tanz zugekehrte Kureten, die mit ihren Kurzschwertern auf die Schilde schlagen; Rea (mit Mauerkrone) sitzt auf ihrem Stuhl wie eine Wächterin, im Hintergrund sieht man das Kind mit der Ziege (s. *Z. von der Ziege Amaltheia genährt*).

Die Illuminationen zur Geburt des Z. in mehreren byzantinischen Handschriften des Pseudo-Nonnos (Homilie «In sancta lumina» des Gregor von Nazianz) veranschaulichen zwei Episoden kurz nach der Geburt des Kindes: jene, als Rea dem Kronos den in Windeln gewickelten Stein reicht und dieser sich anschickt, ihn zu verschlingen, und eine zweite, die – wohl ohne antikes Vorbild – das Wickelkind in der Wiege zeigt, die von Musikanten und Tänzern umgeben ist. Die mittelalterlichen Miniaturisten haben die Korybanten des römischen Vorbildes in Musikanten umgewandelt, besonders anschaulich jener der Handschrift vom Berge Athos (Panteleimon, Cod. 6, Bl. 163 ᵛ; Ende 11. Jh.): Einer schlägt die Trommel, ein zweiter das Becken, ein dritter bläst die Querflöte.

2. *Rea rettet den Säugling.* Auf römischen Münzen erkennt man Rea, die einmal das Kind der Nymphe Adrasteia übergibt (Münze des Caracalla aus Laodicaea), ein andermal eine weibliche Figur (vermutlich Adrasteia), die mit dem Kind davoneilt, während die Korybanten ihre Schilde schlagen (eine weitere Münze aus Laodicaea).

In einer Handschrift vom Ende des 11. Jh. (Pseudo-Nonnos, Homilie «In sancta Lumina» des Gregor von Nazianz; Paris, Bibliothèque Nationale, Cod. Coislin 139, Bl. 121 ʳ) eilt Rea, den eingewickelten Stein in Händen, auf Kronos zu, der seine Hände nach dem vermeintlichen Kind ausstreckt. Dasselbe Bewegungsmotiv verwendet A. Correggio auf einer Grisaille gleichen Themas (1520; Camera di San Paolo in Parma) für die mit dem Säugling in den Händen dahineilende Rea. (Zur Deutung der Figur als Rea s. E. Panofsky 1961, Fig. 49.)

Eine mittelalterliche Handschrift des Pseudo-Oppian (Venedig, Biblioteca Marciana, Cod. gr. 479, Bl. 40 ʳ) schildert die gelungene Rettung des Knaben: Man sieht ihn auf einer Insel (Kreta), zur Hälfte vom Boden verdeckt – wohl eine Andeutung der Höhle Dikte (Apollodor, Bibl. 1,1,6), wo Rea das Kind gerade abgesetzt hat; die Wache haltenden Löwen erklären sich aus der Gleichsetzung der Rea mit –> Kybele.

Eine theatralische Darstellung des Nicola Grassi (Gemälde 1730/35; Udine, Slg. Fermo Solari) rückt die auf ihrem löwenbespannten Wagen daherfahrende Kybele/Rea in den Mittelpunkt, aus deren Händen eben eine von zwei Nymphen das Neugeborene empfangen hat. Im Hintergrund sieht man die Becken schlagenden Korybanten.

3. *Z. von der Ziege Amaltheia genährt/von Nymphen umsorgt.* Die meisten der zahlreichen Bildbeispiele sehen in Amaltheia die Ziege (nicht die Nymphe), die den Säugling nährt. – Auf Giulio Romanos Gemälde sieht man das Kind am Euter der Ziege trinken (wohl 1533 ff; zu einem Zyklus mit ursprünglich zwölf Darstellungen aus Kindheit und Jugend des Juppiter gehörig; Hampton Court Palace). Salvator Rosas Gemälde (1650er Jahre; London, Slg. Marlborough Fine Arts) schildert dieselbe Szene, nun aber im Schutz der Nacht. – Giulio Romano behandelt die Kindheit des Juppiter ein zweites Mal (Gemälde zum selben Zyklus gehörig wie das obige; London, National Gallery). Der schlafende Säug-

ling liegt auf einer Lagerstatt aus Weidengeflecht, umsorgt von drei Nymphen (Amaltheia, der Eschennymphe Adrasteia und Io). Eine von ihnen blickt sich beunruhigt nach den lärmenden Korybanten im Hintergrund um, besorgt um den Schlaf des Kleinen. Den Gedanken um Nutzen und Schaden dieses Lärms hat viel später Lovis Corinth weitergesponnen (s. u.). – Nicolas Poussin schließt sich mit seinem Gemälde in Berlin (Staatl. Museen, um 1639) der Erzählung Ovids an. Während ein Hirte die Ziege melkt, flößt eine Nymphe (Amaltheia) dem Säugling aus einer Kanne die Milch ein, und eine zweite (Adrasteia?) entnimmt dem Bienenstock eine Honigwabe (vgl. Antoninus Liberalis, Met. 19,2). – Das Gemälde *Z. als Kind auf Kreta* von Nicolaes Berchem (1648; Den Haag, Mauritshuis) zeigt in bukolischem Ambiente eine junge Frau, in deren Schoß das schlafende Kind seinen Kopf gebettet hat (–> Hestia).

An den Rand der Karikatur gerät das Thema unter den Händen Lovis Corinths (*Jugend des Zeus*, Gemälde 1905/06; Bremen, Kunsthalle): Der dem Kleinkindalter schon entwachsene, verwöhnte Bursche weist schreiend die von einem Satyr dargebotenen Trauben zurück, ein Mädchen (Nymphe?) hält sich ob des Lärms von Becken und Schellentrommel die Ohren zu.

4. *Z./Juppiter entmannt Kronos/Saturn* (Myth. Vat. I 105; III 1,7, Bode S. 154). Illustratoren des 15. und 16. Jh. schildern diese Szene, etwa in einer Handschrift der Biblioteca Palatina in Rom («Fulgentii methoforalis seu ymaginum secundum Fulgentium libri duo», im Codex Pal. lat. 1066): Saturn und Rea sitzen in königlichen Gewändern (Rea mit Krone) auf einem Thron, im Vordergrund übergibt Juppiter (in burgundischer Hoftracht, mit Krone) den abgeschnittenen Phallus einem Kind (?), in der Linken hält er noch das Messer. Ein weiteres Kind läuft auf eine als Wasser gekennzeichnete Stelle im Boden zu, in der zwei kleine Gestalten (vermutlich Kinder) hocken, deren eine den abgeschnittenen Phallus hält. – Die Illustration in einem englischen Manuskript vom Ende des 15. Jh. (Oxford, Rawlinson Ms. B. 214, Bl. 197ᵛ) zeigt «Jupiter», der soeben die Tat ausgeführt hat, darunter als schmaler Wasserstreifen angegeben das Meer, in dem der Phallus schwimmt, und auf diesem klein die stehende Figur der Venus/–> Aphrodite. (Vgl. die Pariser Handschrift, wo die Genitalien des Uranos ins Meer hinabfallen. –> Aphrodite.) Das Ganze ist eine Vermischung der Mythen des –> Uranos und des –> Kronos (Fulgentius, Myth. 1,2; Myth. Vat. I 102; III 1,7).

5. *Z./Juppiter stürzt die Giganten* (Ovid, Met. 1,151 ff; Horaz, Carm. 3,4,49 ff; Myth. Vat. I 11; II 53). Als Waffe setzt Z. seinen Blitz v. a. im

Kampf gegen die Giganten ein, so auf dem großen Fries des Pergamonaltars (1. Hälfte 2. Jh. v. Chr.; Berlin, Staatl. Museen).

In der Neuzeit ist der Gigantenkampf ein häufig bemühtes Motiv politischer Machtdemonstration und Drohgebärde. Am bekanntesten dürfte der *Gigantensturz* in der Sala dei Giganti im Palazzo del Te in Mantua sein, wie ihn Rinaldo Mantovano nach Entwürfen von Giulio Romano vor Augen führt (1532/34): Hoch in den Wolken schwingt der Gott in jeder Hand ein Blitzbündel, die Halle der Giganten stürzt ein, ihre Bewohner werden von geborstenen Säulen und Gebälkstücken erschlagen, herabstürzende Felsbrocken des Ätna begraben den Riesen Polyphem unter sich. – Die etwa gleichzeitige Darstellung des Pierino del Vaga (Deckenfresko im Salone di Giove im Palazzo Doria, Genua), die den Gedanken an ein Jüngstes Gericht aufkommen läßt, ist vermutlich eine Allegorie auf die Feldzüge Karls V. gegen die «gottlosen» Türken (an ihren Turbanen zu erkennen) und andere Feinde der katholischen Kirche (Bernice F. Davidson 1988, S. 445 f).

6. *Z. und Hera ergreifen vom Himmel Besitz* (frei nach Hesiod, Theog. 885, oder Homer, Il. 15,192). Diese Episode müßte auf den Sieg über die Titanen und die Entthronung des Kronos folgen. – Giulio Romano (mit Werkstatt) hat das selten dargestellte Thema in einem Gemälde behandelt (Hampton Court Palace; Teil des zwölfteiligen Zyklus). Das jugendliche Paar betritt einen Wolkenteppich, der von der Erde zu einem hoch oben auf Wolken stehenden Thron führt, welcher mit den Attributen des zukünftigen Herrschers ausgestattet ist: Adler und Blitzbündel. Ein junger Mann und eine junge Frau treten huldigend dem Paar mit zwei Gefäßen entgegen (s. *Z. als Spender von Gut und Böse*).

7. *Die Hochzeit von Z. und Hera* –> Hera

8. *Juppiter verwandelt Lycaon in einen Wolf* (Ovid, Met. 1,216 ff). In Menschengestalt wandelt Juppiter unter den Sterblichen und kehrt ein im Haus des Lycaon, Königs in Arcadien. Als er dem Volk andeutet, daß er ein Gott sei, spottet Lycaon und kündigt an, er wolle den Gast auf die Probe stellen: Er versucht, ihn im Schlaf umzubringen. Doch diese Probe genügt ihm nicht. Er schneidet einer Geisel die Kehle durch, kocht und brät deren Glieder und hat die Stirn, das Gericht dem göttlichen Gast vorzusetzen. Juppiter durchschaut ihn, zerstört durch einen Blitz das Dach des Hauses und verwandelt Lycaon in einen Wolf. P. P. Rubens (Gemälde 1636/38, Jaffé Nr. 1296; Madrid, Prado) läßt dies noch bei Tisch geschehen (bei Ovid versucht der Übeltäter noch zu fliehen): Lycaon trägt bereits einen Wolfskopf; über ihnen zuckt der zerstörerische Blitz.

9. *Juppiter und Thetis* (Homer, Il. 1,498 ff). Dominique Ingres' Gemälde von 1811 (Aix-en-Provence, Musée Granet) ist die wohl eindrucksvollste Darstellung dieses Themas. Unbeeindruckt von der flehentlichen Geste der Thetis, übersieht er (wörtlich) das Mädchen, das zu seinen Füßen kniet, den überlangen Arm emporstreckt, um den Bart des Gottes schmeichelnd zu fassen. Auf Wolken steht der Thron, auf dessen Sockel Z. in seiner Quadriga gegen die Giganten anreitet. Zur Linken des Throns der Adler, der den Kopf zu Z. wendet.

10. *Die Liebschaften des Z. / Juppiter* sind ungezählt, und sein Einfallsreichtum, die Auserwählten zu überlisten, ist unerschöpflich. Meist nähert er sich ihnen in veränderter Gestalt: –> Danaë als Goldregen, –> Leda als Schwan, Callisto als Göttin Diana, dem –> Ganymed als Adler. Nur der Semele erscheint er (auf deren eigenen Wunsch, den ihr Hera böswillig nahegelegt hatte) in seiner wahren (Licht-)Gestalt, was ihr, wie wir wissen, schlecht bekommt (s. **A**).

11. *Die Entführung des Ganymed* –> Ganymed

12. *Die Entführung der Europa* (Ovid, Met. 2,833 ff; 6,103 ff; Apollodor, Bibl. 3,1,1). Selten sieht man Z. in dieser Episode in menschlicher, sondern meist in Stiergestalt. Griechische Vasen schmückt schon das Bild der auf dem Stier reitenden Europa. Besonders populär ist das Thema im ersten Viertel des 5. Jh. v. Chr. Das rotfigurige Bild eines Glockenkraters (um 480 v. Chr.; Tarquinia, Museo Nazionale, Inv. R.C.7456) veranschaulicht den tändelnden Umgang des Mädchens mit dem zahmen Stier, dessen eine Hornspitze sie, neben dem Tier herlaufend, berührt, aber nicht umfaßt – wie in einer Vorahnung des Ovid, der sagen wird: «zu berühren ihn scheut sie zunächst sich …» (Met. 2,860). Höhepunkt und am häufigsten dargestellte Szene der Erzählung ist die Entführung der Prinzessin. Auf eine knappe ikonographische Formel gebracht, sehen wir das Mädchen auf dem Rücken eines Stiers sitzen, der würdevoll einherschreitet (auf der Bostoner Amphora) oder leichtfüßig dahintrabt, so auf einer «Kalpis» des Berliner Malers (um 450 v. Chr.; Berlin, Staatl. Museen, Inv. F 2347). – Die römische Kunst schafft dann figurenreiche, in ihrem Detailreichtum von der Literatur angeregte Kompositionen. Wir sehen den Stier mit seiner Beute auf dem Rücken über das Meer dahineilen, während Europa sich verzweifelt nach den Gespielinnen am Ufer umblickt und diese vergebens ihr zu Hilfe zu eilen versuchen (z. B. auf einem verlorenen, durch einen Stich überlieferten Fresko hadrianischer Zeit im Grab der Nasonier in Rom).

Das Mittelalter hat seine eigene Vorstellung von dieser Entführung.

Juppiter, nun in menschlicher Gestalt, bedient sich eines Schiffs, um die Schöne nach Kreta zu bringen. In einer französischen Handschrift von Boccaccios «De claris mulieribus» (Mitte 15. Jh.; London, British Museum, Royal Ms. 20 C. V., Bl. 19 ^{r}) sitzt Juppiter, mit Mantel und Sendelmütze, im Schiff und hält Europa im Arm. Nicht ihre Gespielinnen, sondern eine alte Dienerin (ihre Amme?) eilt herbei. – In Stier- und Menschengestalt erscheint Juppiter in einer englischen Handschrift (um 1450; London, British Museum, Sloane Ms. 2452, Bl. 7 ^{r}). Im Vordergrund reitet Europa auf dem Stier, im Hintergrund sieht man den Entführer in menschlicher Gestalt (bärtig, mit Krone und Umhang), von einem flammenden Lichtkranz umgeben in einem Schiff sitzen und im Begriff, das sich wehrende Mädchen zu umarmen.

Die Renaissance, die nicht mehr nur auf literarische Quellen angewiesen ist, sondern inzwischen entdeckte antike Bildwerke vor Augen hat, kann nun an diese anknüpfen, wie etwa Domenico Beccafumi mit seinem Gemälde (1513/14; Siena, Slg. Guarini del Taia), das in Anlehnung an römische Vorbilder das geblähte Velum wiedergibt, das sich über der Europa auf dem Stier wölbt. – Wie frei Tizian wenig später mit diesem Motiv umgeht, zeigt sein Gemälde von 1559/62 (Boston, Stewart Gardner Museum). Es soll hier aus der Vielzahl nachmittelalterlicher Darstellungen des Themas hervorgehoben werden. Rücklings auf dem Rücken des Stiers liegend, hält sich Europa am linken Horn des Tiers fest und blickt hinauf zu den zwei Cupidi mit Pfeilen und Bogen, die den Meeresritt begleiten. Ein dritter liegt auf dem Rücken eines Delphins. In der Ferne sieht man die entsetzten Gespielinnen der Prinzessin. Der zweite der fliegenden Cupidi hat Europa bereits einen Teil ihres Gewandes geraubt, ein Hinweis auf die bevorstehende «Hochzeit». (Als literarische Quellen wurden außer Ovid vorgeschlagen: Moschus, «Europa»; Nonnos 1,46 ff; Lukian, Dial. Deor. Marin. 15,325 ff; Fehl/Watson 1976.)

Eine aus vier Szenen bestehende zyklische Darstellung von Annibale Carracci haben wir im Camerino d'Europa im Palazzo Fava in Bologna vor uns (1583/84). Das erste Bild zeigt den göttlichen Stier, dem sich Europa mit einer ihrer Gespielinnen nähert, auf dem zweiten sieht man Europa das zahme Tier am Zügel führen. Es folgt die Szene, da sich das Mädchen, umgeben von den arglosen Freundinnen, auf den Rücken des Tiers setzt, das sich auf den Boden niedergelassen hat, und schließlich die eigentliche Entführung: Der Stier trägt Europa über das Meer, die Überrumpelte streckt den Arm nach den am Ufer in heller Aufregung zurückbleibenden Freundinnen aus.

Zwei Beispiele sollen die beiden möglichen Extreme der Darstellung veranschaulichen: die figurenreiche Komposition des Noël-Nicolas Coypel (Gemälde 1726/27; Philadelphia, Phil. Museum of Art) und die knappe bildliche Formulierung der Entführung bei Félix Vallotton (Gemälde 1908; Bern, Kunstmuseum). Ersteres geriet – vermutlich angeregt durch die Erzählung des bukolischen Dichters Moschus («Europa», 121 ff) – zu einem Triumphzug: Begleitet von Meeresgottheiten (Tritonen und Nymphen) und Amorini durchschwimmt der Stier mit Europa auf seinem Rücken das bewegte Meer. (Moschus: Die Tritonen nehmen ihre Muschelhörner und blasen die Hochzeitsmusik.) Das zweite beeindruckt durch seine lapidare Beschränkung auf den Stier und das Mädchen, das sich in einem akrobatischen Akt an dem schwimmenden Tier festhält.

Eines der seltenen plastischen Beispiele (Europa auf dem Rücken des Stiers) ist Giambolognas Kleinbronze in Florenz (Bargello).

Häufig sieht man Merkur, den Helfer und Mitwisser, etwas abseits am Ufer unschuldig die Hirtenschalmei spielen, etwa auf einem Holzschnitt zu Ovids Metamorphosen (Venedig 1517) oder auf Giorgiones (verlorenem) Gemälde (überliefert u. a. durch eine Kopie von David Teniers d. J., um 1650; Chicago, Art Institute).

Daß die bereits auf dem Stier sitzende Europa von ihren Gespielinnen wie eine Braut geschmückt wird, scheint kein literarisches Vorbild zu haben. Von den vielen Beispielen möchten wir die Gemälde von Paolo Veronese (um 1576; Venedig, Palazzo Ducale), und Simon Vouet nennen (um 1640?; Madrid, Museo Thyssen-Bornemisza).

Auf Kreta, dem Ziel der Entführung, hat Z. wieder seine menschliche Gestalt angenommen. So sehen wir ihn in Umarmung mit Europa auf einer Zeichnung von Hendrick Goltzius (1590/91?; Frankfurt/M., Städel, Kupferstichkabinett; eines von vier Blättern mit Liebespaaren der Mythologie).

13. *Juppiter und Leda* –> Leda

14. *Z. / Juppiter und Danaë* –> Danaë

15. *Z. / Juppiter und Semele* (Apollodor, Bibl. 3,4,3). Jacopo Tintoretto hat das Thema mehrmals behandelt (um 1541; Modena, Galleria Estense; eine von 14 mythologischen Darstellungen für ein Deckengemälde). Juppiter erscheint im Strahlenkranz, in jeder Hand ein Blitzbündel, Semele liegt hingestreckt auf dem Bett. Weniger dramatisch ein zweites Gemälde Tintorettos (1543/44; London, National Gallery). Semele liegt unbeteiligt auf ihrem Bett, als sich Juppiter in einem Kranz aus Licht

und Wolken ihr nähert. – Mit dem ursprünglichen Mythos wenig zu tun hat die Darstellung Gustave Moreaus. Um so eindringlicher vermittelt seine Vision das Ausgeliefertsein an einen schrecklichen Gott, in dessen Schoß die Sterbliche sich wie ein Spielzeug ausnimmt (Gemälde um 1889; Paris, Musée Gustave Moreau). –> Dionysos

16. Z. / *Juppiter und Io* (Ovid, Met. 1,583 ff). Um sein Beilager mit Io zu verbergen, hüllt Juppiter die Flußebene in einen Nebel. Ob Antonio Correggios Gemälde (1530; Wien, Kunsthist. Museum) sich wirklich auf diese Stelle bei Ovid bezieht, erscheint fraglich, denn hier senkt sich der Gott selbst in Gestalt einer Wolke auf Io herab (kaum merklich zeichnen sich Hand und Gesicht in der Wolke ab).

Ein Gemälde von John Hoppner (um 1784/85; New York, Newhouse Galleries) ist offensichtlich von Correggio inspiriert: Das Gesicht Juppiters hebt sich deutlich vom Wolkengrund ab. – Z., von Juno ertappt, verwandelt die Geliebte in eine Kuh (Ovid, Met. 1,610 ff). Diesen Moment hält Cornelis Bos auf einem Stich fest; nur Kopf und Arme Ios haben noch Menschengestalt. –> Hermes

17. Z. / *Juppiter und Aigina/Aegina* (Ovid, Met. 6,113). Die griechischen Vasenmaler beschränken sich in der Regel auf die Verfolgung des Mädchens durch Z. (wie dieser auch andere von ihm Begehrte verfolgt, etwa Ganymed). An eine Entführung des Mädchens jedenfalls läßt z. B. ein rotfiguriges Vasenbild nicht denken (Stamnos des Hermonax, 5. Jh.; Rom, Musei Vaticani, Inv. 16526): Der bis auf einen Mantel über dem linken Arm nackte Z., der in der Rechten ein langes Zepter trägt, verfolgt die langgewandete Aigina, die sich nach ihm umblickt. Die besitzergreifende Gebärde (Z. hat seine Linke auf die Schulter des Mädchens gelegt) läßt keine Unklarheit über den Ausgang des Spiels. Solche Verfolgungsszenen bleiben auf die Bildkunst der Antike beschränkt. Neuzeitliche Künstler bevorzugen die Darstellung des Beilagers der beiden. Ein Gemälde von Jean Baptiste Greuze (1767/69; Privatbes.) stellt das Mädchen auf seinem Lager dar, Z. erscheint, wie es Ovid berichtet, in Gestalt von Feuer und Rauch, begleitet von seinem Adler, der mit seinen Fängen am Bettuch zerrt. Eine hinter dem Bett stehende Alte, die dem Bildtypus der Danaë-Darstellungen entlehnt sein dürfte, rafft das Bettuch, bereit, den drohenden Brand zu ersticken.

18. Z. / *Juppiter und Kallisto/Callisto* (Ovid, Met. 2,422; Myth. Vat. II 58). P. P. Rubens zeigt uns auf seinem Bild von 1613 (Kassel, Gemäldegalerie) beide im Schutz hoher Büsche und Bäume auf dem Boden sitzend, Juppiter in Gestalt einer halbgewandten Diana, die jedoch un-

übersehbar männliche Züge trägt, liebkost Hals und Kinn der nackten Nymphe, die sich der Annäherung verschließt. Zurückweichend betrachtet sie mißtrauisch die falsche Diana. Der verräterische Adler, der (das Blitzbündel in den Fängen) die beiden beobachtet, entzieht sich dem Blick der Nymphe. – Keinerlei Mißtrauen verrät die Miene der Callisto auf François Bouchers Bild (1759; Kansas City / Missouri, The Nelson-Atkins Museum of Art; eines von vier Gemälden Bouchers gleichen Themas); sie liegt im Schoß der «Diana», die mit einem Hinweis ihrer Hand auf den abgelegten Köcher samt Bogen (den bekannten Attributen und Jagdwaffen der Diana / –> Artemis) ihre vorgegebene Identität zu bekräftigen sucht. Mag sein, daß diese Geste die Antwort auf die sacht erhobene linke Hand der Callisto ist, in der sich Frage und vielleicht auch zaghafte Abwehr ausdrücken. Bedeutungsvoll begegnet der Pfeil in der rechten Hand der Callisto dem mit (Liebes-)Pfeilen gespickten Köcher eines Cupido, der sich an das Paar schmiegt.

Die Entdeckung der schwangeren Callisto (Ovid, Met. 2,453 ff) haben unter vielen anderen Tizian und Rubens auf zwei Gemälden geschildert (Tizian, *Diana und Callisto*, 1559; Slg. Lord Ellesmere; Rubens, *Diana und Callisto*, 1638/40, Jaffé Nr. 1352; Madrid, Prado).

19. *Z. / Juppiter und Antiope* (Myth. Vat. II 74). In die bocksfüßige Gestalt eines Satyrn schlüpfte Z., als er sich der schlafenden Antiope näherte. Zahlreiche Gemälde schildern die Szene. Manche allerdings tragen ihren Titel zu Unrecht. So erklärt Mirimonde (1980) das Gemälde Correggios (*Jupiter und Antiope*; Paris, Louvre) zu einer Fehldeutung. Vielmehr sei hier Venus mit dem schlafenden Amor und einem Satyrn dargestellt. Zweifel seien auch bei Antoine Watteaus Bild (1715/16; Paris, Louvre) angebracht, der die Lüsternheit des Satyrn betont. Juppiter hätte hier also nicht nur die Gestalt des primitiven Wesens angenommen. Im Vorgeschmack leckt er sich die Lippen, während er ein Tuch vom Kopf der unbekleideten Schönen zieht. Überzeugend sind die Argumente Mirimondes, der für dieses Bild den Titel *Faun und Nymphe* postuliert (S. 114). Auch Anthony van Dycks Gemälde (*Juppiter und Antiope*, um 1615/16; Gent, Museum voor Schone Kunsten) mag nicht Juppiter in Gestalt eines Satyrn meinen, sondern eben einen Satyrn – kommt der lüsterne Bursche doch recht direkt zur Sache. – Auf Dominique Ingres' Gemälde (1851; Paris, Louvre) wird Juppiter von Amor zu der Schlafenden geleitet (wohl eine rein anekdotische Ausschmückung).

20. *Z. und die Nymphe Lara* (Ovid, Fasti 2,599 ff). Von einer weniger galanten Seite zeigt sich Z. der Nymphe Lara gegenüber: Diese hatte sich

geweigert, ihm eine ihrer Gefährtinnen, in die sich der Gott verliebt hatte, auszuliefern, und hatte zudem Hera von dem Ansinnen ihres Gemahls erzählt. Mit Hilfe Merkurs, der das sich sträubende Mädchen festhält, legt Z. persönlich Hand an und reißt der Geschwätzigen mit einer Zange die Zunge aus dem Mund. Cornelis Cornelisz van Haarlem schildert das grausame Geschehen auf seinem Gemälde von 1597 (Budapest, Nationalmuseum).

21. *Apoll vor Juppiter* (–> Apoll). Auf einem Gemälde von Cornelis C. van Haarlem (1594; Madrid, Prado) sitzt Apoll gebeugt im Kreise der Götter vor der mächtigen Gestalt des gekrönten Juppiter.

22. *Z. / Juppiter als Spender von Gut und Böse* (Homer, Il. 24,527 ff). Ein Emblem aus Guilleaume de La Perrière (1539, Nr. 57) illustriert jene Stelle bei Homer: Juppiter gießt aus einer Kanne eine Flüssigkeit in eine zweite Kanne, d. h., er «gibt Gutes und Böses zu gleichen Teilen, indem er den bitteren und den süßen Trank mischt». – Die Willkür des Schicksals faßt eine Illustration in Gilles Corrozets «Hecatongraphie» (Paris 1543, Ciiib) ins Auge: In Gegenwart des thronenden Juppiter, neben dem zwei Fässer und zwei Gefäße stehen, teilt die blinde Tyche (Schicksal) Fröhlichkeit und Trauer («Lyesse et Tristesse») an die Menschen aus.

23. *Juppiter wägt die Schicksale der Menschen* (Homer, Il. 8,69 ff; 22,209 ff). Ein enger gedanklicher Zusammenhang besteht zwischen dem eben behandelten Thema und der Deutung des obersten Gottes als Schicksalsgott, der das Geschick der Menschen (sowohl allgemein als auch das bestimmter Individuen) in die Waagschalen wirft (vgl. Hermes / Merkur in derselben Eigenschaft). Der dänische Maler Nicolai Abildgaard zeigt uns einen in den Wolken thronenden Z. mit der Waage in der Rechten, in deren einer Schale ein geschlossenes urnenfömiges Gefäß steht, das sich mit einer am anderen Ende des Balkens hängenden Minervabüste die Waage hält (Gemälde 1793, Privatslg.). Das Schicksal des Menschen, das in der Urne beschlossen liegt, bemißt sich nach dessen Tugendhaftigkeit, für die Minerva / –> Athena allgemein steht.

24. *Juppiter als Planetengott.* Illustrationen des 15. Jh. zu diesem Thema zeigen Juppiter meist in einem von zwei Adlern oder Pfauen gezogenen Wagen über den Himmel fahren, in der Hand ein Zepter (z. B. auf einem Kupferstich aus einer Folge von *Planeten und Planetenkindern,* Florenz, um 1460; Abb. bei K.-A. Wirth 1963, S. 189). Die Kinder des Planetengotts gehen ihren charakteristischen Tätigkeiten nach: Geistliche disputieren (Legisten und Kanonisten, s. Wirth), ein Gerichtsherr übt sein Amt aus, andere vergnügen sich bei der Jagd (vgl.

einen Holzschnitt von Georg Pencz, 1531; Abb. bei K.-A. Wirth 1963, S. 191. – Die orientalische Tracht (mit Turban) des meist bartlosen Planetengottes in mittelalterlichen Handschriften basiert auf Illuminationen arabischer astrologischer Handschriften (vgl. z. B. ein Manuskript der ersten Hälfte des 15. Jh.; Siena, Biblioteca degli Intronati, L., X. 42, Bl. 21ᵛ). S.a. *Juppiter als Gelehrter, Juppiter als Mönch.*

25. *Juppiter als Personifikation des Herbstes.* Eine der Statuen des Nicolas Petit am Uhrenturm in Aix-en-Provence (1555) stellt den Herbst in Gestalt des Juppiter dar. So kommt dieser hier zu den untypischen Attributen Kanne, Becher und Trauben, die eigentlich dem –> Dionysos zugehören.

26. *Das Herrscherbild in Gestalt des Juppiter.* Seit Augustus ließen sich römische Kaiser im Bild des Juppiter darstellen, v.a. auf Münzen, ferner als Porträtstatuen, so Augustus (Bronzestatue, Neapel, Museo Nazionale, Inv. 5595) und Claudius (Marmorstatue, Olympia, Museum, Inv. 125; Marmorstatue, Rom, Musei Vaticani, Inv. 243). – An die römische Tradition knüpften dann Herrscher der Neuzeit an, etwa Heinrich IV. von Frankreich. – Ludwig XIV., der *Sonnenkönig*, wird sich dann bekanntlich im Bild des Sol / Apoll gefallen.

27. *Juppiter als Maler* (Leon Battista Alberti, Virtus).

Auf dem Gemälde Dosso Dossis (wohl 1529; Wien, Kunsthist. Museum) sehen wir einen bärtigen Mann in langem, langärmeligem Mantel mit übergeschlagenem Bein vor einer Staffelei sitzen und Schmetterlinge auf eine große Tafel malen. Durch ein auf dem Boden abgelegtes Blitzbündel ist er eindeutig als Z. / Juppiter ausgewiesen. Hinter ihm sitzt Merkur mit den ihm eigenen Charakteristika – Flügelhelm, Flügeln an den Füßen und dem Caduceus in der Hand – und dreht sich nach einer weiblichen Gestalt um, der er, den Finger an den Mund gelegt, zu schweigen gebietet. Die weibliche Figur ist als einzige nicht nach dem Augenschein zu identifizieren. Julius v. Schlosser, der dem Bild zwei Abhandlungen widmete (1900, 1927), entdeckte dessen literarische Quelle, Leon Battista Albertis «Virtus» – einen Dialog, der bis ins 17. Jh. hinein als Werk des Lukian gegolten hatte. Virtus (Tugend) war mit Fortuna (Glück) in Streit geraten und unterlegen. Sie eilt zu Juppiter, um ihm ihr Leid zu klagen, wird jedoch von Merkur mit fadenscheinigen Ausreden abgewiesen. In Wahrheit möchte Juppiter nicht gegen Fortuna Stellung nehmen, da er (und nicht nur er, sondern auch die anderen Götter) ihr viel verdankt. Er rät Virtus, sich unter die Menge zu mischen, bis Fortuna ihren Haß vergessen haben würde. – Der Bildgegenstand wurde auf vielfache Weise gedeutet (*Erfindung der Malerei, Der Weltenmaler Zeus, Zeus, Seelen erschaffend* und schließlich als Planetendarstellung und persönliches Horoskop Dossis gedeutet, der sich selbst im Bilde des Juppiter verewigt haben soll). Einen Überblick über die verschiedenen Deutungen geben J. A. Emmens (1969) und J. H. Whitfield (1966). Ersterer interpretiert das Bild in einer weiteren Deutungsschicht als Allegorie auf die Kleinmütigkeit und sieht in ihm ein Gegenstück zu dem Gemälde Dossis *Herkules und die Pygmäen* (–> Herkules), in dem er eine Allegorie auf fürstliche Großmut vermutet.

28. *Juppiter als Verkörperung der Kleinmütigkeit* (L. B. Alberti, Momus o del Principe; hierauf fußend: Joannes de Solorzano Pereira, Emblemata Regio Politica in centuriam unam redacta, Madrid 1653). – Ein Emblem (Nr. XXX) von Solorzano Pereira mit dem Lemma «Magnus in Magnis» stellt spöttisch die Frage, wie ein Fürst Größe beweisen könne, wenn er sich um Nichtigkeiten kümmere. Diesen Gedanken illustriert das Bild des auf Wolken sitzenden Juppiter, der in der Linken eine Palette hält und mit dem Pinsel in der Rechten einen Schmetterling in die Luft malt (ein zweiter ist schon vollendet).

29. *Juppiter als Mönch*. In eine Mönchskutte gekleidet, mit Tonsur, ein Kreuz in der Linken, einen Kelch in der Rechten, so sehen wir (den Planetengott) Juppiter frontal sitzend in einem Relief von der Werkstatt des Andrea Pisano (sog. Saturn-Meister, 1340er Jahre; vom Campanile des Doms in Florenz, heute Opera del Duomo, Florenz; am ursprünglichen Ort eine Kopie). Zum besseren Verständnis dieser Travestie verweisen wir auf mittelalterliche Erbauungstexte mit Auszügen aus den «Metamorphosen» des Ovid, in denen die Göttinnen zu Nonnen werden, die Hochzeiten der Götter zu Zusammenkünften von Mönchen und Nonnen (zwei Handschriften in München, Bayer. Staatsbibliothek, s. J. Seznec 1961, S. 92 f). – In einem Kommentar zum «Ovide moralisé» (Brügge 1484) repräsentieren die heidnischen Götter (Juppiter neben Saturn und Apoll) den tugendhaften Klerus!

30. *Juppiter als Gelehrter*. Auch in dieser Verkleidung ist der Gott nicht aus seinem Mythos heraus zu begreifen. Fritz Saxl hat als erster auf orientalische Einflüsse in der Darstellung der Planetengötter hingewiesen, die bis in babylonische Zeit zurückreichen und durch arabische astrologische Schriften in den Westen gelangten. Durch die Gleichsetzung Juppiters mit dem babylonischen Marduk kommt es zu dem Bild des ersteren in Gestalt eines Gelehrten oder auch Richters. In einer astrologischen Handschrift des 15. Jh. (Cod. Pal. Lat. 1368; Bl. 2^{v}) sitzt

der Gott mit Gelehrtenmantel und Barett an seinem Pult, auf dem ein aufgeschlagener Codex liegt. Als Wissensvermittler, der seinem Auditorium einen Codex reicht, sehen wir ihn (wiederum im Gelehrtenmantel) auf einer Darstellung der sieben Planetengottheiten (Codex in Rom, Vatikan, Biblioteca Apostolica, ms. Urb. lat. 1398; Abb. bei Seznec 1961, S. 165).

31. *Juppiter als Jurist.* Als solcher tritt Juppiter im *Liber introductorius* des Michael Scotus auf (München, Bayer. Staatsbibliothek, Cod. Monac. lat. illum. sc. XIV 10268).

32. *Juppiter in einer heidnischen Trinität.* Auf einem Holzschnitt zu Conrad Celtes' «Melopoiae» (1507) tritt Juppiter an die Stelle Gottvaters der christlichen Trinität, Apoll (Sohn des Juppiter) an die Christi, die Taube des heiligen Geistes ist durch den geflügelten Pegasus ersetzt (vgl. E. Wind 1968, Abb. 95).

33. *Zyklen.* Besonders die populären Liebesabenteuer des Z. boten sich als Thema für zyklische Darstellungen an. Der erste, wenn auch in der Aufzählung der Liebschaften lückenhafte Zyklus der Neuzeit dürfte Baldassare Peruzzis Fries in der Sala del Fregio der Villa Farnesina (1509/11) in Rom sein, der das Schicksal von –> Europa, –> Danaë und –> Semele in fünf Sequenzen schildert. Einzelne Episoden finden sich an der Bronzetür des Antonio Filarete am Petersdom in Rom (1439/45: *Europa, Leda, Ganymed, Io*). – Vier Gemälde mit Liebschaften des Z. schuf Antonio Correggio für Federigo Gonzaga in Mantua (1527/31: *Amori di Giove; Danaë, Juppiter und Io, Leda mit dem Schwan, Der Raub des Ganymed*; über die ursprüngliche Plazierung s. E. Verheyen 1966). – Eine Serie von zehn Stichen (ohne Signum und Datum) widmete Cornelis Bos den Amouren des Z. mit folgenden Themen: *Der Raub des Ganymed; Juppiter und Antiope; Juppiter in Gestalt des Amphitrion mit Alkmene* (–> Herakles); *Juppiter erscheint Semele; Juppiter als Stier mit Europa; Juppiter, von Flammen umgeben, vereint sich mit Aegina; Juppiter in Gestalt einer gefleckten Schlange mit –> Proserpina; Juppiter in Gestalt des Schwans mit Leda; Juppiter, von Juno überrascht, verwandelt Io in eine Färse; Juppiter in Gestalt der Diana umarmt Callisto.* – Um 1532/35 entstand in Flandern eine bedeutende Teppichserie nach Kartons von Pierino del Vaga (*I furti di Giove*, ursprünglich in Genua, Palazzo Doria, Salone di Giove; Kartons und Teppiche verloren, jedoch durch Vorzeichnungen Pierinos und Nachstiche überliefert). Die Themen: *Juppiter und Alkmene* (Ovid, Met. 6,112; Plautus, Amphitr.): das Paar, auf dem Himmelbett sitzend, davor Merkur kniend, der einen Die-

ner abwimmelt, der auf Juppiter und zum Himmel weist (Verdacht schöpfend?); *Juppiter und Callisto in Umarmung auf dem Bett sitzend* (zu Füßen Juppiters immer der Adler); *Juppiter und Danaë* (Danaë fängt in ihrem Gewand den Goldregen, Juppiter sitzt hinter ihr auf dem Bett und umarmt sie); *Juppiter und Semele*, die (in modischer Tracht) den in einer flammenden Wolke herabkommenden Juppiter empfängt; *Juppiter und Io* (das Mädchen sitzt auf dem Boden und weicht vor der Umarmung Juppiters zurück, der sich wie ein Tier auf sie stürzt); *Juppiter und Juno* (beide nackt auf dem Bett einander gegenüber, über Juppiter schweben Cupidi, die ihn bekränzen). – Von dem bedeutenden Zyklus von zwölf Darstellungen aus Kindheit und Jugend des Juppiter von Giulio Romano und dessen Werkstatt sind nur mehr sechs erhalten (1533 für Federigo Gonzaga, Herzog von Mantua, geschaffen, vielleicht anläßlich der Geburt von dessen Sohn Francesco III Gonzaga, 1533; s. o.). Zur Rekonstruktion der Themen s. F. Hartt 1958 (S. 211 ff).

In den zwölf Lünetten des Arachne-Raumes (auch «Konditorei») der Stadtresidenz in Landshut (von Hermann Postumus, 1540/43, unter dem Einfluß von Correggio) sind die Themen der von –> Athena und –> Arachne gewebten Teppiche dargestellt. Unter den Szenen mit den Liebschaften der Götter (Thema des Teppichs der Arachne) sind sieben dem Z. gewidmet: jeweils *Z. mit Leda; Z. und Europa* (im üblichen ikonographischen Schema, Europa vom Stier davongetragen); *Z. in Gestalt des Pan mit Antiope; Z. in Umarmung der Alkmene; Danaë fängt den Goldregen in ihrem Gewand auf; Z. wohnt Aegina in Gestalt von Feuer bei* (über dem Kamin); *Z. und Theophane* (nicht bei Ovid, sondern in franz. Ausgaben des «Ovide Moralisé» des 15. Jh.; s. E. Verheyen 1965, S. 94).

Lit.: Alpers, Svetlana L.: Manner and Meaning in some Rubens Mythologies. In: The Journal of the Warburg and Courtauld Institutes 30, 1967, S. 272–295. Buddensieg, Tilmann: Die Ziege Amalthea von Riccio und Falconetto. In: Jahrbuch der Berliner Museen 5, 1963, S. 121–150. Canciani, Fulvio/Costantini, Alessandra, in: LIMC 1998, 8,1, S. 421–470, 8,2, S. 268–311, s.v. Zeus/Iuppiter. Davidson, Bernice F.: The *Furti di Giove* Tapestries Designed by Perino del Vaga for Andrea Doria. In: The Art Bulletin 70, 3, 1988, S. 424–450. Emmens, J. A.: De schildernde Jupiter van Dosso Dossi. In: Miscellanea I.Q. van Regteren Altena, 16. V. 1969. Amsterdam 1969, S. 52–54. Fehl, Philipp/Watson, Paul: Ovidian Delight and Problems in Iconography: Two Essays on Titian's *Rape of Europa*. In: Storia dell'arte 26, 1976, S. 23–30. Godfrey, F. M.: Paintings of the Legends of Jove. In: Apollo 2, 55, 323, 1952, S. 9–13; 3, 55, 327, 1952, S. 128–132. Hanke, Heinz R.: Die Entführung der Europa. Eine ikonographische Untersuchung. Diss.

Köln, um 1963. Hartt, Frederick: Giulio Romano, vol. 1, New Haven 1958. Kempter, Gerda: Studien zur Typologie, Ikonographie und Ikonologie. Köln / Wien 1980 (Diss. zur Kunstgeschichte 12). Kobler, Friedrich, in: RDK 6, 1970, Sp. 366–416, s.v. Europa. Kragelund, Patrick: Abildgaard, Homer and the Dawn of the Millenium. In: Analecta Romana Instituti Danici 17–18, 1989, S. 181–224. Mirimonde, Albert P. de: La prétendue Antiope d'Antonio Allegri, dit «Le Corrège», ou les enseignements d'une erreur de deux siècle et demi. In: Gazette des Beaux-Arts 122, 95, 1980, S. 107–120. Panofsky, Erwin: The Iconography of Correggio's Camera di San Paolo. London 1961. Richter, Gisela: The Sculpture and Sculptors of the Greeks. New Haven / London 1930. Saxl, Fritz, 1915 (–> Allgem. Bibl.). Schlosser, Julius von: Iupiter und die Tugend. In: Jahrbuch der königlich Preussischen Kunstsammlungen 21 (1900), S. 262–270. Ders.: Der Weltenmaler Zeus. Ein Capriccio des Dosso Dossi. In: Präludien, Vorträge und Aufsätze. Berlin 1927, S. 296 ff. Schoenberger, Guido: A Late Survival of Jupiter Fulgur. In: Essays in Memory of Karl Lehmann. New York 1964, S. 288–292. Die Verführung der Europa. Ausst.-Kat. Berlin, Staatl. Museen Preußischer Kulturbesitz, Kunstgewerbemuseum. Berlin 1988. Tiverios, Michalis u.a. in: LIMC 1997, 8,1, S. 310–474; 8,2, S. 218–242, s.v. Zeus. Verheyen, Egon: Athena und Arachne. In: Zeitschrift des Deutschen Vereins für Kunstwissenschaft 20,2 (1965), S. 85 ff. Ders.: Correggio's *Amori di Giove*. In: Journal of the Warburg and Courtauld Institutes 29, 1966, S. 160–192. Watson, Paul F.: Titian's «Rape of Europa»: A Bride stripped Bare. In: Storia dell'arte 28, 1976, S. 249–258. Weitzmann, Kurt, 1951 (–> Allgem. Bibl.), S. 183–186. Whitfield, J. H.: Leon Battista Alberti, Ariosto, and Dosso Dossi. In: Italian Studies 21, 1966, S. 16–30. Wirth, Karl-August: Imperator pedes papae deosculatur. Ein Beitrag zur Bildkunde des 16. Jh. In: Festschrift für Harald Keller. Darmstadt 1963, S. 175–221.

Anhang

Allgemeine Bibliographie

Aghion, Irène / Barbillon, Claire / Lissarrague, François: Héros et dieux de l'anti-quité. Guide iconographique. Paris 1994 (Tout l'art encyclopédie).

Amielle, Ghislaine: Recherches sur des traductions françaises des Métamorphoses d'Ovide. Paris 1989.

Les amours des dieux. La peinture mythologique de Watteau à David. Ausst.-Kat. Paris, Grand Palais, 15. 10. 1991- 6. 1. 1992. Paris 1991.

Andersson, Ulrike: Giovanni Battista Tiepolo in der Villa Valmarana ai Nani. München 1984.

Anzelewsky, Fedja: Dürer-Studien. Untersuchungen zu den ikonographischen und geistesgeschichtlichen Grundlagen seiner Werke. Berlin 1983.

Avery, Catherine B.: The New Century Handbook of Greek Mythology and Legend. New York 1972.

Bardon, Françoise: Le portrait mythologique à la cour de France sous Henri IV et Louis XIII. Mythologie et politique. Paris 1974.

Bardon, Henry: Le festin des dieux. Paris 1960.

Bernen, Santia u. Robert: Myth and Religion in European Painting 1270–1700 (The stories as the artists knew them). New York 1973.

Bezold, F. von: Das Fortleben der antiken Götter im mittelalterlichen Humanismus. Aalen 1922 (Neudruck 1962).

Biscontin, Jacqueline: Étude des médaillons mythologiques de la chapelle de la Vierge dans l'église de Santa Maria de Campagna a Piacenza. In: Il Pordenone, Giovanni Antonio. Atti del convegno internazionale di studio Pordenone, 23.-25.8. 1984. Pordenone 1985.

Blume, Dieter: Im Reich des Pan – Animistische Naturdeutung in der italienischen Renaissance. In: Die Kunst und das Studium der Natur vom 14.-16. Jh. Weinheim 1987, S. 253- 276.

Boardman, John: Athenian Black Figure Vases, a handbook. London 1980.

Ders.: Athenian Red Figure Vases, a handbook. London 1979.

Bober, Phyllis Pray / Rubinstein, Ruth: Renaissance Artists and Antique Sculpture. A Handbook of Sources. Oxford 1986.

de Bosque, Andrée: Mythologie et Maniérisme aux Pays-Bas. Antwerpen 1985.

Brandi, Cesare: Il Tempio Malatestiano. Turin 1956.

Briganti, Giuliano / Chastel, André / Zapperi, Roberto: Gli amori degli dei. Nuove indagini sulla Galleria Farnese. Roma 1987.

Buchowiecki, Walther: Der Barockbau der ehemaligen Hofbibliothek in Wien, ein Werk J. B. Fischers von Erlach. Wien 1957, S. 82–123.

Buchthal, Hugo: Historia Troiana. Studies in the History of Mediaeval Secular Illustration. London / Leiden 1971.

Büttner, Frank: Asmus Jakob Carsten und Karl Philipp Moritz. In: Nordelbingen 52, 1983, S. 95–127.

Campbell, Malcolm: Pietro da Cortona at the Pitti Palace. A study of the planetary rooms and related projects. Princeton 1977 (Princeton Monographs in art and archaeology 41).

Cancik, Hubert / Schneider, Helmuth (Hg.): Der neue Pauly: Enzyklopädie der Antike. Stuttgart 1996–.

Chance, Jane: Mediaeval Mythography. From Roman North Africa to the School of Chartres, A.D. 433–1177. Gainesville / Florida 1994.

Chastel, André: Marsile Ficin et l'art. Genf 1954.

Ders.: Mythe et crise de la Renaissance. Genf 1984.

Clark, Kenneth: The Nude. A Study of Ideal Art. London 1956.

Ders.: The Nude. A Study in Ideal Form. Princeton 1972.

DaCosta Kaufmann, Thomas: Amor et poesia: la peinture à la cour de Rodolphe II. In: Revue de l'art 69, 1985, S. 29–46.

Lucas Cranach. Ein Maler-Unternehmer aus Franken. Ausst.-Kat. Kronach, Haus der Bayerischen Geschichte, 17. 5.–21. 9. 1994. Regensburg 1994.

Daniel, Howard: Encyclopedia of themes and subjects in painting. London 1971.

Daumier, Honoré: Histoire Ancienne. Ausst.-Kat. Malibu, Getty Museum, 1. 5.–15. 6. 1975. Los Angeles 1975.

Draper, Jerry Lee: Vasari's decoration in the Palazzo Vecchio. The Ragionamenti translated with an introduction and notes. London 1980.

Drost, Wolfgang: Honoré Daumier: Antike Geschichte. Frankfurt / M. 1982.

Enciclopedia dell' arte antica classica e orientale. 9 Bde. Roma 1958–70.

Evelyn-White, Hugh G.: Hesiod. The Homeric Hymns and Homerica. Cambridge(Mass.) / London 1977.

Ewering, Ute: Der mythologische Fries der Sala delle Prospettive in der Villa Farnesina zu Rom. Münster / Hamburg 1993.

Fechner, Jörg-Ulrich: Mythographische Variationen bei Salomon Gessner. In: Mythographie der frühen Neuzeit. 12. Wolfenbütteler Symposion 5.-8. 12. 1993. Wiesbaden 1984.

Förster, Richard: Philostrats Gemälde in der Renaissance. In: Jahrbuch der Königlich Preußischen Kunstsammlungen 25, 1904, S. 15–48.

Franses, Jack: Tapestries and their mythology. London 1973.

Frommel, Christoph Luitpold: Baldassare Peruzzi als Maler und Zeichner. Wien / München 1967 / 68.

Gamba, Carlo: Piero di Cosimo e i suoi quadri mitologici. In: Bollettino d'Arte 30, 1936 / 37, S. 45–57.

Gaunt, William: Victorian Olympus. Revised edition London 1975.

Gentili, Augusto: Da Tiziano a Tiziano. Mito e allegoria nella cultura veneziana del Cinquecento. Mailand 1980.

Georgiades, Thrasybulos: Musik und Rhythmus bei den Griechen. Hamburg 1958.

Gods, Saints and Heroes. Painting in the age of Rembrandt. Ausst.-Kat. Washington, National Gallery of Art, 2. 11. 1980–4. 11. 1981. Washington 1980.

Graham, Victor / Johnson, William McAllister: The Paris Entries of Charles IX and Elisabeth of Austria 1571. Toronto 1974.

Grimal, Pierre: Dictionnaire de la mythologie grecque et romaine. 9. Aufl. Paris 1988.

Grootes, E. K.: «Heydensche Afgoden», een Haarlems godencompendium uit 1646. In: Oud Holland 102, 1988, S. 277- 289.

Guerrini, Roberto: Temi profani e fonti letterarie classiche tra Pordenone e Amalteo. In: Il Pordenone, Giovanni Antonio. Atti del convegno internazionale di studio Pordenone, 23.-25. 8. 1984. Pordenone 1985, S. 67–73.

Guthmüller, Bodo: Studien zur antiken Mythologie in der italienischen Renaissance. Weinheim 1986.

Hartlaub, Gustav Friedrich: Zu den Bildmotiven des Giorgione, T. 2: Der Mythos des erwählten Kindes. In: Zeitschrift für Kunstwissenschaft 7, 1953, S. 57–84.

Hartmann, Jorgen Birkedal: Antike Motive bei Thorvaldsen. Tübingen 1979.

Hartt, Frederick: Giulio Romano. 2 Bde. New Haven 1958.

Held, Julius S.: Rubens and Virgil. In: The Art Bulletin 29, 1947, 1, S. 125–126.

Ders.: Rembrandt en de klassieke wereld. In: De Kroniek van het Rembrandthuis 26, 1972, S. 3–17 u. S. 32–41.

Ders.: The Oil Sketches of Peter Paul Rubens, a critical catalogue. 2 Bde. Princeton 1980.

Henckel, M. D.: Illustrierte Ausgaben von Ovids Metamorphosen im XV., XVI. und XVIII. Jahrhundert. Bibliothek Warburg, 1926–27.

Henkel, Arthur / Schöne, Albrecht (Hg.): Emblemata. Handbuch zur Sinnbildkunst des XVI. und XVII. Jahrhunderts (zitiert als H. / S.). Stuttgart 1967. Supplement Stuttgart 1976 (mit ausführlicher Bibliographie zur Emblemforschung).

Himmelmann, Nikolaus: Antike Götter im Mittelalter. Mainz 1986 (Trierer Winckelmannprogramm 7, 1985).

Hughes, Anthony: What's the trouble with the Farnese Gallery? An experiment in reading pictures. In: Art-History 11, 1988, 3–4, S. 335–348.

Hunger, Herbert: Lexikon der griechischen und römischen Mythologie. Reinbek b. Hamburg 1981.

Ders.: Johannes Tzetzes, Allegorien zur Odyssee Buch 12–24. In: Byzantinische Zeitschrift 48, 1958, S. 4–48.

d'Hulst, Roger A.: The Drawings of Jacob Jordaens, 4 Bde. Brüssel 1974.

Iñiguez, Diego Angulo: La mitologia y el arte español del renacimiento. Madrid 1952.

Jaffé, Michael: Rubens. Catalogo completo. Milano 1989.

Johnson, William McAllister: Prolegomena to the images of pagan symbolism and allegorical interpretation in the renaissance. Baltimore / London 1970.

Jones-Davies, M.T. (Hg.): Les mythes poetiques au temps de la Renaissance. Paris 1985.

de Jong, Johannes Leenderd: De oudheid in fresco. Leiden 1987.

Josephson, Ragnar: Sergels Fantasie. Stockholm 1956.

Kerényi, Karl: Die Mythologie der Griechen. Bd. I: Die Götter- und Menschheitsgeschichten. Bd. II: Die Heroengeschichten. 17. Aufl. München 1998.

Ders. / Jung, C.G.: Einführung in das Wesen der Mythologie. Amsterdam / Leipzig 1941.

Kestner, Joseph A.: Mythology and misogyny. London 1989.

Kilinski, Karl: Classical Myth in Western Art. Ancient through Modern. Ausst.-Kat. Dallas (Texas), Meadows Museum and Gallery. Dallas 1985.

Larcher Crosato, Luciana: Consoderazioni sul programma iconografico di Maser. In: Mitteilungen des Kunsthistorischen Instituts in Florenz 26, 1982, S. 211-256.

Lessmann, Johanna: Majolika aus der Werkstatt der Fontana. In: Faenza 65, 1971, S. 333–343.

Levi, Doro: Antioch Mosaic Pavements. 2 Bde. Princeton 1942.

Lexikon iconographicum mythologiae classicae (zitiert als LIMC). Zürich / München 1981–97.

Lieben und Leiden der Götter. Antikenrezeption in der Barockgraphik. Ausst.-Kat. Stift Göttweig, Graphisches Kabinett, 24. 5.-31. 10. 1992.

Lopez Torrijos, Rosa: La mitologia en la pintura española del siglo de Oro. Madrid 1985.

Loukopoulos, Halina Didycky: Classical mythology in the works of Christine de Pisan. Diss. Ann Arbor 1977 (Xerographie 1987).

Lullies, Reinhard: Griechische Plastik. 4. Aufl. München 1979.

Mâle, Emile: L'Art réligieux du 13me siècle en France. 6. Aufl. Paris 1925.

Marek, Michaela J.: Ekphrasis und Herrscherallegorie. Antike Bildbeschreibungen im Werk Tizians und Leonardos. Worms 1985 (Römische Studien der Biblioteca Hertziana, Bd. 3).

Martin, John Rupert: Immagini della virtù: The Paintings of the Camerino Farnese, in: The Art Bulletin 38, 1956, S. 91-112.

Marzik, Iris: La «Loggia di Psiche» nella Farnesina. Per la ricostruzione ed il significato. In: Raffaello a Roma. Roma 1986.

Matsche, Franz: Die Kunst im Dienst der Staatsidee Kaiser Karls VI. Ikonographie, Ikonologie und Programmatik des «Kaiserstils». 2 Bde. Berlin / New York 1981.

Michel, Christoph: Goethe und Philostrats ‹Bilder› – Wirkungen einer antiken Gemäldegalerie. In: Jahrbuch des Freien Deutschen Hochstifts, 1973, S. 117–156.

Michelangelo e l'arte classica. Ausst.-Kat. Firenze, Casa Buonarroti, 15. 4.-15. 10. 1987. Firenze 1987.

Mirimonde, Albert Pomme: L'iconographie musicale sous les rois bourbons. La musique dans les arts plastiques (17.-18. Jh.). Paris 1975.

Morassi, Antonio: Giovanni Battista Tiepolo, his life and work. London 1955.

Myytti ja Allegoria. Ausst.-Kat. Helsinki, Ulkomaisen Teitsen Muser, Smebrychoft, 25. 4.-22. 6. 1991. Helsinki 1991.

Nash, Jane C.: Veiled images. Titian's mythological paintings for Philip II. Philadelphia 1985.

Natur und Antike in der Renaissance. Ausst.-Kat. Frankfurt/M., Liebighaus, 5. 12. 1985–2. 3. 1986. Frankfurt/M. 1985.

Néraudau, Jean-Pierre: L'Olympe du Roi-Soleil. Mythologie et idéologie royale au Grand Siècle (Collection Nouveaux Confluents). Paris 1986.

Neumann, Jaromir: Aus den Jugendjahren Peter Paul Rubens'. Eine Versammlung der olympischen Götter. In: Jahrbuch des kunsthistorischen Instituts der Universität Graz 3–4, 1968/69, S. 73–134.

Neuwirth, Markus: Thorvaldsen im Spannungsfeld mythologischer Bildfindungen um 1800. In: Künstlerleben in Rom. Bertel Thorvaldsen (1770–1844). Nürnberg 1991, S. 53–66.

Overbeck, Johann: Griechische Kunstmythologie. 1871–89. (Neudruck Osnabrück 1969).

Panofsky, Dora u. Erwin: The iconography of the Galerie François Ier at Fontainbleau. In: Gazette des Beaux-Arts 100, 52, 1958, S. 113–190.

Panofsky, Erwin: Renaissance and Renascenses in Western Art. Copenhagen/Uppsala 1960.

Ders.: The Iconography of Correggio's Camera de San Paolo. London 1961.

Ders.: Sinn und Deutung in der bildenden Kunst. Köln 1975 (Originalausgabe: Meaning in Visual Arts. Garden City/New York 1955).

Ders.: Studien zur Ikonologie. Köln 1980 (Originalausgabe: Studies in Iconology. New York 1967).

Ders.: Problems in Titian mostly iconographic. London 1969.

Ders./Saxl, Fritz: Classical Mythology in Mediaeval Art. In: Metropolitan Museum Studies 4, 1933, S. 228–280.

Paulys Realencyclopädie der Classischen Altertumswissenschaft (zitiert als RE). Neue Bearbeitung, Stuttgart 1893.

Penny, Nicholas: Catalogue of European Sculpture in the Ashmolean Museum, 3 Bde. Oxford 1992.

Picasso und die Antike. Ausst.-Kat. Karlsruhe, Badisches Landesmuseum, 6. 8.-17. 11. 1974. Karlsruhe 1974.

Picard, Charles: Thèmes rares d'inspiration antique dans la décoration palatiale:

Aux jardins de Versailles (deuxième partie). In: Gazette des Beaux-Arts 6, 105, 62, 1963, S. 315–332.

Pigler, Andor: Barockthemen. Eine Auswahl von Verzeichnissen zur Ikonographie des 17. und 18. Jh. 3 Bde. 2. erweiterte Auflage. Budapest 1974.

Pöschl, Viktor: Bibliographie zur antiken Bildersprache. Heidelberg 1964. Bibliothek der klassischen Altertumswissenschaften, N.F. 1, S. 26–29.

Poorter, Nora de: Von olympischen Göttern, homerischen Helden und einem Antwerpener Apelles. Von Brueghel bis Rubens. Bemerkungen über Funktion und Bedeutung der mythologischen Thematik in der Zeit von Rubens (1600–1650). In: Ausst.- Kat. Köln, 4. 9.-22. 11. 1992. Köln 1992.

Prag um 1600. Kunst und Kultur am Hofe Rudolfs II. Ausst.-Kat. Wien, Kunsthistorisches Museum, 24. 11. 1988–26. 2. 1989, 2 Bde. Wien 1988.

Publius Naso Ovidius, Ovid renewed. Cambridge 1988.

Rahner, Hugo: Griechische Mythen in christlicher Deutung. Gesammelte Aufsätze von Hugo Rahner. Zürich 1945

Ranke-Graves, Robert von: Griechische Mythologie. Quellen und Deutung. Reinbek b. Hamburg 1984.

Reckermann, Alfons: Amor mutuus. Annibale Carraccis Galleria-Farnese-Fresken und das Bild-Denken der Renaissance. Köln / Wien 1991.

Reid, Jane Davidson: The Oxford Guide to classical mythology in the arts, 1399–1990s, 2 Bde. New York / Boston 1993.

Roberts, Helene E. (Hg.): Encyclopedia of Comparative Iconography. 2 Bde. Chicago / London 1998.

Robertson, Clare: Annibal Caro as iconographer: Sources and method. In: Journal of the Warburg and Courtauld Institutes 45, 1982, S. 160–181.

Roethlisberger, Marcel: Le thème de Léda en sculpture. In: Genava, N. S. 35, 1987, S. 65–89.

Ronen, Avraham: The pagan gods. A Fresco cycle by Cristofano Gherardi in the Castello Bufalini, San Giustino (I u. II). In: Antichità viva 16, 1977, 3, S. 3–12 u. 17; 1978, 6, S. 19–30.

Roscher, Wilhelm Heinrich (Hg.): Ausführliches Lexikon der griechischen und römischen Mythologie (zitiert als Roscher). 10 Bde. Leipzig 1884–1937.

Sandström, Sven: Le monde imaginaire d'Odilon Redon. Lund 1955.

Saxl, Fritz: Beiträge zu einer Geschichte der Planetendarstellungen im Orient und im Okzident. Leipzig / Berlin 1912.

Ders.: Antike Götter in der Spätrenaissance. Berlin / Leipzig 1927.

Ders. / Meier, Hans: Verzeichnis astrologischer und mythologischer illustrierter Handschriften des lateinischen Mittelalters. London 1953.

Scheidig, Walther: Goethes Preisaufgaben für bildende Künstler 1799–1805. Weimar 1958.

Scherer, Margaret R.: The Legends of Troy in Art and Literature. New York / London 1963.

Schiff, Gert: Johann Heinrich Füssli. Zürich/München 1973 (Œuvrekataloge Schweizer Künstler 1,1).

Schmitt, Otto (Hg.): Reallexikon zur Deutschen Kunstgeschichte (zitiert als RDK). Stuttgart 1937.

Schnapper, Antoine: Tableaux pour le Trianon de Marbre 1688–1714. Paris/Den Haag 1967.

Schneider, René: Des sources ignorées ou peu connues de l'art de Poussin. In: Mélanges Berteaux. Paris 1924, S. 279 ff.

Schönberger, Otto (Hg.): Philostratos. Die Bilder. München 1968.

Seznec, Jean: The Survival of the Pagan Gods. New York 1961 (Das Fortleben der antiken Götter. München 1990. Originalausgabe: La survivance des dieux antiques. London 1940. Neuaufl. Paris 1980).

Siefert, Helge: Themen aus Homers Ilias in der französischen Kunst (1750 bis 1830) (Beiträge zur Kunstwissenschaft 24). München 1988.

Signorini, Rodolfo: La «Fabella» di Psiche e altra mitologia secondo l'interpretazione pittoria di Giulio Romano nel Palazzo del Te a Mantova. Neudruck Mantua 1987.

Simon, Erika: Das Werk: Die Rezeption der Antike. In: Albrecht Dürer 1471/1971. Ausst.-Kat. Nürnberg, Germanisches Nationalmuseum, 21. 5.–1. 8. 1971, S. 263–278.

Dies.: Die Götter der Griechen. München, Studienausgabe 1985.

Sluyter, Eric Jan: Some observations on the choice of narrative mythological subjects in late mannerist painting in the Northern Netherlands. In: Netherlandish Mannerism. Stockholm 1985, S. 61–72.

Ders.: De ‹heydensche fabulen› in de noordnerderlandse schilderkunst, circa 1590–1670. Den Haag 1986.

Souchal, François: Les statues aux façades du château de Versailles. In: Gazette des Beaux-Arts 79, 1972, S. 65–110.

Strauss, Walter L. (Hg.): Hendrik Goltzius: the complete Engravings and Woodcuts. 2 Bde. (zitiert als SG). New York 1977.

Ders.: The Illustrated Bartsch. New York 1978.

Survival of the gods. Classical mythology in medieval art. Ausst.-Kat. Providence, 28.2.–29. 3. 1987. Providence 1987.

Spear, Richard E.: The literary sources of Poussin's Realm of Flora. In: Burlington Magazine 107, 1965, S. 563–569.

Tervarent, Guy de: Les énigmes de l'art. Paris 1947.

Tölle, Renato: Genealogische Stammtafel zur griechischen Mythologie. Hamburg 1967.

Tümpel, Christian: Bild und Text zur Rezeption antiker Autoren in der europäischen Kunst der Neuzeit. In: Forma et subtilitas. Festschrift für Wolfgang Schöne. Berlin 1986, S. 198–218.

Turner, Jane (Hg.): The Dictionary of Art. London 1996.

Virgilio nell'arte e nella cultura europea. Ausst.-Kat. Rom, biblioteca centrale, 24. 9.–24. 11. 1981. Rom 1981.

Voigts, Linda Ehrsam: One Anglo-Saxon view of the classical gods. In: Studies in Iconography 3, 1977, S. 3–16.

Walther, Angelo: Von Göttern, Nymphen und Heroen. Die Mythen der Antike in der bildenden Kunst. Leipzig 1993.

Weitzmann, Kurt: Greek Mythology in Byzantine Art. Princeton 1951 (Studies in Manuscript Illumination 4).

Weitzmann-Fiedler, Josepha: Romanische gravierte Bronze-Schalen. Berlin 1981.

Welles, Marcia: Arachne's tapestry. The transformation of myth in 17th-century Spain. San Antonio / Texas 1986.

Wethey, Herold E.: The paintings of Titian. Complete edition, Bd. 3: The mythological and historical paintings. London 1975.

Wiebenson, Dora: Subjects from Homer's Iliad in Neoclassical Art. In: The Art Bulletin 46, 1964, S. 23–37.

Wiesinger, Lieselotte: Der Elisabethsaal des Berliner Schlosses. Ein Beitrag zur Antikenrezeption in Berlin um 1700. In: Jahrbuch der Berliner Museen 24, 1982, S. 189- 225.

Wild, Doris: Nicolas Poussin, Katalog der Werke. 2 Bde. Zürich 1980.

Wind, Edgar: Pagan mysteries in the Renaissance. New York 1958, 1968 (revised and enlarged edition). (Heidnische Mysterien in der Renaissance. Frankfurt / M. 1981.)

Wood, Christopher: Olympian dreamers. Victorian classical painters, 1860 bis 1914. London 1983.

Zahlten, Johannes: Themen der antiken Mythologie in der Kunst am Württembergischen Hof im 18. Jh. In: Die Antike und ihre Wirkung auf die Kunst Europas. Stuttgart 1982.

Ziegler, Konrat / Sonsheimer, Walther (Hg.): Der kleine Pauly, 5 Bde. Stuttgart 1964–65; Taschenbuchausgabe München 1979.

Quellen

Liste der hauptsächlich benutzten Quellenliteratur mit Abkürzungen sowie (mit Ausnahme der eher geläufigen Werke) bibliographischen Hinweisen auf die verwendeten Ausgaben.

Achilles Tatius	= Achilleus Tatios von Alexandrien, Leukippe und Kleitophon (S. Gaselee, London u. Cambridge / Mass. 1969; J.-Ph. Garnaud, Paris 1991)
Aelian	= Claudius Aelianus:
De anim.	De natura animalium (A. F. Scholfield, On the characteristics of animals, Cambridge [Mass.] / London, 3 Bde. 1971 u. 1972)
Hist. var.	Varia historia (dt. H. Helms, Bunte Geschichten, Leipzig 1990)
Aesop	= Aisopos, Fabeln (Aesopica, B.E. Perry, Urbana / Illinois 1952)
Agrippa von Nettesheim	= –, Heinrich Cornelius, De occulta philosophia libri III, Köln 1533
Agroitas	= –, aus Kyrene?, Libyka (FGrH 762)
Aischylos:	
Agam.	Agammemnon
Eum.	Eumenides
Hepta	Sieben gegen Theben
Hik.	Hiketides (Die Schutzflehenden)
Prom.	Prometheus vinctus
Aithiopis	= Epischer Zyklus (–> H.G. Evelyn-White, Hesiod 1977)
Akusilaos	= – von Argos, Genealogiae (Historiae; FGrH)
Alanus ab Insulis	= Alain de Lille, Anticlaudianus (R. Bossuat, Paris 1955)
Alberti	= Leone Battista Alberti:
Aedif.	De re aedificatoria
Pitt.	Della pittura
Albricus	= Mythographus III (–> Myth. Vat.)
Alciat	= Alciatus, Andreas (–> Alciatus)
1531	Viri clarissimi, Augsburg 1531
1550	Emblemata, Lyon 1550
Alciatus	= Index Emblematicus, Andreas Alciatus (P.M. Daly, V.W. Callahan, S. Cuttler, Toronto 1985)
Alkaios	= – von Mytilene (D.A. Campbell, Greek Lyric, Bd. 1, Cambridge [Mass.] / London 1982)

Alkidamas	= Reden (Hrsg. F. Blass, Antiphontis orationes ... adiunctis Alcidamantis declamationibus, Leipzig 1892)
Odyss.	Odysseus
Ammianus	
Marcellinus	= –, Res gestae (J.C. Rolfe, Cambridge [Mass.] / London, 3 Bde. 1963; ed. princ.: Rom 1474)
Anacreontea	= J.M. Edmonds, Cambridge [Mass.] / London, Bd. 2, 1979
Anakreon	= – von Teos (PMelGr; B. Gentili, Rom 1958)
Anth. Pal.	= Anthologia Palatina (W.R. Paton, Cambridge [Mass.] / London, 5 Bde. 1916- 1993 u.ö.)
Antoninus	
Liberalis	= Metamorphoseon synagoge (M. Papathomopoulos, Paris 1968)
Barptolomaeus	
Anulus	= Picta poesis, Lyon 1552
Appendix Perottina	= in: Babrius and Phaedrus, B.E. Perry, Cambridge [Mass.] / London 1965, 1984, S. 372 ff
Apollodor	= Apollodoros, Bibliotheke (The Library, J. G. Frazer, Cambridge [Mass.] / London, 2 Bde. 1976 u. 1979)
Bibl.	Bibliotheke
Epit.	Epitome
Apollonios Rhodios	= –, Argonautica (R. C. Seaton, Cambridge [Mass.]) / London 1980; ed. princ.: Florenz 1496)
Apuleius	= –, von Madaura:
Met.	Metamorphoses
Flor.	Florida
Arat	= Aratos, Phainomena (G. R. Mair, mit Callimachus und Lycophron, Cambridge [Mass.] / London 1921, 1977; ed. princ.: Venedig 1494)
Aristophanes:	
Acharnes	Acharner
Aves	Vögel
Lysistrata	
Ranae	Frösche
Nubes	Wolken
Aristoteles	
Eth. nic.	Ethica nicomachaea
Top.	Topica
Arnobius	= Arnobius d. Ä., Adversus nationes (C. Marchesi, Turin etc. 1953)
Artemidor	= Artemidoros von Daldis, Oneirokritiká (Traumdeu-

tung; R.A. Pack, Leipzig 1963; deutsch von F.S. Krauss, Leipzig 1991)

Athenaios	= – Naukratikos
	Deipnosophistai (Philosophengastmahl; C.B. Gulick, Athenaeus, 7 Bde., Cambridge [Mass.]/London 1927–1941, u. ö.; ed. princ.: Venedig 1514)
Augustin:	
Civ.	De civitate dei
Ep.	Epistulae (CSEL)
Ausonius	= –, Decimus Magnus (H.G. Evelyn-White, Cambridge [Mass.]/London, 2 Bde., 1968 u. 1985; ed. princ.: Venedig 1472):
Eclog.	Liber eclogarum
Epigr.	Epigramme
Technopaeg.	Technopaignion
Babrius	= Babrios, Valerius (?), Mythiamboi Aisopeioi, Äsopische Fabeln (B.E. Perry, Babrius and Phaedrus, Cambridge/Mass. u. London 1984)
Baebius Italicus	= –> Ilias Latina
Bakchylides	= Bacchylidis carmina cum fragmentis, B. Snell, H. Mähler, Leipzig 1970, 1992
Batman	= –, Stephan, The Golden Booke of the Leaden Goddes, London 1577
Benoit De Sainte-Maure	= Roman de Troie
Berchorius	= Bersuire, Pierre, Ovide moralisé, in ders. Reductorium morale, Buch XV, Brüssel 1484
Bion	= –, J.M. Edmonds, The Greek Bucolic Poems, Cambridge [Mass.]/London 1912, 1977
Adon. Epit.	Adonidos Epitaphios («Klage um Adonis»)
Boccaccio	= –, Giovanni:
Gen.	Genealogia deorum gentilium (Genealogiae, Venedig 1494; G.B., Genealogie deorum gentilium, V. Romano, Bari 1951)
Ill. vir.	De casibus illustrium virorum (Paris 1520; reprint, Gainesville 1962)
Clar. mul.	De claris mulieribus (G. Boccaccio, Opere latine minori, Bari 1928)
Bocchius	= –, Achille, Symbolicarum Quaestionum de Universo genere etc., Bologna 1555 u. 1574
Boethius	= –, Anicius Manlius Severinus

Cons.	De Consolatione Philosophiae (W. Weinberger CSEL 67, 1934; K. Büchner, Heidelberg 1960)
Camerarius	= –, Joachim, Symbolorum & Emblematum ... Centuria etc. (I-IV); erste Gesamtausgabe, Nürnberg 1605
Cartari	= –, Vincenzo, Imagini delli dei de gl'Antichi, Venedig 1647 (reprint, Genua 1987); ders. Le imagini de i dei de gli antichi, Venedig 1571; ders. Le vere e nove imagini de gli dei delli antichi, Padua 1615)
Cassius Dio	– Cocceianus (auch Dion Cassius C.), Romaike historia (E. Carey, Roman History, Cambridge [Mass.] / London, 9 Bde. 1914–26; ed. princ.: Paris 1548)
Cats	= –, Jacob: 1. Emblemata Moralia etc., Rotterdam 1627; 2. ders., Proteus, Rotterdam 1627
Cato	= –, Maurus Porcius
Agr.	De agricultura (A. Mazzarino, De agri cultura, Leipzig 1982)
Catull	= Catullus, Gaius Valerius (G.P. Goold, München 1987)
Christine De Pizan	= Le Livre de la Cité des Dames (deutsch von Margarete Zimmermann, Das Buch von der Stadt der Frauen, München 1990)
Chrysostomos	= –, Johanns (Migne, PG 47–64)
Cicero:	
Att.	Epistulae ad Atticum
Div.	De divinatione
Nat.	De natura deorum
Off.	De officiis
Rhet.	Rhetorica ad Herennium
Tusc.	Tusculanae disputationes
Claudian	= Claudianus, Claudius (M. Platnauer, Cambridge [Mass.] / London, 2 Bde., 1922, 1972; ed. princ.: Vicenza 1482):
Epith.	Epithalamium
Epith. Pall.	Epithalamium Palladii
Gigant.	Gigantomachia
Goth.	De bello Gothico
Proserp.	De raptu Proserpinae
Stilich.	De laudibus Stilichonis
Clemens von Alexandrien	
Exhort. ad Graec.	Exhortationes ad Graecos (G.W. Butterworth, Clement of Alex., Cambridge / Mass. u. London 1919, 1982)

Colonna, Francesco = Hypnerotomachia Poliphili (G. Pozzi, L.A. Ciapponi, Padua, 2 Bde., 1980)

Colucio Salutati = De laboribus Herculis (B.L. Ullman, 2 Bde. Zürich 1951)

Conti = –, Natale (Natalis Comites)
Myth. Mythologiae, Venedig 1567 und öfter

Cornutus = – (a. Phornutus), Lucius Annaeus
Nat. deor. Natura deorum; Theologiae graecae compendium (C. Lang, Leipzig 1881)

Corrozet = – Gilles, Hecatongraphie, Paris 1543

Costalius = –, Petrus, Pegma, Lyon 1555

Covarrubias Orozco = –, Sebastián de, –> Horozco y Covarrubias

Dante = Dante Alighieri:
Comm. La Divina Commedia (Società Dantesca Italiana, Mailand 1979)
Inf. Inferno
Par. Paradiso
Purg. Purgatorio

Dares Phrygius = Dares von Phrygien, De excidio Trojae (F. Meister, Leipzig 1873)

Demosthenes = –, Reden (F. Blass, Leipzig 1888–1892; C. Fuhr, J. Sykutris, ebd. 1914, 1937)

Dictys Cretensis = Ephemeridos belli Troiani (W. Eisenhut, Leipzig 1973; ed. princ.: Köln 1470 od. 1475)

Diodor = Diodoros Siculus (aus Agyrion), Bibliotheke (Diodorus of Sicily, Cambridge [Mass.] / London, 12 Bde. 1933-1967 und öfter; lat. Übersetzung, Bologna 1472)

Diogenes Laertius = Diogenes Laertios, Pilosophon bion kai dogmaton synagoge (R. D. Hicks, Lives of Eminent Philosophers, Cambridge / Mass. u. London, 2 Bde. 1925)

Dion Chrysostomos = Dion Cocceianus von Prusa, Reden (H. von Arnim, 2 Bde. 1893 u. 1896, neu 1962; ed. princ.: Venedig 1551)

Dionysius
Halic. = Dionysios Halicarnasseus, Romaiké Archaiología (C. Jacoby, Leipzig, 5 Bde. 1885–1925; ed. princ.: Frankfurt 1586)

Ecloga Teoduli = F. Mosetti Casaretto, Teodulo, Ecloga, Florenz 1997

Ennius = –, Quintus (E.H. Warmington, Cambridge [Mass.] / London, Remains of Old Latin, Bd. 1, 1979)

Eratosthenes: Kat. Katasterismoi («Verstirnungen»; C. Roberts, Berlin

	1963; A. Olivieri, Mythographi Graeci III 1, Leipzig 1897)
Etymologicum Magnum	= Th. Gaisford, Oxford 1848, 1962 (ed. princ.: Venedig 1499)
Eumenius:	
Pro instaur. schol.	Pro instaurandis scholis (Panegyrici Latini, Nr. 9)
Euripides:	
Alc.	Alcestis
Androm.	Andromache
Ant.	Antiope
Bacchae	
Cyclops	
El.	Electra
Hec.	Hecuba
Hel.	Helena
Heracl.	Heraclidae
Herc.	Hercules
Hipp.	Hippolytus
Ion	
Iph. aul.	Iphigenia aulidensis
Iph. taur.	Iphigenia taurica
Medea	
Or.	Orestes
Phaëton	
Phoen.	Phoenissae
Rhesus	
Suppl.	Supplices
Syl.	Syleus
Troad.	Troades (Troerinnen)
Eusebius	= Eusebios Pamphilos
Evang. praep.	Praeparatio Evangelica (Th. Gaisford, griech./lat., Oxford 1843)
Eustathius	= Eustathios von Epiphaneia, Chronike epitome (FHG 4,138–142)
Eutropius	= Breviarium ab urbe condita (MGH-AA, Bd. 2, 1961)
Festus	= Festus, Sextus Pompeius
	De verborum significatu, cvm Pauli Epitome (W.M. Lindsay, Stuttgart und Leipzig 1997)
Firmicus Maternus	= De errore profanarum religionum (R. Turcan, Paris 1982)

Fronto	= –, Marcus Cornelius (C.R. Haines, Cambridge [Mass.] / London, 2 Bde. 1955- 1977)
Fulgentius	= –, Fabius Planciades (Rud. Helm, 1898 / 1970):
Myth.	Mitologiarum libri tres
Virg.	Expositio virgilianae continentiae
Fulgentius Metafor.	= John Ridewall, Fulgentius Metaforalis (H. Liebeschütz, Leipzig / Berlin 1926)
Gellius	= Gellius, Aulus (C. Hosius, Leipzig 1981) Noctes atticae
Germanicus	= –, Iulius Caesar, Arati Phaenomena (A. Le Boeuffle, Paris 1975)
Gyraldi	= Gyraldi, Lilio Gregorio, De deis gentium varia et multiplex historia, Basel 1548
Haechtanus	= –, Laurentius, Parvus Mundus, Antwerpen 1579; dt. Übersetzung von Jacob de Zet(t)er, Frankfurt 1619
Hederich	= –, Benjamin, Mythologisches Lexikon (Leipzig 1770; reprint 1986)
Heinsius	= –, Daniel, Het Ambacht van Cvpido, Leyden 1615
Held	= –, Jeremias, Liber Emblematum, Frankfurt a. M. 1567
Herakleitos:	
Homer. probl.	Allegoriae Homericae (F. Buffière, Paris 1989)
Herodian	= Herodianos von Syrien, Historiae (C. Stavenhagen, Leipzig 1969)
Herodot	= Historiae (A. D. Godley, Cambridge / Mass. u. London, 4 Bde. 1981, 1995, 1971, 1969)
Hesiod	= H.G. Evelyn-White, Cambridge / Mass. u. London 1977:
Aspis	Schild des Herakles
Astron.	Astronomie
Ehoien	Frauenkatalog und Ehoien
Gr. Ehoien	
Erga	Werke und Tage
Theog.	Theogonie
Hesychios	= – von Alexandria, Synagoge, Kurt Latte, Kopenhagen 1955, Bd. 2, 1966
Holtzwarth	= –, Mathias, Emblemata Tyrocinia, Straßburg 1581
Homer:	
Il.	Ilias
Od.	Odyssee
Homer. Hymnos	= Homerischer Hymnos (–> H.G. Evelyn-White, Hesiod 1977)

742

Homer. Epigr.	= Homerische Epigramme (s. Homer. Hymnos)
Horaz	= Horatius Flaccus, Q.:
Ars	Ars poetica
Carm.	Carmina
Ep.	Epistularum libri
Serm.	Sermones
Horozco y Covarrubias	= –, Juan de, Emblemas Morales, Segovia 1589; Madrid 1610
H. / S.	= A. Henkel, A. Schöne (Hrsg.), Handbuch zur Sinnbildkunst des XVI. und XVII. Jh., Stuttgart, Weimar 1967, 1996
Hygin:	
Astron.	Astronomia (A. Le Boeuffle, Paris 1983)
Fab.	Fabulae (H.I. Rose, Leyden 1933)
Ibykos	= –, von Rhegion (ALGr, Bd. 2, Fasc. 5)
Ilias Latina	Scaffai, Marco, Baebii Italici Ilias Latina, Bologna 1997
Iliu Persis	= Epischer Zyklus (–> H. G. Evelyn-White, Hesiod 1977)
Ioannes	–> Stobaios
Isidor	= Isidorus von Sevilla
Etym.	Etymologiae (W.M. Lindsay, Oxford 1962)
Junius	= –, Hadrianus, Emblemata, Antwerpen 1565
Justin	= Justinus, Marcus Iunianus, Epitoma historiarum Philippicarum (O. Seel, Leipzig 1956)
Iuvenal	= Juvenalis, Decimus Junius:
Sat.	Saturnalia
Kallimachos	= C.A. Trypanis, Cambridge (Mass.) / London 1958, 1978
Kallistratos	= Ekphraseis (Beschreibungen; A. Fairbanks, Cambridge [Mass.] / London 1931, 1979)
Kleine Ilias	= Epischer Zyklus (s. Hesiod, –> H.G. Evelyn-White 1977)
Kolluthos	= Harpage Helenes (Raub der Helena; A.W. Mair, Oppian, Colluthus, Tryphiodorus, Cambridge [Mass.] / London 1928)
Konon	= –, Dihegeseis = Narrationes (Photios, Bibliotheke; R. Henry, Photius, Bibliothèque, Bd. 3, Paris 1961)
Kyprien	= Epischer Zyklus (–> H.G. Evelyn-White, Hesiod 1977)

Lactantius Firm.	= Lactantius, Lucius Caecilius Firmianus:
Div. inst.	Divinae institutiones (Chr. Cellarrius, Leipzig 1739)
Lactantius Placidus	= In Statii Thebaida commentum (R. Jahnke 1898)
La Perrière	= –, Guillaume de, La Morosophie, Lyon 1553; Le Theatre des bons engins, Paris 1539
Lebeus-Batillius	= –, Dionysius, Emblemata, Frankfurt/M. 1596
Libanios	= –, Progymnásmata (Übungsstücke; R. Förster, E. Richtsteig, 12 Bde. 1903–1927, 1963)
Libellus	= De deorum imaginibus Libellus, im Cod. Reginensis 1290 (H. Liebeschütz, Berlin 1926)
Liber Monstrorum	= Liber monstrorum de diversis generibus (Corrado Bologna, Mailand 1977)
Lithika	–> Orphisch …
Livius	= Ab urbe condita
Longos	= –, aus Lesbos (?), Daphnis und Chloe (J. M. Edmonds, Cambridge [Mass.]/London 1955; dt. O. Schönberger, Stuttgart 1970)
Lucan	= Lucanus, Marcus Annaeus L., De bello civili (Pharsalia; J. D. Duff, The Civil War, Cambridge [Mass.]/London 1928, 1977)
Lucretius	= Lucretius Carus, Titus:
De rer. nat.	De rerum natura (ed. princ.: Brescia 1473)
Lukian	= Lukianos von Samosata (Cambridge/Mass. u. London, 8 Bde. 1913, 1967; ed. princ.: Florenz 1496):
Astr.	Astrologia
Charid.	Charidemus
Dear. iud.	Dearum iudicium (Parisurteil)
Dial. deor.	Dialogi deorum
Dial. marit.	Dialogi deorum maritimorum
Dion.	Dionysus
Gallus	(der Hahn)
Her.	Herakles
Herm.	Hermotimus
Onos	– («Ps.-Lukian»)
Sacrif.	De sacrificiis
Saltatio	(der Tanz)
Tox.	Toxaria («Ps. Lukian»)
Verae hist.	Verae historiae
Zeuxis	
Lukrez	–> Lucretius
Lykophron	= – von Cahlkis, Alexandra (A. W. Mair, Cambridge

	[Mass.] / London, mit Callimachus und Arat, 1977; ed. princ.: Venedig 1513)
Macrobius	= –, Ambrosius M. Theodosius (J. Willis, Leipzig 1963; ed. princ.: Venedig 1472):
Sat.	Saturnalia
Comm.	Commentarium in somnium Scipionis
Manilius	= Astronomica (G.P. Goold, Cambridge [Mass.] / London 1977)
Marsilio Ficino	= Opera omnia, 2 Bde. 1576, Nachdruck Turin 1959
In Dionys.	
Areopag.	In Dionysium Areopagitam
Theol. Plat.	Theologia Platonica
Martial	= Martialis, Marcus Valerius
Martian	= Martianus Capella, De nuptiis Philologiae et Mercurii (A. Dick, Stuttgart 1988)
Mela	= –, Pomponius, Choreographia, –> Pomponius M.
Menander	= Menandros von Athen (Fragmente, A. Körte, A. Thierfelder, Leipzig 1938 u. 1953)
Minucius Felix	
Oct.	Octavius (G.H. Rendall, Cambridge (Mass.) / London 1977)
Moritz, K.Ph.	= Moritz, Karl Philipp
	Götterlehre oder Mythologische Dichtungen der Alten (Berlin 1795, Bremen 1966)
Moschos	= Moschos von Syrakus (J. M. Edmonds, The Greek Bucolic Poets, Cambridge / Mass., London 1912, 1977)
Musaios	= Hero und Leander (Th. Gelzer, Callimachus u. Musaeus, Cambridge / Mass., London 1978; H. Färber, München 1961)
Myth. Vat. I, II, III	= Mythographus Vaticanus I, II, III (Scriptores rerum mythicarum latini tres, Georg H. Bode, Celle 1834; vgl. N. Zorzetti, Le Premier Myth. du Vatican, Paris 1995)
Naevius	= –, Gnaeus (E. H. Warmington, Remains of Old Latin, Bd. 2, 1982)
Nikander von Kolophon	= Nikandros v. K., Theriaka (A.S.F. Gow, Cambridge 1953; ed. princ.: Venedig 1499)
Nonnos	= Nonnos von Panopulos
	Dionysiaca (W.H.D. Rouse, Cambridge [Mass.] / London 1984; ed. princ.: Antwerpen 1569)
Nostoi	= Epischer Zyklus (–> H.G. Evelyn-White, Hesiod 1977)

Oppian	= Oppianos (A.W. Mair, Cambridge / Mass. u. London 1963; ed. princ.: Venedig 1517):
Cyn.	Cynegetica
Hal.	Halieutika
Orphisch ...	= Orphica (Orphische Schriften)
Orph. Hymnos	Orphischer Hymnos (J. E. Plaßmann 1928; unsere Zählung schließt den Vorspruch aus)
Orph. Argon.	Orph. Argonautica (G. Dottin, Paris 1930)
Lithica	(E. Abel, Orphica 1885)
Ovid:	= Ovidius Naso, Publius:
Amores	
Ars	Ars amatoria
Fasti	Fastorum libri sex
Her.	Heroides
Met.	Metamorphoses
Trist.	Tristia
«Ovide Moralisé en Prose»	= Text des 15. Jh. (C. De Boer, Amsterdam 1954)
Pacuvius	= –, Marcus (E.H. Warmington, Remains of Old Latin, Cambridge [Mass.] / London, Bd. 2, 1982)
Palaiphat	= Palaiphatos, Peri apiston («Unglaubliche Geschichten»; N. Festa, Myth. Gr. 1902; lat. Ph. Physiniano, Palaephati de fabulosis narrationibus, Basel 1535)
Papyri	= D. L. Page, Select Papyri, Cambridge / Mass. u. London, Bd. 3, 1990
Parthenaios	= – von Nikaia, Erotikà Pathémata (W. Plankl, Wien 1947)
Passe II	= –, Chrispyn de, Thronus Cupidinis, Amsterdam 1620
Pausanias	= Graeciae descriptio
Pers	= –, Dirck Pieterszoon, Bellerophon, Amsterdam, nach 1641 (Erstausgabe Amsterdam 1614)
Persius	= Aulus. P. Flaccus, Satiren (G.G. Ramsay, Juvenal and Persius, Cambridge / Mass. u. London 1990; ed. princ.: Venedig 1480)
Prol.	Prolog
Pervigilium Veneris	= «Die Nachtfeier der Venus» (R. Schilling, Paris 1961)
Petrarca:	= –, Francesco:
Africa	
Canzon.	Canzoniere
Fam.	Familiarum rerum Libri
Trionfi	

Petronius	= Petronius Arbiter, Gaius, Satyricon (M. Heseltine, E.H. Warmington, Cambridge [Mass.] / London 1987)
Phaedrus	= Phaedrus, Augustus Libertus, Fabulae Aesopiae (B.E. Perry, Babrius and Phaedrus, Cambridge [Mass.] / London, 1984; ed. princ.: Autun 1596, Appendix, Neapel 1808)
Philostrat	= Philostratos, Flavius:
Imag.	Imagines (Eikones; O. Schönberger, München 1968; ed. princ.: Venedig 1503)
Vita Apoll.	Vita Apollonii (F. C. Coneybeare, The Life of Apollonius of Tyana, London u. Cambridge / Mass., 2 Bde. 1969; ed. princ.: Venedig 1501 / 02)
Gymnast.	Peri gymnastikes, Über die Gymnastik (J. Jüthner, Amsterdam 1969)
Philostrat d. J.:	
Imag.	Imagines (Eikones; A. Fairbanks, Cambridge [Mass.] / London 1931, 1979)
Photios	= Bibliotheke (R. Henry, –, Bibliothèque, Paris, 9 Bde. 1959–91)
Physiologus	= dt. von Otto Seel, Zürich, München 1960, 1976
Pictor:	= –, Georg:
Allegor.	Allegoriae Poeticae, Antwerpen 1532
Apoth.	Apotheoseos … deorum libri tres, Basel 1558
Picinello	= –, Filippo (Filippo Picinelli), Mundus Symbolicus in emblematum universitate, lat., 2 Bde. Köln 1681
Pindar	= Pindaros, Carmina (Sir John Sandys, Cambridge [Mass.] / London 1989; ed. princ.: Venedig 1513, Rom 1515):
Ol.	Olympionica (Olympisch)
Pyth.	Pythionica (Pythisch)
Nem.	Nemeonica (Nemeisch)
Isthm.	Isthmionica (Isthmisch)
Paean	
Platon:	
Gorg.	Gorgias
Krat.	Kratylos
Leges	
Phaid.	Phaidon
Phaidros	
Prot.	Protagoras
Rep.	De republica
Symp.	Symposion

Tim.	Timaios
Plautus:	
Amph.	Amphitruo
Casina	
Rud.	Rudens
Truc.	Truculentus
Plinius:	
Nat.	Naturalis historia
Plutarch	= Plutarchos von Chaironeia, Moralia (Cambridge [Mass.] / London, 17 Bde.; ed. princ.: Venedig 1509):
Comp. argum. Stoic.	Compendium argumenti Stoicos absurdiora poetis dicere
Coniug. praec.	Coniugalia praecepta
Consol. ad Apoll.	Consolatio ad Apollonium
De cohib. ira	De cohibenda ira
De def. or.	De defectu oraculorum
De fort.	De fortuna Romanorum
Is. et Os.	De Iside et Osiride
Mus.	De musica
Num. vind.	De sera numinis vindicta
Prof. in virt.	Quomodo quis suos in virtute sentiat profectus
Quaest. conv.	Quaestionum convivalium libri VI et libri III (Bd. 8 und 9)
Quaest. graec.	Quaestiones graecae
Quaest. rom.	Quaestiones romanae
Recta rat. aud.	De recta ratione audiendi
Sept. sap. conv.	Septem sapientium convivium
Plutarch	= Vitae parallelae (B. Perrin, Cambridge [Mass.] / London, 11 Bde.; erste Gesamtausg. Paris 1572):
Agis	
Alex.	Alexander Macedo
Arist.	Aristeides
Mar.	Marius
Rom.	Romulus
Sert.	Sertorius
Them.	Themistocles
Thes.	Theseus
Polidoro Virgilio	= De gli inventori delle cose. Libri otto. Florenz 1592
Polizian	= Poliziano, Angelo, Stanze comminciate per la giostra die Giuliano de' Medici, Turin 1954; Stanze, Orfeo, Rime, Mailand 1992 [Garzanti]
Pollux	= Polydeukes, Iulius, Onomastikon (Hrsg. E. Bethe, LexGr. Bd. IX, neu 1967)

Polybius	Historiae (W.R. Paton, Cambridge / Mass. u. London, 6 Bde. 1922–1927)
Polydeukes	= – Iulis, –> Pollux
Pompeius Trogus	–> Justin
Pomponius Mela	= Choreographia (A. Silberman, Choreographie, Paris 1988; ed. princ.: 1471)
Pomponius Porphyrio	= Porphyrionis Commentarium in Horatium (A. Holder, Hildesheim 1967)
Pomey	= François Pomey, Pantheum Mythicum, engl. Pantheon ... of the heathen Gods, London 1694)
Porphyrios	= – von Tyros, Nymphengrotte (A. Nauck, Porphyrii opuscula, 1886, 1963; ed. princ.: Rom 1580)
Proklos	= Proklos gramm., Chrestomatheia (Anthologie. Text u. Übersetzung in A. Severyns, Recherches sur la Chr. de Procles, Bd. 2, Paris 1938)
Proklos lýk.	= –, der Lyker, Philosoph (Kommentar zu Platon, Timaios (E. Diehl, 3 Bde., neu 1965)
Properz	= Propertius, Sextus (G.P. Goold, Cambridge (Mass.) / London 1990)
Ptolemaios	= –, Klaudios:
Tetrabibl.	Tetrabiblos (F.E. Robbins, Cambridge (Mass.) / London 1940, 1980; lat. Übersetzg., Venedig 1484, Basel 1553)
Ptolemaios Hephaistionis	= –, Chennos (R. Henry, Photius, Bibliothèque, 190, Bd. III, Paris 1962)
Quintus Smyrnaeus	= Posthomerica (A.S. Way, The fall of Troy, London u. Cambridge / Mass. 1962)
Rabanus Maurus	= De Universo libri 22; 15,6, De diis gentium; PL, 111, Sp. 426 ff
Remigius	= Remigius von Auxerre Commentum in Martianum Capellam (C.E. Lutz, Leiden 1962, Bd. 2, ebd. 1965)
Reusner	= –, Nicolas; 1. Avreolorvm Emblematvm Liber, Straßburg 1591; 2. ders., Emblemata, Frankfurt 1581
Ridewall	= –, John, –> Fulgentius Metaforalis
Ripa	= –, Cesare, Iconologia (Piero Buscaroli, edizione pratica, Mailand 1992)
Rollenhagen	= –, Gabriel; 1. Nucleus Emblematum, Arnheim 1611; 2. ders., Emblematum Centuria Secunda, Arnheim 1613
Roman de la Rose	= Der Rosenroman (K.A. Ott, München, 3 Bde. 1976–79; Le Roman de la Rose, D. Poirion, Paris 1974)

Roman de Troie	= –> Benoit de Sainte-Maure
Saavedra Fajardo	= –, Diego de, Idea De Un Principe Politico Christiano, Amsterdam 1659
Salustios	= De diis et mundo (A.D. Nock, Cambridge 1926; Hildesheim 1966)
Salutati	= Salutati, Coluccio, De Laboribus Herculis (B. L. Ullman, Zürich, 2 Bde. 1951)
Sambucus	= –, Johannes, Emblemata, Antwerpen 1566
Sappho	= Sappho von Lesbos (D.A. Campbell, Greek Lyric, Bd. 1, Cambridge (Mass.) / London 1982, 1994. – E. Lobel u. D. L. Page, Poetarum Lesbiorum Fragmenta, Oxford 1955. – ALGr, Fasc. 4, Hrsg. Th. Reinach)
Schoonhovius	= –, Florentius, Emblemata, Gouda 1618
Sebastian Brant	= Das Narrenschiff, Straßburg 1494 (Übersetzg. H.A. Junghans, Stuttgart 1964)
Seneca	= Seneca, Lucius Annaeus
Agam.	Agamemnon
Apocol.	Apocolocynthosis Divi Claudii
Benef.	De beneficiis
Dial.	Dialogi
Epist.	Epistulae
Herc. fur.	Hercules furens
Hipp.	Hippolytus
Herc. oet.	Hercules oetaeus
Medea	
Nat. quaest.	Naturales quaestiones
Oct.	Octavia
Phaedra	
Servius	= Servius Maurus Honoratus, Commentarii in Virgilium (H.A. Lion, Göttingen 1826):
Aen.	Aeneis
Buc.	Bucolica
Ecl.	Ecloga
Sidonius	= –, Gaius Sollius M. A. (W.B. Anderson, Poems and Letters, Bd. 1, London u. Cambridge / Mass. 1936; W.H. Semple u. E.H. Warmington, Bd. 2, ebd. 1965)
Silius Italicus	= Punica (J. D. Duff, Cambridge / Mass. u. London 1989)
Simonides	= – von Keos (O. Werner 1969; J. M. Edmonds, Lyra Graeca, 3 Bde., Cambridge / Mass. u. London, Bd. 3, 1980)

Sophokles:
Ant.	Antigone
El.	Electra
Oedip. col.	Oedipus coloneus
Oedip. rex	Oedipus rex
Phil.	Philoctetes
Trach.	Trachiniae
Soto	= –, Hernando de, Emblemas Moralizadas, Madrid 1599
Sperling	= –, Hieronymus, Troiano … Paridi etc., Augsburg o. J.
Statius	= –, Publius Papinius:
Achill.	Achilleis (A. Mastroni, Leipzig 1974)
Silvae	Silvae (A. Marastoni, Leipzig 1970)
Theb.	Thebais (A. Klotz, Leipzig 1973)
Stephanos von Byzantion	= Ethnica (A. Meineke 1849, neu 1958)
Stobaios	= –, Ioannes, Florilegium (C. Wachsmuth, O. Hense, 5 Bde. 1884–1923, neu 1958)
Strabo	= Strabon von Amaseia, Geographika (A. Meineke, 3 Bde. 1851–52)
Suda	= Suidae Lexicon (LexGr, Bd. 1, Hrsg. A. Adler, neu 1989)
Sueton	= Suetonius Tranquillus, Gaius:
Caes.	De vita Caesarum (M. Ihm, opera, Bd. 1, De vita Caesarum libri xiii, Leipzig 1993)
Suidas	= –> Suda
Syrianos	= – von Alexandreia (Aristot. Komm., CAG, Bd. VI)
Telegonie	= Epischer Zyklus (–> H.G. Evelyn-White Hesiod 1977)
Terenz	= Publius Terentius Afer (J. Sargeaunt, Cambridge (Mass.)/London 1912, 1983, 1986):
Ad.	Adelphoe
Andria	
Eun.	Eunuchus
Hecyra	
Phormio	
Terpandros	= D. A. Campbell, Cambridge (Mass.)/London, 4 Bde., Bd. 1, 1994
Tertullian	= Tertullianus, Quintus Septimius Florens (T. R. Glover, Cambridge (Mass.)/London 1931, 1977):
Apol.	Apologeticus
Spect.	De spectaculis
De corona mil.	De corona militaria

Themistios	= Reden (W. Dindorf 1832, neu 1961)
Theognis	= –; J. M. Edmonds, Elegy and Iambus, Cambridge (Mass.) / London, Bd. 1, 1982
Theokrit	= Theokritos; J. M. Edmonds, The Greek Bucolic Poets, Cambridge (Mass.) / London 1912, 1977)
Thukydides	= C.F. Smith, Cambridge (Mass.) / London, 4 Bde. 1923; ed. princ.: Venedig 1502)
Tibull	= Tibullus, Albius (Carmina, G. Luck, Leipzig 1964, 1998; ed. princ.: Venedig 1472)
Tryphiodoros	= Ilíou álosis (Ilions Fall; W. Weinberger; Leipzig 1895; A.W. Mair, Cambridge [Mass.] / London 1928)
Tzetzes	= Tzetzes, Johannes, Chiliades («Historien»), Kießling, Leipzig 1826, Nachdruck 1963
Vaenius	= –, Otho (Otto van Veen), Q. Horatii Flacci emblemata, Antwerpen 1607; ders. Les Emblèmes de l'Amour, Brüssel 1567; ders. Armorvm Emblemata, Antwerpen 1608
Valerian	= Valeriano, Pierio
Hierogl.	Hieroglyphica, Basel 1956
Embl. Hor.	Emblemata Horatiana
Valerius Flaccus	= –, Argonautica (J.H. Mozley, Cambridge [Mass.] / London 1972; d. princ.: Bologna 1471)
Valla	= –, Lorenzo (Werke, Basel 1540, Nachdr. 1962)
Varro	= –, Marcus Terentius:
Lingua lat.	De lingua latina
Res rust.	Res rusticae
Veen	= –, Otto van, –> Vaenius
Vergil	= Vergilius Maro, Publius:
Aen.	Aeneis
Buc.	Bucolica
Ciris	
Culex	
Georg.	Georgica
Visscher	= –, Anna Roemers, Zinne-Poppen, Amsterdam ca. 1620
Vitruv	= Vitruvius:
	De architectura
Whitney	= –, Geoffrey, A Choice of Emblems, Leyden 1586
Xenophon	= Xenophon von Athen:
Anab.	Anabasis
Memor.	Memorabilia

Symp.	Symposion
Zenobius	= Zenobios (Corpus Paroemiographorum Gr. (E. L. Leutsch, F.G. Schneidewin, 2 Bde. 1839–51, 1965)
Zincgreff	= –, Julius Wilhelm, Emblematum Ethico-Politicorum Centuria, Heidelberg 1619

nota bene: Die Quellen zur Emblematik folgen (mit verkürztem Titel) zumeist H. / S.- Die Notiz zur Erstausgabe (ed. princ.) folgt gewöhnlich Paul Kroh, Lexikon der antiken Autoren, Stuttgart 1972.

Sammelwerke

Abkürzungen

ALGr	= Anthologia Lyrica Graeca, Hrsg. E. Diehl, 6 Bde. 1942–52, 1–3, neu 1954–1964
CAF	= Comicorum Atticorum Fragmenta, Hrsg. T. Kock, 3 Bde. 1880–88
CAG	= Commentaria in Aristotelem Graeca, Hrsg. Preuß. Akad. Berlin, 23 Bde, 1882–1909, teilw. neu 1959–
CSEL	= Corpus Scriptorum Ecclesiasticorum Latinorum, Hrsg. Österr. Akad., Wien 1866–
FHG	= Fragmenta Historicorum Graecorum, Hg. C. u. Th. Müller, 5 Bde. 1966–67
FGrH	= Die Fragmente der griech. Historiker, Hrsg. F. Jacoby, Berlin, 3 Bde. 1923–30; Leiden 1940, 1954–
LexGr	= Lexicographi Graeci
MGH-AA	= Monumenta Germaniae Historica – Auctores Antiquissimi, 15 Bde., Berlin 1877–1919, neu 1961
PG	= Patrologiae cursus, series Graeca, Hrsg. I.P. Migne, 161 Bde. 1857–66
PL	= Patrologiae cursus, series Latina, Hrsg. I.P. Migne, Paris, 221 Bde. 1844–55, Suppl. 1958–
PMelGr	= Poetae Melici Graeci, Hrsg. G.L. Page, Oxford 1962
TGF	= Tragicorum Graecorum Fragmenta, Hrsg. A. Nauck, 1889, neu 1964

Museen

Berlin: Staatl. Museen = Staatliche Museen Preußischer Kulturbesitz
Città del Vaticano: Vatikan, Bibliothek = Biblioteca Apostolica Vaticana
   Musei Vaticani = Monumenti, Musei e Gallerie Pontificie
   Museo Profano = Museo Profano della Biblioteca Apostolica
   Museo Sacro = Museo Sacro della Biblioteca Apostolica
Florenz: Bargello = Museo Nazionale del Bargello
   Gabinetto dei Disegni = Gabinetto Disegni e Stampe
   degli Uffizi
   Palazzo Pitti = Galleria Palatina
   Uffizien = Galleria degli Uffizi
München: Alte Pinakothek = Bayerische Staatsgemäldesammlungen, Alte Pina-
   kothek
   Neue Pinakothek = Bayerische Staatsgemäldesammlungen, Neue Pinakothek
Neapel: Museo Nazionale = Museo Nazionale di Capodimonte
New York: Metropolitan Museum = Metropolitan Museum of Art
Paris: Cabinet des Médailles = Cabinet des Médailles et des Antiques de la Biblio-
   thèque Nationale
   Cabinet des Éstampes = Musée du Louvre, Cabinet des Dessins et des Éstampes
   Louvre = Musée du Louvre
   Musée de Cluny = Musée National des Thermes et de l'Hotel de Cluny
Rom: Galleria dell'Accademia Nazionale di S. Luca
   Musei Capitolini = Musei Capitolini, Palazzo dei Conservatori u. Pinacoteca
   Museo Nazionale = Museo Nazionale Romano (delle Terme)
   Palazzo Barberini = Galleria Nazionale d'Arte Antica,
   Palazzo Barberini
   Palazzo Corsini = Galleria Nazionale d'Arte Antica, Palazzo Corsini
   Villa Borghese = Museo Galleria ‹Borghese›
   Villa Giulia = Museo Etrusco di Villa Giulia

Abkürzungen

Ausst.-Kat. = Ausstellungskatalog
B. = Bartsch, Adam: Le Peintre Graveur. Würzburg 1920–22 (Neudruck Hildesheim 1970)

H. = Hollstein, F.W.H.: Dutch and Flemish Etchings, Engravings and Woodcuts. 50 Bde. 1450–1700. Amsterdam 1949–97

Illustr. Bartsch = The Illustrated Bartsch. New York 1978–87

Jaffé = –> Allgem. Bibl.

SE = Strauss, Walter L.: The Intaglio Prints of Albrecht Dürer. New York 1977

SW = ders.: Albrecht Dürer, Woodcuts and Wood Blocks. New York 1980

Bildnachweise

(Titelvignette) Boardman, John: Athenian Red Figure Vases. London 1979, Abb. 61,2

1. Schiff, Gert: Johann Heinrich Füssli. Zürich / Münster 1973, 1, S. 145
2. Apollo 105, 1977, S. 478, Pl. XI.
3. Begleitbuch zur Ausst. «Jacob Jordaens». Ottawa, National Gallery of Canada, 29. 11. 1968–5. 1. 1969, S. 251, Nr. 1
4. Simon, Erika: Die Götter der Griechen. München 1985, Abb. 112
5. LIMC (–> Allgem. Bibl.) 1984, 2,2, S. 263, Nr. 914
6. LIMC, ebd., S. 244, Nr. 727
7. München, Zentralinst. f. Kunstgesch., Foto Geschenk W. Braunfels
8. LIMC, ebd., 2,2, S. 592, Nr. 27
9. Conti, Giovanni: L'Arte della Maiolica in Italia. Mailand 1973, Abb. 26
10. Jacobs, Michael: Mythological Painting. New York 1979, S. 51
11. Bayerisches Nationalmuseum München. 120 Meisterwerke. München 1991, Abb. 103
12. LIMC, ebd., S. 408, Nr. 347
13. Hansmann, Wilfried: Die Apokalypse von Angers. Köln 1981, Abb. 60
14. München, Zentralinst. f. Kunstgeschichte, Archiv der Fotothek
15. LIMC, a. a. O., 1986, 3,2, S. 627, Nr. 352 a
16. Panofsky, Erwin: Studies in Iconology. New York 1967, Plate XLIX, fig. 88
17. LIMC, a.a.O, 1984, 2,2, S. 360, Nr. 24
18. Zelger, Franz: Diego Velazquez. Reinbek 1994, S. 69
19. Simon, Erika: a. a. O., Abb. 209
20. Museums-Kat. Madrid, Prado: De Vlaamse Schilderkunst in het Prado. Antwerpen 1989, S. 297, Nr. 268
21. Boardman, John: Athenian Black Figure Vases. London 1980, Nr. 301,2
22. Simon, Erika, a. a. O., Abb. 185
23. Jacobs, Michael: Mythological Painting. New York 1979, S. 60

24. LIMC, a. a. O., 1986, 3,2, S. 355, Nr. 470
25. Foto Dresden, Gemäldegalerie Alte Meister
26. München, Zentralinst. f. Kunstgesch., Reproslg. Hanfstaengl, München
27. Elisabeth Dhanens: Jean Boulogne. Brüssel 1957, Abb. 34
28. Simon, Erika, a. a. O., Abb. 110
29. The Illustrated Bartsch 3 (Commentary; –> Allgem. Bibl.), S. 156
30. Goya, 250 Aniversario. Museo del Prado 1996, Abb. S. 261
31. Bayerisches Nationalmuseum München. 120 Meisterwerke. München 1991, Abb. 91
32. Kauffmann, Hans: Giovanni Lorenzo Bernini. Berlin 1970, Abb. 26
33. Bulletin of the Museum Boymans-van Beuningen 19,1–3, 1968, S. 26
34. Panofsky, Erwin, a. a. O., Plate XLII, fig. 71
35. Niedersächs. Landesgalerie. Die Gemälde des 19. und 20. Jahrhunderts. München 1973, Bd. 2, Abb. 77
36. Boardman, John, a. a. O, Abb. 300
37. The Illustrated Bartsch (–> Allgem. Bibl.) 3, S. 135, Nr. 142(44)
38. Begleitbuch zur Ausst. Honoré Daumier, «Histoire ancienne», Malibu, University of Southern California, Fine Arts Dept. of the J. Paul Getty Museum, Malibu, 1. 5.–15. 6. 1975, S. 35, Nr. 25

Register

Attribute und Assoziationen (Auswahl)

des Mars 121, der Artemis 139, 151, 152, 154, 156; (Höllenhund) Cerberus 311

Jagdhorn: der Diana 156, des Aktaeon 24

Kaninchen: Attribut der Aphrodite 59
Kanne: Attribut der Herbst-Hore 486, der Flußgötter 663
Kannen: bergen Gut und Böse für Zeus 722
Kappe: des Hades 310, des Hephaistos 333; schwarz-weiße – des Hermes 450
Kastagnetten: Waffe des Herakles 372
Kauz / Käuzchen: Attribut der Athena 193, Begleiter des Orpheus 582
Kelch: in der Hand des Juppiter 724
Kette: Zeus hängt Hera an goldene – 359, 504
Ketten: goldene, Schmuck der Aphrodite 44; vom Mund des Hercules Gallicus zum Ohr der Hörer 431; Geschirr des Gespanns Plutos 632
Keule: des Herakles, passim Herakles; Attribut des Hercules Gallicus 431
Kithara: Erfindung und Attribut des Apoll 79, 562 und passim Apoll; des Arion 136 der Erato 562, der Terpsichore 564; Instrument des Orpheus 570, 580, 582
Köcher: passim Eros, Apoll, Artemis; Attribut des Hercules Gallicus 431
Korngarbe: Attribut der Sommer-Hore 486, der Demeter 525
Krähe: Begleiterin des Apoll 95, 96, der Athena 188; Coronis in – verwandelt 653, 667
der Musen 558,564
Kreuz: in der Hand Juppiters 724
Krücke(n): Attribut des Hephaistos; des Saturn 517
Kuckuck: Verwandlungsform des Zeus 345, 700; Attribut der Hera 361
Kuhhelm: der Juno 501

Lampe: Attribut der Venus als Planetengottheit 62, 73
Lanze: des Apoll 94; des Ares 110, 113, 114, 115, 121, 126; der Athena 169, 188, 192, 663; des Bellerophon 208; Attribut des Hermes 449; des Paris 614; des Perseus 643.
Laute: Musik der – bei Venus 52, 58; spielen Apoll 94, 96, Arion 136; Attribut der Terpsichore 564; des Orpheus 580, 581

Leibgurt: des Ares 115; s.a. Schärpe
Lehm: Werkstoff des Prometheus 674, 680
Lichtkranz: um das Haupt des Pan 596; Attribut des Juppiter 712, 718
Lilie: der Juno heilig 353, 360
Lira da Braccio: von Apoll gespielt 94
Locken: des Apoll 89, 99, der Demeter 231; der Medusa 546; des Zeus 702, 708
Lorbeer: passim Daphne, Apoll
Lorbeerkranz: des Apoll 97; des Arion 136; des Orpheus 579, 581
Löwenhaut / -fell: Attribut des Herakles, passim Herakles; des Hercules Gallicus 431
Lyra / Leier: passim Apoll, Amphion, Arion, Orpheus; Musik der – beim Mauerbau des Arion 27, 28, 29, 31, des Apoll 82; Erfindung und Attribut des Hermes 435, 442, 449; Attribut des Hyazinth 489, der Erato 546, der Terpsichore 562

Maske, komische: der Thalia 562, 564
Maske, tragische: der Melpomene 562
Mauerkrone: der Demeter 240, der Kybele 522, 523, 524, der Rea 713
Meermuschel: (Musik-)Instrument des Pan 588
Milchstraße: Entstehung der – durch die Milch der Hera 353, 362, 366, 435, 464
Mönchskutte: Kleidung des Juppiter 724
Mohn: Attribut des Dionysos 273; der Demeter 240, 244 – und Apfel bei Aphrodite 52, 54; Demeter speist – 233
Mohnkapsel: Attribut der Juno 502
Mohnzweig: Attribut des Hades 316
Mondsichel: Attribut der Diana 151, 155, 156, 632; und Pan 596
Morgenstern / Abendstern: Venus 62
Münzen: Attribute der Juno Moneta 502, 506
Muschel: Attribut der Aphrodite / Venus 34, 35, 51, 54, 61, 63, 64
Myrrhe: der Smyrna verwandelt in – 38
Myrte: von Aphrodite geschätzt 151; der Venus geweiht 54; steht für eheliche Liebe 59
Myrtenbaum: Verwandlungsform der Myrtus durch Aphrodite 39

Narrenzepter: Attribut der Thalia 564
Notenbuch: Attribut der Melpomene 565

760

Bildende Künstler

Das aus Umfanggründen hier nicht berücksichtigte ausführliche Namen- und Sachregister kann gegen eine Gebühr von DM 10,– angefordert werden bei:
Hans-K. und Susanne Lücke
Peralohstraße 35
81737 München